Gunnar Seelentag
Das archaische Kreta

KLIO
Beiträge zur Alten Geschichte

Beihefte. Neue Folge

Herausgegeben von
Hartwin Brandt und Martin Jehne

unter Mitarbeit von
Manfred Clauss, Peter Funke
und Hans-Joachim Gehrke

Band 24

Gunnar Seelentag

Das archaische Kreta

Institutionalisierung im frühen Griechenland

DE GRUYTER

ISBN 978-3-11-036240-4
e-ISBN (PDF) 978-3-11-036846-8
e-ISBN (EPUB) 978-3-11-039262-3
ISSN 1438-7689

Library of Congress Cataloging-in-Publication Data
A CIP catalog record for this book has been applied for at the Library of Congress.

Bibliografische Information der Deutschen Nationalbibliothek
Die Deutsche Nationalbibliothek verzeichnet diese Publikation in der Deutschen
Nationalbibliografie; detaillierte bibliografische Daten sind im Internet
über http://dnb.dnb.de abrufbar.

© 2015 Walter de Gruyter GmbH, Berlin/Boston
Satz: Werksatz Schmidt & Schulz, Gräfenhainichen
♾ Gedruckt auf säurefreiem Papier
Printed in Germany

www.degruyter.com

In den Griechen „schöne Seelen", „goldene Mitten" und andre Vollkommenheiten auszuwittern, etwa an ihnen die Ruhe in der Grösse, die ideale Gesinnung, die hohe Einfalt bewundern – vor dieser „hohen Einfalt", einer *niaiserie allemande* zuguterletzt, war ich durch den Psychologen behütet, den ich in mir trug. Ich sah ihren stärksten Instinkt, den Willen zur Macht, ich sah sie zittern vor der unbändigen Gewalt dieses Triebs, – ich sah alle ihre Institutionen wachsen aus Schutzmaassregeln, um sich vor einander gegen ihren inwendigen Explosivstoff sicher zu stellen. Die ungeheure Spannung im Innern entlud sich dann in furchtbarer und rücksichtsloser Feindschaft nach Aussen: die Stadtgemeinden zerfleischten sich unter einander, damit die Stadtbürger jeder einzelnen vor sich selber Ruhe fänden. Man hatte es nöthig, stark zu sein: die Gefahr war in der Nähe –, sie lauerte überall.

Friedrich Nietzsche

Götzendämmerung, oder: Wie man mit dem Hammer philosophiert.
Was ich den Alten verdanke 3
Leipzig 1889

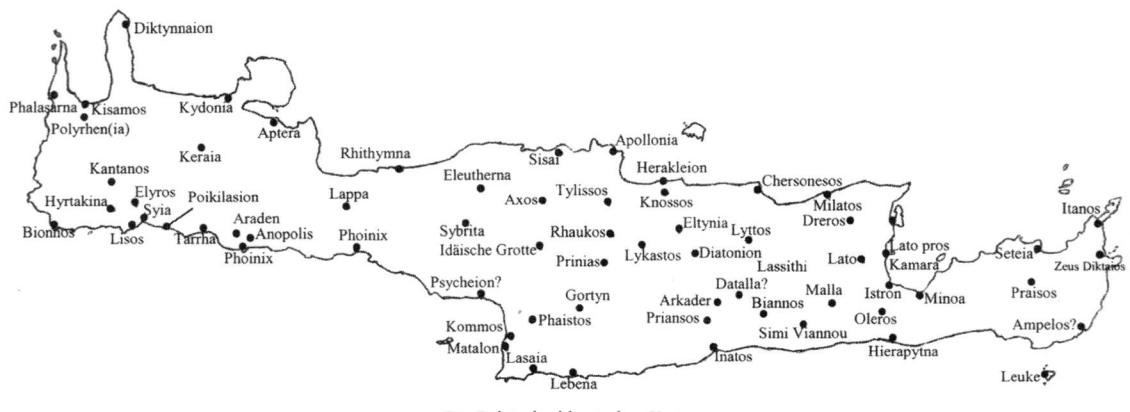

Die Poleis des klassischen Kreta

Karte der wichtigsten im Text erwähnten Orte nach Chaniotis 2004

Inhaltsverzeichnis

Vorwort

Diese Studie ist eine überarbeitete und erweiterte Fassung meiner im Jahre 2010 von der Philosophischen Fakultät der Universität zu Köln angenommenen Habilitationsschrift. Die in der Zwischenzeit erschienene Literatur habe ich nach besten Kräften rezipiert und eingearbeitet.

Dieses Buch hätte ohne vielfältige Unterstützung kaum geschrieben und veröffentlicht werden können. An erster Stelle zu nennen ist Karl-Joachim Hölkeskamp, der mir als seinem Assistenten in Köln nicht selbstverständliche Freiräume zur Forschung gewährte. Von seinen Ratschlägen und seiner Förderung durfte ich stets profitieren, dafür danke ich ihm herzlich. Das Center for Hellenic Studies der Harvard University erkannte mir ein Fellowship zu, das es möglich machte, den Großteil des Manuskriptes in arbeitsamer Muße zu verfassen.

Die Gutachter im Habilitationsverfahren gaben mit ihren Anmerkungen zahlreiche Hinweise, die sie in diesem Buch wiederfinden werden. Unter ihnen herausgehoben sei Winfried Schmitz, der bereit war, diesem Gremium auch sehr kurzfristig beizutreten, und der überhaupt als einer der ersten mir die Gelegenheit gegeben hatte, meine Gedanken zum archaischen Kreta zur Diskussion zu stellen.

Paula Perlman und Michael Gagarin luden mich ein, mit ihnen Kreta zu bereisen, und ließen mich an ihrem ungeheuren Wissen über die Insel, deren Inschriften und materielle Kultur teilhaben. Mein archäologischer Kollege Oliver Pilz stieß den Plan ein, gemeinsam eine Tagung zu materieller Kultur und kulturellen Praktiken im archaischen Kreta zu veranstalten. Diese brachte mich in Kontakt mit bemerkenswerten Kollegen und ließ mich die archäologische Sicht auf die Insel besser verstehen.

Die Deutsche Forschungsgemeinschaft erkannte mir ein Heisenbergstipendium zu. Diese Geste des Vertrauens und die großzügige Förderung gewährten mir Sicherheit und Freiheit in einer ansonsten wohl bedrückenden Zeit. Zur Wahrnehmung dieses Stipendiums nahm mich das Historische Institut der Frankfurter Goethe Universität in seine Reihen auf. Vor allem meinem Gastgeber Hartmut Leppin kann ich nicht genug danken für alle Unterstützung und allen Rat der vergangenen Jahre. Es freut mich außerordentlich, dass meine Studie in einer Reihe erscheint, deren Neuanfang einst er machte. Und so danke ich Hartwin Brandt und Martin Jehne sehr für die ehrenvolle Aufnahme dieses Buches in die Klio-Beihefte.

Nicht mit Worten auszudrücken ist der Dank, den ich meiner Frau Sabine sagen möchte. Ihr, die über die Jahre – wohl unfreiwillig – zu einer Expertin für das archaische Kreta wurde, und unserer Tochter Eva, deren erste Sätze den Abschluss des Manuskriptes begleiteten, ist dieses Buch gewidmet.

Rostock, im Dezember 2014   Gunnar Seelentag

1 Zur Methode

I Das archaische Kreta im Kontext unserer griechischen Geschichte

Das vorliegende Buch ist eine Studie zur Institutionalisierung im frühen Griechenland. Dieses Thema wird mit Blick auf das archaische Kreta behandelt, der wohl besten Fallstudie für eine solche Analyse. Denn anhand des reichen kretischen Materials – der Befunde literarischer wie archäologischer Zeugnisse, vor allem aber der Vielzahl von Inschriften aus dem 7. bis 5. Jh. – ist es, wie für keine andere Gegend des griechischen Raumes, möglich, Licht auf einige der zentralen Fragen dieser Epoche zu werfen: so etwa, welche soziopolitischen Integrationskreise in den frühen Polisgemeinschaften sinnhaft waren, und unter welchen Umständen die Teilhabe der Bürger am Gemeinwesen vorangetrieben wurde; wie politische Prominenzrollen und Beschlussverfahren reguliert und verstetigt wurden; und schließlich, welche Strategien erprobt wurden, mit sozialen Konflikten in der Gemeinschaft umzugehen.[1]

Wie kann man über das archaische Kreta schreiben?

Vor beinahe zwanzig Jahren hielt Hans-Joachim Gehrke fest, dass Kreta im Wesentlichen in Hinblick auf seine minoisch-mykenische Zeit untersucht werde und die Beschäftigung mit der archaischen und klassischen Zeit der Insel eher am Rand des althistorischen Interesses liege.[2] Diese Aussage gilt heute immer noch – für die Geschichtswissenschaft in einem noch stärkeren Maße als für die Archäologie. Der Kreis der Forscher, die mit diesen Jahrhunderten der kretischen Geschichte befasst sind, ist klein. Und so sind es auf der einen Seite nach wie vor nur wenige Spezialisten, die sich in Einzelstudien mit jeweils nur ausgesuchten Quellengattungen der kretischen Kultur beschäftigen, etwa den sozialen Praktiken oder den Gesetzesinschriften, den Weihgaben aus den pankretischen Heiligtümern oder den Befunden der Siedlungsarchäologie. Auf der anderen Seite erfüllen manche der kretischen Befunde, ausgesuchte Inschriften etwa, wie das Gesetz über den Kosmos von Dreros, in größer angelegten Darstellungen zur griechischen Archaik häufig eine lediglich illustrative und komparative Funktion. Ihr besonderer kultureller Kontext spielt dabei nur selten eine Rolle.

---

1 Zum Charakter der griechischen Archaik als einer eigenständigen Epoche s. maßgeblich Heuss 1946 und 1981; Davies 2009 sowie Walter 2013; s. auch Most 1989; Morris 1997a; Walter 1998; Hölkeskamp 2000; und ferner Ulf 2004.

2 Gehrke 1997, 23. – Die von van Effenterre 1948; Willetts 1955; Link 1994 und Chaniotis 2004 vorgelegten Monographien sowie die zahlreichen Aufsätze dieser und anderer Gelehrter, welche Kreta unter historischen Fragestellungen betrachteten, fanden nicht den verdienten Einzug in unsere Meistererzählung des archaischen und klassischen Griechenland.

Diese Studie widmet sich der soziopolitischen Organisation des archaischen Kreta aus einem historischen Blickwinkel. Sie möchte einen Überblick über den gegenwärtigen Stand und wesentliche Perspektiven der Erforschung der Politien dieser Insel bieten; vor allem aber jene bedeutenden Prozesse struktureller Veränderung beschreiben und erklären, die sich während dieser Zeit in den Bürgerstaaten Kretas vollzogen. Auf diese Weise soll ein faszinierender Weg der griechischen Geschichte nachgezeichnet und präsentiert werden, der bislang – und zwar trotz einer Fülle einzigartigen Materials – nicht ausreichend erforscht ist und der dem nicht darauf spezialisierten Althistoriker oder Archäologen kaum bekannt ist.

Denn tatsächlich bietet der Befund des archaischen Kreta reiches Material zur Illustration und Beantwortung von Fragen, die im Mittelpunkt der altertumswissenschaftlichen Forschung zum frühen Griechenland stehen; so etwa die Diskussionen zur Polisbildung, zur Auseinandersetzung von Aristoi und Demos und zur politischen Kultur verschiedener Politien und deren gegenseitiger Beeinflussung. Die Gesellschaften der Insel haben das Potenzial, eine der besten – wenn nicht gar die beste – der uns zur Verfügung stehenden Fallstudien zum frühen Griechenland zu sein. Denn die Beschäftigung mit den kretischen Politien gleicht einem Blick in die Experimentierstube der griechischen Polis. Hier erhalten wir auf der Grundlage zeitgenössischer Quellen einen Eindruck von der Entstehung und Entwicklung von Institutionen; von der Fülle soziopolitischer Integrationskreise, die innerhalb, aber auch neben der Polis für das Individuum sinnhaft waren; von der Auseinandersetzung der Eliten untereinander und der Konflikte ihrer Mitglieder mit den ihnen sozial und wirtschaftlich unterlegenen Mitgliedern der Gemeinschaft; von den Verfahren des Beschlusses für die Gemeinschaft relevanter Entscheidungen. Kurzum: Auf Kreta bietet sich uns – und ich möchte behaupten: detailreicher und klarer als in jedem anderen Raum des griechischen Kulturkreises – das Bild der Möglichkeiten und Spannungen des Lebens in wachsenden Gemeinschaften, das Bild der frühen Polis.

Dass Kreta in den gängigen Narrativen der griechischen Archaik und Klassik – den antiken wie den modernen – kaum eine Rolle spielt, hat mehrere Gründe. Keiner von diesen scheint für sich ausreichend, doch ihr Zusammenspiel scheint mir das bemerkenswerte Schweigen der Geschichtswissenschaft zu erklären. Ein Grund liegt in dem besonderen Befund der materiellen Kultur kretischer Politien während der Archaik. Denn obwohl Kreta zwischen dem 10. und dem 7. Jahrhundert dem griechischen Kulturraum zahlreiche Impulse gab, beobachten wir ab der zweiten Hälfte des siebten Jahrhunderts an den meisten Fundorten der Insel einen deutlichen Wandel der materiellen Kultur; eine derart tiefreichende Austerisierung, dass weder auf der Insel selbst noch an anderen Orten des Mittelmeerraumes signifikante archäologische Überreste des archaischen und klassischen Kreta sichtbar zu werden scheinen.

Erst in jüngster Zeit beginnt die Archäologie archaische Befunde zu identifizieren und in eine verlässliche absolute Chronologie einzuordnen.[3]

Ein weiterer Grund für die bisherige Vernachlässigung Kretas in der Geschichtswissenschaft scheint mir darin zu liegen, dass die Rekonstruktion einer Ereignisgeschichte der Insel kaum möglich ist. Denn mit ihrer geringen archäologischen Sichtbarkeit korrespondiert die Abwesenheit der Kreter aus den für uns maßgeblichen historiographischen Narrativen der Zeit. So nahmen die zahlreichen kretischen Poleis offenbar weder an den Perserkriegen noch am Peloponnesischen Krieg teil, und fanden daher annähernd keinen Eingang in die Geschichtswerke eines Herodot und Thukydides. Den Blick auf innerkretische Verhältnisse lassen diese Autoren ohnehin vermissen.[4] Doch auch andere Quellen lassen uns keine Ereignisgeschichte der Insel rekonstruieren. So schildern uns die mit Kreta befassten literarischen Zeugnisse kaum einmal Ereignisse auf der Insel oder das Engagement einzelner Poleis über die Insel hinaus; sie sind vor allem mit den Institutionen der Politien befasst. Und auch die zahlreichen archaischen Inschriften reflektieren bis auf ganz wenige Ausnahmen keine politischen Ereignisse. Wenn sie es einmal tun, können wir diese Informationen doch nicht in ein größeres Narrativ einbetten.

Mit diesen Inschriften scheint mir der dritte Grund für die bisherige Vernachlässigung des archaischen Kreta verbunden. Die Poleis der Insel bieten schlichtweg zu viel Material, als dass solche Studien, welche die Anfänge und Ausprägung soziopolitischer Integration in mehr als nur einer Gegend Griechenlands vergleichend untersuchten, auch noch die Politien der Insel in den Blick genommen hätten.[5] Ohnehin bilden die zahlreichen Inschriften mit Gesetzescharakter, die uns nicht allein aus kretischen Poleis, sondern aus einer Vielzahl von Gegenden des griechischen Kulturraums überliefert sind, ein Quellencorpus, welches in unseren Bemühungen, das archaische Griechenland zu beschreiben und erklären, eine vergleichsweise geringe Rolle spielt. Oftmals scheinen die in erheblich späterer Zeit verfassten literarischen Zeugnisse von größerer Relevanz als die zeitgenössischen Inschriften. Wieso dies der Fall ist, lässt sich kaum erklären.[6]

---

3 Morris 1998, bes. 59–68; Whitley 2009; Wallace 2010, 327–47, und vor allem Erickson 2010, bes. 1–22, bieten einen Überblick über diese Phänomene und ihre bisherige Behandlung in der Forschung. Ausführlich bespricht das Kapitel *Materielle Kultur und kulturelle Praktiken* diesen Befund.
4 s. Hall 2007, bes. 1–16, 276–90; und Osborne 2009, bes. 1–17, zur Notwendigkeit, eine kritische Haltung gegenüber ereignisgeschichtlichen Narrativen selbst im Falle solcher Episoden der Archaik einzunehmen, welche die antiken Quellen ausführlich und aus verschiedenen Perspektiven schildern.
5 Dies klingt zunächst paradox, ist aber explizit etwa bei Gehrke 1988, 175–6 und Walter 1993, 89 Anm. 1.
6 Die mit diesen Zeugnissen verbundenen Schwierigkeiten, die auf gewisse dialektale und andere sprachliche Eigenarten zurückgehen, werden jedenfalls in gewisser Weise durch die Existenz mehrerer kritischer Editionen dieser Inschriften, samt Übersetzungen und Kommentaren aufgefangen; s. neben älteren Arbeiten etwa Willetts 1967; vor allem aber Koerner 1993 und Nomima 1994/95. Die

Das ‚archaische‘ Kreta und der zeitliche Rahmen dieser Arbeit
Dieses Buch ist um eine Rekonstruktion der Institutionalisierung kretischer Politien zwischen der Mitte des 7. und der des 4. vorchristlichen Jahrhunderts bemüht. Dabei greifen einzelne Kapitel, etwa jenes zur Institution des Andreions, tiefer in die Vergangenheit der geometrischen und orientalisierenden – auf Kreta: der ‚dädalischen‘ – Zeit zurück; häufig wird mit in den homerischen und hesiodeischen Epen reflektierten Strukturen argumentiert. Der wesentliche Anfangspunkt dieser Darstellung wird aber determiniert von einem gleichzeitig einsetzenden Wandel zweier kultureller Phänomene, deren zeitliche Parallelität sicherlich kein Zufall ist, sondern einen tiefgreifenden Wandel in der soziopolitischen Organisation kretischer Gemeinwesen reflektiert. Dies ist zum einen die skizzierte Veränderung in der materiellen Kultur der Inselpolitien, zum anderen der Beginn der Verinschriftlichung und Monumentalisierung zahlreicher Regelungen mit Gesetzescharakter, welche für die gesamte Gemeinschaft bindend sein sollten. Die frühesten Beispiele dieser Regelungen sind die aus Dreros stammenden Inschriften, die um 630 datiert werden; eines ihrer spätesten Beispiele ist das *Große Gesetz* von Gortyn, welches um 450 ältere Gesetze kompilierte, systematisierte und um neue Richtlinien ergänzte.

Doch auch wenn die kulturelle Praxis der Verinschriftlichung monumentaler und im öffentlichen Raum ausgestellter Regelungen mit Gesetzescharakter in der Mitte des 5. Jahrhunderts anscheinend recht unvermittelt abbricht, bedeutet dies doch nicht den Endpunkt unserer Darstellung. Denn immer wieder werden wir – mit der hierfür gebotenen methodischen Umsicht – literarische Zeugnisse heranziehen, die vornehmlich aus dem 4. Jahrhundert, manche aus dem 3. oder gar erst aus dem 2. stammen. Deren Autoren – Ephoros etwa, verschiedene kretische Lokalhistoriker und Aristoteles – verfolgten nicht die Absicht, in der Vergangenheit liegende Ereignisse oder Strukturen der kretischen Geschichte wiederzugeben; vielmehr schilderten sie Verhältnisse, die ihnen in ihrer eigenen Zeit vor Augen standen.

Angesichts dieses zeitlichen Rahmens mag der Titel dieser Studie *Das archaische Kreta* verwundern. Hinter dieser Wahl steht allerdings der Gedanke, dass sich die auf Kreta zu beobachtenden Strukturen und die – allerdings nur im Ansatz zu rekonstruierende – Ereignisgeschichte der Insel nicht ohne Weiteres in das etablierte Schema der Epochen unserer griechischen Geschichte einfügen lassen. Die Trennung zwischen der ‚archaischen‘ und der ‚klassischen‘ Zeit ist für die Insel wenig aussagekräftig. Wie bereits betont, beteiligten sich die kretischen Poleis nicht an den Perserkriegen, also jenen Feldzügen, welche in der konventionellen Wahrnehmung den Beginn der klassischen Zeit markieren. Die Entwicklung kretischer Gemeinwesen wurde auch nicht durch ihre Einbindung in eines der Bündnissysteme gelenkt. Weder

---

erste englischsprachige Ausgabe aller kretischen Inschriften archaischer Zeit durch Michael Gagarin und Paula Perlman wird die Beschäftigung mit den Befunden der Insel sicherlich befördern; s. Gagarin/Perlman 2015.

für den Delisch-Attischen Seebund, noch für den Peloponnesischen Bund sind kretische Mitglieder nachgewiesen.

Kreta entwickelte sich anders als jene Politien, welche im Focus unserer Meistererzählung der griechischen Geschichte stehen und deren Ereignisse, Strukturen und kulturelle Entwicklung unsere epochale Einteilung bestimmen. Die Entwicklungen des 5. Jh. sehen wir in keiner der hier behandelten Quellen reflektiert.[7] Und tatsächlich zeigt die Zusammenschau unseres Materials, dass die genannten literarischen Zeugnisse soziopolitische Konfigurationen schildern, welche mit denen, die anhand der uns erhaltenen Inschriften zu rekonstruieren sind, kompatibel sind. Zwischen dem 5. und dem 4., wenn nicht gar dem 2. Jahrhundert, scheinen sich – zumindest was die hier im Mittelpunkt stehenden Institutionen kretischer Gemeinwesen angeht – keine epochemachenden Änderungen vollzogen zu haben. Und so behandelt diese Studie gewissermaßen ‚die lange archaische Zeit' Kretas.[8]

Es ließe sich argumentieren, unsere Studie hätte eigentlich doch auch die hellenistischen Jahrhunderte in den Blick nehmen müssen. Denn erst diese Zeit mit ihrem reichen Quellenbefund der zwischen kretischen Poleis geschlossenen Verträge ließe doch jene Institutionen, die für die Zeit vom 7. bis 5. Jahrhundert nur so mühsam zu rekonstruieren seien, deutlich hervortreten.[9] Und erst dieses Material ließe uns doch einigermaßen gut eine Ereignisgeschichte der Insel rekonstruieren, die sich unter dem Eindruck und getrieben von eben jenen Strukturen vollzog. Erst für diese Zeit werde deutlich, wie tief Institutionen wie die Paideia und die Andreia, die hierarchische Steuerung des Demos durch seine Eliten und das Ethos des Wettbewerbs sich in den Gemeinwesen der Insel ausgewirkt hätten. Doch auch wenn sich die sozialen, politischen und wirtschaftlichen Strukturen in kretischen Poleis zwischen dem 5. Jahrhundert und der Einrichtung der Insel als römische Provinz nur wenig veränderten, klammert diese Studie das hellenistische Kreta aus einer Reihe von Gründen aus. Zwar sind jene soziopolitischen Dynamiken, welche diese Verträge reflektieren – etwa die Auseinandersetzungen zwischen den Inselpoleis und deren Bemühen um territoriale Expansion – zwar in Strukturen angelegt, die wir auch schon in den Quellen früherer Jahrhunderte beobachten können; und doch wurden diese Vorgänge durch die nach dem Tode Alexanders veränderte Machtkonstellation im Mittelmeerraum in anderer Weise katalysiert als in der archaischen Zeit.

---

7 Walter 2013, 108 hält denn auch mit Blick auf die konventionelle Epocheneinteilung der griechischen Geschichte fest: „Mit den fundamentalen sozialen und politischen Formierungen in der griechischen Welt um und nach 500 v. Chr. ist der gängige Endpunkt der Archaik erreicht, jedenfalls für den weitaus größten Teil des griechisch besiedelten Raumes (einen Sonderfall bildet Kreta)."
8 Zur Kompatibilität der epigraphischen und literarischen Quellen und der unbedingten Notwendigkeit ihrer Zusammenschau für eine Rekonstruktion kretischer Institutionen s. ausführlich das Kapitel *Politeia*.
9 Hierzu s. Chaniotis 1996, bes. 16–8, und 2004, 78–100.

Denn nach einigen Jahrhunderten seiner Lage am Rand der griechischen Welt sah sich Kreta während der Diadochenzeit in einer aus Sicht der hellenistischen Königreiche strategisch günstigen Position und wurde zu einem Stellvertreterstreitfeld für diese sowie für Rhodos und Rom. Dieses Eingreifen auswärtiger Mächte veränderte die Verhältnisse innerhalb der Poleis wie auch zwischen ihnen ganz beträchtlich. So beobachten wir in hellenistischer Zeit etwa eine Tendenz zur Formierung von Bündnissen zwischen den Politien und zur Bildung größerer politischer Einheiten wie auch eine Machtkonzentration der zu jener Zeit größten Poleis Kretas, Gortyn und Knossos, und deren Auseinandersetzung um die Hegemonie auf der Insel. Eine Untersuchung dieser Zeit kann und braucht im Rahmen dieser Arbeit nicht geleistet werden. Für die hellenistischen Jahrhunderte und ihre Besonderheiten sei der Leser auf die Studie von Angelos Chaniotis zu den *Kretischen Staatsverträgen* verwiesen. Er legt diese Zeugnisse in Übersetzung vor und erschließt sie mit ausführlicher Kommentierung und Synthese. Einerseits erleichterte seine Arbeit sicherlich die Ausweitung der hier untersuchten Fragen auf diese späteren Jahrhunderte; andererseits führte dies aber auch zu einer solchen relativen Fülle von Material, dass die dieser Arbeit eigene genaue Betrachtung einzelner Zeugnisse nicht mehr im gebotenen Umfang hätte durchgeführt werden können.[10]

Überdies geht es dieser Arbeit eher um die Entstehung und die frühen Phasen der Entwicklung dieser Institutionen. Mögen wir auch gelegentlich zur Illustration oder zur Formulierung und Plausibilisierung einer Arbeitshypothese auf das hellenistische Inschriftenmaterial zurückgreifen, wird dieses im großen Ganzen doch keine Rolle spielen. Denn diese späteren Zeugnisse lassen einen Grad der institutionellen Komplexität erkennen, welchen die gesetzlichen Regelungen vom 7. bis zum 5. Jahrhundert noch nicht widerspiegeln. Diese ist – wie gesagt – nicht derart, dass wir davon ausgehen müssten, dass sich in den etwas mehr als 150 Jahren zwischen dem *Großen Gesetz* und den frühesten Verträgen eine erhebliche Veränderung oder Beschleunigung der soziopolitischen Institutionen erkennen ließe und wir uns zu Beginn des 3. Jahrhunderts in einer gänzlich anderen Welt als in jener der archaischen Gesetze von Dreros und Eleutherna, Lyttos und Axos, Phaistos und Gortyn wiederfänden – mitnichten. Und doch scheint das tastende Fortschreiten der Institutionalisierung, das prekäre Mit- und Gegeneinander von persönlicher und institutioneller Macht im Gemeinwesen, welche den Inschriften der archaischen Zeit eigen sind, in den hellenistischen Urkunden eine geringere Rolle zu spielen.

---

10 Mit den Verträgen der hellenistischen Zeit verhält es sich ähnlich wie mit den archaischen Gesetzesinschriften. Chaniotis 1996, 1 konstatiert: „Die kretischen Staatsverträge (Verträge zwischen kretischen Poleis bzw. mit nichtkretischen Staaten) überragen durch ihre Zahl die Verträge anderer griechischer Gebiete aus derselben historischen Epoche und bilden somit eine auffällige historische Erscheinung, die der Aufmerksamkeit weder der zeitgenössischen Griechen noch der modernen Forschung entgangen ist.“

Uwe Walter weist darauf hin: „Einen Epochenbegriff zu setzen bedeutet immer, eine Gruppe von Phänomenen, die in diesem konstruktiven Akt zu Merkmalen werden, zu privilegieren, andere, dissonante Phänomene hingegen zu kontingenten Begleiterscheinungen abzuwerten."[11] Allein eine solche Privilegierung machte die hier vorliegende Studie möglich. Das bedeutet zum einen, die Charakteristika der kretischen Gesetzestexte und ihrer Lebenswelt zu erfassen; und diese sind eben ‚archaisch'. Sie zeigen nicht die Merkmale, die wir im Rahmen eines – falschen – von Werturteilen begleiteten Modells einer auf Athen und Sparta fluchtenden Evolution oder gar Teleologie griechischer Geschichte mit der ‚Klassik' verbinden. In den kretischen Inschriften beobachten wir Werden, nicht Ausgereiftheit; die Prekarität von Institutionen, nicht deren Blüte. Die für diese Studie notwendige Schwerpunktsetzung bedeutet zum anderen, dass eine Darstellung wie diese allzu harmonisierend scheinen mag. Schließlich ist unsere Studie bemüht, die Befunde aus unterschiedlichen Jahrhunderten und verschiedenen Poleis in ein gemeinsames Modell einzubringen. Zwar ist sie nicht um eine idealtypische Rekonstruktion der Institutionalisierung auf Kreta bemüht, immerhin wird die Herkunft unserer Quellen aus einer Vielzahl von Kontexten angemessen gewürdigt. Und doch begegnet sie in ihrem Versuch um eine Typologisierung des Werdens von Institutionen manchen Befunden, die Unterschiede zu dem hier Vorgebrachten erkennen lassen, nicht mit der dem jeweiligen Einzelfall gebührenden Aufmerksamkeit. Dies gilt wohl nicht zuletzt für die archäologischen Befunde.

Kreta in Archäologie und Geschichtswissenschaft

Ich muss zugeben, dass diese Studie eigentlich anders zugeschnitten hätte sein sollen. In einem frühen Stadium dieses Projektes beabsichtigte ich, eine Synthese der historischen und archäologischen Befunde des archaischen Kreta zu unternehmen. Doch recht bald musste ich mich von der Vorstellung trennen, dass ich – und dann auch noch im Rahmen einer Qualifikationsschrift – dies leisten könnte. Und so spielen archäologische Befunde in diesem Band nur vereinzelt eine Rolle, obschon mir selbstverständlich bewusst ist, dass es kaum möglich ist, die Geschichte irgendeiner Region oder Zeit des griechischen Kulturraums zu schreiben, ohne intensiv auf deren materielle Kultur einzugehen.[12] Dies gilt sicherlich in einem besonderen Maße für Kreta mit seinen Auffälligkeiten im archäologischen Befund. Allerdings schlagen sich diese Auffälligkeiten ja gerade in einer ‚Austerisierung' und schlechteren Sichtbarkeit der materiellen Kultur nieder; auf der anderen Seite sind uns zahlreiche

---

11 Walter 2013, 100 und Anm. 7 mit Hinweis auf Heuss, 1963, 22–3.
12 Eine solche Synthese für das archaische Griechenland bietet etwa Osborne 2009; für das kretische Gortyn s. im Ansatz Perlman 2000 in Zusammenschau mit Perlman 2002.

Inschriften erhalten. Und so scheint es mir gerechtfertigt, bei einer Untersuchung der Insel die archäologischen Befunde nicht unbedingt in den Rang der Leitdisziplin zu erheben, welche die Kategorien einer solchen Untersuchung vorzugeben habe.

Überdies gestehe ich, dass weder diese Arbeit mit ihrem ohnehin schon großen Umfang noch ihr Autor, der nicht in der Klassischen Archäologie ausgebildet ist, in der Lage sind, die archäologischen Befunde als gleichwertig neben den epigraphischen und literarischen in den Blick zu nehmen und aus sich heraus zu deuten. Zu diesem Zwecke wäre ein großes Maß an Grundlagenforschung notwendig und ein souveräner Überblick über die verstreut publizierten archäologischen Befunde, die erst in jüngster Zeit in monographischen, um eine Synthese bemühten Darstellungen Niederschlag finden. Es sind gerade diese – in archäologischer Hinsicht oftmals exzellenten – Studien, welche die materielle Kultur des archaischen Kreta untersuchen, die mir meine eigene Konzentration auf inschriftliche und literarische Quellen gerechtfertigt scheinen lassen. Diese Arbeiten zeigen, in welchem Maße sich die Beschäftigung mit dem archaischen Kreta in der klassischen Archäologie aktuell zu einem dynamischen Forschungsgegenstand entwickelt. Sie lassen aber auch erkennen, wie viel sich hier gerade im Fluss befindet, wie sehr unser Bild von Kreta sich in den letzten Jahren verändert hat und in den kommenden sicherlich noch verändern wird.

Es seien nur einige Beispiele genannt. Erst vor zwölf beziehungsweise neun Jahren publizierten Katja Sporn und Mieke Prent ihre grundlegenden Untersuchungen zu kretischen Heiligtümern in der klassischen und der archaischen Zeit. Und nur wenige Jahre ist es her, dass Lena Sjögren und Saro Wallace jeweils bahnbrechende Untersuchungen zur Geographie, Siedlungsgeschichte und räumlichen Organisation der Insel und ihrer Poleis vorlegten. Erst jüngst veröffentlichte Brice Erickson seine Arbeiten zu kretischer Keramik in monographischer Form, welche hoffen lässt, die relative und absolute Chronologie der Insel zum ersten Mal auf eine verlässliche Basis stellen zu können. Und gerade einmal zwei Jahre alt ist die Studie von Oliver Pilz, welche mit den tönernen matrizengeformten Figuren und anderen Objekten zum ersten Mal überhaupt systematisch jene Gattung von Votiven aufarbeitet, welche nach 600 den Großteil der Weihegaben an kretischen Kultplätzen ausmacht. Zum gleichen Zeitpunkt veröffentlichte Thomas Brisart seine Arbeit zum Phänomen des ‚orientalisierenden' Stils auf Kreta als einer Reflexion des Spannungsfeldes zwischen individuellen und gemeinschaftlichen Bemühungen um gesellschaftliche Anerkennung. Und die Ausgrabungen des im östlichen Kreta gelegenen Azoria, die Donald Haggis und sein Team im Jahr 2002 begannen, sind noch längst nicht abgeschlossen. Sie liefern Jahr für Jahr faszinierende Einblicke in die in Architektur und räumlicher Organisation manifestierte soziopolitische Ordnung einer archaischen Polis.[13]

---

13 Sporn 2002 sowie Prent 2005; Sjögren 2003 und 2008 sowie Wallace 2010; Erickson 2010; Pilz 2011 und Brisart 2011; Haggis et al., etwa 2004 und 2011.

Doch häufig lassen diese Arbeiten es an einer geschichtswissenschaftlichen Fragestellung fehlen, mit deren Hilfe sie das von ihnen zur Verfügung stehende Material in ein Narrativ der soziopolitischen Organisation kretischer Poleis einweben könnten. Überdies nehmen diese Darstellungen eben jeweils allein kretische Befunde in den Blick und versäumen es, die materielle Kultur und soziopolitische Entwicklung der Insel im Kontext anderer Regionen des griechischen Kulturraums zu behandeln. Und schließlich kommen die archaischen Inschriften in diesen archäologisch ausgerichteten Studien durchweg zu kurz; die literarischen Quellen zu Kreta gelten ihnen aus einer Reihe von Gründen, die später erläutert werden sollen, ohnehin als disqualifiziert.[14] Mir geht es mit diesem Buch darum, den archäologisch dominierten Darstellungen des archaischen Kreta eine Studie mit geschichtswissenschaftlicher Methodologie – nicht gegenüber, sondern – an die Seite zu stellen. Die historisch-archäologische Synthese aber möge ein anderer unternehmen.[15]

Die Kapitel dieser Arbeit

Im Folgenden seien einige Themen und Gedanken der folgenden Kapitel umrissen.[16] Die drei Kapitel des ersten Teils dieser Studie führen in die Besonderheiten archaischer Politien auf Kreta ein. Neben den materiellen Befunden werden die maßgeblichen literarischen und epigraphischen Zeugnisse vorgestellt und für deren unbedingte gemeinsame Auswertung plädiert. Es werden Argumente vorgebracht, die Entwicklung kretischer Politien weniger durch eine Modellbildung zur Entstehung von Staatlichkeit als vielmehr durch eine Analyse von Institutionalisierung in den Blick zu nehmen.

Das Kapitel *Materielle Kultur und kulturelle Praktiken* beschreibt zunächst in groben Zügen die anhand archäologischer Befunde zu rekonstruierende Entwicklung der Insel in der geometrischen und orientalisierenden Zeit. Deutlich wird, dass die materielle Kultur kretischer Siedlungen für das 10. bis 7. Jh. das Bild einer zunehmend stratifizierten Gesellschaft und untereinander auf Differenzierung bedachter Eliten zeichnen lässt. Um 630 allerdings beginnt sich ein Wandel in der materiellen Kultur in nahezu allen uns bekannten Orten der Insel zu vollziehen, der in der Vergangenheit als eine ‚Austerisierung' Kretas beschrieben beziehungsweise schlicht als „the Cretan gap" etikettiert wurde.

---

14 Hierzu s. das Kapitel *Politeia*.
15 Erste Ausblicke einer Zusammenarbeit zwischen Archäologen und Historikern, Epigraphikern und Rechtshistorikern bieten die in Pilz/Seelentag 2014 versammelten Beiträge, deren Autoren zumeist eine Fragestellung verfolgen, die nicht von einer Disziplin allein gelenkt ist.
16 Eine Zusammenschau wichtiger Themen dieser Arbeit und den Versuch, die soziopolitischen Charakteristika kretischer Poleis insgesamt in den Blick zu nehmen, bietet Seelentag 2013.

Denn am Ende des 7. Jh. bricht offenbar die Belegung aller Nekropolen der Insel ab; in fast allen Kultstätten Kretas das Votivaufkommen stark zurück. Auch sind zwischen 600 und 400 kaum monumentale Steinskulpturen und elaborierte Tongefäße bekannt. Im gleichen Zeitraum importierte Kreta nur ganz geringe Mengen von Keramik aus Athen und Korinth. Die Tradition figürlicher Bildkunst, etwa auf Keramik, bricht ab; fortan tranken die Kreter vorzugsweise aus einhenkligen, schwarzgefirnissten Bechern. Und ab etwa 600 findet weder auf Gefäßen, etwa in Form von Eigentümerinschriften, noch auf Grabstelen oder in Weihinschriften Schrift Verwendung. Aus den panhellenischen Heiligtümern sind nur wenige kretische Weihegaben bekannt, kaum einmal ist in deren Agonen ein Sieger aus irgendeiner der Inselpoleis überliefert.

Erst seit kurzer Zeit wird deutlich, dass der *Archaic Gap* Kretas in erster Linie eine Frage des Sichtbar-Machens von Überresten ist. Die Forschung beginnt gerade erst, die Zeugnisse der materiellen Kultur Kretas nach 600 zu identifizieren und zu datieren.[17] Diese Studien machen deutlich, dass keinesfalls die Rede sein kann von einem Verschwinden der materiellen Hinterlassenschaften, sondern von einer – allerdings umfassenden und höchst bemerkenswerten – Austerisierung. Dieses Kapitel ist bemüht zu zeigen, dass sich der komplexe kretische Befund als Ausdrucksform eines sozialen Phänomens zusammenfassen lässt: der beinahe vollständigen Unsichtbarkeit von Praktiken, mit denen die Eliten in den meisten anderen Teilen der griechischen Welt ihre wirtschaftliche Potenz und soziale Überlegenheit präsentierten. Ein kretischer Aristos stellte sich offenbar weder durch die Zurschaustellung seines eigenen Reichtums noch seiner persönlichen Errungenschaften, welche allein ihm selbst, nicht aber seiner Polis und seinen Mitbürgern zum Ruhme gereichten, vor den Augen seiner politischen Gemeinschaft und dem Rest der griechischen Welt dar.

Der in der materiellen Kultur ab Ende des 7. Jh. zu beobachtende Prozess ist also wesentlich die Reflexion eines radikalen Wandels in kulturellen Praktiken, nämlich darin, wie sich der Einzelne zu seiner Gemeinschaft verhielt und dies darstellte. Dahinter scheint die in einer Reihe zentralkretischer Poleis bewusst getroffene Entscheidung zu stehen, auf jene Herausforderungen der Zeit zu reagieren, die wir seit dem 7. Jh. auch in anderen Regionen der griechischen Welt beobachtet können: Wie können die angesichts der komplexer werdenden sozialen Organisation anfallenden Gemeinschaftsaufgaben bewältigt werden? Wie gestaltet sich das Verhältnis des Einzelnen, insbesondere des Aristos zu seiner Gemeinschaft? Wie kann diese Gemeinschaft in der Polis konfliktfrei zusammenleben?

Die mit dem beschriebenen Wandel zeitlich parallel einsetzende Verinschriftlichung und Monumentalisierung von Regelungen im öffentlichen Raum verschiedener kretischer Poleis, lässt tatsächlich schon im 7. Jh. eine Auseinandersetzung zwischen den Aristoi der Polis erkennen und die Bemühungen der Polis – einer

---

17 Dies sind vor allem Erickson 2010 und Wallace 2010.

abstrakten Entität, die das Gemeinwesen repräsentierte und seine verschiedenen Teile inkorporierte –, diesem Konfliktpotential durch ethische Homogenisierung des Gemeinwesens und Umorientierung des aristokratischen Konkurrenzstrebens entgegen zu treten. Die Macht der Regelungen sollte die neue Gesellschaftsordnung abstützen, ihre monumentale Verinschriftlichung an öffentlichen Gebäuden im öffentlichen Raum der Polis ihre normative Kraft für die politische Gemeinschaft herausstellen.

Dabei gestatten die kretischen Inschriften der archaischen Zeit auch den Blick in die normative Ordnung dieser Gesellschaft; wir erkennen die politische Imagination, das idealisierte Selbstbild der Ordnung kretischer Poleis, das auf dem Ideal der Egalität aller Politen aufbaute – einem Ideal, dem die Realität freilich nicht entsprach. Der oben skizzierte gesellschaftliche Wandel wäre ohne ausgeprägt hierarchische Strukturen auch gar nicht zu steuern und dauerhaft umzusetzen gewesen. Tatsächlich war Kreta die wohl einzige griechische Gesellschaft, in der es den Aristoi gelang, eine stabile, da institutionalisierte Adelsherrschaft auf Dauer zu stellen. Und ein restriktiver Umgang mit den ‚Anderen‘ – freien Fremden wie Unfreien – war von größter Bedeutung für die Erzeugung eines Gemeinschaftsgefühls der Politen, das deren natürlich bestehende Binnendifferenzen überbrücken sollte.

Alle folgenden Kapitel dieses Buches sind den Fragen gewidmet, was die kretischen Gemeinwesen zu solchen Eingriffen in die gesellschaftliche Ordnung bewegte und wer deren treibende Kräfte waren. Wir werden untersuchen, ob hinter dem Ideal gesellschaftlicher Gleichheit und der Aufgabe konventioneller Praktiken aristokratischer Distinktion der Druck des Demos auf seine Eliten stand; oder ob wir hier Bemühungen der Eliten reflektiert sehen, ihre Konkurrenz untereinander einzuhegen und durch kooperatives Handeln ihre gesellschaftliche Überlegenheit zu behaupten. Und schließlich widmet sich dieses Buch der Frage, wie diese Gesellschaftsordnung durch Institutionen abgesichert wurde.

Das Kapitel *Institutionalisierung und Bürgerstaatlichkeit – Eine epische Perspektive* übt zunächst Kritik an einer in der Fachliteratur häufig durchscheinenden Meistererzählung des frühen Griechenlands. Jener liegt die Vorstellung einer Evolution oder gar Teleologie griechischer Geschichte zugrunde, welche eine Entwicklungslinie zieht von den in den frühen Epen gespiegelten Verhältnissen über verschiedene frühe Gesetze hin zur klassischen Polis. Als Höhepunkt dieser Entwicklung gilt dann zumeist das demokratische Athen. Diese Meistererzählung aber beeinflusst unsere Wahrnehmung der archaischen Zeugnisse. Demgegenüber plädiert diese Arbeit dafür, die Quellen des archaischen Kreta nicht im Lichte späterer Entwicklungen zu deuten, ob nun auf Kreta oder in anderen Teilen der griechischen Welt; und die kretischen Inschriften stattdessen vor dem Hintergrund der frühen Epen zu sehen, von denen aus erheblich mehr Wege beschritten wurden als nur derjenige hin zur athenischen Demokratie.

Der zweite Abschnitt dieses Kapitels stellt die in der heutigen Altertumswissenschaft gängige, von sozialanthropologischen Ansätzen beeinflusste Erklärung einer

Entwicklung von Staatlichkeit im archaischen und klassischen Griechenland vor und skizziert die mit dieser Modellbildung verbundenen Schwierigkeiten und Defizite. Denn die Vorstellung erscheint unzulänglich, der Grund der Herausbildung von Institutionen liege in einem ‚gesellschaftlichen Bedürfnis‘: Dass nämlich unter bestimmten Umständen zwangsläufig bestimmte Entwicklungen einsetzten, welche die gesellschaftliche Komplexität zunehmen ließen und immer wieder anfallende Aufgaben, wie die Streitschlichtung, aus Gründen der Effizienz als eigene Felder mit festen Regeln etablieren ließen. Als einen Gegenentwurf hierzu plädiert diese Arbeit dafür, die soziopolitischen Entwicklungen der Archaik mit dem Modell der Institutionalisierung zu beschreiben und zu analysieren. Dieses nimmt gezielt das Prozesshafte der frühgriechischen Vergesellschaftung in den Blick, die tastende Einrichtung von Institutionen und deren oftmals nur prekäre Akzeptanz. Es ist bemüht, die Perspektiven der Akteure zu rekonstruieren, welche diese Entwicklungen vorantrieben oder hemmten; und es ermöglicht, auch Institutionen zu untersuchen, die über die jeweils einzelne Polis hinausgriffen.

Hiervon ausgehend blickt der dritte Abschnitt dieses Kapitels auf die in den homerischen und hesiodeischen Epen reflektierten Gesellschaftsformen. Dies erlaubt eine erste Modellbildung zur Beantwortung unserer Frage, welche Akteure und Interessenlagen die Institutionen der frühen Polis geschaffen und konturiert haben mögen. Zu diesem Zweck werfen wir einen Blick auf die Wertewelt archaischer Dorfgemeinschaften und die damit einhergehenden Optionen des Demos zu initiativer Handlung; außerdem auf spezifische Modi des elitären Wettbewerbs, die denjenigen auszeichneten, der zum Wohle der Gemeinschaft handelte. Dies lässt deutlich werden, dass das in dieser Arbeit für Kreta rekonstruierte Szenario überhaupt plausibel sein kann: Dass nämlich die Eliten im Angesicht äußeren und inneren Drucks auf die Gemeinschaft sowie einer Erwartungshaltung des Demos ihre Konkurrenz weitgehend auf das politische Feld konzentrierten; auf das gemeinsame Wohl aller politischen Akteure hin orientiert und nicht zuletzt auch zu dem Zweck, ihre kollektive soziale Überlegenheit institutionell abgesichert auf Dauer zu stellen.

Das Kapitel *Politeia – Die strukturelle Ähnlichkeit kretischer Politien* stellt zunächst die wichtigsten literarischen und epigraphischen Quellen vor, die uns für eine Rekonstruktion der soziopolitischen Verhältnisse des archaischen Kreta zur Verfügung stehen. Es begegnet Einwänden, die in der Frage, ob die Gemeinwesen der an Poleis überaus reichen Insel eine gewisse Gleichförmigkeit in ihrer soziopolitischen Organisation zeigten, sehr kritisch Stellung beziehen. Und so ist das Kapitel zu zeigen bemüht, dass die uns aus zahlreichen Poleis erhaltenen Inschriften sehr deutlich strukturelle Ähnlichkeiten dieser Gemeinwesen reflektieren; dass sie erkennen lassen, dass sämtliche dieser Poleis mit ähnlichen gesellschaftlichen Herausforderungen konfrontiert waren und vergleichbare Wege suchten, mit diesen umzugehen. So war ihnen allen etwa die fortdauernde Schwäche institutioneller Macht gemein; und das Bemühen, die in sich bezüglich Status und wirtschaftlicher Potenz heterogene Menge der Bürger durch die Erzeugung von Alterität gegenüber ‚Anderen‘

als eine Gruppe mit gemeinsamer Identität und dem Gefühl sozialer Überlegenheit zusammenzuschweißen.

Auch zeigt dieser Teil der Arbeit, dass – entgegen in der englischsprachigen Forschung verbreiteter Ansichten – die literarischen Quellen des 4. bis 2. Jh., wie etwa Ephoros, Platon und Aristoteles sowie einige uns erhaltene kretische Lokalhistoriker, Wert für eine Rekonstruktion des archaischen Kreta besitzen. Sie verfassten ihre jeweilige Darstellung kretischer Verhältnisse durchaus nicht allein, um ein Gegenbild zur spartanischen Politeia zu entwerfen, was für eine Verzerrung der kretischen Verhältnisse gesorgt habe. Auch wird plausibel, dass diese Autoren über voneinander unabhängige Informationen über die Verhältnisse in einer Reihe von kretischen Poleis verfügten.

Schließlich zeigt das Kapitel, dass sich der literarische mit dem epigraphischen Befund zur Deckung bringen lässt. Nicht nur zeigen beide Quellengattungen immer wieder Übereinstimmungen in Detailfragen, vor allem lassen sie durchgängig die gleichen soziopolitischen Strukturen erkennen. Daraus resultiert die Möglichkeit, ja: die Notwendigkeit, beide Gattungen für eine historische Rekonstruktion des archaischen Kretas heranzuziehen. Allerdings gilt der methodische Postulat, dass eine solche Rekonstruktion von den archaischen Quellen ausgehen muss. Und so zieht diese Arbeit in den meisten Fragen die späteren literarischen Zeugnisse erst an zweiter Stelle heran. Gleiches gilt für die kretischen Inschriften hellenistischer Zeit; auch sie dienen eher der Absicherung und Plausibilisierung von anhand der archaischen Inschriften erreichten Ergebnissen und Hypothesen, denn deren Formulierung.

Am Ende dieses zweiten Kapitels steht ein kurzer Einblick in die Darstellung Kretas in den homerischen Epen. Jene stellen einerseits die Insel als eine von außen wahrzunehmende Einheit dar, anderseits betonen sie die Diversität ihrer Bevölkerungsgruppen und Poleis. Es wird gezeigt, wie dies mit den in der materiellen Kultur deutlichen Eigenheiten Kretas zur Deckung zu bringen ist.

Der zweite Teil dieser Studie widmet sich den – im engeren Sinne – politischen Institutionen, jenen Akteuren, die eine Rolle bei der Herstellung der für die Gemeinschaft verbindlichen Entscheidungen in kretischen Poleis spielten.

So betrachtet das Kapitel *Kosmos – Institutionen konturieren* Ämter und Verfahren aus verschiedenen Poleis und versucht, deren Institutionalisierung nachzuvollziehen. Besonderes Augenmerk gilt den hierbei zu beobachtenden Bemühungen, die persönliche Macht Einzelner mit einer Reihe von Mechanismen einzuhegen und das Prinzip der institutionellen Macht zu definieren und abzusichern. Durch die Zusammenschau von Maßnahmen, welche die frühen Gesetzesinschriften erkennen lassen, wird zunächst ein Modell der Institutionalisierung von Ämtern und Verfahren im archaischen Kreta entworfen. Es schließt sich eine ausführliche Fallstudie zu einer der frühesten kretischen Regelungen, einer der prominentesten Quellen der griechischen Archaik überhaupt an: dem Gesetz über die Iteration des Kosmos von Dreros aus dem ausgehenden 7. Jh. Anhand dieses Zeugnisses wird jene Phase näher betrachtet, in welcher das Miteinander, doch eben auch Gegeneinander von persönlicher und institutioneller Macht sehr deutlich waren – ein Konfliktpotenzial, das während des gesamten in dieser Arbeit betrachteten Zeitraums zu beobachten ist.

In seinem weiteren Verlauf widmet sich das Kapitel dem Kosmos, und damit dem obersten Amt kretischer Poleis, über welches wir anhand der archaischen Inschriften verschiedener Poleis vergleichsweise gut informiert sind und anhand dessen Konturierung sich die Schritte früher Institutionalisierung nachvollziehen lassen. Sie umfassen etwa die funktionale Differenzierung von Gemeinschaftsaufgaben, deren Übertragung in die Verantwortung mehrerer Institutionen sowie die Etablierung von Regeln für das Zusammenspiel dieser Institutionen. Zu ihnen gehören auch die Vereinheitlichung der Rekrutierung der Amtsträger sowie die Schaffung von Mechanismen zu deren Kontrolle während und nach ihrer Amtszeit. Es wird deutlich, dass sämtliche dieser Maßnahmen das Bemühen zeigen, die persönliche Macht Einzelner zu beschränken und möglichst vielen – sozial weniger einflussreichen – Mitgliedern der Eliten einen Zugang zur institutionell abgesicherten Macht zu ermöglichen.

Der darauf folgende Abschnitt nimmt einige Institutionen in den Blick, etwa die aus Gortyn bekannten Titai und Esprattai, die im Namen der Polis deren Ansprüche gegenüber Amtsträgern und auch Privatpersonen durchzusetzen beauftragt waren. Besonderes Augenmerk gilt hier dem in den diesen Gesetzen reflektierten Problem, wie mit diesen ‚Gewaltakten‘ der Zwangsvollstreckung umzugehen sei. Schließlich wurden diese durch eigentlich ja unbeteiligte Personen vorgenommen, die hier aber eben gerade nicht als Privatleute, sondern als mit dieser Aufgabe betraute Träger institutioneller Macht auftraten. In seinem letzten Teil widmet sich dieses Kapitel einer Institution, die ganz andere Merkmale als die bis dahin behandelten aufweist: den aus verschiedenen Poleis bekannten Mnamones. Die Inhaber dieser Tätigkeit sollten gerade nicht nach einem von Vorneherein festgelegten Zeitraum aus ihrem Amt scheiden, vielmehr sollten sie der Polis auf möglichst lange Zeit dienen. Ihre Aufgabe bestand darin, die Tätigkeiten anderer Amtsträger zu begleiten, um sich in späteren Streitfällen an die Umstände, etwa die Orte dieser Handlungen oder die an jenen beteiligten Personen zu erinnern, um auf diese Weise – gewissermaßen als offizielle Zeugen – zur Beilegung dieser Konflikte beizutragen.

Anknüpfend an das Kapitel *Kosmos* und ausgehend von der Aussage des Aristoteles, die Bürgerversammlungen kretischer Poleis besäßen allein die Macht, in einer Abstimmung dem zuzustimmen, was zuvor bereits Kosmos und Rat beschlossen hatten, sind die folgenden drei Kapitel um eine Rekonstruktion der Prozesse politischer Entscheidungen bemüht. Zunächst nimmt das kurze Kapitel *Agora – Die Versammlungen der Bürger* all jene Inschriften des archaischen Kreta in den Blick, die auf eine Akteursrolle der – unter anderem ‚Agora‘ genannten – Bürgerversammlung hinweisen. Aus deren Zusammenschau und unter Heranziehung hellenistischen Materials kann plausibel gemacht werden, dass die Bürgerversammlungen kretischer Poleis nach dem Mehrheitsprinzip abstimmten. Bemerkenswert scheint vor diesem Hintergrund, dass die Politen die Entscheidungen des Kosmos und Rates auch hätten ablehnen können, dies aber offenbar nicht taten. Die Vermeidung einer Zurschaustellung von Dissens beziehungsweise die Unmöglichkeit, dass ein solcher überhaupt entstehen konnte, gingen wohl nicht zuletzt auf den im davor stehenden Einfluss der Kosmen zurück, maßgeblich aber dürfte dafür die starke Position der Ratsorgane verantwortlich gewesen sein.

Diese Gremien untersucht das Kapitel *Bola – Ratsversammlungen*. Wenn die literarischen Quellen die große Macht der Bola kretischer Poleis betonen, steht dies in bemerkenswertem Gegensatz zur nur seltenen Erwähnung von Ratsorganen in den archaischen Inschriften. Zunächst trägt dieses Kapitel all jene Zeugnisse zusammen und zeichnet auf diese Weise ein erstes Bild von Aufgaben der Ratsmitglieder und den Umständen von deren Ernennung. Es wird deutlich, dass die Ratsorgane kretischer Poleis umfassende Aufgaben besaßen, unter anderem bei der Kontrolle von Funktionsträgern, und dass die eigentliche Macht dieser Gremien gerade im Fehlen festumrissener Kompetenzen lag. Damit geht die Beobachtung einher, dass der große Einfluss der Bouleuten wohl weniger aus der institutionellen Macht dieser Gremien resultierte, sondern eher auf die gesammelte persönliche Macht ihrer Mitglieder zurückzuführen war. So zeigt etwa die Zusammenschau literarischer und epigraphischer Quellen, dass potentielle Ratsmitglieder einen mehrstufigen Prozess der Selektion und Prüfung ihrer Eignung für diese Funktion zu durchlaufen hatten. Somit kamen nur einige der ehemaligen Kosmen – eine für sich schon exklusive Gruppe, da ihre Vertreter nur aus ausgesuchten Familien stammten – als Mitglieder des Rates infrage. Überdies scheinen hoch angesetzte Mindestaltersgrenzen für die Bouleuten gegolten zu haben. Angesichts der Relevanz von Altersklassen in kretischen Politien und der mit hohem Alter verbundenen grundsätzlichen Wertschätzung und Autorität dürfte nicht zuletzt dieses Merkmal ihres hohen Alters die gesellschaftliche Macht der Bouleuten befördert haben. Es war dieser, ganz unterschiedliche Kriterien umfassende Selektionsprozess, der die Grundlage für eine ethische Homogenisierung der Ratsmitglieder legte, welche es ihnen schließlich ermöglichte, gegenüber Kosmos und vor allem Agora mit jener Autorität aufzutreten, welche die hierarchische Steuerung der Bürgerversammlung möglich machte.

Das Kapitel *Polis – Autorität in kretischen Inschriften* stellt die Frage, welche Personen oder Institutionen jene ‚Polis‘ umfasste, die für zahlreiche der archaischen Inschriften als beschließende Autorität verantwortlich zeichnete. Zu diesem Zweck wirft das Kapitel einen genaueren Blick auf die Beschlussformeln dieser Inschriften. Diese bieten Informationen über die an den jeweils verzeichneten Entscheidungen beteiligten Akteure und setzen dabei ‚die Polis‘ in Beziehung zu anderen Institutionen, zum Rat etwa, den Phylen oder den Hetairien. Die Zusammenschau dieses Materials zeigt, dass die Erwähnung der Polis jenen von Aristoteles explizierten und in den vorangegangenen Kapiteln anhand des archaischen Materials plausibel gemachten mehrstufigen Prozess zur Herstellung politischer Entscheidung reflektiert, in welchem die Bürgerversammlung den zuvor getroffenen Entscheidungen seiner in Rat und Kosmos versammelten Eliten zustimmte: Nur das Miteinander beider Verfahrensteile brachte allgemein verbindliche Beschlüsse hervor. Der vergleichende Blick auf verschiedene Zeugnisse der frühen Dichtung und das von ihnen akzentuierte Konzept der ‚ganzen Polis' lässt dann auch deutlich werden, dass dort, wie in den Inschriften, ‚die Polis' als eine Entität zu verstehen ist, die das Gemeinwesen und seine Entscheidungen als die Zuständigkeit aller Bürger und aller maßgeblichen Akteure der politischen Ordnung beschrieb und beschwor.

Somit implizierte dieses integrative Konzept der ‚Polis' die Existenz zweier Verfahrensteile und der hinter ihnen stehenden Akteure, ging also nicht über deren Unterschied hinweg; vielmehr bestätigte es damit immer wieder ihrer beider Relevanz und beschwor ihren Zusammenhalt, der für die Wohlordnung des Gemeinwesens notwendig war. Die Schaffung dieser Entität reflektiert die parallelen Bemühungen verschiedener Poleis ab dem 7. Jh., nicht allein die in der Gesellschaft vorhandenen potentiellen Bruchlinien zwischen Demos und Eliten zu überbrücken, sondern auch eine Organisationsform aller Politen zu schaffen, welche die für den Einzelnen jeweils Sinn und Identität vermittelnden Organisationsformen wie Andreia und Phylen integrierte.

Diesen unterhalb, neben oder sogar entgegen der Polis stehenden soziopolitischen Organisationsformen widmet sich der dritte Teil dieser Arbeit *Integrationskreise der Politen*. Den Anfang macht das Kapitel *Eleutheros – Der ‚Bürger' und die ‚Anderen'*, das kritisch die Ansicht hinterfragt, es habe bereits in archaischer Zeit die Vorstellung eines klar konturierten Bürgerrechts gegeben, und das stattdessen um eine Definition bemüht ist, was den Bürger einer kretischen Polis ausmachte. Dies geschieht aus verschiedenen Richtungen. Zunächst gilt der Blick verschiedenen Termini, welche politische Akteure und von der Partizipation Ausgeschlossene benannten. Diese Bezeichnungen erlauben erste Einblicke in eine Reihe von Praktiken, die in verschiedenen soziopolitischen Integrationskreisen ihren Platz hatten und an denen teilzuhaben dem Individuen die Anerkennung seiner Statusgenossen einbrachte, einer der ihren zu sein. Die sich anschließende genauere Betrachtung verschiedener Gruppen, die nicht oder nicht im vollen Umfang politisch partizipierten, lässt erkennen, dass die maßgebliche gesellschaftliche Trennlinie kretischer Poleis nicht zwischen Aristoi und Damoden oder Freien und Unfreien verlief. Vielmehr lag diese zwischen den vollumfänglich partizipierenden Politen, welche die zwischen ihnen bestehenden – vornehmlich materiellen – Unterschiede mit ihrer Selbstideologisierung als allein und wahrhaft ‚Freie' und darin ‚Gleiche' zu bemänteln suchten, und allen ‚Anderen' – einer heterogenen Gruppe, die verschiedene Kategorien von Unfreien und Fremden umfasste. In seinem weiteren Verlauf widmet sich das Kapitel jenen Institutionen, welche den Umgang der Politen mit den ‚Anderen' zu kontrollieren bemüht waren. So werden etwa in den Aufgaben des aus Gortyn bekannten Xenios Kosmos einige der zwischen Politen und Fremden vorhandenen Konfliktfelder deutlich.

Und schließlich analysiert das Kapitel einige Inschriften aus verschiedenen Poleis, denen gemeinsam ist, dass sie Individuen, die bislang nicht zu den politischen Akteuren der jeweiligen Polis gehörten, dahingehend privilegieren, in Zukunft an den Praktiken einer Reihe soziopolitischer Integrationskreise teilhaben zu dürfen. Darunter zählten etwa die Eingliederung in den Kreis jener, die Eigentum an Haus und Grund in der Polis haben und in ihren Streitfällen untereinander bestimmte Rechtsregeln beanspruchen durften; die an den Mahlgemeinschaften der Männer teilnehmen und im Gymnasion trainieren durften. Als Resultat dieser Untersuchungen kann festgehalten werden, dass jene für das Individuum identitätsstiftenden Integrationskreise nicht aus einem Bereits-Vorhandensein einer starken und klar konturierten Polisgemeinschaft resultierten, sondern diese überhaupt erst herstellten. Die Einbindung eines Mannes in mehrere dieser Integrationskreise und seine darin gespiegelte Akzeptanz, ein seinen Statusgenossen gleichberechtigter Akteur zu sein, waren überhaupt erst die Voraussetzung für seine Teilhabe am Gemeinwesen. Hierbei wird deutlich, dass unter den für Selbstverortung und Fremdwahrnehmung des Einzelnen maßgeblichen Integrationskreisen, die Teilhabe ‚an der Polis‘ wohl nicht die bedeutendste war.

Das Kapitel *Pyla – Unterabteilungen der Polis* widmet sich einem der wichtigsten jener Integrationskreise. Es geht von der Überlegung aus, dass die bereits in unseren frühesten epigraphischen Quellen als sinnhafte Einheiten beschriebenen Binnenstrukturen der Polis, wie etwa die Phylen, in jener Form erst im Zuge der Polisbildung entstanden waren. Und doch scheinen ihnen ältere Strukturen zugrunde gelegen zu haben, die als Integrationskreise für den Einzelnen und seine Hausgemeinschaft von Bedeutung waren. Diese ermöglichten überhaupt erst, auf ihrer Grundlage und mithilfe der ihnen eigenen organisatorischen Strukturen im Vergesellschaftungsprozess der frühen Polis die in unseren Zeugnissen genannten Phylen zuzuschneiden und einzurichten. Ein erster vergleichender Blick gilt den Strukturen des *phylon* und der *phretre* in der *Ilias* und den Phylen in den Liedern des Tyrtaios. In diesen Quellen ergibt sich das Bild von Gruppen mit jeweils eigener Identität, die aber doch ein gemeinsames Ziel verfolgen und einander im Kampf unterstützen. Vor allem auf der Grundlage des in der *Ilias* reflektierten Szenarios wird die Arbeitshypothese formuliert, dass den Phylen archaischer Poleis lokale Siedlungsgemeinschaften zugrunde lagen. Es schließen sich Gedanken an, die mithilfe der Modelle des Funktionierens von segmentären Gesellschaften und *closed corporate communities* eine Erklärung suchen, wie solche Nachbarschaftsverbände und Siedlungsgemeinschaften zu Phylen hätten zusammengeführt werden können.

Anhand des Befundes kretischer Inschriften wird dann etwa deutlich gemacht, dass bereits im 7. Jh. die Phylen an den Verfahren der politischen Entscheidung beteiligt waren. Dabei gibt es Hinweise aus dem Gortyn des 5. Jh., dass die Phylen miteinander in Konkurrenz standen, welche von ihnen das nächste Kosmenkollegium stellen durfte. Doch nicht allein als Einheiten politischer, sondern auch militärischer Partizipation waren die Phylen kretischer Poleis sinnhaft; die Bürgerversammlung scheint als eine Versammlung der waffentragenden Männer aufgestellt gewesen zu sein. Tatsächlich legt das gortynische Material nahe, dass den Phylen wohl tatsächlich lokale Siedlungsgemeinschaften zugrunde lagen – die freilich im Prozess der Polisbildung in charakteristischer Weise gruppiert und institutionalisiert wurden. Unser Material lässt uns auch erkennen, dass es ‚die Polis' vor gewaltige Herausforderungen gestellt haben dürfte, diese und andere soziopolitische Integrationskreise, die für das Individuen jeweils sinnstiftend und untereinander durchaus kompetitiv ausgerichtet waren, zum Gemeinwesen zu formieren.

Der letzte Abschnitt dieses Kapitels nimmt die zahlreichen aus Kreta bekannten Namen von Phylen und Monaten in den Blick und widerspricht der Ansicht, dass die in jenen deutliche Vielfalt eine bemerkenswerte ethnische Heterogenität der Bewohner kretischer Poleis reflektiere, wie sie schließlich ja schon in der Beschreibung der Insel in der *Odyssee* zum Ausdruck komme. Dementgegen wird dafür plädiert, in der Vielfalt dieser Namen ein Stück intentionaler Geschichte reflektiert zu sehen. Grundlage der in ihnen aufscheinenden Heterogenität scheint das Bemühen von Gruppen innerhalb der Gemeinschaft gewesen zu sein, sich von anderen solchen Gruppen abzugrenzen und für eine solche Alterität auch mythische und ethische Argumente zu bemühen.

Ein gewisses Gegengewicht zu diesen untereinander kompetitiven lokalen Siedlungsgemeinschaften stellten die Speisegenossenschaften der waffentragenden Männer dar, Hetairien oder Andreia genannt, welche das Kapitel *Andreion – Die Aristokratisierung des Demos* in den Blick nimmt. Wie die Phylen betrachten wir auch die Andreia als Manifestationen einer Institutionalisierung älterer Praktiken, welche im Zuge der gesellschaftlichen Veränderungen des 7. Jh. charakteristisch überformt wurden. Um den Ursprüngen dieser Mahlgemeinschaften nachzugehen und damit auch die Prozesse der Veränderung auf der Insel besser zu verstehen, untersuchen wir verschiedene Typen von Gemeinschaftsmahlzeiten in der frühgriechischen Welt. Mithilfe der von Michael Dietler entwickelten Typologie von *feasts* nach den in ihnen zum Ausdruck kommenden Strukturen von Gleichheit und Hierarchie entwickelt dieses Kapitel auf Grundlage des epischen und archäologischen Befundes der frühen Eisenzeit und Früharchaik ein Modell kommensaler Praktiken in der frühen Polis, jenseits von ‚Symposion' und ‚Syssition'.

Dabei wird plausibel, dass die Andreia zwei Mahltypen in sich vereinigten, deren einer das Ideal der Statusgleichheit der Gruppenmitglieder untereinander und deren gemeinsame Überlegenheit gegenüber den aus ihrer Runde Ausgeschlossenen betonte; deren anderer allerdings die materiell begründete Ungleichheit der miteinander Zechenden und Speisenden zur Schau stellte. Diese Entstehung der Andreia lässt die soziopolitische Transformation kretischer Gemeinwesen in der 2. Hälfte des 7. Jh. als eine ‚Aristokratisierung des Demos' erscheinen, bei welcher kommensale Praktiken, die ursprünglich allein den Eliten der Polis offenstanden, nun auf einen weiteren Kreis von sämtlichen Vollbürgern ausgedehnt wurden. Diese grenzten sich fortan als eine Gruppe der in ihrer Partizipation an den Andreia nominell Gleichrangigen von allen Anderen ab, die dadurch gekennzeichnet waren, dass ihnen dieses Privileg nicht offenstand.

Der zweite Teil des Kapitels widmet sich den archäologischen Befunden von Gebäuden verschiedener kretischer Poleis, in denen Gemeinschaftsmahlzeiten stattfanden, und ist bemüht zu zeigen, dass während des 7. Jh. eine deutliche Erweiterung der für gemeinschaftliche Kommensalität vorgesehenen Räume zu beobachten ist. Plädiert wird dafür, die etablierte Etikettierung von Gebäudetypen zu hinterfragen. Denn ‚Tempel‘, ‚Andreia‘ und ‚Prytaneia‘ suggerieren eine jeweils exklusive Nutzung solcherart bezeichneter Bauten, obschon diese Gebäude – sicherlich während des 8. bis 6. Jh. – für eine Vielzahl von Aktivitäten genutzt wurden, bei denen kleine, klar umrissene Gruppen zusammenkamen, gemeinsam speisten und zechten, einen Kult ausübten und sich berieten.

Der dritte Abschnitt untersucht ausführlich die inschriftlichen und literarischen Zeugnisse für die Andreia und rekonstruiert aus deren Zusammenschau das System von deren Finanzierung sowie die in den Mahlgemeinschaften bestehenden Hierarchien und die Semantik der Verteilung von Speisen und Trank unter den Mitgliedern. Hieraus wird das charakteristische Miteinander von Strukturen der demonstrativen Gleichheit der Hetairoi und solchen ihrer Ungleichheit deutlich. Diese Ungleichheit der Homoioi wurde aber überlagert durch ihre gemeinsame Privilegiertheit gegenüber allen ‚Anderen‘.

Das Kapitel *Paideia – Die Sozialisation des Guten Bürgers* widmet sich den verschiedenen Stufen der Ausbildung, welche die jungen Männer kretischer Poleis vor ihrem Eintritt in die Hetairien zu durchlaufen hatten. Dieser Teil der Untersuchung muss vornehmlich auf der Grundlage des späteren literarischen Materials erfolgen, dessen hoher Aussagewert für die uns interessierende Zeit allerdings durch seine Zusammenschau mit dem – zu diesem Thema freilich geringen – epigraphischen Befund plausible gemacht werden kann. So wird zunächst die Ausbildung der Knaben im Andreion ihres Vaters betrachtet. Ein Vergleich mit der entsprechenden Ausbildungsphase spartanischer Knaben lässt einige Differenzen klar zutage treten, die – trotz augenscheinlicher Ähnlichkeit der politischen Systeme – auf grundlegende Unterschiede der soziopolitischen Organisation Spartas und kretischer Poleis hinweisen.

Ähnliches gilt auch für die sich anschließende Zeit der Ephebie – auf Kreta die Jahre in der Agela, der ‚Herde‘. Deutlich wird, dass sich alle Knaben eines Jahrgangs selbständig um die jeweils Angesehensten aus ihren Reihen zu Kleingruppen formierten. Deren Väter übernahmen die Leitung dieser Gruppen. Dieser Mechanismus der Auswahl brach die während der Knabenjahre etablierten Strukturen der Zugehörigkeit eines Jungen zum väterlichen Andreion auf und sorgte unter den Ephebengruppen für neue Formen von Zusammenhalt. Konsequent wurden die Agelai denn auch von der Polis ernährt.

Jede dieser Kleingruppen trat jeweils geschlossen in eine der Hetairien ein. Dies geschah auf dem Weg der rituellen Entführung des innerhalb dieses Trupps angesehensten Epheben – jener, um welchen sich die Agela einst gruppiert hatte – durch einen Bürger und Hetairos, der hierbei als Vertreter seines Andreions auftrat. Eine genaue Analyse des Rituals, das von Ehrabwägung und Ehrbezeugungen geprägt war, lässt das Ideal des Guten Bürgers kretischer Gemeinwesen deutlich hervortreten. Es zeigt aber auch und abermals, dass die immer wieder betonte Statusgleichheit der Politen untereinander Seite an Seite mit der herausgehobenen Stellung einzelner Familien stand, deren Prominenz über die Generationen perpetuiert wurde; dass dieser Status aber immer wieder durch eigene Leistung und deren Akzeptanz durch die statusniedrigeren ‚Gleichen' bestätigt werden musste.

Das letzte Kapitel *Hetairoi des Hybrias – Aristoi und Demos in kretischen Bürgerstaaten* führt die in dieser Arbeit erzielten Ergebnisse noch einmal zusammen, ist dabei aber mehr als eine bloße Summe des Voranstehenden. Ausgangspunkt sind jene Bemerkungen in der aristotelischen *Politik* zum Verfahren politischer Entscheidung auf Kreta: Die Bürger hätten allein die Möglichkeit, den zuvor schon von Kosmos und Rat getroffenen Entscheidungen in einer Mehrheitsentscheidung zuzustimmen. Ein solcher Prozess ist, im Kontext der Entscheidungsverfahren anderer griechischer Poleis gesehen, ungewöhnlich; und doch lassen die bei der Untersuchung der politischen Institutionen gemachten Beobachtungen ihn plausibel erscheinen. Allerdings lässt sich dieser charakteristische Beschlussprozess nicht adäquat mit der Frage analysieren, ob die kretischen Gemeinwesen nun eher aristokratisch oder doch eher demokratisch geprägt gewesen seien.

An die Stelle einer solchen Dichotomie setzt dieses Kapitel eine entscheidungstheoretische Analyse des beschriebenen Verfahrens und damit des Wesens kretischer Politien in der Archaik überhaupt. Es erweist sich, dass die in den Inschriften reflektierte und von Aristoteles pointiert beschriebene hierarchische Steuerung des Demos durch Rat und Kosmen mithilfe von Institutionen möglich wurde, die eine jahrzehntelange intensive Sozialisierung und ethische Homogenisierung der Eliten wie auch der Menge der Politen gewährleisteten. Ein Blick auf verschiedene gesellschaftliche Felder – so etwa die Rechtsprechung, Kriegführung und politische Diskussion – legt dabei nahe, dass die Eliten kretischer Politien es vermocht hatten, ihre gesellschaftliche Überlegenheit in Macht und letztlich in Herrschaft zu überführen. In allen maßgeblichen Bereichen des öffentlichen und gemeinschaftlichen Lebens gaben sie den Ton an.

Am Ende dieses Kapitels und dieser Arbeit werden die Fragen erörtert, unter welchen Bedingungen ein solcher Primat der Eliten in Gemeinschaften, welche die Gleichheit der politischen Akteure untereinander betonten, entstehen konnte; und wie sich die hier skizzierte ethische Homogenisierung und gesellschaftliche Stabilität mit den Berichten gewaltsamer Auseinandersetzungen um politische Prominenz und Führungspositionen in der Gemeinschaft zur Deckung bringen lassen. Es scheint, dass äußerer und innerer Druck – zum einen durch die außergewöhnliche Enge der Siedlungskammern auf Kreta, die schon früh zu kriegerischen Auseinandersetzungen um Land führten; zum anderen durch die Existenz größerer Mengen von Unfreien, die inmitten der Politen lebten – einen Zusammenhalt aller Bürger erzwangen. Die intensive Sozialisierung des Demos stellte dessen grundsätzliche Akzeptanz der sozialen und politischen Überlegenheit der Aristoi sicher; die Aristoi ließ dies auf jene repulsorischen Praktiken gegenüber den Angehörigen des Demos verzichten, die in anderen griechischen Poleis wesentliche Kampfmittel inneraristokratischer Konkurrenz darstellten.

Im Zuge dieser Prozesse, die sich in der zweiten Hälfte des 7. Jh. ereigneten, wurden mit den Agelai, Andreia und Dromoi soziopolitische Räume geschaffen, in denen die Führer der Gemeinschaft Seite an Seite mit den Damoden standen. Vor allem in den Andreia kam zum Ausdruck, dass soziale und materielle Überlegenheit stets der Gemeinschaft zugute kommen müssten. Hier, in der Nähe zum Demos, hatten sich die Eliten durch ihr Verhalten der Großzügigkeit und Umgänglichkeit sowie durch ihre Aristien für die Polis – Erfolge im Krieg etwa und in Beratungen – immer wieder vor den Augen ihrer Mitmenschen zu bewähren. Der Kampfpreis elitärer Konkurrenz war also in erster Linie die Anerkennung einer Dritten Instanz: der Mitbürger. Als Resultat der erfolgreichen ethischen Homogenisierung herrschte dabei Konsens darüber, dass Konkurrenz im Wesentlichen auf dem politischen Feld auszutragen sei, nicht etwa bei der Entfaltung eines luxuriösen Lebensstils. Alle Konkurrenz der führenden Männer um ihr Ansehen im Demos tastete weder die prinzipielle soziale Überlegenheit der Aristoi, noch ihre Orientierung auf die Mitbürger, noch den Zusammenhalt aller Bürger insgesamt an. Der Konsens, die Konkurrenz auf bestimmte Felder zu beschränken, hatte Bestand. Und dies war eine der wesentlichen Voraussetzungen für eine stabile Vorrangstellung der kretischen Eliten.

Der Untertitel dieses Buches weist darauf hin, dass seine Behandlung des archaischen Kreta eine Fallstudie zu den Umständen von Institutionalisierung im frühen Griechenland überhaupt zu sein versucht – vorgeführt anhand einer Gegend, die uns einen für die Archaik ungewöhnlich reichen Befund an zeitgenössischen Quellen bietet. Hans-Joachim Gehrke hatte seinen am Anfang dieses Abschnittes zitierten, wegweisenden Aufsatz zur sozialen und politischen Ordnung Kretas mit Worten beschlossen, die auch diesem Buch vorangestellt seien: „So spiegelt die Geschichte Kretas die Geschichte Griechenlands insgesamt wie in einem Hohlspiegel wider: Alles ist da, nur größer und deutlicher. Es weiter zu studieren, mag diese Studie angeregt haben.“

II Materielle Kultur und kulturelle Praktiken

„Kreta ist ein Land inmitten des weinroten Meeres, / schön und ertragreich und wellenumflutet; es leben dort Menschen, / viele, ja grenzenlos viele in neunzig Städten, doch jede spricht eine eigene Sprache."[1] Mit diesen Worten beschreibt die *Odyssee* – wohl zu Beginn des siebten vorchristlichen Jahrhunderts – Kreta. Die Insel lag im Schnittpunkt von Seerouten, welche das östliche mit dem westlichen Mittelmeer und das griechische Festland mit Nordafrika und Ägypten verbanden. Den homerischen Epen galt denn auch die Mobilität seiner Bewohner zu See als bemerkenswert. Tatsächlich stellten die Jahrhunderte, die auf das Ende der Bronzezeit folgten, für Kreta einen weitaus geringeren Bruch dar, als dies für die meisten anderen Teile Griechenlands der Fall war.[2] Nicht nur waren einige der großen bronzezeitlichen Zentren, etwa Knossos und Phaistos, weiterhin bewohnt; Survey-Ergebnisse der letzten 30 Jahre erbrachten zunehmend den Nachweis für eine Vielzahl von Siedlungen auf der Insel, welche sich in die Zeit von 1200 bis 700 datieren lassen. Die Lebensweise in größeren Gemeinschaften und zentralen Orten war auf Kreta mit dem Zusammenbruch des Palastsystems nicht aufgegeben worden.[3] Während der Eisenzeit scheint Kreta zudem den Kontakt mit dem Vorderen Orient über die Levante niemals verloren zu haben, dies gilt besonders für jene Regionen der Insel, welche über Vorkommen von Eisenerzen verfügten und über Zypern und die Levante das neo-assyrische Reich mit diesem Rohstoff versorgten.[4]

Die kulturelle Vorreiterrolle der Insel für den griechischen Kulturraum vom 10. bis 7. Jh. ist sehr deutlich. So ist auch plausibel, dass sich Handwerker aus Nordsyrien und Phönizien bereits im 10. Jh. auf der Insel aufhielten.[5] Befunde wie etwa der phönizische Schrein in der südkretischen Hafensiedlung Kommos, der in das 9. Jh. datiert, und die späteren, an nahöstliche Vorbilder angelehnten Bronzen aus der Ida-Höhle legen

---

1 Hom. Od. 19.172–5, Übers. von A. Weiher.
2 Einen Überblick über die im Folgenden skizzierte Entwicklung bieten etwa Prent 1996; S. Morris 1992; I. Morris 1998; Coldstream/Huxley 1999; Whitley 2001, 2005 und 2009; Perlman 2000; Kotsonas 2002; Wallace 2010; Coldstream 2013.
3 Wichtig für diese Erkenntnisse waren die Studien von K. Nowicki, bes. 2000 sowie 1992 und 1999.
4 Coldstream 1991; Morris 1992, 118–9 mit Anm. 75–7 und Matthäus 2008. – Die Eisenerzvorkommen Kretas spielen noch in der kretischen Mythologie eine wichtige Rolle; durch Plin. nat. 7.197 und Suda frg. 282 ist ein dem Hesiod zugeschriebenes Werk über die Idäischen Daktylen nachgewiesen, welche den Gebrauch des Eisens erfunden hätten. – Zur Konnektivität im östlichen Mittelmeer s. Horden/Purcell 2000.
5 Zur materiellen Kultur in der orientalisierenden Zeit Kretas mit jeweils umfangreichen Hinweisen auf weiterführende Literatur s. etwa Boardman 1961, 129–59; Morris 1998; Whitley 2005 und 2010; Wallace 2003 und 2010; zum orientalisierenden Stil s. etwa Morris 1992; Markoe 1996; zur für Kreta spezifischen Periode ‚Protogeometrisch B' s. etwa Coldstream 1968, 235–55; Blome 1982, 8–10; zur spätarchaischen und klassischen Zeit s. konzis Prent 1996/97; Whitley 2001, 244–8 und 2009; Erickson 2006, und umfassend nun Erickson 2010; Wallace 2010.

nahe, dass die Insel eine regelmäßige oder sogar längerfristige Präsenz von levantinischen Händlern und Handwerkern erlebte, während derer wichtige Handwerkstechniken vermittelt wurden.[6] Und so beginnt Kreta mit der Herstellung ‚orientalisierender‘ Kunstwerke schon etwa 150 Jahre früher als das griechische Festland. Importierte Orientalia stimulierten die Entstehung großformatiger Statuen aus Kalkstein, sodass sich von Kreta aus die griechische Großplastik verbreitete, der dädalische Stil und die Praxis, Tempel mit Skulpturenschmuck auszustatten.[7] Hier, im Dreros des 8. Jh., wurde die erste Agora der griechischen Welt als öffentlicher Platz für die Kommunikation einer politischen Gemeinschaft reserviert. Die Tradition figürlicher Darstellung war während der Nachpalastzeit auf Kreta nie verloren gegangen, und einige Szenen der Jagdschilde aus der Ida-Höhle wie aus dem Heiligtum des Diktäischen Zeus von Palaikastro lassen Elemente von Narrativität erkennen. Einer dieser Schilde ist das womöglich früheste Zeugnis für von nahöstlichen Einflüssen geprägte sympotische Kommensalität im griechischen Kulturraum. Und die Gestalt der kretischen Buchstaben legt nahe, dass Kreta eine der ersten Stationen in der Adaption phönizischer Schriftzeichen hin zum griechischen Alphabet war, das womöglich von der Insel aus auf den Handelsrouten in alle Teile des griechischen Kulturraums verbreitet wurde.[8] Somit wurden auf der Insel wesentliche Impulse für die Entwicklung von Stilen und Genres in Literatur und bildender Kunst vom Vorderen Orient aufgegriffen und weitergegeben. Das früharchaische Kreta war in vielerlei Hinsicht in seiner Zeit ‚modern‘. Es war vor allem die Nähe zu Ägypten und dem Nahen Osten, die den Eliten der Insel einen vergleichsweise guten Zugang zu luxuriösen Gütern ermöglichte. Sie machen einen Gutteil jener reichen Weihegaben in zahlreichen Heiligtümern der Insel aus, die zusammen mit der Fülle wertvoller, ebenfalls oftmals importierter Beigaben in den Gräbern sowie der Vielfalt von Bestattungsarten in den Nekropolen der Insel uns das Bild einer stratifizierten Gesellschaft und untereinander auf Differenzierung bedachter Eliten bieten.[9]

Wenige Jahrhunderte später hatte sich dieses Bild vollkommen geändert. Im 4. Jh. stellten Platon und Aristoteles fest, dass Kreta aufgrund seiner Lage isoliert sei und dass seine Bewohner nicht an den sozialen und kulturellen Entwicklungen aller

---

6 s. etwa Kunze 1931; Boardman 1961, 134–8 und 1967; Shaw 1989, 1998, 2006; Csapo 1991; Coldstream 1993, 99–101; Matthäus 2000, 2001 und 2005; Stampolidis/Kotsonas 2006; van Dongen 2007 und vgl. Böhm 2001. – Die Diskussion der idäischen Schilde als entweder in Nordsyrien gefertigte Importe, von levantinischen Handwerkern auf Kreta hergestellte oder rein lokal gefertigte Erzeugnisse angelernter kretischer Handwerker zeichnet im Kleinen die Geschichte der Forschung um die Kulturkontakte Griechenlands mit dem Vorderen Orient nach; s. Hoffman 1997.
7 s. etwa Boardman 1978 und 1979; Bol 2002.
8 Kunze 1931, 8–12, Nr. 6, und 31, Nr. 71bis, Taf. 44; hierzu Matthäus 1999, 258; Jeffery 1990, 1–21 und 309–16.
9 s. im Überblick Morris 1997, 59–68; Matthäus 1999; Raaflaub 2004. – Kritische Überlegungen zur Kategorie der ‚Luxusprodukte‘ bietet Foxhall 1998.

anderen Griechen teilnähmen. Die Hinterlassenschaften ganz unterschiedlicher Gattungen der materiellen Kultur bestätigen dieses Bild. In nahezu allen Bereichen und Materialklassen der kretischen Kunstproduktion setzte ab etwa 630 ein Prozess ein, der bis spätestens 575 abgeschlossen war und der eine wesentliche Veränderung der materiellen Kultur in dieser Zeit reflektiert. So bricht am Ende des 7. Jh. offenbar die Belegung aller Nekropolen der Insel ab, die bis dahin reiche orientalisierende Befunde boten.[10] Darüber hinaus geht in fast allen Kultstätten Kretas das Votivaufkommen stark zurück; an einigen Kultplätzen scheint die Aktivität sogar vollständig zum Erliegen zu kommen. Weihungen von höherem Wert – bronzene Schilde, Rüstteile und Votivplaketten etwa – wurden nicht länger gestiftet. Auch monumentale Steinskulpturen sind für die Phase zwischen 600 und 400 kaum nachgewiesen; so sind aus dem gesamten 6. Jh. nur vier fragmentarische Kouroi bekannt. Auch die lange Tradition der Herstellung formenreicher Tonvotive, lebensgroßer Terrakottabüsten und reich verzierter Tonpithoi kommt zum Erliegen.[11] Einen damit korrespondierenden Befund bietet die Siedlungsarchäologie. Bis auf wenige Ausnahmen sind für das 6. wie 5. Jh. auf der gesamten Insel keine Beispiele von datierbarer Hausarchitektur und Spuren von Bewohnung nachzuweisen. Die Anzahl der besiedelten urbanen Strukturen in dieser Zeit scheint erheblich geringer als die aus dem 7. oder dann wieder dem 4. Jh.[12] Auch importierte Kreta während des 6. und 5. Jh. nur ganz geringe Mengen von Keramik aus Athen und Korinth. Darunter wiederum sind so gut wie keine figürlich bemalten Gefäße, die andernorts im griechischen Kulturraum vor allem als sympotisches Geschirr eine wichtige Rolle spielten. Erzählende Darstellungen mit Szenen aus dem epischen Zyklus waren in der kretischen Kunst nie sehr zahlreich; jetzt verschwinden sie nahezu völlig. Ähnliches gilt für den ‚privaten‘ Schriftgebrauch: Weder auf Gefäßen, etwa in Form von Eigentümerinschriften, noch auf Grabstelen oder in Weihinschriften findet Schrift Verwendung.[13]

---

10 Einen Überblick bieten Perlman 1992, 203; Morris 1998, 59–61; Erickson 2010, 10, 249–57. – Afrati: Viviers 1994, 241–4; Knossos: Hood/Smyth 1981, 27; Coldstream/Huxley 1999, 289–92; Prinias: Rizza 1978, 1983 und 1991, 331–7, sowie Palermo 2007; Eleutherna: Stampolidis 1990, 400–2.

11 Bronzen: Boardman 1961, 138–9; Hoffmann 1972, 41–6; Lebessi 1985, 222. – Steinskulptur: Kirsten 1942, 22–4; Adams 1978; Baldwin Bowsky 1997, 199; Erickson 2010, 7–8. – Terrakotten: Erickson 2009, 357–74; Pilz 2011; Erickson 2010, 8–9.

12 Sjögren 2001 und 2003, 23, 30, 66, sowie 2008, 53; Westgate 2007 und Erickson 2010, 11 mit einem Überblick; Haggis et al. 2011 sowie Haggis 2013 und 2014 zu Azoria.

13 s. Stoddart/Whitley 1988; Morris 1998, 65–8; Whitley 1997, 1998, 2001, 243–52, und 2005 sowie Chaniotis 2005, die betonen, wie sehr sich der *epigraphic habit* Kretas von dem anderer Gebiete des griechischen Kulturraums unterschied; vgl. Johnston 1983. Die Bemühung von Papakonstantinou 2002, diese Beobachtung zu relativieren und stattdessen weit verbreitete Alphabetisierung und Schriftgebrauch für Kreta nachzuweisen, kann nicht überzeugen. Uns sind eben doch nur derart wenige Zeugnisse von Schriftlichkeit auf der Insel bekannt, dass der Befund erklärt werden muss, warum man auf Kreta nicht in jenen Kontexten Schrift gebrauchte, in denen andere Gebiete des griechischen

Kretische Austerität

Diese Veränderung, die Verarmung oder Austerität der materiellen Kultur Kretas, veranlasste die Forschung einst, das 6. Jh. als *Archaic Gap* oder die eigentlichen *Dark Ages* der Insel zu bezeichnen, und auch für den heutigen Kenntnisstand kann noch gelten: „*Central Crete around 550 BC is an archaeological desert.*"[14] Man kann nicht genug betonen, wie außergewöhnlich dieser Befund ist und wie stark sich Kreta – eine an Poleis überaus reiche Insel – in dieser Hinsicht von der übrigen griechischen Welt unterscheidet. In der Vergangenheit suchte man immer wieder nach Erklärungen für diese Auffälligkeit. Man nahm etwa an, dass wegen einer Konzentration der archäologischen Forschung auf die minoische und früheisenzeitliche Phase der Insel der materiellen Kultur der archaischen und klassischen Zeit viel zu wenig Aufmerksamkeit zuteil wurde. In gewissem Umfang stimmt dies sicherlich, doch – und dies ist eine der bemerkenswertesten Facetten des spezifisch kretischen Befundes – beobachten wir den *Gap* nicht allein auf der Insel selbst. Denn seit Beginn des 6. Jh. dedizierten Kreter offenbar auch keine Weihegaben mehr in den panhellenischen Heiligtümern des griechischen Festlandes oder der Inseln.[15] Auch sind uns aus mehreren Jahrhunderten allein eine Handvoll kretischer Sieger in den panhellenischen Agonen bekannt. Eine Ausnahme ist der von Pindar gefeierte Ergoteles, Olympionike im Dolichos, der bezeichnenderweise aber für das sizilische Himera antrat, weil eine Stasis ihn aus seiner Heimat Knossos vertrieben hatte.[16] Überdies sandten kretische Poleis kaum Kolonien aus und nahmen auch nicht an den großen Kriegen des 5. Jh. teil, weder an den Kämpfen gegen die Perser noch am Peloponnesischen Krieg. Das spätarchaische und klassische Kreta ist in Kultur, Politik und Historiographie des Mittelmeerraumes praktisch unsichtbar.

Eine Reihe von kunsthistorisch geprägten Ansätzen etwa nahm an, dass Kreta „sich künstlerisch in der Ausbildung der dädalischen Tektonik erschöpft" habe.[17]

Kulturraums dies taten. – Die nur geringe Anzahl von Dipinti und Graffiti scheinen zum Großteil nicht in epichorischen Alphabeten Kretas geschrieben, also wahrscheinlich von Fremden zu stammen.

14 Whitley 2003, 244–5; hierzu s. Prent 1996/97; Coldstream/Huxley 1999.

15 Kretische Weihungen in den großen Heiligtümern, in Delphi etwa, Olympia und Athen, datieren beinahe sämtlich in die Zeit vor 630. Etwaige Exporte aus den Poleis der Insel sind nach dem Ende des 7. Jh. archäologisch fast überhaupt nicht, literarisch nur an wenigen Stellen nachgewiesen; s. etwa Borell/Rittig 1998; Jones 2000 und Erickson 2010, 16. – vgl. allerdings IC 1.8.4.9–11 = Nomima 1.54 II = HGIÜ 1.72 = StV 2.148 = ML 42B, einen um 450 geschlossenen unter der Aufsicht von Argos stehenden Vertrag zwischen den kretischen Poleis Knossos und Tylissos. Jene kommen überein, dass die besten Stücke der gemeinsam gemachten Kriegsbeute nach Delphi geweiht würden, der Rest dem Ares von Knossos zukomme.

16 Pind. Ol. 12. – Christesen 2007; vgl. Siewert 2006 mit einer Inschrift aus Olympia, datiert um 500, in welcher „die Kreter" als mögliche Teilnehmer an den Agonen genannt sind.

17 Blome 1982, 108, der auch betont, nicht zufällig bestehe „das bedeutendste Monument des nachdädalischen Kreta aus steinernen Gesetzestafeln: dem Codex von Gortyn"; vgl. Boardman 1982, 230:

Ebendiese Inschriften, die das Bild in sich stabiler Gemeinschaften reflektieren, sind denn auch ein Argument gegen die Vermutung, dass Kreta womöglich von einer Katastrophe heimgesucht und entvölkert worden sei. Schließlich berichte Herodot doch von einer siebenjährigen Dürre auf Thera, welche die Ursache für die Kolonisation Libyens gewesen sein soll. Tatsächlich bietet das nördlich von Kreta liegende Thera Befunde, die jenen auf unserer Insel nicht unähnlich sind. Denn auch dort scheint die Belegung der Gräber um 630 abrupt geendet zu haben.[18] Doch diese These ist nicht geeignet, die Jahrzehnte weitgehender archäologischer Unsichtbarkeit auf unserer Insel, die überdies ein ganz anders ausgeprägtes Ökosystem als jene besaß, zu erklären.

Auch der Blick auf allein eine Stätte durch deren Ausgräber oder Keramikexperten brachte nur lokal-partikulare Erklärungen hervor. So wurde der vermeintliche archäologische Niedergang von Knossos etwa damit erklärt, dass Lyttos, unterstützt von Sparta, die Polis angegriffen, entvölkert und in jenes materielle Tief gestürzt habe. Ähnliches soll Prinias zugestoßen sein.[19] Diese im Einzelfall plausibel begründeten Aufgaben von Siedlungen können aber nicht das inselweite Fehlen von Befunden erklären. Auch die Erklärung, materieller Reichtum sei ab dem Ende des 7. Jh. eben nicht mehr in Grabbeigaben, sondern durch Votive in Heiligtümern zur Schau gestellt worden, ist evident unzutreffend.[20] Auf Kreta wurde der Ausfall wertvoller Güter einer Materialklasse oder eines Votivkontextes ja gerade nicht durch eine Zunahme anderer Materialklassen oder Kontexte kompensiert. Hier scheint der materielle Befund in sämtlichen Gattungen zu fehlen.

In verschiedenen Erklärungsansätzen spielt der Kollaps von Handelsrouten im östlichen Mittelmeer eine wichtige Rolle. Denn nach dem Zusammenbruch des neoassyrischen Reiches und der Umorientierung der phönizischen Händler nach Westen mögen die kretischen Poleis ihre Stellung als *gateway-communities* auf deren bisherigen Handelsrouten verloren haben.[21] Es scheint aber, dass dieses Argument nicht einen derart tief greifenden Wandel in der materiellen Praxis erklären kann, zumal

---

In den „ceramic products, as well as in contemporary bronze objects of the second half of the 7th century B.C., we see the last flight of imagination of the old civilization of Crete before it settles into the darkness of its exhausted, lethargic sleep"; und Fuchs/Floren 1987, 123 betonen die „innere Auszehrung der schöpferischen Kräfte nach der Hochblüte der dädalischen Epoche."

18 Hdt. 4.151.1–2; Coldstream 1982; Huxley 1994, 128–9; Coldstream/Huxley 1999.
19 Hood/Smyth 1981, 19; Coldstream/Huxley 1999, 301–2; Erickson 2002, 75–6, und 2010, bes. 235–45.
20 Dies scheint etwa in der Argolis der Fall gewesen zu sein. Dort nämlich setzten sich die Gräber mit ihren reichen Beigaben des 8. Jh. nicht in das 7. Jh. fort, stattdessen beobachten wir eine sprunghafte Zunahme der Weihegaben im argivischen Heraion; s. Waldstein 1905; Hall 1995.
21 Diskutiert von Demargne 1947, 214–25, und erneut betont von Morris 1992, 170–2; vgl. Niemeyer 2002. – Der Fall von Tyros und die Folgen für den Handel im östlichen Mittelmeer scheinen eindrucksvoll beschrieben vom Propheten Hesekiel 26–8. – Guralnick 2004 hingegen betont, dass der Zusammenbruch des neoassyrischen Reiches den Import nahöstlicher Güter in die Ägäis sogar befördert habe.

nun nicht allein Importe, sondern ja auch lokal produzierte Gegenstände fehlen. Eine andere Erklärung betont eine Ausdehnung der Handelsmacht und Handelsinteressen Athens. Während des Peloponnesischen Krieges habe das ‚*Athenian Empire*' mit seiner Präsenz auf dem Meer kretischen Handel unterdrückt, und schließlich habe ein athenisches Handelsembargo die Peloponnes für ganze 60 Jahre vom nordafrikanischen Getreidemarkt abgeschnitten, mit schweren Handelsausfällen für Kreta.[22] Allerdings scheinen die jenem Modell zugrunde liegenden Konzepte und die in ihm benutzten Termini eher moderne als antike Strukturen von Wirtschaft und Politik zu beschreiben.

Alle diese Erklärungsbemühungen können nicht überzeugen. Denn seit langem ist uns eine Quellengattung aus Kreta bekannt, die zeigt, dass von einem Niedergang kretischer Poleis in diesen Jahrhunderten überhaupt keine Rede sein kann. Wir verfügen nämlich über eine Fülle monumentaler Inschriften aus archaischer und frühklassischer Zeit, die im öffentlichen Raum zur Schau gestellt waren, oftmals an Gebäuden, in denen ein Kult unterhalten wurde. Sie sind die bedeutendsten Monumente in dieser an materiellen Hinterlassenschaften relativ armen Zeit. Diese Inschriften weisen in keiner Weise auf einen wie auch immer gearteten Niedergang der kretischen Polisgesellschaft hin: weder auf signifikanten Bevölkerungsrückgang noch auf schwere Verwerfungen in der Sozialstruktur der Insel; auch nicht auf neue, mobilere Lebensweisen mit entsprechend schwerer nachweisbaren Siedlungen und materiellen Hinterlassenschaften.[23] Vielmehr erlauben uns diese Texte den Einblick in eine komplexe Gesellschaft, die ihren Problemen mit Institutionalisierung zu begegnen suchte; die Ämter und Verfahren schuf, diese in kurzer Zeit ausdifferenzierte und in immer neue gesellschaftliche Felder mit Regelungen eingriff.

Tatsächlich ist die Forschung erst seit wenigen Jahren in der Lage, nach 600 entstandene Zeugnisse der materiellen Kultur Kretas zu identifizieren und in eine relative wie ansatzweise absolute Chronologie einzuordnen. Diese Studien machen deutlich, dass keinesfalls die Rede sein kann von einem Verschwinden der materiellen Hinterlassenschaften, sondern vielmehr von einer Vereinfachung. Sie zeigen, dass archaische und frühklassische Befunde auf der Insel nicht fehlen, sondern für uns eben nur sehr wenig sichtbar und noch schwerer datierbar sind. Archäologische Befunde werden zumeist anhand der dort gefundenen Keramik datiert. Aufgrund der weiten Verbreitung und der zahllosen Beispiele korinthischer und attischer Keramik überall in der griechischen Welt und darüber hinaus, dienen diese Exporte auch dazu, die mit ihnen im gleichen archäologischen Horizont auftauchende lokale Keramik zu datieren. Doch gibt es auf Kreta eben kaum Zeugnisse für Keramik, die im 6. Jh. in Korinth

---

22 Erickson 2004; Erickson 2005, 657 gesteht zu: „Uncertainty about the fundamentals of the ancient economy and the role of economic forces complicates interpretation.", und Erickson 2010 modifiziert seine früheren Thesen denn auch.
23 s. im Überblick Whitley 2001, 243–52.

oder Athen gefertigt wurde. Diese Gefäße scheinen schlichtweg nur in äußerst geringen Mengen importiert worden zu sein.[24] Lokale kretische Gefäße wären also schon allein aus diesem Grund schwer zu datieren. Hinzu kommt aber noch, dass sowohl die für den alltäglichen Gebrauch hergestellte Keramik wie auch die kretische Feinkeramik des 6. Jh. monochrom und nicht verziert war.

Solche Keramik kann in Ausgrabungen und Surveys leicht der Aufmerksamkeit entgehen, wenn nicht ausdrücklich nach ihr gesucht wird. Vor kurzem erst wurden die Ergebnisse der Untersuchungen von stratifizierten Depots in Eleutherna, Kato Simi und Afrati publiziert, die ihre besondere Aufmerksamkeit dem 6. Jh. widmeten, wodurch nun langsam begonnen werden kann, diese Lücke in der kretischen Keramikchronologie zu schließen.[25] Es gab also sehr wohl kretische Keramik des 6. Jh., doch diese lässt sich nicht durch ihre Dekoration, sondern allein durch ihre Form nachweisen. Von vergangenen Grabungen wurde diese schlichte Keramik wohl nicht erfasst, zukünftige werden auf sie zu achten haben. Die wesentliche Frage muss also lauten, warum die Kreter im 6. Jh. so einfache Keramik bevorzugten, wenn doch die meisten anderen Griechen gerade an reich bemalter Keramik in zahlreichen Formen interessiert waren. Im Folgenden wollen wir uns anhand dreier Befunde ein differenziertes Bild der materiellen Kultur und kulturellen Praktiken der orientalisierenden Zeit und der materiellen Veränderungen am Ende des 7. Jh. machen: anhand der Nekropolen, der Weihegaben in Heiligtümern sowie der Art und Verwendung von Keramik.

Nekropolen

Den wohl besten Einblick in Vielgestalt und Reichtum der materiellen Kultur Kretas bis zum 7. Jh. bieten die großen ‚orientalisierenden‘ Nekropolen von Prinias, Afrati, Knossos und Eleutherna.[26] Verglichen mit den meisten Teilen Griechenlands gab es auf Kreta bezüglich der Begräbnissitten eine bemerkenswerte Kontinuität von der Bronzezeit. So blieben bis zum Ende des 7. Jh. charakteristische minoische Bestattungssitten, nämlich die Beisetzung von Toten in mehrfach belegten Kammergräbern oder kleinen Tholoi, die übliche Praxis. In Knossos etwa nahmen eine Reihe von Kammer- und Kuppelgräbern, die zum guten Teil schon aus minoischer Zeit stammten, über Generationen bis in das 7. Jh. immer wieder neue zusätzliche Bestattungen auf. Und in einem bemerkenswerten Kammergrab in der Nekropole Orthi Petra von

---

24 Coldstream 1992, 84–7; Callaghan 1992, 90–3; Coldstream/Huxley 1999.
25 Erickson 2002, 2004, 2005, 2009, 2010a sowie nun umfassend 2010. – Die Vermutung, dass wir die kretische Keramik des 6. und 5. Jh. wegen ihrer Schlichtheit schlichtweg nicht identifizieren könnten, äußerten bereits Rizza 1967/68, 298 und Callaghan 1992, 133, ähnlich auch Coldstream 1973a.
26 Eine Zusammenfassung der Befunde aus kretischen Nekropolen bieten Kotsonas 2002, 42–5; Eaby 2007 und 2011; Erickson 2010, 249–57.

Eleutherna setzte man zwischen ca. 870 und 700 rund 500 Ascheurnen bei.[27] Befunde wie diese deuten darauf hin, dass die Grablegen jeweils von einer bestimmten Begräbnisgruppe in Anspruch genommen wurden.[28] Vor dem Hintergrund der Begräbnissitten in den meisten anderen Gegenden Griechenlands ist bemerkenswert, dass auf Kreta noch während des gesamten 7. Jh. Männer mit Waffen als Krieger beigesetzt wurden. Es war sogar überhaupt erst während des 7. Jh., dass 'heroische' Arten der Bestattung auf der Insel aufkamen, die wir in den meisten Gebieten Griechenlands allein im 8. Jh. beobachten können; so etwa die Beisetzung des Kremierten in einer Bronzeurne und mit Metallgegenständen, die im Festgelage der Krieger Verwendung fanden, oder sein Begräbnis zusammen mit Pferden.[29]

Eine Vielzahl unterschiedlicher, jeweils ungewöhnlicher Bestattungen innerhalb einer Nekropole ist die Regel. So wurden die verstorbenen Erwachsenen von Knossos in mit zahlreichen Urnen belegten Kammergräbern bestattet, während die Urnen in Arkades einzeln unter einem umgedrehten Pithos beigesetzt wurden. In Eleutherna wurden manche Toten in Gräben oder auch nur einfach auf dem Erdboden liegend kremiert. Über den Scheiterhaufen manch eines Toten wurde ein kleiner Erdhügel aufgeschüttet, während die Knochen manch anderer Toten nach der Kremierung gewaschen und in einer Urne beigesetzt wurden. In Praisos ließen manche Familien ihre Toten in Schachtgräbern beisetzen, andere die ihren in Höhlen. Bemerkenswert sind also die Unterschiede in den Bestattungsarten innerhalb ein und derselben Nekropole, doch auch jene zwischen den Nekropolen unterschiedlicher Poleis. Es gab eben auch lokale Spezifika, welche die 'typischen' oder auch die 'exotischen' Bestattungsarten einer Polis anders aussehen ließen als die einer anderen.

Ein Beispiel hierfür bietet die Nekropole von Arkades, in der wir eine nicht allein auf der Insel, sondern für den gesamten griechischen Kulturraum einzigartige

---

[27] Knossos: Brock 1957, 102–38; Coldstream 1973; Hood/Smyth 1981; Coldstream/Callaghan/Musgrave 1981; Coldstream/Catling 1996; Coldstream/Huxley 1999; Kotsonas 2006; die graphische Umsetzung bietet Whitley 2009, 283. – Eleutherna: Stampolidis 1990 und 2004; Kotsonas 2008. – Afrati: Levi 1927–29. – Das Material aus Prinias ist noch nicht abschließend publiziert.

[28] s. Coldstream 1984a und 1984b, eine Spezifizierung des Befundes bietet Whitley 1991a. Damit sind diese kollektiv belegten Kammergräber das kretische Pendant zu den von Morris 1987, 72–4 und 92–3 beschriebenen *grave plots* in Athen. Dies sind Gebiete innerhalb einer Nekropole, in denen Gräbergruppen das Bestattungsareal einer bestimmten Begräbnisgruppe bildeten. Ein gutes Beispiel hierfür bietet der von Smithson 1974 präsentierte Befund aus der Nekropole vom Areopag.

[29] Zahlreiche Beispiele für die bronzenen Urnen, die in vielen Fällen auf eisernen Dreifüßen ruhten, bietet Arkades; s. Levi 1927–29, 149 mit Abb. 149, 153–4 mit Abb. 157. Andere reiche Gräber – in Knossos – beschreiben Coldstream/Catling 1996, 210–24, 239–53. Pferdebegräbnisse finden wir etwa in Prinias und Knossos; s. Rizza 1979; Coldstream/Catling 1996, 125. – Zum Typus des kretischen Kriegergrabes s. etwa Catling 1995 und Whitley 2002. – Die Affinität 'heroischer' Bestattungen zu einem von den homerischen Epen entworfenen Kriegerideal behandeln etwa Kistler 2001; Crielaard 2002 und Lemos 2007; s. auch Stampolidis 1995 zu jenem Befund aus Eleutherna, der womöglich die Opferung eines Menschen am Scheiterhaufen eines anderen reflektiert.

Bestattungsart beobachten.[30] Hier wurden ab dem 2. Viertel des 7. Jh. die Leichen an einem gesonderten Ort eingeäschert und die Asche in ein Tongefäß mit Grabbeigaben geschüttet. Über das Gefäß wurde eine Wanne mit geraden Wänden gestülpt. Diese Konstruktion wurde nicht eingegraben, sondern stand auf Bodenniveau und wurde wohl mit Erde zu einem kleinen Tumulus überhäuft. Wegen der Ähnlichkeit dieser Bestattungen mit Praktiken aus dem nordsyrischen Karkemisch deutete man diesen Befund in der Vergangenheit als Zeichen der Präsenz von Immigranten aus jener Gegend in Arkades. Doch von Polis zu Polis und innerhalb der Nekropole einer Polis unterschiedliche Bestattungssitten sind natürlich nicht unbedingt ein Merkmal von Ethnizität.[31] So sollten wir davon ausgehen, dass die derart Bestatteten – beziehungsweise die sie Bestattenden – diese Art der Grablege als besonders wahrnahmen und sie bewusst wählten, da sie ihre Distinktion gegenüber den Mitmenschen zu fördern schien.

Die Nekropole Orthi Petra im zentralkretischen Eleutherna ist ein Beispiel für die Vielfalt von reichen Grabbeigaben, die ein ähnliches Bedürfnis um Distinktion zu reflektieren scheint.[32] In ihren Gräbern fanden sich neben verschiedenen Beigaben aus lokaler Produktion zahlreiche Importe aus anderen Poleis Kretas sowie aus verschiedenen Gegenden der Ägäis, wie etwa aus Attika, der Peloponnes, den Kykladen und der Dodekanes. Gerade die Metallobjekte, etwa Waffen aus Bronze und Eisen und Bronzegefäße, fallen durch ihre schiere Vielzahl sowie die Vielzahl ihrer Typen auf. Besonders reich allerdings ist die Vielzahl von Importen aus dem östlichen Mittelmeer, so etwa aus Kleinasien, Zypern, Syrien, Phönizien, Israel und Ägypten. Hierzu gehören Gegenstände aus Bronze, Gold und Bergkristall.[33] Mit den reichen Beigaben korrespondiert die Monumentalisierung dieser Gräber. Über den abgebrannten Scheiterhaufen schüttete man einen kleinen Erdhügel auf und umgab diesen mit rechteckigen Einhegungen aus Stein. Verschiedene Typen von steinernen Malen dienten als Grabmonumente, etwa Statuen von Kouroi und Koren, Säulen, Reliefs und Stelen. Um 650 wurde die bemerkenswerte Anlage 4A von Eleutherna errichtet. Eine Konstruktion aus Quadermauerwerk wurde mit einer Peribolos-Mauer umzogen und wahrscheinlich von kleineren Statuetten aus Kalkstein bekrönt, welche Krieger darstellten. In unmittelbarer Nähe wurden fünf Statuen aus dem gleichen Stein gefunden; unter anderem der Körper einer dädalischen Kore und Stücke eines Kouros aus dem frühen 6. Jh., der einst 2 Meter hoch gewesen sein muss. Ähnliche Befunde sind uns mit den

---

30 Grundlegend Levi 1927–29; sowie Boardman 1970a, 18–23 und Morris 1992, 160–2.

31 Dies erörtert etwa Snodgrass 1971, 14–46; eine grundsätzliche Diskussion zur Aussagekraft von Bestattungsbräuchen für die Frage nach Ethnizität bieten Hall 1997, 111–42 und 2002, 73–82.

32 Stampolidis 1990, 1993, 1996 sowie 1998; Erickson 2000 und Perlman 2004, 119–20.

33 Vor allem das nicht geplünderte Tholosgrab A1K1 ermöglicht eine exakte Stratigraphierung, eine relative und wegen der zahlreichen Funde unterschiedlicher Materialklassen auch absolute Chronologie; s. Stampolidis 2004, 122–4 und die dazu gehörigen Objekte im Katalogteil; sowie vor allem Kotsonas 2008.

großen Steinstelen aus Prinias bekannt, die Männer als Krieger und Frauen als Koren oder Matronen abbilden.[34]

Wir müssen also den bemerkenswerten Befund festhalten, dass wir uns vom 9. bis 7. Jh. einer bemerkenswerten Vielfalt von Begräbnissitten gegenüber sehen, aufwändigen Kremationsritualen, beeindruckenden Monumenten und importierten Exotika. In allen uns bekannten Nekropolen Kretas während der orientalisierenden Zeit ist Eklektizismus die Regel.[35] In keiner der orientalisierenden Nekropolen Kretas entwickelten sich lokal standardisierte Typen von Bestattungen. So gibt es keine wiederkehrenden Muster von bestimmten Arten der Beisetzung, die von typischen, vereinheitlichten Ensembles von Grabbeigaben begleitet würden. Der noch am ehesten einem Standard entsprechende Typus einer Bestattung auf Kreta ist das ‚Kriegergrab‘, die Beisetzung von Männern mit Waffen. Und doch gibt es keinen Hinweis darauf, dass in solchen Kriegergräbern auch standardisierte Ensembles von bestimmten Gefäßformen, bestimmten Dekorationsformen und anderen Grabbeigaben etabliert waren.

Als ein Beispiel zum Vergleich diene der Befund athenischer Bestattungen im 9. Jh. Hier war etwa ein Typus des ‚Kriegergrabes‘ etabliert, bei dem der Leichenbrand in einer Halsamphore bestattet wurde, um welche man ein ‚getötetes‘ Eisenschwert bog. Ein anderer Typus war der des ‚Reichen Frauengrabes‘, bei dem der Leichenbrand von Frauen in Bauchamphoren beigesetzt wurde. Nicht allein waren diese Amphoren in charakteristischer Weise verziert, auch die Ensembles von reichen Beigaben waren standardisiert. Wir finden bestimmte Exotika und kleinere Gefäße wie auch goldene Ringe, bronzene Fibeln und Gewandnadeln. Hier sehen wir, dass im geometrischen Athen Exklusivität und Klarheit symbolischen Ausdrucks Hand in Hand gingen. Diese Arten der formalen Bestattung waren den Mitgliedern einer bestimmten Schicht vorbehalten; und diese hob sich nicht durch die Extravaganz ihrer Grabbeigaben von den anderen Mitgliedern ihrer Gemeinschaft ab, sondern durch ihre Fähigkeit, den

---

34 Eleutherna: Stampolidis 1990 und 1993. – Prinias: Lebessi 1974 und 1976a sowie Sporn 2014 mit der älteren Literatur.

35 Zum Folgenden s. Whitley 1991 und 1991a mit einem Vergleich der sehr unterschiedlichen Befunde des athenischen Kerameikos und der Nekropolen von Knossos während der geometrischen Zeit. – Vgl. aber Herbich/Dietler 2009, 17 zu den damit verbundenen methodischen Herausforderungen: „The reconstruction of those structuring principles and dispositions from archaeological data is a bit like trying to reconstruct the rules of chess from a random sample of fifty chess boards at various stages of different games. If one knows the rules from the start, one can perhaps imagine how the pieces arrived at their present position in each case. However, to move in the other direction, to define the rules on the basis of the static position of pieces late in the game is virtually impossible, and particularly if one uses only the pieces of one board at one stage of a single game [...]. The caveat for the feasibility of social and symbolic analysis of archaeological data [...] should be obvious.“

Fluss von Exotika zu kontrollieren und den Zugang zu bestimmten symbolischen Ausdrucksformen zu beschränken.[36]

Demgegenüber weist die Vielfalt kretischer Nekropolen auf ein Bemühen der Eliten um Distinktion hin, das sich eben in einem Wettbewerb um möglichst sichtbare und vielgestaltige Bestattungsarten und Zeremonien am Grab ausdrückte. Ein solcher Wettbewerb hatte sicherlich auch diakritische und repulsorische Züge; das heißt, dass sich hier die Eliten der Gesellschaft durch die Praktiken ihrer Beisetzung von den einfachen Mitgliedern ihrer Gemeinschaft bewusst abgrenzten. Vor allem aber weist der kretische Befund auf einen Wettbewerb innerhalb der Eliten hin; auf eine Spirale der Zurschaustellung von Reichtum und Überlegenheit gegenüber den Angehörigen der eigenen Schicht.[37]

Diese unterschiedlichen Befunde mögen zu einem Gutteil der Geographie geschuldet gewesen sein.[38] Die – verglichen mit Kreta – relative Abgelegenheit Attikas von den phönizischen Handelsrouten, die von der Levante in das westliche Mittelmeer reichten, ermöglichte es den athenischen Eliten, den Fluss von nahöstlichen Luxusprodukten zu kontrollieren und ihre soziale Stellung als Gruppe durch eine sie von den anderen Mitgliedern der Gemeinschaft abhebende Exklusivität zu definieren. Auf der anderen Seite machten Kretas Nähe zur Levante und seine Lage im Schnittpunkt von Handelsrouten es den Eliten kretischer Gemeinschaften schwieriger, den Zugang zu diesen Produkten zu kontrollieren, und so konnten auch weniger reiche Mitglieder der Gesellschaft an den nahöstlichen Exotika teilhaben. So bildeten die kretischen Eliten anders als die athenischen keine typisierten Symbolsysteme von Hierarchie aus, sondern entwickelten einen Wettbewerb untereinander, der auf der Zurschaustellung von Reichtum und der Originalität dieser Präsentation beruhte. Für uns ergibt sich das Bild hochgradig kompetitiver Eliten.

Zwischen 625 und 575 scheint die Belegung aller uns bekannten Friedhöfe Kretas zu enden. Allein eine Handvoll Nekropolen auf ganz Kreta liefern uns für das 6. Jh. irgendwelche Befunde.[39] Und doch erkennen wir gewisse regionale Variationen. In den Nekropolen von Knossos etwa, der für das 8. und 7. Jh. am besten untersuchten Stätte der Insel, scheint die Belegung unvermittelt um das Jahr 630 abzubrechen; ab dem letzten Viertel des 7. Jh. sind dort überhaupt keine Gräber nachgewiesen. Keines der zahlreichen jahrhundertelang genutzten Gräber, die noch während des 7. Jh. immer wieder neue Tote aufnahmen, wurde weiterhin benutzt; keine einzige Grablege ist für das 6. und 5. Jh. aus Knossos bekannt. Erst im 4. Jh. scheint es wieder

---

36 Morris 1987, 79–81, 122–5, 147–51; zu den Grabtypen s. Blegen 1952; Smithson 1968; Langdon 2001.
37 Whitley 1991, *passim* und 1991a, bes. 352–61.
38 Whitley 1991a, 360–1.
39 Dies sind die Nekropolen von Orthi Petra, Praisos und Itanos, das kleinere Begräbnisfeld von Kastello Varypetrou und Afrati sowie einige Gräber in Phalasarna; hierzu Erickson 2010, 250–2. – Zu Gräbern und Grabmonumenten der archaischen und klassischen Zeit s. Sporn 2014.

Begräbnisse zu geben. Bis heute ist unklar, ob die Toten der archaisch-klassischen Zeit an ganz anderen Orten beigesetzt wurden oder auf so schlichte Weise, dass sie für uns archäologisch nicht sichtbar sind. Ähnliches gilt für Prinias. Die bis dahin einzeln stehenden Grabstelen von Prinias wurden um 630 abgebrochen und in eine größere bauliche Struktur eingebunden. Zur gleichen Zeit hörten die reichen Bestattungen recht unvermittelt auf; eine Generation später sind dann auch keine Besiedlungsspuren mehr archäologisch nachzuweisen.[40]

In Eleutherna scheint sich der Wandel bereits um 650 anzubahnen. Urnen weisen ab dieser Zeit geringeren Formenreichtum und einfachere Dekorationen auf. Die in anderen Poleis zu beobachtende Austerität setzt in Eleutherna aber erst eine Generation später ein, frühestens um 600. Und doch sind die Bestattungen dieser Polis bei aller Schlichtheit immerhin noch identifizierbar. Die Grablege in monumentalen Gruppengräbern wurde abgelöst von individuellen Bestattungen in schlichten Behältnissen. Man setzte die Toten, ob kremiert oder körperbestattet, einzeln in Pithoi bei und gab ihnen einige wenige Gegenstände mit. Dies waren zumeist undekorierte Becher oder Schalen mit schwarzem Firnis. Sämtliche Grabbeigaben aus Metall oder Elfenbein sind fortan verschwunden. Importe aus dem östlichen Mittelmeer fehlen. Auch Statuen und Grabstelen fehlen fortan, und wir sehen keine Hinweise mehr auf ein Muster gemeinschaftlicher Bestattungen.[41] Hiervon wiederum unterscheidet sich der Befund der westkretischen Hafenstädte Kydonia und Phalasarna. Dort werden die Toten während des 6. Jh. durchgehend in einfachen Pithosbestattungen beigesetzt, doch zumindest ab etwa 525 nimmt die Menge der aus Attika importierten Gefäße als Grabbeigaben in bescheidenem Umfang wieder zu. Ähnliches gilt für die Nekropolen der ostkretischen Poleis Itanos und Praisos, aus denen zwischen etwa 600 und 525 nur sehr wenige identifizierbare Spuren bekannt sind. Es ist denkbar, dass die Nekropolen all dieser Poleis im letzten Viertel des 7. Jh. verlegt wurden, in Itanos jedenfalls scheint dies der Fall gewesen zu sein. Der Befund von Eleutherna etwa zeigt aber, dass der vermeintliche Abbruch der Belegung der bekannten Nekropolen eher eine Frage der archäologischen Sichtbarkeit ist.

Kultstätten

Ein dem Befund der Nekropolen entsprechendes Bild von im 7. Jh. auf Distinktion bedachten Eliten in den verschiedenen Gemeinwesen der Insel zeichnen die Kultorte

---

40 Lebessi 1976, bes. 46. – Die wenigen Grabstelen aus klassischer Zeit scheinen nicht aus lokaler Produktion zu stammen, sondern aus Paros importiert zu sein; Benton 1937; vgl. Baldwin Bowsky 1997; Sporn 2014.

41 Erickson 2000, 159–60, 230–2, und 2004; Kotsonas 2008. – Bemerkenswert ist allerdings, dass diese Importe von etwa 460 bis zum Ende des 5. Jh. völlig abbrechen, um danach in größerer Anzahl als zuvor wieder einzusetzen; s. Erickson 2010, 256–7.

der orientalisierenden Zeit mit Vielfalt und Reichtum der Weihegaben.[42] Überall auf der Insel finden sich umfangreiche Depots mit zahlreichen Terrakottafigurinen im dädalischen Stil. Ein typisches Votivensemble in Heiligtümern überall auf der Insel, etwa im Aphrodite-Heiligtum von Axos und dem Athene-Heiligtum von Gortyn, im ,Delphinion' von Dreros und dem Zeus-Heiligtum von Palaikastro, waren Miniatur-rüstteile aus Bronze, vor allem Schilde, und Äxte. Sie und die aus dem 7. Jh. stammenden Votive bronzener Rüstungen, die wohl als Kriegsspolien in einem Herdhaus in Afrati ausgestellt wurden, sind Zeugnisse für die Ideologie des Kriegers.[43] Doch es sind nicht in erster Linie diese Kultstätten mit einer lokalen oder womöglich gar regionalen Anziehungskraft, welche den materiellen Reichtum und die Vielfalt der Weihungen des 8. und 7. Jh. am besten verdeutlichen, sondern gerade die überregionalen, geradezu pankretisch zu nennenden Höhlenheiligtümer des Idäischen und Diktäischen Zeus; doch auch das Zeus-Heiligtum von Palaikastro sowie die Kultstätte der Aphrodite und des Hermes Kedrites von Kato Simi. Sie allesamt waren schon in minoischer Zeit bedeutende Kultorte der Insel gewesen.[44] Hier fanden sich in der orientalisierenden Zeit neben exklusiven Bronzeobjekten wie etwa den Jagdschilden auch wertvolle Elfenbeinvotive und massenhaft importierte Keramik, besonders kleine geschlossene Gefäßformen, die nahelegen, dass das in ihnen ursprünglich aufbewahrte Parfüm die eigentliche Votivgabe war.

Um die Wende vom 7. zum 6. Jh. bricht die Weihung wertvoller Objekte in allen untersuchten Heiligtümern der Insel ab. Von den insgesamt etwa 5000 bekannten Figurinen im Demeter-Heiligtum von Knossos werden nur fünf in das 6. Jh. datiert. Für die gesamte Insel sind aus dem 6. und 5. Jh. allein fünf neu errichtete Kultgebäude nachgewiesen. Es wäre jedoch falsch, aufgrund dieses inselweiten Befundes eine Aufgabe der Kultpraxis in den Heiligtümern Kretas anzunehmen. Vielmehr sehen wir uns einem radikalen Wandel der Kultpraxis gegenüber. Denn mit dem Niedergang der wertvollen Votive geht ein sprunghafter Anstieg der in diesen Heiligtümern geweihten einfachen Keramik einher. So werden ab spätestens 575 einhenklige Trinkbecher aus Ton zu den häufigsten Funden an den Kultorten der Insel. Dabei zeichnen die verschiedenen Kultorte der Insel verschiedene Befunde, die sich aber doch auf eine gemeinsame Struktur zurückführen lassen.

Einige Beispiele mögen den Wandel illustrieren. In einem extraurbanen Heiligtum auf dem Gebiet des ostkretischen Praisos etwa scheinen in einem lokalen Brennofen hergestellte Becher die bis dahin dominierenden Votive aus Bronze und die groß-

---

42 Zum Folgenden s. im Überblick Kotsonas 2002, 45–8; Prent 2005; Erickson 2006 und 2010, 257–71; Pilz 2011, 306–15.

43 Ein besonders reiches Depot des 7. Jh. bietet ein Befund aus Gortyn; s. Rizza/Scrinari 1968. – Boardman 1961, 129–59 und 1982, 222–33; Watrous 1996, 89–90, 107.

44 Zur Ida-Höhle s. Sakellarakis 1988 und Kunze 1931; zur Dikte-Höhle s. Hogarth 1900 und Boardman 1961, 1–75; zu Kato Simi s. Lebessi 1985 und Prent 2005.

formatigen Terrakottaweihungen ersetzt zu haben.[45] Hier wurden symbolische Votive durch die Weihung tatsächlicher Gebrauchsobjekte ersetzt. Dieser Befund scheint kommensale Aktivitäten an diesen Kultorten zu bezeugen, Gemeinschaftsmahlzeiten von Gruppen, an deren Ende die benutzten Becher geweiht wurden. Im Aphrodite-Heiligtum des zentralkretischen Axos sieht es anders aus. Ebenfalls im ersten Viertel des 6. Jh. kommt die lange Tradition bronzener Weihungen in diesem Heiligtum zu einem Ende; aus der Zeit nach etwa 575 sind allein zwei bronzene Objekte bekannt. Hier werden die seit Jahrzehnten in großer Formenvielfalt geweihten dädalischen Statuetten aus Bronze und Terrakotta und die typischen Ensembles von bronzenem Miniaturrüstzeug von matrizengefertigte Figurinen und Plaketten ersetzt. In Axos wurde Vielfalt also durch eine bemerkenswerte Einheitlichkeit, ja Standardisierung der Votive abgelöst.[46] Die Weihenden waren nicht darum bemüht, sich durch ihre Votive voneinander zu differenzieren.

Das im Süden der Insel gelegene Heiligtum von Kommos hatte auch schon im 8. und 7. Jh. keine reichen Weihegaben empfangen, daher ist der Wandel der Votivpraxis weniger deutlich als in anderen Heiligtümern der Insel. Tatsächlich betrifft die wesentliche in Kommos zu beobachtende Veränderung der Kultpraxis den Ort der Kultausübung. Vor dem 6. Jh. hatten die Innenräume des Heiligtums, die Herdaltäre und umlaufenden Bänke als die wesentlichen Kultorte gedient. Dieses Bild einer Exklusivität der am Kult Teilnehmenden wird durch die Art ihrer Weihegaben unterstützt. Im 7. Jh. empfing Kommos vielgestaltige Weihungen bronzener und tönerner Figurinen von Stieren, Pferden und Streitwagen, die auf das elitäre Ideal von Kriegern und Herdenbesitzern hinwiesen. Mit dem 6. Jh. verlagerte sich der Kultbetrieb in die Flächen außerhalb der Innenräume, geopfert wurde nun im Freien. Dies legt nahe, dass fortan eine größere Zahl von Menschen an den Kulten teilhatte. Damit korrespondiert, dass fortan im Wesentlichen recht einförmige Stiere aus Ton geweiht wurden.

Besonders deutlich ist der Wandel am Ende des 7. Jh. in den bedeutendsten Heiligtümern der orientalisierenden Zeit, den Höhlenheiligtümern des Idäischen und Diktäischen Zeus. Mit ihrem Anspruch, der Ort der Geburt beziehungsweise der Erziehung des Zeus gewesen zu sein, und mit ihrer Lage außerhalb des Territoriums einer bestimmten politischen Gemeinschaft zogen sie ein pankretisches Publikum an. Die während des 8. und 7. Jh. zu beobachtende Zahl und Exklusivität der Weihegaben lässt vermuten, dass diese Heiligtümer Bühnen für die Repräsentation von Eliten aus allen Teilen der Insel waren. Doch wie die meisten Kultorte der Insel scheinen auch die Höhlenheiligtümer ab etwa 630 überhaupt keine bronzenen Weihegaben mehr empfangen zu haben. Hiermit gehört dieser Befund zu den frühesten zu beobachtenden Veränderungen der materiellen Kultur. Und doch brach die kultische Nutzung

---

45 Whitley et al. 1999, 249–51.
46 Erickson 2006, 76; Pilz 2011.

dieser Orte nicht etwa ab. Vielmehr erfahren wir etwa in einer gortynischen Inschrift des frühen 5. Jh. von einer Prozession zur Idäischen Höhle, die Gortyn und die von Gortyn abhängige Polis Rhitten regelmäßig ausrichteten.[47] Das Heiligtum diente seit dem ausgehenden 7. Jh. also nicht länger als überregionales Zentrum der Repräsentation von Eliten, sondern war fortan in von der politischen Gemeinschaft reglementierte Rituale eingebunden, in Prozessionen mit Beteiligung größerer Mengen von Kultteilnehmern.

Auch im überlokalen Heiligtum der Aphrodite und des Hermes Kedrites von Kato Simi geht die über Jahrhunderte reichende Weihung von bronzenen Statuetten und Votivplaketten zwischen 600 und 575 um den Faktor zehn zurück, im 5. Jh. scheinen gar keine bronzenen Objekte mehr geweiht worden zu sein. Und doch können wir während des 5. Jh. hier Bauaktivitäten beobachten.[48] Zu eben dieser Zeit, da die ehemals pankretischen Heiligtümer ihre bisherige Relevanz als Orte elitärer Repräsentation verlieren, entstehen überall auf der Insel kleinere suburbane und extraurbane Heiligtümer. Von besonderer Prominenz scheint in den an den Peripherien der Poleis gelegenen und zur territorialen Markierung eingesetzten neuen Stätten der Kult für Demeter oder eine vergleichbare Gottheit gewesen zu sein. Eine Reihe von Orten in ganz verschiedenen Teilen der Insel zeigt dabei das gleiche Bild: Die Weihegaben bestehen ganz wesentlich aus einfachen Tonvotiven, wie etwa lokal gefertigten Gefäßen, Lampen und matrizengefertigten Figurinen, wahrscheinlich Darstellungen der Gottheit, die sich von Ort zu Ort kaum unterscheiden.[49]

Insgesamt beobachten wir also in ganz unterschiedlichen Typen von Heiligtümern in allen Gegenden der Insel ein ähnliches Phänomen, nämlich das Ausbleiben wertvoller Votive im Zeitraum von der Wende des 7. Jh. bis zum Ende des 5. Jh. Mögen sich die Votive ab dem 6. Jh. auch von Heiligtum zu Heiligtum unterschieden haben, so ist in allen Fällen doch ihre relative Einfachheit im Vergleich mit den in der orientalisierenden Zeit geweihten Stücken manifest. Und bei aller lokalen Variation der Kultpraxis können wir zusammenfassend feststellen, dass bronzene Weihegaben, die hohen symbolischen Wert für die Repräsentation von Eliten besaßen, nun durch einfache Alltagsgegenstände ersetzt wurden, Lampen etwa und Becher, die von Gruppen von Kultteilnehmern benutzt und nach ihrer Nutzung im Heiligtum geweiht wurden, die trotz – oder eben gerade wegen – ihrer Schlichtheit und ihres geringen materiellen Wertes ebenfalls von höchster symbolischer Aussagekraft gewesen sein dürften.

---

47 IC 4.80 = Nomima 1.7 = StV 2.216; dazu auch Willetts 1962, 239–44.
48 Lebessi 1981, 6–7, und 1985, 222; Viviers 1994, 256.
49 Erickson 2010, 257–71 mit Blick auf Polichna, Kydonia, Axos, Kamilari in der Mesara, Gortyn, Archanes, Olus, Roussa Ekklesia und Itanos; sowie umfassend Pilz 2011.

Keramik

Ähnliche Beobachtungen machen wir beim Blick auf die in verschiedenen Teilen der Insel verwendete Keramik. Wir müssen die Frage stellen, wie sich das eben skizzierte kulturelle Verhalten auf den Umfang und die Art der nach Kreta importierten Güter auswirkte. Im Folgenden werden wir zunächst den Befund der lokal hergestellten, dann den der nach Kreta importierten Keramik betrachten.

In der geometrischen und orientalisierenden Zeit brachten Keramikwerkstätten in den verschiedenen Teilen Kretas einen ungeheuren Reichtum von Gefäßformen und Spielarten figürlicher und dekorativer Appliken und Bemalung hervor. Anhand der Art dieser in Ensembles gefundenen Gefäße lässt sich für das 7. Jh. die weite Verbreitung von Trinksitten feststellen, die wir – hierin anachronistisch – mit der Bezeichnung ‚Symposion‘ zu etikettieren gewohnt sind: eine Art der Kommensalität, die einerseits um die demonstrative Gleichheit der in der Gruppe Zechenden, anderseits um deren Distinktion von außerhalb der Gruppe Stehenden bemüht war. Bei diesem somit gleichzeitig auf Egalität wie auf Repulsion bedachten Ritual von Kommensalität spielten die Bilderwelten der zum Einsatz kommenden Gefäße, das Repertoire der verfeinerten Praktiken – etwa das auf Klinen gelagerte Zechen – und das Herumreichen der zumeist zweihenkligen Trinkgefäße von einem Gast zum anderen eine wichtige Rolle.[50]

Um 600 beobachten wir einen erheblichen Wandel der kommensalen Praktiken. Fortan finden wir figürliche Dekorationen auf Kreta überhaupt nicht mehr, sogar einfache lineare Verzierungen werden ungewöhnlich. Vielmehr sind die in verschiedenen Poleis lokal hergestellten Gefäße ab dem 6. Jh. allein mit einem schwarzen Firniss bedeckt. Doch dieser besitzt nicht mehr jenen Glanz, der den schwarzen Firniss der orientalisierenden Zeit auszeichnete, der Metall zu imitieren schien. Vielmehr ist der Firniss des 6. Jh. nur leicht aufgetragen, auf vielen Gefäßen ist er bis auf winzige Spuren überhaupt nicht nachzuweisen. Darüber hinaus sind die Gefäße des 6. Jh. von schlechterer Qualität als die des 7. Jh. Sie wurden wohl bei niedrigerer Temperatur gebrannt und sind weicher. Lassen sich für das 9. und 8. zahlreiche Beispiele von narrativer Darstellung in verschiedenen Medien und Materialgattungen auf Kreta nachweisen, nehmen im 7. Jh. die Darstellungen schon einen ‚heraldischen‘ Charakter an, ab dem 6. Jh. fehlen dann jegliche Zeugnisse einer erzählenden Darstellung. Jene Bilderzählungen mit mythischen, vor allem homerischen Motiven, die typisch für die etwa in Athen im Symposion benutzten Gefäßformen und einer der Mittelpunkte aristokratischer Kultur waren, indem sie den Bestand einer elitären Diskurs-Koine bildeten, fehlen auf Kreta. Hier finden wir auch keine Darstellungen der heroischen

---

50 Węcowski 2002 und bes. 2014 sowie Rabinowitz 2004, 2009 und 2014 bieten jeweils eine grundlegende Revision archaischer Kommensalität. – s. auch das Kapitel *Andreion*.

Welt, die in anderen Teilen Griechenlands als Ausweis für die Diskurswelt der Eliten gilt. Auch in anderen Materialgattungen fehlt die erzählende Darstellung.[51]

Die noch in orientalisierender Zeit reiche Vielfalt von Gefäßformen ist ab dem 6. Jh. erheblich reduziert. So tritt an die Stelle der formenreichen Trinkgefäße der einhenklige Becher. Dies weist darauf hin, dass beim gemeinschaftlichen Trinken die Gefäße nicht länger herumgereicht worden, sondern dass ein jeder Trinker seinen eigenen Becher benutzte. Hierbei gibt es durchaus lokale Unterschiede. So verzichtete man in Lyttos auf jede Dekoration der Gefäße, sogar auf den Firniss, und beschied sich mit einer sogar für kretische Verhältnisse besonders eingeschränkten und über die Jahrzehnte kaum veränderten Palette von Formen.[52] Bemerkenswert ist der Befund einiger Stücke von schwarzfiguriger – doch nicht figürlicher – Keramik, die auf Kreta hergestellt und in Kyrene gefunden wurden. Die Grabungen in Eleutherna brachten ein einziges Gefäßfragment mit schwarzfiguriger Malerei zutage. Alle dieser wenigen Stücke stammen wohl aus einer Werkstatt in der Nähe von Afrati.[53] Wir sehen also, dass auf Kreta durchaus – wenn auch in kleinster Anzahl – verzierte Gefäße hergestellt wurden. Und doch fand diese Art der Keramik keine Verbreitung, man entschied sich auf der Insel für die Verwendung von Stücken ohne jede Dekoration. Statt aus elaborierter Symposionskeramik tranken die Kreter seit dem Ende des 7. Jh. also vornehmlich aus unverzierten und wenn überhaupt, dann allein schwarz glasierten, Bechern.

Ebendieses Bild einer bewussten Entscheidung im Umgang mit dem Gebrauch von Keramik zeichnet auch der Befund der nach Kreta importierten Gefäße. Insgesamt ist Importkeramik auf Kreta sehr selten. Sofern man überhaupt von gewissen Konzentrationen sprechen kann, finden sich diese im Westen und Osten der Insel. Der Westen Kretas scheint auch während des 6. und 5. Jh. in eine Handelsroute eingebunden gewesen zu sein, die von der Peloponnes über Hafenstädte in Westkreta, Phalasarna etwa und Kydonia, nach Nordafrika gereicht habe. Angesichts der großen Menge der via Kreta nach Nordafrika eingeführten lakonischen Keramik nimmt sich die Zahl peloponnesischer Gefäße auf der Insel selbst sehr bescheiden aus.[54] Ein ähnliches Bild bietet der Osten Kretas, Praisos etwa und Itanos. Hier finden sich Importe, ebenfalls in vergleichsweise geringer Anzahl, die vor allem aus kykladischer und ostgriechischer Produktion stammen, etwa aus Südionien und Rhodos, Chios und Samos. Solche Gefäße wurden in großer Zahl nach Ägypten und in die Kyrenaika gehandelt. Einige von ihnen blieben aber im Osten Kretas, wahrscheinlich ein Zwi-

---

51 Kunze 1931, 8–12 zum großen Jagdschild der Ida-Höhle; Hoffmann 1972 zu den ‚heraldischen‘ Darstellungen auf bronzenem Rüstzeug; Blome 1982, 65–104 zum narrativen Charakter kretischer Bilderzählungen; s. nun Pilz 2014. – Zu frühgriechischen Bilderwelten s. etwa Ahlberg 1992; Snodgrass 1998; Giuliani 2003; Junker 2005; Langdon 2008.
52 Callaghan 1978, 6–9; Callaghan/Jones 1985, 14–5.
53 Schaus 1985, 10–1; Erickson 2010, 79–80.
54 Erickson 2005 und 2010, 273–306.

schenstopp auf dem Weg von der östlichen Ägäis nach Nordafrika.[55] Bemerkenswert ist nun, dass sowohl im Osten als auch im Westen der Insel, mit ihren gänzlich verschiedenen Handelsverbindungen, die Kreter der Ladung der bei ihnen stoppenden Schiffe wenn überhaupt, dann vornehmlich solche Waren entnahmen, die von betonter Schlichtheit waren. Sie importierten nicht jene reicher verzierten Gefäße, die ihren Weg zu den Endpunkten dieser Handelsrouten an der Nordküste Afrikas und in Ägypten fanden.[56] Während wir nämlich in Nordafrika große Mengen von unterschiedlichen Gefäßtypen aus lakonischer Produktion finden, neben schwarzglasierten auch qualitativ hochwertige schwarzfigurige Stücke, suchten sich die kretischen Käufer aus diesen Ladungen beinahe ausschließlich die schwarzglasierten Stücke heraus, und zwar ebenso beinahe ausschließlich Kratere. Andere Gefäßformen entnahmen sie nicht.

Dass dieser Befund der Keramikexporte nicht einfach nur die vielleicht eingeschränkten materiellen Möglichkeiten kretischer Kunden reflektiert, sondern vielmehr wohl mit einem kontrollierten Konsumverhalten zusammenhängt, wird aus der Verwendung dieser Importe auf Kreta deutlich. Auch hier sind die Materialbasis und die Reichweite der von ihr überhaupt ermöglichten Schlüsse sehr eingeschränkt, doch ergibt sich in zwei der archäologisch am besten untersuchten Poleis Ostkretas, Praisos und Azoria, ein – trotz ihrer Verschiedenheit – strukturell ähnliches Bild. Es scheint für Azoria der Fall, dass importierte Stücke vornehmlich in solchen Gebäuden Verwendung fanden, die man für gemeinschaftliche Mahlzeiten nutzte, also nicht in erster Linie im Kontext von reinen Wohnhäusern. Überdies scheinen die eingeführten Gefäße nicht in den urbanen Heiligtümern geweiht worden zu sein.[57] Auch in Praisos diente importierte Keramik nicht als Weihegabe. Da mehrere Heiligtümer von Praisos Schauplatz von Gemeinschaftsmahlzeiten waren, heißt das also, dass importierte Stücke nicht in diesem Kontext verwendet wurden. Vielmehr finden wir eingeführte Keramik im Kontext von Bestattungen, jedenfalls der wenigen, die wir für die archaische Zeit identifizieren können. Wenn die Praisier also auch in der Lage waren, Keramik zu importieren, so verwendeten sie diese Stücke allein in einem öffentlich oder gemeinschaftlich nicht besonders sichtbaren Kontext. In Gemeinschaft aber scheinen die Praisier darauf geachtet zu haben, aus den gleichen einfachen Gefäßen zu trinken, in den Heiligtümern, die gleiche Art einfacher Weihegaben zu stiften.[58]

---

55 Brisart 2014 bespricht Material aus Olus, Istron, Priniatikos Pyrgos, Oleros, Hierapytna, Itanos sowie besonders aus Azoria und Praisos.
56 s. etwa Höckmann/Kreikenbohm 2001 zu ostgriechischer und Coudin 2009, bes. Kap. 1 und 5, sowie 149–51, und Erickson 2010, 56–63, 285–6 zu lakonischer Keramik in Nordafrika. – Zu kretischen Gefäßen in Nordafrika s. Boardman/Hayes 1966 und 1973.
57 Nachweise bei Brisart 2014.
58 Die bislang schmale Materialbasis für andere Poleis bestätigt diese Strukturen. In Priniatikos Pyrgos wurde importierte Keramik offenbar im Kontext von gemeinschaftlichen Mahlzeiten verwendet, in Olus und Hierapytna vornehmlich bei Bestattungen.

Mögen sich die Befunde aus Praisos und Azoria in ihrer Art also auch unterscheiden, können wir für beide Orte doch ein Verteilungsmuster der Importe feststellen, das nahelegt, dass die Verwendung dieser Stücke gewissen einschränkenden Regeln unterlag. Bei alldem dürfen wir aber nicht aus den Augen verlieren, dass die Menge eingeführter Keramik, ob nun im Osten oder Westen der Insel, überhaupt nur sehr gering war.

Die Beschränkung elitärer Distinktion

Ein Caveat müssen wir bei der Betrachtung dieser ‚Austerisierung' der materiellen Kultur Kretas im Blick behalten. Viele Faktoren, die in den Augen der Zeitgenossen womöglich wesentlich zum Wesen und vielleicht sogar zum ‚Luxus' einer kulturellen Praxis beitrugen, etwa einer Bestattung, sind heute kaum mehr nachzuweisen. Dazu gehören zahlreiche Bestandteile der Bestattungszeremonie, etwa der Aufwand der Aufbahrung, die Anzahl der Klagefrauen – überhaupt die nach Personen bemessene Anteilnahme an der Zeremonie. Auch die Art und Weise des Leichenzuges war geeignet, Unterschiede im Status des Verstorbenen darzustellen, denn es war ein Unterschied, ob der Leichnam getragen oder gefahren wurde; etwa auch, ob die Bestattung mit einem Festmahl oder sogar einem Agon mit Kampfpreisen einherging; und schließlich, in welche Rituale das Grab auch nach der Beisetzung noch eingebunden war. Auch zahlreiche dingliche Grabbeigaben sind heute kaum mehr zu erkennen, etwa Lebensmittel, Textilien oder Objekte aus Holz. Bisweilen sind diese Gegenstände allenfalls noch indirekt nachzuweisen, etwa durch die Nägel, mit denen hölzerne Kästchen versehen waren oder die Gewandnadeln, welche die Kleidung der Toten festhielten.[59]

Selbst wenn wir nach 600 das Fehlen von bestimmten Grabbeigaben und Gefäßen beobachten und deshalb konstatieren, es habe keine ‚luxuriösen' Begräbnisse mehr gegeben, muss dies nicht zutreffen, sofern der eigentliche ‚Luxus' einer Bestattung oder ein wesentlicher Teil jenes Luxus nicht in den Grabbeigaben, sondern mit der Zeremonie der Bestattung selbst verbunden war; wenn etwa ein prächtiger Zug mit vielen Klageweibern die materielle Potenz, die Zahl der Schmuck und Waffen tragenden Männer und der Verlauf der Leichenprozession durch die Polis die soziale Potenz des Toten und seiner Begräbnisgruppe anzeigte; wenn ein Totenmahl für zahlreiche Bürger ausgerichtet wurde; wenn ein riesiger Scheiterhaufen errichtet wurde und der Leichnam mit kostbaren Ölen übergossen wurde; wenn noch regelmäßige Zeremonien und Opfer am Grab stattfinden sollten – der Möglichkeiten für einen von uns im archäologischen Befund nicht mehr erkennbaren ‚Luxus' sind viele. Und so ist es möglich, dass es auch nach 600 auf Kreta durchaus noch überaus aufwendige

---

59 Foxhall 1998; Kistler 1998; Ulf 2001; Hildebrandt 2007, 262–4; Hayden 2009. Zur Deutung von Grabbefunden im Kontext anderer Praktiken innerelitären Wettbewerbs s. Forsdyke 2005, 15–29.

Bestattungen gab. Einen Hinweis zur Lösung dieses Problems bietet der Blick auf die – wenigen – kretischen Regelungen, die sich mit Bestattungen befassen, ergänzt um das Bild, das andere, entsprechende archaische Regelungen uns vermitteln. In diesen Bestimmungen zur Beschränkung von Aufwand um das Grab geht es stets und allein um die Einhegung der Zeremonien der Bestattung, nicht aber darum, wie viele Grabbeigaben ein Toter erhalten dürfe. Die Zeremonien, welche von den Angehörigen der Bestattungsgemeinschaft vollzogen wurden, galten also der Archaik als eigentlicher ‚Luxus'.[60]

Ähnliches gilt für Weihegaben. Mögen wir auch an den kretischen Kultplätzen des 6. und 5. Jh. keine wertvollen Votive mehr beobachten, heißt dies keinesfalls, dass sämtliche Möglichkeiten der Zurschaustellung des Individuums damit unmöglich gemacht worden wären. So sahen wir, dass in den Heiligtümern gemeinschaftliche Mahlzeiten stattfanden, und irgendwoher oder von irgendwem mussten diese Festivitäten getragen werden. Am Beispiel der Gemeinschaftsmahlzeiten im Andreion werden wir sehen, dass einige Mitglieder der Gemeinschaft als wesentliche Sponsoren dieser regelmäßigen Gelegenheiten von Kommensalität aufgetreten sein dürften, die dadurch, durch die Verwendung ihrer Mittel für die Gemeinschaft, in hohem Ansehen standen. Und so erfahren wir, dass der Poinikastas Spensithios in der kleinen Polis Datala eine bestimmte Menge Fleisch zum Andreion beizusteuern hatte, wie überhaupt die Autoren der klassischen Zeit betonen, die Kreter hätten in ihren Hetairien Fleisch verspeist. Und im ungleichen Vertrag zwischen Gortyn und Rhitten wird die kleinere Polis verpflichtet, regelmäßig Opfertiere im Wert von 350 Stateren zum Idäischen Zeus zu senden. Die soziale und materielle Überlegenheit eines Mannes oder einer Gruppe musste sich also keineswegs durch wertvolle Votive ausdrücken, welche die Prominenz dieser politischen Akteure gegenüber ihren Mitbürgern oder ihren Peers betonten; möglich waren auch Beiträge, die allen Bürgern des Gemeinwesens gleichermaßen zukamen, die eben nicht einen repulsorischen, sondern einen auf das Gemeinwohl bezogenen Charakter hatten.[61]

Überdies zeigt uns die komparative Evidenz ethnographischer Studien, dass eine solche Kontrolle der materiellen Kultur hin zur Austerität keineswegs einen Verzicht auf Wettbewerb voraussetzen muss. Hingewiesen sei an dieser Stelle nur auf die von Schuyler Jones untersuchten Kafiren-Gemeinschaften von Nuristan, gelegen im heutigen Afghanistan.[62] Diese im Wesentlichen agrarischen Gesellschaften sind patriar-

---

60 s. Garland 1989; Engels 1998; Bernhardt 2003. – Zur kulturellen Semantik von Bestattungen s. etwa Whitley 1991a, 354–5 sowie methodisch grundlegend Pader 1982; Parker Pearson 1982 und 1999; Wason 1994; Graepler 1997 und konzis Hildebrandt 2007, 251–73.

61 Spensithios: Jeffery/Morpurgo-Davies 1970 = Nomima 1.22 = SEG 27.631; Gortyn–Rhitten: IC 4.80 = Nomima 1.7 = StV 2.216; Dosiadas FGrHist 458 frg. 2 ap. Athen. 4.143, hier c. – s. die Kapitel *Eleutheros* und *Andreion*.

62 Jones 1974; das Folgende nach Whitley 1991, 192–3 und 1991a, 359–60. – s. auch Small *im Druck*, der eine fehlerhafte Meistererzählung der mit Griechenland befassten Archäologie kritisiert: „The

chal und patrilineal organisiert. Status ist vom Individuum sowohl ererbt als auch selbst erworben. Der Status eines Mannes bemisst sich zum einen also danach, wie ,ehrenwert' die männlichen Mitglieder seiner Abstammungslinie in der Vergangenheit waren. Zum anderen kann er durch eigenes Tun seine Ehre steigern, etwa durch besonderen Einsatz als Krieger und Jäger sowie durch die Organisation von Festen; in späteren Phasen seines Lebens auch durch seine Tätigkeit als Vermittler und Streitschlichter. Um aber überhaupt am gesellschaftlichen Wettbewerb um Ehre teilhaben zu können, muss ein Mann Mitglied der landbesitzenden Schicht der *atrozan* sein, die in diesen Gemeinschaften die Mehrheit der Bevölkerung stellen. Allein ihnen ist es prinzipiell möglich, als ,ehrenwert' zu gelten. Allerdings ist die Statusdifferenz zwischen den mehr und den wenigen ,ehrenwerten' Mitgliedern der *atrozan*-Schicht längst nicht so groß wie die Statusdifferenz zwischen allen *atrozan* auf der einen Seite und den beiden anderen Schichten dieser Gesellschaft, den *sewala* und *bari*, auf der anderen. Die letzteren stellen etwa die Handwerker, die nahezu alle Zeugnisse der materiellen Kultur dieser Gesellschaft verfertigen. Mögen ihre Arbeiten auch hochgeschätzt sein, sind sie selbst doch nur geringgeschätzt. Gesellschaftlicher Aufstieg ist ihnen nahezu unmöglich. Die von den *bari* hergestellte Kunst ist nicht figürlich, sondern zeigt geometrische Muster. Und diese dekorativen Elemente – nicht etwa die Zurschaustellung von materiellem Luxus – ergeben das in dieser Gesellschaft verbindliche Symbolsystem, das den Status eines Individuums und seiner Familie kennzeichnet.[63]

> „The geometric designs which appear on the wooden panels to the right and left of the door of the *ama*, on the door itself, and on the clothing of men and women, represent the ranks and titles achieved by the head of the family. Other geometric designs or symbols of rank appear on the wooden bowl of the tripod table and the wooden *kos*-measures. More than mere decoration these must have been earned before they can be displayed."

Es existieren also klare Vorstellungen über den korrekten Umgang mit diesen Symbolen und Mittel und Wege, diesen durchzusetzen, Devianz aber zu sanktionieren. Bezeichnenderweise wird diese Kontrolle nicht von Männern ausgeübt, die ja selbst Teil dieses Wettbewerbs um Ehre sind.

---

narrative states that limitations in ostentation in ancient Greek communities can be traced to and can affect the rise of the concepts of citizen state, egalitarianism and eventually democracy." Er betont im Speziellen, dass eine von uns rekonstruierte ,Gleichheit' der Grabformen eines bestimmten Zeitraums nicht in den Blick nimmt, dass in eben jenem Zeitraum ältere, prunkvolle Grabbauten und -bezirke nicht allein noch sichtbar waren, sondern sogar fortgesetzte Bestattungen empfingen. Mögen wir also auch ,Gleichheit' und ,Einfachheit' bei neuen Bestattungen beobachten, seien diese höchst ,ungleich' verglichen mit älteren, weiterhin genutzten Grabstätten. Jene schreibt Small etablierten Bestattungsgruppen zu, welche die Durchsetzungsmacht besaßen, für neue Bestattungen Einfachheit zu fordern, um aus dem daraus resultierenden Vergleich als Gewinner hervorzugehen.
63 Die folgenden Zitate stammen aus Jones 1974, 184–5.

„In Nisheigrom [...] there was an old *atrozan* woman who took it upon herself to see that only the correct symbols were displayed on the clothing of her fellow villagers. She would go to the houses of the *bari* craftsmen to see what they were making and demand to know for whom each item was intended. She knew exactly what feasts and other great deeds had been achieved by each and every family in the village, for it was she who recited the genealogies and enumerated the life accomplishments of men at funeral ceremonies. It is even said that if she encountered a man or woman bearing unearned symbols, the offending garment was forcibly removed on the spot."

Die *atrozan* sind auf der Jagd nach Status untereinander sehr kompetitiv und bedienen sich vielfältiger Medien einer oralen Memorialkultur, um den Status der einzelnen Mitglieder ihrer Schicht und ihrer Abstammungsgruppen im Gedächtnis zu halten. Sie haben ein elaboriertes und verbindliches Zeichensystem der qualifizierenden, Ehre unmittelbar kennzeichnenden Zurschaustellung von Status errichtet. Und sie achten strikt darauf, dass die Symbole dieses Systems weder von den prinzipiell Berechtigten inflationär noch von Unberechtigten überhaupt gebraucht werden, denn dadurch würden sie entwertet.

Aus dem Voranstehenden können wir erkennen, dass die in einer Gesellschaft zu beobachtende materielle Austerität keinesfalls bedeuten muss, dass diese Gesellschaft nicht klar hierarchisch strukturiert sein konnte; dass zwischen ihren Mitgliedern kein harter Wettbewerb um Status herrschen konnte.[64] Und doch müssen wir feststellen, dass sich der Befund Kretas in seiner Radikalität, die in ganz unterschiedlichen Bereichen der materiellen Kultur und verschiedenen Materialklassen deutlich ist, von denen aller anderen Kulturen des Mittelmeerraums unterscheidet. In ihrer fast völligen archäologischen, und nicht zu vergessen: politischen Unsichtbarkeit während des 6. und 5. Jh. ist die Insel einzigartig. Und doch wurden diese bemerkenswerten Veränderungen in der materiellen Kultur nur selten in Hinblick auf die dahinter liegenden historischen Phänomene analysiert. Viel zu wenig wurde beachtet, dass materielle Kultur generell lediglich die Manifestation kultureller Praktiken ist, und dass dementsprechend die auf Kreta zu beobachtende Veränderung in der materiellen Kultur einen Wandel kultureller Praktiken widerspiegelt. So müssen wir also rekonstruieren, welche kulturellen Praktiken sich änderten, dass sich dies derart in der materiellen Kultur niederschlug, und warum dies der Fall war. Nun stellten in der übrigen griechischen Welt die Angehörigen der Eliten ihren persönlichen Status gerade etwa durch das Symposion, das Stiften kostbarer Weihgeschenke und die Teilnahme an Agonen dar, und zwar sowohl in der eigenen Heimatgemeinde als auch auf der panhellenischen Bühne. Und so lässt sich der komplexe kretische Befund möglicherweise als Ausdrucksform eines sozialen Phänomens zusammenfassen: der

---

64 Whitley 2010, 182 hält denn auch fest: „The material practices of the more austere Crete of the end of the seventh and beginning of the sixth century BC are those, not of an egalitarian, but a stratified social order."

beinahe vollständigen Unsichtbarkeit des aristokratischen Individuums. Ein kretischer Aristos stellte sich offenbar weder durch die Zurschaustellung seines eigenen Reichtums noch seiner persönlichen Errungenschaften, welche allein ihm selbst, nicht aber seiner Polis und seinen Mitbürgern zum Ruhme gereichten, vor den Augen seiner politischen Gemeinschaft und dem Rest der griechischen Welt dar.[65]

Der in der materiellen Kultur am Ende des 7. Jh. zu beobachtende Prozess ist also wesentlich die Reflexion eines radikalen Wandels in kulturellen Praktiken, nämlich darin, wie sich der Einzelne zu seiner Gemeinschaft verhielt und dies darstellte. Dahinter scheint die in einer Reihe zentralkretischer Poleis bewusst getroffene Entscheidung zu stehen, auf jene Herausforderungen der Zeit zu reagieren, die wir seit dem 7. Jh. auch in anderen Regionen der griechischen Welt beobachten können: Wie können die angesichts der komplexer werdenden sozialen Organisation anfallenden Gemeinschaftsaufgaben bewältigt werden? Wie gestaltet sich das Verhältnis des Einzelnen, insbesondere des Aristos zu seiner Gemeinschaft? Wie kann diese Gemeinschaft in der Polis konfliktfrei zusammenleben? Wie kann eine Gruppe von Männern, die jeweils prominenten Status in der Polis beanspruchen, von den eigenen Peers und dem Demos anerkannt werden, und wie lässt sich eine solche soziale Überlegenheit womöglich auf Dauer absichern? Eine Untersuchung Kretas mit seiner bemerkenswerten Entwicklung der materiellen Kultur und der darin gespiegelten kulturellen Praktiken ist also für ein bedeutendes Kapitel unserer Beschäftigung mit dem Frühen Griechenland besonders interessant. Denn mit diesen Fragen bewegen wir uns im Herzen der Diskussion nach den Ursprüngen der Organisation des Bürgerstaates, der Polis, und damit dem Kern dessen, was es hieß, griechisch zu sein.[66]

Tatsächlich lassen schon die frühesten Gesetze Kretas, aus Dreros etwa, in der zweiten Hälfte des 7. Jh. die Auseinandersetzung zwischen den Aristoi der Polis erkennen und die Bemühungen der Polis – einer abstrakten Entität, die das Gemeinwesen repräsentierte und seine verschiedenen Teile inkorporierte –, diesem Konfliktpotential durch ethische Homogenisierung des Gemeinwesens und Umorientierung des aristokratischen Konkurrenzstrebens entgegen zu treten. Diese Umorientierung können wir anhand der Gesetzestexte verschiedener kretischer Poleis sehr gut rekonstruieren. Denn diese Gesetze griffen in zahlreiche Bereiche des öffentlichen und privaten Lebens der Bürger ein. Die Macht der Regelungen sollte die neue Gesell-

---

65 Die Forschung zu Sparta und der ‚Austerität' lakonischer Kunstproduktion bietet Erklärungsansätze und Modelle, vor deren Hintergrund man auch das entsprechende kretische Phänomen beleuchten kann; s. etwa Förtsch 1998 und 2001; Hodkinson 1998; Powell 1998; Osborne 2006; Erickson 2010 und vgl. Vink 2006.

66 Zu jenen Studien, welche die Veränderung der materiellen Kultur als die Reflektion einer bewussten Wahl und eines von Institutionalisierung geprägten Prozesses deuten, um eine ostentative Zurschaustellung des Individuums einzuhegen und den Zusammenhalt der Bürger zu betonen oder gar tatsächlich zu befördern, gehören Whitley 2001, 243–52 und 2005; Erickson, 2006, 79–83; 2010, Kap. 10–12, und 2014; Brisart 2011, 312–3, und 2014.

schaftsordnung abstützen, ihre monumentale Verinschriftlichung an Gebäuden im öffentlichen Raum der Polis ihre normative Kraft für die politische Gemeinschaft herausstellen. Doch die kretischen Inschriften der archaischen Zeit erlauben uns nicht allein eine einzigartig detaillierte Beschreibung der soziopolitischen Organisation der kretischen Bürgerstaaten, etwa in den Bereichen des Erbrechts und der Zwangsvollstreckung, der Sanktionierung von Ehebruch und Körperverletzung sowie der Ahndung von Vergehen der Amtsträger. Sie eröffnen uns mit der Behandlung dieser Themen auch den Blick in die normative Ordnung dieser Gesellschaft; wir erkennen die politische Imagination, das idealisierte Selbstbild der Ordnung kretischer Poleis, das auf dem Ideal der Egalität aller Politen aufbaute – einem Ideal, dem die Realität freilich nicht entsprach. Der oben skizzierte gesellschaftliche Wandel wäre ohne ausgeprägt hierarchische Strukturen auch gar nicht zu steuern und dauerhaft umzusetzen gewesen. Tatsächlich war Kreta die wohl einzige griechische Gesellschaft, in der es den Aristoi gelang, eine stabile, da institutionalisierte Adelsherrschaft auf Dauer zu stellen. Und ein restriktiver Umgang mit den ‚Anderen' – freien Fremden wie Unfreien – war von größter Bedeutung für die Erzeugung eines Gemeinschaftsgefühls der Politen, das deren natürlich bestehende Binnendifferenzen überbrücken sollte.[67]

Was also veranlasste die kretischen Gemeinwesen zu einem solchen bewussten Eingriff in die gesellschaftliche Ordnung, und wer war der Urheber hierfür? Stand hinter der Einrichtung eines Ideals der gesellschaftlichen Gleichheit und der Aufgabe der konventionellen Praktiken aristokratischer Distinktion eine Auseinandersetzung zwischen den Aristoi und dem Demos, in welcher die in der frühen Polis anwachsende Schicht der Bürger ihre Eliten dazu zwang, Felder aufzugeben in denen sie ihre Konkurrenz untereinander austrugen? Oder sehen wir hier die Reflexion einer Selbstbeschränkung der Eliten selbst, die darum bemüht waren, ihre Konkurrenz untereinander einzuhegen und durch kooperatives Handeln ihre gesellschaftliche Überlegenheit zu behaupten? Und wie wurde die neue Gesellschaftsordnung durch Institutionen abgesichert und auf Dauer gestellt?

---

67 Hierzu s. das Kapitel *Eleutheros*.

III Institutionalisierung und Bürgerstaatlichkeit

Eine epische Perspektive

Angesichts der Aussagekraft der kretischen Inschriften für die Untersuchung archaischer Politien ist es bemerkenswert, dass sie in Handbüchern zum frühen Griechenland oder auch in Studien, die sich mit dem Werden und Wesen der Polis und der Entstehung von Bürgerstaatlichkeit befassen, nur selektiv herangezogen werden.[1] Die meisten der kretischen Zeugnisse spielen gar keine Rolle, einige wenige erfreuen sich einer gewissen Prominenz. Doch diese Prominenz ist in Ansätzen zweifelhaft, da ihr zumeist eine Entkontextualisierung der nämlichen Quelle zugrunde liegt. Ein Beispiel hierfür ist das bekannte Gesetz über den Kosmos von Dreros, den obersten Funktionsträger dieser Gemeinschaft. In jener Inschrift bestimmt ‚die Polis‘, dass ein gewesener Kosmos binnen zehn Jahren nicht wieder als Kosmos handeln dürfe; tue er es doch, müsse er mit schweren, im Gesetz formulierten Sanktionen rechnen.[2] Gemeinhin wird dieses Zeugnis als Beleg gesehen, dass bereits im 7. Jh. eine starke Polis, die hier mit dem Demos gleichgesetzt werden müsse, mit Autorität gegenüber den Aristoi des Bürgerstaates aufgetreten sei. Ein starker Demos habe also Einfluss auf die untereinander konkurrierenden Aristoi der Polis genommen, die mit ihrem internen Streit den Zusammenhalt des Gemeinwesens über die Maßen belasteten. Dieses Gesetz zeige, dass das aufkommende Selbstbewusstsein der in der Hoplitenphalanx kämpfenden Bürgersoldaten die Aristoi in die Disziplin gezwungen habe. Der Demos habe seinen Eliten strenge Verhaltensregeln auferlegt und diese in Form von monumentalisierten Gesetzesinschriften festgehalten. Solcherart gedeutet ließe diese Inschrift es durchaus plausibel erscheinen, dass auch die im ersten Kapitel besprochene Veränderung der materiellen Kultur Kretas am Ende des 7. Jh. und der dahinter stehende Wandel in den kulturellen Praktiken auf Druck und Initiative des Demos zurückzuführen sei.

---

1 Diese Feststellung gilt für die frühgriechischen Inschriften insgesamt. Obschon dieses Quellencorpus authentisch archaischen Materials in verschiedenen kritischen Editionen erfasst, kommentiert und übersetzt ist, spielt es für die heute gängige Darstellung des frühen Griechenlands eine vergleichsweise geringe Rolle. Literarische Quellen der klassischen Zeit, welche rückblickend über archaische Verhältnisse berichten, das herodoteische Werk etwa oder die *Athenaion Politeia*, genießen in der Forschung ungleich größere Prominenz für eine Rekonstruktion des frühen Griechenlands.
2 *Editio princeps* von Demargne/van Effenterre 1937 = Koerner 90 = Nomima 1.81. Zu dieser Inschrift s. ausführlich Seelentag 2009; Veneciano 2010 und das Kapitel *Kosmos*.

Die Probleme der Meistererzählung frühgriechischer Staatlichkeit

Allerdings ist diese Argumentation mit einigen Schwierigkeiten verbunden. In ihr kommt eine ganz spezifische Sichtweise zum Ausdruck: die heute vorherrschende ‚Meistererzählung' der Geschichte des Frühen Griechenlands. Das Konzept der ‚Meistererzählung' oder ‚Metaerzählung' bezeichnet in der Geschichtswissenschaft historische Großdeutungen, die für eine bestimmte Zeit oder eine bestimmte Erzählperspektive leitend werden. Und so ist es von großer Bedeutung für die Selbstreflexion des Forschers, innerhalb der historischen Wissenschaften diejenigen Meistererzählungen zu identifizieren, die der Praxis des Forschens in seinem Gebiet unausgesprochen zugrunde liegen. Er muss sich bewusst machen, welche Rolle seine vielfältigen Vorannahmen bei der Analyse der Quellen spielen.[3] Der in den letzten Jahrzehnten vorherrschenden Meistererzählung der Entwicklung und des Charakters von Bürgerstaatlichkeit im Frühen Griechenland liegt die Vorstellung einer positiv konnotierten Evolution oder gar Teleologie zugrunde. Diese lässt zahlreiche Darstellungen eine mehr oder minder gerade Entwicklungslinie ziehen von den in den homerischen Epen gespiegelten Verhältnissen, über zunächst Hesiod und dann verschiedene frühe griechische Gesetze, wie etwa aus Dreros und Chios, die *Große Rhetra* und das ‚Blutrecht' des Drakon, hin zur klassischen Polis. Und dort ist es häufig das demokratische Athen, das als Höhepunkt oder gar Endpunkt dieser Entwicklung vorgestellt wird.

Natürlich wird mit einem Blick auf die vorstaatlichen beziehungsweise frühstaatlichen Verhältnisse der Epen und der archaischen Gesetze zugestanden, die uns dort entgegentretenden ‚Verfassungen' oder Ordnungen hätten in späterer Zeit selbstverständlich noch wesentliche Entwicklungen durchgemacht. Doch immer wieder wird das Bemühen vieler Studien deutlich, die Verhältnisse der frühen Zeit mithilfe oder vor dem Hintergrund der Einrichtungen späterer Zeit zu erklären. Dies ist ein problematisches Vorgehen, das zumindest einiger methodischer Vorbemerkungen bedürfte. Doch selbst wenn Darstellungen sich ausdrücklich gegen eine solche Vorannahme aussprechen, können sie sich nur schwer von anachronistischen Vergleichen lösen. Denn die methodische Crux dieser Herangehensweise ist, dass der Blick auf die vermeintliche Blüte einer Entwicklung ganz wesentlich die Wahrnehmung und Deutung früherer Zustände determiniert. Mit einem Bild des demokratischen Athen im Hinterkopf wird man in der homerischen Agora nicht unbedingt eine direkte Vorstufe, aber doch eine soziopolitische Konstellation sehen, die in einigen Jahrhunderten in die athenische Demokratie einmünden würde. Damit ist noch nicht gesagt, dass die homerische Agora – oder aber eben das Gesetz von Dreros – als Manifestation einer Frühstufe der Demokratie angesehen würde. Doch ist man geneigt,

---

3 Nach Jarausch/Sabrow 2002, die eine wissenschaftshistorische Einordnung dieses Begriffs bieten. – s. Small *im Druck* zu einer in der Klassischen Archäologie zu beobachtenden Meistererzählung mit ähnlichem Kern.

bei einer Deutung dieser früharchaischen Quellen diejenigen ihrer Facetten, die auf die vermeintlich deutliche spätere Entwicklung hinzuweisen scheinen, privilegiert zu betrachten und jene Elemente als dominant anzusehen, welche sich später ‚durchsetzen' sollten.[4] Nun ist ein solches Vorgehen ganz wesentlich der von der Überlieferung determinierten Auswahl unserer Quellen geschuldet. Für die klassische Zeit sind wir über die athenischen Verhältnisse eben am besten informiert. Und selbst wenn zahlreiche Darstellungen zum Werden der Polis auch betonen mögen, dass nicht allein Sparta, sondern natürlich auch Athen einen Sonderweg der griechischen Polisentwicklung darstellte, scheint es doch bemerkenswert, dass es wesentlich mehr Darstellungen gibt, die einen von den athenischen Verhältnissen gelenkten Blick auf die homerische Agora werfen als solche, die dies mit einem von Sparta oder Thessalien, Makedonien oder Kreta gelenkten Blick tun.

Diese Sichtweise wird davon befördert, dass wir mit den frühen Gesetzesinschriften eine Reihe von Quellen vor uns haben, die geeignet scheinen, gleichsam wie Inseln von Informationen den Weg von der homerischen auf die athenische Agora zu vervollständigen, seien sie nun aus Dreros oder Chios, aus Sparta oder Teos. Tatsächlich lässt der Befund der frühen Gesetzesinschriften erkennen, dass verschiedene archaische Poleis aus ganz unterschiedlichen Gegenden Griechenlands eine Reihe von strukturellen Gemeinsamkeiten aufweisen, einen vergleichbaren Grad von Institutionalisierung und ein ähnliches Gefüge von Funktionsträgern und Mechanismen gemeinschaftlichen Handelns.[5] So sehen wir in ihnen Amtsträger vor uns und kleinere Gremien, wohl Räte, und eine Versammlung der Politen. Deren Beschlüsse scheinen Entscheidungskraft gegenüber den Maßnahmen von Amtsträgern zu besitzen. Außerdem sind diese frühen Gesetze bemüht, verschiedene partikulare Organisationsformen der Bürger in den Gesamtverband der Politen zu integrieren, die einzelnen Oikoi etwa und Kultgemeinschaften, Phylen und Mahlgenossenschaften. Darüber hinaus widmen sie der Definition beziehungsweise Etablierung und Weiterentwicklung von Institutionen besondere Aufmerksamkeit; Ämter und Verfahren werden konturiert. Zuletzt werden diese Beschlüsse durch Eide oder die Beschwörung göttlichen Schutzes und Sanktionen im Falle eines Verstoßes gesichert. Angesichts dieser Gemeinsamkeiten können wir darauf schließen, dass allen diesen Gesellschaften, aus denen uns solche gesetzliche Regeln erhalten sind, durchaus ein Grundstock an strukturellen Herausforderungen gemeinsam war.

Und doch müssen wir uns vor Augen halten, dass diese Zeugnisse nicht Manifestationen einer gemeinsamen Entwicklung sind. Vielmehr stammen sie aus verschiedenen Jahrzehnten und vor allem aus verschiedenen Poleis, mithin aus unterschiedlichen historischen und soziopolitischen Konstellationen. Soweit wir dies

---

4 Ein solcher Determinismus liegt neben zahlreichen amerikanischen Arbeiten etwa auch Chr. Meier 1980 und Stahl 2003 zugrunde; s. dagegen Dreher 2005 und 2006; Hall 2013, 14.
5 Dies betonen Gehrke 1993 und Hölkeskamp 1999.

rekonstruieren können, unterscheiden sie sich auch durchaus in ihrem jeweiligen Verhältnis der Institutionen zueinander. Denn natürlich verliefen die Prozesse der Institutionalisierung in verschiedenen Poleis etwa aufgrund topographischer, siedlungsgeographischer, sozialer und schlichtweg auch kontingenter Faktoren sehr unterschiedlich.[6] Doch selbst solchen Darstellungen, die ganz explizit machen, dass Institutionen, wie sie in diesen Inschriften aufscheinen, natürlich Manifestationen historischer Prozesse sind, fehlt häufig die methodische Umsicht, die frühgriechischen Inschriften tatsächlich jeweils als Zeugnisse eines ganz bestimmten historischen Kontextes zu lesen und zu deuten. Dazu gehörte auch das Bemühen, die spezifische soziopolitische Konstellation zu verstehen, in der diese oder jene Regelung entstand; dann auch, die weitere Entwicklung dieses gesellschaftlichen und institutionellen Gefüges zu verfolgen.

In dieser Arbeit soll nicht der Blick auf spätere Verhältnisse unser Verständnis der archaischen Zeugnisse leiten. Weder sollen die hellenistischen Inschriften Kretas den Hintergrund unserer Deutung der vom 7. bis 5. Jh. auf der Insel entstandenen Regelungen bieten; noch soll der Blick auf andere Gesellschaften des frühen Griechenlands dies tun, seien es nun Korinth oder Megara, Sparta oder Athen. Lediglich zur Plausibilisierung bestimmter, aus dem archaischen Material Kretas selbst erzielter oder vermuteter Ergebnisse und zum Vergleich mit jenem soll der Befund anderer Bürgerstaaten und anderer Jahrhunderte herangezogen werden.

Modelle der Entstehung von Bürgerstaatlichkeit

Der folgende Abschnitt soll zunächst die in der heutigen Altertumswissenschaft gängige, von anthropologischen Ansätzen beeinflusste Erklärung einer Entwicklung von Staatlichkeit im archaischen und klassischen Griechenland vorstellen. Danach sollen einige mit dieser Sichtweise verbundene Schwierigkeiten und Defizite skizziert werden, um schließlich mit dem in dieser Arbeit verwendeten Modell der Institutionalisierung einen Gegenentwurf der Beschreibung und Analyse von Vergesellschaftung im frühen Griechenland zu bieten.

Staatlichkeit und das frühe Griechenland

Eine Vielzahl der heute in den Altertumswissenschaften gängigen Erklärungen zur Entstehung und Entwicklung der frühen Polis ist geprägt von Modellen der *Social*

---

6 Dass die Einbeziehung von Quellen aus verschiedenen Poleis in ein gemeinsames – womöglich gar gesamtgriechisch gültiges und evolutionäres – Modell der Entstehung von Institutionen sehr problematisch ist, macht Walter 1993, bes. 213, anhand von Fallbeispielen aus so unterschiedlichen Gemeinschaften wie Chios, Megara, Elis, Lokris, Sparta und auch Athen sehr deutlich.

Anthropology zur Entstehung staatlicher Gesellschaften.[7] Deren, an außereuropäischen Fallbeispielen entwickelte, Vorstellung gesellschaftlicher Entwicklungen von der *big-man* Gesellschaft über das *chiefdom* hin zum *early state* steht unter dem Eindruck eines evolutionären Modells. Jenes besagt, dass Gemeinschaften sich mit zunehmender Komplexität – einer Dynamik von demographischem Wandel, ökonomischer und sozialer Entwicklung – mit einer gewissen Zwangsläufigkeit von einem geringeren zu einem höheren Maß innerer Stratifizierung, Differenzierung und Hierarchisierung entwickelten. Die Herausbildung politischer Institutionen wird in diesen Modellen als die Reflexion einer Absicherung der Interessen und Macht einer herrschenden Klasse gesehen. Tatsächlich lassen sich die Veränderungen, die wir für das 8. Jh. in der griechischen Welt zu beobachten scheinen, als ein solcher Prozess des Wachstums und der sozialen Komplizierung beschreiben.[8]

Die traditionelle Sicht einer Entwicklung von Polisstaatlichkeit hält fest, dass ein intensiveres Zusammenleben der Menschen in den frühen Poleis immer mehr Konflikte entstehen ließ, welche den Zusammenhalt der Gemeinschaft gefährdeten; das Spektrum der von der und für die Öffentlichkeit zu leistenden Gemeinschaftsaufgaben komplexer werden ließ; und den äußeren Druck auf die Gemeinschaft, etwa durch eigene Expansion oder die Notwendigkeit der Verteidigung, wachsen ließ. Wesentliche Bereiche des Lebens der Gruppe konnten nicht länger auf die traditionelle, eben vorstaatliche Weise erledigt werden. Es entstand ein Bedarf nach ständig präsenten Institutionen und auf Dauer gestellten Mechanismen der Regelung und Entscheidung in Fragen, welche die Allgemeinheit betrafen. Um angesichts der damit verbundenen vielfachen Herausforderungen weiter bestehen zu können, musste im Inneren der Gesellschaft eine Ordnung der sozialen Beziehungen aufrecht erhalten, nach außen abgegrenzt und gegen Feinde verteidigt werden. Im Wesentlichen drei für die Gemeinschaft zentrale Aufgaben mussten dauerhaft geregelt werden.[9] Dies waren die Streitschlichtung, die soziale Integration und das kasuelle Entscheidungshandeln. Sie bildeten die Voraussetzung dafür, Vorkommnissen, welche das Gemeinwesen bedrohten und für die keine konventionellen Verhaltensreaktionen existierten, als Gemeinschaft zu begegnen. So mussten also in der Gesellschaft allgemein verbindliche Normen für das Zusammenleben etabliert werden; von allen respektierte Rollen

---

7 Winterling 2014, 254 konstatiert aber, dass diese Modelle für andere Epochen der Antike jenseits der griechischen oder römischen Frühzeit praktisch ohne Bedeutung geblieben seien.
8 Snodgrass 1980; Morris 2009 sowie Osborne 2009, 66–99.
9 Hierzu s. Walter 1996, 23–4. – Einen Überblick über die verschiedenen Ansätze zur Entwicklung früher Staatlichkeit bieten die Beiträge in Claessen/Skalnik 1978; Cohen/Service 1978 und Nichols/Charlton 1997; außerdem Haas 1982 und Leuthäusser 1998; auf die Alte Geschichte angewandt s. etwa Spahn 1977, bes. 59–69; Runciman 1982; Starr 1986, 34–51; Stahl 1987, 140–4 und 2003, 94–116; van der Vliet 2000 und 2008; Small 1995 und 1997; Hölkeskamp 2003. Eine Einführung in die Richtungen der *Social Anthropology* und ihre Theorien bieten etwa Kramer 1983; Sigrist 1983; und – aus einem althistorischen Blickwinkel – Scheidel 2013.

und Verfahren, die der Beilegung von Streit dienten und die im Falle eines Verstoßes auch durch Sanktionen durchgesetzt werden konnten.

Bei alldem sei die Trennung zwischen vorstaatlichen und staatlichen Verhältnissen dort anzusetzen, wo Gemeinschaftsaufgaben nicht mehr allein situativ von Individuen wahrgenommen wurden, die aufgrund ihres Prestiges den Mitgliedern der Gemeinschaft als dafür geeignet erschienen; sondern wo die Notwendigkeit der zu bewältigenden Gemeinschaftsaufgaben bestimmte Institutionen im Rahmen bestimmter Verfahren tätig werden ließ; wo anonyme politische Rollen nach verbindlichen Regeln dauerhaft besetzt und mit so viel institutioneller Macht ausgestattet waren, dass die Durchsetzung ihres Willens nicht länger allein von der persönlichen Macht und Handlungsbereitschaft des gerade in dieser Position befindlichen Individuums abhing. Dies nämlich bedeutete, „immer neuen Herausforderungen an die Selbsterhaltung nach innen und der Selbstbehauptung nach außen auf wirksame Art begegnen zu können – und zwar nicht nach einem Konsens im endlosen Palaver, sondern mit Autorität und notfalls mit Zwangsmitteln auch gegen Gruppenmitglieder."[10] Für die Öffentlichkeit relevante Funktionen wurden habitualisiert und verfestigt, Verfahren standardisiert statt immer wieder neu verhandelt und informell geregelt zu werden. Maßgebliches Kriterium für den staatlichen Charakter der Polis sei also die in Prozessen der Entpersonalisierung und Verstetigung entstandene Zentralisierung und damit eben Institutionalisierung der Macht in voneinander geschiedenen Rollen des Beratens, Entscheidens und des Durchsetzens von Entscheidungen. In ihrem Zuge bildeten sich Ratsgremien, Beschlussorgane und Ämter heraus, die konkrete Funktionen und bestimmte Kompetenzen besaßen und festgelegten Verfahrensregeln unterlagen und letztlich allesamt der Sicherung des Friedens in der Polis dienten.[11]

Zu Recht wird aber betont, dass der Prozess der Polisbildung durch die Entwicklung dieser Art von Staatlichkeit noch nicht abgeschlossen war, nicht durch die bloße Schaffung eines Gefüges von verschiedenen Ämtern, Gremien und Verfahrensweisen. Vor allem musste sich die Gesellschaft zu einer politischen Gemeinschaft von

---

10 Walter 1996, 24 und 1993, 18 mit Anm. 28; dort auch mit Hinweis auf Weber 1972, 515–6: „Je umfassender sich das politische Gemeinschaftshandeln aus einem bloßen, im Fall direkter Bedrohung aufflammenden Gelegenheitshandeln zu einer kontinuierlichen anstaltmäßigen Vergesellschaftung entwickelt und nun die Drastik und Wirksamkeit seiner Zwangsmittel mit der Möglichkeit einer rationalen kasuistischen Ordnung ihrer Anwendung zusammentrifft, desto mehr wandelt sich in der Vorstellung der Beteiligten die bloß quantitative zu einer qualitativen Sonderstellung der politischen Ordnung."
11 Hölkeskamp 1999, 268; auch Schuller 1993; Walter 1993, 17–22, 76–88 und 1998. – Winterling 2014, 254–5 hält fest, dass die „Ausdifferenzierung komplexer politischer Organisationsstrukturen auf der Basis von Ämtern, Institutionen und Verfahren und die damit verbundene Trennung von Herrschaftsrollen und den sie jeweils temporär bekleidenden Personen (...) im Kontext der vormodernen Welt, d.h. komplexer, auf Schriftlichkeit und Rollendifferenzierung basierender ‚Adels'-Gesellschaften, offensichtlich einmalige Phänomene" waren. Eine „so weitgehende Ausdifferenzierung von Politik im Rahmen einer vormodernen stratifizierten Gesellschaft [war] offensichtlich ohne Parallele".

Bürger entwickeln. Wesentlich hierfür war der Zugang zu allgemein anerkannten und allen zugänglichen Medien zur Integration ihrer Mitglieder, zur Herstellung sozialen Konsenses und eines Wir-Gefühls. Maßgeblich war die Binnenorganisation der politischen Akteure in gliedernde Unterabteilungen, die nicht spalten, sondern integrieren; die Schaffung öffentlicher Räume und Rituale, in denen sich die Gemeinschaft als eine solche erleben konnte; schließlich auch die Definition von Kriterien, welche die Politen ausmachten und von anderen unterschieden, also etwa die Rechte und Pflichten von ‚Bürgerrecht'.[12]

Institutionelle Veränderungen mussten also mit der Schaffung einer auf die Gemeinschaft bezogenen kollektiven Identität der Politen einhergehen.[13] Diese umfasste drei Dimensionen, nämlich den Raum, also das Konzept von gemeinsamer Siedlung und Territorium; dazu die zeitliche Dimension der Gemeinschaft, also die Perspektive auf ein langfristiges Miteinander und damit alle Arten der identitätsstiftenden Überlieferung; und schließlich die Definition von Übergangsstellen im Leben jedes Einzelnen, etwa Initiationsriten und damit die Wahrnehmung, das Mitglied jeweils einer bestimmten Altersklasse zu sein, an die klare Rechte und Pflichten geknüpft sind. Und so gehen Erklärungen zum Vorgang der Polisbildung häufig davon aus, dass mit der Verdichtung von Staatlichkeit auch das Zugehörigkeitsgefühl des Individuums als Teil der Polisgemeinschaft alle anderen Strukturen der Zugehörigkeit verdrängte, umwandelte oder in sich aufnahm, sodass die Identität des Individuums als Polisbürger gegenüber anderen, potenziell konkurrierenden Formen von Identität die wichtigste war.[14]

So weit eine Skizze der gängigen Modelle der Entwicklung von Staatlichkeit in der griechischen Archaik und Klassik. Im Folgenden soll gezeigt werden, dass diese Erklärungen wohl durchaus geeignet sein mögen, die Ausprägungen der soziopolitischen Konfigurationen früher Poleis zu beschreiben und zu analysieren, nicht aber ihre Entstehung. Denn bei alldem bleibt die Frage, wie dieser Prozess sich ganz konkret vollzog, unbeantwortet. Tatsächlich wird sie kaum einmal gestellt: Bemerkenswert wenige Studien beschäftigen sich gezielt mit der Entwicklung frühester Institutionen und fragen nach den diese Prozesse vorantreibenden Handelnden. Und so finden wir Formulierungen wie: „Den ersten entscheidenden Schritt ihrer politischen Entwicklung tun die frühen griechischen Gemeinden also, indem sie – zu durchaus unterschiedlichen Zeitpunkten im 8. und 7. Jh. und aufgrund unterschiedlicher uns

---

12 Walter 1993, 20.

13 Zum Folgenden s. Walter 1993, 20–2 und 1996, 19–26 unter Berufung auf Jellinek 1914, 394–434.

14 Und doch müssen wir uns deutlich machen, dass das Individuum einer Reihe sozialer Integrationskreise angehörte, Unterabteilungen der Gruppe mit jeweils eigenem Zuschnitt, die auf jeweils durchaus verschiedene Weise und mit unterschiedlicher Intensität seine Zugehörigkeit bestimmten und damit seine Identität ausmachten; hierzu s. die Kapitel *Eleutheros*, *Pyla* und *Andreion*.

im konkreten Einzelfall nicht bekannter Veranlassungen – verschiedene Ämter zur Bewältigung von Gemeinschaftsaufgaben einrichten. Außerdem werden die bestehenden vorstaatlichen Verfahren zur politischen Willensbildung, die Beratschlagung der Aristokraten untereinander und die Versammlung des ganzen Volkes, nach und nach zu formalen staatlichen Organen (...) umgebildet."[15] Diese Unpersönlichkeit des Ausdrucks, die etwa die Frage nach den Akteuren dieser Veränderungen und ihren Interessen überhaupt nicht stellt, scheint nicht allein der vergleichsweise schlechten Überlieferung für diese Frage und diese Zeit geschuldet; sie resultiert wohl maßgeblich aus der Vorstellung der oben skizzierten Zwangsläufigkeit des evolutionären Modells einer Entwicklung von Staatlichkeit in der frühen Polis. Aus diesem und anderen Gründen scheint es mir wenig geeignet, das Werden und Wesen griechischer Poleis mit dem Instrumentarium der etablierten – evolutionär argumentierenden – Modelle zur ‚Entwicklung von Staatlichkeit' zu beschreiben und analysieren.

Denn aus der Anwendung der Kategorie der Staatlichkeit für frühgriechische Politien entstehen in einem solchen Maß Probleme, dass es unklar ist, ob der Nutzen und Erkenntnisgewinn, welche damit einhergehen, ausreichend scheinen. Prinzipiell ist der Gebrauch bewusst moderner Begriffe für Untersuchungen wie die unsere natürlich notwendig. Wollen wir nicht in den – für unsere Zwecke unterkomplexen – quellensprachlichen Bezeichnungen und damit Weltwahrnehmungen und Weltetikettierungen feststecken, benötigen wir eine gewisse Abstraktion, ja: einen gewissen Anachronismus der Kategorien unserer Beschreibung und Analyse. Und tatsächlich tragen die hierbei notwendig gemachten Begriffsdefinitionen, die Vergleiche und die Diskussion verschiedener Indikatoren für die ‚Entwicklung von Staatlichkeit' und das Vorhandensein eines ‚Staates' zu einem feineren Analyseraster der Eigenarten soziopolitischer Konfigurationen im frühen Griechenland bei.[16]

Allerdings sind gerade im Falle der etablierten sozialanthropologischen Modelle zur Entstehung von Staatlichkeit die Kompromisse ein hoher Preis, vor allem die hierbei notwendige Entspezifizierung des historischen Befundes frühgriechischer

---

15 Stahl 1987, 157. – Bemerkenswert wenige Studien sind bemüht um eine Analyse, wie genau die ersten Schritte der Institutionalisierung in der frühen Polis aussahen, sprich, wie das Prinzip der Polisinstitutionen an sich konturiert wurde. Zu ihnen zählen Dreher 1983; Starr 1986, 34–66; Welwei 1992, bes. 76–132; Walter 1993; van der Vliet 2000, 2003 und 2011. – Für die frühe römische Geschichte sieht es in den meisten Fällen nicht anders aus, s. etwa Cornell 1995 und Forsythe 2005, 153: „Some modern scholars have even questioned whether the equal sharing of power between the two consuls was original to the office; if it was, they wonder where the Romans got the idea of organizing their affairs in this manner. These questions and doubts seem excessive. (...) we should give the Romans considerable credit for practical political thinking and organization. After all, they did become the masters of the Mediterranean world, and we need not doubt that they were capable of political shrewdness in early times."; vgl. dagegen etwa Linke 1995 und die Beiträge in Lundgreen 2014.
16 Winterling 2014 bietet ein konzises und differenziertes Plädoyer zur Verwendung moderner Begriffe, um antike Gesellschaften zu beschreiben und analysieren.

Gemeinschaften, die deren Einpassen in zeiten- und kulturenübergreifende Idealtypen bedingt. So gehen diese Modelle etwa davon aus, dass politische Institutionen
der Absicherung einer herrschenden Klasse dienen. Doch die stark auf Egalität und
Herrschaftsvermeidung ausgelegten Strukturen, die selbst für die Poleis der klassischen Zeit typisch waren, das flexible System von Rängen und die vergleichsweise
flachen Hierarchien im relativ einfachen Gefüge von Institutionen und schließlich
das Fehlen einer zentralen Gewalt passen nicht in dieses Bild.[17] Sie scheinen unvereinbar mit dem Wesen des sozialanthropologischen Organisationstypus ‚Staat‘, der
gerade durch Zentralisation und strikte Rangstufen ausgemacht wird.[18]

Überdies herrscht keineswegs Einigkeit über jene Kriterien, welche ein vorstaat-
liches Gebilde von einem staatlichen trennten. Und selbst wenn es gelänge, sich auf
eine Reihe verbindlicher Kriterien zu einigen, wäre wohl nur selten eine Übereinkunft
zu erlangen, ob diese in hinreichendem Maße vorhanden beziehungsweise umgesetzt wären; ob man somit in einem konkreten Fall tatsächlich von einem staatlichen
Gebilde sprechen dürfe. So ist etwa der auf drei Kriterien für Staatlichkeit herunter-
gebrochene Katalog von Staatsgebiet, Staatsvolk, Staatsgewalt von Georg Jellinek
gerade wegen dieser Simplizität, welche gewaltige Postulate an ‚Staatlichkeit‘ erhebt,
nicht geeignet, Einvernehmen herzustellen. Mögen diese drei Kriterien auch einen
analytischen Wert für Diskussionen um den Grad ihrer Ausprägung in konkreten Konfigurationen haben, scheinen sie – zumindest in jener Weise, in welcher sie in der
Forschung zum frühen Griechenland angewendet werden – nicht geeignet, die Prozessualität soziopolitischer Veränderungen zu analysieren.[19]

Einen Ausweg aus dem deutlichen Unbehagen zahlreicher Forscher, Politien
der griechischen Antike mit dem Instrumentarium des ‚Staates‘ zu untersuchen,
scheinen Modifikationen beziehungsweise Spezifizierungen dieses Konzeptes zu
bieten. Und so versucht man, der Besonderheit griechischer Poleis mit Begriffen wie
‚Stadtstaat‘, ‚Bürgerstaat‘, ‚Polisstaat‘, ‚antiker Staat‘ oder ‚Mikrostaat‘ Rechnung zu
tragen. Allerdings wird gerade in diesen Behelfsmodellen die Wirkmacht der sozial-
anthropologisch geprägten Ansätze deutlich. Offenbar fällt es schwer, sich vom
Modell des Staates zur Analyse der Polis zu lösen. Bemerkenswert ist dabei, dass
derzeit vor allem in der englischsprachigen Forschung das Thema der antiken Staat-

---

17 van der Vliet 2005, 2008 sowie 2011. Eine neoevolutionistische Perspektive auf die Frühphase der
Polis bietet Ulf 2001.
18 Vergleiche mit *chiefdoms* oder *big-man* Gesellschaften haben am Ehesten für die in den Epen reflektierten Konfigurationen zu plausiblen Deutungen geführt, so etwa Finley 1954; s. vor allem auch
Ulf 1991; Raaflaub 1997; Donlan 1999; Ulf/Kistler 2001; Hall 2006, 119–44. Eine andere – die epischen
Gesellschaften deutlich ‚moderner‘ interpretierende – Sicht bietet van Wees 1992. Eine Diskussion
anthropologischer Modelle bietet Hildebrandt 2007.
19 Jellinek 1914, 287 selbst wies allerdings auf den fortwährenden Wandel der Erscheinungsformen
des Staates hin, welche eben jeder geschichtlichen Erscheinung inhärent seien. Hier ist ‚Staat‘ weniger Zustand als historischer Prozess.

lichkeit im Zusammenhang anderer vormoderner Fallstudien von *state-formation* und *empires* untersucht wird. Dies funktioniert für Rom und, wenn im Falle Griechenlands überhaupt, dann am ehesten für *„The Greater Athenian State"* beziehungsweise *„The Athenian Empire"*; darüber hinaus vielleicht noch für Sparta und Syrakus.[20] Kurzum, es handelt sich um Politien der klassischen Zeit und um Gebilde, die vor allem wegen ihrer Kontrolle über ein großes Territorium und ihrer Hegemonie über zahlreiche andere Politien Aufnahme in diese Liste fanden. Ein auf diesen Kriterien beruhender Idealtyp der ‚Polis als Staat' ist aber zur Beschreibung von Zeiten und Gesellschaften ungeeignet, deren Eigenart geradezu darin bestand, diese Kriterien nicht zu erfüllen.

Eng mit diesem Problem verbunden ist die Bemühung, die Poliswelt vor allem des archaischen Griechenland als ‚frühstaatlich' zu charakterisieren. Damit erscheint die Archaik allein als Zwischenstufe, indem sie soziopolitische Konfigurationen bezeichnet, welche ‚nicht mehr vorstaatlich', aber eben auch ‚noch nicht staatlich' seien. Dabei erweist die Wahl einer solchen Zwischenstufe gerade die unzulängliche Trennschärfe des Konzeptes der ‚Staatlichkeit'. Doch fatal ist diese aus der erwähnten evolutionär oder gar teleologisch geprägten Wahrnehmung der griechischen Geschichte entstandene Begrifflichkeit und Modellbildung in anderer Hinsicht. Denn sie nimmt der Archaik ihre Eigenschaft, als Epoche eigenen Rechts gesehen zu werden, wenn sie diese Epoche in den alten, in ihrer Bezeichnung noch deutlichen Wahrnehmungsmustern deutet. Die ‚Archaik' wird als eine Anfangszeit gesehen, als eine Zeit der Schritte *hin* zur Staatlichkeit – und in vielen Studien ist dies jene Staatlichkeit, die das klassische Athen uns zu bieten scheint. Damit wird der Archaik eine dienende Funktion zugeschrieben, als eine Größeres und Komplexeres lediglich vorbereitende Phase.

Tatsächlich scheint gerade für die Archaik die Kategorie der ‚Entwicklung von Staatlichkeit' und ihr Instrumentarium der Beschreibung und Analyse unbrauchbar zu sein. Denn die Formulierung eines Idealtyps des ‚Staates' setzt immer – auf welchen Kriterien diese Definition im Einzelfall auch beruht – das Vorhandensein von Zuständen beziehungsweise die Vollendung von Wegen hin zu diesen Zuständen voraus, die in der Zeit der Archaik eben kaum einmal zu beobachten sind. Dies gilt auch für viele Gemeinwesen des klassischen Griechenlands, da der Idealtyp der Polis als Staat häufig mit dem Blick auf das vergleichsweise elaborierte Institutionengefüge des klassischen Athens formuliert ist. In diesem Vergleich schneiden alle anderen Poleis als mehr oder weniger defizitär ab. Das Rohe, das Unfertige, etwa der Streit um Monopole der ‚Zentralgewalt'/des ‚Staates' erscheint bei der Anwendung dieses Konzeptes als ein ‚Noch-nicht Zustand'. Doch genau dies entspricht dem Wesen der Archaik. Ihre Betrachtung erlaubt einen Blick gerade auf das Fließende

---

20 s. etwa Morris 2009 und 2013 sowie Kehne 2014. – vgl. Hansen 2000a, 19 mit einem seiner, für die Archaik fraglichen, Kriterien der Beschreibung der Polis als ein Staat: „a highly institutionalised and highly centralised micro-state".

und die tastende Entwicklung institutioneller Komplexität, die bei einer Frage nach der ‚Staatlichkeit' archaischer Poleis immer nur als ‚Zwischenstufen' oder ‚Vorstufen' erschienen.

Einen Versuch der Vermittlung stellt die Position dar, ‚Staatlichkeit' nicht als einen durch Kriterien zu definierenden Zustand, sondern als einen Prozess aufzufassen. ‚Staat' und ‚Staatlichkeit' werden nicht als historische Begriffe, sondern als analytische Kategorien verwendet. Christoph Lundgreen etwa plädiert dafür, den Staat als einen Prozess zu beschreiben, nicht als einen Zustand.[21] Im Mittelpunkt dieser Herangehensweise steht die Frage nach der *graduellen* Erfüllung bestimmter Kriterien, Funktionen und Schlüsselmonopole. Und die Differenzierung zwischen Entscheidungskompetenz und Ordnungsmacht bietet Kriterien für eine Beschreibung mehr oder weniger starker Staatlichkeit. Errungen scheint damit die Freiheit von der Teleologie anderer Staatsmodelle. Denn statt von Blüte oder Niedergang lässt sich von zunehmender und abnehmender Staatlichkeit reden.

Bei alldem spielt das Konzept der *governance* eine wichtige Rolle. Sie bezeichnet das „Gesamt aller nebeneinander bestehender Formen der kollektiven Regelung gesellschaftlicher Sachverhalte, von der institutionalisierten zivilgesellschaftlichen Selbstregelung über verschiedene Formen des Zusammenwirkens staatlicher und privater Akteure bis hin zu hoheitlichem Handeln staatlicher Akteure". Lundgreen betont: „*Governance* wird dabei nicht als ein »den Staat ausblendendes Konzept«, sondern als ein »staatsrelativierendes« Konzept begriffen, das die »mit jeder Staatszentriertheit verbundene Gefahr der Blickverengung« vermeiden will und dessen »Mehrwert« in der »Prozesshaftigkeit und Dynamik der in ihm angelegten Perspektive« liegt." Zu erwarten sei für die griechische Archaik dabei „die Gleichzeitigkeit des Ungleichzeitigen, also der Befund unterschiedlicher stark ausgeprägter Staatlichkeit in den untersuchten Bereichen, so dass Staatlichkeit (...) als ‚Bündel' von Indikatoren mit variierender Ausprägung zu konzeptualisieren" sei.[22]

Mit dieser Herangehensweise befinden wir uns schon recht nah am dieser Arbeit zugrundeliegenden Modell soziopolitischer Entwicklung im frühen Griechenland. Und doch fehlen ihr noch einige für uns relevante Perspektiven. Dies sind Fragen etwa nach den Akteuren, welche diese Prozesse vorantrieben und gestalteten; nach Phänomenen gesellschaftlicher Organisation, welche die einzelnen Poleis transzendierten, etwa nach der Relevanz überlokaler und panhellenischer Agone; und nach kulturellen Praktiken, deren Sinn für die verschiedenen, die Politie konstituierenden

---

21 Zum Folgenden s. Lundgreen 2014. Er plädiert ebd., 34–5, 50 im Sinne von Genschel/Zangl 2008 und Schuppert 2010 – allerdings am Beispiel der römischen Republik – für die Verwendung von ‚Staatlichkeit' auch für antike Systeme, sofern dieser Begriff konkretisiert werde für eine historisch jeweils spezifische Form organisierter politischer Herrschaft.
22 Mayntz 2005, 15. – Lundgreen 2014, 29 mit Zitaten von Schuppert 2010, 135 und 161. – Chr. Lundgreen, briefliche Mitteilung.

Gemeinschaften bei einer Analyse der Ausprägung von Staatlichkeit kaum einmal in den Blick genommen wird, da es sich bei ihnen um geradezu gegen den Staat oder zumindest neben dem Staat stehende Phänomene handelt. Solche Praktiken oder Rituale, wie etwa die Ausbildung panhellenischer oder anderer überlokaler Heiligtümer, ihrer Feste und Wettkämpfe sowie die Etablierung von Verhaltensregeln und Prestigehierarchien bei unterschiedlichen Formen sympotischer Kommensalität, lassen sich womöglich besser als Formen soziopolitischer Integration oder eben Institutionalisierung behandeln.[23]

Institutionen, Institutionalisierung und ihre Akteure

Und so stellt diese Arbeit dem Konzept der ‚Staatlichkeit' zur Analyse früher Poleis jenes der ‚Institutionalisierung' entgegen. Dieses nimmt unserer Meinung nach stärker, ja: ganz bewusst und gezielt das Prozesshafte der soziopolitischen Entwicklungen im frühen Griechenland in den Blick. Es fragt weniger nach einem Wohin als vielmehr nach einem Woher; nicht nach dem Ob-Schon oder Noch-Nicht, sondern vor allem nach dem Wie der Prozesse von Vergemeinschaftung und gesellschaftlicher Komplexität.[24]

Im Folgenden seien Ausführungen von Karl-Joachim Hölkeskamp etwas ausführlicher wiedergegeben, die aus dem Kontext seiner Diskussion der Entstehung von Öffentlichkeit im frühen Griechenland stammen und die eine für unsere Zwecke sehr nützliche Synthese verschiedener Arbeiten zur Institutionalisierung darstellen.[25] Hölkeskamp betont, dass Institutionen „relativ auf Dauer gestellte, durch Internalisierung verfestigte Verhaltensmuster" sind, die sich „in ihrer vollentwickelten Form" in Ämtern, Gremien und Verfahrensweisen manifestieren können. Außerdem sind sie selbst wiederum „Sinngebilde mit regulierender und orientierender Funktion". Erst durch die relative Dauerhaftigkeit einer Institution entwickelt sie ein Maß an Stabilität, das ihr jene stärkende Wirkung verleiht, mit der sie dem sozialen Handeln und dem Zusammenleben und -wirken einer Gruppe bestimmte Formen und Regeln geben kann. Institutionen beschränken die „Unbegrenztheit möglicher Verhaltensweisen"

---

23 Winterling 2014. – Im Falle Roms ließe sich etwa auf die Macht des *pater familias* und des Familiengerichts hinweisen; die in privater Hand liegende Vergrößerung des Bürgerverbands durch Freilassung von Sklaven; das die Gesellschaft strukturierende Klientelwesen; s. Eder 1990, 17–21.
24 Vor allem die Methoden der Institutionentheorie nach A. Gehlen und K-S. Rehberg ermöglichen unter der Frage nach den komplexen Ursachen für die Stabilität politischer und sozialer Mechanismen eine Verbindung der Analyse von Struktur und Prozessualität innerhalb der Geschichte.
25 Das Folgende ist nach Hölkeskamp 2003, 82–7; dort auch der Nachweis der hier übernommenen Zitate und Hinweise auf weitere Literatur, maßgeblich Arbeiten von P. Berger und Th. Luckmann, G. Göhler, N. Luhmann, G. Melville sowie K-S. Rehberg.

und beugen einer „Beliebigkeit persönlichen und kollektiven Handelns" vor, welche den Zusammenhalt und die Stabilität einer Gruppe gefährden können.[26]

Eine Folge der von Institutionen gewährleisteten „Strukturierung der Vielfalt von Handlungsoptionen zu überschaubaren Alternativen" ist, dass das Handeln „in Bahnen der Wiederholung des Gleichförmigen gelenkt wird". Damit werden Handlungsabläufe vorhersehbar und verlässlich, und dies ist wesentlich und konstitutiv für die Funktionsfähigkeit und sogar den Bestand der Gruppe. Die Verfestigung von Verhaltensmustern hin zu dauerhaft handlungsleitenden Figurationen – etwa zu Regeln und Verfahren – beinhaltet einen normativen Anspruch auf Geltung für die jetzt und in der Zukunft möglichen, jetzt erkennbaren, ähnlichen Handlungskontexte und Bedürfnisse. Hierbei müssen alle an dem institutionellen Handeln beteiligten Akteure und Adressaten diese in Regeln ausgedrückten Muster sowie das Prinzip ihrer fortgesetzten Gültigkeit soweit verinnerlicht haben, dass sie ihr jeweiliges konkretes Handeln wie selbstverständlich auf den in diesen Mustern ausformierten Sinn ausrichten.[27]

Die Akzeptanz solcher Verhaltensnormen erfordert die Beschränkung individueller Handlungsfreiheit; vor allem aber verlangt sie eine Fundierung in Sinnvorstellungen, die vom Individuum als notwendig oder zumindest gewinnbringend erachtet werden. Diese Sinnvorstellungen leiten sich aber eben nicht allein aus individuellen Grundbedürfnissen, wie etwa Überleben oder Existenzsicherung ab, sondern ergeben sich auch aus fundamentalen Belangen, die sich aus dem Prozess der Vergesellschaftung ergeben. Dazu gehören eine Harmonie des Zusammenlebens in verschiedenen Gruppen und die dazu gehörenden Mittel und Wege der Begrenzung und Beilegung von Konflikten, doch auch Fragen der Ressourcenverteilung und der Organisation von Verwandtschaftsbeziehungen. Institutionen sind also kein Selbstzweck, sondern sie bedürfen der Legitimation. Sie müssen in der Lage sein, die sich aus den erwähnten Belangen abgeleiteten Sinnvorstellungen und die daraus folgenden Leitideen eines gemeinsamen Handelns durch dauerhaft geregelte Formen solchen Handelns umzusetzen.[28]

Politik ist der „Handlungsraum der Herstellung, Ordnung und Durchführung verbindlicher, gesamtgesellschaftlich relevanter Entscheidungen". Und so sind politische Institutionen „Regelsysteme" zur Vorbereitung, Inkraftsetzung und Implementierung solcher Entscheidungen. Sie steuern die „zweckbestimmte Regulierung von Handlungsoptionen in einer politischen Einheit". Diese Regulierung lenkt und kanalisiert das Verhalten individueller und kollektiver Akteure der Politie. Zu ihren

---

26 Hölkeskamp 2003, 82–3 mit Bezug auf Acham 1992; Göhler 1994 und 1997.
27 Hölkeskamp 2003, 83 mit Bezug auf Melville 1992.
28 Hölkeskamp 2003, 83 mit Bezug auf Melville 1992.

Mitteln gehören Gebote und Verbote, Sanktionierung und Prämierung bestimmter Handlungsoptionen.[29]

Daneben sind Institutionen aber auch „Instanzen der symbolischen Darstellung von Orientierungsleistungen einer Gesellschaft". Indem Institutionen der Durchsetzung jener Leitideen dienen, welche den Mitgliedern einer Politie einen Orientierungsrahmen für ihr Handeln bieten, symbolisieren sie den Sinn dieser Leitideen auch und dienen damit der Integration der politischen Akteure und Adressaten in eine Politie. Zu diesem von Institutionen gewährleisteten Orientierungsrahmen gehören auch individuelle und kollektive Verhaltenscodes und Wertvorstellungen, welche die kollektive Identität der Politie und die Identifikation individueller Akteure mit dem Kollektiv, die Akzeptanz seiner Regeln und Grenzen sowie die aktive Partizipation gemäß dieses Rahmens und letztlich die Stabilität der Politie befördert.[30]

Dies lässt sich als die ‚intransitive Macht' einer Gesellschaft beschreiben. Anders als die ‚transitive Macht', deren Grundmuster in der Unterordnung eines Willens unter einen anderen besteht, geht es bei ihr um das „Ensemble von Beziehungen" in einer Gesellschaft, welche diese überhaupt erst zu einer Politie machen. Zu diesen gehört ganz maßgeblich eine kollektive Identität, ein Wir-Gefühl, das in Gemeinsamkeiten etwa des Lebensgefühls, der Werte, der Tradition und Sprache besteht, und das ein gemeinsames Vorgehen im „öffentlichen Handlungsraum" der Politik möglich macht. Diese ‚intransitive Macht' hat wiederum bestimmte kognitive, affektive und expressive Seiten und ist auf institutionalisierte Mechanismen angewiesen, welche sie reproduzieren, in ihrer jeweiligen Gegenwart immer wieder aktualisieren und sie dadurch perpetuieren.[31]

Institutionen stellen demnach Verhaltensmuster zur Verfügung, die es dem Einzelnen erlauben, sich in der Alltagswelt zu orientieren. Diese Verhaltensmuster haben nicht nur für das Individuum, sondern für eine ganze Gruppe Verbindlichkeit und machen damit das Verhalten in Interaktionsbeziehungen berechenbar. Institutionen müssen daher objektiviert werden, damit sie als mehr oder weniger abstrakte Typen auf einer intersubjektiven Ebene zugänglich sind. ‚Institutionen' werden hier also als Sozialregulationen verstanden, die sich erst im Handeln der Akteure aktualisieren und etablieren.[32] Diese auf die Akteure gerichtete Perspektive erlaubt es, die wechselseitige Hervorbringung von Institutionen, Praktiken und gesellschaftlichen Strukturen in den Blick zu nehmen. In viel stärkerem Maß als beim Paradigma eines evolutionären Prozesses der ‚Entwicklung von Staatlichkeit', lässt uns die Beschreibung und Analyse von Institutionalisierung fragen, wessen Interessen diese Prozesse vorantrieben, wie es um die Akzeptanz von bestimmten Institutionen bei welchen

---

29 Hölkeskamp 2003, 83–4 mit Bezug auf Göhler 1994 und 1997.
30 Hölkeskamp 2003, 84, der sich hierin maßgeblich auf Göhler 1997 bezieht.
31 Hölkeskamp 2003, 84 nach Göhler 1997.
32 Hierzu s. programmatisch Rehberg 1994.

Akteuren bestellt war; aufgrund welcher Faktoren diese Akzeptanz prekär war und welche Akteure Maßnahmen zur Absicherung von Institutionen hervorbrachten. Denn Institutionalisierung ist keineswegs ein linearer und auch kein konfliktfreier Prozess: Unterschiedliche Individuen und Gruppen können versuchen, Institutionalisierungsprozesse in unterschiedliche Richtungen zu steuern, und die Legitimität von bereits bestehenden Institutionen kann auf Basis neuer Entwicklungen in Frage gestellt werden. Institutionen müssen also mit Legitimität und auch Sanktionen versehen sein, um tatsächlich eine Verbindlichkeit beanspruchen zu können. Das Konzept von ‚Institutionalisierung' erlaubt es daher, die verschiedenen in den schriftlichen, epigraphischen und materiellen Quellen zum archaischen Kreta greifbaren Praktiken unter einem einheitlichen theoretischen Rahmen zu betrachten.

Eine Analyse von Institutionalisierung sollte gleichermaßen eine interne und eine externe Perspektive auf die in den Quellen reflektierten Institutionen wählen.[33] Die externe Perspektive lässt uns als Forscher etwa die Effizienz bestehender Institutionen analysieren und bewerten, ihre tatsächlich zu beobachtende Fähigkeit, gesellschaftliche Ordnungsfunktionen zu erfüllen. Die externe Perspektive allein in den Blick zu nehmen aber hieße, im Wesentlichen unsere Vorstellungen von Effizienz anzulegen und – im Sinne eines Qualitätsurteils – die Schon- oder Noch-Nicht-Existenz solcher Institutionen zu prüfen. Deshalb muss die externe Perspektive durch die interne ergänzt werden. Sie veranlasst uns den Blick der historischen Akteure selbst zu rekonstruieren, die bemüht waren, Institutionen zu schaffen, auf deren Fähigkeit, gesellschaftliche Ordnungsfunktionen zu erfüllen, sie hofften; denen sie zutrauten, das gemeinschaftliche Leben in gewisse gewünschte Bahnen zu lenken. Unser historischer Abstand und die Möglichkeit, auf Grundlage des uns zur Verfügung stehenden Materials längere Zeiträume zu überblicken sowie verschiedene Gesellschaften vergleichend in den Blick zu nehmen, mögen uns erkennen lassen, dass diese oder jene Institution jene Möglichkeiten nicht bot. Dieser Abstand, diese Kenntnisse und überhaupt wohl auch jede gesellschaftliche Vision, zu deren Erfüllung gewisse Institutionen in bestimmter Weise konturiert werden müssten, standen den historischen Akteuren selbst aber nicht zur Verfügung. Vielmehr sollten wir von einer Versuch-und-Irrtum-Methode in den frühen Stadien der Institutionalisierung wie im archaischen Kreta ausgehen.[34]

Studien, welche die Vorstellung verfolgen, Staatlichkeit im frühen Griechenland sei evolutionär zu verstehen, sehen den Grund der Herausbildung von Institutionen in einem, wie auch immer gearteten, ‚gesellschaftlichen Bedürfnis': Unter bestimmten Umständen setzten zwangsläufig bestimmte Entwicklungen ein, welche die gesellschaftliche Komplexität zunehmen ließen. Dieses habe dafür gesorgt, Wege zu finden, bestimmte Bereiche und immer wieder anfallende Aufgaben, wie etwa die

---

33 Chr. Lundgreen, mündliche Mitteilung.
34 Hierzu s. die ersten Abschnitte des Kapitels *Kosmos*.

Streitschlichtung, aus Gründen der gesellschaftlichen Effizienz als eigene Felder mit festen Regeln zu etablieren. Und zahlreiche Darstellungen zur Entwicklung von Staatlichkeit in der frühen Polis und der Relevanz von Streitschlichtung und Gesetzgebung stellen kaum einmal die Frage, welcher Regelungsbedarf an die noch jungen Institutionen eigentlich heran getragen wurde; wie und auf welche Art Ämter, Gremien und Verfahren eigentlich auf die Probe gestellt wurden.

Tatsächlich dürfte es in den frühen griechischen Poleis nur relativ wenige Gemeinschaftsaufgaben gegeben haben, die von jenen Institutionen der Polis, die wir in den frühen Gesetzen reflektiert sehen, entschieden werden mussten.[35] Ein solcher Aufwand der Verinschriftlichung und Monumentalisierung von Regelungen, wie etwa Gortyn ihn betrieb, muss nicht unbedingt einen ungeheuren Anstieg von Delikten oder deren immense Anzahl und damit einen erhöhten Bedarf widerspiegeln, unbedingt Institutionen für deren Behandlung zu schaffen. Es erscheint auch nicht unbedingt plausibel, dass der Prozess der Institutionalisierung unmittelbar mit der Zunahme von Bevölkerung und daher auch einer steigenden Zahl von Streitfällen zusammenhängen soll.[36] Überdies stellt sich die Frage, warum ein einzelner Amtsträger die in der Gemeinschaft auftretenden Aufgaben, wie etwa die Schlichtung von Streitigkeiten, besser lösen sollte als eine potentiell offene Gruppe von angesehen Männern, die diese Aufgabe gemeinsam oder im Wettbewerb untereinander wahrnehmen.

In der jüngeren Vergangenheit tendierte man dazu, die sich ausbildende Polis als einen Mechanismus der um die Entschärfung von Konflikten bemühten Selbstregulierung einer einerseits von wirtschaftlichen wie sozialen Spannungen, andererseits von innerelitärem Wettbewerb geprägten Gesellschaft zu sehen.[37] Vor dem Hintergrund dieses Modell bezeugte die zunehmende Institutionalisierung in den Gemeinschaften der frühen Archaik auch eine Investition der Polis in sich selbst; das Bemühen, ihre Amtsträger und Verfahren, ihr Monopol auf die Behandlung und Ahndung von Delikten durchzusetzen. Diesem Bestreben dürften aber einerseits der Einfluss angesehener Individuen entgegengestanden haben, die etwa nach wie vor von ihren Mitbürgern als Schiedspersonen neben den dafür zuständigen Amtsträgern bemüht wurden; anderseits die von der Polis inkorporierten, ja: diese überhaupt erst konstituierenden Integrationskreise der Familie oder der Nachbarschaften dieser dörflich geprägten Gemeinschaften. In jenen dürfte das Gebot der individuellen oder der nachbarschaftlich organisierten Selbsthilfe gegolten haben, und das Vertrauen in deren Effizienz dürfte jenes gegenüber den von der Polis gestellten Amtsträgern überstiegen haben.

---

35 So Walter 1996, 25. Hierzu s. Ruschenbusch 1983 und vgl. 1985.
36 So etwa Runciman 1982; Stein-Hölkeskamp 1989, 94–6; Welwei 1993, 103.
37 So etwa Gehrke 1993; Walter 1993; Hawke 2011 mit auf die Gesetzgebung gerichtetem Blick.

Diese kleinformatigen Siedlungsgemeinschaften stehen im Mittelpunkt der aus marxistischer Perspektive verfassten und höchst anregenden Monographie von Peter Rose, der ihre Bewohner ein Klassenbewusstsein gegenüber den Eliten entwickeln und zu maßgeblichen Akteuren der Polisbildung werden lässt.[38] Es ist vor allem die Gruppe der mit eigenem Gespann wirtschaftenden Vollbauern, die Winfried Schmitz in den Blick nimmt. Seine Arbeiten vergleichen die bäuerliche Welt Griechenlands mit frühneuzeitlichen Dorfgemeinschaften und können dabei Strategien der Kooperation aufdecken, die viele soziopolitische Eigenarten der entwickelten Polis gut erklären könnten.[39] Die Polisgenese könnte damit maßgeblich von der Gruppe der Vollbauern getragen worden sein, nicht den Eliten.

Andere Erklärungen sehen den Motor der Institutionalisierung gerade in Bemühungen der Eliten. Sei es nun, dass die archaischen Gesetze die Bemühungen von Aristokraten widerspiegelten, die Macht in den Poleis untereinander aufzuteilen und so zu verhindern, dass Einzelne sich über ihre Statusgenossen erhöben.[40] Sei es auch, dass die Eliten ihre als Kollektiv ausgeübte Macht in der Gesellschaft auf Dauer zu stellen und durch Versachlichung zu festigen versuchten.[41] Tatsächlich betreffen zahlreiche der in den frühen gesetzlichen Regelungen reflektierten Institutionen verschiedene Felder des Wettbewerbs; sie lassen sich deuten als Bemühungen, den innerelitären Wettbewerb um Einfluss und Prestige zu reglementieren und womöglich zu begrenzen. Letztlich habe dieser auf Wettbewerb bedachte Lebensstil eine wirkliche Kooperation aber verhindert, sodass die Eliten die Möglichkeit, ihre wirtschaftliche und soziopolitische Macht in politische Herrschaft umzuwandeln,

---

38 Rose 2012.
39 Schmitz 2004.
40 So etwa Eder 1986. – Papakonstantinou 2002, 146–50, hier 146–7, betont zu Recht, dass „the Greeks did not always regard law as a source of justice but rather as a means to quench the social and political uproar that would eventually endanger the life of the polis and its constituents (its institutions and its individual members). In this sense law is not meant to be simply ‚just‘ but rather effective in the prevention of civic unrest." Und er sieht „written law as a medium of production of meaning and ultimately social order that was consciously and deliberately manipulated and disseminated in the context of inter-aristocratic factional strife for political hegemony within the Cretan poleis." Trotzdem kann seine Modellbildung nicht überzeugen, dass es frustrierte, da zurückgesetzte Aristokraten gewesen seien, welche den Beschluss von Gesetzen wie jenes von Dreros veranlasst hätten: Dies sei geschehen, um die soziale Potenz ihrer mächtigeren Standesgenossen zu beschneiden; und zwar gegen deren Willen, da jene – aus unbestimmten „political and social reasons" – nicht in der Lage gewesen seien, diesen Vorstoß zu verhindern (149–50). Dieses Modell, wie auch jenes in Papakonstantinou 2004, verkennt aber zum einen den Grad des sozialen Drucks, der auf den Eliten lastete, ihren Streit zu kanalisieren; und zum anderen die in einer Krise geborene beziehungsweise erzwungene Bereitschaft der Aristokraten untereinander, gemeinsam zu Verfahren des Interessenausgleichs zu gelangen, um die soziale Kohäsion in der Polis eben nicht durch ständige Kämpfe immer wieder auf die Probe zu stellen. – Siehe hierzu auch zusammenfassend Raaflaub/Wallace 2007.
41 So etwa Hawke 2011.

nicht nutzen konnten.[42] Als Gründe oder Manifestationen dieses Wettbewerbs macht etwa Ian Morris, die Existenz zweier gegensätzlicher ,Ideologien' verantwortlich, die er anhand des archäologischen Materials wie in literarischen Zeugnissen in den Praktiken der archaischen Eliten zu identifizieren meint: eine auf Exklusivität bedachte *elitist ideology* auf der einen Seite und eine eher egalitär ausgerichtete *middling ideology* auf der anderen.[43]

Die Szenarien der homerischen und hesiodeischen Epen

In diesem Abschnitt des Kapitels wollen wir unseren Blick auf jene Zustände des Frühen Griechenlands richten, die einige Jahrzehnte eher als die ältesten uns erhaltenen kretischen Inschriften datieren und uns ein Bild frühpolitischer Verhältnisse rekonstruieren lassen. Es sind die homerischen und hesiodeischen Epen, die in Zusammenschau mit archäologischen Befunden und anthropologisch informierten Ansätzen zur Funktionsweise frühpolitischer Gesellschaften den Hintergrund bilden sollen für unsere Deutung, welche Akteure Institutionen schufen und konturierten; wie sie etwa das Prinzip des Amtes herausbildeten und Verfahren der Beschlussfassung in Rat und Bürgerversammlung etablierten.[44] Denn ausgehend von den Epen lassen sich nicht allein die frühesten Schritte von Institutionalisierung im archaischen Griechenland rekonstruieren. Sie zeigen uns auch, dass das in dieser Arbeit für Kreta vorgestellte Modell überhaupt plausibel sein kann: das Modell eines gesellschaftlichen Wandels, bei dem die Eliten im Angesicht äußeren und inneren Drucks auf die Gemeinschaft sowie einer Erwartungshaltung des Demos ihre Konkurrenz weitgehend überkamen und – auf das Gemeinwohl der politischen Akteure hin orientiert – miteinander kooperierten; und das nicht zuletzt zu dem Zweck, ihre soziale Überlegenheit institutionell abgesichert auf Dauer zu stellen.

Die Epen zeigen uns Szenarien gesellschaftlicher Konstellationen der früharchaischen Zeit, von denen aus erheblich mehr Wege möglich waren, als die gängigen Darstellungen des archaischen und klassischen Griechenlands es vermuten lassen, und aus denen sich neben einem Athen eben auch ein Dreros und Gortyn, ein Eleutherna und Lyttos entwickelten. Es versteht sich, dass diese Studie nicht umfassend sämtliche epischen Szenarien behandeln kann, die für unser Verständnis von Institutio-

---

42 Schmitz 2008.

43 Morris 1987 und 1996, 2000 und 2009. Kritik an Morris' Umgang mit dem archäologischen Material übt Kistler 2004.

44 Hierzu s. Dreher 1983, 49–52 und 2001, 16–9 sowie maßgeblich 2005 und 2006 mit Hinweisen auf Darstellungen, die diese Methode in unterschiedlicher Weise verfolgen, etwa Raaflaub 1993, bes. 67; Walter 1993, 92–3; Thommen 1996, bes. 41, und 2003, bes. 41; Davies 1997; Meier 1998 *passim* sowie Welwei 1992, 76–132 und 2004, 66–7. – Zur Vereinbarkeit der in den homerischen und hesiodeischen Epen geschilderten Szenarien siehe etwa Walter 1993, bes. 46–51.

nalisierung im frühen Griechenland relevant sind. Allein jene Merkmale der homerischen Gesellschaft seien angesprochen, die uns eine Perspektive auf die Entstehung und Entwicklung von Bürgerstaaten auf Kreta eröffnen; die uns nämlich zeigen, dass die Kooperation der Eliten und die Herausbildung eines gesellschaftlichen Idealbildes der Egalität möglich waren.

Um die verschiedenen ‚Homerischen Fragen' ranken sich umfangreiche Forschungsdebatten. Einstimmigkeit ist nicht einmal darin zu erzielen, wann der Kern oder Hauptbestand des uns überlieferten Kanons von *Ilias* und *Odyssee* seine Gestalt erhielt, und welche Gesellschaft welcher Zeit in den Beschreibungen der Epen gespiegelt sei. Ich selbst gehe von einer Fixierung beziehungsweise Kanonisierung der homerischen Epen um 700 aus, wobei die *Ilias* einige Jahrzehnte früher entstanden zu sein scheint als die *Odyssee*. Damit folgt diese Arbeit einem Großteil jener Forscher, die eine geschichtswissenschaftliche Methodologie verfolgen und die in den homerischen und hesiodeischen Epen die frühpolitischen Verhältnisse dieser Zeit reflektiert sehen.[45] Sie stimmen darin überein, dass die epische Welt nicht als die realistische Schilderung der griechischen Gesellschaft zu einer gegebenen Zeit zu betrachten ist. Sie betonen aber, dass jene soziopolitischen Konstellationen, die in den Epen reflektiert sind, eine innere Logik besitzen, Sinn ergeben und einen Sitz im Leben hatten.[46] Denn in der historischen Forschung herrscht das Einvernehmen,

---

45 Dabei führen die unterschiedlichen Herangehensweisen dieser Autoren, die in Methoden und Modellen der Sozialen Anthropologie, Politologie und Geschichtswissenschaft gründen, durchaus zu wesentlichen Nuancen und größeren Differenzen der Deutung. Die Möglichkeiten, die in den Epen reflektierte Welt historisch auszuwerten, diskutieren – mit Blick auf verschiedene soziopolitische Felder – etwa Morris 1986; Raaflaub 1991, 1996 und 1998; van Wees 2002 sowie Osborne 2004. Die hier vorgetragene Sichtweise folgt wesentlich den Arbeiten von Chr. Ulf und D. Hammer, etwa Ulf 1990, konzis in 2009 und 2011a; Hammer 2002, konzis in 2009. Darüber hinaus s. etwa Finley 1968; Qviller 1981; Welwei 1981, 1988, 1992a; Starr 1986; Nicolai 1993; Walter 1993, 29–88; Flaig 1994; Hölkeskamp 1997, 2002 und 2003; Donlan 1999; Hawke 2011; Rose 2012. – Einen Überblick über die Ansätze zur Datierung der Verschriftlichung von *Ilias* und *Odyssee* bieten etwa Crielaard 1995a und Dickie 1995, 29 mit Anm. 2–4. In das 8. Jh. datieren die Epen etwa Kirk 1985; Heubeck et al. 1988–92 und Lane Fox 2008; in das 7. Jh. Burkert 1976; Taplin 1992, 33–5; Kullmann 1993, 147; van Wees 1994; West 1995; Dickie 1995 und Raaflaub 1998, 187–8. Eine heute in der philologischen Forschung prominente Sicht verzichtet weitgehend auf eine historische Verortung der homerischen Gesellschaft; s. repräsentativ die Arbeiten von G. Nagy, etwa 1996, 2001 und 2004, und seiner Schüler, etwa Elmer 2013, eine ansonsten außerordentlich anregende Studie. Das von Nagy entworfene ‚diachron-evolutionäre Modell' der Ausgestaltung dessen, was uns heute als die Homerischen Epen überliefert ist, bietet konzis seine Darstellung in *Gnomon* 86 (2014) 97–101.

46 Crielaard 1995 und Stein-Hölkeskamp 2000, 78 betonen, dass zahlreiche und vieldiskutierte Befunde in materieller Kultur und kulturellen Praktiken des 8. Jh. in den Epen bereits reflektiert sind: so etwa „die Intensivierung der Beziehungen zur Levante und nach Unteritalien, die Kolonisation, die Entstehung figürlicher Malerei, der Bau monumentaler Tempel, die Entwicklung panhellenischer Heiligtümer, die Zunahme von Weihegaben in diesen Heiligtümern und schließlich der Bau von Befestigungsanlagen" wie auch der Ausbau urbaner Siedlungen.

dass die homerischen und hesiodeischen Epen aus einer Tradition der *Oral Poetry* entstanden. Diese aber muss für ihr Publikum innerhalb deren eigenen Zeithorizontes Sinn ergeben haben. Obschon also die Epen reichen Gebrauch von heroischen Archaisierungen machen, müssen die einem bestimmten Publikum vorgeführten Szenarien doch wesentliche Elemente von dessen Lebenswelt auf plausible Weise miteinbeziehen, so etwa wirtschaftliche Strukturen, soziopolitische Institutionen und den ethischen Horizont der Zuhörer.

Die ‚Polis bei den Schiffen'

Diese Arbeit vertritt die Ansicht, dass die Epen einen genuin politischen Charakter haben; dass eines ihrer besonderen Anliegen die Diskussion der gesellschaftlichen Herausforderungen der Zeit ihrer Fixierung war.[47] Wenn nämlich die *Ilias* die Gemeinschaft der griechischen Truppenkontingente am Strand vor Troja darstellt, so zeichnet sie das Bild einer segmentären Gesellschaft, in der die verschiedenen Prominenzrollen der Anführerschaft von einer Reihe hochrangiger Individuen eingenommen werden. Bei diesen Anführern handelt es sich um die epischen Basileis. Ihnen ist kein eindeutig definierter Amtsbereich von Aufgaben und Pflichten zu eigen, sie stehen aber unter dem Erwartungsdruck, auf einer Anzahl etablierter Felder eine Vielzahl von Aufgaben zugunsten der Gemeinschaft wahrzunehmen. So übernehmen sie etwa die militärische Führung und schlichten Streit; erwartet werden von ihnen auch die Pflege von Tradition und Identität sowie die Kommunikation zwischen ihrer Gemeinschaft und den Göttern. In den Augen ihrer Mitmenschen scheinen die Basileis geeignet für diese Aufgaben vor allem wegen ihrer – wohl wesentlich als Manifestationen von Charisma zu begreifenden – Fähigkeit, ihren soziopolitischen Verband zu gemeinsamem Handeln zu mobilisieren; dann auch wegen ihrer persönlichen Verdienste und ihrer Kontrolle von Ressourcen.

Bei den Basileis handelt es sich um die reichsten Mitglieder vollbäuerlich geprägter Gesellschaften, die aber nicht allein aufgrund klugen Wirtschaftens, sondern vor allem wegen zusätzlicher Unternehmungen, wie etwa von ihnen organisierter Raubzüge und Handelsfahrten, einen – durchaus weit – über die Subsistenz hinaus gehenden Überschuss produzieren.[48] Dies versetzt sie in die Lage, sich mittels vielfältiger

---

47 Ulf 2001, 177–9 hebt hervor, dass die Epen keineswegs schon Manifestationen eines klaren Wertesystems sind, etwa einer „*middling ideology*" nach Morris 1996 und 2000, sondern in erster Linie das die Gemeinschaft stützende oder zerstörende Potenzial gewisser Verhaltensweisen diskutieren, vor allem der Anführer. – Einflussreich und grundlegend für die heutige Debatte zur Entstehung des politischen Denkens bei den Griechen war Meier 1980 und nun 2009; vgl. Raaflaub 1993 und die Beiträge in Raaflaub (Hg.) 1993; Itgenshorst 2014.
48 Vor allem durch Gewalttaten kann ein Mann wirtschaftlichen Vorsprung erreichen und das für Anführer notwendige Charisma unter Beweis stellen. Dies lässt die von Odysseus erzählte Geschichte vom Aufstieg eines kretischen Basileus deutlich werden; Hom. Od. 14.199–359.

Sponsorenrollen andere Mitglieder der Gemeinschaft zu verpflichten, etwa indem sie ihnen landwirtschaftliche Güter und Gerät ausleihen, sie zu Festen einladen oder ihren Streit schlichten. In der Größe ihres Oikos und ihrem Lebensstil mögen sich die epischen Basileis zwar von den ‚einfachen' Mitgliedern ihrer Gemeinschaft unterscheiden, doch ist der soziale Abstand zwischen den Eliten und den restlichen Vollbauern insgesamt recht gering. Übergänge sind graduell.[49] Vor allem gibt es in den homerischen Epen keine aristokratische Schicht, die sich repulsorischer Praktiken bedient hätte, um sich deutlich vom Demos zu unterscheiden, oder sogar in Opposition zum Demos gestanden hätte.

Mit Basileis wie Agamemnon und Achilles, Odysseus und Menelaos stellen *Ilias* und *Odyssee* Anführer vor, deren jeder in seiner eigenen Heimat in relativ sicherer Position an der Spitze der – allerdings recht flachen – sozialen Hierarchie steht. So gibt es etwa auf Ithaka eine Reihe von führenden Männern, jungen wie alten, die das Epos ‚Basileis' nennt; und doch sind diese untereinander keineswegs undifferenziert. Vielmehr gibt es unter ihnen einen, den *basileutatos*, dessen Position eben nicht ständig auf der Probe zu stehen scheint. Denn Odysseus gilt auch nach langen Jahren seiner Abwesenheit aus dem Gemeinwesen immer noch als der Oberbasileus von Ithaka. Und es ist sein Sohn Telemachos, der eine gute und wohl die beste, wenn auch nicht sichere Chance hat, diese Position zu übernehmen.[50] Die *Ilias* aber führt diese lokal oder regional einflussreichen Anführer in der ‚Polis bei den Schiffen' am Strand von Troja zusammen. Dieses epische Szenario reflektiert historische Prozesse, die sich im Zuge der frühen Polisbildung ergaben. Als nämlich benachbarte Siedlungseinheiten zu größeren Gemeinschaften mit komplexeren Strukturen zusammenkamen oder zusammenwuchsen, mussten deren jeweils einflussreichste Männer zu einer Übereinkunft miteinander gelangen und die Hierarchien untereinander neu ordnen.

Und so schildern *Ilias* und *Odyssee* die Schwierigkeiten, die mit diesen gemeinschaftsbildenden Prozessen einhergingen, und diskutieren die neuartigen Formen gesellschaftlicher Organisation und kollektiven Vorgehens. Zu diesem Zweck beschreiben die Epen auch soziopolitische Dystopien wie die Welt der Kyklopen, denen

---

49 Der von Schmitz 2004 und 2008 skizzierte Aufbau der epischen Sozialordnung mit einer klaren Trennung von Basileis und Vollbauern scheint zu starr. Sein Modell erörtert nicht, wie sozialer Aufstieg und Abstieg verlaufen konnten: etwa, wie man Basileus wurde; zumal die Qualität des ‚Basileus-Seins' in den Epen offenbar ebenfalls graduell ist, wie Begriffe wie *basileuteros* oder *basileutatos* deutlich machen.

50 Hom. Od. 1.390–404. – Hierarchien in der Gemeinschaft sind also nicht unbedingt einem fortwährenden Konkurrenzkampf ausgesetzt, und Macht ist in diesen Verhältnissen keineswegs dezentral organisiert. Die in der Forschung zu beobachtenden Schwierigkeiten, den homerischen Basileus zwischen den anthropologischen Typen des *big man* und des *chief* zu verorten, gehen nicht unwesentlich auf die verschiedenartigen Szenarien soziopolitischer Organisation der in *Ilias* und *Odyssee* geschilderten Gemeinschaften zurück. Einen Überblick bietet Mitchell 2014, bes. 23–56.

jede über die Nachbarschaftshilfe hinausgehende gemeinschaftliche Organisation zu fehlen scheint. Daneben stehen Utopien wie Syria oder Scheria. Vor allem im Land der Phaiaken scheinen Vergemeinschaftung und Polisbildung erfolgreich vollzogen. Die Hierarchien unter den Anführern sind friedlich und zum Wohle der gesamten Polis etabliert, und die ehrenwerten Mitglieder der Gesellschaft erledigen die anfallenden Gemeinschaftsaufgaben effizient und ohne Streit. Die Siedlung weist alle für diese Zeit ‚modernen' baulichen Merkmale auf, das politische Leben ist von Institutionen geordnet. So lässt sich etwa Alkinoos von seinen Unter-Basileis beraten, die ihm als demjenigen von ihnen folgen, der über den größten Reichtum und das meiste soziale Prestige verfügt.[51]

In der ‚Polis bei den Schiffen' sind solche Hierarchien noch längst nicht so weit etabliert, dass sie nicht immer wieder auf die Probe gestellt werden. Eine Übereinkunft unter den Anführern der verschiedenen Kontingente ist nur selten ohne Konflikt herzustellen. Stattdessen charakterisiert Wettbewerb ihr Verhältnis zueinander, und angesichts der stets drohenden Einbuße ihres Prestiges sind sie jederzeit bereit, ihre Ansprüche auf die Anerkennung des von ihnen beanspruchten Ranges durchzusetzen. Dabei ist, wie in einem athletischen Agon, der Wettbewerb am intensivsten zwischen jenen, die einander ungefähr gleich sind. Die Basileis scheinen jenen Rat verinnerlicht zu haben, den Peleus dem Achilles gab, „immer der Beste zu sein und die anderen zu übertreffen".[52] Nun kann man sich in der homerischen Welt auf ganz unterschiedlichen Feldern als der Beste erweisen, etwa dabei, guten Ratschlag im Kreis der Anführer zu geben oder nachhaltige Schiedssprüche zu fällen; besonders reich zu sein oder erfolgreich eine exklusive göttliche Abstammung beanspruchen zu können; das größte Kontingent mit sich nach Troja gebracht zu haben oder der beste Kämpfer des Heeres zu sein. Diese Aristiekriterien sind untereinander aber nicht hierarchisiert, und so wetteifern die Anführer fortwährend miteinander. Keiner von ihnen kann sich auf der Grundlage des ihm zur Verfügung stehenden Konglomerats von Ressourcen, Fähigkeiten und sozialem Kapital dauerhaft über die anderen aufschwingen und bestimmte Führungsrollen und die mit ihnen verbundenen Tätigkeiten monopolisieren. In einer solchen ‚Polis der Helden' verhindert die ständige

---

51 Das heißt allerdings nicht, dass er sich nicht zu beweisen hatte, um in diese Position zu gelangen, und diese nicht auch wieder verlieren konnte, wenn er den in ihn gesetzten Erwartungen nicht länger nachkam. Auch in der Heimat des Eumaios, im ebenfalls utopisch geschilderten Syria, scheinen Vergesellschaftung und Polisbildung einen guten Weg genommen zu haben: Dort existierten zwei Poleis im friedlichen Nebeneinander und beide akzeptierten seinen Vater als Basileus; Hom. Od. 15.403–14. – Zu den in den Epen beschriebenen Typen von Macht und Herrschaft s. grundlegend Qviller 1981; Ulf 1990a und auch 2001; die in Donlan 1999 versammelten Beiträge, bes. Donlan 1997; van der Vliet 2000 und 2008. Zu deren möglicher Spiegelung in archäologischen Befunden s. Ulf/ Kistler 2001. Zum Konzept der *cooperative values* s. auch schon Strasburger 1954; Adkins 1960 und 1972.
52 Hom. Il. 11.783–4, auch 6.208.

Konkurrenz der Anführer untereinander unumstrittene Machtpositionen, geschweige denn eine längerfristige Etablierung eindeutiger Vorrangstellungen.

An diesem Punkt illustrieren die Epen das Spannungsfeld zwischen persönlicher und institutioneller Macht.[53] Agamemnons Position als *basileutatos*, als Oberkommandierender der Achaier beruht vor allem darin, dass er mehr Schiffe und damit mehr Männer als jeder andere Anführer mit sich nach Troja brachte. Auf keinem anderen Feld kann er beanspruchen, der Beste zu sein.[54] Im Gegenteil, seine Autorität gegenüber dem Demos ist gefährlich kompromittiert, und die Schwäche seiner persönlichen Macht veranlasst die anderen Basileis immer wieder, seine Führung herauszufordern. Die Stellung eines *basileutatos* war also nicht mit einer solchen institutionellen Macht ausgestattet, dass sie einen Inhaber dieser Position, der selbst nur über eine geringe persönliche Macht verfügte, tragen konnte oder ihn gar mit mehr Einfluss ausstatten konnte. Der Inhaber einer solchen – nominell allen anderen übergeordneten – Position konnte sich auf ihr allein nicht ausruhen. Er musste sich fortwährend beweisen, seine persönliche Macht ausbauen – und am besten durch sein Handeln für das gemeinsame Wohl. Die Position des *basileutatos* oder eines der anderen Basileis unterschied sich also maßgeblich von einem Amt, wie wir es üblicherweise konzeptualisieren.

Genauso wenig institutionelle Macht besitzt die Zusammenkunft der epischen Basileis im Rat. Ihr Einfluss beruht in erster Linie auf dem addierten Prestige ihrer Mitglieder. Dabei fluktuiert die Größe und Zusammensetzung der epischen Ratsversammlungen. Mitgliedschaft wird jenen übertragen, die über eine solche persönliche Macht verfügen, dass die anderen Aristoi sie als würdige Teilnehmer des Rates akzeptieren. Bei bestimmten Gelegenheiten, vor allem, wenn für die gesamte Gemeinschaft wichtige Themen diskutiert werden, können mehr Mitglieder zum Rat zugelassen werden.[55] Und doch zeigen diese Treffen der Basileis bereits frühe Stufen von Institutionalisierung. Dies machen Szenen wie die Ratsversammlung der Phaiaken oder die

---

53 Hierzu schon Sahlins 1963, 189 mit Bezug auf den Typus des *big man*.

54 Das Epos lässt Agamemnon als Alleinstellungmerkmal freilich auch ein Szepter mit weit zurückreichender Genealogie führen, das als Geschenk des Pelops in die väterliche Linie seiner Familie gekommen war, der es seinerseits von Zeus erhalten hatte; Il. 2.46, 100–8 und s. 1.233–9, 245–6; 9.96–9. Dieses Zeichen eines vermeintlich dynastisch begründeten Führungsanspruches des Agamemnon scheint aber nur eine zusätzliche – und sehr schwache – Erklärung für seinen Primat unter den Achaiern zu sein, der tatsächlich auf der Vielzahl seiner Männer beruht, von seinem Verhalten freilich konterkariert wird.

55 Agamemnon kann den kleineren Kreis der *boulephoroi* zusammenrufen oder aber den großen Rat, der sich aus den Basileis und den *gerontes* zusammensetzt; s. auch den Ratschlag Nestors gegenüber Agamemnon in Hom. Il. 9.74–5. Ähnliches sehen wir auch bei den Phaiaken. Der Kern ihres Rates besteht aus 13 Basileis, unter denen Alkinoos die Vorrangstellung besitzt. Allerdings kann die Versammlung in wichtigen Fragen auch um weitere Mitglieder ergänzt werden; denen kann freilich auch mitgeteilt werden, die Entscheidung sei schon ohne sie gefallen; Hom. Od. 7.186–8; 8.26–43, 390–1. Hierzu s. Gschnitzer 1983; Schulz 2011, 5–90 mit der älteren Literatur, bes. 27–8.

Zusammenkunft der Geronten in der Schlichtungsszene auf dem Schild des Achilles deutlich.[56] Dort sehen wir, dass bestimmte Vorgehensweisen etabliert waren. So ist ein öffentlicher Platz in der Siedlung für die Versammlungen der *laoi* reserviert, und es gibt steinerne Sitzgelegenheiten für die Ältesten. Herolde rufen das Volk zusammen und halten es während der nach Regeln geordneten Diskussion in Zaum.

Agora und Gemeinwohlorientierung

Die epische Agora ist jene Bühne, auf der die Basileis zu handeln haben. Auf ihr müssen sie sich fortwährend beweisen, um vor der Gemeinschaft ihr persönliches Prestige und auch das ihrer Gruppe von Statusgenossen insgesamt zu bewahren und zu steigern. Hier agieren sie für den Demos, hier beraten sie über sein Schicksal – stets aber vor den Augen des Demos. Denn in der homerischen Welt hängen die Ehre und der damit einhergehende Einfluss eines Basileus, seine *timé*, nicht allein – und nicht einmal vorrangig – von seiner Anerkennung durch die anderen Anführer ab. Vielmehr ist es maßgeblich seine Akzeptanz durch die ‚einfachen‘ Mitglieder der Gemeinschaft, die sein ehrenhaftes Ansehen ausmachen: die Masse der vor Troja kämpfenden *laoi* und der auf Ithaka in der Versammlung zusammenströmenden Damoden. Vorrangiges Kriterium der *timé* ist, in welchem Maß ein Basileus das Wohl der gesamten Gemeinschaft im Blick behält und in welchem Maß seine Ratschläge und Handlungen zum Gemeinwohl aller beitragen.[57] Deshalb haben sich die Anführer den Erwartungen des Demos durchaus zu fügen; und vor den Damoden müssen sie sich denn auch gegebenenfalls schämen, wenn sie nicht entsprechend deren Vorstellungen, wie ein guter Basileus sich zu verhalten habe, handeln.[58] Zwar schildern die Epen fortwährend andersartige Verhaltensweisen, problematisieren diese aber auch ausdrücklich.

---

56 Hom. Il. 18.497–508. – Häufig wird diese Szene als ein ‚Schiedsgericht‘ bezeichnet. Dies ist falsch. Denn in einem Schiedsverfahren löst ein neutraler Dritter einen Konflikt durch eine die Konfliktparteien bindende Entscheidung. Diese Kompetenz des Schiedsrichters resultiert aus der vorherigen Selbstbindung der Parteien, sich seinem Spruch zu unterwerfen. Gerade dies beobachten wir hier nicht; vielmehr zeigt der Schild ein Schlichtungsverfahren. In einem solchen moderiert ein neutraler Dritter – in der homerischen Szene sind es freilich mehrere – die Verhandlungen zwischen den Konfliktparteien. Eine Konfliktlösung kommt nicht – wie im Falle der Mediation – durch einen von den Konfliktparteien selbst erarbeiteten Konsens zustande, sondern durch Konfliktlösungsvorschläge des Schlichters. Diese können die Parteien annehmen oder ablehnen.
57 Ulf 1990, *passim* und 1990a; Flaig 1994; Donlan 1998; Haubold 2000; Hammer 2002, 150–60; Allan/Cairns 2011 und Cairns 2011, jeweils mit Diskussion der älteren Forschung.
58 s. etwa Hom. Od. 14.235–9: Hier berichtet Odysseus in seiner Rolle als kretischer Basileus davon, dass er neben Idomeneus die Schiffe der Kreter nach Troja hatte führen müssen. Keine Ausflucht und kein Verweigern seien ihm möglich gewesen; zu hart hätte ihn daraus resultierendes Gerede des Demos getroffen.

Der Erfolg der Basileis – ob nun einer dieser Anführer sein eigenes Kontingent oder das Kollektiv der vor Troja versammelten Basileis das Gesamtheer zu etwas bewegen will – den Demos zu bestimmten Handlungen zu bewegen, hängt ganz wesentlich an ihrer Fähigkeit, den Nutzen dieser Handlungen für die Allgemeinheit zu plausibilisieren. Dass die Anführer diese Akzeptanz einholen müssen, liegt vor allem daran, dass weder ein einzelner Basileus noch die Gruppe dieser Anführer Vollzugsstab oder Mittel hat, die sozial ihnen Unterlegenen zum Handeln gemäß des eigenen Willens zu zwingen. Macht wird direkt ausgeübt, nicht vermittelt über Institutionen, die auf bestimmte Funktionen spezialisiert waren. Auch ist der epische Demos keine Menge von Untertanen, denn weder sind seine Mitglieder zum Kriegsdienst verpflichtet, noch werden sie besteuert. Sie liefern allein Geschenke an die Basileis ab, und zwar nur im Bedarfsfall beziehungsweise als ,Honorar' im eigentlichen Sinn, als Ehrengabe, für von jenen Geleistetes.[59]

Es ist schwer zu sagen, wieweit die Versammlung des Demos in der homerischen Gesellschaft schon festen Regeln unterliegt. Dem in der Agora versammelten Demos gehören alle freien und waffentragenden Männer an, die sich selbst ausrüsten konnten; an keiner Stelle werden Teilnahmebeschränkungen deutlich oder der Ausschluss von Akteuren innerhalb dieser Gruppe.[60] Wie eine solche Zusammenkunft zu führen und leiten ist, wie oft überhaupt und zu welchem Zweck sie einzuberufen sei, ist in den Epen noch nicht vollends etabliert. Doch als etwa auf Ithaka eine Versammlung einberufen wird, kommen die Damoden gelaufen; sie wissen, wo sie sich zu treffen, wie sie sich zu verhalten haben. Das Format der Versammlung an sich ist also bekannt und von Anführern wie Demos akzeptiert. Allerdings zeigen die frühen Epen den Demos in der Agora vornehmlich in der Rolle von Zuhörern. Seine Mitglieder stimmen nicht aktiv für oder gegen etwas ab; überhaupt ist ein solcher formalisierter Schritt des Verfahrens nirgendwo vorgesehen. Zustimmung oder Ablehnung werden in der Agora durch Beifallsrufe, Murren oder auch schlichtes Verlassen der Versammlung ausgedrückt. Dies findet stets als Kollektiv statt, die Mitglieder des Demos tragen

---

[59] Donlan 1997, auch 1985 und 1989. – Die von den epischen Basileis ausgeübten Funktionen in den Bereichen der Streitschlichtung, des Beratens und Entscheidungshandelns werden aber nicht allein als ihre Pflicht, sondern auch als Leistungen zugunsten der Gemeinschaft empfunden. In den Epen findet dies seinen Ausdruck etwa darin, dass der Demos den Basileis Geschenke zukommen lässt und sie größere Ländereien bebauen lässt. Diese Gaben sind allerdings nicht als Tributzahlung zu verstehen, sondern als ,Honorare' im eigentlichen Sinn oder ,schuldige Verpflichtung'; s. etwa Hom. Il. 9.149–51; 17.250; 24.262; Od. 7.150; 13.13–4; 19.196–8. Hierzu s. ausführlich Welwei 1992, 85–7.

[60] Es erscheint unwahrscheinlich, dass dies in frühen Gemeinwesen, als die Versammlung des Demos zunehmend institutionalisiert wurde, anders war; Welwei 1992, 113–4. Allerdings wurden die Identität der politischen Akteure, ihre Selbstbezeichnung und Selbstwahrnehmung wohl konturiert durch die Existenz von Unfreien, die vom Bürgersein ausgeschlossen waren. Unfreiheit führte den politischen Akteuren anhand bestimmter Kriterien ,die Anderen' vor Augen, etwa des Fehlens persönlicher Freiheit und der für jene geltenden Einschränkungen bezüglich Heirat, Eigentums und Waffentragens. Hierzu s. das Kapitel *Eleutheros*.

üblicherweise nicht ihre individuellen Meinungen bei. Doch die Beschreibung des Demos als eine in sich nicht weiter strukturierte Menge ist kein Anzeichen für dessen politische Irrelevanz; vielmehr reflektiert es seine Einheit. Tatsächlich wird deutlich, dass Solidarität des Demos vor den Augen der Basileis oder auch gegen sie durchaus eine Option ist – selbst wenn diese Solidarität bisweilen von einem der Basileis selbst angeregt ist.[61]

Zahlreiche Passagen der *Ilias* und *Odyssee* stellen den Demos keinesfalls nur als stummes Publikum mit undifferenzierten Reaktionen dar, sondern als von gemeinsamen Vorstellungen durchdrungen, welches Verhalten eines ihrer Mitglieder oder eines Angehörigen der Eliten dem Frieden und Wohl der gesamten Gemeinschaft abträglich sei und wie diese Devianz sanktioniert werden müsse.[62] Nur einige Beispiele seien genannt. So weist im 2. Gesang der *Odyssee* Athene in Gestalt Mentors den versammelten Demos von Ithaka darauf hin, dass seine Mitglieder doch zahlreicher und damit stärker seien als die Freier, wenn sie nur zum Handeln bereit wären: „Keiner hemmt dieses Häuflein von Freiern: Ihr seid doch so viele!"; und so erinnert Halitherses im 24. Gesang des Epos denn auch daran, dass die Damoden durch rechtzeitige Initiative die Tötung der Freier hätte verhindern können: „Durch euer Verschulden ist die Lage entstanden!".[63]

Während die Ithakesier im ersten Falle, dem Plädoyer des Telemachos an die von ihm zusammengerufene Agora, nicht gehandelt hatten, waren sie nach der Erschlagung der Freier sofort und initiativ, das heißt: ohne einberufen worden zu sein, als Agora zusammengeströmt, und zwar allesamt, wie das Epos betont.[64] In dieser selbstorganisierten Reaktion der Ithakesier wird die Gültigkeit der von Odysseus zuvor geäußerten Regel deutlich: „Wer auch immer im Volk nur einen einzigen Mann erschlagen hat – selbst, wenn jener nicht viele Männer hat, ihn künftig zu rächen: fliehen muss er und fort von Verwandten und dem Land seiner Heimat."[65] Ein ähnliches Engagement des Demos, auf begangene Bluttaten als Gemeinschaft zu reagie-

---

61 Hom. Il. 2.235–41; Od. 16.424–30, 24.454–7; Nicolai 1993; Donlan 1998.

62 s. etwa Hom. Il. 1.55, 93–100, 277–81; 7.348–53; Od.1.272–8; 2.229–41.

63 Hom. Od. 2.239–41; 24.454–7.

64 Hom. Od. 24.412–22. – Dass der Demos dabei zu keiner Einigung gelangt und sich in zwei Teile aufspaltet, ist Resultat der Entscheidung der einzelnen Damoden in der von Normenkonflikten geprägten und prinzipiell unlösbaren Frage, ob einerseits das Verhalten der Freier im Oikos des Odysseus, andererseits die Erschlagung der Freier gerechtfertigt waren. Zu den Umständen dieser frühesten literarisch reflektierten Mehrheitsentscheidung der Geschichte s. Flaig 1995, 1997b, 1998 sowie 2013, 178–80, s. auch 416–9.

65 Hom. Od. 23.118–20. Da Odysseus nicht bereit ist, dieser Norm zu entsprechen, sondern sich im 24. Gesang zum Kampf stellt und bereit zu weiteren Bluttaten ist, müssen die Götter eine Amnestie verordnen und Schwüre, den derart erzwungenen Frieden einzuhalten: der denkbar schrecklichste, da vollkommen unversöhnte, Schluss des Epos; Od. 24.526–48. – Dagegen steht freilich Hom. Il. 9.632–6: „Sogar von dem Mörder des Bruders oder des eigenen Sohnes erhielt schon mancher die Sühnung. Jener bezahlt die reichliche Buße und bleibt in der Heimat; während dieser den Zorn des

ren, zeigt schon die Schildbeschreibung der *Ilias*. Hier haben die *laoi* ein deutliches Interesse daran, dass die streitenden Parteien ihren Konflikt vor den *histor* tragen. Denn anders als durch den Druck der Gemeinschaft getrieben, lässt sich die Bereitschaft zur Schlichtung jenes Mannes nicht erklären, der das Wergeld doch eigentlich ablehnte, um stattdessen Blutrache zu üben. Doch eine solche Haltung kann von der in dieser Passage geschilderten Gemeinschaft nicht geduldet werden. Dabei ist die Annahme einer Kompensation gegenüber dem Zurückschlagen eine zur Wiederherstellung der verletzten Familienehre erheblich weniger geeignete Maßnahme. Aber hier ist eben die ideale Polis im Frieden dargestellt, in der Konflikte bereits ‚modern‘ gelöst werden, nämlich durch Institutionen.

Doch die Eliten der homerischen Gemeinschaften dürfen eine Reaktion des Demos durchaus nicht allein nach begangenen Bluttaten erwarten. So schlägt der Anführer der Freier, Antinoos, im 16. Gesang der *Odyssee* nach dem Scheitern des ersten Mordanschlags auf Telemachos einen zweiten Versuch vor, diesen recht bald schon umzubringen; bevor er die Ithakesier zu einer Versammlung einberufen könnte, um dort zu klagen, dass die Freier ihm nach dem Leben trachteten: „Hört es die Menge, so wird sie die Untat sicher nicht loben, und fürchten müssen wir übelste Taten. Aus unserem Lande kann man uns jagen, wir müssen dann fort und zu anderen Völkern." Und kurz darauf rügt Penelope das mörderische Verhalten ebendieses Antinoos. Schließlich hätte Odysseus einst dessen Vater Eupeithes beschützt und in seinen Oikos aufgenommen:

> „Weißt du wohl nicht mehr, wie einst Dein Vater als Flüchtling hierher kam. Fürchten musste er seinen Demos, denn dieser war über die Maßen erzürnt, weil er sich taphischen Seeräubern zugesellt hatte und den Thesproten Schaden getan hatte, die doch mit uns verbündet waren. Vernichten wollten sie ihn und ihm das Herz herausreißen und sein Lebensgut verzehren, das in Fülle er hatte und das Wünsche erregte. Doch Odysseus hielt sie zurück und gebot ihnen Einhalt, so sehr sie es begehrten."[66]

In beiden Fällen haben die Damoden klare Vorstellungen von richtigem und falschem Verhalten nicht allein in sie unmittelbar selbst betreffenden Fragen, sondern auch in solchen, welche nur mittelbar Auswirkungen auf sie zeitigen mögen. Im zweiten Fall etwa fürchteten die Ithakesier, dass der Überfall eines der Basileis ihrer Gemeinschaft auf ihre Nachbarn das gute Verhältnis zu jenen trüben würde und sie womöglich selbst in einem folgenden Konflikt zu leiden hätten. Und so drängten sie darauf, auch gegen den Wunsch ihres Oberbasileus Odysseus, den Übeltäter zu bestrafen. Ähnliches lassen die Worte Hektors gegenüber Paris erkennen, „Ach, gar feige sind die Trojaner; denn wahrlich, sonst trügest du längst schon ein steinernes Gewand für all

---

trotzigen Herzens besänftigt, da er die Sühnung empfing." – Zu den Rachemodi der griechischen Gesellschaft s. vor allem Gehrke 1987; Herrmann 2014 und konzis Flaig 1998b.
66 Hom. Od. 16.376–84, 424–30, Übers. A. Weiher.

das Unglück, das du angehäuft hast", da er Troja durch seinen Bruch der Gastfreundschaft des Menelaos und die Fortführung der Helena in den Krieg mit den Achaiern stürzte – ein Euphemismus für eine Steinigung.[67] Diese Passagen zeigen, dass der epische Demos offenbar auch ohne Führung durch einen Basileus zu kollektivem Handeln fähig ist.

Voraussetzung eines solchen kollektiven Verhaltens muss ein geteilter ethischer Horizont gewesen sein; Vorstellungen darüber, was rechtes, was anstößiges Verhalten sei, und welche Tat eines Mitgliedes dem gemeinschaftlichen Frieden dienlich oder abträglich sei. Die hierfür nötigen Werte, Normen und Sozialisationsmechanismen der Akteure finden wir im Umfeld der ländlich geprägten Nachbarschaften und Dorfgemeinschaften. Dies machen die Untersuchungen von Winfried Schmitz plausibel, der anhand der Epen Hesiods und verwandter Texte die spezifischen Werhewelten und Handlungshorizonte dieser Lebenswelt rekonstruiert.[68] Die ältere Forschung betonte, dass die Bauern der griechischen Archaik sich allein auf die Bewirtschaftung ihres Hofes konzentrierten und nicht gemeinschaftsbezogen handelten; dass die Interessen von Oikos und Polis weit auseinanderklafften. Dagegen zeigt Schmitz, dass die epischen Damoden durchaus ein großes Maß an Solidarität untereinander ausgebildet hatten und handlungsfähige Personenverbände auf der Ebene der lokalen Siedlungsgemeinschaften bildeten. Säulen dieser Sozialordnung waren die Vollbauern, zu denen all jene gehörten, die mit einem eigenen Ochsengespann ihren Hof bewirtschafteten. Sie grenzten sich nach unten deutlich von jenen Bauern ab, die über kein eigenes Gespann verfügten, und von den unterbäuerlichen Schichten.[69]

---

[67] Hom. Il. 3.56–7. – Reiches Material für solche vom Demos selbstorganisiert verhängten Sanktionen bieten auch die Lieder der griechischen Dichter. So nimmt etwa Alkaios die Haltung ein, sich selbst als einen Vertreter der Interessen des Demos darzustellen, der die Polis aber schwach nennt, da sie Pittakos unterstützt, der doch die Stadt verschlinge und deshalb die Steinigung verdiene. (Alk. frg. 70.7 Campbell; 129.20, 23–4; 348; bes. 298.1–5 und vgl. 68.3;) vgl. etwa auch Hdt. 5.30, 7.155; Plut. mor. 295cd, 304ef (QG 18, 59); Arist. pol. 1305a 24–5; Thuk. 1.126.7 über Vorkommnisse in Naxos, Syrakus, Megara und Athen. – Zu diesen Sanktionen s. Schmitz 2004 und Forsdyke 2005, 2008 und kompiliert in 2012; van Wees *im Druck*.

[68] Hierzu bes. Schmitz 2004 und konzis 1999; die folgende Skizze nach Boehringer 2001, 103–4; s. auch Strasburger 1953; Walcot 1970; Millett 1984; Nicolai 1993, 317–25; Walter 1993, 45–51; Forsdyke 2005, 2008 und 2012. – Weitere wichtige Zeugnisse dieser Welt sind etwa die frühe Fabel- und Iambendichtung, zum Beispiel der sogenannte *Weiberiambos* des Semonides (frg. 7D); hierzu s. Seelentag 2014.

[69] Schmitz 1999, 569: „Zeichen ihrer sozialen Stellung waren der eigene Hof, die Position des Hausvaters in der Familie und ein eigenes Pfluggespann: »zuerst ein Haus, dann eine Frau und einen Ochsen zum Pflügen«, Hes. erg. 405.“; weder Kleinbauern noch Handwerker gehörten dieser Schicht an. – Diese unabhängigen Bauern, die ein eigenständiges Klassenbewusstsien entwickelt hätten, sind auch in der dezidiert marxistischen Studie von Rose 2012 Träger und Motoren von Vergesellschaftung und Institutionalisierung.

Soziale Integration jenseits des Oikos vollzog sich demnach nicht vorrangig auf der Ebene der Polisgemeinschaft, sondern in anderen Integrationskreisen.[70] Die Nachbarschaft, die nicht in erster Linie eine räumliche, sondern eine soziale Beziehung war, beruhte – trotz aller tatsächlichen Unterschiede im Besitz etwa – auf dem Ideal der Homogenität ihrer Mitglieder. Die auf der Grundlage dieser symmetrischen Beziehungen sich ergebene polyadische Struktur der dörflichen Gemeinschaften sorgte für eine Absicherung der einzelnen Oikoi nach möglichst vielen Seiten, um in schwierigen Zeiten von der Nothilfe der Gemeinschaft profitieren zu können. Grundlage des sozialen Zusammenhalts in der Nachbarschaft waren geteilte ethische Vorstellungen und Handlungsmuster sowie ein zwingendes Normensystem, das keine alternativen Normen erlaubte. Abweichungen von diesem Verhalten wurden von Rügebräuchen sanktioniert; dabei sollte die allen Mitgliedern der Gemeinschaft vor Augen stehende Existenz dieser Sanktionen Devianz von vorneherein verhindern. Die Nachbarschaft war also eine zu gemeinsamem Handeln befähigte und stets bereite soziale Konstellation, wenn sie ihre Belange bedroht sah, etwa die Einheitlichkeit der Gruppe und die Ordnung innerhalb des Dorfes. Nicht nur ließ das System geteilter Werte und Normen Strukturen horizontaler Solidarität entstehen, die verinnerlichte Normenkonformität machte auch ein gemeinsames Handeln möglich, ohne dass dieses durch zentralisierte Institutionen hätte organisiert werden müssen.

Die Zusammenschau der epischen Szenarien lässt also erkennen, dass der Demos die Möglichkeit besaß, eine kollektive Meinung zu gemeinschaftlich relevanten Themen zu äußern, und – zumindest in den homerischen Epen – bot die Agora den Raum dafür.[71] Immer wieder zeigen die Epen, dass der Demos an Handlungen Anstoß nahm, welche die Gemeinschaft in ihrem Wohlergehen, ihrer Stabilität, ja sogar ihrer Existenz gefährdeten. Nicht allein in *Ilias* und *Odyssee*, sondern auch in den hesiodeischen Epen, besonders in den *Werken und Tagen*, steht vor allem die Bereitschaft der Anführer in der Kritik, ihre jeweils eigene *timé* gegeneinander zu verteidigen und dabei das Gemeinschaftswohl zu vernachlässigen. Und tatsächlich lässt die *Ilias* Peleus dem Achilles ja nicht nur raten, „immer der Beste zu sein und die anderen zu übertreffen", sondern ermahnt ihn auch: „Bändige du dein erhabenes stolzes Herz in der Brust, denn freundlicher Sinn ist besser. Meide den unheilstiftenden Zank, auf dass dich noch höher ehre das Volk der Argeier, die Jungen so wie die Alten".[72]

---

70 Zur Relevanz dieser gemeinschaftlich organisierten Integrationskreise s. das Kapitel *Eleutheros* und Seelentag 2014b.

71 Wenn Hes. erg. 27–34 normativ davor warnt, die Zeit mit Zank auf der Agora zu verbringen, solange die Ernte noch nicht eingebracht sei, heißt dies nur, dass dieser politische Raum im Bewusstsein der Vollbauern existierte und die von ihm gebotenen Möglichkeiten genutzt wurden.

72 Hom. Il. 9.255–8, Übers. H. Rupé; s. auch die Selbstreflexion des Achilles in Il. 18.97–111, in welcher er seine Unzulänglichkeit im Rate eingesteht, wenngleich er im Kampf auch unschlagbar sei, und ein Ende des Streits unter den Göttern und unter den Menschen herbeisehnt; und vgl. die Mahnungen etwa in Hes. erg. 202–85.

Tatsächlich scheint das zentrale Element der Epen überhaupt zu sein, das Streben nach persönlichem Ruhm um jeden Preis dem kooperativen Handeln zum Wohl der Gemeinschaft gegenüberzustellen.[73] Diese Darstellung der in diesem Spannungsfeld entstehenden Konflikte und den Möglichkeiten ihrer Lösung sowie die Diskussion des jeweils dahinter liegenden Ethos basierten auf dem Erfahrungshorizont des epischen Publikums.[74] Hierin sind die Epen anderen von Mitgliedern der Eliten, wie etwa Solon, initiierten und getragenen Diskursen ähnlich, die eine Kooperation der Aristoi untereinander und deren auf die Gemeinschaft bezogenes Handeln anmahnten.[75]

Bedingungen der Kooperation und Modi des Wettbewerbs
Wesentliche Katalysatoren des vom Demos geforderten kooperativen Verhaltens der Anführer scheinen die Sorge vor innerem Streit und – oftmals damit einhergehender – äußerer Bedrohung. Ersteres wird etwa in der Beschreibung der Schlichtungsszene auf dem Schild des Achilles deutlich.[76] Hier ist es die Auseinandersetzung um Annahme oder Ablehnung von Wergeld für einen Erschlagenen, der die *laoi* in zwei

---

73 Hierin sind die epischen Diskurse der frühen griechischen Dichtung und den attischen Tragödien ähnlich, in denen ebenfalls die Erörterung von Konflikten und Aporien im Vordergrund steht, nicht so sehr deren Lösung. Eine Hinführung hierzu bieten etwa Meier 1988; Flaig 1998b; Raaflaub 2000, 2009, 2013; Irwin 2005; Barker 2009 und Scardino 2009.
74 Welwei 1992, 86–7 betont in Bezug auf die *Ilias*: „Die sich hier artikulierende Kritik ist schwerlich nur poetische Fiktion. Sie reflektiert Verhaltensweisen und deren Beurteilung im wirklichen Leben und deutet zumindest in Umrissen Argumentationslinien bei Kontroversen in öffentlichen Diskussionen an, aus denen Impulse zur Stärkung des Rates gegen unkontrolliertes Handeln mächtiger Einzelner erwachsen sind. Ferner schildern die Dichter, wie im Verlauf eines Feldzuges aus Status- und Prestigekonflikten in der Oberschicht auch Insubordination gegenüber dem Führer des Aufgebotes entstehen kann. Unter diesem Aspekt sind Regelungen der Führungsstrukturen in Form der Delegierung von Kompetenzen durch öffentliche Beschlußfassung sowie durch funktionale Ausfächerung von Zuständigkeiten und Formalisierung des Einsetzungsverfahrens nicht zuletzt als Instrumente zur Entschärfung innerer Spannungen zu verstehen, zumal auf diese Weise auch breitere Zustimmung im Wehrverband erzielt werden konnte. Die Initiative zur Ablösung personengebundener Ordnungs- und Leistungsfunktionen durch eine Versachlichung von Kompetenzen und Aufgaben konnte nach Lage der Dinge freilich nur von der dominierenden Schicht ausgehen, die allein in der Lage war, die Träger der neuen Führungsrollen zu stellen. (...) Dieser Übergang zu einem neuen Entwicklungsgrad politischer Organisation [setzt] wiederum eine lange Formierungsphase der Oberschicht [voraus]."
75 Welwei 1992, 481–2; s. auch Donlan 1973. – Eine Diskussion möglicher ‚Aussageabsichten' der Epen bieten etwa Russo 1978 und Nicolai 1983, 1984 und 1993. – Ulf 2001, 176–9 betont, in diesen Mahnungen komme ein Gemeinschaftsbezug zum Ausdruck, was nur denkbar sei, wenn eine solche Gemeinschaft als schon existierendes Gut betrachtet werde. Walter 1993, 74–5 hebt hervor: „Die Polis steht bei Homer als Gedanke und Maßstab bereits fertig da. Was ihr im Rückblick noch fehlt, ist der über rudimentäre Ansätze hinausgehende institutionelle Unterbau und damit auch die Möglichkeit, normgerechtes Verhalten von den führenden Männern nicht nur zu fordern (...), sondern es auch durchzusetzen. Die Ordnung ist somit noch vorstaatlich, aber von Anfang an politisch."
76 Hom. Il. 18.497–508.

Gruppen zerfallen und der einen wie der anderen Partei dieses Streites zuneigen lässt. Das Epos macht hier deutlich, dass der Tod eines Mannes, die resultierende Auseinandersetzung zweier Familien und die dahinter drohende Blutrache das Potenzial haben, den inneren Frieden der Gruppe zu bedrohen und die Gemeinschaft zu zerstören. Und so bilden die Geronten der Polis in dieser Szene einen Schlichterrat, um einen Kompromiss zu finden, der wohl nicht allein den beiden Konfliktparteien, sondern auch ihren Unterstützern akzeptabel ist. Diese Rolle wahrzunehmen, wird von ihnen erwartet; und neben der von den anderen Mitgliedern der Gemeinschaft ausgeübten sozialen Kontrolle ist es ihre individuelle wie kollektive persönliche Macht, die gewährleistet, dass die streitenden Parteien dem gefundenen Kompromiss auch nach Auflösung der Versammlung noch folgen werden.

Dass gerade auch äußere Bedrohung die Kooperation von Anführern erzwingt, bietet das von der *Ilias* entworfene Szenario einer im Krieg stehenden Gemeinschaft, der im Falle ihrer Niederlage die Vernichtung droht. Dies betrifft vor allem das Lager der Achaier, welches immerhin ein halbes Epos lang von den Trojanern berannt wird. Das Bewusstsein, eine zwar aus Unterabteilungen mit je eigenen Präferenzen bestehende, doch durch gleiches Schicksal verbundene Gemeinschaft zu sein, lässt die Kontingente der ‚Polis bei den Schiffen‘ und deren Anführer miteinander kooperieren. Vonnöten sind etwa regelmäßige Ratsversammlungen, um gemeinsames Vorgehen zu planen, etwa eine Mauer zu errichten oder in der Schlacht geordnet aufzutreten und bestimmte Aufgaben zu übernehmen. Die Bedrohung von außen befördert die Vergesellschaftung.[77] Der Rückzug des Achilles und die Weigerung, seine Fähigkeiten kooperativ in die Gemeinschaft einzubringen, haben also das Potenzial, die Gemeinschaft nicht nur zu zersetzen, sondern sie sogar der Zerstörung auszuliefern. So betonen es die programmatischen ersten Verse der *Ilias*, die auf Gefährdung und Leid aller Achaier hinweisen.

Der auf die Basileis ausgeübte Druck, zum Zweck des Gemeinwohls kooperativ zu handeln, wird allerdings nicht nur vom Demos ausgeübt, sondern stammt auch aus ihrer eigenen Mitte. Allein, wenn der Demos als Konsequenz der Taten seiner Anführer nicht leidet, kann deren soziale Überlegenheit als Gruppe erwünscht erscheinen und längerfristig stabil werden, institutionalisiert und legitimiert. Szenen wie die – eigentlich wohlbegründete – Kritik des Thersites an den Anführern und seine Bestrafung durch Odysseus illustrieren, wie wichtig, effektiv und akzeptiert der Zusammenhalt der Basileis in Situationen ist, welche ihren kollektiven Anspruch auf Führerschaft bedrohen.[78] Die Bereitschaft zur Kooperation wird nicht zuletzt auch

---

77 Hierzu s. das Kapitel *Pyla*.

78 Ulf 1990a, 22–3. – Thersites weist darauf hin, dass der Streit zwischen Agamemnon und Achilles eine Störung der Ordnung bedeutet, unter der die gesamte Gemeinschaft leidet. Dies wissen die Basileis; dieses Problem diskutieren sie selbst immer wieder im eigenen Kreis. Und so erwidert Odysseus dem Thersites auch gar nicht in diesem Punkt. Vielmehr thematisiert und bestraft er eine von jenem

durch die besondere Art des Wettbewerbs gesteigert, der eben nicht vorrangig um das Ansehen bei den Statusgenossen, sondern vor allem um die Gunst des Demos ausgetragen wird. Da in ihm eine potenziell unbegrenzte Menge von *timé* verteilt werden kann, ist der Wettbewerb der homerischen Helden um den Erwerb von Ehre kein Nullsummenspiel.

Denn nur weil einer der Basileis aufgrund seines auf das Wohl der Gemeinschaft hin orientierten Verhaltens ein höheres Maß an *timé* genießt, heißt dies nicht, dass ein anderer Anführer damit vollständig marginalisiert ist. Denn auch jenem steht es offen, seinerseits mit gemeinwohlorientiertem Handeln mehr *timé* auf sich zu vereinen. Dies ist die „gute Eris" der *Werke und Tage* – jene Art des Wettbewerbs, welche etwa die Geronten des Schiedsgerichtes anstachelt, darüber zu wetteifern, wer von ihnen „die Dike am geradesten spräche", wer von ihnen den von den Streitparteien am ehesten akzeptierten Schiedsspruch finde.[79] Eine solche Form des Wettbewerbs ermöglicht eine kollektiv stärkere Orientierung der Eliten auf die Gemeinschaft, von der aber nicht allein diese profitiert, denn auch der Vorteil für die Eliten liegt auf der Hand. Die Zugehörigkeit eines Mannes zur Elite ist hier viel weniger prekär als in jenen Szenarien, in welchen Ehre tatsächlich ein Nullsummenspiel ist, in denen also die Ehrung eines Mannes die Marginalisierung eines anderen bedeutet.

Im Folgenden seien Überlegungen von Adam Rabinowitz etwas umfänglicher zitiert. Sie stammen aus dem Kontext seiner Untersuchung kommensaler Praktiken vom minoischen bis archaischen Kreta, welche er als Medien der Verhandlung von Machtstrukturen untersucht. In diesem Rahmen entwickelt er ein Modell verschiedener Modi des elitären Wettbewerbs, des positionellen und des partizipatorischen:

---

begangene Verletzung der Hierarchie. Denn Thersites forderte als Konsequenz seiner Kritik, dass die Kämpfer selbständig in die Heimat zurückkehren. Diese Entscheidung können die Basileis aber nicht den *laoi* überlassen; sie zu treffen, nehmen allein die Anführer für sich in Anspruch. Allerdings können und wollen die *laoi* eine solche Abkehr von den Basileis überhaupt nicht vollziehen. Und so heißen die *laoi* die Körperstrafe gut, die Odysseus an dem Kritiker vollzieht, mögen sie der Kritik des Thersites an Agamemnon und Achilles prinzipiell auch zustimmen; Hom. Il. 2.211–77, bes. 225–41. – s. auch Thalmann 1988; Nicolai 1993; Stuurmann 2004.

79 Die Notwendigkeit einer Orientierung der Eliten auf das Gemeinwohl der politischen Gruppe wird sehr deutlich in jenen Passagen der Epen, welche die Handlungsoptionen und Motive Hektors, sich für bestimmte Optionen zu entscheiden, diskutieren. – In ähnlicher Weise ist auch Tyrtaios darum bemüht, angesichts einer Bedrohung Spartas durch inneren Zwist und den von den zahlreichen Unfreien ausgehenden Druck mit seinen paränetischen Liedern ein Gemeinschaftsgefühl zu beschwören. Dieses besteht wesentlich darin, Eliten und Damoden zu einem gemeinsamen Handeln zu bringen, dabei das Konzept der Aristie aber nicht aufzugeben, sondern auf die Damoden auszuweiten: Ruhm wird in der Schlacht zum Wohle der Gemeinschaft erworben, und dies ist jedem politischen Akteur möglich, er muss nur tapfer sein. Hier sehen wir die zentrale Komponente der Homoioi-Ideologie; hierzu Meier 1998 und s. die Kapitel *Andreion* sowie *Hetairoi des Hybrias*. Odysseus zweifelte in Hom. Il.2.201–2 noch an einem solchen Kampfesmut der Damoden.

„A claim to status based on commensal patronage implies power *over*, since it entails at least the temporary dominance of host over guest, even within a group of nominal peers. I will term this mode of elite self-representation 'positional', inasmuch as it expresses status specifically in terms of relationships of inferiority and superiority.

The 'participatory' mode of self-representation, by contrast, emphasizes power *to*, and involves criteria based on personal achievement or qualities, without direct implications for the status of one's peers: Being a warrior, for example, does not force other potential warriors into the role of non-warrior, any more than the accumulation of exotic goods inherently restricts the access of others to those goods or birth into a prosperous family necessarily reduces others' chances for prosperity.

Participatory and positional modes of elite self-representation exist in tension with each other, since one individual's power *over* implies the diminishment of another individual's power *to*. Status expressed in terms of participation leaves room for egalitarian relationships; positional status can be generated only through inequality. (...) In this light, the role of communal drinking in Archaic Cretan society is a particular response to a general struggle to define full political agency in increasingly large and complex communities. This struggle stems from the basic dilemma (...): is elite male identity best expressed by the *aristos* or by the *agathos*?

These two models are not ideologies, but strategies of self-representation, and they reflect concrete relationships between peers, not attitudes toward the civic body in the abstract. The *aristos* maintains his superiority in part through the sponsorship of communal eating and drinking and the creation of obligation and dependency among his guests. The *agathos*, on the other hand, maintains his status by jealously defending his honor and independence, and by claiming an equal place in commensal and sympotic activities. The *aristos* is well suited to small, face-to-face communities, but larger communities, in which too many *aristoi* guarantee civil strife, need *agathoi*."[80]

Diese Überlegungen sind wesentlich für unsere Fragen nach dem Fundament von innerelitärer Kooperation und der daraus resultierenden Vergesellschaftung und In-stitutionalisierung. Denn zahlreiche Angehörige der Elite – vor allem jene, die nicht zu deren führenden Mitgliedern gehörten – dürften es vorgezogen haben, Teil einer Elite von Agathoi zu sein, die eine partizipatorische Selbstdarstellung verfolgten und zu diesem Zwecke ihrer aller Gleichheit betonten; weniger attraktiv für sie war die Zugehörigkeit zu einer Aristoi-Elite, deren Mitglieder eine positionelle Selbstdarstel-lung verfolgten, dabei aber Gefahr liefen, durch den ständigen Vergleich mit ihren Statusgenossen aus dieser Gruppe herausgedrängt zu werden. Nun war eine solche Elite der Agathoi sozial keinesfalls völlig offen. Nötig war die Schaffung einer gesell-schaftlichen Grenze, welche diejenigen, welche überhaupt *timé* haben und damit das Gemeinwohl steigern konnten, von jenen ‚Anderen' trennte, denen dies nicht möglich war. In den Epen scheint die Zugehörigkeit zur Gruppe der Vollbauern das

---

80 Rabinowitz 2014, die Zitate 95 und 114. Mit der Betonung, dass es sich bei diesen Modi um Strate-gien, nicht Ideologien gehandelt habe, positioniert sich Rabinowitz 2014, 114 mit Anm. 80 gegenüber dem Modell einer „*elitist*" and „*middling ideology*" von Ian Morris, etwa 1996 und 2000, der freilich zu sehr ähnlichen Differenzierungen gelange. Kritisch zu diesem Konzept s. bes. Kistler 2004 sowie konzis Anderson 2005, 185–6 Anm. 31 und Rose 2012, 206–11. Hierzu s. auch das Kapitel *Andreion*.

wesentliche Merkmal gewesen zu sein. Auf ihnen ruhte die Einhaltung der Normen in den Dorfgemeinschaften der *Werke und Tage*, sie stellten die Kämpfer der *Ilias* und die Agora der *Odyssee*. Vor diesem Hintergrund ergibt es eben auch Sinn, dass nicht allein Basileis, sondern auch die Angehörigen des durch diese Rollen konstituierten Demos *timé* erwerben konnten.[81]

Um bis hierher zusammenzufassen: Zum einen lassen die homerischen Versammlungen erkennen, dass die Basileis in ihren Handlungen auf die Akzeptanz der in der Agora versammelten Politen angewiesen waren. Der epische Demos hat großen Einfluss auf die gemeinschaftsrelevanten Entscheidungen. Seine Mitglieder sind das unbedingte Publikum für die Beratungen und Entscheidungen der Basileis, und es ist die Zustimmung oder Ablehnung des Demos von Vorschlägen und Handlungen eines Anführers, die das Ausmaß von dessen *timé* bestimmen. Voraussetzung hierfür war die Ausprägung eines geteilten ethischen Horizontes in den für die Individuen maßgeblichen soziopolitischen Integrationskreisen unterhalb der Polisebene. Dieser ging auf die spezifischen Bedingungen vollbäuerlichen Wirtschaftens zurück und sorgte für klare Vorstellungen, was der Gemeinschaft zuträgliche oder abträgliche Verhaltensweisen seien, wie auch für ein Spektrum von Sanktionen, mit Devianz umzugehen, und die Fähigkeit, diese selbstorganisiert durchzuführen. Allerdings scheinen die Mitglieder des Demos nicht fähig zu politischer Initiative in der Agora, weder als Individuen, noch als Kollektiv.

Zum zweiten diskutieren die Epen das kreative Spannungsfeld von Kooperation und Wettbewerb der Anführer untereinander. Im Idealfall verstehen die Basileis, dass ihr Streit nicht allein jeden einzelnen von ihnen schwächt, sondern auch die Legitimität ihrer Gruppe und deren Führungsanspruches insgesamt und ultimativ die gesamte Gemeinschaft. Um ihre Macht zu konsolidieren, müssen sie kooperieren – dies aber stets mit Blick auf das Gemeinwohl. Es sind diese zwei aus den Szenarien der Epen gewonnenen Punkte, die für den Fortgang dieser Arbeit nahelegen, dass die Ursachen der Institutionalisierung in den Bemühungen der Aristoi gesucht werden sollten, ihre als Kollektiv ausgeübte Macht in der Gesellschaft in Herrschaft umzuwandeln, auf Dauer zu stellen und durch Versachlichung zu festigen. Ihre Übereinkunft war Voraussetzung für die Etablierung und Ausgestaltung von Ämtern.[82] Nichtsdestotrotz scheint es plausibel, dass ein wesentliches Kriterium bei Anstoß und Ausgestaltung dieser Innovationen das Gemeinwohl des Demos war, beziehungs-

---

81 Noch einmal sei darauf hingewiesen, dass der wirtschaftliche und vor allem soziale Abstand zwischen diesen Vollbauern und jenen, welche die Epen den Basileis zuordnen, bemerkenswert gering und überhaupt eine Frage der graduellen Abstufung war. – Zur maßgeblichen sozialen Trennlinie im archaischen Kreta zwischen den untereinander ,Gleichen', den, wie sie sich selbst nannten: Eleutheroi und allen ,Anderen', Freien wie Unfreien, s. das Kapitel *Eleutheros*.
82 Dies betonen Welwei 1992 und Stahl 2003.

weise dass diese Innovationen entlang der Erwartung und Zustimmung des Demos modelliert wurden.[83]

Maßnahmen zur Organisation von Führungsstrukturen, etwa durch Delegierung von Kompetenzen und öffentliche Beschlussfassung, durch funktionale Ausfächerung von Zuständigkeiten und Formalisierung des Einsetzungsverfahrens, sind nicht zuletzt als Instrumente zur Entschärfung innerer Spannungen zu verstehen. Auf diese Weise konnte auch breitere Zustimmung im Wehrverband erzielt werden; eine Akzeptanz politischer Führung der Aristoi durch den Demos. Somit erscheint die Einführung von Institutionen, etwa von Funktionen mit befristeter Amtszeit, keineswegs als eine Schwächung einer zentralen Gewalt oder der Gruppe der Aristoi im Gemeinwesen, sondern ein von jenen als notwendig angesehener Prozess zur Stabilisierung der Gruppe und ihres eigenen Einflusses darin. Daher scheint die Initiative zur Ablösung personengebundener Ordnungs- und Leistungsfunktionen durch eine Versachlichung von Kompetenzen und Aufgaben gerade von der sozial überlegenen Schicht ausgegangen zu sein. Sie allein war in der Lage, die Träger der neuen Führungsrollen zu stellen.

Die Aristoi festigten ihre Stellung als Kollektiv in der Gesellschaft, indem sie die Zuständigkeiten für Gemeinschaftsaufgaben nicht mehr je nach Bedarf wahrnahmen und immer wieder neu unter sich aushandelten, sondern bestimmte Aufgabenfelder voneinander trennten, auf Dauer stellten und Regeln für die Wahrnehmung dieser Aufgaben festlegten. Dazu gehörte etwa, dass sie mit der Zeit einen gleich bleibenden Zuschnitt dieser Zuständigkeitsbereiche bestimmten, dessen Exklusivität gegenüber anderen Zuständigkeitsbereichen definierten, deren Miteinander oder hierarchische Abfolge untereinander etablierten und eine Dauer für die Wahrnehmung der jeweiligen Aufgaben bestimmten. Dies alles trug dazu bei, Konflikte untereinander einzuhegen. Hierbei bot die permanente Funktion des Amtes gegenüber den lediglich situativ handelnden Basileis einen Vorteil an Autorität, da hier Prominenz auf Dauer gestellt war.[84] Die Schaffung gewisser für einen Amtsträger reservierter Bereiche und die damit einhergehende Prominenz des Amtsträgers dürfte für weitere Dynamik auf diesem Feld und die Entstehung weiterer Ämter gesorgt haben.

---

83 Schmitz 2008, 49–50 betont mit Bezug auf Martin 2003, 30 auch, dass Homer und Hesiod Vorstellungen von einem dem gemeinschaftlichen Frieden in der Polis angemessenen Verhalten zeigten, dass aber die menschlichen und göttlichen Protagonisten in ihrem Handeln diesen Vorstellungen nicht entsprächen. Die formulierten Erwartungen würden von den kompetitiven Individuen nicht beherzigt. – Hierzu s. maßgeblich auch Ulf 1990a; Gagarin 1992; Welwei 1992; Raaflaub 2000, 2009, 2013; Hammer 2002 und Thalmann 2004, bes. 381–8.
84 Snodgrass 1980, 24–5; Stahl 1987, 150–60; Walter 1993, 82–3.

IV Politeia

Die strukturelle Ähnlichkeit kretischer Politien

> Kreta ist ein Land inmitten des weinroten Meeres, schön und ertragreich und wellenumflutet. Es leben dort Menschen viele, ja grenzenlos viele in neunzig Städten, doch jede spricht eine eigene Sprache.
>
> *Hom. Od. 19. 172–9*

Die Vereinbarkeit der literarischen Zeugnisse und der Inschriften

Bevor wir uns jenen Fragen näher zuwenden, die wir in den voranstehenden Kapiteln aufwarfen, müssen wir die Quellen vorstellen, die uns für ihre Beantwortung zur Verfügung stehen, und ihre Aussagekraft für eine historische Rekonstruktion des vorhellenistischen Kretas kritisch diskutieren. Denn aus der archaischen Zeit liegen uns nur aus wenigen der kretischen Poleis epigraphische Zeugnisse vor, die weitaus meisten davon stammen aus Gortyn. Zudem sind diese Texte beinahe ausschließlich demselben Genre zuzuordnen; es handelt sich um Bestimmungen mit Gesetzescharakter, die einst im öffentlichen Raum der Polis verinschriftlicht waren. Allerdings ist damit nicht gesagt, dass das Themenspektrum dieser Texte eng gewesen wäre. Vielmehr sehen wir Aspekte ganz verschiedener Lebensbereiche behandelt und neben ‚öffentlichen' auch eher ‚private' Fragen erörtert. Und doch lässt diese Vielfalt der vom epigraphischen Material vermittelten Informationen uns kein ausgewogenes und lebendiges Bild von der sozialen und politischen Organisation der Städte Kretas zeichnen. Denn zum einen ist uns nur ein Bruchteil der einstmals in den Städten aufgestellten Inschriften erhalten, und dies in den meisten Fällen nur fragmentarisch; zum anderen reflektieren diese Texte oftmals allein den situativ erfolgten regulierenden Eingriff in einen Handlungsablauf, welcher der politischen Gemeinschaft nicht näher erläutert werden musste.[1]

Für uns aber ist jener Normalfall, der hinter dem in der jeweiligen Inschrift reflektierten Szenario stand, nicht immer leicht zu rekonstruieren. So erhalten wir etwa Informationen über die Bestrafung von Amtsträgern im Falle ihres Fehlverhaltens oder Nichthandelns; wir erfahren aber kaum einmal etwas über deren positiv definierte Kompetenzen. Denn diese waren entweder in anderen, uns verlorenen Inschriften beschrieben oder aber – und dies ist wahrscheinlich – sie waren erst gar

---

1 s. Gehrke 1997, 43–60 zur thematischen Breite der behandelten Gegenstände. Den Charakter frühgriechischer Gesetzesinschriften behandeln etwa Humphreys 1985 und 1988; Hölkeskamp 1992, 1994, 1999 und 2000 sowie Gehrke 1993, 1995 und 1998; Lakin 2005; die Spezifika kretischer Inschriften Whitley 1997 und 1998 sowie Perlman 2002 und 2004b.

nicht inschriftlich festgehalten, da sie allein von mündlichem Gewohnheitsrecht und gesellschaftlicher Übereinkunft geregelt waren. Die epigraphischen Quellen erlauben zwar durchaus eine bisweilen sehr detaillierte Rekonstruktion der von ihnen behandelten Gegenstände und damit gewisser gesellschaftlicher Felder. Diese vereinzelten Inseln der Information lassen sich aber nicht zu einer verlässlichen Landkarte der gesellschaftlichen und politischen Organisation kretischer Gemeinwesen zusammenfügen.[2]

Nun sind uns aber neben diesen Inschriften auch eine Reihe literarischer Berichte erhalten, die uns eine Vielzahl von Informationen zu den politischen und sozialen Institutionen kretischer Poleis bieten und deren Darstellung durchaus einen systematischen, analysierenden und reflektierenden Zug hat. Tatsächlich scheint die Organisation kretischer Bürgerstaaten in der Literatur der spätklassischen und hellenistischen Zeit von großem Interesse gewesen zu sein, denn die uns erhaltenen Passagen sind nur die wenigen Relikte einer einstmals reichen Tradition, welche sich mit der politischen und sozialen Ordnung der Insel befasste. Immerhin fünfzehn Autoren sind uns namentlich bekannt, die Kreta in größerem Umfang behandelten. Von diesen sind allerdings nur zwei, nämlich der Kreter Epimenides und Charon von Lampsakos, früher als in die Mitte des 4. Jh. zu datieren.[3] Wichtige Informationen erhalten wir aus den in kurzen Passagen bei Athenaios überlieferten kretischen Lokalhistorien des Dosiadas und des Pyrgion, die allerdings in das 3. oder sogar erst in das 2. Jh. v. Chr. zu datieren sind. Hierin erfahren wir etwa, wie die Gemeinschaftsmahlzeiten der Männer, die Andreia, finanziert und durchgeführt wurden und wie in ihnen soziale Hierarchien zum Ausdruck kamen.[4] Ebenfalls bei Athenaios, doch in noch geringerem Umfang, sind uns Zeugnisse wie die Worterklärungen des Hermonax erhalten, des Autors einer wohl hellenistischen Sammlung kretischer Dialekt-

---

2 Die Betrachtung politischer Institutionen im archaischen Kreta offenbart immer wieder große Lücken, die aus der nur fragmentarischen Erhaltung des inschriftlichen Materials resultieren. So bleiben nicht allein die Funktionen und Kompetenzen, sondern sogar die Existenz von zahlreichen Institutionen im Dunkeln. Und dies betrifft durchaus so wichtige Institutionen wie den Rat oder die Volksversammlung von Gortyn. Zöge man nun zusätzlich inschriftliches Material aus dem hellenistischen Kreta heran, tauchten etwa viele der Bezeichnungen, die wir für die archaische Zeit nur vorsichtig mit einer bestimmten Institution identifizieren können, sehr viel häufiger und in deutlicherem Zusammenhang auf und gewännen so an Kontur. Doch diese späteren Zeugnisse sollen hier nicht als gleichberechtigt neben den Befunden des 7. bis 5. Jh. stehen. Unser Ziel ist es, die Funktionen von Institutionen in kretischen Poleis der archaischen Zeit und ihr Zusammenspiel zu analysieren, und dies muss vorrangig auf der Grundlage des zeitgenössischen Materials geschehen. Erst dann dürfen diese Befunde gegebenenfalls – und methodisch abgesichert – durch das spätere Material ergänzt werden.

3 FGrH 457–68; zu den kretischen Lokalhistorikern s. Strataridaki 1988–89 sowie 1991. – Jacoby FGrH 3A, 5 sieht Charon als die wesentliche Quelle dieser literarischen Tradition an, während Chrimes 1952, 230–5 sich für Dosiadas ausspricht.

4 Dosiadas FGrH 458 frg. 2 ap. Athen. 4.143a–d; Pyrgion FGrH 467 frg. 1 ap. Athen. 4.143e–f.

begriffe.[5] Hinzu kommt unter anderem die bei Diodor überlieferte und recht umfangreiche kretische Lokalmythologie, die uns Einblicke in die intentionale Geschichte der Kreter gibt, in welcher etwa die Genese des von Menschen gesetzten Rechts und die Relevanz geschriebener Gesetze besonders betont sind.[6]

Von größtem Interesse aber sind drei Zeugnisse, die auch im Mittelpunkt der folgenden Diskussion stehen sollen. Zunächst sind dies Passagen der aus dem 4. Jh. stammenden, doch auf älteren Vorlagen beruhenden *Kretika* des Ephoros von Kyme, die uns bei Strabon in jenen Exzerpten überliefert sind, welche dieser als für seine eigene Schilderung der Insel auswählte. Von herausragender Bedeutung innerhalb dieser Auszüge sind wohl die detaillierten Beschreibungen der kretischen Paideia und besonders der rituellen Ephebenentführung, die uns eine Fülle von Informationen über die Sozialisierung der Bürger und die in kretischen Gemeinwesen existierenden Hierarchien liefert. Daneben stehen Platons *Nomoi*, also jener Dialog, der einen Athener, einen Spartaner und den Kreter Kleinias eine Wanderung zum Idagebirge unternehmen und eine Diskussion über den idealen Staat führen lässt, die mit Beispielen aus den jeweiligen Heimatpoleis der Wanderer angereichert ist. Hier finden wir etwa Reflexionen über den grundsätzlichen Sinn der von der Polis organisierten Paideia sowie die Auswirkungen der Speisegenossenschaften auf das öffentliche Leben. Und schließlich sind einige Passagen in der *Politik* des Aristoteles zu nennen, darunter jene umfangreiche, in welcher er die kretische mit der spartanischen und der karthagischen Politeia vergleicht, die Beschreibung sozialer und politischer Institutionen Kretas neben deren Analyse stellt und eine Vielzahl von Reflexionen zu den strukturellen Eigenschaften, den Stärken und Schwächen der kretischen Politeia bietet. Hier erhalten wir lebendige Eindrücke vom spezifischen Zusammenwirken von Volksversammlung, Amtsträgern und Rat und somit von der Gestaltung und Umsetzung politischer Entscheidungen.[7] Diesen literarischen Zeugnissen kommt also neben dem epigraphischen Material eine potenziell herausragende Rolle bei der Rekonstruktion der Verhältnisse des womöglich schon archaischen, sicher aber klassischen Kreta zu. Und so ist die Beantwortung der Frage, ob und inwiefern diese Texte historisch auswertbare Informationen für ein solches Unterfangen liefern können, von größter Bedeutung.

In den letzten Jahren wurden ganz erhebliche Zweifel an der Verlässlichkeit der in den literarischen Quellen zu Kreta übermittelten Informationen geäußert. Diese

---

5 s. etwa Hermonax ap. Athen. 6.267c zur kretischen *Mnoia* und 11.502b zu einem Detail im Ritual der Ephebenentführung.

6 FGrH 468 frg. 1 ap. Diod. 5.64–80. Dieses lange Passage umfasst Aussagen verschiedener Autoren, Ps.-Epimenides, Sosikrates, Dosiadas und Laosthenidas; s. hierzu den Kommentar von Jacoby FGrH 3B, 341–66 und die Ausführungen von Gehrke 1997, 62–5. – Diese Quelle muss an einem anderen Ort als in dieser Arbeit betrachtet werden.

7 Ephor. FGrH 70 frg. 149 ap. Strab. 10.4.1–22, s. Parker 2004; Plat. leg. *passim*; Arist. pol. 1263b–1264a, 1269a, 1271a 20–1272b 23, 1324b, 1329b. – s. das Kapitel *Hetairoi des Hybrias* und Seelentag 2013.

Quellenkritik, die vornehmlich von Paula Perlman vorgetragen wurde, bietet im Wesentlichen drei Stoßrichtungen der Argumentation. Zum einen bezweifelt Perlman ganz grundsätzlich die Aussagekraft der literarischen Zeugnisse für eine historische Rekonstruktion: Diese Quellen reflektierten allein einen spezifisch spätklassischen philosophischen Diskurs über Kreta, der wenig mit einer historischen Realität zu tun gehabt hätte. Zum zweiten äußert sie Zweifel an der Vereinbarkeit der sich aus den epigraphischen und literarischen Zeugnissen ergebenen Befunde: Es werde deutlich, dass in diesen Mediengattungen sehr unterschiedliche Lebenswelten beschrieben seien. Und schließlich führt Perlman Argumente gegen die in den literarischen Quellen beschriebene Einheitlichkeit der Organisation kretischer Poleis ins Feld: Schließlich zeige das uns erhaltene epigraphische Material aus verschiedenen kretischen Poleis große Unterschiede in deren Organisation. Damit aber seien sämtliche uns erhaltenen Schriftquellen für eine historische Rekonstruktion der Verhältnisse in kretischen Poleis der archaischen und klassischen Zeit natürlich wertlos.[8]

Obschon verschiedene Beiträge diesen Thesen energisch und einleuchtend entgegentraten, erlangten sie doch besonders in der englischsprachigen Welt großen Einfluss, wo die Forschung zum archaischen und klassischen Kreta in vielen Fällen ganz wesentlich auf die Interpretation archäologischer Befunde ausgerichtet ist.[9] Dort dominiert heutzutage die Vorstellung, dass die von der literarischen Tradition beschriebene Ähnlichkeit der kretischen Gemeinwesen konstruiert sei; dass die Inschriften ein ganz anderes Bild von den kretischen Poleis zeichneten als die literarischen Texte; und dass weite Teile dieser literarischen Überlieferung, vor allem Platon und Aristoteles, für eine Rekonstruktion der historischen Verhältnisse auf Kreta überhaupt unbrauchbar seien. Und so betont etwa eine jüngere Darstellung des archaischen Kreta in ihrer Diskussion der literarischen Quellen nicht allein, dass alles, was uns von Homer, den Homerischen Hymnen und Hesiod zu Kreta überliefert sei, in einer „legendären Vergangenheit" angesiedelt sei und deswegen für eine historische Rekonstruktion des archaischen Kreta keinen Wert habe. Sie unterstreicht auch, dass Plato und Aristoteles in dieser Hinsicht ebenfalls unbrauchbar seien, da sie keine Geschichte, sondern Philosophie geschrieben hätten und sich überhaupt nur in Ver-

---

8 Hierzu s. besonders Perlman 1992 und 2005 sowie auch 1999 und 2014; s. auch Kristensen 2014, die in den meisten literarischen Quellen philosophische Bemühungen sieht, einen ‚kretischen Wunderweg' zunächst zu konstruieren und dann zu erklären. – Perlman 2005, 325 Anm. 7 folgt der methodischen Prämisse, dass „the question of access to first-hand information on the part of late Classical writers is central to discussions of the historical value of the unitary view." Zu Recht betont Link 2008, 479 Anm. 33 dagegen: „Grundsätzlich sollte methodisch jedoch gelten, dass in Gestalt unserer literarischen Überlieferung ein Ergebnis vorliegt, das wir prüfen können und prüfen sollten. Spekulationen darüber, ob es dieses Ergebnis überhaupt geben könne oder geben dürfe (oder ob nicht), erübrigen sich dann von selbst."
9 Eine ausführliche Auseinandersetzung mit Perlman 1992 bieten Link 2002 und Chaniotis 2005, mit Perlman 2005 befasst sich Link 2008.

allgemeinerungen über ‚die Kreter' ergangen hätten, ohne nach lokalen Spezifika zu differenzieren oder konkrete Beispiele anzuführen. Die späteren Autoren schließlich, Dosiadas etwa, Ephoros und Pyrgion, mögen nützliche Informationen vermitteln, seien jedoch überschattet von einem romantischen Antiquariertum und verzichteten auf jede chronologische Verortung der von ihnen geschilderten Institutionen. Auf diese Weise wird nahezu die gesamte literarische Überlieferung zu Kreta mit einem Federstrich verworfen, um sich sodann vor allem den materiellen Zeugnissen zuwenden zu können.[10]

Im Folgenden seien die bis hierhin nur skizzierten Einwände der Kritiker einer Heranziehung literarischer Zeugnisse ausführlicher referiert und einer Prüfung unterzogen. Hierbei soll gezeigt werden, dass die aus verschiedenen – vor allem zentralkretischen – Poleis erhaltenen Inschriften deutliche Ähnlichkeiten dieser Gemeinwesen in sozialer und politischer Organisation reflektieren; dass die literarischen Zeugnisse des 4. Jh. keineswegs nur der philosophischen Studierstube entstammen, sondern ein historisches Wissen um kretische Politien erkennen lassen; und schließlich, dass sich der inschriftliche mit dem literarischen Befund durchaus in Einklang bringen lässt. Auf diese Weise soll deutlich werden, dass die literarischen Zeugnisse neben die materiellen und epigraphische Befunde gestellt werden können und müssen, da erst die Zusammenschau dieser Quellen ein möglichst verlässliches, in sich stimmiges und historisch plausibles Modell der Organisation kretischer Poleis in archaischer und klassischer Zeit zu entwerfen erlaubt.[11]

Die Vorlage der ‚Kretischen Politeia' und die Prominenz der Polis Lyttos

In einem umfangreichen Beitrag wendet sich Paula Perlman der im 4. Jh. entstandenen literarischen Tradition über Kreta zu und führt überzeugend aus, dass die von Platon, Aristoteles, dessen Epitomator Herakleides Lembos sowie Ephoros stammenden Darstellungen zur sozialen und politischen Organisation kretischer Städte im Kern auf eine gemeinsame Vorlage zurückgingen, die von ihr konjizierte *Kretische Politeia* eines uns unbekannten Autors.[12] Zu umfangreich seien die Parallelen im jeweiligen Aufbau dieser Berichte sowie deren Übereinstimmungen auch in Details, als dass sie unabhängig voneinander entstanden sein könnten. Die Redaktion dieser

---

10 Whitley 2009, 274.
11 An dieser Stelle sei eine Bemerkung gestattet. Wesentliche Informationen über die soziopolitische Ordnung Spartas in archaischer und klassischer Zeit beziehen wir etwa aus der Lykurg-Vita des Plutarch vom Beginn des 2. nachchristlichen Jahrhunderts. Verglichen damit steht unsere Kenntnis des frühen Kreta auf sicheren Füßen; immerhin verfügen wir für die Insel über literarische Darstellungen, deren Autoren die von ihnen beschriebenen Institutionen noch vor Augen standen. Zu grundsätzlichen Fragen der methodischen Herausforderung einer Verwendung späterer Quellen für die Archaik s. konzis etwa Hall 2007, 17–26.
12 Perlman 2005.

Vorlage habe wohl im Umfeld der athenischen Akademie stattgefunden. Immerhin werde deutlich, dass sie stark von den Interessen und Methoden des Aristoteles geleitet gewesen sei; so folge sie etwa seinem Modell der evolutionären Entwicklung von Gemeinwesen. Vier wesentliche Themen dieser Vorlage ließen sich noch erkennen: Zunächst habe sie das hohe Alter der kretischen Verfassung sowie die Rolle des Minos als Gesetzgeber behandelt; dann den gleichsam innersten Sinn der kretischen Staatsordnung untersucht und sie mit der spartanischen verglichen; darauf habe sie sich den sozialen Institutionen, wie den Gemeinschaftsmahlzeiten, der Paideia und der Päderastie zugewandt, und schließlich habe sie die kretischen Ämter und Institutionen dargestellt, besonders die Kosmen und die Geronten.

Über diese bis hierhin durchaus plausible Rekonstruktion einer *Kretischen Politeia* geht Perlman aber in vier Punkten hinaus, wenn sie behauptet, den uns erhaltenen Schriftstellern habe außer diesem Werk kein anderes über Kreta zur Verfügung gestanden; diese eine Schrift sei die einzige Quelle ihrer Information gewesen. Und diese Vorlage habe wenig mit den historischen Verhältnissen auf Kreta zu tun gehabt. Denn sie sei einzig aus einem philosophisch geleiteten Bedürfnis heraus formuliert worden, den spartanischen Kosmos mit dem kretischen zu vergleichen. So habe also nur solches Material in die Darstellung Eingang gefunden, das für diesen spezifischen Vergleich interessant schien. Und schließlich betont Perlman, dass alle Informationen über die vermeintlich gesamtkretischen Verhältnisse tatsächlich allein die Sitten des zentralkretischen Lyttos reflektierten; über keine andere Polis seien die *Kretische Politeia* und damit auch die uns erhaltenen Gewährsmänner informiert gewesen.

Zu Beginn des Peloponnesischen Krieges hätten nämlich Lyttos und Sparta ihre vermeintlich gemeinsamen Wurzeln entdeckt und dies durch einen Vergleich ihrer beiden Politien zu begründen versucht. Dieser Entwurf einer Geschichtsklitterung sei im Zuge der im 4. Jh. herrschenden Faszination um die spartanische Politeia, die wegen ihres offenbar hohen Alters und ihrer besonderen Stabilität als bemerkenswert galt, auch nach Athen gelangt. Dort aber hätten gewisse Inhalte dieser Konstruktion auch das Interesse an Kreta geweckt. Man habe etwa angenommen, es seien Siedler der – vermeintlich – spartanischen Kolonie Lyttos gewesen, die von den dort ansässigen Indigenen deren, auf Minos zurückgehende Gesetze übernommen und nach Sparta übermittelt hätten, weshalb eigentlich Kreta Geburtsstätte der spartanischen Politeia sei.[13] In der Folge sei im Umkreis der Akademie jene *Kretische Politeia* ent-

---

13 Daneben existiert freilich auch die Ansicht, Begriff und Konzept einer ‚kretischen Verfassung‘ und die Annahme, dass es eine solche tatsächlich in kretischen Städten gegeben habe, resultierten allein aus der Vorstellung, „daß am Anfang des kretischen Verfassungslebens Minos stand, daß er ganz Kreta Gesetze gab und daß sich daraus auch wiederum die ‚Einförmigkeit‘ der griechischen Verfassungen auf Kreta erkläre."; so Gawantka 1996, 828. Dagegen betont Link 2002, 152 Anm. 11 zu Recht, diese Einschätzung negiere „die um vieles näherliegende Möglichkeit, daß die in Frage gestellte Einförmigkeit den historischen Ausgangspunkt bildete und die Vorstellung einer minoischen Gesetzgebung ihre (nachgeschobene) Erklärung." Diesen Vorgang einer „historischen Vertiefung im

standen, welche die Politeia von Lyttos kurzum zur ,gesamtkretischen' erklärt habe.[14] Und so behaupteten zwar sämtliche uns erhaltenen Autoren von Ephoros über Platon zu Aristoteles, sie behandelten die kretischen Sitten, tatsächlich aber beschrieben sie allein die lyttischen, und von diesen auch nur jene, welche für einen Vergleich mit Sparta geeignet schienen. Damit seien diese Texte aber ohne jeden Wert für eine historische Rekonstruktion der Lebenswelten archaischer oder klassischer Poleis auf Kreta.[15]

Perlman gesteht zu, dass weder der spärliche epigraphische Befund aus Lyttos diese These belegen könne, noch seien literarische Zeugnisse überliefert, welche die Einzigartigkeit von Lyttos unter den kretischen Poleis und die daraus resultierende besondere Rolle dieses Gemeinwesens in der Literatur belegen könnten; am ehesten ließen sich solche wohl noch im Werk des Dosiadas erkennen. Und so führt sie als wichtigste Quelle, um ihre Thesen zu belegen, dessen bei Athenaios überlieferten Bericht über die kretischen Gemeinschaftsmahlzeiten an: „Über die kretischen Syssitien hat Dosiadas im 4. Buch seiner *Kretika* das Folgende geschrieben: ,Die Lyttier tragen die Güter für die Gemeinschaftsmahlzeiten auf folgende Weise zusammen: ....'" In dieser Passage werde also deutlich, betont Perlman, dass noch Dosiadas allein Lyttos in den Blick genommen habe, dass man aber zur Zeit des Athenaios diese spezifische Information längst schon auf das gesamte Kreta ausgeweitet habe.

Und doch scheint gerade im Kontext dieses Zitates das von Perlman beschriebene Szenario nicht reflektiert. Denn zum einen ist die Schilderung der lyttischen Gemeinschaftsmahlzeiten ja Teil eines Kapitels zu den kretischen Syssitien; ist von Athenaios also deutlich als ein Exzerpt des größeren Themas gekennzeichnet. Zum anderen setzt Athenaios im unmittelbaren Anschluss an die detaillierte Beschreibung der Finanzierung der lyttischen Syssitien seine Vorlage Dosiadas in der folgenden

---

Mythos" im Rahmen der „intentionalen Geschichte" der Kreter führt Gehrke 1997, 60–5, hier 62 vor. Zu diesem Konzept s. auch Gehrke 1994 und 2010; Ulf 2008.

14 Perlman 1992, 200–1 und 2005, 318–9. – Der früheste Beleg für die Vorstellung einer alten Verbindung von Lyttos und Sparta ist Hdt. 1.65.4, der allerdings noch nicht von einer ,kretischen Politeia' spricht. Die frühesten uns erhaltenen Zeugnisse, die ausdrücklich von einer Übernahme der lyttischen Verfassung durch Sparta berichten, sind Aristoteles und Ephoros, stammen also erst aus dem 4. Jh. – Zur antiken Diskussion um den Primat der kretischen oder der spartanischen Politeia s. etwa Morrow 1960; Nafissi 1983/84; Malkin 1994, 79–80; Cuniberti 2000.

15 Perlman 1992 erörtert außerdem, woher Ephoros, Platon und Aristoteles ihre Kenntnisse über Kreta bezogen haben mögen. Eine Reise nach Kreta oder ein Aufenthalt auf der Insel sei zumindest für keinen von ihnen nachzuweisen, mag die lebendige Schilderung der Topographie Kretas und der Route zur Ida-Höhle in den *Gesetzen* auch nahe legen, dass Platon einmal dort gewesen sei; so etwa Morrow 1960, 26–7 und Piérart 1974, 12–3. Perlman hält auch für möglich, dass Schüler des Aristoteles auf der Insel Feldforschungen betrieben, oder dass kretische Schüler der Akademie diese Informationen nach Athen brachten. Dies diskutieren auch Walzer 1939, 416–7 und Morrow 1960, 26–7 Anm. 44. – Den Zusammenhang der aristotelischen *Politik* und der Sammlung von Politien verschiedener Bürgerstaaten erörtern etwa Jaeger 1934, 259–92; Weil 1960, 179–323 und Huxley 1971.

Weise fort: „Überall auf Kreta gibt es aber zwei Häuser für die Syssitien, von denen sie das eine Andreion nennen, das andere, in welchem sie die Fremden unterbringen, Koimeterion ...", worauf eine ausführliche Schilderung der eigentlichen Durchführung der Mahlzeiten folgt. Und im Anschluss daran wiederum berichtet Athenaios, was Pyrgion im 3. Buch seiner *Kretischen Bräuche* unter anderem über die Anwesenheit von Waisen und Fremden bei den kretischen Syssitien geschrieben hatte.[16]

Es wird also deutlich, dass weder Athenaios noch Dosiadas die lyttischen Syssitien mit den kretischen gleichsetzten, wie Perlman behauptet. Vielmehr halten beide Autoren diese deutlich auseinander. Wie sich die von Dosiadas als ‚lyttisch' und die von ihm als ‚kretisch' bezeichneten Bräuche zueinander verhielten, geht aus dieser Passage nicht klar hervor. Denkbar ist, dass er die lyttischen deutlich von den kretischen abgrenzte, weil diese sich von jenen tatsächlich in irgendeiner Weise wesentlich unterschieden.[17] Wahrscheinlich ist dies allerdings nicht, denn im Text wird ein solcher Gegensatz an keiner Stelle deutlich; die ‚lyttischen' Sitten werden mit den ‚kretischen' nicht kontrastiert, weder explizit in den Worten des Historiographen, noch in den vom Text übermittelten Informationen. Die Schilderungen widersprechen einander nicht, sondern sind miteinander vereinbar. Dosiadas erbringt hier also einen exakten Quellennachweis der von ihm übermittelten Informationen, denn neben einer Vorlage, welche die lyttischen Verhältnisse schilderte, scheint er durchaus auch über Quellen verfügt zu haben, welche die Institutionen anderer kretischer Poleis beschrieben.[18] Dies deutet darauf hin, dass Dosiadas sich nur deswegen der in Lyttos üblichen Finanzierung der Syssitien gesondert widmete, weil unter allen Darstellungen, die ihm vorlagen, eine – womöglich die von Perlman konjizierte *Kretische Politeia* – jene besonders ausführlich beschrieb; und somit die beste, womöglich auch nur die einzige Passage für diesen kretischen Brauch war. Wenn wir ihm aber diese Genauigkeit in der Angabe seiner Quellen zugestehen, sollten wir zumindest aufgeschlossen gegenüber der Vorstellung sein, dass Dosiadas weder unwissend, noch skrupellos lokale Unterschiede einebnet, wenn er offensichtlich ganz bewusst von den ‚kretischen' Bräuchen spricht. Womöglich spiegelt seine Darstellung ganz bewusst eine gewisse Ähnlichkeit der soziopolitischen Institutionen in den Gemeinwesen der Insel wider.

Überhaupt hält Perlmans Behauptung, dass Lyttos unter den von unseren literarischen Quellen geschilderten Poleis eine solche Prominenz habe, dass man davon ausgehen müsse, allein aus dieser Polis stammten sämtliche Informationen unserer Gewährsmänner, der näheren Prüfung nicht stand. Tatsächlich wird Lyttos

---

16 Dosiadas ap. Athen. 143a–d und im Anschluss Pyrgion ap. Athen. 143e.
17 In diesem Sinn möchte ich auch die Beobachtung deuten, dass eine entsprechende Darstellung der Gemeinschaftsmahlzeiten in Arist. pol. 1272a 12–21 dem Bericht des Dosiadas über die „lyttischen" Syssitien eng verbunden ist, dass Aristoteles diese aber „kretische" nennt.
18 Link 2008, 471–3.

in unseren Quellen nur selten genannt. Aristoteles und Ephoros erwähnen diese Polis allein wegen ihrer möglichen Verbindungen zu Sparta – beide Autoren zweifeln diese im Übrigen an. Allein Dosiadas bietet die Beschreibung einer konkreten Sitte aus Lyttos, eben jene Finanzierung der Syssitien.[19] Nun mag man Perlman durchaus darin folgen, dass Lyttos aufgrund seiner womöglich tatsächlichen, womöglich allein in der intentionalen Geschichte verankerten Verbindungen zu Sparta die besondere Aufmerksamkeit verschiedener Autoren genoss, die vor allem an der Herleitung des spartanischen Kosmos interessiert waren. Man mag ihr auch noch darin beipflichten, dass eine *Kretische Politeia*, die mit der politischen Organisation und den sozialen Institutionen von Lyttos befasst war, einer Reihe nachfolgender Studien als Vorbild diente. Doch eine besondere Prominenz dieser einen Polis in unseren Quellen lässt sich nicht beobachten.

Vielmehr zeigen eine Reihe von Passagen, die Perlman allerdings nicht bespricht, dass die literarische Tradition neben Lyttos auch andere kretische Poleis in den Blick nahm. So berichtet Ephoros etwa: „Manche der Gebräuche blieben bei den Lyttiern, bei den Gortyniern sowie in einigen anderen, kleineren Städten stärker in Gebrauch als bei jenen [i.e. den Bürgern von Knossos]." Und nur wenig später konstatiert Ephoros in seiner Erörterung, ob denn nun die lyttische oder die spartanische Politeia die ältere sei, dass die Ähnlichkeit beider Städte wohl nicht auf das Verhältnis von Kolonie und Mutterstadt zurückzuführen sei, weil ja schließlich „viele Städte auf Kreta dieselben Sitten pflegen; selbst jene, die gar keine spartanischen Kolonien sind." Offenbar verfügte also auch Ephoros über Informationen nicht allein aus Lyttos, wie Perlman behauptet.[20] Seine Kenntnisse scheinen nicht einmal allein auf die größeren Städte wie Knossos oder Gortyn beschränkt gewesen zu sein; vielmehr legen seine Worte nahe, dass er über Informationen aus einer Reihe von Poleis verfügte, größerer wie kleinerer. Dieser Befund, dass im 4. Jh. auch Informationen über andere kretische Gemeinwesen verfügbar waren, wird bekräftigt von verstreuten Zeugnissen, wie etwa jener kurzen Passage bei Athenaios, die ein Detail im Rahmen der kretischen Ephebenentführung behandelt. Während nämlich Ephoros lediglich festhält, dass der Entführte einen Becher erhalte, berichtet Athenaios, wobei er sich auf den kretischen Logographen Hermonax beruft, dass die Gortynier jene Art Becher *chonnos* nennen.[21]

---

19 Ephor. ap. Strab. 10.4.17; Arist. pol. 1271b; Dosiadas ap. Athen. 143a–d. – Darüber hinaus bietet Ephoros etwa auch eine Beschreibung der geographischen Lage von Lyttos; dies aber trifft auch auf andere Poleis der Insel zu, etwa Gortyn und Knossos, Kydonia und Phaistos. – Link 2002, 155, betont, dass die von Perlman hervorgehobene Prominenz von Lyttos in den literarischen Quellen im Wesentlichen auf der – späteren – Schilderung des Dosiadas beruht.
20 Ephor. ap. Strab. 10.4.17. – Perlman 2005 betont fälschlicherweise, dass die literarischen Quellen ausdrücklich allein von einer einzigen kretischen Politeia außer der lyttischen berichteten, und dies sei die bei Plat. leg. 712e erwähnte knossische.
21 Ephor. ap. Strab. 10.4.21; Hermonax ap. Athen. 11.502b.

Als weiteres Beispiel mag eine Partie aus dem 3. Buch der *Historien* des Ephoros dienen, in welcher dieser von einem Fest in Kydonia berichtet, in dessen Verlauf die Sklaven zeitweilig die Macht in der Stadt übernähmen; oder aber eine Passage aus dem 1. Buch der *Kretika* des Sosikrates, in welcher dieser über die besondere Schlagfertigkeit der Phaistier berichtet, welche jene von allen anderen Kretern unterscheide.[22] Es wird also deutlich, dass Autoren wie Dosiadas, Sosikrates, Aristoteles und Ephoros ihre Kenntnisse der kretischen Bräuche durchaus nicht allein aus einer Vorlage bezogen, welche allein Lyttos in den Blick genommen habe. Gerade deswegen ist es aber bemerkenswert, dass sie sich entschlossen, Kreta als eine Einheit darzustellen und immer wieder von einer ‚kretischen‘ Politeia zu sprechen – und dies nicht trotz, sondern wegen ihres Vergleichs verschiedener Politien. Denn auf der Grundlage des ihnen zur Verfügung stehenden Materials konnten sie einen solchen Vergleich offenbar anstellen und als dessen Resultat tatsächlich gewisse Ähnlichkeiten in der Organisation mehrerer Poleis beobachten. Etwaige Unterschiede waren den Autoren wohl bekannt, fielen wegen dieser grundsätzlichen Wesensähnlichkeit aber nicht ins Gewicht.[23]

Die vermeintliche Abhängigkeit der Darstellung Kretas von jener Spartas

Ein weiteres Standbein der von Perlman unternommenen Bemühungen um den Nachweis, dass die uns erhaltenen literarischen Quellen keine historisch verlässlichen Informationen zu Kreta enthielten, ist die Hypothese, diese Zeugnisse resultierten allein aus dem im 4. Jh. besonders ausgeprägten Interesse an der spartanischen Politeia. Sämtliche Informationen unseres von Aristoteles, Ephoros und Platon übermittelten Kretabildes seien allein an den spartanischen Gegebenheiten modelliert. Und so sei uns nur solches Material erhalten, welches einem unmittelbaren Vergleich mit Sparta zuträglich gewesen sei. Über spezifisch kretische Institutionen und Bräuche aber erführen wir nichts.[24] Im Folgenden sollen einige Beispiele jedoch

---

22 Ephor. FGrH 70 frg. 29 ap. Athen. 6.263f; Sosikrates FGrH 461 frg. 1 ap. Athen. 6.261e. – Dass den uns erhaltenen Autoren eine gewisse Vielfalt von Quellen zur Verfügung stand, mag auch darin deutlich werden, dass Athen. 6.263f eine Reihe von Gewährsmännern zitiert, die unterschiedliche Herleitungen der Bezeichnung ‚Klaroten‘ für eine Art der kretischen Unfreien bieten.

23 Link 2002, 171–2 mit Anm. 83 und 2008, 473–4. Dort bietet der Autor auch eine Fülle weiterer Beispiele, die geeignet sind, die von Perlman 1992 und 2005 vorgebrachten Einwände zu entkräften. – Link 2002, 168: „Gerade die leichten und peripheren Abweichungen im einzelnen sind es also, die die strukturelle Einheitlichkeit und mithin die Zuverlässigkeit unserer Überlieferung im ganzen unter Beweis stellen" – oder diese doch zumindest als historisch plausibel erscheinen lassen gegenüber der Vorstellung einer fiktiven, in der philosophischen Schreibstube erdachten ‚kretischen Politeia‘, mag man ergänzen.

24 Perlman 1992 und 2005, 317: „There is, in short, no Crete without Sparta." – Dieser Hypothese setzt Link 2008 umfangreiche und plausible Einwände entgegen.

zeigen, dass diese literarischen Quellen keinesfalls ein Bild Kretas zeichnen, das wegen einer vermeintlichen Fixierung auf Sparta ins Unkenntliche verzerrt und somit für die historische Rekonstruktion der sozialen und politischen Organisation kretischer Gemeinwesen unbrauchbar wäre. Denn ebenso wenig wie den uns erhaltenen Autoren allein eine Vorlage zur Verfügung stand, galt ihr eigentliches Interesse allein einer Darstellung Spartas.

Zunächst einmal ist Perlmans Einwand aber in Teilen zuzustimmen. Es ist nämlich offensichtlich, dass der Vergleich zwischen jenen beiden Politien für Ephoros wie für Aristoteles von besonderem Interesse war. Somit mag ein solcher Vergleich schon ein wesentliches Motiv ihrer gemeinsamen Vorlage, der *Kretischen Politeia*, gewesen sein. Tatsächlich erfüllt die karthagische Politeia in der *Politik* eine ähnliche Funktion wie die kretische. Aristoteles stellt sie, die kretische und die spartanische Politeia zwar auf eine Stufe, da diese drei Verfassungen zum einen untereinander so viele gemeinsame Züge aufwiesen, sich zum anderen aber auch von allen anderen Politien in charakteristischer Weise unterschieden; und doch dienen die karthagische wie die kretische Politeia jeweils allein der spartanischen als Vergleich. Denn in keiner Passage vergleicht Aristoteles die karthagische allein mit der kretischen. Im Vordergrund seines Interesses scheinen also tatsächlich die spartanischen Verhältnisse gestanden zu haben, was aus athenischer Sicht des 4. Jh. nachvollziehbar ist. Allerdings finden wir auch solche Passagen der aristotelischen *Politik*, welche Kreta mit Ägypten oder auch mit Italien vergleichen, und zwar mit Blick auf die dortigen ebenfalls in Klassen organisierten Gesellschaften und Gemeinschaftsmahlzeiten. In jenen Passagen ist aber keine Rede von Sparta, obschon es dort ganz ähnliche Institutionen gab, Sparta für einen solchen Vergleich also in hohem Maß geeignet gewesen wäre.[25] Dies ist ein erster Hinweis darauf, dass zumindest Aristoteles die kretische Politeia keineswegs allein in dienender Funktion zum Vergleich mit der spartanischen benutzte.

Darüber hinaus ist der Nachweis, dass einzelne Informationen in den uns erhaltenen Texten keine Grundlage in einem Vergleich mit Sparta hatten, natürlich nur schwer zu erbringen.[26] Und doch gibt es Anhaltspunkte. So wird anhand der uns zu Kreta überlieferten Zeugnisse verschiedener Autoren deutlich, dass deren gemeinsame Vorlage, die *Kretische Politeia*, Informationen sowohl zum Ehewesen als auch zur Paideia auf Kreta enthielt; außerdem ist deutlich, dass sie beschrieb, dass im Rahmen der letzteren der Ephebe geraubt wurde. Diesem Brauch widmen unsere

---

25 So finden wir den Vergleich zwischen Sparta und Kreta in den längeren Passagen von Ephor. ap. Strab. 10.4.17–9 und Arist. pol. 1271b–1272b 23; doch auch in kürzeren Bemerkungen wie etwa Arist. pol. 1263b 41–1264a 1 und pol. 1324b. Arist. pol. 1272b–1273b beschreibt die karthagische Politeia und vergleicht sie mit Sparta. – Arist. pol. 1329b vergleicht Kreta mit Ägypten und Italien.
26 Ausführlich hierzu Link 2008, 475–7. – Zu den folgenden Ausführungen sei angemerkt, dass sie lediglich auf eine von Perlman vorgetragene, doch vom Material ungestützte Hypothese reagieren. Deren auf den Quellen basierender Nachweis steht aber noch aus. Somit ist eigentlich Perlman in der Pflicht.

Quellen besondere Aufmerksamkeit, er galt ihnen als Eigenart und wesentliches Merkmal der kretischen Paideia und Politeia. Nun kannten auch die Spartaner die Praxis des Raubes zur Herstellung enger sozialer Bindungen, nämlich in Form des Brautraubs. Und doch berichteten weder Ephoros, Aristoteles noch Herakleides von diesem Brauch, obschon sie in ihrer jeweiligen Darstellung Spartas die dortigen Ehesitten durchaus behandelten. Nun hatte aber bereits Herodot vom spartanischen Brautraub berichtet; er hätte unseren Autoren also prinzipiell bekannt sein können.[27] Wenn diese den spartanischen Brauch aber weder im Rahmen ihrer jeweiligen Behandlung der spartanischen Politeia besprachen, noch ihn in ihrer Beschreibung des vergleichbaren kretischen Raubes referierten, mag dies darauf hindeuten, dass sie ihn schlichtweg nicht kannten. In jedem Fall aber wird deutlich, dass, als die Darstellung vom Ephebenraub Eingang in die *Kretische Politeia* fand, dies jedenfalls nicht deswegen geschah, um diesen Brauch mit dem spartanischen zu vergleichen. Die *Kretische Politeia* scheint also mehr oder auch anderes Material enthalten zu haben als lediglich jenes, das allein für einen unmittelbaren Vergleich mit spartanischen Bräuchen geeignet schien.[28]

Ein zweites Beispiel ist die Behandlung des Erbrechts. Aristoteles stellt in seiner Darstellung der spartanischen Politeia recht umfangreich dar, welche schlimmen Folgen die dort übliche freie Verheiratung der Erbtochter und die Konzentration von Eigentum in weiblicher Hand hätten.[29] Nun ist ein ähnlicher Umgang mit der Erbtochter und ihrer Mitgift auch auf Kreta zu beobachten; das *Große Gesetz* von Gortyn widmet sich ausführlich diesem Thema.[30] Da diese für Aristoteles offenbar so wichtige Frage in seiner Analyse der kretischen Bräuche allerdings fehlt, könnten wir annehmen, dass seine Vorlage diesen kretischen Brauch nicht behandelte. Nun berichtet allerdings Ephoros in einer knappen Notiz, dass eine Tochter, wenn es in dieser Familie Brüder gebe, die Hälfte des Anteils eines Bruders erhalten solle. Und ebendiese Praxis finden wir im *Großen Gesetz* von Gortyn formuliert.[31] Wir können also nicht mit Sicherheit ausschließen, dass sich diese Information des kretischen Erbtochterrechts tatsächlich in der von Ephoros und Aristoteles genutzten Vorlage, der *Kretischen Politeia*, befand, Aristoteles sich aber entschloss, diesen Sachverhalt in seinem Vergleich der spartanischen Sitten mit den kretischen fortzulassen. Wahrscheinlich scheint dies allerdings nicht, da er diesem Thema in der spartani-

---

27 Zur kretischen Ephebenentführung s. Ephor. ap. Strab. 10.4.21; Arist. pol. 1272a 22–6 und Herakl. Lemb. epit. Arist. frg. 611.15 (Rose) sowie den entsprechenden Abschnitt im Kapitel *Paideia*; zum spartanischen Brautraub s. Hdt. 6.65.2 und dann auch Plut. Lyk. 15.4–9.

28 Ausführlicher hierzu Link 2008, 477.

29 Arist. pol. 1269b 12–1270a 32, bes. 1270a 23–9.

30 Hierzu s. das Kapitel *Pyla* und die Rolle dieser Integrationskreise bei der Verheiratung der Erbtochter.

31 Ephor. ap. Strab. 10.4.20; IC 4.72.4.31–46 = Koerner 169 = Nomima 2.49. – Hierzu s. etwa Link 1997 und 1998a sowie Kristensen 2007.

schen Politeia so viel Raum widmete. Und so scheint diese Nichtbehandlung des kretischen Erbtochterrechts in der *Politik* vielmehr ein gewichtiger Hinweis darauf zu sein, dass sich jene Information eben nicht in der *Kretischen Politeia* befand und Ephoros demzufolge seine Kenntnis um das kretische Erbrecht aus einer anderen Quelle bezog. Dies legt also nahe, dass bestimmte kretische Sitten in der *Kretischen Politeia* wohl nicht erwähnt waren, die vermutlich aber nicht gefehlt hätten, wären die Inhalte jener Schrift allein mit jenem spezifischen Blick auf die entsprechenden spartanischen Bräuche hin kompiliert worden, wie wir ihn etwa für Aristoteles feststellen können.

Es ist also das Verdienst von Paula Perlman, wahrscheinlich gemacht zu haben, dass eine – von ihr plausibel konjizierte – *Kretische Politeia* den uns erhaltenen Autoren als wichtige Vorlage diente. Die beiden eben behandelten Beispiele zeigen aber, dass weder ihre Behauptung zutrifft, diesen Autoren habe allein diese eine Schrift als Vorlage ihrer eigenen Darstellungen gedient, noch ihre Hypothese, unsere literarischen Quellen schilderten lediglich jene kretischen Sitten, welche für den unmittelbaren Vergleich mit entsprechenden spartanischen Bräuchen relevant gewesen seien. Vielmehr wird auch hier abermals deutlich, dass sich die literarischen Quellen des 4. Jh. in der Zusammenschau mit anderen Quellen durchaus als verlässlich erweisen. Dies gilt ebenso für den nächsten Punkt.

Die vermeintliche Diskrepanz des inschriftlichen und des literarischen Befundes

Eine zweite Strategie in Perlmans Bemühen, die historische Unzuverlässigkeit der uns erhaltenen literarischen Zeugnisse zu illustrieren, ist es, deren Unvereinbarkeit mit den Aussagen der kretischen Inschriften nachzuweisen. Zu diesem Zweck betrachtet sie ein Element der politischen Organisation kretischer Poleis, nämlich die Bezeichnung der obersten Funktionsträger, die personelle Stärke ihres Kollegiums, den Personenkreis, dem sie entstammten, die Art ihrer Rekrutierung und schließlich die Frage, in welchem Umfang ihre Handlungen von geschriebenen Gesetzen eingehegt worden seien. Hiermit will sie Diskrepanzen der Überlieferung nachweisen. Ihre Argumente erweisen sich allerdings bei näherer Betrachtung als wenig ausgereift und lassen sich schnell entkräften.[32]

So berichteten Aristoteles und Ephoros, die Oberbeamten der kretischen Poleis hätten Kosmoi geheißen.[33] Perlman betont, dies treffe keinesfalls für alle kretischen Poleis zu, aus denen wir inschriftliches Material besäßen. Vielmehr hätten die Oberbeamten in Olus und Polyrrhenia jeweils ‚Damiorgos' geheißen, in Itanos und

---

32 In diesem Punkt bietet Link 2002 eine fundierte Auseinandersetzung mit den Thesen von Perlman 1992; s. auch das Kapitel *Kosmos*.

33 Arist. pol. 1272a 4–7; Ephor. ap. Strab. 10.4.22.

Praisos hingegen ‚Archon'.[34] Und doch bezeugt die große Mehrheit der epigraphischen Zeugnisse den Amtstitel ‚Kosmos' in unterschiedlichen Poleis wie Lyttos, Dreros, Axos, Eleutherna und natürlich auch in Gortyn.[35] Außerdem ist sowohl in Olus, in Polyrrhenia wie auch in Itanos neben diesen jeweils anders benannten Amtsträgern auch der Titel Kosmos bezeugt; und womöglich bezeichneten die unterschiedlichen Titel auch nur ein und denselben Funktionsträger.[36] Mag es also in einer kretischen Polis auch mehrere Beamte gegeben haben oder mögen die Oberbeamten mit verschiedenen Titeln bezeichnet worden sein, einer der Titel war jedenfalls stets Kosmos. Somit kann diese Aussage des Aristoteles keineswegs als durch den inschriftlichen Befund widerlegt gelten.

Perlman weist außerdem darauf hin, dass Aristoteles berichtet, die Kosmen der kretischen Poleis hätten stets ein Zehnerkollegium gebildet. Allerdings sei eine solche Zehnzahl inschriftlich allein einmal bezeugt, und zwar erst im Hierapytna des 2. Jh.[37] Diese offensichtliche Diskrepanz zwischen literarischem und epigraphischem Befund versuchte man bereits in der Vergangenheit zu erklären. Es wurde vorgebracht, dass es zwar in älterer Zeit stets zehn Amtsträger gegeben habe, dies im 4. Jh. aber nicht länger der Fall gewesen sei. Womöglich hätten aber auch die Gesetze die Zehnzahl zwar vorgeschrieben, faktisch sei sie aber kaum einmal erreicht worden. Oder aber, Aristoteles habe eigentlich gemeint, ein Kollegium von Kosmen habe aus höchstens zehn Mitgliedern bestehen dürfen.[38] Alle diese Versuche können nicht überzeugen. Eine plausiblere Erklärung geht von der Beobachtung aus, dass die uns erhaltenen Inschriften zur Bezeichnung der Amtsträger vorzugsweise Nomen im Singular Präsens oder Formen des Partizip Präsens Aktiv verwenden, also etwa ὁ κόσμος, ὁ κοσμίων oder οἱ κοσμίοντες.[39] Dies und die Beobachtung, dass im Gortyn des 6. Jh. zudem ein ϙόσμος ὁ ἐπιστάς belegt ist, könnte darauf hindeuten, dass die inschriftlich erhaltenen Regelungen lediglich die Namen derjenigen Kosmen nennen, die zur Zeit des Beschlusses den Vorsitz innerhalb des Kollegiums hatten oder aber die im Falle des nämlichen Gesetzes auch tatsächlich tätig waren, beziehungsweise von ihm zur Tätigkeit aufgerufen waren.[40] Ist damit die aristotelische Zehnzahl der Kosmen immer noch unwahrscheinlich, so ist doch immerhin eine – für uns nicht bezifferbare – Kollegialität dieser obersten Funktionsträger anzunehmen.

---

34 Olus: IC 1.22.4; SEG 23.548–9. – Polyrrhenia: IC 2.23.7. – Itanos: IC 3.4.7. – Praisos: IC 3.6.9.

35 Nachweise bei Link 2002.

36 So Guarducci zu IC 2.241; IC 3.78, 136; und Link 2002, 156.

37 Arist. pol. 1272a 4–7; und IC 3.3.9.

38 So van Effenterre 1948, 100 Anm. 1; Tréheux 1984; Willetts 1955, 167 und Huxley 1971, 510–1.

39 s. etwa IC 1.18.2 = Koerner 95 = Nomima 1.11 (Lyttos, um 500); und IC 4.41.4 = Koerner 128 = Nomima 2.65 (Gortyn, Anfang 5. Jh.). – Erst in hellenistischer Zeit sind Pluralformen wie κόσμοι inschriftlich nachgewiesen.

40 Chaniotis 1996, 260–1; hierin folgt ihm Link 2002, 157. – Gortyn: IC 4.14 g–p = Koerner 121 = Nomima 1.82; Guarducci 1969, 70; s. Willetts 1955, 105; Koerner 1993, 369–71.

Weiterhin nimmt Perlman Anstoß an der Aussage des Aristoteles, dass die kretischen Kosmen allein ἐκ τινῶν γενῶν, „aus bestimmten Geschlechtern", stammten; auf diese Weise sei das ‚einfache Volk' von der Herrschaft ausgeschlossen und der aristokratische Charakter der kretischen Politeia gewahrt worden. Nun legten allerdings verschiedene Inschriften seit dem 5. Jh. nahe, dass dies nicht der gängige Mechanismus zur Auswahl der Amtsträger gewesen sei. Vielmehr werde deutlich, dass zumindest manche Poleis der Insel das Prinzip der – uns allein aus Kreta bekannten – Phylenselektion nutzten, um die Kosmen zu bestimmen. Dieses Verfahren sorgte offenbar dafür, dass sämtliche Kosmen eines Jahres nicht aus der Menge aller Bürger gewählt wurden, sondern immer nur aus jeweils einem der Startoi, also der Gruppe der Waffen tragenden Männer der einzelnen Phylen, in welche die Bürgerschaft unterteilt war.[41]

Nun betont Perlman zur weiteren Untermauerung ihrer Argumente gegen die Glaubwürdigkeit des Aristoteles, die Inschriften zeigten schließlich, dass es neben den dorischen auch nicht-dorische Phylen gegeben habe und dass auch die letzteren Kosmen stellten; somit gebe es keinen Hinweis darauf, dass die Kosmen allein aus den Geschlechtern der dorischen Aristokratie stammten. Dies allerdings behauptet Aristoteles auch gar nicht. Vielmehr missversteht Perlmans diese sozialen Strukturen. Denn sie setzt implizit die von Aristoteles erwähnten γένη mit den drei ‚echten' dorischen Phylen gleich; und jene sieht sie im aristotelischen Text dann ebenso implizit mit nicht-dorischen Phylen kontrastiert. Dabei berücksichtigt sie aber weder, dass der Umgang mit der Kategorie der ‚Dorier' sehr viel reflektierter zu erfolgen hat, noch dass es ganz andere Kriterien für die Prominenz bestimmter Geschlechter gegeben haben mag als eine solche tatsächliche oder fingierte Herkunft.[42] Überhaupt sind die einerseits von den Inschriften, anderseits von Aristoteles bezeugten Befunde doch keineswegs unvereinbar. Es ist durchaus möglich, dass allein bestimmte – in irgendeiner Weise prominente – Geschlechter den Kosmos stellten, und dass alle Kosmen eines Jahrgangs demselben Startos angehörten.[43] Tatsächlich zeichnen die literarischen Zeugnisse und jene Inschriften, welche seit dem 5. Jh. diese Art der Selektion nahelegen, wie auch die aus dem 7. und 6. Jh. stammenden Iterationsregelungen von Dreros und Gortyn ein gemeinsames Bild. Sie sind Anzeichen dafür, dass bereits seit dem 7. Jh. Mittel gesucht wurden, einem strukturellen Problem der soziopolitischen

---

41 Arist. pol. 1272a 27–40; IC 4.72.5.4–6 = Koerner 169 = Nomima 2.49 und IC 4.236 aus Gortyn und dazu Perlman 1992, 196 und 2014; sowie schon Spyridakis 1969, der das inschriftliche Material ausbreitet. – Dies bedeutet aber noch nicht, dass die dafür infrage kommenden Phylen jährlich nach einer feststehenden Reihenfolge rotierten, wie Perlman 1992 und Link 2003 annehmen. Das Kapitel *Pyla* zeigt, dass es dafür keinen Beleg gibt.

42 Hierzu s. etwa Hall 1997 und 2002 sowie Gehrke 2000. – Zur Organisation der kretischen Phylen s. etwa de Sanctis 1901; Jones 1987, 219–31; Kristensen 2002; Link 2003; Morris 1990; Cross 2011, 108–10.

43 In diesem Sinne auch schon de Sanctis 1901; Link 1994, 105–10 und 1998, 160 sowie Gehrke 1997, 36–7 mit Anm. 61. Dagegen – allerdings ohne Begründung – V. Parker, *Gnomon* 70 (1998) 43–7.

Organisation verschiedener kretischer Poleis zu begegnen: den Kampf der einflussreichen Familien um das höchste Amt der Polis einzuhegen.[44]

Darüber hinaus bemüht sich Perlman, den Wert des Aristoteles für eine historische Rekonstruktion der in kretischen Poleis herrschenden Verhältnisse mit einer Kritik an dessen Bericht über die Tätigkeit der Kosmen zu entkräften. Aristoteles nämlich vergleicht jene mit den spartanischen Ephoren.[45] Nach allem, was wir über die Zuständigkeit von Ephoren auf der einen und Kosmen auf der anderen Seite wissen, scheint dies ein sehr unglücklicher Vergleich zu sein.[46] Allerdings muss man beachten, dass Aristoteles die jeweilige δύναμις der beiden Ämter vergleicht; und dieser Begriff impliziert, dass es ihm nicht um einen Vergleich konkreter Amtsaufgaben ging, sondern eher um einen Vergleich der Machtposition, welche das jeweilige System ihnen strukturell einräumte.[47] Tatsächlich äußert sich Aristoteles hier nicht zu konkreten Kompetenzen der Amtsträger, sondern behandelt, welcher Kontrolle diese bei den ihnen übertragenen Aufgaben unterstanden. Über die Ephoren hatte er kurz zuvor berichtet, dass sie die absolute Gewalt über alle wichtigen Entscheidungen hätten, dass sie in wichtigen Prozessen Recht sprächen und dass ihre Entscheidungen nicht in Übereinstimmung mit den geschriebenen Gesetzen erfolgten. Diese Merkmale scheinen – so betont Perlman – laut Aristoteles also auch ein wesentliches Strukturmerkmal der Kosmen gewesen zu sein. Und an diesem Punkt, dem Mangel an Mechanismen, welche das System zu ihrer Kontrolle vorsah, nimmt Perlman größeren Anstoß. Denn sie bringt vor, dass es auf Kreta natürlich in vielen Poleis geschriebene Gesetze gegeben habe, und dass diese zu einem nicht geringen Teil mit der Kontrolle von Amtsträgern befasst gewesen seien, unter anderem der Kosmen; und in diesen Gesetzen sei schließlich auch die Rede von anderen Amtsträgern, Titai beziehungsweise Logistai, welche die Kosmoi kontrollieren sollten.[48] Demnach habe es also eine ausreichende Anzahl von Institutionen zur Kontrolle und Machtbegrenzung der Kosmen gegeben. Und dies sei bereits ein ausreichender Hinweis auf die tatsächlich durchgreifende Macht der Gesetze auf Kreta.

Nun muss Perlmans Argumentation in mehrfacher Weise kritisch beurteilt werden. Zum einen sind Beschluss und inschriftliche Aufstellung von Regelungen

---

44 Hierzu s. etwa Link 1994 und 2003; Papakonstantinou 2002 sowie Seelentag 2009 und 2013.
45 Arist. pol. 1272a 35–9.
46 Zu den Aufgaben der Kosmen s. das Kapitel *Kosmos* und vgl. etwa Link 1994, 97–112 und Gehrke 1997, 56–8; zu den Ephoren s. etwa Meier 1999, und Luther 2004.
47 s. etwa Arist. eth. Nic. 1099b 2 und 1161a 3.
48 Perlman 1992, 196–7. – In Gortyn sind dies IC 4.14, 15, 78, 79 (vgl. 144), 102, 107 und 165 = Koerner 121, 153, 154 = Nomima 1.82, 2.23, 1.16, 1.30; in Lato IC 1.16.1; in Itanos IC 3.4.7; vgl. auch Hesych. s.v. τίται· εὔποροι, ἢ κατήγοροι τῶν ἀρχόντων. Dazu s. etwa Guarducci 1935, 70–1; Willetts 1965, 73–4 und Gehrke 1997, 57–8. – Demargne/van Effenterre 1937, 346–8 nehmen an, auch die aus Dreros bekannten Damioi erfüllten diese Funktion. – Hierzu s. auch den Abschnitt zu Organen des Vollzugs im Kapitel *Kosmos*.

noch lange kein Zeichen für deren Einhaltung und die ‚Macht des Gesetzes'. Viel eher möchte man argumentieren, dass diese kulturelle Praxis eher die Prekarität gewisser Regelungen reflektiert, die in dieser Form und unter Anrufung einer Gottheit von der politischen Gemeinschaft beschworen werden mussten. Doch abgesehen davon unterliegt Perlman einem schlichten Verständnisfehler. Denn in der nämlichen Passage der *Politik* ist weder die Rede davon, dass die Kosmen davon enthoben gewesen seien, sich an die Gesetze zu halten, noch dass sie frei von jeder Rechenschaftsprüfung gewesen seien. Vielmehr betont Aristoteles, dass es die aus dem Kreis der ehemaligen Kosmen stammenden Ältesten gewesen seien, also die Angehörigen der Bola, welche diese Position auf Lebenszeit innehätten und dabei auch keiner Rechenschaft unterlägen. Auf diese Weise aber besäßen sie mehr Macht als sie verdienten und entschieden nicht nach den geschriebenen Gesetzen, sondern nach ihrem Gutdünken.[49] Im Übrigen ist auch mit dieser Passage nicht unbedingt gesagt, dass die kretischen Amtsträger tatsächlich von jeder Rechenschaft frei gewesen seien. Aristoteles beschrieb die Verhältnisse in Kreta vor dem Hintergrund der ihm aus Athen vertrauten Rechenschaftsprüfung, welcher man die Amtsträger nach dem Ende ihrer Amtszeit regelmäßig unterzog; ein streng reguliertes Verfahren, das es auf Kreta in dieser Form tatsächlich nicht gab. Allerdings konnte nicht einmal die institutionalisierte Kontrolle der spartanischen Amtsträger durch die Ephoren vor dem Urteil des Aristoteles als ein ausreichendes Rechenschaftsverfahren bestehen, und so sollten wir sein strenges Urteil über kretische Politien relativieren.

Überhaupt ist Perlmans Argumentation nicht geeignet, die aristotelische Schilderung in ihrer historischen Aussagekraft bezüglich der oberhalb oder jenseits des Gesetzes stehenden Amtsträger zu entwerten. Vielmehr zeigt sich Aristoteles in der *Politik* mit der Tatsache wohlvertraut, dass die kretischen Gesetze nicht nur ein hohes Alter, sondern auch hohes Ansehen in den einzelnen Poleis hatten. Und tatsächlich betont er, dass die Geronten sich in ihrem Handeln von den – von ihm hierbei vorausgesetzten – Gesetzen ihrer Polis nicht beschränken ließen. Er impliziert also, dass diese Gesetze die Beamten eigentlich hätten kontrollieren sollen, womit er völlig und ganz dem Befund der Inschriften entspricht; dass aber die Gesetze die Amtsträger nicht hätten kontrollieren können. Tatsächlich stellt Aristoteles an keiner Stelle fest, dass die kretischen Städte womöglich ohne geschriebene Gesetze ausgekommen seien, wie Perlman es ihm unterstellt. Vielmehr betont er sogar, dass es doch besser wäre, wenn die Entscheidungen der Geronten in den von den Gesetzen vorgegebenen Bahnen verliefen und nicht nach ihrem Gutdünken.

Gerade diese Passage der *Politik* scheint also durchaus mit dem Befund der Inschriften zu korrespondieren, in welchem deutlich wird, dass eine ganze Reihe kretischer Poleis darum bemüht war, mit gesetzlichen Regelungen die Tätigkeiten ihrer

---

49 Diesem Missverständnis war schon Hoeck 1829, 55–6 entgegengetreten. – Eine ausführliche Kritik der Position von Perlman bietet Link 2002, 161–5.

Amtsträger zu regulieren und sie in den von ihnen definierten Fällen überhaupt zum Handeln zu zwingen. Diese inschriftlichen Regelungen scheinen auf konkrete Miss-stände in der soziopolitischen Struktur kretischer Gemeinwesen reagiert zu haben, denn in ihnen werden wiederholte Bemühungen deutlich, das Prinzip des Amtes an sich zu stärken, was offenbar angesichts einer gewissen Prekarität dieses Prinzips nötig war. Und so wird es auch im Bericht des Aristoteles deutlich, wenn dieser vom häufigen Absetzen oder Zurücktreten von Kosmen während deren Amtszeit berichtet und dies als die fürchterlichste Art des Scheiterns einer Politeia beschreibt; als den freien Fall in die *dynasteia*.[50]

Somit erweisen sich selbst die von Perlman als stärkste Argumente gegen die Vereinbarkeit von epigraphischem und literarischem Befund geäußerten Einwände als nicht zutreffend; die generelle Aussagekraft und Verlässlichkeit unserer Autoren für eine Rekonstruktion der Verhältnisse in kretischen Gemeinwesen ist damit nicht widerlegt. Vielmehr bieten literarische Schilderungen und inschriftliche Befunde zahlreiche Übereinstimmungen in Strukturen und Details der Organisation kretischer Poleis.[51] Allein einige zusätzliche Beispiele seien an dieser Stelle genannt. So berichtet etwa Dosiadas, dass die Mahlgemeinschaften in Lyttos und die dafür genutzten Häuser ‚Andreia‘ genannt worden seien. Und Ephoros betont, dass diese Begriffe in ganz Kreta in Gebrauch gewesen seien. Tatsächlich bestätigen mit Texten aus Axos, Eltynia und Gortyn, in denen die Rede von diesen Andreia ist, bereits einige der ältesten inschriftlichen Regelungen den Befund dieser Mahlgenossenschaften und die für sie verwandte Terminologie.[52]

Ein anderer Punkt betrifft den Bürgerstatus. Abermals ist es Dosiadas, der mit Blick auf Lyttos berichtet, dass alle Bürger in Hetairien eingeteilt gewesen seien; und Aristoteles betont, dass es die Mitgliedschaft in einer Hetairie war, welche die Zugehörigkeit zur Bürgerschaft definiert habe. Diese Angaben scheinen vom *Großen Gesetz* von Gortyn bestätigt zu werden, in welchem an mehreren Stellen die Rede von den Apetairoi ist, die zwar – wie aus dem jeweiligen Kontext ersichtlich – frei, doch keine Bürger waren.[53] Bemerkenswert scheinen auch jene Fälle, in denen die Entsprechungen nicht auf der Ebene der unmittelbaren wörtlichen Parallele, sondern der inhaltlichen Übereinstimmung der entsprechenden Bestimmungen liegen. So ist etwa das Gesetz von Gortyn darum bemüht, Stadthäuser bei der Erbfolge allein Söhnen zufallen zu lassen. Diese Bestimmung ergibt Sinn vor dem Hintergrund des von Dosiadas über Lyttos berichteten Brauches, dass die öffentlichen Beiträge zu den Andreia an

---

50 Arist. pol. 1272b 1–17. – Hierzu s. das Kapitel *Hetairoi des Hybrias*.

51 Hierzu s. ausführlich Link 2002, 165–75 und Chaniotis 2005.

52 Dosiadas ap. Athen. 4.143b; Ephor. ap. Strab. 10.4.16, 18 und IC 1.10.2, 2.5.1, 4.4, 4.75 = Koerner 94, 101, 117 und 147 = Nomima 2.80, 1.28, 2.61, 2.46. – Zu diesen und weiteren Übereinstimmungen des inschriftlichen und literarischen Befundes s. Lavrencic 1988 und das Kapitel *Andreion*.

53 Dosiadas ap. Athen. 4.143b; Arist. pol. 1271a 35–6 und IC 4.72.2.5, 25, 41 = Koerner 158 = Nomima 2.20. – Hierzu s. das Kapitel *Eleutheros*.

die einzelnen Häuser verteilt wurden. Da Frauen an diesen Gemeinschaftsmahlzeiten allerdings nicht teilnahmen und dementsprechend wohl auch nichts zu deren Unterhalt beisteuerten, wären dies – im Sinne der Gemeinschaft – verschwendete Ressourcen gewesen.[54]

Die Frage nach der strukturellen Ähnlichkeit kretischer Politien

Eine wichtige Frage, deren Beantwortung hier noch aussteht, ist, ob jene Informationen, von denen die uns erhaltenen Autoren, ob nun Ephoros und Aristoteles oder Pyrgion und Dosiadas, behaupten, sie beträfen die gesamte Insel, tatsächlich die Verhältnisse in allen Poleis Kretas oder zumindest in einem Gutteil dieser Gemeinwesen beschrieben; oder ob diese Behauptung eine eigentlich nicht fundierte Zuspitzung dieser Autoren war. Dahinter verbirgt sich die Frage, ob es tatsächlich Strukturen und Institutionen gab, die – allein gewisse Unterschiede einberechnend – einer ganzen Reihe von kretischen Poleis gemein waren; kurzum, ob es tatsächlich eine historische ‚kretische Politeia' gegeben habe, oder ob diese allein dem Gedankengebäude eines philosophischen Diskurses des 4. Jh. entsprungen sei. Perlman weist darauf hin, dass von den Linear-B Texten aus Knossos über die homerischen Epen bis zum archäologischen Befund von der archaischen bis zur hellenistischen Zeit unsere Quellen Kreta als eine an Poleis überaus reiche Insel zeichneten. Zumindest während der Palastzeit scheine Knossos für einen Gutteil der Insel ein Zentrum dargestellt zu haben. Doch bis zum 3. Jh. fehlten konkrete Hinweise darauf, dass die zahlreichen Poleis der Insel in irgendeine Struktur überregionaler Organisation eingebunden gewesen wären. Erst mit der Gründung des Kretischen Koinon unter der gemeinsamen Hegemonie von Gortyn und Knossos sei eine solche Struktur der – im engeren Sinne – politischen Organisation etabliert worden.

Perlman betont, dass in der archaischen und klassischen Zeit jedenfalls keine solche Organisationsform und kein solches gemeinsames Vorgehen ausdrücklich erwähnt seien. Auch begegneten uns Bezeichnungen wie Κρής und Κρηταιεύς auf der Insel erst auf Inschriften nach der Gründung des Kretischen Koinon, und gemeinsame Aktionen ‚der Kreter' und damit Hinweise auf ein organisiertes Vorgehen seien uns für die fragliche Zeit auch nicht überliefert. Auch die inschriftlichen Quellen offenbarten die Unterschiede zwischen den kretischen Poleis. So hätten keine zwei dieser Poleis den gleichen Kalender gehabt, also auch nicht die gleichen Feste gefeiert; und keine zwei Poleis wiesen die gleichen Phylenstrukturen auf. Zwar seien die drei dorischen Phylen auf der Insel nachgewiesen, niemals jedoch gemeinsam in einer Polis bezeugt. Es sei demnach unklar, ob die kretischen Städte in den Jahrhunderten zwischen diesen zeitlichen Eckpunkten in irgendeiner Weise miteinander verbunden

---

54 Dosiadas ap. Athen. 4.143a–b und IC 4.72.4.31–43 = Koerner 169 = Nomima 2.49. – Dazu s. Link 1998b und 2003.

gewesen seien oder auch nur gemeinsame Strukturen besessen hätten. Wenn also die uns erhaltenen Autoren ab dem 4. Jh. von einer ,kretischen Politeia' berichteten, die sich durchaus mit der spartanischen und karthagischen vergleichen ließe, sei dies mehr als fraglich. Auch dies sei ein wichtiges Zeugnis gegen die Glaubwürdigkeit der literarischen Quellen in Hinblick auf ihren Nutzen für eine historische Rekonstruktion der Gesellschaft kretischer Poleis.

Nun sucht Perlman aber allein nach Strukturen der – von ihr in sehr engem Sinn verstandenen – politischen Organisation, also etwa nach durch Verträge begründeten und durch regelmäßige Versammlungen institutionalisierten Städtebünden. Auf diese Weise bleibt etwa die Rolle überregionaler Heiligtümer völlig außer acht, die wohl Schauplatz von polisübergreifenden Ritualen waren und wo gemeinsame Kultfeiern stattfanden, welche Gelegenheit zur Reflexion derartiger Strukturen boten.[55] Überdies werden Kreta und seine Bewohner an zahlreichen Stellen der frühgriechischen Dichtung als Einheit geschildert, was darauf hinweist, dass das Publikum sie auch als eine solche wahrnahm. Dies ist sehr erstaunlich in einer Welt, in welcher das wesentliche Merkmal zur Bestimmung der Identität eines Mannes seine Herkunft aus einer ganz bestimmten Polis, nicht aus einer Großregion war. Dies betrifft nicht nur Stellen wie den *Schiffskatalog* der *Ilias* und die Schilderung der Insel im 19. Gesang der *Odyssee*, nicht allein die *Homerischen Hymnen* auf Apollon und Demeter und Zeugnisse von Sappho, Alkman und Simonides, sondern etwa auch jene Passage bei Herodot, die von einem koordinierten Vorgehen der Kreter berichtet: dem gemeinsamen Befragen des Delphischen Orakels im Jahre 480.[56] Doch die Einheitlichkeit – zumindest von Teilen – der Insel ist auch in vom literarischen Diskurs unabhängigen Quellen belegt, etwa im beschriebenen, inselweit zu beobachtenden Befund der materiellen Kultur ab 630/600 während der Spätarchaik und Klassik sowie im *epigraphic habit* dieser Zeit.[57]

So sollten wir jedenfalls die Tendenz der literarischen Quellen auch des 4. Jh. ernst nehmen, die immer wieder von den ,kretischen' Bräuchen sprechen. Dieses Bild einer Einheitlichkeit der Gemeinwesen dieser Insel sollte unseren Ausgangs-

---

55 Zum Befund etwa aus dem Heiligtum von Kato Simi s. Lebessi 1985; Chaniotis 1991 und 2006; Prent 2005.

56 Hdt. 7.169–70. Perlman 1992 und 2005 bezweifelt allerdings die Historizität dieser Gesandtschaft. – Kühr 2006 diskutiert die Relevanz geographischer und politischer Strukturen bei der Ausprägung individueller Identität und kollektiver Zugehörigkeit.

57 Link 2002, 151 Anm. 10 betont in Abgrenzung zu Perlman 1992, 194 völlig zu Recht, dass ,politische Einheitlichkeit' nicht mit ,politischer Einheit' zu verwechseln sei. Tatsächlich gebe es keinen Hinweis auf ein zu irgendeinem Zeitpunkt koordiniertes Vorgehen aller oder auch nur eines Großteils der kretischen Poleis; auch deute nichts auf eine übergeordnete politische Organisationsform der Gemeinwesen dieser Insel vor dem 2. Jh. v. Chr. hin. Trotzdem darf dieser Befund uns nicht von Vorneherein ausschließen lassen, dass diese Poleis womöglich gewisse zentrale Elemente ihrer soziopolitischen Organisation gemeinsam hatten.

punkt bilden, solange wir keine zwingenden Gründe für seine Falsifizierung finden. Wir sollten nicht annehmen, dass unsere Autoren die in den Poleis der Insel herrschenden gesellschaftlichen Unterschiede aus Unkenntnis oder bewusst einebneten. Vielmehr sollten wir zunächst davon ausgehen, dass sie nicht zuletzt aufgrund der Menge an mit Kreta befasster Literatur, die ihnen zur Verfügung stand, informiert und kompetent genug waren, sich prinzipiell ein differenziertes Bild der Insel zu machen. Natürlich ist ebenso deutlich, dass sie zum Zwecke der Pointierung – denn darin lag ihre Absicht gegenüber dem Publikum – eine vereinfachte Version dieses Bildes zeichneten. Doch diese uns erhaltene Skizze zeigt eben nicht den kleinsten gemeinsamen Nenner der gesellschaftlichen Organisation kretischer Politien, was deren Unterschiede bis zur Unkenntlichkeit entstellt hätte. Vielmehr erfassen die Autoren Strukturen, die ihnen charakteristisch und wesentlich schienen, weil sie diese in einer Reihe ähnlich verfasster Poleis vorfanden, die sie dann eben mit ‚Kreta' gleichsetzten.[58] Ein nächster Schritt muss also erweisen, dass Informationen der literarischen Quellen nicht gleichsam zufällig mit einzelnen in den Inschriften erhaltenen Informationen korrespondieren, sondern dass auch der Befund der Inschriften selbst ein in sich konsistentes Bild der sozialen und politischen Organisation kretischer Bürgerstaaten ergibt und somit deren gemeinsame Betrachtung gerechtfertigt erscheinen lässt.[59]

Beim Versuch einer Zusammenschau der inschriftlichen Zeugnisse ergeben sich eine Reihe eng miteinander verbundener Probleme und Herausforderungen. Zum einen setzen die Regelungen die Kenntnis der in ihnen genannten Institutionen und sozialen Praktiken voraus; wichtige Begriffe und Verfahren werden nicht erklärt. Dies erschwert es, in verschiedenen Poleis Gemeinsamkeiten hinsichtlich ihrer Organisation zu erkennen. Zwei Institutionen mochten die gleiche Aufgabe haben und eine identische oder weitgehend vergleichbare Rolle im organisatorischen Gefüge ihrer jeweiligen Politie spielen, allerdings mit unterschiedlichen Begriffen bezeichnet werden. Ein Beispiel wären die von Polis zu Polis unterschiedlichen Bezeichnun-

---

58 Perlman 1992 stellt auch die Hypothese auf, dass die archaischen und klassischen Inschriften kein Bild der Einheitlichkeit der Organisation in den kretischen Poleis zeichneten, sondern ein Bild der Verschiedenheit. Auch dies sei ein Hinweis darauf, dass die in den uns erhaltenen literarischen Quellen skizzierte ‚kretische Politeia' eine philosophische Konstruktion des 4. Jh. sei. Diesen Gedanken führt sie aber nicht aus, sondern verweist auf einen (bis zu diesem Zeitpunkt nicht erschienenen) Aufsatz. Hiermit stellt sie sich allerdings gegen die vorherrschende Meinung in der Kretaforschung. Bereits Willetts 1955, 166 kam zu dem Ergebnis: „The inscriptions and the literary evidence about Crete are ... mutually supporting." In diesem Sinne äußern sich etwa auch Hoeck 1829, 20–1; Gehrke 1997, 24 Anm. 2 mit Bezug auf van Effenterre 1948, 27–8; Link 2002 und Chaniotis 2005.

59 Zur Frage nach der sozialen und politischen Einheitlichkeit kretischer Städte in der klassischen Zeit s. etwa van Effenterre 1948, 26–8; Huxley 1971, 508; Chaniotis 1996, 6–7. Die Ähnlichkeiten der in verschiedenen Poleis Kretas inschriftlich nachgewiesenen Terminologie für Institutionen und Verfahren behandeln Martínez Fernández 1997 und 1999 sowie Chaniotis 2005, 178–9, der auch maßgeblich für das im Folgenden Ausgeführte ist.

gen für womöglich die gleiche Altersklasse. Oftmals können also die Aufgaben von Institutionen und deren Position im organisatorischen Gefüge einer Polis nur aus dem Kontext des uns aus diesem einen Gemeinwesen erhaltenen Materials rekonstruiert werden. Dann ließe sich dieser Befund mit einem anderen vergleichen, der auf entsprechende Weise für eine weitere Polis erarbeitet wurde. Es ließe sich auch – mit der gebotenen methodischen Umsicht – der Befund einer Polis mit weniger guter Überlieferung im Lichte des reicheren Materials einer anderen Polis betrachten. Letzteres böte ein Szenario, mit dessen Hilfe der Befund der weniger gut bezeugten Polis gedeutet werden kann. Dies darf freilich nicht zu Zirkelschlüssen führen, und die mit diesem Verfahren zustande kommenden Konjekturen müssen klar offen gelegt werden.

Hiermit hängt ein zweites Problem eng zusammen. Das uns erhaltene inschriftliche Material ist vor allem auf Zentralkreta und die daran grenzenden Regionen des Ostens und Westens der Insel konzentriert. Ein geographischer Schwerpunkt ist die Gegend um das Idagebirge, mit den Poleis Axos, Eleutherna, Gortyn, Phaistos und Prinias, ein anderer die Gegend um Lasithi, mit den Poleis Datala, Dreros, Eltynia und Lyttos; zwischen diesen Gebieten liegt Knossos, woher uns ebenfalls gesetzliche Regelungen erhalten sind.[60] Bis vor wenigen Jahrzehnten mochte man diese Konzentration noch damit erklären, dass man dem Westen und Osten der Insel schlichtweg zu wenig archäologische Aufmerksamkeit entgegengebracht hatte. Nun aber sind auch diese Regionen durch Surveys und Grabungen erheblich besser erforscht, und trotzdem änderte sich an dem Bild der ungleichen Verteilung der Gesetzesinschriften nicht allzu viel. Mögen mittlerweile auch einige frühe Inschriften aus dem äußersten Osten und Westen der Insel, etwa aus Praisos und Kydonia, bekannt geworden sein, scheint es sich bei diesen doch nicht um gesetzliche Regelungen zu handeln.[61] Somit sehen wir, dass auch diese Poleis sich der monumentalen Verinschriftlichung bedienten, dass sie Texte in Stein schrieben und öffentlich aufstellten. Es scheint also nicht der Fall zu sein, dass wir aus diesen Städten schlichtweg deshalb keine Gesetzestexte kennen, weil diese Städte sich anderer Inschriftenträger zur Bekanntmachung von für die Öffentlichkeit relevanten Gegenständen bedient hätten. Vielmehr hat es den Anschein, dass tatsächlich allein die Poleis in den zentraler gelegenen Regionen Kretas die Praxis kannten, Gesetzestexte in monumentaler Form in Stein zu schlagen. Dies ist ein wichtiges Argument gegen die in der Literatur des 4. Jh. von Kreta geprägte

---

60 Chaniotis 2005, 179. – Axos: IC 2.5.1–12; SEG 23.565 = Koerner 101–8; Datala: SEG 27.631; Dreros: SEG 15.564 = SEG 39.954; SEG 23.530; Koerner 90–3; Eleutherna: IC 2.12.1–19; SEG 23.571; SEG 41.739–40; SEG 45.1256; Koerner 109–15; Eltynia: IC 1.10.1–2 = Koerner 94; Gortyn: IC 4.1–49, 51–78, 80–140; vgl. SEG 49.1221–3; Knossos: IC 1.8.2 = Koerner 89; Lyttos: IC 1.18.1–7; SEG 35.991; Koerner 87–8, 95–99; Ritten: IC 1.28.7 = Koerner 100; Phaistos: SEG 32.906; SEG 45.1331 und vielleicht SEG 23.556; Prinias: IC 1.28.7–8.
61 s. etwa Hyrtakina: IC 2.15.1; Kydonia: SEG 28.746; SEG 44.719 = 45.1305; Lappa: IC 2.16.1, vgl. SEG 39.970; Phalasarna: IC 2.19.1; Polyrrhenia: SEG 44.733: Praisos: SEG 45.1336.

Vorstellung, dass die gesamte Insel ein sehr einheitliches Bild biete und es womöglich eine ‚kretische Politeia' gegeben habe.[62]

Auch im Blick zu behalten ist, dass sich in diesen Gemeinwesen sehr unterschiedliche Mengen an Inschriften erhalten haben. Nicht nur ist das Material außerhalb Gortyns vergleichsweise rar gesät, es ist auch oftmals in einem wesentlich stärker fragmentierten Zustand auf uns gekommen. Aus diesen Gründen lässt sich für diese Poleis auch kaum – beziehungsweise gar nicht – ein jeweils eigenständiges Bild von deren sozialer und politischer Organisation gewinnen, ohne das Material anderer Poleis zur Ergänzung – oder besser gesagt: zum Formulieren einer Arbeitshypothese – heranzuziehen. Angesichts des deutlichen Übergewichts Gortyns in der Überlieferung ist somit stets Vorsicht zu wahren, die dortigen und womöglich spezifischen Verhältnisse nicht einfach auch für andere Gemeinwesen anzunehmen. Tatsächlich sehen wir etwa im *Großen Gesetz* von Gortyn eine Fülle von Regeln, die wir allein dort und in keiner anderen Polis finden, seien dies nun detaillierte Bestimmungen zur Erbtochter oder zur Adoption. Dieses Gesetz sticht also aus dem restlichen Befund heraus. Anderseits sind zahlreiche Gesetze anderer kretischer Poleis mit Gegenständen befasst, die sich im *Großen Gesetz* oder auch in den früheren Regelungen dieses Gemeinwesens nicht finden, etwa Regelungen, die Opferordnungen festzulegen scheinen, wie etwa aus Dreros und Axos.[63] Und lässt man Gortyn beiseite, sind auch zwischen anderen Poleis kaum Übereinstimmungen in den von deren Gesetzen festgehaltenen Gegenständen festzustellen. Doch wir können zum jetzigen Zeitpunkt nicht sagen, ob nicht auch die inschriftlichen Regelungen anderer großer Poleis ähnlich umfangreich und womöglich in ähnlichem Ausmaß systematisiert waren, uns allerdings nicht erhalten sind; oder ob das *Große Gesetz* von Gortyn nicht allein in seinem Umfang, sondern auch in seiner Systematik eine spezifische Praxis dieser Polis reflektiert.[64]

Und doch gibt es eine Reihe aussagekräftiger Überschneidungen zwischen den Gesetzen Gortyns und denen anderer Poleis, die uns erkennen lassen, dass die Gesellschaften dieser Gemeinwesen nicht alleine in den gleichen Bereichen des ‚öffentlichen' und des ‚privaten' Lebens mit Regelungen eingriffen, sondern dass diese Regelungen zum Teil exakt die gleichen Strategien zum Umgang mit einem bestimmten Problem festlegten. Beispiele für den letzten Fall, also eine sehr enge Affinität zweier Regelungen, wären die Iterationsverbote von Dreros und Gortyn; Beispiele für den ersten Fall, also eine Affinität der Gesetze bezüglich der ihnen zugrunde lie-

---

62 Zum kretischen Regionalismus s. etwa Hajnal 1985; Wallace 2010; Maarschalk 2011; Perlman 2014.
63 Opferregelungen: van Effenterre 1946, 600–2 = Koerner 93 = Nomima 1.27; IC 2.5.9.1–14 = Koerner 106–7.
64 Die uns vor Augen stehende Sonderrolle des *Großen Gesetzes* ist sicherlich zu einem guten Teil der Tatsache geschuldet, dass man seine Steine in neue monumentale Gebäude inkorporierte und dabei bewusst zur Schau stellte.

genden Wertvorstellungen, wären etwa die Regelungen zum Umgang mit der Körperverletzung von Knaben in Eltynia und zur Bestrafung von Vergewaltigung und Ehebruch aus Gortyn. Beide Regelungen bestraften jeweils solche Delikte härter, die in der Öffentlichkeit begangen wurden. Hier wurde neben dem eigentlichen Vergehen auch die begangene, allen vor Augen stehende Ehrverletzung geahndet.[65] Weiterhin mögen uns viele Begriffe und oftmals auch die dahinter stehenden Konzepte allein aus Gortyn bekannt sein, etwa καδέστας und κατακείμενος. Und doch müssen wir in Betracht ziehen, dass gewisse Gemeinsamkeiten in der Organisation der zentralkretischen Poleis deutlicher würden, wäre uns aus anderen Poleis nur mehr Material erhalten. Neufunde können unsere Kenntnisse der kretischen Institutionen, doch auch das Bild der Einheitlichkeit kretischer Poleis ständig ergänzen. Ein Beispiel dafür sind etwa die in einem technischen Sinn verwendeten Begriffe ἀμφίμωλος und ἀμφιμωλέω, die uns jahrzehntelang allein aus Gortyn bekannt waren, dann aber auch in einem Neufund aus Eleutherna zutage traten. Und die lange Zeit nur aus Gortyn bekannte Regelung über die Rolle der Erbtöchter, der πατροιōκοι, welche in Kreta stets einzigartig schien, erhielt ihr Gegenstück mit einem Gesetz aus dem Phaistos des 6. Jh., welche ebenfalls jenen aus Gortyn bezeugten, besonderen Fall des Übergang des mütterlichen Vermögens behandelt.[66]

Die wesentlichen Züge der Ähnlichkeiten zentralkretischer Poleis aber betreffen nicht Einzelheiten und terminologische Übereinstimmungen, sondern elementare Bestandteile der politischen und sozialen Organisation.[67] So sind zahlreiche der kretischen Inschriften mit Fragen der Definition und Absicherung von Status befasst; sie zeigen die große Relevanz der militärisch geprägten Ausbildung, die jahrhundertelange Beibehaltung sozialer Institutionen wie der Gemeinschaftsmahlzeiten der Bürger und des Systems der Altersklassen; und sie sind mit der Regulierung, oder vielmehr der Beschneidung der Rechte von Fremden, wandernden Handwerkern, Frauen und Abhängigen befasst. Somit ist es also weniger wichtig, etwa wie viele Mitglieder den Kosmoskollegien verschiedener Politien angehörten. Viel interessanter ist es, dass das Amt des Kosmos aus fast allen kretischen Städten mit epigraphischer Überlieferung bekannt ist, dass dieser Begriff stets die Oberbeamten dieser Polis bezeichnete und dass jene offenbar stets auch ein Kollegium bildeten, das zudem jährlich bestellt wurde; und dass es Hinweise aus verschiedenen Poleis gibt, dass alle Angehörigen des Kosmos eines Jahres aus dem gleichen Startos stammten, dem

---

65 Demargne/van Effenterre 1937 und IC 4.14 sowie 1.10.2 und 4.72.2.2–45 = Koerner 90 und 121 sowie 94 und 164 = Nomima 1.81 und 82 sowie 2.80 und 81.

66 Zu den Termini s. Gortyn: IC 4.57 = Koerner 142; IC 4.72 *passim* = Koerner 163, 170, 174, 179; und Eleutherna: Tzifopoulos 2004, 115 Nr. 11 Z. 1, 4. – Zur Übergabe des mütterlichen Vermögens in Gortyn s. IC 4.20.3–4; 4.72.5.24–5, 10.44, 11.4 (34) = Koerner 122, 169, 180 = Nomima 2.37, 40, 48; zu Phaistos s. di Vita/Cantarella 1978, 429–35 = Nomima 2.39 und Hölkeskamp 1999, 228–30; vgl. aber Nomima 2, 140–1 mit SEG 45.1331 mit einer anderen Deutung.

67 Auf die folgenden Punkte weist Chaniotis 2005, 177–9 hin.

jeweiligen militärischen Aufgebot der Phylen.[68] Ebenso ist es weniger wichtig, dass die aus der epigraphischen Überlieferung bekannten Altersklassen in verschiedenen Poleis durchaus auch unterschiedliche Namen hatten; wichtig ist vielmehr, dass dieses System der Altersklassen bereits von den frühesten Inschriften Kretas aus dem 7. Jh. an bis zum Hellenismus in allen diesen Städten zu greifen ist und dass dieses Bild etwa mit dem materiellen Befund einhergeht, der die Existenz von Übergangsritualen für Epheben nahelegt.[69] Diese strukturellen Gemeinsamkeiten sind nun tatsächlich ganz bemerkenswert angesichts des Fehlens einer polisübergreifenden ‚politischen‘ Struktur kretischer Gemeinwesen vor der Gründung des Kretischen Koinon im 2. Jh.[70]

In der Frage nach dem Grad der Gemeinsamkeiten und Unterschiede in der sozialen und politischen Organisation kretischer Poleis sollten wir also die Gesetzestexte aus diesen Orten nicht auf eine solche Weise untersuchen, dass uns allein die exakte Übereinstimmung der Regeln zweier oder mehrerer Poleis einen Beleg für deren organisatorische Homogenität oder Affinität böte; dies wäre zu viel erwartet, schließlich haben wir es mit zahlreichen voneinander unabhängigen Bürgerstaaten zu tun. Vielmehr sollten wir bemüht sein herauszuarbeiten, inwiefern in diesen Gesetzen die gleichen charakteristischen Strategien deutlich werden, ähnlichen sozialen Herausforderungen zu begegnen, um die politische Gemeinschaft zu strukturieren und deren Leben gemäß ähnlicher Maßstäbe und mithilfe ähnlicher Mittel zu regeln.[71] Doch eine solche aus den Quellen abgeleitete Sichtweise steht auch in der Pflicht, ein Modell für diese Ähnlichkeiten der zentralkretischen Poleis hinsichtlich der Terminologie, Struktur und Aufgaben der in diesen Quellen genannten Ämtern, anderen Institutionen und sozialen Praktiken zu gewinnen. Wesentlich ist also die Frage, ob diese Ähnlichkeit das Ergebnis eines langen, gemeinsam durchlaufenen Prozesses evolutionärer Konvergenz war, in dessen Verlauf eben dieselben Rahmenbedingungen von außen wie im Inneren die Entwicklung dieser Bürgerstaa-

---

68 IC 1.9.1, 4.181; SEG 26.1049; 41.770; 50.937; Link 1994, 97–112 mit weiteren Zeugnissen und deren Auswertung. – Hierzu s. das Kapitel *Pyla*.

69 Das früheste epigraphische Zeugnis hierfür stammt mit Demargne/van Effenterre 1946 Nr. 3 = Koerner 92 = Nomima 2.89 und 1.68 aus dem Dreros des ausgehenden 7. Jh.; s. Seelentag 2009a. – Die Ephebenrituale werden behandelt etwa von Lebessi 1985, 1991 und 2002; Bile 1992; Capdeville 1995, 202–14; Leitao 1995; Gehrke 1997, 31–5; Vattuone 1998; Waldner 2000, 222–42; Chaniotis 2006. – Zur Terminologie und Definition der Altersklassen s. Bile 1988, 343–4 und 1992; Tzifopoulos 1998; Cobetto Ghiggia 1999. Zu nennen sind etwa die Bezeichnungen *ebion, anebos, anoros, apodromos, pentekaidekadromos, peiskos, agelaos* und andere. – Hierzu s. auch das Kapitel *Paideia*.

70 s. Chaniotis 1996, 30–1.

71 Chaniotis 2005, 178. – Willetts 1955; Gehrke 1997; Link 1998 und 2008, 477–8 sowie Chaniotis 2005, 184–8 weisen etwa auf die in verschiedenen Poleis zu beobachtenden Übereinstimmungen hin: bezüglich der Auswahlmodalitäten und Aufgaben der Kosmen, der Bezeichnungen für Fremde und Handwerker und des Umgangs mit ihnen, der Bezeichnungen für Unfreie und Abhängige, der Einheiten sozialer Integration, etwa Hetairien, Agela, Andreion, Dromeis, sowie der im Wortlaut oder Sinn übereinstimmenden Termini des Gerichtsgangs.

ten in sehr ähnliche Bahnen lenkten; oder ob wir einen Prozess der gegenseitigen Beeinflussung der Poleis untereinander vor uns sehen.

Hierbei wäre zu klären, in welchem Maße sich etwa die Ausgangslagen dieser Poleis voneinander unterschieden und wie groß demnach der Aufwand eines solchen Prozesses gewesen sein mag, welcher sich am ehesten mit dem Modell der *peer polity interaction* analysieren ließe. Für jene Zeit, aus der uns noch keine kretischen Inschriften bekannt sind, also in der orientalisierenden oder dädalischen Zeit, ließe sich jedenfalls allein anhand des materiellen Befundes klären, inwiefern ein reger Austausch zwischen den Eliten einzelner Regionen oder Siedlungen herrschte und in welchem Maße diese autonomen Einheiten, die eine kulturelle Homogenität aufwiesen, in ständigem Kontakt und Wettbewerb miteinander standen, der meist auf regionaler Ebene ausgetragen wurde. Bei der Beantwortung dieser Fragen steht die Forschung noch ganz am Anfang. Sicher scheint nur, dass die großen extraurbanen Heiligtümer mit überlokaler Bedeutung eine wichtige Rolle in diesen Prozessen spielten. Denn Heiligtümer wie jenes des Hermes Kedrites von Kato Simi und die Ida-Höhle bieten Befunde, die darauf hinzudeuten scheinen, dass sich an diesen Orten Personen aus ganz unterschiedlichen Poleis versammelten und dort gemeinsame Feste begingen.[72]

Einheit und Vielfalt im ‚homerischen Kreta'

Im letzten Abschnitt dieses Kapitels wollen wir uns den Fragen zuwenden, wie Kreta in den homerischen Epen dargestellt ist; wie diese frühesten uns erhaltenen literarischen Quellen die Einbettung der Insel in den Mittelmeerraum beschrieben und wie sie ihren geographischen und ethnographischen Aufbau skizzierten.[73] Dabei wird deutlich werden, dass *Ilias* und *Odyssee* ein in sich konsistentes Bild Kretas zeichnen und die Insel, beziehungsweise Regionen der Insel, als kulturelle und politische Einheit schildern. Allerdings ist unwahrscheinlich, dass dieses epische Bild Kretas als einer in die mediterranen Netzwerke voll eingebundenen Insel mit zahlreichen Außenkontakten, erst nach dem Ende des 7. Jh. entstand oder in den Textbestand

---

72 Dies scheint vor allem Riten im Rahmen der Ephebie zu betreffen. Hierzu s. etwa Chaniotis 1996, 121–2 und 2006 sowie Prent 2005, bes. 565–604, mit einer Auswertung der von Lebessi 1985, 1991, 1991a und 2002 vorgestellten Befunde; s. nun auch Wallace, bes. 2010; Erickson 2009 und 2010a; Pilz 2011. – Zum Modell der *peer polity interaction* s. die in Renfrew/Cherry 1986 veröffentlichten Beiträge, bes. Renfrew 1986 und Snodgrass 1986, sowie zur Einordnung dieses Ansatzes Paynter 1989. Alternativen zu diesem Modell bieten Price 1977 und 1978.
73 Eine vollständige Untersuchung des Kretabildes in den homerischen Epen und der frühen griechischen Dichtung kann im Rahmen dieser Arbeit nicht erfolgen. Dieses Thema verlangt eine eigenständige Studie. – Zur hier vertretenen zeitlichen Einordnung der Epen und den Fragen nach ihrer historischen Auswertbarkeit s. das Kapitel *Institutionalisierung und Bürgerstaatlichkeit*.

einfloss. Da die Erzeugnisse von *Oral Poetry* ihrem Publikum unbedingt eine jenem sinnhafte Welt schildern müssen, um als plausibel anerkannt zu werden und erfolgreich zu sein, liegt die Vermutung nahe, dass ein Publikum mit den Erfahrungen um die soziopolitischen Entwicklungen der Inselgesellschaft des 6. Jh. ein Kreta, wie die Epen es schildern, mit seiner eigenen zeitgenössischen Lebenswelt wohl nicht zur Deckung hätte bringen können. Die Zusammenschau mit materiellen und epigraphischen Quellen scheint mir nahe zu legen, dass das in den Epen gezeichnete Kretabild am ehesten dem 7. Jh. entstammt.[74]

Zu den wichtigsten antiken Zeugnissen einer Beschreibung Kretas gehören der *Schiffskatalog* der *Ilias* und die einzigartige Ethnographie der Inselbewohner im 19. Buch der *Odyssee*. Ich möchte zeigen, dass die Forschungsmeinung revidiert werden muss, dass das im *Schiffskatalog* entworfene Bild Kretas von dem in der *Odyssee* gezeichneten abweiche. Vielfach wurde nämlich behauptet, dass in der *Ilias* noch nicht deutlich werde, dass Kreta in Hinblick auf seine Völker und Sprachen eine Insel der Vielfalt sei, wie das spätere Epos es zeichnet.[75] Beginnen wir mit dem *Schiffskatalog*. Er bietet den frühesten Versuch einer ‚sozialen Geographie‘ Griechenlands.[76] Von all seinen wichtigen Plätzen und Gegenden, die durch gemeinsame Kultur und Sprache verbunden waren, sind ein oder mehrere Anführer im Kontingent der Achaier genannt. Zunächst ist bedeutsam, dass innerhalb des *Schiffskatalogs* die Kreter eines jener wenigen Kontingente bilden, die mit ihrem Ethnikon eingeführt werden. Sie scheinen also vom Dichter als eine Einheit dargestellt; und immer wieder betonen zahlreiche Passagen der Epen und auch andere literarische Zeugnisse wie die homerischen Hymnen die Einheit der Insel.[77] Es wird also etwa ein Mann lediglich als ‚Kreter‘ eingeführt, nicht aber etwa als Knossier, Gortynier oder Lyttier. Dies

---

74 s. Arbeiten von G. Nagy, etwa 1996, zu einem Modell der Überlieferung der Epen zwischen Mündlichkeit und Schriftlichkeit.

75 Dieser Befund einer in den Epen unterschiedlichen Darstellung gelte nicht allein für Kreta, sondern auch für andere Landschaften, etwa für die politische Topographie der Ionischen Inseln, s. Aposkitou 1960; Sherratt 1990, 816 sowie 1996, bes. 88 und 93; Martin 2005, 5–6.

76 Morgan 2003, 102. – Mit Giovannini 1969 und Kullmann, etwa 1960, 1988 und 2009, stimme ich darin überein, dass der *Schiffskatalog* im Wesentlichen die politische Geographie der Zeit der Verschriftlichung der Epen widerspiegelt und nicht etwa bronzezeitliche Strukturen. – Einen Überblick über die vielfältigen Forschungspositionen zum *Schiffskatalog* und Anregungen zu einem methodisch reflektierten Umgang mit den dort gebotenen Informationen bieten etwa Kullmann 1993, 129–30; Visser 1997, 1–48, zu Kreta 613–9, und Kühr 2006, 54–70, dort 61: „Der Katalog ist also beides zugleich: ein Bild der geographischen und historisch-sozialen Umstände zu seiner Abfassungszeit sowie ein Bild der heroischen Epoche, die anhand der Hinterlassenschaften aus mykenischer Zeit rekonstruiert wurde. Da die im Epos erzählten Geschichten an Ruinen der Bronzezeit angelehnt wurden, sind die Orte, auf die sie sich beziehen, zwar ‚real‘, der Katalog stellt aber dennoch kein authentisches Dokument der Bronzezeit dar.“

77 So etwa in Hom. Od. 3.191–2; 14.199, 205; Hom. Hymn. Dem. 122–5.

scheint merkwürdig in einer Welt, in welcher es gemeinhin zunächst die Polisidentität eines Mannes war, die seine Herkunft markierte.

Diese Beobachtung fällt umso mehr auf, da der *Schiffskatalog* die Insel ja gerade wegen ihrer zahlreichen Poleis hervorhebt, das ,hundertstädtige Kreta' heißt es hier. Die Insel fällt also im Rahmen des Katalogs durch eine besondere Verbindung von Ethnos-Einheit und Poleis-Vielfalt auf.[78] Und so nennt der *Schiffskatalog* denn auch sieben Poleis als die offenbar bedeutendsten Orte innerhalb des Herrschaftsgebietes der kretischen Basileis Idomeneus und Meriones:

> Aber der speerberühmte Idomeneus führte die Kreter,
> welche Knossos bewohnten und Gortyns wehrhafte Festung,
> Lyttos, Milatos und Lykastos auf kreidig schimmerndem Felsen,
> Phaistos, Rhytion auch, die reich bevölkerten Städte,
> und andere, die sonst wo lebten auf Kreta, der Insel der einhundert Poleis.
> Diese führte Idomeneus an, der speerberühmte,
> und Meriones, gleich dem männermordenden Ares.
> Achtzig dunkle Schiffe folgten ihrem Befehle.[79]

Idomeneus, so betont das Epos, führte also „die Kreter" und zwar auch jene, die jenseits der genannten Orte „sonst wo auf ... der Insel der hundert Poleis" lebten. Bemerkenswert ist aber, dass die hier mit Namen genannten Siedlungen allesamt allein im zentralen Teil der Insel liegen, und zwar auf einem in Ost-West Richtung relativ kleinen Raum zwischen dem Idagebirge und dem Diktegebirge, auch wenn dieses Gebiet als ein gewaltiger Korridor von der Nordküste bis in den Süden reicht und die genannten Städte zu den bedeutendsten der frühen Archaik gehören. Und doch scheinen diese Poleis keineswegs für die ganze Insel zu stehen. Denn der Dichter hätte durchaus andere Siedlungen außerhalb der hier umrissenen Regionen nennen können, wenn er hätte plausibel machen wollen, dass Idomeneus tatsächlich für die gesamte Insel beherrschte.[80] Aus den weiten Gebieten des Westens und Ostens der Insel sind jedenfalls keine der bereits in der frühen Eisenzeit bedeutenderen Orte erwähnt, kein Praisos, Lato oder Kydonia. Die Nennung der hier erwähnten Städte deutet vielmehr darauf hin, dass das Epos Idomeneus allein Zentralkreta beherrschen und nur aus diesem Gebiet die Truppen gegen Troja stammen lässt.[81] Wenn der Katalog also impli-

---

78 Mit ihrem Ethnikon werden auch die Boioter, Lokrer, Aitoler, Magneter sowie die Phoker eingeführt. Doch eine ähnliche Spannung zwischen Ethnos und zahlreichen Poleis beobachtet Kühr 2006, 63 allein im Falle der Boioter.

79 Hom. Il. 2.645–52, Übers. nach H. Rupé und D. Ebener. – Zum Katalog der hier erwähnten Städte s. Visser 1997, 613–9 und Burkert 2001.

80 Diese Zentren scheinen schon im 14. Jh. in der topographischen Inschrift im Tempel des Amenhotep III. von Kom el-Hetan erwähnt; s. Cline 1987; Heubeck et al. 1992, 83.

81 Drei Passagen legen nahe, dass Knossos als eine Art Hauptstadt Kretas oder zumindest der aus Zentralkreta stammenden Truppen war. Dies sind zunächst die Platzierung von Knossos an erster Stelle unter den kretischen Poleis im *Schiffskatalog*; dann bezeugt die dritte Lügengeschichte des

ziert, Idomeneus habe „die Kreter von sonst wo auf der Insel" angeführt, scheint dies lediglich der Versuch, seine Einflusssphäre und somit Macht rhetorisch auszudehnen. Durch konkrete topographische Hinweise wird dies jedenfalls nicht bestätigt.

Dieser Befund der *Ilias* korrespondiert mit dem in der *Odyssee* entworfenen Bild der Insel. Hier erhalten wir in einer Passage des 19. Buches weitere wichtige Informationen:

> Kreta ist ein Land inmitten des weinroten Meeres
> schön und ertragreich und wellenumflutet. Es leben dort Menschen
> viele, ja grenzenlos viele in neunzig Städten, doch jede
> spricht eine eigene Sprache. Es ist ein Gemisch; denn Achaier
> finden sich dort und hochbeherzte Eteokreter,
> dreistämmige Dorer, Kydonen und göttliche Pelasger.
> Unter den Städten ist Knossos, die große, und Minos als König
> pflegte mit Zeus, dem Gewaltigen, Rat, alle neun Jahre.[82]

Kreta ist nicht alleine aufgrund seiner zahlreichen Poleis, Völker und Sprachen so vielfältig wie kein anderer Ort im epischen Kosmos; die Geschichte der Insel wird hier auch in einem Maße als besonders weit zurückreichend und schichtenreich geschildert, wie dies für keine einzige andere in den Epen beschriebene Gegend der Fall ist. Denn die Insel werde bewohnt von indigenen Eteokretern und Pelasgern, Achaiern und Kydonen sowie Dorern.[83] In der *Ilias* ist von einer solchen Vielfalt tatsächlich keine Rede. Dort scheinen die Angehörigen der kretischen Streitmacht durchweg Achaier zu sein, genauso wie alle anderen Mannschaften des griechischen Kontingents. So mag die im *Schiffskatalog* betonte Gleichförmigkeit und Einheit auch allein

---

Odysseus, es sei „unter den kretischen Poleis Knossos, die große", damit ist sie die einzige, dort repräsentativ erwähnte Polis; und schließlich die aus der gleichen Geschichte stammende Information, dass Idomeneus den Palast oberhalb von Amnisos bewohnte, also Knossos.

82 Hom Od. 19. 172–9, Übers. A. Weiher. – Es fällt auf, dass der Dichter seinen Odysseus hier ganz generelle Informationen zu Geographie und Bevölkerung Kretas vermitteln lässt. Dies schien manchem als Anzeichen, die Insel sei zu dieser Zeit für das Publikum des Epos eben doch derart abgelegen gewesen, dass eine solche Einführung notwendig gewesen sei. Es irritiert allerdings, dass Odysseus diese Grundsätzlichkeiten erst in der dritten seiner kretischen Lügengeschichten erwähnt. Der Schlüssel zum Verständnis der Passage scheint mir darin zu liegen, dass diese Geschichte an Penelope gerichtet ist. Und so scheint es plausibel, dass der Dichter den Helden im Gespräch mit seiner Frau sich eben auf diese Gesprächspartnerin einstellen lässt; eine Frau, die mit solchen Informationen zu Geschichte und Topographie eben nicht vertraut ist. In dieser Passage mag das Raffinement des Dichters zum Ausdruck kommen: Penelope ist eben gerade keine derart unwissende Frau, was Odysseus eigentlich sehr wohl bewusst ist. Da er zu seiner Deckung hier nun aber als Fremder und gerade nicht als jemand auftritt, der mit dem Wissen und den Verbindungen der Penelope vertraut ist, muss dieser ‚Kreter', um überzeugend zu wirken, sie als Unwissende behandeln.

83 Die Abfolge dieser zeitlichen Schichtung ist noch sehr gut in der bei Diod. 5.64–80 überlieferten kretischen Lokalmythologie zu erkennen. – Nach Strab. 10.4.6–7 sind auch die Kydonen ein auf Kreta indigenes Volk.

für jenen Bereich gegolten haben, aus dem das achaiische Kontingent der Kreter stammte, während sich eben dieser zentrale Bereich der Insel durchaus von den anderen Gegenden Kretas unterschieden haben mag, distinkt vom Osten und Westen der Insel. So zumindest ergibt die Zusammenschau der beiden epischen Passagen Sinn, und so legen es auch die archäologischen Befunde der verschiedenen Teile der Insel nahe, welche die großen regionalen Unterschiede Kretas deutlich werden lassen.[84] Insofern entwerfen die beiden Epen also durchaus ein untereinander stimmiges Bild der kulturellen Vielfalt auf der Insel.

Gerade die in der *Odyssee* betonte Sprachenvielfalt ist beispiellos, weil Kreta die einzige Gegend in der von den Epen entworfenen Welt ist, für welche eine solche erwähnt wird, und dann auch gleich in diesem Ausmaß. Die Relevanz dieser Aussage erschließt sich durch den vergleichenden Blick auf andere Passagen der Epen. Denn den in der *Odyssee* verwendeten Ausdruck, der die Sprachenvielfalt der Poleis Kretas ausdrücken soll, ἄλλη δ' ἄλλων γλῶσσα, finden wir so auch in jenem Katalog im 2. Gesang der *Ilias*, der die zahlreichen Völker und Stämme schildert, welche Troja als Bundesgenossen zur Seite stehen: Diese sprächen ein jeder seine eigene Sprache. Nichtsdestotrotz kommunizieren sie ohne jede Probleme sowohl miteinander als auch mit den Achaiern. Tatsächlich ist allein über die Karer aus Milet an dieser Stelle ausdrücklich gesagt, sie seien βαρβαρόφωνοι, sprächen also tatsächlich eine nicht-griechische Sprache.[85] Somit deutet der in der *Odyssee* für Kreta verwendete Ausdruck also nicht unbedingt auf den Gebrauch tatsächlich unterschiedlicher Sprachen auf der Insel hin, die eine Kommunikation ihrer Sprechergruppen verhinderten. Im Übrigen betont die dortige Beschreibung der Insel ja nicht etwa, dass die dort aufgeführten Großgruppen, Stämme oder Völker eine jeweils andere Sprache sprächen, sondern dass eine jede Polis mit eigener Zunge rede.

Für das Verständnis dieser Frage erhellend ist jedoch eine andere Passage der *Ilias*, welche abermals die Vielfältigkeit des trojanischen Heeres auf dem Weg in

---

84 s. etwa Alcock 1999 und Whitley 2009. – Die in den beiden Epen unterschiedlich bezifferte Anzahl kretischer Poleis – hundert beziehungsweise neunzig – wurde bisweilen als Resultat historischer Entwicklungen vom 8. zum 7. Jh. gesehen, welche die Zahl der Siedlungen reduziert hätten. Tatsache ist allein, dass das *hapax legomenon* ἑκατόμπολιν Κρήτην aus der *Ilias* nicht in die *Odyssee* übernommen wurde. – Sherratt 1990, 816 sowie 1996, bes. 88 und 93, führt aus, die *Ilias* beschreibe die Insel als Heimat von Helden, die vom Hauch des Altertümlichen umweht würden; hierin seien bronzezeitliche Verhältnisse reflektiert. Die *Odyssee* hingegen zeichne eine Insel voller Gewalt und Piraten, die sehr weit von einem für das Publikum des Dichters mittlerweile existierenden Ideal entfernt sei und – mehr als es der Reputation ihrer Bewohner gut tue – größere Gemeinsamkeiten mit den Phöniziern als mit den ‚normalen' Achaiern habe. Dieses Bild Kretas spiegele die besondere Rolle der Insel in post-palatialer Zeit.
85 Hom. Il. 2.802–6, 867–9. – s. Ross 2005, bes. 308–9, zu sprachlicher Einheit und Vielfalt als Distinktionsmerkmalen für Achaier und Trojaner. Hajnal 1985, 102–40 behandelt, welches Bild die kretischen Inschriften aus verschiedenen Teilen der Insel in Zusammenschau mit dieser Homerpassage über Regionalität und sprachliche Vielfalt Kretas zeichnen.

die Schlacht beschreibt und sie ausdrücklich dem zuvor geschilderten diszipliniert ruhigen Vorgehen der Danaerkontingente gegenüberstellt, die in schweigendem Gehorsam den Befehlen ihrer jeweiligen Anführer folgen. Die Trojaner werden hier als eine rastlos blökende Herde von Mutterschafen geschildert, und der Dichter betont, dass „vielfach gemischt die Sprache und mancherlei Stammes die Völker" gewesen seien.[86] Diese wörtlichen Parallelen zu unserer Passage in der *Odyssee* legen nahe, dass in erster Linie nicht betont ist, dass die Bewohner Kretas von einer Polis zur anderen einander tatsächlich nicht verstünden, sondern vielmehr, dass diese unterschiedlichen Zungen jene Kommunikation erschwerten, welche für das koordinierte Vorgehen als schlagkräftiger und handlungsfähiger Verband unbedingt nötig sei, ob nun im Krieg oder auch in Friedenszeiten. Es geht in diesen Passagen also weniger um ein sprachliches, als vielmehr um ein soziales Phänomen der Diversität, welches ein gemeinsames Handeln der kretischen Poleis verhinderte.[87] Auf der einen Seite wird die Insel also als eine Einheit dargestellt, auf der anderen die Diversität ihrer Bevölkerungsgruppen und Poleis betont.

Stellen wir also die Frage, was diesen Unterschieden zugrunde lag. Das im *Schiffskatalog* gezeichnete Bild Kretas mit seinen zahlreichen Völkern und unterschiedlich weit in die Geschichte zurückreichenden Vergangenheitsebenen darf nur mit größter Vorsicht, wenn überhaupt, als eine Quelle herangezogen werden, welche die Erinnerung an vermeintlich historische Wanderungsbewegungen bewahrt habe. Nun ist für das bronzezeitliche und nachbronzezeitliche Kreta tatsächlich von mehreren Wellen der Wanderung und Besiedlung der Insel auszugehen, wie auch immer man diese konzeptualisieren möchte.[88] Und doch scheint mir jeder Versuch fruchtlos und zum Scheitern verurteilt, die in dieser Aufzählung der *Odyssee* genannten Bevölke-

---

86 Hom. Il. 4.437–8: οὐ γὰρ πάντων ἦεν ὁμὸς θρόος οὐδ' ἴα γῆρυς, ἀλλὰ γλῶσσ' ἐμέμικτο· πολύκλητοι δ' ἔσαν ἄνδρες. Wie die Passage in der *Odyssee* verwendet der Dichter also auch hier den Ausdruck der ἀλλά γλῶσσα und eine Form des Verbs μίγνυμι, um die sich mischenden Sprachen zu charakterisieren. – Hierzu s. Stoevesandt 2004, 84–8.

87 Vergleichbar sind die Beschreibungen der Bewohner von Ägypten und Temesa sowie von ‚Ausländern' in der Odyssee, die sich durch eine gewisse Andersprachigkeit auszeichnen, nicht aber in solchem Maße, dass man mit ihnen nicht kommunizieren könnte. Man hat also eine gemeinsame, spricht aber doch eine irgendwie ‚andere' Sprache, ist eben – gerade kulturell gesehen – anders als das Gegenüber; hierzu Hom. Od. 1.183–4; 14.43. – Od. 3.301–2 berichtet vom Aufenthalt des Menelaos bei den Ägyptern, die ἀλλόθροοι ἄνθρωποι genannt werden. Der Begriff des ‚Allothroismus' wird in Od. 15.453 (und vgl. 482–3) auch von einer Phönizierin zur Charakterisierung der Griechisch sprechenden Ithakesier verwendet. Sherratt 1996 und Ross 2005 weisen nicht zuletzt mit Blick auf diese Passagen darauf hin, dass Sprache ein wesentliches Merkmal zur Selbstdefinition der Griechen und zu ihrer Abgrenzung von Anderen war.

88 Zum Folgenden s. Gehrke 1997, 25. – Zur sogenannten ‚Dorischen Wanderung' s. etwa die unterschiedlichen Erklärungen von Osborne 2009, 47–51; Welwei 2002 und Hall 2007. – Dialektale Aeolismen in den frühesten kretischen Inschriften bieten nach Hajnal 1985, 120–2 und 136–7 Hinweise auf Mobilität und Kulturkontakte.

rungsgruppen mit modernen Rekonstruktionen zur Bevölkerungsgeschichte Kretas zu verbinden, also etwa die Pelasger mit Minoern und die Eteokreter oder Kydonier mit Mykeno-Minoern gleichzusetzen. Dies ist alleine schon deswegen unwahrscheinlich, weil wir dem Medium der *Oral Poetry* damit eine derart genaue Erinnerung an Wanderungsbewegungen in der Ägäis zugestehen würden, wie es sie kaum besessen haben kann. Ebendieses Caveat gilt gleichermaßen für eine Herodotpassage, welche von drei, hier aufeinander folgenden, Bevölkerungsstrata der Insel berichtet; darüber hinaus für die umfangreiche kretische Lokalmythologie bei Diodor und jene Passagen aus dem Werk des Staphylos von Naukratis, die uns Strabon erhalten hat.[89] Keine dieser Quellen ist geeignet, historisch nachprüfbare Angaben zu liefern.[90]

Insgesamt handelt es sich bei allen diesen Passagen über die kretischen Völker um ein Stück intentionaler Geschichte, um ein Stück in den Mythos zurückprojizierter Gegenwart; motiviert von der Bemühung, bestimmte in der eigenen Gegenwart zu beobachtende Phänomene sinnvoll zu erklären, indem man sie aus der Vergangenheit

---

89 Hdt. 7.170–1. Bei diesen Bevölkerungsstrata handele es sich um die Einwohner aus der Zeit des Minos, die mit Ausnahme der Polichnier und Praisier nach Sizilien auswanderten, hernach um die Generation der Trojakämpfer, die in der dritten Generation nach Minos nach Kreta eingewandert seien; und schließlich die, nach Herodot, „jetzigen Einwohner" der Insel. – Strabon 10.4.6–7 kommentiert – abhängig vom Kommentar zum homerischen *Schiffskatalog* des Apollodoros von Athen FGrH 244 – unter Berufung auf Staphylos FGrH 269 frg. 12 und Andron FGrH 10 frg. 16a diese Passage und nennt sowohl Kydonier als auch Eteokreter autochthon; letztere wohnten im Süden in der Gegend von Phaistos. – Diod. 5.64–80, bes. 80.

90 Dorer: Dies ist ihre einzige Erwähnung in den Epen. Die drei dorischen Phylen werden erstmals explizit bei Tyrt. 19.8 West erwähnt; doch bereits im *Schiffskatalog* der *Ilias* (Hom. Il. 2.653–6 und 668) werden die ebenfalls dorischen Rhodier als in drei Stämme unterteilt beschrieben; zu den Δωριέες τριχάικες s. Hes. frg. 250 Most und Strab. 10.4.6, der sie im Osten der Insel lokalisiert, mit verschiedenen Deutungen; s. Heubeck et al. 1992, 83–5; Gehrke 2000 mit der Diskussion weiterer Literatur und das Kapitel *Pyla*. – Kydonier: Strab. 10.4.6–7 platziert sie im Westen der Insel. Wenn Hom. Od. 3.192 betont, Menelaos sei auf seiner Fahrt von Norden her kommend an der Südküste der Insel in der Gegend von Gortyn angelandet und habe sich damit im Land der Kydonier befunden, „die den Iardanos bewohnen", mag dies darauf hindeuten, dass das Epos die Kydonier im gesamten Westen der Insel lokalisierte; also sowohl im Nordwesten im Bereich des Iardanos, als auch im Südwesten bis zum Gebiet Gortyns. Diese – womöglich intentionale – Andersartigkeit mag die Unterschiede im materiellen Befund Westkretas gegenüber Zentralkreta erklären. Paus. 8.53.4 berichtet, sie stammten aus Tegea in Arkadien; s. auch Sekunda 2000, 330–1. – Pelasger: Laut Hdt. 1.56–8 waren sie das ursprüngliche, nichtgriechische Volk, von dem alle Ionier abstammten, laut Hdt. 2.52–6 hieß ganz Hellas einst ‚Pelasgia'. Eine Verbindung zu Lydern und Etruskern zieht Thuk. 4.109; s. Willetts 1965, 25–35. Die Pelasger sind kein spezifisch kretisches Volk. Sie werden in der *Ilias* recht häufig und in sehr unterschiedlichen Kontexten erwähnt. Die Zusammenschau dieser Nennungen zeigt, dass sie als ein sehr altes Volk galten, dessen Angehörige zumeist in Randgebieten der griechischen Welt lebten und sich von den Achaiern klar unterschieden beziehungsweise von ihnen unterschieden wurden. Das ihnen auch hier beigegebene Attribut δῖοι weist auf ihr hohes Alter hin; es findet auch bei der Beschreibung jener Pelasger Verwendung, die aus Larissa stammen und auf Seiten Trojas kämpfen; s. Myres 1907 und Lochner-Hüttenbach 1960.

herleitet.[91] Aus zahlreichen Studien der Ethnoarchäologie und Anthropologie haben wir gelernt, dass der Zusammenhang zwischen Ethnizität und ihrem vermeintlichen Ausdruck in materieller Kultur oder auch Sprache eine komplizierte Angelegenheit ist. Im Wesentlichen scheint allein festzustehen, dass die unabdingbare Voraussetzung für die ethnische Identität einer Gruppe der von den Angehörigen dieser Gruppe geteilte Glaube daran ist. Ethnizität ist eine Frage des Willens, und oftmals werden kulturelle Praktiken und materielle Kultur ausgebildet und bemüht, diesen Willen zu untermauern, ihn zu plausibilisieren. Wenn wir also nach Erklärungen suchen, warum Kreta im *Schiffskatalog*, wie auch bei Herodot, Diodor und Ephoros als besonders reich an Völkern, Sprachen und auf eine lange Geschichte mit vielen verschiedenen Vergangenheitsebenen zurückblickend dargestellt ist, müssen wir unbedingt Phänomene in den Blick nehmen, die im 7. Jh. tatsächlich auf der Insel zu beobachten waren.[92]

Die Erwähnung der lange zurückreichenden Geschichte Kretas mag durchaus eine kulturelle Besonderheit der Insel widerspiegeln. Wie im ersten Kapitel ausgeführt, stellten die Jahrhunderte, die auf das Ende der Bronzezeit folgten, für Kreta einen weitaus geringeren Bruch dar, als dies für die meisten anderen Teile Griechenlands der Fall war.[93] Nicht nur waren einige der großen bronzezeitlichen Zentren, etwa Knossos und Phaistos, weiterhin bewohnt. Survey-Ergebnisse der letzten dreißig Jahre erbrachten zudem den Nachweis für eine Vielzahl von Siedlungen, welche sich in die Zeit von 1200 bis 700 datieren lassen. Die gemeinschaftliche Lebensweise größerer Gruppen war auf Kreta mit dem Zusammenbruch des Palastsystems nicht aufgegeben worden, man wohnte eben nicht zerstreut. Verglichen mit den meisten Teilen Griechenlands gab es auf Kreta etwa bezüglich der Begräbnissitten eine bemerkenswerte Kontinuität von der Bronzezeit. Und bis zum Ende des 7. Jh. blieben charakteristische minoische Bestattungssitten, nämlich die Beisetzung von Toten in mehrfach belegten Kammergräbern oder kleinen Tholoi, die übliche Praxis.[94] Zudem hatte Kreta während der frühen Eisenzeit zu keinem Zeitpunkt den Kontakt mit dem Vorderen Orient über die Levante verloren. Vielmehr diente die Insel als eine frühe Vermittlerin von materieller Kultur und kulturellen Praktiken

---

91 Zum Konzept der ‚Intentionalen Geschichte' s. etwa Gehrke 1994 und 2010; Ulf 2008. Eine grundlegende Erörterung der Modalitäten des Zusammenhangs zwischen den Grenzen materieller Kultur und ‚ethnischer' Identität bietet Hodder 1982; s. methodisch wegweisend auch Kühr 2006.

92 Zu den Hintergründen dieses Bildes einer ethnischen Vielfalt s. auch das Kapitel *Pyla*. – Es wäre eine andere Frage, in welchem Maße die späteren literarischen Schilderungen dieser Diversität womöglich vom *Schiffskatalog* geprägt waren.

93 Hierzu s. das Kapitel *Materielle Kultur und kulturelle Praktiken*. – Einen Überblick über die im Folgenden skizzierte Entwicklung bieten etwa Prent 1996; Morris 1992, 150–94; Morris 1998; Coldstream/ Huxley 1999; Whitley 2001; Erickson 2010; Wallace 2010.

94 So waren etwa die Nekropolen von Knossos – Fortetsa und die Nordnekropole – von der subminoischen Zeit bis in das 7. Jh. kontinuierlich belegt.

für andere Regionen des griechischen Kulturraums. Auf Kreta war die Vergangenheit durch Monumente und andere materielle Relikte in wohl größerem Maße präsent als auf dem Festland.

Hiermit hängt ein weiterer Punkt eng zusammen. Wie im ersten Kapitel ausgeführt, bietet die Insel aufgrund ihres relativ freien Zugangs zu Gütern des Vorderen Orients für das 7. Jh. den Befund einer bemerkenswerten Vielgestalt und eines ungewöhnlichen Reichtums der materiellen Kultur. Dies unterscheidet Kreta von anderen Gegenden Griechenlands ganz wesentlich.[95] Dies wird besonders deutlich in der einzigen Quellenart, die noch am ehesten als im Ansatz ‚seriell‘ zu bezeichnen ist, den Nekropolen. Generell zeigen kretische Begräbnisse des 7. Jh. erheblich mehr Einflüsse aus dem Vorderen Orient als etwa die Begräbnisse des Festlands. Charakteristisch ist aber vor allem, dass – abermals anders als auf dem Festland, etwa in Attika oder Argos – das 7. Jh. uns kein einheitliches Bild der Begräbnissitten bietet, es herrschte eine bemerkenswerte regionale Vielfalt. Beachtlich sind nicht allein die Unterschiede zwischen den Nekropolen unterschiedlicher Poleis, sondern gerade auch zwischen den Bestattungsarten innerhalb ein und derselben Nekropole. Weder gab es einen deutlichen ‚Polisstil‘, noch einen ‚Regionalstil‘. Dieses Phänomen mag der Schilderung der kretischen Poleis im *Schiffskatalog* als voneinander deutlich unterschiedenen Gebilden zugrunde liegen.

Um die genannten Punkte zu vertiefen, ist ein Blick auf die in dieser Geschichte genannten Eteokreter zu werfen. Ihre Bezeichnung als ‚Ur-Kreter‘ – und die im gleichen Kontext stehende Erwähnung der Dorer – legen nahe, dass das Epos sowohl von alteingesessenen als auch neu eingewanderten Bewohnern der Insel wusste. Strabon berichtet, die Eteokreter hätten das πολίχνιον Πραισόν besessen, wo das Heiligtum des Diktäischen Zeus sei. Nun bietet diese Gegend um das ostkretische Praisos tatsächlich einige Auffälligkeiten. Denn vor allem von dort, wie auch aus Dreros, stammen Inschriften in griechischen Zeichen, doch in einer uns unbekannten Sprache. Deren früheste Beispiele werden in das 7. und 6. Jh. datiert, die spätesten in das 2. Jh.[96] Nun geht die Vorstellung, es habe sich bei den Sprechern dieser Sprache um die ‚Eteokreter‘ gehandelt, allein auf diese Passage des Epos und Strabon zurück; eine entsprechende Selbstbezeichnung der Angehörigen dieser Sprachgruppe bietet das inschriftliche Material nicht. Doch in den literarisch bezeugten ‚Eteokretern‘ oder den Urhebern dieser Inschriften die Nachfahren jener bronzezeitlichen Einwohner Kretas zu sehen, deren vorgriechische Sprache sich im Linear-A manifestiert habe, wie oft postuliert, ist bloße Vermutung. Dies ist die fehlgeleitete Bemühung, die im

---

95 s. etwa Whitley 1991 und 1991a zum Vergleich von Kreta, Argos und Athen.

96 Zu den Eteokretern und den vermeintlichen Manifestationen ihrer Sprache im sogenannten ‚Eteokretischen‘ s. etwa van Effenterre 1946; Georgiev 1947/8; Bartonek 1986; Duhoux 1982; Hajnal 1985; s. Demargne 1947 zur archäologischen Sicht. Zur Differenzierung der griechischen Dialekte s. etwa Duhoux 1988; Brixhe 1991; Bile/Brixhe 1991; s. auch Guarducci 1942 in IC 3, 138–55.

Schiffskatalog offen liegende Beschreibung distinkter Identitäten auf der Insel allein aus einer lange zurückliegenden historischen Entwicklung herzuleiten, nicht aber aus aktuellen politisch-ideologischen Notwendigkeiten des früheisenzeitlichen und archaischen Kretas, also jener Zeit, in welche die uns überlieferte Version des *Schiffskatalogs* datiert.[97]

Wenn nun unsere literarischen Zeugnisse die Autochthonie der Eteokreter betonen, und nichts anderes sagt ihr Name, scheint dies der Kern der von jener Sprachgruppe, deren Mitglieder sich womöglich selbst Eteokreter nannten oder von anderen derart bezeichnet wurden, selbst vorgebrachten und von anderen wahrgenommenen Andersartigkeit gewesen zu sein. Wenn also die erwähnten Manifestationen einer distinkten Identität in der Gegend um Praisos als konstruierte oder betonte Nachweis von Autochthonie zu verstehen sind, waren sie womöglich Bemühungen einer Abgrenzung vom ‚dorischen‘ Zentralkreta und Reaktionen auf den dort hochgehaltenen *charter-myth* der dorischen Einwanderung.[98] In jedem Falle scheinen dem in der *Odyssee* geschilderten Bild einer von Vielfalt geprägten Insel Bemühungen zugrunde zu liegen, distinkte Identitäten auf der Insel zu betonen, welche nicht allein deren Verschiedenartigkeit, sondern auch deren historische Tiefe betonten.

Am Ende dieses Kapitels bleibt festzuhalten, dass nicht einmal die von den Kritikern als wesentlich und offensichtlich vorgebrachten Beispiele die von ihnen postulierten unüberbrückbaren Differenzen zwischen den Inschriften des 7. bis 5. Jh. und den literarischen Texten des 4. bis 2. Jh. zeigen. Es ist Paula Perlman durchaus darin zuzustimmen, dass in den uns erhaltenen literarischen Quellen eine gemeinsame Vorlage durchscheint. Und doch zeigt sich, dass unsere Gewährsmänner auch über Informationen außerhalb jener von ihr konjizierten *Kretischen Politeia* verfügten und diese zitierten. Darüber hinaus lässt sich nachweisen, dass die uns erhaltenen Informationen keinesfalls allein die Gegebenheiten in Lyttos schildern, sondern auch eine Reihe anderer Poleis im Blick hatten. Weiterhin wird deutlich, dass die in der *Kretischen Politeia* enthaltenen Informationen keinesfalls allein mit dem Blick auf die spartani-

---

[97] Diese Ansicht kann sich auf Hdt. 7.170 berufen, der die Praisier als Nachkommen der Minoer bezeichnet. Zur Forschungsgeschichte und Diskussion dieser Position s. etwa Hall 1997, 177–81 und 2002, 82–3; Whitley 1998a, 2006, bes. 612–4, 2007 und 2009, 275–6 sowie Erickson 2009, bes. 386–8. – Tatsächlich zeigen einige dieser Inschriften Glyphen, die an Linear-A erinnern, ohne unter den Zeichen dieses Schriftsystems tatsächlich nachgewiesen zu sein.

[98] Hom Od. 19.176; Hdt. 7.170; Ps.-Kymnos *Periegesis* 541; Diod. 5.64, 80; Strab. 10.4.6. – Rosivach 1987, 296–7 betont, dass die im Mythos fundierte Inanspruchnahme von Autochthonie eine Reaktion auf Erzählungen der dorischen Wanderung gewesen sei. – In archaischer Zeit unterschied sich Praisos von anderen kretischen Poleis im Wesentlichen durch sein Aufgreifen des ‚internationalen‘ Stils der Produktion von architektonischen Terrakotten, des korinthischen, zyprischen, ionischen und athenischen Stils. Hierzu s. Erickson 2009, 2010 und 2010a; Brisart 2011 und 2014. – Zur Rolle von Sprache als einem Medium der bewussten Erzeugung ‚ethnischer‘ Differenz s. Hall 1995a und 1997.

schen Verhältnisse gezeichnet waren. Und schließlich wird offenbar, dass sich die in den literarischen und epigraphischen Zeugnissen erhaltenen Informationen beileibe nicht widersprechen, sondern dass ihre Zusammenschau ein in sich konsistentes Bild ergibt. Es gibt somit keinen guten Grund dafür, an der grundsätzlichen sozio-politischen Ähnlichkeit einer ganzen Reihe von kretischen Gemeinwesen zu zweifeln, zumindest jener, aus denen uns inschriftliches Material überliefert ist. Vor diesem Hintergrund geht diese Arbeit also davon aus, dass die literarischen Quellen reiche Informationen zur sozialen und politischen Organisation kretischer Poleis bieten. Ihre Aussagen dürfen – und müssen – mit der gebotenen methodischen Umsicht neben den epigraphischen Befunden und jenen der materiellen Kultur herangezo-gen werden. Allerdings muss die Untersuchung der Institutionen archaischer Zeit vorrangig auf der Grundlage des zeitgenössischen Inschriftenmaterials stattfinden. Erst dann dürfen diese Befunde gegebenenfalls durch das spätere Material ergänzt werden.

Die anhand des epigraphischen Materials deutlich werdende strukturelle Ähn-lichkeit kretischer Politien darf uns nicht davon ausgehen lassen, dass die gesamte Insel eine Einheit bildete. In der bisherigen Forschung stand in der Regel der zentral-kretische Raum im Mittelpunkt des Interesses. So nahm man häufig kaum wahr, dass die geschilderte charakteristische Ausprägung der materiellen Kultur eben nicht in allen Teilen der Insel gleichermaßen stark war, sondern sich im zentralkretischen Raum deutlicher zeigte als etwa in Ostkreta. Dies korrespondiert mit dem Befund der Gesetzesinschriften. Letztere sind offenbar Manifestationen einer soziopoliti-schen Entwicklung, welche sich auch in der zunehmenden Austerisierung der mate-riellen Kultur ausdrückte. Eine genauere Untersuchung der regionalen Differenzie-rung Kretas kann nur die Erforschung der materiellen Kultur der Insel leisten. Deren Aufgabe wäre es dann auch, die genannten geographischen Räume nicht als in sich geschlossene, homogene Gebilde wahrzunehmen. Vielmehr muss gezielt auch nach unterschiedlichen Ausprägungen der materiellen Kultur innerhalb der verschiede-nen Großregionen der Insel gefragt werden, beispielsweise im nördlichen Zentral-kreta mit dem Hauptort Knossos und in der Messara-Ebene im südlichen Zentralkreta mit dem Hauptort Gortyn.[99] In dieser Studie aber widmen wir uns den zahlreichen strukturellen Gemeinsamkeiten der – im Wesentlichen – in den zentralen Teilen Kretas gelegenen Poleis, aus denen uns jenes reiche Inschriftenmaterial überliefert ist, welches eine solche Untersuchung unter unserer Fragestellung überhaupt erst möglich macht.

---

99 Diese regionalen Unterschiede diskutieren etwa Erickson 2010 und Wallace 2010 sowie die Bei-träge in Pilz/Seelentag 2014.

2 Institutionen der politischen Entscheidung

Eine neue Darstellung des soziopolitischen Aufbaus kretischer Bürgerstaaten bedarf keiner Rechtfertigung. Zwar gibt es einige ältere Studien, die bemüht sind, die Organisation der Poleis der Insel nachzuzeichnen, diese Darstellungen tragen aber im Wesentlichen das Material summarisch zusammen und bieten keine ausreichend reflektierende Zusammenschau von inschriftlichen und literarischen Quellen. Zudem berücksichtigen sie nicht in ausreichendem Maße die möglichen Unterschiede zwischen verschiedenen Poleis und verschiedenen Jahrhunderten und versuchen die Lücken, welche die archaischen und klassischen Inschriften lassen, mit epigraphischen Zeugnissen des 3. und 2. Jh. zu füllen. Nicht zuletzt wird deutlich, dass vielen dieser Darstellungen scheinbare Gewissheiten und vorgefasste Vorstellungen von den soziopolitischen Strukturen Kretas und der historischen Entwicklung der Insel zugrunde liegen, auf deren Grundlage die jeweilige Darstellung eine bestimmte Richtung nimmt. Einerseits ist dies etwa die These des Niedergangs eines dorischen Modellstaates in Archaik und früher Klassik hin zu einer von Krisen geschüttelten *dynasteia* des 4. Jh., wie die *Politik* des Aristoteles sie zeichnet.[1] Andererseits ist dies aber auch die Vorstellung, dass die monumentale Verinschriftlichung der kretischen Gesetze ein Anzeichen und ein Beschleuniger für den wachsenden Einfluss des Demos gegenüber den Eliten gewesen sei; dass dies gar zu einer ,Demokratisierung' der kretischen Bürgerstaaten geführt habe.[2]

Bei einer Beschäftigung mit den Institutionen kretischer Poleis müssen wir uns zunächst einige der methodischen Schwierigkeiten vor Augen halten, die mit diesem Thema verbunden sind. So ist über viele Ämter in kretischen Poleis kaum etwas bekannt; die meisten sind uns allein aus einer Polis und manches Mal in nur einem einzigen Zeugnis überliefert. Über andere dagegen sind wir dank einer Reihe von Inschriften oder einer einzelnen, besonders aussagekräftigen Quelle vergleichsweise gut informiert. Insgesamt ist aber festzuhalten, dass wir weder die Entwicklung eines bestimmten Amtes in irgendeinem Gemeinwesen der Insel rekonstruieren noch das Institutionengeflecht einer Polis zu einem bestimmten Zeitpunkt nachzeichnen können. Dies ist nicht einmal für Gortyn möglich, immerhin die aufgrund ihres reichen Inschriftenmaterials am besten dokumentierte Polis der Insel.[3] Es mag verlockend erscheinen, zum Zweck einer Modellbildung für die Rekonstruktion einer bestimmten kretischen Politie methodisch abgesicherte Vergleiche mit anderen Poleis der Insel oder sogar anderen Gegenden Griechenlands anzustellen, mit Sparta etwa.

---

1 s. etwa Busolt/Swoboda 1926; Kirsten 1942; Willetts 1955 und Ruzé 1997; ansatzweise auch Link 1994.

2 s. etwa Muttelsee 1925, 15–33; Kirsten 1942; van Effenterre 1948, 163–72; Petropoulou 1985, 104–14, 154–6; Link 1994, *passim*, etwa 111–2; vgl. Wallace 2010 und Cross 2011.

3 Bemerkenswerte und gelungene Versuche sind allerdings Perlman 2000 und 2002 für Gortyn und Perlman 2004a für Eleutherna.

Und doch müssen wir stets darauf bedacht sein, das Miteinander der Institutionen einer Polis nicht anhand von Institutionen einer anderen zu konjizieren.[4]

So verbietet sich eine methodisch nicht abgesicherte Konstruktion des Idealtyps einer kretischen Polis, in welchem etwa der allein für Gortyn nachgewiesene Xenios neben dem allein aus Dreros bekannten Agretas steht. Denn wir dürfen nicht notwendigerweise davon ausgehen, dass in der archaischen und klassischen Zeit ein Amt, dessen Bezeichnung uns aus unterschiedlichen Poleis überliefert ist, in allen diesen Gemeinwesen auch die gleichen Zuständigkeiten besaß. Wir können nicht einmal sicher sein, ob zwei unterschiedlich benannte Ämter, die uns aus derselben Polis bekannt sind, nicht vielleicht die gleiche Funktion hatten; so etwa im Falle des Gnomon und Mnamon aus Gortyn, die gemeinhin als Bezeichnungen der gleichen Institution vor beziehungsweise nach dem Beginn des 5. Jh. gedeutet werden. Und natürlich müssen wir immer auch in Betracht ziehen, dass Ämter, die uns unter verschiedener Bezeichnung aus unterschiedlichen Poleis bekannt sind, womöglich eine sehr ähnliche Funktion innerhalb des institutionellen Gefüges ihrer jeweiligen Polis hatten.

Bei all diesen Schwierigkeiten, die mit einer solchen Untersuchung verbunden sind, scheint es doch möglich, wie im Folgenden deutlich werden wird, aus einer Reihe kretischer Gemeinwesen der archaischen und klassischen Zeit Informationen nicht allein über die Existenz und die Aufgaben einzelner Institutionen zu gewinnen, sondern auch über deren Einbettung in ein Gefüge von Institutionen und ihre jeweilige Funktion darin. Wenn wir also Zeugnisse aus verschiedenen kretischen Bürgerstaaten und aus verschiedenen Jahrzehnten und Jahrhunderten gemeinsam in den Blick nehmen, dann geschieht das im Wesentlichen nicht, um eine historische Entwicklung nachzuvollziehen oder auch nur Unterschiede des soziopolitischen Aufbaus dieser Poleis identifizieren zu wollen, denn selbst dafür sind unsere Informationen zu lückenhaft.

Vielmehr geht es darum, strukturelle Ähnlichkeiten aufzudecken, die in kretischen Inschriften immer wieder aufscheinen, etwa die Schwäche des Prinzips der institutionellen Macht; Bemühungen, Fälle von unrechtmäßiger und erlaubter Anwendung von Gewalt auseinander zu halten; die Versuche der Polis, Einfluss auf die von ihr inkorporierten Integrationskreise ihrer Bewohner zu nehmen und eine auf das gesamte Gemeinwesen ausgerichtete Identität von Politen zu entwickeln; schließlich auch die Kontaktzonen dieser Politen mit den ‚Anderen' – freien Fremden wie Unfreien – zu regulieren. Eine Analyse der Zeugnisse dieser verschiedenen Ämter aus

---

[4] Willetts 1955, 105 etwa vergleicht den aus Gortyn im 6. und 5. Jh. bekannten Titas mit den aus Itanos im frühen 3. Jh. bezeugten Logistai; IC 3.4.7.21–3. Über jene wiederum vermutet er, sie seien vom Rat ausgewählt worden; alleine, weil auch in Athen ein Kollegium der Logistai bekannt ist, von denen wir tatsächlich wissen, dass sie vom Rat jener Polis bestimmt wurden. Hier wird der Vorgang des Konjizierens sehr deutlich, der die idealtypische kretische Politeia zu konstruieren bemüht ist.

unterschiedlichen Poleis lässt uns eben doch ein Panorama von Institutionalisierung in den Bürgerstaaten Kretas zeichnen. Denn mochten die Ämter in verschiedenen Poleis auch unterschiedlich bezeichnet werden, so sehen wir doch, dass sie ähnliche Funktionen besaßen, dass sie in ein vergleichbares institutionelles Netz eingebunden waren, und dass ihre Funktionen jeweils ähnliche gesellschaftliche Phänomene reflektierten, die wir in anderer Form auch in anderen Quellen vor uns sehen.

Überdies verfügen wir gleichsam über Inseln von Informationen aus unterschiedlichen Jahrzehnten und aus unterschiedlichen Poleis, Inschriften, die uns anhand einer jeweils ausführlich darzulegenden Rekonstruktion des hinter ihnen stehenden historischen Szenarios einen synchronen Einblick in ihre Politeia gestatten. Dies sind etwa die Befunde aus Dreros in der zweiten Hälfte des 7. Jh., aus Axos, Eleutherna und Lyttos vom Ende des 6. und Beginn des 5. Jh., und natürlich aus Gortyn in der ersten Hälfte und der Mitte des 5. Jh. Anhand dieses Materials wird deutlich, dass wir in einer Reihe von Gemeinwesen nicht allein Gemeinsamkeiten in einzelnen Details, sondern vor allem im strukturellen Aufbau beobachten können.

Einzelnen Zeugnissen wie etwa dem Beschluss über den Umgang mit Körperverletzung aus Eltynia oder dem Dekret über die Rechte und Pflichten des Poinikastas und Mnamon Spensithios aus Datala – beide verinschriftlicht um 500, und beide annähernd die einzigen Zeugnisse aus diesen Poleis – kommt dabei eine besondere Rolle zu. Denn dieses eigentlich singuläre Material bietet uns immer wieder Ergänzungen und potentielle Korrektive unserer Rekonstruktionen des Aufbaus kretischer Politien, wie sie sich aus dem monumentalisierten Inschriftenmaterial anderer Poleis mit reicherer Überlieferung ergeben. So zeigt ein Zufallsfund wie die Bronzemitra mit der Privilegierung des Spensithios etwa, dass es auch im kleinen Datala einen Kosmos gab und dieser von einem Poinikastas und Mnamon begleitet wurde; dass es auch dort Andreia gab und ein Abgabensystem der Bürger, um diese zu unterhalten, und so fort.[5] Gerade diese Zeugnisse sind es also, die Mal um Mal unsere Vorstellung der strukturellen Ähnlichkeit einer Reihe von kretischen Politien untermauern.

---

5 Jeffery/Morpurgo-Davies 1970 mit umfangreichem Kommentar = Nomima 1.22.

V Kosmos

Institutionen konturieren

> Häufig werden die Kosmen abgesetzt, nachdem sogar einige ihrer Kollegen oder auch Privatleute
> sich verschwörerisch gegen sie zusammengeschlossen haben. Es ist den Kosmen auch erlaubt,
> mitten während der Amtsperiode zurückzutreten.
>
> *Arist. pol. 1272b 1–5*

Erste Schritte der Institutionalisierung

Studien zur Institutionalisierung betonen, dass Institutionen zu schaffen heißt,
Anlaufpunkte und Regeln zu etablieren – Ämter etwa, Gremien und Verfahren –,
die auf Dauer und exklusiv mit einem bestimmten Aufgabenbereich betraut werden,
wobei die Umstände ihrer Erledigung definiert werden: „Institutionalisierung findet
statt, sobald habitualisierte Handlungen durch Typen von Handelnden reziprok
typisiert werden. Jede Typisierung, die auf diese Weise vorgenommen wird, ist eine
Institution."[1] Institutionalisierung senke die Transaktionskosten auf verschiedenen
Feldern, etwa auf dem der politischen Entscheidung und der Konfliktlösung.[2] So biete
die Institutionalisierung beispielsweise von abstrakten Ämtern und politischen Ent-
scheidungsorganen eine erhebliche Effizienzsteigerung und Rationalisierung bei der
Findung und Durchführung allgemein verbindlicher Entscheidungen. Zunehmende
Institutionalisierung ist damit eine notwendige Grundvoraussetzung zur Entwick-
lung komplexerer Gesellschaften.

Eine solche Einsicht in die rationale Zweckmäßigkeit der Schaffung von Institutionen sollten wir den frühen Polisgesellschaften der griechischen Archaik aber
wohl nicht zugestehen. Vielmehr war es das wesentliche Ziel jener in literarischen
und epigraphischen Zeugnissen aufscheinenden Maßnahmen, die wir rückschauend
als Prozesse der Institutionalisierung erkennen und beschreiben, den Einfluss großer
Einzelner zu beschränken. Und diese Sorge, dass ein großer Einzelner seine gesellschaftliche Macht auf Dauer stellte, entstammte weniger den Reihen des Demos,
als vielmehr denen seiner Peers. Sie waren besorgt, infolge der übergroßen Macht
eines der Ihren selbst nur geringeren Einfluss in der Gemeinschaft zu haben, weniger
Geschenke anzunehmen oder erpressen zu können, sich weniger Mitmenschen zu
verpflichten; besorgt, aus der Menge der Aristoi herauszufallen – die das Ideal pfleg-

---

1 Berger/Luckmann 1980, 58.
2 Hölkeskamp 2003 mit weiterer Literatur.

ten, untereinander als Agathoi prinzipiell gleichberechtigt, dem Demos gegenüber aber herausgehoben zu sein.[3]

Zur Konturierung konkreter Institutionen und damit auch der Vorstellung, was eine Institution denn eigentlich sein kann und zu leisten hat, ist eine Reihe von Schritten nötig, die jeweils einen ungeheuren Eingriff in das natürliche Kräftespiel einer Gemeinschaft bedeuten, eine Regulierung des freien Wettbewerbs. Es geht darum, Funktionsträger in ihrer Macht zu beschränken, ihnen als Amtsträgern Pflichten aufzuerlegen und Rechte zu verleihen, ihnen institutionelle Macht einzuräumen und Mechanismen zu ihrer Kontrolle einzurichten. Und schließlich sollte das Funktionieren dieser Institutionen sichergestellt werden durch die Etablierung bestimmter Kriterien für die Auswahl der infrage kommenden Kandidaten. Die im Folgenden skizzierten Maßnahmen bilden eine Art Idealtypus der Herausbildung von Institutionen. Die fragmentarische Überlieferung der kretischen Gesetzesinschriften lässt uns für keine Polis die Umsetzung sämtlicher dieser Maßnahmen erkennen. Und doch ist eine jede in jeweils verschiedenen Gesetzen aus unterschiedlichen Poleis reflektiert.

Die frühesten Inschriften lassen erkennen, dass es bei der Konturierung von institutionalisierten Aufgaben an erster Stelle nicht darum ging, den Inhabern dieser Funktionen Rechte einzuräumen. Schließlich hatten jene Männer, die zu den einflussreichsten ihrer Gemeinwesen gehörten, eine aufgrund ihrer sozialen Stellung umfangreiche persönliche Macht, ihren Willen auf allen möglichen Feldern durchzusetzen. Vielmehr sind die frühesten Regelungen darum bemüht, diese frühen Funktionsträger in den Möglichkeiten ihres Handelns zu beschneiden. Dies äußerte sich aber nicht in einer Limitierung der Aufgaben eines solchen Funktionsträgers, sondern in einer Beschränkung des Zeitraums, während dessen einem Mann eine der ansatzweise habitualisierten Funktionen im Gemeinwesen übertragen wurde. Einer der ersten Schritte der Institutionalisierung scheint die Festlegung einer Amtsdauer gewesen sein. Sie wird bereits in den frühesten uns erhaltenen Regelungen vorausgesetzt. Damit war allerdings nicht verhindert, dass ein und derselbe Mann immer wieder von Neuem die gleiche Funktion bekleidete; und so wurden nach gewisser Zeit Sperrfristen für die Iteration eines Amtes etabliert. Erst die regelmäßige, nach festgelegten Zeiträumen erfolgende Rotation der Amtsträger konnte zur Entspannung innerelitärer Konkurrenz führen.[4]

Eine andere wesentliche Maßnahme, die das Handeln Einzelner beschränkte und dafür sorgte, dass Institutionalisierung zu einer Entspannung unter den Einflussreichen des Gemeinwesens führen konnte, war die Besetzung habitualisierter Funktionen mit einem Kollegium beziehungsweise die Etablierung einer Reihe voneinan-

---

3 Hierzu s. das Kapitel *Institutionalisierung und Bürgerstaatlichkeit*.
4 s. etwa IC 4.14g–p = Koerner 121 = Nomima 1.82, Gortyn im frühen 6. Jh.; vgl. hierzu die Tradition um die unregelmäßige Besetzung des athenischen Archontats nach dem Rückzug des Solon bei Arist. Ath. pol. 13.2.

der geschiedener Funktionen. Auf diese Weise hatten mehr Männer die Möglichkeit, von den konkreten Vorteilen des Amtes zu profitieren. Eine solche Diversifizierung beobachten wir schon in den frühesten Inschriften. Die dort behandelten Funktionsträger sind stets Teil eines institutionellen Gefüges. Neben ihnen existieren andere etablierte Funktionen: So stehen neben dem Kosmos von Gortyn eben auch etwa der Xenios sowie die Gnomones und der Titas. Dieses Gefüge macht es aber notwendig, Wege zu finden, die in der Gemeinschaft anfallenden Aufgaben unter den Amtsträgern aufzuteilen. Gerade im Fall der Auffächerung von Aufgaben ist es nötig, eine Hierarchie der Institutionen untereinander beziehungsweise ein Geflecht der Verhältnisse zwischen den Institutionen zu etablieren. Erst dann können Handlungsparalysen zwischen verschiedenen Amtsträgern vermieden werden, die sich prinzipiell gleichberechtigt fühlen; erst dann können Weisungsbefugnisse und ein System zur Kontrolle von Amtsträgern entstehen und sich das Konzept von institutioneller Macht entwickeln.

Unmittelbar damit, die freie Machtentfaltung von Funktionsträgern zu beschränken, geht einher, ihnen Pflichten aufzuerlegen. Es müssen Verfahren definiert werden, infolge derer Amtsträger handeln sollen. Denn eine Institution muss ganz und gar für die ihr übertragene Aufgabe zuständig sein. Ein Funktionsträger, der mit einer bestimmten Aufgabe betraut ist, muss diese auch wahrnehmen. Es darf ihm nicht freistehen, sich von Fall zu Fall für seinen Bereich einmal zuständig zu erklären, ein andermal dies zu unterlassen – ganz nach persönlichen Vorlieben und Abneigungen etwa oder sozialen Verpflichtungen. Und so müssen Szenarien definiert werden, aufgrund derer ein bestimmter Amtsträger zu handeln hat.

Darüber hinaus muss festgelegt werden, wie – das heißt nach welchen Verfahren – ein Amtsträger zu handeln hat. Es müssen Handlungsmuster herausgebildet werden, die transparent oder zumindest kalkulierbar sind. Dies bedeutet eine wesentliche Entwicklung weg von den Zuständen, die etwa in der Schlichtungsszene auf dem Schild des Achilles beschrieben sind. Dort wird ein Konflikt mittels einer Kompromissentscheidung gelöst, mit der beide streitenden Parteien wieder gut, oder zumindest friedlich, leben können, die aber weder den Präferenzen des einen, noch denen des anderen vollkommen entspricht. Zudem spielt bei dieser Schlichtung auch der Druck der Öffentlichkeit eine wesentliche Rolle, der die Entscheidung in eine Richtung lenkt, die den sozialen Frieden in der Gemeinschaft über die Frage der Gerechtigkeit stellt. Der epische Konflikt wird also nicht wie eine Sachfrage behandelt; die Frage nach Recht und Unrecht spielt keine Rolle. Eher setzt sich die Position des sozial Einflussreicheren durch, der Schwächere wird nicht geschützt.

Die Festschreibung aber, dass ein bestimmtes Fehlverhalten klar benannte Sanktionen nach sich ziehe, war ein erster Schritt hin zu einer Art ‚Rechtssicherheit'. Regelungen wie etwa der gortynische Katalog von Strafzahlungen für Vergewaltigung und Ehebruch bestimmen, dass ein bestimmter Täter einem bestimmten Opfer im

Falle eines bestimmten Vergehens eine festgelegte Strafsumme zu entrichten hatte.[5] Doch mag auch schon das früheste kretische Gesetz dem drerischen Kosmos konkrete Strafen androhen, sind solche Regelungen bis in das 5. Jh. eher selten. Die meisten Gesetze, die Handlungsweisen auferlegen oder untersagen, nennen weder eine konkrete Sanktion für Fehlverhalten, noch eine Institution, die mit einer solchen Sanktionierung beauftragt war. Dies zeugt nicht zuletzt von der nur mangelhaften Durchsetzbarkeit solcher Sanktionen.

Eine weitere wesentliche Maßnahme, um Institutionen zu konturieren, ist es, den Amtsträgern Rechte zu verleihen. Der Institution muss ein klar umrissener Aufgabenbereich übertragen werden, und es muss festgelegt sein, dass sie nur für ihn zuständig sei; andere Aufgabenbereiche sollen der Aufsicht anderer Institutionen unterliegen. Dies dient der Abgrenzung von anderen Institutionen, um Konflikte mit diesen zu vermeiden. Im Gegenzug geht damit einher, dass einer Institution ein klar umrissenes Monopol auf ihren Aufgabenbereich eingeräumt werden muss. Allein sie soll für ihn zuständig sein; anderen Institutionen oder gar Privatpersonen darf nicht gestattet sein, in diesem Aufgabenbereich zu handeln. Es muss also zum einen verhindert werden, dass eine Institution ihre Zuständigkeit auf Kosten einer anderen Institution ausbreitet; zum anderen, dass ihre Zuständigkeit von einer anderen Institution oder Nicht-Institution eingeschränkt wird.

Dieser letzte Punkt, den Amtsträger vom Privatmann zu trennen, führt zu einer weiteren Bedingung der Konturierung von Institutionen. Amtsträgern muss institutionelle Macht eingeräumt werden. Dies heißt in erster Linie, sicher zu stellen, dass der Amtsträger die Möglichkeit hat, auf dem Gebiet, auf dem er Recht und Pflicht zu handeln hat, auch tatsächlich handeln kann. So müssen Mechanismen geschaffen werden, die Amtsinhabern in jenen Fällen helfen, ihren Willen umzusetzen, in denen sie es nicht aus eigener Macht schaffen, das heißt, auf Grundlage des mit ihrer Person verbundenen Einflusses. Die kretischen Inschriften lassen deutlich werden, dass diese Mechanismen nicht in der Schaffung anderer Amtsträger mit größerer persönlicher Macht bestanden, die ihren am Handeln gehinderten Kollegen zur Seite sprangen. Vielmehr war es die Versachlichung von Entscheidungs- und Auswahlprozessen, die zur Legitimierung von Institutionen führte und die Amtsträger mit institutioneller Macht ausstattete. Es ist also wesentlich, verbindliche Verfahren langfristig zu etablieren, mittels derer Amtsträger bestimmt werden. Ob die Auswahl von Amtsträgern nun auf einem Konsens elitärer Entscheidungsträger beruht oder – vielleicht auch nur zusätzlich – auf einer Entscheidung oder Affirmation der Bürgerversammlung, führt die Routinisierung und Versachlichung dieses Verfahrens doch zu einer Legitimierung des Prinzips des Amtes an sich wie auch des konkreten Amtsträgers: Mochte jener selbst auch eine eher geringe persönliche Macht besitzen, war er doch im Zuge eines von den politischen Akteuren anerkannten Verfahrens bestimmt worden. Die

---

5 IC 4.72.2.2–24 = Koerner 164 = Nomima 2.81, Gortyn, Mitte des 5. Jh.

prinzipielle Anerkennung eines Verfahrens zur Auswahl von Amtsträgern war ein Schritt, von vorneherein die Legitimität aller potenziellen Amtsinhaber und damit deren institutionelle Macht zu stützen.

Dieses Verfahren gerät allerdings auf den Prüfstand, wenn Amtsinhaber sich wiederholt nicht wie erwartet verhalten. Daher muss das skizzierte Bemühen um eine Stärkung institutioneller Macht mit der Schaffung von Kontrolle ausübenden Institutionen einhergehen. Deren Aufgabe muss es sein, Amtsträger zu sanktionieren, etwa weil sie sich weigern zu handeln oder weil sie außerhalb ihres eigenen Feldes und auf dem eines anderen Amtes tätig sind. Allerdings reflektieren die kretischen Inschriften immer wieder die Möglichkeit, dass diese Kontrollmechanismen versagten. So lesen wir, dass auch jene mit der Sanktionierung beauftragten Institutionen zu bestrafen seien, wenn sie sich ihrerseits weigerten zu handeln. Wem freilich ihre Sanktionierung oblag, ist nicht festgehalten. Zahlreiche Quellen vom 7. bis 4. Jh. machen deutlich, dass es in kretischen Poleis schwierig war, Forderungen gegenüber einem Mächtigen durchzusetzen.[6]

Auch die hesiodeischen *Werke und Tage* und die solonischen Elegien lassen eine gewisse Ohnmacht der Gemeinschaft gegenüber einem einflussreichen Mann erkennen, der nicht so handelt, wie es von ihm erwartet oder gefordert ist. Sie betonen, dass ein dereinst kommendes göttliches Gericht ihn strafen werde – allerdings auch die gesamte Polis. Doch während Hesiod aus diesem Grund noch allein an die Selbstbescheidung der Basileis appelliert, fordert Solon schon das gegenüber dem Gemeinwohl verantwortungsbewusste Handeln aller Politen. Dies spricht in Zusammenschau mit der Schlichtungsszene und den oben besprochenen Szenarien der homerischen Epen dafür, dass der Druck der Damoden oder zumindest der Druck seiner Peers Einfluss auf das Handeln des großen Einzelnen besaß.[7] Tatsächlich wird bereits zu einem frühen Zeitpunkt der historischen Entwicklung die Überwachung von Amtsträgern nicht allein von anderen Amtsträgern gewährleistet, sondern von der ‚Polis‘ übernommen. Worin deren Macht begründet lag, werden wir in einem gesonderten Kapitel erörtern.[8] Dies alles lässt deutlich werden, dass von den frühesten inschriftlichen Regeln an der Prozess der Gesetzgebung eine Funktion der Kontrolle von Institutionen besaß. Die in diesen Regeln reflektierte Eidesleistung, Gottesinvokation und Selbstverfluchung entfalteten in Einheit mit ihrer Verinschriftlichung und Monumentalisierung in besonderen baulichen Kontexten eine appellative und verpflichtende Wirkung, diese Regeln einzuhalten.

---

6 s. etwa die mit dem Titas befassten Inschriften IC 4.78 und 79 = Koerner 153 und 154 = Nomima 1.16 und 1.30; und wohl auch IC 4.14g–p2 = Koerner 121 = Nomima 1.82. – Hierzu s. unten und das Kapitel *Hetairoi des Hybrias*.

7 s. das Kapitel *Institutionalisierung und Bürgerstaatlichkeit*.

8 s. das Kapitel *Polis*.

Eine letzte Maßnahme, Institutionen zu konturieren, sehen wir schließlich auch in den Versuchen, den Kreis der für die Bekleidung von Ämtern infrage kommenden Akteure exklusiv zu machen. Dies war in kretischen Poleis etwa die Praxis, die Amtsträger nur aus einem kleinen Kreis von Familien auszuwählen. Diese Beschränkung der potenziellen Entscheider erleichterte die ethische Homogenisierung der Mitglieder dieser Gruppe und förderte damit die Einhaltung der politischen Regeln; kurzum, sie war der Konturierung des Prinzips ,Institution' zuträglich.[9]

Die voranstehenden Schritte hin zu einer Konturierung von Institutionen in kretischen Poleis der archaischen und klassischen Zeit sind nicht in chronologischer Reihenfolge nach ihrem ersten inschriftlichen Nachweis wiedergegeben. Sie sind auch nicht zu einer Kausalkette verknüpft, in dem Sinn, dass die hier früher genannten Schritte die unbedingte Voraussetzung für die später genannten gewesen wären. Für beide Ordnungskriterien fehlt uns die dafür notwendige Quellendichte. Was hier katalogartig hintereinander gestellt ist, wurde eigentlich in parallel zueinander verlaufenden Prozessen ausprobiert und setzte sich dann – auf Zeit oder auf Dauer – als für gut befunden durch oder wurde wieder verworfen. Der folgende Abschnitt bietet mit der näheren Besprechung des ältesten uns von Kreta erhaltenen Gesetzes ein Fallbeispiel; einen Einblick in die tastenden Bemühungen des Bürgerstaates, einige der eben besprochenen Maßnahmen von Institutionalisierung zum Zwecke einer Konfliktlösung innerhalb der Polis umzusetzen.

Das Gesetz über den Kosmos von Dreros

Für den Prozess der Institutionalisierung, der sich in zahlreichen Poleis der griechischen Welt vollzog, bietet Kreta mit seinen bereits im 7. Jh. einsetzenden öffentlichen Inschriften aus verschiedenen Poleis unschätzbares Material. Im Folgenden wollen wir anhand der Bestimmung über den Kosmos von Dreros, eines der frühesten inschriftlichen Zeugnisse Kretas, einige Aspekte des Prozesses der Institutionalisierung betrachten. Denn hier sehen wir die tastende Entstehung von Ämtern und Verfahren, die in das natürliche Kräftespiel der Aristoi eingriffen, deren Konkurrenz kanalisierten und Regeln etablierten, die eine Kooperation der Eliten möglich machten.

Die Regelung gehört zu einer Gruppe von acht Inschriften, die allesamt aus dem gleichen Fundkontext stammen und in die zweite Hälfte des 7. Jh. v. Chr. datiert

---

9 Diese Beschränkung der regimentsfähigen Geschlechter beförderte freilich auch die Ausprägung einer durch Institutionen gestützten Adelsherrschaft in kretischen Poleis – allerdings einer auf das Gemeinwohl ausgerichteten; hierzu s. das Kapitel *Hetairoi des Hybrias*. Zum Konzept des ,Gemeinwohls' s. Kirner 2001 und Jehne/Lundgreen 2013.

werden.[10] Sie sind in Steinblöcke geschlagen, die jeweils zwischen 20 und 30 cm hoch und tief, zum Teil aber über einen Meter lang sind. Man geht davon aus, dass diese Blöcke aus der Ostmauer eines Herdhauses stammen, in dem ein Kult für die Trias um Apollon angesiedelt war. Jener Bau war oberhalb der von Sitzstufen umgebenen drerischen Agora errichtet und mit ihr durch Stufen verbunden. Dieses Ensemble von Platzanlage, Stufen und Gebäude war wohl bereits im 8. Jh. errichtet worden.[11] Die acht drerischen Inschriften sind nicht allein in unterschiedlichen Techniken und von verschiedenen Händen in den Stein geschlagen, sie unterscheiden sich auch im Schema der Laufrichtung ihrer Zeilen, und manche sind in eteokretischer Sprache oder als eteokretisch-griechische Bilingue verfasst.[12] Dieser Befund legt nahe, dass die Gesetze von Dreros nicht Teile eines systematischen und zum gleichen Zeitpunkt verinschriftlichten Gesetzeswerkes waren, sondern Einzelregelungen aus verschiedenen Jahren. Sie wurden situativ beschlossen und veröffentlicht, und es gab keine etablierte Konvention über die Sprache der Regelungen.[13] Und doch behandeln sie alle sehr ähnliche Gegenstände, nämlich Verfahrensfragen sowie die Rechte und Pflichten von Funktionsträgern.

In unserer Meistererzählung des frühen Griechenlands spielt das Gesetz über den Kosmos von Dreros eine wichtige Rolle. Je nach Überzeugung, ob der gesellschaftliche und institutionelle Wandel in der Archaik denn nun im Wesentlichen vom Demos oder den Aristoi initiiert und getragen worden sei, dient die Inschrift als Beleg, dass der Demos bereits in der zweiten Hälfte des 7. Jh. den aristokratischen Amtsinhabern

---

10 Zu dieser Inschrift s. ausführlich Seelentag 2009. – *Editio princeps* von Demargne/van Effenterre 1937 = Koerner 90 = Nomima 1.81 = ML 2 = HGIÜ 1.2; abgebildet bei Jeffery 1990, Taf. 59. – Daneben wird das Gesetz ausführlicher besprochen von Demargne/van Effenterre 1937, 333–48; 1938, 194–5; Guarducci 1939, 20–2; Ehrenberg 1943; Willetts 1955, 167–9; Gagarin 1986, 81–6 und 2008, 45–50; Hölkeskamp 1999, 87–95; Stahl 2003, 201–19; Eder 2005; Papakonstantinou 2008, 51–6; Veneciano 2010; Hawke 2011, 183–5; vgl. auch A. Chaniotis in SEG 59 (2009), Nr. 1023 mit überpointierender Darstellung und Bewertung von Seelentag 2009. – Für eine Datierung der drerischen Inschriften noch in das 7. Jh. sind die Untersuchungen von Duhoux 1982; Jeffery 1990 und Perlman 2004 maßgeblich. Allerdings beruht diese Datierung auf einer zeitlichen Verortung der Buchstabenformen relativ zu denen anderer archaischer Inschriften, ob nun aus Kreta selbst oder aus anderen Teilen der griechischen Welt. Wegen des nur in geringem Umfang erhaltenen Materials aus dieser Zeit ist dies ein schwieriges Unterfangen.
11 Zum architektonischen Kontext s. Marinatos 1936a; Demargne/van Effenterre 1937, 10–2; Martin 1951, 60 und 226; Drerup 1969, besonders 5–7; Beyer 1976; Coldstream 1977, 278–80, 315 und 1984, 21; Kolb 1981, 106; Sporn 2002, 82–3; Prent 2005, 284–9; vgl. nun Zographaki/Farnoux 2010. – Zu den Sphyrelaton-Statuetten der apollinischen Trias von Dreros s. Romano 1980, 281–91 und Bumke 2004, 45–54.
12 Diese Inschriften wurden von Demargne/van Effenterre 1937 und 1938 veröffentlicht. Eine Diskussion der archaischen Inschriften von Dreros bietet Perlman 2004. Die sogenannten ‚eteokretischen‘ Zeugnisse behandeln Duhoux 1982 und Hajnal 1985.
13 Zur Diskussion um den Grad der Systematik und Komplexität in frühen griechischen Gesetzen s. etwa Hölkeskamp 1992 sowie 1999, *passim* und 2005; vgl. dagegen Osborne 1997 und Gagarin 2008.

gewisse Auflagen machte; beziehungsweise, dass die Aristoi Mechanismen zur Selbstregulierung ihrer Konkurrenz und zur Zementierung ihres Primats gegenüber dem
Demos gefunden hatten. In jedem Fall gilt die Inschrift als „unbestritten eines der
wichtigsten Zeugnisse für die Frühgeschichte der Polis". Nahezu jede Studie, die sich
mit dem Werden der Polis, deren Gesetzen und Institutionen und mit dem Verhältnis
von Demos und Aristoi beschäftigt, zitiert dieses Gesetz. In jüngeren Publikationen
wird die Regelung etwa „law on the constitution" genannt, „in which the polis sought
to regulate its principal judicial official by ensuring he did not hold office longer than
for one year". Vage wird festgehalten, „the authority behind such laws was not a king,
not an aristocratic council of elders, but the community, the assembly, the polis." Es
stehe fest, „Clearly such regulations which often resulted in incisive innovations, must
have been prompted by strong pressure from within the polis to limit abuses by the elite
and secure equal treatment for all." Hier lasse sich feststellen, „The polis had achieved
a marked sense of community (...) and a strong sense of community is one important
precondition for the emergence of democracy." Und so sei festzuhalten, dass dieses
Gesetz „confirms that oligarchic republicanism had established itself in Crete from a
very early date". Insgesamt müsse man „sich hierbei vor Augen halten, dass Dreros ein
geordnetes Staatswesen war, wie aus der ganzen Urkunde hervorgeht."[14]

Die Protagonisten des Gesetzes

In Abgrenzung von derlei Deutungen wollen wir im Folgenden die in der drerischen
Regelung manifestierten Strukturen nicht als die bereits deutlichen Vorstufen einer
später konsequent zur Demokratie führenden Entwicklung sehen. Vielmehr wollen
wir dieses Zeugnis vor dem Hintergrund solcher Szenarien betrachten, wie sie in den
Epen Homers und Hesiods geschildert sind. Hierbei müssen wir uns stets verdeutlichen, dass keineswegs alle Manifestationen des Politischen, die uns in den drerischen Inschriften des 7. Jh. begegnen, Teile eines in sich logisch konsequenten
Ineinandergreifens von Institutionen gewesen sein müssen.[15] Vielmehr wird deutlich
werden, dass diese Regelungen einen historischen Zustand reflektieren, in welchem
die frühesten Ämter ausgebildet und die Kompetenzen der Amtsträger definiert
wurden; in dem es aber noch keine klare Trennung zwischen sozial gewachsener,
unmittelbar mit dem Individuum verbundener persönlicher Macht und durch Institutionen generierter extrapersonaler, institutioneller Macht gab. Betrachten wir nun
den Text selbst:

---

14 Zitate aus Koerner 1993, 335; Hölkeskamp 1999, 87; Raaflaub/Wallace 2007, 44; Wallace 2007, 53;
Raaflaub 2009, 46; Whitley 2009.
15 Die folgenden methodischen Überlegungen gehen in eine ähnliche Richtung wie die Betrachtun-
gen von Raaflaub 1993; Meier 1998; Thommen 2003; Welwei 2004 und Dreher 2006 zu den Institutionen Spartas.

⟨Θιὸς ὄλοι ὄν⟩ | ἆδ' ἔϝαδε : πόλι· : ἐπεί κα κοσμήσει, : δέκα ϝετίον τὸν ἀ|ϝτὸν : μὴ κοσμῆν· : αἰ δὲ κοσμησίε, : ὄ[π]ε δικακσίε, : ἀϝτὸν ὀπῆλεν : διπλεῖ : κἀϝτὸν | ἄκρηστον : ἦμεν, : ἆς δόοι, : κὅτι κοσμησίε : μηδὲν ἤμην. *vac.* | ὁμόται δὲ : κόσμος : κοὶ δάμιοι : κοὶ : ἴκατι : οἱ τᾶς πόλ[ιο]ς. *vac.*

Möge Gott ihn zerstören!
So hat es gefallen der Polis: Wenn einer Kosmos gewesen ist, soll für zehn Jahre derselbe nicht Kosmos sein. Wenn er als Kosmos handelt: gleich, was er geurteilt hat, soll er schulden ein Doppeltes, und er soll unbrauchbar sein, solange er lebt, und was er als Kosmos verfügt hat, soll nichtig sein.
Die Schwörer: der Kosmos und die Damioi und die Zwanzig der Polis.[16]

Wir sehen, dass der Kosmos in ein Gefüge von Institutionen eingebunden war. Neben ihm nennt die Regelung die Damioi, die ‚Zwanzig der Polis‘ und natürlich ‚die Polis‘ selbst.[17] Die ‚Zwanzig der Polis‘ werden von der Forschung üblicherweise als der Rat von Dreros gedeutet. Angesichts der geringen Größe dieser Polis in archaischer Zeit erscheint dies plausibel.[18] Gegenüber den meisten homerischen Räten stellt dieses Gremium eine bedeutende Entwicklung der Institutionalisierung dar. Denn im Epos sind die Räte – je nach Relevanz des von ihnen verhandelten Gegenstandes – eine Versammlung der einflussreichsten Mitglieder der Gemeinschaft. Daher fluktuiert die Zahl ihrer Mitglieder.[19] Dagegen handelt es sich bei den ‚Zwanzig der Polis‘ um ein eindeutig bemessenes kollegiales Gremium. Es scheint ein etabliertes Verfahren zu seiner Zusammensetzung gegeben zu haben. Angesichts der klar bezifferten Zahl der Mitglieder werden jene wohl nicht die zu einem Zeitpunkt jeweils zwanzig mächtigsten Männer des Gemeinwesens oder die Vertreter der einflussreichsten Familien gewesen sein. In diesem Fall hätte die Zahl der Ratsmitglieder geschwankt und hätte

---

16 Der griechische Text ist nach Koerner 90; die Übersetzung ist angelehnt an Koerner und HGIÜ. Zur Invokation s. Pounder 1984 mit Buck 1955, 116. – Die physischen Eigenschaften des Steins, die Binnengliederung des Textes und die sich hieraus ergebenden Schlussfolgerungen zur beabsichtigten Lesbarkeit dieser Texte diskutieren Perlman 2002 und Gagarin 2008, 46–9.

17 Dies wird auch schon in den frühesten Inschriften aus Gortyn deutlich, etwa in IC 4.14g–p2 = Koerner 121 = Nomima 1.82, wo vom Kosmos, Xenios, Gnomon und Titas die Rede ist.

18 Einen Rat vermuten etwa Ehrenberg 1943, 17 und Beattie 1974, 14; einen aus Vertretern der Phylen zusammengesetzten Rat nehmen Koerner 1981, 103 sowie 1987, 454 und 1993, 337–8 an, wenngleich aufgrund irriger Annahmen bezüglich der Anzahl dorischer und nichtdorischer Phylen in Dreros; s. ML 1988, 3; Hölkeskamp 1992, 95 sowie 1999, 91; Gehrke 1993, 53–4 und Welwei 1998, 64, jeweils auch mit Diskussion anderer Deutungen. So vermuten Demargne/van Effenterre 1937, 364–5 einen Ausschuss des Rats, und Willetts 1955, 167–9 deutet die ‚Zwanzig der Polis‘ als Vertreter des Volkes und die Damioi als Vertreter des Rates. – Sartori 1984, 93 weist darauf hin, dass eine Gruppe nicht mehr als 30 Mitglieder haben sollte, um Konsensentscheidungen treffen zu können.

19 Schulz 2011, bes. 13–32 bietet einen Überblick; s. etwa Hom. Il. 3.146–52 (sieben benannte *demogerontes*); 10.299–302 („alle Besten, die das troische Volk beherrschten und weise berieten"); 13.740 („alle Aristoi"). – Zur Entwicklung und Institutionalisierung von Adelsräten s. außerdem Stein-Hölkeskamp 1989, 101–3; Welwei 1992, 63–5.

nicht derart eindeutig angegeben werden können.[20] Dass es sich bei den ‚Zwanzig der Polis' eher um die Vertreter von Unterabteilungen der Bürgerschaft handelte, legt eine der anderen Regelungen von Dreros nahe. Ihre Formulierung, „So hat es der Polis gefallen nach Versammlung der Phylen", zeigt jedenfalls, dass die Phylen der Polis, die wohl auf lokale Siedlungsgemeinschaften zurückgehen, eine wichtige Rolle im politischen Entscheidungsprozess spielten. Somit ist durchaus möglich, dass diese Unterabteilungen der Polis durch Repräsentanten den Rat des Gemeinwesens formierten.[21]

In jedem Fall bedeutete die eindeutige Mitgliederzahl dieser Institution einen wesentlichen Eingriff in das natürliche Kräftespiel der Gemeinschaft. Denn dieses Gremium bestand eben nicht aus all denen, die es vermochten, von Ihresgleichen als auf gleicher Stufe stehend akzeptiert zu werden. Stattdessen dürfte manch einer, der sich selbst als prinzipiell ratsfähig einschätzte und auch von anderen dafür gehalten wurde, allein wegen der festgeschriebenen Mitgliederzahl vom Rat ausgeschlossen gewesen sein. Andererseits dürften neben Mitgliedern von großer persönlicher Macht nun auch weniger einflussreiche Männer den ‚Zwanzig der Polis' angehört haben; schlichtweg, weil ein Kriterium wie die Herkunft aus geographisch definierten Unterabteilungen der Polis das Kriterium der persönlichen Aristie, der persönlichen Macht ersetzt hatte. Der regulierende Eingriff in das freie Kräftespiel zeigt sich dann eben auch in der Bezeichnung dieser Institution, deren Bezugsgröße ‚die Polis' ist. In einem späteren Kapitel wird zu diskutieren sein, welche Personengesamtheit genau von diesem Begriff bezeichnet wurde. Hier ist jedenfalls festzuhalten, dass sich bereits im 7. Jh. eine Gruppe von Menschen als Institution unter dem Dach dieser abstrakten Entität namens ‚Polis' versammelt hatte und aus ihr ein Gutteil ihrer Legitimation bezogen.[22] Offenbar hatten sich die Eliten dieses Konzeptes angenommen. Sie waren es, die den institutionellen Ausbau des Bürgerstaates maßgeblich vorantrieben und die den Weg dorthin ebneten, dass ‚die Polis' als eine abstrakte, das Gemeinwohl

---

20 Diese Überlegungen setzen allerdings voraus, dass die ‚Zwanzig' in ihrer Mitgliederzahl nicht etwa fluktuierten, sondern tatsächlich dauerhaft aus zwanzig Mitgliedern bestanden. Der ebenfalls in der Zahl seiner Mitglieder klar beschränkte – allerdings nicht derart klar bezifferte – Rat der Phaiaken, der im Kern aus 12 Basileis an der Seite des Alkinoos besteht, scheint ein frühes Beispiel einer solchen Institutionalisierung zu sein; Hom. Od. 8.391–2. – Wie die ‚Zwanzig' in dieses Gremium aufgenommen wurden, etwa durch Wahl, Los oder Kooptation, entzieht sich freilich unserer Kenntnis.

21 van Effenterre 1946, 590–7 = Koerner 91 = Nomima 1.64; zur Genese solcher soziopolitischen Integrationskreise s. Grote 2011 und das Kapitel *Pyla*. – Auch in anderen griechischen Poleis ist die paritätische Repräsentation von Phylen im Rat gut bezeugt. Zu nennen sind etwa IvEr 2 = Koerner 75 = Nomima 1.106 aus Erythrai vor 454; Koerner 61 = Nomima 1.62 = ML 8 aus Chios um 575/550; Tod 1948, 2.138.2–4 aus Mylasa im Jahre 355/4; hierzu s. Jones 1987, 191–2, 305, 328–9. – Auch Chaniotis 2005 sieht mit guten Gründen in den Startoi kretischer Poleis nicht familiäre und im Zuge der Polisbildung gewachsene ‚politische' Personenverbände, sondern ursprünglich territoriale Einheiten.

22 Im Kapitel *Polis* werden wir uns der Frage zuwenden, welche Bedeutung ‚Polis' in dieser Zeit in kretischen Inschriften hatte, welchen Kreis von Personen oder Institutionen diese Entität umfasste.

aller Politen vertretende und symbolisierende Instanz dargestellt und wahrgenommen wurde.

Über die unter den Eidesschwörern genannten Damioi lässt sich auf den ersten Blick wenig sagen. Aufgrund der Pluralform scheint klar, dass es sich bei ihnen um eine mit mehreren Individuen besetzte Institution handelte; doch es bleibt ungewiss, wie viele Damioi es in der Polis gab, und welche Aufgabe sie hatten. Die Forschung sieht in ihnen ein Gremium, welches mit den wirtschaftlichen Fragen von Dreros betraut war, eine ‚Finanzbehörde‘ – dies allerdings auf der Basis wenig überzeugender und anachronistischer Argumente.[23] Im zeitlichen Umfeld unserer Inschrift gibt es meines Erachtens nur zwei Parallelen, die uns die Damioi deuten lassen können. Zum einen wird in der *Odyssee* im Rahmen der Agone in Scheria zu Ehren des Odysseus eine Institution erwähnt, deren Vertreter als *demioi* charakterisiert werden. Auf Geheiß des Alkinoos „erhoben sich ausgewählte Kampfrichter (*aisymnetai*) *demioi*, neun an der Zahl, und sorgten für den rechten Verlauf bei den Spielen; machten den Tanzplatz eben und schufen Raum für den Agon.“[24] Diese Adjektivbildung lässt irgendeine Bezogenheit auf den Demos erkennen, mehr jedoch nicht. Es wird nicht deutlich, ob die derart bezeichneten Schiedsrichter etwa vom Demos ernannt oder auf die Belange des Demos orientiert waren oder ob sie aus dem Demos stammten. Zum anderen sehe ich eine Parallele in den Gebrauchsbedingungen von *demos* beziehungsweise der kretischen Form *damos*. Walter Donlan zeigte, dass *demos* in den mykenischen Linear-B Tafeln sowohl eine Personengruppe als auch das Gebiet bezeichnet, welches diese Gruppe bewohnt. Die territoriale Bedeutung scheint sogar die ursprüngliche sein. In den homerischen Epen bezeichnet Demos ungleich viel häufiger Personen als ein Gebiet, und doch gibt es Passagen, in denen die letztere Bedeutung aufscheint. Ich möchte nun vorschlagen, dass die Adjektivbildung *damioi* im Gesetz von Dreros nicht von Demos als einer Personengruppe abgeleitet ist, sondern von Demos als einem Gebiet. Die drerischen Damioi wären also die ‚Bewohner des Damos‘. In diesem Sinne hätten die Damioi hier also schlichtweg die Bedeutung des in späterer Zeit eindeutig als Personengruppe semantisierten Demos. Als Konnotation schwingt in dieser Bezeichnung allerdings mit, dass die hier als

---

23 s. etwa Demargne/van Effenterre 1937, 346–7 und Ehrenberg 1943, 33–5, der auf Parallelen zum spartanischen *to damosion* hinweist, welches die Unterstützung des königlichen Oikos durch den Demos bezeichne; s. auch van Effenterre 1985a; Koerner 1993, 337; Gehrke 1993, 53–4 und Hölkeskamp 1999, 91 mit weiteren Hinweisen: „Es muß einfach offenbleiben, ob sie mit der Einrichtung der *damiorgoi* in anderen Poleis zu vergleichen sind, über die auch nicht viel Sicheres bekannt ist.“ Auch Seelentag 2009 nimmt ‚Amtsträger‘ an. – vgl. eine Inschrift aus Tiryns, die ebenfalls noch in das 7. Jh. datiert wird und die erwähnt, dass ein Funktionsträger mit Titel Hieramnamon *ta damosia* verwalte; hierzu s. Koerner 1985 und 1993, 88 Nr. 31; Hölkeskamp 1999, 259. Hierbei ist allerdings unklar, ob dieser Begriff materielle Güter oder – wie in der Privilegierung des Mnamon Spensithios aus dem kretischen Datala deutlich – die ‚öffentlichen Angelegenheiten‘ bezeichnete.
24 Hom. Od. 8.258–60, Übers. nach A. Weiher.

politische Akteure genannten Damioi ihre Rechtfertigung, dies zu sein, daraus bezogen, dass sie die Bewohner, Bewirtschafter oder Eigentümer des Landes waren, welches die Polis ausmachte. Land und daraus resultierende Einkünfte, welche die Ausstattung mit Waffen und Rüstzeug gewährleisteten, und vielleicht Kontrolle über Unfreie, wären in dieser Deutung also die wesentlichen Kriterien für und Voraussetzungen von politischer Partizipation.[25]

Neben den in dieser Regelung genannten gab es noch weitere Institutionen in Dreros. Die anderen Regelungen des 7. Jh. erwähnen etwa einen Agretas und die Thystai.[26] Nun wissen wir nicht, ob die drerischen Gesetze nicht womöglich über einen Zeitraum von einigen Jahrzehnten hinweg verinschriftlicht wurden und in dieser Zeit neue Institutionen eingeführt wurden. Sollten wir aber davon ausgehen, dass die uns aus den anderen Inschriften bekannten Institutionen schon zeitgleich mit dem in unserer Inschrift reflektierten Szenario existierten, sähen wir uns dem Befund gegenüber, dass jene Institutionen, die in unserer Inschrift als Schwörende genannt sind, bewusst dort aufgenommen wurden, während andere bewusst ausgelassen wurden. In dem Falle führte die Iterationsregelung von Dreros also nur jene Funktionsträger auf, die auch tatsächlich etwas mit der Auswahl, der Amtsführung oder der Sanktionierung des Kosmos zu tun hatten.

---

25 Donlan 1970, bes. 225–6: „Etymologically δῆμος seems to be related to an I.E. verb which connotes cutting or dividing (cf. δαίομαι; Old Irish *dam* = „band of men", „Gefolgschaft"). In the Mycenaean tablets *da-mo* signifies both the land belonging to a community and the people which inhabits, possesses and farms the communal land. It is the ‚village' in both the geographical and human sense, with an identity and will of its own. An examination of the usage of δῆμος in the Homeric epics confirms in general outline what we know of the Myceneaen *damo*. In Homer δῆμος signifies either an area of (probably cultivated) land or its inhabitants, who make up the aggregate of the dwellers in a community. The two meanings, ‚land' and ‚people' sometimes merge, and there are instances where the context does not reveal which is meant. This confusion demonstrates the close connection between the two concepts: land and people are one.", mit Bezug auf Hom. Od. 4.666; 6.34, 274; 8.36, 390; 13.14; 17.558; 19.73; 21.331. – s. auch Werlings 2007 sowie 2010, bes. 65 und 268–72 mit den gleichen Beobachtungen zur territorialen Bedeutung von Demos, und vgl. dies. sowie Robinson 1997 und Haubold 2000 zur Scheidung von *laos* und *demos*. – Zur weiteren Plausibilisierung unserer Deutung s. das Kapitel *Polis*. Eine Verifizierung dieser These aufgrund parallelen Materials ist nicht möglich, denn weder die kretischen, noch andere frühgriechische Inschriften des ausgehenden 7. oder der ersten Hälfte des 6. Jh. erwähnen den Demos oder ein von ihm abgeleitetes Adjektiv, welches im Plural eine Personengruppe bezeichnete. Ebendiese Gründe machen allerdings auch eine Falsifizierung des hier Vorgebrachten schwierig.

26 s. van Effenterre 1946, 590–7 = Koerner 91 = Nomima 1.64 (*agretas* = „Versammler"; zu ihm s. das Kapitel *Pyla*) und van Effenterre 1946, 600–2 = Koerner 93 = Nomima 1.27 (*thystai* = „Opferer" (beziehungsweise – nach einer anderen Lesung des Steins – *ithyntai* = „Lenker/Gerade-Macher"). Angesichts der Verwendungsbedingungen des Verbs *ithyno* in den homerischen und hesiodeischen Epen, etwa Hes. erg. 262 mit Bezug auf die Rechtsprechung der Basileis, ist auch diese Deutung nicht abzuweisen.

Offenbar war den Dreriern genau bekannt, was ein Kosmos üblicherweise tat, seine Handlungsfelder standen ihnen vor Augen. Immerhin beinhaltet die Inschrift keine positive Definition irgendwelcher Rechte des Kosmos, sondern beschränkt ihn in seinem Handeln. Tatsächlich sollten wir nicht davon ausgehen, dass der Kosmos dieser Polis – oder irgendeiner anderen – zu dieser Zeit bereit eine Art festumrissenen ‚Amtsbereichs' besaß. Wir werden unten sehen, dass das Gesetz von Dreros um eine solche Konturierung überhaupt erst bemüht war. Doch dazu später. Hier wollen wir zunächst festhalten, dass die Bezeichnung ‚Kosmos' selbst unspezifisch ist. Sie sagt nichts über konkrete Aufgaben aus, allein über die soziale Funktion des Kosmos: Er sollte für Ordnung in der Polis sorgen. Die Summe seiner Aufgaben wird durch das Verb *kosmein* beschrieben. Damit steht er – wie andere frühe Ämter auch – noch ganz in homerischer Tradition. Tatsächlich sollten wir uns den frühen Kosmos weniger wie einen Amtsträger aus dem Athen des 4. Jh. vorstellen, sondern eher wie einen epischen Basileus, der für eine ganze Reihe von Tätigkeiten zuständig war, etwa die Organisation des Gemeinschaftshandelns, die Führung des Heeres und vor allem die Wahrung des inneren Friedens in der Gemeinschaft.

Angesichts der bei Homer zu greifenden Verwendung von Ausdrücken wie κοσμησάμενος πολιήτας und κοσμήτορε λαῶν mit eindeutig militärischer Konnotation mag die Vermutung naheliegen, die ‚militärische' sei gegenüber der ‚zivilen' Seite des Kosmos die ursprüngliche gewesen.[27] Und doch lässt ein Blick auf die in den frühen Epen gezeichneten Aufgaben der Basileis erkennen, dass eine solche militärische Führerrolle nicht zu isolieren ist. Vielmehr resultierten aus der persönlichen Autorität dieser Anführer eine ganze Reihe von Prominenzrollen unter ihren Mitbürgern beziehungsweise Gefolgsleuten; und diese hatten sie allesamt fortwährend zu erfüllen, um weiterhin ihre Autorität genießen zu können, Macht ausüben zu können. So standen neben der Führung des Heeres gleichberechtigt eben auch die überzeugende Rede im Rat und die erfolgreiche Schlichtung von Streitfällen. Beispiele für eine Art von Spezialisierung eines Basileus auf eines dieser Felder bieten die Epen nur in geringem Umfang. Von einer ursprünglich transitiven Bedeutung ‚Ordner' – sei es nun im Feld oder in der Agora – wandelte sich der Begriff hin zu einer abstrakten. Und die Bezeichnung der in den kretischen Inschriften genannten Institution spiegelt schließlich das Ziel oder das Ergebnis dieser Tätigkeit wider, nämlich ‚Ordnung'; dies war die in ihrer Bezeichnung denotierte soziale Aufgabe der Institution des Kosmos.

Offenbar gehörte es zu den wichtigsten Aufgaben des drerischen Kosmos, Entscheidungen zu fällen, und sehr wahrscheinlich tat er dies auf ganz verschiedenen Gebieten. Schließlich hält die Inschrift fest ὄ[π]ε δικακσίε, „was auch immer er

---

27 Hom. Il. 1.16, 375; 2.806; 3.236; Od. 18.152 u.ö. – Kirsten 1942, 162–3 weist auf die Parallele der Bezeichnungen ταγός und ἄρτυνοι in Thessalien beziehungsweise Argos hin, wo ein einzelner Amtsträger und eine Gruppe von Amtsträgern gleichermaßen als ‚Ordner' bezeichnet sind.

geurteilt hat", und betont, davon „soll er schulden ein Doppeltes". Womöglich sehen
wir hier die Reflexion jenes von Homer und Hesiod beschriebenen Szenarios vor uns,
in dessen Verlauf die epischen Basileis beziehungsweise Geronten für ihre Schlichtersprüche mit Geschenken belohnt werden, und zwar wohl von beiden in den Streit
involvierten Parteien. Diese Interpretation ist anhand der wohlbekannten Darstellung
der vom Dichter als ideal geschilderten Polis im Frieden auf dem Schild des Achilles
in der *Ilias* modelliert.[28] Die Szene setzt voraus, dass sich zwei Parteien bereits darauf
geeinigt hatten, ihren Streit schlichten zu lassen. Nun sprechen in einem durch
kerykes, ‚Herolde', geregelten Verfahren die Geronten abwechselnd und machen Vorschläge, um den Konflikt zu lösen, was mit *dikazein* bezeichnet ist.[29]

In einer solchen Schlichtung geht es nicht um die klare Zuweisung von Schuld
und Unschuld, sondern darum, dass ein Kompromiss nicht allein die beiden Streitenden selbst zufrieden stellt, sondern auch deren jeweilige Unterstützer, die dem
Verfahren als Publikum beiwohnen und sich durch lautstarke Äußerungen in dieses
auch einmischen. Das Ziel der Schlichtung ist es also, wieder Ordnung unter den
Bewohnern der Polis herzustellen und die Eskalation weiterer Konflikte zu vermeiden. Das Epos betont, dass derjenige der Geronten entlohnt würde, „der die Dike am
geradesten spräche", der den von allen Beteiligten am ehesten zu akzeptierenden
Kompromiss fände. Es ist bemerkenswert, dass wie die Tätigkeit dieser homerischen
Schlichter so auch das in unserer Inschrift beschriebene Handeln des Kosmos mit
dikazein wiedergegeben ist.[30] Womöglich war es, analog zum homerischen Szenario verstanden, Aufgabe des Kosmos, als Schlichter Szenarien zu entwerfen, die für
beide streitenden Parteien zur Lösung ihrer Konflikte akzeptabel waren. Dieser Dienst
mag mit einem entsprechenden Honorar verbunden gewesen sein; jenem nämlich,
welches er im Falle eines Vergehens in doppelter Höhe zurückerstatten sollte. Wenn
der Kosmos also eine materielle Zuwendung für sein Entschärfen von Konflikten
empfing und die Möglichkeit hatte, sich in einer wichtigen Prominenzrolle zu profilieren und sich durch seinen Dienst die Streitenden zu verpflichten, dürfte dies zur
Attraktivität des Amtes wesentlich beigetragen haben. Welche soziale Funktion die
Konfliktlösung der Basileis besaß und welche Form sie idealerweise annahm, wird in
der hesiodeischen *Theogonie* deutlich. Sie hält als Merkmal eines guten Basileus fest:

---

28 Hom. Il. 18.497–508. – Zur Vereinbarkeit der in den homerischen und hesiodeischen Epen geschilderten Szenarien s. etwa Walter 1993, besonders 46–51; Ulf 2009. – Zur Anerkennung der Basileis
durch Honorare s. etwa Hom. Il. 9.149–51; 17.250; 24.262; Od. 7.150; 13.13–4; 19.196–8.

29 Das erfolgreiche Schlichten von Streit gehörte zu den wesentlichen Prominenzrollen eines Aristos
und resultierte in hohem sozialen Ansehen. Dies belegen etwa Hom. Il. 16.541–2 (über Sarpedon);
Od. 12.439–40 (über einen nicht näher bezeichneten *aner*); Hes. theog. 84–92 (über die Basileis) und
Hdt. 1.96–100 (über Deiokes).

30 Hierzu s. etwa Hölkeskamp 1997, besonders 10–1 und 2002, besonders 315–8; vgl. aber auch Thür
2007 mit weiteren Zeugnissen, der im *dikazein* das Schwören eines Eides sieht.

> Und die Leute alle schauen auf ihn, wie er die Satzungen (*themistes*) abwägt und auslegt mit geraden Urteilen (*dikai*). Er spricht ohne Straucheln, und rasch vermag er auch einen großen Streit mit kundigem Wissen zu beenden. Denn die Klugheit der Basileis besteht darin, dass sie den Leuten, die Schaden erlitten, auf dem Gerichtsplatz Geschehenes zur Umkehr bringen, ganz leicht, mit freundlichen Worten überredend.[31]

Nach der Anerkennung seines Spruches durch beide Konfliktparteien sorgte das hohe Ansehen des Schlichters dafür, dass die vereinbarte Lösung nun auch umgesetzt würde. Denn hätte sich einer der Streitenden geweigert, im Sinne des von ihm zuvor akzeptierten Spruches zu handeln, hätte er damit seine Geringschätzung des Schlichters gezeigt. Es war im Falle der Basileis – und genauso dürfte es auch im Falle der frühen Amtsträger gewesen sein – also ihre große persönliche Macht, welche die Einhaltung solcher Abmachungen garantierten.[32]

Aus der Inschrift ergibt sich die Frage, ob der Kosmos von Dreros bereits im 7. Jh. eine kollegial besetzte Funktion war.[33] Wir sollten die personalen Kapazitäten einer Polis wie Dreros nicht überschätzen. Allzu viele Männer dürften die persönliche Autorität nicht gehabt haben, in Streitfragen als Schlichter oder Schiedsrichter aufzutreten, der von allen Beteiligten akzeptiert würde – und der nun ja aufgrund der in unserer Regel etablierten Sperrfrist zu rotieren hatte. Weder ein textimmanentes noch ein paralleles Zeugnis lassen für Dreros im 7. Jh. zwingend ein Kollegium von Kosmoi annehmen.[34] Auf jeden Fall ist deutlich, dass zum Zeitpunkt der Verinschriftlichung unseres Gesetzes der Kosmos keine lebenslange Funktion war.[35] Schließlich setzt

---

31 Hes. theog. 81–92, Übers. W. Marg.

32 Mit Beispielen aus den Schlichtungs- und Schiedsverfahren arabischer Beduinen s. Bailey 2009, bes. 158–230.

33 s. die Diskussion in Seelentag 2009. – Die Forschung geht nahezu einhellig von einer Kollegialität aus; s. etwa Ehrenberg 1943, 17; Willetts 1955, 106–8; Hölkeskamp 1999, 91 und Gehrke 1997, 57: „Das Gremium der Kosmen (nach Aristoteles aus zehn Personen bestehend) hatte einen ‚Vormann' oder Sprecher [...], später Protokosmos"; die Kosmoi „waren nach Kompetenzen voneinander unterschieden, so ist z.B. ein *xenios kosmos* belegt". Der Nachweis für die Kollegialität des Amtes stammt mit Arist. pol. 1272a 8 und Ephor. FGrHist 70 F 149 ap. Strab. 10.4.22 aus dem 4. Jh., und die Aufgabendifferenzierung wird allein mit Inschriften aus Gortyn aus dem 5. Jh. belegt; IC 4.14, 30, 72.11.16–7, 78 und 79. – vgl. aber Gagarin 1986, 82–4.

34 Sowohl die Vorstellung, der drerische Kosmos sei ein einzelner Amtsträger gewesen, als auch die Annahme, beim Kosmos habe es sich um ein Kollegium gehandelt, lassen sich mit dem in der Schildbeschreibung geschilderten Szenario vereinbaren. Zwar betont das Epos, dass die Geronten als Gruppe aufgetreten seien; die Streitenden hätten aber eben nicht den Rat des gesamten Gremiums gesucht, sondern ihren Zwist „vor dem *histor*" beenden wollen. Zudem einigte sich die Versammlung der Geronten nicht auf einen gemeinsamen Urteilsspruch, sondern einer der Greise setzte sich durch. Auch Hom Il. 23.486 berichtet, dass ein Streit zwischen Ajax und dem Kreter Idomeneus nicht etwa von den versammelten Basileis gelöst, sondern vor einen einzelnen *istor* getragen wurde; hier ist es Agamemnon.

35 Zum Kosmos s. etwa Willetts 1955, 103–16 und 1965, 58–62, 65–74, 77; Treheux 1984; Link 1994, 97–112 sowie 2002, 2003 und 2008; Papakonstantinou 2002, 146–50; Chaniotis 2005.

die Regelung unausgesprochen voraus, dass mit dem Ende einer Amtsperiode eine neue beginnt. Wie lange diese dauerte, ist unklar. Die im Gesetz genannte Einheit zur Berechnung der Sperrfrist ist aber das Jahr, und so wird gemeinhin angenommen, dass eine Amtsperiode ein Jahr betrug.[36] Somit war die Amtsdauer des Kosmos schon vor dem Beschluss unserer Regelung begrenzt; doch die alternierende Besetzung dieser Rolle scheint noch nicht vorgeschrieben gewesen zu sein. Es mag den immer wieder gleichen Männern, den einflussreichsten Dreiern, gelungen sein, Kosmos zu werden.[37] Die in unserer Inschrift verzeichnete Einführung einer langen Sperrfrist ermöglichte es nun einer größeren Anzahl von Personen, das Amt des Kosmos einmal zu bekleiden. In einer kleinen Polis wie Dreros mochte dies ein Gutteil der dafür überhaupt infrage kommenden Personen sein. Wenn nämlich die Tätigkeit des Schlichters in der Polis von einem dafür vorgesehenen Amtsträger wahrgenommen werden sollte, dieses Amt aber immer wieder von denselben Männern ausgeübt wurde, dürften sich die weniger einflussreichen Aristoi, denen es nicht gelungen war, in diese Position zu gelangen, nicht allein um den materiellen Gewinn, sondern auch um ihre Anerkennung in der Polis betrogen gefühlt haben und um die wiederholte Gelegenheit, vor ihren Mitbürgern in einer wesentlichen Prominenzrolle aufzutreten. Somit scheint die Iterationsregelung ein Versuch gewesen zu sein, eine Entspannung im Verhältnis der um diese Funktion konkurrierenden Aristoi der Polis zu erreichen.[38]

---

36 Andere frühe Regelungen bestätigen diese Vermutung. So fordert eine gortynische Inschrift des frühen 6. Jh. als Moratorium für die Iteration dreier dort genannter Ämter drei, fünf beziehungsweise zehn Jahre. Der kleinste gemeinsame Nenner für die Berechnung dieser Zeiträume ist also auch hier das einfache Jahr; IC 4.14g–p2 = Koerner 121 = Nomima 1.82; s. allerdings in diesem Kapitel den Abschnitt *Die Macht der Kosmen*.

37 Die aus dem Spannungsfeld zwischen persönlicher und institutioneller Macht resultierende Schwäche einer Institution wird auch in der Episode um das Archontat des Damasias deutlich, von der Arist. Ath. pol. 13.1–2 berichtet: „Als Solon außer Landes war, lebten sie vier Jahre in Frieden, obwohl die Stadt noch unruhig war. Aber im fünften Jahr nach Solons Archontat wählten sie wegen des Bürgerkrieges keinen Archonten; und wiederum im fünften Jahr darauf hatten sie aus demselben Grund ein Jahr ohne Archon. Später, nach demselben Zeitraum, amtierte Damasias, der zum Archonten gewählt worden war, zwei Jahre und zwei Monate, bis er gewaltsam aus dem Amt entfernt wurde. Dann beschlossen sie, da immer noch Bürgerkrieg war, zehn Archonten zu wählen – und zwar fünf Eupatridai, drei Agroikoi und zwei Demiourgoi; und diese amtierten nach Damasias für den Rest des Jahres." – Hier wird deutlich, dass es nicht infrage stand, dass es prinzipiell eine ganz bestimmte Institution in der Polis gab, die über Macht verfügte. Das Archontat wurde also auch nach einer – in späterer Wahrnehmung – irregulären Ausübung dieses Amtes während einiger Jahre später doch wieder besetzt. Für unsere Frage ist der ereignisgeschichtliche Gehalt dieser Geschichte irrelevant; vielmehr geht es um ihre Auswertung im strukturellen Sinn. Zu dieser Episode s. vor allem Figueira 1984 und Hawke 2006. – s. auch Rilinger 1978, bes. 247–9, 309–10, zum Hintergrund der Ausbildung von Amtsfristen in der römischen Republik.

38 Demargne/van Effenterre 1937, 342–3; Willetts 1955, 106–7; Nomima 1, 306–9 und Gagarin 1986, 81–6. – Koerner 1987, besonders 451–5, stellt das Iterationsverbot von Dreros in den Kontext anderer Beamtenvergehen und deren Bestrafung. – Zur Ausdifferenzierung einer Aristokratie in nachhome-

Eine solche Bestimmung bedeutete nicht allein neue Regeln für den Kosmos, sondern eine grundsätzliche Nachbesserung des Amtsprinzips selbst. Es erscheint wenig wahrscheinlich, dass das Prinzip des Amtes oder ein konkretes Amt durch einen einmaligen Beschluss geschaffen wurden; vielmehr werden sie sich über verschiedene Vorstufen entwickelt haben. Die Akteure konnten zwar Missstände erkennen und Lösungen für ganz konkrete Probleme finden, eine weit reichende Konzeption der zukünftigen Entwicklung des Gemeinwesens hatten sie jedoch nicht.[39] Dies ist im drerischen Gesetz ganz deutlich reflektiert. Hier sehen wir das Bemühen, eine bereits vorhandene Institution weiter zu konturieren – ausgehend von den Erfahrungen mit einem Einzelfall oder mit einer Reihe von Fällen, die eine strukturelle Schwäche der bisherigen Prozedur offenlegten. Dass Bedarf zur Nachbesserung bestand, stellte man erst nach einigen Erfahrungen mit dem neuartigen Konzept des Amtes fest.

In der Iterationsregelung kommt zum Ausdruck, dass das Streben des Einzelnen nach persönlichem Ruhm und die Bemühungen des Kollektivs, den Einzelnen in sich einzubinden, nebeneinander standen. Denn schon der reine Beschluss dieser Regelungen und natürlich ihre konkreten Inhalte spiegeln die Bemühungen des Kollektivs wider, verbindliche Regeln für die Mitglieder der Gemeinschaft aufzustellen und deren Missachtung mit Sanktionen zu belegen. Dass dies aber überhaupt nötig war, zeigt uns, dass die Einzelnen sich eben nicht dem Komment ihrer Gruppe unterordnen wollten; dass das Streben nach persönlichem Ruhm, nach symbolischem und ökonomischem Kapital die Bereitschaft übertraf, sich in die Gemeinschaft einzufügen. Das Prinzip der Iterationsregelung stellt also einen Kompromiss dar. Auf der einen Seite wird der Frieden zwischen den Aristoi gewährleistet – allerdings nur dann, wenn dieses Amt an sich bereits einen gewissen Stellenwert besitzt und als Institution respektiert wird. Auf der anderen Seite steht diesem gemeinschaftlichen Nutzen aber entgegen, dass nun auch Männer mit geringerem Ansehen in dieses Amt gelangen, denen dies ohne Iterationsregelung nicht möglich gewesen wäre; schlichtweg, weil Mächtigere aufgrund dieser Regelung dafür nicht mehr eligibel waren.

Im Gesetz von Dreros werden wesentliche Probleme der beginnenden Institutionalisierung deutlich: das spannungsreiche Verhältnis zwischen großen Einzelnen und ihrer Gemeinschaft sowie das schwierige Miteinander – und Gegeneinander – von persönlicher und institutioneller Macht. Alle bisherigen Besprechungen dieser Inschrift gehen davon aus, dass die Regelung ein Szenario beschreibt, in welchem ein gewesener Kosmos vor Ablauf der zehnjährigen Iterationsfrist widerrechtlich abermals das Amt des Kosmos bekleidet. Doch es bleibt nicht allein unklar, wie ein

---

rischer Zeit s. etwa Starr 1986; Stein-Hölkeskamp 1989, 57–138 und Duplouy 2006. Zu Faktionenstreit in der frühen Polis s. etwa van Wees 2000 sowie Papakonstantinou 2002 und 2004 mit weiteren Hinweisen.
39 Welwei 1992, 101–2.

Mann es vermöge, gegen den Widerstand seiner Mitbürger, die ja das Gesetz beschlossen hatten, erneut zum Kosmos gemacht zu werden. Unklar ist auch, wer ihn nach dem Ende dieser zweiten Amtszeit wohl zur Rechenschaft ziehen sollte. Zudem setzt diese etablierte Deutung voraus, dass der widerrechtliche Kosmos eine ganze zweite Amtszeit lang Entscheidungen träfe – und dies im vollen Bewusstsein, dass alle seine Urteile, die doch jeweils zu einem anerkannten Kompromiss geführt hatten, danach wieder ungültig gemacht würden. Überdies würde er hart bestraft werden, wenn er alle hierbei erzielten Einnahmen doppelt zurückzahlen müsste und darüber hinaus *akrestos* wäre. In jedem Fall hätte die Durchsetzung einer solcherart verstandenen Regel zu einem Chaos im öffentlichen Lebens von Dreros geführt.[40]

Der griechische Text lässt aber auch eine andere Deutung zu, die diese inhaltlichen Probleme eliminiert und uns mit einem ganz anderen soziopolitischen Hintergrundszenario konfrontiert. Es sei vorgeschlagen, in der dritten Zeile der Inschrift die Worte αἰ δὲ κοσμησίε nicht im gängigen Sinn zu übersetzen als „wenn er aber (wieder) als Kosmos amtiert", sondern vielmehr als „wenn er aber wie ein Kosmos handelt". Anders als die traditionelle Deutung des Gesetzes von Dreros baut diese Interpretation also nicht darauf auf, dass ein gewesener Kosmos es vermag, abermals in das Amt des Kosmos zu gelangen. Ganz im Gegenteil, diese Neudeutung betont, dass ein gewesener Kosmos, ohne dass er selbst dieses Amt noch bekleidete, weiterhin Aufgaben übernahm, deren Erledigung eigentlich den dafür vorgesehenen Amtsträgern zukam. Gehen wir also nicht von einer regulären zweiten Amtszeit aus, sondern vom situativen Handeln eines gewesenen Kosmos auch nach seiner Amtszeit, ergeben sich die eben skizzierten Verständnisschwierigkeiten der Inschrift nicht in gleichem Maße. In diesem Falle würde die Regelung nicht besagen, dass zahlreiche Entscheidungen eines widerrechtlich bekleideten Amtsjahres, die ja schließlich dem sozialen Frieden in der Polis gedient hatten, allesamt ungültig gemacht würden. Bei der hier vorgeschlagenen Übersetzung und Deutung des Textes wären allein einzelne Schlichtersprüche betroffen.

---

40 Die auch von Stahl 2003, 204 verwendete Übersetzung von Ehrenberg 1969 lautet an dieser Stelle: „Wenn er aber doch wieder Kosmos wird...“; ähnlich Koerner 1993, 333: „Wenn er aber (wieder) Kosme wird...“; Nomima 1, 306 übersetzen: „s'il venait à être cosme...“; Ehrenberg 1943, 14: „Should he be kosmos again...“; Fornara 1977, 13: „If he should become Kosmos...“; Crawford/Whitehead 1983, 88: „if he be kosmos...“; Rhodes 1986, 35: „If he is kosmos again...“; Gagarin 2008, 48: „but if he does become kosmos". – Allein ML 2 übertragen diese Worte mit: „If he does act as kosmos...“; es gibt aber keinen Hinweis in dem dortigen Kommentar, dass diese Übersetzung implizieren solle, dass in dem Gesetz nicht eine zweite Amtszeit beschrieben sei. Osborne 2009, 174 hält fest, der Text der Inschrift bestimme, „[that he] cannot hold the office again for ten years, and that if he makes any judgements they are to be invalid and he is to be fined and deprived of civic rights." Diese Formulierung scheint anzudeuten, dass Osborne nicht unbedingt eine zweite Amtszeit in der Regel angesprochen sieht, sondern eben allein ein Urteilen nach Ablauf der regulären Amtszeit.

Hinter dieser neuen Deutung steht das oben ausgeführte Problem, dass eine Iterationsregelung auch sozial schwächeren Männern erlaubte, ein Amt zu bekleiden. In den von den Epen geschilderten Gemeinwesen schwankt die Zahl der Prominenzrollen; die Anzahl der Basileis ist potenziell fluktuierend, und auch dem homerischen Rat gehören alle reichen Familienoberhäupter an.[41] In den historischen Poleis des 7. Jh., wie in Dreros etwa, entstehen nun aber Gremien mit einer klar festgelegten Anzahl von Mitgliedern. Die ‚Zwanzig der Polis‘ unserer Inschrift legen davon Zeugnis ab, wie auch die zwei Könige und insgesamt dreißig Geronten Spartas.[42] Ein Iterationsverbot war also eine massive Störung der gewachsenen Kräfteverhältnisse in der Polis. Schließlich bewirkte eine solche Regel, dass sich die tatsächliche Leistung eines Mannes in der Gemeinschaft und die daraus ableitbare und einforderbare Achtung seiner Person eben nicht längerfristig in einer der wesentlichen Prominenzrollen der Polis ausdrücken konnten, nämlich ihrem obersten Amt. Stattdessen betraute das Gesetz mit seinem Iterationsverbot Schwächere mit Aufgaben, die ihnen ohne diese künstliche Regulierung niemals zugefallen wären. Dementsprechend werden die Position manch eines Kosmos und seine Möglichkeiten, seinen Willen durchzusetzen, eher prekär gewesen sein. Seine Stellung als Amtsträger musste im Wesentlichen gewährleistet werden von dem Gesetz selbst, dem gesellschaftlichen Konsens, welcher das Gesetz abstützte, und dem göttlichen Schutz, dem es unterstellt war. Dies aber dürfte keinesfalls immer zum Erfolg geführt haben.

Mit dem Gesetz von Dreros befinden wir uns also in einer Zeit, in der das Konzept der institutionellen Macht erst schwach ausgeprägt ist und noch kaum wirksame Institutionen existieren, welche die stark ausgeprägte persönliche Macht eines Mannes beugen und eine Korrektur seines Verhaltens herbeiführen könnten. So ist es also ein durchaus plausibles Szenario, dass Hilfe Suchende, die eine rasche und nachhaltige Lösung ihrer Konflikte anstrebten, gerade nicht zu einem aktuellen Amtsträger gingen, sondern stattdessen zu einem einflussreichen Mann, der aufgrund seiner Verdienste hohes Ansehen genoss. Allein seine persönliche Macht konnte

---

41 Die Definition dieser Prominenzrollen und ihre Integration in die Strukturen der Polis ist in den von den homerischen Epen geschilderten Szenarien ein Problem; dazu s. Stein-Hölkeskamp 1989, 34–8 sowie Ulf 1990, besonders 70–83 und 85–117. Ähnliches gilt auch noch für das Gemeinwesen in Hesiods *Werke und Tage*. Dort ist keine Rede von einer irgendwie klar bezifferten Anzahl von Amtsträgern; allein ‚Basileis‘ sind erwähnt, und somit Prominenzrollen, deren Zahl eben noch nicht klar festgelegt war, sondern nach Einfluss und Ansehen einzelner Mitglieder der Gemeinschaft fluktuierte. – Hildebrandt 2007, besonders 183–230, konfrontiert den literarischen mit dem archäologischen Befund.

42 Die hier vorgetragene Sichtweise der Entwicklung von Ämtern und Institutionen in der frühen Polis ist maßgeblich geprägt von Stein-Hölkeskamp 1989, 94–103 und Hölkeskamp 2003; s. dort auch wichtige Ausführungen zum Konzept der Institutionalisierung, basierend auf dem theoretischen Fundament von Luhmann 1970; Schelsky 1970b; Berger/Luckmann 1980 sowie den Beiträgen in Melville 1992. – vgl. daneben Welwei 1992, 60–72; Stahl 2003, 201–12 und Hall 2007, 120–37; zu den spezifisch kretischen Verhältnissen s. Link 1994, 97–118.

dem von ihm formulierten Vorschlag oder Schiedsspruch eine solche Autorität und Nachhaltigkeit verleihen, dass die streitenden Parteien den ihnen gegebenen und von ihnen akzeptierten Spruch auch tatsächlich umsetzten. Dass ein solcher Mann die an ihn heran tretenden Bittsteller nicht abwies, versteht sich. Schließlich waren solche Gesuche keine Last für ihn. Vielmehr fühlte er sich aufgrund seines Ansehens in der Gemeinschaft zum Schlichten des Streits berechtigt und kompetent, sogar verpflichtet; und dieses Ansehen stieg mit jedem Fall, zu dessen Lösung er – selbstverständlich in aller Öffentlichkeit und zum Wohl der beteiligten Parteien – beitragen konnte. Tatsächlich wäre ein solches Umgehen eines sozial schwächeren Amtsträgers einer verbindlichen und nachhaltigen Lösung des Konfliktes streitender Parteien zuträglich gewesen; das soziale Gewicht des von ihnen selbständig gewählten Schlichters hätte ihnen das Befolgen seines Spruches nötig gemacht. Und doch hätte ein solches Vorgehen das Bemühen um sozialen Frieden und Konfliktausgleich unter den Aristoi ausgehöhlt, dass eben möglichst viele von ihnen diese Position des Kosmos einmal bekleiden sollten.

Das Gesetz von Dreros verfügt also nicht nur ein Iterationsverbot des Kosmos, sondern verfolgt zwei, eng miteinander verwobene Ziele. Zum einen sollte die Regelung bewirken, dass eine größere Anzahl von Männern mit dem Amt des Kosmos auf Zeit eine der wesentlichen Prominenzrollen der Polis einnehmen konnte. Zum anderen festigte sie die Stellung der Amtsträger und damit das Amt selbst, indem sie den jeweiligen Inhabern des Kosmosamtes gewissermaßen ein Monopol auf bestimmte Tätigkeiten einräumte; im Falle unseres Gesetzes ist eigens das Schlichten oder Schiedsrichten hervorgehoben.[43] Ein Amt wurde also bereits als das geeignete Vehikel angesehen, bestimmte Aufgaben zu erledigen, die der Gemeinschaft nützlich schienen; wenngleich ein bestimmter Aufgabenbereich womöglich noch nicht klar definiert war. Zudem hatte das Amt die Wahrnehmung dieser Aufgaben noch nicht für sich monopolisiert.[44] Der Beschluss des Gesetzes von Dreros zeigt zwar, dass das

---

[43] Zu diesem Prozess s. maßgeblich Hölkeskamp 1999, 280–5 und Stein-Hölkeskamp 1989, 103: „Die Etablierung von politischen Institutionen kann aber letztlich erst dann auf Dauer erfolgreich sein, wenn sie von den Bürgern (und zwar insbesondere von der Führungsschicht) auch wirklich als solche angenommen und anerkannt werden und wenn sich ein beträchtlicher Teil ihrer Aktivitäten auf das Handeln im Rahmen dieser Institutionen konzentriert." – Hierzu s. auch die theoretischen Überlegungen von Eder 1986.

[44] Es mag zunächst unlogisch anmuten, dass – nimmt man das Gesetz beim Wort – es allein den gewesenen Kosmen verboten war, außerhalb des Amtes Urteile zu fällen, dass aber Männer, die bislang noch nicht Kosmos gewesen waren, dies durchaus hätten tun können. Dieser Befund kann mehrere Erklärungen haben. Zum einen mag letzterer Fall von mündlichem Gewohnheitsrecht verboten worden sein. Zum anderen mag die Regelung davon ausgegangen sein, dass derjenige, welcher ausreichendes Sozialprestige besitze, um überhaupt ‚wie ein Kosmos' handeln zu können, ohnehin sicher bereits Kosmos gewesen wäre. Männer, die dieses Amt zuvor noch nicht bekleidet hatten, besaßen ganz offenbar geringeren Einfluss, von ihnen drohte im Sinn der Regelung keine große Gefahr. Darüber hinaus dürfen wir natürlich nicht davon ausgehen, dass wir eine abstrakte Regel vor uns

Ideal einer mit dem Amt verbundenen institutionellen Macht existierte und sich auf einen Konsens stützen konnte, denn dieser war für den Beschluss der Regel überhaupt die Voraussetzung; deutlich ist aber auch, dass dieses Ideal gefährdet beziehungsweise noch schwach war. Das Gesetz von Dreros ist also gerade kein Zeugnis für eine bereits im 7. Jh. zu erkennende starke Position von Ämtern, sondern offenbart gerade die Prekarität von Ämtern in der frühen Polis, das Spannungsverhältnis zwischen auf Grundlage persönlicher Macht gewachsenen Prominenzrollen und den durch ein Amt generierten, vornehmlich auf institutioneller Macht basierenden.

Eine Möglichkeit, die mit einer Institution verbundene Macht zu steigern, liegt in der Versachlichung und Verstetigung der Einsetzung von Funktionsträgern. Im Sinne des eben Dargelegten dürfen wir nicht davon ausgehen, dass es mit dem Aufkommen des Amtsprinzips bereits ein festgelegtes Verfahren zur Übertragung einer bestimmten Funktion gab. Die ersten Amtsträger von Dreros waren wohl die fähigsten und einflussreichsten Männer, die häufiger als andere zur Lösung von Konflikten sowie zur Organisation von Gemeinschaftsaufgaben bemüht wurden und die daher als naheliegende Vertreter dieser – erst im Ansatz verstetigten – Prominenzrolle des Amtsträgers geeignet erschienen. Zunächst werden die mächtigsten Oikosherren der Gemeinschaft diese Aufgabe in einem mehr oder weniger regelmäßigen Wechsel wahrgenommen haben, der von Konsens und situativer Absprache innerhalb ihrer Gruppe geprägt war.[45] Irgendwann aber versachlichten sich die Prozesse der Auswahl: um Regeln zu etablieren, die möglichst vielen Aristoi einen Einfluss im Gemeinwesen sichern sollten, und dabei den inneren Frieden zu bewahren; und um die Macht der Mitglieder dieser Gruppe institutionell abzusichern.

Regeln wie die drerische dürften konfliktträchtig gewesen sein, weil sie in das Kräftespiel der Polis eingriffen und bemüht waren, die Mächtigsten daran zu hindern, ihr Machtpotenzial auszuschöpfen, um auch anderen Mitgliedern der Eliten die Möglichkeit zur Profilierung in der Prominenzrolle des Amtsträgers zu geben. Hier dürften Verfahren, welche die Entscheidung über die Auswahl der Kosmen nicht mehr allein dem Kreis der hierfür prinzipiell infrage Kommenden überließen, sondern auf eine breitere Basis stellten, für eine gewisse Entspannung gesorgt haben. Wenn etwa die von den Aristoi im Konsens beschlossene Besetzung des nächsten Kosmos anschließend dem Demos zur Absegnung vorgelegt wurde, wie es womöglich in der Nennung der Damioi unter den auf diese Regelung Schwörenden reflektiert ist, stärkte dies nicht allein den konkreten Amtsträger, sondern auch das Amt an sich. Denn nun bedeutete eine Zuwiderhandlung gegen die Autorität des Amtsträgers, und damit

---

haben. Es ist sehr wahrscheinlich, dass unser Gesetz durch einen oder mehrere konkrete Fälle dieser Art motiviert war, in denen sich eben ein gewesener Kosmos derart verhalten hatte. Doch selbst wenn das Gesetz von Dreros am Einzelfall modelliert ist, entwickelt es doch eine gewisse Systematik und Perspektive für zukünftiges Handeln.

45 Hierzu Stahl 1987, 160–3 und 169–81, mit Blick auf die athenischen Archonten.

eine Missachtung des Amtsprinzips, nicht allein einen Verstoß gegen den Beschluss der Aristoi, sondern darüber hinaus auch gegen die erklärte Zustimmung des Demos – und zog soziale Sanktionierung nach sich.[46] Eine solche Versachlichung und Verstetigung von Beschlussverfahren steigerte nicht allein die Anerkennung einzelner Entscheidungen; durch ihre Habitualisierung erhielten sie zunehmend Legitimität aus dem Verfahren, gewannen Akzeptanz als Institution.

Die Anrufung des Gottes, der Eid und der Sinn der Verinschriftlichung

Die im Falle einer Übertretung unserer Regel in Aussicht gestellten Strafen wiegen sehr schwer. Neben der Ungültigkeit seiner Entscheidungen und der Zahlung eines Duplums seines Honorars fordert die Inschrift, dass ein Mann, der – ohne im Amt zu sein – wie ein Kosmos handelte, auf Lebenszeit *akrestos* sein solle. Unklar ist, ob damit gesagt war, dass der Betreffende fortan das Amt des Kosmos oder jede Art öffentlicher Funktion in Dreros nicht mehr bekleiden durfte; oder ob er gar seinen Status als Bürger von Dreros verlieren sollte. Letzteres ist wohl zu anachronistisch gedacht. In der zweiten Hälfte des 7. Jh. befinden wir uns erst in der Formierungsphase dessen, was wir in späterer Zeit als ‚Bürgerrecht' bezeichnen. In jedem Fall zeigt diese Sanktion, dass sich in Dreros bereits ein Bewusstsein entwickelt hatte, unter welchen Voraussetzungen ein Mann zur Gemeinschaft politischer Akteure gehören konnte.[47] Insgesamt mag man meinen, dass diese Sanktionen eigentlich niemals verhängt werden sollten. Viel eher sollte der Strafenkatalog abschreckende Wirkung haben und überhaupt verhindern, dass ein gewesener Kosmos auch nach seiner Amtszeit Bitten nachgab, nicht die aktuellen Amtsträger, sondern er möge einen Konflikt mit

---

46 s. auch die Kapitel *Institutionalisierung und Bürgerstaatlichkeit* sowie *Polis* und *Hetairoi des Hybrias*. – In der Iterationsregelung von Dreros sehen wir einen gegenüber diesem Szenario bereits fortgeschrittenen Zustand. Hier wird neben der sozialen Sanktionierung – dies bedeutet wohl die Formulierung „er soll unbrauchbar sein" – auch eine materielle Buße angedroht. Unklar ist, an wen das vom Kosmos zu entrichtende Duplum gehen sollte. Die Inschrift setzt die Kenntnis um diesen Vorgang voraus; die Frage war also in anderen Satzungen geregelt, ob nun verschriftlicht oder mündlich tradiert. Die Invokation des Gottes und das Einmeißeln der Inschrift in die Ostwand des monumentalen Gebäudes mit dem dort angesiedelten Kult mögen nahe legen, dass der Gott, also der öffentlich oder gemeinschaftlich unterhaltene Kultbetrieb, diese Buße empfing.

47 s. auch das Kapitel *Eleutheros*. – Jacoby 1944 und Hölkeskamp 1999, 92 vermuten, dass hiermit ein Verbot gemeint gewesen sei, weitere öffentliche Funktionen zu bekleiden; Nomima 1, 306 und 308 sowie Osborne 2009, 174 sprechen anachronistisch von einem Verlust der ‚Bürgerrechte' beziehungsweise der „*civic rights*". – s. auch die Vermutungen von Papakonstantinou 1996 zum Bedeutungsgehalt von *apokosmos* in den Gesetzesinschriften von Axos und Lyttos. Er mutmaßt, diese Bezeichnung denotiere einen *akrestos* gemachten Kosmos; vgl. Donlan 1978, bes. 96–8, mit Verweisen auf Bakchyl. 10.47–51: „Das Beste ist ein edler (*esthlos*) Mann zu sein, von vielem Volk beneidet und bewundert. Wohl weiß ich, dass großen Reichtums Macht selbst einen Unbrauchbaren (*achreion*) brauchbar (*chreston*) macht."

seinem Vorschlag oder Spruch lösen. Darüber hinaus verdeutlichte das Gesetz potentiellen Hilfesuchenden, dass, solange nicht ein regulärer Amtsträger ihnen Schiedssprüche oder Vorschläge der Schlichtung gewährte, diese ungültig seien.[48]

Die Anrufung eines Gottes zu Beginn der Regelung und ihre Verinschriftlichung in der Wand eines Gebäudes, in dem die apollinische Trias kultisch verehrt worden zu sein scheint, belegen die Bedeutsamkeit und Prekarität des Gesetzes: „Der Gott möge ihn zerstören!" scheint Apollon als Hüter des abschließenden Eides anzurufen, er möge über die Inschrift an sich und die Wahrung der darin beschriebenen Regelung wachen und den Zuwiderhandelnden bestrafen.[49] Nun lassen verschiedene Zeugnisse des archaischen Kreta uns erkennen, dass keinesfalls alle Gesetze in Stein gehauen und an einem Kultbau angebracht wurden. Neben Stein gab es andere Inschriftenträger, die uns aber kaum einmal erhalten sind,[50] und wir haben gute Gründe anzunehmen, dass ein Großteil der Regelungen mündlich tradiert wurde beziehungsweise auf dem nicht pointiert formulierten Gewohnheitsrecht beruhte.[51] Es lässt sich allerdings auch beobachten, dass diejenigen Regelungen, welche uns inschriftlich erhalten sind, gemeinsame Merkmale aufweisen; und das gilt nicht allein für Kreta. Zahlreiche dieser Gesetze beinhalten nämlich eine solche Gottesinvokation und waren im Kontext von Bauten angebracht, in denen ein Kult unterhal-

---

48 Hierzu und zum architektonischen Kontext des Gesetzes s. ausführlich Seelentag 2009.

49 Forssman 2002 und Papakonstantinou 2008, 157 diskutieren die Invokation der drerischen Inschrift, welche offenbar erst nach dem eigentlichen Regelungstext in den Stein geschlagen wurde, als eine zweite Zeile in kleineren Lettern. Weshalb sich diese Formel einzig in unserem Gesetz findet und nicht auch in den anderen drerischen Inschriften, ist allerdings unklar. – Zur Invokation s. Pounder 1984 mit Buck 1955, 116; Rubinstein 2007.

50 So gab es auf Kreta etwa die Bronzemitren, auf deren einer das Spensithiosdekret verzeichnet ist, und im archaischen Athen seien die Bestimmungen Drakons und Solons auf hölzernen Kyrbeis und Axones aufgezeichnet worden; hierzu s. Stroud 1979.

51 Dass gesetzliche Regelungen selbst nach dem Einsetzen von schriftlichen Aufzeichnungen immer auch noch mündlich gepflegt wurden und diese beiden Arten der Weitergabe tatsächlich lange Zeit nebeneinander und miteinander existierten, zeigen etwa Thomas 1995; Gehrke 1997, 45–7; Hölkeskamp 2000, 81–7; Papakonstantinou 2002 und Faraguna 2007; vgl. auch Thomas 1992, besonders 65–73 und *passim*. Osborne 1997 plädiert angesichts dessen für eine stärkere Beachtung der – allerdings erheblich späteren – literarischen Tradition über die Schiedsrichter und Nomotheten, aus welcher man konkrete Gegenstände und auch die Systematik von Gesetzgebung ablesen könne; vgl. dagegen Hölkeskamp 1992 und 1999 *passim*; auch Lewis 2007. Diese Tradition scheint doch eher eine *ex post* Erklärung für die bestehende Vielfalt gesetzlicher Regeln gewesen zu sein. – Die kretischen Knaben scheinen im Rahmen ihrer zentral organisierten Ausbildung die Gesetze auswendig gelernt haben. Bevor sie in die Agelai aufgenommen wurden, lernten die Knaben unter Anleitung eines Paidonomos Musik sowie die von den Gesetzen vorgeschriebenen Gesänge und die *grammata*; so Ephor. ap. Strab. 10.4.20. Bei jenen handelte es sich wohl um die Gesetze. Immerhin nennt sich das *Große Gesetz* von Gortyn selbst *ta grammata*; IC 4.72.11.20 = Koerner 180 = Nomima 2.40; vgl. die von Padgett 1995 und Carter 1997 vorgestellte Statuettengruppe eines Lyra spielenden Mannes in Begleitung eines Knaben. – s. auch Gehrke 1997, 41–3 mit Zeugnissen; Hölkeskamp 2000, 81–3 und das Kapitel *Paideia*.

ten wurde.[52] Aus anderen Inschriften dieser Zeit können wir den Grund einer solchen religiösen Absicherung rekonstruieren. Sie drohen denjenigen Flüche an, die sich an dem Gesetz vergingen; und dies galt gleichermaßen für das mutwillige Beschädigen der Inschrift selbst als auch für deren mutwillig fehlerhaftes Verlesen durch die dafür zuständigen Funktionsträger; vor allem aber galt es für die Zuwiderhandlung gegen ihre Bestimmungen.[53] Der göttliche Schutz sollte also die Unversehrtheit der Inschrift als Objekt und natürlich ihres Inhalts gewährleisten. Zudem können wir beobachten, dass der größte Teil der frühesten Gesetzesinschriften sich mit einer bestimmten Art von Verfahrensfragen befasst, speziell mit der Beschränkung der Kompetenzen von Amtsträgern.[54] Es lässt sich also konstatieren, dass in dieser Zeit allein ein bestimmtes Genre von Regeln auf diese Weise festgehalten wurde.

Dies galt vor allem für die umstrittenen Regeln, deren Akzeptanz unsicher schien.[55] Ein solcher Schutz war gerade für solche Bestimmungen wichtig, die im Institutionalisierungsprozess der Polis neuartig waren, etwa die Stärkung der institutionellen Macht von Ämtern gegenüber der persönlichen Macht prominenter Individuen. Anders als zahlreiche Regelungen des nach wie vor angewandten, ja dominierenden,

---

52 Hierzu s. Detienne 1988a, 51–3; Hölkeskamp 1994; Thomas 1995 und Osborne 1997. – Verwiesen sei an dieser Stelle auch auf die Relevanz von religiösen Sanktionen im frührömischen Recht; s. etwa Williamson 1987, 174–8. Die ältesten Satzungen von Gortyn waren am dortigen Kultbau des Apollon Pythios angebracht; Demargne/van Effenterre 1937; Detienne 1988a, 41–3; Marginesu 2005 und 2014. – Beispiele dafür, dass frühe griechische Gesetze dem Schutz eines Gott unterstellt waren, gibt es viele. Zu nennen sind etwa die Rhetren auf Bronzetafeln aus Elis, die im Zeusheiligtum von Olympia aufbewahrt wurden; Hölkeskamp 1994, 141–2. Ein Gesetz aus Naupaktos beinhaltet eine Formel, dass die Satzung dem Apollon heilig sei, und einen sich anschließenden Fluch, der sich an den richtet, der diese Satzung übertreten mochte; IG 9.1² 3.609. 13–5 = Koerner 47 = Nomima 1.44 = ML 13 = HGIÜ 1.19.
53 Zeugnisse für die Androhung schwerer Sanktionen, sollte die Gesetzesinschrift etwa unleserlich gemacht werden, sind zum Beispiel IG 4.506 = Koerner 29 = Nomima 1.100 aus Argos aus der Mitte des 6. Jh. und IG 9.1² 3.718 = Koerner 49 = Nomima 1.43 aus Westlokris aus dem 5. Jh. über die Zusiedlung nach Naupaktos, und vor allem Koerner 78 (= ML 30 = HGIÜ 1.47) und 79 = Nomima 1.104 und 105 aus Teos aus dem zweiten Viertel des 5. Jh.; hierzu s. auch die *editio princeps* des zweiten Teils dieses Dokuments durch Herrmann 1981. Hier sind die mutwillige Beschädigung des Inschriftenträgers und die mutwillig fehlerhafte Verlesung des Textes gleichermaßen verflucht. Die mündliche Überlieferung beziehungsweise Auslegung der Regel steht also weiterhin neben ihrer schriftlichen Fixierung in Form der Inschrift. Der Akt, die Worte auszusprechen, ist nicht weniger wichtig als die Monumentalisierung des Gesetzes. – vgl. auch entsprechende Drohungen auf Inschriften, die Vertragsschlüsse dokumentieren, etwa ML 17.7–10 aus Olympia um 500. Aus Olympia stammt auch ein Gesetz, welches Zeugnis über jene Prozedur ablegt, durch welches trotz des göttlichen Schutzes dieses Gesetz auch geändert oder gelegentlich suspendiert werden durfte; IvO 7.3–5. Letztlich ging es darum, ob das versammelte Volk und der Rat eine solche Änderung wollten und diese auch dem Gott gefiel. Bis zu drei Mal durfte dies geschehen.
54 Hierzu s. Hölkeskamp 1992 und 1994 sowie Gehrke 1993, 1995 und 1998.
55 Thomas 1995, besonders 74; im gleichen Sinn auch Camassa 1988, 1994 und 1996; Hölkeskamp 1994, 1999, 273–80 und 2000, besonders 88–91, sowie Guettel Cole 1995, 306–8.

mündlichen Gewohnheitsrechts war die Anerkennung dieser Regelungen eben noch prekär, und ihre Verinschriftlichung allein gewährleistete noch nicht ihre Einhaltung. So sollten wir diese in Stein geschlagenen Gesetzesinschriften womöglich auch als Objekte sehen, welche dem Schutz des Gottes überantwortet wurden – gleichsam wie Weihegaben. Diese Regeln waren von der Gemeinschaft der Polis in einem speziell dafür vorgesehenen öffentlichen Raum beschlossen worden, nämlich auf der in dieser Zeit bereits ausgebauten Agora von Dreros. Nun aber wurden sie durch ihre Anbringung am Gebäude, in welchem der Kult für die apollinische Trias angesiedelt war, der politischen Auseinandersetzung der Agora enthoben.[56] Darüber hinaus gewährleistete die Verinschriftlichung als Teil eines Bauwerkes größere Dauerhaftigkeit und symbolisierte den im Gesetz zum Ausdruck kommenden Aufwand der Gemeinschaft eindrucksvoller als eine bloß im Umfeld dieses Bauwerks aufgestellte Stele.[57]

Unmittelbar an diese Überlegungen schließt sich eine Beobachtung an, welche den letzten Satz unserer Regelung betrifft, nämlich die Eidesformel und diejenigen, welche diesen Schwur leisten. Auffällig ist, dass ‚die Polis' nicht am Eid beteiligt ist. Dies mag evident erscheinen, immerhin hatte ‚die Polis' diese Regel beschlossen. Wir sollten aber immerhin die Frage stellen, warum es genau jene Gremien sind, die den Eid schwören, die Regelung einzuhalten, und warum ‚die Polis' nicht das gleiche schwört. Diese Beobachtung ergibt Sinn, wenn wir sie mit dem eben entworfenen Szenario abgleichen. Wer nämlich wählte, oder neutraler gesagt: wer machte den Kosmos; und an wen richtete sich dementsprechend das Gebot einer Sperrfrist für das Kosmosamt ebenfalls? Und wer waren diejenigen, denen deutlich gemacht wurde, sie hätten sich an einen Amtsträger zu wenden, wollten sie ihre Konflikte gelöst sehen? Nichts deutet ausdrücklich darauf hin, dass der Kosmos von ‚der Polis' bestimmt wurde, noch dass ‚die Polis' der Gesamtheit des drerischen Demos entsprach; auch wenn diese beiden Punkte in der Vergangenheit immer wieder wie selbstverständlich behauptet wurden.[58] Wir sollten eher annehmen, dass eine der Institutionen, die am

---

56 Zu den Raumkonzepten der frühen griechischen Poleis mit ihrer Scheidung und Reservierung unterschiedlicher öffentlicher Bereiche s. Hölscher 1998 sowie Hölkeskamp 1994, 1997, 2002 und 2003. – Zur Relevanz der Öffentlichkeit für die kretischen Gesetze und die in ihnen beschriebenen Verfahren s. Papakonstantinou 2002, 140–3.

57 Auf die Andersartigkeit der Zeugnisse für Schriftgebrauch und der inhaltlichen Spezifika kretischer Gesetze im Vergleich zu denen aus anderen Regionen des griechischen Kulturraumes weisen etwa Stoddart/Whitley 1988; Prent 1997; Whitley 1997, 1998, 2001 und 2005; Morris 1998 sowie Chaniotis 2005 hin. Andere Autoren, etwa Gagarin 2008, 43, verzeichnen zwar die relative Vielzahl der kretischen Gesetzestexte verglichen mit allen anderen Regelungen des gesamten griechischen Kulturraums, schreiben dies aber einem Zufall der Überlieferung oder einer spezifisch kretischen Gepflogenheit zu, Gesetze eher in Stein geschrieben zu haben als andere Poleis, welche sich anderer Materialien bedient hätten, Holz und Bronze etwa, die uns eben nicht länger erhalten sind.

58 s. etwa Willetts 1955, 167: „[The law] is a decree of the Drerian citizen body meeting in the assembly"; HGIÜ 1, 3: „Polis (= Versammlung)"; Gehrke 1993, 53: „Auch hier erscheint ein Beschluß-organ, und zwar unter dem Namen *polis*. Dieses muß, wie andernorts der Begriff *demos*, mit einer

Ende der Inschrift genannt sind, den Kosmos bestimmte. Ein plausibler Kandidat wären die ‚Zwanzig der Polis‘, in denen wir den Rat des Gemeinwesens vermuten dürfen; die Männer mit dem größten Ansehen in der Gemeinschaft, die sich in konsensualer Übereinkunft auf die Kosmen einigten. Und sollten – wie oben vorgetragen – die Damioi die Bezeichnung für den drerischen Demos sein, hieße dies, dass eben auch die Politen auf die hier verinschriftlichte Verfügung schworen: Aus ihrer Mitte stammten jene, die zukünftig den Kosmos um Hilfe bäten.

Die kommunikative Funktion der Inschrift wäre dann ganz bemerkenswert: ‚Die Polis‘ beschließt ein Gesetz bezüglich der Bestallung eines Amtsträgers und der Konturierung seiner Position, ohne mit der Bestallung oder der Amtsführung unmittelbar etwas zu tun zu haben – schließlich ist sie eine abstrakte, zum Zweck der Integration geschaffene Entität. Vielmehr verpflichtet die Polis diejenigen, denen diese Bestallung und die Einhaltung der Regel, der Amtsträger besitze fortan das Monopol auf bestimmte Aufgaben, obliegt – und diese sind ein Teil dieser Polis –, zu einem von ihr gewünschten Verfahren, indem sie jene einen Eid schwören lässt. In einem späteren Kapitel werden wir sehen, dass jene abstrakte Entität namens ‚Polis‘ tatsächlich die Gesamtheit von Institutionen und Demos umfasste, die infolge eines komplexen mehrstufigen Verfahren mit gemeinsamer Stimme sprachen. Das Gesetz – und damit auch ‚die Polis‘, welche das Gesetz beschloss – wurde womöglich als eine Art externer Kontrollmechanismus betrachtet, welche den Wettbewerb der amtsfähigen Individuen in habitualisierte Bahnen lenkte, und an dem ein Aristos trotz all seiner persönlichen Verdienste nicht vorbei kann; ähnlich dem *populus* in der römischen Republik, der eine gleichsam aus dem inneraristokratischen Wettbewerb ausgelagerte ‚Dritte Instanz‘ war.[59]

Über Charakter und Wirkungsweise von Eiden haben wir für die früheste Zeit unsere Informationen im Wesentlichen aus Streitfällen. Hierbei einen Eid zu schwören und einen entsprechenden Gegeneid zu leisten, hieß, dass die beteiligten Par-

---

größeren Gemeinschaft identifiziert werden, die die politische Ordnung oder jedenfalls wichtige Elemente von dieser entscheidend mitbestimmen kann"; Koerner 1993, 334: „[es] liegt am nächsten, an die Bürgerversammlung zu denken"; Welwei 1998, 66: „die (wohl akklamatorische) Zustimmung der ‚Volksversammlung‘ zu einem Beschluß der Behörden (Kosmos) und des Rates"; Perlman 2002, 198–9: „the *polis*, probably in the sense of citizen assembly"; Raaflaub/Wallace 2007, 23–4: „Whom does this simple formula comprise? All the citizens who meet specific qualifications, for example by being prosperous enough to equip themselves for the polis's infantry army? All the free adult male inhabitants of the polis? We simply do not know"; Ehrenberg 1943 sieht mit dieser Formel die „staatlichen Autoritäten" bezeichnet; Meiggs/Lewis 1988, 3 halten das Problem für unlösbar; Hölkeskamp 1999, 90: „ein Beschluß der ‚Polis‘ Dreros als ganzer, das heißt: der Versammlung aller berechtigten ‚Bürger‘"; s. auch die dort in Anm. 29 genannte Literatur. – Zur Formel *omotai* vgl. die Deutung von Forssmann 2002.

59 s. die Kapitel *Polis* und *Hetairoi des Hybrias*. – s. im Ansatz auch Welwei 1981, 19–20 und 1998, 63; Stein-Hölkeskamp 1989, 97–8 sowie Hölkeskamp 1994, *passim*. Zu Rom s. Hölkeskamp 2004, 85–92 und 2006.

teien beim Eidschwur ihre gesamte soziale Existenz in die Waagschale warfen. Denn der Eid hatte den Charakter einer Selbstverfluchung, und so war im Falle einer Lüge die Existenz der Meineidigen dem Gott zur Bestrafung anheim gestellt.[60] Auch in Dreros gab es offenbar kein dafür eingesetztes Gremium von Gesetzeshütern, um Verfügungen wie diese auch wirklich durchzusetzen. Der Eid hat hier also die Funktion einer Selbstverpflichtung der Schwörenden auf ein bestimmtes Handeln gemäß der Regelung. Drei Gremien schwören, dass sie die von der Polis beschlossene Regelung einhalten. Die für die Bestallung und Amtsführung des Kosmos maßgeblichen Institutionen, die ‚Zwanzig der Polis' und die Damioi, schwören, niemanden vor Ablauf von zehn Jahren erneut zum Kosmen zu machen und keinen Privatmann anstelle des aktuellen Kosmos um Hilfe zu bitten. Die Kosmen schwören ihrerseits, nach Ablauf ihrer Amtszeit nicht als Schlichter oder Schiedsrichter aufzutreten. Sollten sie gegen diese eidliche Selbstverpflichtung verstoßen, möge der Gott sie strafen. Ähnlich sind die Rollen der Dike und des Zeus in den hesiodeischen *Werken und Tagen* geschildert:

> Dann ist auch sie da, die Jungfrau, Díkê, Zeus' eigene Tochter, hehr und geachtet bei den Göttern auf dem Olymp. Tut ihr ein Mensch nun etwas zuleide und kränkt sie mit Ränken, setzt sie sogleich bei Zeus dem Vater sich hin, dem Sohne des Kronos, und erzählt von dem Trachten der Schändlichen, damit der ganze Demos büße das frevelhafte Tun der Basileis, die verderblich gesonnen beugen und drehen die Urteile des Rechts, verbogen sie fällend. Davor hütet euch wohl, ihr Basileis, fällt gerade die Sprüche, Geschenkefresser, schlagt ganz aus dem Sinn euch krumme Urteile. Selber bereitet sich Schlimmes, wer anderen Schlimmes bereitet; schlimmer Wille und Rat ist für den, der geraten, am schlimmsten.[61]

Diese Passage zeigt, dass die Mechanismen der menschlichen Kontrolle von Fehlverhalten – vor allem der Basileis – offenbar erst schwach ausgeprägt sind. Die Bestrafung eines Missetäters wird nicht durch die Institutionen der Gemeinschaft vollzogen, sondern obliegt den Göttern. Deutlich wird auch, dass die göttliche Strafe für das Fehlverhalten eines Mächtigen nicht allein den Übeltäter selbst, sondern die ganze politische Gemeinschaft trifft. Wir sollten dies nicht als einen Appell an die Damoden verstehen, gegen die Basileis zusammenzustehen, damit die Vielen nicht unter dem Tun der Einzelnen zu leiden hätten. Für einen solchen Appell gibt es in den hesiodeischen Epen keine Parallele. Eher sehen wir hier eine Aufforderung an die Eliten zu

---

60 Heuß 1934; Gehrke 1997, 49–50; Papakonstantinou 2002; Sommerstein 2007; vgl. Thür 1996 und dagegen die Kontextualisierung von Gagarin 2008, 13–38. – Interessant ist hierfür auch das Verhalten des Menelaos und Antilochos nach dem Wagenrennen bei den Leichenspielen des Patroklos; Hom. Il. 23.539–611, besonders 579–95, mit der Aufforderung des Menelaos, sein Widersacher möge bei Poseidon einen Eid schwören, dass er ihn nicht tückisch behindert habe. Antilochos weicht vor diesem Schwur zurück und bewirkt mit seinem anschließenden Ehrengeschenk an Menelaos den Ausgleich ihres Konflikts.
61 Hes. erg. 256–64, Übers. nach W. Marg 1970; s. auch Burkert 1984, 248–9 und Gagarin 1986, 60–1 und 1992.

einem dem Gemeinwohl verpflichteten Verhalten. Letztlich war es die soziale Kontrolle der Kosmen und der anderen Funktionsträger durch den Demos und vor allem durch die eigenen Standesgenossen, welche die Einhaltung der Regelung garantierte. Diese soziale Kontrolle wurde allerdings erst recht fundiert und legitimiert durch die Verschriftlichung der Regel, ihre Monumentalisierung in Form einer Inschrift und eben ihre Veröffentlichung am Kultgebäude des Apollon. Damit war der göttliche Schutz des inschriftlichen Monuments und eben auch seines Inhalts gewährleistet.[62]

Es ist bemerkenswert, dass diejenigen, welche den Eid schwören, dies allein in ihrer Organisation als Gremium tun, nicht als namentlich genannte Einzelne. Vor dem Hintergrund dessen, was ein Eid ist – nämlich eine prinzipiell auf Individuen bezogene Selbstverfluchung – spricht dies für eine bereits gereifte Entwicklung und Abstraktion des Prinzips, was ein Amt sein könne und leisten müsse.[63] Die Prominenzrollen der Polis sind hier schon nicht mehr an einzelne Individuen geknüpft, sondern institutionalisiert. Darüber hinaus ist durch die nicht namentliche Nennung der Eidesschwörer ein überzeitlicher Anspruch für diese Regelung formuliert. Sie soll eben nicht allein für die Zeit ihres Entstehens und für die Amtsträger dieses einen Jahres gelten. Dies liefert einen wichtigen Hinweis auf eine entstehende politische Kultur mit Ritualen, einer zeremonialen Ausdrucksseite von Politik. Die Regelung wird eben nicht nur einmal bei ihrer Beschließung beschworen und dann dem Gott zum Schutz anheim gestellt, darauf vertrauend, dass sie damit schon eingehalten würde. Nein, wahrscheinlich wurde dieser Eid wiederholt ausgesprochen; womöglich jährlich bei der Einsetzung des Kosmos.[64] Somit kam es in Dreros zu regelmäßig durchgeführten Ritualen, in denen die Gültigkeit des Gesetzes der Polis immer wieder vor Augen geführt wurde. Bei diesen Gelegenheiten fanden die in unserer Regelung durchscheinenden Machtverhältnisse immer wieder ihren Ausdruck, und die Ordnung der Polis wurde ein um das andere Mal reproduziert.

---

62 Einen Vergleich zu dieser Praxis des Eides bietet ein Gesetz aus Chios vom Ende des 5. Jh., Koerner 62 = DGE 688: Wenn gewisse Beamte mit dem Titel Orophylakes eine Strafe nicht von den Schuldigen eintreiben, sollen diese Beamten selbst die Schuld zahlen müssen. Weigern sie sich dies zu tun, wird eine andere Institution (‚die Fünfzehn') beauftragt, die Schuld von den Orophylakes einzutreiben. Wenn wiederum die Fünfzehn dies nicht tun, sollen sie mit einem Fluch beladen sein. Die Einhaltung des Gesetzes zu überwachen, ist hier also Aufgabe immer noch höherer Autoritäten. So ist es konsequent, dass letzter Ausweg und ultimativer Kontrollmechanismus der Zorn der Gottheit ist.
63 Zur Funktion von Flüchen in Eiden im Rahmen griechischer Gesetzestexte s. Ziebarth 1895; Vallois 1914; Thomas 1995, 72; Thür 1996; Gehrke 1997, 49–50; Papakonstantinou 2004; Rubinstein 2005 sowie die Beiträge in Sommerstein/Fletcher 2007 und die dort jeweils genannte Literatur.
64 So etwa Koerner 1987, 453; Hölkeskamp 1999, 92. – Gagarin 2008, 47–8 weist darauf hin, dass diese Formel – anders als die voran stehenden Zeilen – keinen imperativischen Infinitiv formuliert.

Die tastende Einrichtung des Bürgerstaates

Das Gesetz von Dreros reflektiert einen historischen Zustand, in dem zum Ziele des inneren Friedens die Konkurrenz der Aristoi kanalisiert und beschränkt wird. Zudem werden wegen der zunehmenden Komplexität des gesellschaftlichen Lebens Aufgabenbereiche in Form von Ämtern institutionalisiert. Für deren Ausübung werden Regeln eingeführt – Verfahren, um die noch nicht gefestigten Übergänge zwischen sozial gewachsenen und durch Institutionalisierung generierten Prominenzrollen zu definieren und zu wahren.

Die Einrichtung des Bürgerstaates war ein sich lang hinziehender Prozess und nicht etwa der spontane Beschluss einer Gemeinschaft, die in ihr wiederholt und nun vielleicht gehäuft auftretenden Probleme besser unter den Bedingungen des Staates als der Vorstaatlichkeit zu lösen.[65] Initiatoren dieser Prozesse waren wohl die Angehörigen der Eliten. Denn so, wie der Demos in den Epen beschrieben ist, nämlich mit kaum vorhandenen Strukturen, welche die Masse gliederten, und kaum Möglichkeiten zur eigenen Alternative und zum kollektiven Handeln, ist es schwer vorstellbar, dass in ihm die treibende Kraft der Institutionalisierung zu suchen ist.[66] Und doch sehen wir im Gesetz von Dreros – sollten die Damioi tatsächlich dem Demos entsprechen –, dass auch die Politen bereits eine institutionalisierte Rolle in diesem Prozess einnahmen. Die Einführung von Institutionen, etwa von Funktionen mit befristeter Amtszeit, erscheint dabei keineswegs als eine Schwächung einer zentralen Gewalt oder der Gruppe der Aristoi im Gemeinwesen, sondern als ein von jenen als notwendig angesehener Prozess zur Stabilisierung der Gruppe insgesamt und ihres eigenen Einflusses darin.[67]

Mit den Ämtern waren Institutionen geschaffen, denen man zugestand oder von denen man sich wünschte, dass sie sich gegenüber anderen Kräften in der Gemeinschaft behaupten würden. Dies muss nicht unbedingt von Anfang an über die institutionelle Macht der Institution geschehen sein. Die zur Ausübung eines Amtes notwendige Macht wird wohl zunächst ganz wesentlich in der Person desjenigen gelegen haben, der diese Rolle einnahm. Dies heißt aber auch, dass – obschon es das Konzept einer Amtsdauer wohl bereits gab – diese vielleicht nicht einmal klar definiert und bemessen war. Überdies war auch nicht unbedingt von vornherein die alternierende Besetzung dieser Rolle vorgeschrieben. Dies alles zeigt der Befund der frühen Iterationsregeln, die eben erst in der zweiten Hälfte des 7. Jh. und um 600 in ein zu dieser Zeit bereits bestehendes Gefüge von Institutionen eingriffen, um dem Prinzip der geordneten Rotation überhaupt Geltung zu verschaffen.

Hierzu mussten bestehende Regelungen nachgebessert und weiterentwickelt werden. Dass Bedarf dazu bestand, hatte man erst im Laufe der Zeit nach einigen

---

65 Dreher 2005, 126.
66 Eder 1986; Dreher 2005, 127 in dezidierter Abgrenzung von Stahl 2003, 89–116; sowie Hawke 2011.
67 Welwei 1992, 101.

Erfahrungen mit den neuartigen Institutionen gelernt. Im Falle des drerischen Gesetzes heißt das konkret, dass die Amtsdauer des Kosmos zwar schon begrenzt worden war, um die Macht eines Amtsträgers zu beschränken und möglichst vielen Aristoi die Vorzüge des Amtes zu gewähren. Dennoch gelang es immer wieder den gleichen Männern Kosmos zu werden. Die Einführung einer Iterationsregelung in Reaktion hierauf bedeutete eine grundsätzliche Nachbesserung dessen, was ein Amt leisten sollte. Fortan stand das Gebot der Rotation neben anderen Maßnahmen, die von den Aristoi getragen wurden, um einen zu großen Machtzuwachs Einzelner aus ihrer Mitte zu verhindern, etwa die Auffächerung der Führungsfunktionen und die Institutionalisierung eines Rates neben den Ämtern.[68]

Zu Recht wird betont, dass mit der Schaffung von Ämtern unbedingt auch eine aus ihnen selbst stammende institutionelle Macht verknüpft sein muss, die vom Konsens der für die Bekleidung dieses Amt prinzipiell infrage kommenden Aristoi gestützt und gesichert war. Denn „andernfalls wäre die Übernahme und Ausübung eines Amtes für die meisten Angehörigen der Oberschicht geradezu ein Hasardspiel geworden, wenn sie nicht zu dem zweifellos eng begrenzten Kreis der einflußreichsten Oikosbesitzer gehörten".[69] Doch genau diese Schwäche des Amtes lässt das Gesetz von Dreros erkennen. Immerhin musste hier auch geregelt werden, dass allein der Kosmos und nicht ein anderer Mann die Tätigkeiten eines Kosmos wahrnehmen sollte. Das Amt hatte also bereits einen mehr oder weniger klaren Amtsbereich, war für bestimmte Aufgaben zuständig; doch es hatte die Wahrnehmung dieser Aufgaben noch nicht monopolisiert. Der Beschluss des Gesetzes zeigt zwar, dass das Ideal einer mit dem Amt verbundenen institutionellen Macht existierte und sich auf einen Konsens stützen konnte, denn dieser war für den Beschluss der Regel überhaupt die Voraussetzung; deutlich ist aber auch, dass dieses Ideal gefährdet war.

Wir werden sehen, dass diese Prekarität des Amtes eine strukturelle Schwäche der kretischen Politeia war und blieb. Noch im 4. Jh. sollte die aristotelische *Politik* feststellen, dass in kretischen Poleis häufig Mitglieder des Kosmos sich zu handeln weigerten oder zurücktraten; und dass einzelne Kosmen von ihren Kollegen abgesetzt wurden oder das Kollegium von mächtigen Privatleuten aus dem Amt getrieben wurde. Und dies beschreibt Aristoteles als die fürchterlichste Art des Scheiterns einer Politeia; als den freien Fall in die *dynasteia*.[70]

---

68 Welwei 1992, 104.
69 Welwei 1992, 107. In diesem Sinne auch Stein-Hölkeskamp 1989, 100.
70 Arist. pol. 1272b 1–16. – Hierzu s. Seelentag 2013 und das Kapitel *Hetairoi des Hybrias*.

Regeln für den Kosmos: Eine Institution und ihre Merkmale

Nachdem wir uns im vorangegangenen Teil dieses Kapitels mit der Iterationsregel von Dreros ein Szenario näher angeschaut haben, das uns die tastenden Schritte von Institutionalisierung in der zweiten Hälfte des 7. Jh. rekonstruieren ließ, nehmen wir im Folgenden das Amt des Kosmos näher in den Blick. Kosmen sind in zahlreichen Inschriften des 7., 6. und 5. Jh. erwähnt, die aus einer Reihe von Poleis in Zentral-kreta sowie im Osten und Westen der Insel stammen, aus Dreros, Gortyn, Eltynia und Lyttos, aus Axos, Datala und Eleutherna.[71] Somit verfügen wir über so viele Zeugnisse zum Kosmos wie zu keiner anderen Institution kretischer Politien. Aus ihnen wird bei-spielhaft deutlich, wie sich wichtige Prinzipien von Institutionalisierung, die wir im ersten Teil dieses Kapitels skizzierten, entwickelten. Wir werden etwa sehen, dass die Polis bemüht war, mit der funktionalen Differenzierung von Gemeinschaftsaufgaben der wachsenden sozialen Komplexität des Bürgerstaates zu begegnen. Wir werden die Anstrengungen erkennen, das Zusammenspiel verschiedener Institutionen mit-einander zu regeln, die Rekrutierung der Amtsträger zu vereinheitlichen und deren Einfluss im und außerhalb des Amtes zu beschränken sowie Instanzen zur Kontrolle der Amtsträger zu schaffen. Dies alles sorgte dafür, dass das Prinzip der Institution weiter konturiert wurde.

Kollegialität und Hierarchisierung

Im 4. Jh. berichten Aristoteles und Ephoros, das Kollegium der Kosmen in kretischen Poleis umfasse zehn Mitglieder. Der epigraphische Befund kann diese Angabe nicht bestätigen, allein im Hierapytna des 2. Jh. ist eine solche Zehnzahl tatsächlich einmal bezeugt.[72] Darüber hinaus sind konkrete Hinweise auf die Größe eines Kollegiums von Kosmen rar. Seit dem 6. Jh. zeigen Inschriften verschiedener Poleis immerhin, dass der Kosmos in diesen Gemeinwesen tatsächlich ein kollegiales Amt war. Ob dies nun aber auch für jede Polis galt, vor allem für die kleineren Gemeinwesen der Insel oder die frühen Stadien der Institutionalisierung, bleibt unklar. So vermuteten wir im Falle des Kosmos von Dreros, dass angesichts einer Sperrfrist von zehn Jahren, die es einer größeren Anzahl von Männern erlaubte, das Amt zu bekleiden, nicht unbedingt davon auszugehen ist, dass jene auch noch ein Kollegium bildeten.

Diese Unsicherheit über die Zusammensetzung des höchsten Amtes kretischer Poleis resultiert zu einem nicht geringen Teil daraus, dass in vorhellenistischen Inschriften bis auf eine bislang bekannte Ausnahme niemals etwa von κόσμοι die Rede ist, und uns kaum einmal die Namen, geschweige denn Kataloge von Kosmen

---

71 Zum Kosmos s. etwa Willetts 1955, 103–16 und 1965, 58–62, 65–74, 77; Treheux 1984; Link 1994, 97–112 sowie 2002, 2003 und 2008; Papakonstantinou 2002, 146–50; Chaniotis 2005.
72 Arist. pol. 1272a 7 und Ephor. ap. Strab. 10.4.22; IC 3.3.9.

überliefert sind.[73] Vielmehr verwenden diese Zeugnisse zur Bezeichnung der Amtsträger vorzugsweise das Nomen ὁ κόσμος im Singular oder aber Formen des Partizip Präsens Aktiv, etwa ὁ κοσμίων oder οἱ κοσμίοντες.[74] Inschriften aus Lyttos und Gortyn etwa, datiert zwischen 500 und 450, lassen allerdings deutlich werden, dass solche Partizipkonstruktionen nicht lediglich jenen Kosmos bezeichnen, der die Regelung veranlasste oder der im Rahmen eines – womöglich anzunehmenden – Rotationsprinzips unter allen Kosmen gerade der amtierende war, sondern generell einen Kosmos während seines Amtsjahres.[75] Selbst wenn frühe Regelungen tatsächlich einmal zwei Kosmen namentlich nennen, wie eine um 550/25 datierende Inschrift aus Eleutherna oder eine aus dem 5. Jh. stammende aus Arkades, ist damit immer noch nicht beantwortet, ob jene innerhalb eines womöglich größeren Kollegiums dafür verantwortlich waren, die nämliche Regelung einzubringen oder umzusetzen; ob sie aufgrund einer Rotation innerhalb des Kollegiums die zu jener Zeit eponymen Kosmen waren, oder ob der Kosmos dieser Poleis zu jener Zeit schlichtweg aus allein zwei Kollegen bestand.[76]

Häufig sieht die Forschung in der Existenz des κσένιος κόσμος den Hinweis auf eine funktionale Differenzierung innerhalb des Kosmenkollegiums. Allerdings ist nicht gesagt, dass dieser ‚Fremdenkosmos' überhaupt ein Mitglied des Kosmenkollegiums war. Tatsächlich bezeichnen nur zwei der fünf inschriftlichen Erwähnungen dieses Funktionsträgers ihn als Xenios Kosmos, die anderen drei nennen ihn schlichtweg Xenios. Überdies verfügt ein gortynisches Gesetz des frühen 6. Jh. für den Kosmos eine dreijährige Iterationssperre, für den Xenios eine fünfjährige. Dies deutet darauf hin, dass Letzterer ein eigenständiger Funktionsträger war, dessen Bezeichnung eher

---

73 Hingewiesen sei allerdings auf die aus dem 6. und 5. Jh. stammenden gortynischen Inschriften IC 4.14g–p1 = Koerner 121 = Nomima 1.82 sowie IC 4.78 = Koerner 153 = Nomima 1.16, die ein und dieselbe Institution einmal Titas, einmal Titai nennen; s. Seelentag *im Druck*. Ähnlich auch IC 4.87 = Koerner 161 = Nomima 1.97 und IC 4.75 d = Koerner 149 = Nomima 2.46 zum Esprattas beziehungsweise den Esprattai.
74 s. etwa IC 1.18.2 = Koerner 95 = Nomima 1.11 (Lyttos, um 500) und IC 4.41.4 = Koerner 128 = Nomima 2.65 (Gortyn, Anfang 5. Jh.); vgl. auch Kocevalov 1928. – Weniger überzeugende Erklärungen bieten etwa van Effenterre 1948, 100 Anm. 1; Tréheux 1984; Willetts 1955, 167 und Huxley 1971, 510–1. Hierzu s. ausführlicher das Kapitel *Politeia*.
75 Kirsten 1942, 160–3 verdeutlicht mit IC 4.41.4.10 = Koerner 128 = Nomima 2.65 und IC 4.72.1.52 = Koerner 163 = Nomima 2.6, mit Koerner 87 = Nomima 1.12 und anderen Belegen, dass es vor der hellenistischen Zeit kein einziges eindeutiges Zeugnis für die Bedeutung von *kosmos* im Sinne ‚Kosmenkollegium' gibt; tatsächlich seien Pluralformen wie *kosmoi* in archaischer Zeit allein in IC 1.10.2.8 = Koerner 94 = Nomima 2.80 aus Eltynia um 500 bezeugt. Erst in hellenistischer Zeit sei auf Kreta die Bezeichnung dieses Amtes von einer transitiven zu einer abstrakten Bedeutung umgedeutet worden. Er führt IC 4.80 als Beleg an, dass Kosmos ursprünglich transitiv gebraucht worden sei.
76 IC 2.12.9 = Koerner 111 = Nomima 1.25; IC 1.5.4 = Nomima 2.83.

seine soziale Funktion als Wahrer der Ordnung in Angelegenheiten der Fremden reflektiert als seine Zugehörigkeit zu einem festumrissenen Kollegium von Kosmoi.[77]

Der im Gortyn des 6. Jh. einmal dokumentierte ϙόσμος ὁ ἐπιστάς und der im Spensithiosdekret erwähnte ϙόσμος ἐπεστακώς weisen darauf hin, dass schon in archaischer Zeit der Singular κόσμος ein Kollegium von Amtsträgern bezeichnete und innerhalb des Kosmenkollegiums eine Differenzierung existierte.[78] Das Spensithiosdekret bietet einen Hinweis, worin diese bestand. Hier ist nämlich bestimmt, dass der Schreiber und Erinnerer jede Handlung des Kosmos begleiten solle und dass Spensithios, wenn er einen Prozess zu führen habe, dieses vor dem Kosmos tun dürfe. Andererseits verfügt die Privilegierung, dass jener Kosmos, der zugunsten des Spensithios bei einem anderen Bürger eine Pfändung vollziehe, straflos sein solle. Auch die gortynische Regelung lässt den ϙόσμος ὁ ἐπιστάς eine Pfändung vornehmen. Diese Titel bezeichnen also ein ganz konkretes Mitglied des Kosmenkollegiums, doch nicht etwa dessen Vorsitzenden, sondern wohl jenes Mitglied, welches im Zuge der vom Gesetz bezeichneten Handlung tatsächlich tätig war oder werden sollte, eben ‚der ausführende Kosmos'.[79] Eine aus dem *Großen Gesetz* von Gortyn stammende Passage deutet auf eine andere Art der Differenzierung hin. Hier sehen in einem Absatz, der auf eine bestehende Regelung hinweist, die Präzedenzcharakter hat, die Formulierung ᾶι ὄκ' ὁ Αἰθ[α]λεὺς 'ταρτὸς ἐκόσμιον οἱ σὺν Κύ[λ]λοι – „wie es [verordnet ist], seit der Startos Aithaleus Kosmos war, [und zwar] die mit Kyllos...".[80] Diese Formel deutet nicht unbedingt auf eine Hierarchie innerhalb des Kollegiums hin. Ihr Kontext legt nahe, dass sie den Zweck einer Datierung erfüllt. Wir sollten in Kyllos also weniger einen

---

77 Link 1994, 98; Gehrke 1997, 57. – Erwähnt ist der Xenios in gortynischen Inschriften des 6. und 5. Jh.: IC 4.14g–p2 = Koerner 121 = Nomima 1.82; IC 4.30 = Koerner 126 = Nomima 2.68; IC 4.78 = Koerner 153 = Nomima 1.16; IC 4.79, vgl. IC 4.144 = Koerner 154 = Nomima 2.20; IC 4.72.11.10–7 = Koerner 180 = Nomima 2.40. Zum Xenios und einer möglichen Kollegialität dieser Funktionsträger s. ausführlich das Kapitel *Eleutheros* sowie Seelentag *im Druck*. – Der im 5. Jh. erwähnte gortynische Startagetas, der „Anführer des Startos", wurde – ohne guten Grund – als Vorläufer des in hellenistischer Zeit nachgewiesenen Protokosmos beziehungsweise *prokormos* gedeutet, als ein Sprecher oder Vormann des Kosmenkollegiums; s. IC 4.80 = Nomima 1.7.4–5; IC 4.235 und IC 1.17.6. Hierzu s. das Kapitel *Pyla*.
78 Jeffery/Morpurgo-Davies 1970 = Nomima 1.22; und IC 4.14g–p = Koerner 121 = Nomima 1.82; s. Willetts 1955, 105.
79 Chaniotis 1996, 260–1; hierin folgt ihm Link 2002, 157. – Gortyn: IC 4.14g–p; Guarducci 1969, 70; Willetts 1955, 105 und Koerner 121. – Kirsten 1942, 163–4 und Koerner 1993, 349 diskutieren die Möglichkeiten einer klar definierten Aufgabenteilung der Kosmen, etwa mit Blick auf IC 1.10.2.8 = Koerner 94 = Nomima 2.80 aus Eltynia um 500, entscheiden sich aber mit guten Gründen dagegen. – Gehrke 1997, 57 Anm. 170 weist auf IC 4.181 (168/7 v. Chr.) hin, wo die Rede von ἐπιστάμενοι und ἀριστάμενοι κόσμοι ist, weshalb der Begriff κόσμος ὁ ἐπιστάς auch etwas mit dem Antritt des Amtes zu tun haben könne.
80 IC 4.72.5.4–6 = Koerner 169 = Nomima 2.49; unten sowie im Kapitel *Pyla* werden wir die Implikationen dieser Formulierung näher betrachten.

von vorneherein bestimmten Vormann, Sprecher oder gar Anführer des Kollegiums sehen als vielmehr dessen Eponym.

Die inschriftlichen Beschlüsse unserer Zeit heben niemals ein einzelnes Mitglied des Kosmenkollegiums hervor. Trotz verschiedener Arten ihrer inneren Differenzierung werden die Mitglieder eines Kollegiums vorzugsweise mit dem Kollektivbegriff ‚Kosmos' bezeichnet. Dies scheint zu reflektieren, dass die jeweilige Entscheidung von allen Kollegen gemeinsam getragen wurde, und die in den Gesetzen formulierten Pflichten auch von allen wahrgenommen werden sollten. Dieses Verständnis einer prinzipiellen Gleichheit innerhalb des Kosmenkollegiums wird gestützt von inschriftlichen Präskripten, die jedoch allesamt erst aus dem 3. Jh. stammen; so etwa vom Vertrag zwischen Malla und Lyttos sowie vom Eid der Drerier mit den dort enthaltenen Ausdrücken ἕκαστος τ[ῶ] κόσμ⟨ω⟩, „jedes (Mitglied) des Kosmos", sowie τοῦ κόσμου τοῖς πλίασιν, „den meisten (Mitgliedern) des Kosmos".[81] Die Inschriften zeigen also, dass der Kosmos ab dem 6. Jh. in verschiedenen kretischen Poleis eine kollegial besetzte Institution war. Dass mit dieser Kollegialität aber eine wirkliche funktionale Differenzierung, etwa nach Sachgebieten, einherging oder gar Hierarchien innerhalb des Kosmos etabliert waren, ist nicht bezeugt.[82] Alle Mitglieder des Gremiums scheinen untereinander prinzipiell gleich gewesen zu sein, alle hatten wohl die gleichen Aufgaben und Pflichten.[83]

Die funktionale Differenzierung von Gemeinschaftsaufgaben

Am Beispiel des Verhältnisses der Kosmen zur Institution der Dikastai sehen wir, dass die Polis den Herausforderungen einer komplexer werdenden Gesellschaft unter anderem mit einer funktionalen Differenzierung der zentral zu erledigenden Gemeinschaftsaufgaben begegnete. Mit den Dikastai schuf sie nämlich auf dem Feld der Rechtspflege und der Aufsicht über den sozialen Frieden eine ganz neue, dem Kosmos offenbar untergeordnete Institution. Ihr gegenüber war der Kosmos weisungsbefugt, womöglich setzte er sie sogar nur situativ ein. Aus der im Folgenden vorgenommenen Analyse der Aufgaben von Kosmos und Dikastai gewinnen beide Institutionen an Kontur.

---

81 s. etwa IC 1.9.1 und IC 1.19.1 = SGDI 5100 = Chaniotis 1996 Nr. 11 Z. 15; Chaniotis 1996, 86 mit weiteren Beispielen.
82 Hierbei ist unklar, wie funktionale Differenzierung und Vermehrung der kollegial besetzten Stellen miteinander zusammenhängen: ob nun aufgrund einer nötigen Differenzierung die Anzahl der kollegialen Stellen erhöht wurde, oder ob wegen einer von den potenziellen Funktionsträgern geforderten Erhöhung der Stellen diese voneinander abgegrenzt werden mussten.
83 Die damit einhergehende Vorstellung, dass alle Mitglieder eines Kollegiums kollektiv verantwortlich waren für das Verhalten jedes Einzelnen unter ihnen, wird deutlich in einer gortynischen Regel, welche Titas und Xenios behandelt; IC 4.78 = Koerner 153 = Nomima 1.16. Hierzu s. unten den entsprechenden Abschnitt.

Die kretischen Inschriften machen selten Aussagen über die konkreten Aufgaben des Kosmos, angesichts der großen Bedeutung dieser Institution mag dies zunächst erstaunen. Allerdings entspricht es eben dem Charakter frühgriechischer Inschriften, dass diese Regelungen kaum einmal ein Amt positiv durch die Aufzählung seiner Aufgaben definieren. Viel häufiger sehen wir in ihnen die Beschneidung von Kompetenzen und die Definition von Sonderfällen. Auch im Fall des Kosmos überrascht dies nicht weiter, wenn wir uns den Ursprung dieser Institution verdeutlichen. Ursprünglich erbrachte der Kosmos – wie die epischen Basileis und ganz im Sinne der in seiner Bezeichnung reflektierten sozialen Funktion – alle möglichen Leistungen zum Zweck der gemeinschaftlichen Organisation. Gerade wegen dieser umfassenden Zuständigkeit sind die frühen kretischen Gesetze nicht mit einer positiven Definition seiner Rechte befasst, sondern damit, jene einzuschränken. Doch auch wenn nirgends die Aufgaben des Kosmos explizit gemacht werden, sollten wir doch in der Lage sein, anhand der eben genannten Einschränkungen die Kompetenzen dieser Amtsträger zu definieren. Doch selbst dies ist nicht unbedingt der Fall, äußern sich die kretischen Inschriften doch überhaupt nur selten in differenzierter Weise zum Kosmos. Und so werden allein zwei große Tätigkeitsbereiche deutlich, zum einen die Führung des Bürgerheeres im Krieg, zum anderen die Beilegung von Streitigkeiten und die Durchsetzung von sich daraus ergebenden Ansprüchen.[84] An – im engeren Sinne – politischen Verfahren der Herstellung kollektiv verbindlicher Entscheidungen zeigt das uns erhaltene Material die Kosmen nicht beteiligt.[85]

Gegenüber der Iterationsregelung von Dreros, in der die einzige rekonstruierbare Aufgabe des Kosmos die Entscheidung oder Moderation in jeder Art von Streitfragen ist, bietet das *Große Gesetz* von Gortyn ein zunächst deutlich anderes Bild. Denn einer einzigen Passage, in welcher der Kosmos als Rechtspfleger auftritt, stehen zahlreiche Zeugnisse gegenüber, in denen diese Aufgabe den Dikastai obliegt. Seit Beginn des 5. Jh. wird diese Institution in den Gesetzen Gortyns erwähnt, und auch in Lyttos, ebenfalls um 500, ist sie bezeugt.[86] Ihre Aufgabe in Gortyn umreißt das *Große Gesetz*, wenn es bestimmt:

---

84 Zur militärischen Führerschaft des Kosmos s. das Kapitel *Pyla*.
85 Die Gründe hierfür behandelt das Kapitel *Polis*.
86 Dikastai sind erwähnt in IC 4.41.5.8 = Koerner 128 = Nomima 2.65; IC 4.42 b 5 = Koerner 129 = Nomima 2.5; IC 4.45.6 = Koerner 135 = Nomima 2.69 aus Gortyn vom Anfang des 5. Jh.; IC 4.76 b 3 = Koerner 150 = Nomima 2.86; IC 4.72.1.11, 13, 23, 36, 38 = Koerner 163; IC 4.72.2.55, 3.15, 11.47, 49, 52 = Koerner 165 und 166 = Nomima 2.30; IC 4.72.5.31, 35, 42 = Koerner 169 = Nomima 2.49; IC 4.72.6.30 = Koerner 170 = Nomima 2.54; IC 4.72.6.53 = Koerner 171 = Nomima 1.13; IC 4.72.7.45, 9.21 = Koerner 174 = Nomima 2.51; IC 4.72.9.29, 32 = Koerner 175 = Nomima 2.45; IC 4.72.11.26 = Koerner 181 = Nomima 2.4 aus dem *Großen Gesetz* von Gortyn um 450; sowie IC 1.18.3 a 2–3 = Koerner 96 aus Lyttos um 500, von dort wohl auch van Effenterre/van Effenterre 1985, 157–88 = Koerner 87 = Nomima 1.12. – Zu den Dikastai s. maßgeblich Wolff 1946; Willetts 1967, 32–4; Gagarin 2001 und 2010, 138–9; vgl. Davies 1996, 53; Thür

τὸν δικαστάν, ὅτι μὲν κατὰ μαίτυρανς ἔγρατται δικάδδεν ἒ ἀπόμοτον, δικάδδεν ἆι ἔγρατται, τὸν δ᾽ ἀλλὸν ὀμνύντα κρίνεν πορτὶ τὰ μολιόμενα.

Was das Gesetz vorschreibt zu urteilen, sei es gemäß der Zeugen, sei es gemäß der Eid(aussage), das soll der Dikastas urteilen, wie es (das Gesetz) vorschreibt. Von den anderen Sachen soll er aufgrund der Prozessaussagen unter Eid entscheiden.[87]

An dieser Stelle ist – wie im gesamten *Großen Gesetz* – der Unterschied zwischen zwei Handlungsweisen eines Dikastas erkennbar, zum einen möge er δικάδδεν, „urteilen", zum anderen ὀμνύντα κρίνεν, „unter Eid entscheiden". Diese Trennung ist durchgehend streng gewahrt.[88] Demnach ‚urteilte' der Richter allein in jenen Fällen, in denen bestimmte notwendige Formalien erfüllt waren und in denen der Sachverhalt durch übereinstimmende Zeugenaussagen und Eide der Streitparteien unumstritten war. In diesen Fällen war der Weg der Entscheidung bereits vorgegeben, in Form eines diesen Gegenstand betreffenden Gesetzes oder – wie wir sehen werden – durch eine entsprechende Anweisung des Kosmos. Ein Beispiel für diese Prozedur mag uns das aus Lyttos um 500 bekannte Verbot, Fremde privat aufzunehmen, bieten. Hier sind zunächst das Delikt und seine Bestrafung beschrieben, anschließend ist genau bestimmt, was die Richter in dieser Situation zu tun hatten.[89] In diesem Fall brauchte ein Dikastas also allein dem Gesetz zu folgen. In allen anderen Fällen aber, in denen der Sachverhalt erst noch geklärt werden musste, hatte er selbständig zu entscheiden. Zu diesem Zweck leistete er einen Eid, sich gemäß den etablierten Regeln zu verhalten, und traf seine Entscheidung auf der Grundlage der ihm im Prozess vorgetragenen Aussagen und Charakterzeugen.

Die gortynischen Regelungen zeigen Dikastai mit jeder Art von Streitfragen befasst, doch wurden unterschiedliche Delikte der Zuständigkeit jeweils dafür ernannter, darauf spezialisierter Richter übertragen. Das *Große Gesetz* bestimmt in einer Passage, welche den Streit um Familiengüter reguliert:

2002. – Auch die Dikastai wurden vom Gesetz zum Handeln gezwungen, wie aus IC 4.42 b 5 = Koerner 129 = Nomima 2.5 hervorgeht.

87 IC 4.72.11.26–31 = Koerner 181 = Nomima 2.4. – vgl. auch IC 4.72.11.21–40 = Koerner 174 und 175 = Nomima 2.51 und 45: ὁ δ[ικ]αστὰς ὀμνὺς κρινέτο· oder aber ὁ δὲ δικαστὰς δικαδδέτο πορτὶ τὰ ἀποπονιόμενα· oder schließlich ἐ δέ κ᾽ ἀποϝείποντι, δικαδδέτο ὀμόσα(ν)τα αὐτόν.

88 Dass diese Ausdrücke zwei unterschiedliche Prozessabläufe bezeichnen, lassen Vergleiche mit den Verfahren der athenischen *krisis* und *anakrisis* und des römischen *in iudicio* und *in iure* vermuten; s. Headlam 1892–3; Willetts 1967, 32–3, Gagarin 2010.

89 Hier tragen die Richter den Titel ἐσζικαιωτῆρες (= ἐκδικαιωτῆρες); Koerner 87 = Nomima 1.12 = van Effenterre/van Effenterre 1985, 163A 1–7 mit van Effenterre ebd. 174. Zu diesem Gesetz s. das Kapitel *Eleutheros*.

αἰ δέ κ’ ὁ ἀντίμολος ἀπομολε͂ι ἀντὶ τὸ κρέος ὅ κ’ ἀντιμολίοντι μὲ ἔμεν τᾶς ματ[ρ]ὸς ἒ τᾶς γυναικός, μολὲν ὅπε κ’ ἐπιβάλλει, πὰρ τõι δικαστᾶι ἒ ϝεκάστο ἔγρατται.

Wenn der Prozessgegner hinsichtlich der Sache, um die sie prozessieren, bestreitet, dass sie der Mutter oder der Frau gehöre, soll man den Prozess führen, wo er hingehört, vor dem Richter, wie es für eine jede Materie bestimmt ist.[90]

Tatsächlich trugen einige dieser Richter ihre Tätigkeitsfelder im Titel. So erwähnt ein Gesetz vom Beginn des 5. Jh. den „Dikastas der Hetairien" und den „Dikastas, der über Pfändungsangelegenheiten urteilt" (τõι δὲ τᾶν ἐταιρηιᾶν δικασστᾶι τõι κ’ ὅς κα τὸν ἐνεκύρον δικάδηι).[91] Das *Große Gesetz* bezeugt die „Dikastai der Waisen" (ὀρπανοδικασταί).[92] Dort lesen wir auch von einem Dikasterion, einem Ort, an dem sich, wie seine Bezeichnung vermuten lässt, die Dikastai aufhielten. Da an diesem Ort Wertgegenstände hinterlegt werden konnten, liegt nahe, dass es sich hierbei nicht allein um einen auf der Agora reservierten und baulich hervorgehobenen Platz, sondern eher um ein Gebäude handelte.

Ein Detail in der Passage zu den Waisenrichtern deutet allerdings auf einen geringeren Grad von Institutionalisierung der Dikastai hin. Hier wird als ihre Aufgabe festgelegt, das Vermögen einer im unmündigen Alter verwaisten Erbtochter zu verwalten. Das Gesetz verfügt aber, wenn keine Waisenrichter vorhanden seien, die unmündigen Erbtöchter nach den früheren Vorschriften zu behandeln, womit die Vermögensverwaltung ihren männlichen Verwandten übertragen wurde. Die Bestimmung geht also

---

90 IC 4.72.6.25–31 = Koerner 170 = Nomima 2.54; s. auch IC 4.72.9.18–24 = Koerner 174 = Nomima 2.51, wo ebenfalls davon ausgegangen wird, dass für verschiedene Delikte unterschiedliche Dikastai zuständig sind.

91 IC 4.42 b 5 und 12 = Koerner 129 = Nomima 2.5. – Da diese beiden Dikastai auf einer Ebene zu stehen scheinen, ist es unwahrscheinlich, dass mit dem „Dikastas der Hetairien" ein Richter bezeichnet war, der innerhalb einer Hetairie entschied und zu diesem Zweck von jener Hetairie selbst bestimmt wurde; dass er also keine Institution der Polis war. Gegen diese Deutung spricht auch, dass mit seiner Bezeichnung impliziert ist, dass dieser eine Richter für mehrere Hetairien zuständig war. So sollten wir davon ausgehen, dass er für die Polis Streitfälle, in welche eine oder mehrere Hetairien involviert waren, entschied. Dies wiederum ist bemerkenswert, da jene Männerbünde gegenüber der Polis als Kollektiv auftraten. Ähnliches ist freilich schon im 7. Jh., im drerischen Gesetz über das Ende der Ausbildung in den Agelai bezeugt. Hier trifft ‚die Polis' eine Entscheidung über jene Tätigkeit, mit welcher die Hetairien ihre Mitglieder ergänzten, und verdeutlicht diesen Anspruch, indem sie die nämliche Regelung verinschriftlicht; van Effenterre 1946, 590–2 und 1961, 547–52 = Koerner 92 = Nomima 1.68 und 2.89. Hierzu s. Seelentag 2009a. Auch die im Kapitel *Andreion* zu behandelnden Karpodaistai reflektieren eine Einflussnahme der Polis in die Angelegenheiten der Hetairien.

92 IC 4.72.12.6–8 = Koerner 174 = Nomima 2.51, und vgl. IC 4.72.8.42–4; hierzu s. Willetts 1955, 78–80 und 206 sowie Koerner 1993, 533–4. – Im Dikasterion mussten beim Widerruf einer Adoption vom Adoptierenden zehn Statere hinterlegt werden, und der Mnamon des Xenios sollte sie dann dem Adoptierten übergeben; IC 4.72.10.15–8 = Koerner 180 = Nomima 2.40. – Zur baulichen Gestaltung dieses Ortes vgl. aber Guarducci 1950 und Willetts 1955, 211–3, sowie 109, 203 mit anderer Einschätzung.

nicht wie selbstverständlich von einer Existenz eines Waisenrichters aus, sondern stellt seine Unverfügbarkeit als realistisches Szenario dar. Dies bedeutete aber nicht, dass nun ein anderer Dikastas für die Verwaltung des Vermögens zuständig war. Vielmehr überließ man die Vermögensverwaltung der Familie, eben so, wie es etabliert war. Dieser Passus deutet womöglich darauf hin, dass die Dikastai keine regulären Amtsträger waren, die in wiederkehrendem Turnus, für einen bestimmten Zeitraum und einen klar definierten Aufgabenbereich ernannt wurden. Vielleicht waren sie allein situativ ernannte Funktionsträger, auf deren Einsetzung auch verzichtet werden konnte. Auch sonst haben wir keinen Hinweis auf eine klar begrenzte Amtszeit der Dikastai oder dafür, dass diese Richter regelmäßig wechselten.[93] Ob dies auf alle der gortynischen Dikastai zutrifft, ist allerdings unklar. Die besprochene Regelung ist nämlich auch deswegen bemerkenswert, weil sie eine Institution für das 5. Jh. bezeugt, mittels derer die Polis in die Privatangelegenheiten ihrer Bürger eingriff. Zu verfügen, die Verwaltung weiblicher Vermögen sollte nicht länger ihren Angehörigen übertragen sein, sondern fortan von einer Institution der Polis wahrgenommen werden, eben von den ‚Waisenrichtern‘, war ein heikler Punkt. Womöglich war dieses Verfahren noch keineswegs etabliert, sondern war auf Wohlwollen und Anstoß des Kosmos angewiesen, wie wir im Folgenden sehen.

Während die Relevanz der Dikastai in verschiedenen Bereichen des Rechts und Prozessformen gut bezeugt ist, und wir über ihre Rolle im Prozessablauf informiert scheinen, lässt nur eine einzige Passage im *Großen Gesetz* von Gortyn erkennen, dass der Kosmos im Rahmen eines Prozess auftrat. Hier ist vorgeschrieben:

αἰ δέ τις ὀπυίοι τὰν πατροιōκον, ἀλλᾶι δ' [ἔγ]ραττται, πεύθεν [πορ]τὶ κόσμον τὸνς ἐπιβά[λλοντανς.

Wenn aber einer die Erbtochter auf andere Weise heiratet als geschrieben ist, sollen Anzeige erstatten beim Kosmos die Eheberechtigten.[94]

Die hier für die Einschaltung des Kosmos verwendete Formulierung πεύθεν deutet darauf hin, dass es sich bei diesem Vorgang nicht um eine formale Klage handelte, sondern eher um eine Notifizierung.[95] Tatsächlich erfahren wir im weiteren Verlauf dieses Gesetzes, dass nach der Anzeige beim Kosmos der Dikastas das eigentliche Verfahren führte.[96] Wir wissen nicht, ob diese Aufgabenteilung auf das Erbtochter-

---

93 Guarducci 1950, 191 nimmt an, die Dikastai seien von allen Bürgern erwählt worden; Wolff 1946, 58, der ‚Staat‘ habe sie ernannt.

94 IC.4.72.8.53–9.1 = Koerner 174 = Nomima 2.51 zum Erbtochterrecht; s. Willetts 1955, 110.

95 Der Terminus für das Einbringen einer Klage ist aus einer Reihe anderer Partien des Gesetzes bekannt und lautet ἔνδικον ἔμεν; Willetts 1967, 73 mit Quellen und Koerner 1993, 534–5.

96 IC 4.72.7.45–7 und 9.21 = Koerner 174 = Nomima 2.51. – Eine solche Aufgabenteilung wird wohl auch in einer Regelung aus Eltynia deutlich, die Strafzahlungen für Körperverletzungen festlegt; IC 1.10.2.2–3 = Koerner 94 = Nomima 2.80 = SEG 2.509: „Wenn einer ernsthaftere Kämpfe beginnt, soll

recht beschränkt war oder für alle strittigen Gegenstände galt. Hier jedenfalls scheint es Aufgabe des Kosmos gewesen zu sein, die Klage anzunehmen; ich vermute, um sie dann an einen zuständigen Dikastas weiterzuleiten, ihn womöglich überhaupt erst zu ernennen. Dem Dikastas oblag dann die eigentliche Verfahrensführung. Diese Vermutung, dass der Kosmos zwar bedeutende Macht, aber keine klar definierten Kompetenzen bei der Verhandlung eines Rechtsstreites besaß, findet ihre Bestätigung in einer Passage des Spensithiosdekrets aus Datala. Zu dessen außergewöhnlichen Privilegien gehörte nämlich, sollte er in einen Rechtsstreit geraten, die Art der Prozessform wählen zu dürfen:

> δίκα δέ, ὅτερόν κα βώληται ὁ ποινικασ[τά]ς, ἅιπερ οἱ ἄ⟨λ⟩λοι κρησῆται, ἢ 'ν ϙόσμοι ἀ δίκα ϝοι τέλεται, ἄ⟨λ⟩λε δὲ οὐδὲ ἕν.

> Was aber einen Prozess betrifft, so soll der Schreiber ihn – je nachdem, ob er das eine oder andere vorzieht – ebenso haben wie die anderen auch, oder er soll sich beim Kosmos belangen lassen; anders geht es auf keinen Fall.[97]

Hier wird deutlich, dass der für die Bürger normale Weg des Gerichtsganges nicht darin bestand, ihre Sache vom Kosmos selbst entscheiden zu lassen, sondern stattdessen den ‚üblichen‘ Weg zu beschreiten. Dieser ist hier nicht genannt, da er allen Beteiligten wohl bekannt war. Nach den eben rekonstruierten Verhältnissen aus Gortyn mag es der Prozess vor einem dataleischen Äquivalent zum Dikastas gewesen sein.[98] Darüber hinaus zeigt kein anderes kretisches Gesetz den Kosmos unmittelbar in die Führung eines Prozesses involviert. Stattdessen behandeln Inschriften aus verschiedenen Poleis seine Rolle beim Abschluss eines Rechtsstreits, nämlich beim Eintreiben von aus dem Verfahren resultierenden Strafzahlungen. Einen besonderen Fall reflektiert der zu ungleichen Bedingungen geschlossene Vertrag zwischen Gortyn und der von ihr abhängigen Polis Rhitten. Hier wird behandelt, wie mit einer Verletzung – wohl einer Okkupation – von rhittenischem Besitz durch einen Gortynier zu verfahren sei:

> τὸν δὲ σταρταγέταν καὶ τὸν κοσμίοντα ὅς κ' ἄγε[ι] Ρ[ι]ττενάδε κοσμὲν πεδὰ τὸ Ριττενίο κόσμο τὸν μὲ πειθόμενον τὸ 'πορίμ[ο, δ]αμιόμεν δὲ δαρκνὰν καὶ κατακρέθαι πεδά τε τὸ σταρτὸ καὶ πεδὰ τὸν Ριττενίον·

---

er 10 Drachmen erlegen, wo auch immer er beginnt. – – – (innerhalb von – – –) Tagen, wenn einer Anzeige erstattet, später aber nicht. Der Kosmos aber soll die Strafe für die Polis eintreiben.“
97 Spensithiosdekret, um 500: Jeffery/Morpurgo-Davies 1970 mit umfangreichem Kommentar und Nomima 1.22; Text nach Gschnitzer 1974, 271–3. – Zu den Privilegien des Poinikastas s. unten den mit Mnamones befassten Abschnitt sowie die Kapitel *Polis*, *Eleutheros* und *Andreion*.
98 Allerdings ist ein solcher für die Polis Datala, aus der uns nur diese eine Inschrift ihrer Art erhalten ist, nicht nachgewiesen.

Der Startagetas aber und der Kosmos, der nach Rhitten kommt, soll zusammen mit dem Kosmos der Rhittenier einschreiten gegen denjenigen, der gegen die Grenze verstößt. Man soll ihn mit einer Drachme Strafe belegen und diese verwenden bei dem Startos [der Gortynier] und den Rhitteniern.[99]

In diesem heiklen Szenario eines beide Poleis betreffenden Verstoßes waren sowohl der gortynische als auch der rhittenische Kosmos aufgefordert, in eigener Person gegen die Grenzverletzer vorzugehen und Strafe von ihnen einzutreiben. Eine letzte Bestätigung, dass der Kosmos eine wesentliche Rolle in der Rechtsprechung und bei der Umsetzung der Urteilssprüche hatte, erhalten wir von Aristoteles, der in der *Politik* berichtet, dass Personen ihrer Strafe entgehen konnten, wenn es ihnen gelang, den Kosmos aus dem Amt zu treiben:

> Das Schlimmste von allem ist aber, dass häufig mächtige Persönlichkeiten, wenn sie sich einer Verurteilung entziehen wollen, die Amtsgewalt der Kosmen außer Kraft setzen.[100]

Nicht allein Einzelheiten, sondern wesentliche Elemente der Rechtspflege in kretischen Poleis bleiben unklar. Bei aller gebotenen Vorsicht können wir aber doch festhalten, dass das *Große Gesetz* von Gortyn und einige andere Quellen ein in sich stimmiges Bild von den Tätigkeiten des Dikastas und des Kosmos in der Rechtspflege zeichnen. Demnach waren die Dikastai Spezialisten für die Prozessführung innerhalb eines bestimmten Gebietes, etwa in Angelegenheiten von Waisen, Hetairien, Pfändungen oder Familienvermögen. Befasst waren sie mit dem Beweisgang des Verfahrens, der Abnahme der Eide und der Zeugenaussagen, schließlich mit dem Fällen von Urteilssprüchen. Für nichts von alldem war der Kosmos selbst zuständig. In keinem unserer Zeugnisse ist er mit der konkreten Durchführung eines Verfahrens befasst, sondern eher damit, diesem einen bestimmten Rahmen zu geben. Nun bezeugt allein eine Regelung ausdrücklich, dass der Kosmos von miteinander streitenden Parteien von ihrer Auseinandersetzung zu unterrichten war, sodass er daraufhin handelte. Und doch ist anzunehmen, dass dies die übliche Prozedur war, einen Prozess einzuläuten. Es mag also die Aufgabe des Kosmos gewesen sein, die Validität des Verfahrens überhaupt zu prüfen und die Prozessführung einem der Dikastai zu übergeben. Womöglich ernannte er auch überhaupt erst einen Dikastas für das Verfahren, vielleicht in Abstimmung mit den streitenden Parteien.

Nach dem vom Dikastas gesprochenen Urteil scheint der Kosmos für den Abschluss des Verfahrens gesorgt zu haben. In einigen Fällen ist ausdrücklich bestimmt, dass er die Strafe einzutreiben hatte; hier geht es allerdings nicht um den Streit zwischen Pri-

---

99 IC 4.80.4–7 = Nomima 1.7 = StV 2.216, daher auch die Übers.; zur historischen Einordnung s. Halbherr 1897, 208–10; Gschnitzer 1958, 41–3; van Effenterre 1993; Perlman 1996 und Gehrke 1997, 58. – s. auch das Kapitel *Pyla*, dort auch die Identifikation des Startagetas.
100 Arist. pol. 1272b 7–9.

vatpersonen. In anderen Fällen wird es seinem aus persönlicher wie institutioneller Macht resultierendem Einfluss oblegen haben, dass die Selbsthilfe der Bürger einen geordneten Weg ging, wenn sie ihre aus dem Urteilsspruch resultierenden Ansprüche vollstreckten. Seine Autorität sollte den friedlichen Verlauf eines Prozesses garantieren. Insofern wäre das Verhältnis von Kosmos und Dikastas mit dem von Praetor und Iudex im römischen Recht zu vergleichen.[101]

Ebenfalls unklar bleibt, wie eigenständig die Dikastai in einem Verfahren agieren konnten. Womöglich lag es beim Kosmos, bereits vor der Übertragung des Verfahrens an den Dikastas festzulegen, welche Ansprüche aus dem Prozess resultieren sollten, sofern es sich mit der Schuldfrage derart verhielt, wie von den streitenden Parteien vorgetragen – eben wie der römische Prätor es tat. In diesem Fall wäre der Dikastas tatsächlich allein für die technische Prüfung des Streits zuständig gewesen; vielleicht schlichtweg deshalb, weil der Kosmos hierin entlastet werden konnte. In diesem Falle hätte der Kosmos den gesamten Rahmen des Verfahrens vorgegeben; angefangen mit dem bereits vorgezogenen Urteilsspruch, sollte es sich mit der Streitfrage in bestimmter Art und Weise verhalten, bis zur Aufsicht über die Durchsetzung dieser von ihm formulierten Ansprüche und die dahinter stehende Garantie sozialen Friedens auch nach dem Urteilsspruch.

In jedem Fall können wir spätestens zu Beginn des 5. Jh. in verschiedenen kretischen Poleis mit den Dikastai die Existenz einer neuen Institution konstatieren, die in sich funktional differenziert war und damit wohl den komplexer werdenden Anforderungen der Konfliktlösung in den Gemeinwesen der Insel nachkam. Und doch unterlag diese Institution mit der womöglich nur kasuellen Einsetzung ihrer Mitglieder und deren Unterordnung unter den Kosmos einer Reihe wesentlicher Beschränkungen. Wir sollten nicht davon ausgehen, dass dieses hierarchische Ungleichgewicht darauf zurückging, dass den gestaltenden Kräften der Poleis – wie auch immer wir uns diese vorstellen müssen – vor Augen stand, dass Institutionen hierarchisiert sein müssten, um Kompetenzstreitigkeiten zu vermeiden. Vielmehr sollten wir auch hier jene Konstellation sehen, die schon unsere Deutung des drerischen Gesetzes bestimmte. Denn

---

101 So plausibel Wolff 1946, 62–7 mit Bezug auf IC 4.72.1.50–2, 8.53–9.1, 11.14–7; 4.78 und 4.82 = Koerner 153, 156, 163 und 174, sowie SGDI 4.2, 1032–3 = Chaniotis 1996 Nr. 18, 225–31, letzteres Zeugnis allerdings erst aus dem 3. Jh. – Auf die römische Parallele weisen Headlam 1892–3, 50, 67; Busolt/ Swoboda 1926, 749; Wolff 1946; Guarducci 1950, 186 und Willetts 1955, 211 hin. – Thür 2002 und 2007, 41–3 geht hingegen davon aus, dass ,Dikastas' lediglich der Titel des mit dem betreffenden Verfahren betrauten Kosmos war. Auch Chaniotis erwägt in SEG 52.856 diese Möglichkeit. Allerdings kann die von Thür vorgeschlagene Interpretation nicht überzeugen, da sie auf einem Anachronismus basiert. Thür ist nämlich bemüht, den im *Großen Gesetz* von Gortyn klaren Befund zu widerlegen: zum einen unter Berufung auf die im drerischen Iterationsgebot vermeintlich deutlichen Aufgaben des Kosmos, zum anderen mit dem Hinweis auf die richterliche Zuständigkeit der ebenfalls ,Dikastai' genannten athenischen Amtsträger zur Zeit des Demosthenes. Zur Kontroverse s. auch Headlam 1892–93; Gagarin 2004 und 2011; Davies 2005a, 311; und die von Thür 2005, 16 Anm. 22 und 24 genannte Literatur.

mit ihrer Einsetzung dürften die Dikastai damit noch nicht automatisch über so viel Macht verfügt haben, dass sie allein die Leitung eines Verfahrens und vor allem die Durchsetzung daraus resultierender Ansprüche garantieren konnten. Auch noch im 5. Jh. hatte nicht jeder Amtsträger eine ausreichende institutionelle Macht, um durchsetzungsfähig gegenüber jenen zu sein, die eine Kooperation verweigerten. Deshalb war es nötig, dass der Kosmos, eine an persönlicher wie institutioneller Macht wohl reichere Institution, den Vollzug des Verfahrens garantierte.

Allerdings zeigen uns einige gortynische Inschriften, dass es durchaus andere Methoden gab, einen Streit beizulegen als vor einem Amtsträger. So behandelt eine aus der Mitte des 6. Jh. stammende Vorschrift den Fall, dass ein Adoptierter sein Erbrecht verlieren mag, und hält fest, unter welchen Umständen ein damit zusammenhängender Streit zu führen ist. Und so ist in der ersten uns erhaltenen Zeile ein μέζατος, „Schiedsrichter", genannt, es sind Zeugen auf beiden Seiten involviert, und es wird ein Mann erwähnt, – – – δικά]ζε[ν] ἀ⟨ϝ⟩τὸς ἐπαιρῆι, „den er selbst zum ‚Richten' wählt", sowie eine auferlegte Strafe von fünf Lebetes.[102] Eine andere Inschrift, die aus dem frühen 5. Jh. stammt, bestimmt:

– – –]ν θύκοι το[ῖς ἐπιτρ]απόνσ[ι ἒ] οἶ κ' ἐπιτρ[άποντ]ι, μεδατέρονς καταβλά[πεθ]αι. ἒ δέ κα πα[ρί]οντι καὶ καθ[..]ος γένονται, ἐδδικακσάτο ἐν ταῖς τρ[ισ]ὶ ἀμέραις. αἰ [δέ] κα μὲ ἐδδικάκσει, αὐ[τὸν] ἀτέθαι ἒ κ' ἐπ[ιτρά]ποντι τὸ κρέ[ιο]ς ὑπὸ τῶι μεμπομένο[ι. αἰ] δέ κ' ἀμπότε[ροι] [....]όμενοι ἐ[πιτρ]άποντι, ὑπ' ἀμ[ποτέροις – – –]

[Wenn irgendein hinderndes Ereignis] eintritt denen, die ihre Sache anvertrauen (i.e. den streitenden Parteien), [oder] dem, dem sie sie anvertrauen, soll keinem von beiden ein Schaden entstehen. Sobald (?) sie aber anwesend sind und – – – sind, soll er (i.e. „er, dem sie die Sache anvertrauen") entscheiden in drei Tagen. Wenn er [aber] nicht entscheidet, soll er gebüßt werden von dem Kläger um soviel, als sie ihm als Streitwert anvertraut haben. [Wenn] aber beide [prozessieren] und ihm (dabei einen Wert) anvertrauen, soll er [von beiden] – – – [103]

Diese Inschriften behandeln also den Fall, dass zwei streitende Parteien nicht den Prozess vor dem Richter wählten, wie wir ihn eben beschrieben, sondern stattdessen zu einem Mann gingen, der umständlich als οἶ κ' ἐπιτράποντι beschrieben wird, „der, dem sie [die Sache] anvertrauen"; seine Tätigkeit ist das ἐκδικάδδαν, das vom technischen δικάζειν des Richters wohl zu unterscheiden ist.[104] Es handelt sich bei den hier thematisierten Streitschlichtern also nicht um von der Polis vorgesehene Amtsträger, sondern um von beiden Parteien in Übereinkunft ausgesuchte Schlichter, Mediatoren

---

102 IC 4.21 = Koerner 123 = Nomima 2.38.

103 IC 4.82 = Koerner 156 = Nomima 2.8; s. Wolff 1946, 66; Willetts 1955, 219; Metzger 1973, 128; Talamanco 1979; Koerner 1987 und 1993, 445–8; Bile 1988, 318; Maffi 1988a.

104 In diesem Sinn auch in Koerner 62 = DGE 688 B 21 (Chios am Ende des 5. Jh.); und IvEr 2 = Koerner 75 = Nomima 1.106 (Erythrai vor 454).

oder Schiedsrichter.[105] Damit deuten diese Inschriften auf das auch hinter der Iterationsregelung von Dreros liegende Phänomen hin; dass nämlich ein Streit nicht unbedingt von der dafür eigentlich zuständigen Institution verhandelt wurde, sondern von einem ‚Privatmann'. Ihn mochten die Streitenden in Übereinkunft gewählt haben, weil das Ausmaß seiner persönlichen Macht größer war als das der institutionellen Macht der aktuellen Amtsträger. Streitparteien, denen an einer nachhaltigen Lösung ihres Konfliktes gelegen war, konnten sich also auch gegen die Institutionen der Polis entscheiden. Und doch belegt die Existenz dieser Gesetze das Bemühen der Polis, auch in solche Schlichtungen und Schiedsvorgänge, die eben nicht von Institutionen des Gemeinwesens durchgeführt wurden, regulierend einzugreifen. So scheint das frühere Gesetz mit der Angabe einer zu entrichtenden Zahlung von fünf Lebetes auch dieses Verfahren zu regulieren; und das spätere Gesetz verpflichtete den Schlichter oder Schiedsrichter, innerhalb eines festgelegten Zeitraums von drei Tagen zu entscheiden, also wie eine ordentliche Institution der Polis zu handeln, hierin etwa einem Kosmos, einem Dikastas oder einem Mnamon ähnlich.

Wir dürfen in den eben besprochenen Strukturen auch den Erfolg der Eliten sehen, ihre führende Position im Gemeinwesen zu behaupten. Schließlich ist in keiner der uns erhaltenen Inschriften die Rede davon, dass die Lösung eines Konfliktes etwa einer Gruppe von Geschworenen oder einem Gremium aus mehreren Richtern übertragen worden wäre. Stets ist für die eigentliche Prozessführung einer der Dikastai zuständig, die Kontrolle des Verfahrens oblag dem Kosmos. Eine Partizipation größerer Teile der Bürgerschaft auf diesem Feld der öffentlichen Ordnung, wie sie sich etwa in Athen herausbildete, gab es auf Kreta nicht. Dies ist ein Zeichen für den großen, in Institutionen verankerten Einfluss der Eliten in den Poleis der Insel.[106] Das Ausmaß ihrer Exklusivität wird vor allem in den Mechanismen ihrer Auswahl deutlich, denen wir uns im Folgenden zuwenden.

---

105 Dies heißt allerdings nicht, dass beim gescheiterten Versuch eines Vergleichs oder Schiedsspruches nicht auch noch der Weg zum Gerichtsprozess offen gestanden hätte. – s. auch IC 4.21.7 = Koerner 123 = Nomima 2.38 (datiert in das 6. Jh., von Willetts 1955, 219 allerdings zwischen 480 und 450) zum ähnlichen Fall eines von den Prozessparteien selbst ausgesuchten Schlichters. In die Gruppe der Institutionen, die außerhalb ‚der Polis' stehend Konflikte der Bürger lösten, gehörten womöglich auch die aus Gortyn bekannten ‚Richter der Hetairien'; IC 4.42 b 12 = Koerner 129 = Nomima 2.5. – Die soziale Funktion einer solchen Schlichtung gegenüber dem Gerichtsverfahren wird deutlich in einem Ehrendekret aus Kalymna für fünf ‚Richter' und den Demos von Iasos aus der 2. Hälfte des 3. Jh.; IvIasos 82.40–3: „Die meisten Streitfälle lösten sie, indem sie die Kontrahenten überredeten, damit der Demos nicht dadurch in eine noch größere Unruhe gestürzt wurde, dass die Fälle durch Abstimmung entschieden wurden." Hierzu s. Walser 2008, 212–3 und 263–5 mit weiteren Fällen und Überlegungen dazu.

106 Hierzu s. Schmitz 2008 und das Kapitel *Hetairoi des Hybrias*.

Die Macht der Kosmen

Die Zusammenschau des literarischen und epigraphischen Befundes verschiedener kretischer Poleis lässt erkennen, dass eine Reihe von Mechanismen die Auswahl der Kosmen steuerte. Der folgende Abschnitt versucht die jenen Selektionsmechanismen innewohnende Logik zu analysieren und sie im soziopolitischen Kontext der Gemeinwesen zu verorten.

Die Iterationsregelung des Gesetzes von Dreros war kein Einzelfall. Auch eine nur wenig später, nämlich im frühen 6. Jh., verinschriftlichte Satzung aus Gortyn betont:

τρι[ō]ν ϝετίον τὸν ἀϝτὸν μὴ ϙοσμε͂ν, | δέκα μὲν γνόμονας, | πέντε͜ [δὲ κσ]ενίος |

[Innerhalb eines Zeitraums] von drei Jahren soll derselbe nicht als Kosmos fungieren, innerhalb von zehn nicht als Gnomon, innerhalb von fünf als Xenios.[107]

Diese Inschrift belegt, dass das oben als Hintergrund der drerischen Regel rekonstruierte Szenario auf Kreta keineswegs einzigartig war. Auch in Gortyn waren Beschränkungen des Zugangs zu den Institutionen der Polis notwendig geworden. Darüber hinaus ist im 5. Jh. für Gortyn ein anderes bemerkenswertes Verfahren zur Auswahl der höchsten Beamten bezeugt. Denn eine Passage innerhalb des Großen Gesetzes datiert eine Präzedenzregelung:

ᾶι ὄκ' ὁ Αἰθ[α]λεὺς 'ταρτὸς ἐκόσμιον οἱ σὺν Κύ[λ]λοι ...

(...) wie es [verordnet ist], seit der Startos Aithaleus Kosmos war – die mit Kyllos [an der Spitze], ...[108]

Alle Angehörigen des Kosmoskollegiums in diesem einen Jahrgang entstammten also ein und derselben Teilgruppe der Bürgerschaft, nämlich einem der Startoi der Polis, den nach den Phylen aufgestellten Aufgeboten der waffentragenden Männer.[109] Die Inschrift deutet nicht etwa auf einen außergewöhnlichen Sonderfall hin, vielmehr nennt sie diese Datierung gleichsam *en passant*. Und so dürften diese Formel und andere ihrer Art belegen, dass im Gortyn des 5. Jh. die Kosmen einer Amtszeit nicht

---

107 IC 4.14g–p2 = Koerner 121 = Nomima 1.82; hierzu Koerner 1987. Diese beiden Regelungen sind allerdings die einzigen Zeugnisse für das Prinzip des Iterationsverbots im archaischen und klassischen Kreta.
108 IC 4.72.5.4–6 = Koerner 169 = Nomima 2.49.
109 Zur Identifizierung der Startoi mit den Phylen und zu deren Rolle im institutionellen Gefüge kretischer Poleis s. das Kapitel *Pyla* und de Sanctis 1901; Jones 1987, 219–31; Kristensen 2002; Link 2003 sowie Morris 1990; generell s. etwa Hall 1997 und 2002 sowie Gehrke 2000.

aus der Menge aller Bürger, sondern allein aus einem der Startoi stammten.[110] Ein solches Prinzip ist allein aus kretischen Poleis bekannt.

Nun wissen wir nicht, ob das für Gortyn im 6. Jh. bezeugte Iterationsgebot auch noch im 5. Jh. galt und damit zusätzlich zur nun etablierten Bestallung nach Startoi die Auswahl der Kosmen einschränkte. Schließlich hätte Letzteres das Iterationsverbot überflüssig gemacht, da ein Kosmos beim nächsten Turnus dieses Amt ohnehin nicht mehr hätte bekleiden dürfen; schlichtweg, weil nun ein anderer als sein eigener Startos an der Reihe war. Womöglich sehen wir in diesen beiden Regelungen unterschiedliche Stufen der institutionellen Entwicklung des Kosmos. Denn ein Iterationsverbot verhinderte zwar die wiederholte Bekleidung des Kosmos durch einen Mann, nicht aber, dass ein Startos allein immer wieder den Kosmos stellte.[111] Diese Erklärung setzt allerdings voraus, dass zwischen den Startoi ein Wettbewerb um die Stellung der Amtsträger herrschte. Im Kapitel zu den Pyla und Startoi werden wir sehen, dass genau dies der Fall war. In der Konkurrenz dieser soziopolitischen Integrationskreise sehen wir ein weiteres Konfliktfeld innerhalb kretischer Poleis. In jedem Fall scheinen beide Maßnahmen Manifestationen eines historischen Prozesses zur Kontrolle der Mächtigen untereinander oder deren Kontrolle durch ihre Mitbürger zu sein.

Während sich die Phylenselektion bei der Besetzung des Kosmos also für Gortyn nachweisen lässt, bietet der inschriftliche Befund eine zu schmale Basis, um mit Sicherheit darüber urteilen zu können, ob auch andere Poleis der Insel diesen Selektionsmechanismus anwandten, auch wenn die Forschung dies in der Vergangenheit immer wie selbstverständlich annahm.[112] Und diese Unsicherheit gilt nicht allein für

---

110 Dieses Verfahren ist für Gortyn auch in IC 4.142 bezeugt, datiert von der Mitte des 5. bis zum Beginn des 4. Jh.: [— — — —] καὶ ϝεκαστοι [— — — — ἔγρ]ατται ἆι ὁ Αἰ[θ]α[λεὺς σταρτὸς — — — —]ϕον ὅκα Δρ[— — — —] ἐκόσμιον οἱ σ[ὺν — — — —]ον βõς ἄνκειτα[ι — — — —]δοι ἐπὶ βομõ[ι — — —], sowie in IC 4.236, zwischen 350 und 250; hierzu s. de Sanctis 1901; Guarducci 1950, ad loc.; Spyridakis 1969; Perlman 1992, 196 und 2002, 206–14; Link 1994, 101–3 und 2003; Kristensen 2002. – vgl. auch Gortyn: IC 4.186 b und 233.1–5 sowie ähnliche Formeln in den Inschriften anderer kretischer Poleis während des 3. und 2. Jh., so Knossos: IC 1.8.10.9–11; Leben: IC 1.17.8.1–2; Lyttos: IC 1.18.12.1–3. – Unklar ist, ob auch nur der jeweilige Startos den Kosmos bestimmte, oder ob die gesamte Bürgerschaft dies tat. Plausibler scheint Ersteres.

111 Darauf weist Link 1994, 105–12 und 2003 hin. Seine Erklärung trennt allerdings gewisse Begrifflichkeiten und damit die von ihnen bezeichneten Integrationskreise nicht deutlich genug. So betont er wiederholt, nach der Einführung des Rotationsgebotes habe keine Familie oder Clique mehr darauf hoffen können, von Amtszeit zu Amtszeit ihre Mitglieder entsenden zu können, um der Iterationsregelung Genüge zu tun. Denn nun habe sie warten müssen, bis ihr Startos wieder an die Reihe kam. Die Kategorien Familie, Clique und Startos werden hier also wie austauschbar benutzt.

112 So etwa Chaniotis 1992, 308 mit Anm. 163: „(…) jedes Jahr [stellte] eine andere Phyle das Beamtenkollegium". Diesen jährlichen Turnus könne „man aus den inschriftlichen Zeugnissen bereits der frühen klassischen Zeit erschließen"; und 131: „Regelmäßige Abwechslung der Phylen in den Ämtern (…) ist auf jeden Fall für die hellenistische Zeit durch die häufige Erwähnung der amtierenden Phyle in den kretischen Inschriften gesichert." – Link 2003, 140 mit Anm. 6 resümiert auf der Grundlage des im Text dargelegten Materials: „Und nicht weniger offenkundig ist, dass verschiedene *startoi* sich

die klassische, sondern auch noch für die hellenistische Zeit. Denn auch aus dem – verglichen mit dem 5. Jh. ungleich reicheren – Material des 2. Jh. erfahren wir allein, dass die Mitglieder des Kosmos zu bestimmten Zeiten aus allein einer Phyle stammten. Damit ist aber noch nicht gesagt, dass es tatsächlich eine festgelegte Reihenfolge gab, in der eine Phyle nach der anderen an die Reihe kam, um die Mitglieder des Kollegiums zu stellen. Womöglich standen bei der Bestimmung der Kosmen alle Phylen immer wieder in einem nicht durch festgelegte Reihenfolgen kanalisierten, sondern offenen Wettbewerb untereinander.[113]

Von einer weiteren Beschränkung bei der Auswahl der Kosmen berichtet die *Politik* des Aristoteles, wenn es dort heißt:

> Aber das Kollegium der Kosmen weist noch mehr Fehler auf als das der Ephoren [in Sparta]. Die Nachteile, die dem Amt der Ephoren anhaften, finden sich auch bei den Kosmen, denn jeder Beliebige gelangt in dieses Amt. Was aber dort für die Verfassung von Nutzen ist, wird hier nicht befolgt. Weil nämlich dort jedem Bürger die Wahl offen steht, wünscht der Demos, dem die Führung des höchsten Amtes zugänglich ist, den Fortbestand der Verfassung. Hier [in Kreta] wählt man die Kosmen dagegen nicht aus allen Bürgern, sondern nur aus bestimmten Geschlechtern, und die Geronten wählt man aus dem Kreis derer, die zuvor das Amt des Kosmos bekleidet hatten.[114]

In der Vergangenheit versuchte man, diese Aussage, dass die Kosmen allein ἐκ τινῶν γενῶν stammten, damit zu erklären, dass das hier genannte ‚Genos' eigentlich mit ‚Startos' identifiziert werden müsse. Schließlich bezeugten doch die eben

---

darin abwechselten, Kandidaten zu stellen; andernfalls hätte der Gesetzgeber das genannte Jahr nicht als dasjenige beschreiben können, in dem der Startos Aithaleus dies tat. (...) Die Existenz des so beschriebenen Rotationsverfahrens darf als eindeutig belegt gelten und ist in der modernen Forschung unstrittig." Damit hat er zwar Recht, die Forschung hat dieses Prinzip tatsächlich in ihre Vorstellung der kretischen Politeia inkorporiert. Dies macht die Materialbasis aber nicht breiter und die daraus abgeleiteten Schlüsse nicht plausibler. Als Beispiele der älteren Literatur für diese Einschätzung s. Busolt/Swoboda 1926, 747; Kirsten 1942, 152–3; F. Gschnitzer (1965) RE Suppl. 10, 670–75, s.v. Protokosmos.

113 Dieses Prinzip, dass alle Mitglieder eines Kosmenkollegiums aus jeweils dem gleichen Startos stammten, beobachten wir neben Gortyn auch in Knossos. Für andere Poleis wie etwa Olus und Lato, Hierapytna und Lappa ist es nicht nachgewiesen; s. etwa IC 1.16.3 = Chaniotis 1996 Nr. 54 aus dem Herbst 118: „Als in Knossos die Aithaleis Kosmos waren, und zwar die, die zusammen mit Kydas, Sohn des Kydas, amtierten, im Monat Belchanios; und als in Lato die Kosmos waren, die mit Diokles, Sohn des Heroidas, amtierten, im Monat Bakinthios; und als in Olus die Kosmos waren, die zusammen mit Telemachos, Sohn des Gnomis, amtierten, (...)". Hier ist alleine für die Knossier darauf hingewiesen, dass eine Phyle sämtliche Kosmen stellte; für die anderen Poleis fehlt diese Angabe. – s. auch IC 4.186 b = Chaniotis 1996 Nr. 31 im späten 3. oder frühen 2. Jh.; IC 1.16.3 = Chaniotis 1996 Nr. 54 aus dem Herbst 118; Chaniotis 1996 Nr. 59 im Jahre 111/10.

114 Arist. pol. 1272a 28–36. – Ephor. ap. Strab. 10.4.22 ergänzt: „Die sogenannten ‚Alten' ziehen sie bei den wichtigsten Angelegenheiten zu Rate, ein Kollegium, dem diejenigen beitreten, die des Amtes der Kosmoi für würdig befunden worden sind und auch sonst als bewährt betrachtet werden."

vorgestellten Inschriften, dass der Kosmos einer Amtsperiode allein aus einem der Startoi stammte. Überdies tauche der Begriff ‚Genos' nicht in den Inschriften, der Begriff ‚Startos' nicht bei Aristoteles auf. Natürlich sei Genos nicht gleichbedeutend mit Startos, doch womöglich habe Aristoteles aufgrund seiner offenbar nur unzureichenden Kenntnisse des Aufbaus kretischer Politien diese beiden Integrationskreise durcheinander gebracht. Inschriftlicher und literarischer Befund ließen sich also zur Deckung bringen, wenn man nur diese beiden Begriffe miteinander gleichsetzte.[115] Diese Erklärung wäre wohl plausibel, gäbe es nicht weitere – allerdings erst spätklassische und hellenistische – Anzeichen, dass die Kosmen tatsächlich allein aus bestimmten Familien stammten.[116]

Einen ersten Hinweis auf die Relevanz der *eugeneia* auf Kreta, also darauf, dass die Abstammung eines Mannes ein maßgebliches Kriterium für seine Privilegierung in der Gemeinschaft war, bietet der Bericht des Ephoros über die Paideia und die rituelle Ephebenentführung in kretischen Poleis, in dem deutlich wird, dass eines der wesentlichen Merkmale für das Ansehen eines Pais seine familiäre Herkunft war. So berichtet Ephoros, dass die Knaben eines Jahrgangs sich um οἱ ἐπιφανέστατοι τῶν παίδων καὶ δυνατώτατοι ihrer Altersgenossen gruppierten und dann von den Vätern dieser „strahlendsten und mächtigsten der Knaben" erzogen wurden. Diesen aber kamen dabei umfassende Autorität und Züchtigungsgewalt zu; sie müssen also hohen sozialen Status besessen haben. Die Abstammung eines Pais war also maßgeblich für seine eigene Stellung im Kreis seiner Altersgenossen. Darüber hinaus betont Ephoros:

τοῖς δὲ καλοῖς τὴν ἰδέαν καὶ προγόνων ἐπιφανῶν αἰσχρὸν ἐραστῶν μὴ τυχεῖν ὡς διὰ τὸν τρόπον τοῦτο παθοῦσιν.

Für [Knaben] mit schönem Aussehen und angesehenen Vorfahren ist es die größte Schande, keine Liebhaber zu finden, da man dies auf ihren τρόπος zurückführe.[117]

Hier ist ausdrücklich Abstammung als wesentliches Kriterium der Statusbestimmung genannt. Ein zweiter, sehr deutlicher Beleg für die Relevanz der Abstammung bei der Besetzung von Ämtern findet sich in den Inschriften aus dem Heiligtum des Zeus Thenatas von Amnisos. Anhand dieses Materials können wir – allerdings nur für einen kurzen Zeitraum im 2. Jh. – die Listen der knossischen Kosmen relativ gut rekonstruieren. Dieses und vergleichbares, aus anderen Poleis stammendes Material zeigt

---

115 Etwa bei Guarducci 1950, 159 und 185; Willetts 1955, 138; Roussel 1976, 258; Jones 1987, 225–6; Rhodes/Lewis 1997, 309; vgl. Cross 2011, 108–10. Gehrke 1997, 36 hingegen vermutet, die Phylen seien in sich in verschiedene Geschlechter unterteilt gewesen.

116 s. Mann 2007, 124–41 zur geringen Relevanz der *eugeneia* in Athen. – Zur Diskussion des Genos als sozialen Integrationskreises s. auch Donlan 2007 („kin-groups"); und Wallace 2010, die von einem über jahrhundertelangem Primat bestimmter Geschlechter auf Kreta ausgeht.

117 Ephor. ap. Strab. 10.4.20–1. – Im Abschnitt zur Ephebenentführung im Kapitel *Paideia* werden wir ausführlich auf diese Punkte eingehen.

uns nicht nur, dass die Kosmen aus einer kleinen Anzahl von Familien stammten und sich unter ihnen eine Reihe von Brüderpaaren finden, sondern auch, dass die meisten oder sogar alle der bekannten Kosmen ihr Amt iterierten.[118] In Knossos nahmen also wenige Familien eine herausragende Stellung ein. Ein dritter Hinweis auf die Relevanz der Abstammung für den Status eines kretischen Mannes sind – abermals allein aus dem Hellenismus – die Thematisierung edler Abkunft in verschiedenen Grabepigrammen und die Tatsache, dass in eben diesen häufig auch der Name der Mutter hinzugefügt ist, was auf eine hohe soziale Stellung der Mutter und ihre Abkunft aus einem angesehenen Geschlecht hinweist.[119] Dies alles lässt die Aussage des Aristoteles plausibel erscheinen, dass die Kosmen bestimmten Familien entstammten. Damit ist allerdings immer noch ungeklärt, ob dies schlichtweg bedeutete, dass natürlich in erster Linie die einflussreichsten Familien die Amtsträger stellten; oder ob von vorneherein überhaupt nur die Mitglieder eines – zumindest in ihrer Generation – festumrissenen Kreises von Geschlechtern für die Bekleidung des Amtes infrage kamen. Diese würde bedeuten, dass es in kretischen Poleis einen von allen Mitbürgern durch seine Abstammung abgehobenen Adel gab.

Einen Anhaltspunkt zur Beantwortung dieser Frage liefert womöglich Aristoteles selbst, wenn er betont, dass der kretische Kosmos die gleichen Nachteile aufweise wie das spartanische Ephorat, denn οἱ τυχόντες, ‚jeder Beliebige‘ gelange hier wie dort in das Amt.[120] Diese Aussage scheint zunächst mit den eben diskutierten Mechanismen zur Auswahl der Funktionsträger kaum vereinbar, also der Herkunft der Kosmen aus bestimmten Familien, der Selektion der Phylen, welchen diese Familien angehörten, und bestehender Iterationsverbote für die Funktionsträger. Eine Lösung dieses Problems muss in den Blick nehmen, was Aristoteles als den Nachteil des Phänomens ansieht, dass das Ephorat jedermann aus dem Demos offen stehe: Oftmals seien die Ephoren den weitreichenden Handlungsspielräumen dieses Amtes nicht gewachsen. Und in eben diesem Sinne sollten wir wohl auch die Kritik an den kretischen Verhältnissen verstehen; denn weder im Falle der Ephoren noch dem der Kosmen sei eine Auswahl der für diese Funktion am besten geeigneten Männer gewährleistet. ‚Beliebigkeit‘ kontrastiert Aristoteles mit ‚Eignung aufgrund von Aristie‘, und hier wie dort spiele die Aristie der Amtsträger eben keine Rolle. Doch während in Sparta die Herkunft der Ephoren aus dem Demos deren Aristie verhinderte, bedingte in kretischen Poleis die Herkunft der Kosmen aus einer nur kleinen Gruppe von Geschlechtern, die

---

118 Hierzu Chaniotis 1988a und 1992, bes. 305–12. Dies hatte bereits E. Kirsten (1940) RE Suppl. 7, 26–38 s.v. Amnisos 1 betont.

119 Chaniotis 1992, 309–10 und 315–7 bietet hierfür zahlreiche Beispiele; s. vor allem IC 1.8.33 aus Knossos; IC 3.4.37 und 39 aus Itanos; IC 2.23.22 aus Polyrrhenia; IC 3.3.8 aus Hierapytna und dazu Chaniotis 1987, 41–3 und 1988, 224–6. Zum Befund von Lato pros Kamara s. Baldwin Bowsky 1989 und 1989a; zu Hierapytna s. Guizzi 2001, 328–90. – Zum Gebrauch des Metronymikon allein s. Chaniotis 2002.

120 Arist. pol. 1272a 29–32.

nicht nach ihrer Leistung, sondern ihrer Abstammung ausgewählt würden, dass die Amtsträger ihren Aufgaben nicht gewachsen seien.[121]

Nach diesen Ausführungen können wir festhalten, dass die Aussage des Aristoteles, die Kosmen stammten allein aus bestimmten Geschlechtern, im Argumentationszusammenhang der *Politik* Sinn ergibt, und dass sie durch entsprechende Hinweise in anderen literarischen und epigraphischen Zeugnissen aus Spätklassik und Hellenismus gestützt scheint. Vor dem Hintergrund annähernd aller anderen griechischen Bürgerstaaten wäre dies ein ganz bemerkenswerter Befund: dass in kretischen Poleis womöglich ein wirklicher Adel auch institutionell abgesichert war.[122] Die Befunde des 4. bis 2. Jh. sind natürlich keine Beweise für eine große Relevanz der *eugeneia* und einer Ideologie der guten Abstammung bereits in archaischer und frühklassischer Zeit. Für diese Jahrhunderte haben wir keinen ausdrücklichen Hinweis darauf, dass einzelne Geschlechter tatsächlich eine so große Rolle in kretischen Poleis spielten, dass sie die Besetzung der Oberämter in diesen Gemeinwesen monopolisiert hätten. Und doch bieten einzelne gesellschaftliche Felder Hinweise auf eine solche Relevanz von Geschlechtern, so etwa Regelungen zum Erbschaftsrecht, vor allem zum Erbtochterrecht, und Beobachtungen zu Hierarchien in den Hetairien.[123] Überdies scheint es schwer vorstellbar, dass die Ideologie der *eugeneia* überhaupt erst in spätklassischer Zeit entstand, eher sollten wir ein Überleben dieses Prinzips aus den Jahrhunderten davon annehmen. Angesichts der demographischen Unwägbarkeiten für die Familienstrukturen vormoderner Gesellschaften sollten wir freilich nicht davon ausgehen, dass ein und dieselbe kleine und festumrissene Gruppe von Geschlechtern, die eine bevorzugte Stellung aufgrund ihrer *eugeneia* für sich beanspruchten, über mehrere Jahrhunderte hinweg stabil gewesen wäre. Die Vorstellung, hohe Geburt sei ein – oder gar *das* maßgebliche – Kriterium von Exzellenz kann allein auf der Basis tatsächlich existierender und zumindest mittelfristig stabiler Machtverhältnisse entstehen; sie kann dann aber ideologisiert werden und damit auch aus-

---

121 Arist. pol. 1270b 28–9; hierzu s. van Effenterre 1948, 103; Spyridakis 1969; Huxley 1971; Schütrumpf 1991, 340–1. – Arist. pol. 1272b 35–1273a 1 ergänzt dies, wenn er betont, dass die karthagischen Einhundertvier ἀριστίνδην ausgewählt würden; anders als in Sparta, wo man die Erstbesten zu Ephoren mache. Und er betont, dass es der Vorzug der karthagischen Könige sei, dass sie nicht immer aus den gleichen Familien stammten, sondern aus jenen, die sich ausgezeichnet hätten. Demgegenüber habe die vererbte Monarchie Spartas der dortigen Politeia schon häufig geschadet. Eine andere Erklärung dieser Aussage des Aristoteles bietet Link 1996, 103–5 an, die zu Recht von Gehrke 1997, 59 mit Anm. 192 kritisiert wurde. Vielmehr schlägt Gehrke 1997, 56 Anm. 164 vor, Aristoteles meine hiermit, die kretische Politeia sei im strengen Sinne keine Aristokratie, in welcher es gerade um die Herrschaft der ἄριστοι und deren ἀρετή gehe.
122 s. auch die Kapitel *Bola* sowie *Andreion* und *Hetairoi des Hybrias*. – Schmitz 2008, zu Kreta bes. 68.
123 s. Link 1994 und das Kapitel *Andreion*.

grenzend gegenüber jenen wirken, deren Familien eine solche hohe Geburt nicht für sich beanspruchen können.

Laut Aristoteles konnten die Kosmen kretischer Poleis in allen Angelegenheiten nach ihrem eigenen Gutdünken handeln. Ihre politische Macht war nicht in klar definierten Amtsvollmachten begründet, sondern gerade in deren Fehlen und einer daraus resultierenden umfassenden Zuständigkeit, die das Handeln der Kosmen auf einer Vielzahl von Entscheidungsfeldern möglich machte.[124] Dies legt auch nahe, dass ihre Amtsführung nur schwierig zu kontrollieren war. Tatsächlich ist der potenziell große Einfluss kretischer Kosmen in einigen Regelungen aus Gortyn gespiegelt, die innerhalb für alle Bürger geltender Verfügungen zusätzlich das Szenario entwerfen, ein Kosmos könnte in den Fall verwickelt sein. So regelt eine Passage aus dem sogenannten *Zweiten Code*, der in das frühe 5. Jh. datiert, in einer Bestimmung über den Umgang mit Unfreien, die von ihrem Herren flüchteten und nun Asyl in einem Heiligtum suchen, folgende Besonderheit:

αἰ δέ κα κοσμίοντος ᾖ ὁ ἐπιδιόμενος, μὴ ἀποδόθαι ἇς κα κοσμῇ μηδ' ἦ κ' ἀπέλθηι τῶ ἐνιαυτῶ.

Wenn aber der Geflüchtete (Eigentum) eines amtierenden Kosmos ist, soll er nicht verkauft werden, solange der Kosmos im Amt ist, und nicht innerhalb eines Jahres, seit er entfloh.[125]

Eine Regelung aus dem *Großen Gesetz* ergänzt dieses Bild. Sie verbietet, vor dem Beginn eines Prozesses ,den Beschuldigten wegzuführen', weder einen Sklaven noch einen Freien. Untersagt ist damit private Eigenmacht; der Streit um Personen muss prozessual entschieden werden. Hatte aber doch eine solche ,Wegführung' stattgefunden, wurde darüber ein Prozess geführt, mit dessen Richtlinien dieses lange Gesetz befasst ist. Als Sonderfall innerhalb dieser Bestimmungen ist geregelt:

---

124 Dies ergibt sich aus einer Zusammenschau der Passagen, in denen Aristoteles die Kosmen mit den spartanischen Ephoren vergleicht, welche er zuvor derart charakterisiert hatte; Arist. pol. 1270b 5–35 und 1272a 5, 25–40. Arist. pol. 1272a 5–7 und Ephor. ap. Strab. 10.4.18 vergleichen Kosmen und Ephoren in Hinblick auf deren jeweilige *dynamis*; s. Arist. eth. Nic. 1099b 2 und 1161a 3 zur Verwendung dieses Begriffs. – Hierzu s. das Kapitel *Politeia*.
125 IC 4.41.4.10–4 = Koerner 128 = Nomima 2.65. In Gesetzen wie diesem sehen wir das Bemühen, Institutionalisierung in der Polis voranzutreiben. Hier erhebt die Polis den Anspruch, Regeln für den Gerichtsweg festzulegen. – Diese Regelung ist in der Kombination ihrer Bestimmungen entweder redundant, oder aber die Amtszeit eines Kosmos betrug nicht unbedingt nur ein Jahr. Womöglich ist hier in Betracht gezogen, dass ein Kosmos unmittelbar hintereinander zwei Amtszeiten diese Funktion bekleidete oder über die eigentlich vorgesehene Zeit hinaus im Amt verblieb. Dies erinnert uns daran, dass wir bei allen Iterationsregeln und anderen Mechanismen zur Verteilung der Macht nicht gleichsam axiomatisch davon ausgehen dürfen, dass es unmöglich oder zumindest ein Vergehen war, dass ein Kosmos länger im Amt blieb. Vielleicht war dies nicht der Fall, und es kam in stärkerem Maß auf das Kräftegewicht innerhalb der Polis an, sodass es bisweilen vernünftig oder nötig erschien, einen Kosmos länger als üblich im Amt zu belassen, beziehungsweise es unmöglich war, ihn abzusetzen.

αἰ δέ κα κοσ[μ]ίον ἄγει ἒ κοσμίοντος ἄλλος, ἒ κ' ἀποστᾶι μολέν, καῖ κα νικαθῆι, κατιστάμεν ἀπ[ὸ ἇ]ς [ἀμέρα]ς ἄγαγε τὰ ἐγραμένα.

Wenn aber ein amtierender Kosmos (einen Beschuldigten) wegführt oder ein anderer (ihn wegführt) von einem amtierenden Kosmos, soll man den Prozess führen, sobald er (i.e. der Kosmos) (vom Amt) abgetreten ist. Und wenn einer verliert, soll er zahlen das Vorgeschriebene von dem Tag an, (da er ihn) wegführte.[126]

Hier ist also festgehalten, was geschehen sollte, falls nicht ein Privatmann, sondern ein amtierender Kosmos in die Sache verwickelt war, entweder als Täter oder auch als Geschädigter. Für diesen Fall ist bestimmt, dass der Prozess wegen der unrechtmäßigen Wegführung erst nach dem Ende seiner Amtszeit geführt werden dürfe. In Zusammenschau mit der davor betrachteten Regelung legt dieses Gesetz nahe, dass der Kosmos während seiner Amtszeit keine Privatprozesse führen durfte. Weder sollte er als Kläger auftreten, noch durfte man gegen ihn vorgehen. Erst nach dem Ende seiner Amtszeit war dies wieder erlaubt. Wurde er dann aber für ein während dieser Zeit begangenes Vergehen verurteilt, berechnete sich die von ihm zu entrichtende Strafzahlung nicht vom Ende seiner Amtszeit, sondern vom Tag des Vergehens an. Letzteres zeigt uns, dass hinter dem Verbot von privaten Prozessen während der Amtsdauer nicht eine Immunität auf Zeit stand, sondern dass der Einfluss des amtierenden Kosmos für zu groß gehalten wurde, um ein regelkonformes Verfahren zu gewährleisten.[127] Es ging wohl darum, einen amtierenden Kosmos davon abzuhalten, seine umfängliche Macht zu missbrauchen, also den Prozess zu behindern oder zu seinen Gunsten zu entscheiden. Nutzte er diesen Einfluss aber tatsächlich während seiner Amtszeit, so zeigt der Abschluss unserer zweiten Passage, wurde er mit einer auf einer sehr langen Frist beruhenden und daher besonders hohen Strafe belegt.

Dieses Prinzip, den Kosmos härter zu bestrafen als einen Privatmann und von ihm in besonderem Maße zu erwarten, sich an die Gesetze der Polis zu halten, sehen wir nicht allein in Gortyn, sondern auch in Lyttos. Und hier galt es nicht allein für den Kosmos. So verzeichnet ein Gesetz aus jener Polis, verinschriftlicht um 500, die Lyttier hätten beschlossen, dass es allen Bürgern verboten sei, einen Fremden privat aufzunehmen. Doch sofern ein Kosmos oder Apokosmos dies täten, müssten sie – auf Beschluss des Rates – für jeden von ihnen Aufgenommenen sofort 100 Statere Strafe

---

126 IC 4.72.1.51–5 mit Bezug auf 1.1–11 und 11.24–5 = Koerner 163 = Nomima 2.6.

127 Gegen eine Immunität argumentieren Kohler/Ziebarth 1912, 45; Willetts 1955, 108–9; Koerner 1993, 329 Anm. 7 und 463 sowie Link 1994, 98–9 und 106–7 mit Anm. 44. Tatsächlich zeigen uns die unten besprochenen Inschriften aus Lyttos und Knossos wie auch der Vertrag zwischen Gortyn und Rhitten (IC 4.80.1–11 = Nomima 1.7 = StV 2.216), dass ein Kosmos, der gegen das nämliche Gesetz verstieß, sofort zu bestrafen war. – Eine Art der Immunität im Amt ist erst aus dem 3. Jh. für Dreros überliefert, IC 1.9.1 c 15.

zahlen.[128] Wir wissen nicht, was der Begriff Apokosmos bezeichnet; sprachliche und inhaltliche Überlegungen machen es aber wahrscheinlich, dass es sich bei ihm um einen gewesenen Kosmos handelt.[129] Der ausdrückliche Hinweis der Inschrift, auf Beschluss der Bola seien amtierende und gewesene Kosmen härter zu bestrafen als Privatleute, zeigt, dass besondere Maßstäbe an das Verhalten der Amtsträger gelegt wurden. Vor allen anderen Bürgern waren sie für die Wahrung wesentlicher Prinzipien der kretischen Politeia verantwortlich. Außerdem zeigt die Bestimmung, dass die Strafe für jeden aufgenommenen Fremden und sofort zu erfolgen habe, dass die Sanktionierung begangenen und die Verhinderung zukünftigen Fehlverhaltens unmittelbar nebeneinander standen. Die Amtsträger sollten eben nicht pauschal für ihr Fehlverhalten bestraft werden, sondern für jedes ihrer Vergehen. Diese Regel führte das Risiko zukünftigen Fehlverhaltens vor Augen und verhinderte es im besten Fall.

Ebendiese Logik des Verhältnisses von Sanktionierung und Verhinderung tritt auch in dem um 450 zu datierenden Vertrag zwischen Argos, Knossos und Tylissos zutage. Hier ist verfügt, dass ein Knossier in Tylissos und ein Tylissier in Knossos ein Geleit und Gastfreundschaft erhalten solle, wofür der jeweilige Kosmos dieser Poleis zu sorgen habe. Tue er dies nicht, solle der Rat seines Gemeinwesens ihn αὐτίκα – ‚sogleich' – mit einer Strafe belegen.[130] Hier ist also keine Rede davon, dass der Kosmos erst nach dem Ende seiner Amtszeit belangt werden sollte. Tatsächlich ist der Sinn dieser Zahlung wohl weniger darin zu suchen, den Kosmos im Nachhinein für sein Verschulden zu bestrafen. Das Gesetz scheint vielmehr darauf abzuzielen, den Kosmos in einer noch aktuellen Situation zum Handeln zu zwingen. Vorausgesetzt, die benannten Gäste sahen sich nicht gemäß dieser Regelung behandelt und appellierten sofort an den Rat, konnte dieser den verantwortlichen Kosmos sofort belangen und ihn mit einer – allerdings nicht sonderlich hohen – Strafsumme zu einer sofortigen Änderung seines Verhaltens zwingen.[131] Wenn hier der Rat der Knos-

---

128 Diese Inschrift wird vollständig zitiert und ausführlich besprochen in den Kapiteln *Bola* und *Eleutheros*. – van Effenterre, H./ van Effenterre, M. (1985) *BCH* 109, 157–88 mit van Effenterre ebd. 174 = Koerner 87 = Nomima 1.12. Zur Begründung dieser Lesung nach Chadwick 1987 und SEG 37.752, vgl. *BE* 1988 Nr. 879, s. das Kapitel *Bola*. – Vergleiche hiermit eine Regelung aus dem späten 4. Jh. aus Axos: Manganaro 1966 = Sokolowski 1969, 245–6, Nr. 145.10–9.

129 In diesem Sinne auch Link 1994, 105 und Gehrke 1997, 57; vgl. die nicht überzeugenden Deutungen von Manganaro 1966 und Martínez Fernández 1999, die einen designierten Kosmos vermuten; Chadwick 1987, 331 der hierin einen ‚Nicht-Kosmos', also einen Privatmann sieht; Papakonstantinou 1996, der ihn als einen, wie im Iterationsverbot von Dreros reflektiert, *akrestos* gemachten Kosmos deutet; Koerner Nr. 90 = Nomima 1.81. – Zum semantischen Wert und Gebrauch des Präfix apo- im Kretischen s. Bile 1988, 274.

130 Knossos, Tylissos, Argos (um 450): IC 1.30.1, IC 1.8.4 = ML 42B 40–2 = HGIÜ 1.71–2, hier 72 = StV 2.147–8, hier 148.20–2. – Diese Inschrift ist auch besprochen im Kapitel *Eleutheros*.

131 Allerdings zeigt etwa der Eid von Dreros, dass selbst eine Bestrafung wegen der Unterlassung von Amtsaufgaben aufgeschoben werden konnte; IC 1.9.1.

sier gegenüber dem Kosmos eine Strafe verhängt, war vielleicht auch der Rat dafür verantwortlich, diese Strafe vom Kosmos einzutreiben. Immerhin setzte er sich aus den einflussreichsten Männer von Knossos zusammen, die gemeinsam eine derartige persönliche Macht besaßen, dass die Bola auch gegenüber dem Kosmos durchsetzungsfähig sein konnte.[132] Das heißt aber noch nicht, dass der Rat damit auch über entsprechende institutionelle Macht verfügte.

In der Tat stellte die Frage, wie eine Institution mit zwingender Macht ausgestattet werden könnte, ohne dass die jeweiligen Funktionsträger große persönliche Macht besaßen, ein Problem dar. Als Beispiel sei ein Gesetz aus Axos angeführt, welches in das 5. Jh. datiert. Es behandelt die unrechtmäßige Aneignung von Opferfleisch durch Priester, legt die Strafsumme fest und betont abschließend:

> πορτιπονε̃ν δ' ἄιπερ τõν ἄλον. αἰ δ' ὀ κοσμίον μὴ ἀποδοίη τὰ ἐπιβάλοντα ϝίσανς τιτουϝέσθο.

> Man soll sie wie bei anderen (Vergehen) vor Gericht rufen. Wenn der Kosmos das Auferlegte nicht zurückgeben lässt, soll er die gleichen Strafen zahlen.[133]

Wie in zahlreichen anderen gesetzlichen Regelungen Kretas bleibt hier unklar, wer die den Priestern verordnete Strafzahlung empfangen sollte. Es ist auch nur impliziert, dass der Kosmos für das Eintreiben der Strafe zuständig war. Und ebenfalls ist nicht gesagt, wer den Kosmos bestrafen sollte, wenn dieser nicht handelte und dann die ihm auferlegte Strafzahlung verweigerte. Allerdings wird deutlich, dass hinter dem Beschluss der Inschrift zwar der Gedanke stand, dass ein Amtsträger aufgrund eines bestimmten – hier beschriebenen – Szenarios zum Handeln verpflichtet sei; wir sehen aber auch, dass es eine Institution, die über eine solche institutionelle Macht verfügte oder deren Mitglieder eine solche persönliche Macht besaßen, dass sie den Kosmos zur Zahlung hätten zwingen können, in Axos aber nicht gab – dass sie vielleicht nicht einmal vorstellbar war.[134]

---

132 Im Ephebeneid von Dreros, der in das letzte Viertel des 3. Jh. datiert, schwören die Epheben, sie würden die Kosmen der Boule melden, falls jene nicht auch die zukünftigen Epheben eben jenen Eid schwören ließen. Die Boule würde dann jeden der Kosmen mit einer Strafe von 500 Stateren belegen. Falls die Ratsmitglieder diese Summe aber nicht einsammelten, sollten sie selbst die doppelte Summe schulden, die dann der ,Einsammler der öffentlichen Gelder' eintreiben solle; s. IC 1.9.1.94–136, hier 104, 108 und 129; vgl. Willetts 1955, 182–5 sowie StV 3, 387–9; Austin 1981 Nr. 91, 161–2; Chaniotis 1996 Nr. 7, 195–201, jeweils nur im Auszug, letzterer mit weiteren Literaturhinweisen.

133 IC 2.5.9, hier 8–11 = Koerner 106. – Ähnlich IC 1.10.2; 4.14g–p; = Koerner 94 = Nomima 2.80 = SEG 2.509: „- - - (innerhalb von - - -) Tagen, wenn einer Anzeige erstattet, später aber nicht. Der Kosmos aber soll die Strafe für die Polis eintreiben."

134 Denkbar wäre freilich auch, dass allen Beteiligten klar war, wer verantwortlich – und fähig – war, den Kosmos zur Zahlung zu zwingen, sodass dies hier nicht erwähnt werden musste. Darauf mag der Fortgang der Inschrift hindeuten, welche verfügt, dass „gemäß *demselben* die Bola in jedem dritten Jahr an den Kydanteia 12 Statere zu den Opfern geben" solle; IC 2.5.9.11–4 = Koerner 107. Diese An-

Den Amtsträger definieren: Titai und Esprattai

Anders sieht es für Gortyn aus. Aus dortigen Inschriften sind uns eine Reihe von Institutionen bekannt, die allesamt mit der Vollstreckung von Ansprüchen im Namen der Polis betraut waren, und damit deren Durchsetzung als zentrale Ordnungsinstanz im Gemeinwesen. Und mehr als das scheinen wir angesichts der nur bruchstückhaften Überlieferung auf den ersten Blick über den Titas und die Esprattai, den Epottas und die Karpodaistai kaum sagen zu können. Die ältere und neuere Literatur erwähnt sie denn auch häufig in einem Atemzug. Eine genauere Betrachtung der Inschriften, die mit diesen Institutionen befasst sind, offenbart aber eine erstaunliche Aufgabenteilung, die uns weitere Einblicke in die innere Logik des Aufbaus kretischer Politien und in verschiedene Felder des Konflikts innerhalb der Bürgerstaaten der Insel erlaubt.[135] So scheinen etwa die Esprattai allein gegenüber Privatleuten tätig geworden zu sein. Ihnen werden wir uns gleich zuwenden. Hier betrachten wir zunächst den Titas, eine kollegial besetzte Institution, die uns in verschiedenen Inschriften seit dem Ende des 7. bis zur Mitte des 5. Jh. begegnet und deren Aufgabe offenbar darin bestand, von anderen Funktionsträgern – eben auch vom Kosmos – Strafen einzutreiben, falls jene nicht so handelten, wie sie gehalten waren. Ihre Bezeichnung leitet sich wohl von τίνω ab, ‚(eine Strafe/Schuld) bezahlen‘.[136] Im 6. Jh. hält eine der frühesten gortynischen Inschriften unter anderem fest:

---

knüpfung mit ihrer Betonung der Bola, die hier allerdings ohne jeden Zusammenhang mit dem ersten Teil der Inschrift zu stehen scheint, könnte darauf hindeuten, dass es – wie in Knossos – Aufgabe des Rates war, den Kosmos zur Verantwortung zu ziehen.

135 Gehrke 1997, 57–8. – Eine Institution mit Titel ‚Epottas‘ ist in einer nur sehr fragmentarisch erhaltene Regelung aus dem Gortyn des 5. Jh. erwähnt. Der Epottas war wohl ebenfalls ein Vollzugsorgan der Polis, denn er sollte „den bestrafen, der nicht gehorcht", und die Strafzahlungen scheinen der Polis zugekommen zu sein; IC 4.84 = Koerner 158 = Nomima 2.20; s. etwa Brause 1909; Guarducci ad loc.; Koerner 1993, 450–1 und Gehrke 1997, 58; vgl. aber Nomima 2.20. Dabei deutet die Klausel, ein Apetairos, also ein freier Nichtbürger, habe als Strafe einen Obolos pro Tag zu entrichten, darauf hin, dass der Epottas bei einem Fehlverhalten von Privatpersonen aktiv wurde, Bürgern wie Nichtbürgern, nicht unbedingt von anderen Institutionen. In Anlehnung an den Wortgebrauch im Falle von kollegial besetzten, doch im kollektiven Singular genannten Institutionen wie dem Kosmos, dem Esprattas oder Titas ließe sich auch im Epottas ein eigentlich mehrstelliges Amt vermuten. – Die Bezeichnung ‚Epottas‘ lässt an den aus Rhitten bekannten ‚Eporos‘ erinnern; IC 1.28.1.

136 Wenn Hesych. s.v. τίται jene als κατήγοροι τῶν ἀρχόντων charakterisiert, bestätigt – oder überzeichnet – er diese Rolle. Die Kollegialität ergibt sich aus IC 4.78.5, 7 = Koerner 153 = Nomima 1.16 und IC 4.79.20 (zwischen 480 und 450); s. auch Kirsten 1942, 164; Willetts 1954 und 1955, 105–6 und 123; Koerner 1987, 479, 493; Bile 1988, 327; Link 1994, 98 und Chaniotis 1996, 424–5. – Die älteste dieser Inschriften, IC 4.15 = Nomima 2.23 vom Ende des 7. Jh., ist wegen ihrer starken Fragmentierung kaum sinnvoll zu rekonstruieren („... der Ziehvater wird haben ... der Strafe zahlen muss ... zahlen und der Titas, der ..."). Nomima ad loc. zieht in Betracht, dass es sich bei dem ‚Ziehvater‘ (ἀ]τιτάλτας) um einen Funktionsträger handelte, dessen Aufgabe in Zusammenhang mit der Ausbildung der Epheben in den Agelai stand. So ließe sich die Erwähnung des Titas in diesem Kontext erklären, der in den

– – –] πεντήκοντα λέβη[τας ϝ]εκάστο καταστᾶσαι. ϙόσμος ὁ ἐπιστάς | αἰ μὴ ἐστείσαιτο, ἀϝτ[ὸν ὁ]
πήλεν | καὶ τὸν τίταν | αἰ μὴ 'στείσαιτο τ[– – –

– – – 50 Lebetes soll man in jedem Fall erlegen. Wenn der (damit) beauftragte Kosmos nicht
bezahlen lässt, soll er selbst Schuldner sein, und der Titas, wenn er nicht bezahlen lässt, – – –[137]

Diese Regelung legt für ein nicht mehr rekonstruierbares Vergehen eine Mindest-
strafe fest und verfügt, dass der Kosmos Epistas mit deren Eintreibung betraut war.
Sollte jener seiner Pflicht nicht nachkommen, scheint es Aufgabe des Titas gewesen
zu sein, diese Summe vom Kosmos einzutreiben. Wenn nun auch der Titas dies nicht
tat, hatten seine Mitglieder selbst die Strafe zu entrichten. Wer in diesem Fall für die
Vollstreckung verantwortlich war, lässt die Inschrift nicht mehr erkennen. Die zweite
gortynische Regelung, die uns die Aufgaben des Titas rekonstruieren lässt, stammt
aus der ersten Hälfte des 5. Jh. Sie gewährt Freigelassenen Schutz vor erneuter Versklavung und Pfändung. Diesen Schutz hatte das Kollegium des Xenios Kosmos zu
garantieren. Unterließen seine Mitglieder dies, sollte der Titas 100 Statere von jedem
Xenios einzutreiben und dem Geschädigten eine Entschädigung zahlen. Wenn allerdings auch der Titas sich weigerte, gemäß dem Gesetz zu handeln, sollte jeder Angehörige dieses Kollegiums die doppelte Strafe dem Kläger erstatten und auch der
Polis eine Summe erlegen.[138] Die dritte gortynische Regelung, die den Titas erwähnt,
stammt aus der gleichen Zeit. Sie beauftragt den Xenios, von fremden Handwerkern,
die einen Vertrag mit der Polis eingegangen waren, nun aber nicht arbeiten wollten,
eine bestimmte Strafsumme zugunsten der Polis einzufordern. Verweigerten die
Handwerker diese Zahlung, sollten sie das Duplum dieser Summe schulden und der
Xenios sie eintreiben. Falls dieser sich weigerte zu handeln, sollten die Titai von ihm
das Duplum zugunsten der Polis eintreiben.[139]

---

anderen Zeugnissen seiner Tätigkeit allein gegenüber anderen Funktionsträgern, nicht aber Privatleuten auftritt.
137 IC 4.14g–p 2 = Koerner 121 = Nomima 1.82.
138 IC 4.78 = Koerner 153 = Nomima 1.16. Wie die Strafzahlung des Titas auf Geschädigte und Polis
aufzuteilen war, ist nicht erwähnt. – Diese Inschrift ist ausführlich besprochen im Kapitel *Eleutheros*.
Eine Begründung der hier reflektierten Lesung und Deutung skizziert Seelentag *im Druck*.
139 IC 4.79 = Koerner 154 = Nomima 1.30, näher besprochen im Kapitel *Eleutheros*. – Die Regelung
ist auch in IC 4.144.8–15 überliefert, hier allerdings nicht in kretischer, sondern ‚gemeingriechischer'
Schrift. Dies deutet auf einen gewissen zeitlichen Abstand der Verinschriftlichung beider Regeln hin.
Bemerkenswert ist dabei, dass über diesen Zeitraum das Gesetz in seinem Wortlaut gültig blieb; Koerner 1993, 438. – Aufgrund einer Textlücke ist die Abfolge der zur Handlung verpflichteten Institutionen in dieser Inschrift nicht mit Sicherheit zu rekonstruieren. Möglich wäre auch, dass im Falle einer
Weigerung der Handwerker anstelle des Xenios der Titas das Duplum von ihnen eintreiben sollte.
Angesichts der beiden ersten Regelungen und einer Reihe hellenistischer Inschriften aus verschiedenen Poleis scheint das zweite Szenario plausibler. Denn letztere lassen im Titas eine Institution
erkennen, die allein von anderen Amtsträgern Strafsummen eintrieb, nicht aber von Privatleuten;
s. etwa IC 1.16.1.31–4 = Chaniotis 1996, Nr. 18 aus Lato, Ende des 3. Jh. und IC 4.165 = Chaniotis 1996,

In diesen Inschriften tritt mit dem Kollegium des Titas eine Institution auf, dessen einziger Zweck darin gelegen zu haben scheint, von Amtsträgern Strafen einzutreiben, genannt sind Kosmos und Xenios. Bemerkenswert ist in der zweiten Regelung der Hinweis, dass der Titas im Falle des Vergehens eines Mitgliedes des Xenios Kosmos die Strafe von jedem Mitglied dieses Kollegiums eintreiben solle, dass allerdings – sollte der Titas dies nicht tun – auch sämtliche seiner Mitglieder zu bestrafen seien. Dies deutet darauf hin, dass das Bewusstsein einer kollektiven Verantwortung der Amtsträger hier Niederschlag fand. Sollte ein Mitglied eines Kollegiums sich falsch verhalten, wurden alle seiner Kollegen in Haftung genommen. Ziel war es, eine soziale Kontrolle der Amtsträger untereinander herbeizuführen und damit die Einhaltung der Regel zu gewährleisten. Und doch können wir nicht sagen, ob die persönliche Macht der Mitglieder der Titai ausreichte, um von den höchsten Amtsträgern des Gemeinwesens eine Strafzahlung einzutreiben. Einen Anhaltspunkt für die Quelle ihrer institutionellen Macht bietet aber der Hinweis darauf, dass in diesen Inschriften ‚die Polis' als Empfängerin von Zahlungen auftritt, also eine Entität, hinter der ein konkreter, sehr großer Personenkreis beziehungsweise ein Gefüge von Institutionen steht.[140] Dies ist ein Zeichen für das Bemühen, die Kontrolle der genannten Institutionen auf eine breite soziale Basis zu stellen, womit dann auch eine Appellfunktion gegenüber den Amtsträgern einherging, sich gemäß den Gesetzen zu verhalten.

Ähnliches wird auch in der oben angesprochenen Inschrift aus Lyttos deutlich.[141] Hier sehen wir innerhalb eines generellen Verbots, Fremde privat aufzunehmen, dass zusätzlich ein Beschluss des Rates verfügte, sollten Kosmos oder Apokosmos einen Fremden aufnehmen, diese eine erheblich höhere Strafe zu zahlen hätten. Allerdings trieb nicht die Bola selbst die Strafsumme ein; damit waren die ‚Richter' beauftragt, die wohl geringere persönliche Macht besaßen als die Kosmen. Der Beschluss des Rates verlieh ihnen aber institutionelle Macht. Und damit nicht genug, schließlich zeichneten für die Verabschiedung des gesamten Gesetzes, in dem diese Sonderbehandlung der höchsten Amtsträger nur ein Spezialfall war, die Lyttier insgesamt verantwortlich. Die Möglichkeiten der Richter, sich gegenüber den Oberbeamten durchzusetzen, wurden also von der Verfügung der Bola, dem Beschluss der Lyttier und nicht zuletzt durch die Verinschriftlichung und Monumentalisierung der Regel selbst gestärkt. Hier wird deutlich, mit welchen Mitteln man bemüht war, das Konzept der institutionellen Macht zu stärken. Dass dies eine Herausforderung war, sehen wir auch beim Blick auf die Esprattai.

Nr. 71 aus Gortyn, 3. Viertel des 3. Jh. Letztere Inschrift lässt im Übrigen auch darauf schließen, dass der Titas keine auf Gortyn beschränkte Institution war, sondern dass es ihn auch in Phaistos gab. Hierzu s. Chaniotis 1996, 228–31, 422–6.

140 *BCH* 109, 1985, 157–88 = Koerner 87 = Nomima 1.12.

141 Hierzu s. auch die Kapitel *Polis* und *Eleutheros*.

Drei Inschriften aus dem Gortyn des 5. Jh. behandeln die Esprattai. Ihrer Bezeichnung nach zu urteilen waren sie mit dem ‚Eintreiben' befasst.[142] Die längste dieser Regelungen, die allerdings stark fragmentiert ist, erwähnt diese Institution innerhalb weniger Zeilen viermal. Diese Häufung legt nahe, dass das Gesetz im Wesentlichen sie in den Blick nahm. Und so erfahren wir, dass die Esprattai und ihr Mnamon bei hier nicht mehr rekonstruierbaren Vorgängen zugegen zu sein hatten (παριόντον τõν ἐσπραττ[ᾶν καὶ τõ | μνάμ]ονος τõ τõν ἐσπραττᾶν), und dass den Esprattai für das ‚Eintreiben' Straffreiheit zugesagt wurde (ἄν]αιτον δ' ἔμεν τοῖς ἐσπράτ[ταις] | [ἐσπρ] άδονσι). Die anderen Zeilen der Inschrift bieten allein Hinweise auf die Auferlegung, die Zahlung und das Empfangen einer Strafsumme und weisen auf die Beteiligung eines κάρυκς, also ‚Heroldes', an dem Verfahren hin.[143] Schon die Tatsache, dass die Esprattai einen eigenen Mnamon hatten, wie er sonst nur für den Kosmos, den Xenios und die Dikastai nachgewiesen ist, deutet auf ihre wichtige Position in der Institutionenhierarchie der Polis hin. Ihr Handeln galt als so wichtig, dass es im Gedächtnis dieser ‚Erinnerer' festgehalten werden musste.[144]

Die anderen beiden gortynischen Regelungen, welche die Esprattai erwähnen, vermögen die bemerkenswerte Klausel zu erhellen, die Mitglieder dieser Institution sollten bei der Ausübung ihrer Tätigkeit straflos ausgehen. Die zweite Inschrift handelt nämlich von Schuldnern, die ihre Schulden abarbeiten, und erwähnt die Esprattai im Zusammenhang mit einer Bestimmung über Pfändungen.[145] In diesen Bereich führt uns auch die dritte Regelung. Sie ist in vier Kolumnen verinschriftlicht, die allesamt mit Fragen der Vollstreckung befasst sind.[146] Die ersten drei Kolumnen sind erheblich besser erhalten als die vierte und gestatten so eine Kontextualisierung jener fragmentarischen letzten, welche die Esprattai erwähnt. Die erste Kolumne zählt jene Gegenstände eines Oikos auf, die nicht gepfändet werden dürften; die zweite klärt Fragen der Stellvertretung bei Pfändungen; die dritte legt die Regeln für eine Intervention gegen unberechtigte Pfändungen fest. Die schlecht erhaltene vierte Kolumne erwähnt

---

142 Willetts 1955, 192–3 vergleicht sie mit den aus Athen bekannten Praktores. Eine Institution ebendieses Namens und gleicher Funktion ist uns auch aus Itanos im 3. Jh. bekannt; IC 3.4.7.21–3. – Die Esprattai sind neben den Titai eine weitere Institution, die in den gortynischen Inschriften sowohl im Plural genannt sind als Kennzeichnung ihrer Kollegialität wie im Singular als Kennzeichnung ihres Handelns als Kollektiv.

143 IC 4.87 = Koerner 161 = Nomima 1.97: „– – – der Esprattai – – – wir urteilen hier – – – dann – – – es kommt zurück in jeder – – – die Mehrheit – – – wird bekommen die Ernährung/den Unterhalt – – – in Gegenwart der Esprattai und des Mnamon der Esprattai – – – hier und der Herold – – – wird entscheiden die Mehrheit – – – es wird für die Esprattai straflos sein, wenn sie einziehen werden dort, wo man weder gibt – – – noch – – –"

144 Hierzu s. ausführlich den Abschnitt zum Mnamon in diesem Kapitel.

145 IC 4.91 = Koerner 162 = Nomima 2.71: „ – – – der Arbeit – – – und sobald getan der Schuldner – – – zu ihm wird die Frucht/der Ernteertrag zurückkehren – – – und was die Esprattai betrifft – – – die gepfändeten Dinge – – –"

146 IC 4.75 a–d = Koerner 147–9 und 155 = Nomima 2.46.

schließlich den Esprattas, lässt uns aber allein erkennen, dass dieser Funktionsträger in irgendeiner Hinsicht dem Dikastas an die Seite gestellt wird, dass ein Zeuge eine Rolle zu spielen habe, und dass ein Akt der Vollstreckung ἀμολεί („ohne Prozess') vollzogen werden dürfe.[147]

Diese drei Zeugnisse legen nahe, dass die Aufgabe der Esprattai ganz wesentlich darin bestand, im Namen der Polis Pfändungen durchzuführen.[148] Zahlreiche kretische Gesetze sind mit der *praxis* befasst, der Zwangsvollstreckung; mit der Frage also, wie ein Gläubiger seine Ansprüche gegen einen Schuldner durchsetzen konnte. Wie wir bereits sahen, beruhte in der archaischen Polis die Vollstreckung von Ansprüchen auf Selbsthilfe. Die Gesetze lassen erkennen, dass verschiedene Streitfälle von einem Kosmos beziehungsweise einem Dikastas unter Aufsicht eines Kosmos verhandelt wurden, sodass es hier wohl die Autorität des Richters war und die Macht des gesellschaftlichen Konsenses, auf dem dessen Position beruhte, die garantieren sollten, dass zwei Kontrahenten seinen Spruch respektierten.[149] Und doch hatte auch in diesen Fällen – wie natürlich in allen jenen, in denen ein Mann von vorneherein darauf verzichtete, sich von einem Richter einen Rechtstitel zur Vollstreckung übertragen zu lassen – der Gläubiger selbst zum Schuldner zu gehen, um den umstrittenen Gegenstand oder einen äquivalenten Gegenwert einzutreiben.

Die Zusammenschau der Regelungen, die mit diesem Thema befasst sind, lassen erkennen, dass ein kritischer Punkt der Umgang mit Streitfragen und Gewalt war, die bei der Pfändung zwischen dem Pfändenden und dem Schuldner entstehen konnten. So stellte die Polis Regeln für diesen Vorgang auf. In dem eben erwähnten gortynischen Gesetz geschah dies etwa durch die Auflistung von Gegenständen, die nicht gepfändet werden durften, um den Schuldner als wirtschaftendes Individuum und damit Beiträger zum Andreion, kurzum: als Bürger zu erhalten. So waren etwa die Waffen eines freien Mannes, sein Ackergerät und Ochse sowie Webstuhl und Wolle, die Arbeitsgeräte der Frau, unpfändbar.[150] Hinzu kamen Gesetze, die bestimmten, in welchem Maße der Pfändende oder auch der unberechtigt Gepfändete Gewalt anwenden durften, ohne dass dies als ein Verbrechen angesehen und mit rechtmäßiger

---

147 IC 4.75 d = Koerner 149 = Nomima 2.46 d: „ – – – dem Esprattas oder dem Dikastas und dem (?), der die Zeugen – – – und was immer geschrieben ist, wird getan/vollzogen/vollstreckt ohne Prozess (?) – – –". Die Bedeutung des *hapax* ἀμολεί wird diskutiert, s. etwa Nomima ad loc.
148 Auch die ebenfalls im 5. Jh. entstandene gortynische Inschrift IC 4.83 = Koerner 157 = Nomima 2.7 behandelt womöglich die Esprattai. Diese Regelung beauftragt eine hier nicht genannte Institution, Schuldner, die sich nicht bei ihrem Prozess einfinden, zum Erscheinen zu zwingen und von ihnen eine Strafe ,einzutreiben'; s. Koerner 1993, 449. – Zur *praxis* in archaischen und klassischen Poleis s. Rubinstein 2010.
149 Wie wir sahen, können wir für die archaische Zeit aber nicht davon ausgehen, dass dahinter die von der Institution selbst vermittelte Macht stand. Eher war es das Ansehen der Person des Richters unter den Mitbürgern und damit seine persönliche Macht.
150 Zu diesem Gesetz IC 4.75 b = Koerner 147 = Nomima 2.46 s. das Kapitel *Eleutheros*.

Gegengewalt beantwortet oder einer Sanktionierung durch die Polis geahndet würde. Die gortynische Regelung behandelt den Fall, dass ein Gläubiger, der zu alt oder zu schwach war, selbst die Pfändung vorzunehmen, einen Vertreter bestellte, der an seiner Statt handelte. Durften die jeweiligen Schuldner sich gegen diesen Akt der Wegnahme wehren? Schließlich sahen sie sich ja nicht jener Person gegenüber, deren Anspruch auf Vollstreckung rechtmäßig war, sondern einem eigentlich völlig Unbeteiligten; und ein solcher Übergriff eines Fremden ließ womöglich Selbstverteidigung nötig erscheinen – die Abwehr eines vermeintlichen Diebes oder gar Räubers. Auf der anderen Seite musste geklärt werden, ob der benannte Stellvertreter seinerseits mit Gewalt gegen den Schuldner vorgehen durfte, wenn jener sich weigerte, Gegenstände herauszugeben; und ob solche Gewalt dann ungestraft bliebe. Das gortynische Gesetz verfügte für diesen Fall, dass der eigentliche Schuldner seinen Vertreter vor Zeugen zu benennen hatte, bevor dieser sich an die Vollstreckung machte.

In den Kontext solcher Bemühungen gehören auch die Bestimmungen über die Esprattai. Ich sehe in ihnen eine Vollzugsbehörde, die von der Polis beauftragt war, unter bestimmten Voraussetzungen und Umständen eine Pfändung durchzuführen. Die skizzierten Gesetze sind darum bemüht, die Rechtmäßigkeit ihrer Rolle in diesem Verfahren zu definieren, weil die Esprattai eben nicht die unmittelbar betroffenen Gläubiger waren und demnach nicht zur Selbsthilfe berechtigt waren. Sie selbst hatten also nicht aufgrund einer eigenen Beteiligung in diesem Verfahren das Recht, den Vollzug vorzunehmen, sondern waren allein qua Amt damit beauftragt. Wenn sie also eine Pfändung unternahmen, musste in ihrem Interesse geregelt sein, dass sie dies straflos täten; und den betroffenen Schuldnern musste deutlich sein, dass ein Widerstand gegen diese mit der Pfändung beauftragten Amtsträger nicht rechtens war. In diesen mit den Esprattai befassten Regelungen erkennen wir das Bemühen des Gemeinwesens, in Sachverhalte, die etablierte Felder der Selbsthilfe waren, mit Institutionen vorzudringen. Das bedeutet jedoch nicht, dass die Polis ihre Institutionen einem Privatmann zur Verfügung stellte, wenn dieser seine Ansprüche vollstrecken wollte. Wiewohl die Polis mit Titai und Esprattai über Exekutivkräfte verfügte, handelten diese offenbar exklusiv im Auftrag oder zugunsten der Polis – der Titas gegenüber Funktionsträgern, die Esprattai gegenüber Privatleuten. Für private Fälle, auch wenn vor dem Richter entschieden, galt weiterhin das Prinzip der Selbsthilfe, die nun allerdings mit einer Reihe von Bestimmungen reguliert wurde. Aus verschiedenen Poleis sind uns eine ganze Reihe von Gesetzen überliefert, in welchen die Polis als Empfängerin von Strafzahlungen genannt ist. Wahrscheinlich sind es diese Fälle, welche uns die Polis in der Gläubigerrolle zeigen, in denen die Esprattai zu handeln hatten.

In jedem Fall ist die Entwicklung solcher Institutionen ein Anzeichen für die Existenz eines Konzeptes von Polis als einer abstrakten Entität. Als eine solche beschließt die Polis die für alle Bürger gültigen Gesetze, setzt sich selbst als Empfängerin von Strafzahlungen ein, erschafft sich aber eben auch Institutionen wie Titai und Esprattai, die ihren Willen ausführen. Dies ist ein wichtiger Schritt im Prozess der Institutionalisierung. Es treten Männer auf, welche in die Streitigkeiten nicht persönlich involviert sind, wodurch sie weder eigenes Interesse, noch begründetes Recht haben, einem anderen Mann etwas wegzunehmen. Hierdurch gerät die von ihnen vorgenommene Pfändung aber in die Nähe eines Raubes. Und doch treten diese Männer als Institution der Bürgergemeinschaft auf und vollziehen diese Handlung gestützt auf die institutionelle Macht ihres Amtes und gehen damit persönlich straflos aus – so zumindest das Ideal. Die besprochenen Inschriften und ihre wiederkehrende Betonung der Straflosigkeit dieser Handlungen scheinen zu reflektieren, dass dieses Prinzip der ‚Vollmacht qua Amt' zwar bereits existierte, doch offenbar immer noch und immer wieder der Definition und ausdrücklichen Bestätigung bedurfte. Vor allem sehen wir – wie bei fast allen kretischen Gesetzesinschriften – stets nur Einzelfälle geregelt. Eine Abstraktion möglicher Szenarien, um systematisch Regeln für die Konflikte in der Polis zu beschließen, scheint nicht möglich gewesen zu sein.[151]

In dem bereits erwähnten Vertrag zwischen Gortyn und Rhitten finden wir ebenfalls eine Klausel, die einem Funktionsträger bei der stellvertretenden Durchsetzung von Ansprüchen Straffreiheit zusichert. Hier allerdings gilt sie nicht einem Amtsträger, sondern den Angehörigen des Rates, den Preigistoi. Verfügt ist hier:

(...) ἐνεκυραστὰν δὲ μὲ παρέρπεν Γορτύνιον ἐς τὸ Ριττενίο. αἰ δέ κα ν[ικ]αθῆι τὸν ἐνεκύρον, διπλεῖ καταστᾶσαι τὰν ἁπλόον τιμὰν ᾶι ἐν τᾶι 'πόραι ἔ[γρα]τται, πράδδεν δὲ τὸν Ριττένιον κόσμον. αἰ δέ κα μὲ πράδδοντι, τὸνς πρειγ[ίσ]τονς τούτονς πράδδοντας ἄπατον ἔμεν. (...)

Zur Pfändung darf jedoch ein Gortynier das Besitztum des Rhitteniers nicht betreten. Wenn er aber (im Rechtsstreit) über das Gepfändete unterliegt, so soll er für den einfachen Preis, mit dem er in der – – – eingetragen ist, das Doppelte entrichten. Eintreiben soll es der Kosmos der Rhittenier. Wenn sie es aber nicht eintreiben und die Preigistoi treiben es an ihrer Stelle ein, so sollen diese straflos ausgehen.[152]

Vergleichbare Regeln finden wir auch im Falle der gortynischen Karpodaistai, die „straflos" sein sollten, wenn sie im Auftrag der Polis Naturalien aus Privathaushalten beschlagnahmten, die jener Oikos eigentlich für die Gemeinschaftsmahlzeiten der Andreia hätte bereitstellen müssen. Auch das Spensithiosdekret aus Datala lässt auf eine ähnliche Regelung schließen, wenn dort bestimmt zu sein scheint, dass Spensithios sich zu seinem, ihm von der Polis gewährten, Unterhalt von jedem beliebigen Land Erträge reservieren dürfe. Wenn der Eigentümer die Herausgabe aber verweigere, solle der Kosmos die von Spensithios beanspruchten Erträge beschlagnahmen – und dabei straffrei sein.[153] Regelungen wie diese sind für die Prozesse der Entwicklung

---

151 Hierzu s. auch das Kapitel *Polis* und vgl. Anderson 2009.
152 IC 4.80.8–12 = Nomima 1.7 = StV 2.216, daher auch die Übers. – Zu den Preigistoi s. das Kapitel *Bola*, zu anderen Aspekten dieses Zeugnisses das Kapitel *Pyla*.
153 Karpodaistai: IC 4.77 a–c = Koerner 152 = Nomima 1.49. – Spensithios: „Wenn (einer) aber nicht gibt den Most – – – der amtierende Kosmos – – – Straflosigkeit – – – wenn ihnen nicht – – – dem Kos-

von Institutionen und Bürgerstaatlichkeit besonders aufschlussreich. Denn sie konturierten das Prinzip des Amtes an sich als einer von der Polis mit einer bestimmten Aufgabe beauftragten Institution, die im Auftrag der Polis für Dritte auftrat und der Polis gegenüber ihren Bürgern – Privatpersonen wie Amtsträgern – Geltung verschaffte.[154]

Erinnerer und Schreiber: Mnamon und Poinikastas

Im letzten Teil dieses Kapitels bleibt uns nun noch, eine letzte Kategorie von Institutionen zu besprechen, die der ‚Wissenden‘, ‚Erinnerer‘ und ‚Schreiber‘. Allein aus dem Gortyn des frühen 6. Jh. ist uns der Gnomon bekannt. Er ist erwähnt in jener bereits oben behandelten Inschrift, die neben einem dreijährigen Iterationsverbot für den Kosmos und einem fünfjährigen für den Xenios eben auch ein zehnjähriges für die Gnomones verordnet. Der Akkusativ Plural an dieser Stelle weist darauf hin, dass diese Institution kollegial besetzt war. Da das Gesetz für ihre Mitglieder eine Iterationsbeschränkung etablierte, müssen sie Funktionsträger gewesen sein, die in regelmäßigen Abständen und für festgelegte Intervalle bestimmt wurden.[155] Den ein-

---

mos"; Jeffery/Morpurgo-Davies 1970 = Nomima 1.22. Hierzu s. das Kapitel *Andreion*. – Vergleichbare Zusagen von Straflosigkeit finden wir auch in IC 4.42 b 11–4 = Koerner 129 = Nomima 2.5 bezüglich des gortynischen ‚Dikastas, der über Pfändungsangelegenheiten urteilt‘; vgl. auch IC 4.41.5.6 = Koerner 128 = Nomima 2.65 aus Gortyn im Falle eines Schuldknechts, der bei seiner Arbeit Schaden anrichtet. Es geht hier also stets um Schuldnerverhältnisse und Pfändungen.

154 Diese Regelungen zur Stellvertretung finden wir nicht allein im Zusammenhang der Pfändung, sondern auch in anderen Rechtsbereichen. So ist es etwa im Vertrag zwischen Gortyn und Rhitten gestattet, dass anstelle eines Gortyniers, der von Rhitteniern eines Vergehens beschuldigt wird, dessen Stellvertreter sich vor der rhittenischen Agora rechtfertigt; IC 4.80.13–5 = StV 2.216. Einen anderen Fall der Stellvertretung bietet das *Große Gesetz* von Gortyn; IC 4.72.1.43 = Koerner 163 = Nomima 2.6. Tatsächlich sehen wir in diesen Fällen aus Gortyn und Datala die frühesten Belege für das rechtliche Konstrukt der Stellvertretung in den Gesetzen griechischer Poleis überhaupt. Allerdings s. bereits Hom. Il. 1.324–5, 334–44, 507 mit der Drohung Agamemnons, „höchstselbst" die Chryseis dem Achilles fortzunehmen, dann aber doch Herolde zu schicken, dies an seiner Statt zu tun. Diese haben dann Angst, dass der Zorn des Achilles sich gegen sie als Stellvertreter richten werde. Jener weiß allerdings zu differenzieren.

155 IC 4.14g–p2 = Koerner 121 = Nomima 1.82. – Dass das Amt des Gnomon begehrt war, zeigt schon die Iterationsregelung selbst wie auch, dass er hier in einem Atemzug mit zwei Institutionen genannt, deren hohe Position in der Hierarchie gortynischer Institutionen auch in anderen Zeugnissen deutlich wird. – Zum Gnomon s. etwa Guarducci 1950, ad loc.; Willetts 1955, 107; Koerner 1987, 456; Ruzé 1988, 85–6; Nomima 1, 308–11; Gehrke 1997, 58; Hölkeskamp 1999, 123; Perlman 2002, 208–10; Reiche 2006, *passim*. – Einen weiteren Hinweis darauf, welche Aufgaben der Gnomon wahrgenommen haben mag, liefert uns eine Passage der aristotelischen *Politik*: Die Mitglieder des Rates in kretischen Poleis übten ihre Entscheidungen nicht auf der Grundlage geschriebener Vorschriften, sondern *autognōmonas* aus, „nach eigenem Gutdünken/nach eigener Einschätzung"; Arist. pol. 1272a 38–9.

zigen Hinweis auf die Tätigkeit des Gnomon bietet sein Titel, ,der, der etwas kennt/ weiß'. In der Vergangenheit deutete man ihn daher als Schreiber oder sah in ihm aufgrund der Sinnähnlichkeit seiner Bezeichnung mit den Dikastai oder Mnamones als einen diesen verwandten Funktionsträger. Da uns diese Institutionen erst ab dem 5. Jh. bekannt sind, der Gnomon aber alleine aus dem frühen 6. Jh., vermutete man auch, Gnomon sei die ältere Bezeichnung für einen solchen ,Richter' oder ,Erinnerer'; beziehungsweise, er habe einst Aufgaben in der Polis wahrgenommen, die in der Folge in deren Tätigkeit einmündeten. Und doch erscheint der Gnomon in einem ganz wesentlichen Punkt eine Institution gänzlich anderen Charakters zu sein als der Mnamon. Denn anders als der Gnomon war der Mnamon keine in regelmäßigen Abständen neu zu besetzende Funktion. Wie wir sehen werden, unterschieden sich die Mnamones von allen anderen in diesem Kapitel besprochenen Ämtern darin, dass sie ihre Position über lange Zeit innehatten, sie durchaus über die Generationen in der Familie weitergaben. Welche Funktion sie damit im Institutionengefüge kretischer Poleis erfüllten, werden wir im Folgenden untersuchen.

Mnamones sind nicht allein von Kreta bekannt. Die Insel bietet aber nicht nur eine Reihe, sondern auch die frühesten jener Zeugnisse, aus denen wir etwas über diese Institution erfahren. Auf Kreta waren die ,Erinnerer' lange Zeit allein in Gortyn und Eleutherna bezeugt. Erst mit der Veröffentlichung des Dekrets über die Rechte und Pflichten des Spensithios aus Datala wurde aus der Vermutung Gewissheit, dass es während der archaischen und klassischen Zeit Mnamones auch in anderen Poleis der Insel gab.[156] Dieses Dokument eröffnete ganz neue Einsicht in die Aufgaben eines Mnamon, seine rechtliche Stellung und soziale Einbindung in der Polis. So erfahren wir, dass Spensithios großzügige Entlohnung erhielt und weitgehende Freiheit von Abgaben genoss. In verschiedenen Punkten wurde ihm eine privilegierte Rechtsstellung vor den Bürgern von Datala eingeräumt, denn anders als jene konnte er – wie gezeigt – seine Prozesse direkt vor dem Kosmos führen. Dieser ,Poinikastas und Mnamon' muss von großem Nutzen für seine Polis gewesen sein. Die Forschung sieht in den Mnamones eine Art Sachverständige neben den Beamten und Richtern, Hüter der Überlieferung und Kenner des Rechts. In dieser Funktion hätten sie die Gesamtheit der Gesetze ihres Gemeinwesens mündlich verwaltet und tradiertes Ritualwissen bewahrt. Sie verkörperten mutmaßlich das kulturelle und institutionelle Gedächtnis der Polis. Selbst noch nach der Verinschriftlichung von Gesetzen hätten die Mnamones die nach wie vor mehrheitlich ungeschriebenen Rechtsregeln memorieren und rezitieren müssen.[157] Dieses Bild hält einer Überprüfung anhand des inschriftlichen Materials allerdings nicht stand.

---

156 Zu Belegen aus anderen Poleis s. Thomas 1995, 19–25; Reiche 2006 und Carawan 2007.
157 Hölkeskamp 1999, 209; s. etwa Jeffery/Morpurgo-Davies 1970, 150; van Effenterre 1973; Jeffery 1976, 43; Koerner 1981; Piccirilli 1981; Koerner 1993, 539; Thomas 1995; Gehrke 1997, 45–6, 58; Czech-Schneider 1998, 220, 346; Raaflaub 2004, 206; vgl. Gagarin 2008, 36, 117–21.

Eine Reihe gortynischer Regelungen gewährt uns Einblick in die konkrete Arbeit der Mnamones. Zunächst sehen wir, dass es – anders als in Datala – in einer großen Polis wie Gortyn nicht nur einen Mnamon gab. Vielmehr waren verschiedene dieser ‚Erinnerer‘ unterschiedlichen Institutionen der Polis zugeordnet.[158] So verfügt eine Passage aus dem *Großen Gesetz* unter anderem, dass beim Widerruf einer Adoption der Mnamon des Xenios eine vom Adoptierenden hinterlegte Summe demjenigen weitergeben solle, von dem sich der Adoptivvater losgesagt hatte.[159] Eine andere stark fragmentierte Regelung aus dem 5. Jh. scheint festzulegen, dass bei Pfändungen durch die Esprattai auch deren Mnamon anwesend sein müsse. Wie gesehen, bedeutete die Tätigkeit der Esprattai einen wesentlichen Eingriff des institutionalisierten Gemeinwesens in die Privatsphäre seiner Angehörigen, und so war es wohl Aufgabe solcher ‚Erinnerer‘ oder ‚Aufzeichner‘, den Akt der Wegnahme unbedingt festzuhalten oder zu bezeugen.

In ähnlicher Funktion treten Mnamones auch in den anderen gortynischen Zeugnissen auf. Die meisten Dokumente, die von den Aufgaben eines Mnamon handeln, zeigen diesen an der Seite eines Dikastas. So bestimmt eine andere Passage aus dem *Großen Gesetz*, dass, wenn ein Mann sich von seiner Ehefrau scheiden lassen und bei dieser Gelegenheit einen Reinigungseid veranlassen wolle, er dies vier Tage vor diesem Schwur der Frau selbst, einem seit mindestens fünfzehn Jahren volljährigen Zeugen sowie dem Richter und dem Mnamon mitzuteilen habe. Der eigentliche Schwur war dann andernorts allein vor dem Dikastas zu leisten; der Mnamon spielte hier keine Rolle mehr. Eine funktionale Rolle des Mnamon jenseits dieser Zeugenschaft wird aus der Regelung nicht deutlich.[160]

Auch das vierte Zeugnis stammt aus dem *Großen Gesetz*. Hier ist verfügt, dass die Gläubiger eines verstorbenen Schuldners dessen Erben innerhalb eines Jahres vor den Richter bemühen müssten, damit sämtliche Verbindlichkeiten geklärt würden. Geregelt wird auch der Sonderfall, dass ein Teil der Schulden aus einer Niederlage vor Gericht resultierte. In diesem Falle durften der Dikastas, der einst diesen Prozess geführt hatte, und sein Mnamon als Zeugen bemüht werden. Die Regelung fügt hinzu, natürlich nur, sofern sie noch am Leben seien und ‚an der Polis teilhätten‘.[161] Ein fünftes, bereits zu Beginn des 5. Jh. verinschriftlichtes Gesetz regelt das Vorgehen beim Streit um Landbesitz. Bestimmt wird offenbar, dass der Richter und der Mnamon sich auf die infrage stehende Scholle begeben sollten, auf die Grenze zwischen den zwei streitenden Landbesitzern, und später unter Eid wohl aussagen sollten, wie die

---

158 IC 4.87.7–8 = Koerner 161 = Nomima 1.97: παριόντον τὸν ἐσπραττ[ᾶν καὶ τὸ | μνάμ]ονος τὸ τὸν ἐσπραττᾶν.
159 IC 4.72.11.10–7 = Koerner 180 = Nomima 2.40; hierzu s. das Kapitel *Eleutheros*.
160 IC 4.72.11.46–55 = Koerner 166 = Nomima 2.30.
161 IC 4.72.9.31–4 = Koerner 175 = Nomima 2.45: αἰ μέν κα νίκας ἐπι|μολὲ̄ι, ὁ δικαστὰς κ' ὁ μνάμον, | αἴ κα δόε̄ι καὶ πολιατεύε̄ι, οἱ δὲ μ|αίτυρες οἱ ἐπιβάλλοντες; s. auch Maffi 1983, 121–70.

Streitfrage zu entscheiden sei. Dikastas und Mnamon sind hier also nicht als Richtende, sondern als Zeugen aufgelistet.[162]

Vor diesem Hintergrund blicken wir auf das Dekret aus Datala, die beste Beschreibung der Aufgaben eines Mnamon in Archaik und Klassik. Auf Beschluss der Dataleis wurde Spensithios um 500 als „Erinnerer und Schreiber der phönizischen (Buchstaben)" angestellt:

> (...) ὥς κα πόλι τὰ δαμόσια τά τε θιήια καὶ τἀνθρώπινα ποινικάζεν τε καὶ μναμονεῦϝεν (...) καὶ παρῆμεν καὶ συνῆμεν ἐπί τε θιηίων καὶ ἐπ' ἀνθρωπίνων πάντε ὄπε καὶ ὁ ϙόσμος εἴη καὶ τὸν ποινικαστάν.

> ... dass er der Polis die öffentlichen Angelegenheiten aufschreibe und erinnere, sowohl die kultischen wie die profanen. (...) Der Poinikastas soll auch bei allen kultischen und profanen Vorgängen dabei sein und daran teilnehmen, wo auch der Kosmos da ist.[163]

Weiter zeigt das umfangreiche Dekret, dass Spensithios infolge seiner Privilegierung eine in der Polis herausgehobene Stellung innehatte und für das öffentliche Leben des Gemeinwesens von großer Relevanz war. Seine Aufgabe bestand nicht allein darin, stets den Kosmos zu begleiten und sein Handeln zu bezeugen. Er sollte auch, „wo für einen Gott kein eigener Priester da ist, die öffentlichen Opfer darbringen und die heiligen Bezirke verwalten".

Die Polis Datala war sehr darum bemüht, die Erinnerung an bestimmte Vorgänge und Rechtsakte über das individuelle Gedächtnis und die Lebenszeit eines Mannes hinaus zu bewahren. Denn die Privilegierung des Spensithios verfügte, er und seine Nachkommen sollten das Monopol auf das Aufschreiben und Erinnern haben, wenn es heißt:

---

162 IC 4.42 b 5–6 = Koerner 129 = Nomima 2.5; zur Deutung s. die jeweiligen Kommentare und Koerner 1987, 491 sowie Carawan 2007.

163 Jeffery/Morpurgo-Davies 1970, hier Z. 3–5 auf Seite A = Nomima 1.22 = SEG 27.631, jeweils mit weiterführenden Hinweise; s. auch van Effenterre 1973; Beattie 1974; Gschnitzer 1974; Koerner 1981; Gorlin 1988; Viviers 1994, 240–1 und Perlman 2004, 1156; Pébarthe 2006. Zur historischen Einordnung dieses Zeugnisses s. ausführlich die Kapitel *Polis* und vor allem *Eleutheros*. Dort auch das Argument, dass diese Privilegierung das Äquivalent einer ‚Bürgerrechtsverleihung' war, welche es zu dieser Zeit als institutionalisierten Vorgang schlichtweg noch nicht gab. – Zur Identifizierung des antiken Datala mit dem modernen Afrati s. etwa Viviers 1994; Baldwin Bowsky 1998, 339 Anm. 55; Whitley 1998, 325; Perlman 2004, 1155–7 und 2004a, 122 Anm. 105. – Einen ähnlichen Schutz genossen auch der Schreiber Patrias von Elis und seine Nachkommenschaft zu Beginn des 5. Jh.; IvO 2 = Koerner 37.

ποινικάζεν δὲ [π]όλι καὶ μναμονεῦϝεν τὰ δαμόσια μήτε τὰ θιήια μήτε τάνθρώπινα μηδέν᾿ ἄλον αἰ μὴ Σπενσίθ[ιο]ν αὐτόν τε καὶ γενιὰν τõνυ, αἰ μὴ ἐπαίροι τε καὶ κέλοιτο ἢ αὐτὸς Σπενσίθιος ἢ γενιὰ [τ]õνυ ὅσοι δρομῆς εἶεν τῶν [υἱ]ῶν οἱ πλίες·

Es soll aber der Polis als Schreiber und Mnamon in öffentlichen Angelegenheiten kultischer und profaner Art niemand anderes wenn nicht Spensithios und seine Nachkommenschaft dienen, wenn es nicht veranlasst und anordnet Spensithios selbst oder seine Nachkommenschaft, sofern es die Mehrzahl der erwachsenen Söhne ist.[164]

In der Zusammenschau dieser Bestimmungen aus Gortyn und Datala nehmen die Aufgaben der Mnamones Kontur an. Nie ist die Rede etwa davon, dass er zur Prüfung eines aktuellen Streitfalles irgendwelche archivierten Unterlagen vergangener Prozesse heranziehen sollte. Seine Relevanz lag auch nicht darin, die Gesamtheit der Gesetze der Polis verinnerlicht zu haben oder auch nur jene Bestimmungen, die für sein Tätigkeitsfeld als Mnamon etwa des Xenios oder der Esprattai relevant waren. Vielmehr legen die besprochenen Inschriften nahe, dass die Mnamones möglichst vielen Handlungen der Amtsträger beiwohnen sollten, um sich später gegebenenfalls an sie erinnern zu können. Ein Mnamon sollte die an dem ursprünglichen Vorgang Beteiligten, die infrage stehenden Gegenstände oder relevanten Örtlichkeiten wiedererkennen. Dabei befragte man ihn nicht einfach oder konsultierte gar irgendwelche seiner Unterlagen – die er womöglich auch überhaupt nicht angefertigt hatte. Stattdessen führte man ihm die damaligen Beteiligten und den damaligen Streit unmittelbar vor Augen und appellierte damit gewissermaßen an sein visuelles Gedächtnis: ob man ihm nun die Gläubiger eines Verstorbenen vorführte, deren Ansprüche einst in seiner Gegenwart verkündet worden waren; ob er der Anzeige einer Ehescheidung in Gegenwart der beiden Eheleute beizuwohnen hatte, deren Eheschließung er womöglich einst begleitet hatte; oder ob man ihn auf eben jene Grenze zwischen zwei Stücken Land führte, mit deren Grenzziehung er vertraut war.[165]

Das sogenannte Lygdamisdekret aus Halikarnassos, verinschriftlicht um 465/50 und „betreffend die Mnemones", bestätigt diese Rekonstruktion. In ihm erfahren wir, dass es in den Poleis Halikarnassos und Salmakis jeweils eine Institution bestehend aus zwei Mnemones gab, die hier mit Namen genannt werden. Sie waren mit Liegenschaften befasst, Land und Häusern. Ihre Kenntnisse erhebt das Dekret zum Maßstab

---

164 Dass mit dem Tod eines Mnamon die Kenntnis um die Entscheidungen, bei denen er zugegen war, verloren ging, scheint dem gortynischen Recht nicht unbedingt als Schwäche erschienen zu sein. Immerhin *konnten* im oben skizzierten Fall um Landstreitigkeiten der damalige Richter und Mnamon als Zeugen herangezogen werden konnten, *mussten* es aber nicht. Der Prozessgang war also nicht auf ihre Aussage angewiesen. Und doch bot die Aussage eines von der Polis mit der Erinnerung beauftragten Funktionsträgers den Prozessbeteiligten zusätzliche Sicherheit.
165 Die Beteiligung des Mnamon des Xenios bei der Auflösung einer Adoption erklärt sich denn vielleicht auch damit, dass er einst bei der Verkündung der Adoption als Zeuge dabei gewesen war.

in der Frage, was nach einer gerade überwundenen Stasis und im Zuge der Rückkehr der Vertriebenen bei einer möglichen Restituierung von deren Eigentum zu gelten habe:[166]

ἢν δέ τις θέληι δικάζεσθαι περὶ γῆς ἢ οἰκίων, ἐπικαλ[έ]τω ἐν ὀκτωκαίδεκα μηνσὶν ἀπ' ὅτ[ε] ὁ ἄδος ἐγένετο. νόμωι δὲ κατάπ[ε]ρ νῦν ὀρκῶ{ι}σ(α)ι τὸς δικαστάς· ὅ τ[ι] ἂν οἱ μνήμονες εἰδέωσιν, τοῦτο καρτερὸν ἔναι.

Wenn aber einer um Land oder Häuser prozessieren will, soll er seine Klage innerhalb von 18 Monaten einbringen von dem Zeitpunkt ab, da (dieses) Gesetz (beschlossen) wurde. Aufgrund des Gesetzes aber sollen die Richter wie jetzt schwören: „Was die Mnemones wissen, dies soll ausschlaggebend sein".

Diese Passage ergibt Sinn, wenn wir sie vor dem Hintergrund jener Versuche sehen, mit denen die betroffenen Poleis erneut sozialen Frieden und einen Ausgleich von Interessen der verfeindeten Bürger herzustellen bemüht waren. Das Dekret beschreibt das Szenario, dass ein zurückgekehrter Exilant und ein in der Polis Verbliebener Liegenschaften jeweils als ihr Eigentum beanspruchten und darum einen Prozess führten. In der Entscheidung, wem der Richter Haus und Land zuspräche, sollte das Wissen der Mnemones den Ausschlag geben. Wie in der eben besprochenen gortynischen Regelung sehen wir auch im Lygdamisdekret die Mnamones als Zeugen eines vorherigen Zustandes aufgrund eigener Erfahrung und Anschauung.[167]

In einem Rechtsstreit entschieden das Schwören von Eiden und das Stellen von Zeugen über Sieg oder Niederlage der Parteien. Gerade in Situationen wie einer Stasis, in denen mit unabhängigen Zeugenaussagen nicht gerechnet werden durfte, war es notwendig, einen ‚Erinnerer' zu haben, der – von der Polis angestellt – als ein weiterer und außerhalb dieses Streites stehender Zeuge diente; der eben nicht zu jenen Zeugen für Sachfragen und vor allem Charakter der Beteiligten gehörte, die eine jede Seite selbständig heranzog.[168] Die Anwesenheit eines Mnamon bei zahl-

---

166 Syll.³ 45 = Koerner 84 = Nomima 1.19 = GIBM 4.886 = ML 32; zu dieser Deutung s. Carawan 2007 und vgl. Maffi 1988, jeweils mit der älteren Literatur. – s. auch die Gesetze aus Iasos aus der Mitte des 4. Jh., Syll.³ 169. – In späterer Zeit änderte sich die Aufgabe der Mnemones, und Funktionsträger dieses Titels waren tatsächlich für die Aufzeichnung, Archivierung und Verwaltung der öffentlichen Angelegenheiten zuständig; s. etwa Lambrinudakis/Wörrle 1983 zu einem Dokument aus Paros im 2. Jh. Spätere Inschriften aus Gortyn, die Mnamones erwähnen, sind etwa IC 4.231 und 261.

167 Vor dem Hintergrund dieser Deutung ergeben womöglich zwei Fragmente des Alkaios Sinn, in denen die Rede von einem Mnamon ist, der dem aus seiner Heimat vertriebenen Myrsilos die Heimkehr ermöglichte. ‚Mnamon' wurde bislang als Eigenname gedeutet, vielleicht handelt es sich aber auch um einen ‚Erinnerer', der eine Rolle bei der Restituierung der väterlichen Güter an Myrsilos spielte; Alk. 305a und 306c Campbell.

168 Zur Relevanz und Funktion von Zeugen im Recht von Gortyn s. etwa Gagarin 1989 und 2010, 132–3; konzis Davies 2005, 311–3; Papakonstantinou 2008, 112–21; zu Eiden Gagarin 1997 und dagegen Thür 1996.

reichen Rechtsakten in der Polis und die ihm übertragene Erinnerung daran waren ein Korrektiv zu jenen Prozessparteien und Funktionsträgern, die aus eigenen Interessen in später entstehenden Streitfällen ein falsches Zeugnis ablegten oder sich weigerten, überhaupt Stellung zu beziehen. In diesen Fällen konnte der Mnamon durch seinen Schwur den Fortgang des Prozesses und seine Richtigkeit gewährleisten. Sollte er selbst sich allerdings weigern, dieser Pflicht nachzukommen, wurde er bestraft. Immerhin betont die gortynische Regelung zum Streit über Land, dass für den Fall, dass Dikastas und Mnamon den von ihnen geforderten Zeugeneid verweigerten, von ihnen die gleichen Strafen eingetrieben werden sollten wie von einem Dikastas, der sich überhaupt zu richten weigerte.[169] Wir sehen also auch den Mnamon in jene Strukturen einer Politeia eingebettet, die – wie wir im Verlauf dieses Kapitels immer wieder feststellen konnten – gegenüber ihren Funktionsträgern ein System von Vorsichtsmaßnahmen und Strafbestimmungen zu etablieren suchte, um deren Amtsausübung sicherzustellen.

Um seine Funktion zu erfüllen, musste ein Mnamon also bei zahlreichen Entscheidungen und Streitfällen, die innerhalb der Polis anfielen, anwesend sein. In einer kleineren Polis wie Datala gab es offenbar nur einen Mnamon, der eben „für alle Angelegenheiten, menschliche wie göttliche", zuständig war und daher bei allen Angelegenheiten, die dem Kosmos übertragen waren, zugegen war. In einer größeren Polis wie Gortyn mit ausdifferenziertem Institutionengefüge, größerer Bevölkerungszahl und damit zahlreichen Vorkommnissen, die das Eingreifen untereinander differenzierter Institutionen, wie eines Kosmos und Xenios, der Esprattai und Dikastai, nötig machten, war eine Mehrzahl von Mnamones vonnöten. Ihre Zuordnung zu allein einer dieser Institutionen gewährleistete, dass sie für nur ein bestimmtes Segment von Entscheidungen und Streitfällen zuständig waren und sich an diese zu erinnern hatten. In dieser Hinsicht waren die ‚Erinnerer‘ womöglich tatsächlich wandelnde Archive ihres Gemeinwesens. Denn anders als andere Funktionsträger wurden sie nicht regelmäßig ersetzt, sondern offenbar für einen längeren Zeitraum ernannt. In Datala war man bemüht, dies sogar über eine Generation hinaus zu tun, als man den Nachfahren des Spensithios ebensolche Privilegien zugestand wie ihm selbst, solange auch sie Mnamones sein wollten. Auf diese Weise gewährte ein Mnamon über die kurzen Amtszeiten der in festgelegten Intervallen wechselnden Funktionsträger

---

169 Überdies sollten wir die Funktion eines Mnamon nicht losgelöst vom Kontext etwa der Regelungen aus Teos sehen, die mit der Einhaltung der geschriebenen Gesetze, der Unversehrtheit des Inschriftenträgers selbst und der korrekten Rezitation des Textes gleichermaßen befasst sind beziehungsweise um all dies gleichermaßen besorgt sind; Koerner 78 und 79 = Nomima 1.104 und 105 = ML 30 und Herrmann 1981. – Bemerkenswert ist im Übrigen, dass dem Spensithios in seiner Privilegierung keine Bestrafung für Nichthandeln oder Fehlverhalten angedroht wurde, anders als etwa den in Teos für vergleichbare Aufgaben Zuständigen einerseits und eben auch den Inhabern zahlreicher anderer kretischer Ämter andererseits.

der Polis hinaus eine gewisse Kontinuität.[170] Womöglich richteten die Amtsträger der Polis ihre Entscheidungen auch nach Präzedenzfällen aus, denen der Mnamon beigewohnt hatte.[171] Und doch, möchte ich meinen, bestand die Funktion des Mnamon weniger darin, als Spezialist den Gesamtbestand der Rechtsregeln zu beherrschen und Hüter der Überlieferung zu sein, gleichsam ein Verkörperung des kulturellen und institutionellen Gedächtnisses der Polis. Eher bestand seine Aufgabe darin, sich an ganz konkrete Entscheidungen zu erinnern.

Allerdings zeigt zumindest die Privilegierung des Spensithios, dass dieser nicht nur als Erinnerer, sondern eben auch als Poinikastas angestellt wurde, als Schreiber.[172] Damit ist noch nicht gesagt, dass Spensithios alle öffentlichen und privaten Akte protokollieren sollte, denen er als Zeuge beiwohnte, oder dass er gar die zu verinschriftlichenden Regeln seiner Polis zu formulieren hatte. Wir brauchen nicht anzunehmen, dass das ‚Erinnern‘ ein Relikt eines historisch früheren Zustandes war, welches nun weitgehend vom ‚Aufschreiben‘ ersetzt worden wäre.[173] Mochten Mnamones auch bestimmte Entscheidungen schriftlich festhalten, in welchem Umfang und welchen Charakters auch immer, scheinen zumindest in Gortyn und Halikarnassos allein ihre Erinnerungen, nicht ihre Aufzeichnungen in einem Prozess ausschlaggebend gewesen zu sein. Und auch eine Inschrift aus Eleutherna, die in das ausgehende 6. Jh. datiert und von einem solchen ‚Schreiber‘ berichtet, steht dieser Deutung nicht entgegen:

---

170 Dass ein Mnamon seine Aufgabe langfristig wahrnehmen sollte, legt auch die Formulierung in IC 4.72.11.16 = Koerner 180 = Nomima 2.40 nahe.

171 Dies allerdings würde suggerieren, dass die Amtsträger nicht unbedingt eine hinreichende Kenntnis der Grundregeln des grundsätzlich öffentlich ausgetragenen Polisrechts besaßen. – s. etwa die Studien von Hunter 1990; Lanni 1997 und 2006 sowie Ober 2008 zum klassischen Athen und vgl. Chaniotis 1992a, die deutlich werden lassen, wie die schlichte Teilnahme an Bürgerversammlungen und Gerichtsprozessen das Wissen des Einzelnen um die Institutionen seiner Polis, wie etwa die Gesetze und die Verfahren ihrer Anwendung, erweiterte. Umso mehr dürfte dies in den kleinen Bürgerstaaten Kretas der Fall gewesen sein; hierzu s. Papakonstantinou 2002.

172 Jeffery/Morpurgo-Davies 1970, 150–3; Edwards/Edwards 1974, 48–57 und 1977, 131–40; Ruzé 1988; Nomima 1, 104–7; Thomas 1996.

173 Die Frage nach dem Verhältnis dieser beiden Tätigkeiten spielte in der Forschung der vergangenen Jahrzehnte eine wichtige Rolle, und das von Spensithios geforderte ‚Erinnern‘ wurde oftmals lediglich als ein Relikt aus einer vorschriftlichen Zeit angesehen, als eine evolutionäre Vorstufe des ‚Aufschreibens‘, die nun mit der Kulturtechnik des schriftlichen Festhaltens der Geschehnisse in der Polis eigentlich überflüssig gewesen sei, die man aber nach wie vor aus Tradition mit dem Poinikastas verbunden habe.

[– – – – – – – – – – – – – – – –]
[– –]ς πέρανδε πλέοι ἦ θιαρὸς ἦ .[– –]
[– –]ος διαλαιη ἐκς ἐνιοϝτιτο[– –]
[– –]οπιος. αἴ τις τōινυ ποινικα[στας *vel* -ζοντας
[– – τ]ōινυ μὴ δικάζοντας τὸς ζ[– –]
[– –] ἀπάτος ἤμεν. αἰ δὲ καρπόσαιτο [– –]
[– – – –].[–].Η[–].[–]Ϙ[– –]ΝΤϘ.ΚΣ[– –]
[– – – – – – – – – – – – – – – –]

– – –] Wenn jemand in die Fremde segelt, sei es als Theoros, sei es – – –, – – – wenn er in der Ferne (?) ist seit fünf Jahren (?) – – – er soll betrachtet (?) werden als ‚abwesend'. Wenn jemand, der es für angebracht hält, (sich wendet an?) den Poinikastas – – – – – oder, wenn er es für angebracht hält, an diejenigen, die nicht durch Richterspruch entscheiden die [Angelegenheiten? – – –], soll er straflos sein. Aber wenn jemand erntet – – –.[174]

Diese Inschrift behandelt offenbar, welche Veränderungen sich für den Rechtsstatus eines Bürgers von Eleutherna ergaben, sollte dieser sich für längere Zeit nicht in der Polis aufhalten. Das Zeugnis nennt eine Absenz von fünf Jahren und eine Tätigkeit als Mitglied einer Festgesandtschaft. Hier ist dann wohl auch die Rede davon, dass eine Person, die dies für angebracht halte, sich an einen Poinikastas wenden dürfe oder an Personen, die nicht die Tätigkeit eines Dikastas ausüben (μὴ δικάζοντας). Beiden Verfahrensarten scheint ausdrücklich Straflosigkeit zugesichert zu sein. Wir sollten unser Gesetz vielleicht vor dem Hintergrund jener oben besprochenen Regelung aus Gortyn sehen, welche Streitenden zugesteht, nicht zum Amtsträger der Polis zu gehen, sondern sich eigenständig einen Schlichter oder Schiedsrichter zu wählen. Auch das Gesetz von Eleutherna mag erlaubt haben, Konflikte nicht unbedingt vor einen Dikastas, sondern vor einen Poinikastas oder andere zu tragen, die keine Amtsträger der Polis waren. In der von dieser Deutung implizierten Auseinandersetzung dürfen wir – in Analogie zum eben besprochenen Lygdamisdekret – womöglich einen Streit um die Güter des ‚abwesenden' Mannes sehen, in dem die Entscheidung jener ‚Nicht-Richtenden' oder eben die Erinnerung des Poinikastas von Bedeutung für eine Konfliktlösung war. Ob in eine solche Auseinandersetzung jener ‚Abwesende' selbst involviert war, es womöglich um Restitution von Eigentum ging, oder allein Dritte beteiligt waren, ist – wie überhaupt alles an dieser nur fragmentarisch erhaltenen Inschrift – nicht mit Gewissheit zu klären.[175]

---

174 IC 2.12.11 = Koerner 112 = Nomima 1.14; Übers. und Deutung nach F. Reiche 2006, 133–5 und Nomima 1, 66–9; s. auch Perlman 2004, 127–8. – Eine wohl in der ersten Hälfte des 6. Jh. verinschriftlichte Regelung aus Eltynia, die womöglich das Verfahren einer Auseinandersetzung zwischen einem Schuldner und seinem Gläubiger vor dem Dikastas verzeichnet, nennt ebenfalls die ποινικήια (sc. γράμματα) – ihre früheste Erwähnung in einem griechischen Text; Kritzas 2010.
175 Gortyn, 5. Jh.: IC 4.82 = Koerner 156 = Nomima 2.8; Halikarnassos, um 465/50: Syll.³ 45 = Koerner 84 = Nomima 1.19 = GIBM 4.886 = ML 32. – Reiche 2006, 134–5 vermutet, dass es in die Kompetenzen des Poinikastas von Eleutherna und „jener, die nicht richteten" fiel, im Vorfeld einer gerichtlichen Auseinandersetzung Auskünfte über das Eigentum eines verschollenen Bürgers zu geben.

In der Vergangenheit wurde diskutiert, ob ein Mnamon Bürger jener Polis gewesen sei, in welcher er seine Funktion versah.[176] Als Indizien führte man die im *Großen Gesetz* zur Zeugenaussage des Mnamon im Grenzstreit genannte Vorbedingung an, dass dieser noch am Leben sei und ‚an der Polis teilhabe'. Dies deutet aber lediglich auf die Möglichkeit hin, dass ein Mann jene Teilhabe – was auch immer sich dahinter verbirgt – eben auch verlieren oder aufgeben konnte.[177] Darüber hinaus wurde der Privilegienkatalog des Spensithios genannt, der darauf hindeutete, dass hier einem Auswärtigen ein Auskommen in der ihm fremden Polis bereitet werden sollte. Der Sinn dieses Vorgehens, den ‚Erinnerer' der Polis von auswärts zu holen, sei es gewesen, dass dieser als Fremder nicht in die Machenschaften der Mächtigen des Gemeinwesens verstrickt gewesen sei. Dem widerspricht allerdings das Spensithiosdekret selbst, welches gerade eine lange Bekleidung dieser Funktion und die dauerhafte Integration des Schreibers und seiner Familie in die Polis anstrebt. Allerdings wurde Spensithios großzügig alimentiert. Regelmäßige Entlohnung und Ernährung von öffentlicher Seite weisen darauf hin, dass sein Lebensunterhalt auf jeden Fall gewährleistet werden sollte. Außerdem erhielt Spensithios für seine Pflege von Kulten, für die es keinen eigenen Priester gab, von Opfernden einen Anteil, womöglich die Hälfte des Opferfleisches.[178] Daneben bezeugen umfangreiche Privilegien, wie Freiheit von Abgaben und Prozessführung vor dem Kosmos, seine aus den Mitbürgern herausgehobene Stellung. Wenn das Dekret außerdem festlegt, dass Spensithios Abgaben für das Andreion beisteuern solle, sicherte Datala damit seine Mitgliedschaft in einer dieser Gemeinschaften und damit sein – um es verkürzt und anachronistisch zu sagen – ‚Bürgerrecht'.[179] In jedem Fall bedeutete die umfangreiche Unterstützung des Mnamon, sein Hinausfallen aus dem Bürgerverband zu verhindern und die Erinnerung an vergangene Entscheidungen zu garantieren. Und dies war eine wichtige Maßnahme für den Rechtsfrieden in der Polis.

---

176 vgl. die Diskussionen etwa bei Guarducci 1950, 146–7; Willetts 1967, 80–1; van Effenterre 1973 und 1979, 279–88; Gorlin 1988; Thomas 1992 und 1995; Koerner 1993, 539; Nomima 2, 162; Perlman 2004, 113–4.

177 IC 4.72.9.31–4 = Koerner 175 = Nomima 2.45. Das hier verwendete Verb *poliateuein* wird zumeist übersetzt als „das Bürgerrecht besitzen". Doch selbst in der Mitte des 5. Jh. sollten wir für Gortyn noch nicht unbedingt vom Konzept eines abstrakten, klar definierten Bürgerrechts auszugehen. Das Wort könnte auch bedeuten „seinen Wohnort in der Polis haben" oder – etwas sperrig – „an jenen zivischen Praktiken teilhaben, welche den politischen Akteur von allen Anderen scheiden"; hierzu s. das Kapitel *Eleutheros*.

178 Die Kommentare dieses Dokuments lassen es weitgehend unerklärt, ob es sich hierbei um zeitweilig vakante oder in der Polis neu eingeführte Kulte handelt, oder ob für diese Kulte nicht die Aufsicht einer der angesehenen Familien etabliert war; s. etwa Jeffery/Morpurgo-Davies 1970, 149; van Effenterre 1973, 30, 42; Gschnitzer 1974, 270–1; Gorlin 1988. – vgl. van Effenterre 1946, 600–2 = Koerner 93 = Nomima 1.27 aus Dreros im 7. Jh. mit einer ähnlichen Bestimmung.

179 Hierzu s. ausführlich die Kapitel *Eleutheros* und *Andreion*.

VI Agora

Die Versammlungen der Bürger

„So gefiel es den Gortyniern, als sie abstimmten"
Freigelassenen-Inschrift von Gortyn

Verglichen mit dem Rat und den verschiedenen Amtsträgern kretischer Poleis erfahren wir über die Versammlungen der Bürger in den literarischen Zeugnissen nur sehr wenig. Strabon etwa verliert in seiner Wiedergabe des Ephoros zur kretischen Politeia kein Wort über die Bürgerversammlung. Auch in den Inschriften tritt der Demos als eigenständige Institution nur ganz selten hervor. Dies heißt jedoch keineswegs, dass die Bürger im politischen Entscheidungsprozess nur geringe Relevanz besaßen. Wie wir sehen werden, war das Gegenteil der Fall. Wenn wir aus den kretischen Inschriften mehr über den Rat und vor allem die Amtsträger erfahren als über den Demos, so ist dies in erster Linie einem wesentlichen Merkmal dieser Zeugnisse geschuldet. Es handelt sich in vielen Fällen um prozedurale Gesetze und damit Regeln, die mit bestimmten Rechten, vor allem aber Pflichten der betroffenen Institutionen befasst sind. Und so finden wir eben viel eher eine Inschrift, die darum bemüht ist, einen Amtsträger zum Handeln zu zwingen, als eine, die das gleiche mit Blick auf den Demos unternähme.

Dieses Kapitel nimmt zunächst jene Zeugnisse in den Blick, die ausdrücklich die Akteurschaft der Bürgerversammlung bezeugen. Inschriften, die etwa verzeichnen, „Es gefiel der Polis", wird das übernächste Kapitel *Polis* ausführlicher behandeln. Allzu häufig wurde wie selbstverständlich davon ausgegangen, dass solche Formeln Entscheidungen der Bürgerversammlung verzeichneten. In diesem und in den folgenden Kapiteln zu Ratsorganen und zur beschließenden Autorität in kretischen Inschriften werden wir aber feststellen, dass die Abstimmung des Demos lediglich einer von mehreren Bestandteilen eines komplexen Beschlussverfahrens war. Zwar war die Zusammenkunft der Agora innerhalb dieses Verfahrens ein eigenständiger und unabdingbarer Schritt, sie selbst tritt in den Beschlussformeln der Inschriften jedoch nicht ausdrücklich als Autorität auf. Vielmehr werden wir sehen, dass die genannten Formeln das Resultat eines Zusammenspiels der Kosmen und des Rats auf der einen Seite und des Demos auf der anderen reflektieren. In den meisten uns inschriftlich überlieferten Fällen wurde aber allein die am Ende des Verfahrens stehende Entscheidung durch eine diese unterschiedlichen Schritte integrierende Beschlussformel ausgedrückt.[1]

---

1 s. auch Seelentag 2013.

Dieses mehrstufige Verfahren ist auch in einer Passage der aristotelischen *Politik* überliefert, in der wir einige Informationen über Zusammensetzung, Kompetenzen und Zusammenspiel des Demos mit dem Rat und den Oberbeamten erhalten:

> ἐκκλησίας δὲ μετέχουσι πάντες, κυρία δ᾽ οὐδενός ἐστιν ἀλλ᾽ ἢ συνεπιψηφίσαι τὰ δόξαντα τοῖς γέρουσι καὶ τοῖς κόσμοις. (…) τὸ δ᾽ ἡσυχάζειν μὴ μετέχοντα τὸν δῆμον οὐδὲν σημεῖον τοῦ τετάχθαι καλῶς.

> Alle Bürger nehmen an der Ekklesia teil. Diese besitzt aber nur die Macht, die Beschlüsse der Ältesten und der Kosmen in einer Abstimmung zu bestätigen. (…) Die Tatsache allein, dass in Kreta der Demos, der nicht an der Macht beteiligt ist, doch Ruhe hält, ist kein Zeichen für gute Ordnung.[2]

Mit *Ekklesia* wählt Aristoteles eine seinem Publikum vertraute Bezeichnung, um diese institutionalisierte Zusammenkunft der Politen in kretischen Gemeinwesen vorzustellen. Tatsächlich legen Inschriften aus verschiedenen Poleis der Insel nahe, dass die dortige Bürgerversammlung wie ihr Versammlungsort den Namen *Agora* trug; ein Begriff, mit dem auch die homerischen Epen und einige Passagen frühgriechischer Dichtung die Versammlung der Bürger bezeichnen. Bereits im späten 7. Jh. sind die Ausdrücke [τ]ō ἀγρήιο und ἐν τᾶι ἀγορᾶι inschriftlich in Gortyn bezeugt. In dieser Zeit ist er allerdings noch allein im räumlichen Sinne zu verstehen, da „auf der Agora" etwas πόλι πάνσαι vorgetragen werden soll und mit letzterem Begriff ganz offenbar der Personenverband der Politen bezeichnet wird.[3] Doch ab dem 6. Jh. bezeugen Inschriften aus Gortyn und Phaistos, dass der Begriff ‚Agora' nicht allein den Ort, sondern auch die dort stattfindende Versammlung der Bürger bezeichnete. Vollends deutlich wird dies im Vertrag zwischen Gortyn und Rhitten und im *Großen Gesetz* von Gortyn, welche am Anfang des 5 Jh. beziehungsweise um 450 die versammelten Bürger mit eben diesem Kollektivbegriff bezeichnen, etwa in der Formulierung κατ᾽ ἀγορὰν ϝευμέναν („nach Zusammenkunft der Agora").[4]

Ebenfalls im *Großen Gesetz* bestimmt eine Passage, welche die Umstände von Adoptionen regelt, dass die hierfür nötige öffentliche Erklärung des Adoptierenden „in der Agora, wenn die Bürger versammelt sind … von dem Stein, von welchem man zum Volk spricht" erfolgen solle.[5] Dies spricht dafür, dass zumindest in der Mitte des

---

2 Arist. pol. 1272a 4 und 6.

3 Die homerischen Agorai behandelt Hölkeskamp 1997 und 2002; s. etwa auch Alk. frg. 130b.3 und Xenophan. frg. 3.3 G/P. – Gortyn: IC 4.13 g–i = Koerner 120 = Nomima 1.1.

4 Gortyn, aus dem 7. bis 5. Jh.: IC 4.9 a, k; 4.43 Bb5; 4.72.7.10; 4.72.10.34, 11.12; 4.81.11 = Koerner 119, 133, 173, 180, 155 = Nomima 2.78, 1.1, 2.70, 2.66, 2.40, 2.47. – Vertrag zwischen Gortyn und Rhitten: IC 4.80.14–5 = Nomima 1.7. – Phaistos, 2. Hälfte des 6. Jh.: di Vita/Cantarella 1978 = Nomima 2.39. Noch für das 3. Jh. ist dies in IC 3.3.1 b.27 zu beobachten. – s. auch An. Bekk. 1.210.9: ἀγορά· Κρῆτες τὴν ἐκκλησίαν καλοῦσι.

5 IC 4.72.11.12–4 = Koerner 180 = Nomima 2.40; hierzu s. Ziebarth/Kohler 1912, 25 und 45; Hölkeskamp 1999, 228–30; zum Begriff ἀναγορεύω s. Buck 1955, 352. – s. hierzu das Kapitel *Eleutheros*.

5. Jh. die versammelten Bürger nicht nur gelegentlich und allein in der hier erörterten Frage der Adoption angesprochen wurden, sondern dass eine derartige Ansprache eine etablierte Prozedur war, bei ganz unterschiedlichen Gelegenheiten erfolgte und in einem eigens dafür reservierten Raum vollzogen wurde; kurzum, wir sehen das fortgeschrittene Stadium der Institutionalisierung eines politischen Verfahrens vor uns.[6] Doch dies sind natürlich nur die inschriftlich erwähnten Hinweise auf eine regelmäßige Zusammenkunft der kretischen Bürger. In viel frühere Zeit führen uns die archäologischen Spuren kretischer Agorai, die etwa im Falle von Dreros sogar bis in das 8. Jh. zurück weisen. Bereits aus dieser Zeit stammt die 23 mal 40 Meter messende, von Sitzstufen umgebene Platzanlage dieser Siedlung.[7] Und auch in anderen Poleis, etwa in Prinias und Lato, Gortyn und Azoria, wurden in archaischer Zeit im Zentrum des bebauten Raumes öffentlich zugängliche Freiflächen ausgespart.[8] Lange bevor wir zum ersten Mal in einer kretischen Inschrift von einer Institutionalisierung der Bürgerversammlung lesen, hatte dieser Prozess seinen architektonischen Ausdruck gefunden.

Einen Hinweis auf in der Agora stattfindende Debatten gibt es nicht. Vielmehr zeigen Zeugnisse wie die eben erwähnte gortynische Bestimmung, dass zumindest beim Vollzug und der Auflösung einer Adoption die Bürgerversammlung eine Rolle als Zeugin spielte. Im Gegensatz dazu hatte der Adoptierende den Mitgliedern seines Andreion bei der gleichen Gelegenheit ein Opfermahl auszurichten. Die Hetairoi waren also in ganz anderer Weise in diesen Vorgang eingebunden.[9] Allerdings legte das Gesetz auch fest, dass die Notifizierung der Bürgerversammlung und deren Zeugenschaft von elementarer Bedeutung für die Gültigkeit des Vorgangs waren. Und der *genitivus absolutus* καταϝελμένον τῶμ πολιατᾶν, „wenn die Bürger versammelt sind", scheint hier nicht die einmalige oder gelegentliche, sondern die institutionalisierte, regelmäßige Zusammenkunft des Demos zu bezeichnen.[10]

---

6 Wie oft die Agorai kretischer Gemeinwesen in archaischer und klassischer Zeit zusammentraten, wissen wir nicht; zumindest im hellenistischen Chersonesos geschah dies monatlich, s. IC 1.7.5.
7 Zum architektonischen Kontext s. Marinatos 1936a; Demargne/van Effenterre 1937, 10–2; Martin 1951, 60 und 226; Drerup 1969, besonders 5–7; Beyer 1976; Coldstream 1977, 278–80, 315 und 1984, 21; Kolb 1981, 106; Kirsten 1990, 54–5; Sporn 2002, 82–3; Prent 2005, 284–9 und Seelentag 2009; vgl. nun Zographaki/Farnoux 2010. – Hierzu s. den entsprechenden Abschnitt im Kapitel *Andreion*.
8 Prinias: Rizza 1995; Palermo 2007. – Lato: Ducrey/Picard 1996. – Gortyn: Perlman 2000. – Azoria: Haggis et al. 2004 und 2007. Einen Überblick bietet Sjögren 2008, 82–5.
9 IC 4.72.10.34–6 = Koerner 180 = Nomima 2.40. – Die Inschrift legt fest, dass der Adoptierende seiner Hetairie Wein und ein Opfertier zu spendieren hatte. Dies deutet Link 1994, 57–62 und 116–7 vollkommen plausibel als die Aufnahme des Adoptierten in die Hetairie; tatsächlich war es ja die Mitgliedschaft in einer dieser Gemeinschaften, welche den Bürgerstatus maßgeblich ausmachte. Dies zeigt auch die Bezeichnung ‚Apetairoi' für Freie, die aber nicht zum Kreis der Bürger gehörten. Hierzu s. das Kapitel *Eleutheros*.
10 Eine bloße Zeugenfunktion weist Link 1994, 117 der Bürgerversammlung auch aufgrund jener Regelung aus Gortyn zu, welche bestimmt, dass beim Kauf eines Sklaven allein derjenige einen be-

Bemerkenswert ist in diesem Zusammenhang ein Gesetz aus Phaistos, verinschriftlicht in der 2. Hälfte des 6. Jh. mit bis zu 10 cm hohen Lettern, die mit roter Farbe ausgefüllt waren:

> – – – ϝ]εῖται | ἐν ἀγορ[ᾶι
> – – –]μα | αἱ λείοι σ[– – –
> – – –]τὰ δὲ ματρõ[ια – – – –
> – – δια?]κάτιονς | σ[τατέρανς ? – – –
> – – –]αλ μὴ διδõ[ι – – –
> – – –]ς | ἀναιρέ[σται – – –[11]

Die hier in der ersten Zeile zu lesende Formel ϝ]εῖται | ἐν ἀγορ[ᾶι bezeugt nicht allein die Existenz einer Bürgerversammlung für Phaistos, die hier den gleichen Namen trägt wie die entsprechende gortynische Institution. Sie verzeichnet wohl auch, dass „ein Antrag auf der Agora vorgelegt / in die Bürgerversammlung eingebracht" wurde. (ϝ)εῖπον nämlich wird nicht allein in kretischen Inschriften im Sinne einer formellen Erklärung benutzt.[12] Dieses Zeugnis lässt sich deuten vor dem Hintergrund der Aussage des Aristoteles, dass die Bürgerversammlung lediglich dem zustimmte, was Kosmos und Rat zuvor beraten und beschlossen hatten. Womöglich sehen wir in dieser Regelung den Vorgang gespiegelt, dass eine Regelung den Politen vorgelegt wurde, damit diese sie absegneten.

Die Mehrheitsentscheidung der Agora

Aristoteles berichtet, die Zustimmung der Volksversammlung zu den Vorlagen von Kosmos und Rat erfolge *in einer Abstimmung*. Seine Wortwahl ist bemerkenswert. Denn wenn Aristoteles das Abstimmungsverhalten der Volksversammlung mit dem Wort συνεπιψηφίσαι bezeichnet, impliziert er einen bestimmten Modus der Abstimmung. Dieses Verb weist nämlich als Ableitung von ψῆφος auf die gemeinsame Abgabe der Stimmen und Auszählung der einzelnen Stimmen hin, auf ein „durch persönliche Stimmabgabe seitens mehrerer Teilnehmer zustande gekommenes Ab-

---

sonderen Käuferschutz genieße, der den Sklaven „von der Agora" erworben habe. Hier scheint der Kauf in der Öffentlichkeit dazu gedient zu haben, potenzielle Zeugen dieses Vorgangs zu haben und das Geschäft besonders verbindlich zu machen; IC 4.72.7.10–5 = Koerner 173 = Nomima 2.66.

11 Phaistos: di Vita/Cantarella 1978, 429–35 = Nomima 2.39 mit weiteren Hinweisen. – Dieses Gesetz scheint mit dem der Mutter gehörenden Eigentum befasst gewesen zu sein; dies war auch eine im Großen Gesetz von Gortyn und seinen Vorgängerregelungen aus dem 6. Jh. ausführlich behandelte Frage; Gortyn: IC 4.20 und 21 = Koerner 122–3 = Nomima 2.37–8 sowie IC 4.72.4.45, 6.34, 45; 11.44–5 = Koerner 168, 170, 175 = Nomima 2.35, 2.54, 2.45.

12 So wird es etwa am Ende des 5. Jh. in IvEr 1.10 = Koerner 74 = Nomima 1.84 gebraucht und im *Großen Gesetz* von Gortyn, IC 4.72.8.18 = Koerner 174 = Nomima 2.51.

stimmungsergebnis".[13] Dies bedeutet aber nicht weniger als die Abstimmung nach dem Mehrheitsprinzip, in dessen Rahmen einem jedem Teilnehmer der Agora eine Stimme zustand. Eine derart bezeichnete Abstimmung muss keinesfalls die Abgabe eines Stimmsteines und somit ein womöglich geheimes Votum implizieren; sie konnte durchaus auch durch das Erheben der Hände erfolgen. Stets aber impliziert dieser Terminus eine persönliche Stimmabgabe, den grundsätzlich gleichen Zählwert der einzelnen Stimmen und damit die Erklärung eines Mehrheitswillens.[14]

Im Licht des aristotelischen Berichts und der eben vorgestellten Inschriften scheint dies zunächst wenig glaubhaft. Denn hier wird ja deutlich, dass die Bürgerversammlung lediglich eine Zeugenfunktion besaß und den Beschlüssen der Ältesten und Kosmen üblicherweise zustimmte.[15] Dass dies nun aber im Zuge einer Abstimmung geschehen sein soll, in der jeder Bürger seinen Willen hätte ausdrücken und prinzipiell mit Ja, doch eben auch mit Nein hätte stimmen können, scheint zunächst wenig plausibel. Diese prinzipielle Freiheit der Entscheidung scheint mit der bei der Abstimmung üblichen Zustimmung gegenüber den Beschlüssen der Eliten kaum vereinbar.[16] Und doch legt eine Reihe von Inschriften aus verschiedenen kretischen Poleis nahe, dass bei Beschlüssen der Agora tatsächlich die Mehrheitsregel Anwendung fand. So erwähnt ein Inschriftenfragment aus Rhitten vom Anfang des 6. Jh., in welchem an zwei Stellen auch von der πρεισγήια, dem „Ältestenrat", die Rede ist, die Formulierung παν]σεϝδὶ ἀποϝει[π – – – („einstimmig missbilligen"). Dazu ist die Rede von ἢ σὺν πλί[οσι – – – („oder mit mehr [Leuten]") und von πέρηται | πσε.[– – – . Hier sehen wir den kretischen Dialektausdruck für φέρειν ψῆφον („die Stimme/den Stimmstein abgeben"), wie wir ihn etwa an jener Stelle in den *Eumeniden* des Aischylos finden, in welcher die Abstimmenden aufgefordert werden, Mann für Mann ihre Stimmsteine in eine von zwei dafür vorgesehenen Urnen zu werfen.[17]

---

13 Arist. pol. 1272a 10–2. Das Zitat ist Gehrke 1997, 59. – Somit irrt sich Kirsten 1942, 155 in seiner Einschätzung, die Kosmen hätten der Agora lediglich vorgetragen, was sie zuvor mit der Bola beraten hatten. – Zur Mehrheitsregel in Griechenland s. vor allem Flaig 2013 sowie 1993 und 1994; auch Heinberg 1926; Larsen 1949; Ruzé 1984; Loraux 1990 und 2002, bes. 98–104; sowie Timmer 2008, 276–81. Überlegungen zu diesem Prinzip in der Moderne bieten etwa Flaig 2013; Sartori 1984 und 1997 sowie Scharpf 1991 und 2000.

14 Quass 1971, 2–5 weist mit Bezug etwa auf Aisch. Suppl. 601, 604, 607, 621 darauf hin, dass die Verwendungskontexte der Begriffe ψήφισμα und ψηφίζεσθαι dieses Bedeutungsspektrum reflektieren. – s. auch van Effenterre 1948, 102 mit Anm. 6, dagegen allerdings Link 1994, 104–5.

15 vgl. auch Arist. pol. 1273a 6–13 zu den größeren Rechten des karthagischen Demos, der hier ausdrücklich mit dem kretischen verglichen wird.

16 s. Seelentag 2013.

17 IC 1.28.7 = Koerner 100 = Nomima 1.63 = LSAG 315 Nr. 12; vgl. Aisch. Eum. 680, vgl. 709 und 742. – Die vorletzte Zeile der Inschrift setzt die πρεισγήια in den Dativ, also in jenen Fall, welchen die kretischen Beschlussformeln oftmals für das gedankliche Subjekt verwenden (etwa „es gefiel dem Rat"). Diese Inschrift mag also auch einen Beschluss dieses Ältestenrats reflektieren. – Zu den dialektalen Spezifika dieser Inschrift s. Nomima 1, 269.

Auch der zwischen Knossos und Tylissos unter argivischer Aufsicht geschlossene Vertrag aus der Mitte des 5. Jh. enthält eine Klausel, die auf die Umstände der Entscheidung und Abstimmung in diesen Gemeinwesen schließen lässt:

αἰ] μὲ συνδοκοῖ τõι πλέθε|[ι, συνβ]άλλεσθαι δὲ τὰν τρίτ|[αν αἶσ]αν τὸς Ἀργείος τᾶν ψά|[φον· ὄκα] τινὰς τõν εὐμενέον | (Β) δυσμενέας τιθείμεθα καὶ τõ|ν δυσμενέον εὐμενέας, μὲ θ|έσθαι αἰ μὲ συνδοκοῖ τõι πλ|έθει· συνβάλλεσθαι δὲ τòνς | ἐκ Τυλίσο τᾶν ψάφον τὰν τρί|ταν αἶσαν.

Keine der beiden vertragsschließenden Parteien soll neue Verträge schließen, es sei denn, dass die Mehrheit zustimmt; die Argiver haben hierbei ein Drittel der Stimmen. Und wenn wir von unseren Freunden einige zu Feinden und von unseren Feinden einige zu Freunden machen wollen, so soll dies nur geschehen unter Zustimmung der Mehrheit. Dabei haben die Tylissier den dritten Teil der Stimmen.[18]

Der hier verwendete Ausdruck συνβάλλεσθαι ... τᾶν ψάφον für das Verfahren der Abstimmung sowie der zweifache Hinweis auf das ausschlaggebende Gewicht der Mehrheit (τὸ πλῆθος) in der Entscheidung lassen uns also auch in diesem Fall die Anwendung des Mehrheitsprinzips rekonstruieren. Und noch deutlicher als in den voran stehenden Zeugnissen erscheint diese Art der Abstimmung in einer weiteren gortynischen Inschrift des frühen 5. Jh., die Freigelassene die Ansiedlung in Latosion und Schutz zusichert. Dort hält die Beschlussformel fest τάδ᾽ ἔϝαδε τοῖς Γορτυνίοις πσαπίδονσ[ι] („So gefiel es den Gortyniern, als sie abstimmten."). Auch hier hatten die in der Agora versammelten Bürger einzeln und nach dem Mehrheitsprinzip abgestimmt.[19]

Zur Unterstützung seien einige Inschriften aus dem hellenistischen Kreta angeführt, welche die Anwendung der Mehrheitsregel bei Abstimmungen in der Volksversammlung ausdrücklich bezeugen. Dabei bedienen sie sich eben jenes technischen Vokabulars, das wir bereits in den früheren Zeugnissen beobachten. Insofern sind diese späteren Quellen geeignet, den Befund der archaischen und klassischen Zeit zu bestätigen. So wird etwa im Isopolitievertrag zwischen Hierapytna und Priansos aus dem frühen 3. Jh. die Frage der Bürgerrechtsverleihung folgendermaßen behandelt:

---

18 IC 1.30.1 = Nomima 1.54.1 = ML 42 = StV 147 A8–B6 = LSAG 170 Nr. 39b. – Zu diesem Dokument s. etwa Kahrstedt 1942, bes. 88–90; Vollgraff 1948; die in Nomima 1, 229 genannten Titel und Kyriakidis 2012; vgl. Merrill 1991, der in τὸ πλῆθος den Demos von Argos sieht.
19 IC 4.78 = Koerner 153 = Nomima 1.16; hierzu s. das Kapitel *Eleutheros*. – Auch in IC 4.87 = Koerner 161 = Nomima 1.97, Gortyn in der ersten Hälfte des 5. Jh., ist an zwei Stellen die Rede von πληθύς, etwa – – –]δδικάκσει τὰν πληθύν, „entscheiden wird die Mehrheit".

ἐς ὁποτέραν δέ κα πόλιν ἔρπηι πολιτεύσων, δια[ψ]αφιζέσθων ἐν κυρ[ία]ι ἐκκλησ[ία]ι πότερ[ον δ] οκεῖ πολ[ιτεί]αν δε[δόσθ]αι ἢ μή· κα[ὶ α]ἴ κα ἀντίθετοι ψᾶφοι γένωνται τρεῖς, μὴ ἔστω πολίτας.

Und in der Stadt, in die er kommt, um sich niederzulassen, soll eine Abstimmung in einer der Hauptvolksversammlungen abgehalten werden, ob es gut scheint, ihm das Bürgerrecht zu verleihen oder nicht; und wenn es drei Gegenstimmen gibt, darf er nicht Bürger werden.[20]

Abstimmungen beim Beschluss von Regelungen sind auch für Axos zwischen den Jahren 204/02 (*Ϝαξίων* | ἔδοξεν *Ϝαξίων* τοῖς κόσμοις καὶ τᾶι πόλει ψαφιξαμένοις | κατὰ τὸν νόμον) und Malla am Ende des 2. Jh. (ἔδοξε τοῖς κόσμοις καὶ τᾶι πόλι ψαφι|ξαμένοις) nachgewiesen.[21] Und zwei gortynische Beschlüsse aus der zweiten Hälfte des 3. Jh. wie auch ein zwischen Gortyn und Knossos im Jahre 168/7 geschlossener Friedensvertrag verzeichnen ein Beschlussverfahren, in dessen Verlauf die Stimmen gezählt wurden:

[Θιοί]. | [τάδ' ἔϝαδε τ]ᾶι [πόλι] ψαφίδδονσι τρια[κατίων π]αριόντων – – νομίσματι χρῆτ[θα]ι τῶι καυχῶι τῶι ἔθηκαν ἁ πόλις·

Götter! Folgendes gefiel der Polis; bei der Abstimmung waren 300 anwesend: Verwenden soll man das Geld aus Kupfer, das die Polis prägen ließ (...).[22]

[τάδ' ἔδοξε τᾶι πόλι] ψαφίξανσι τρι[ακ]ατίων παρ[ιόντων]·

So gefiel es der Polis in einer Abstimmung, bei der 300 anwesend waren:[23]

Angesichts der für das 3. bis 1. Jh. nachgewiesenen Größe Gortyns scheint die Zahl von allein 300 abstimmenden Bürgern sehr gering. Und so wurde vermutet, dass jene nicht etwa die Volksversammlung bezeichneten, sondern die Mitglieder des Rates von Gortyn. Doch ähnliche Daten aus anderen Poleis klassischer und hellenistischer Zeit legen nahe, dass diese Zahl das Quorum für eine beschlussfähige Volksversammlung bezeichnete. Sie zeigen aber auch, dass solche inschriftlich belegten Angaben nur bedingt geeignet sind, die tatsächlichen Besucherzahlen einer Volksversammlung festzustellen.[24]

---

20 IC 3.4.1; Übers. von Chaniotis 1996 Nr. 5 A16–33.

21 IC 2.5.17.1–3 und IC 1.19.3.4–5.

22 IC 4.162. Die zweite gortynische Regelung wurde von Gasperini 1988, 322 Nr. 337 = SEG 38.900 veröffentlicht. Sie ist fragmentarischer als die hier vorgestellte, enthält aber ebenfalls die Formulierung – – ψαφίδδ]ονσι τριακατίω[ν. Aufgrund ihrer Ähnlichkeit in Sprache und Buchstabenform dürfte sie zeitnah zu IC 4.162 entstanden sein, also ebenfalls in die 2. Hälfte des 3. Jh. gehören.

23 IC 4.181.6–7 = Chaniotis 1996 Nr. 43.

24 So dürfte das für das klassische und hellenistische Athen bezeugte Quorum von 6000 Abstimmenden ganz erheblich unter der Anzahl der tatsächlich zur Abstimmung berechtigten athenischen Bürger gelegen haben; Dem. 24.45, 59.89–90; Andok. 1.87. – Auch in Magnesia am Mäander ist

Somit bieten wenigstens neun Inschriften aus fünf verschiedenen Gemeinwesen und sechs Jahrhunderten deutliche Hinweise darauf, dass Abstimmungen der Volksversammlungen in kretischen Poleis nach dem Mehrheitsprinzip erfolgten. Rund die Hälfte der Belege stammt aus hellenistischer Zeit, doch das in ihnen zur Anwendung kommende formelhafte Vokabular zur Bezeichnung des Vorgangs findet sich eben auch schon in Zeugnissen des 6. Jh. Die Zusammenschau dieses Befund mit der anfangs erwähnten Aussage des Aristoteles, dass jeder Bürger einer kretischen Polis im Rahmen einer Abstimmung sein Votum abgab, stellt also nicht allein einen erneuten Fall der Übereinstimmung von literarischen und epigraphischen Quellen dar, sondern lässt sehr plausibel erscheinen, dass bei zahlreichen Abstimmungen in den Gemeinwesen der Insel das – einer hierarchischen Steuerung durch die Eliten unterliegende – Mehrheitsprinzip herrschte, und zwar bereits in der Archaik und Klassik.[25] Blicken wir im folgenden Abschnitt näher auf die in Inschriften und literarischen Quellen überlieferten Zeugnisse zur Relevanz und Funktion der Bola, des Rates, in kretischen Poleis, um nähere Informationen zur soziopolitischen Macht dieser Institution zu gewinnen.

---

aus hellenistischer Zeit ein Quorum von 600 Bürgern bezeugt. Abstimmungsergebnisse aus dieser Polis überliefern aber Gesamtzahlen abgegebener Stimmen von 2113 bis 4678; IvMag 92a.16–7; b.19; 94.14–5. – Im 5. Jh. scheint in Abdera ein Quorum von 500, in Teos von 200 Bürgern nötig gewesen zu sein; Koerner 79 = Nomima 1.105. Hierzu s. Herrmann 1981, 6–7 mit den Ergänzungen von F. Gschnitzer sowie D.M. Lewis, *ZPE* 47 (1982) 71–2, und vgl. SEG 31.985. – Zu diesem Thema s. ausführlich und mit zahlreichen Beispielen vor allem Quass 1993, 355–65; auch Busolt/Swoboda 1920, 446 sowie Gauthier 1984 und 1990.

25 Eine Diskussion dieses Abstimmungsverfahrens und seiner Sinnhaftigkeit im Rahmen der kretischen Politeia bietet das abschließende Kapitel dieser Arbeit, *Hetairoi des Hybrias*.

VII Bola

Ratsversammlungen

> „auf Beschluss der Bola: ...“
> *Fremdengesetz aus Lyttos*

Scheinbar gibt es eine große Diskrepanz zwischen der Rolle, welche die literarischen Quellen den Ratsorganen kretischer Poleis zuschreiben, und ihren Aufgaben, die anhand des epigraphischen Befundes in archaischer und klassischer Zeit tatsächlich zu beobachten sind. Während nämlich Aristoteles und Ephoros hervorheben, der Rat besitze ungeheuren Einfluss in kretischen Gemeinwesen, scheinen die seltenen Erwähnungen von Räten in den Inschriften nahezulegen, dass diese Gremien allein geringe Relevanz besaßen. So findet sich in der Forschung auch die Einschätzung, dass nicht die institutionelle Macht eines Rates, sondern allein die situativ immer wieder neu auszuhandelnde, persönliche Macht seiner einzelnen Mitglieder darüber entschieden habe, ob sich das Gremium in politischen Entscheidungen habe durchsetzen können. Und selbst dazu habe den Ratsmitgliedern häufig das persönliche Ansehen gefehlt.[1]

Das folgende Kapitel soll zeigen, dass die scheinbar diskrepanten Befunde der Quellen sich durchaus miteinander vereinbaren lassen. Die in Literatur und Inschriften übermittelten Informationen ergeben vor dem Hintergrund des hier vorgetragenen Modells der Chancen und Grenzen politischer Partizipation ein in sich stimmiges Bild und historisch plausibles Szenario. Wir werden vor allem sehen, dass von einer geringen Relevanz des Rates keine Rede sein kann. Vielmehr sorgte eine mehrstufige Selektion der Ratsmitglieder dafür, dass allein die angesehensten Männer des Gemeinwesens in das Gremium gelangten; und deren hohes Alter gewährleistete in den nach Altersklassen eingeteilten kretischen Politien die ethische Homogenität des Gremiums. Darüber hinaus wird deutlich werden, dass gerade das Fehlen von genau definierten Rechten und Pflichten des Rates den Einfluss des Gremiums auf allen gesellschaftlichen Feldern garantierte.

Beginnen wir mit den literarischen Zeugnissen. Die ausführlichsten Beschreibungen, die uns über die Institution des Rates in kretischen Poleis erhalten sind, bieten

---

1 Link 1994, 112–5, hier Anm. 77: „Von Rechts wegen stand ihr [i.e. der Boule; G.S.] nicht mehr als eine juristische Aufsicht über andere Beamte zu.“ – Link 1994, 112 merkt auch an: „Vor dem Hintergrund, dass alle nennenswerten Aufgaben und Kompetenzen in der Hand des Kosmos lagen, kann nicht verwundern, dass die übrigen Ämter und Einrichtungen im politischen Leben sehr weit zurücktraten. Die Kürze, mit der Aristoteles oder Ephoros sie eher abtun als schildern, dürfte ihre politische Bedeutungslosigkeit widerspiegeln“; s. auch Kirsten 1942, 156. – Ruzé 1983, 303: „il faut dire que ce conseil des cités crétoises est remarquablement discret, pour ne pas dire évanescent, dans l'ensemble de la documentation épigraphique“.

uns Aristoteles in einem Absatz der *Politik* und Ephoros in einer von Strabon überlieferten Passage:

> Die Geronten, welche die Kreter ‚den Rat' nennen, entsprechen den Geronten in Sparta. (...) Alle Bürger haben das Recht zur Teilnahme an der Volksversammlung, diese besitzt aber nur die Befugnis, die Beschlüsse der Geronten und Kosmoi in einer Abstimmung zu bestätigen. (...) Hier wählt man die Kosmen nicht aus allen Bürgern, sondern nur aus bestimmten Familien; und die Geronten wählt man aus dem Kreis derer, die zuvor das Amt der Kosmoi bekleidet haben. Über sie könnte man die gleichen Bemerkungen machen wie über die Amtsinhaber in Sparta: Dadurch dass sie von einer abschließenden Rechenschaftspflicht befreit sind und lebenslang ihr Amt führen können, ist ihnen ein Privileg eingeräumt, das über das hinausgeht, was sie verdienen. Und es ist gefährlich, dass sie ihr Amt nicht auf der Grundlage geschriebener Vorschriften, sondern nach eigenem Gutdünken ausüben. (Arist. pol. 1272a 3–4, a 5–6)

> Und was die Ämter [in Sparta und Kreta] betrifft, ist bei manchen sowohl die Zuständigkeit wie die Bezeichnung dieselbe, wie etwa beim Amt der ‚Alten' und dem der ‚Ritter' (...) Die sogenannten ‚Alten' ziehen sie bei den wichtigsten Angelegenheiten zu Rate, ein Kollegium, dem diejenigen beitreten, die des Amtes der Kosmoi für würdig befunden worden sind und auch sonst als bewährt betrachtet werden. (Ephor. FGrH 70 frg. 149 ap. Strab. 10.4.18, 22)

Auch bei ihrer Behandlung der Ratsversammlungen gehen die literarischen Zeugnisse also von der institutionellen Ähnlichkeit kretischer Poleis aus und differenzieren nicht zwischen etwaigen Spezifika verschiedener Gemeinwesen.[2] Sie halten fest, dass der Rat den kretischen Namen *bola* trug. Seine Mitglieder seien von höherem Alter, und alleine ehemalige und darüber hinaus in irgendeiner Weise ausgezeichnete Kosmen kämen für eine Mitgliedschaft infrage. Diese Art der Rekrutierung der Bouleuten, deren lebenslange Amtsführung sowie ein Mangel an Mechanismen zu deren Kontrolle sorgten für eine starke Stellung des Gremiums in der Gesellschaftsordnung kretischer Politien. Dies drücke sich unter anderem darin aus, dass der Rat gemeinsam mit dem Kosmos in allen wichtigen Fragen probouleutische Autorität besitze und Beschlüsse fasse, denen das Volk dann lediglich zustimme. In der Literatur des 4. Jh. erscheint die Bola also als ein Gremium, dessen Rechte und Pflichten nicht beschrieben waren, und das daher wie aufgrund seiner exklusiven Zusammensetzung ein hohes Prestige und großes Potenzial zur Durchsetzung seines Willens besaß.

Aufgaben und Rekrutierung der Geronten

Verglichen mit diesen literarischen Zeugnissen, die Bericht, Analyse und Bewertung der Stellung und Aufgaben der Ratsversammlungen miteinander verschmelzen, scheinen die Inschriften der archaisch-klassischen Zeit ein sehr viel weniger komplexes

---

2 Hierzu s. das Kapitel *Politeia*.

Bild zu zeichnen. Die früheste Erwähnung eines Rates mögen jene ‚Zwanzig der Polis‘ sein, die uns aus der zweiten Hälfte des 7. Jh. in Dreros bezeugt sind.[3] Sie beschworen gemeinsam mit dem Kosmos und den Damioi ein Gesetz, in dem die Amtsführung des Kosmos geregelt wurde. Da die anderen drerischen Inschriften des 7. Jh. zeigen, dass es außer den hier erwähnten noch andere Institutionen in dieser Polis gab, sollten wir annehmen, dass jene Institutionen, welche diese Inschrift nennt, bewusst dort aufgenommen wurden. Wir sehen hier nur jene Institutionen vor uns, die bei der Ernennung des Kosmos oder der Aufsicht über seine Amtsführung eine Rolle spielten. Ebendiese Aufsichtsfunktion gegenüber dem Kosmos bezeugt eine Reihe von Inschriften auch für die Ratsorgane anderer kretischer Poleis – wodurch wiederum die Wahrscheinlichkeit steigt, dass es sich bei den drerischen ‚Zwanzig der Polis‘ tatsächlich um einen Rat handelt.

So verfügt die um 450 zu datierende Vereinbarung zwischen Argos, Knossos und Tylissos, die Bola von Knossos solle dem Kosmos eine Strafe von zehn Stateren auferlegen, falls dieser nicht seiner Pflicht nachkomme, über die vertraglich festgelegte Gastfreundschaft gegenüber jenen Tylissiern zu wachen, welche sich in Knossos aufhielten.[4] In ähnlicher Weise verfügt eine um 500 aus Lyttos stammende Regelung:

Θιοί· ἔϝ]αδε : Λυκτίοισι : ἀλ⟨λ⟩ο|πολιάταν : ὅστις κα δέκσ[εται] | [ϝέ⟨ρ⟩ρ]εν, : αἰ μὴ ὅσω ⟨ἀ⟩ϝυτός τε : καρτε|ῖ : καὶ τὸς Ἰτανίος · : αἰ δὲ κα [δέκ|σετ]αι : ἢ κοσμίων : ἢ ἀπόκοσμο[ς | ὑπὲ]ρ ϝωλᾶς : ϝαδᾶς : ἑκατὸν λέβητ[ας | τεισ]εῖ : ἑκάστω : ὅσος κα δέκσεται : τ[ού|τος] δὲ οἱ ἐσζικαιωτῆρες : ἐπ‘ ὅ τε [κα | παύ]σεται, : αἴ [κα μὴ ἀ]νίωνται, : π[ὰρ τῶι | ἐπιϝό]ρϝωι ὀ[μίονται ἀπο]δόμεν | [– – –] ὄκος[– – –]ται : τ[– – –

Götter! Die Lyttier beschlossen: Wer einen Fremden aufnimmt, (soll Strafe erlegen), außer (für den,) den er selbst in seiner Gewalt hat, oder einen Itanier. Wenn aber der Kosmos oder der Apokosmos [einen aufnimmt], soll er auf Beschluss der Bola 100 Lebetes zahlen für jeden, den er aufnimmt. (Strafe auferlegen) sollen die Richter jedem, sobald er einen aufnimmt. Wenn sie dies ablehnen, schwören (?) sie, vor dem ‚Wächter‘ – – – Strafe zu bezahlen – – – .[5]

---

3 Koerner 90 = Nomima 1.81 = ML 2 = HGIÜ 1.2. Hierzu s. auch die Ausführungen im Kapitel Institutionen. – Zum Gefüge der Institutionen von Dreros s. Seelentag 2009, 2009a und Veneciano 2010, zu den Inschriften selbst s. Perlman 2004b. – Zur Entwicklung und Institutionalisierung von Adelsräten siehe etwa Stein-Hölkeskamp 1989, 101–3; Welwei 1992, 63–5, Schulz 2011.
4 Knossos, Tylissos, Argos (um 450): IC I.30.1 und I.8.4 = Nomima 1.54.1 und 2 = ML 42 = StV 2.147–8, hier 148.20–2: „Wenn sie aber keine Gastfreundschaft gewähren, so soll der Rat dem Kosmos sogleich eine Strafe von 10 Stateren auferlegen, und der Knossier entsprechend in Tylissos." Zu dieser Regelung s. auch die Kapitel Kosmos und Eleutheros. – Die Einzelheiten dieses in seiner Deutung umstrittenen Vertrages können hier nicht erläutert werden. Dafür s. die unterschiedlichen Deutungen von Kahrstedt 1942; Vollgraff 1948; Gschnitzer 1958, 44–8; Piccirilli 1973, 82–4; Bravo, ASNP 10 (1980) 706, 725; Merrill 1991; Baltrusch 1994, 68–9; Kyriakidis 2012.
5 Koerner 87 = Nomima 1.12 = BCH 109 (1985) 157–88, jeweils mit Diskussion; Übers. nach Koerner. Zum ersten Mal wurde die Inschrift von N. Platon, KPHTIKA XPONIKA 4 (1950) 534–5 erwähnt. Ausführlich besprochen ist dieses Zeugnis auch in den Kapiteln Kosmos und Eleutheros. – Nicht allein der unvollständig erhaltene Zeilenanfang, sondern auch die aus hapax legomena bestehende Formel

Diese Bestimmung ist aus verschiedenen Gründen bemerkenswert. Nicht nur regelt sie den Umgang der Bürger mit Fremden in einer Weise, wie es in Griechenland ohne Parallele war; wir kennen auch keine Entsprechung für den Vorgang, dass Amtsträger einer Polis im Falle ihrer Übertretung eines Verbots härter bestraft wurden als die anderen, ‚normalen' Bürger. Doch auch für die Stellung des Rates in einer kretischen Polis ist diese Inschrift bedeutend. Denn die Beschlussformel macht deutlich, dass es ‚die Lyttier' waren, welche die gesamte Regelung beschlossen hatten, in der das alle Bürger betreffende, generelle Verbot einen Fremden privat aufzunehmen sowie die Art und Weise, wie die Richter dies zu ahnden hätten, formuliert waren. Der mittlere Teil des Gesetzes aber betont, es gehe auf einen Beschluss des Rates zurück, dass Kosmos und Apokosmos für jeden von ihnen aufgenommenen Fremden 100 Lebetes zu entrichten hätten. Das von den Lyttiern beschlossene Gesetz inkorporiert also einen zu einem früheren Zeitpunkt gefassten Beschluss des Rates, der allein dem Gesetzesverstoß genau benannter, hochrangiger Personen galt. Entweder hatte die Boule zuvor einen Beschluss gefasst, der nicht eigens von der Agora verabschiedet werden musste, sondern lediglich in dem nun gefassten Gesetz verzeichnet wurde. Oder aber das Gesetz reflektiert einen probouleutischen Beschluss des Rates bezüglich des Kosmos und Apokosmos, der von den Lyttiern erst noch in Kraft gesetzt werden musste, indem diese ihre Zustimmung zu dem Gesamtgesetz erklärten. Letztere Deutung scheint nicht allein aus inhaltlichen Gründen wahrscheinlicher, sondern lässt sich auch mit der aristotelischen Bemerkung zur Deckung bringen,

---

in Z. 6 stellen uns vor Probleme. Eindeutig scheint jedenfalls, dass ϝαδᾶς eine Ableitung der Wurzel *ϝαδ ist, von der auch das auf Kreta für die Beschlussformel von Regelungen übliche ἔϝαδε stammt. In ihrer ausführlichen Besprechung der Inschrift lesen van Effenterre/van Effenterre 1985 sowie H. van Effenterre 1985 und M. van Effenterre 1989 hier ... ἐ]ορϝωλὰς | ϝαδᾶς und deuten diese Formulierung im Sinne von ἐξούλης νόμος, einem ‚Gesetz über die Vertreibung'. Diese Interpretation kann aus zwei Gründen nicht überzeugen. Zum einen bemühen die Autoren zum Vergleich für diesen Vorgang allein ein Scholion zum fünften Axon Solons, somit eine aus Athen und aus anderer Zeit stammende Parallele, die dort zudem einen genau entgegengesetzten Sachverhalt bezeichnet, nämlich Schutz gegen Vertreibung gewährt. So unterlassen die Autoren, das in dieser Regelung reflektierte Zusammenspiel der Institutionen mit dem ähnlicher Regelungen aus kretischen Poleis selbst zu vergleichen. Überdies, so gestehen van Effenterre/van Effenterre 1985 ein, sei der Ausdruck ... ἐ]ορϝωλὰς oder ἐ] ϱ ϝωλὰς | ϝαδᾶς philologisch schwierig. Auch Bile, BE 1988 Nr. 879 betont, dass man im kretischen Dialekt vor einem Konsonanten wie dem ϝ nicht ἐϱ, sondern ἐς erwarten dürfte. So plädiert sie in ihrer Besprechung von Chadwick 1987 mit diesem denn auch dafür, ὑπὲ]ρ ϝωλᾶς : ϝαδᾶς zu lesen. P. Faurè sprach sich laut van Effenterre 1989, 24 Anm. 6 brieflich für ἀπ]ὸ ϝωλᾶς | ϝαδᾶς aus. Der Stein selbst legt, blicken wir auf die in Kreta und besonders in Lyttos üblichen Buchstabenformen, die Lesung des infrage stehenden Buchstabens als ein ρ nahe, viel eher als ein ϱ oder gar ein ο; vgl. nämlich Jeffery 1961, 308–9; Viviers 1994, 251 und Perlman 2004a, 125–6 Anm. 173 nach einer Autopsie des Steins. Auch Hölkeskamp 1999, 200 mit Anm. 22, diskutiert unter Bezug auf Bile/Hodot 1987, 246 die sprachlichen Voraussetzungen dieser Deutung.

die Volksversammlungen kretischer Politien bestätigen lediglich die Beschlüsse des Rates und des Kosmos.[6]

Nun stellt sich aber die Frage, weshalb dem Rat daran gelegen war, gegenüber Kosmos und Apokosmos eine Strafe zu verordnen, die viel höher gewesen sein dürfte als im Falle eines einfachen Bürgers, obgleich es sich um ein und dasselbe Vergehen handelte, nämlich einen Fremden aufgenommen zu haben. Eine mögliche Antwort auf diese Frage liegt darin, zu klären, wen der Begriff Apokosmos bezeichnete. Die aus sprachlichen und inhaltlichen Gründen mehrheitlich anerkannte Deutung sieht in ihm einen ‚gewesenen Kosmos‘.[7] Tatsächlich ergibt vor dem Hintergrund der literarischen Aussage, die Ratsversammlungen kretischer Poleis bestünden aus ehemaligen Kosmen, die Beobachtung Sinn, dass die Bola ein besonderes Interesse an der Disziplinierung dieser beiden Personengruppen besaß.[8] Die vom Beschluss des Rates gesondert in den Blick Genommenen waren also potenzielle Mitglieder der Bola, die sich dem von Aristoteles und Ephoros angedeuteten Auswahlprozess zum Ratsmitglied noch zu unterziehen hatten.

Es scheint also eine klar definierte Gruppe innerhalb der Polis gegeben zu haben, deren Mitglieder womöglich besondere Vorrechte besaßen, die zumindest aber unter besonderer Aufsicht standen. Sie hatten es in der Vergangenheit vermocht, zum Kosmos gemacht zu werden, und dies bezeugte ihre herausgehobene soziale Position. Nun aber wurden besondere Maßstäbe an ihr Verhalten angelegt. Vor allen anderen Bürgern waren sie für die Wahrung wesentlicher Prinzipien der kretischen Politeia verantwortlich. Sie waren es auch, denen am ehesten die Betätigung als privater Gastfreund, und damit ein für die Aristoi anderer Teile Griechenlands typisches Handeln jenseits des Wohles der Polisgemeinschaft, untersagt werden musste.[9] Und so wurde in der für den soziopolitischen Aufbau kretischer Gemeinwesen wichtigen Frage, wie sich der Einfluss von Fremden begrenzen ließe und wie die Strukturen aristokratischer Gastfreundschaft zu beschränken seien, ein Fehlverhalten der aktuellen und gewesenen Amtsträger der Polis mit konsequenter Härte bestraft. Sollte diese Deutung zutreffen, hielte das lyttische Gesetz also fest, dass die Bola die Regeln für das Verhalten seiner potentiellen Mitlieder festlegte und die Aufsicht über deren Verhalten beanspruchte.[10] Deren Sanktionierung aber übernahm sie nicht. Schließ-

---

6 Hierzu s. die Kapitel *Polis* und *Hetairoi des Hybrias* sowie Seelentag 2013.

7 Die einzige Erwähnung eines Apokosmos neben der vorliegenden bietet ein Gesetz des 4. Jh. aus Axos; Sokolowski 1969, 245–6 Nr. 145.10–9. Hierzu s. P. Gauthier, *BE* (1997) Nr. 450 und Bile 1988, 274 zur Bedeutung der Präfix apo-; anders Papakonstantinou 1996, der nach ausführlicher Diskussion der anderen Deutungen in dieser Bezeichnung einen – wie im drerischen Gesetz über die Iteration des Kosmos reflektiert – ‚unbrauchbar‘ gemachten Kosmos verkörpert sieht. – Hierzu s. das Kapitel *Kosmos*.

8 Arist. pol. 1272a 28–36; Ephor. FGrHist 70 F 149 ap. Strab. 10.4.22.

9 Link 2014.

10 Womöglich handelte es sich nicht allein um potentielle, sondern auch tatsächliche Mitglieder des

lich war der Beschluss des gesamten Gesetzes in die Hände der Bürgerversammlung gelegt, und mit dem Eintreiben der Strafsumme wurden die Richter betraut.[11] Hier trat der Rat selbst also nicht als Vollzugsgremium gegenüber seinen potentiellen Mitgliedern und somit eigenen Statusgenossen auf.[12] Allerdings war es die Verfügung der Bola, die gemeinsam mit der Beschlussfassung der lyttischen Agora der Regel und der institutionellen Macht der Richter Durchsetzung verschaffen sollte.

Eine andere Aufgabe eines Rates ist für das 5. Jh. aus Axos belegt. Hier bestimmt ein Gesetz, dass die Bola einem Fest namens Kydanteia alle drei Jahre 12 Statere zu den Opfern beisteuern sollte.[13] Die lediglich fragmentarisch erhaltene Inschrift erlaubt keine Identifizierung jener Institution, welche für die Regelung verantwortlich zeichnete, was im Übrigen für alle der frühen Regelungen aus Axos gilt. So wissen wir nicht, ob der Rat sich zu diesem Handeln selbstverpflichtet hatte. Da aber keine andere Regelung Kretas den Rat in der Beschlussformel nennt, ist es wahrscheinlicher, dass es die Volksversammlung der Axier war, welche diese Beisteuer des Rates beschloss. Die Kydanteia dürften eine die gesamte Polis betreffende Kultfeier gewesen sein, andernfalls wäre erklärungsbedürftig, warum die Regelung in dieser Form verinschriftlicht wurde; zudem regelt auch schon der erste Teil der Inschrift eine Reihe von die gesamte Polis betreffenden Opferfragen. Der axische Rat tritt hier als eine

---

Rates, sofern diese auch noch nach ihrem Eintritt in den Rat als Apokosmos, also gewesener Kosmos, bezeichnet wurden.

11 Diese Sanktionierung des lyttischen Kosmos durch die Richter ist etwa jenen gortynischen Gesetzen vergleichbar, die den Titas beauftragen, säumige Amtsträger wie den Kosmos und den Xenios zu sanktionieren; IC 4.14g–p und 79 = Koerner 121 und 154 = Nomima 1.82 und 30, s. auch Koerner 1987. Hierzu s. das Kapitel *Kosmos*.

12 Ein Beispiel späterer Zeit bestätigt diese Aufsicht der Bola gegenüber den Oberbeamten. Denn auch im Eid von Dreros, der in das letzte Viertel des 3. Jh. datiert, ist mehrfach von einem Rat die Rede. Unter anderem schwören die Epheben, sie würden die Kosmen der Bola melden, falls jene nicht auch die zukünftigen Epheben eben jenen Eid schwören ließen. Die Bola würde dann jeden der Kosmen mit einer Strafzahlung von 500 Stateren belegen. In diesem Zeugnis soll also der Rat die Sanktionierung vornehmen. Falls die Ratsmitglieder diese Summe aber nicht einsammelten, sollten sie selbst die doppelte Summe schulden, die in diesem Fall von der Institution der ,Einsammler der öffentlichen Gelder' einzutreiben sei. Diese Inschrift fällt zwar nicht mehr in die von dieser Studie betrachtete Zeit; sie dient aber als weitere Bestätigung dafür, dass Ratsorgane kretischer Poleis durchaus dafür verantwortlich sein konnten, den Kosmen Strafen aufzuerlegen und deren Eintreibung zu überwachen; IC 1.9.1.94–136, hier 104, 108 und 129; vgl. Willetts 1955, 182–5 sowie StV 3, 387–9; Austin 1981 Nr. 91, 161–2; Chaniotis 1996 Nr. 7, 195–201, jeweils nur im Auszug, letzterer mit weiteren Literaturhinweisen.

13 IC 2.5.9.11–4 = Koerner 107. – Aus mehreren Gründen erscheint die Deutung unwahrscheinlich, hierin sei eine Verpflichtung des Rates zu sehen, einem Personenverband der Kydanteioi diese Summe zu zahlen. Die Parallele in dem Vertrag zwischen Gortyn und Rhitten, in welchem sich die Rhittenier verpflichten, alle zwei Jahre Opfertiere im Wert von 350 Stateren zum Fest des Zeus vom Ida zu senden, legt nahe, auch in der strukturell ähnlichen Bestimmung von Axos eher den Beitrag zu einem Fest zu sehen; IC 4.80.1–3 = Nomima 1.7 = StV 2.216. Willetts 1955, 108 und Hölkeskamp 1999, 73–7 bieten einen Überblick über die ältere Literatur und deren Einordnung des Gesetzes.

alle Bürger integrierende Institution innerhalb der Polis auf, die verpflichtet wird, zu einem Fest dieser Polis einen Beitrag zu leisten, bei welchem die gemeinsame Identität der Bürger und womöglich deren intentionale Geschichte zelebriert wurde.[14]

Die nächste Inschrift, die ausdrücklich die Existenz eines Rates in einer kretischen Polis bezeugt, stammt aus Gortyn. Diese Regelung, die im 6. Jh. in die Mauer des Pythion geschlagen wurde, ist aber nur in geringen Teilen überliefert. Immerhin scheint deutlich, dass sie etwas über unfreie Woikeis, Heirat und den Übergang von Eigentum verfügt. In diesem Zusammenhang ist die Formel ἐσβολάν nachgewiesen. Jede weitere Interpretation verbietet sich; es wird allein deutlich, dass der Kontext, in dem der Rat hier genannt ist, auf weitere Zuständigkeitsfelder des Gremiums hinweist, die in den eben referierten Inschriften nicht zum Ausdruck kamen.[15]

Außer den bis hierher vorgestellten Zeugnissen sind keine weiteren Erwähnungen einer Bola bezeugt. Doch Ratsorgane in kretischen Poleis scheinen nicht allein mit diesem Begriff bezeichnet worden zu sein. Zahlreiche Beschlüsse vom 6. Jh. bis in die Kaiserzeit erwähnen nämlich Individuen oder Institutionen, die als *preigistoi* oder *prei(s)geia* bezeichnet werden. Hierbei handelt es sich um die kretischen Dialektbezeichnungen für Formen von *presbys*, und in den meisten Zeugnissen denotieren diese Begriffe Gesandte oder eine Gesandtschaft. Nun bezeichnet dieser Begriff im frühen Epos aber (alt)ehrwürdige Männer oder auch die Gruppe der Ältesten, und Tyrtaios nannte die spartanischen Bouleuten *presbygenai gerontes*.[16] In diesem Sinn sollten wir auch die Erwähnungen der Formen von *preigys* in den kretischen Inschriften zumindest der archaischen und klassischen Zeit verstehen, denn in ihnen ist nicht von Gesandten die Rede.

Dass es sich in dieser Zeit bei den *preigistoi* vielmehr um einen ‚Rat (der Ältesten)‘ handelte, zeigt zunächst ein Inschriftenfragment aus der Polis Rhitten, das bereits vom Anfang des 6. Jh. stammt und an zwei Stellen die *preisgeia* erwähnt. Die erhaltenen Zeilen lassen allein erahnen, dass es um die Regelung eines Abstim-

---

14 Über den Charakter und die Relevanz dieses Festes für Axos lässt sich lediglich spekulieren. In seinem Mittelpunkt stand wohl die Verehrung des Heros Kydas oder Kydon, der nach einer Mythenvariation Kydonia gegründet hatte; Paus. 8.53.4. Allerdings waren die beiden Poleis zu weit voneinander entfernt, als dass die axische Regelung etwas mit einem kydonischen Kultfest zu tun gehabt haben dürfte. Nichtsdestotrotz ist möglich, dass Kydas auch in Axos Verehrung genoss.
15 IC 4.23.1 und 4 = Koerner 125 = Nomima 2.25. Mit meiner Deutung folge ich der ersten Lesung von Comparetti, *Mus. It.* 2 (1888) 219–21 Anm. 80, da die Deutung von ἐσβολά im Sinne von ἐξούλη durch van Effenterre/Ruzè in Nomima 2 ad loc. an der oben besprochenen, nicht überzeugenden Lesung von Nomima 1.12 A6 aus Lyttos modelliert ist und zusätzlich auf der irrigen Vorannahme basiert, in Gortyn heiße der Rat allein *preisgeia*.
16 Tyrt. frg. 4 West – Für diese Verwendung des Begriffes etwa in hellenistischer Zeit s. den entsprechenden Indexeintrag in Chaniotis 1996, 513. Vgl. auch Kieckers 1908, 38; Brause 1909, 175–7; Buck 1955, 68–9; Fraenkel 1955; Kapsomenos 1962, bes. 46–9; Masson 1963, 65–8; J. Robert/L. Robert, *REG* 79 (1966) 419–20; Garcia-Ramon 1985 sowie Bile 1988, 341–2 mit zahlreichen Zeugnissen aus Inschriften und Literatur.

mungsverfahrens geht. Denn die Rede ist etwa von der „Abgabe der Stimme" und vom „einstimmigen Missbilligen".[17] Dieser Kontext legt also nahe, dass die Erwähnung der *preisgeia* nicht eine Gesandtschaft bezeichnet, sondern dass eher von einer Institution der Polis die Rede ist, im Sinne des eben Dargelegten wohl von einem Rat. Diese Deutung wird bestätigt durch eine vom Ende des 5. Jh. stammende Inschrift aus Gortyn, die das Abhängigkeitsverhältnis des kleineren Rhitten von Gortyn regelt. Hier ist unter anderem beschrieben, unter welchen Bedingungen der rhittenische Kosmos eine Zwangsvollstreckung durchführen solle. Wenn er aber nicht handele wie verfügt, und die rhittenischen *preigistoi* handelten anstelle des Kosmos, sollten jene straflos ausgehen.[18] Auch bei den hier genannten *preigistoi* handelt es sich nicht um irgendwelche Gesandten, sondern um eine ständige Institution der Polis. Angesichts der inhaltlichen Logik dieser Inschrift, vor allem aber auch wegen ihrer strukturellen Ähnlichkeit mit den oben besprochenen Zeugnissen aus Dreros und Lyttos sowie dem Vertrag zwischen Knossos, Tylissos und Argos, in denen wir sahen, dass dort der Rat die Aufsicht über den Kosmos beanspruchte, sollten wir also auch für Rhitten von der Existenz eines ‚Rates der Ältesten' ausgehen.

Mit Blick auf die homerische Verwendung des Begriffs *presbys* erscheint es wahrscheinlich, ‚Ältester' als dessen ursprüngliche Bedeutung anzusehen. Die in hellenistischer Zeit vielfach zu beobachtende Bedeutung ‚Gesandter' geht wahrscheinlich darauf zurück, dass es vor allem Ratsmitglieder waren, die für die Aufgabe eines Gesandten abgestellt wurden.[19] Aufgrund deren persönlichen Prestiges und des Ansehens der Institution, die sie verkörperten, dürften diese Bouleuten es vermocht haben, in der Rolle eines Abgesandten auch in einer anderen Polis mit der notwendigen Autorität aufzutreten.[20] Unterstützt wird diese Deutung, dass die *preigistoi* und

---

17 IC 1.28.7 = Koerner 100 = Nomima 1.63 = LSAG 315 Nr. 1c. Die vorletzte Zeile der Inschrift setzt überdies die πρεσγήϊα in den Dativ, also in jenen Fall, welchen die kretischen Beschlussformeln oftmals für das gedankliche Subjekt verwenden (etwa „es gefiel dem Rat"). Eine ausführliche Diskussion dieser Quelle bietet der Abschnitt zur Mehrheitsentscheidung im Kapitel *Agora*.

18 IC 4.80.11–2 = Nomima 1.7 = StV 2.216; zur historischen Einordnung s. Gschnitzer 1958, 41–3; van Effenterre 1993; Perlman 1996 und Gehrke 1997, 58; vgl. IC 4.184 und dazu SEG 23.589. Außerdem s. Willetts 1955, 144–5 zu möglichen Rückschlüssen, welche der Befund des 2. Jh. auf frühere Jahrhunderte gestatten mag. – de Sanctis 1930, *RivFil* 58, 483–5 sieht in den *preigistoi* eine von Gortyn in Rhitten eingesetzte Exekutivbehörde. Dies ist allerdings unwahrscheinlich angesichts ihres großen Einflusses als Korrektiv der Kosmen; zudem verstieße es gegen das Prinzip der von Gortyn den Rhitteniern in diesem Vertrag formal gewährten Autonomie.

19 So Willetts 1955, 144–5 und Chaniotis 1996, 419. – In hellenistischer Zeit muss ein solcher Abgesandter nicht mehr unbedingt ein Mitglied des Rates gewesen sein. Im Zuge der sich immer weiter ausdifferenzierenden Strukturen politischer Organisation mag sich die Bezeichnung von den Alten auf eigens für solche Missionen ausersehene Funktionsträger übertragen haben.

20 Allerdings sehen wir auch noch im kaiserzeitlichen Kreta den Begriff durchaus in seinem ursprünglichen Sinn verwandt, etwa in einem Ausdruck wie βουλῆς πρήγιστος; IC 3.3.7.23, Hierapytna im 2. Jh. n.Chr. – Noch im späten 3. Jh. konnte der Begriff sowohl die Gruppe der Ältesten als auch

die *preisgeia* der archaisch-klassischen Inschriften nicht etwa Gesandte, sondern der Rat einer Polis waren, natürlich auch von den oben zitierten Zeugnissen des Aristoteles und Ephoros, die festhalten, bei den Ratsmitgliedern in kretischen Poleis habe es sich um *gerontes* gehandelt. So ist es plausibel, dass ein Rat in seiner Bezeichnung das hohe Alter seiner Mitglieder widerspiegelte.

Es bezeugen also mehr Inschriften die Existenz von Ratsgremien in verschiedenen Poleis, als die wenigen expliziten Erwähnungen einer Bola es zunächst vermuten lassen. Und doch sind es insgesamt nur diese wenigen Zeugnisse. Wenn der Rat doch eine so bedeutende Rolle in kretischen Poleis spielte, wie die literarischen Quellen behaupten, sollten wir angesichts der uns überlieferten Anzahl fragmentarisch erhaltener Gesetze aus vielen Gemeinwesen, die mit Fragen der öffentlichen Organisation befasst sind, eine größere Prominenz des Gremiums wohl erwarten dürfen. Erstaunlich scheint vor allem, dass die zahlreichen Inschriften Gortyns nicht häufiger einen Rat nennen. Anhand des gortynischen Materials sehen wir aber auch, dass die seltene Erwähnung einer Institution in den uns erhaltenen Inschriften keinesfalls als Beweis ihrer Irrelevanz oder gar ihres Fehlens im institutionellen Gefüge der Polis gelten darf, und zwar im Falle der Volksversammlung. Denn bis zum 5. Jh. enthält keine gortynische Inschrift eine jener einleitenden Formeln, die in anderen Poleis bezeugen, wer als der Urheber der nämlichen Regelungen verantwortlich zeichnete, also etwa „es gefiel der Polis" oder „es gefiel den Lyttiern". Erst dann bezeugt eine Inschrift, „die Gortynier" hätten nämliches Gesetz im Zuge einer Abstimmung beschlossen. Davor gibt es kein eindeutiges Zeugnis für eine entsprechende Funktion der Volksversammlung.[21] Und doch würde niemand so weit gehen, die Relevanz oder gar Existenz der gortynischen Volksversammlung vor der Mitte des 5. Jh. zu bestreiten.[22]

Gesandte bezeichnen. Dies legt ein Vertrag zwischen Eleutherna und der abhängigen Gemeinde der Artemitai nahe; IC 2.12.22 = Chaniotis 1996, Nr. 68. Hierin ist die Rede von einer ϝικατιετία καὶ πρεσγη[ία]. Der erste Begriff bezeichnet die Altersklasse der Jüngeren, die in ihren zwanziger Jahren sind; der zweite die Altersklasse der Ältesten. Deren Alter können wir sogar noch näher eingrenzen. Denn diese Inschrift scheint die Stellung von Hilfstruppen zu regeln. Nun gehörten im Normalfall die unter dreißigjährigen Männer nicht zum regulären Aufgebot der Polis. Wenn es hier also um sie geht, und die ‚Ältesten‘ ihnen in ein und demselben Sachverhalt an die Seite gestellt werden, ist anzunehmen, dass es sich auch bei jenen um Männer handelt, die ebenfalls nicht zum regulären Aufgebot gehörten; und dies waren im Regelfall die Greise über sechzig. Zu dieser Inschrift s. die Diskussion bei Chaniotis 1996, 405–6 gegen Masson 1963, 65–8; Davaras 1980, 5–7; Guarducci 1935, 163 und Bile 1988, 341, die das Wort auch in diesem Fall als ‚Gesandte‘ übersetzen. – Ein anderer Fall ist in einem im 3./2. Jh. geschlossenen Vertrag zwischen Gortyn und den Bewohnern der Insel Kaudos verzeichnet; IC 4.184 = Chaniotis 1996, Nr. 69. Hier ist die Rede davon, dass sich auf Kaudos ein gortynischer *preigistos* befand, der den Bewohnern der Insel gegenübergestellt war und in dem ein mit konkreten Aufgaben betrauter Gesandter zu sehen ist.

21 IC 4.78 = Koerner 153 = Nomima 1.16; hierauf weist Perlman 2002 hin. – Hierzu s. das Kapitel *Agora*.
22 Zahlreiche Regeln aus ganz verschiedenen Poleis zeigen, dass dort jeweils die Volksversammlung für die Beschlüsse und deren inschriftliche Fixierung verantwortlich zeichnete. Gortyn stellt in dieser

Angesichts der zitierten Aussagen von Ephoros und Aristoteles, dass die Volksversammlung jene Anträge beschloss, die der Rat zuvor gemeinsam mit dem Kosmos beraten und beschlossen hatte, sollte die seltene Erwähnung von Bola oder Preisgeia in den kretischen Inschriften nicht überraschen. Wenn die Ratsorgane im Prozess der Gesetzgebung nämlich nominell allein eine beratende Funktion hatten, und die Gesetze vom Kosmos vor die Agora gebracht wurden, dann dürfen wir den Rat in den einleitenden Formeln der Gesetze, die deren Urheber oder Anträger nennen, nicht erwarten. Ähnliches wird im Falle Spartas deutlich; denn selbst jene Quellen, welche die dortigen Entscheidungsprozesse umfänglicher schildern, messen der Gerusia geringe, der Apella aber große Relevanz bei. Und doch zeigte die Forschung, dass dieser Befund uns nicht zu Trugschlüssen bezüglich des tatsächlichen Machtgefüges in Sparta verleiten sollte. Denn neben den innerhalb der Volksversammlung bestehenden Hierarchien und der intensiven Sozialisation des spartanischen Demos, den Ältesten zu gehorchen, war es vor allem die Art der Rekrutierung der Geronten, welche dem Rat große Autorität im institutionellen Gefüge des spartanischen Kosmos sicherte.[23]

Blicken wir im Folgenden also auf eine Reihe der von Aristoteles und Ephoros genannten Eigenschaften von Ratsorganen, nämlich Alter und Art der Rekrutierung der Bouleuten sowie die Größe des Rates, um das Ausmaß der persönlichen Macht der Ratsmitglieder und der institutionellen Macht der Bola selbst näher zu bestimmen. Wie wir sahen, berichtet Aristoteles, Ratsorgane in kretischen Poleis setzten sich aus den gewesenen Kosmen zusammen. Auch Ephoros bietet diese Information, ergänzt sie aber, wenn er betont, in den Rat würden nur diejenigen ehemaligen Kosmen aufgenommen, die auch sonst als bewährt betrachtet würden.[24] Dieses Verfahren ist in mehrfacher Hinsicht bemerkenswert. Die Welt der frühen griechischen Polis bietet sehr unterschiedliche Modelle der Besetzung von Ratsorganen, und so galten Art und Zusammensetzung einer Boule nicht allein der staatphilosophisch interessierten Literatur des 4. Jh., sondern auch der modernen Forschung als wichtiges Merkmal für

---

Hinsicht tatsächlich einen Sonderfall dar; hierzu s. Perlman 2002. Allerdings zeigt das Kapitel *Agora*, dass wir den in gortynischen Inschriften gebrauchten Begriff der ‚Agora‘ nicht allein als Versammlungsort der Bürger, sondern als deren Menge überhaupt deuten müssen.

23 Hierzu s. Andrewes 1966; David 1991, 27; Schmitz 2003; Link 2008a und zusammenfassend Timmer 2008, 65–7.

24 Arist. pol. 1272a 35; Ephor. ap. Strab. 10.4.22. – Kirsten 1942, 157 geht davon aus, dass letztere Aussage allein die grundsätzliche Ratswürdigkeit sämtlicher ehemaligen Kosmen bezeichne. Dagegen spricht aber die ausdrückliche Differenzierung des Ephoros. – Die fragmentarische Überlieferung lässt uns im Unklaren, wer darüber entschied, ob ein gewesener Kosmos für den Rat geeignet war, und nach welchen Kriterien diese Entscheidung getroffen wurde. Link 1996, 112 vermutet jenes Verfahren, wie es vermeintlich auch für die Bestimmung der Kosmen zum Einsatz kam, nämlich den ‚Zuruf‘ der stimmberechtigten Männer, also der Agora; dies sei ja auch im Falle der spartanischen Gerusia der Fall gewesen.

die Kategorisierung einer Politie. Generell ist zu sagen, dass in Politien, die traditionell als eher ‚demokratisch' eingestuft werden, der Kreis der für eine Mitgliedschaft im Rat infrage kommenden Bürger recht groß und die Amtszeit der Bouleuten auf eine recht kurze Zeit begrenzt war. In Politien, die traditionell als eher ‚oligarchisch' gelten, setzte sich der Rat oftmals allein aus Angehörigen der an materiellen Gütern und Einfluss reichen Eliten zusammen. Deren Amtszeit war lang bemessen, oft auf Lebenszeit, sodass auf diese Weise der Rat neben der Volksversammlung erheblichen Einfluss erlangte.[25] Einige Beispiele mögen die Vielfalt der Rekrutierungsverfahren für Ratsgremien in griechischen Poleis illustrieren.

Während die meisten homerischen Räte die Oberhäupter aller reichen Familien versammelten und die Zahl der Prominenzrollen in diesen gesellschaftlichen Konstellation also schwankte, entstanden in verschiedenen Poleis ab dem 7. Jh. Gremien mit einer klar festgelegten Anzahl von Mitgliedern, mit definierten Zulassungskriterien und Kompetenzen. In Chios etwa ist für das zweite Viertel des 6. Jh. eine βολὴ δημοσίη nachgewiesen, deren Mitglieder in ihrer Zahl begrenzt waren und turnusmäßig durch Wahl bestimmt und paritätisch von den Phylen gestellt wurden. In Sparta stand die Mitgliedschaft in der Gerusia, die neben den beiden Königen weitere 28 Mitglieder umfasste, theoretisch allen Bürgern offen, denn Voraussetzung war allein ein Lebensalter von 60 Jahren. Doch trotz dieser geringen Zulassungsbeschränkung blieb die spartanische Gerusia ein exklusives Gremium, das sich aus den Angehörigen jener adligen Geschlechter rekrutierte, die sich auch in dieser von der Ideologie der Homoioi geprägten Gesellschaft nachweisen lassen.[26] In Elis schließlich, so berichtet Aristoteles, erfolgte die Wahl der auf Lebenszeit bestellten 90 Geronten, welche die Boule bildeten, nach dem dynastischen Prinzip. Auch hier scheint nur eine kleine Gruppe von Familien die Ratsmitglieder gestellt zu haben; deren Mitgliedschaft in dem Gremium scheint aber nicht an eine vorhergehende Bekleidung des Oberamtes gebunden gewesen zu sein.

Im Athen der vorsolonischen Zeit setzte sich der Areopag wohl aus der Gesamtheit der gewesenen Archonten zusammen und damit Trägern eines Amtes, dessen Besetzung allein den Angehörigen der führenden Familien vorbehalten war. Nach

---

25 Wie wenig analytisch aussagekräftig diese Kategorien sind, erörtern das Kapitel *Hetairoi des Hybrias* und Seelentag 2013. – Zur Entwicklung von Ämtern und Institutionen in der frühen Polis s. Stein-Hölkeskamp 1989, 94–103 und Hölkeskamp 2003 mit wichtigen Ausführungen zum Konzept der Institutionalisierung, basierend auf den theoretischen Fundament von Luhmann 1970; Schelsky 1970b; Berger/Luckmann 1980 sowie den Beiträgen in Melville 1992. Daneben s. Welwei 1992, 491–2 und 1998, 60–72 sowie 2011, 65–96; Walter 1993; Stahl 2003, 201–12; und Hall 2007, 120–37.

26 Homer: Schulz 2011. – Chios: Koerner 61 = Nomima 1.62 = ML 8; hierzu s. *ABSA* 1956, 157–67; Jeffery 1956; Gehrke 1993, 51–3; Walter 1993, 89–97; Welwei 1998, 260–2; Hölkeskamp 1999, 80–6. Ob dieser Rat im Zuge einer Reform neben einen älteren Adelsrat getreten war, ist ungeklärt. – Sparta: s. etwa Nafissi 1991; Flaig 1993; Link 1994a; Thommen 1996 und 2003; Meier 1998; Luther 2004; Schulz 2011; zur Altersgrenze s. Timmer 2008.

den solonischen Reformen war es die Größe des Besitzes eines Mannes, die über seine Zulassung zum Archontat entschied. Wahrscheinlich durfte ein Athener nur einmal in seinem Leben ein Archontenamt bekleiden, und mit dem Ende ihrer Amtszeit traten alle gewesenen Beamten in den Areopag ein und gehörten ihm fortan auf Lebenszeit an.[27] Laut den literarischen Zeugnissen verbanden Räte in kretischen Poleis bei der Rekrutierung seiner Mitglieder also das dynastische Prinzip, welches Aristoteles am Beispiel von Elis so verdammte, weil es allein die Angehörigen sehr weniger Familien bevorzugte, mit dem Prinzip der vorherigen Bewährung im obersten Amt der Polis. Doch anders als in Athen wurden nicht alle gewesenen Amtsträger in den Rat aufgenommen, sondern nur ausgewählte – allerdings entziehen sich die Umstände dieser Selektion unserer Kenntnis. Durch die eigentümliche Kombination dieser Kriterien waren Räte in kretischen Poleis wohl eine derart exklusive Versammlung, wie wir in der griechischen Welt keine andere kennen.

Es ist plausibel, dass es tatsächlich einen Auswahlprozess unter den gewesenen Kosmen gab; dass ein solcher nicht etwa von Ephoros erfunden wurde, der immerhin unsere einzige Quelle für diese Information ist. Es gibt nämlich Hinweise darauf, dass die Mitglieder kretischer Ratsgremien bereits von fortgeschrittenem Alter waren, was darauf hindeutet, dass ein Mann nicht unmittelbar nach der Bekleidung des Oberamtes in den Rat gelangte, sondern erst im Alter. Darüber hinaus ist angesichts der Aufgaben dieser Ratsgremien wahrscheinlich, dass es sich in den meisten kretischen Poleis um einen kleinen Rat handelte; und dies deutet darauf hin, dass nicht alle gewesenen Kosmen in das Gremium aufgenommen wurden. Die Kombination dieser Beobachtungen lässt die Aussage des Ephoros, es habe eine Selektion unter den ehemaligen Kosmen für die Mitgliedschaft im Rat gegeben, durchaus möglich erscheinen. Beginnen wir also mit den Aussagen des Aristoteles und Ephoros, es habe sich bei den Mitgliedern des Rates in kretischen Poleis um Alte gehandelt, um ein *synhedrion* beziehungsweise eine *arche* der Geronten, welche Namen und Funktion mit den spartanischen Geronten gemeinsam habe.[28] Hier erhalten wir die wichtige Information, dass neben der Herkunft aus einer der führenden Familien, der voran gegangenen Bekleidung des Kosmosamtes sowie eines anschließenden Selektionsprozesses auch hohes Lebensalter ein unabdingbares Kriterium für die Bekleidung einer Position im Rat war. Wenn wir den Vergleich der kretischen Geronten mit den spartanischen ernst nehmen, deren Mindestalter 60 Jahre war, hieße dies, dass die Zahl jener, die für die Ratsmitgliedschaft in einer kretischen Polis infrage kamen, aufgrund dieses

---

27 Elis: Arist. pol. 1306a 12–14; hierzu Welwei 1998, 63–5, 262–5. Der im 5. Jh. belegte Rat der 500 scheint die Ausweitung der Mitgliedschaft in diesem Gremium auf weitere Teile der Bevölkerung zu bezeugen. – Athen: Arist. Ath. pol. 3; 7.3–8.1; s. etwa Wallace 1985, aber auch Forrest/Stockton 1987. – Einen Überblick über die Räte verschiedener Poleis bieten etwa Busolt/Swoboda 1920–26, 361–5; Ehrenberg 1969, 59–65 und Welwei 1999, 25–65; eine Einordnung von Ratsorganen in das Institutionengefüge einer Reihe von Politien bietet Schmitz 2008.
28 Arist. pol. 1272a 5–10, a 30–35; Ephor. ap. Strab. 10.4.18 und 22.

Altersgebotes noch weiter eingeschränkt wurde, dass der Kreis der Bouleuten also noch exklusiver war. Dass die literarischen Quellen die Bezeichnung und Funktionen kretischer Räte nicht allein anhand der entsprechenden Institution in Sparta modellierten, macht die Zusammenschau des inschriftlichen und literarischen Befundes deutlich.[29] Immerhin erwähnen, wie oben gezeigt, zahlreiche Inschriften vom 5. bis zum 1. Jh. Individuen und Institutionen, die als ‚Älteste' bezeichnet werden und die wir am ehesten als Ratsmitglieder identifizieren sollten.

Dies mag als eine Bestätigung dafür dienen, dass es in kretischen Poleis tatsächlich Ältestenräte gab – zumindest dafür, dass für die Ratsgremien dieser Poleis das Prinzip der relativen Seniorität seiner Mitglieder galt. Denn ein solcher ‚Ältestenrat' muss nicht unbedingt ein hohes biologisches Alter seiner Mitglieder voraussetzen. In den homerischen Epen etwa wird die Bezeichnung ‚Geronten' durchaus auch für Helden wie Odysseus und sogar Diomedes verwendet, die im Vergleich zu wirklichen Greisen, wie einem Nestor oder Idomeneus, noch sehr jung waren.[30] Und in Sparta galt das Prinzip, dass ein jeder Jüngere einem Älteren den Weg freizugeben und vor einem Älteren aufzustehen hatte. Allerdings hatte er dies auch vor den Königen zu tun, die ihre Position üblicherweise durchaus nicht erst in einem biologisch derart fortgeschrittenen Alter bekleideten, aber trotzdem Mitglieder der Gerusia waren. Sie genossen also durch ihre Funktion gleichsam das Ansehen von Älteren. In diesen beiden Fällen war ‚hohes Alter' eine soziale Konstruktion, gleichbedeutend mit ‚im Besitz großer Autorität wie ein Ältester'. In jedem Fall lassen diese Zeugnisse und eben auch die Beschreibung kretischer Räte das Prinzip einer anerkannten relativen Seniorität der Geronten im Verhältnis zu den in ein System von Altersklassen eingeordneten Jüngeren und damit Rangniederen erkennen.

Allerdings betont Aristoteles, die kretischen Geronten hätten ihre Funktion auf Lebenszeit bekleidet. Dies lässt – selbst wenn es in kretischen Poleis keine klare Altersgrenze von zum Beispiel 60 Jahren wie in Sparta gegeben haben sollte – ein hohes Durchschnittsalter dieser Bouleuten zwingend erscheinen.[31] Anknüpfend

---

29 Die vollständige Abhängigkeit der literarischen Tradition zu Kreta von den Verhältnissen in Sparta betont Perlman 1992 und 2005; gegen diese Deutung beziehen Link 2002 und 2008 sowie Chaniotis 2005 Stellung. Diese methodische Frage diskutiert ausführlich das Kapitel *Politeia*.
30 s. etwa Hom. Il. 2.404–8, 9.57–8, 14.112. Zu Sparta s. David 1991; Schmitz 2006, 97 und 2003, bes. 98 mit Hinweisen; sowie Timmer 2008, *passim*; Schulz 2011.
31 Das beste Material für eine Berechnung des Durchschnittsalters von Ratsmitgliedern, die ihre Funktion auf Lebenszeit bekleideten, bietet der athenische Areopag. Unabhängig davon, ob man von einem durchschnittlichen Eintrittsalter von 40 oder auch nur 30 Jahren für die gewesenen Archonten in den Rat ausgeht, ergibt sich ein Durchschnittsalter für die Areopagiten von 57 beziehungsweise 52 Jahren, und zwei Fünftel von ihnen müssen über 60 Jahre alt gewesen sein. Wenn diese Altersstruktur selbst für einen Rat zutrifft, von dem wir sicher wissen, dass für ihn kein hohes Eintrittsalter galt, dürfte in kretischen Poleis das Durchschnittsalter der Geronten also noch höher gewesen sein. Timmer 2008, 45–6 bietet Hinweise auf die diesen Berechnungen zugrunde liegenden demographischen Modelle und weitere Literatur.

hieran lässt sich diskutieren, dass nicht allein die privilegierte Herkunft der Ratsmitglieder und das von ihnen im Laufe ihres Lebens angehäufte soziale Kapital, sondern bereits ihr fortgeschrittenes Alter an sich zur institutionellen Macht der Bola beitrug. Denn in kretischen Poleis machte die Ausprägung gewisser sozialer und wirtschaftlicher Strukturen es einem Greis möglich, auch über die Grenze von 60 Jahren hinaus in der Gesellschaft Ansehen zu genießen und Einfluss auszuüben. Die grundsätzliche Achtung vor Älteren war ein Strukturmerkmal der in Altersklassen unterteilten Gesellschaft kretischer Poleis. Stets wurden den jüngeren und den älteren Knaben, den Agelasten und den Neoi sowie schließlich den erwachsenen Männern, die ebenfalls in verschiedene Altersklassen eingeteilt waren, die von der Polis vorgegebenen Möglichkeiten und Beschränkungen ihrer jeweiligen Lebensphase vor Augen geführt. Die grundsätzliche Achtung vor den Angehörigen höherer Altersklassen, an deren Endpunkt die Greise standen, war also ein wesentliches Ziel der Sozialisation.[32]

Darüber hinaus war die Achtung vor dem Alter an sich ein Resultat der wirtschaftlichen Strukturen kretischer Gemeinwesen. Griechische Poleis in archaischer und klassischer Zeit waren allesamt agrarisch geprägte Gesellschaften; der typische Bürger war ein Bauer, der sein eigenes Land bewirtschaftete. Und so endete die einflussreiche Position eines Mann in der Nachbarschaft wie auch in der Polisgemeinschaft mit der Übergabe seines Hofes an den Sohn, wenn dieser um 30, der Vater um 60 Jahre alt war. Dieser erzwungene Rückzug auf das Altenteil sorgte in beinahe allen Poleis für eine Marginalisierung der Alten, da sie fortan auf den guten Willen des Sohnes angewiesen waren. Sie hatten nicht allein im Oikos ihre Autorität verloren, sondern damit auch in der Gemeinschaft.[33] In Kreta allerdings – hierin Sparta ähnlich – sorgte die Bestellung des Landes durch Unfreie für die Sicherung des Lebensunterhaltes der Alten. Jene waren also nicht auf ihre eigene, im Alter nachlassende Arbeitskraft angewiesen. Diese Sicherung der wirtschaftlichen Existenz war die Voraussetzung für die gesellschaftliche Achtung der Alten auch über jene Altersschwelle hinaus. Allein unter solchen strukturellen Voraussetzungen waren die Achtung des Alters an sich und der davon ermöglichte politische Einfluss der Greise möglich, die in anderen griechischen Gesellschaften aufgrund ihrer materiellen und sozialen Marginalisierung eine prekäre Existenz fristeten.

Nun war diese Prekarität in erster Linie ein Problem der sich selbst versorgenden Vollbauern und nicht der Eliten. Deren wirtschaftliche und soziale Stellung beruhte zwar auch auf Landeigentum, doch mussten sie selbstverständlich nicht selbst Hand

---

32 Hierzu s. das Kapitel *Paideia*. – Für die bezüglich der gesellschaftlichen Rolle der Alten strukturell ähnlichen Verhältnisse in Sparta, s. Schmitz 2003, 2005, 2006 und 2009. Sparta unterschied sich von kretischen Poleis allerdings durch seine konsequentere Abschaffung der Familie als rechtlicher Gemeinschaft, was den Respekt vor den Vertretern höherer Altersklassen und damit die Macht der Greise noch erheblich größer werden ließ.
33 Zu diesen Strukturen s. maßgeblich Schmitz 1999 und 2004; Brandt 2002, bes. 24–9, 41–9; Timmer 2008; sowie Wagner-Hasel 2012; vgl. Timmer 2009 konzis zu den Verhältnissen in Rom.

anlegen, sondern überließen dies Sklaven, Gesinde und Tagelöhnern.[34] Und so gab es in zahlreichen griechischen Gesellschaften Ratsgremien, deren Mitglieder diese Funktion auf Lebenszeit ausübten. Allein, hier knüpfte sich deren Ansehen vor allem an Herkunft und eigene Verdienste, und es war der Reichtum einiger weniger Oikoi, der deren Herren auch über das Alter von 60 Jahren hinaus ein bequemes Auskommen und politischen Einfluss erlaubte. Doch in Gesellschaften wie der spartanischen oder denen kretischer Gemeinwesen gründete die Autorität eines Alten und eines ganzen Gremiums von Alten ganz wesentlich in der auf breite gesellschaftliche Basis gestellten Akzeptanz und Hochachtung hohen Alters an sich. Kurzum, ein Rat aus alten Aristoi besaß in diesen Gesellschaften größere Autorität als ein Rat aus jüngeren Aristoi sie hätte besitzen können.

Platon reflektiert diese in der kretischen Gesellschaft ausgeprägte Achtung vor den Greisen und deren maßgebliche Rolle in der Mitgestaltung der Politeia, wenn er in den *Gesetzen* den Athener zum Kreter Kleinias sagen lässt:

> Bei euch ist doch wohl eines der schönsten Gesetze dies, dass man keinem jungen Mann gestatten dürfe, dem nachzuforschen, was an den Gesetzen gut ist oder nicht. (...) Wenn aber ein Greis irgendetwas an Euren Gesetzen bemerkt, so solle er solche Reden vor einem Beamten und vor einem Altersgenossen ohne Gegenwart eines jungen Mannes führen.[35]

Die an das Überschreiten einer recht hohen Altersgrenze gebundene Rekrutierung kretischer Ratsmitglieder führte dazu, dass in die Bola allein Männer aufgenommen wurden, die den intensiven Sozialisationsprozess ihrer Gemeinschaft bereits jahrzehntelang erfolgreich durchlaufen hatten. Dies sorgte innerhalb des Gremiums für ein hohes Maß ethischer Homogenität, neben der eine dort wohl ebenso herrschende wirtschaftliche Homogenität stand. In den kretischen Andreia etwa speisten jüngere und ältere Männer gemeinsam. Damit bildeten die Hetairoi sehr heterogene Gruppen, hinsichtlich ihrer wirtschaftlichen Möglichkeiten und ihres persönlichen Ansehens, wie auch hinsichtlich ihrer bis dahin erfolgten Sozialisation und der gesellschaftlichen Rolle, die sie aufgrund ihrer aktuellen Altersklasse wahrnahmen. Anders stand es um die Ratsgremien, deren Mitglieder sämtliche Altersklassen vor dem Greisenalter bereits durchlaufen hatten. Wiederholt vor die normativen Anforderungen der jeweiligen Altersklasse gestellt, hatten sie sich immer wieder als guter Bürger

---

34 Bereits in den homerischen Epen sind Greise wie Nestor und Priamos trotz ihrer längst schon offensichtlich gewordenen Schwäche im Kampf von hohem Wert für die Gemeinschaft, etwa wenn sie eine Debatte leiten, Streit schlichten oder einen Ratschlag auf Grundlage ihrer Lebenserfahrung geben. Doch neben einem alten Helden wie Aigyptos, der sich in der Versammlung der Ithakesier heraushebt, gibt es eben doch auch einen Laertes, der, obschon vormaliger Oberbasileus von Ithaka, nun auf dem Altenteil in bescheidener Existenz seinen Garten bestellt.
35 Plat. leg. 634d–e.

erwiesen.[36] Die hiervon garantierte ethische Homogenität der Ratsmitglieder beförderte deren Bereitschaft und Fähigkeit zum Konsens, wodurch wiederum die Transaktionskosten einer politischen Entscheidung erheblich sanken.

Diese Homogenität mag allerdings auch zu geringeren hierarchischen Unterschieden zwischen den kretischen Geronten geführt haben als sie etwa zwischen den athenischen Areopagiten herrschte. Alle Mitglieder kretischer Bolai dürften über annähernd ähnliche Autorität und eine im Gremium ähnlich gewichtige Stimme verfügt haben. Dadurch konnten sie auch einander entgegengesetzte Präferenzen mit ähnlicher Intensität vertreten, was die Konsensentscheidung potentiell verlängerte. Daher erscheint es plausibel, dass die Räte kretischer Poleis relativ kleine Gremien waren, um den Zeitaufwand der Entscheidungen möglichst gering zu halten.[37] Schließlich mussten die Geronten nicht nur untereinander, sondern auch zusammen mit dem Kollegium des Kosmos, zu einer konsensualen Entscheidung gelangen, um einen derart beschlossenen Antrag der Volksversammlung vorlegen zu können.[38] Und von einem kleineren, dem Rat in probouleutischer Funktion vorgeschalteten Gremium, wie es uns etwa in Form der athenischen Prytanen bekannt ist, berichten weder die literarischen noch die inschriftlichen Zeugnisse.[39]

Letztlich ist festzuhalten, dass das in literarischen wie inschriftlichen Zeugnissen reflektierte hohe Alter der Ratsmitglieder in Verbindung mit deren wahrscheinlich geringer Anzahl, die aus der hohen Altersgrenze wie aus der Notwendigkeit resultierte, den Kreis der Entscheider möglichst klein zu halten, jenen von Ephoros erwähnten Auswahlprozess der Bouleuten aus dem Kreis der gewesenen Kosmen sehr plausibel erscheinen lässt.

---

36 Im athenischen Areopag dagegen mischten sich Männer ganz unterschiedlichen Alters, da für die Archonten lediglich eine Altersgrenze von wohl mindestens 30 Jahren galt und sie nach Ablauf ihrer Amtszeit in den Areopag eintraten, dem sie dann auf Lebenszeit angehörten.

37 Hierin waren die Bolai in kretischen Poleis der spartanischen Gerusia vergleichbar, die immerhin nur 30 Mitglieder umfasste, nämlich 28 Greise und die beiden Könige. – Wie aufschlussreich archäologische Befunde für die Größe und Organisation eines kretischen Ratsgremiums sein können, ist fraglich; s. etwa die in struktureller Hinsicht einander ähnlichen Gebäude wie einerseits Herdhäuser verschiedener Poleis, wie etwa Dreros, Prinias und Arkades; und andererseits das öffentliche Gebäude D500 von Azoria aus dem 6. Jh. sowie den architektonischen Komplex des Prytaneion von Lato, wohl aus dem 4. Jh. Hierfür s. Ducrey/Picard 1972; Miller 1978, 82; Treheux 1984; Prent 2005; Haggis et al. 2007, 295–301.

38 So zumindest betonen es die literarischen Quellen, und in diesem Licht ergeben auch die Beschlussformeln kretischer Inschriften Sinn; hierzu s. die Kapitel *Polis* und *Hetairoi des Hybrias* sowie Seelentag 2013.

39 Sealey 1969; Laix 1973. – Keine Quelle äußert sich ausdrücklich zur Größe einer Bola. Allein die inschriftlich nachgewiesenen ‚Zwanzig der Polis' im Dreros des 7. Jh. sind womöglich ein in seiner Mitgliederzahl zu beziffernder Rat.

Die Macht der Geronten

Wie gesehen, nennen nur wenige der uns erhaltenen Inschriften überhaupt einen Rat, ob dieser nun Bola oder Preisgeia genannt wird. Die literarischen Zeugnisse dagegen berichten von einer bemerkenswerten Macht des Rates in kretischen Poleis, wenn Ephoros betont, die Ältesten würden als Ratgeber bei den wichtigsten Angelegenheiten heran gezogen, und Aristoteles dies ergänzt, die Volksversammlung bestätige lediglich, was Kosmos und Rat zuvor beschlossen hatten. Dabei entscheide das Gremium nicht nach den geschriebenen Gesetzen, sondern nach dem eigenen Gutdünken, und seine Mitglieder unterlägen keiner Rechenschaftsprüfung.[40]

Nun sollten wir diese Kritik an der kretischen Politeia wohl vor dem athenischen Hintergrund des Aristoteles mit seinem institutionalisierten Rechenschaftsverfahren lesen und womöglich relativieren. Athen unterzog seine Amtsträger nach dem Ende ihrer Amtszeit automatisch einer Prüfung. Ein solches Verfahren scheint es auf Kreta in dieser Form nicht gegeben zu haben; allerdings hatte vor dem strengen Blick des Aristoteles nicht einmal die in Sparta übliche Prüfung der Amtsträger durch die Ephoren Bestand. Doch seine Klage spiegelt auch wider, dass die fehlende Zuweisung von Aufgaben für kretische Räte eben auch das Fehlen klarer Grenzen für deren Kompetenzen und Handeln bedeutete. Stattdessen traten die Geronten als ein rein beratendes Gremium auf, das in allen wichtigen Angelegenheiten Mitsprache beanspruchte.[41] Genau deshalb wird die Bola in den Beschlussformeln der Gesetze nicht erwähnt. Der Rat trat nicht vor die Agora. Dies tat allein jener Funktionsträger beziehungsweise jenes Kollegium, welches die Agora einberufen hatte. Es waren wohl die Kosmen, welche die zuvor gefassten Beschlüsse vortrugen und zur Abstim-

---

40 Arist. pol. 1272a 38: μὴ κατὰ γράμματα ἄρχειν ἀλλ᾽ αὐτογνώμονας. – Indem die kretischen Ratsherren hohes Alter, welches den Geist schwach mache, die lebenslange Bekleidung eines Amtes, fehlende Rechenschaft sowie das Handeln nicht nach geschriebenen Gesetzen, sondern nach Gutdünken, miteinander kombinierten, verbanden sie in den Augen des Aristoteles die jeweils schlechtesten Eigenschaften der spartanischen Ephoren und Geronten miteinander; Arist. pol. 1270b 25–1271a 10.

41 Die Diskrepanz von konkreten Amtsvollmachten und tatsächlicher Macht in Sparta untersucht Link 2008a. Zur römischen Republik s. etwa Hölkeskamp 2004, 31–48, der betont, dass gerade die mangelnde Festlegung konkreter Kompetenzen zwischen den Institutionen der *res publica* es dem Senat ermöglichte, im Zentrum aller politischen Entscheidungen zu stehen. Allein aufgrund dieser Strukturen konnte der Senat die maßgebliche Instanz der Beilegung von Konflikten sein und die Bewahrung und Interpretation der Handlungsmuster des *mos maiorum* monopolisieren. Zudem war die römische Sozialordnung durchweg hierarchisch geprägt, was sich in jedem Bereich der Lebenswelt mit einem Geflecht von ungleichen Sozialbeziehungen und Machtgefällen zwischen Personen und Gruppen manifestierte. Gerade dies gewährleistete die Macht des Senats als eines Gremiums aus gewesenen Amtsträgern, im dem eine schmale Elite von Consularen den Ton angab.

mung brachten. Schließlich wird der Kosmos als einzige Institution überhaupt einmal in einem Gesetz als dessen Urheber genannt.[42]

Tatsächlich kann, wie der vergleichende Blick auf die spartanische Gerusia oder den römischen Senat zeigt, hinter der ‚beratenden Funktion' der Bola durchaus bedeutender Einfluss auf konkrete Entscheidungen sowie erhebliche Sozialkontrolle der Amtsträger und der abstimmenden Bürger stehen, etwa in der Frage, welche Anträge die Beamten dem Volk überhaupt vortragen durften. Wenn wir bedenken, dass nicht alle gewesenen Kosmen zu Geronten wurden, erscheint es wenig wahrscheinlich, dass den jeweils aktuellen Amtsträgern gegenüber dem Rat allzu großes Gewicht in der politischen Entscheidung zukam. Die Selektionsmechanismen der Mitgliedschaft in der Bola dürften jene Männer bevorzugt haben, die bewiesen hatten, sich gemäß den Vorstellungen der Geronten zu verhalten.

Die Zusammenschau der literarischen und inschriftlichen Quellen zeigt, dass die persönliche Macht der einzelnen Bouleuten und die institutionelle Macht des Rates groß waren. Die Bolai kretischer Poleis setzten sich aus gewesenen Oberbeamten zusammen, die ohnehin nur ausgewählten Geschlechtern entstammten, zudem aber noch weiterer Selektion unterlagen. Deren Umstände entziehen sich unserer Kenntnis, doch sorgte dieser Mechanismus für eine größere Homogenität des Rates. Bereits jeder einzelne dieser Faktoren war ein deutliches Zeichen für das große soziale Kapital der Ratsmitglieder und die Autorität des Gremiums. Doch darüber hinaus bestand der Rat eben auch aus alten Männern, denen schon wegen ihres hohen Alters an sich eine besondere Position in den nach Altersklassen eingeteilten Gemeinschaften kretischer Poleis zukam. Schließlich war es die lebenslange Bekleidung der Funktion eines Ratsherrn und die wahrscheinliche Begrenzung ihrer Mitgliederzahl, welche die kretische Bola zu einem sehr exklusiven Gremium machten. Die Geronten verkörperten also die Erfahrung und die versammelte Macht der einflussreichen Familien und der aus ihnen stammenden Kosmen.[43]

---

42 So etwa in IC 4.72.5.5–6 = Koerner 169 = Nomima 2.49. – Darauf weisen Busolt/Swoboda 1920–26, 750 Anm. 3 hin: Die Bola fehle in der Formel, „weil sie unmittelbar als Beirat der Kosmen, nicht der Gemeindeversammlung gilt".

43 Link 1994, 114–5 mit Anm. 77 betont, dass nicht die Institution des Rates, sondern allein die – situativ immer wieder neue auszuhandelnde – Summe der persönlichen Machtmöglichkeiten seiner einzelnen Mitglieder darüber entschieden habe, ob sich das Gremium in politischen Entscheidungen habe durchsetzen können. Und selbst dabei seien die Geronten noch überfordert gewesen, weil ihnen häufig das persönliche Ansehen fehlte. Dies werde in jenen Bestimmungen deutlich, in welchen der Rat selbst das Duplum schuldete, wenn seine Mitglieder es nicht vermochten, einen Kosmos zur Zahlung von dessen Strafe zu bewegen. Es habe also durchaus Fälle gegeben, in denen die Autorität des Rates gegenüber den Oberbeamten versagte. Doch an dieser Stelle ist Link inkonsequent, denn er betont unter Berufung auf Arist. pol. 1272a 11–2 auch, dass die Volksversammlung in ihrer politischen Bedeutung sogar noch hinter dem Rat gestanden habe, schließlich habe sie ja allein das ihr

Es wurde vorgebracht, es sei unwahrscheinlich, dass der Rat tatsächlich politischen Einfluss und wirkliche Macht gehabt habe; dies wäre kaum mit jenem Bemühen um eine Machtbegrenzung der Amtsträger vereinbar gewesen.[44] Aber die gesellschaftliche Autorität des Rates scheint gerade darin bestanden zu haben, über den Konkurrenzkämpfen der Amtsträger zu stehen, diese womöglich einzuhegen. Das Gremium entschied im Konsensverfahren und war somit auf kooperatives Verhalten seiner Mitglieder angewiesen. Und so mussten die Geronten in der Lage sein, die Rivalität zwischen den in den Phylen jeweils dominierenden Familien und den Wettbewerb zwischen den Hetairien auszugleichen. Ansonsten wären die Transaktionskosten der politischen Entscheidung immens angestiegen; immer wieder hätten dem Rat Entscheidungsblockaden gedroht. Durch ihre Herkunft aus verschiedenen Familien, verschiedenen Phylen und Hetairien bildeten die Geronten eine Institution, welche über die in der Gesellschaft angelegten sozialen Bruchlinien hinweg Brücken schlug.

Wenden wir uns im folgenden Kapitel den Beschlussformeln kretischer Inschriften zu. Deren Befund zeigt, wie sich die Akteurschaft der Bürgerversammlungen und ihr Zusammenspiel mit anderen Institutionen, etwa der Bola, in den Beschlussvorgängen der Gesetze verschiedener Poleis niederschlugen. Dies wird uns einen wichtigen Einblick in den Ablauf politischer Entscheidungen in den Gemeinwesen der Insel geben.

Vorgelegte angenommen. Und doch ist die Volksversammlung in allen Gesetzen als deren Urheberin genannt, hätte also der Logik von Link zufolge ein ungeheures Gewicht haben müssen.
44 So Link 1994, 113 Anm. 68.

VIII Polis

Autorität in kretischen Inschriften

„So hat es der Polis gefallen!"
Iterationsgesetz von Dreros

Institutionengefüge in den Beschlussformeln kretischer Inschriften

Sämtliche der uns erhaltenen kretischen Gesetzesinschriften hatten öffentlichen Charakter, und dies in mehrfacher Hinsicht. So bezeugt eine Reihe von Merkmalen der Inschriftenträger selbst und innerhalb der Texte, dass visuelle Erfassung, Gliederung und Verständnis der Regelungen erleichtert werden sollten. Denn die Inschriften waren einst öffentlich platziert, ob sie nun als freistehende Stelen auf der Agora errichtet oder in die Außenwände von gemeinschaftlich genutzten Gebäuden geschlagen waren, die sich allerdings im öffentlichen Raum befanden. Außerdem legen die Größe der Inschriftenblöcke und der Buchstaben, doch auch Trennzeichen innerhalb des geschriebenen Wortflusses, die einzelne Ausdrücke, Phrasen und gedankliche Einheiten voneinander absetzten, nahe, dass sich diese Texte an eine sie wahrnehmende Öffentlichkeit richteten. Zu nennen ist auch die offenbar intendierte Sorgfalt, mit der Gruppen von Texten angeordnet wurden, um als Ensemble wahrgenommen zu werden. Für uns ist dies noch greifbar in Form des *Großen Gesetzes* von Gortyn, rekonstruieren lässt es sich aber auch für andere Gesetzestexte, etwa jene des sogenannten *Zweiten Codes* von Gortyn.[1]

---

1 Hierzu s. Perlman 2004b; Gagarin 2008; Marginesu 2005 und 2014 mit Blick auf Gortyn; Tegou 2014 zu Axos. – Der Alphabetisierungsgrad der Bewohner kretischer Poleis, und damit die Anzahl der Menschen, die jene Inschriften tatsächlich lesen konnte, dürfte höher gelegen haben, als wir annehmen. Die Einschätzung, dass auf Kreta allein Spezialisten lesen und schreiben konnten, dass es in diesen Gesellschaften im Wesentlichen allein *scribal literacy* gab, beruht auf der Beobachtung, dass uns für die archaische und klassische Zeit der Insel kaum Zeugnisse ‚privaten Schriftgebrauchs' erhalten sind. So fehlen etwa in Gefäße eingeritzte oder auf jene gemalte Eigentümerinschriften beinahe völlig. Chaniotis 2005a und Whitley 2005 weisen darauf hin, dass wir eben dieses Phänomen auch für den Hellenismus beobachten können. Allerdings seien uns aus dieser Zeit durchaus von Kretern verfasste Inschriften erhalten – allerdings aus anderen Teilen des Mittelmeerraumes. Der Kreter schrieb also, wenn er seine Insel verlassen hatte. Nichtgebrauch von Schrift auf Kreta in hellenistischer Zeit war somit kein Resultat des Nichtkönnens, sondern gewisser kulturell oder soziopolitisch bedingter Umstände. Selbst wenn man diese auf Grundlage des hellenistischen Materials gezogenen Schlussfolgerungen nicht auf die archaisch-klassische Zeit übertragen wollte, bliebe dennoch die Feststellung, dass die Gesetze des 7. bis 5. Jh. durch die oben erwähnten Merkmale lesbar gemacht wurden, sei es eben auch nur für einen von der Polis beauftragten Funktionsträger wie etwa Spensithios. Doch auch dessen Aufgabe bestand darin, die verzeichneten Texte wahrheitsgemäß und wie sie geschrieben waren vor einem Publikum wiederzugeben. Auch in diesem Falle unterlagen der Wortlaut der Regelungen und damit deren Inhalt also einer steten Kontrolle durch eine Zuhörerschaft.

Darüber hinaus beanspruchten sämtliche dieser Inschriften allgemeine Gültigkeit für die Öffentlichkeit der Politen. Die frühesten kretischen Gesetze behandeln – und hierin unterscheiden sie sich nicht von Regelungen in anderen Regionen Griechenlands – bestimmte Gebiete privilegiert, so etwa Sakralbestimmungen und Fragen der öffentlichen Ordnung und der Konfliktregulierung sowie Versuche, Institutionen und Individuen durch Verhaltensauflagen und Handlungsgebote in ihrer Macht zu begrenzen. Letztere Regelungen etwa nahmen allein eine schmale Gruppe von Bürgern der Polis in den Blick, die für die Bekleidung solcher Funktionen überhaupt infrage kamen. Und doch wurden alle diese Texte der Öffentlichkeit präsentiert; ihr Inhalt stand der Allgemeinheit vor Augen und unter deren Aufsicht.[2]

Die meisten der kretischen Gesetze behandeln aber Fragen, die für alle Bürger gleichermaßen relevant waren. Wir sehen uns einer ungeheuren Breite der angesprochenen Themen gegenüber. Neben dem Ablauf von Prozessen vor dem Richter, den Regeln für Zwangsvollstreckung, der Ahndung von Gewaltdelikten sind Fragen der Besitzverhältnisse, des Eigentumübergangs und der Selbsthilfe genauso geregelt wie der Rechtsstatus von Unfreien und Fremden sowie Angelegenheiten des Hausbaus, der Abfallbeseitigung und der Landnutzung. Neben diesen Regelungen, die in den Corpora als ‚Gesetze‘ eingestuft werden, stehen ‚Dekrete‘, in denen die Gemeinschaft Einzelnen bestimmte Rechte überträgt. Diese Zeugnisse unterscheiden sich aber weder im Verfahrensgang noch in der Art der Bekanntmachung voneinander; die terminologische Trennung scheint im Wesentlichen eine der modernen Wahrnehmung und Kategorisierung zu sein.[3] Behandelt sind also alle möglichen Bereiche des Lebens, ‚öffentliches‘ und ‚privates‘ Recht stehen unmittelbar nebeneinander.

Und schließlich waren alle diese Gesetze, welche das Leben aller Mitglieder der politischen Gemeinschaft regelten, von der Öffentlichkeit beschlossen worden. Dies berichtet nicht nur die aristotelische *Politik*, wenn sie die jeweilige Rolle von Kosmen, Geronten und Ekklesia in der politischen Entscheidung betont:

> Alle Bürger haben das Recht zur Teilnahme an der Bürgerversammlung, diese besitzt aber nur die Befugnis, die Beschlüsse der Geronten und Kosmoi in einer Abstimmung zu bestätigen.[4]

Auch unsere bisherige Untersuchung der Inschriften zeigt, dass jene in der *Politik* als für die Entscheidungsfindung maßgeblich genannten Institutionen in der Tat auch im epigraphischen Befund als maßgebliche Akteure der Polisorganisation auftreten.

---

2 Die Vielfalt der geregelten Gebiete skizziert Gehrke 1997, 50–3. Hawke 2011 sieht in den Gesetzen vor allem die Interessen der Eliten gespiegelt.
3 Dies wird besonders deutlich in IC 4.64 = Nomima 1.8, jenem Beschluss, mit welchem die Gortynier dem Dionysios und seinen Kindern eine Reihe von Rechten zugestanden. Diese 177 cm lange Inschrift unterscheidet sich weder in Monumentalität, noch in Positionierung – sie stammt aus der Wand des Odeion – von gortynischen ‚Gesetzen‘ dieser Zeit. – Zu diesen ‚Dekreten‘ s. das Kapitel *Eleutheros*.
4 Arist. pol. 1272a 4.

Das in den Inschriften reflektierte Zusammenspiel dieser Akteure, ihre jeweiligen Aufgaben, Kompetenzen und Möglichkeiten ließen uns zu der Vermutung gelangen, dass die Agora den zuvor konsensual getroffenen Entscheidungen des Kosmos und des Rates in einer – hierarchisch gesteuerten – Mehrheitsentscheidung zustimmte. Dieses Kapitel soll zeigen, dass jenes mehrstufige Verfahren auch in den Beschlussformeln der Gesetzesinschriften selbst reflektiert ist. Wir werden untersuchen, wie das Zusammenspiel der an den Beschlüssen beteiligten Institutionen dort dargestellt ist und wie jene Autorität konturiert und beschrieben ist, welche hinter den kretischen Regelungen stand: die ‚Polis‘.[5] Wer oder welche Personengesamtheit zeichnete in der Öffentlichkeit und im Namen der Öffentlichkeit für die inschriftlichen Regelungen verantwortlich und beanspruchte den öffentlichen Raum, um diese für die Allgemeinheit verbindlichen Regeln aufzustellen?

Es ist bemerkenswert, dass das Konzept der ‚Polis‘ als einer Personengesamtheit, und zwar als jener, die in den Eingangsformeln von Inschriften als deren beschließende Autorität erscheint, kaum Beachtung fand. Diese Gebrauchsbedingungen des Begriffs wurden von den Studien des *Copenhagen Polis Centre* gegenüber seinen anderen Bedeutungen erheblich vernachlässigt. Und so wissen wir schlichtweg nicht, wer spricht, wenn die Polis spricht.[6] Im folgenden Kapitel werden wir nun sehen, dass die in den Inschriften so häufig genannte ‚Polis‘ keinesfalls, wie immer wieder axiomatisch angenommen, den Demos bezeichnete. Vielmehr war ‚die Polis‘ eine abstrakte Entität, die sowohl den Demos als auch dessen Anführer umfasste. Sie war eine im 7. Jh. generierte Institution übergeordneter Identität, die der Integration der verschiedenen Teile der Bürgerschaft und ihrer politischen Akteure diente. Auf den folgenden Seiten soll der reiche und aussagekräftige Befund der archaischen und klassischen Inschriften Kretas auch mit Befunden aus anderen Bürgerstaaten Griechenlands abgeglichen werden. Hierbei wird deutlich werden, dass die Analyse der kretischen Zeugnisse uns wertvolle neue Einblicke in die Bedeutung von ‚Polis‘ im frühen Griechenland überhaupt erlaubt, sei es nun in Inschriften oder auch in zentralen Werken der Literatur archaischer und klassischer Zeit, von Solon etwa und Tyrtaios, Theognis und Thukydides.

Ältere Analysen des Aufbaus kretischer Politien, welche das von der aristotelischen *Politik* gezeichnete Bild des Zusammenspiels von Rat und Bürgerversammlung und die grundsätzliche Relevanz und konkrete Rolle dieser Institutionen in der Polis untersuchten, waren häufig von der expliziten oder impliziten Fragestellung geprägt,

---

5 Das Kapitel *Hetairoi des Hybrias* behandelt diesen Beschlussprozess unter entscheidungstheoretischem Blickwinkel.
6 Raaflaub 1993 und Hansen 2000 untersuchen im Wesentlichen allein die literarischen Quellen, und obschon Flensted-Jensen/Hansen/Nielsen 2000 die archaischen und klassischen Inschriften behandeln, kommen sie doch über jene Dichotomie nicht hinaus, ob Polis an dieser oder jener Stelle im geographischen Sinne verwendet werde oder eine Form politischer Organisation bezeichne. Ausnahmen sind ansatzweise Rhodes/Lewis 1997 und Sakellariou 1993.

ob die eigentliche Autorität in diesen Gemeinwesen eher beim Rat oder eher bei der Volksversammlung gelegen habe. Im Vordergrund stand die Frage, ob die kretische Politeia wohl eher aristokratische oder eher demokratische Züge aufgewiesen habe. Dabei zog die bisherige Forschung aus dem vorhandenen inschriftlichen Material sehr unterschiedliche Schlüsse. Die Einschätzungen reichen von der Diagnose, der Rat habe eine sehr geringe Rolle in der Gesetzgebung kretischer Poleis gespielt und allein die Ekklesia habe eine ‚gesetzgeberische Souveränität' besessen; über die Feststellung, mit dem uns vorliegenden Material könne diese Frage nicht geklärt werden; bis hin zur Beurteilung, der Rat habe sämtliche Entscheidungskompetenz in diesem Verfahren besessen, der Bürgerversammlung sei eine lediglich marginale Rolle zugekommen.[7]

In diesem Kapitel müssen wir über die Frage hinausgehen, ob die Ordnung kretischer Poleis eher demokratisch oder eher oligarchisch gewesen sei. Ein auf dieser Bipolarität gegründetes Modell ist von nur geringem heuristischen Wert, sind doch die Definitionen dieser Kategorien bereits hochgradig umstritten. Selbst wenn verschiedene Analysen ein und derselben Polisordnung auf der gleichen empirischen Basis gründen und das gleiche Set von Institutionen sowie den gleichen Ablauf von politischen Prozessen feststellen, kommen sie doch zu unterschiedlichen Bewertungen dieser Ordnung. Und so werden etwa bestimmte Elemente jener Politeia als die dominierenden identifiziert und dementsprechend die nämliche Polisordnung als ‚eher oligarchisch' oder ‚eher demokratisch' charakterisiert. Derart gestellte Fragen sind nicht geeignet, unser Verständnis um das Wesen kretischer Politien zu erweitern.[8] Allerdings macht der uns erhaltene inschriftliche Befund eine Beantwortung dieser Frage nicht leicht. Denn die meisten der uns erhaltenen Gesetzesinschriften zeigen keine Eingangsformel, die uns den Urheber oder das Beschlussverfahren dieser Regelung nennen würde. Wir können nur vermuten, warum dies der Fall ist. So sind zahlreiche Inschriften gerade an ihrem Anfang beschädigt; eine einleitende Formel, die dort gestanden haben mag, kann uns in diesen Fällen also gar nicht erhalten sein. Andere Inschriften bieten uns ihren Anfang, es wird aber deutlich, dass dort keine Formel stand.[9]

In jenen Fällen aber, in denen uns die Anfänge der Regelungen erhalten sind und die eine solche Formel enthalten, zeigt bereits ein erster Blick, dass die archaischen und klassischen Zeugnisse Kretas kein einheitliches Bild bieten. Zwar ist allen

---

7 van Effenterre 1948, 167 zieht aus dem inschriftlichen Material den Schluss, dass der Rat normalerweise an Beschlüssen nicht beteiligt war. Willetts 1955, 103–51 lässt dies offen. – vgl. Rhodes/Lewis 1997, 311: „I think it would be dangerous to infer from the normal Cretan formulae that normally a council was not involved in decree-making. The inscriptions do not enable us to say whether the assembly's part was as weak as Aristotle believed."
8 s. das Kapitel *Hetairoi des Hybrias*.
9 vgl. Youni 2011 und Kristensen 2014 mit ähnlichen Versuchen, anhand der Beschlussformeln kretischer Inschriften das Zusammenspiel von Institutionen in den jeweiligen Poleis zu rekonstruieren.

diesen Inschriften gemein, dass keine von ihnen den Titel eines Amtsträgers oder gar eine mit ihrem Namen genannte Einzelperson als Urheber einer Regelung anführt. Darüber hinaus aber ist der Befund vielgestaltig. Einige dieser Texte verzeichnen allein eine Gottesinvokation. Andere weisen darauf hin, von den mit ihrem Ethnikon genannten Bürgern, etwa „den Gortyniern", beschlossen worden zu sein. Manche betonen etwa, „ganz Gortyn" habe den Beschluss gefasst. Und wieder andere halten fest, von der „Polis" oder der „ganzen Polis" beschlossen worden zu sein. Bisherige Untersuchungen – und dies betrifft nicht allein Studien zu den kretischen Gesetzen – konstatieren, dass hinter all diesen Fällen der gleiche ‚Souverän' gestanden habe: „Die Gortynier" bedeute das gleiche wie „ganz Gortyn", dies sei identisch mit der „Polis" und dieser Terminus wiederum bezeichne den Demos des nämlichen Bürgerstaates. Dies scheint – gerade vor dem Hintergrund eines von den Befunden anderer Poleis, vor allem des klassischen Athen, geprägten Verständnisses von politischen Institutionen und Verfahren – eine derart plausible Annahme zu sein, dass sie nie wirklich hinterfragt wurde. Derartige Vorannahmen sollen im Folgenden kritisch betrachtet werden.

Unsere bisherige Untersuchung des inschriftlichen Materials aus verschiedenen kretischen Poleis und aus verschiedenen Jahrhunderten zeigt, dass diese Politien während der archaischen und klassischen Zeit durchaus ähnlich aufgebaut waren. Doch selbst wenn das Institutionengefüge verschiedener Gemeinwesen strukturell ähnlich war, heißt dies doch nicht unbedingt, dass dies auch mit einer terminologischen Gleichheit einherginge. Dies betrifft gerade die Frühzeit jenes Prozesses der Herausbildung von Institutionen und solche abstrakt formulierten Konzepte wie etwa „ganz Gortyn" oder „die Polis". Wir dürfen nicht davon auszugehen, dass bereits im 6. oder gar schon im 7. Jh. strukturell ähnliche Institutionen in verschiedenen Poleis Kretas – oder auch nur innerhalb des gleichen Bürgerstaates – mit allein einem Begriff bezeichnet wurden. So mag etwa die Bürgerversammlung einer Politie zu ein und derselben Zeit durchaus mit verschiedenen Begriffen bezeichnet worden sein.[10] Ebenso müssen wir in Betracht ziehen, dass, wenn uns aus verschiedenen Poleis Institutionen des gleichen Namens überliefert sind, jene keinesfalls strukturell ähnlich gewesen sein müssen. So mag etwa die in verschiedenen Gemeinwesen zu beobachtende Nennung der „Polis" als beschließende Autorität durchaus unterschiedliche Verfahren und Personenverbände reflektieren. Dies ist als methodisches Caveat zu berücksichtigen. So soll im Folgenden also eher auf die strukturelle Ähnlichkeit der in den Beschlussformeln reflektierten Prozesse geachtet werden, als jene

---

[10] Ein Beispiel hierfür sind etwa die gortynischen Phylen und Startoi, in deren Fall wir nicht wissen, worin sie sich unterschieden, scheinen sie doch die gleiche Personengesamtheit umfasst zu haben. Den Versuch einer Erklärung bietet das Kapitel *Pyla*. Zur strukturellen Ähnlichkeit der Inselpoleis bezüglich ihrer soziopolitischen Organisation s. das Kapitel *Politeia*.

danach zu ordnen, welcher Begriff genau für die beschließende Autorität verwendet wurde.[11]

Um diese Vorgehensweise zu unterstützen, sollen an ausgewählten Stellen des Kapitels auch andere Befunde als die frühen kretischen Inschriften herangezogen werden. Zum einen handelt es sich dabei um zeitgenössische Zeugnisse, literarische und epigraphische Quellen der archaischen und klassischen Zeit, die nicht aus Kreta stammen. Trotz ihres Ursprungs in einem anderen politischen Kontext, werden sie uns doch helfen, einige der verwendeten Termini und Konzepte besser zu verstehen. So wird uns etwa ein Blick auf die Verwendung des Ausdrucks πᾶσα πόλις („die ganze Polis") im Werk Hesiods und Solons helfen, die Bedeutung ebendieses Begriffs in den kretischen Inschriften besser zu verstehen. Zum anderen handelt es sich um kretische Regelungen aus spätklassischer und hellenistischer Zeit, die herangezogen werden sollen, um Befunde, die bereits in den Zeugnissen der frühen Zeit erkennbar sind, zu erhellen und zu bestätigen. Dass diese Gruppen von Parallelzeugnissen methodisch kontrolliert heranzuziehen sind, versteht sich. Und so sollen auf den nächsten Seiten sämtliche Beschlussformeln, die uns aus den kretischen Gesetzen der Archaik und Klassik bekannt sind, auf die Frage hin untersucht werden, welche Institutionen in ihnen als jene Autorität auftreten, welche die allgemein verbindlichen Regeln des Gemeinwesens formuliert und durchzusetzen beansprucht. Zu diesem Zweck sind die Zeugnisse im Folgenden derart angeordnet, dass eine einfachere, da schrittweise Durchdringung des Materials möglich ist.

Zunächst betrachten wir eine Reihe von Regelungen, die allein mit einer Gottesinvokation einsetzen. Deren einfachste Form bieten etwa zwei Regelungen aus Gortyn, die in das frühe 5. Jh. datiert werden, und an deren Anfang ein schlichtes Θιοί steht. Die eine behandelt die Ableitung von Wasser aus dem Mittellauf eines Flusses auf Privatland, die andere regelt unter anderem die Modalitäten der Stellung von Zeugen und die Umstände der Eidesleistung in einem Prozess.[12] In diesen beiden Inschriften ist kein beschließendes Gremium, keine hinter diesem Beschluss stehende Autorität ausdrücklich genannt; die Regelung beginnt jeweils *medias in res*. Verglichen mit diesen Regelungen bietet die einleitende Formel eines Vertrages zwischen Gortyn und Rhitten aus dem 5. Jh. deutlichere Hinweise auf eine beschlussfassende Autorität. Hier ist betont:

---

11 Ein – zugegebenermaßen nur grobes – Beispiel für die strukturelle Ähnlichkeit der Beschlussformeln ist etwa, dass keiner dieser Texte ausdrücklich ein uns bekanntes Amt oder gar eine mit ihrem Namen genannte Einzelperson als Urheber einer Regelung anführt.
12 IC 4.43 Bb und 4.51 = Koerner 133 und 139 = Nomima 2.70 und 13.

Θιοί. ἐπὶ τοῖδε [P]ι[ττέν]ι[οι Γ]ορ[τυνίοις αὐτ]όνομ[ο]ι κ' αὐτόδικοι· (...)

Götter! Zu den folgenden Bedingungen kamen die Rhittenier, unter Beibehaltung ihrer eigenen Gesetze und Gerichte, zu einem Abkommen mit den Gortyniern: (...)[13]

Auch dieses Zeugnis verzeichnet im Rahmen seiner einleitenden Formel nicht, auf wessen Autorität dieses Dekrets zurückgeht. Die Rhittenier sind zwar als das handelnde Subjekt des Beschlusses genannt, tatsächlich aber wurden ihnen die Bedingungen des Vertrages vom mächtigeren Gortyn auferlegt, wie das im Verlauf dieser Bestimmung deutliche Ungleichgewicht der Kräfte offenbart. So können wir nur vermuten, dass hinter dieser Regelung ein Beschluss der gortynischen Bürgerversammlung stand, der allerdings auch der rhittenischen Agora zur Absegnung vorgelegt wurde, um den Maßgaben eines Vertragsschlusses zu entsprechen. Festzuhalten ist aber, dass die beiden vertragsschließenden Parteien hier jeweils mit ihrem Ethnikon genannt sind. Dies legt nahe, dass es die Gesamtheit der in der Agora versammelten Politen ist, die hier als beschließende Autorität auftritt, und nicht etwa ein Repräsentativorgan wie der Rat.

Einige andere Zeugnisse, verinschriftlicht jeweils um 500, sind geeignet, dieses Beschlussverfahren zu erhellen. Zunächst sind hier zwei Gesetze aus Lyttos zu nennen. Deren eines beschränkt den Umgang mit Fremden, das andere begrenzt die Weiden für das Vieh innerhalb des Polisgebiets. Darüber hinaus ist auf eine Regelung aus Eltynia hinzuweisen, die Strafen für Körperverletzungen an Minderjährigen festschreibt. In diesen Inschriften finden wir die Formeln Θιοί· ἔϝ]αδε Λυκτίοισι beziehungsweise wohl [Θιοί· τάδ' ἔϝαδε] τοῖς Ἐλτυνιοῦσι.[14] Als die beschlussfassende Autorität treten in diesen Zeugnissen also explizit die mit ihrem Ethnikon bezeichneten Bürger des Gemeinwesens selbst auf. Nicht allein im Falle kretischer Inschriften der Archaik und Klassik ist die genaue Bedeutung von Invokationsformeln wie den hier vorgestellten, in welchen ein Gott oder mehrere Götter im Vokativ angerufen werden, ungeklärt.[15] Es scheint, die Götter würden durch ihre Anrufung zu Mitwissern und Garanten der Inschriften gemacht, als welche sie die Einhaltung der auf dem Stein formulierten Regelungen wie auch die Unversehrtheit des Inschriftenträgers selbst gewährleisten sollten. Zudem scheinen diese Inschriften gleichsam als

---

13 IC 4.80 = Nomima 1.7 = StV 2.216, aus dem frühen (Nomima) oder späten (StV) 5. Jh.; Übers. nach R. Werner/H. Bengtson 1975; s. van Effenterre 1993. Uns ist allein die gortynische Kopie dieses Dokuments erhalten. – Zum Phänomen der ‚hörigen' Poleis s. das Kapitel *Eleutheros*.

14 Lyktos: Koerner 87 und 88 = Nomima 1.12, zuerst in van Effenterre/van Effenterre 1985. Diese beiden Regelungen stehen auf zwei Seiten des gleichen Steins. – Eltynia: IC 1.10.2 = Koerner 94 = Nomima 2.80.

15 Einen Überblick der Diskussion bieten Detienne 1988a, 51–3; Hölkeskamp 1994, sowie 1999, 273–80 und 2000, bes. 88–91; Guettel Cole 1995, 306–8; Thomas 1995, bes. 74; Chaniotis 1996, 83–5. – Verwiesen sei auch auf die Relevanz religiöser Sanktionen im frührömischen Recht; s. etwa Williamson 1987, 174–8.

geweihte Objekte wahrgenommen worden zu sein, die mit der Anrufung des Gottes in dessen Obhut gegeben wurden. Dafür spricht die häufige Anbringung der Regelungen im architektonischen Kontext von Gebäuden, in denen auch ein Kult unterhalten wurde.[16]

Doch es ist eine im 5. Jh. beginnende Entwicklung, die uns über eine andere hinter diesen Anrufungen stehende Praxis Auskunft geben kann. Denn seit dieser Zeit, und verstärkt im Hellenismus, finden wir zu Beginn von inschriftlich festgehaltenen Beschlüssen auch Segensformeln, welche etwa der *agathe tyche* gelten und oftmals mit einer Gottesinvokation verbunden sind. Sie machen deutlich, dass die Verabschiedung der nämlichen Beschlüsse in eine Reihe von Ritualen eingebettet war. Ein Beispiel hierfür ist der aus dem frühen 2. Jh. stammende Bündnisvertrag zwischen dem kretischen Hierapytna und Rhodos, der festhält:

> Θεός, τύχαι ἀγαθᾶι. ἔδοξε τῶι δάμωι, ἀγαθᾶι τύχαι· εὔξασθαι μὲν τοὺς ἱερεῖς καὶ | τοὺς ἱεροθύτας τῶι Ἀλίωι καὶ τᾶι Ῥόδωι καὶ τοῖς ἄλλοις θεοῖς | πᾶσι καὶ πάσαις καὶ τοῖς ἀρχαγέταις καὶ τοῖς ἥρωσι, ὅσοι ἔχοντι | τὰν πόλιν καὶ τὰν χώραν τὰν Ῥοδίων, συνενεγκεῖν Ῥοδίοις καὶ | Ἱεραπυτνίοις τὰ δόξαντα περὶ τᾶς συμμαχίας· ἐπιτελέ‹ω›ν δὲ | τὰν εὐχὰν γενομενᾶν θυσίαν καὶ πόθοδον ποιήσασθαι, καθά | κα δόξηι τῶι δάμωι.

> Gott, zu gutem Gelingen! So hat es dem Demos gefallen, zu gutem Gelingen! Die Priester und die Opferpriester sollen zu Helios und Rhodos und allen anderen Göttern und Göttinnen und den Archegeten und den Heroen beten, die die Stadt und das Land der Rhodier beherrschen, dass das, was die Rhodier und die Hierapytnier in Bezug auf ein Bündnis beschlossen haben, ihnen von Nutzen sein wird. Und nachdem die Gebete mit Erfolg gesprochen wurden, soll man ein Opfer darbringen und einen feierlichen Zug veranstalten, so wie das Volk beschließt.[17]

Hier ist also die Rede von Opferhandlungen, von einer Prozession und von Gebeten, die beim Beschluss des Vertrages gesprochen werden sollen. Invokation und Segensformel in diesen Dokumenten scheinen eine Anrufung der Götter im Rahmen des ursprünglichen Beschlussverfahrens zu reflektieren und nun, da die Regelung in Stein gehauen sind, als eine Perpetuierung dieser Rituale zu dienen. In diesem Zeugnis – wie auch in zahlreichen anderen Inschriften aus hellenistischer Zeit und Passagen der klassischen Literatur – wird deutlich, dass Beschlüsse von Bürgerver-

---

16 Hierzu s. etwa Thomas 1995. – Es ist möglich, dass neben der Iterationsregelung des Kosmos auch eine andere drerische Inschrift des 7. Jh. diese Invokation Θιός besaß: Nomima 2.10 = van Effenterre 1946, 603; s. auch Duhoux 1982 113–8. Diese kaum zu entschlüsselnde Inschrift bietet an ihrem Anfang eine Bruchkante; zu lesen ist allein ein ς, gefolgt von dem Zeichen |, welches Worttrennungen signalisiert. Zu ergänzen ist also ein Wort, das – dies legt das Ausmaß des Bruches nahe – vier oder fünf Buchstaben umfasste und auf ein ς endete. Der Vergleich mit der drerischen Iterationsregelung, die aus derselben Zeit stammt, lässt es zumindest plausibel erscheinen, dass auch hier eine entsprechende Invokation stand.

17 IC 3.3.3a 1–8 = StV 3.551, Übers. von Chaniotis 1996, 85; vgl. auch A. Rehm, Milet I 3 (1914) Nr. 146 = StV 3.539.20–2, 50–55, 73–8; IG 12.5.8. = StV 3.566.1–2 (Ios).

sammlungen in Kulthandlungen eingebettet waren.[18] Die für unsere Behandlung der archaischen und klassischen Inschriften Kretas relevante Frage ist nun aber, ob und inwieweit dieser spätere Befund Aufschluss auch über die Bedeutung der früheren Zeugnisse geben kann.

Das früheste kretische Beispiel, welches eine solche auf öffentliche Kulthandlungen hinweisende Formel Θιοί. θυκἀγαθᾶι, ‚Götter! Zu gutem Gelingen!', ausführlich überliefert, stammt, wie gesagt, vom Anfang des 5. Jh.[19] Nun steht diese Inschrift aber bereits in einer langen Reihe von Zeugnissen, von denen wir einige bereits erwähnt haben, andere noch präsentieren werden, die zwar nicht diese gesamte Anrufung, aber eben doch die Gottesinvokation Θιοί verzeichnen. Dies legt nahe, dass hinter all diesen Gesetzen mit der entsprechenden Invokation vom 7. Jh. an wohl ein strukturell ähnliches Beschlussverfahren stand. Somit erscheint plausibel, dass auch schon in diesen frühen Zeugnissen Kulthandlungen reflektiert sind, die im Umfeld von Bürgerversammlungen stattfanden. Dies weist darauf hin, dass mehr Regelungen von der Agora getroffen wurden, als die wenigen ausdrücklichen Erwähnungen von mit ihrem Ethnikon bezeichneten Bürger es vermuten lassen.[20]

---

18 So betont es Chaniotis 1996, 83–5; s. bereits Woodhead 1981, 39 sowie te Riele/te Riele 1987, 170. Dagegen deutet Pounder 1984 mit Buck 1955, 116 die Invokation der drerischen Iterationsregelung als θιὸς ὄλοι ὄν, „Möge Gott ihn zerstören!". Hierbei wäre ὄλοι die 3. Person Singular Optativ von ὄλλυμι und ὄν dessen direktes Objekt. Diese Deutungen sind allerdings durchaus kompatibel. – Ferguson 1949, 138–9 bietet literarische und epigraphische Zeugnisse dafür, dass die Beschlüsse der Bürgerversammlung in Gebete und Opfer eingebettet waren. Demosth. 19.70 bezeugt, dass die Zusammenkünfte der athenischen Ekklesia und Boule von einem apotropäischen Fluch begleitet waren. Aristoph. Thesm. 195–375 bietet eine umfangreiche, komödiantisch gebrochene Darstellung dieser Riten. – s. auch Chaniotis in SEG 52.856 gegen Perlman 2002, 199–200.

19 Es handelt sich um den unten und im Kapitel *Eleutheros* besprochenen Beschluss der Gortynier über die Privilegien des Dionysios; IC 4.64 = Nomima 1.8.

20 Diese Vermutung, dass eine Invokation einen in Gebetsrituale eingebetteten Beschluss der Agora verzeichnet, mag erklären, warum manche der uns auch mit ihren Anfängen erhaltenen Gesetzen eine einleitende Formel enthalten, andere aber nicht. So finden wir etwa in Lyttos und in Gortyn Inschriftenblöcke, die mehrere kurze und inhaltlich nicht zusammenhängende Regelungen auf einem Stein vereinen und gleich zwei dieser Invokationen verzeichnen. Andererseits zeigt das *Große Gesetz* von Gortyn, dass die Formel Θιοί allein am Anfang der Inschrift und nirgends sonst in den zwölf umfangreichen Kolumnen des Textes genannt ist. Wir sollten wohl eher davon ausgehen, dass eine Invokation nicht unbedingt den Beginn einer neuen Regelung, sondern den Vorgang einer Beschlussfassung widerspiegelt. So scheinen jene Regelungen aus Lyttos und Gortyn verschiedene Beschlussprozesse zu reflektieren, während das *Große Gesetz* als ein ‚Paket' verabschiedet worden zu sein scheint. Diese Beobachtung sollte uns allerdings nicht im Umkehrschluss annehmen lassen, dass Gesetze, die solche Formeln nicht nennen, ohne die entsprechenden Riten beschlossen worden wären.

Eine Invokation steht auch am Anfang einer Regelung aus Gortyn vom Anfang des 5. Jh., einem Dekret, das Freigelassenen die Möglichkeit zur Ansiedlung in Latosion und Schutz gewährt. Hier ist betont:

Θιοί. τάδ' ἔϝαδε τοῖς Γορτυνίοις πσαπίδονσ[ι]· (...)

Götter! So hat es den Gortyniern gefallen, als sie abstimmten: (...).[21]

Die Bezeichnung des handelnden Subjektes impliziert also, dass es sich um eine zählbare Menge von Individuen handelt, die hier allerdings unter Verwendung ihres Ethnikons als eine miteinander verbundene Einheit auftreten. Bei den erwähnten Abstimmenden handelt es sich – zumindest dem Anspruch nach – nicht etwa allein um einen Teil der Bürgerschaft, sondern um alle Mitglieder der Bürgerversammlung: „Die Gortynier" insgesamt entscheiden über die Belange ihres Gemeinwesens. Hierbei ist bedeutungslos, ob bei der nämlichen Abstimmung auch tatsächlich alle Bürger anwesend waren. Die anwesenden, politisch partizipierenden Teile der Bürgerschaft fällen Beschlüsse im Namen aller Mitglieder des Gemeinwesens, die natürlich auch für alle Bürger verpflichtend sind.

Für das archaische und frühklassische Kreta ist dieser Hinweis auf ein solches Abstimmungsverfahren bislang einzigartig. Im 3. und 2. Jh. jedoch sind uns mehrere Beispiele hierfür erhalten. Diese unterscheiden sich von dem eben genannten Zeugnis darin, dass nun nicht mehr die mit ihrem Ethnikon bezeichneten Bürger als die handelnden Subjekte genannt sind. Vielmehr ist hier ‚die Polis' als eine abstrakte Entität genannt, die aber offenbar als die Summe der individuellen und zählbaren Bürger verstanden ist. Und so betont eine Regelung aus Eleutherna, die in die Jahre 227–4 datiert wird, ὅταν δὲ ψηφίσηται ἡ πό|[λις, und drei Regelungen aus Gortyn, die zwischen der ersten Hälfte des 3. und dem 2. Jh. verinschriftlicht wurden, halten etwa fest:

[Θιοί·] [τάδ' ἔϝαδε τ]ᾶι [πόλι] ψαφίδδονσι τρια[κατίων π]αριόντων· [– – –] νομίσματι χρῆτ[θα]ι τῶι καυχῶι τῶι ἔθηκαν ἁ πόλις· (...)

Götter! So hat es der Polis gefallen; bei der Abstimmung waren Dreihundert anwesend: Verwenden soll man das Geld aus Kupfer, das die Polis prägen ließ (...).

Ein Beschluss aus Malla vom Ende des 2. Jh. bemerkt schließlich, ἔδοξε τοῖς κόσμοις καὶ τᾶι πόλι ψαφιξαμένοις.[22] In spätklassischen und hellenistischen Formulierungen

---

21 IC 4.78 = Koerner 153 = Nomima 1.16; Gortyn am Anfang des 5. Jh. – Diese Inschrift mit dem in ihr enthaltenen Hinweis auf ein Abstimmungsverfahren nach der Mehrheitsregel – hier zum ersten Mal überhaupt inschriftlich erwähnt – ist im Kapitel *Agora* in den Zusammenhang anderer Zeugnisse dieser Art gestellt; ihren Inhalt bespricht das Kapitel *Eleutheros*.
22 Eleutherna: IC 2.12.20.7. – Gortyn: IC 4.162 = HGIÜ 3.443. Die zweite gortynische Regelung wurde von Gasperini 1988, 322 Nr. 337 veröffentlicht; s. SEG 38.900.4. Sie ist fragmentarischer als die hier

wie diesen wird ganz offenbar ‚die Polis' als eine Entität verstanden, die aus zahlreichen Individuen besteht, deren Individualität aber von nämlichem Kollektivbegriff ersetzt wird. Doch bereits eine Reihe von archaischen und klassischen Inschriften lässt durchblicken, dass schon in dieser frühen Zeit der Organisation kretischer Bürgerstaaten das Konzept der ‚Polis' die gemeinsame Identität der Politen betonte. Zunächst ist dies die einleitende Formel einer ebenfalls gortynischen Regelung aus dem frühen 5. Jh. Hier ist festgehalten, dass die Polis Fruchtland, das sich bis dahin wohl im Gemeinbesitz befunden hatte, zur Bebauung an Private freigegeben habe:

Θιοί· τὰν ἐ[ν] Κησκόραι καὶ | τὰν ἐμ Πάλαι πυταλιὰν ἔ{ε}|δοκαν ἀ πόλις πυτεῦσαι (...).

Götter! Das Fruchtland in Keskora und in Pala gab die Polis zur Bebauung (...).[23]

Es fällt auf, dass das Prädikat der Beschlussformel im Plural steht. Die Formulierung ἔ{ε}δοκαν ἀ πόλις (*„die Polis beschlossen") macht also deutlich, dass ‚die Polis' hier als eine aus zahlreichen Individuen bestehende Entität aufgefasst wird. Aus ihrer Bezeichnung geht allein hervor, dass sie für den Bürgerverband handelte; es wird aber nicht unmittelbar deutlich, welche mit diesem Begriff bezeichnete Personengruppe genau diesen Beschluss gefällt hatte. Die Gottesinvokation lässt auf die Bürgerversammlung schließen. Einen strukturell ähnlichen Befund bietet die Beschlussformel eines gortynischen Dekrets, das im frühen 5. Jh. einem gewissen Dionysios für dessen Verdienste im Krieg eine Reihe von Rechten übertrug. Zu Beginn dieser Inschrift lesen wir:

Θιοί, θυκἀγαθᾶι. δοριὰν ἔδοκαν Διονυσ[ίοι το]ι Κο[– – –] (...) Γόρτυνς ἐπίπανσα ϙ' οἱ ἐν Ἀϝλῶνι ϝοικίοντες (...)

Götter! Zu gutem Gelingen! Das gesamte Gortyn und die, die in Aulon wohnen, gaben als Geschenk dem Dionysios, Sohn des Ko[– – –] (...).[24]

---

vorgestellte, enthält aber ebenfalls die Formulierung – – – ψαφίδδ]ονσι τριακατίω[ν. Aufgrund ihrer Ähnlichkeit in Sprache und Buchstabenform dürfte sie zeitnah zu IC 4.162 entstanden sein, also auch in die 2. Hälfte des 3. Jh. gehören. Die dritte Regelung stammt ebenfalls aus Gortyn, aus dem Jahre 168/7; IC 4.181.7: ψαφίξανσι τρι[ακ]ατίων παρ[ιόντων]. – Malla: IC 1.19.3.4–5. – Die hier für Eleutherna erwähnte Zahl von 300 Abstimmenden sollten wir nicht als Summe aller bei der Entscheidung anwesenden Bürger verstehen. Vielmehr reflektiert diese Feststellung, dass das für die Gültigkeit der Abstimmung notwendige Quorum von 300 beteiligten Bürgern überschritten wurde. Die tatsächliche Zahl der Anwesenden wird höher gewesen sein. – Hierzu s. Quass 1971.
23 IC 4.43 Ba = Koerner 132 = Nomima 1.47 und 2.70. Hierzu s. Koerner 1987a; Link 1991, bes. 115–6.
24 IC 4.64 = Nomima 1.8; Gortyn im frühen 5. Jh., auf langen Blöcken, wohl vom Odeion. Zu dieser Inschrift s. ausführlich auch das Kapitel *Eleutheros*. Zum Status von Aulon s. darüber hinaus auch Perlman 1996, 266–8 sowie 2002, 199–200 und 2004, 1152–3, jeweils mit Diskussion der älteren Literatur, sowie das Kapitel *Pyla*.

Hier tritt also „das gesamte Gortyn" als handelndes Subjekt dieser Regelung auf. Diesen Ausdruck finden wir bereits in zwei gortynischen Inschriften des 7. Jh. und 6. Jh. Allerdings verzeichnen diese Regelungen die nämlichen Worte nicht in ihrer jeweiligen Beschlussformel, die uns freilich auch nicht erhalten ist, sondern innerhalb des Textes. Überdies lässt der allein fragmentarische Charakter der Inschriften den unmittelbaren Kontext der Formel nicht deutlich werden. Klar ist nur, dass es sich im einen Fall um eine Aufzählung verschiedener Strafbestimmungen handelt; unklar bleibt allerdings, um welche Delikte es geht. Jedenfalls bestimmen die ersten Zeilen, dass ein Übeltäter Strafe zahlen und die *wastia dika* – die Regeln, die für die Behandlung eines Streit zwischen zwei *astoi* Gortyns galten – zweimal auf der Agora aufsagen müsse. In den folgenden Zeilen lesen wir die Bestimmung πόλι πάνσαι πρά [ζεσθ(?)]|αι τᾶς τιτύϝος, „an die gesamte Polis Strafe zahlen".[25]

Die in diesen Inschriften genannte Formel des ‚gesamten Gemeinwesens' ist bemerkenswert, deutet sie doch darauf hin, dass die hier genannte ‚Polis' als eine eigenständige und klar umrissene Entität sozialer und politischer Organisation aufgefasst wurde, die allerdings aus mehreren Teilen bestand. Charakteristisch für sie ist aber, dass diese verschiedenen Teile hier mit der Verwendung eines Oberbegriffes als eine Einheit dargestellt wurden. Es scheint sich hinter diesen Teilen der ‚Polis' aber nicht unbedingt die Summe der einzelnen in der Agora versammelten Bürger oder die von jenen repräsentierte Gesamtzahl der Bürger zu verbergen. Darauf weist der Kontext dieser Regelung hin, denn ‚die Polis' wird als die Empfängerin von Strafzahlungen genannt. Dies heißt aber natürlich nicht etwa, dass die Zahlungen an alle Bürger verteilt werden sollten; vielmehr scheint ‚die Polis' hier eine Entität zu bezeichnen, ein Gefüge von Institutionen, das eben auch Strafzahlungen empfangen konnte.

Nun begegnet uns dieser Ausdruck der ‚gesamten Polis' keineswegs allein in kretischen Inschriften, sondern vor allem auch in zahlreichen Zeugnissen der archaischen und klassischen Literatur. Einige von diesen seien im Folgenden kurz vorgestellt, um mit diesem Blick auf die zeitgenössische Verwendung des Begriffs in der Dichtung womöglich auch das in unseren Inschriften reflektierte Konzept zu erhellen. So betont etwa Solon in der *Eunomia*-Elegie:

> Sie selbst aber wollen die mächtige Polis durch ihre Torheit verderben, die Bürger (αὐτοὶ δὲ ἀστοὶ), verlockt vom Reichtum; und der rechtlose Sinn der Führer des Volkes (δήμου θ' ἡγεμόνων), denen schon bestimmt ist, infolge ihrer großen Hybris viel Schmerzen zu leiden. (...) Dies kommt nun über die ganze Stadt (πάσῃ πόλει) als unentrinnbare Wunde. (...) Denn von feindlichen

---

25 IC 4.13 = Koerner 120 = Nomima 1.1; Gortyn im späten 7. Jh.; zur *wastia dika* s. das Kapitel *Eleutheros*. – Die gleiche Formel finden wir wohl auch im späten 6. Jh. in einer gortynischen Regelung, die aufgrund ihres schlechten Erhaltungszustands ebenfalls keine näheren Rückschlüsse auf ihren Inhalt zulässt. Zu lesen ist hier allein – – πόλ]ι πά[ν]σα[ι – – – ; IC 4.59 = Nomima 1.3, dort wird aufgrund der Umzeichnung von Guarducci auch die Lesung πόλ]ιν πά[ν]σα[ν in Betracht gezogen.

Kräften wird schnell die geliebte Stadt (ἄστυ) innerlich zersetzt in Zusammenschlüssen, wie sie Ungerechten lieb sind. Dieses macht sich breit im Volk (ἐν δήμῳ) als Unglück. (...) So kommt das allen gemeinsame Unglück (δημόσιον κακὸν) jedem einzelnen ins Haus.[26]

Hier wird deutlich, dass jenes Unglück welches die *pasa polis* treffen wird, aus zwei Handlungsmustern entsteht; zum einen aus den Verfehlungen der Bewohner der Polis (*astoi*), zum anderen aus der Hybris ihrer Anführer (*demou hegemones*). Diese Passage bietet offensichtliche Anklänge an Gedanken und Formulierungen in den *Werken und Tagen* Hesiods. Hier ist die Rede davon, wie das Verhalten der Basileis Einfluss auf die gesamte Stadt und alle ihre Bürger habe. Handelten die Basileis nämlich gemäß der Dike, blühe die Polis. Folgten die Basileis aber der Hybris, so stürze dies die gesamte Bürgerschaft ins Verderben:

πολλάκι καὶ ξύμπασα πόλις κακοῦ ἀνδρὸς ἀπηύρα, ὅς κεν ἀλιτραίνῃ καὶ ἀτάσθαλα μηχανάαται.

Oft schon trug eine Stadt insgesamt eines Schlechten Verschulden, der hinterging und betrog und Schändliches erdachte.[27]

In beiden Fällen legen die literarischen Quellen also in der Frage nach dem zur Zeit der Verinschriftlichung unserer kretischen Reglungen üblichen Wortgebrauch dieser Formel nahe, dass das Konzept ‚die gesamte Polis‘ weder allein ‚den Demos‘, noch allein ‚die in der Agora versammelten Bürger‘ bezeichnet, sondern vielmehr eine Entität, die neben dem Demos auch dessen Anführer umfasst. Die Organisation des Gemeinwesens als eines Verbandes aus einfachen Bürgern und Angehörigen der Eliten und die Identifikation der Gesamtheit der Bürger mit ihm – beziehungsweise die Definition des Gemeinwesens durch die Gesamtmenge seiner Bürger – sind derart entwickelt, dass die Bürger sich nicht mit ihrem Ethnikon im Plural bezeichnen,

---

26 Solon frg. 3G/P 5–8, 17 und 26 = 4W. Eine Diskussion der Passage und einen Überblick ihrer Deutungen bietet Mülke 2002, 107–30; Übers. nach M. Stahl 1992; s. auch Almeida 2003, bes. 119–74, 207–21 für eine Erörterung der solonischen *dike*-Idee im Lichte des von der New Classical Archaeology erarbeiteten Konzeptes der Polis in der frühen Archaik. – Diese Frontstellung zwischen dem Demos und seinen Anführern gewinnt auch in einer Reihe anderer Elegien an Profil, welche die Maßnahmen Solons und die jeweilige Unzufriedenheit der beiden Gruppen mit deren Resultaten schildern; s. etwa 7G/P = 5W; 8G/P = 6W; 24G/P 18–27 = 36W und 31G/P = 37W.
27 Hes. erg. 220–69, hier 240–1; Übers. W. Marg. – Dass hier nicht davon die Rede ist, dass infolge dieser Verfehlungen die Polis als bebauter Raum oder abstrakte Entität zu Schaden komme, sondern dass es tatsächlich um die Bürger des Gemeinwesens geht, und zwar um alle, wird durch erg. 213–6 bestärkt. Dort ist der gleiche Gedanke bereits ähnlich formuliert, dass die Hybris nämlich sowohl den Niedrigen wie auch den Hohen zu Fall bringe. – Auf die wesentlichen Unterschiede der solonischen und hesiodeischen Gedankenwelt bezüglich des idealen Gemeinwesens weist Raaflaub 1993, 72–3 hin. Und doch scheint mit dem Konzept ‚Polis‘ als einer integrativen Institution aus Demos und Eliten hier wie dort eine sehr ähnliche soziopolitische Konstellation beschrieben.

sondern für ihre Selbstbezeichnung den Begriff ‚Polis' verwenden. In ihm manifestiert sich die Ordnung des Bürgerverbandes, die soziale Unterschiede integriert, und den Bürgerstaat als den gemeinsamen Besitz der einfachen Bürger und der Eliten präsentiert. Und doch bezeichnet ‚Polis' mehr als das. Denn die Existenz dieses integrierenden Konzeptes macht deutlich, dass bei der Benutzung dieses Konzeptes der ‚Polis' der Unterschied zwischen dem Demos und seinen Eliten stets mitgedacht war.[28] Somit umfasst die Verwendung des Begriffs ‚Polis' immer auch eine Berücksichtigung der soziopolitischen Unterschiede verschiedener Gruppen wie auch einen Appell an deren Zusammenhalt.[29]

Diese Deutung von Polis erhält ihre Bestätigung durch die Untersuchung der Gebrauchsbedingungen und des semantischen Gehalts des Begriffes *demos* in den schriftlichen Quellen von den Linear B-Tafeln, Homer und Hesiod, über Tyrtaios, Alkman und andere Dichter bis zu Solon und Theognis.[30] Denn hierbei wird deutlich,

---

28 Zu Ausdrücken wie *pasa polis* in der Literatur der archaischen und klassischen Zeit s. auch die unten besprochene Elegie Tyrt. frg 12.28 West; Solon 3.17–20G/P = 4 W; und Anakr. frg. 100.2 D. In diesem Grabepigramm ist die Rede davon, dass ein in der Schlacht Gefallener an seinem Scheiterhaufen von der gesamten Polis beweint werde; Soph. Antig. 776, 1080; Eur. Ion 1225–6, Iph. T. 1214; Plat. resp. 420b und d, 421d, leg. 708b, 753c–d, 757d, jeweils mit den entsprechenden Zitaten bei Sakellariou 1993, 188 mit Anm. 2 und 3. – In manchen Fällen, in denen die Rede von der „gesamten Polis" ist, ist dies weniger deutlich, so etwa in Pind. Nem. 5.47. In anderen Fällen erschließt sich der Sinn einer Passage überhaupt erst recht, wenn man die dort vorkommende ‚Polis' eben nicht, wie etabliert, als gleichbedeutend mit ‚Demos' versteht, sondern im hier vorgetragenen Sinne von ‚Demos und Institutionen' oder ‚Demos und seine Anführer'. Dies ist etwa der Fall in Thuk. 3.62.3–4: „Unsere Stadt hatte damals weder eine gesetzliche Adelsherrschaft noch eine des Volkes, sondern was Gesetz und weiser Ordnung am fernsten steht und am nächsten der Tyrannis. Wenige Männer besaßen alle Gewalt im Staat. Und diese erhofften für sich selbst noch größere Macht, wenn der Perser siege, und baten ihn ins Land, wobei sie gewaltsam die Menge niederhielten. Als Ganzes war die Stadt (ἡ ξύμπασα πόλις) also nicht Herr ihrer selbst, als dies geschah; und es ist unbillig ihr vorzuwerfen, was sie in gesetzloser Zeit verbrach."; Übers. nach G.P. Landmann 1960. – Auch in Plat. leg. 753c–d bezeichnet der Ausdruck die Einheit aus Demos und Eliten, wenn hier die Rede davon ist, dass die Gesetzeswächter sowohl von den Fußsoldaten als auch von den berittenen Eliten gewählt werden sollen. Sämtliche hierbei genannten Namen sollen die Archonten der πᾶσα πόλις vorlegen, und diese wiederum soll eine engere Auswahl treffen. Nicht anders ist dies etwa in Plat. leg. 757c–e, wo betont ist, dass die πόλις ἅπασα in der Frage der Ungleichheit der Bürger auch pragmatisch verfahren müsse, um nicht an einem ihrer Glieder mit sich selbst in die Stasis zu gleiten.

29 Allerdings wird das ‚einfache Volk' nicht immer mit *demos* bezeichnet. In den unten zu besprechenden Versen des *Corpus Theognideum* finden wir etwa auch die Bezeichnung *astoi*. Deutlich wird jedoch, dass all dieser terminologischen Varianz stets das eben beschriebene, strukturell gleiche Szenario zugrunde liegt, dass ‚einfache Bürger' und ‚Anführer' zusammen ‚die Polis' ergeben.

30 Hierzu s. ausführlich Donlan 1970 mit allen Quellenzeugnissen; vgl. auch Haubold 2000 sowie Werlings 2007 und bes. 2010. – Kallinos frg. 1.16–7 ist mit seiner Reflexion des Bedeutungsinhalts von Demos noch recht nahe am Sprachgebrauch der homerischen Epen, wenn er betont, dass der Kriegsheimkehrer vom Demos nicht geliebt und vermisst werde, während der Gefallene von Niedrig und Hoch betrauert werde.

dass dieser Begriff nur äußerst selten die gesamte Bevölkerung bezeichnet. In der überwältigenden Mehrheit der Fälle denotiert er die Freien exklusive ihrer Führung; für Letztere werden Begriffe wie etwa *basileis* oder *basileus* und *boule gerontōn* gebraucht.[31] In den Epen Hesiods scheint eine Spannung zwischen Demos und Basileis durch, in Tyrtaios ist der Demos von anderen Institutionen wie den Königen und den Ältesten differenziert. Einen ähnlichen Befund bietet Alkman. In Solon und Theognis erscheint der Demos als eine Gruppierung mit eigener Identität und eigenen Interessen, gegenübergestellt einer kleinen Gruppe von Reichen und Mächtigen. Bei allen Nuancen, etwa eines pejorativen Gebrauchs des Begriffs in den *Theognidea*, ist keine klare lineare Bedeutungsentwicklung festzustellen. Vielmehr bezeichnete ‚Demos' in der gesamten archaischen Zeit die Menge der freien Bürger als eine eigenständige und von den Eliten der Polis geschiedene Gruppe. Beide Gruppen sind zwar durch ihre Nebeneinandersetzung voneinander geschieden, doch bilden sie zusammengenommen auch das Gemeinwesen, dessen gesamtes Wohlergehen vom Verhalten auch nur einer der beiden Gruppen positiv und auch negativ beeinflusst werden kann. Sie sind als zwei voneinander abhängige Teile eines größeren Ganzen dargestellt.

Mit dieser Arbeitshypothese der Bedeutung von der ‚Polis' wollen wir im Folgenden eine Reihe anderer kretischer Regelungen zu verstehen versuchen, in denen in noch größerem Umfang als bisher das diesen Beschlüssen vorangegangene Verfahren verzeichnet wird. Zunächst blicken wir auf eine Regelung aus Dreros, die in das ausgehende 7. Jh. datiert und die Befugnisse eines Amtsträgers mit Titel Agretas definiert. Hier heißt es:

πόλι ἔϝαδε διαλήσασι πυλᾶσι: | ὅστις προ πόλε[ος] ἔιε (*vel* προπολε[ύσ]ειε), μὴ τίν{τ}εσθα⟨ι⟩ τὸν ἀγρέταν.

Der Polis hat es gefallen nach Versammlung der Phylen: Der Agretas soll nicht denjenigen bestrafen, der für (*oder* vor) die Stadt ging (*oder* als Tempeldiener diente).[32]

Und das Dekret über die Rechte des Poinikastas und Mnamon Spensithios, verinschriftlicht um 500 in der kleinen zentralkretischen Polis Datala, hält über den Vorgang des Beschlusses fest:

---

31 s. etwa Hom. Od. 8.156–7.

32 Koerner 91 = Nomima 1.64, zuerst in van Effenterre 1946, 590–7, jeweils mit Kommentar; zu dieser Inschrift s. das Kapitel *Pyla* und ferner Willetts 1955, 203; Jeffery/Morpurgo-Davies 1970, 129; Duhoux 1982, 29 u.ö.; Ruzé 1984, 256; Bile 1988, 120, 135 Anm. 245, 197 Anm. 172 sowie 223 zur Deutung von διαλήσασι; Gehrke 1993, 53–4 mit Anm. 20 und 23, 59 und Hölkeskamp 1999, 89 und Papakonstantinou 2008, 160. – Zur Bedeutung des Wortes διαλήσασι s. das Kapitel *Pyla*.

Θιοί· ἔ𐌅αδε Δαταλεῦσι καὶ ἐσπένσαμες πόλις | Σπενσιθίωι ἀπὸ πυλᾶν πέντε ἀπ' ἑκάστας θροπά|ν τε καὶ ἀτέλειαν πάντων (...)

Den Dataleis hat es gefallen, und wir, die Polis, nämlich fünf von jeder Phyle, haben dem Spensithios Lebensunterhalt versprochen und Befreiung von allen Abgaben (...).[33]

Es ist deutlich, dass auch in diesen beiden Zeugnissen der jeweils vorkommende Begriff ‚Polis‘ nicht unbedingt die Gesamtmenge der Bürger des jeweiligen Gemeinwesens bezeichnet. Im Spensithiosdekret werden diese wahrscheinlich mit ihrem Ethnikon ‚Dataleis‘ bezeichnet; im drerischen Gesetz entscheidet ‚die Polis‘ in einer irgendwie gearteten Absprache mit den Phylen. Doch es sind diese Phylen, denen alle Bürger angehören und die demnach am Ehesten für ‚die Bürgerschaft‘ stehen. Das Konzept ‚die Polis‘ scheint also auch hier mehr zu umfassen als den Demos allein. Die Formulierung der drerischen Regelung ergibt Sinn, wenn sich die hier genannte ‚Polis‘ – wie wir es eben auch für die literarischen Zeugnisse feststellen konnten – aus dem Demos und seinen Eliten zusammensetzte. In unseren Inschriften sollten wir uns unter jenen wohl den Kosmos und Rat des jeweiligen Gemeinwesens vorstellen. Dies zumindest legen nicht allein die voran stehenden Abschnitte zu den Aufgaben von Rat und Agora und deren institutionellem Zusammenspiel nahe, sondern auch die oben zitierte aristotelische Beschreibung vom Prozess der Beschlussfassung in kretischen Poleis.[34] Die Inschriften spiegeln also ein Verfahren wider, in dessen Verlauf ein von Kosmos und Rat gestellter Antrag vor die Agora gebracht worden war, dem der in Phylen organisierte Demos dann zustimmte.

Das Spensithiosdekret weist in den auf die einleitende Formel folgenden Zeilen mehrfach darauf hin, dass der Schreiber ‚der Polis‘ seine Dienste leisten soll. So ist er angestellt, ὥς κα πόλι τὰ δαμόσια τά τε θιήια καὶ τἀνθρώπινα | ποινικάζεν τε καὶ μναμονεῦ𐌅ην – „der Polis in den Angelegenheiten des Demos, sowohl kultischen wie profanen, als Schreiber und Mnamon zu dienen“. Spensithios soll also nicht dem Demos dienen, sondern der Polis in den Angelegenheiten des Demos. Sie ist also gewissermaßen der Dienstherr des Spensithios, nicht die ebenfalls in der einleitenden Formel genannten Dataleis. Diese Differenzierung ergibt Sinn, wenn die hier genannte ‚Polis‘ mehr umfasst als allein den Demos von Datala: das heißt, wenn sie jenen zwar einschließt, aber als institutionelle Entität, in welcher sich das Gemeinwe-

---

33 Nomima 1.22 mit weiterführenden Hinweisen = SEG 27.631, zuerst in Jeffery/Morpurgo-Davies 1970 mit ausführlichem Kommentar. Zu dieser Inschrift s. das Kapitel *Eleutheros* sowie van Effenterre 1973; Beattie 1974; Gschnitzer 1974; Koerner 1981; Viviers 1994, 240–1 und Perlman 2004, 1156. – Jeffery/Morpurgo-Davies 1970 etwa übersetzen „The Dataleis resolved, and we the city pledged to Spensithios, from the tribes five (representatives) from each, (...)“, und Gschnitzer 1974 deutet, „im Namen der Stadt haben 5 Vertreter jeder Phyle diese Verpflichtung durch rechtsförmlichen Sakralakt bestätigt.“

34 Arist. pol. 1272a 4.

sen manifestiert, über den Demos hinaus noch andere Bestandteile besitzt, nämlich die von den Eliten besetzten Institutionen, Kosmos und Rat. Und als eine solche politische Gemeinschaft ist die Polis hier beim konkreten Abschluss des Vertrages durch Vertreter jeder Phyle repräsentiert.

Denn dass sich der erklärende Zusatz hier findet, es handele sich um „fünf aus jeder Phyle", heißt, dass ‚die Polis' von Datala nicht etwa ein von Vorneherein klar bemessenes Gremium aus allein diesen fünf Vertretern war. Wenn sie nämlich immer nur je fünf Mitglieder jeder Phyle umfasst hätte, wenn es sich bei ihr also um ein repräsentatives Gremium gehandelt hätte, so hätte man dies hier nicht extra betonen müssen; dann hätte man ‚Polis' hier nicht in dieser Weise definieren müssen. Vielmehr repräsentierten diese jeweils fünf Phylenvertreter ‚die Polis', und zwar situativ bei der hier verzeichneten, ganz konkreten Entscheidung über die Rechte und Pflichten des Spensithios.[35] Daher sollten wir die hier verzeichnete Formel wohl so verstehen, dass die Privilegierung des Mnamon und Poinikastas in einem zweistufi-

---

[35] Die Deutungen des Verhältnisses von ‚Dataleis' und ‚Polis' gehen weit auseinander. Die Herausgeberinnen des Spensithiosdekrets sehen in Datala weder eine unabhängige Polis, noch die im 2. Jh. zu Lato gehörende abhängige Siedlung Datala (IC 1.16.5.64), wofür van Effenterre 1973 plädiert. Stattdessen deuten sie die im Dekret erwähnten Dataleis als einen Startos oder ein Genos einer Polis im Umfeld von Arkades, womöglich Afrati. Gschnitzer 1974 vertritt hingegen die Ansicht, dass dieses Dokument die Existenz einer unabhängigen Polis namens Datala bezeuge, womöglich jener in IC 1.16.5.64 erwähnten oder einer anderen Siedlung gleichen Namens. Beattie 1974 und Viviers 1994 sehen in Datala jene Siedlung, die später zu Lato gehören sollte, um 500 aber noch eine freie Polis gewesen sei; s. auch die Diskussion bei Gorlin 1988. – Dass es sich bei Datala um eine Polis handelte, scheint mir anhand einer Inschrift auf dem Griff eines bronzenen Kessels bezeugt, der in das 6. Jh. datiert wird. Hier bezeugt ein Bronzeschmied, Δαμόθετος ἐπόησ' ὁ Δαταλές; hierzu s. A. Lebessi, *PAAH* (1973) [1975] 191; Perlman 2002, 221 Nr. 23; SEG 52.864.

Rhodes/Lewis 1997, 310 etwa halten es für möglich, dass die Dataleis – entgegen dem Text – gleichbedeutend mit der hier erwähnten ‚Polis' waren, und fünf Bürger von jeder Phyle stellvertretend für jene schworen. Beattie 1975, 12–21 hingegen deutet die Dataleis als die Gesamtheit des Gemeinwesens, und mit ‚Polis' sieht er den Rat bezeichnet; ein Befund, der seiner Meinung nach für ganz Kreta und in allen kretischen Inschriften gelte. Die Kosmen, welche die Startoi innerhalb und außerhalb der Polis vertreten hätten, seien dabei als außerhalb dieser Entität der Polis stehend wahrgenommen worden und somit auch außerhalb des Rates – selbst wenn Kosmen und Rat Hand in Hand arbeiteten, wie Aristoteles betont. Dieses Modell kann aber die gortynischen Inschriften, in denen für ‚die Polis' ein Quorum von 300 Abstimmenden bezeugt ist, nicht erklären. Und so muss Beattie gedanklich einen großen Rat und innerhalb dessen einen kleineren konstruieren, einen Kernrat; in diesem Sinne auch Willetts 1977, 73–4. Diese Annahme ist allerdings von keiner Quelle gedeckt.

Ruzé 1983, 301–5 wiederum sieht in den Dataleis einen der Startoi des hier ansonsten nicht namentlich genannten Gemeinwesens, welcher in dieser Zeit den Kosmos gestellt habe. Sie sieht diese Inschrift als Zeugnis einer historischen Entwicklung von einer Zeit, in der einst die gesamte Agora abgestimmt habe, zu Zuständen um 500, da allein die Kosmen eines der Startoi eines Gemeinwesens dessen für die Allgemeinheit verbindliche Schlüsse fällten. Hierbei hätten sie aber unter der Aufsicht eines Gremiums gestanden, dem fünf Vertreter aus jedem Startos angehörten, welche nunmehr die gesamte Volksversammlung repräsentierten. Diese komplizierte Erklärung findet allerdings

gen Verfahren beschlossen wurde. In diesem legte zunächst ‚die Polis' die Spezifika der Rechte und Pflichten des Spensithios fest, und zwar repräsentiert durch je fünf Vertreter jener Einheiten, die zusammengenommen für die Menge der Bürger des Gemeinwesens standen. Daran anschließend hatten die Dataleis, alle in der Agora versammelten Politen, der außergewöhnlichen Verleihung von umfangreichen Privilegien prinzipiell zugestimmt.[36]

In beiden vorgestellten Fällen wurde die Entscheidung also von einem Rat und der Bürgerversammlung gemeinsam getragen. Wie oben angedeutet, lassen sich die Spezifika dieser gemeinsam getroffenen Entscheidung nicht eindeutig rekonstruieren; deutlich wird aber, dass wir hier zwei Zeugnisse vor uns haben – mit zeitlichem Abstand, aus verschiedenen Poleis und verschiedene Gegenstände betreffend – die eine mögliche Bestätigung der aristotelischen Aussage sind, dass der Rat eine wesentliche, eine probouleutische Rolle in der Beschlussfassung kretischer Poleis hatte, und dass seine Entscheidungen dann der Agora zur Zustimmung vorgelegt wurden. Auch andere Inschriften ergeben im Lichte dieser Deutung des Konzeptes von ‚Polis' Sinn; in jedem Falle lassen sie sich so erklären, dass sie dieser Deutung nicht entgegenstehen. Zu nennen ist hier zunächst eine weitere Regelung aus dem Dreros des 7. Jh., die den Endpunkt für die Ausbildung der Epheben in ihren Agelai festlegt und deren Eintritt in die Hetairien, das heißt in die Gemeinschaft der Bürger, regelt. Hier heißt es:

[πόλι] ἐταρηιᾶν : ἔϝαδε : ὅζ' ἀγέλασι τὸ Ὑπε|ρβοίο : μηνὸς : ἐν ἰκάδι : ὅρον ἦμεν

Der Polis hat es gefallen in Hinblick auf die Hetairien: Für alles, was die Agelai betrifft, soll der 20. Tag des Monats Hyperboios die Grenze sein.[37]

---

in keinem anderen kretischen Text eine Bestätigung. An keiner Stelle gibt es Hinweise darauf, dass der Kosmos allein einen Beschluss fällte.

36 Diese Reihenfolge scheint mir gegenüber der auf den ersten Blick im Dokument selbst angedeuteten die plausible zu sein, die ja nahezulegen scheint, dass der Beschluss der Dataleis dem der Polis vorangegangen war. Alle anderen Zeugnisse des Beschlussverfahrens in kretischen Inschriften deuten darauf hin, dass der Demos keine Initiative ergriff, sondern allein vorher gefassten Beschlüssen zustimmte. Die Auflistung von zunächst Dataleis und dann der Polis scheint der Pragmatik der Formulierung und der Realität des eigentlichen Beschlussverfahrens geschuldet. Denn es war die Polis, die tatsächlich über den Katalog von Rechten und Pflichten des Spensithios entschied und die deswegen hier auch als Subjekt des Satzes auftritt. – Zur Frage, ob Spensithios ein ‚Bürger' von Datala war, s. das Kapitel *Eleutheros*.

37 Koerner 92 und Hölkeskamp 1999, 89. – Eine Begründung der Lesung, dass es der Ausdruck πόλι ist, der in der Fehlstelle am Anfang des Steins ergänzt werden muss, und eine Diskussion des historischen Kontextes dieser Inschrift bietet Seelentag 2009a, aufbauend auf den verschiedenen Deutungen dieses Dokuments durch van Effenterre 1946, 590–7 und 1961, 547–52 = Nomima 1.68 und Nomima 2.89.

Aus unserer Inschrift wird deutlich, dass ‚die Polis' in Dreros nicht unbedingt gleichbedeutend war mit ‚alle Bürger'. Politische Partizipation im engeren Sinne fand in kretischen Poleis nach Phylen organisiert statt; eingeteilt in die sogenannten Startoi traten die Politen zur Bürgerversammlung zusammen. Und in dieser Form als ‚Polis' organisiert trafen sie diese Regelung „in Hinblick auf die Hetairien". Diese Trink- und Speisegenossenschaften prägten das tägliche Leben kretischer Bürger maßgeblich. Sie waren nicht etwa eine die Phylen differenzierende, sondern eine parallel zu jenen existierende, oder besser: jene überschneidende Organisationsform aller Bürger. In ihnen kamen die Männer regelmäßig zusammen, sie beanspruchten die Erziehung der Paides. Die Mitgliedschaft in einer der Hetairien war überhaupt die unabdingbare Voraussetzung für den Bürgerstatus.[38]

‚Die Polis' tritt in diesem Gesetz also als eigenständige Größe auf, die Regeln für alle, in den Hetairien organisierten Bürger festlegt. Hieraus ließe sich schlussfolgern, dass die Polis entweder eine Institution war, die als ein kleineres Gremium über sämtliche Bürger entschied, etwa einen Rat; oder dass sie genau die Menge der in den Startoi organisierten Bürger umfasste, als welche sie über den genau gleichen Personenkreis, nämlich die in den Hetairien organisierten Bürger, Beschlüsse fasste. Diese beiden Möglichkeiten scheinen mir aber gegenüber der hier vorgetragenen Deutung weniger plausibel zu sein. Vielmehr sollten wir auch hier in der Polis eine Entität sehen, die konzeptionell mehr umfasste als die Gesamtzahl der in der Agora zusammengekommenen Damoden. Die als Bürgerverband organisierten Politen samt deren Eliten nahmen also Einfluss auf eine Organisationsform innerhalb des Bürgerstaats, die aufgrund ihrer ausgeprägt agonalen Tendenzen den integrativen Bemühungen des Konzeptes von ‚Polis' eigentlich entgegenstand, beziehungsweise deren potenzielles Gegenmodell darstellte, dessen soziale Sprengkraft eingehegt werden musste.[39]

---

38 Zu den kretischen Hetairien und zur Ausbildung der jüngeren Knaben s. bes. Dosiadas FGrHist 458 frg. 2 ap. Athen. 4.143c–d; *Pyrgion* FGrHist 467 frg. l ap. Athen. 4.143e; Ephor. FGrHist 70 frg. 149 ap. Strab. 10.4.16, 18–20; dazu s. Willetts 1955, 18–27; Talamo 1987; Lavrencic 1988; Link 1994, 9–21 sowie 1999, 2009 und 2014; Gehrke 1997, 38–43 und die Kapitel *Andreion* und *Paideia*.
39 Diese drerische Regel ist in gewisser Weise vergleichbar mit der Inschrift über die Platiwoinoi aus Tiryns. In jener wird den Platiwoinoi auferlegt, im Falle eines Vergehens eine Buße an Zeus und Athena zu entrichten, die – wie in der *Großen Rhetra* – auch hier wohl als Götter des gesamten Verbandes zu sehen sind. Eine (elitäre) Gruppe der Gemeinschaft wird auf diesem Weg also zu einer gewissen Integration in das Gemeinwesen genötigt. Womöglich geht die Regel davon aus, dass ein – hier nicht genanntes – Fehlverhalten der Platiwoinoi am ehesten wohl gegen das Gemeinwesen gerichtet wäre und jenes in Mitleidenschaft zöge. Daher wird die Buße zugunsten der integrativ wirkenden Götter dieses Gemeinwesens verhängt; AE 1975, 150–205 (SEG 30.380) = Koerner 31 = Nomima 1.78. Hier zeigt sich, dass gemeinschaftsgefährdende Aktionen der Eliten und die auf sie folgenden Reaktionen des Demos oder anderer Aristoi die Entwicklung von Institutionen katalysieren konnten.

Ebendiese Vorstellung von ‚Polis' lässt uns schließlich auch das Iterationsverbot des drerischen Kosmos besser verstehen, welches ja verzeichnet:

⟨Θιὸς ὅλοι ὄν⟩ | ἆδ' ἔϝαδε : πόλι· (...)
ὁμόται δὲ : κόσμος : κοἰ δάμιοι : κοἰ : ἴκατι : οἰ τᾶς πόλ[ιο]ς.

Möge Gott ihn zerstören! So hat es der Polis gefallen: (...)
Die Schwörer: der Kosmos und die Damioi und die Zwanzig der Polis.[40]

Wie oben ausgeführt, scheint mir das Gesetz von Dreros entgegen seiner traditionellen Deutung nicht allein ein Iterationsverbot für den Kosmos zu enthalten. Es war zudem darum bemüht, festzuschreiben, dass ein ehemaliger Kosmos nicht länger wie ein solcher handeln dürfe, auch wenn seine Mitbürger ihn aufgrund seiner großen persönlichen Macht um Hilfe baten, vornehmlich wohl um die Schlichtung ihrer Konflikte. Der eine Teil der Regelung sollte bewirken, dass eine große Anzahl von Männern mit dem Amt des Kosmos auf Zeit eine der wesentlichen Prominenzrollen der Polis einnehmen sollte. Der andere festigte die Stellung der Amtsträger und damit das Amt selbst, indem sie den jeweiligen Inhabern des Kosmosamtes gewissermaßen ein Monopol auf bestimmte Tätigkeiten einräumte. Auffällig ist nun, dass ‚die Polis' selbst nicht unter jenen Eidesleistern genannt ist, welche auf die Einhaltung der Regel schwören. Dies mag evident erscheinen, immerhin tritt ‚die Polis' in der Eingangsformel als jene Autorität auf, welche die gesamte Regel überhaupt beschloss. Doch vor dem Hintergrund des von anderen Inschriften und der aristotelischen *Politik* nahegelegten Befundes, dass Entscheidungen von Kosmos und Rat gemeinsam getroffen und dann der Agora zur Zustimmung vorgelegt wurden, ergibt die drerische Formel Sinn. Es ist eben dieser Prozess, der hier im Ausdruck „So hat es der Polis gefallen" zusammengefasst ist: ‚Die Polis' – und zwar deren bei der Nennung dieser Entität gedachten Teile, Damioi und die ‚Zwanzig der Polis' – selbstverpflichten sich dazu, einen gewesenen Kosmos vor Ablauf der Zehnjahresfrist nicht erneut zum Kosmos zu machen, noch ihn wie einen Amtsträger zu behandeln. ‚Die Zwanzig', wahrscheinlich die Ratsmitglieder von Dreros, taten dies, wahrscheinlich weil sie maßgeblich für die Auswahl des Kosmos zuständig waren, etwa im Zuge einer konsensualen Absprache. Die Damioi, in denen wir wohl den drerischen Demos sehen sollten, taten dies, weil aus ihren Reihen jene Hilfesuchenden kamen, die fortan zur Lösung ihrer Konflikte einen Amtsträger aufsuchen sollten. Der unter den Schwörenden ebenfalls genannte

---

40 Koerner 90 = Nomima 1.81 = ML 2; zuerst in Demargne/van Effenterre 1937, 333–48; Übers. nach HGIÜ 1.2, die einleitende Formel nach Pounder 1984. – Die physischen Eigenschaften der drerischen Inschriften, die Binnengliederung der Zeilen und die sich hieraus ergebenden Schlussfolgerungen zur beabsichtigten Lesbarkeit dieser Texte sind von Perlman 2002 und Gagarin 2008, 46–9 diskutiert; s. auch Veneciano 2010. – Zu der im Folgenden vorgetragenen Deutung der Regelung s. Seelentag 2009 mit der älteren Literatur und das Kapitel *Kosmos*; s. dort auch zur Identifikation der Damioi mit dem Demos.

Kosmos gelobte, nach seiner Amtszeit nicht anstelle des dann amtierenden Kosmos zu handeln.[41]

Verschiedene Quellen ergänzen und bestätigen diesen Befund. Zum einen sind dies literarische und epigraphische Zeugnisse aus archaischer Zeit, die zwar nicht aus kretischen Poleis stammen, aber deutlich werden lassen, dass das hier vorgetragene Konzept von Polis in den Inschriften der Insel keinesfalls allein auf Kreta beschränkt war. Zum anderen reflektieren auch aus dem 3. und 2. Jh. stammende inschriftliche Zeugnisse aus kretischen Poleis den hier für die archaische und klassische Zeit festgestellten Befund. Beginnen wir mit diesen. Die hier vorgetragene Deutung der ‚Polis‘ als einer Institution, die neben dem Demos auch andere Institutionen umfasste, aller Wahrscheinlichkeit nach den Rat, erhält ihre Bestätigung durch die Zusammenschau der spätklassischen und hellenistischen Inschriften Kretas, deren Beschlussformeln nicht länger die oben vorgestellte Vielfalt bieten, sondern nur noch wenige, nun recht einheitliche Formeln. Vor allem sind dies ἔδο[ξε] τοῖς κόσμοις καὶ τᾶι πόλει, Variationen wie etwa ἔδο[ξε] τῶι κόσμωι καὶ τᾶι πόλι τᾶι Πραισίων oder ἔδοξε τᾶι βουλᾶι καὶ] τῶι δάμωι und Formeln wie κόσμου γνώμα. ἔδοξε [Ἰτα]νίων τᾶι βουλᾶι καὶ τᾶι ἐκκλησίαι, die mit dem oben vorgestellten Befund in Einklang stehen.[42]

Denn diese Formeln stellen stets Boule und Demos/Ekklesia als handelnde Subjekte einander an die Seite. Und stets sind Polis und etwa die Kosmen nebeneinander genannt. Doch keine der uns zahlreich erhaltenen Beschlussformeln kretischer Inschriften verzeichnet etwa ein Nebeneinander von ‚Demos und Polis‘ oder ‚Boule und Polis‘, obschon sowohl Demos als auch Boule in den späteren Zeilen der Inschriften als handelnde Institutionen und eigenständige Größen dieser Gemeinwesen durchaus genannt sein können. Für das hellenistische Kreta ist dieser Befund einheitlich, und so mögen diese späteren Zeugnisse als Indizien dienen, unsere Deutung der archaischen und klassischen Verhältnisse zu unterstützen.[43] So legt also

---

41 Zum Entscheidungsverfahren s. das Kapitel *Hetairoi des Hybrias*.

42 s. etwa IC 3.6.7a und 10 aus Praisos zu Beginn des 3. Jh.; IC 1.5.19 a 16–7 aus dem Gebiet der Arkader im 2. Jh.; IC 2.3.3 aus Aptera im 2. Jh.; IC 3.4.2 und 3 aus Itanos im 3. Jh. Daneben finden sich nach wie vor auch einige Beschlussformeln, die allein die ‚Polis‘ und gegebenenfalls auch das jeweilige Ethnikon nennen, etwa aus Gortyn und Elyros; IC 4.231 aus dem 3. und IC 2.13.1 aus dem 2. Jh. Eine Inschrift aus Kydonia nennt πόλις und ἄρχοντες nebeneinander; IC 2.10.2* aus dem Jahre 201. – s. hierzu ausführlich Chaniotis 1996 sowie den Überblick bei Sakellariou 1993, 200–2 Anm. 2 und Rhodes/Lewis 1997, etwa 299–313, auch für Material vom Hellenismus bis in den Principat; vgl. etwa IvDelos 1512 vom Ende des 2. Jh.

43 Diese Spezifika werden etwa auch in Vertragsschlüssen der hellenistischen Zeit deutlich, in denen kretische mit nichtkretischen Poleis übereinkommen. Hier werden die unterschiedlichen Feinheiten des Ratifizierungsverfahrens der beiden Vertragspartner deutlich. So halten etwa Verträge zwischen dem kretischen Aptera und dem kleinasiatischen Teos fest, Ἀπτεραίων οἱ κόσμοι καὶ ἁ πόλις Τηίων τᾶι βουλᾶι καὶ τῶι δάμωι χαίρειν und Ἀπτεραίων. ἔδοξε τᾶι βουλᾶι καὶ τῶι δάμωι·. Obschon beide Poleis nach dem hier vorgetragenen Muster organisiert scheinen, treten im Falle von Aptera die Kosmen neben der Polis als die im Vertrag genannten handelnden Subjekte auf, im Falle von Teos hingegen

auch die Zusammenschau dieser späteren Beispiele nahe, dass Demos und Ekklesia parallele Bezeichnungen für die in der Agora versammelten Bürger zu sein scheinen und dass jene zusammen mit der Boule ‚die Polis' formieren. Festzuhalten ist ferner, dass diese ‚Polis' nicht auch die Oberbeamten zu umfassen scheint, den Kosmos, denn jener wird gesondert neben der ‚Polis' genannt. Dies wiederum deutet darauf hin, dass auch der Kosmos Anteil an der politischen Entscheidung besaß. Plausibel scheint, dass er die Bürgerversammlungen leitete und dort jene Beschlüsse vorstellte, welche die Kosmen im Zusammenspiel mit dem Rat gefasst hatten. Denn abgesehen von Hinweisen dieser Art ist uns kein Zeugnis überliefert, welches berichtete, wer die Agorai einberief und leitete, dort Anträge vortrug und zur Abstimmung brachte. Es wäre also wahrscheinlich, gerade auch in Analogie zu anderen politischen Systemen, dass die wichtigsten Amtsträger der Polis, hier also die Kosmen, diese Funktionen wahrnahmen.

Archaische Inschriften und literarische Quellen aus anderen Teilen der griechischen Welt bieten nicht ein derart homogenes Bild. Doch auch sie lassen sich in dem hier vorgebrachten Sinn der Bedeutung von ‚Polis' deuten. So scheint das Beschlussszenario eines Dekretes aus Kyzikos aus dem 6. Jh. dem des Iterationsgebotes von Dreros nicht unähnlich zu sein. Hier ist verzeichnet:

(A) [τὴν δὲ στ]ήλην τήνδε πόλις Μ|ανῆ ἔδωκε τῶι Μεδίκ[εω]. |
(B) ἐπὶ Μαιανδρίου· | πόλις Μηδίκεω καὶ τοῖσιν Αἰσήπου παισὶν | καὶ τοῖσιν ἐκγόνοισιν ἀτε⟨λ⟩ εἴην καὶ πρυ|τανεῖον· δέδοται παρὲξ ναύτο | καὶ τὸ τάλαντο καὶ ἱππονίης καὶ | τῆς τετάρτης καὶ ἀνδραποδωνίης· | τῶν δὲ ἄλλων πάντων ἀτελές· καὶ ἐπὶ | τούτοισιν δῆμος ὅρκιον ἔταμον· τὴν | δὲ στήλην τήνδε πόλις Μ[α]νῆ ἔδ[ω]κ[ε] | τῶι Μηδίκεω.

(A) Diese Stele hat die Polis dem Manes, Sohn des Mendikes, verliehen.
(B) Im Amtsjahr des Maiandrios. (Verliehen) hat die Polis dem (Manes,) Sohn des Mendikes, und den Söhnen des Aisepos sowie deren Nachkommen die Abgabenfreiheit und das (Privileg der Speisung im) Prytaneion. Die Abgabenfreiheit ist gewährt mit Ausnahme des *nauton*, der Abgabe für die Benutzung der gemeindlichen Waage, der Pferdekaufabgabe, der Viertelabgabe und der Sklavenkaufabgabe. Bei allem anderen sollen sie abgabenfrei sei. Hierauf hat der Demos unter Vollzug eines Schlachtopfers einen Eid geleistet. Diese Stele hat die Polis dem Manes, Sohn des Mendikes, verliehen.[44]

Boule und Demos; IC 2.3.2, Kopie eines Vertrages zwischen Aptera und Teos aus dem teischen Tempel des Dionysos im frühen 2. Jh. und IC 2.3.3, Kopie eines Vertrages zwischen Aptera und Kos aus dem koischen Tempel des Äskulap im frühen 2. Jh.
44 Unterer Teil einer Stele; ionische Schrift des 6. Jh. auf Seite A, auf Seite B die Wiederaufzeichnung der Inschrift aus dem 1. Jh., IMT Kyz Kapu Dag 1447 = Syl.³ 4 = Nomima 1.32 = HGIÜ 1.18, dorther auch die Übers., jeweils mit Diskussion und weiteren Hinweisen. Hölkeskamp 1999, 172–3 datiert die Inschrift an das Ende, Raaflaub 1993, 77 an den Anfang des 6. Jh. Hierzu s. auch Ehrenberg 1937, 152; Gehrke 1993, 58–9 und Hölkeskamp 1994, 143.

Die Rede ist also davon, dass ‚die Polis' den begünstigten Personen Privilegien verliehen habe und die Inschrift habe aufstellen lassen, dass aber der Demos auf diesen
Beschluss geschworen habe – im Übrigen im Rahmen einer ebensolchen Opfer-
zeremonie, wie wir sie auch als Hintergrund jener kretischen Inschriften vermuteten, welche eine Invokation beinhalten. Somit sind in diesem Dokument Polis und
Demos nebeneinander gestellt, und nichts deutet darauf hin, dass mit diesen beiden
Bezeichnungen exakt die gleiche Personengruppe umrissen wurde. Allein wenn wir
‚die Polis' als eine Entität sehen, die neben dem Demos auch die Institutionen des
Gemeinwesens umfasst, ergibt dieses Zeugnis Sinn.

Vor dem Hintergrund dieses Befundes ließe sich auch ein Kenotaph aus Korkyra
verstehen, das noch vor der Mitte des 6. Jh. zu datieren ist und betont:

> *hυἱοῦ Τλασίαϝο Μενεκράτεος τόδε σᾶμα | Οἰανθέος γενεάν. τόδε δ' αὐτõι δᾶμος ἐποίει· : | ἔς γὰρ*
> *πρόξενϝος δάμου φίλος· ἀλλ' ἐνὶ πόντοι | ὄλετο, δαμόσιον δὲ καϙὸ[ν πένθησαν hάπαντες]. : |*
> *Πραξιμένης δ' αὐτõι γ[αίας] ἀπὸ πατρίδος ἐνθὸν : | σὺν δάμοι τόδε σᾶμα κασιγνέτοιο πονέθε. :*

Des Tlasias-Sohnes Menekrates ist dieses Mal, eines Oiantheers von Geburt. Dies hat ihm der
Demos errichtet. Er war nämlich der geschätzte *Proxenos* des Demos. Doch auf dem Meer ging er
zugrunde, und ein Verlust für den Demos [trat ein, der alle betraf (?)]. Praximenes kam für ihn
aus seinem Vaterland, und zusammen mit dem Demos setzte er dieses Mal für seinen Bruder.[45]

Bemerkenswert und einzigartig ist an diesem Zeugnis nicht allein die wiederholte
Nennung des Demos, sondern auch dessen Herausstellung als alleinige handelnde
Autorität. „Man hat schon längst vermutet, daß die dort emphatisch und plakativ
wiederholte Nennung des *damos* nicht nur dessen Entscheidungsbefugnis generell
belegt, sondern auch deren Aktualität in der möglichen Freude über den Gewinn
einer neuen Ordnung demonstriert."[46] Sollte diese Inschrift tatsächlich aus der Zeit
nach der Kypseliden-Herrschaft stammen, deren Ende traditionell ins Jahr 582 datiert
wird, wäre sie vor dem Hintergrund unserer Interpretation ein wichtiges Zeugnis
dafür, dass hier ganz bewusst allein der Demos als das handelnde Beschlussorgan
des Gemeinwesens auftritt – nicht ‚die Polis', auch nicht der Demos samt irgendwelcher anderer Institutionen, etwa der Boule, wie wir es in anderen Inschriften der
Zeit beobachten. Hier tritt alleine der Demos auf, und zwar als eine Gruppe, die den
elitendominierten Institutionen des Gemeinwesens entgegen steht.

---

45 IG 9.1.867 = Nomima 1.34 = SGDI 3188 = ML 4 = HGIÜ 1.4, dorther auch die Übers.; zur Deutung
und Datierung s. die in Nomima *ad loc.* genannte Literatur.
46 Gehrke 1993, 59.

Auch prominente literarische Quellen der archaischen und klassischen Zeit lassen sich in dem hier vorgetragenen Sinn deuten. Neben den bereits oben zitierten Zeilen Solons, in denen ‚die Polis' und der Demos nebeneinander stehen, bieten Verse des Tyrtaios mit Bezug auf Sparta dieses Bild:

> Allen gemeinsam ist dieser Stolz, der Polis und dem Demos (τοῦτο πόληί τε παντί τε δήμῳ), wenn unwankend ein Mann unter den Vorkämpfern steht.[47]

In ähnlicher Weise lässt sich auch das *Eunomia*-Fragment des Tyrtaios verstehen, wenn es die Institutionen Spartas – Könige, Rat und Demos – als untereinander hierarchisierte Teile der Polis darstellt:

> Regieren sollen durch ihren Rat die gottgeliebten Könige, denen am Herzen liegt Sparta, die liebliche Polis. Regieren sollen die Ältesten, die Geronten, dann auch die Männer des Volkes (ἔπειτα δὲ δημότας ἄνδρας). [Jeweils gehorchend geraden Gesetzen sollen sie Gutes reden und alles Gerechte vollbringen und nichts Krummes raten dieser Polis. Der Menge des Volkes (δήμου δὲ πλήθει) sollen daraus Sieg (*nike*) und Stärke (*kratos*) erwachsen (...)].[48]

In diesen Worten wird deutlich, dass ‚Polis' hier nicht in erster Linie als bauliche Entität, sondern vor allem als soziopolitische Organisationsform zu verstehen ist. Auch hier sind Könige und Polis einander gegenübergestellt – letztere liege den Basileis am Herzen, während auf der anderen Seite die Geronten und der Demos in einem Atemzug genannt und einander an die Seite gestellt werden. Ihr jeweiliger und gemeinsamer guter Ratschlag ist es, der auf die Polis insgesamt positiven Einfluss hat. Und daraus wiederum solle einem der Teile dieser Polis, nämlich dem Plethos des Demos, Gutes erwachsen. Mit eben dieser Deutung im Sinn lassen sich auch jene Aussagen der frühen griechischen Dichtung besser verstehen, die den Aufbau der Polisgesellschaft und die ihr inhärenten Konflikte schildern. Dabei handelt es sich um lyrische und elegische Verse, die zentrale Bedeutung für unsere Vorstellung des Formationsprozesses des frühen Bürgerstaates haben. So klagt etwa Alkaios:

---

47 Solon frg. 3.5–8, 17 G/P = 4W. – Tyrtaios frg. 12.15–7 West, Übers. von Z. Franyó 1971, 25–6. Im Folgenden ergänzt Tyrtaios ‚Polis' und ‚Demos' um weitere Kategorien der Zugehörigkeit. Denn „fällt er in vorderster Reihe, verliert er im Kampf sein Leben seinem *asty*, den *laoi* und auch seinem Vater zum Ruhm. (...) Alt und jung zugleich betrauern ihn, die ganze Stadt (πᾶσα πόλις) ist untröstlich wegen des schmerzvollen Verlustes." – In der Datierung des Tyrtaios in das letzte Viertel des 7. Jh. schließe ich mich Latacz 1998, 161 und Meier 1998, 94, 239 an.

48 Tyrtaios frg. 4 West, Übers. von M. Dreher 2006, 45–50, hier 50. Der in eckige Klammern gesetzte Teil des Zitats ist allein von Diod. 7.12.6 überliefert, nicht von Plut. Lyk. 6.10; seine Authentizität wird oftmals mit Skepsis betrachtet. Zur Diskussion s. Nafissi 2009, 126–8, bes. Anm. 56; s. vor allem die Diskussion zwischen van Wees 1999a sowie 2002 und Meier 1998 sowie 2002, dessen Position in dieser Frage ich zuneige. – Die *Große Rhetra* ist vieldiskutiert, erwähnt seien hier aus jüngerer Zeit allein Thommen 1996; Vélissaropoulos-Karakostas 2005; Dreher 2006; Link 2008a und Nafissi 2010, jeweils mit weiterführenden Literaturhinweisen.

Soll er [Pittakos] doch, verschwägert den Atreussöhnen, unsere Polis zerfleischen wie früher mit Myrsilos, bis uns Ares vergönnt, zu den Waffen zu greifen. Tilgen würden unseren Groll wir aus dem Gedächtnis und zur Ruhe bringen den Zwist, der am Herzen uns nagt, und den Kampf von einander Nahestehenden untereinander: Einer der Olympier ließ ihn unter uns auflodern, dem Demos zum Ruin, doch dem Pittakos gab er verlockende Macht.[49]

Und Theognis betont:

Unsere Polis geht, Kyrnos, das fürchte ich, schwanger mit einem Rächer der Frevel, die wir zügellos-trotzig verüben. Unsere Bürger (*astoi*) sind noch vernünftig; die Führer (*hegemones*) freilich schreiten bereits auf dem Weg, der in den Abgrund uns führt. Gute (*agathoi*), mein Kyrnos, stürzten noch nie die Polis ins Verderben. Wenn die Schlechten (*kakoi*) jedoch schamlos verführen den Demos und denen, die Unrecht taten, noch Recht zuteil werden lassen um des eignen Gewinns willen und eigener Macht, dürfte die Polis hier bestimmt nicht lange mehr ruhig verharren, liegt sie zur Stunde auch noch friedlich und ungestört da – sollten erst einmal die Schlechten der bösen Gewohnheit verfallen, aus dem Unheil des Demos Nutzen zu ziehen für sich! Daraus entstehen ja Aufruhr (*staseis*), Blutvergießen unter Nahestehenden (*emphyloi phonoi*) und Alleinherrscher (*mounarchoi*). Beuge sich unsere Polis diesen Dingen nie![50]

Das lyrische Ich des *Corpus Theognideum* beschwört:

Das Vaterland werde ich lenken und die wohlhabende Stadt, sie nicht dem Demos überlassen und nicht ungerechten Männern.[51]

Solon schließlich weiß:

Durch mächtige Männer geht die Stadt zugrunde und in des Alleinherrschers Knechtschaft stürzt ja das Volk durch Unkenntnis.[52]

Kommen wir auf unsere eingangs gestellte Frage zurück, welches Gewicht die verschiedenen uns aus kretischen Poleis bekannten Institutionen beim Prozess der politischen Entscheidung besaßen. Unsere Untersuchungen des inschriftlichen Materials haben gezeigt, dass die Bola in kretischen Poleis ungeheure Relevanz besaß, dass dies aber in gleichem Maße für die Agora galt. Allem Anschein nach stimmt der epigraphische Befund mit dem bei Aristoteles überlieferten literarischen zur Organisation kretischer Politien überein. Dessen Beschreibung der kretischen Politeia betont ja, dass alle Politen an der Bürgerversammlung teilnahmen, diese aber nur die bereits zuvor von Kosmos und Rat gefassten Beschlüsse in einer

---

49 Alk. frg. 70, Übers. von D. Ebener.
50 Theogn. 39–52, Übers. von D. Ebener, und vgl. die ähnlichen Verse 1081–2b. – Hierzu s. etwa Nagy 1982, 1983, 1985 und andere Beiträge in Figueira/Nagy 1985; von der Lahr 1992; Stein-Hölkeskamp 1997; van Wees 1999, 2000, 2008 und *im Druck*; Selle 2008.
51 Theogn. 947–8; Übers. nach D.U. Hansen.
52 Solon 12.3–4 G/P = 9W; Übers. von Chr. Mülke 2002.

Abstimmung bestätigte.[53] Und tatsächlich geben uns die kretischen Inschriften, wie wir oben sahen, nicht nur Hinweise auf die probouleutische Autorität des Rates, sondern auch darauf, dass die vor die Bürgerversammlung gelangenden Gegenstände dieser Institution lediglich zur Absegnung vorgelegt wurden. So nähern wir uns also aus ganz unterschiedlichen Richtungen der Beobachtung, dass der Prozess der offiziellen Beschlussfassung in kretischen Poleis einen zumindest zweistufigen Prozess umfasste: zunächst die Beratung und – womöglich in Abstimmung mit den Kosmen – den Beschluss des Rates, dann die Zustimmung der Agora. Erst diese verschiedenen Schritte zusammen ließen die Beschlüsse der Polis gültig sein.[54]

Ein letztes Wort sei zu der für Kreta charakteristischen Beschlussformel ἔϝαδε gesagt, wie sie uns etwa in Kombinationen wie ἆδ᾽ ἔϝαδε πόλι· in der drerischen Iterationsregel oder in ἔϝαδε Δαταλεῦσι καὶ ἐσπένσαμες πόλις (...) ἀπὸ πυλᾶν πέντε ἀπ᾽ ἑκάστας im Spensithiosdekret begegnet. Traditionell wird diese Formel als „So beschloss die Polis" beziehungsweise „Thus has the Polis decided" übersetzt. Dies ist nach dem Muster von Beschlussformeln von Inschriften aus anderen Teilen der griechischen Welt modelliert, ob nun aus Attika oder der Peloponnes, aus Mittelgriechenland, den Ägäischen Inseln und Kleinasien.[55] Nun wählten wir im Verlauf dieses Kapitels für das kretische ἔϝαδε mit dem Dativ aber die Übertragung „So hat es ... gefallen", wie es in Übereinkunft mit der Grundbedeutung von ἀνδάνω steht. Diese nur geringe Modifikation der Übersetzung drückt in viel stärkerem Maße die von Aristoteles beschriebene und in den Beschlussformeln deutlich werdende Rolle der Agora im Zusammenspiel der Institutionen aus. Die kretische Polis ‚beschloss' nicht, ihr ‚gefiel es'.

Hiermit reduziert sich die von der Forschung oftmals postulierte aktive Rolle der Polis auf Kreta, die zudem immer wieder mit dem Demos gleichgesetzt wurde. So wird

---

53 Arist. pol. 1272a 4.

54 Hierzu s. das Kapitel *Hetairoi des Hybrias* und Seelentag 2013. – Einen erhellenden Vergleich zur probouleutischen Funktion des Rates in kretischen Poleis bietet die *Große Rhetra* aus Sparta. Plutarch betont, dass das Recht, Gesetze zu beschließen, dem Demos vorbehalten war, dass die Gerousia aber Vorschläge einbringen und zurückziehen durfte (εἰσφέρειν und ἀφίστασθαι). Dann aber erwähnt Plutarch auch, dass, wenn der Demos zu einer falschen Entscheidung gelangte, die Gerousia und die Archagetai diese annullieren konnten; Plut. Lyk. 6.1 und 6.8; vgl. Tyrt. frg. 4.5–9 West. – Weitere Beispiele für die Annullierung oder Verhinderung von Volksbeschlüssen durch eine weitere Institution der Polis scheinen zu sein: zwei Gesetze der Eleier aus Olympia, spätes 6. Jh., IvO 3 und 7 = Koerner 38 = Nomima 1.108 und 109, die zeigen, dass für den Beschluss und die Änderung von Gesetzen die Zustimmung der Mehrheit des Demos und des Rates notwendig war; außerdem das Gesetz über die Landverteilung von Naupaktos, um 525/500; IG 9.1².3.609 = Koerner 47–8 = Nomima 1.44, welches bezeugt, dass für Neuerungen die Zustimmung der „101 nach Tüchtigkeit ausgewählten Männer" notwendig war; sowie das Siedlergesetz aus Lokris, IG 9.1².3.718 = Koerner 49 = Nomima 1.43; und schließlich ein Gesetz aus Halikarnassos, um 475, Koerner 84 = Nomima 1.19.

55 s. etwa Koerner 1, 4, 5, 12, 13 *et passim*. – Diese Formeln bedienen sich allerdings der Verbs δοκέω, was uns in den kretischen Inschriften der archaischen und klassischen Zeit nicht begegnet. Für jenes freilich gilt das im Folgenden Gesagte gleichermaßen.

es einfacher, in jenem Verfahren, für welches ‚die Polis' verantwortlich zeichnet, ein Element der Zustimmung zu sehen, nicht der autoritativen Entscheidung. Vor dem Hintergrund des in den Epen geschilderten Szenarios erscheint die Aussage, dass es diesem abstrakten Konzept der Polis oder den Dataleis ‚gefiel', einen bestimmten Beschluss zu fassen, als eine Reflexion einer Entscheidung, die von den Aristoi getroffen worden war, nun aber vor den Demos gebracht wurde, um von diesem bestätigt zu werden. Dieses Verfahren sollte die Akzeptanz der Entscheidung und ihre für alle Teile der Gemeinschaft bindende Kraft verstärken. Von Bedeutung ist in diesem Zusammenhang auch der nicht allein in kretischen Beschlussformeln zu beobachtende Gebrauch des Aorists. Dieses Tempus bezeichnet nicht allein eine Handlung der Vergangenheit, wie das Imperfekt es tut. Egbert Bakker betont: „This is an important, and neglected, aspect of the aorist: the performance of the past in the present. An accomplishment from the past comes into the present in the form of a speech-act that names the event and so reenacts the agent's accomplishment."[56] Diese Formeln signalisierten also die dauerhafte Gültigkeit und auch in die Zukunft weisende Verbindlichkeit eines in der Vergangenheit gefassten Beschlusses.

Die Polis als Autorität

Es ist bemerkenswert, dass die Zahl jener Fälle, in denen die frühen Gesetzesinschriften Kretas den Begriff ‚Polis' im Sinne einer Form sozialer und politischer Organisation verwenden, deutlich die Zahl aller anderen Nuancen des Gebrauchs übertrifft. Jene seien im Folgenden knapp skizziert. So verwenden etwa nur drei Regelungen den Begriff eindeutig im räumlichen Sinn. In der einen ist der Gegensatz ἰν ἀπαμίαις – ἰν πόλι erwähnt, in der anderen ist die Rede von Häusern, die ein Mann in der Polis besitzt.[57] Und eine Regelung aus Gortyn schließlich hält in der zweiten Hälfte des 5. Jh. fest:

Ϝερ|γάδδ]εθαι δὲ ἐπὶ τῶι μ[ι|σ]τῶι αὐτῶι πάν[τ]α [τοῖς | ἐμ πόλι Ϝ]οικίονσι το(ῖ)ς [τ' | ἐλ]ευθέροις καὶ το[ῖς δόλ|οις.

(…) Sie sollen aber um den gleichen Lohn arbeiten wie die, die in der Polis wohnen, Freie wie Unfreie.[58]

---

56 Bakker 2007, hier 115, mit Blick auf Bakker 2005, 154–76. Ich danke Egbert J. Bakker für diesen Hinweis. – s. auch Allan 2010 zum proceduralen Gehalt des *infinitivus pro imperativo*, der uns in den kretischen Inschriften immer wieder begegnet, im Vergleich zum eigentlichen Imperativ.
57 IC 2.12.16 Ab = Koerner 115 = Nomima 1.26 aus Eleutherna um 500, ἰν ἀπαμίαις scheint hier auf die Randgebiete der Polis im Gegensatz zur zentralen Siedlung hinzuweisen; IC 4.72.4.32 und 8.2 = Koerner 169 und 174 = Nomima 2.49 und 51 im *Großen Gesetz* von Gortyn.
58 IC 4.79.7–12 = Koerner 154 = Nomima 1.30; vgl. IC 4.144.8–11; zu dieser Inschrift s. das Kapitel *Eleutheros*.

Hier wird allein deutlich, dass die Gruppe derer, die auf dem Gebiet der Polis leben, Freie wie Unfreie umfasst.[59] Eine kleine Anzahl von Zeugnissen nennt verschiedene Ableitungen von ‚Polis‘, etwa die ‚Politen‘ oder die ‚Allopoliten‘, und wir erfahren einiges über das mit dem Bürgerstatus verbundene Ansehen und die daraus resultierenden Privilegien. Ein Gesetz aus Lyttos, datiert um 500, verbietet es, einen ἀ⟨λ⟩λοπολιάταν aufzunehmen, es sei denn, es handele sich um einen Mann, der sich in der Gewalt des Aufnehmenden befinde, oder einen Itanier. Ein im letzten Viertel des 6. Jh. in Eleutherna verinschriftlichtes, doch leider nur stark fragmentiert erhaltenes Gesetz ordnet entweder eine Eidesleistung der Allopoliten zugunsten der Bürger oder deren Eidesleistung zugunsten der Allopoliten an. Und eine Regelung aus dem *Großen Gesetz* von Gortyn schließlich bestimmt die Umstände, unter denen „einer, der sich in die Fremde begeben hat, ἐκς ἀλλοπολίας freigekauft werden" könne.[60] Aus diesen Zeugnissen wird deutlich, dass der Begriff ‚Polis‘ hier im Sinne des eigenen Gemeinwesens und in Abgrenzung zu einem anderen gebraucht wurde. Hier ist keine solche ideologische Aufladung des Begriffs zu beobachten, wie wir ihn oben konstatierten. Und doch betont dieses Konzept das integrierende Potential des eigenen Gemeinwesens in Abgrenzung von allen anderen; dies betrifft gerade auch den ersten Fall, der den Aufenthalt von Angehörigen anderer Poleis in Lyttos beschränkt.

So bestimmt eine gortynische Inschrift vom Anfang des 5. Jh. die Umstände von Eidesleistungen bei Prozessen. Als Eideshelfer kamen dieser Regelung zufolge die υἰὺνς οἵ κ' ἠβίοντι καὶ πολιατεύοντι, also diejenigen Söhne infrage, die volljährig waren und ‚an der Polis teilhatten‘, wohl „das Bürgerrecht besaßen".[61] Hier wird deutlich, dass bestimmte Akte, bei denen es auf den sozialen Status des Ausübenden ankam – wie eben die Eidesleistung, bei welcher Eidesleister und Zeuge ihr gesamtes soziales Gewicht zugunsten eines anderen in die Waagschale warfen –, eben nur von Personen geleistet werden konnten, die bestimmte Vorbedingungen erfüllten, überhaupt ein für diesen Akt prinzipiell ausreichendes Maß an persönlicher Ehre und sozialem Gewicht zu besitzen. Hier ist die Zugehörigkeit zum inneren Kreis des Bürgerstaats also mit einer grundsätzlichen sozialen Hochachtung des Bürgers verbunden, die in Privilegien zu dessen Auftreten in der Öffentlichkeit resultierten.

---

59 Hieraus schließen zu wollen, dass das Konzept der ‚Polis‘ als soziopolitischer Organisationsform, die etwa in den Beschlussformeln als Autorität auftritt, auch Frauen und Kinder, freie Fremde und Sklaven umfasst habe, geht zu weit; so im Ansatz Hansen 1998, 60–1.

60 Lyttos: van Effenterre/van Effenterre 1985 = Koerner 87 = Nomima 1.12. – Eleutherna: IC 2.12.3 = Koerner 109 = Nomima 1.10. – Gortyn: IC 4.72.6.46 = Koerner 171 = Nomima 1.13.

61 IC 4.51 = Koerner 139 = Nomima 2.13. – Ähnlich ist IC 4.72.9.33 = Koerner 175 = Nomima 2.45 aus dem *Großen Gesetz* von Gortyn zu verstehen. Hier ist die Rede davon, dass, sofern ein Mnamon in einem Prozess als Zeuge aussagen wolle, er ‚an der Polis teilhaben‘ (πολιατεύειν) müsse. Hierzu s. das Kapitel *Eleutheros*.

In zwei Regelungen aus Lyttos und Gortyn ist wegen des fragmentarischen Zustandes der Inschrift allein deutlich, dass der πολιήτης beziehungsweise πολίτης hier eine Rolle spielte.[62] Aussagekräftiger aufgrund ihres erhaltenen Kontextes ist eine Passage aus dem *Großen Gesetz* von Gortyn, welche im Rahmen der Bestimmungen über die Adoption festhält:

> (...) ἀμπαίνεθαι δὲ κατ' ἀγορὰν | καταϝελμένον τõμ πολιατᾶ|ν ἀπὸ τõ λάο ō ἀπαγορεύοντι. | *vac.* ὁ δ' ἀμπανάμενος δότο τᾶ|ι ἑταιρείαι τᾶι ϝᾶι αὐτõ ἰαρε|ῖον καὶ πρόκοον ϝοίνο.

> Es soll aber in der Agora, wenn die Politen versammelt sind, adoptiert werden von dem Stein aus, von dem man Bekanntmachungen vornimmt. Der Adoptierende aber soll seiner eigenen Hetairie ein Opfer und eine Prochous Wein geben.[63]

Hier scheint deutlich, dass mit den πολιῆται die freien und in der Bürgerversammlung zusammenkommenden Männer des Gemeinwesens gemeint sind. Klar ist aber auch, dass die Agora allein eine Organisationsform der Bürger darstellt, deren andere die Hetairien sind, und dass ein bestimmter öffentlich vorzunehmender Akt – hier eine Adoption – unter Einbeziehung beider Organisationsformen der Bürgerschaft mit bestimmten Ritualen zu vollziehen war. Womöglich kann man aus dieser Inschrift auch den Schluss ziehen, dass ,Politen' die Bezeichnung einzig für jene war, die als Bürgerversammlung auf der Agora zusammen kommen durften; dass dieser Begriff also nicht gewählt wurde, um die in den Hetairien organisierten Männer zu bezeichnen, obschon es sich natürlich um den gleichen Personenkreis handelte. Steht diese Vermutung auch vorerst unbewiesen im Raum, ist doch festzuhalten, dass in allen der letztgenannten Zeugnisse deutlich ist, dass der Begriff des ,Politen' nicht etwa auf sämtliche Einwohner der Polis ausgedehnt war, sondern einzig auf die Angehörigen des Bürgerstaates beschränkt war.

Alle anderen Verwendungen des Ausdrucks ,Polis' in den frühen kretischen Inschriften bezeichnen eine soziale und politische Organisationsform. Dies wurde schon beim Blick auf die Beschlussformeln der gesetzlichen Regelungen deutlich; nun wollen wir uns denjenigen frühen Inschriften zuwenden, welche ,die Polis' nicht unbedingt in ihrer Beschlussformel, sondern innerhalb der Bestimmung nennen – wenn also nicht die Polis selbst spricht, sondern über die Polis gesprochen wird. Gerade diese Fälle lassen uns das Ausmaß der Institutionalisierung archaischer und klassischer kretischer Poleis erkennen und uns abermals die Frage stellen, inwieweit das Konzept der Polis mehr umfasste als allein die Summe ihrer Bürger. Ein erster Hinweis auf den abstrakten Charakter des Konzeptes der ,Polis' stammt bereits aus

---

62 Lyttos um 500: IC 1.18.2 = Koerner 95 = Nomima 1.11; Gortyn im 5. Jh.: IC 4.83 = Koerner 157 = Nomima 2.7.
63 IC 4.72.10.33–6 = Koerner 180 = Nomima 2.40; in ähnlicher Formulierung findet sich der erste Teil dieser Bestimmung auch noch einmal in col. 11.10–4, wenn es um die Auflösung der Adoption geht.

der ältesten kretischen Inschrift. Die Nennung der ἴκατι οἰ τᾶς πόλ[ιο]ς – „die Zwanzig der Polis" – in der Iterationsregelung des drerischen Kosmos zeigt, dass die ‚Zwanzig' auf die Polis bezogen sind und von dieser ihren Namen und Amtsgewalt als Institution des Gemeinwesens erhalten. Bereits im 7. Jh. scheint ‚die Polis' als eine institutionelle *persona* angesehen worden zu sein. Betrachten wir einige jener Zeugnisse, in denen die damit einher gehende Autorität der ‚Polis' deutlicher wird.

Eine gortynische Regelung aus dem 5. Jh., die den Umgang mit auswärtigen Handwerkern regelt, bestimmt, dass, falls jene nicht arbeiten wollten, der Fremdenkosmos die Strafe von ihnen eintreiben und der Polis übergeben solle. Und in Axos wurde am Ende des 6. Jh. auswärtigen Handwerkern vorgeschrieben, sie müssten im Falle eines Vertragsbruches fünf Tage lang ohne Lohn für ‚die Polis' arbeiten und dürften der Polis keine Ausgaben verursachen. Wer in letzterem Fall dafür verantwortlich war, die Strafe einzutreiben, ist nicht gesagt. Anhand der voranstehenden Fälle aber wird deutlich, dass unterschiedliche Funktionsträger als die ausführenden Institutionen der Polis auftraten, und dass ‚die Polis' als Vertragspartnerin auftrat. Denn die sich gegen die Gesetze vergehenden Handwerker sollten ja nicht etwa einem hier nicht genannten privaten Dienstherren diese Strafe entrichten, sondern unmittelbar der Polis. Interessant ist hier auch, dass die Inschrift den Handwerkern auferlegt beziehungsweise ihnen das Privileg einräumt, zur Abhaltung der „großen Hekatombe beizutragen", und dass sie darüber hinaus Abgabefreiheit und Unterhalt im Andreion genießen sollten. Die Polis trifft hier also nicht nur Bestimmungen bezüglich ihrer selbst, sondern auch der Hetairien; das heißt, einer Struktur innerhalb des Gemeinwesens, die an sich kein konstituierender Teil der Polis selbst war, sondern ein zu deren Organisation paralleler oder sogar in Konkurrenz existierender Integrationskreis der Bürger.[64]

Auf die gleiche Ausformung des Konzeptes der ‚Polis' weisen Regelungen aus einer Reihe von Politien hin, in denen für verschiedene Verfahren bestimmt ist, dass eine Strafzahlung nicht allein dem Geschädigten selbst, sondern auch der Polis zukommen soll. Dies betrifft etwa Fälle, in denen ein Funktionsträger eine Strafe für die Polis eintreibt – so im Falle der Handwerker von Axos; oder in denen er eine Strafe an die Polis zu entrichten hat im Falle seines eigenen Amtsvergehens. Es handelt sich also um Fälle, in denen das Engagement der Polis selbst oder einer ihrer Institutionen unmittelbar deutlich wird. Wir sehen uns aber auch mit Gesetzen konfrontiert, in denen Privatleuten in einem Konfliktfall, der nichtöffentlich scheint, die Zahlung der Strafe an die Polis auferlegt wurde.[65] Einer dieser Fälle, ein gortynisches Gesetz aus dem 5. Jh., regelt eine Reihe von Szenarien rund um die Ausleihe und die

---

64 Gortyn: IC 4.79 und vgl. 144 = Koerner 154 = Nomima 1.30. – Axos: IC 2.5.1 = Koerner 101 = Nomima 1.28. Zu diesen Zeugnissen s. das Kapitel *Eleutheros*.
65 s. etwa IC 4.78 = Koerner 153 = Nomima 1.16; vgl. IC 4.84 = Koerner 158 = Nomima 2.20 und deren Besprechung im Kapitel *Kosmos*.

Pfandgabe von Tieren. Darunter ist auch behandelt, dass der Ausleiher oder Pfand-
nehmer ein Tier nicht wie vereinbart zurückgab. Stattdessen leugnete er in dem sich
anschließenden Rechtsstreit auf Zurückforderung das gesamte Geschäft an sich und
erklärte damit das Tier zu seinem Eigentum. Sollte er hierbei nun aber seiner Lüge
überführt werden, hatte er dem wahren Eigentümer nicht nur das Tier zurückzugeben, sondern ihm auch den doppelten Wert des Tieres als Strafe zu zahlen. Darüber
hinaus aber musste er auch der Polis eine hier nicht näher bezifferte Strafe entrichten.[66]

In unserer Regelung geht es also um eine Auseinandersetzung unter Privatpersonen, in deren Folge neben dem Geschädigten auch die Polis eine Strafzahlung
empfangen sollte. Nun wurde vermutet, dass es sich dabei um eine Rückerstattung
der von der Polis getragenen Prozesskosten handele.[67] Dies allerdings scheint wenig
plausibel. Vielmehr scheint diese Bestimmung die Wahrnehmung zu spiegeln, dass
sich der Delinquent durch sein Leugnen im Prozess in irgendeiner Weise an der Polis
vergangen hatte. Das behandelte Delikt an sich lässt jedenfalls keine Rückschlüsse
darauf zu, warum derart verfahren wurde. Bezüglich der – hier ja nicht erwähnten –
Höhe der an die Polis zu zahlenden Strafsumme mag man weiterhin vermuten, dass
diese in einem weiteren Schritt, der sich an die Verurteilung anschloss, individuell
festgelegt wurde. Allerdings sehen wir, da dieser Abschnitt des Gesetzes vollständig
erhalten ist, dass von einem solchen Verfahren keine Rede war. So scheint es plausibler, dass diese Summe bereits festgelegt war, sei es nun in einer anderen, uns nicht
erhaltenen Regelung oder durch das Gewohnheitsrecht.[68]

---

66 IC 4.41.3.7–17 = Koerner 127 = Nomima 2.65.
67 Guarducci 1950, 95; Willetts 1955, 218 mit Anm. 5, der diese Bestimmung zu Unrecht in eine Reihe
mit den eben erwähnten stellt. – Auch aus dem frühen Athen sind uns Regelungen überliefert, die für
Verbalinjurien, die sich an bestimmten öffentlichen Orten ereignet hatten, eine festgelegte Bußzahlung vorsahen, welche zum einen an den Beleidigten, zum anderen aber eben auch an die Polis zu
zahlen waren. Hierzu s. MacDowell 1978, 126–8; Wallace 1994, 110–2; Hölkeskamp 1999, 265.
68 In anderen Bestimmungen über Streitgegenstände unter Privatpersonen, etwa jenen über die
Strafzahlungen nach Vergewaltigung und Ehebruch, wird deutlich, dass diese Zahlungen von der
Polis festgelegt wurden, klar beziffert waren und den Geschädigten zukommen sollten; IC 4.72.2.2–45
= Koerner 164 = Nomima 2.81. – In bemerkenswertem Gegensatz dazu steht Aelian 12.12: „In Gortyn
auf Kreta wurde ein Ehebrecher, den man auf frischer Tat erwischte, vor die Beamten gebracht; nach
seiner Verurteilung musste er eine Schärpe aus Wolle tragen. Diese Schärpe hatte den Zweck zu zei-
gen, dass er weich und effeminiert sei und sein Aussehen den Frauen gefalle. Außerdem musste er der
Polis 50 Statere zahlen, alle Rechte wurden ihm entzogen und hatte nicht länger an den öffentlichen
Angelegenheiten teil.“

Ein anderer Fall ist die bereits erwähnte Bestimmung über Körperverletzungen unter Minderjährigen aus Eltynia, die um 500 datiert wird. Ihr Anfang hält fest:

[– – –]ιο : αἰ δέ κα : κηρὶ : τροόσει : ἀποτ[ει]σεῖ : πέντε : δαρκν[άς]· : αἰ δὲ κὴ ῥινὸς : αἷμα ῥυῆι
[– – –] | [ἔϝαδε] τοῖς Ἐλτυνιοῦσι· : αἴ κ᾽ ἄρκσει μάκας : ἀποτείσει : δέκα δαρκνὰς : ὁπἔ κ᾽ ἄρκσε[ι
– – –] | [– – –] ἀμερᾶν : ἆι κ᾽ ἀνϝείπηι : ὕστερον δὲ μή : κόσμον δὲ πράδεν : τὰν ἐς πόλιν : τιμὰν :
ὄτερος [– – –] | [– – –] τὸν ϝερημένον : ϝὸν ϝειπόν· : αἰ δέ κ᾽ ἀλεκσόμενος π[α]ίηι : ἄνατον ἦμεν :
τὸι ἀλεκσο[μένοι – – –] | [– – – τιμ]ὰν : κατιστάμεν : τὸν τροοσ[άν]τον.

Wenn einer mit der Hand verletzt, soll er 5 Drachmen Buße zahlen; wenn aber auch aus der Nase Blut fließt, (soll er (mehr) Buße zahlen.) Den Eltyniern (gefiel): Wenn er mit einer schweren Schlägerei beginnt, soll er 10 Drachmen bezahlen, wo auch immer er beginnt ... (Er soll die Buße bezahlen innerhalb von *n* Tagen, von dem ab gerechnet), an dem (der Richter) die Buße ausgesprochen hat, später aber nicht; der Kosmos soll die für die Polis bestimmte Buße eintreiben: Wer von den beiden ... , wenn er seine Aussage macht. Wenn er aber bei der Abwehr schlägt, soll straflos sein, wer abwehrt. ... (Die Eltern, Verwandten o.ä.) sollen die Buße niederlegen für die, die verletzt haben.[69]

Differenziert verfügt diese Regelung, welche Strafen für welchen Grad von Verletzungen zu entrichten seien, und der Kosmos wird beauftragt, wohl von der Familie des Täters die für die Polis bestimmte Buße einzutreiben. Nicht zu klären ist, ob damit nur ein Teil der Strafe behandelt ist, ein anderer Teil aber an das eigentliche Opfer der Tätlichkeit ging; es ist durchaus möglich.[70] In jedem Fall ist bemerkenswert, dass die Inschrift eine Frist festsetzt, innerhalb derer die Buße eingetrieben werden dürfe; danach erlösche der Anspruch des Geschädigten gegen den Täter. Hans-Joachim Gehrke betont, dass es in Regelungen wie dieser nicht in erster Linie um die Ahndung von Vergehen gehe, sondern um Regeln für den Rechtsfrieden in der Gemeinschaft. Die Polis setzte mit solchen Gesetzen ihren Anspruch darauf durch, dass Vergehen nicht unmittelbar von den Betroffenen, sondern auf dem Umweg über die Polis und ihre Institutionen geahndet würden. Zwar habe das Opfer sich immer noch selbst helfen müssen, allerdings in einer von der Polis geregelten Weise. Der Geschädigte habe gewusst, dass er Kompensation für seine Verletzung und vor allem die Wiederherstellung seiner Ehre durch ein von der Polis garantiertes Verfahren erhalten werde. Auf diese Weise sei von Rache motivierten Reaktionen Einhalt geboten worden, welche die Gemeinschaft hätten zersetzen können.[71]

---

69 Eltynia: IC 1.10.2 = Koerner 94 = Nomima 2.80; Übers. nach H-J. Gehrke 1997 und R. Koerner 1993.
70 So argumentieren Koerner 1993, 349 und Gehrke 1997, 43–4 mit Anm. 87–8; dort auch zum Folgenden.
71 Neben der eigentlichen Körperverletzung spielte die Frage der durch die Tätlichkeit getroffenen Ehre des Opfers eine wichtige Rolle. Dies wird deutlich im folgenden Teil der Inschrift, in dem Schläge, die an öffentlichen Orten ausgeteilt wurden, eine anders zu bestrafende Kategorie von Delikten zu bilden scheinen. Hiermit vergleichbar ist die Passage im *Großen Gesetz* von Gortyn, welches einen im Haus des Vaters, Bruders oder Ehemannes einer Frau vollzogenen Ehebruch doppelt so hart bestraft

In einem gortynischen Beschluss vom Anfang des 5. Jh. tritt ,die Polis' als Grund-
eigentümerin auf, wenn sie zwei namentlich genannte Gebiete zur Bepflanzung durch
Privatleute freigibt:

> Θιοί· τὰν ἐ[ν] Κησκόραι καὶ | τὰν ἐμ Πάλαι πυταλιὰν ἔ{ε}|δοκαν ἀ πόλις πυτεῦσαι. α|ἴ τις ταύταν
> πρίαιτο ἢ κα|ταθε[ῖ]το, μὴ κατέκεθαι τō|ι πριαμένοι τὰ[ν ὀ]νὰν μηδ|ὲ [τὰ]ν κα[τά]θεσιν· μηδ'
> ἐνεκ|υράδδεν αἰ μὴ ἐπι[μ]ετρ[ῆι] τὰ|ν ἐπικαρπίαν.

> Götter! Das Fruchtland in Keskora und in Pala gab die Polis zur Bebauung. Wenn einer es ver-
> kauft oder mit einer Hypothek belastet, dann soll er weder den Kaufpreis noch die Hypothek
> behalten dürfen. Man soll es auch nicht als Pfand stellen, wenn er nicht den Ertrag abgemessen
> hat.[72]

Bei den hier erwähnten Gemarkungen handelte sich wahrscheinlich um zuvor wüstes
und allein als Weidegrund genutztes Land, das nun etwa mit Weinstöcken, Oliven-
bäumen oder Ackerfrüchten bebaut werden dürfe.[73] Ausdrücklich ist aber festgehalten, dass dieses Land nicht verpfändet oder gar verkauft werden dürfe. Allein der
Ertrag des Landes durfte verpfändet werden. Dies deutet darauf hin, dass diese Regelung nicht die Absicht verfolgte, Neubürgern oder Bürgern, deren Existenz prekär
schien, mit der Zuteilung von Polisgrund wirtschaftlich zu unterstützen, sonst hätte
wohl auch die Verpfändung des Fruchtertrages verhindert werden müssen. Wahrscheinlich ist vielmehr, dass dieses Land bereits in der Vergangenheit von Bürgern
Gortyns, die auch andernorts in der Polis über Grund und Boden verfügten, okkupiert
worden war. Dafür spricht auch, dass eine Verteilung oder Neuverteilung des infrage
stehenden Landes nicht erwähnt ist. Stattdessen scheint diese Regelung bestehende
Besitzverhältnisse zu bestätigen.[74] In jedem Fall aber sieht die Bestimmung vor, dass
die Nutzer keine Eigentumsrechte an dem Land erwerben sollten; Eigentümerin bleibt
allein die Polis. Anhand dieses Gesetzes wird also sehr deutlich, dass ,die Polis' von
Gortyn zwar als die Summe zahlreicher Individuen auftrat, aber doch eben auch
als abstrakte Entität, die selbst Eigentum besaß und darüber verfügen konnte. Sie
gestand denjenigen umfangreiche Nutzungsrechte am Bürgerland zu, die aufgrund
ihrer Wirtschaftskraft und Macht zur Besetzung dieses Landes in der Lage gewesen
waren, gab also dem Kräftespiel innerhalb der Bürgerschaft nach. Sie widersetzte

---

wie den an einem anderen Ort begangenen; s. IC 4.72.2.2–45 = Koerner 164 = Nomima 2.81. – vgl. auch
die in Plut. Sol. 21.1 verzeichnete Bestimmung, dass an bestimmten Orten begangene Vergehen strenger zu bestrafen seien, durch Zahlung an den Geschädigten und zusätzlich an die Polis.

72 IC 4.43 Ba = Koerner 132 = Nomima 1.47 und 2.70; Gortyn im frühen 5. Jh.; hierzu s. Koerner 1987a;
Link 1991, 115–6.

73 Weniger plausibel erscheint mir die Annahme, dass dieses Land bereits zuvor von der Polis als
Fruchtland genutzt worden war und nun an Privatleute weitergegeben wurde. In diesem Sinne auch
Koerner 1987a und Link 1991, 115–6.

74 Hierzu s. Link 1991, 115 Anm. 51–2 und 54.

sich aber auch möglichen Versuchen dieser Personen, jenes Land als ihr völlig frei verfügbares Eigentum zu nutzen.[75]

Am Ende dieses Kapitels sei nur kurz darauf hingewiesen, dass es Hinweise darauf gibt, dass es in archaischer Zeit neben der Polis oder den mit ihrem Ethnikon bezeichneten Bürgern auch andere Institutionen gab, die Regelungen beschlossen, welche dann inschriftlich monumentalisiert wurden. So kennen wir die Thysten aus dem Dreros des 7. Jh. Hier betont eine Inschrift, die wie die anderen drerischen Regelungen in die Ostwand des Herdhauses oberhalb der Agora gemeißelt war:

ἔϝαδε τοῖσι θυϙτα[σι](?)· : ὅς μέν κα δίδōι [ϝ]ιϙο̥[ν] λαγκάνεν [τ]ὸ ε[– – –

Es hat den Opferern (?) gefallen: Wer auch immer (ein Opfer) gibt, soll den gleichen Anteil erhalten (?) – – –.[76]

Die Lesung der Buchstaben auf dem Stein und ihre Deutung sind derart unsicher, dass hier kaum etwas mit Sicherheit gesagt werden kann. Die hier vorgetragene Lesung und Interpretation stützen sich auf eine Glosse des Hesychios, die eine Institution namens ‚Thystas‘ bezeugt und festhält, θύϙτας· ὁ ἱερεὺς παρὰ Κρησί. Demnach wäre die drerische Regelung eine Opferordnung, die betonte, dass Priestern und Opfernden der gleiche Anteil am Opferfleisch zukommen solle.[77]

Mit Sicherheit aber erfahren wir, dass nach der zu Beginn der Inschrift genannten Beschlussformel ἔϝαδε ein Dativ Plural folgt. Damit ging die beschlussfassende Autorität dieser Regelung von einer Institution aus, die nicht mit jener identisch ist, die wir in den anderen drerischen Inschriften an entsprechender Stelle sehen, nämlich der ‚Polis‘. Und doch hatte diese Regelung den gleichen öffentlichen Charakter wie jene, die von der ‚Polis‘ beschlossen worden waren. Hier wird zum einen deutlich, dass im Dreros des ausgehenden 7. Jh. nicht zwischen Entscheidungen, die nach heutiger Sichtweise eher sakralrechtlich oder im engeren Sinne politisch wären, geschieden

---

75 Unerwähnt bleibt etwa, ob die Nutzung des öffentlichen Landes mit einer Gebühr verbunden war, die an die Polis zu entrichten war, und ob die Nutzungsrechte vererbt wurden. – Zu der Frage, inwiefern dieses Gesetz vor dem Hintergrund des Systems der Finanzierung der Andreia Sinn ergibt, s. den entsprechenden Abschnitt im Kapitel *Andreion*. – Bemerkenswerte Fälle, in denen die Polis als ‚Staat‘ auftritt, sind auch jene Beispiele, in denen die Polis eigene Institutionen beschäftigt, um ihre Ansprüche einzutreiben, etwa die Esprattai bei Pfändungen. Hierzu s. das Kapitel *Kosmos*.

76 Nach van Effenterre 1946, 600–2 = Koerner 93 = Nomima 1.27; letztere bieten eine von der hier vorgetragenen abweichende Lesung und Deutung, vgl. aber die dort abgebildete Umzeichnung des Steins. Zum architektonischen Kontext s. das Kapitel *Andreion*.

77 Bile 1988, 359 Anm. 124 weist auf die Glosse des Hesychios hin. Jeffery/Morpurgo-Davies 1970, 141 betonen, dass die Formel τὸ ϝῖσον λακὲν zweimal im Vertrag des Spensithios genannt ist; Nomima 1.22. – Dem Befund der Buchstabenreste steht allerdings die Lesung ἔϝαδε τοῖς ἰθυντᾱ[σι näher, was Nomima 1 ad loc. von ἰθύνειν, der kretischen Form von εὐθύνειν abgeleitet sieht, „redresser (les comptes)“. Sie sehen in dieser Institution der Ithyntai also eine mit Finanzen betraute Behörde.

wurde. Eine solche Trennung unterschiedlicher Rechtsbereiche schon für diese Zeit anzunehmen, schiene ohnehin anachronistisch. Zum anderen sehen wir, dass das Feld der Beschlussfassung im 7. Jh. nicht von einer Institution allein monopolisiert war.[78] Wir müssen allerdings auch in Betracht ziehen, dass in dieser frühen Zeit die von bestimmten Institutionen beschlossenen und beschworenen Regelungen nicht für die gesamte Bürgerschaft, sondern allein für die nämliche Körperschaft selbst verbindlich waren.[79] Doch selbst wenn es verschiedene Institutionen oder Integrationskreise der Bürger gab, die gesetzliche Regelungen allein für ihre eigenen Mitglieder beschlossen, ist doch deutlich, dass es mit fortschreitender Zeit ‚die Polis' war, die als die zentrale Organisationsform aller Bürger darum bemüht war, dieses Vorgehen in bestimmte Bahnen zu lenken und zu kontrollieren.

Die bloße Frage nach dem Charakter der Polis als eines Staates oder einer staatenlosen Gesellschaft ist wenig ergiebig.[80] Eine solche Etikettierung lässt uns das Wesen der Polis und ihren spezifischen historischen Platz nicht analysieren.[81] Viel wichtiger ist es, Fragen nach der Vielfalt und Art der für die Politen sinnstiftenden soziopolitischen Integrationskreise zu stellen; sowie nach den Möglichkeiten und Grenzen von politischer Partizipation, deren Anreizen und den Umständen der Identifikation der Bürger mit einem bestimmten Konzept von Gemeinwesen. Wir müssen fragen, welche

---

78 Eine ausführliche Diskussion der aus verschiedenen griechischen Poleis bekannten Fälle, in denen mehrere Institutionen im Rahmen eines Verfahrens zur Gesetzgebung genannt sind, bietet Papakonstantinou 2008, bes. 41–63.

79 Dies diskutiert Papakonstantinou 2008, 55–6 und führt zum Vergleich ein parisches Gesetz aus dem 6. Jh. über Bestattungsplätze auf Phratrienland an (Matthaiou 2000–03) und ein Solon zugeschriebenes Gesetz, welches Phratrien, *orgeones* und anderen Körperschaften erlaubt habe, eigene Regeln bezüglich ihrer Organisation aufzustellen, solange diese nicht mit den Gesetzen der Polis in Konflikt stünden; Solon frg. 76a Ruschenbusch 2010 ap. Gaius Dig. 47.22.4. Hierzu s. das Kapitel *Eleutheros*.

80 Die Ansicht, Poleis seien rein staatenlose Gesellschaften gewesen, wird etwa von M. Berent 1996, 1998, 2000a, 200b und 2004 vertreten. Die Ansicht, die Polis sei ein Staat gewesen, vertritt etwa M.H. Hansen in zahlreichen Beiträgen; genannt seien hier allein Hansen 1997a, 1998, 2002 und 2006. Die Mehrzahl der Forscher vertritt die Mittelposition, die Polis entziehe sich dieser Kategorienbildung: Sie sei weder ganz Staat noch vollkommen staatenlose Gesellschaft gewesen; stattdessen eine einzigartige Bildung, die Elemente beider Modelle in sich vereint und unauflösbar miteinander verbunden habe. Tatsächlich seien die Institutionen der Polis untrennbar mit der Gesellschaft der Polis verbunden gewesen. In der einen oder anderen Form wird diese Ansicht etwa von I. Morris, R. Osborne, J. Ober und zahlreichen anderen führenden Vertretern der Polisforschung verfochten. Einen Überblick über die Vielfalt der Meinungen bietet Anderson 2009.

81 Anderson 2009, 1 etwa hält fest, „Clearly, this is an issue of no small interest. It has a significant bearing not only on our attempts to compare Greek political practices with those of other times and places, but also on how we choose to make sense of the production of social order within the polis itself. At the same time, it is also one of the more challenging questions in Greek historical studies, not least because of the formidable theoretical problems associated with the state concept."

Mittel und Wege jene soziale Konstellation, die sich in der Polis manifestierte, fand, mit den Problemen dieser Ordnung und den ihr inhärenten Konflikten umzugehen. Selbstverständlich stellt die Polis – und zwar eigentlich eine jede für sich – einen einzigartigen Weg dar. Ihre Organisationsform verbindet eine hohe Quote politischer Partizipation mit einem differenzierten System von Institutionen und eben auch einer Abstraktion des Konzeptes ihrer selbst.[82] Dieses Kapitel zeigt, dass seit dem 7. Jh. auf Kreta die Entität der ‚Polis‘ ein ideologisch aufgeladenes Konzept einer Personengesamtheit war. Dessen hier untersuchte Verwendung lässt durchscheinen, dass ‚die Polis‘ zwei Teile beinhaltete und diese beiden mit einem integrativen Begriff zusammenfasste. Damit war eine Instanz übergeordneter Identität für die Bürger im Rahmen des Staates kreiert. Ihre Autorität und Kompetenzen wurden im Zuge von Gesetzen und Dekreten, kurzum: Beschlüssen, festgelegt.

Wenn ‚die Polis‘ als eine abstrakte Entität auftrat, das heißt Strafen einnahm, ihr eigenes Land zum Privatgebrauch an Privatleute freigab, Weisungen zum öffentlichen und privaten Bereich erteilte, Institutionen beschäftigte und so fort, ist dies ein Zeichen dafür, dass sich die Vorstellung etablierte, dass alle Teile dieser Polis gemeinsam über diese Dinge befanden und dass Derartiges eben nicht allein einem Teil des Gemeinwesens zukam, etwa allein den Eliten. ‚Die Polis‘ war eine Instanz, die das Gemeinwesen und sämtliche seiner Entscheidungen – ob nun ‚öffentlich‘ oder ‚privat‘ – als die Zuständigkeit aller Bürger und aller bestimmenden Teile der politischen Ordnung beschrieb und beschwor. Allerdings werden diese beiden Teile, der Demos und seine Anführer, nicht nebeneinander und als solche jeder für sich mit gleichen Rechten als Autorität dargestellt. Allein miteinander – eben im Zuge der anhand der Inschriften zu rekonstruierenden Verfahren – waren sie der ‚Souverän‘ des Bürgerstaates.[83] Für die politische Entscheidung war die jeweilige Stellungnahme beider Teile wesentlich und unabdingbar. Somit implizierte dieses integrative Konzept der ‚Polis‘ stets aber eben auch die Existenz zweier Teile, ging also nicht über deren Unterschied hinweg, sondern betonte ihn immer wieder. Damit wurden

---

82 Anderson 2009, 1: „complexity of reason and design“, in Begrifflichkeit und Konzept Murray 1986 folgend, und ebd. 10 zu Thomas Hobbes’ Beschreibung des Staates als einer *persona ficta*. – Ein in seiner methodischen Differenziertheit überzeugendes Plädoyer für die Verwendung der Kategorien ‚Staat‘ und ‚Staatlichkeit‘ auch für Gemeinwesen der klassischen Antike bietet Lundgreen 2014, der neben sozialanthropologischen auch politologische und juristische Kriterien zur Definition des Staates diskutiert und ‚Staat‘ nicht als einen Zustand, sondern als einen Prozess mit zu- und abnehmenden Graden von ‚Staatlichkeit‘ sieht.

83 Ober 1993, hier 136, gelangt in seiner Analyse der Bedeutung von ‚Polis‘ in der *Politik* des Aristoteles zu einem vergleichbaren Ergebnis, wenn er feststellt, dass auch dort die Polis sowohl eine pluralistische und differenzierte Gesellschaft wie auch ein Staat sei, und dass es ein wesentliches Merkmal der aristotelischen Kategorisierung sei, die Existenz verschiedener Gruppen innerhalb des Plethos zu betonen, die aber eben doch zu einem größeren Ganzen zusammengefasst seien; vgl. dazu Murray 1986 und 1993.

aber immer wieder beide Teile in ihrer jeweiligen Relevanz bestätigt, und beschworen wurde ihr Zusammenhalt, der für den politischen Prozess und die Harmonie der Ordnung innerhalb des Gemeinwesens notwendig war.[84]

Dies heißt aber nicht, dass, nur weil ein Verfahren etwas verfügte, ein anderes etwas untersagte, sich diejenigen politischen Akteure, welche von einer solchen Regelung in den Blick genommen wurden, auch daran hielten. Zwar beruhten jene kretischen Gesetze, die uns inschriftlich überliefert sind, bei ihrer Beschlussfassung auf einer gewissen politischen Übereinkunft; diese machte es überhaupt erst möglich, dass sie in einer solchen Form beschlossen wurden. Wir sahen aber, dass die Verinschriftlichung und Monumentalisierung von Regeln immer auch auf deren Prekarität hindeuteten. Die frühen griechischen und eben auch die kretischen Gesetze hatten

---

84 Sakellariou 1993, 191 trennt zwischen zwei verschiedenen Bedeutungen von Polis, einmal im Sinne von Bürger und Staat, einmal im Sinne von Bürger, nicht aber notwendigerweise auch Staat: „The meaning 'state' is indeed excluded in cases where the *polis* appears as an animate entity or as a group of people or as persons forming part of the polis. It is also excluded in cases where the polis is shown acting politically, but does not embrace the entire state, because it is conceived as coexisting with another state organ, the king."

Als Beispiele hierfür führt sie zwei Quellenbefunde an. Zum einen eine Inschrift aus Idalion auf Zypern, zum anderen den Befund verschiedener attischer Tragödien. In der zyprischen Inschrift, die zwischen 478 und 470 datiert wird, ist eine gemeinsame Entscheidung der *ptolis* der Idalier und ihres *basileus* Stasikypros verzeichnet, die gemeinsam den Onasilos und seine Brüder, allesamt Ärzte, mit einem Talent für ihre Fürsorge gegenüber den im Krieg Verwundeten belohnten; ICS 217 = Nomima 1.31. Die achtfache gemeinsame Nennung von König und Polis als Handelnden in dieser Regelung legt nahe, dass die hier verzeichnete Entscheidung, und womöglich der politische Entscheidungsprozess überhaupt, als wirkliche Unternehmungen der Gemeinschaft verstanden wurden.

Aus der Gruppe der von Sakellariou genannten Beispiele aus der attischen Tragödie sei hier lediglich eines angeführt. Die *Hiketiden* des Aischylos lassen Danaos betonen, dass sich die Schutz-flehenden mit der Erlaubnis des Königs und auch mit der Erlaubnis der Polis in Argos niederlassen dürften. Einige Zeilen davor war bereits deutlich geworden, dass letztere durch eine Abstimmung des Demos zustande gekommen war; Aisch. Suppl. 942–3, 1009–10. Weitere Beispiele hierfür sind etwa Eur. Suppl. 128, 349–57; Eur. Herc. 94. – In Xen. res p. Lac. 15.7 werden die Eide beschrieben, welche Ephoren und Könige einander monatlich leisten. Jeder der Könige leiste den seinen für sich, er werde gemäß den etablierten Satzungen der Polis regieren. Die Ephoren aber leisteten den ihren im Namen der Polis, dass – solange die Könige sich an ihren Eid hielten – die Königsherrschaft sicher sei. Hier sehen wir also, dass die Könige der Polis gegenüberstehen, dass die Polis aber den Demos und seine Amtsträger umfasst, zumindest die Ephoren.

Diese Trennung zwischen dem Demos auf der einen Seite und dessen Königen auf der anderen ist strukturell lediglich eine Variante jener Trennung zwischen dem Demos und dessen ‚Anführern', die sich in den meisten der uns bekannten historischen Politien eben aus den Ratsmitgliedern zusammensetzen. Die eben vorgestellten Fälle betreffen entweder historische Gesellschaften, in denen wir tatsächlich Monarchien beobachten können, oder aber es handelt sich um in der Tragödie vollzogene Rückprojektionen der Handlung in eine Vorzeit, in welcher es eben noch keine in der eigenen Gegenwart bekannten Strukturen gegeben habe, sondern eine Monarchie. Strukturell aber sehen wir hier das gleiche Phänomen vor uns: Polis umfasst den Demos und seine Führer, seien jene nun Könige oder Ratsmitglieder und Oberbeamte.

einen ausgeprägt appellativen Charakter. Schließlich resultierte die Beschlussfassung nicht aus einem systematischen und abstrakten Nachdenken über potentielle Störfälle im System, sondern reagierte auf ganz konkrete Vorfälle, die zu Spannungen innerhalb der Gruppe der politischen Akteure geführt hatten. Der Beschluss eines Gesetzes konnte nicht verhindern, dass Vorfälle dieser Art in Zukunft immer wieder vorkamen. Die Mächtigen des Gemeinwesens setzten sich auch fortan über den Willen ihrer Mitbürger – und die Gesetze – hinweg.

3 Integrationskreise der Politen

In griechischen Poleis spielten verschiedene Arten von Unterabteilungen des Bürgerstaats eine wichtige Rolle für dessen Funktionieren und für die Identitäten seiner Bewohner. Zwischen Oikos und Polis standen nicht allein Nachbarschaft und Dorfgemeinschaft. Jeder Spartiat etwa gehörte einem Syssition an; die Mitgliedschaft in einer dieser Mahlgenossenschaften war gleichbedeutend damit, Bürger zu sein. Im klassischen Athen war jeder Bürger Mitglied einer der Phratrien, und auch hier gewährleistete diese Zugehörigkeit überhaupt erst seinen Bürgerstatus. Denn es oblag den Phratrien, die Vollbürtigkeit der Kinder der Phratriegenossen sowie Adoptionen anzuerkennen. Die Söhne der Mitglieder wurden in die Phratrieliste eingetragen und erlangten ihre eigene vollgültige Mitgliedschaft mit Abschluss des 18. Lebensjahres. Damit waren sie zugleich wehrpflichtige Vollbürger der Polis. Dabei deutet die Selbstbezeichnung als ‚Bruderschaft‘ darauf hin, dass die Bande zwischen den Phratriegenossen als verwandtschaftliche Bindungen konstruiert wurden. Gemeinsame Kulthandlungen, bei denen Zeus Phratrios und Athene Phratrie verehrt wurden, und gemeinsame lokale Zentren verstärkten die Zusammengehörigkeit und lassen vermuten, dass den attischen Phratrien ursprünglich lokal organisierte Verbände und Nachbarschaften zugrunde lagen.[1]

Auch kretische Bürgerstaaten waren in verschiedene Arten von Unterabteilungen gegliedert. Bereits ab der zweiten Hälfte des 7. Jh. bieten Inschriften verschiedener Poleis aussagekräftige Informationen über diese Strukturen. So erfahren wir, dass jeder Bürger verschiedenen soziopolitischen Integrationskreisen angehörte, einer Phyle sowie einer Hetairie – Strukturen, die in kretischen Poleis auch die Bezeichnungen ‚Startoi‘ und ‚Andreia‘ trugen.[2] Damit war jeder Polit in Strukturen eingebunden, die jeweils intensive und im Polisgefüge sinnhafte Bindungen ihrer Mitglieder untereinander reproduzierten. Weder aber inkorporierte einer dieser Integrationskreise den anderen, noch waren sie untereinander exklusiv oder existierten ohne Berührung nebeneinander. Vielmehr überschnitten sie sich, was dazu führte, dass jeder Bürger nebeneinander und bisweilen im Konflikt miteinander stehenden Strukturen zugehörig war. Die Angehörigen einer der Phylen gehörten also nicht unbedingt derselben Hetairie an, und die Angehörigen einer der Hetairien stammten nicht aus nur einer Phyle. Im Verlauf dieses Kapitels wird deutlich werden, dass auch den kretischen Phylen wohl lokale Siedlungsgemeinschaften zugrunde lagen. Nach ihnen wurden das Heer und die Volksversammlung der Polis aufgestellt. Aus einigen Poleis stammen Hinweise, dass sämtliche Kosmen eines Jahres jeweils nur aus einer Phyle kamen. Wie wir sehen werden, legen Datierungsformeln in Inschriften sogar ein Selbstverständnis nahe, die jeweilige Phyle selbst sei Kosmos. Darüber hinaus spielten diese Unterabteilungen der Bürgerschaft eine wichtige Rolle im Erbrecht, etwa

---

1 Welwei 1992, 116–9, hier 116.
2 Zur terminologischen Scheidung zwischen Phylen und Startoi s. das Kapitel *Pyla*; zwischen Hetairien und Andreia s. das Kapitel *Andreia*.

wenn verhindert werden sollte, dass eine Erbtochter außerhalb der eigenen Phyle heiratete. Die Phylen waren also in vielerlei Hinsicht eine ganz maßgebliche Struktur des öffentlichen und privaten Lebens der Politen kretischer Gemeinwesen.

Doch neben seiner Einbindung in eine der Phylen war jeder Bürger gleichzeitig Mitglied in einer der Hetairien der Polis. Diese Trink- und Speisegenossenschaften bestimmten das tägliche soziale Leben der Männer. Die Mitgliedschaft in einer der Hetairien war unabdingbare Voraussetzung für den Bürgerstatus. Sie begründete diesen überhaupt erst, und so lautete die Bezeichnung für freie Nichtbürger ‚Apetairoi‘, „diejenigen, die keiner Hetairie angehören". Nach den literarischen Quellen hatte jeder Bürger den zehnten Teil seiner Erträge in seine Hetairie einzubringen, und auch die Unfreien mussten mit Abgaben zum Unterhalt dieser Mahlgemeinschaften beisteuern. So wurde der Zusammenhalt der Bürger durch ihre Abgrenzung von allen Anderen augenfällig. Bei den Treffen der Hetairien wurden die Angelegenheiten der Polis beraten, und sie boten die wesentliche Bühne, um die wirtschaftliche und soziale Potenz ihrer einzelnen Mitglieder wie der Hetairie insgesamt vorzuführen und in der Gemeinschaft anerkannt zu sehen. Es waren die Hetairien, in deren Hand die Erziehung der Knaben lag. Hier wurde ihnen vor Augen gestellt, was es hieß, ein guter Bürger zu sein, hier verinnerlichten sie die Regeln des Miteinanders in der Polis.

Es ist wichtig festzuhalten, dass beide dieser Organisationsformen eminent politisch waren. Keinesfalls war die Organisation der Bürger nach Phylen, in denen die – im engeren Sinn – politische Beteiligung stattfand, ‚politischer‘ als ihre Organisation nach Hetairien. Jene wiederum dürfen wir keinesfalls lediglich als eine ‚soziale‘ Institution sehen und sie damit in einen Gegensatz zur Phylenordnung rücken. Die Politeia eines kretischen Bürgerstaates war viel mehr als nur eine Verfassungsform. Sie war eine Lebensweise, die ‚politische‘ mit ‚sozialen‘ Elementen verband, und zu deren Institutionen neben Ämtern und Verfahren eben auch eine von der Polis regulierte Paideia und die Gemeinschaftsmahlzeiten gehörten.[3] In den nächsten Kapiteln wollen wir uns diesen verschiedenen Unterabteilungen der Polis zuwenden, welche jeden politischen Akteur zum Mitglied unterschiedlicher Integrationskreise machten. Neben einem Überblick über die Informationen, die wir aus den unterschiedlichen Quellengattungen erhalten, vornehmlich dem authentischen Inschriftenmaterial aus dem archaischen und klassischen Kreta, soll untersucht werden, welche Funktionen sie jeweils unter dem Dach jener Institution der ‚Polis‘ – oder auch gegen sie – erfüllten und welchen Beitrag sie zur Integration der Politen in den Bürgerstaat leisteten. Besondere Aufmerksamkeit werden wir der Frage widmen, wie diese Unterabteilungen der Polis entstanden waren, welche Strukturen den Phylen und Hetairien zugrunde lagen und wie diese im Zuge der Polisbildung vom Bürgerstaat inkorporiert, institutionalisiert und überformt wurden. Abermals bietet das kretische Material aufgrund

---

3 s. Cartledge 2009, 12–4 mit neuerer Literatur und dem Hinweis auf politische Foren jenseits der Volksversammlung und der Agora, etwa auf das athenische Theater.

der relativen Vielfalt authentischer Zeugnisse und deren frühen Einsetzens bereits im 7. Jh. ein Fallbeispiel für die Entwicklung dieser Strukturen im frühen Griechenland überhaupt. Und so sollen auch die folgenden Kapitel den Befund des archaischen Kreta weniger im Lichte späterer Entwicklungen und anderer Poleis sehen, sondern abermals versuchen, ihn vor dem Hintergrund der in den frühen Epen geschilderten Verhältnisse sowie archäologischer Erkenntnisse zu den Prozessen von Polisbildung zu deuten.

Zunächst aber wollen wir uns der Frage zuwenden, welche Rolle die Erzeugung eines Fremdbildes 'der Anderen' bei der Konturierung von Stolz, Selbstverortung und Selbstbewusstsein der 'Bürgers' spielte und in welcher Weise wir in kretischen Poleis der archaischen Zeit bereits die Vorstellung eines 'Bürgerrechts' greifen können.[4]

---

4 Zur Relevanz verschiedener Subsysteme innerhalb der Gemeinschaft s. etwa Welwei 1983, 50, 56–8 und 62–75, auch 1990, 177–80 und 1992, bes. 116–27; Stein-Hölkeskamp 1989, 94–103; Raaflaub 1991; Gehrke 1993, 54; Walter 1993, 82–3.

IX Eleutheros

Der ‚Bürger' und die ‚Anderen'

> „Eine Polis aber gehört zur Klasse der Dinge, die zusammengesetzt sind, genauso wie ein anderes Gebilde, das zwar ein Ganzes darstellt, jedoch aus vielen Teilen zusammengesetzt ist. Daher muss offensichtlich vorher untersucht werden, was ein Bürger ist, denn die Polis ist eine bestimmte Anzahl von Bürgern."
>
> *Arist. pol. 1274b 40*[1]

Seit langem ist die Forschung zum archaischen und klassischen Griechenland in ihren Versuchen, die Polis zu beschreiben und zu analysieren, auch darum bemüht, eine angemessene Übersetzung dieses antiken, in seiner Bedeutung vielfältigen Begriffs zu finden. So setzte sich in den vergangenen Jahrzehnten zunehmend durch, die Polis anstelle von ‚Stadtstaat' eher als ‚Bürgerstaat' zu bezeichnen. Diese Umakzentuierung leuchtet unbedingt ein, drückt der Begriff ‚Bürgerstaat' doch die für die Polis charakteristische Identität von der Bürgergemeinschaft und ihrem Gemeinwesen aus.[2] Allerdings ist bei aller Reflexion über diesen Begriff und das dahinter stehende Konzept die Diskussion in viel stärkerem Maße mit der Definition des ‚Staates' befasst gewesen: welcher Art dieser gewesen sei und ob es überhaupt gerechtfertigt sei, diesen Begriff zu verwenden.[3] Viel seltener war die Forschung um eine Definition des ‚Bürgers' bemüht, welcher doch das wesentliche Merkmal der Gemeinwesen dieses Typs war. Um das Wesen kretischer Politien in der Archaik zu begreifen, ist es also unbedingt nötig, näher zu bestimmen, was den ‚Bürger' dieser Zeit ausmachte; welche Merkmale dieser besaß, was seine rechtliche Stellung war, in welche soziopolitischen Integrationskreise er eingebunden war und die Teilhabe an

---

1 ἐπεὶ δ' ἡ πόλις τῶν συγκειμένων, καθάπερ ἄλλο τι τῶν ὅλων μὲν συνεστώτων δ' ἐκ πολλῶν μορίων, δῆλον ὅτι πρότερον ὁ πολίτης ζητητέος: ἡ γὰρ πόλις πολιτῶν τι πλῆθός ἐστιν; Übers. nach E. Schütrumpf 1991. Hierzu s. Szanto 1892, 5: „Wer also die Frage gelöst hat: Wer ist der Bürger? der hat (...) auch die Frage gelöst: Was ist der Staat?".

2 s. etwa Thuk. 7.77.7: „Männer machen die Polis aus, nicht Mauern oder unbemannte Schiffe." – Walter 1993, 23 weist darauf hin, dass diese Verbindung so eng war, dass die moderne Bezeichnung ‚Bürgerstaat' im Grunde eine Tautologie sei. Den Begriff etablierte Heuss 1946; ein Plädoyer für seine Verwendung bieten etwa Walter 1993 und 1998, 540–1; außerdem – für den ‚citizen(s)-state' – etwa Hansen 1993, 1998 und 2006 sowie van der Vliet 2005 und 2008.

3 s. hierzu auch das Kapitel *Institutionalisierung und Bürgerstaatlichkeit*. Eine Diskussion und ein in seiner methodischen Differenziertheit überzeugendes Plädoyer für die Verwendung der Kategorien ‚Staat' und ‚Staatlichkeit' auch für Gemeinwesen der Antike bietet Lundgreen 2014, der neben sozialanthropologischen auch politologische und juristische Kriterien zur Definition des Staates erörtert.

welchen Praktiken ihn zu einem von seinen Statusgenossen akzeptierten Akteur im Gemeinwesen machten.

In der heute üblichen Behandlung von griechischem Bürgerstaat, von Bürger und Bürgerrecht kommt oftmals jene teleologische Komponente der heute vorherrschenden ,Meistererzählung' der griechischen Geschichte zum Ausdruck, die wir oben besprachen.[4] Bei der hierfür charakteristischen Deutung archaischer Verhältnisse im Lichte von Quellen der klassischen Zeit werden auch die in letzteren erkennbaren Vorstellungen von ,Bürger' und ,Bürgerrecht' als abstrakte und deutlich umrissene Konzepte, die einen klar definierten Katalog von Kriterien besaßen, in Jahrhunderte zurückprojiziert, in denen die Quellen selbst keine Hinweise auf deren Existenz geben. Und so betrachtet die Forschung allzu häufig das Phänomen des ,Bürgerrechts' im archaischen Griechenland im Lichte der Verhältnisse des klassischen Athen. Die attischen Dekrete halten formelhaft etwa fest, dass ein in dieser Form privilegiertes Individuum Athener sein solle, er und seine Nachkommen; und er solle in diejenige Phyle, Deme und Phratrie eingeschrieben werden, die er selbst sich aussuche.[5] Diese Zeugnisse setzen also zum einen voraus, dass bekannt war, was es hieß, ,Athener' zu sein; zum anderen ist in diesen Dekreten der immergleiche Katalog von politischen Funktionseinheiten genannt, in die ein Neubürger eingeschrieben wurde. Diese Dekrete bezeugen also ein hohes Maß an Institutionalisierung und damit auch an Abstraktion, welche Merkmale ein Individuum erfüllen musste, um Bürger zu sein.

Demgegenüber wird dieses Kapitel davon ausgehen, dass in der Archaik und Frühklassik nicht die Vorstellung eines abstrahierten Bürgerrechts existierte, eines Konglomerats von klar definierten Rechten und Pflichten, welches einem Individuum aufgrund bestimmter Kriterien etwa von Geburt an zukam oder ihm *en bloc* und mittels standardisierter Praktiken von der Bürgerversammlung eines Gemeinwesens übertragen werden konnte, sofern es die hierfür notwendigen Kriterien erfüllte.[6] Wenn Aristoteles in seinem Abriss der Politeia kretischer Gemeinwesen berichtet:

---

4 s. das Kapitel *Institutionalisierung und Bürgerstaatlichkeit*.

5 s. Lambert 2012 zu diesem Material.

6 Selbst Beiträge, die sich ausdrücklich mit der Entwicklung des Bürgerrechts befassen, sind für die Frage nach dem Entstehen dieses Konzeptes nahezu unbrauchbar, so Rhodes 2009 und Blok 2013: Die archaische Zeit wird nur eines kurzen Blickes gewürdigt, das Gesetz von Dreros und die solonische Vermögensordnung erwähnt, um dann ausführlich Aristoteles zu zitieren und auf dieser Grundlage die Partizipation der Bürger im demokratischen Athen zu behandeln. Auch Hall 2013, der „The rise of state action" in den Blick nimmt, geht von der Existenz der „citizens" als bereits in der Archaik umrissener und handelnder Gruppe aus, die nicht weiter thematisiert werden müsse. Und Lintott 2009 verzichtet in seinem Beitrag „Citizens" von Vorneherein auf eine nähere Diskussion der Archaik. Ausnahmen sind etwa die Studien von Manville 1990 und Walter 1993.

[Die Kreter] haben nämlich ihren *douloi* in allen anderen Angelegenheiten die gleichen Rechte zugestanden, ihnen aber lediglich den Besuch des Gymnasions und den Besitz von Waffen untersagt,[7]

so ist diese Erklärung offensichtlich defizitär. Dies waren beileibe nicht die einzigen Faktoren, die den Politen ausmachten; und die jenen nicht allein von Unfreien, sondern auch von jenen freien Bewohnern der Polis trennten, die nicht zur Gruppe der vollgültigen Akteure des Gemeinwesens gehörten, den freien Nichtbürgern wie den Fremden. Allerdings beruht die Erklärung des Aristoteles auf einem Merkmal, das uns in diesem Kapitel begleiten wird, den ‚Bürger‘ im archaischen Kreta zu definieren: Es waren bestimmte Praktiken, die einen Mann zum Mitglied der Politengemeinschaft machten. Und so werden wir im Folgenden feststellen, dass die Teilhabe am Gemeinwesen durch die Einbindung des Individuums in verschiedene soziopolitische Integrationskreise vermittelt war. Es war die Teilhabe an den Praktiken einer Reihe maßgeblicher Integrationskreise, die einen Mann zu einem mit sämtlichen Rechten und Pflichten ausgestatteten Mitglied des Gemeinwesens machten. Wir werden aber auch sehen, dass unter den möglichen Integrationskreisen des Einzelnen, die für seine Identität und Zugehörigkeit maßgeblich waren, die Teilhabe ‚an der Polis‘, wohl nicht die bedeutendste war. So scheint die Zugehörigkeit zu einer der Hetairien das wesentliche Kriterium für die Zugehörigkeit eines Individuums zur Gemeinschaft gewesen zu sein – und zwar in solchem Maße, dass freie Nicht-Bürger als ‚Nicht-Hetairoi‘ bezeichnet wurden.

Uwe Walter hält mit Blick auf den modernen Staat fest: „[E]rst wenn geklärt ist, wer als Staatsangehöriger (oder allgemeiner: als Mitglied eines Gemeinwesens) gelten kann und wer nicht, stellt sich die Frage, wie die Staatsangehörigen am Gemeinwesen partizipieren.“[8] Für die frühe griechische Polis muss diese Reihenfolge umgekehrt werden: Zunächst musste eine Reihe möglicher Praktiken herausgebildet und allgemein anerkannt werden, die eine Partizipation in jenen Integrationskreisen möglich machten, welche die Polis im Zuge ihrer institutionellen Differenzierung inkorporierte und die sie nutzte zur Herausbildung umfassenderer Identitäten. Erst dann konnte geklärt werden, wem der Weg zu dieser Teilhabe offenstehen sollte und von seinen Statusgenossen zugestanden wurde – und damit, wer vollumfänglich an sämtlichen dieser Praktiken teilhaben konnte. Abermals sei hierzu Walter zitiert: „Wie die *Polisstaatlichkeit* ein Produkt der Entwicklung der archaischen Zeit darstellte, bildete sich auch das *Bürgersein* in den Poleis schrittweise aus. Das Bürger*recht* als definierter, einem Individuum anhaftender Status (…) stand erst am Ende dieser beiden Ent-

---

7 Arist. pol. 1264a 20: ἐκεῖνοι γὰρ τᾶλλα ταὐτὰ τοῖς δούλοις ἐφέντες μόνον ἀπειρήκασι τὰ γυμνάσια καὶ τὴν τῶν ὅπλων κτῆσιν. – s. auch das in diesem Kapitel besprochene Gesetz IC 4.75b = Koerner 147 = Nomima 2.46.
8 Walter 1993, 15–6.

wicklungen und machte als rechtliche Kategorie nur einen Teil des Bürgerseins aus. Bürger zu sein war nicht allein ein Privileg mit Pflichten, sondern auch ein Habitus, eine Mentalität, eine das tägliche Handeln bestimmende Größe. (...) Die Zugehörigkeit zur ausgebildeten Polis [i.e. *der (spät)klassischen Zeit*; GS] manifestierte sich nach wie vor in Handlungen und Haltungen, doch waren diese zu fest definierten Rechten und Pflichten geworden."[9]

In späteren Kapiteln behandelt diese Arbeit gesondert die von ‚öffentlicher Seite' strikt organisierte Paideia und Ephebie, die Relevanz von lokalen Siedlungsgemeinschaften sowie von Speisegenossenschaften. Sie waren – zusammen mit dem kollektiven Üben in den Gymnasia sowie gemeinsamen Kultfesten – die maßgeblichen Zirkel soziopolitischer Organisation; sie waren die wichtigsten Institutionen der Herstellung kollektiver Identität und ethischer Homogenität; und sie boten Raum für jene Praktiken, welche die wesentlichen Trennlinien zogen zwischen den an ihnen – und letztlich an der Polis – teilhabenden Akteuren und den ‚Anderen', Unfreien wie Fremden. Dieses Kapitel wählt zunächst aber eine andere Perspektive. In seinem ersten Teil diskutiert es eine Reihe von Begriffen, mit denen die kretischen Inschriften Politen beziehungsweise bestimmte Untergruppierungen der Politen bezeichnen. Hierbei wird ein erstes Spektrum jener soziopolitischen Integrationskreise und ihrer Praktiken deutlich werden. In einem zweiten Teil stellt es die Frage, was wir über den Umgang kretischer Poleis und ihrer Bürger mit ‚Anderen' sagen können; vor allem darüber, wie dieser Umgang durch die Schaffung von mit Fremden befassten Funktionsträgern und Verfahren institutionalisiert wurde. Der dritte Teil schließlich betrachtet, im Rahmen welcher Integrationskreise Individuen und Gruppen, die bis dahin nicht unter die Politen gerechnet wurden, in den Verband der Polisgemeinschaft eingebunden wurden; wie sie zu ‚Bürgern' wurden. Gerade diese Zeugnisse, die mit ‚Anderen' befasst sind, ihnen spezifische Rechte verleihen und Pflichten auferlegen, lassen uns jene Praktiken erkennen, deren Ausübung den Bürger einer archaischen Polis auf der Insel konturierte.[10]

Zunächst sei aber noch auf eine Fehlstelle dieses Kapitels hingewiesen. Eine gezielte Beschäftigung mit Unfreien ist hier – wie in der gesamten Arbeit – ausgeklammert. Die Fülle des Materials zu den verschiedenen Arten von unfreien Bevölkerungsgruppen, die für das archaische Kreta in inschriftlichen und literarischen Quellen nachgewiesen sind, würde den Rahmen dieser Studie erheblich sprengen.[11]

---

9 Walter 1993, 20–1.
10 Chaniotis 2005, 184–8 weist unter anderem auf die aus Inschriften verschiedener Poleis bekannten Bezeichnungen für Fremde und Handwerker sowie die Umstände ihrer Behandlung hin, um die Übereinstimmung des literarischen und epigraphischen Befundes zum archaischen Kreta zu belegen.
11 Die Gesetze zu den kretischen Unfreien gehören zu den – sofern man dies angesichts der generellen Vernachlässigung der kretischen Befunde überhaupt sagen kann – vergleichsweise besser untersuchten Regelungen; s. etwa Link 1994, 30–51 und 2001; Perlman 1996; Chaniotis 2004, 74–77; Kristensen 2004a; Gagarin 2010 und bes. Lewis 2013.

Allein schon die zahlreichen Passagen im *Großen Gesetz* von Gortyn zu *woikees* und *doloi*, rechtfertigen eine eigene größere Untersuchung. Hier sei nur gesagt, dass diese Quellen deutlich werden lassen, dass die Wirtschaft kretischer Gemeinwesen wesentlich auf dem Einsatz von Unfreien beruhte, die von den Bürgern dominiert wurden. Sie verrichteten Landarbeit, waren für das Weiden des Viehs zuständig und arbeiteten auch als Handwerker.[12] All dies gewährte den Bürgern überhaupt erst die notwendigen Freiräume, an den zeitintensiven soziopolitischen Institutionen der Polis teilzunehmen.

Die wahrscheinlich größere Zahl von Unfreien dürfte inneren Druck in den Gemeinschaften erzeugt haben. Es war maßgeblich diese ständige Bedrohung der Bürger, welche jene veranlasste, über die materiellen und sozialen Unterschiede innerhalb ihrer eigenen Gruppe hinweg zusammenzustehen und sich gemeinsam grundsätzlich von allen ‚Anderen' abzugrenzen. Doch anders als etwa in Sparta scheint es in kretischen Poleis zu keinem Aufstand der Unfreien gekommen zu sein. Grund hierfür dürften ganz wesentlich deren Freiräume gewesen sein, die sie bei aller Einschränkung besaßen. So durften etwa unfreie Männer durchaus Frauen heiraten, die aus einer Bürgerfamilie stammten – auch wenn jene dadurch diesen Status verloren: auch Regeln für die rechtliche Stellung von Kindern aus solchen Verbindungen wurden formuliert. Die meisten der Unfreien hatten auch ein Recht auf Besitz – dies gewährleistete überhaupt erst, dass sie Beiträge zu den Andreia der Bürger leisten konnten. Einige verfügten womöglich über Eigentum und durften gar von Bürgern als Erben eingesetzt werden.[13] Es dürfte nicht zuletzt die Binnendifferenzierung der Nicht-Freien in verschiedene Arten und Grade von Unfreiheit dazu beigetragen haben, ein geschlossenes Vorgehen dieser in unterschiedlichem Maße Minderprivilegierten gegenüber den Bürgern zu verhindern.

Und so sind uns aus inschriftlichen und literarischen Quellen etwa Douloi, Woikeis und Klaroten, Hypooikoi, Perioikoi und Mnoïten, Katakeimenoi, Nenikamenoi und Aphamioten bekannt. Nach welchen Kriterien diese Gruppen unterschieden wurden, ob manche dieser Begriffe ein und dasselbe bezeichneten oder etwa Ober- und Unterkategorien darstellten, ist nach wie vor unklar. Plausibel scheint, dass diese Einteilung verschiedene Ursachen von Unfreiheit reflektierte, etwa die Unterwerfung von Fremden durch gezielte Raubzüge; die beständige Ausübung von Zwang gegenüber ärmeren durch deren reichere Nachbarn; die Unterdrückung der Bewohner von im Krieg besiegten, nicht länger selbständigen Poleis; die Verstetigung von Schuldknechtschaft und nicht zuletzt Kaufsklaverei. Zu vermuten ist, dass im Zuge der soziopolitischen Neuordnung kretischer Politien am Ende des 7. Jh. neben Speise-

---

12 Deutlich ist dies in IC 4.79.7–12 = Koerner 154 = Nomima 1.30; vgl. IC 4.144.
13 Arist. pol. 1269a 34–b 12; 1272b 16–23; und die Zeugnisse bei Gagarin 2010, etwa IC 4.72.5.25–8 = Koerner 169 = Nomima 2.49 sowie IC 4.72.6.55–7.10 = Koerner 172 = Nomima 2.36 aus dem *Großen Gesetz* von Gortyn.

genossenschaften und Kulten, Paideia und Phylen auch die verschiedenen Formen von Unfreiheit beziehungsweise tiefgreifender Abhängigkeit und eingeschränkter Freiheit vereinheitlicht, kurzum: institutionalisiert wurden.[14] Die Existenz der Unfreien als eine – und wohl die deutlich größte – Gruppe der ‚Anderen' trug wohl maßgeblich dazu bei, durch gezielte Erzeugung von Alterität das Ideologem zu konturieren, dass die ‚Bürger' – trotz all ihrer Binnenunterschiede in materieller und sozialer Stellung – eine Gruppe von untereinander Gleichen seien.[15]

So notwendig eine intensive Behandlung der Unfreien also prinzipiell auch wäre, wird es in diesem Kapitel vornehmlich um Gruppen gehen, von denen sich abzugrenzen den Politen noch schwerer fiel als von den Unfreien. Denn der Blick auf die freien Fremden und die vergleichsweise feinen sowie bisweilen eben auch durchlässigen Grenzen zwischen ihnen und den Politen lässt die wesentlichen Komponenten des ‚Bürgerseins' in kretischen Poleis noch deutlicher heraustreten.

‚Bürger' sein

Von einem ausdrücklichen ‚Bürgerrecht' ist in keiner der archaischen Inschriften Kretas die Rede. Auch wissen wir nicht, welche Selbstbezeichnung die Bürger in den Poleis der Insel für sich wählten. Ausdrücke wie „die Eltynier", „die Gortynier" und „die Lyttier" beziehungsweise Formeln wie „die Gortynier, als sie abstimmten" und auch „die Polis", die in den einleitenden Formeln einer Reihe kretischer Inschriften als beschlussfassende Autoritäten auftreten, deuten darauf hin, dass diese Personengesamtschaften einen wohl festumrissenen Kreis von politischen Akteuren bezeichneten, und dass diesen selbst bekannt war, wer zu ihrem Kreis gehörte und wen sie in ihrem Kreis akzeptierten. Welche Eigenschaften dieser Individuen allerdings hinreichende und notwendige Kriterien waren, sie zu politischen Akteuren zu machen, entzieht sich unserer Kenntnis. Beschlussformeln, die etwa „die Polis nach Versammlung der Phylen" oder „wir die Polis, fünf von jeder Phyle" beziehungsweise „die Polis in Hinblick auf die Hetairien" als Autorität der jeweiligen Regelung nennen, deuten darauf hin, dass sich politische Meinungsbildung und soziopolitischer Zusammenschluss in verschiedenen Integrationskreisen vollzogen, die für die Akteure in den Verfahren der politischen Entscheidung nicht allein jeweils sinnhaft waren, sondern denen anzugehören überhaupt erst den Zugang zu diesen Verfahren ermöglichte.[16]

---

14 Zur historischen Plausibilität solcher Prozesse im archaischen Griechenland s. etwa die unterschiedlichen Erklärungsmodelle von van Wees 1999 und 2003; Luraghi 2002 und 2009; sowie Welwei 2006 und 2008.
15 vgl. Meier 2006 zur Ideologie der spartanischen Homoioi und den spezifischen Qualitäten von deren ‚Gleichheit'.
16 Zum Nachweis der jeweiligen Inschriften s. das Kapitel *Polis*.

Kaum eine der aus anderen Gegenden und anderen Zeiten des griechischen Kulturraums bekannten Bezeichnungen des ‚Bürgers' oder ihrer Gesamtschaften ist in kretischen Poleis prominent. So finden wir etwa keine einzige Erwähnung des *demos* in den archaischen Inschriften; allein Ableitungen hiervon sind uns bekannt. Zum einen ist dies die Institution der Damioi in der drerischen Iterationsregelung; zum anderen sehen wir das Adjektiv *demosios* jeweils verwendet, um ein die Allgemeinheit betreffendes Ereignis und einen öffentlich nutzbaren Weg zu bezeichnen.[17] Auch den Begriff *astoi*, der etwa bei Solon prominent ist, wo er den „Anführern des Demos" gegenübersteht und die ‚einfachen Bürger der Polis' zu bezeichnen scheint, finden wir kaum einmal in kretischen Inschriften. Allein *astai*, also ‚Bürgerfrauen' scheinen um 500 in einer Inschrift aus Axos erwähnt. Und in Gortyn ist die ϝαστία δίκα bezeugt, jenes Konglomerat von Rechtsregeln, die bei Auseinandersetzungen zwischen *astoi* Anwendung fanden.[18]

In nur zwei Regelungen aus Lyttos und Gortyn spielen der πολιήτης beziehungsweise πολίτης um 500 beziehungsweise im 5. Jh. eine Rolle. Der fragmentarische Zustand dieser Inschriften lässt jedoch keine weiter reichenden Schlüsse zu.[19] Wegen des erhaltenen Kontextes aussagekräftiger ist eine Passage aus dem *Großen Gesetz* von Gortyn, die Adoptionen betreffend verfügt: „Es soll aber in der Agora, wenn die πολιήται versammelt sind, adoptiert werden von dem Stein aus, von dem man Bekanntmachungen vornimmt."[20] Hier ist deutlich, dass mit den ‚Bürgern' die freien und in Form der Agora zusammenkommenden Männer des Gemeinwesens gemeint sind; dies ist in jenem Zusammenhang das sie überhaupt charakterisierende Merkmal. Dies sind die einzigen drei Zeugnisse unserer Zeit, die ausdrücklich die ‚Politen' nennen. Allerdings finden wir einige Formeln rund um das Verb πολιατεύειν. Doch was ist dessen Bedeutung? Reinhard Koerner etwa übersetzt in seiner Edition der frühgriechischen Gesetzesinschriften dieses Wort anachronistisch als ‚das Bürgerrecht besitzen'. Im Sinne unserer obigen Ausführungen sollten wir diesen Begriff viel eher wohl deuten als ‚an der Polis teilhaben', um es mit Uwe Walter auszudrücken.[21] Und so bestimmt eine gortynische Inschrift vom Anfang des 5. Jh. die Umstände von Eidesleistungen bei Prozessen. Als Eideshelfer kamen dieser Regelung zufolge auch

---

17 Dreros, um 630: Demargne/van Effenterre 1937 = Koerner 90 = Nomima 1.81; Gortyn, Anfang des 5. Jh.: IC 4.42 b 9 = Koerner 129 = Nomima 2.5; IC 4.46 b 6 = Koerner 137 = Nomima 2.85; s. auch Eleutherna, 6. Jh.: IC 2.12.4.1 = Koerner 110 = Nomima 1.83.
18 Solon 3.5–6 G/P = 4W; zu der von Solon reflektierten sozialen Konstellation s. das Kapitel *Polis*. – Axos: IC 2.5.5 und 6, neu konstituiert durch Perlman 2010; Gortyn: IC 4.13 g–h = Koerner 120 = Nomima 1.1; zu diesen Rechtsregeln der *astoi* s. unten.
19 Lyttos um 500: IC 1.18.2 = Koerner 95 = Nomima 1.11: *poliatan*; Gortyn im 5. Jh.: IC 4.83 = Koerner 157 = Nomima 2.7: *politai*.
20 IC 4.72 10.33–6, 11.10–4 = Koerner 180 = Nomima 2.40; s. die ausführliche Besprechung dieser Inschrift unten in diesem Kapitel.
21 In Anlehnung an Walter 1993.

die υἰὺνς οἵ κ' ἡβίοντι καὶ πολιατεύοντι des Prozessführenden infrage, also diejenigen seiner Söhne, die volljährig waren und ‚an der Polis teilhatten'. Auch deren Söhnen wird die Eideshilfe gestattet; in ihrem Fall reichte es aber aus, dass sie volljährig waren.[22]

Diese Regelung lässt darauf schließen, dass die ‚Teilhabe an der Polis' vom Alter einer Person abhängig war, und dass ‚Volljährigkeit' nicht automatisch schon diese Teilhabe umfasste: Erst in zweiter Linie durften auch die Enkel, die zwar schon das Alter der ‚Volljährigkeit', aber noch nicht jenes der ‚Teilhabe' erreicht hatten, als Eidesleister dienen. Akte wie die Eidesleistung, bei welchem die Eidesleister ihr gesamtes soziales Gewicht zugunsten eines anderen in die Waagschale warfen und bei denen es somit auf den sozialen Status des Ausübenden ankam, sollten eben vorzugsweise nur von Personen vollzogen werden, die bestimmte Vorbedingungen erfüllten; die überhaupt ein für diesen Akt prinzipiell ausreichendes Maß von Ehre und sozialem Gewicht besaßen. In unserem Zeugnis sind ein bestimmtes Alter und die daran geknüpfte Zugehörigkeit zum inneren Kreis der Akteure des Gemeinwesens als notwendig genannt. Wir sehen, dass der Status des Politen mit einer grundsätz-lichen sozialen Achtung verbunden war, die seine Wahrnehmung und seine Hand-lungsmöglichkeiten in der Öffentlichkeit bestimmte.[23]

Dass Alter ein wesentliches Kriterium für die – abgestufte – Teilhabe am Gemein-wesen war, machen auch jene Zeugnisse deutlich, die uns Auskunft über die ver-schiedenen Altersklassen in kretischen Poleis geben und erkennen lassen, dass deren Angehörige unterschiedliche Rechte besaßen. So hält eine Passage des *Großen Gesetzes* fest, dass für einen bestimmten Schwur einzig Angehörige der Pentekaide-kadromoi infrage kämen, Männer, die bereits seit fünfzehn Jahren am Dromos – am ‚Lauf' – teilnahmen. Und unter dem Lemma ‚Dekadromoi' erklärt der Lexikograph Hesychios, dass dieser Begriff auf Kreta jene bezeichne, die bereits seit zehn Jahren unter die Männer zählten.[24] Desweiteren ist aus archaischer Zeit nicht allein für Gortyn, sondern auch für Eleutherna und Datala eine Altersklasse der Dromeis nach-gewiesen. So durfte ein Mann erst als Dromeus eine Entscheidung in Erbschaftsan-

---

22 IC 4.51, hier 6–7 = Koerner 139 = Nomima 2.13, dort übersetzt als: „s'ils sont majeurs et citoyens". – Koerner 1993, 413 vermutet, dass im Prozess die Zahl der Eideshelfer ausschlaggebend war, weshalb der Prozessbeteiligte zusätzlich zu den Söhnen auch seine Enkel heranziehen durfte. Ein anderes Beispiel von Eidesleistung sehen wir in IC 4.72.2.36–44 = Koerner 164 = Nomima 2.81.

23 Vor diesem Hintergrund ist auch eine Passage aus dem *Großen Gesetz* von Gortyn zu verstehen. Hier ist die Rede davon, ein Mnamon, der als Zeuge in einem hier beschriebenen Prozess auftreten wolle, müsse „noch leben und πολιατεύειν"; IC 4.72.9.33 = Koerner 175 = Nomima 2.45˙ Da bereits die erste Bedingung selbstverständlich ist, kann auch die zweite Bedingung als redundant verstanden werden: Wer nicht mehr am Leben war, konnte eben auch nicht länger πολιατεύειν.

24 IC 4.72.11.46–55, hier 54 = Koerner 166 = Nomima 2.30; Hesychios: δεκάδρομοι· οἱ δέκα ἔτη ἐν τοῖς ἀνδράσι δρόμου μετεσχηκότες, ὑπὸ Κρητῶν. – Zu allen diesen Termini s. Tzifopoulos 1998, 153–7.

gelegenheiten treffen und – dies ist wichtig für die Frage des Ansehens, welches mit dieser Altersklasse einherging – als Zeuge in bestimmen Verfahren aussagen.[25]

Die Zusammenschau dieser inschriftlichen Zeugnisse legt nahe, dass es sich bei den ‚Läufern' um die Gruppe der Jungbürger in ihren zwanziger Jahren handelte, also jener Phase nach Abschluss der Ephebie und vor dem Überschreiten der Altersgrenze von dreißig Jahren. Mit dem Ausscheiden aus der Agela und seinem Eintritt in eine Hetairie scheint ein junger Mann das Recht der Teilnahme am Dromos erhalten zu haben und für die nächsten zehn Jahre Mitglied der Altersklasse der Dromeis gewesen zu sein. Eine Gruppe dieses Namens ist uns allein auf Kreta bezeugt. Ihr Pendant in anderen Teilen der griechischen Welt scheinen die Neoi gewesen zu sein, auch dort eine Altersklasse mit spezifischen Privilegien und Aufgaben.[26] In Eleutherna etwa sehen wir die Dromeis als Mannschaft einer Grenzfestung dieser Polis eingesetzt. Hier war ihnen in Gemeinschaft sympotisches Trinken erlaubt, was in der *asty* von Eleutherna verboten gewesen zu sein scheint. Jünger als ein Dromeus scheint der im *Großen Gesetz* von Gortyn genannte *Apodromos* gewesen zu sein, „der noch nicht im Dromos trainiert". Bei ihm handelte es sich um das Mitglied einer zeitlich vor dem Ende der Agelai angesiedelten Altersklasse; um einen noch nicht Erwachsenen, wie aus seiner Parallelisierung mit oder seiner Qualifizierung durch *ebios* und deren beider direktem Kontrast mit einem Dromeus deutlich wird.[27]

Bei den hinter all diesen Bezeichnungen stehenden ‚Läufen' handelte es sich um mehr als bloße Wettrennen; vielmehr scheint *dromos* der kretische Begriff für athletische und militärische Ertüchtigung gewesen zu sein. Wenn ‚Dromos' wohl auch nicht der kretische Ausdruck für Gymnasium war, scheint mit diesem Begriff doch jenes Konglomerat von Praktiken bezeichnet gewesen zu sein, die in anderen Teilen der griechischen Welt im Gymnasion stattfanden: die sportliche, auf Wettkampf bedachte Ertüchtigung, die eben nur bestimmten Segmenten der Bevölkerung offenstand.[28]

---

25 Gortyn: IC 4.72.1.41–2, 3.22, 5.53, 6.36 = Koerner 163, 167, 169, 170 = Nomima 2.6, 32, 49, 54. – Eleutherna: SEG 41.739 = Nomima 2.98; hierzu s. van Effenterre/van Effenterre 1995; Perlman 2004, 102; Lupu 2005, 323–5. – Datala: Jeffery/Morpurgo-Davies 1970 = Nomima 1.22.

26 Die *Neoi* finden wir in späteren inschriftlichen und literarischen Quellen auch auf Kreta. Im hellenistischen Gortyn etwa waren die *Neoi* als *Neotas* organisiert; IC 4.162 = Syll.[3] 525. – Eine kritische Einführung in die Terminologie und Semantik der Altersklassen in Griechenland bietet Davidson 2007, *passim*, bes. 71–98, zu Kreta 304–5; vgl. Timmer 2008.

27 IC 4.72.7.35–43 = Koerner 174 = Nomima 2.51. – Ausdrücklich ist dies überliefert durch Ar. Byz ap. Eust. 1592.58: Auf Kreta nenne man einen Epheben ‚Apodromos', weil er noch nicht an den allen gemeinsamen Dromoi teilnehme. – s. die Diskussion bei Willetts 1968, 71.

28 Zur Bedeutung von Dromos und Dromeus s. Tzifopoulos 1998; und vgl. Willetts 1955, 7–8, 10–4, 80–1, 123; Bile 1988, 344; Chaniotis 1996, 128; Marchetti 2008, bes. 90–1. – Auch inschriftliche Quellen hellenistischer Zeit lassen die Bedeutung von Dromeus nicht eindeutig hervortreten. So verfügen mit IC 1.8.13.8 = Chaniotis 1996, Nr. 50 und IC 1.16.5.44 = Chaniotis 1996, Nr. 61 ein nach 145 geschlossener Vertrag zwischen Hierapytna und Knossos sowie ein um 109 geschlossener Bündnis- und Isopolitievertrag zwischen Lato und Olus die jeweilige Entsendung von ‚Läufern' – im letzteren Fall auch von

Immerhin hielt – wie gesehen – Aristoteles das Recht, im Gymnasium zu trainieren, als einen von zwei wesentlichen Unterschieden zwischen den Politen kretischer Bürgerstaaten und den Unfreien fest. Dass dem Dromos ein hoher Stellenwert als eine Praxis der sozialen Distinktion zukam, zeigt auch Ephoros, der über die kretische Ephebenentführung berichtet, dass zu den Ehren aller ehemals Entführten – jener die Altersklassen übergreifenden Blüte der Polis – gehörte, besonders ehrenvolle Plätze bei den Chortänzen und bei den *dromoi* einnehmen zu dürfen.[29] Bemerkenswert ist bei alldem, dass die Maßeinheit für die abgestufte Partizipation auf verschiedenen Feldern nicht war, seit wie vielen Jahren ein Mann schon ‚an der Agora teilhatte' oder ‚in den Phylen abstimmte'. Vielmehr bemaßen sich Teilhabe, Rechte und Pflichten, Wertschätzung und Selbstverortung eines Politen nach den Jahren seiner Teilnahme am Dromos und damit an einer Praxis, die man zunächst wohl nicht einem im engeren Sinne ‚politischen' Raum zuordnete.

Die ‚Anderen': Allopoliten, Xenoi und Apetairoi

Wie im Falle der Bürger stellt auch die Rekonstruktion der Bezeichnungen von Fremden eine Herausforderung dar. So behandeln zwei Inschriften aus dem letzten Viertel des 6. Jh. aus dem westkretischen Eleutherna jeweils eine Gruppe von Fremden. Das erste, stark fragmentierte Gesetz ordnet entweder eine Eidesleistung von ἀλλοπολιάται zugunsten der Bürger oder deren Eidesleistung zugunsten der ἀλλοπολιάται an. Die zweite, ebenfalls nur bruchstückhaft erhaltene Regelung behandelt κϙένοι, die durch ἐγ]δαμῆι näher qualifiziert werden.[30] Die Zusammenschau der beiden Zeugnisse und ihrer unterschiedlichen Begriffe für die Nichtbürger deutet darauf hin, dass man zwischen mehreren Gruppen von Fremden unterschied. Die Kriterien einer solchen Trennung sind allerdings unklar.

Zwei andere Regelungen legen die vorsichtige Vermutung nahe, dass man mit ‚Allopoliten' die Bürger anderer kretischer Poleis bezeichnete. Zum einen handelt es sich um eine unten näher zu besprechende Regelung aus dem zentralkretischen Lyttos, welche die private Aufnahme von Allopoliten verbietet, „es sei denn, es handelt sich um einen Itanier", also den Bürger einer im äußersten Osten der Insel gelegenen Polis.[31] Die zweite Passage stammt aus dem *Großen Gesetz* von Gortyn und

Tänzern – zu bestimmten Festen des Bündnispartners. – Die unten zu besprechende Privilegierung des Dionysios durch Gortyn und Aulon nennt das „Gymnasion"; IC 4.64 = Nomima 1.8.

29 Arist. pol. 1264a 21–2; Ephor. FGrHist 70 frg. 149 ap. Strab. 10.4.21. Hierzu s. das Kapitel *Paideia*. – IC 1.19.3 a 41, ein Ehrendekret von Malla für Schiedsrichter aus Lyttos und Knossos aus dem 2. Jh., erwähnt *hetairees* im Kontext von *dromos*.

30 IC 2.12.3 = Koerner 109 = Nomima 1.10; IC 2.12.4 = Koerner 110 = Nomima 1.83 aus Eleutherna.

31 Lyttos, spätes 6. Jh./ um 500: van Effenterre/van Effenterre 1985 = Koerner 87 = Nomima 1.12. – Zu

bestimmt die Umstände, unter denen „einer, der sich in die Fremde begeben hat, ἐκς ἀλλοπολίας freigekauft werden" könne:

αἰ κ' ἐδδυσ[άμενον] πέ|ρα[νδε] ἐκς ἀλλοπολίας ὑπ' ἀν|άνκας ἐκόμενος κελομένο τι|ς λύσεται, ἐπὶ τῶι ἀλλυσαμέν|οι ἔμεν πρίν κ' ἀποδῶι τὸ ἐπιβά|λλον. αἰ δέ κα μὲ ὁμολογίοντ|ι ἀμπὶ τὰν πλεθὺν ἒ μὲ [κ]ελομέ||[ν]ο αὐτῶ [λ]ύσαθθαι, τὸν δικασ|τὰν ὀμνύντα κρίνεν πορτὶ τὰ μολιόμενα.

Wenn einer jemanden, [der sich] in die Fremde begeben [hat], aus einer fremden Stadt aufgrund der Verwandtenpflicht und wunschgemäß auslöst, soll der unter der Gewalt des Loskäufers stehen, bis er das bezahlt hat, was jenem zukommt. Wenn sie sich aber über die Summe nicht einigen, oder dass jener gewünscht habe, ausgelöst zu werden, soll der Richter unter Eid aufgrund der Prozessaussagen entscheiden.[32]

Anzunehmen ist, dass die Reisen eines Gortyniers jenen am ehesten in eine andere kretische Polis führten. Bei den Xenoi mag es sich dann entsprechend um Männer gehandelt haben, die das Bürgerrecht irgendeiner, nicht aber einer kretischen Polis besaßen. Nun ist dieser Versuch, jener beiden Gruppen von Fremden zu erklären, weit von jeder Gewissheit entfernt. Allerdings erscheint es angesichts der geschilderten soziopolitischen Ähnlichkeit kretischer Poleis in archaischer Zeit und deren Unterschiede zu den meisten anderen Politen der griechischen Welt als nicht unwahrscheinlich, dass die Identität, zu diesem Kreis von Inselpolitien zu gehören, derart ausgeprägt war, dass sie auf der Insel zur Differenzierung verschiedener Kategorien von Fremden führten. Fremde aus anderen kretischen Poleis mögen als weniger fremd – oder zumindest anders fremd – angesehen worden sein als Fremde, die nicht von der Insel stammten. Diese Vermutung wird von der Beobachtung gestützt, dass man von außen die an Poleis außergewöhnlich reiche Insel als eine Einheit betrachtete.[33]

Darüber hinaus überliefern die uns erhaltenen Inschriften nichts über Individuen oder Gruppen, die ausdrücklich als ‚Fremde' bezeichnet sind. Dies mag einem bislang nicht recht erkannten, in der Forschung zumindest nicht ausdrücklich erörterten Wesenszug der uns überlieferten Gesetze der Insel geschuldet sein. Wenigstens über Gortyn wissen wir mit Sicherheit, dass dort zwei Systeme von

---

Fremden und deren Behandlung in kretischen Poleis s. etwa van Effenterre 1979; Gehrke 1997, bes. 55; Perlman 2004a; Chaniotis 2005, bes. 186–8.

32 Gortyn: IC 4.72 6.46–55, hier 46–7 = Koerner 171 = Nomima 1.13. – Hier ist nicht der Ort auf die in dieser Inschrift reflektierten, ganz beachtenswerten Vorgänge einzugehen.

33 So reden ganz unterschiedliche Quellen von „den Kretern", nicht von den Knossiern, Gortyniern oder Lyttiern; s. etwa Hom. Hymn. Dem. 122–5; Hdt. 7.169–70; eine Inschrift aus Olympia um 500 (Siewert 2006, Nr. 3); Pol. 6.8.11 und 45–7; Diod. 4.79.3–4; sowie die literarischen Quellen des 4. Jh., seien es nun Ephoros oder Aristoteles, Plato oder die kretischen Lokalhistoriker. Dies ist auffällig in einer Welt, in welcher es gemeinhin zunächst die Polisidentität eines Mannes war, die seine Herkunft markierte. Diese Beobachtung fällt umso mehr auf, da bereits der homerische *Schiffskatalog*, Hom. Il. 2.645–52, die Insel ja gerade wegen ihrer zahlreichen Poleis hervorhebt, wenn sie dort das „hundertstädtige Kreta" heißt. Hierzu s. das Kapitel *Politeia*.

Rechtsregeln nebeneinander existierten. Zunächst war dies die bereits erwähnte
ϝαστία δίκα. Dieser Begriff ist bereits in einem gortynischen Gesetz des 6. Jh. nachgewiesen, aufgrund dessen starker Fragmentierung es allerdings nicht möglich ist, den
größeren Sinnzusammenhang herzustellen.[34] Überliefert ist hier aber unter anderem
die zusammenhängende Phrase: „Er selbst möge zweimal laut sagen die *wastia dika*
auf der Agora". Der Begriff scheint eine Art der Behandlung in Rechtsstreitigkeiten
bezeichnet zu haben, wie ein *astos* sie in Anspruch nehmen durfte, denn ihr Gegenstück war die κσενεία δίκα. Sie ist erwähnt in dem zu Beginn des 5. Jh. geschlossenen
Vertrag zwischen Gortyn und der von ihr abhängigen Gemeinschaft der Rhittenier.
Dort bezeichnet dieser Begriff die Regeln eines Rechtsstreits, in den Mitglieder beider
Gemeinschaften involviert waren.[35] Die *xeneia dika* scheint also jenes Konglomerat
von Rechtspraktiken bezeichnet zu haben, das man anwandte, wenn ein Bürger mit
einem Fremden stritt. Mit Blick auf dieses Vergleichsbeispiel lässt sich dann auch
die *wastia dika* wohl dahingehend spezifizieren, dass dieser Begriff den rechtlichen
Rahmen eines Rechtsstreits bezeichnete, den zwei *astoi* miteinander hatten – wobei
astos hier ‚Bürger' zu bedeuten scheint, nicht allein ‚Bewohner der *asty*' beziehungsweise ‚der Polis'.

Unsere Vermutung ist nun, dass die uns erhaltenen kretischen Inschriften zum
allergrößten Teil allein aus dem Bereich der *wastia dika* stammen. Regelungen der
xeneia dika sind fast ausschließlich in jenen wenigen Inschriften reflektiert, in denen
von der Zuständigkeit des Xenios Kosmos die Rede ist. Diese Zeugnisse werden wir
im nächsten Abschnitt dieses Kapitels näher betrachten. Hier sei nur so viel gesagt:
In unseren Inschriften spielen Fremde nur dann eine Rolle, wenn die Perspektive
bestand, dass sie mit den Bürgern eines Gemeinwesens oder auch mit ‚der Polis' in
Konflikt geraten könnten. In diesen Regelungen geht es aber keineswegs vornehmlich
darum, die Rechte der Fremden zu wahren. Vielmehr sind die Inschriften vor allem
darum bemüht, den Fremden Auflagen zu machen. So finden wir Bestimmungen,
welche die Bedingungen ihres Arbeitsverhältnisses mit der Polis festlegten; welche

---

34 IC 4.13g–h.2 = Koerner 120 = Nomima 1.1: ἀϝτὸς διπλῆι [λ]άϟοι ϝαστίαν δίκαν [ἐν τᾶι ἀγ]ορᾶι. – Es
kann nur vermutet werden, dass hier ein Straf- beziehungsweise Reinigungsritual eines Funktionsträgers beschrieben ist, der gegen eine Regelung der *wastia dika* verstoßen hatte. Im gleichen Kontext
ist unter anderem auch die Rede von „Strafe zahlen", „der ganzen Polis" und „wird aufgenommen
durch den *xenodokos*".
35 IC 4.80.8 = Nomima 1.7 = StV 2.216. – Hier ist die Rede davon, dass ein Gortynier, der den Besitz
eines Rhitteniers verletzt habe, von seinem Startagetas sowie dem gortynischen und rhittenischen
Kosmos mit einer Drachme Strafe belegt werden solle, um diese – wohl zu gleichen Teilen – „bei
dem Startos und den Rhitteniern verwenden. (...) Belegen sie ihn aber mit einer höheren Strafe oder
verwenden sie diese nicht, so sollen sie nach der *xeneia dika* gerichtet werden (κσενείαι δίκα[ι δι]
κάδδεθαι)." – Zu dieser Deutung der Inschrift s. deren Besprechung in den Kapiteln *Kosmos* und *Pyla*
sowie van Effenterre 1993 und Nomima 1, 51; Perlman 1996, bes. 262–6 und 281 mit Anm. 163 und
165–6; und Craven 2009.

die Umstände verfügten, unter denen Bürger einen Fremden adoptieren und diese Adoption auch wieder lösen konnten; oder welche die Amtsträger zur Ahndung eines Deliktes veranlassten, selbst wenn die Opfer keine Bürger, sondern nur Fremde waren. Angesichts dieses Befundes ist ferner anzunehmen, dass uns für jene Rechtsregeln, die Anwendung in Fällen fanden, wenn Fremde untereinander Streit hatten und kein Bürger beteiligt war, kein einziges Beispiel überliefert ist. Dies heißt nun nicht, dass solche Regeln nicht existierten; sie wurden aber eben nicht in der gleichen Weise in Stein geschlagen und monumentalisiert wie jene Regelungen, welche die Auseinandersetzung zwischen den Bürgern der Polis betrafen und deren Akzeptanz und Durchsetzung aus genau diesem Grund wichtiger war, weshalb man sich bemühte, sie unter anderem durch Verinschriftlichung mit größerer Verbindlichkeit auszustatten.[36]

Vor dem Hintergrund dieser Beobachtungen zu den unterschiedlichen für Bürger und Fremde geltenden Rechtsregeln ist auch eine Auffälligkeit zu deuten, die eine bemerkenswerte Passage des *Großen Gesetzes* bietet. Dessen zweite Kolumne legt die notwendigen Strafzahlungen im Falle der Delikte der Vergewaltigung und des Ehebruchs fest. Diese gesetzliche Regelung lässt uns nicht allein Umstände des strafrechtlichen Prozedere in Gortyn um die Mitte des 5. Jh. rekonstruieren, sie gewährt uns vor allem einen einzigartigen Einblick in die verschiedenen personenrechtlichen Stellungen der Einwohner dieser Polis. Denn die Inschrift unterscheidet sehr differenziert zwischen den Status der potenziell infrage kommenden Täter und Opfer. Hier sei nur das erste Drittel der Inschrift wiedergegeben, welches die Bußen für Vergewaltigung behandelt:

αἴ κα τὸν ἐλεύθερον ἒ | τὰν ἐλευθέραν κάρτει οἴπει, ἑκα|τὸν στατῆρανς καταστασεῖ· αⲓ δέ κ' ἀπεταίρο, δέκα· αἰ δέ κ' ὁ δõλο|ς τὸν ἐλεύθερον ἒ τὰν ἐλευθέρα|ν, διπλεῖ καταστασεῖ· αἰ δέ κ' ἐλε|ύθερος ϝοικέα ἒ ϝοικέαν, πέντε | δαρκνάνς· αἰ δέ κα ϝοικεὺς ϝοικέα | ἒ ϝοικέαν, π[έν] τε στατῆρανς. | ἐνδοθιδίαν δόλαν αἰ κάρτει δαμ|άσαιτο, δύο στατῆρανς κατασ|τασεῖ· αἰ δέ κα δεδαμν[α]μέναν, πε|δ' ἀμέραν, [ὀ]δελόν, αἰ δέ κ' ἐν νυτ|τί, δύ' ὀδελόνς·

Wenn einer einen Freien oder eine Freie vergewaltigt, soll er 100 Statere erlegen; wenn aber bezüglich eines *apetairos*, 10 Statere. Wenn aber ein Sklave einen Freien oder eine Freie, soll er das Doppelte erlegen. Wenn aber ein Freier einen *woikeus* oder eine *woikea*, 5 Drachmen. Wenn aber ein *woikeus* einen *woikeus* oder eine *woikea*, 5 Statere. Wenn irgendjemand eine zum Haushalt gehörende *dola* ‚mit Gewalt zähmt‘, soll er 2 Statere entrichten. Wenn sie aber bereits ‚gezähmt‘ ist: bei Tag 1 Obole, wenn aber in der Nacht 2 Obolen.[37]

---

36 Hierzu vgl. den Abschnitt zum Iterationsgesetz von Dreros im Kapitel *Kosmos* und s. Thomas 1995, besonders 74; im gleichen Sinn auch Camassa 1988, 1994 und 1996; Hölkeskamp 1994, 1999, 273–80 und 2000, besonders 88–91, sowie Guettel Cole 1995, 306–8. – Bei all dem ist uns allerdings völlig unbekannt, in welcher Weise sich die beiden *dikai* voneinander unterschieden. Zur Diskussion s. etwa Koerner 1993, 368–9; Gehrke 1997, 49.
37 IC 4.72.2.2–45, hier 2–15 = Koerner 164 = Nomima 2.81. – Dies ist nicht der Ort, dieses faszinierende Dokument ausführlicher zu besprechen. Sein zweites Drittel in den Zeilen 16–28 behandelt

Fassen wir der besseren Übersicht halber die Delikte noch einmal tabellarisch zusammen, angefangen mit der höchsten verhängten Strafe und von dort absteigend. Der Vergewaltiger steht jeweils an erster Stelle, darauf sein Opfer und schließlich die zu zahlende Strafsumme, die hier einheitlich in Stateren angegeben ist:

ein *dolos*	eine Freie/ einen Freien	200	St
ein Freier	eine Freie/ einen Freien	100	St
ein Freier	„bezüglich eines *apetairos*"	10	St
ein *woikeus*	eine *woikea*/ einen *woikeus*	5	St
ein Freier	eine *woikea*/ einen *woikeus*	2,5	St
unbekannt	eine jungfräuliche Haushalts-*dola*	2	St
unbekannt	eine nicht-jungfräuliche Haushalts-*dola*		
	nachts	0,16	St
	tags	0,08	St

Es wird deutlich, dass das am höchsten bestrafte Delikt die Vergewaltigung einer freien Person durch einen Unfreien war, zu büßen mit der gewaltigen Strafe von 200 Stateren. Demgegenüber wird die Vergewaltigung einer freien Person durch einen anderen Freien nur mit der – allerdings immer noch sehr hohen – Summe von 100 St. bestraft. Diese Diskrepanz ist wohl damit zu erklären, dass im Falle des ersten Delikts jenseits der Körperverletzung ganz wesentlich die Verletzung der Ehre gesühnt werden musste, welche eine freie Person durch die ihr von einer unfreien Person angetane Gewalt erlitten hatte. Auf der anderen Seite zieht nämlich die Vergewaltigung einer unfreien Person durch eine freie allein 2,5 St. Strafe nach sich. Vieles ließe sich zu diesem Dokument sagen, uns interessiert hier aber vor allem die ebenfalls genannte Gruppe der Apetairoi. Die Vergewaltigung eines Apetairos oder seiner Angehörigen – dies ist wohl unter der Formulierung „bezüglich eines Apetairos" zu verstehen – durch einen Freien zieht 10 St. nach sich. Die Apetairoi sind einzig in Gortyn bezeugt. Neben unserer Passage nennt allein eine andere gortynische Regelung diese Gruppe, eine nur fragmentarisch erhaltene Inschrift aus dem 5. Jh., die ebenfalls einen Katalog von nach sozialem Status gestaffelten Strafzahlungen zu verzeichnen scheint.[38] Unser Material lässt nur erkennen, dass gegenüber ihnen began-

---

das Delikt des Ehebruchs und verzeichnet ganz ähnliche Statusgewichtungen wie bezüglich der Vergewaltigung. So wird etwa der Ehebruch eines Freien mit einer Freien im Haus eines Angehörigen mit 100 St. bestraft, in einem anderen Haus mit immerhin noch 50 St.; sein Ehebruch mit der Angehörigen eines *apetairos* aber allein mit 10 St. Das letzte Drittel der Inschrift in den Zeilen 28–45 legt Regeln für die Privatexekution fest – die eigenmächtige Ergreifung des Ehebrechers, seine Festsetzung bis zur Zahlung eines Lösegeldes und die Möglichkeit des Beschuldigten zur Gegenklage, das Opfer einer mutwilligen Täuschung zu sein.

38 IC 4.84 = Koerner 158 = Nomima 2.20; hier ist allein zu erkennen, dass bei für uns nicht länger zu rekonstruierenden Delikten bestimmte Strafzahlungen zu entrichten waren, und dass die Institution des Epottas den säumigen Zahler bestrafen sollte. In Zeile 6 ist dann festgehalten „und von den

gene Vergewaltigungen mit einer doppelt so hohen Strafsumme belegt wurden wie die gegenüber Unfreien; damit standen sie in einem deutlichen sozialen Abstand zu jenen. Deutlich ist aber auch, dass die Vergewaltigung einer freien Person mit einer zehn Mal höheren Strafzahlung belegt wurde als die eines Apetairos. Hier sehen wir also einen gewaltigen sozialen Unterschied gespiegelt.

Wenn die Apetairoi hier von den ‚Eleutheroi' differenziert sind, sollte dies uns nicht annehmen lassen, dass sie selbst unfrei waren. Immerhin sind sie ihrerseits von den beiden genannten Gruppen der Unfreien, *doloi* und *woikees*, abgehoben und ihnen gegenüber deutlich privilegiert. Die Apetairoi scheinen also in irgendeiner Weise zwischen Unfreien und Politen zu stehen, in ihrer Wertschätzung aber viel näher an den Unfreien stehend als an den Politen. Auffällig ist, dass dieser Katalog an keinem Punkt einen Apetairos als möglichen Täter nennt. Vor dem Hintergrund des eben zur rechtlichen Behandlung von Fremden Gesagten, sollten wir wohl annehmen, dass derartige von einem Apetairos begangene Delikte nicht unter die im *Großen Gesetz* allein wiedergegebene *wastia dika* fielen, sondern unter die *xeneia dika*. In der Frage, weshalb dieses Gesetz allerdings – anders als Apetairoi – Unfreie sowohl als Täter wie als Opfer aufführt, ist zu vermuten, dass hinter den hier genannten *doloi* und *woikees* natürlich Herren standen, Eleutheroi. Und jene hatten stellvertretend für das Verbrechen ihres Unfreien Strafe zu zahlen; beziehungsweise sahen diese Herren ihr Gut geschädigt, sollte einer ihrer Unfreien Opfer eines solchen Verbrechens werden.[39] Wenn aber der Fall der Vergewaltigung eines Apetairos oder seiner Angehörigen durch einen Unfreien fehlt, legt dies abermals nahe, dass derlei Delikte eben nicht Gegenstand der *wastia dika* waren.

Wer die Apetairoi waren, ist unbekannt. Die Forschung vermutete in ihnen einen Sammelbegriff für sämtliche freie Fremde, die in Gortyn dauerhaft ansässig waren; eine Bezeichnung für Freigelassene oder Schuldsklaven, die zeitweilig aus dem Kreis der Bürger herausgefallen waren; oder auch für verstoßene (Adoptiv-)Söhne oder freie Nicht-Fremde, die allerdings kein Land ihr eigen nannten. Ihre Bezeichnung ‚Apetairoi' macht allein deutlich, dass sie keiner Hetairie angehörten. Das war das für ihre Stellung maßgebliche Merkmal. Dies ist bemerkenswert, weist es doch darauf

---

Apetairoi", worauf sich nach einer weiteren Lücke die Verfügung einer täglich zu zahlenden Strafe anschließt. – Zu den Apetairoi s. Willetts 1955, 37–45 und 1967, 12–3; Link 1994, 29; Levy 1997, 26–30; Bile 2002.

39 Welche Kriterien der Differenzierung auch in diesen Katalog einflossen, wird deutlich in der Behandlung der Haushalts-*dola*. Zum einen spielt die Frage nach deren sexueller Unversehrtheit eine Rolle; offenbar lag ihr Wert für den Herrn maßgeblich darin. Zum anderen ist es die Frage, wann die Vergewaltigung sich ereignete: tags oder nachts. Etwas Ähnliches sehen wir in der zweiten Hälfte des Gesetzes, der unter anderem den Ehebruch mit einer Freien im Hause ihres Vaters, Bruder oder Sohnes mit einer Strafzahlung von 100 Stateren belegt, und damit doppelt so streng wie ihren Ehebruch an irgendeinem anderen Ort; s. IC 4.72.2.16–28. Hier, so ist anzunehmen, spielt die verletzte Ehre des Hausherrn eine Rolle.

hin, dass es ganz wesentlich die Mitgliedschaft in einer der Hetairien war, welche die Teilhabe am Gemeinwesen, die Rechte eines politischen Akteurs und jenes sozio-politische Ansehen vermittelte, welches eben allein den ‚Bürgern' zukam. Wie im Falle der Dromeis sehen wir auch hier, dass Zugehörigkeit in kretischen Gemeinwesen nicht in erster Linie über die Mitgliedschaft in der Polis vermittelt wurde, sondern über die Partizipation an einem jener sozialen Integrationskreise, welche die Polis zu inkorporieren bemüht war und die ihr bisweilen gar strukturell entgegenstanden – hier waren es eben die Hetairien.

Diese Passage des *Großen Gesetzes* lässt uns einige wichtige Beobachtungen machen. So verlief die maßgebliche soziale Trennlinie zwischen den Einwohnern Gortyns, wie sie hier in abgestuften Strafzahlungen abgebildet ist, nicht zwischen Freien und Unfreien; vielmehr waren die gortynischen Politen mit deutlichem Abstand von sämtlichen Anderen abgehoben, ob jene nun frei oder unfrei waren. Die Unterschiede zwischen den ‚Gleichen' auf der einen Seite und allen ‚Anderen' auf der anderen Seite waren bedeutend größer als die Binnenunterschiede in diesen jeweils sehr heterogenen Gruppen. Darüber hinaus ist festzuhalten, dass die von uns als ‚Bürger' identifizierte Gruppe in dieser Inschrift eben nicht derart bezeichnet ist. Ihre Mitglieder sind ‚Freie' genannt. Wie wir ausführten, heißt dies nicht, dass alle anderen hier behandelten Gruppen unfrei waren; die Apetairoi waren ebenfalls frei. Aus diesem Grund sollten wir in dieser Betonung der Freiheit nicht eine bloße per-sonenrechtliche Statusbestimmung sehen, sondern vielmehr eine Ideologisierung dieses Begriffs.

Die Eleutheroi sehen wir in den kretischen Gesetzen häufiger genannt, und in den meisten Fällen werden sie mit Unfreien kontrastiert, etwa in der Verfügung, dass die Kinder aus einer Verbindung eines Unfreien mit einer Freien unfrei sein sollten.[40] In vier Inschriften aber ist es nicht so. Zwei von diesen regeln, welche Art von Zeugen in Prozessen um Ehegüter und in Streitfällen des Erbrechts notwendig seien, und stellt die Bedingungen, dass es sich um drei Zeugen handeln müsse, die *dromeis eleuthe-roi* seien. Nun zeigt unser gesamter inschriftlicher Befund eindeutig, dass es sich bei den Dromeis ohnehin um freie Jungbürger handelte. Weshalb also diese Redundanz? Sinn ergibt dies allein, wenn wir annehmen, dass die Bezeichnung ‚Eleutheros' in spezifischer Weise semantisiert war, ähnlich wie ‚Dromeus'. Es liegt nahe anzu-nehmen, dass für die Qualifikation als Zeuge in den hier geregelten Verfahren eben nicht allein das Erreichen eines Mindestalters nötig war, sondern zudem – eigentlich selbstredend – auch das spezifische Ansehen eines Eleutheros, der eben mehr war als einfach nur ‚ein Freier'.[41]

---

40 IC 4.72.6.55–7.10 = Koerner 172 = Nomima 2.36; in diesem Sinne auch in IC 4.43 Ab 7, 12 = Koerner 131 = Nomima 2.70; IC 4.62 = Koerner 144 = Nomima 2.3; IC 4.79.11 = Koerner 154 = Nomima 1.30; IC 4.72.1 = Koerner 163 = Nomima 2.6; IC 4.72.4.11 = Koerner 168 = Nomima 2.34.
41 IC 4.72.3.22 = Koerner 167 = Nomima 2.32; IC 4.72.5.53 = Koerner 169 = Nomima 2.49.

Etwas Ähnliches beobachten wir in der dritten dieser Inschriften, die am Ende dieses Kapitels noch ausführlich besprochen werden soll. Sie nimmt eine Reihe von Gegenständen von der Zwangsvollstreckung aus. Neben dem Pflug und dem Ochsengespann nennt sie etwa auch das „Ehebett von Mann und Frau" und schließlich „die Waffen eines Eleutheros, die er zum Krieg hat". Da dieses Gesetz sich ohnehin nur auf die Pfändung von Gegenständen bezieht, die im Eigentum von Bürgern sind, scheint dies eine redundante Information. Sinn ergibt sie allein, wenn jene nähere Qualifikation der Waffen in besonderer Weise semantisiert war. Eine solche Semantisierung sehen wir auch in dem zweiten qualifizierenden Zusatz, „die er zum Krieg hat", ebenfalls in der Ergänzung „von Mann und Frau" bezüglich des Ehebettes.[42] Die vierte dieser Inschriften schließlich grenzt den Eleutheros vom *katakeimenos* ab, dem Schuldknecht auf Zeit. Es ist deutlich, dass jener mit seiner Schuldknechtschaft nicht etwa in den Status eines *woikeus* oder *dolos* geriet. Denn sollte ihm in dieser Zeit seiner eingeschränkten Freiheit ein anderer ein hier nicht näher definiertes „Unrecht" tun, durfte sein Gläubiger jenen Täter verklagen; die Strafzahlung sollte zu gleichen Teilen dem Gläubiger und dem Schuldknecht zukommen. Da eindeutig Unfreien in Gortyn eine solche Entschädigung nicht zugesprochen wurde, dürfen wir davon ausgehen, dass der Schuldknecht während dieses Dienstverhältnisses nicht als gänzlich unfrei angesehen wurde.[43] Gänzlich frei war er allerdings auch nicht. Kurzum, er befand sich zwischen einem Freien und Unfreien, war in dieser Zeit aber eben kein Eleutheros.

In allen diesen Fällen scheint ‚Eleutheros' mehr als einfach nur ‚den Freien' bezeichnet zu haben; vielmehr scheint mit diesem Ausdruck ‚der freie Bürger' benannt gewesen zu sein – verknüpft mit einer Reihe von Assoziationen, die wir in den mit diesem Ausdruck verbundenen Eigenschaften und Privilegien erkennen können: dem Tragen von Waffen zum Krieg etwa, der Teilnahme am Dromos und einem gewissen sozialen Gewicht, das etwa beim Testieren relevant war beziehungsweise zum Ausdruck kam. Da in dem Gesetz über die Strafen wegen Vergewaltigung und Ehebruchs Eleutheroi und Apetairoi einander gegenübergestellt sind, ist überdies anzunehmen, dass die Freien immer auch Mitglieder einer Hetairie waren. Zusammenfassend lässt sich festhalten, dass allein der Polit als wahrhaft frei galt – zumindest in seiner eigenen Polis. Eine solche Ideologisierung einer Freiheit, die auf der Gewalt gegenüber Schwächeren beruhte und ihren Träger überhaupt erst zum vollgültigen Individuum machte, reflektieren nicht zuletzt auch das Lied des Hybrias und eine bemerkenswerte, Kreta behandelnde Passage des Ephoros, die sich im letzten Kapitel

---

42 IC 4.75 b = Koerner 147 = Nomima 2.46.

43 IC 4.41.6.6–11 = Koerner 128 = Nomima 2.65. – Dass diese Freiheit nur auf Zeit eingeschränkt war, geht aus der sich anschließenden Passage hervor. Weigerte sich der Gläubiger nämlich, einen solchen Prozess zu führen, durfte der *katakeimenos* dies tun, sobald er seine Schuld zurückgezahlt und aus dem Verhältnis entlassen worden war.

dieser Arbeit finden.[44] Vor dem Hintergrund der voranstehenden Beobachtungen zur Ermangelung eines Begriffes, der in kretischen Poleis den ‚Bürger' bezeichnete, scheint es gerechtfertigt, dieses Konzept und die mit ihm verbundenen Assoziationen am ehesten mit ‚Eleutheros' ausgedrückt zu sehen.[45]

Institutionen zur Kontrolle von Fremden

Im folgenden Abschnitt werden wir uns verschiedenen Beispielen für Kontaktzonen von Bürgern und Fremden in kretischen Poleis zuwenden und sehen, welche Institutionen eingerichtet wurden, um diese Kontakte in geregelte Bahnen zu lenken. Anhand dieser Beispiele wird zunehmend deutlich werden, in welcher Weise sich die Politen gegenüber ‚den Anderen' konturieren lassen.

Geleit und ‚Gastfreundschaft'

Ein um 450 geschlossener Vertrag, der unter der Aufsicht von Argos stand und das ungleiche Verhältnis zwischen Knossos und dem westlich davon gelegenen, kleineren Tylissos regelte, hält unter anderem fest:

> αἴ κα καλῆι *ho* Κνόσιος πρ|εσγέαν, *hέπεσθαι hοπυῖ* κα δέεται· καἴ χὸ Τυλίσ|ιος τὸν Κνόσιον κατὰ ταὐτά. αἰ δὲ μὲ δοῖεν ξένι|α, βολὰ ἐπαγέτο ῥύτιον δέκα στατέρον αὐτίκα ἐ|πὶ κόσμος, κὲν Τυλίσοι κατὰ ταὐτὰ *ho* Κνόσιος.

> Wenn der Knossier (in Tylissos) um ein Schutzgeleit nachsucht, so soll dieses ihm folgen, wohin auch immer er dies nötig hat; und wenn der Tylissier den Knossier darum bittet, ebenso. Wenn sie aber keine Gastfreundschaft gewähren, so soll der Rat dem Kosmos sogleich eine Strafe von 10 Stateren auferlegen, und der Knossier entsprechend in Tylissos.[46]

Diese Regelung zeigt, dass es zu den Aufgaben sowohl des knossischen wie des tylissischen Kosmos gehörte, dafür zu sorgen, die im Vertrag vereinbarte Zusicherung von Schutz und Gastfreundschaft gegenüber allen Knossiern beziehungsweise allen

---

44 Hybrias ap. Athen. 15.695f–696a; Ephor. FGrH 70 frg. 149 ap. Strab. 10.4.16.
45 Unklar ist der Status der aus Gortyn in der ersten Hälfte des 5. Jh. bekannten περίϝοι[κοι; IC 4.65 = Sokolowski 1969, 3.147 = SEG 25 (1971) 1042; vgl. auch die Überlieferung zu kretischen *perioikoi* bei Arist. pol. 1271b 40–1272a 1; 1269a 38–40 und dazu Link 1994, 30–1; sowie bei Athen. 6.263f–264a mit Bezug auf Sosikrates und Dosiadas. – s. Larsen 1936, 12–3 und Willetts 1955, 37–40, 47 zur Diskussion, ob es sich bei ihnen um Unfreie, die Einwohner ‚höriger' Poleis oder Fremde handelte.
46 Knossos, Tylissos, Argos: IC 1.8.4*, hier b1.18–22 (Argos), und IC 1.30.1 (Tylissos) = ML 42B, hier 38–42 = HGIÜ 1.71–2, hier 72.38–42 = StV 2.147–8, hier 148B.18–22. – Die Einzelheiten dieses hochbedeutenden, in seiner Deutung umstrittenen Vertrages können hier nicht erläutert werden. Dafür s. die unterschiedlichen Deutungen von Kahrstedt 1942; Vollgraff 1948; Gschnitzer 1958, 44–8; Piccirilli 1973, 82–4; Bravo 1980, 706, 725; Merrill 1991; Baltrusch 1994, 68–9; Kyriakidis 2012.

Tylissiern zu gewährleisten, welche die jeweils andere Polis besuchten. Da dieser Vertrag aufwendige Vorrechte verfügt, scheint es unwahrscheinlich, dass die genannten Privilegien von Geleit und Gastfreundschaft einem jede Einwohner dieser Poleis zukommen sollten; derartige Begünstigungen kamen wohl allein den ‚Bürgern' dieser Gemeinwesen zu. Deren Benennung als ‚Knossier' und ‚Tylissier' legt nahe, dass klar zu sein schien, wer zu diesen Gruppen gehörte. So hatte der Kosmos jedem Politen des jeweils anderen Gemeinwesens ein Geleit zu stellen. Außerdem hatte er eine nicht näher bestimmte *xenia* zu gewähren. Diese Gastfreundschaft war wohl nicht gleichbedeutend mit dem konkreten Geleit; vielmehr dürfte mit ihr ein umfassender Schutz verbunden gewesen sein. Da dieser nicht weiter erläutert ist, sollten wir anzunehmen, dass der Kosmos im Sinne seiner Bezeichnung als ‚Ordner' mit dem sozialen Gewicht seiner Person beziehungsweise der institutionellen Macht seines Amtes diesen Schutz zu garantieren hatte – ähnlich wie wir es für seine Rolle in der Rechtspflege und Garantie des sozialen Friedens in der Polis beobachten konnten.[47]

Womöglich lässt sich die Tätigkeit des Kosmos spezifizieren durch den Blick auf eine noch aus dem 6. Jh. stammende, stark fragmentierte Inschrift aus Gortyn. Sie hält fest, dass jemand „durch den Xenodokos aufgenommen wird".[48] In Analogie zu einer namensgleichen Institution, die wir aus Thessalien kennen und über die wir bessere Kenntnis besitzen, können wir womöglich auch in dem gortynischen Xenodokos einen offiziellen Gastgeber sehen, der für die Unterbringung und den Schutz von Fremden zu sorgen hatte. Dass der Sinn dieser Institution aber wohl nicht vornehmlich darin bestand, dass ein Gast sich in Gortyn gut aufgehoben fühlte, sondern dass diese institutionalisierte Beherbergung und Gastfreundschaft dem Zweck diente, den Kontakt der Politen des eigenen Gemeinwesens mit Fremden einzuschränken, lässt eine bemerkenswerte Regelung aus Lyttos vermuten. Sie legt nahe, dass wir in einem solchen offiziellen Gastgeber der Polis eine Institution sehen sollten, welche die Separierung von Fremden und Bürgern gewährleistete. Dieses um 500 verinschriftlichte Dokument verfügt:

Θιοί. ἔϝαδε : Λυκτίοισι· : ἀλ⟨λ⟩ο|πολιάταν : ὅστις κα δέκσ[εται] | [ϝέ⟨ρ⟩ρ]εν, : αἰ μὴ ὅσω ⟨ἀ⟩ϝυτός τε : καρτε|ῖ : καὶ τὸνς Ἰτανίονς· : αἰ δὲ κα [δέκ|σετ]αι : ἢ κοσμίων : ἢ ἀπόκοσμο[ς |⁶ ὑπὲ]ρ ϝωλᾶς : ϝαδᾶς : ἑκατὸν λέβητας | τεισ]εῖ : ἑκάστω : ὅσος κα δέκσεται : τ[ού|τος] δὲ οἱ ἐσζικαιωτῆρες : ἐπ' ὅ τε [κα | παύ]σεται, : αἴ [κα μὴ ἀ]νίωνται, : π[ὰρ τῶι | ἐπιϝό]ρϝωι ὀ[μίονται ἀπο]δόμεν | [– – –] ὀκος[– – –]ται : τ[– – –

---

47 Hierzu s. das Kapitel *Kosmos*. – Die ähnliche Zusage eines solchen Geleites ist auch im Vertrag zwischen Gortyn und Rhitten vom Anfang des 5. Jh. reflektiert; IC 4.80.1–11 = Nomima 1.7 = StV 2.216. **48** IC 4.13 = Koerner 120 = Nomima 1.1. – Zu der thessalischen Institution s. Zelnick-Abramovitz 2000. Womöglich ist in diesem Zusammenhang auch die Institution des *xenotrophion* zu sehen, die in einem aus Mylasa stammenden Dekret einer kretischen Polis erwähnt ist, welches deren Verhältnis mit Mylasa vertraglich festlegt; IvMylasa 651.6 = McCabe Mylasa 102. Hierzu s. auch Capdeville 1994, 200 Anm. 49.

Götter! Die Lyttier beschlossen: Wer einen Fremden aufnimmt, (soll Strafe erlegen), außer (für den,) den er selbst in seiner Gewalt hat, oder einen Itanier. Wenn aber der Kosmos oder der Apokosmos (einen aufnimmt), soll er auf Beschluss der Bola 100 Lebetes zahlen für jeden, den er aufnimmt. (Strafe auferlegen) sollen die Richter jedem, sobald er einen aufnimmt. Wenn sie dies ablehnen, schwören (?) sie, vor dem ‚Wächter' – – – Strafe zu bezahlen – – – .[49]

Diese Inschrift verbietet also ganz grundsätzlich die Aufnahme von Fremden – hier Allopoliten genannt – durch die Lyttier. Die Ausnahmen von dieser Regel sind auf der einen Seite bemerkenswert, denn das erwähnte Itanos lag im äußersten Osten der Insel, weit entfernt vom zentralkretischen Lyttos; auf der anderen leuchten sie sofort ein, sofern es sich bei den hier „in der Gewalt" eines Lyttiers befindlichen Fremden um dessen Unfreie oder von ihm Festgesetzte handelte. Die zu entrichtende Strafsumme im Falle eines Verstoßes gegen dieses Gesetz bleibt ungenannt. Ausdrücklich werden jedoch der Kosmos wie auch der Apokosmos – beim ihm handelt es sich wohl um einen gewesenen Kosmos – mit einer beachtenswert hohen Strafe belegt, sollten sie einen Fremden aufnehmen.[50] Diese Strafe scheint höher angesetzt als jene, die jeder andere zu entrichten hatte. So zumindest impliziert es diese Regel, wenn sie ausdrücklich darauf hinweist, dass die Bestrafung eines amtierenden und eines gewesenen Kosmos mit 100 Lebetes für einen jeden von ihnen aufgenommenen Fremden auf einen Beschluss der Bola zurückgehe.

Der Rat scheint ein besonderes Interesse an der Disziplinierung dieser beiden Institutionen besessen zu haben. Denn sie waren es wohl, die aufgrund ihrer persönlichen Macht, welche sich in ihrer Bekleidung der Kosmos-Funktion offenbarte, ihrer Kontakte und ihrer Möglichkeiten, einen Fremden zu beherbergen, am ehesten als Gastgeber von Allopoliten infrage kamen. Als Gastgeber – oder sagen wir, in einer reziproken Beziehung der Gastfreundschaft – aufzutreten, war ein für griechische Eliten typisches Handlungsmuster zur Statusdistinktion. Solche Gastfreundschaften und damit die Profilierung des Einzelnen jenseits des gemeinschaftlichen Wohles zu verhindern, war das lyttische Gesetz bemüht. Fremde sollten eben nicht ‚privat' beherbergt werden, sondern gemeinschaftlich oder öffentlich, eben unter der Aufsicht der Mitbürger. Sie sollten nicht das Ansehen des ohnehin schon Mächtigen stei-

---

49 Koerner 87 = Nomima 1.12 = *editio princeps* und ausführliche Besprechung durch van Effenterre, H./ van Effenterre, M. (1985) *BCH* 109, 157–88 mit van Effenterre ebd. 174; s. auch van Effenterre 1989 und Perlman 2004a, 125–7. Wegen einer alternativen Lesung und Deutung der Zeile 6 wurde diese Inschrift häufig als eine Verfügung von Xenelasie gesehen. Zur Begründung unserer Lesung der Zeile 6 nach Chadwick 1987 und SEG 37.752, vgl. BE 1988 Nr. 879, s. ausführlich das Kapitel *Bola*. – vgl. auch die oben behandelte Regelung IC 4.72.6.46–55 = Koerner 171 = Nomima 1.13 aus dem *Großen Gesetz* von Gortyn mit dem Begriff ἐκς ἀλλοπολίας.
50 Zu dieser Identifikation des ‚Apokosmos', der außer in dieser Inschrift nur in einer aus dem 4. Jh. stammenden Regelung aus Axos überliefert ist, s. das Kapitel *Kosmos*. In diesem Sinn s. Link 1994, 105 und Gehrke 1997, 57; vgl. aber Manganaro 1966 = Sokolowski 1969, 245–6, Nr. 145.10–9; Martínez Fernández 1999; Chadwick 1987, 331; Papakonstantinou 1996.

gern und seine Verbindungen mit Freunden außerhalb der Polis befördern, die sich in Konflikten womöglich instrumentalisieren ließen.[51] Es war also nur konsequent, dass ein Fehlverhalten der aktuellen und gewesenen Amtsträger der Polis härter bestraft wurde als ein entsprechendes Verhalten ‚einfacher' Bürger.

Der Umgang mit Fremden im Andreion

Vor diesem Hintergrund der um Separierung beziehungsweise kontrolliertes Mit- oder Nebeneinander von Politen und Fremden bemühten Inschriften sollten wir auch die literarischen Zeugnisse der Anwesenheit von Fremden bei den Gemeinschafts- mahlzeiten der Männer deuten. Drei der uns aus dem 4. Jh. erhaltenen literarischen Quellen berichten nämlich, neben den Hetairoi nähmen auch Fremde an den Andreia teil. So betont Herakleides Lembos, der Epitomator der *Politien* des Aristoteles, über den Ablauf des Mahles:

> Sie beginnen damit, dass sie den Fremden Essen zuteilen. Nach den Fremden geben sie dem ‚Vorsteher' (*tō archonti*) vier Teile (...) Insgesamt waltet viel Menschenfreundlichkeit gegenüber den Fremden auf Kreta, und man ruft sie auf Ehrenplätze (*eis prohedrian*).

Diese Aussagen werden bestätigt von Pyrgion, der berichtet, im Andreion seien für Gäste beziehungsweise Fremde Stühle reserviert und es sei ihnen ein Tisch zuge- wiesen, den man als ‚Tisch des Zeus Xenios' oder ‚Fremdentisch' bezeichne. Dosia- das schließlich legt dar, dass es in kretischen Poleis zwei Typen von Häusern für die Syssitien gebe. Das eine sei das Koimeterion, in dem die Fremden schliefen. Das andere sei das Andreion. In diesem Mahlzeitenhaus stünden zunächst zwei Tische zu Ehren der Fremden, die in der Polis seien; danach kämen alle anderen Tische.[52] Dosiadas und Herakleides stellen diesen Umgang mit Fremden als Ehrenbezeugung gegenüber jenen dar. Tatsächlich aber verhinderte dieser Umgang mit den Fremden deren Vermischung mit den Bürgern bei Tisch. Denn wenn wir die Unterschiede in den Details dieser Zeugnisse einmal außer Acht lassen, so berichten sie übereinstim- mend, dass Fremde und Bürger sich in den Andreia nicht mischten – beziehungs- weise, dass sie dies allein in einem kontrollierten Rahmen taten. Schließlich ist betont, dass die Fremden an einem ihnen bestimmten Ort untergebracht waren, dass ihnen nicht freistand, an den Tischen der Hetairoi zu sitzen und dass man ihnen getrennt von den Bürgern ihre Essensportion zuteilte. Wir beobachten hier eine Separierung, die wohl dazu diente, die Sozialstruktur und Hierarchien innerhalb

---

51 Link 2014; zur Ideologie der Gastfreundschaft in verschiedenen kommensalen Formaten s. aus- führlich Rabinowitz 2004.
52 Herakl. Lemb. epit. Arist. frg. 611.15 (Rose); Pyrgion ap. Athen. 4.143e–f; Dosiadas ap. Athen. 4.143a–d.

der Polis klar abzubilden. Wie wir in der näheren Betrachtung der Gemeinschaftsmahlzeiten feststellen werden, verlief die eigentliche Trennlinie in den Andreia nicht
zwischen Arm und Reich, sondern zwischen Bürgern und allen Anderen – freien
Nichtbürgern sowie Unfreien und Frauen.[53] Die Frage, warum überhaupt Fremde im
Andreion bewirtet wurden, mag man wohl damit beantworten, dass den Bürgern
auf diese Weise ihr andersartiger oder eben sogar privilegierter Status immer wieder
vor Augen geführt wurde. Die Bürger blickten auf die Fremden und nahmen sie auf
diese Weise als eine geschlossene und von ihnen separierte Gruppe an eigenen
Tischen wahr, die zudem nicht mit ihnen gemeinsam ihr Essen erhielten. Gespräche
mit ihnen waren unmöglich gemacht. Überdies müssen wir im Auge behalten, dass
nach den Geboten der Reziprozität aus den Beiträgen eines Mannes zum Andreion,
wie alle Hetairoi sie leisteten, auch ein Anspruch resultierte, nämlich darauf, durch
die Mitbürger geachtet zu werden und am Gemeinwesen teilzuhaben. Zur Gemein-
schaftsmahlzeit allein geladen zu werden wie ein Fremder und keine Möglichkeit zu
haben, als Beiträger aufzutreten, war keine Ehre. Vielmehr versetzte es den derart
Geladenen in eine Position ständiger Verpflichtung und damit sozialer Unterordnung.

Der Xenios Kosmos

Der folgende Abschnitt behandelt einen in gortynischen Gesetzen seit dem frühen
6. Jh. nachgewiesenen Funktionsträger, den κσένιος beziehungsweise κσένιος κόσμος.[54] Seine Bezeichnung legt nahe, dass seine soziale Funktion in der Schaffung,
Gewährleistung oder Verkörperung von ‚Ordnung' im Umgang mit Fremden lag.
Obschon diese Institution nur in fünf Inschriften erwähnt ist, lässt uns deren Zusammenschau doch einigermaßen plausibel die Funktion eines Xenios rekonstruieren.
Wir werden sehen, dass sich anhand seiner Aufgaben verschiedene Facetten eines
Umgangs mit Fremden beobachten lassen und dass hierin wiederum – in ihrer spezifischen Abgrenzung von verschiedenen Nicht-Bürgern – auch die Politen Gortyns
weitere Kontur gewinnen.

Bereits in einer der ältesten Regelungen Gortyns wird der Xenios neben zwei
anderen Institutionen, dem Kosmos und dem Gnomon, einer Iterationsbeschränkung unterworfen. Festgesetzt ist dort, dass innerhalb von fünf Jahren ein Mann
nicht wieder als Xenios handeln dürfe. Es existierten also Verfahren, die Position des
Xenios regelmäßig neu zu besetzen. Bemerkenswert ist auch, dass er als einer von
nur drei Funktionsträgern genannt ist, die einer solchen Sperrfrist unterliegen. Das
heißt zum einen, dass Xenios zu sein eine attraktive Prominenzrolle für die Eliten
von Gortyn war; allerdings dürfte diese Attraktion vor allem der erst geringen Zahl

---

53 Hierzu s. ausführlich das Kapitel *Andreion*.
54 IC 4.14g–p = Koerner 121 = Nomima 1.82; s. Perlman 2002, 208–11. – Hierzu s. das Kapitel *Kosmos*.

von Institutionen in dieser Polis geschuldet gewesen sein. Zum anderen ist bemerkenswert, dass eines dieser drei Ämter der Xenios war; denn dies zeigt uns, dass zu den ersten Aufgabenbereichen, für welche Gortyn eine eigene Institution schuf, der Umgang mit ‚Fremden' gehörte – sofern der Xenios im frühen 6. Jh. bereits ähnliche Aufgaben wahrnahm wie ein Xenios im fortgeschrittenen 6. Jh., dem zeitlich nächsten Dokument, welches die Institution dieses Namens erwähnt.

Doch jenes Zeugnis ist aufgrund seiner starken Fragmentierung kaum zu deuten.[55] Zu erkennen ist hier allein, dass Dreifüße genannt sind – womöglich als Strafzahlung, weil kurz darauf die Rede von einer in Medimnoi bemessenen Strafzahlung ist. Diese schien ein Mann leisten zu müssen, der eine Zwangsvollstreckung vornahm. Und schließlich ist im Akkusativ, welcher häufig das handelnde Subjekt einer Regelung identifiziert, der Xenios Kosmos genannt. Bei aller gebotenen Vorsicht mag man hierin ein Gesetz sehen, dass in Reaktion auf eine – wohl unrechtmäßige – Zwangsvollstreckung der Xenios die hier festgelegten Strafen eintreiben ließ. Eine solche Interpretation erfährt zumindest eine gewisse Bestätigung durch die zeitlich nächsten Zeugnisse, die den Xenios erwähnen und ihn in vergleichbarer Funktion als eine Institution des Vollzugs zeigen. Diesen Inschriften wollen wir uns im Folgenden zuwenden. Sie zeigen den Xenios mit Prozeduren befasst, in denen es um die Rechte und Pflichten von Einwohnern Gortyns geht, die ganz offenbar keine Bürger der Polis waren. Es handelt sich um eine Inschrift, die in der ersten Hälfte des 5. Jh. einen Vertrag der Polis mit auswärtigen Handwerkern festhielt; eine Passage aus dem *Großen Gesetz*, in welcher der Mnamon des Xenios Kosmos eine Rolle bei der Auflösung von Adoptionen spielte, in deren Zuge die einstmals Adoptierten ihren Status als Bürger verloren; und schließlich um ein Dekret des bereits frühen 5. Jh., welches Freigelassenen eine Reihe von Privilegien übertrug.

Die gortynischen Handwerker

Bei der dritten von fünf Inschriften, welche uns die Aufgaben des Xenios Kosmos und Gortyns Umgang mit Fremden rekonstruieren lässt, handelt es sich um eine Regelung, die uns in zwei Kopien erhalten ist, deren ältere aus der ersten Hälfte des 5. Jh. stammt:[56]

---

55 IC 4.30 = Koerner 126 = Nomima 2.68; die Datierungsversuche reichen vom späten 7. bis zum frühen 5. Jh.: – – –]ν μηταυιον τριπεδον [– – – | – – –]αριον ἐπιστάμην μεδί[μνο – – – | – – – κατασ]τᾶσαι ὅτοι κα καταθίοντ[ι | – – –] κσένιον κόσμο[ν – – –.

56 IC 4.79 = Koerner 154 = Nomima 1.30, in lokaler Schrift; vgl. IC 4.144, eine jüngere Teildublette in gemeingriechischer Schrift, deren Zeilen 8–15 mit IC 4.79.7–15 übereinstimmen und die hier gebotenen Ergänzungen der Lücken und unsicheren Lesungen unser Inschrift bestätigen. IC 4.144.1–7 hält fest: „– – – der Lohn [jedes] Jahres – – – [an Gerste 200] Medimnen und an Most 100 [Krüge] – – – das gleiche diesen (?)." – s. die jeweils umfangreichen Kommentare von Guarducci ad loc. und Koerner

[..........]λονσι μιστ[ὸς ϝε|κάστ]ω ἐνιαυτῶ πα[........] ο κριθ[ᾶν ..... | .....]κια κα[.....]Ν[..|..σύ]κον ἑκατὸν μ[εδίμν|ονς κα]ὶ γλεύκιος προκό[ο|νς ἐ]κατὸν καὶ τὰν π[....|...]γ[.]αλκίαν ἒ ἄλλαν ϝ[ισ|ϝό] μετρον τὸ προκ[όο. ϝερ|γά|δδ]εθαι δὲ ἐπὶ τῶι μ[ι|σ]τῶι αὐτῶι πάν[τ]ᾳ [τοῖς | ἐμ πόλι ϝ]οικίονσι το⟨ῖ⟩ς [τ' | ἐλ]ευθέροις καὶ το[ῖς δόλ|οις. αἰ δ]ὲ μὲ λείοιεν ϝερ[γά|δδε]θαι, δέκα στατε͂[ρ]α[νς | τὸ πα] θέματος ϝεκάστ[ο | τ]ὸν κσένιο[ν ἐ]στει[σά|μ]ενον] πόλι θέμεν. αἰ δ[ὲ μ|ὲ] 'στείσαιεν [τ]ὰν [ἁπλόον ἄ|ταν, πράδ]δεθαι τὰν διπ[λεί|αν] αὐτὸν ϝέκασ⟨τ⟩ο[ν ...| —]Μ[— τ]ὸνς τίτανς ἐσ[τ|εί]σανταν[ς] τ[ᾶι πόλι θέμεν].

((– – – der Lohn [jedes] Jahres – – –))[57] – – – an Gerste ((200 Medimnen)) – – – an Feigen 100 [Medimnen und] an Most 100 Krüge und – – – oder anderen von gleichem Maß wie ein Krug. |[2.7] Sie sollen aber um nämlichen Lohn alles arbeiten wie [die, die in der Polis] wohnen, die Freien und [die Sklaven. Wenn] sie aber nicht arbeiten wollen, soll der Xenios zehn Statere für jeden Schaden zahlen lassen und der Stadt erlegen. Wenn sie aber [nicht] erlegen die [einfache Buße], soll von jedem von ihnen das Doppelte eingetrieben werden – – – soll der Titas es eintreiben und [der Polis erlegen].

Dieses Zeugnis reflektiert offenbar eine Vereinbarung der Polis mit einer Gruppe Handwerkern, die deren Entlohnung in Naturalien bezifferte und ihnen auferlegte, alle Arbeiten zu erledigen, wie es auch andere Handwerker taten, Freie wie Unfreie. Schließlich stellte sie ihnen Strafe in Aussicht, wenn sie sich zu arbeiten weigerten. Die Inschrift wird in der Literatur üblicherweise als ein Vertrag Gortyns mit auswärtigen Handwerkern bezeichnet, die zum Arbeiten in die Polis gekommen waren. Diese plausible Vermutung beruht zum einen auf dem Vergleich der hier in den Blick genommenen Arbeiter mit jenen, „die in der Polis wohnen", zum anderen eben in der Zuständigkeit des Xenios Kosmos, Strafen einzutreiben.

Andere Inschriften, die wir im Verlauf dieses Kapitels noch besprechen werden, gestatteten Fremden die Teilhabe an bestimmten, jeweils klar benannten Praktiken einer Reihe soziopolitischer Integrationskreise; etwa die Privilegierung des Spensithios. In unserer Inschrift ist nicht erkennbar, dass die Handwerker in irgendeiner Weise mit dem Kreis der Politen assoziiert wurden. Allerdings deutet die Festlegung eines „jährlichen Lohnes" auf ein langfristiges Anstellungsverhältnis hin. Ein zeitliches Ende ihrer Arbeit, etwa eine Entlassung nach Fertigstellung eines bestimmten Werkes oder am Ende der Saison, ist hier nicht genannt.[58] Auffällig ist der große Umfang der hier versprochenen Güter, der – selbst wenn es um eine jährliche Entlohnung ging – wahrscheinlich geeignet war, mehr als eine Familie zu unterstützen[59]; auffällig auch, dass der Vertragspartner hier eben ‚die Polis' ist, nicht etwa ein privater Herr, der diese Arbeiter in seinen Dienst nahm. Aus diesem Grund wohl ist die

---

ad loc., etwa zur sozialen Herkunft, der Rechtsstellung und dem Wohnort der Handwerker, sowie Willetts 1954 und Perlman 2004, bes. 115–7.

57 Diese Wörter bietet allein IC 4.144; in IC 4.79 sind sie uns nicht erhalten.

58 Axos: IC 2.5.1 = Koerner 101 = Nomima 1.2.

59 Die entsprechenden Berechnungen bietet Perlman 2004, 115–7.

Inschrift in einem Gutteil der uns erhaltenen Zeilen mit prozeduralen Fragen befasst. Denn sie bestimmt, dass der Xenios Kosmos die bezifferte Strafe von den Handwerkern eintreiben solle; hält aber auch fest, dass, wenn der Xenios Kosmos dies zu tun versäume, er selbst die doppelte Summe zu erlegen habe. Für deren Eintreibung zugunsten der Polis ist dann wiederum der Titas zuständig. Die hier festgelegte Pflicht eines Amtsträgers, in Reaktion auf eine bestimmte Tat zu handeln, und die Vorkehrungen für den Fall, dass er dies nicht tue, sodass dann eine andere Institution jenen ersten bestrafen solle, und so fort, erinnern an eine Reihe anderer Inschriften mit vergleichbaren prozeduralen Regeln, die allesamt bemüht sind, Amtsträgern Pflichten aufzuerlegen und verbindliche Verfahren zu etablieren; kurzum: Institutionen zu konturieren.[60]

Die Freigelassenen von Latosion

Das vierte Zeugnis, welches den Xenios Kosmos erwähnt, ist eine gortynische Inschrift des frühen 5. Jh. Sie trifft Vorkehrungen für die Ansiedlung und den Schutz einer Gruppe von Freigelassenen, wenn sie verfügt:[61]

> Θιοί. τάδ' ἔϝαδε τοῖς Γορτυνίοις πσαπίδονϩ[ι]· *vac.* τὸν ἀπελευ[θέρον – – – | – – – κ]ᾳ λễι καταϝοικίδεθαι Λατόσιον ἐπὶ τᾶι ϝίσϝαι [κ|αὶ τ]ᾶι ὁμοίαι, καὶ μέτινα τοῦτον μέτε καταδολό[θαι μέτε συλễν. | αἰ δ' ἀδικί]οιτο, τὸν κσένιον κόσμον μὲ λαγαῖεν. αἰ δὲ [ἀμελ|ί]οιεν, ἑκατὸν στατễρανς ϝέκαστον τὸνς τίτανς [ἐσπράδδε|θαι, καὶ τὰν δ]ιπλείαν τὸν κρεμάτον ἐστείσαντανς ἀποδόμ[ε|ν]. αἰ δ' οἰ τίται μὲ ϝέρκσιεν ᾶι ἔγραται, τὰν διπλείαν ἅ[ταν ϝέκαστο|ν αὐτὸν τõι μ]εμπομένοι ἀποδόμεν καὶ τᾶι πόλι θέμεν.

> Götter! So hat es den Gortyniern gefallen, als sie abstimmten. Von den Freigelassenen – – – (soll), wer will, Latosion besiedeln unter dem gleichen und gleichartigen (Recht), und keiner soll einen solchen versklaven [noch ihn berauben. Wenn aber zuwidergehandelt] wird, soll der Xenios Kosmos es nicht geschehen lassen. Wenn er es aber zulässt, soll der Titas einhundert Statere von jedem (Xenios Kosmos) eintreiben und das Doppelte der Güter als Buße (dem

---

60 Dies sehen wir bereits in einer der frühesten kretischen Regelungen; IC 4.14g–p 2 = Koerner 121 = Nomima 1.82, Gortyn am Anfang des 6. Jh. Als ein weiteres Beispiel sei IC 2.5.9, hier 8–11 = Koerner 106 genannt, aus Axos im 5. Jh. – Zu den zahlreichen prozeduralen Bestimmungen früher griechischer Gesetze s. Koerner 1987 zu Vergehen von Funktionsträgern; sowie Hölkeskamp 1999; Papakonstantinou 2008.

61 Text und Übersetzung nach IC 4.78 = Koerner 153 = Nomima 1.16, allerdings mit der wesentlichen sinnverändernden Emendation von Lipsius 1909, 9 und 16. Zur Begründung der hier vorgetragenen Lesung – vor allem des Umbruchs der dritten auf die vierte und der vierten auf die fünfte Zeile – und der damit einhergehenden Deutung s. Seelentag *im Druck*. – Nicht näher eingegangen sei an dieser Stelle darauf, dass dieses Zeugnis der früheste inschriftliche Nachweis für eine Mehrheitsentscheidung im griechischen Kulturraum ist; hierzu s. das Kapitel *Agora*. Zur Mehrheitsentscheidung s. Flaig 2013, der die kretischen Fälle aber nicht erwähnt. Zu den Verfahren politischer Entscheidung auf Kreta s. Seelentag 2013.

Beraubten) zurückgeben. Wenn die Titai nicht tun, was geschrieben ist, soll die doppelte Strafe [jeder von ihnen dem] Kläger erstatten und der Stadt erlegen.

Hier wird also freigelassenen Sklaven (*apeleutheroi*) erlaubt, sich in Latosion niederzulassen.[62] Unklar ist, worum es sich bei diesem Ort handelte; er mag seinen Namen von einem dort liegenden Heiligtum der Leto empfangen haben.[63] Es scheint sich jedenfalls nicht um einen Bezirk außerhalb der *asty* von Gortyn gehandelt zu haben, welcher allein von Metöken und Fremden bewohnt wurde, um jene von den Bürgern bewusst räumlich zu separieren. Schließlich stellt unsere Inschrift es den Freigelassenen frei, sich dort niederzulassen, befiehlt es ihnen nicht. Den Passus, dort würden sie dann „unter dem gleichen und gleichartigen Recht behandelt", sollten wir – auch angesichts der darauffolgenden Schutzzusage – als eine Privilegierung deuten. Allerdings ist nicht davon auszugehen, dass die Freigelassenen zukünftig nach dem gleichen Recht wie die Bürger von Gortyn behandelt wurden. Dies wäre ein sozialer und rechtlicher Sprung über die Gruppen der freien Nichtbürger hinaus gewesen. Daher ist anzunehmen, dass in dieser Inschrift verfügt wird, dass sie nach ebendem Recht behandelt werden sollten, welches die anderen Bewohner von Latosion genossen. Ein Schlüssel zum Verständnis dieser Aussage liegt wohl darin, Latosion nicht als einen bloßen Ortsteil von Gortyn sehen, sondern als eine von Gortyn abhängige Gemeinschaft; hierin Rhitten und Aulon vergleichbar, Siedlungen also, die Gortyn im Zuge seiner Ausdehnung unter seine Gewalt gebracht hatte. Deren Bewohner waren nicht unfrei, doch sie wurden nach der *xeneia dika* behandelt. Ausnahmen waren jene Einwohner, die – wie der unten zu besprechende Dionysios – ausdrücklich das Privileg der *wastia dika* erhielten; das Recht, im Prozess wie ein *astos*, ein Bürger von Gortyn, behandelt zu werden.[64] Den Freigelassenen wird hier also der Zugang

---

62 Das verlorene Ende der ersten Zeile ließe sich nach Nomima 1, 75 auch ergänzen als τõν ἀπελευ[σαμέν ον. Dann ginge es hier nicht um ‚Freigelassene‘, sondern um ‚Zurückkehrende‘. Dies wurde allerdings von Petzl 1997, 615 mit der Frage nach der Bedeutung dieser Form und aus inhaltlichen Gründen in Zweifel gezogen. Tatsächlich deutet das Verbot, die nämlichen Personen (erneut?) zu versklaven, eher darauf hin, in jenen ehemalige Unfreie zu sehen; s. auch Zelnick-Abramowitz 2005, 113–4.

63 Von den Einwohnern des Latosions ist auch in einer anderen, stark fragmentierten Inschrift aus Gortyn die Rede, die bereits in das 6. Jh. datiert wird. Hier ist für ein nicht länger rekonstruierbares Delikt eine Strafzahlung von 10 Stateren verfügt, die womöglich „den Latosiern" zugute kommen sollte; IC 4.58 = Koerner 143 = Nomima 1.15. – Die Existenz einer Phyle „der Latosier" im Axos des ausgehenden 4. Jh. lässt keine direkten Rückschlüsse auf unseren gortynischen Fall zu; s. Manganaro 1966, 11–8 und Sokolowski 1969, 145.

64 Hierzu vgl. Willetts 1954; Koerner 1993, 435; Link 1994, 48; Perlman 1996, 254; Dimopoulou-Piliouni 2008, bes. 47; Gagarin 2008, 138–9. – Zum Phänomen der ‚hörigen Poleis‘ s. Gschnitzer 1958 und Perlman 1996. Beispiele aus der Archaik sind der ungleiche Vertrag zwischen Gortyn und Rhitten aus dem frühen 5. Jh., der die Behandlung der Rhittenier nach der *xeneia dika* reflektiert: IC 4.80.8–12 = Nomima 1.7 = StV 2.216; und die gortynische Privilegierung des Dionysios im von Gortyn abhängigen

zu einem Rechtsstatus übertragen, der jenem von Freien entsprach, die aber nicht das gortynische ‚Bürgerrecht' besaßen, und deshalb war auch der Xenios Kosmos für ihren Schutz zuständig.

Die Zusage, vor Versklavung und Beraubung Schutz zu genießen, überrascht. Immerhin waren die Betroffenen doch freigelassen und waren rechtlich Freien gleichgestellt; und es gibt keine Regelung, die etwa letzterer Personengruppe einen derartigen Schutz ausdrücklich zugesagt hätte. Für sie galt selbstverständlich ein Schutz vor solcher Misshandlung. Weshalb also diese Redundanz? Nun wissen wir nichts über die Umstände einer Freilassung in kretischen Poleis der archaischen Zeit; können nicht sagen, ob es zwischen den verschiedenen Arten von Unfreien und Freien einen Status der Freigelassenen mit spezifischen Rechten beziehungsweise spezifisch geschmälerten Rechten gab. Wir sollten allerdings bedenken, dass die Erwähnung von *apeleutheroi* in dieser Inschrift die allererste ihrer Art in der griechischen Welt überhaupt ist. Tatsächlich wurde das Konzept des ‚Freigelassenen' erst während des 5. Jh. konturiert.[65]

Womöglich hilft der Vergleich mit jenen, unten zu besprechenden Fällen einer langfristigen Eingliederung von Individuen in kretische Gemeinwesen, die häufig anachronistisch als ‚Übertragung des Bürgerrechts' bezeichnet werden. Denn in ihnen sehen wir, dass den derart privilegierten Individuen nicht etwa das ‚Bürgerrecht' verliehen wird, sondern ihnen jeweils die Teilhabe an einer Reihe von ausdrücklich genannten sozialen Integrationskreisen und den dort vollzogenen Praktiken zugestanden wird: ‚differenzierte Teilhabe an verschiedenen Teilgemeinschaften der Polis' statt ‚Bürgerrecht' – welches als abstraktes Konzept und Konglomerat eindeutig festgelegter Rechte und Pflichten in dieser Zeit eben schlichtweg noch nicht existierte.[66] Und so sollten wir annehmen, dass auch die Entlassung einer Person aus einem Verhältnis der Unfreiheit nicht unbedingt auf einer bereits abstrahierten Vorstellung von ‚Freilassung' beruhte, die eine *en bloc* Übertragung genau definierter und klar konturierter Rechte und Pflichten umfasste. Vor dem Hintergrund dieser Überlegungen wären die Zusage, die Apeleutheroi dürften sich an einem bestimmten Ort niederlassen, wie auch die Garantie ihrer Behandlung nach der *wastia dika* und schließlich die Zusicherung ihres Schutzes vor Versklavung und Beraubung also

---

Aulon in der ersten Hälfte des 5. Jh., welche ihrem Empfänger – obschon Bewohner Aulons – ausdrücklich die *wastia dika* verleiht: IC 4.64 = Nomima 1.8. – vgl. auch IC 2.12.22 = Chaniotis 1996, Nr. 68 aus dem späten 3. Jh., einen Vertrag zwischen Eleutherna und der Gemeinschaft der Artemitai.

65 Das früheste literarische Zeugnis für diesen Begriff bietet das Satyrspiel Soph. Ichn. 199 (Radt 1977) wohl in den späten vierziger Jahren des 5. Jh. Der alternative Begriff *exeleutheroi* ist inschriftlich und literarisch erst noch später nachgewiesen; s. Zelnick-Abramowitz 2005, 99–129, bes. 101–2 und 107.

66 s. die unten behandelten Fälle der Handwerker von Axos, des Poinikastas von Datala sowie des von Gortyn und Aulon privilegierten Dionysios.

keine redundante Behandlung von doch ohnehin Freigelassenen. Diese Zusagen scheinen den Status des Freigelassenen überhaupt erst zu definieren.

Das heißt nun nicht, dass unsere Inschrift die Freilassung vollzog. Vielmehr nennt beziehungsweise bestätigt sie ausdrücklich jene sozialen Integrationskreise und Praktiken, an denen die Apeleutheroi fortan teilhaben dürften, und untersagte, sie einer solchen Behandlung zu unterziehen, wie allein Unfreie sie zu erdulden hatten. Es waren diese Teilhabe und diese Rechtssicherheit, die allein Freien offenstand, und nicht etwa eine abstrakte Vorstellung vom Status des Freigelassenen oder vom Bürgerrecht, durch welche sich die Freigelassenen von Unfreien unterschieden. Einem Freien, der zuvor nicht unfrei war, den Zugang zu diesen Praktiken zu gestatten, wäre tatsächlich redundant gewesen. Doch die Apeleutheroi waren wohl in größerer Gefahr als ihre immer schon freien Mitbewohner, aufgrund ihrer schwächeren sozialen Stellung erneut versklavt oder beraubt zu werden. Womöglich bezieht sich diese Regel vornehmlich auf die ehemaligen Herren der genannten Freigelassenen, die von ihnen Dienste oder Güter erpressen wollten. Allerdings ist die Androhung der in unserer Inschrift genannten recht hohen Strafe nur zu einem geringen Teil als Messlatte des Rechtsschutzes zu sehen, den die Freigelassenen fortan genießen sollten.

Denn es geht dieser Regelung eben nicht vorrangig darum, den Schutz von Freigelassenen mittels detaillierter Bestimmungen unbedingt zu gewährleisten und festzuschreiben, welche Strafe denjenigen drohte, welche die Freigelassenen versklavten oder beraubten. Wie in dem eben besprochenen Vertrag mit den Handwerkern ist der größte Teil auch dieses Dokuments darum bemüht, Institutionen zu konturieren: Verfahren zu etablieren sowie die Pflichten von Funktionsträgern festzulegen und deren Nichthandeln zu sanktionieren. In diesem Fall sind es die Titai und die Xenioi Kosmoi. Im Vordergrund steht nicht die Behandlung eines Mannes, der Freigelassene beraubte oder versklavte, sondern die für die politische Ordnung des Bürgerstaates ungleich schwierigere Frage, wie Institutionen verlässlich arbeiten könnten.[67]

Die Adoption in eine Familie, eine Hetairie und den Bürgerverband

Die fünfte und letzte Regelung, die den Xenios Kosmos erwähnt, stammt aus einer Passage des *Großen Gesetzes* von Gortyn, welche die Umstände von Adoptionen und die Rechte und Pflichten von Adoptivsöhnen behandelt.[68] Hier ist die Rede davon, dass

---

67 Gagarin 2008, 138–9 weist auf die für Gortyn im 5. Jh. einzigartige Eingangsformel dieser Inschrift hin: die Invokation der Götter und der Hinweis auf eine Abstimmung der Gortynier. Dies mag auf eine besondere – dann aber prozedurale – Relevanz dieser Regelung hinweisen. – Zur Kollegialität der Xenioi Kosmoi s. den Ende dieses Abschnitts und Seelentag 2014.
68 IC 4.72.10.33–11.23, hier 11.10–7 = Koerner 180 = Nomima 2.40. – Für eine Rekonstruktion der technischen Seite der Adoption s. die ausführliche Besprechung durch Willetts 1955, 63–8 und 1967, 30–1;

bei der Aufkündigung einer Adoption der Mnamon des Xenios tätig werden müsse. Doch betrachten wir zunächst die in diesem Gesetz zu rekonstruierende Praxis der Adoption etwas näher, da wir hier einen guten Einblick in das Verhältnis dreier Integrationskreise erhalten, welche für die soziale Verortung des Individuums wesentliche Bedeutung besaßen: die Familie, die Hetairie und den Verband der Politen.

Zu Beginn der umfangreichen Bestimmung ist festgehalten, wie eine Adoption durchzuführen sei, an ihrem Ende, wie eine Adoption aufzulösen sei. Hier ist unter anderem geregelt:

ἄνπανσιν ἔμεν ὅπο κά τιλ λ|ε͂ι. ἀμπαίνεθαι δὲ κατ' ἀγορὰν | καταϝελμένον τõμ πολιατᾶ|ν ἀπὸ τõ λάο ὁ ἀπαγορεύοντι. | vac. ὁ δ' ἀμπανάμενος δότο τᾶ|ι ἑταιρείαι τᾶι ϝᾶι αὐτõ ἰαρέ|ιον καὶ πρόκοον ϝοίνο. | (…) αἰ δ[έ κα] | [λε͂ι] ὁ ἀνπανάμενος, ἀποϝειπ|άθθο κατ' ἀγορὰν ἀπὸ τõ λά[ο ὁ] | [ἀπα]γορεύοντι καταϝελμέν|ον τὸν πολιατᾶν· ἀνθέμε[ν δὲ] | [δέκ]ᾳ [σ]τατε͂ρανς ἐδ δικαστ|έριον, ὁ δὲ μνάμον ὁ τõ κσεν|ίο ἀποδότο τῶι ἀπορρεθέντι.

Eine Adoption mag sein, woher einer will. Es soll aber in der Agora, wenn die Bürger versammelt sind, adoptiert werden vom Stein der Bekanntmachung aus. vac. Der Adoptierende aber soll seiner eigenen Hetairie ein Opfertier und eine Prochous Weines geben. (…) Wenn der Adoptierende [will], mag er sich lossagen (von dem Adoptivsohn) in der Agora von dem Stein der Bekanntmachung aus, während die Bürger versammelt sind. Er soll [aber 10] Statere beim Dikasterion (erlegen); der Mnamon des Kosmos Xenios soll es dem übergeben, von dem er sich losgesagt hat.[69]

Beachtenswert ist zunächst, in welchem Verhältnis die beiden Institutionen Bürgerversammlung und Hetairie in diesem Verfahren zueinander stehen. Es wird deutlich, dass eine Adoption nicht bei jeder beliebigen Gelegenheit und vor einem nur kleinen Kreis von Zeugen verkündet werden durfte, wie gortynische Gesetze in anderen Streitfällen es gestatten. Die in unserem Gesetz verwendete Formulierung scheint nicht auszudrücken, die Adoption solle auf der Agora bekannt gemacht werden, wenn einige Bürger sich dort zufällig aufhielten. Vielmehr scheint es hier um die – wie wir bereits feststellen konnten – ebenfalls ,Agora' genannte Bürgerversammlung zu gehen: „wenn die Politen versammelt sind".[70] Bei dieser Gelegenheit also sollte der Adoptierende in einem etablierten Verfahren, nämlich „vom Stein der Bekanntmachung", die Adoption verkünden. Obschon die Politen Zeugen des Aktes waren, hatten sie offenbar kein Recht auf eine Mitentscheidung oder auch nur darauf, dem Vorgang ritualisiert zuzustimmen.

Koerner 1993, 547–54 und Link 1994; zur Kontextualisierung s. Maffi 1991; Chaniotis 2002; Gagarin 2006 und 2008, 165–9; Kristensen 2007; Hawke 2011, 162–73.

69 IC 4.72.10.33–9, 11.10–7 = Koerner 180 = Nomima 2.40. – s. Willetts 1955, 63–8; Koerner 1993, 549–50; Link 1994, 57–62; Kristensen 2004, 158–61; Gagarin 2008, 165–9.

70 Hierzu s. das Kapitel *Agora*.

Von diesem Verfahren getrennt – und auch innerhalb der Inschrift durch zwei bewusste Lacunen im Text markiert, welche diese Passage von ihrem Umfeld visuell abheben – ist die Einführung des Adoptivsohnes in die Hetairie des Adoptierenden. Hier wurde er als nun rechtmäßiger Sohn und Erbe vorgestellt; und erst hier wurde der Adoptierte mit einer kultischen Handlung in diese Gemeinschaft aufgenommen. Darauf deuten das Opfertier und die Kanne Wein hin, die der Adoptierende seiner Hetairie zu stellen hatte. Es ist wichtig festzuhalten, dass nicht etwa der Adoptierte für diese Dinge aufkam. Vielmehr war es der Adoptivvater, der hier gewissermaßen als Fürsprecher und Gastgeber auftrat, wenn er den Adoptivsohn in seine eigene Hetairie einführte.[71] Zu Recht wurde darauf hingewiesen, dass dieser Akt strukturelle Ähnlichkeit mit dem Abschluss der von Ephoros geschilderten Ephebenentführung besitze. Bei dieser hatte der Entführer dem von ihm gewählten Agelasten unter anderem ein Rind zu übergeben, damit dieses beim gemeinsamen Opfermahl der Hetairie des Entführers mit der Agela des Entführten verzehrt werden konnte, infolge dessen diese Gruppe der Epheben in die Hetairie aufgenommen war.[72]

Eine Überlegung schließt sich an die Beobachtung an, dass schon ältere Gesetze aus Gortyn das Thema der Adoption und vor allem ihrer Auswirkungen auf das Erbrecht behandelt hatten. Denn bereits aus dem 6. Jh. sind uns zwei Regelungen erhalten, welche die aus einer Adoption resultierenden Fragen der Erbteilung und des Prozesses um das Erbe behandeln.[73] Mit der Verinschriftlichung des *Großen Gesetzes* in der Mitte des 5. Jh. scheinen verschiedene ältere Einzelbestimmungen überarbeitet worden zu sein. Darauf deutet der letzte Abschnitt dieses Gesetzes hin, wenn er ausdrücklich festhält, dass die alten Regeln fortan nicht mehr gelten sollen, und die

---

71 Dies ist mit der von Dosiadas FGrH 458 frg. 2 ap. Athen. 4.143a–d und Pyrgion FGrH 467 frg. 1 ap. Athen. 4.143e–f überlieferten Information kompatibel, dass die Söhne der Bürger in der jeweiligen Hetairie ihrer Väter ihren Platz hatten, ob der Vater nun noch lebte oder ob es sich um Waisen handelte. Der wesentliche Unterschied in jenem Fall ist natürlich, dass ihr Aufenthalt in der väterlichen Hetairie nur so lange dauerte, bis alle Knaben der Polis, die einer Altersgruppe angehörten, sich zu Agelai formierten, welche nicht mehr unmittelbar mit einer Hetairie verbunden waren, um dann mit Abschluss der Agelai in jene Hetairie aufgenommen zu werden, welcher sie dann ihr Leben lang angehören würden. Die Adoptivsöhne hingegen mochten durchaus schon im fortgeschrittenen Alter gewesen sein. Sofern sie bereits jenseits des Alters für den Eintritt in die Agelai waren, ist nicht davon auszugehen, dass sie ihre Hetairie später noch einmal wechselten.
72 Link 1994, 26 und Gehrke 1997, 36 mit Anm. 48. – Zur Deutung der für die Aufnahme der Agelai in die Hetairien relevanten Inschrift aus Dreros, die bereits aus dem 7. Jh. stammt, s. ausführlich den Abschnitt zur Ephebenentführung und zum Ende der Agelai im Kapitel *Paideia*.
73 Gortyn: IC 4.20 und 21 = Koerner 122 und 123 = Nomima 2.37 und 38. Zu diesen Regelungen s. Davies 1996, bes. 40; Kristensen 2004, 160–1; Gagarin 2008, 165–8. Zur Redaktion und Vereinheitlichung der gesetzlichen Regeln von Gortyn s. Lévy 2000; Kristensen 2004; Gagarin 2008, 122–75; Marginesu 2014. – Auch aus Phaistos ist uns ein in der zweiten Hälfte des 6. Jh. verinschriftlichtes Gesetz erhalten, in dem die Herausgeberinnen aufgrund seiner vermeintlichen Ähnlichkeit zu den gortynischen Gesetzen eine Regelung der Auflösung von Adoptionen sehen; di Vita/Cantarella, *ASAtene* 40 (1978) 429–35 = Nomima 2.39. Das Kapitel *Agora* bietet den Text.

Gültigkeit allein der neuen Regeln verfügt.[74] Bei dieser Redaktion legte man offenbar einen neuen Schwerpunkt auf die Definition von Rechten und Pflichten des Adoptivsohnes. Immerhin verfügt der ausführliche, hier nicht zitierte Mittelteil unserer Inschrift, der Adoptierte habe „alle Verpflichtungen des Adoptierenden gegenüber Göttern und Menschen zu übernehmen", und bestimmt, was zu geschehen habe, wenn der Adoptierte diesen Auflagen nicht nachkam oder starb, ohne selbst legitime Kinder zu hinterlassen. Diese Themen kommen in den älteren Regelungen nicht vor. Hier sei nun vermutet, dass das *Große Gesetz* auch die Prozedur der Verkündigung einer Adoption in der Agora und ihren Vollzug in der Hetairie neu ordnete oder in dieser Form überhaupt erst verfügte. Ansonsten müssten wir eine andere Erklärung dafür finden, weshalb dieses Gesetz gleich zweimal – und damit eben besonders nachdrücklich – die Umstände festlegte, unter denen eine Adoption öffentlich zu vollziehen und aufzulösen sei. Sollte tatsächlich in der ersten Hälfte des 5. Jh. oder im Zuge der Verinschriftlichung des *Großen Gesetzes* dieses Verfahren neu geregelt worden sein, würde dies bedeuten, dass die Polis zu diesem Zeitpunkt tiefer als bis dahin üblich mit Gesetzen in die Angelegenheiten ihrer sozialen Integrationskreise eingriff, hier der Hetairien.[75]

Offenbar waren die Aufnahme in eine Familie[76] und die Aufnahme in eine Hetairie die maßgeblichen Akte, eine Adoption gültig zu machen. Erst hierdurch wurde der Adoptierte zum Bürger beziehungsweise zum Sohn eines Bürgers. Allerdings beobachten wir eine deutliche Hierarchie dieser Integrationskreise. Denn mit seiner Adoption wurde der Adoptierte in erbrechtlicher Hinsicht nur zu einem Sohn zweiter Klasse. Schließlich verfügt der Mittelteil unseres Gesetzes für den Fall, dass der Adoptierende bereits legitime Kinder hatte, der Adoptierte solle nur in jenem Umfang erben, wie Töchter es taten. Und dies war lediglich die Hälfte des Anteils, den ein jeder der leiblichen Söhne erhielt.[77] Überdies sollte das geerbte Vermögen im Fall, dass der Adoptierte ohne eigene Kinder verstarb, an die anderen Erben seines einstigen Adoptierers zurückfallen. Vor diesem Hintergrund und angesichts der Paralleli-

---

74 In col. 11.19–23 ist verzeichnet: „Man soll dies (künftig) anwenden, wie es diese Vorschriften vorschreiben. Von dem (, wie es) früher (geregelt wurde) aber, wenn einer etwas aufgrund einer Adoption bestreitet oder von einem Adoptierten her, soll es nicht einklagbar sein." – Eine Veränderung der Prozedur nimmt schon Koerner 1993, 549 an.

75 Einen vergleichbaren Eingriff beobachten wir in einem drerischen Gesetz des 7. Jh., in welchem die Polis als beschlussfassende Autorität das Ausscheiden der Epheben aus den Agelai und ihre Aufnahme in die Hetairien regelt. Hierzu s. Seelentag 2009a und das Kapitel *Paideia*.

76 Um es genauer zu sagen: An keiner Stelle des Gesetzes wird der Adoptivsohn in die Familie seines Adoptivvaters aufgenommen; vielmehr wird er mit den erbberechtigten leiblichen Kindern seines Adoptivvaters gleichgesetzt. Dies aber ist – verkürzt gesprochen – gleichbedeutend mit seiner Aufnahme in die Familie.

77 Nachgewiesen ist dies durch IC 4.72.10.48–52 = Koerner 180 = Nomima 2.40 und Ephor. FGrH 70 frg. 149 ap. Strab. 10.4.20.

sierung der jeweiligen Einbindung des Adoptierten in eine Familie und eine Hetairie stellt sich die Frage, welcher Akt hier im Vordergrund stand: Ging es primär und letztlich um die Aufnahme eines Mannes in eine Hetairie, zu welchem Zweck er zuvor zu einem Sohn einer ‚Bürgerfamilie' gemacht werden musste; oder ging es ultimativ um die Aufnahme eines neuen Mitgliedes in eine ‚Bürgerfamilie', weshalb derjenige dann eben auch in eine Hetairie eingeführt werden musste?

Die Position dieser Passage innerhalb von Regelungen verschiedener Erbfragen im *Großen Gesetz* zeigt, dass es mit der Adoption in erster Linie um die Aufnahme eines Mannes in eine Familie und die Bereitstellung eines Erben ging. Und doch müssen wir fragen, weshalb das Gesetz die Eingliederung in diese beiden Integrationskreise gleichermaßen fordert. Man könnte argumentieren, dass es eine Pflicht war, einen adoptierten Sohn und Erben auch zum Mitglied einer Hetairie zu machen, weil Letzteres überhaupt erst die Voraussetzung dafür war, dass jener erben durfte. Denn wenn unser Gesetz betont, eine „Adoption mag sein, woher einer will", mag dies eben auch den Fall umfassen, dass der Adoptierte bis zu diesem Zeitpunkt noch nicht Mitglied einer ‚Bürgerfamilie' war; womöglich handelte es sich um den illegitimen Sohn des Adoptierenden, den dieser etwa mit einer Unfreien gezeugt hatte.[78] Denn ohne Mitgliedschaft in einer Hetairie dürfte er eben nicht als ‚Bürger' angesehen und damit auch nicht nach der *wastia dika* behandelt worden sein. Ein freier Nichtbürger aber durfte nicht das Erbe eines Bürgers antreten; zumindest bieten die zahlreichen mit Erbrecht befassten Passagen des *Großen Gesetzes* keinen einzigen Hinweis auf eine solche Möglichkeit.

Die Notifizierung der Agora scheint gegenüber dem Opfermahl in der Hetairie sekundär gewesen zu sein. Der Sinn dieser Bekanntmachung des Aktes in der Bürgerversammlung scheint nun aber nicht allein darin gelegen zu haben, Zeugen für diesen Vorgang bereitzustellen. Dazu hätte man – wie wir dies in zahlreichen anderen Gesetzen Gortyns zu ganz unterschiedlichen Rechtsakten beobachten können – schlichtweg eine bestimmte Anzahl von Bürgern und deren Qualifikation festlegen können, die eine solche Adoption bezeugen sollten.[79] Im Übrigen hätten bei der Aufnahme des Adoptivsohnes in die Hetairie des Vaters genug Zeugen zur Verfügung gestanden, nämlich die Mitglieder dieses Andreions. Hier aber wurde die Adoption vor der Bür-

---

78 Dieses Szenario sehen etwa Guarducci 1950, 168 und Willetts 1955, 68 sowie 1967, 31 hinter unserem Gesetz, vgl. aber Koerner 1993, 549 und Lévy 1997, 40. Mit dem personenrechtlichen Status von Kindern, die aus Verbindungen von Unfreien und Freien stammten, ist eine Passage des *Großen Gesetzes* befasst; IC 4.72.6.55–7.10 = Koerner 172 = Nomima 2.36. – Sollte der Adoptierte doch aus einer Bürgerfamilie stammen, hatte er offenbar die Hetairie zu wechseln. Somit scheint es wahrscheinlicher, dass junge Männer vor ihrem Eintritt in die Agelai adoptiert wurden: Während der ihnen verbliebenen Jahre als Paides hielten sie sich dann in der Hetairie ihrer Adoptivväter auf – ganz in Analogie zum von Pyrgion, Dosiadas und Ephoros skizzierten Szenario.
79 Zur Anzahl und Funktion von Zeugen im *Großen Gesetz* s. etwa Gagarin 1989 mit Beispielen, etwa IC 4.51 = Koerner 139 = Nomima 2.13 und IC 4.72.11.46–55 = Koerner 166 = Nomima 2.30.

gerversammlung bekannt gemacht. Und in der Tat handelte es sich hier nicht allein um einen ‚privaten' Rechtsakt, wie einen Vertragsabschluss oder eine Ehe. Hier ging es um einen Gegenstand, der alle Politen betraf, denn mittels Adoption wurde ein Mann mit den gleichen Rechten und Pflichten wie sie selbst ausgestattet. Seine Aufnahme in eine Hetairie bedeutete seine Eingliederung in den wesentlichen Integrationskreis einer kretischen Polis, da die Mitgliedschaft in einem Andreion überhaupt erst die Abgrenzung eines Mannes von den verschiedenen Gruppen der ‚Anderen' definierte – von Unfreien, Fremden und Apetairoi.

Ich nehme also an, dass vor der Mitte des 5. Jh. die Einbindung des Adoptivsohnes in eine Hetairie der einzige Akt war, der zur Gültigkeit dieses Vorgangs benötigt wurde. Hiermit war der Adoptierte unter die Bürger aufgenommen, und hier standen genug Männer zur Verfügung, diesen Vorgang zu bezeugen. Im *Großen Gesetz* beobachten wir nun aber die Bemühungen ‚der Polis', die Adoption der Menge aller Bürger und zwar in deren institutionalisierter Form als Agora bekannt zu machen. Hiermit, so ist zu meinen, beanspruchte die Polis ihre Existenz als Entität übergeordneter Identität für alle in den verschiedenen Hetairien zusammenkommenden, waffentragenden Männer des Gemeinwesens; ihre Existenz als Institution, die mit bestimmten Verfahren auf die von ihr inkorporierten sozialen Integrationskreise Einfluss nahm. Mit der Verkündigung der Adoption vor der Menge der Agora wurde das Konzept des Politen konturiert und institutionell verankert; das Bewusstsein gestärkt, dass die Adoption eines Mannes eben nicht allein seine Aufnahme in eine der Familien und eine der Hetairien, sondern auch in den Kreis der Politen bedeutete. Auch wenn hier die Agora allein informiert wurde, nicht aber zu Einspruch oder Zuspruch berechtigt schien, war dies doch ein Schritt auf dem Weg der Institutionalisierung des Bürgerstatus dieser kretischen Polis.[80]

Bemerkenswert ist unter diesem Aspekt auch die Reihe von Prozeduren, mit denen ein Adoptivverhältnis wieder aufgelöst werden konnte. Der Adoptierende hatte dies nämlich ebenfalls zu tun „in der Agora vom Stein der Bekanntmachung aus, während die Bürger versammelt sind". Außerdem hatte er zehn Statere beim Dikasterion zu erlegen, und der Mnamon des Xenios sollte diese Summe demjenigen übergeben, von dem sich der Adoptierende losgesagt hatte. Dies ist das Doppelte der Summe, die eine Frau bei der Scheidung von ihrem Ehemann erhielt.[81] Unklar ist, ob dies als Kompensation der wohl die Ehre schmälernden Aufhebung des Adoptivverhältnis-

---

80 Link 1994, 61–2 vermutet, die Hetairie habe kein Recht zur Annahme oder Ablehnung der Adoption gehabt. Immerhin wurden ihr ja einfach nur Wein und Opfertier übergeben. Viel wahrscheinlicher ist doch aber, dass die Hetairoi des Adoptierenden vorher über diesen Vorgang, der ihnen ja ein neues Mitglied ihres Kreises bescherte, beraten und dem Vorgang zugestimmt hatten. Nur weil die Quellen nicht von einem Akt der Beratung oder ausdrücklichen Zustimmung reden, heißt dies nicht, dass es einen solchen Vorgang nicht gab und die Betroffenen nicht auch eine Meinung zu diesem Thema hatten.
81 IC 4.72.2.52–4 = Koerner 165 = Nomima 2.30.

ses oder als tatsächliche materielle Entschädigung angesehen wurde; ein Ersatz für das Vermögen, welches der Adoptierte im Erbfall erhalten hätte, dürfte es jedenfalls nicht gewesen sein.[82] In jedem Fall aber beanspruchte die Polis hier eine Rolle bei der Auflösung einer Adoption, der Abwicklung der Kompensation und wohl auch der Beendigung des Bürgerstatus. Sie machte ein Verfahren verbindlich, welches von Amtsträgern der Polis durchgeführt werden sollte.

Keine Rede ist hier davon, dass ein Adoptierter mit der Auflösung dieses Verhältnisses auch aus seinem Andreion ausgeschlossen wurde. Und doch ist wahrscheinlich, dass er seinen Status als Hetairos verlor – und damit seine Zugehörigkeit zum wesentlichen Integrationskreis der Politen von Gortyn. Denn die Adoption war durch drei Akte vollzogen worden: die Aufnahme des Adoptierten in die Familie des Adoptierenden, die Bekanntmachung der Adoption in der Agora und die Aufnahme des Adoptierten in die Hetairie seines Adoptivvaters. Unser Gesetz nennt die Relevanz von nur zwei dieser Foren bei der Auflösung der Adoption: den Ausschluss des Adoptivsohnes aus der Familie des Adoptivvaters und die Notifizierung der Agora über diesen Vorgang. Doch auch das dritte Forum scheint thematisiert: die Wiederausgliederung des Adoptivsohnes aus der Hetairie seines Vaters. Sie ist nicht ausdrücklich genannt, doch die Involvierung des Mnamon des Xenios Kosmos deutet darauf hin, dass der ehemals Adoptierte fortan nach der *xeneia dika* behandelt wurde, also nicht länger als Bürger des Gemeinwesens angesehen wurde.[83] Den Grund für diesen – hier nur konjizierten – Ausschluss aus dem Andreion sollten wir wohl in der Relevanz der Sponsorenrolle des Adoptivvaters suchen. Denn er allein hatte durch seine Willenserklärung den Adoptivsohn in die genannten Integrationskreise eingeführt; er allein vermochte durch eine entsprechende Willenserklärung ihn aus diesen auch wieder auszuschließen. Der ehemals Adoptierte hatte fortan nicht länger einen Anspruch auf das Erbe seines Adoptivvaters, und genauso wenig Anspruch auf die – von jenem überhaupt erst vermittelte – Mitgliedschaft in dessen Hetairie. Außerdem mag es sein, dass ein Mann, der wegen der Auflösung seiner Adoption kein Land im Polisgebiet erben würde, damit nicht länger die für den Status eines Bürgers notwendigen Voraussetzungen erfüllte und deshalb wie ein Fremder behandelt wurde.[84]

Mit den hier besprochenen Zeugnissen sind alle Hinweise ausgebreitet, die wir aus den kretischen Inschriften der archaischen Zeit auf die Zuständigkeit des Xenios

---

82 Hierzu vgl. Bücheler/Zitelmann 1885, 165; Kohler/Ziebarth 1912, 72; Guarducci 1950, 169; Koerner 1993, 553.
83 Zur Funktion von Mnamones s. den entsprechenden Abschnitt im Kapitel *Kosmos*. Die dort ausgebreiteten Zeugnisse – vor allem die Bestimmung, der Mnamon und Poinikastas Spensithios solle jede Handlung des Kosmos von Datala begleiten – lassen es plausibel erscheinen, dass der gortynische Xenios Kosmos und sein Mnamon sowohl bei der Adoption wie auch bei ihrer Auflösung die Funktion von offiziellen Zeugen hatten.
84 Hierzu vgl. Willetts 1967, 31.

Kosmos überhaupt erhalten. Ein wichtiger Punkt sei zum Ende dieses Abschnittes angemerkt. Die von der Forschung bislang nicht hinterfragte Annahme, es habe sich beim Xenios Kosmos um allein einen Funktionsträger, nicht aber um ein Kollegium gehandelt, geht auf die Einschätzung zurück, Gortyn hätte selbst im 5. Jh. unmöglich einen Bedarf für mehrere Inhaber dieser Position haben können. Dies scheint vorschnell geurteilt. Mögen die wenigen, eben besprochenen Zeugnisse auch nur einen ungefähren Eindruck bieten, welche Aufgaben diese Institution im 6. und 5. Jh. wahrnahm, ist doch deutlich, dass der Xenios Kosmos in Szenarien handelte, an denen freie Nichtbürger beteiligt waren. So hatte er nach Gortyn gekommene Handwerker zu bestrafen, die ihre Arbeit nicht gemäß ihres mit der Polis geschlossenen Vertrags erfüllten; er hatte die Unversehrtheit von Freigelassenen zu gewährleisten, die sich in einer von Gortyn abhängigen Gemeinschaft niederließen; und sein Mnamon war an der Auflösung von Adoptionen beteiligt, durch welche die ehemals Adoptierten ihren Status als Bürger verloren.

Nun war Gortyn in der von uns betrachteten Zeit die größte Polis Kretas, die schon im 7. und 6. Jh. ihren Machtbereich erheblich ausgedehnt und andere Siedlungsgemeinschaften der Messaraebene aufgelöst oder sich einverleibt hatte. Die Bewohner dieser Gortyn untergeordneten Siedlungen waren zwar Freie, unterstanden aber nicht der *wastia dika*, sondern wurden nach der *xeneia dika* behandelt.[85] Angesichts dieser vielfältigen und institutionalisierten Kontaktflächen mit freien Nichtbürgern ist nicht unwahrscheinlich, dass in Gortyn Aufgaben anfielen, die von einem Kollegium zu erledigen waren. Wir sollten den Xenios Kosmos also zum einen vor dem Hintergrund einer sich immer weiter differenzierenden Aufgabenteilung und institutionellen Differenzierung innerhalb der kretischen Politien am Ende des 7. Jh. sehen. Zum anderen müssen wir die Funktion dieses Amtes im Kontext jener in verschiedenen Poleis der Insel zu beobachtenden Bemühungen sehen, den Umgang mit ‚Anderen' in bestimmte Bahnen zu lenken. Die kretischen Poleis waren einerseits bemüht, diesen Gruppen Rechtssicherheit zu gewähren, andererseits jedoch das Verhältnis der Politen zu den Nichtbürgern zu definieren.

‚Teilhabe an Integrationskreisen' statt ‚Bürgerrecht'

Die im Folgenden behandelten Inschriften aus kretischen Poleis spielen in der Forschung zum archaischen Griechenland bislang kaum eine Rolle. Wegen ihrer Detailliertheit und ihrer frühen Entstehungszeit scheinen sie aber für die Diskussion der Anfänge des ‚Bürgerrechts' besser geeignet als jene kleine Gruppe von griechischen Quellen der frühklassischen Zeit, welche die Forschung üblicherweise als Beispiele

---

85 Zur territorialen Dynamik kretischer Poleis in der Archaik s. Viviers 1994 und 1999; Erickson 2010, bes. 238–45; und vgl. Gaignerot-Driessen 2013.

der ersten Verleihungen von ‚Bürgerrecht' bemüht.[86] Es handelt sich um die ‚Regelung über auswärtige Handwerker' von Axos, den ‚Arbeitsvertrag' des Poinikastas und Mnamon Spensithios mit der Polis Datala sowie das ‚Ehrendekret' für Dionysios aus Gortyn. Die unterschiedliche Etikettierung dieser Zeugnisse in Corpora und Forschungsliteratur verhinderte bislang ihre Zusammenschau. Keine dieser Inschriften ist eine ausdrückliche ‚Bürgerrechtsverleihung', und doch haben sie einen gemeinsamen Kern. Denn sie alle gestehen Individuen in unterschiedlichem Maß die Teilhabe an den Praktiken verschiedener Integrationskreise innerhalb des Gemeinwesens zu. Da dies alles unter dem Dach der Polis und von ihr mittels solcher Regelungen gelenkt stattfand, können wir hier die Anfänge des Bürgerrechts beobachten.

Die Privilegierung der Handwerker von Axos

Das erste Zeugnis ist eine Inschrift aus dem zentralkretischen Axos, die wohl aus dem letzten Viertel des 6. Jh. stammt. Sie war in zwei nebeneinanderliegende Blöcke einer Mauer eingeschrieben, die sich auf dem höchsten Punkt der Polis, im Bereich des Apollontempels befand. Obschon die Steine heute nur noch in Teilen erhalten sind, erreicht diese Inschrift doch immer noch beindruckende Ausmaße.[87] Hier ist festgehalten:

[– – –] | [– – – κλέ]ϝκος : ἴναντι τõν ϝἱ[– – –] | [– – –]ιν δοκἔν ἀκσία ἤμεν τᾶς τ[ροπᾶς] | καὶ τᾶς ἀτελείας ἀ τέκνα το [τ]ινυμέ[νο – – –] | [– – –] κατ' ἀμέραν ζαμιõμεν. : αἰ δ' ἐπέλ|θοιεν ἰν ταῖσι πέντε αἰ μὴ λέοι[εν – – –] | [– – –]ν : τᾶνδ' ἀμερᾶν : πέντ' ἀμέρας ϝεργακσα||[μένο]ς τᾶι πόλι ἀμίστος. τõ δὲ μισ[τõ – – –] | [– – – τᾶ]ς ἰν ἀντρηίοι διάλσιος .ι δια|λοι ἐπὶ σποϝδδᾶν : ἐκσοαι.[– – –] | [– – – ἀ]ϝτὸς : ϝεκάστος μὴ ἰνθέμεν : | τᾶι πόλ]ι. περὶ δὲ τõ μιστõ : αἰ πον[ίο – – –] | [– – – τά]δε δὲ τελίοντι : ἴος τε τὰν ἑκατόνβαν | τὰν μεγάλαν : καὶ τὸ θῦμα : καὶ ..δ....ν[– – –] | [– – ἰα]ρήιον διδόμεν· : τõν δ' ἄλον πάντον | ἀτέλειαν καὶ τροπὰν ἰν ἀντρηίοι κα[– – –]

– – – Most. Im Angesicht des – – – scheint, dass die Handwerkskunst wert sei des Unterhalts und der Abgabenfreiheit. – – – sollen für jeden Tag bestrafen. Wenn sie kommen (*vel.* eine Klage

---

86 Zu jenen gehören (1) die Aufnahme des Deukalion und seiner Nachkommen unter die Chaladrier, Bronzeplatte aus Elis, nach Olympia geweiht, um 500–475: IvO 11 = Nomima 1.21; (2) die Schutzgarantie der Eleer gegenüber dem Schreiber Patrias und dessen Nachkommen, Bronzeplatte aus Elis, nach Olympia geweiht, um 475: IvO 2 = Koerner 37 = Nomima 1.23; (3) die Privilegierung des Arztes Onasilos, seiner Brüder und Kinder durch den König Stasikypros von Idalion auf Zypern sowie den Demos dieser Polis, Bronzeplatte aus Idalion, 470er Jahre; ICS 217 = Nomima 1.31, vgl. DGE 679, Koerner 1981, 195–201; und schließlich (4) das Gesetz über die Zusiedlung nach Naupaktos, Bronzeplatte aus dem westlokrischen Chaleion, um 460/450; IG 9.1².3.718 = Koerner 49 = Nomima 1.43.
87 IC 2.5.1 = Koerner 101 = Nomima 1.28. Block A (Maße in Metern): 1,72 h., 1,85 b., 0,30 d.; Block B: 1,53 h., 0,73 b., 0,64 d.; hierzu s. Jeffery 1990, 413 mit Taf. 60.22; Koerner 1981, 180–9; Hölkeskamp 1999, 73–5; Perlman 2004a, 114–5; zum architektonischen Kontext s. Tegou 2014.

vorbringen[88]) in den fünf (Tagen?), wenn sie nicht wollen – – – indem sie von diesen Tagen fünf Tage ohne Lohn für die Polis arbeiten. Von dem Lohn aber – – – der Speisung im Andreion. – – – zum Eifer – – – jeder von ihnen soll nicht (Ausgaben) auferlegen der Polis. Wenn sie über den Lohn Klage erheben – – – Dieses aber entrichten sie: Zu der großen Hekatombe und dem Opfer und – – – sollen sie ein Opfertier geben. Von allem anderen aber Abgabenfreiheit und Unterhalt im Andreion – – –

Dieses Dokument ist nicht allein wegen seiner Unvollständigkeit, sondern auch wegen der Unsicherheiten in der Interpretation des noch Erkennbaren nur mit größter Vorsicht heranzuziehen. Ein erstes Problem ist die Identifizierung der von dieser Inschrift in den Blick genommenen Personen. Manche Deutungen vermuten in ihnen Kinder von Exilanten oder Kinder eines Baumeisters. Die Mehrheit sieht Handwerker behandelt oder eher, wie die Inschrift betont, diejenigen, welche die „Handwerkskunst" ausüben.[89] Letzteres scheint plausibel, weil es in unserer Inschrift an mehreren Stellen um „Lohn" und „Arbeit" geht und weil auch andere axische Inschriftenfragmente, die aus der gleichen Zeit und dem gleichen Kontext stammen wie unser Dokument, Begriffe wie τέκνα und ϝέργον gemeinsam nennen.[90]

In unserer Inschrift geht es offenbar um eine Übereinkunft der Polis mit den Handwerkern. Diesen ist auferlegt, gegen Lohnzahlung ihre Arbeit für die Polis zu erledigen. Worin diese Arbeit bestand, und in welcher Höhe der Lohn angesetzt war,

---

88 Allein an der Deutung des ἐπέλθοιεν als „kommen" hängt die gängige Interpretation dieser Inschrift als ein Arbeitsvertrag für auswärtige, nicht aus Gortyn selbst stammende Handwerker; so Guarducci 1939, 50 und akzeptiert von den meisten Besprechungen dieses Dokuments, etwa Hölkeskamp 1999, 74; angezweifelt allerdings von Jeffery/Morpurgo-Davies 1970, 149; Nomima 1, 124 und Perlman 2004a, 114–5. Letztere verweist auf die – allerdings erst erheblich später nachgewiesene – Bedeutung dieses Verbs als „eine Klage vorbringen" in PEleph 3.3 aus dem 3. Jh. v.Chr. und die in kretischen Inschriften mehrfach nachgewiesenen Fristen für Klagen und andere Transaktionen; etwa in IC 1.10.2.2–3; IC 4.42 b und 4.72.11.46–55. Die inhaltliche Parallele dieser axischen Inschrift zu einem zeitgenössischen Dokument, einer gortynischen Inschrift aus dem 5. Jh., die Regeln für Handwerker entwirft, die wohl tatsächlich von außerhalb kamen, legt nahe, dass auch unsere Inschrift mit auswärtigen Arbeitern befasst war; s. IC 4.79 = Koerner 154 = Nomima 1.30.
89 Perlman 2004a, 114 mit Anm. 106 deutet ἀ τέκνα zu Beginn der Inschrift nicht als kretischen Ausdruck für ἡ τέχνη, sondern für τὰ τέκνα; sie sieht hier eine Privilegierung der Nachkommen des Architekten/Baumeisters, nicht ‚derjenigen, welche die Handwerkskunst ausüben‘; dort s. auch ihre Begründung der dafür notwendigen Lesung τῶ ἰνυμένο. Auch Nomima 1, 122–5 ziehen in Betracht, dass es hier um Kinder gehen mag und bringen dies mit ihrer Deutung des ἐπέλθοιεν als ‚zurückkehren‘ zusammen, um dann zu spekulieren, es könne sich bei den hier Privilegierten um die Nachkommen einstmals Verbannter handeln. Letztlich entscheiden sie sich aber gegen diese kaum fundierte Deutung.
90 IC 2.5.2.2 und 9 sowie 3.4, 4.5 = Koerner 102–4. Auch Koerner 105 = JHS 69 (1949) 34–6, Nr. 8, eine ursprünglich nicht aus dem Bereich des Apollontempels stammende Inschrift, hielt eine Vereinbarung der Polis mit den dort mehrfach genannten ϝεργασταί fest. Dort sind eine aus 30 Stateren bestehende Strafsumme sowie die Involvierung des Kosmos genannt (Z. 11, 13–4), außerdem ging es um den Abschluss eines Vertrages (συνγνοῖεν, 6) und die Pfändung (ἰνέκυρα, 7–8).

lässt die Inschrift nicht länger erkennen. Aufgrund der Erwähnung von „Most" unmittelbar zu Beginn des uns erhaltenen Textes ließe sich vermuten, dass die Entlohnung auch in Naturalien erfolgte.[91] Deutlich aber scheint, dass die Polis Strafen festlegte für den Fall, dass die Handwerker ihre Seite des Abkommens nicht erfüllten. So ist die Rede von einer Strafe, die pro Tag zu zahlen sei, und einem Zeitraum von fünf Tagen, innerhalb dessen die Handwerker ohne Lohnzahlung für die Polis arbeiten müssten. Doch die Inschrift regelte auch die Rechte der Handwerker, denn es scheint festgehalten zu sein, auf welche Weise sie bezüglich ihres Lohnes Klage erheben durften.[92] Überdies sicherte die Polis den Handwerkern in Ergänzung zu deren vereinbartem Lohn auch „Abgabenfreiheit und Speisung im Andreion" zu; und dies, weil „(es) scheint, dass die Handwerkskunst" dieser beiden Privilegien „wert sei", wie die Inschrift betont. Der Polis schien also in hohem Maße daran gelegen gewesen zu sein, diese Handwerker an sich zu binden.

Die Speisung der Handwerker im Andreion ist an zwei Stellen des Dokumentes erwähnt. Somit wird deutlich, dass dieser Punkt für das Verhältnis von Polis und diesen Arbeitskräften von besonderer Relevanz war. Doch es ist unklar, welchen Charakter diese Speisung hatte. Wurden die Handwerker von Axos, als man ihnen die Speisung im Andreion zugestand, von den Politen separiert oder wurden sie an den Tischen der Politen platziert, also in deren Gruppe integriert? Eine Antwort ist auf der Grundlage dieser Inschrift allein nicht möglich. Die darüber hinaus zu beobachtende Privilegierung der Handwerker, die sich in ihrer Befreiung von Abgaben ausdrückte, aber mag darauf hindeuten, dass sie zumindest befristet, nämlich solange ihr Auftrag in der Polis noch nicht abgeschlossen war, in den Verband jener aufgenommen waren, deren Zugehörigkeit zur Polis der Axier ganz maßgeblich auf diesen Privilegien beruhte: die Gruppe der Bürger.[93] Diese Deutung einer Integration der Arbeiter in die Reihen der Politen wird auch von einem weiteren Aspekt ihrer Privilegierung nahegelegt; schließlich legt die axische Inschrift die Beteiligung der Handwerker an bestimmten kultischen Handlungen fest. Genannt sind die „Große Hekatombe", „das Opfer" sowie eine weitere, hier nicht rekonstruierbare Gelegenheit, denen sie ein Opfertier beisteuern sollten.[94] Diese Abgabe ist nun aber nicht unbedingt als eine

---

91 s. Perlman 2004a, 103–8 über einen Decken- oder Mantelmacher aus Eleutherna, der im ausgehenden 6. Jh. seinen Lohn in Edelmetall wie auch in Naturalien empfing; IC 2.12.9.
92 Derart wird die Formulierung περὶ δὲ τõ μιστõ | αἱ πον[ίο – – –] in Z. 11 zu verstehen sein; Koerner 1993, 354.
93 vgl. SEG 11.244 = Nomima 1.75, eine Inschrift aus Sikyon um 500, die einer Gruppe von 63 namentlich aufgeführten Männern die Speisung im *hestiatorion* erlaubt, solange diese ihren dort ebenfalls benannten Pflichten nachkämen.
94 So legt es die hier vorgebrachte Ergänzung – – – ἱα]ρήιον διδόμεν nahe. Blass 1905, *GDI* 5125A hingegen schlägt vor – – – ἱς ἀντ]ρήιον διδόμεν. In diesem Fall hätten die Handwerker nicht allein bei den genannten Kulthandlungen, sondern auch im Andreion eine Gabe beizusteuern, deren Art und Umfang hier allerdings nicht näher spezifiziert wäre.

von der Polis auferlegte und lästige Pflicht zu verstehen. Denn mit der Teilnahme –
und zwar als Beiträger – an mehreren Opfern waren die Handwerker an einigen der
für die Einbindung der Politen in das Gemeinwesen wichtigsten Praktiken beteiligt.
Schließlich gehörten die regelmäßige Opferhandlung und das sich anschließende
Opfermahl zu den wesentlichen Ritualen, bei denen sich die Polis als ein Verband von
Individuen konstituierte, die hierbei ihre gemeinsame Identität als Mitglieder dieser
Gemeinschaft erlebten.[95]

Es bleibt unklar, ob es sich bei der axischen Regelung um einen Werkvertrag
handelte oder um ein auf unbestimmte Zeit geschlossenes Verhältnis, bei dem man
davon ausging, dass eine der beiden Seiten es einmal aufheben würde; oder ob hier
sogar an eine prinzipiell dauerhafte Einbindung der Handwerker in den Politen-
verband gedacht war. Letzteres scheint weniger plausibel. Denn anders als in den
beiden im Folgenden zu besprechenden Inschriften, die ausdrücklich festgehalten,
dass die in ihnen genannten Individuen „und deren Nachkommen" an der Gemeinschaft teilhaben sollten, deutet in der axischen Inschrift nichts auf eine solche
Perpetuierung der Privilegien hin. Mit der Erledigung des Vertrages dürften diese
geendet haben. So sollten wir also davon ausgehen, dass die Handwerker für die
Dauer ihrer – offenbar hochgeschätzten – Arbeit dem Verband der Politen assoziiert wurden. Dass ihnen damit allerdings die Ausübung sämtlicher Praktiken offenstand, welche den Politen von Axos ausmachten, dass sie durch diesen Vertrag also
zu ‚Bürgern' – und wenn auch nur auf Zeit – wurden, ist unwahrscheinlich. Denn in
den beiden folgenden Dokumenten erfahren wir von einer ganzen Reihe von Praktiken, in denen sich Teilhabe ausdrückte, die wir im Falle unserer Handwerker aber
nicht erwähnt finden.

Das Spensithiosdekret

Die zweite Inschrift, die wir als das Zeugnis einer Verleihung von Privilegien der Teilhabe deuten wollen, ist das in dieser Arbeit schon mehrfach erwähnte Spensithiosdekret. Der Träger dieser Inschrift ist eine bronzene Mitra, Teil einer kretischen
Rüstung; ein ursprünglich gewölbter Unterleibsschutz, den man hier allerdings
flach bog, um beide Seiten beschreiben zu können. Den Buchstabenformen nach
wurde dieses Dokument um 500 verinschriftlicht. Der Ort seiner Auffindung ist
unklar; auch die Lage der in der Inschrift genannten Polis der Dataleis ist ansonsten

---

95 Diese verpflichtende Teilnahme der Handwerker an den genannten kultischen Handlungen findet ihre Entsprechung im Vertrag zwischen Knossos und Tylissos, in dem sich Knossos um 450 verpflichtete, all denen Gastfreundschaft zu gewähren, die an den Opfern in der Polis teilhatten; die also
zumindest in gewissem Umfang zu Mitgliedern der Polis als Kultgemeinschaft wurden; IC 1.8.4; ML
42B 40–2 = HGIÜ 1.71–2, hier 72 = StV 2.147. Zu diesem Gesetz s. etwa Kahrstedt 1942; Vollgraff 1948;
Gschnitzer 1958, 44–8; Piccirilli 1973, 82–4; Bravo 1980, 706, 725; Merrill 1991; Baltrusch 1994, 68–9.

unbekannt.[96] In dieser bedeutenden Inschrift werden die Rechte und Pflichten eines gewissen Spensithios und seiner Nachkommen festgesetzt, die der Polis fortan als Poinikastas und Mnamon dienen sollten. In der Vergangenheit wurde diskutiert, ob jener Schreiber und Erinnerer denn ein Bürger jener Polis gewesen sei, in welcher er seine Funktion versah; ob Spensithios bereits zum Zeitpunkt seiner Anstellung Bürger von Datala gewesen sei; oder etwa, ob er auch nach seiner Anstellung weiterhin Nichtbürger gewesen sei.[97] Als Indizien für eine Antwort auf diese Fragen wurden zum einen der Privilegienkatalog des Spensithios genannt, der einigen Forschern auf dessen Status als Fremder hinzuweisen schien, dem nun ein Auskommen in der ihm fremden Polis bereitet werden sollte; zum anderen die im *Großen Gesetz* von Gortyn genannte Vorbedingung zur Zeugenaussage eines Mnamons im Grenzstreit, dass dieser noch am Leben zu sein und noch ‚an der Polis teilhaben‘ müsse – was auf den ersten Blick darauf hinzudeuten schien, dass einem solchen Mnamon, womöglich nach seinem Ausscheiden aus Polisdiensten, das Bürgerrecht auch wieder genommen werden konnte.[98]

In dieser Diskussion spielt allerdings die Frage, wie der Status eines ‚Bürgers‘ von Datala, wie ‚Bürgerrecht‘ in einer kleinen kretischen Polis des 6. Jh. denn überhaupt definiert gewesen sei, bisher keine Rolle. Paula Perlman etwa legt einen anachronistischen, der teleologischen Meistererzählung folgenden Bürgerbegriff zugrunde, wenn sie betont, dass die dem Spensithios übertragenen Privilegien diesen offensichtlich nicht zum Bürger gemacht hätten. Schließlich halte sein Arbeitsvertrag mit Datala ja nicht etwa fest, dass er auch in das Phylenregister der Polis eingetragen worden sei. Tatsächlich stammten die frühesten kretischen Zeugnisse einer solchen Eintragung von Neubürgern in die Phylen erst aus dem Hellenismus.[99] Man diskutierte bislang

---

96 Jeffery/Morpurgo-Davies 1970 = Nomima 1.22 = SEG 27.631. – Zur Konstituierung dieses Textes s. auch die Anmerkungen von Gschnitzer 1974, zu Text und Übersetzung s. Koerner 1981. Eine ausführliche Kommentierung oder Besprechung bieten van Effenterre 1973; Beattie 1974; Koerner 1981; Gorlin 1988; Pebarthe 2006; Reiche 2006, 118–33. – Zu den Umständen dieses Fundes und seiner Publikation wie auch den Bemühungen, Datala mit dem heutigen Afrati zu identifizieren, s. Viviers 1994, 235–6, 240–1 und Perlman 2004, 1156. – Zur Beschlussformel dieser Inschrift und zur Frage nach dem Status von Datala s. die Diskussion im Kapitel *Polis*. Dass es sich bei Datala um eine Polis handelte ist anhand einer Inschrift auf dem Griff eines bronzenen Kessels bezeugt, der in das 6. Jh. datiert wird. Hier bezeugt ein Bronzeschmied, Δαμόθετος ἐπόησ’ ὁ Δαταλές; hierzu s. A. Lebessi, *PAAH* (1973) [1975] 191; Perlman 2002, 221 Nr. 23; SEG 52.864.

97 vgl. die Diskussionen etwa bei Guarducci 1950, 146–7; Willetts 1967, 80–1; van Effenterre 1973 und 1979, 279–88; Gorlin 1988; Thomas 1992 und 1995; Koerner 1993, 539; Nomima 2, 162; Perlman 2004a, 113–4.

98 IC 4.72.9.33 = Koerner 175 = Nomima 2.45. Allerdings wiesen wir bereits auf die Redundanz der Bedingungen hin, dass der nämliche Mnamon „noch leben und noch ‚an der Polis teilhaben‘ muss".

99 Perlman 2004a, 108 weist in ihrer Untersuchung zu den auf Kreta nachgewiesenen Fällen von Lohnarbeitern, zu denen sie auch Spensithios zählt, völlig zu Recht darauf hin, dass die vorherrschende Annahme „that the citizens of the Archaic Cretan *poleis* did not work for wages" und es

aber nicht die Möglichkeit, dass Spensithios durch eben die hier verzeichneten Privilegien in den Kreis der Politen eingegliedert wurde – dass wir hier also keinen bloßen ‚Arbeitsvertrag' vor uns haben.[100] Vielmehr beobachten wir die Übertragung der Rechte, an den Praktiken einer Reihe von Integrationskreisen teilhaben zu dürfen, welche maßgeblich für die Identität und die soziopolitische Stellung der Akteure von Datala waren. Das Dekret sei hier in ganzer Länge wiedergegeben:

Seite A Θιοί· ἔϝαδε Δαταλεῦσι καὶ ἐσπένσαμες πόλις | Σπενσιθίωι ἀπὸ πυλᾶν πέντε ἀπ' ἑκάστας θροπά|ν τε καὶ ἀτέλειαν πάντων αὐτῶι τε καὶ γενιᾶι ὥ|ς κα πόλι τὰ δαμόσια τά τε θιῆια καὶ τἀνθρώπινα | ποινικάζεν τε καὶ μναμονεῦϝην· ποινικάζεν δὲ | [π]όλι καὶ μναμονεῦϝεν τὰ δαμόσια μήτε τὰ θιήι|α μήτε τἀνθρώπινα μηδέν' ἄλον αἰ μὴ Σπενσίθ[ι|ο]ν αὐτόν τε καὶ γενιὰν τõνυ, αἰ μὴ ἐπαίροι τ|ε καὶ κέλοιτο ἢ αὐτὸς Σπενσίθιος ἢ γενιὰ | [τ]õνυ ὅσοι δρομῆς εἶεν τῶν [υἱ]ῶν οἱ πλίες· | μισθὸν δὲ δόμεν τõ ἐνιαυτõ τῶι ποινι[κ|α]στᾶι πεντήροντά τε πρόροος κλεύκιο|ς κηνδυ[.]ε[..]ς ἱκατιδαρκμιος ἢ καρ[π(?)]||ός, δόμεν δὲ τὸ κλεῦρος ἐς τõ μόρο ὅ|πω κα λῆι ἐλέσθαι· αἰ δὲ μὴ δοίη τὸ κλε[ῦρ|ο]ς αιδε[...]σ[.]εσδ[.c.3.]ς ῥόσμ|ος ἐπεσταρὼς ἀ[.c.4?.]ι[.c.4?.]λε[.]εκ[.|.?]σαι ἀπλοπία[..]α[.] αἰ μὴ αὐτοισ|ι[.c.3-4.]πολ[..]αϝεσημμεν τῶι ῥόσι|[μωι .c.7?..]ε[.] τεμένια πε[λε]ϱ|[.c.2?.] τὸ ϝῖσον λακὲν ῥό[σμωι(??)]ασ[.c.4?.] | [......c.17?......]ᾳ[.c.6?.]

Seite B – – – τὸ ϝῖσον λακὲν τὸν ποινικαστὰν καὶ παρῆμε|ν καὶ συνῆμεν ἐπί τε θιηίων καὶ ἐπ' ἀνθρωπί|νων πάντε ὅπε καὶ ὁ ῥόσμος εἴη καὶ τὸν ποινι|καστὰν, καὶ ὅτιμί κα θιῶι ἰαρεύς μὴ ἰδιαλο|[.c.1–2.] θύεν τε τὰ δαμόσια θύματα τὸ(ν) ποινικαστὰ|ν καὶ τὰ τεμένια ἔκεν, μηδ' ἐπάγραν ἦμε|[ν] μηδὲ ῥύτιον αἰλὲν τὸν ποινικαστάν, δ|ίκα δέ, ὅτερόν κα βώληται ὁ ποινικασ[τ|ά]ς, ἅιπερ οἱ ἄ(λ)λοι κρησέται, ἢ 'ν ῥόσμοι ἁ δίκα ϝοι τέλεται, ἄ(λ)λε δὲ οὐδὲ | ἕν. δίκαια ἐς ἀνδρήιον δώσει δέκα πέλευς κρέων, αἴ κα ῥῶι ἄλο[ι] | [ἀπ(?)]άρρωνται, καὶ τὸ ἐπενιαύτιον, τὸ | δὲ λάκσιον συνϝαλεῖ, ἄλο δὲ μ[ηδ|ὲ]ν ἐπάναγρον ἦμεν αἴ κα μὴ λῆι | δόμεν. ἦμεν δὲ τὰ θιήια τ[ῶι | πρειγ]ίστωι. *vac.*

---

sich daher bei den erwähnten Handwerkern und Lohnarbeitern doch wohl um Fremde oder Unfreie handeln müsse, auf einer schmalen Materialbasis steht. Und sie hält fest: „The existence of wage earners is particularly intriguing in light of the prevailing view that ownership of land was the *sine qua non* for citizenship and for full participation in the public life of the Cretan polis. Who were these wage earners? Were they all, as the *opinio communis* concludes, either aliens (itinerant or resident) or slaves? Or were there citizens numbered among them and if so what does this suggest about the economic basis of Cretan society and the contours of Cretan society itself?" Hiermit polarisiert sie unzureichend zwischen ‚Fremden' – freien wie unfreien – und ‚Bürgern'. Denn an keiner Stelle klärt sie, was denn ein ‚Bürger' des 6. Jh. in Eleutherna und des 5. Jh. in Lyttos, Gortyn und anderen Poleis gewesen sein mag. – Hellenistische Phyleneintragung: IC 3.3.5 b 4–13 und IC 3.4.28.15; s. dazu Chaniotis 1996, 102.

100 Gorlin 1988 nimmt bei aller von ihr markierten Vorsicht bezüglich der Frage des ‚Bürgerrechts' im archaischen Kreta an, Spensithios sei bereits vor seiner Privilegierung ‚Bürger' von Datala gewesen. Das ihm Zugestandene, vor allem Lebensunterhalt und Abgabenfreiheit, sieht sie im unbedingten Willen der Polis begründet, ihn als Schreiber zu behalten und mittels dieser umfangreichen Unterstützung vor einem Herausfallen aus dem Bürgerverband zu bewahren.

Seite A Götter! So gefiel es den Dataleis, und wir, die Polis, nämlich fünf von jeder Phyle, haben dem Spensithios Lebensunterhalt versprochen und Befreiung von allen Abgaben, ihm und seiner Nachkommenschaft – unter der Bedingung, dass er der Polis als Schreiber und Mnamon in öffentlichen Angelegenheiten diene, sowohl kultischen wie profanen.

Es soll aber der Stadt als Schreiber und Mnamon in öffentlichen Angelegenheiten kultischer und profaner Art niemand anderes wenn nicht Spensithios und seine Nachkommenschaft dienen, wenn es nicht veranlasst und anordnet Spensithios selbst oder seine Nachkommenschaft, sofern es die Mehrzahl der erwachsenen Söhne ist.

Als Lohn soll man dem Schreiber jährlich geben fünfzig Prochooi Most und – – – für zwanzig Drachmen oder – – – Man soll ihm den Most geben von dem Grund(besitz), wo er ihn wählen will. Wenn (einer) aber nicht gibt den Most – – – der amtierende Kosmos – – – Straflosigkeit – – – wenn ihnen nicht – – – dem Kosmos – – – die heiligen Bezirke Doppeläxte (?) den gleichen Anteil erhalten wie der Kosmos – – –

Seite B – – – der Schreiber soll den gleichen Anteil erhalten. Er soll auch bei allen kultischen und profanen Vorgängen dabei sein und daran teilnehmen, wo auch der Kosmos da ist. Und wo für einen Gott ein eigener Priester nicht da ist, soll der Schreiber die öffentlichen Opfer darbringen und die heiligen Bezirke verwalten.

Auf den Schreiber soll kein Zugriff sein, und man soll bei ihm keine Pfändung durchführen. Was aber einen Prozess betrifft, so soll ihn der Schreiber, je nachdem, ob er das eine oder andere vorzieht, ebenso haben wie die anderen auch oder er soll sich beim Kosmos belangen lassen; anders geht es auf keinen Fall.

Als gesetzliche Verpflichtung soll er für das Andreion zehn Doppeläxte Fleisch geben, in gleicher Weise, wenn die anderen ihr Amt antreten, und die Jahresgebühr. Er soll den Anteil sammeln (?). Anderes aber soll nicht obligatorisch sein, wenn er es nicht geben will.

Die kultischen (Funktionen und Einkünfte) sollen dem Ältesten zukommen.

Dieses Dokument als bloßen ‚Arbeitsvertrag‘ zu bezeichnen, greift zu kurz. Untrennbar sind hier die Pflichten, die Spensithios als Schreiber und Erinnerer von Datala erfüllen muss, mit den Rechten und Privilegien, die aus dieser Tätigkeit für ihn resultieren, miteinander verbunden. Allein sofern Spensithios und seine Nachkommenschaft die hier vereinbarten Aufgaben erledigten, sollten sie die hier verzeichneten Begünstigungen genießen. Wir sehen hier also eine Privilegierung unter bestimmten Bedingungen formuliert. Und doch sollte erst dann ein anderer Mann Schreiber und Erinnerer werden dürfen, wenn Spensithios oder die Mehrzahl seiner erwachsenen Söhne – und diese Volljährigen nennt das Dekret ‚Dromeis‘ – diese Tätigkeit nicht länger auszuüben wünschten. Hier ist also ein einseitig aufkündbares Abkommen entworfen: Solange Spensithios und seine Nachkommen an der Polis der Dataleis teilhaben wollten, dürften sie es.[101]

---

101 Ab Zeile 11 der Seite A ist nicht mehr die Rede von „Spensithios und seinen Nachkommen", sondern allein von den Pflichten und Rechten des „Poinikastas". Hierin wird deutlich, dass die genannten Privilegien tatsächlich nicht allein dem Spensithios zukommen sollen, sondern eben „dem Schreiber" und damit dem jeweiligen Inhaber jener Position, die ja ausdrücklich Spensithios mitsamt

Ein näherer Blick auf die mit der Funktion verbundenen Privilegien lässt deutlich werden, dass diese weit mehr als eine bloße Entlohnung für verdienstvolle Dienste waren. An erster Stelle genannt sind ohne Einschränkung die Gewährung des Lebensunterhaltes für Spensithios und seine Nachkommen und ihre Befreiung von allen Abgaben. Es wird nicht deutlich, ob die im weiteren Verlauf des Dokumentes genannten Vergünstigungen eine nähere Erläuterung und Differenzierung dieser beiden umfänglichen Punkte bedeuten; oder ob unter „Lebensunterhalt und Befreiung von allen Abgaben" ganz konkrete – den Vertragsparteien bekannte Rechte und Praktiken – verstanden wurden, zu welchen die darunter aufgeführten Punkte noch hinzu kamen. Aufgrund der Parallele zur eben besprochenen Inschrift von Axos, welche unter den in ihr verzeichneten Begünstigungen die τõν δ' ἄλον πάντον ἀτέλειαν καὶ τροπὰν ἰν ἀντρηίοι nennt, ist wohl auch für die dataleische Inschrift davon auszugehen, dass es sich bei der von ihr zugestandenen *trophe* nicht um eine bloße Gewährleistung der Ernährung des Spensithios handelt, sondern um das Recht, im Andreion zu speisen.[102] Diese Deutung wird bekräftigt durch die am Ende der Inschrift spezifizierten Beiträge des Schreibers zum Andreion. Im Übrigen bilden diese ausdrücklich die einzigen Ausnahmen zu der dem Mnamon gewährten Befreiung von allen Abgaben; insofern sollten wir diesen Punkt der Privilegierung beim Wort nehmen: Spensithios leistete keine Abgaben.

Als Lohn erhielt der Schreiber eine bezifferte Menge verschiedener Naturalgüter, so etwa 50 Kannen Most und ein aufgrund der Beschädigung der Mitra an dieser Stelle nicht länger rekonstruierbares Gut im Wert von 20 Drachmen. Bemerkenswert ist, dass er den Most von jedem beliebigen Stück Land beziehen durfte, das er dafür auswählte. Wahrscheinlich wurde dessen Eigentümer dafür entschädigt, und wahrscheinlich haben wir die darauffolgende Passage in dem Sinn zu deuten, der Kosmos solle den Schreiber bei der Wahrnehmung dieses Rechtes auch gegen den Willen des eigentlichen Eigentümers unterstützen, und eine solche Wegnahme solle straflos sein.[103] Desweiteren soll Spensithios eine Reihe von Erträgen bei unterschiedlichen

---

seinen Nachkommen übertragen wurde. Das Dekret geht also von einer dauerhaften Privilegierung dieser Familie aus.

102 IC 2.5.1.15 = Koerner 101 = Nomima 1.28.

103 Mit den Implikationen dieser Regelung befassen sich Abschnitte in den Kapiteln *Kosmos* und *Andreion*. Zur Rekonstruktion dieses Szenarios sei hier nur so viel gesagt: Das infrage stehende Land scheint von Privatleuten bestellt worden sein, die sich womöglich weigerten, dem Spensithios die von ihm beanspruchten Naturalien auszuhändigen. Die ausdrückliche Zusicherung dieses Rechtes durch Polis und Dataleis machte nicht notwendigerweise auf alle Politen gleichermaßen Eindruck. Und so scheint diese Passage darum bemüht, die rechtmäßige Wegnahme der Naturalien von einer unrechtmäßigen zu differenzieren, also vom Diebstahl oder gar Raub abzugrenzen. Diese Delikte hätten mit entsprechender Gewalt des Landeigentümers gegenüber dem Wegnehmenden beantwortet werden dürfen. Umso heikler war die Klärung des Sachverhaltes, da es sich bei diesem Wegnehmenden nicht unbedingt um Spensithios selbst, also den Inhaber des entsprechenden Rechtstitels handelte, sondern um den Kosmos, also lediglich einen Stellvertreter des Spensithios. In Regeln wie diesen werden

Gelegenheiten oder aus unterschiedlichen Quellen empfangen. Der Inschriftenträger lässt nur noch erkennen, dass es unter anderem um Erträge im Zusammenhang mit der Verwaltung der liegenden Güter heiliger Bezirke ging, dass diese Menge wohl in der Einheit ‚Doppeläxte' beziffert war, und dass Spensithios den gleichen Anteil wie der Kosmos erhalten solle. Aufgrund der Parallele zur Seite B, auf welcher diese Einheit zur Bestimmung einer Menge Fleisch dient, ist anzunehmen, dass es sich auch bei diesen Einkünften des Mnamon um Fleisch handelte. Damit korrespondiert das Privileg, Spensithios solle die Pflege jener Kulte von Datala wahrnehmen, für welche kein eigener Priester vorhanden war. Auf der Grundlage von Parallelen aus anderen kretischen Poleis, die belegen, dass Priester einen Teil des Opferfleisches erhielten, ist anzunehmen, dass bei dieser Gelegenheit auch für Spensithios größere Mengen Fleisch abfielen.[104]

Mit den ihm zugestandenen Einkünften ging eine Definition oder Modifikation seiner Rechtsstellung einher. Auf Spensithios und seine Nachkommen sollte „kein Zugriff" sein; hier scheint die Personalexekution untersagt, also der außerprozessuale beziehungsweise vorprozessuale Zugriff auf einen Kontrahenten. Auch sollte man bei ihm keine Pfändung durchführen dürfen.[105] Nun wissen wir nicht, ob diese beiden Privilegien ihn aus der Menge der anderen Politen von Datala heraushoben, oder ob es grundsätzlich verboten war, einen Bürger derart zu behandeln, und Spensithios damit nur die ganz üblichen Rechte eines dataleischen Politen erhielt, welche jenen aber von allen ‚Anderen' dieser Polis unterschieden. Da uns jegliches Vergleichsmaterial aus dieser Polis fehlt, lässt sich diese Frage kaum beantworten. In Gortyn wurde die Personalexekution spätestens in der Mitte des 5. Jh. untersagt.[106] Womöglich hatte die Polis der Dataleis ihren Anspruch, den außerprozessualen Zugriff zu untersagen und einen bestimmten Gerichtsweg vorzuschreiben, bereits um 500 formuliert.

Allerdings ist nicht davon auszugehen, dass die private Zwangsvollstreckung eines Politen gegenüber einem anderen prinzipiell verboten war und Spensithios

---

die Bemühungen der Polis um eine Konturierung von Institutionen und des Prinzips der von diesen Institutionen vermittelten extrapersonalen Macht deutlich. – vgl. die Parallelen etwa in IC 4.87 = Koerner 161 = Nomima 1.97 (Rechte der gortynischen Esprattai); IC 4.80.8–12 = Nomima 1.7 = StV 2.216 (Vertrag zwischen Gortyn und Rhitten); IC 4.77 a–c = Koerner 152 = Nomima 1.49 (die gortynischen Karpodaistai); IC 4.42 b 11–4 = Koerner 129 = Nomima 2.5 (der gortynische ‚Dikastas, der über Pfändungsangelegenheiten urteilt').

104 s. etwa Axos, 5. Jh.: IC 2.5.9 = Koerner 106; womöglich auch schon Dreros, 7. Jh.: van Effenterre 1946, Nr. 4 = Koerner 93 = Nomima 1.27.

105 Gschnitzer 1974, 273–4.

106 Zum ersten Mal sehen wir dieses Prinzip in den ersten Sätzen des *Großen Gesetzes* formuliert: IC 4.72.1.1–3 = Koerner 163 = Nomima 2.6. Allerdings verzeichnet das *Große Gesetz* nicht nur neue Regelungen; es inkorporierte und vereinheitlichte eben auch ältere, schon längere Zeit gültige. Hierzu s. Kristensen 2004; Gagarin 2008, 145–75.

damit nur die gleichen Rechte wie jeder andere Bürger auch erhalten hätte. In Gortyn etwa scheint die private Vollstreckung seit jeher etabliert gewesen zu sein, als man sie von Beginn des frühen 5. Jh. an wiederholt durch Gesetze in geregelte Bahnen zu lenken bemüht war, und sie damit ein um das andere Mal als die gültige Praxis bestätigte.[107] So sollten wir wohl auch für Datala annehmen, dass nach den Regeln der Selbsthilfe im Streit zweier Politen untereinander die private Zwangsvollstreckung durchaus erlaubt war. Die ausdrückliche Ausnahme des Spensithios hiervon bedeutete also eine erhebliche Besserstellung seiner Person gegenüber den Mitbürgern. Wenn wir diesen Punkt nun aber als eine Privilegierung verstehen, sollten wir wohl auch die im Text mit ihm verbundene Befreiung von der Personalexekution als eine besondere Bevorzugung des Spensithios ansehen.

Dies ergibt auch vor dem Hintergrund der darauffolgenden Bestimmung Sinn, welche dem Poinikastas erlaubte, sollte er in einen Prozess verwickelt werden, diesen vom Kosmos führen zu lassen. Abermals kann allein der Blick nach Gortyn diese Passage erhellen. Die uns erhaltenen Inschriften zeigen, dass dort eine Klage zwar üblicherweise vom Kosmos angenommen, von jenem aber an einen Dikastas überwiesen wurde, der gegebenenfalls erst einmal eingesetzt werden musste. Dieser entschied gemäß den geltenden Gesetzen, sofern Sachverhalt und womöglich Schuldfrage unumstritten waren. Sollte es in der Sache aber Dissens geben, lud der Dikastas Zeugen, ließ Eide schwören und so fort, um dann auf der Grundlage seiner Prüfung zu entscheiden. Anschließend scheint dann wieder der Kosmos dafür verantwortlich gewesen zu sein, mit seinem auf institutioneller wie persönlicher Macht beruhendem Einfluß zu garantieren, dass die Entscheidung des Dikastas auch umgesetzt wurde.[108]

Wenn Spensithios nun also zugestanden wurde, er dürfe – ganz nach seiner Entscheidung – seinen Prozess entweder führen lassen wie alle anderen oder aber vom Kosmos, deutet dies vor dem Hintergrund des gortynischen Prozessrechtes darauf hin, dass die Politen von Datala ihren Streit üblicherweise nicht vom Kosmos entscheiden lassen durften, sondern wohl von einem Dikastas beziehungsweise dessen dataleischem Pendant. Wenn Spensithios seinen Prozess also nach eigenem Wunsch auch vor dem Kosmos führen durfte, dann diente dies nicht dem Zweck, durch Letzteren eine in der Sache kompetentere Lösung des Streites zu bekommen. Vielmehr wird mit dem Engagement des Kosmos höchstselbst ein größeres Prestige für jene Partei des Streits verbunden gewesen sein, die jenen hatte einschalten dürfen. Denn nicht allein war der Kosmos in der Hierarchie der Funktionsträger höher angesiedelt als die Dikastai; vor allem besaß ein Mann, der das oberste Amt der Polis bekleidete,

---

107 Hierzu s. die am Ende dieses Kapitels stehende Besprechung von IC 4.75 a–d = Koerner 147–9, 155 = Nomima 2.46.
108 Zu diesem Verfahren s. Wolff 1946 und vgl. Thür, etwa 2007; zum Wesen der Macht von Funktionsträgern in der frühen Polis s. Seelentag 2009 und das Kapitel *Kosmos*.

mit großer Wahrscheinlichkeit eine derartige persönliche Macht, dass sein Spruch in einem Streitfall eine größere Verbindlichkeit und Nachhaltigkeit garantierte.

Zuletzt hält unsere Inschrift fest, welche Abgaben Spensithios zu leisten hatte. So wurde er „gesetzlich verpflichtet", die große Menge von zehn Doppeläxten Fleisch, immerhin rund 36 Kilogramm, für das Andreion beizusteuern und auch, wenn „die anderen ihr Amt antreten". Außerdem habe er die „Jahresgebühr" zu entrichten. Diese Auflage sollten wir – wie schon den Beitrag der axischen Handwerker zu verschiedenen Opfern – nicht in erster Linie als eine Pflicht betrachten. Vielmehr sehen wir, dass Spensithios etwa mit seinen Abgaben zum Andreion als Beiträger zu den Gemeinschaftsmahlzeiten auftrat – und das mit einer gewaltigen Menge von Fleisch, wie ausdrücklich festgehalten wird.[109] Wenn wir überdies lesen, Spensithios sei nicht dazu verpflichtet gewesen, darüber hinaus noch Weiteres zu geben, sofern er nicht wollte, heißt dies, dass dem Schreiber und Erinnerer durchaus freistand, noch größere Abgaben zu leisten.

Dies war von großer Bedeutung, denn anders als in Sparta gaben die Mitglieder kretischer Hetairien keinen absoluten, sondern einen relativen Beitrag. Dieser entsprach einem Zehntel ihrer Einkünfte, ungeachtet deren jeweiliger Höhe. Auf Kreta also mochte ein Mann seiner Hetairie nur sehr wenig beisteuern. Und doch geriet er nicht in Gefahr, wegen geringer Einkünfte seinen Status als Bürger und Krieger für die Polis zu verlieren. Die Partizipation am Gemeinwesen war nicht durch Zensusgrenzen abgestuft. Allerdings dürfte der beträchtliche Zehnte der reicheren Bürger jenen einen uneinholbaren Prestigevorsprung beschert haben. Denn mit gleichen Mitteln konnten sich die weniger Reichen bei ihnen nicht revanchieren. Das dem Spensithios zugestandene Recht, zum Andreion so viel beizusteuern, wie er wollte, stand sicherlich jedem Bürger offen; wir sollten hierin keine besondere Privilegierung des Spensithios sehen. Und doch war es offenbar erwähnenswert, dem Poinikastas ausdrücklich den Wettbewerb mit den etablierten Mitgliedern dieser Gemeinschaft zu ermöglichen. Jene traten seit langem als großzügige Beiträger im Andreion auf und hatten sich auf diese Weise nicht allein die Achtung ihrer Mitbürger erworben. Sie hatten sich diese nach den Geboten der Reziprozität eben auch zu einem komplementären Verhalten von Ehrerbietung und Unterstützung verpflichtet; zur Anerkennung der sozialen und politischen Überlegenheit der Reichen. All dies sollte nun auch dem neuen Mitglied der Dataleis, das über beträchtliche Einkünfte verfügte, offenstehen.

Die Ehrung des Dionysios

Der Prozess, gewisse, ansonsten allein den Politen vorbehaltene Rechte Nichtbürgern zu übertragen, wird auch in unserem dritten Zeugnis deutlich, einem gortynischen Dekret, welches dem um die Polis verdienten Dionysios und seinen Nachkommen

---

109 Zum System der Finanzierung der Andreia s. den entsprechenden Abschnitt im Kapitel *Andreion*.

eine Reihe von Rechten verlieh. Die Inschrift stammt aus der ersten Hälfte des 5. Jh. und ist geschlagen in zwei verbundene Blöcke, die zusammen eine Länge von 177 cm erreichen.[110]

Θιοί, θυκἀγαθᾶι. δοριὰν ἔδοϙαν Διονυσ[ίοι τõ]ι Ko[– – –] | [– – – ἀρετᾶς ἐμ π]ολέ[μοι καὶ ἐ]ϝεργεσίας ἔνεκα Γόρτυνς ἐπίπανσα | ϙ' οἱ ἐν Ἀϝλõνι ϝοικίοντες ἀτέλειαν [πάντον ἀ]ϝτõ[ι καὶ ἐσγόνοις – – –] | [– – – ϝα]στίαν δίκαν καὶ ϝοικίαν ἐν Ἀϝλõνι ἔ|νδος πύργο καὶ ϝοικόπεδον ἑκσοι γᾶν κ[– – –] | [– – –]κον καὶ γ[υν]ασίο. *vac.*

Götter! Zu gutem Gelingen! Als ein Geschenk gaben dem Dionysios, Sohn des Ko[– – –], seiner Tapferkeit im Krieg und seiner Wohltaten wegen das gesamte Gortyn und die, die in Aulon wohnen: Ausnahme von Besteuerung in allen Dingen, ihm und seinen Nachkommen [– – –], Rechtsprechung wie ein *astos* und ein Haus in Aulon in Pyrgos (*vel.* im Turm) und ein Stück Land außerhalb von [– – –] und im Gymnasion.

Die Liste der dem Dionysios übertragenen Privilegien zeigt Gemeinsamkeiten mit den Rechten, welche den Handwerkern von Axos und Spensithios übertragen wurden. Wie im Fall des Poinikastas von Datala gestattete auch diese Regelung nicht allein dem Dionysios, sondern ausdrücklich auch seinen Nachkommen die Teilhabe an den genannten Praktiken. Hier wurden ein Individuum und dessen Familie auf Dauer in den Verband der Politen eingegliedert. Einen Unterschied dieser Inschrift zu den beiden anderen sehen wir in der Motivation der jeweiligen Privilegierung. Während die Handwerker ihre Privilegierung wohl als Gegenleistung für die Dauer ihrer von der Polis hochgeschätzten Dienste erhielten, und Spensithios fortan die wichtige Aufgabe eines Schreibers und Erinnerers wahrnehmen sollte, wurde Dionysios für bereits Geleistetes geehrt. Seine Verdienste sind mit „seiner Tapferkeit im Krieg und seiner Wohltaten wegen" sehr allgemein formuliert.[111] Keine Rede ist aber davon, dass seine Privilegierung von einem bestimmten Verhalten in der Zukunft abhängig wäre.

Unklar ist, in welchem Verhältnis das uns topographisch ansonsten nicht bekannte Aulon zu Gortyn stand. Die addierende Formel „und die, die in Aulon wohnen" deutet darauf hin, dass diese nicht als Teil des „ganzen Gortyn" angesehen wurden. Plausibel scheint also, dass Aulon zwar nicht einfach nur ein ‚Ortsteil' von Gortyn war, sondern eine separate Siedlung. Allerdings stimmten die Bewohner Aulons – unter Anleitung Gortyns – diesem Vorgang noch einmal gesondert zu. Immerhin waren sie von den Privilegien des Dionysios unmittelbar betroffen, denn dort erhielt er Haus und Land, dort war er von Abgaben befreit. Wir sehen in Aulon, wie schon im Fall

---

110 IC 4.64 = Nomima 1.8 (vgl. SEG 28.731, 39.1866), Gortyn im frühen 5. Jh. nach Perlman 1996, 266 und Nomima 1994, 50; vgl. die Datierung in die Jahre 450–425 nach Prent 2006, 44.

111 Angemerkt sei an dieser Stelle, dass es sich hierbei um einen der wenigen Hinweise auf die in archaischer Zeit zwischen kretischen Poleis geführten Kriege handelt. Worin das erwähnte, von seinen Taten im Krieg differenzierte euergetische Handeln des Dionysios lag, lässt sich nicht nachvollziehen. – vgl. im Übrigen vergleichbare Formeln aus Athen in Manville 1990.

von Latosion, wohl eine *polis hypekoos* vor uns, eine ‚hörige Polis'. Deren Bewohner waren zwar nicht in die Unfreiheit gedrückt, wurden rechtlich aber eben auch nicht wie die Politen Gortyns behandelt.[112] Nun scheint Gortyn gegenüber den von ihr abhängigen Gemeinschaften darum bemüht gewesen zu sein, deren Eigenständigkeit zu betonen. Deutlich ist dies etwa in dem zu ungleichen Bedingungen geschlossenen Vertrag Gortyns mit den Rhitteniern, in welchem jene ausdrücklich als αὐτ]όνομ[ο]ι κ' αὐτόδικοι bezeichnet werden – um dann aber doch Weisungen Gortyns zu empfangen.[113] So lässt sich wohl auch im Falle Aulons bei aller hierarchischen Diskrepanz zu Gortyn diese Geste vermeintlicher Souveränität bei der Zustimmung zu den Privilegien des Dionysios erklären. Letztlich stand dahinter aber wohl die Verfügung Gortyns über Gebiet und Bewohner Aulons.

Sollte es sich bei Aulon also um eine von Gortyn abhängige Gemeinschaft gehandelt haben, wäre die Zuerkennung der ϝα]στία δίκα – das Privileg, in Rechtsstreitigkeiten eine Behandlung zu genießen, wie sie einem *astos* in der Auseinandersetzung mit einem anderen *astos* zustand – von besonderer Relevanz gewesen. Denn als Mitglieder einer *polis hypekoos* dürfte in Analogie zum Fall der Rhittenier für die Bewohner von Aulon die *xeneia dika* gegolten haben. Damit hätte diese Privilegierung des Dionysios also besagt, dass, obwohl er Haus und Land nicht im Einzugsgebiet der gortynischen *wastia dika* hatte, er im Rechtsstreit trotzdem wie ein gortynischer *astos* behandelt werden sollte. Die ausdrückliche Zuerkennung der *wastia dika* an Dionysios bedeutete für diesen den Zugang zu Praktiken, welche die Politen Gortyns offenbar als ein von ihnen gehütetes, für sie reserviertes Vorrecht ansahen.

Land spielt in der Privilegierung des Dionysios eine wichtige Rolle. Erst durch die Zuweisung eines genau lokalisierten Hauses und die Übertragung eines „Stückes Erde" in einem ebenfalls bezeichneten Gebiet wird Dionysios in den Kreis derjenigen aufgenommen, die aufgrund dieses Eigentums und der daraus resultierenden Einkünfte vollumfängliche politische Teilhabe beanspruchen konnten.[114] Denn fortan

---

112 Gschnitzer 1958, 54–5 sieht in Aulon keine abhängige Gemeinschaft – anders aber Chaniotis 1996, 434; Perlman 1996, 266–8 sowie 2002, 199–200 und 2004, 1152–3 mit Diskussion der älteren Literatur. – Weitere Beispiele für solche abhängigen Gemeinschaften bieten etwa die ungleichen Abkommen IC 3.6.7 = Chaniotis 1996, Nr. 64 = StV 3.553 = HGIÜ 3.340 zwischen Praisos und Stalai vom Anfang des 3. Jh.; IC 2.12.22 = Chaniotis 1996, Nr. 68 zwischen Eleutherna und den Artemitai aus der zweiten Hälfte des 3. Jh.; IC 4.184 = Chaniotis 1996, Nr. 69 zwischen Gortyn „und denen, die auf Kaudos wohnen", einer Kreta vorgelagerten und von Gortyn abhängigen Inselpolis, aus dem 2. Jh.
113 IC 4.80.1 = Nomima 1.7 = StV 2.216.
114 Es ist unklar, ob die ϝοικία (...)ἔνδος πύργο ein Haus in einem zu Aulon gehörenden Bezirk namens Pyrgos bezeichnet, oder ob es sich bei ihr um das Haus in einem beziehungsweise dem Turm von Aulon handelt. Zu letzterer Deutung s. Morris/Papadopoulos 2005, die auf einen bislang wenig untersuchten Gebäudetyp des antiken Griechenlands hinweisen: den Turm. Die Funktion dieser Bauwerke, die überall im ländlich geprägten Umfeld von Siedlungskernen nachgewiesen sind, sehen sie in der von dort ausgeübten Kontrolle über unfreie Landarbeiter. Zu Kreta, wo – wie in Sparta – nur wenige solcher Türme nachgewiesen sind, s. ebd. 202–3.

war es Dionysios möglich, mit seinen Erträgen aus Landwirtschaft oder Weidewirtschaft als Beiträger eines Andreions aufzutreten. Dies legt zumindest der Vergleich mit dem Spensithiosdekret nahe. Hier wie dort sehen wir, dass über Land und dessen Erträge zu verfügen, die Voraussetzung für alle anderen Praktiken der Partizipation war. Überdies wurde ein Gutteil des privaten Landes von Unfreien bestellt, was den Politen überhaupt erst die notwendigen Freiräume gewährte, an den zeitintensiven sozialen Institutionen der Polis teilzunehmen.[115] Die Relevanz – ja, die ideologische Aufladung – eines Hauses als Mittelpunktes einer Wirtschaftseinheit wird aber auch in einer Passage des *Großen Gesetzes* von Gortyn deutlich, die mit dem Erbrecht befasst ist, vor allem mit dem Erbteil von Töchtern:

> Sobald aber [der Vater] stirbt, sollen die Häuser in der Polis und was in den Häusern darinnen ist, in welchen nicht ein Woikeus auf dem Lande wohnt, und das Klein- und Großvieh, was nicht (Besitz) eines Woikeus ist, den Söhnen gehören. Alles andere Vermögen aber soll richtig geteilt werden, und es sollen die Söhne, wieviele es auch sind, jeder zwei Anteile, die Töchter, wieviele es auch sind, jede einen Anteil erhalten. (...) Wenn Vermögen nicht vorhanden ist, wohl aber das Haus, sollen die Töchter (ihre Anteile) erhalten, wie geschrieben ist.[116]

Anders als die anderen Teile des Erbes sollten das Haus, welches ein Bürger in der Polis besaß, und das Inventar dieses Hauses unbedingt in männlicher Linie weitergegeben werden, nicht über eine Tochter in deren neue Schwiegerfamilie übergehen. Überdies würde eine Tochter in das Haus ihres Ehemannes einziehen, also musste besondere Sorge getragen werden, den Lebensunterhalt der männlichen Nachkommen und damit ihren Status als selbständig wirtschaftende Politen und Mitglieder eines Andreions sicherzustellen.

Die Erwähnung des γ[υν]ασίο am uns nur fragmentarisch erhaltenen Ende der Inschrift ist wohl zu deuten als die Zuerkennung des Rechts, Dionysios dürfe fortan im Gymnasion trainieren. In anderen Teilen des archaischen Griechenlands kamen die Besucher des Gymnasions aus der Elite; sie pflegten hier eine aufwendige Kultur der schönen Körper, anmutigen Bewegungen und teuren Salböle. Hier trugen sie untereinander einen durch Kampfregeln institutionalisierten und dadurch eingehegten Wettbewerb aus. Gleichzeitig aber grenzten sie sich als die Gruppe jener, die an diesen Praktiken teilhatten, von allen ab, denen dies nicht offenstand; diese Erzeu-

---

115 Zu den Unfreien kretischer Poleis s. Link 1991, 107–16 sowie 1994, bes. 30–51, und 2001; van Wees 2003; Gagarin 2010 und bes. Lewis 2013 mit komparativen Befunden.
116 IC 4.72.4.31–7, 46–8 = Koerner 169 = Nomima 2.49. Zum Kontext und den Gründen für diese Regelung s. Link 1994, 34–5, 74–96, bes. 79–83 und 94–5; Maffi 2003a, 64–70; Lewis 2013, 406–8. – Dass sich im archaischen Griechenland der Reichtum eines Mannes und damit auch sein Einfluss und Grad der Teilhabe am Gemeinwesen nach Land und Herden bemaßen, erörtern etwa van Wees 2006, 2009 und 2013 sowie Foxhall 1997 und 2002; s. allerdings ebd., 218: „I have never been able to resolve in my own mind the paradox of substantial inequalities in landholding juxtaposed to the notion of political equality in poleis where landholding and citizenship were linked in several ways."

gung von Alterität beförderte die Kohäsion der Eliten. Und so war das Training im Gymnasion neben den elaborierten Praktiken sympotischer Kommensalität einer der wesentlichen sozialen Räume zur Inszenierung von Egalität innerhalb der eigenen Gruppe und von Distinktion und Repulsion gegenüber anderen.[117]

Offenbar wurden im Zuge der soziopolitischen Transformation kretischer Gemeinwesen in der zweiten Hälfte des 7. Jh. sowohl die Teilnahme an den kommensalen Gemeinschaften der Andreia als auch das Training im Gymnasion von einem nur kleinen auf einen erweiterten Kreis von Akteuren ausgedehnt.[118] Fortan hatten auch die ‚einfachen‘ Politen die Möglichkeit, als Mitglied einer fleischverzehrenden Kriegergemeinschaft zu speisen und sich körperlich zu ertüchtigen. Nun bedeutete diese Öffnung aber nicht die Verwässerung ursprünglich elitärer Praktiken – eine ‚Demokratisierung‘ von Andreion und Gymnasion. Vielmehr sehen wir eine ‚Aristokratisierung des Demos‘ vor uns. Denn nun war es einem jeden Politen möglich, etwa durch athletische Leistungen geehrt zu werden, wie es ursprünglich für die Aristoi reserviert gewesen war.[119] Die Kohäsion der gemeinsam Speisenden und gemeinsam Trainierenden sowie ihre Repulsion gegenüber den hierbei nicht Zugelassenen blieben aber konstitutiv für die soziopolitischen Räume der Speisegenossenschaft und des Gymnasions. Und so sehen wir in ihnen wesentliche Integrationskreise der Politen, aus denen – wie Aristoteles für die Unfreien Kretas betont, und wie es die Bezeichnung ‚Apetairoi‘ für freie Nichtbürger nahelegt – alle Anderen ausgegrenzt waren.[120] Die Ideologie einer Orientierung dieser Institutionen kretischer Gemeinwesen hin auf die kriegerische Ertüchtigung der Politen ist noch in den platonischen *Gesetzen* reflektiert:

Athener: (...) Zu welchem Zweck hat euch das Gesetz die Syssitia und die Gymnasia und die Art eurer Bewaffnung vorgeschrieben?

Der Kreter Kleinias: (...) Alles nun ist bei uns auf den Krieg ausgerichtet, und der Gesetzgeber hat, wie mir scheint, alles im Hinblick darauf angeordnet. (...) Denn was die meisten Menschen ‚Frieden‘ nennen, das sei ein bloßes Wort. In Wirklichkeit befänden sich von Natur alle Poleis mit allen ständig in einem Krieg ohne Kriegserklärung.

Und wenn du es so betrachtest, so wirst du finden, dass der Gesetzgeber der Kreter fast alle gesetzlichen Bestimmungen für unser öffentliches und privates Leben mit Blick auf den Krieg getroffen hat und dass er uns aus diesem Grund die Gesetze zu bewahren aufgetragen hat, weil alles andere nichts nütze, weder Besitztümer noch Einrichtungen (*epitêdeumata*), wenn man

---

117 Zur Entstehung des Gymnasions und der Relevanz des Agons bei der Herausbildung einer Elitenkultur s. Mann 1998 und 2001.

118 Hierzu s. Rabinowitz 2009 und 2014; sowie das Kapitel *Andreion*.

119 Hierzu s. Meier 2006; so auch schon Spahn 1977, 109.

120 Apetairoi: IC 4.72.2.2–45, hier 2–15 = Koerner 164 = Nomima 2.81; zu ihnen s. etwa Willetts 1955, 37–45 und 1967, 12–3; Link 1994, 29. – Unfreie: Arist. pol. 1264a 21–2.

nicht im Krieg die Oberhand gewinne, während dagegen alle Güter der Besiegten den Siegern anheimfielen.[121]

Wie den axischen Handwerkern und Spensithios wird auch Dionysios die *atéleia*, die „Abgabenfreiheit", zuerkannt. Gerne wüssten wir anhand zeitgenössischer Inschriften der Insel, welcher Art die hier erlassenen Abgaben waren. Von den Politen kretischer Gemeinwesen wissen wir allein, dass sie eine regelmäßige Beisteuer zum Andreion leisteten.[122] Diese aber kann hier nicht gemeint sein, da Spensithios und die Handwerker zwar mit der Atelie privilegiert werden, sie zugleich aber die Auflage – beziehungsweise das Recht – erhalten, zum Andreion beizusteuern. Ansonsten sind uns für das archaische Kreta keine regelmäßigen Abgaben, keine Steuern der Bürger überliefert. Tatsächlich ist es zweifelhaft, dass die Politen solche Abgaben entrichten mussten.[123] Gemeint sind womöglich Abgaben auf die Inanspruchnahme von durch die Polis gewährleistete Infrastruktur beziehungsweise auf gewisse auf dem Gebiet der Polis vollzogene Transaktionen. Der Befund für solche Abgaben ist aber schmal. Allein der um 450 unter der Aufsicht von Argos geschlossene Vertrag der kretischen Poleis Knossos und Tylissos verzeichnet eine Abgabe auf Exporte im Seehandel.[124]

So ist es vielleicht denkbar, in der Zuerkennung der Atelie in den hier besprochenen Dokumenten die jeweilige Ausnahme der Genannten von jenen Abgaben zu sehen, welche allein die Nichtbürger zu leisten hatten. Von solchen berichtet Aristoteles in seinen Ausführungen über die Finanzierung der Andreia, es würde „vom Staatsland, von allen seinen Felderträgen und dem (dort weidenden) Vieh, und von den Abgaben, welche die Periöken entrichten, ein Teil für die Götter und die öffentlichen Aufgaben bestimmt; der andere für die gemeinsamen Mahlzeiten, sodass alle

---

121 Plat. leg. 625c–626b, Übers. nach K. Schöpsdau 1977; s. auch ebd. 814d, 834a–d; und s. Ephor. ap. Strab. 10.4.16, zitiert am Ende des letzten Kapitels dieser Arbeit.
122 Deutlich wohl in der Karpodaistai-Inschrift von Gortyn: IC 4.77a–c = Koerner 152 = Nomima 1.49; hierzu Willetts 1961; Link 1994, 13 Anm. 23. – Diese Inschrift lässt freilich auch erkennen, dass jene Abgaben nicht immer freiwillig entrichtet wurden.
123 Dieses Thema ist für Kreta bislang nicht behandelt worden. – Morris 2009, 72: „But state institutions were always weak. Confiscated property, fines, voluntary contributions, and indirect taxes on markets and harbors were their main sorces of revenue in Archaic times: direct taxation was always considered incompatible with freedom." – s. nun van Wees 2013a, bes. 28–30, zur Archaik; sowie Rubinstein 2009 zur Atelie nacharchaischer Zeit.
124 IC 1.8.4, hier 11–14, und 1.30.1 = Nomima 1.54 I und II = StV 2.147 und 148 = HGIÜ 1.72. – vgl. den gortynischen Vertrag mit Kaudos, der aber erst aus dem späten 3./frühen 2. Jh. stammt; IC 4.184a und dazu Chaniotis 1996, 160–8, 407–20. Hierin ist verfügt, dass die Bürger des von Gortyn abhängigen Kaudos eine *dekate* ihrer Landesprodukte an den Tempel des Apollon Pythios von Gortyn zahlen sollen, und zwar „wie es auch die Gortynier taten". Dieser Zehnte galt für alle Produkte außer Tieren und Hafeneinkünften, Gemüse, Wacholder und Salz, deren Abgabemenge in absoluten Maßen festgeschrieben war.

aus öffentlichen Mitteln ernährt werden, Frauen, Kinder und Männer."[125] Und Dosiadas hält in seinem Bericht über die Andreia in Lyttos fest, „von den erzielten Erträgen bringt jeder den zehnten Teil in die Hetairie ein sowie die Einkünfte der Stadt, welche die Vorsteher der Stadt den Häusern der einzelnen zuteilen. Von den Douloi steuert jeder pro Kopf einen aiginetischen Stater bei."[126] Diese beiden Zeugnisse berichten somit von einer regelmäßigen Beisteuer der Nichtbürger zu Praktiken, an denen sie selbst nicht teilhatten.

Womöglich sollten wir in der Abgabenfreiheit, die in allen drei besprochenen Inschriften prominent erscheint, also nicht unbedingt und – in Parallelisierung zu den Charakteristika der Atelie in späterer Zeit, im klassischen Athen etwa – von Vorneherein eine zusätzliche Privilegierung sehen, welche die derart Geehrten unter ihren Mitbürgern und Statusgenossen noch einmal gesondert hervorhob. Vielleicht bezeichnete sie statt dessen die ausdrückliche Ausnahme von jenen Abgaben, die allein Nichtbürger zu leisten hatten; und somit die Ausnahme von einer Praxis, die maßgeblich dazu beitrug, die Minderprivilegierung der ‚Anderen' gegenüber dem Politen herauszustellen.[127] In diesem Falle wären den Privilegierten mit der Zuerkennung der Atelie bestimmte Praktiken erlassen worden, welche die Pflicht von Nichtbürgern waren. Sie aber sollten fortan an der Gemeinschaft jener teilhaben, die keine Abgaben dieser Art zahlten, nämlich der Bürger.

Die Privilegien in den drei eben besprochenen kretischen Inschriften sind nicht standardisiert. Dies ist auch nicht zu erwarten, stammen sie doch aus unterschiedlichen Poleis und Jahrzehnten und überhaupt aus einer Zeit, in der ein in seinen Bestandteilen standardisiertes Bürgerrecht eben noch nicht existierte. So werden etwa allein Dionysios ein Haus und ein eigenes Landlos zugewiesen; allerdings gestattet man ihm nicht ausdrücklich die Speisung im Andreion, die in den beiden anderen Inschriften eine wichtige Rolle spielte. Hieraus lassen sich nun aber keine Grade

---

125 Arist. pol. 1272a 12–21.

126 Dosiadas FGrHist 458 frg. 2 ap. Athen. 4.143a, Übers. nach St. Link 1994.

127 Ein Dekret aus Kyzikos, das aus dem 6. Jh. stammt, überliefert eine Reihe von Abgaben. Es gewährt den dort Privilegierten – Manes, den Söhnen des Aisepos und deren Nachkommen – „die Abgabenfreiheit mit Ausnahme des *nauton*, der Abgabe für die Benutzung der gemeindlichen Waage, der Pferdekaufabgabe, der Viertelabgabe und der Sklavenkaufabgabe. Bei allem anderen sollen sie abgabenfrei sein." – Aufgrund unserer Unkenntnis der soziopolitischen Verhältnisse in dieser Polis zu jener Zeit können wir allerdings nicht sagen, ob diese Steuern von einem jeden Politen zu entrichten waren, der entsprechende Geschäfte tätigte, und diese Privilegierung die Genannten unter ihren Mitbürgern besonders heraushob; oder ob es sich vielleicht auch hier um eine ausdrückliche Freistellung von jenen Abgaben handelte, wie allein Fremde sie zu entrichten hatten. Das in dieser Inschrift ebenfalls zugestandene Recht, fortan im Prytaneion zu speisen, spricht freilich für Ersteres; IMT Kyz Kapu Dag 1447 = Nomima 1.32 = HGIÜ 1.18, Übers. von Brodersen/Günther/Schmitt, jeweils mit Diskussion und weiteren Hinweisen. Hölkeskamp 1999, 172–3 datiert die Inschrift an das Ende, Raaflaub 1993, 77 an den Anfang des 6. Jh. Hierzu s. auch *Hermes* 15 (1880) 92–8.

der Mehr- oder Minderprivilegierung ableiten, graduelle Einschränkungen der Teilhabe am Gemeinwesen. Für die Zeitgenossen mag völlig klar gewesen sein, dass ein Mann, sofern er über Land und ein Haus verfügte, und der überdies allen Mitbürgern als um die Gemeinschaft verdient und von ihr per Dekret privilegiert bekannt war, selbstverständlich auch an den Gemeinschaftsmahlzeiten teilnahm. Und wenn Dionysios nicht ausdrücklich in eine Phyle eingeteilt wird, und damit in Strukturen, deren Existenz als für militärische und politische Partizipation wichtige Integrationskreise in kretischen Poleis schon für das 7. und 6. Jh. überliefert ist, mag dies mit seinem immerhin klar benannten Wohnort Aulon zusammenhängen. Auch fehlt in unseren drei Inschriften jede Bezugnahme auf einen mit der jeweiligen Privilegierung einhergehenden militärischen Einsatz für die Polis. Denkbar ist allerdings, dass diese Pflicht, die wir ohnehin eher als Recht verstehen sollten, mit dem Eigentum an Land wie selbstverständlich einherging.

Und doch kristallisieren sich bei allen Unterschieden dieser Zeugnisse einige soziale Integrationskreise und deren konstituierende Praktiken heraus, die jede für sich, doch vor allem in Kombination miteinander offenbar von besonderer Relevanz für die Teilhabe am Gemeinwesen waren. Dies war zunächst der Zugriff auf Ackerland beziehungsweise auf die Erträge eines Stückes Land. Erst damit scheint die Möglichkeit, ja das Recht verbunden gewesen zu sein, als Beiträger zum Andreion aufzutreten und an den Gemeinschaftsmahlzeiten der Männer teilzunehmen. Darüber hinaus mögen die Bürger das Privileg genossen haben, keine regelmäßigen Abgaben entrichten zu müssen. Von großer Relevanz war auch ihr Recht, an den körperlichen Ertüchtigungen des Gymnasion teilzunehmen. Wenn wir die literarischen Zeugnisse des 4. Jh. hierin beim Wort nehmen dürfen, trennte sich dort der Bürger und Waffenträger von allen ‚Anderen' in ähnlicher Deutlichkeit wie im Andreion. Einen weiteren Integrationskreis des Einzelnen sehen wir in seiner Teilnahme an verschiedenen Opfern, bei denen sich die jeweilige Gruppe, die dieses Opfer darbot und mit einem Fest beging, immer wieder als Kultgemeinschaft konstituierte. Und nicht zuletzt weisen unsere Inschriften mit ihrer Betonung, die von ihnen gewährten Vorrechte gälten auch für die Nachkommen der derart Privilegierten, darauf hin, dass der Status des Bürgers perpetuiert werden sollte. Die Söhne der Begünstigten und deren Söhne würden die von der Polis geregelte Paideia durchlaufen, ihre Zeit in der Agela und zehn Jahre als Dromeis zubringen, um schließlich zu Vollmitgliedern der Andreia zu werden und damit zu Politen mit allen Rechten und allem Ansehen.

Den Eleutheros bewahren

Eine oben bereits erwähnte gortynische Regelung des 5. Jh. ergibt vor dem Hintergrund der Ausführungen dieses Kapitel Sinn und bestätigt noch einmal das Voranstehende. Sie ist Teil einer längeren Inschrift, die in vier Kolumnen geschrieben war, deren drei andere die Umstände von Pfändungen behandeln und darum bemüht sind, Grenzen zwischen erlaubter und unerlaubter Vollstreckung zu ziehen.[128] So ist davon auszugehen, dass auch die uns interessierende vierte Kolumne mit diesem Thema befasst war, selbst wenn diese allein eine Aufzählung verschiedener Gegenstände bietet. Erwähnt sind:

> – – – ὅ]πλα ἀνδρὸς | ἐλευθέρο ὅττ' ἐνς πόλεμον | ἴσκει, πλὰν ϝέμας κ' ἀνπιδέ|μας, ἰστός, ἔρια κερίθεκν|α, ϝεργαλεῖα σιδάρια, ἄρατ|ρον, δυγὸν βοῶν, κάπετον, μ|ύλανς, ὄνον ἀλέταν, ἐ(κ)ς ἀν|δρείο ὅτ⟨τ⟩' ὁ ἀρκὸς παρέκει | κατ' ἀνδρεῖον, εὐνὰ ἀνδρὸς | καὶ γυναικός, ἐ[λε]υθέρο ὀ|[– – –

> – – – die Waffen eines freien Mannes, die er zum Krieg hat, außerdem Kleidung und Schmuck; Webstuhl, handbearbeitete Wolle, eiserne Werkzeuge, den Pflug, ein Gespann Ochsen, die Schaufel (?), die unteren und oberen Mühlsteine; aus dem Andreion, was der Vorsitzende bietet für das Andreion; das Ehebett von Mann und Frau, eines freien Mannes – – – [129]

Diese vierte Kolumne scheint jene Gegenstände zu nennen, die ausdrücklich von der Pfändung ausgenommen waren. Die spezifische Auswahl der hier genannten Objekte lässt vermuten, dass dies in der Absicht geschah, den Schuldner sowie seinen Oikos zu schützen und ihn als Mitglied der Gemeinschaft zu erhalten. Und so sind die hier aufgeführten Gegenstände aufschlussreich für die Frage, was denn den Kern eines Bürgerhaushaltes ausmachte.

Die Ausnahme der verschiedenen Gerätschaften von der Pfändung zeigt etwa, dass der Schuldner und seine Frau als wirtschaftende Individuen erhalten bleiben sollten. So war neben Mahlvorrichtungen für Getreide und Oliven, die in privat und gemeinschaftlich genutzten Räumen in kretischen Poleis nachgewiesen sind, der Webstuhl das wohl wichtigste Instrument weiblicher Arbeit, die von ihr verarbeitete Wolle eines der wesentlichen Produkte des Oikos.[130] Daneben nennt die Inschrift verschiedene Gerätschaften, die der Mann vor allem für die Feldarbeit benötigte. Besondere Beachtung – neben einigen nicht weiter spezifizierten Werkzeugen – verdienen Pflug und Ochsengespann. Denn diese beiden Gerätschaften brachten einem vollbäuerlichen Oikos, wie Hesiod ihn beschreibt, nicht allein wirtschaftliche Einkünfte ein; sie waren geradezu Symbole für den Status eines freien Mannes und Bürgers. Ein Bauer ohne Gespann war darauf angewiesen, sich ein solches auszuleihen, um sein

---

128 IC 4.75 a–d = Koerner 147–9, 155 = Nomima 2.46, hier IC 4.75 b = Koerner 147 in modifizierter Übersetzung. Einen Eindruck von der Anordnung dieser Kolumnen bieten Guarducci ad loc. und Gagarin 2008, 139–42, 259–60. – Der Text der Kolumne a findet sich wörtlich auch in IC 4.81.4–15 = Koerner 155 = Nomima 2.47.
129 Zu Deutung und Nachweisen von πλὰν in Zeile 3 im Sinne von „außerdem" s. die Diskussion bei Koerner 1993, 424.
130 Zur Relevanz von Webstühlen, Wollprodukten sowie Öl- und Getreidemühlen für die wirtschaftliche Leistungskraft eines kretischen Oikos s. etwa Haggis et al. 2007. – Zur Wertewelt der Arbeit von Mann und Frau in archaischer Zeit s. Seelentag 2014 mit weiteren bibliographischen Hinweisen.

Stück Land zu bearbeiten. Er geriet also in eine Position der Abhängigkeit, zumindest auf Zeit.[131]

Ebenfalls der Pfändung entzogen waren die Waffen des Eleutheros; sie machten den Freien überhaupt erst zu einem Bürger des Gemeinwesens. Dies wird nahegelegt von der Aussage des Aristoteles zum Tragen von Waffen als einem der wesentlichen Unterschiede zwischen den Freien und Unfreien Kretas und vom Lied des Hybrias mit seiner Ideologisierung des Waffenträgers, der sein Land nicht selbst bebaut, sondern von jenen bebauen lässt, die er unterwarf, weil sie nicht wagten, Waffen zu tragen.[132] Zu den Mobilien, die ebenfalls nicht aus dem Haus eines Freien gepfändet werden durften, gehörte auch das Bett von Mann und Frau. Es repräsentierte die rechtmäßige Ehe, jene Gemeinschaft der Produktion und Reproduktion, welche zahlreiche Gesetze Gortyns in den Blick nahmen und regulierten. In ihm sollten wohl auch – so mag man gedanklich ergänzen – die zukünftigen Bürger der Polis gezeugt werden.[133]

Unsicher ist, welche Gegenstände mit dem Ausdruck, „aus dem Andreion, was der Vorsitzende für das Andreion bietet", von einer Pfändung ausgenommen waren. Diese Unsicherheit gründet auch in unserer Unkenntnis, ob der Begriff ,Andreion' hier die Tischgemeinschaft der Männer oder den Ort dieser Zusammenkunft bezeichnet.[134] Ebenso wenig wissen wir, ob diese Passage vor allem den erwähnten Vorsitzenden schützen will und die Pfändung von Gegenständen verbietet, die er für sein Andreion zur Verfügung stellte und dort deponierte; oder ob dieser Passus sämtliche Bürger und Hetairoi in den Blick nahm und verbot, ihnen Gegenstände wegzupfänden, die der Vorsitzende ihres Andreions ihnen überlassen hatte. In jedem Fall sehen wir hier einen weiteren wesentlichen Integrationskreis eines Eleutheros angesprochen, seine Hetairie.[135]

Unklar ist auch, was es mit Kleidung und Schmuck auf sich hat, die hier ebenfalls einer Pfändung entzogen werden. Beide Güter scheinen jenseits ihres reinen Materialwertes in besonderer Weise semantisiert zu sein. Darauf weist ein anderes gortynisches Gesetz hin, das ebenfalls aus dem frühen 5. Jh. stammt und bestimmt, dass man

---

131 Hes. erg. 404–8 zu den Grundlagen des Oikos, 426–39 zu Pflege und Ideologie von Pflug und Gespann sowie 450–3 zum Gegenbild des besorgt neidvollen Bauern ohne eigenes Gespann. Zum Sozialtyp des Gespannbauern s. Schmitz 2004, 71–4.

132 Arist. pol. 1264a 20; Hybrias ap. Athen. 15.695f–696a. – Zur im Lied des Hybrias reflektierten Ideologie s. Gehrke 1997, 29 und 31; sowie van Wees 2009, bes. 445–52, und 2013, bes. 224–9.

133 vgl. Koerner 1993, 424–5; dagegen Link 1994, 15–6 mit Anm. 30.

134 Die Erwähnung des Andreions in zeitgenössischen literarischen und epigraphischen Zeugnissen lässt beides möglich scheinen. – Zu diesen Strukturen s. das Kapitel *Andreion* mit seinem Abschnitt *Hierarchien im Andreion*.

135 Die erste Deutung implizierte, dass sie als Eigentum des Vorsitzenden angesehen wurden; allein so ergäbe das Verbot, sie ihm zu pfänden, Sinn. Sie scheinen aber im Besitz und Nießbrauch seines Andreion gewesen zu sein, waren damit also keine rein privaten Gegenstände mehr, sondern wurden nun gemeinschaftlich genutzt. Koerner 1993, 425 vermutet hierin die Tafelgeräte des Andreions, die der Vorsitzende unter seiner Verwaltung gehabt habe.

„zu Unrecht" – das heißt wohl: ohne entsprechenden Richterspruch – die Person weder eines Unfreien noch eines Freien pfänden dürfe; ihre Kleidung und Schmuck dürften überhaupt nicht gepfändet werden.[136] Einen gewissen Hinweis darauf, worin spezifischer Zeichenwert und Relevanz von Schmuck und Gewand gelegen haben mag, gibt der Ephorosbericht über die Ephebenentführung, der an zwei Stellen auf mit Kleidung verbundene Symbolik hinweist: Zum einen bekam der Ephebe von seinem Entführer eine *stola polemike* überreicht; zum anderen durften sich alle ehemals Entführten fortan mit einem besonderen Gewand schmücken.[137] Auch die im ersten Kapitel dieser Studie zitierten Passagen über die Kafiren-Gemeinschaften von Nuristan, deren materielle Kultur eine ähnlich selbstauferlegte Austerität zeigt wie die kretische, bieten einen Vergleich. Sie bedienen sich bestimmter Praktiken von Statusdistinktion, die in unseren Augen höchst subtil, in diesen Gesellschaften aber höchst aussagekräftig und deshalb streng kontrolliert sind. Dazu gehören bestimmte Schnitzereien in den hölzernen Türbalken der Häuser wie auch bestimmte Kennzeichen der Kleidung. Diese Merkmale bemessen sich nicht nach inhärentem materiellen, sondern allein nach ihrem symbolischen Wert.[138]

Nun heißt diese Liste der in unserem Gesetz verzeichneten Gegenstände nicht, dass jeder freie Mann, der in Gortyn hätte gepfändet werden können, auch tatsächlich über alle diese Gegenstände verfügte. Und doch ist diese Liste aussagekräftig für die Ideologie des Bürgers, des Eleutheros. Denn wir sehen, dass unser Gesetz weit mehr leisten wollte, als lediglich das wirtschaftliche Überleben eines von Pfändung betroffenen Haushalts zu gewährleisten.[139] Schließlich waren das Ehebett und womöglich eben auch Kleidung und Schmuck eher symbolisch aussagekräftig als ökonomisch unerlässlich. Unfreie Arbeitskräfte etwa durften durchaus gepfändet werden.[140] Und so sehen wir, dass es dem Idealbild des Eleutheros entsprach, dass dieser Land sein eigen nennen konnte, welches er mit einem eigenen Gespann und eigenen Werkzeugen auch selbst bestellte; dessen Erzeugnisse sein Oikos auch selbst verarbeitete. Er lebte in einer Hausgemeinschaft, deren wirtschaftliche Potenz auch in der weiblichen Arbeit gründete. Desweiteren war der Eleutheros Mitglied eines Andreion. Diese Mitgliedschaft in einer der Speisegenossenschaften war für den Eleutheros das wesentliche Privileg, welches ihn sozial von den Apetairoi abhob, jenen freien Bewohnern

---

136 IC 4.43 Ab = Koerner 131 = Nomima 2.70, s. Koerner 1993, 398–9 mit weiterführenden Hinweisen. – Die ohne vorhergehenden Richterspruch durchgeführte Personalexekution wird verboten in der ersten Kolumne des *Großen Gesetzes* von Gortyn; IC 4.72.1 = Koerner 163 = Nomima 2.6.

137 Hierzu s. das Kapitel *Paideia*.

138 Jones 1974, 184–5.

139 Koerner 1993, 425 vermutete noch, die Regelung sei Zeugnis für die „humane Gesinnung dieser Menschen [von Gortyn], die dem Schuldner die wesentlichen Mittel zu einem kultivierten Leben erhalten wollte."

140 s. etwa IC 4.47 = Koerner 138 = Nomima 2.26, Gortyn vom Anfang des 5. Jh.; und aus dem *Großen Gesetz* IC 4.72.10.25–32 = Koerner 179 zu diesen ‚Katakeimenoi' genannten Unfreien.

der Siedlungsgemeinschaft, die keine Bürger der Polis waren. Von ihnen und weiteren Anderen mag er sich auch durch in Kleidung und Schmuck zum Ausdruck kommende Symbolik abgegrenzt haben. Und schließlich entsprach es dem Ideal des Eleutheros, dass er Waffen trug, „die er zum Krieg hat", wie dieses Gesetz betont. Sie hoben ihn also nicht allein nach innen von den Unfreien seines Gemeinwesens ab, sondern waren ein Mittel, seine Identität als Mitglied seiner eigenen Gemeinschaft nach außen auch in der gewaltsamen Auseinandersetzung mit anderen Gemeinschaften zu konturieren.[141]

Inschriftliche Dokumente wie die in diesem Kapitel vorgestellten lassen erkennen, dass die Poleis der Insel darum bemüht waren, den Umgang mit Fremden und ansässigen Nichtbürgern in bestimmte Bahnen zu lenken. Einerseits wurden jenen gewisse Rechte zugestanden und ihnen damit Sicherheit gewährt, wenn sie sich nur an bestimmte Auflagen hielten; andererseits lassen diese Zugeständnisse der Polis doch immer wieder erkennen, dass ein zu enger Kontakt zwischen Politen und Fremden nicht erwünscht, sondern sogar strafbar war. Die Separierung der beiden Gruppen fand vor aller Augen statt und beförderte somit auch das Gefühl der Bürger, als eine in sich geschlossene Gruppe diesen Anderen gegenüber zu stehen.

Ursprung und Sinn dieser Trennlinien sind im Kontext der soziopolitischen Transformation kretischer Gemeinwesen am Ende des 7. Jh. zu sehen. In Reaktion auf die Herausforderungen der zunehmenden Komplexität soziopolitischer Konfigurationen, mit denen freilich alle Teile der griechischen Welt konfrontiert waren, scheinen die Aristoi kretischer Gemeinwesen auf solche kulturellen Praktiken verzichtet zu haben, welche ihre Überlegenheit gegenüber dem Demos betonten und auf Distinktion zielten, wie sie in anderen Poleis typisch waren. Vor allem der im ersten Kapitel dieser Arbeit skizzierte materielle Befund vom 7. bis 5. Jh. ist ein wichtiger Hinweis auf eine erfolgreiche ethische Homogenisierung der kretischen Eliten. In deren Zuge fanden zwei gesellschaftliche Ideologeme Ausdruck, wurden Normen etabliert und kulturelle Praktiken institutionalisiert, die für alle Akteure Verbindlichkeit beanspruchten.[142]

Dies war zum einen das Ideologem der Gleichheit der politischen Akteure; die Fiktion, dass alle Bürger gleich seien. Hierbei wurden gewisse Ausdrucksformen der natürlich vorhandenen materiellen Ungleichheit unterbunden. Stattdessen wurden ursprünglich elitäre Distinktionspraktiken, wie körperliche Ertüchtigung und gemeinschaftliche Kommensalität, auf einen erweiterten Kreis von Teilnehmern

---

141 Angemerkt sei, dass es bei all dem völlig unklar ist, welchen Teil der Gesamtbevölkerung einer kretischen Polis die Eleutheroi ausmachten. Quantifizierungen sind mit dem uns zur Verfügung stehenden Material unmöglich. Walter 1993, 93–7 bietet und problematisiert entsprechende Überlegungen zum archaischen Chios.
142 Hierzu s. Erickson 2010; Seelentag 2013; die Beiträge in Pilz/Seelentag 2014; und das Kapitel *Kulturelle Praktiken und materielle Kultur*.

ausgedehnt.[143] Dies diente der Zurschaustellung einer Homogenität der Politen, die in zahlreichen sozialen Praktiken eingeübt und bestätigt wurde. Diese Konstruktion der Binnengleichheit machte aber die Schaffung von Ungleichheiten nötig. Denn je größer die tatsächlichen Unterschiede zwischen jenen sind, die untereinander ihre Gleichheit betonen, desto größer muss deren gemeinsamer Abstand gegenüber den ,Anderen' sein; desto deutlicher muss die Alterität zwischen den ,Gleichen' und den ,Anderen' institutionalisiert werden.[144] Ein Vehikel dafür war die Ideologisierung dieser Gleichheit durch ,Freiheit' – so legt es die Selbstbezeichnung der Politen als *Eleutheroi* nahe: Bei allen Binnenunterschieden waren sie untereinander doch darin gleich, dass allein sie wahrhaft frei waren und auf die ,Anderen' verächtlich herabblicken konnten.

Das zweite Ideologem besagte, dass die ,Polis' die verschiedenen in kretischen Poleis angelegten Bruchlinien der Gesellschaft überbrücke. Die Entität der Polis bot einen Integrationskreis übergeordneter Identität für Aristoi und Damoden, für die zahlreichen Nachbarschaften und Kultgemeinschaften, für Phylen und Hetairien.[145] Denn es ist bemerkenswert, dass die in diesem Kapitel erörterten Praktiken der Teilhabe nicht im Rahmen jener abstrakten Entität der ,Polis' stattfanden, die uns ab dem 7. Jh. in den Beschlussformeln der Inschriften ja durchaus begegnet, sondern in den besprochenen sozialen Integrationskreisen. Diese allerdings ergaben nicht einfach in ihrer Gesamtheit ,die Polis'; vielmehr standen sie als dem Einzelnen sinnspendende Formen von Vergesellschaftung wohl durchaus in Konkurrenz oder gar Widerstreit mit jener zentralen Institution. Und doch war es eben ,die Polis', die seit dem 7. Jh. als beschlussfassende Autorität in kretischen Gesetze auftrat und die mittels der von ihr getragenen Maßnahmen der Institutionalisierung Einfluss nahm auf die Vielzahl sozialer Integrationskreise innerhalb des Gemeinwesens.[146]

Hierbei ist zu bedenken, dass die derart sinnstiftenden Integrationskreise keineswegs aus einem Bereits-Vorhandensein einer starken und klar konturierten Polisgemeinschaft resultierten, sondern diese überhaupt erst – durch die Wiederholung bestimmter Praktiken – tatsächlich herstellten. Ebenfalls ist festzuhalten, dass diese verschiedenen sinnstiftenden Integrationskreise natürlich keinesfalls ohne Überschneidungen waren. Vielmehr war ihre Überschneidung – und das heißt, dass ein

---

143 Hierzu s. das Kapitel *Andreion*.

144 Dieser Abstand des Ansehens wird auch deutlich in dem oben besprochenen Katalog von Strafen für Vergewaltigung und Ehebruch im *Großen Gesetz* von Gortyn, IC 4.72.2.2–45 = Koerner 164 = Nomima 2.81.

145 s. das Kapitel *Polis*.

146 Dies wird deutlich in Inschriften wie jener aus Dreros, letztes Viertel des 7. Jh.: Nomima 1.68 = Nomima 2.89 = Koerner 92, zur Lesung und Deutung s. Seelentag 2009a, in welcher die Polis „in Hinblick auf die Hetairien" die Umstände der Ausbildung in den Agelai und der Ephebenentführung regelt; oder in jener Bestimmung aus Eltynia, um 500: IC 1.10.2 = Koerner 94 = Nomima 2.80 = SEG 2.509, welche Körperverletzungen im Rahmen der Paideia sanktioniert, etwa in den Agelai der Epheben.

Individuum in verschiedene Zirkel eingebunden war – überhaupt erst die Voraussetzung für dessen Teilhabe am Gemeinwesen. Denn ‚das Gemeinwesen' offenbarte sich in dieser Zeit als die Schnittmenge verschiedener Integrationskreise. In der hier vorgestellten Zeit, in welcher der Bürgerstaat überhaupt erst institutionell ausdifferenziert wurde, ging es also nicht vorrangig darum, ‚an der Polis teilzuhaben', sondern zunächst einmal ‚an den Praktiken einer Reihe soziopolitischer Integrationskreise teilzuhaben'. Einen Eindruck der Vielfalt der für ein Individuum sinnstiftenden Gemeinschaften vermittelt ein Solon zugeschriebenes Gesetz:

> Was ein Demos oder Mitglieder einer Phratrie (*phratores*) oder eine Vereinigung für kultische Feste (*orgeones*) oder *gennetai* oder Mahlgenossen (*syssitoi*) oder ein Begräbnisverein (*homotaphoi*) oder Mitglieder von religiösen Vereinigungen (*thiasotai*) oder Leute, die auf Beute oder Handel ausgehen, untereinander abmachen, das soll rechtens (*kyrion*) sein, wenn es nicht durch eine von öffentlicher Seite gemachte Verordnung (*demosia grammata*) untersagt ist.[147]

Obschon in diesem Kapitel die Integration der Individuen der Gemeinschaft in eine Reihe von Integrationskreisen betont wird, gab es in archaischer Zeit durchaus die Vorstellung von vollständiger Teilhabe am Gemeinwesen. Denn die Einbindung in einen der maßgeblichen Integrationskreise brachte einem Individuum auch die Einbindung in die anderen mit sich. So dürfte ein Landeigentümer auch Mitglied eines Andreion gewesen sein und damit einhergehend eben auch im Dromos oder bei einer der zentralen Kultfeiern der Gemeinschaft akzeptiert worden sein. Es ist nicht davon auszugehen, dass einem Individuum die Teilhabe an diesen sozialen Praktiken eine nach der anderen ausdrücklich hätte zugestanden werden müssen. Und es existierte durchaus ein Bewusstsein dafür, wer und wer nicht zu diesen Kreisen gehörte und von seinen Statusgenossen als Ihresgleichen anerkannt oder abgelehnt wurde. Insofern ist es durchaus angebracht, abkürzend vom ‚Bürger' zu sprechen – wenngleich kretische Poleis keinen eindeutigen, abstrahierten Begriff dafür verwendeten, und am ehesten ‚Eleutheros' Stolz, Selbstverortung und Selbstbewusstsein des Politen ausdrückte.[148]

---

147 Solon frg. 76a Ruschenbusch 2010 ap. Gaius Dig. 47.22.4, hierzu s. Jones 1999, 25–50 und 311–20; sowie Ulf 2009, 90–1 zu verschiedenen das Individuum einbindenden Integrationskreisen in den homerischen Epen, etwa Alters- und Verwandtschaftsgruppen, Hetairosgruppen und Nachbarschaften, Phylen und Phratrien. – vgl. hiermit das aristotelische Konzept der *koinoniai* unterhalb der Ebene der Polis, etwa Arist. eth. Nic. 1160a 4–6; dazu Vlassopoulos 2007, 13 und Schmitt-Pantel 1990a, 24: „Participation – in different forms of commensality, in collective hunting, in the group of ephebes and then of hoplites, in assemblies – is the mark of belonging to the citizen group; furthermore these practices, common to all and shared by all, form an essential part of the common domain (*koinon*) which characterizes city life."

148 s. auch Kristensen 2014, Anm. 38. – Erst nach Abschluss dieses Kapitels kam mir der Aufsatz von Bernhardt 2014 zur Kenntnis, der die Ursprünge des politischen Freiheitsbegriffs und seiner Ideologisierung in Sparta sieht, Ähnliches aber für Gortyn konstatiert, hier 322–3: „Die ἐλεύθεροι/

Abschließend sei noch einmal Uwe Walter zitiert: „Parallel mit ihren staatlichen Einrichtungen musste sich vielmehr auch die Gesellschaft als politische Gemeinschaft konstituieren."[149] In der Tat hatte dies parallel zu erfolgen; doch scheinen mir die Ereignisse der zweiten Satzhälfte einen deutlichen Primat zu beanspruchen: Das Bewusstsein einer Gruppe um ihre Existenz als politische Gemeinschaft war Voraussetzung für die Schaffung von, wie es hier heißt, polis-‚staatlichen' Einrichtungen. Und so muss die Frage, welche soziopolitischen Konfigurationen diesen Kraftaufwand der Institutionalisierung leisteten, mittels dessen jene untereinander häufig agonalen Integrationskreise in die Polis integriert und zum Bürgerstaat geformt wurden, der Ausgangspunkt für die nächsten Kapitel sein.

---

eleutheroi [von Gortyn] sind die Vollbürger, d.h. ἐλεύθερος/eleutheros ist eine Statusbezeichnung. [...] Die ἐλεύθεροι/eleutheroi waren keine Aristokratie, sondern eine elitäre Vollbürgerschaft mit aristokratischen Wertvorstellungen. Bekanntlich wiesen viele Institutionen eine Ähnlichkeit mit denen in Sparta auf, wie die täglichen gemeinschaftlichen Mahlzeiten (ἀνδρεία/andreia) der Vollbürger und die staatliche Erziehung der männlichen Jugend zur Wehrtüchtigkeit; doch dienten diese Institutionen im Gegensatz zu den spartanischen anscheinend weniger einem formalen Gleichheitsprinzip, sondern die faktische Dominanz bestimmter aristokratischer Familien innerhalb der Vollbürgerschaft trat offen hervor und war unumstritten. Aber gerade weil das Freiheitsbewusstsein von keiner Gleichheitsideologie in den Hintergrund gedrängt wurde, konnte ἐλεύθεροι/eleutheroi die offizielle Bezeichnung für alle Vollbürger sein." – Bezüglich der von Bernhardt in Gortyn nicht gesehenen Gleichheitsideologie vertrete ich freilich eine andere Meinung.

149 Walter 1993, 20; ebd. 22 zitiert Connor 1986, 347, der betont, es sei zu fragen, „how people came to shape a civic order, to feel they belonged to it and it to them and to derive part of their identity from their existence. The problem of access to power and control of state apparatus, upon which so much traditional Greek political analysis depends, retains its importance, but not its exclusive claim on our attention. We must see it not in isolation, but as one of the many ways in which the citizens expressed and even created a sense of belonging to a *polis*. It must be understood as part of a cultural complex that included cult, processions, festivals, the creation of tribal structures, market and festival days, and even the roads that brought people from outlying villages to the public space of the inner city."

X Pyla

Unterabteilungen der Polis

> Ihr habt nämlich eine Verfassung, wie sie einem Heerlager angemessen ist, und nicht den Bewohnern von Städten.
>
> *Plat. leg. 666e*

Die Funktion von Phylen im frühen Griechenland

Lange Zeit nahm man an, der Ursprung griechischer Phylen und Phratrien habe in einer ‚Gentilverfassung' gelegen. Die ältere Forschung sah in ihnen die Relikte prä-politischer, auf der Grundlage von tatsächlicher Verwandtschaft entstandener Stammesstrukturen. Dann aber wiesen die Forschungen von Felix Bourriot und vor allem Denis Roussel ganz klar nach, dass für die Wanderungen der frühen Eisenzeit nicht von der koordinierten Bewegung zusammenhängender Stämme auszugehen ist, die überdies nicht als verwandtschaftlich verbundene Personenverbände zu konzeptualisieren seien. Und so gehen alle heutigen Studien davon aus, dass die in Phylen und Phratrien reflektierten Binnenstrukturen der Polis, wie sie uns in den Quellen der archaischen und klassischen Zeit entgegen treten, überhaupt erst im Zuge der Poliswerdung entstanden sind und dass ihr spezifischer Sinn für die Politen auch in diesen Prozessen zu suchen ist. Allerdings bleibt in diesem Modell die Frage offen, ob jenen verschiedenen Unterabteilungen der Polis, welche bereits in Quellen des 7. Jh. als Integrationskreise der Bürger von Bedeutung sind, nicht vielleicht doch ältere Strukturen zugrunde lagen.[1]

Tatsächlich gilt es zu klären, wie es wohl kam, dass diese Großgruppen, die zumindest in historischer Zeit auf imaginierter patrilinear-agnatischer Verwandtschaft basierten, in einer Zeit des Vergesellschaftungsprozesses der Polis eine Rolle spielten. Schließlich waren in dieser Zeit ganz andere Strukturen, nämlich Nachbarschaft und Verschwägerung, die im Übrigen oftmals miteinander einher gegangen sein dürften, von großer Bedeutung für die Einbindung des Einzelnen in die Gruppe und damit die gesellschaftliche Kohäsion.[2] Hinzu kamen Bindungsverhältnisse, in

---

1 Bourriot 1976; Roussel 1976. So hatten es schon M. Weber und A. Heuss dargestellt, wie Walter 1993, 153 Anm. 23 betont; s. auch Funke 1993 und Bruhns 1994. – Zur Diskussion des Ursprungs dieser Unterabteilungen der Polis und ihrer Funktion im Bürgerstaat s. etwa Donlan 1985 und 1989; Osborne 1985 und Manville 1990 zu den attischen Demen; Welwei 1988 und 1992a; Funke 1993 und 2003; Ulf 1996; Hall 1997 und 2002; Gehrke 2000; Hildebrandt 2007, 155–68; Grote 2011.
2 Hierzu s. Schmitz 2004.

denen sich eine Reihe von Männern als Gefolgsleute um einen lokal Mächtigen herum formierten, Hetairosgruppen, die auf individuellen Beziehungen beruhten. Solche relationalen Gemeinschaften unterscheiden sich grundsätzlich von den Strukturen patrilinearer oder matrilinearer Sippen.[3] Zu konstatieren ist also, „wenn jene Strukturen, die bereits bei Homer belegt sind, von vornherein reine, im Kontext der Polisbildung entstandene Konstrukte gewesen wären, dann lässt sich vor dem Hintergrund der anderen Formen die Konstruktion gar nicht erklären. Warum hätte man nachträglich etwas ‚erfinden‘ sollen, das wesentlichen sozialen Bindungskategorien gar nicht entsprach, und diese ‚Erfindungen‘ auch noch liebevoll ausgestaltet und im praktischen Leben realisiert? [...] Es bleibt also keine andere Möglichkeit als anzunehmen, daß die patrilinearen Formen Relikte älterer Zustände waren.“[4]

Und so wurde vermutet, dass die Phylenstruktur der historisch für uns greifbaren Zeit durchaus eine Erinnerung an Stammesstrukturen manifestieren mag. Das heißt nicht, dass etwa die dorische Phyle der Dymanes tatsächlich ihren Ursprung in einem Unterstamm dieses Namens innerhalb des vermeintlichen Großstammes der Dorier hatte. H-J. Gehrke betont, dass Prozesse gesellschaftlicher Identifikation der Mitglieder einer Gruppe untereinander und ihrer Distinktion von anderen auf tatsächlich bestehenden Gemeinsamkeiten und Unterschieden aufbauen. Diese differenzieren und verfestigen sich mit der Zeit durch Selbstwahrnehmung und Fremdwahrnehmung in einem solchen Maß, dass die Charakteristika des Eigenen und des Fremden die ursprünglichen Gemeinsamkeiten und Unterschiede übertreffen und überlagern können. Letzten Endes werden diese Konstrukte als natürliche, immer schon gegebene Einheiten angesehen.[5] Wenn wir also untersuchen wollen, auf welche Weise die Polis verschiedene, für die Politen jeweils sinnhafte soziopolitische Integrationskreise zu inkorporieren bemüht war, müssen wir auch darauf blicken, wie derartige Strukturen überhaupt entstanden sein können. Die frühesten aussagekräftigen Befunde bieten uns die homerischen Epen und die Dichtung des Tyrtaios, denen wir uns zum Zwecke einer Modellbildung vor dem inschriftlichen Material zuwenden wollen.

Homer

Durch den Zerfall des mykenischen Palastsystems scheinen während der frühen Eisenzeit lokale Nahverhältnisse, die schon neben und im Rahmen der Paläste existiert hatten, die wesentliche Organisationsform sozialer Bindungen gewesen zu sein.[6]

---

3 Ulf 1990, bes. 127–38 und 154–64; Welwei 1992a.

4 Gehrke 2000, 164–5, das Zitat 165.

5 Gehrke 2000, 160–1.

6 s. Welwei 1992, 20–22. – Deutlich ist dies etwa anhand der Entwicklung des qa-si-re-u, eines Funktionsträgers im Palastsystem, der offenbar für die Verwaltung einer kleineren geographischen Einheit zuständig war, hin zum ‚Basileus‘ der homerischen und hesiodeischen Epen; so schon Gschnitzer 1965; Hildebrand 2007, 106–16.

Im Prozess der Institutionalisierung, der ab dem späten 8. Jh. die an einzelne Personen gebundene Ausübung von Macht durch Organisationsstrukturen mit normativen Regeln ergänzte, erlangten verschiedene genossenschaftliche Strukturen Bedeutung für die Integration der politischen Akteure. Sie wurden nun als Unterabteilungen der gesamten Gemeinschaft in die sich herausbildenden Strukturen der Polis eingebunden und spielten eine wesentliche Rolle bei der beginnenden Neuordnung der Gesellschaft. Tatsächlich machten diese Binnenstrukturen die Polisorganisation wohl erst möglich, und womöglich wurden sie bereits zu diesem Zeitpunkt als durch Verwandtschaft konstituierte Verbände erklärt.[7]

Der früheste Beleg für die Existenz von Phylen und Phratrien begegnet uns im zweiten Gesang der *Ilias*. Hier nämlich fordert Nestor von Agamemnon, nach diesen Strukturen das Heer der Achaier in der Schlacht aufzustellen:

> Ordne die Männer nach Stämmen, nach Sippen (κατὰ φῦλα κατὰ φρήτρας), Agamemnon! Dass die Sippe den Sippen helfe, die Stämme den Stämmen. Und hast Du das getan und es gehorchen dir die Achaier, dann wirst du erkennen, wer von den Führern schlecht ist und wer von den Männern, und wer tüchtig ist, denn je für sich werden sie kämpfen.[8]

Zum Verständnis dieser Passage müssen wir sie kurz in den Handlungszusammenhang einordnen. Bis zu dieser Stelle des Epos hatte der Dichter noch keine Schlacht beschrieben. Wir wissen also zunächst nicht, wie die vor dieser Anregung übliche Aufstellung der Achaier aussah. Wir erfahren lediglich, dass die Achaier am Beginn des zweiten Buches in die von Agamemnon einberufene Agora traubenweise strömen, „wie Schwärme von Bienen in dichtem Gewimmel", und dass sie von Herolden im Zaum gehalten werden müssen.[9] Und nach Agamemnons vermeintlichem Entschluss, die Belagerung Troias aufzuheben, sodass alle nun wieder in ihre Heimat fahren könnten, stürmen die Achaier ähnlich ungeordnet zu den Schiffen. Nachdem Odysseus sie aufgehalten und gesammelt hat, worauf die Thersites-Szene folgt, erteilt Nestor obigen Rat. Agamemnon begrüßt diesen sehr und setzt ihn um. Sehr deutlich wird dies in der sich anschließenden Schilderung der verschiedenen griechischen Kontingente im Rahmen des *Schiffskatalogs*. Dieser teilt das achaiische Gesamtheer in größere Einheiten und jene wiederum in kleinere Einheiten nach geographischen Kriterien, nach größeren Regionen und innerhalb dieser Regionen nach deren kleineren Gebieten beziehungsweise Poleis.

---

7 Welwei 1988, 20: „Der Schritt zu einer Unterteilung für sonstige Angelegenheiten und Aufgaben des Gemeinschaftslebens wird dann nicht allzu groß gewesen sein, und im Zusammenhang mit der Zunahme der Zahl der Wehrfähigen und der Notwendigkeit, die Krieger für das Aufgebot zu gliedern, können die auf diese oder ähnliche Weise konstituierten Personengruppen den Charakter formaler Verbände – eben der Phylen – gewonnen haben."
8 Hom. Il. 2.362–6; Übers. U. Walter 1993, 153.
9 Hom. Il. 2.86–100.

Als Beispiel sei die Beschreibung des kretischen Kontingents zitiert: „Aber der speerberühmte Idomeneus führte die Kreter, welche Knossos bewohnten und Gortyns wehrhafte Festung, Lyttos, Milatos und Lykastos auf kreidig schimmerndem Felsen, Phaistos, Rhytion auch, die reich bevölkerten Städten, und andere, die sonst wo lebten auf Kreta, der Insel der einhundert Poleis [...].“[10] Später schreitet Agamemnon vor der ersten im Epos geschilderten Schlacht die Kontingente des Heeres ab, die jeweils unter Führung ihrer Basileis stehen. Genannt sind Kreter, Salaminier, Lokrer, Pylier und Kephallenier. Und hier – ganz im Sinne von Nestors Rat – erkennt Agamemnon aufgrund ihrer separierten Aufstellung, wer sich tapfer, wer sich feige verhält; und so lobt und tadelt er die Mannschaften und deren Basileis entsprechend. Bis zu seiner Umgruppierung während des dritten Kampftages wird das achaiische Heer derart organisiert bleiben. Wir stellen also fest, dass es erst Nestor ist, der die Kontingente der Achaier durch deren Einteilung in natürlich vorgegebene Unterabteilungen aus ‚Bienenschwärmen‘ zu einem in Abteilungen geordneten und damit effizienten Heer macht. Sein Rat bewirkt eine „Aufstellung des Heeres, die alle zum Kampf fähigen Mitglieder der politischen Einheit erfasst“.[11]

Dass diese Ordnung der Truppen keineswegs die gängige war, sondern eine wirkliche Umorientierung darstellte, sehen wir kurze Zeit später. Denn im 11. Buch geben die Griechen die nach Einheiten geordnete Kampfweise wieder auf. Anstelle des gesamten Heeres, geordnet nach Phylen und Phratrien, kämpfen fortan allein die jeweils Besten der verschiedenen regionalen Kontingente als Gruppe, während die Masse der Laoi lediglich zusieht.[12] Diese Massierung der besten Krieger birgt nicht nur Erfolg. Da die Basileis sich derart exponieren, werden gerade sie verwundet. „Nicht mehr die nebeneinander kämpfenden Kontingente unter ihren jeweiligen Anführern wie an den ersten beiden Schlachttagen prägen jetzt das Kampfgeschehen, sondern die Zusammenfassung der zum Kampf willigen und in besonderer Weise fähigen, zu Hetairoi im engeren Sinn werdenden Kämpfer aus den verschiedenen Kontingenten.“[13] Erst Achilles setzt die von Nestor geforderte Ordnung erneut um, als

---

10 Hom. Il. 2.645–52; Übers. nach H. Rupé und D. Ebener.

11 Hom. Il. 4.223–421. – Ulf 1990, 149 und vgl. 2009, 90–1; s. auch van Wees, bes. 1996 sowie 1997 und 2004, 151–83. Immer wieder betont das Epos diesen Gedanken des gemeinsamen Kampfes aller Männer, etwa in Il. 10.196–8, 377–9; 12.269–76; 13.237, 737–9; 15.710; 17.30–2, 267, 364. – Die Formulierung, dass „das Heer nach Scharen geordnet lagert“ (*kata straton*) mit Bezug auf Pylier und Troer, mag auf eine ähnliche, feststehende Einheitenbildung hinweisen; so Ulf 1990, 158 mit Blick auf Hom. Il. 11.730; 18.298.

12 Deutlich wird dies in den Ermahnungen in Hom. Il. 13.719–20; 15.671–95, 733–41. – Ein weiteres Gegenmodell ist der Kampf von Männern, die miteinander verwandt und verschwägert sind, etwa in Hom. Il. 5.472–4.

13 Ulf 1990, 150–1. – Hom. Il. 11.91, 462–71; 12.86–104; 13.778. – Das Epos macht nicht deutlich, wie die Achaier in den Jahren zuvor gekämpft hatten. Letztlich ist dies für unsere Frage auch ohne Bedeutung, denn obschon ist der Krieg bereits seit Jahren toben mag, setzt die epische Erzählung der *Ilias* doch gerade erst ein und macht das Publikum hier zum ersten Mal mit den Gegebenheiten vor Troja

er sämtliche Kämpfer ungeachtet ihrer persönlichen Vorzüge in die Agora rufen lässt und zu einem Generalangriff aufruft, der zum Erfolg führt und die Achaier schließlich bis unter die Mauern Trojas stürmen lässt.

Diese Zusammenschau der Kampfordnungen zeigt, dass Nestor Phylen und Phratrien nicht allein als nützliche Einteilungen des Gesamtheeres sieht, anhand derer man Feigheit und Mut der jeweils Kämpfenden erkennen könne. Vielmehr erachtet er sie – in Abgrenzung zum vorherigen Verhalten der Männer wie ein ‚Bienenschwarm in dichtem Getümmel' – als effizient in der Schlacht, weil sie das achaiische Kontingent in eine Reihe taktischer Einheiten gliedern, die – und das ist das Besondere – einander aber dennoch unterstützen. Ein weiterer Vorzug der Kampfesweise nach Phylen und Phratrien wird aus dem Kontrast zum ab dem 11. Gesang geschilderten Kampf der Griechen nach Hetairos-Verbänden deutlich. Letztere sind keine Institutionen, welche die gesamte Gemeinschaft der Achäer repräsentieren; vielmehr stellen sie individuelle Beziehungen verschiedener Gefolgsleute zu einem großen Einzelnen in den Vordergrund. Sie sind situativ begründet, und ihre Kohäsion ist nicht auf längere Sicht kalkulierbar. Außerdem sind Hetairos-Verbände repulsorisch gegenüber den Laoi, da die in ihnen kämpfenden Aristoi auf die Masse der einfachen Kämpfer herabsehen.

Der Sinn des von Nestor geäußerten und umgesetzten Vorschlags liegt also darin, dass bei der Aufstellung des Heeres nach Phylen und Phratrien die einzelnen Kontingente, die in sich wiederum gegliedert sind, zwar getrennt aufgestellt werden, dass sie einander aber unterstützen. Sie sind unterschiedliche Gruppen mit jeweils eigener Identität, die aber ein gemeinsames Ziel verfolgen. Vor allem will sein Rat dafür sorgen, dass alle Krieger der Griechen auch tatsächlich kämpfen, nicht allein die Hetairos-Verbände. Auf diese Weise kämpfen Männer mit unterschiedlichem Prestige zusammen in einem Verband. Ultimativ trägt Nestors Rat dazu bei, das gesamte Gemeinwesen zu konstituieren: alle Kämpfer zu mobilisieren und soziale Unterschiede zugunsten dieser umfassenden Mobilisierung außer Acht zu lassen.

An dieser Stelle mag man einwenden, dass das homerische *phylon* etwas anderes sei als die archaische und klassische Phyle. Außerdem sollen bei Homer die Angehörigen mehrerer Kontingente von verschiedener Herkunft nach *phyla* aufgestellt werden, während im Polisbildungsprozess es ja die Mitglieder allein eines Gemeinwesens seien. Nun ist aber die homerische Polis bei den Schiffen am Strand vor Troja die Reflektion eines Polisbildungsszenarios, in welchem die unterschiedlichen Kontingente der Griechen verschiedene lokale Siedlungsgemeinschaften repräsentieren, die sich in einer zusammengewachsenen – hier mit einem gemeinsamen Ziel zusammengelegten – größeren Siedlung miteinander arrangieren müssen. Tatsächlich bezeichnet *phylon* bei Homer „die Einteilung der Kriegerscharen vor Troja nach

---

vertraut. Nichts spricht also dagegen, dass die Umsetzung des Rates Nestors eine wirkliche Innovation gegenüber der bis dahin üblichen – vermutlich bienenschwarmähnlichen – Kampfesweise war.

ihrer Herkunft", „ein lokales oder regionales Kontingent von Kriegern".[14] Dies ist eine wichtige Feststellung in Hinblick auf die Frage, welche ursprüngliche Basis jene gewachsenen Unterabteilungen der frühen Polis besaßen, welche dann in Form der Phylen institutionalisiert wurden.[15]

Auch jenseits der Kriegsführung erfüllen *phretre* und *phylon* Ordnungsfunktionen in der Gemeinschaft. Wenn nämlich die Rhodier im *Schiffskatalog* der *Ilias* „ihrer Herkunft nach" (*kataphyladon*) „dreiteilig" genannt werden, was Bezug nimmt auf die dort genannten drei großen Siedlungen der Insel, und die Dorier Kretas in der *Odyssee* als „dreigeteilt" bezeichnet sind, womit die drei dorischen Phylen gemeint sein dürften, deutet auch dies darauf hin, dass die Einteilung der Bevölkerung größerer politischer Einheiten oder Siedlungsgemeinschaften in Phyla dem Publikum der Zeit geläufig war.[16] Bemerkenswert ist dabei, dass die Verwendungsbedingungen von *phretre* und *phylon* in den frühen Epen und der frühen Lyrik erkennen lassen, dass diese Begriffe eigentlich Gruppen mit einem festen Zusammenhalt bezeichnen, der häufig auf gemeinsamer Herkunft beruht. So nennt das Epos etwa *phyla* von Tierarten, von Menschen und Göttern, von Giganten und Frauen. Und obschon die Phylen der archaischen und klassischen Polis generierte Entitäten waren, wurde der in ihnen existierende oder beschworene Zusammenhang als ein Verhältnis gemeinsamer Abstammung ausgedrückt und verbrämt. Somit war bereits um 700 ein „Idiom der Verwandtschaft auf die Binnenorganisation der Poleis übertragen" worden.[17] In diesem Zusammenhang ist auffällig, dass Theoklymenos, als er gegenüber Telemachos darlegt, warum er seine Heimat verlassen musste, und nun um Aufnahme und Schutz bittet, berichtet:

> Ähnlich wie du bin auch ich nicht daheim. Ich erschlug einen Mann, einen des Stammes (ἄνδρα ἔμφυλον). Verwandte und Brüder besaß er in Menge (πολλοὶ δὲ κασίγνητοί). [...] Tod und düsteres Schicksal drohten von ihnen; da floh ich.[18]

Der ausdrückliche Hinweis darauf, dass es sich bei dem Opfer um einen Mann handelte, der ἔμφυλος war, deutet darauf hin, dass dieses Vergehen schwerer wog als der Totschlag irgendeines Mann außerhalb dieser Gruppe. Mag der engste Bezugskreis

---

14 Welwei 1988, 14 und 1992, 117 unter Berufung auf Andrewes 1961. – Zu den in der *Ilias* reflektierten Prozessen der Polisbildung und bes. zum Szenario der ‚Polis bei den Schiffen' s. auch die Kapitel *Institutionalisierung und Bürgerstaatlichkeit* sowie *Andreion*.
15 Ulf 1990, 145–9, hier 149, weist darauf hin, dass auch die häufige Verwendung des Adjektivs φύλοπις – ‚phylenlichtend' bzw. ‚Geschrei der Phylen' – in der *Ilias* nahelegt, dass dem Publikum des Epos die Einteilung eines Heeres nach Phylen durchaus geläufig gewesen sein dürfte.
16 Hom. Il. 2.653–6, 668. Es geht also um eine geographische Einteilung der Rhodier auf der Basis von Siedlungsgemeinschaften; vgl. Hes. frg. 233 W; Pind. Ol. 7.134–9. – Od. 19.177: Δωριέες τε τριχάϊκες.
17 B. Smarczyk (2000) s.v. Phyle, *DNP* 9, 982. – Gehrke 2000, 162 und 174 Anm. 15–21 bietet zahlreiche Belegstellen.
18 Hom. Od. 15.272–6.

eines Individuums auch die Blutsverwandtschaft sein, scheint die Phylengenossenschaft doch der nächste Kreis sozialer Integration zu sein. Sie ist hier womöglich als eine jenseits der Familie gedachte, erweiterte Verwandtschaftsgruppe oder Abstammungsgemeinschaft konzeptualisiert; erst danach kommen alle anderen Mitglieder der Gemeinschaft. Eine solche Tat ließ sich offenbar auch nicht durch ein Wergeld kompensieren. Ein weiteres Beispiel bietet Nestor, wenn er zu Diomedes spricht:

> Völlig getrennt von der Sippe, vom Recht und vom Herd (ἀφρήτωρ ἀθέμιστος ἀνέστιός) ist jener, welcher Gefallen findet am grausamen Bürgerkrieg (πολέμου ἐπιδημίου).[19]

Diese Passage hält fest, dass das Anheizen von Bürgerkrieg für einen Mann im Verlust sämtlicher Integrationskreise resultiert, die für ihn im täglichen Leben relevant sind, da er flüchten müssen wird. Und so wird er nicht allein den eigenen Herd verlieren, da er seinen Oikos aufgeben muss; er wird auch aus jener größeren Gemeinschaft ausscheiden, in der die *themistes* festgesetzt werden und wirken, seiner Polis. Überdies wird er nicht länger seiner *phretre* angehören, und damit einem Integrationskreis, der hier zwischen dem Oikos und der Polis angesiedelt scheint. Im Sinne des oben Dargelegten ist anzunehmen, dass wie den Phylen auch den Phratrien geographische Einheiten zugrunde lagen. Ihre Benennung als ‚Bruderschaften‘ legt dabei nahe, dass sie sich auf einen gemeinsamen Vorfahren zurückführten und in diesem Zusammenhang wohl Bedeutung als lokale Kultgemeinschaften hatten.[20] Tatsächlich legt der Beginn des 3. Gesangs der *Odyssee* Zeugnis ab von der Existenz solcher Unterabteilungen der Bevölkerung eines Gemeinwesens, die ihren Zusammenhalt gerade auch als Kultgemeinschaften erfuhren. Denn anlässlich des dort beschriebenen großen Opfers von Pylos sitzen die Gefolgsleute Nestors in neun Abteilungen zusammen, die aus je fünfhundert Männern bestehen, die dem Poseidon jeweils neun Stiere darbringen.[21] Diese Passage deutet darauf hin, dass solche generierten und gleichmäßig zugeschnittenen – kurzum: institutionalisierten – Unterabteilungen politischer Gemeinschaften vom Publikum der Epen als sinnvoll wahrgenommen wurden. Es war mit ihnen in seiner eigenen Lebenswelt vertraut.

---

19 Hom. Il. 9.63–4; Übers. nach D. Ebener und H. Rupé. – Der besondere Frevel des Vergießens von ἐμφύλιον αἷμα ist auch bei Pind. Pyth. 2.32 deutlich. – Zu den Regeln der griechischen Rache vgl. Gehrke 1987 und Flaig 1998 sowie 1998b.
20 van Wees 1986, 298–9 und Manville 1990 sehen in den Phratrien regional gegründete Einheiten. Ulf 1990, 149: „[...] in der Phyle wie in der Phratrie sind organisatorische Teile der politischen Einheit zu sehen, über deren Zusammensetzung sich auf der Grundlage der Epentexte kaum Näheres aussagen lässt."
21 Hom. Od. 3.7.

Sparta

Ebendiesen Befund der Relevanz von generierten und institutionalisierten Unterabteilungen für eine größere Gemeinschaft haben wir auch im Falle Spartas vor uns. Bedeutende Zeugnisse für die große Bedeutung von Phylen in der früharchaischen Zeit sind zwei Fragmente des Tyrtaios aus dem 7. Jh. Deren eines stammt aus einem Kampfaufruf, dessen Anfang die spartanischen Kämpfer als Schwärme von Wespen beschreibt, was an den Schwarmvergleich des zunächst ungeordneten Heeres in der *Ilias* denken lässt. Dann aber lässt Tyrtaios in irgendeiner Weise Ares eingreifen und die Männer einen Schildwall bilden und er nennt die Namen der drei typisch dorischen Phylen:

χωρὶς Πάμφυλοί τε καὶ Ὑλλέες ἠδ[ὲ Δυμᾶνες

‒ ‒ ‒] getrennt Pamphyloi, Hylleis und [Dymanes [22]

Offenbar beschreibt oder fordert Tyrtaios hier deren separate Aufstellung zur Schlacht. Danach allerdings betont er, „Aber sofort zerschlagen wir zusammen (σύμπαντες) …", und sieht in den darauffolgenden Zeilen das gemeinsame Kämpfen und Siegen der nach Phylen aufgestellten, aber zusammen kämpfenden Spartaner voraus. Mischa Meier bemerkt hierzu: „Wenn Tyrtaios die Mitglieder der drei Phylen anspricht, so erwähnt er Personen, die zwar alle gleichberechtigte spartanische Politen sind, sich aber aufgrund ihrer unterschiedlichen Phylenzugehörigkeit verschieden definieren und jeweils ein eigenes Selbstverständnis besitzen. Die Phylen, deren Mitglieder durch ein besonderes Zusammengehörigkeitsbewußtsein untereinander verbunden sind, ziehen als eigene, gleichsam konkurrierende Einheiten in den Kampf, um sich gemeinsam der Gegner der Polis zu erwehren." Im Grunde fordert Tyrtaios etwas dem Rat Nestors sehr Ähnliches. Denn wie in seinen anderen Kampfaufrufen ruft er sämtliche Mitglieder des Gemeinwesens auf, Seite an Seite in die Schlacht zu gehen.[23] Nun muss es sich zu Beginn des Polisbildungsprozesses bei jenen Personenverbänden, die sich wegen ihres gemeinsamen Siedlungsortes und der Vorteile koordinierten Handelns als einander zugehörig fühlten, um ungleich große Gemeinschaften gehandelt haben. Schließlich war diese Entwicklung noch nicht zentral gesteuert. Wenn aber schon im 7. Jh. das Heer nach den drei Phylen geordnet ist, legt dies nahe, dass bereits zu dieser Zeit eine ordnende Hand eingegriffen hatte, um die Größe dieser Abteilungen zu standardisieren und damit die Effizienz des Gesamtheeres zu steigern.[24]

---

22 Tyrt. frg. 19.8 West; s. Meier 1998, 200–1, 290–2 zur Kontextualisierung und Deutung, das Zitat 291. – In der Datierung des Tyrtaios in das letzte Viertel des 7. Jh. schließe ich mich Latacz 1998, 161 und Meier 1998, 94, 239 an.
23 van Wees 2004, 172–4.
24 Welwei 1979, 193.

Womöglich sehen wir diesen Akt der Einteilung der Politen und die Ordnung des Gemeinwesens nach generierten Einheiten in jenem Fragment des Tyrtaios beschrieben, das die *Große Rhetra* zu reflektieren scheint:

> Wenn man dem Zeus Syllanios und der Athena Syllania ein Heiligtum errichtet hat, Phylen und Oben eingerichtet hat (φυλὰς φυλάξαντα καὶ ὠβὰς ὠβάξαντα) und eine Gerousie von dreißig Mitgliedern einschließlich der Archagetai konstituiert hat, soll man von Zeit zu Zeit Apella halten zwischen Babyka und Knakion ...[25]

Dieses Zeugnis lässt uns erkennen, dass die Phylen und Oben Spartas nicht allein als Grundelemente der Heeresordnung, sondern auch als wesentliche Strukturen der Institutionalisierung und soziopolitischen Integration im Zuge der Polisbildung angesehen und eingesetzt wurden. Dies korrespondiert mit ihrer Bedeutung in den homerischen Epen. Der spartanische Befund legt nahe, dass ein Sinn der Neuordnung der Phylen – beziehungsweise überhaupt erst einmal deren Generierung – „die Neugliederung von Personenverbänden, die im Zusammenhang mit dem politischen Synoikismos der spartanischen Komen und der Zunahme der Bevölkerung organisch entstanden waren" war.[26] Anhand der Tyrtaios-Fragmente wird allerdings nicht deutlich, welche Art Gliederungskriterium den spartanischen Phylen und Oben zugrunde gelegen haben soll. Der Vergleich mit den Epen sollte uns aber annehmen lassen, dass, so wie wir es für die homerischen Abteilungen plausibel machen konnten, auch den spartanischen Integrationskreisen am ehesten geographische Kriterien zugrunde lagen. Auch bei ihnen wird es sich am ehesten um größere, mehrere Siedlungseinheiten umfassende lokale Gemeinschaften gehandelt haben.[27]

Festzuhalten ist also, dass bereits in den homerischen Epen und anderen Zeugnissen der frühgriechischen Dichtung jene wesentlichen Merkmale zum Ausdruck kommen, welche die Phylen in späterer Zeit besaßen. Phylen und Phratrien erscheinen im Wesentlichen als Ausdrucksformen der selbstgewählten Identität einer durch Nachbarschaft oder zumindest geographische Nähe verbundenen Gruppe von Menschen, die beschloss, zur Stärkung ihres Zusammengehörigkeitsgefühls und zur

---

25 Tyrt. frg. 4 West; Übers. M. Meier 1998, 188. Zur Einordnung dieser Verse s. etwa Welwei 1979; Meier 1998, 194–201; Dreher 2006 sowie die bei van Wees 1999a und 2002, Meier 2002, Link 2003b und Luther 2004, 59–60 reflektierte Kontroverse; außerdem vgl. Nafissi 2009 und 2010, der in diesem Fragment ein Beispiel intentionaler Geschichte sieht, entstanden aus den gesellschaftlichen Gegebenheiten und Desideraten späterer Zeit.
26 Welwei 1979, 196.
27 Meier 1998, 186–207, bes. 194–201, sieht in Phylen und Oben zwei unterschiedliche Integrationskreise, deren einer nicht etwa den anderen inkorporiert, sondern die zueinander überkreuz lagen. Aufgrund späterer Parallelen versteht er die Oben als territoriale Einheiten, die Phylen als personale. Andere Forscher sehen in den Oben Dörfer, weisen aber darauf hin, dass es sich nicht um jene vier Komen gehandelt haben dürfte, aus denen Sparta sich vermeintlich zusammensetzte.

Abgrenzung gegenüber anderen ihre gemeinsame Vergangenheit als miteinander verwandte Abstammungsgemeinschaft zu betonen.

Phylen und die Vergesellschaftung der Polisgemeinschaft

Um das Verhältnis von Phylen und Polis im früharchaischen Griechenland zu verstehen, scheint das Konzept der *Segmentären Gesellschaft* hilfreich. Dieses beschreibt „eine akephale (d.h. politisch nicht durch eine Zentralinstanz organisierte) Gesellschaft, deren politische Organisation durch politisch gleichrangige und gleichartig unterteilte mehr- oder vielstufige Gruppen vermittelt ist."[28] Mit diesem Modell wird prinzipiell plausibel, dass Unterabteilungen einer größeren Gemeinschaft eine jeweils starke Identität haben, die auf dem Gefühl der prinzipiellen Gleichheit basiert; dass sie sich gemeinsam und zusammengenommen aber dennoch als Teile dieser größeren und klar umrissenen Gemeinschaft fühlen und als solche ebenfalls handlungsfähig sein können. Die aktuelle Aufgabe einer Gruppe, also zu welchem Ziel oder gegen wen gehandelt werden muss, konturiert die Größe des dafür nötigen Verbandes. Insgesamt aber ist – gerade in einer Zeit der noch wenig ausgeprägten Integration zu diesen größeren Gemeinschaften – die Einflussnahme der ‚Zentrale' auf ihre Untereinheiten eine schwierige Angelegenheit. Und wie wir im letzten Kapitel betonten, dürfte unter sämtlichen soziopolitischen Integrationskreisen, die einem Individuum im Alltag als sinnstiftend erschienen, die Zugehörigkeit zur Polis insgesamt nicht der wichtigste gewesen sein.[29]

Nach Peter Funke ist das wesentliche Merkmal einer solchen segmentären Gesellschaft die grundsätzliche Gleichheit aller zu einer größeren Einheit gehörenden – in

---

28 Zum Konzept der *Segmentären Gesellschaften* s. ausführlich Sigrist 1967, hier 30, und konzis 1983. – Eine weitere Alternative zum Modell des hierarchischen Aufbaus eines komplexen sozialen Systems ist das Modell der ‚Heterarchie', welches temporale oder situationsbedingte Hierarchien in Gesellschaften mit nur schwacher zentraler Gewalt betrachtet. Dabei ist es durchaus möglich, dass Verhältnisse zwischen Elementen einer Gruppe, die zu einem bestimmten Zeitpunkt heterarchisch sind, zu einem anderen Zeitpunkt – auch regelmäßig – eine hierarchische Struktur annehmen. Das Modell der ‚Heterarchie' wird von Carole Crumley 1995, 3 definiert als „the relation of elements to one another when they are unranked or when they possess the potential for being ranked in number of different ways" – abhängig von den Umständen; dort auch: „For example, power can be counterpoised rather than ranked. Thus, three cities might be the same size but draw their importance from different realms: one hosts a military base, one is a manufacturing center, and the third is home to a great university. (...) The relative importance of these community power bases changes in response to the context of the inquiry and to changing (and frequently conflicting) values that result in the continual re-ranking of priorities." – Konzeptuell eng mit dem Konzept der ‚Heterarchien' verbunden ist die von G.A. Johnson untersuchte Existenz von ‚sequentiellen Hierarchien' in einer Gesellschaft als eine Alternative zu ‚simultanen Hierarchien'. Hierzu s. Johnson 1982; Small 1995, 1997, 114–5; McIntosh 1999, 9–11, 14–6, 18–9; konzis van der Vliet 2008.

29 s. das Kapitel *Eleutheros*.

sich womöglich noch weiter unterteilten – sozialen Gruppen. Obschon eine institutionalisierte Zentralinstanz fehlt, ist das Vermögen der gesellschaftlichen Integration so hoch, dass die einzelnen Untergruppen ein Gefühl des Zusammenhalts untereinander empfinden, sich also als einen gemeinsamen sozialen Körper wahrnehmen, sodass auch weitere Segmentation den Zusammenhalt zwischen Stammgruppe und abgesplitterter Gruppe nicht infrage stellt. Das Nichtvorhandensein einer institutionalisierten Zentralinstanz reflektiert hierbei nicht etwa organisatorisches Unvermögen, sondern bewusstes Beharren auf der Wahrung von Gleichheit und Eigenständigkeit. Nur unter besonderen historischen Bedingungen wird das Prinzip der Homogenität und Gleichheit der Segmente aufgegeben und eine Zentralinstanz ausgebildet.[30]

Die Phylen, die uns als Unterabteilungen der Polis im archaischen und klassischen Griechenland begegnen, waren also generierte, nicht natürlich gewachsene Verbände. Und doch spielen sie bereits in unseren frühesten literarischen und inschriftlichen Quellen als sinnstiftende Institutionen für Partizipation und Integration, Verortung und Statusbestimmung des Individuums eine wichtige Rolle. Dies deutet darauf hin, dass sie eben nicht ohne jede Anbindung an Lebenswirklichkeit und alltägliche Erfahrung der Menschen gleichsam *ex nihilo* generiert waren. Vielmehr sollten wir davon ausgehen, dass sie auf bereits existierenden, im Leben der Menschen ohnehin bedeutsamen Einheiten aufbauten.

Nun gab es während des 8. Jh. kaum irgendwelche gewachsenen Verbände, die so groß gewesen wären, dass drei oder vier von ihnen die gesamte Bevölkerung einer Polis ausgemacht hätten. Am ehesten noch handelt es sich bei diesen um lokale Siedlungsgemeinschaften, die sich ihrer räumlichen Nähe zueinander folgend zu größeren Gruppen zusammengesellten. Hierbei ist es nicht plausibel, dass jeweils eine Phyle allein eine Siedlungsgemeinschaft repräsentierte; dafür war die Siedlungsweise des 8. Jh. zu zerstreut. Es muss also einen Prozess der Zusammenstellung mehrerer Siedlungen zu einer größeren Einheit gegeben haben. Somit waren Phylen wohl aus einer Mehrzahl vorhandener segmentärer ‚Grundeinheiten‘ mit Umsicht zusammengestellte neue Großeinheiten, die innerhalb der größeren Polisgemeinschaft wiederum segmentären Charakter hatten. Am ehesten dürfte der Zuschnitt dieser lokalen Einheiten und damit die Abgrenzung, wer zu dieser, wer zu jener Einheit gehörte, entlang plausibler topographischer Kriterien erfolgt sein.[31] Hier sehen wir einen der ersten Schritte von Institutionalisierung in der frühen Polis überhaupt reflektiert.

---

30 Funke 1993, 45–6. – Verwandt hiermit ist auch das Modell des *Regime Building*. Mit seiner Hilfe lässt sich erklären, wie in hierarchisch flachen oder heterarchisch organisierten sozialen Gefügen es überhaupt möglich ist, ein politisches System von großer Komplexität sowie mit dauerhaft und auf bestimmte Weise zusammenhängenden Institutionen entstehen zu lassen, deren regulierendes Eingreifen in diese Gesellschaft von ihren Mitgliedern akzeptiert wird. Hierzu s. van der Vliet 2005, 2008 und 2011, 128–30 mit Hallpike 1986 und Beetham 2004.

31 s. auch Schiffauer 1987, 13–5 zum Verhältnis von Dorfgemeinschaften und (Groß)familien in dem von ihm untersuchten Subay: „Die patrilinearen Deszendenzgruppen, fünf größere (...) und drei klei-

Jenseits des Familienverbands und außer der jeweiligen Nachbarschaft und Dorfgemeinschaft gab es unterhalb der Ebene dessen, was die Polisgemeinschaft werden
sollte, keinen anderen sinnhaften, im Leben eines Individuums dauerhaft wirkenden
Integrationskreis. Zwar gab es überlokale Kultgemeinschaften, doch hatten diese
keine mit der Nachbarschaft vergleichbare Relevanz für das tägliche Leben und die
Existenzsicherung des Einzelnen. Deswegen ist es plausibel, dass auch die frühesten
institutionalisierten Unterabteilungen der Polis den Raum – das von den einzelnen
Oikoi und von der Gemeinschaft genutzte Land – zum wesentlichen Ordnungskrite-
rium ihrer Einteilung machten.[32] Ebendies wird in kretischen Inschriften der archaischen und klassischen Zeit deutlich, die zeigen, dass politische Partizipation in den
Gemeinwesen der Insel an die Bewirtschaftung eigenen Landes gebunden war. Land
ist die Kategorie, welche das Individuum an den Praktiken jener soziopolitischen
Integrationskreisen teilhaben lässt, welche maßgeblich dessen Status in der Gemeinschaft definieren. Denn erst das eigene Land macht einen Mann zum Oikosherren
und ernstzunehmenden Nachbarn; und erst dadurch gewinnt seine Stimme Gewicht
in der Gemeinschaft.[33] Außerdem bedingt der Umfang seines Landes seinen Besitz
und damit seine Selbstausrüstung mit Waffen wie auch seine Möglichkeiten, sich
andere zu verpflichten.

Damit scheinen kretische Poleis in mancherlei Hinsicht einem Typus sozialer
Organisation zu entsprechen, den die Anthropologie eine *closed corporate community*
nennt.[34] Einige Merkmale dieser Gesellschaftsform sind, dass Land in den Händen
der vollgültigen Akteure monopolisiert ist und die Gemeinschaft als Ganze auf Land
zugreift, welches jenseits des Zugriffs der einzelnen Häuser ist. Land wird nicht an
Außenstehende gegeben. Diese Art der Gemeinschaft hat eine Tendenz zur Endogamie, und die Ansätze zu einer Institutionalisierung innerhalb solcher Gemeinschaften betonen das Ideal einer Gleichheit unter den Akteuren. Diese Gleichheit wirkt

---

nere (...) haben eigentlich nur als Nachbarschaftsgruppen Bedeutung. Sie treten nicht als geschlossene Gruppen auf. Wenn sich mehrere Mitglieder einer Abstammungsgruppe doch einmal zu einer
gemeinsamen Aktion zusammenfinden, dann ist das eher in ihrer Interessenidentität als Nachbarn,
denn durch die Tatsache gemeinsamer Verwandtschaft begründet."
32 Die Berichte über Phylenreformen und den Neuzuschnitt dieser Integrationskreise in Sikyon und
Eretria, Kyrene und Athen legen nahe, dass dies zum Zweck der Verringerung von Strukturen lokal
gegründeter Abhängigkeit geschah. Keinesfalls dürfen wir für die Zeit der Polisbildung von derart
elaborierten Strukturen wie der kleisthenischen Phylenordnung am Ende des 6. Jh. ausgehen, welche
zwischen den Ebenen der Demen und der Phylen noch jene der Trittyen einbaute und diese dann
kunstvoll kombinierte; s. etwa Hölkeskamp 1993; Knoepfler 1997; Murray 1997; Welwei 1999, 11–21 und
2011, 160–6; Walker 2004; Stahl/Walter 2009, 155–60; Forsdyke 2012, 90–113.
33 Deshalb erhält Dionysios ein Haus und Land in Aulon, deshalb darf Spensithios sich Erträge
von jedem Stück Land im Gebiet von Datala nehmen, das er wählt; IC 4.64 = Nomima 1.8; Jeffery/
Morpurgo-Davies 1970 = Nomima 1.22.
34 Zu *closed corporate communities* s. Wolf 1957 und 1966; so auch Ruschenbusch 1985; Kirsten 1956;
Bintliff 1999.

aber eben nur innerhalb der Gruppe der vollgültigen Akteure, der Vollbauern. Sie sind nominell untereinander gleich; gegenüber allen Anderen aber, die kein der Selbstversorgung genügendes Land in dieser Gemeinschaft besaßen, unterbäuerlichen Schichten und Fremden, betonen sie ihren Primat. Im Zuge der Prozesse der Polisbildung ließen die lokalen Siedlungsgemeinschaften ihre Ideale und erprobten sozialen Prinzipien der Integration einerseits und Abgrenzung andererseits in die von ihnen formierten größeren sozialen Einheiten einfließen. Tatsächlich unterschieden sich Ideologie und Aufbau der frühen Polis nicht wesentlich vom Aufbau der kleinen Siedlungen, welche ihre Grundbausteine ausmachten.[35] Mögen auch keine großen Unterschiede in Lebensweise und Wertewelt zwischen den Siedlungen geherrscht haben, dürfte die Zusammenstellung mehrerer Dörfer, also unmittelbarer Nachbarn, zu einer soziopolitischen Einheit einen wesentlichen Eingriff in bestehende Strukturen bedeutet haben. Denn die auf diese Weise miteinander Assoziierten waren bisherige Konkurrenten um Ackerland, Weiden und Wälder. Verhältnisse von Konkurrenz oder gar Feindschaft sind viel wahrscheinlicher zwischen unmittelbaren Nachbarsiedlungen, die eben immer wieder Konflikte um Ressourcen miteinander austragen müssen, als zwischen weiter voneinander entfernt liegenden Siedlungen, die bislang keine Konflikte miteinander hatten. Der Zusammenschluss mehrerer benachbarter Siedlungen zu handlungsfähigen Einheiten, in unserem Fall Phylen, stellt also vor Probleme, hat im Erfolgsfall aber ungeheuer großes integratives Potenzial.[36]

Erleichtert wurde dieser Prozess des gemeinsamen Handelns mehrerer Siedlungsgemeinschaften dadurch, dass Nachbarschaft nicht das einzige verbindende Band in diesen kleinformatigen Gemeinschaften gewesen sein dürfte. Innerhalb der neu zusammengestellten Phylen dürften Verwandtschaften und durch Verschwägerung entstandene Großfamilien eine wichtige Rolle gespielt haben. Dies wird etwa in zwei unten zu besprechenden Regelungen deutlich, welche Fragen der Weitergabe von Erbe klären. In ihnen spielen Verwandtschaftsgrade, die in mütterlicher wie auch in väterlicher Linie in gewisser Breite berücksichtigt werden, aber jeweils innerhalb der Phyle des Betroffenen angesiedelt sind, eine wichtige Rolle. Und in einer Elegie des Tyrtaios erkennen wir, dass Individuen des 7. Jh. in eine Vielzahl von Integrationskreisen außerhalb der Familie und Nachbarschaft eingebunden waren, die verschiedene Arten von Zugehörigkeit vermittelten; Altersklassen etwa und Gruppen, in denen Leistung eine in sich homogene Gemeinschaft von Statusträgern hervorbrachte:

---

35 In diesem Sinn war der Formationsprozess einer Phyle dem Formationsprozess der Polis recht ähnlich. – s. Donlan 1985; Finley 1985, 90–3; Wood 1988; Shaw 1991; Morris 1991 und 1994; Jameson 1994; Schmitz 1999 und 2004 zur dörflichen Mentalität in der Polis; vgl. Osborne 2005.
36 Solche Konkurrenzen sehen wir noch in den inschriftlichen Quellen späterer Zeit reflektiert, etwa in den unten behandelten Regelungen, die auf einen Wettbewerb der gortynischen Startoi bei der Besetzung des Kosmos hinweisen. Es ist unwahrscheinlich, dass solche Konkurrenzverhältnisse schlichtweg hätten generiert werden können. Auch hier muss es reale, sinnhafte Anknüpfungspunkte gegeben haben.

Allen gemeinsam ist dieser Stolz, der Polis und dem Demos (τοῦτο πόληί τε παντί τε δήμῳ), wenn unwankend ein Mann unter den Vorkämpfern (ἐν προμάχοισι) steht. (...) Fällt er in vorderster Reihe, verliert er im Kampf sein Leben seinem ἄστυ, den λαοί und auch seinem Vater zum Ruhm. (...) Die Jungen (νέοι) und die Alten (γέροντες) zugleich betrauern ihn, die ganze Stadt (πᾶσα πόλις) ist untröstlich wegen des schmerzvollen Verlustes.[37]

In einer segmentären Ordnung, deren Grundeinheit der Oikos war, welcher sich erst einmal einer Nachbarschaft und Dorfgemeinschaft verbunden fühlte, war die Kooperation auf der Ebene der Polis zunächst ein nachgeordneter Integrationskreis des Einzelnen.[38] Der Verzicht auf die unbedingte Durchsetzung partikularer Interessen und Rivalitäten – vor allem zwischen unmittelbaren Nachbarn – und stattdessen ein koordiniertes Handeln in größerer Gemeinschaft wurden möglich, weil es durchaus situative Gemeinschaftsaufgaben gab, die auch von rivalisierenden Nachbarn gemeinsam unternommen wurden. So zeigen die Epen sowohl, dass der Krieg gegen gemeinsame Feinde eine vergesellschaftende Wirkung hat, als auch, dass zum Wohle einer Gemeinschaft innere Konflikte unbedingt vermieden werden beziehungsweise gelöst werden müssen. Komparative Studien zeigen, dass Individuen jeweils verschiedenen, sich konzentrisch erweiternden soziopolitischen Integrationskreisen angehören können, die sich ganz nach Notwendigkeit zu einem konkreten Vorgehen konstituieren. Auf unteren Ebenen stehen diese Gruppen im täglichen Leben durchaus miteinander in Konkurrenz; auf höheren Ebenen der gesellschaftlichen Organisation können sie – zunächst situativ – sinnstiftende, zur Integration fähige Identitäten annehmen und gegen ihnen gemeinsame Bedrohungen kooperieren. Ein solches Zusammenrücken von Gesellschaften zu gemeinschaftlichem Vorgehen überbrückt nicht allein Gebietsgrenzen, sondern auch Statusunterschiede.[39]

---

37 Tyrt. frg. 12.15–30 West; Übers. Z. Franyó 1971, 25–6. – Noch deutlicher wird dies in Solon frg. 76a Ruschenbusch 2010: „Was eine Gemeinde (*demos*) oder Mitglieder einer Phratrie oder eine Vereinigung für kultische Feste (*orgeones*) oder *gennetai* oder Gastmahlbrüder (*syssitoi*) oder ein Begräbnisverein (*homotaphoi*) oder Mitglieder von religiösen Vereinigungen (*thiasotai*) oder Leute, die auf Beute oder Handel ausgehen, untereinander abmachen, das soll rechtens sein, wenn es nicht durch eine von öffentlicher Seite gemachte Verordnung (*demosia grammata*) untersagt ist." – Hierzu s. Seelentag 2014b.

38 In der von den homerischen Epen gezeichneten Welt war die Teilnahme an der Versammlung keine Pflicht, allein ein Recht; doch eines, das ein jeder waffentragende Mann wahrnahm. Hes. erg. 28–9 betont, dass man für die Streitigkeiten der Agora keine Zeit habe, wolle man den eigenen Speicher für den Winter füllen. Hier ist ein pointiert negatives Bild politischer Auseinandersetzung entworfen, nicht die für den Bürger attraktive Seite von Beteiligung am Gemeinwesen. – Zu politischer Teilhabe und Strukturen der Zugehörigkeit in den Epen s. etwa Walter 1993, 29–57.

39 Dies zeigen etwa Studien zum albanischen Kanun oder den ‚Glendioten' Zentralkretas; s. Voëll 2004 und Herzfeld 1985. Deutlich wird dies auch im arabischen Sprichwort: „Ich gegen meinen Bruder; ich und mein Bruder gegen unsere Vettern; ich, meine Brüder und Vettern gegen die, die nicht mit uns verwandt sind; ich, mein Bruder, meine Vettern und Freunde gegen unsere Feinde im Dorf; sie

Winfried Schmitz betont, „Die Integration in eine sich konstituierende Bürgerschaft wurde also nicht abrupt und durch Auflösung bestehender integrationsbildender Institutionen geschaffen, sondern durch Einbindung und Unterordnung der Teilgemeinschaften in die politische Gemeinschaft."[40] Somit erscheint die Formation von Strukturen wie den Phylen als notwendiger Schritt im Zuge der Polisbildung. Schließlich dürfte die Etablierung sozialer Einheiten oberhalb der Nachbarschaften und Dorfgemeinschaften die Prozesse des Miteinanderabstimmens auf Polisebene erleichtert oder überhaupt erst ermöglicht haben. Denn auf diese Weise mussten nur wenige Einheiten mit bereits vorhandener Binnendifferenzierung, innerer Hierarchie sowie ansatzweiser Institutionalisierung und – damit einhergehend – einer überschaubaren Anzahl von Ansprechpartnern zu gemeinsamem Handeln koordiniert werden. Es lässt sich nicht beantworten, ob Polis oder Phylen zuerst da waren – ihre Entwicklung ging Hand in Hand. Doch diese Entwicklung kam nicht von selbst in Gang, ihr Verlauf war nicht selbstorganisiert. Eine maßgebliche Rolle bei ihrer Initiative und Ausgestaltung dürften die Eliten der verschiedenen Siedlungseinheiten gespielt haben.[41]

Das Verhältnis von Phylen und Polis auf Kreta

Einheiten militärischer und politischer Partizipation

Bereits in einigen der ältesten Inschriften Kretas sind uns Phylen aus einer Reihe von Bürgerstaaten bekannt.[42] Im Folgenden soll ein Abriss der inschriftlichen Erwähnungen von Phylen diskutieren, wie diese Unterabteilungen der Polis in das Institutionengefüge der Gemeinwesen eingebunden waren und welche Funktionen sie dort erfüllten.

Die früheste Erwähnung von Phylen stammt aus Dreros. Eine Regelung, die wohl bereits in der zweiten Hälfte des 7. Jh. in einer Wand des Herdhauses oberhalb der Agora verinschriftlicht wurde, ist mit den Befugnissen eines allein aus dieser Polis bekannten Funktionsträgers befasst, der den Titel Agretas trägt:

---

alle und das ganze Dorf gegen das nächste Dorf." – Zu dieser konzentrischen Kooperation mit Blick auf Attika s. Osborne 1985.

40 Schmitz 2004, 258.

41 So ist es im epischen Szenario der ‚Polis bei den Schiffen' reflektiert und in den hesiodeischen *Werken und Tagen*, in denen deutlich wird, dass die für Askra relevanten Basileis sich in Thespiai aufhalten. Dies deutet darauf hin, dass die wichtigen Männer der Polis gemeinsamen Umgang an einem Ort pflegten. Hierzu s. auch die Kapitel *Institutionalisierung und Bürgerstaatlichkeit* und *Andreia*.

42 Phylen sind inschriftlich bezeugt in Axos, Datala, Dreros, Gortyn, Hierapytna, Knossos, Lato, Leben, Lyttos, Malla, Oleros, Olus, Praisos. Insgesamt sind 20 verschiedene Phylennamen überliefert, die meisten erst aus hellenistischer Zeit. Den Befund präsentiert und diskutiert Jones 1987, 219–31; s. auch Perlman 2000 für Gortyn sowie 2014.

πόλι ἔϝαδε διαλήσασι πυλᾶσι· : | ὅστις προ πόλε[ος] ἔιε (*vel* προπολε[ύσ]ειε), μὴ τίν{τ}εσθα⟨ι⟩ τὸν ἀγρέταν.

Der Polis hat es gefallen nach Versammlung der Phylen: Der Agretas soll nicht denjenigen bestrafen, der für (*oder* vor) die Stadt ging (*oder* als Tempeldiener diente).[43]

Der in dieser Inschrift festgehaltene Beschluss wurde von der Polis getroffen, die Phylen aber waren in irgendeiner Weise an diesem Prozess beteiligt gewesen. Nun ist die Bedeutung des Wortes διαλήσασι, das hier die Tätigkeit der Phylen näher beschreibt, nicht sicher geklärt. Am ehesten lässt es sich auf die Wurzel ἴλλω zurückführen, die im Aorist Passiv die Form ἐάλην annimmt. Dieses Verb ist uns in seinem Perfekt in Begriffen wie κατ' ἀγορὰν καταϝελμένον τῶμ πολιατᾶν und κατ' ἀγορὰν ϝευμέναν überliefert, welche im Gortyn des 5. Jh. die Versammlung der Bürger auf der Agora bezeichnen.[44] Vor diesem Hintergrund und aus einer Reihe anderer Gründe erscheint auch die Annahme wahrscheinlich, dass es sich bei den hier genannten Phylen um die Menge aller Bürger handelte.[45] Wenn also ‚die Phylen' die Gesamtheit der Bürger umfassten, ist bemerkenswert, dass die in dieser Inschrift verzeichnete Beschlussformel einer anderen vorgezogen wurde, die etwa „Der Polis hat es gefallen nach Versammlung der Bürger" beziehungsweise „nach Versammlung der Dreier" hätte lauten können. Dies zeigt uns, dass die Bürger hier nicht als eine undifferenzierte Masse, sondern in untereinander klar konturierten Einheiten zusammenkamen. Offenbar waren in Dreros bereits im 7. Jh. die Strukturen der Phylen derart gefestigt und besaßen eine derart eigenständige Identität, dass sie in dieser Regelung als die wesentlichen Organisationseinheiten der Bürger wahrgenommen und markiert wurden, wenn diese am politischen Entscheidungsverfahren teilnahmen.[46]

---

43 van Effenterre 1946, 590–7 = Koerner 91 = Nomima 1.64. – Diese beiden letzteren Editionen präsentieren jeweils eine Lesung und dementsprechend Deutung, die sich von der oben wiedergegebenen unterscheiden. Ich halte es hier mit der Erstpublikation von van Effenterre 1946, 590–7, die den eigentlichen Befund des Steins am besten wiedergibt. – Womöglich handelt es sich bei den Prepsidai, die Seite an Seite mit den Milatioi in einer anderen drerischen Inschrift des 7. Jh. genannt sind, auch um eine Phyle beziehungsweise – vorsichtiger gesprochen – lokale Unterabteilung dieser Polis. Die Wortendung *-idai* macht es weniger wahrscheinlich, dass es sich um eine eigenständige Polisgemeinschaft handelte; s. van Effenterre 1946, 588–90 Nr. 1 = Nomima 1.66.
44 Zu den erwähnten Formen von ἴλλω s. etwa IC 4.72.10.35 und 11.13 = Koerner 180 = Nomima 2.40 sowie IC 4.80 = Nomima 1.7. Weitere Diskussionen bieten van Effenterre 1946, 591–2; Willetts 1955, 203; Jeffery/Morpurgo-Davies 1970, 129; Duhoux 1982, 29 u.ö.; Ruzé 1984, 256; und Bile 1988, 120, 135 Anm. 245, 197 Anm. 172 sowie 223 zur Deutung von διαλήσασι; Gehrke 1993, 53–4 mit Anm. 20 und 23, 59; Hölkeskamp 1999, 89; Papakonstantinou 2008, 160; Perlman 2014, 179: „It pleased the *polis*, that is, the assembled tribes".
45 s. das Kapitel *Polis*.
46 Inwiefern die in den Phylen zusammenkommenden Bürger eigene Initiative zeigen konnten oder aber auf die Rolle des Publikums bei Entscheidungen beschränkt waren, welche sie dann durch ihre Zustimmung in Kraft setzten, ist unklar. Für das 7. Jh. ist, wie im Kapitel *Institutionalisierung und Bür-*

Nun ist diese Inschrift die einzige der uns aus Dreros erhaltenen Regelungen, in denen die Phylen als Teilhaber der dort jeweils verzeichneten Entscheidung genannt sind. In zwei anderen zeichnet allein ,die Polis' als beschlussfassende Autorität verantwortlich, eine weitere ist von einer ganz anderen Institution angestoßen, den Thysten.[47] So sollten wir womöglich diese Involvierung der Phylen in unserer Inschrift mit den Spezifika der in ihr enthaltenen Bestimmung erklären. Denn wie viele andere Zeugnisse ihrer Art ist auch diese Inschrift nicht mit der Übertragung von Kompetenzen an Amtsträger befasst, sondern mit deren Einhegung. So war den Politen offenbar bekannt, was der Agretas im Normalfall tat. Allerdings können auch wir anhand der hier verfügten Einschränkung seines Tuns auf die Befugnisse und Kompetenzen dieses Funktionsträgers schließen. Wie gesehen, bezeugen Inschriften aus verschiedenen kretischen Poleis seit dem 7. Jh. die Bezeichnungen *agreion* beziehungsweise *agora* sowohl für den Versammlungsplatz der Bürger als auch für die dort Versammelten selbst.[48] Der hier in seinem Handeln beschränkte Agretas (,Versammler/Ergreifer') hatte, so scheint es, mit der Zusammenkunft der Politen zu tun. Wahrscheinlich war es seine Aufgabe, die Bürger zur Versammlung zu rufen oder währenddessen unter ihnen für Ruhe zu sorgen. Vergleichbare Funktionsträger beobachten wir jedenfalls in den Herolden der homerischen Epen, die damit zu den ältesten Institutionen der frühen Polis gehören.[49] Und womöglich hatte der Agretas zu überwachen, ob alle Bürger an der Agora teilnahmen. Immerhin lässt die drerische Regelung darauf schließen, dass das Bestrafen von Nichtanwesenden eine seiner wesentlichen Aufgaben war. Unsere Regelung scheint jedenfalls eine Beschränkung dieser Befugnis zu formulieren, wenn sie denjenigen Straflosigkeit zusichert, die einer bestimmten Tätigkeit nachgingen und deshalb, so ist zu ergänzen, nicht an der Agora teilgenommen hatten.

Der Blick auf ein anderes Zeugnis der Verwendung von *agretas* im 7. Jh., ein Fragment des Alkman, zeigt uns, dass dieser Begriff dort in einer Reihe von göttlichen

---

gerstaatlichkeit ausgeführt, eher davon auszugehen, dass der Demos im politischen Entscheidungsprozess keine eigene Initiative entwickeln konnte.

47 s. das Kapitel *Polis*.

48 IC 4.9 a und b = Koerner 119 = Nomima 2.78; s. etwa auch Gortyn, aus dem 7. bis 5. Jh.: IC 4.43 Bb 5; 4.72.7.10; 4.72.10.34, 11.12; 4.81.11 = Koerner 119, 133, 173, 180, 155 = Nomima 2.78, 2.70, 2.66, 2.40, 2.47. – Vertrag zwischen Gortyn und Rhitten: IC 4.80.14–5 = Nomima 1.7. – Phaistos, 2. Hälfte des 6. Jh.: di Vita/Cantarella, *ASAtene* 40 (1978) 429–35 = Nomima 2.39. – Zu diesem Thema s. ausführlich das Kapitel *Agora*. – Zu *agora* in der frühgriechischen Dichtung: Alk. frg. 130b.3 sowie Xenophan. frg. 3.3 G/P; zur historischen Einordnung s. Hölkeskamp 1997 und 2002.

49 s. van Effenterre 1946, 595; Bile 1988, 339 Anm. 70 zur Deutung dieses Wortes und der Diskussion seiner Herleitung von ἀγείρω „versammeln" oder ἀγρέω „ergreifen", nicht aber von ἀγρός ,Land/Feld', und mit dem Hinweis auf Zeile B6 des Spensithios-Dekret: ,Der Schreiber soll ἐπάγραν sein' – ein *hapax legomenon*; Jeffery/Morpurgo-Davies 1970 = Nomima 1.22. – Zu homerischen Herolden s. etwa deren Aufgaben in der Schlichtungsszene der Schildbeschreibung; Hom. Il. 18.497–508 und dazu Combellack 1948; Tietz 2011.

und halbgöttlichen Beinamen genannt ist, die jeweils einem kriegerischen Kontext entstammen. Hier ist *agretas* der ‚Sammler des Heeres‘.[50] Womöglich sollten wir also den Agretas von Dreros nicht primär als einen Versammler der ‚Bürger‘, sondern als einen Versammler der waffentragenden Männer begreifen. Dies sind selbstverständlich nur unterschiedliche Bezeichnungen der gleichen Gruppe, und doch mag dies ein wichtiger Hinweis auf die Selbstwahrnehmung und Selbstbeschreibung der kretischen Bürgerversammlung als Gruppe von Kriegern sein. Diese Krieger waren eben – so erklärt sich die Beschlussformel unserer Inschrift – nach Phylen aufgestellt, wie es ja auch Homer und Tyrtaios festhalten. Und daher verzeichnete diese Bestimmung nicht – wie die anderen drerischen Inschriften es taten –, dass dieser Beschluss ‚der Polis‘ gefallen habe, sondern verzeichnete ausdrücklich die Rolle der Phylen bei diesem Prozess. Denn in dieser Regelung ging es um die Phylen. Ihre Zustimmung war vonnöten, wenn es darum ging, Fälle straffreien Fernbleibens von der nach ihnen geordneten und als Heeresversammlung aufgestellten Agora zu definieren.

Dieser Befund legt nahe, dass für die drerische Agora Anwesenheitspflicht herrschte. Dies mag sich damit erklären lassen, dass die Teilnahme an der Bürgerversammlung das Recht der waffentragenden Männer war und der Dienst in Waffen verpflichtend war. Womöglich war also auch der Besuch jener Versammlung, in welcher die Bürger nach militärischen Einheiten geordnet zusammentraten, nicht allein ein Recht, sondern zugleich Pflicht.[51] Ergebnis einer solchen Verpflichtung dürfte die gesteigerte Legitimität und Verbindlichkeit der getroffenen Beschlüsse gewesen sein. Denn die politische Entscheidung wurde so auf eine breite Basis gestellt, und Klagen etwa über ungerechte Beschlüsse, die gegen den eigenen Willen gingen, verloren an Glaubwürdigkeit.[52] Ein solcher Zwang der Politen zum politischen Handeln hatte

---

50 Alkm. frg. 1.8 Campbell; s. Giorgi 1966.

51 Parallelen hierfür sehen wir etwa in der Anwesenheitspflicht der Spartaner in ihren Mahlgenossenschaften, nach denen in jener Polis das Heer organisiert war. – In den homerischen Epen wird die Versammlung der Männer einberufen, wenn es einem der Basileis oder deren Gruppe nötig erscheint. Wie der 2. Gesang der *Odyssee* zeigt, gibt es keine verbindlichen Regeln dafür. Die waffentragenden Männer des Epos sind interessiert an der Versammlung, aber nicht verpflichtet zu kommen. Die spartanische *Große Rhetra* stellt demgegenüber eine gewaltige institutionelle Entwicklung dar, da sie wohl die Regelmäßigkeit der Treffen des Demos verordnet. Ähnliches bezeugt explizit – doch später, nämlich erst im zweiten Viertel des 6. Jh. – das Gesetz von Chios, wenn es das genaue Datum nennt, an dem die Versammlungen der *bole demosie* stattzufinden haben: am Neunten jedes Monats; ML 8 = Koerner 61 = Nomima 1.62 und dazu Oliva 1971, 92; Walter 1993, 89–97; Meier 1998, 186–207.

52 Hierzu s. das Kapitel *Hetairoi des Hybrias*. – Eine späte Reflexion der verpflichtenden Teilnahme an der Bürgerversammlung bietet uns Plat. leg. 724a. Auch hier ist die Menge der Bürger eine Versammlung der unter Waffen stehenden Männer. Die Teilnahme an der Bürgerversammlung ist allerdings allein für die Angehörigen der ersten und zweiten Vermögensklassen verpflichtend; ihre Absenz wird mit der Strafzahlung von zehn Drachmen belegt. Den zwei niedrigeren Klassen ist die Teilnahme freigestellt, doch wenn die Archonten zu einer vollständigen Versammlung rufen, haben auch sie zu erscheinen.

strukturell sein Gegenstück in den Anstrengungen der Polis, ihre Amtsträger zum Handeln zu bewegen. Hinter beiden Phänomenen steht das Bemühen, die Institutionen des Gemeinwesens zu kontrollieren und sie in die Mitgestaltung des Bürgerstaates einzubinden.

Auffällig ist an dieser Regelung mancherlei, so etwa, dass es konkrete Vorstellungen gegeben haben muss, wer Mitglied in welcher Phyle war, so dass sein Fehlen überhaupt auffallen konnte. Vor allem aber ist bemerkenswert, dass es ‚die Polis‘ war, eine ihrerseits generierte und die verschiedenen Phylen überspannende Konstruktion der soziopolitischen Organisation aller Bürger, die einen Amtsträger bereit stellte, der das nötige Erscheinen aller Mitglieder der Phylen zu veranlassen, zu überwachen und Verstöße dagegen zu sanktionieren hatte. Sie überließ es nicht den Phylen selbst, diese Disziplin unter ihren Mitgliedern aufrechtzuerhalten. Vielmehr übernahm die Polis die Kontrolle über ihre Unterabteilungen, und dies war ein Mechanismus zur Integration der Phylen in das Gebilde des Bürgerstaates.[53]

Auch für das archaische Gortyn sind Phylen bezeugt. Das Fragment einer gortynischen Inschrift nennt im späten 7. Jh. den Ausdruck ἐς πυλᾶ[ς, wohl im Zusammenhang mit dem Thema Arbeit und Lohn.[54] Eine zweite Inschrift stammt aus dem Zeitraum 480/50, ist aber derart fragmentarisch erhalten, dass wir außer dem Befund, dass dort die Worte τᾶ]ς πυλᾶ[ς und κο]σμί[ον auf engerem Raum standen, dem Text nichts entnehmen können.[55] Womöglich sehen wir auch hier ein Zeugnis für die Rolle der Phylen im politischen Entscheidungsprozess. Nun ist allerdings aus der archaischen und klassischen Zeit für Gortyn eine andere Kategorie von Unterabteilungen der Polis nachgewiesen, die σταρτοί, und es scheint, als habe es sich bei diesen um Strukturen gehandelt, die denen der Phylen sehr ähnlich oder sogar mit ihnen deckungsgleich waren. Mögen die Startoi für Gortyn auch nur zweimal bezeugt sein, erhalten wir über sie doch eine Reihe von Informationen, vor allem über ihre Rolle bei der Einteilung der Bürgerschaft und in Verfahren der politischen Entscheidung. Das spätere dieser Zeugnisse stammt aus der Mitte des 5. Jh. Es ist eine Datierungsformel im *Großen Gesetz* von Gortyn, welche verzeichnet:

ᾶι ὄκ’ ὁ Αἰθ[α]λεὺς ’ταρτὸς ἐκόσμιον οἱ σὺν Κύ[λ]λοι ...

(...) wie es [verordnet ist], seit der Startos Aithaleus Kosmos war – die mit Kyllos [an der Spitze].

---

53 Hiermit korrespondiert das Bemühen einer anderen drerischen Inschrift der gleichen Zeit. In dieser fasst „die Polis mit Blick auf die Hetairien" einen Beschluss, welcher die Ergänzung dieser Mahlgenossenschaften regelt; Seelentag 2009a bietet eine von Koerner 92 = Nomima 1.68 = Nomima 2.89 abweichende Lesung und Deutung. Hierzu s. das Kapitel *Andreion*.
54 IC 4.19: [ϝεργάδε?]σθαι : ὄζοι ϙ[– – –] | [– –]ς δ’ ἄτερος : μισ[θὸς? – –] | [– –] κ’ ἐς πυλᾶ[ς – – –].
55 IC 4.104.

Hier ist also ein ‚Startos Aithaleus' bezeugt, der das Kollegium der Kosmen des nämlichen Jahres stellte.[56] Nun nennen verschiedene Inschriften nicht allein aus Gortyn,
sondern auch aus Dreros, Knossos und Malla des 2. Jh. eine Phyle der Aithaleis, und
dies Seite an Seite mit anderen Phylennamen, etwa der Dymanes.[57] Wenn demnach
‚Aithaleus' als Name sowohl eines Startos als auch einer Phyle nachgewiesen ist, liegt
die Vermutung nahe, dass es sich bei Startos und Phyle um mehr oder weniger die
gleiche Institution handelte oder dass sie in irgendeiner Weise parallel zueinander
standen. Völlig deckungsgleich können sie nicht gewesen sein; man hätte wohl nicht
zwei verschiedene Bezeichnungen für ein und dieselbe Entität gewählt. Dies heißt
allerdings nicht unbedingt, dass mit diesen beiden Begriffen ein anderer Personenkreis beschrieben wurde. Wir müssen damit rechnen, dass der Unterschied zwischen
Phyle und Startos auch darin liegen mag, dass es sich um die gleiche Personengruppe
handelte, aber in verschiedenen Funktionen; oder aber auch nur darin, dass diese
Begriffe schlichtweg unterschiedlich konnotiert waren. Zumindest in anderen Poleis
Griechenlands bezeichnete *stratos* eine militärische Einheit.[58] Dies wird aber kaum
die Bedeutung in der uns aus Gortyn vorliegenden Datierungsformel gewesen sein.
Denn jener Startos, welcher den Kosmos stellte, war keine bloße militärische Einheit,
sondern eine für die politische Ordnung relevante Unterabteilung des Gemeinwesens. Und doch ist diese militärische Konnotation bemerkenswert, korrespondiert sie
doch mit jener Funktion der Phylen, die wir bezüglich des Agretas von Dreros hatten
rekonstruieren können, dass nämlich die waffentragenden Männer von Dreros als
Agora nach Phylen aufgestellt waren. Auf ebendies hatten bereits die besprochenen
Passagen aus den homerischen Epen und Tyrtaios hingedeutet.

Die kretischen Phylen als lokale Siedlungseinheiten

Bei der zweiten gortynischen Inschrift, die den Begriff ‚Startos' bezeugt, handelt es
sich um einen Vertrag zwischen den benachbarten Poleis Rhitten und Gortyn vom
Anfang des 5. Jh.[59] Hier ist auch ein σταρταγέτας erwähnt, womöglich ein Funktionsträger eines der oder mehrerer Startoi. Um diese Inschrift angemessen zu kon-

---

56 IC 4.72.5.4–6 = Koerner 169 = Nomima 2.49. – s. auch IC 4.142, eine gortynische Inschrift aus der
gleichen Zeit, die eine ähnliche Formulierung zu beinhalten scheint: [– – – ἔγρ]ατται ἇι ὁ Αἰ[θ]α[λεὺς
σταρτὸς – – –] | [– – – –]φον ὅκα Δρ[– – –] | [– – –] ἐκόσμιον οἱ σ[ὺν – – –].
57 Gortyn: IC 4.167, 184, 259; Malla: IC 1.19.1; Knossos: IC 1.16.3 und IC 4.197; Dreros: IC 1.9.1. Diese
sämtlich hellenistischen Zeugnisse reflektieren allein, dass die Nennung von Phylen der Datierung
diente. Wir erfahren hier aber nicht, welche Funktion diese Unterabteilungen der Polis im institutionellen Gefüge jener Gemeinwesen hatten. – Perlman 2014, Anm. 54 weist mit Blick auf Aithaleus/
Aithaleis darauf hin, dass kein anderer Phylenname im Singular und Plural überliefert sei.
58 Chantraine 1980, s.v.; LSJ s.v. 2–3.
59 IC 4.80.3–7, 8–9 = Nomima 1.7 = StV 2.216, hieraus auch die Übersetzung. Zur historischen Einordnung s. Halbherr 1897, 208–10; Willetts 1955, 111–4; Gschnitzer 1958, 41–3; Bravo 1980; van Effen-

textualisieren, müssen wir ein wenig ausholen. Dann aber wird deutlich werden, dass sie unsere Arbeitshypothese, es handle sich bei Phylen und Startoi um lokale Einheiten des Gemeinwesens, nach denen das Heer aufgestellt war, bestätigt; und dass eine solche Interpretation bemerkenswerte Aspekte dieses vieldiskutierten Vertrages eröffnet. Zu Beginn dieses Dokumentes ist festgehalten, dass „zu folgenden Bedingungen die Rhittenier von den Gortyniern mit eigenen Gesetzen und mit eigener Gerichtsbarkeit ausgestattet" seien. Zunächst ist bestimmt, dass die Rhittenier dem Idäischen Zeus alle drei Jahre Opfer im Werte von 250 Stateren abliefern sollten. Dann wird verfügt:

> (…) στέγαν δ' ἄν κα ϝοικοδομέσ[ει …..]ς ἒ δένδρεα πυτεύσει, τὸν | ϝοικοδομέσαντα καὶ πυτεύσαντ[α] καὶ πρίαθαι κ' ἀποδόθαι. *vac.* τὸν δὲ σταρτ|αγέταν καὶ τὸν κοσμίοντα ὅς κ' ἄγε[ι] Ρ[ι]ττενάδε κοσμὲν πεδὰ τὸ Ριττενίο | κόσμο τὸν μὲ πειθόμενον τὸ 'πορίμ[ο, δ]αμιόμεν δὲ δαρκνὰν καὶ κατακρέθαι πεδ|ά τε τὸ σταρτὸ καὶ πεδὰ τὸν Ριττενίον· πλ[ίο]ν δὲ μὲ δαμιόμεν· αἱ δὲ πλίον δαμιόσ|αι ἒ μὲ κατακρέσαιτο, κσενείαι δίκα[ι δι]κάδδεθαι. ἐνεκυραστὰν δὲ μὲ παρέρπε|ν Γορτύνιον ἐς τὸ Ριττενίο. (…)

> (…) Wenn jemand [von den Rhitteniern[60]] ein Haus baut … oder Bäume pflanzt, so ist derjenige, welcher gebaut oder gepflanzt hat, berechtigt, durch Kauf und Verkauf hierüber zu verfügen. Der Startagetas aber und der Kosmos, der nach Rhitten kommt, soll zusammen mit dem Kosmos der Rhittenier einschreiten gegen denjenigen, der gegen die Grenze verstößt. Man soll ihn mit einer Drachme Strafe belegen und diese verwenden bei dem Startos (der Gortynier) und bei den Rhitteniern. (…) Zum Pfänden darf jedoch ein Gortynier das Besitztum des Rhitteniers nicht betreten. (…)

Bevor die Inschrift abbricht, hält sie fest, dass alle Klagen, welche die Rhittenier gegen die Gortynier mit Bezug auf diese Bestimmungen vorbrächten, in einem dann beschriebenen Verfahren behandelt werden sollten; und es werden die strengen Sanktionen genannt, denen Gortynier unterlägen, Amtsträger wie Privatleute, wenn sie gegen das Verfügte verstießen.

Die historische Einordnung dieses Dokumentes hängt von einigen Faktoren ab, so etwa der Lokalisierung von Rhitten, und dem Verhältnis dieser Gemeinschaft zu Gortyn. Ich folge Paula Perlman darin, dass Rhitten eine ‚hörige‘ Polis war: zwar mit eigenen Gesetzen, Gerichten und Amtsträgern sowie einer eigenen Boule und Agora, wegen der von Gortyn ausgeübten Gewalt aber von diesem abhängig.[61] Tatsächlich

---

terre 1993; Nomima 1, 46–51; Perlman 1996, 262–6. Zu diesem Zeugnis s. auch die Kapitel *Kosmos* und *Bola*. – Zur Begründung des Namens Rhitten s. Perlman 1996, 280 Anm. 153.

60 Dass es sich bei den hier Bezeichneten um Rhittenier handelt, ergibt sich aus dem Anfang des Dekrets. Der Subjektswechsel, so betonen Gschnitzer 1958, 42 und Perlman 1996, 281 Anm. 164, erfolgt erst im darauf folgenden Satz; anders Craven 2009, 43–51.

61 Zu ‚hörigen Poleis‘ s. Gschnitzer 1958; Perlman 1996, bes. 262–6, und das Kapitel *Eleutheros*. Das Verhältnis von Gortyn zu Rhitten ist wohl dem von Gortyn zu Aulon vergleichbar, das wir oben in der Besprechung der Privilegien des Dionysios behandelten; IC 4.64 = Nomima 1.8.

spiegelt der Vertrag ein klares Ungleichgewicht der beiden Parteien zu Ungunsten der kleineren Polis wider. Und doch scheinen die hier zitierten Bestimmungen Zugeständnisse an Rhitten zu sein.[62] Denn in ihnen beobachten wir zwei Gebote, welche die Eigenmacht der Gortynier auf rhittenischem Gebiet beschränkten. Offenbar hatten sich in der Vergangenheit – oder man fürchtete, dass sich Derartiges ereignen würde – gortynische Amtsträger und Privatpersonen Übergriffe gegenüber den Rhitteniern erlaubt, die nun mithilfe dieses Vertrages beendet werden sollten.

Ein Teil dieser Übergriffe scheint sich daraus ergeben zu haben, dass Gortyn Land auf rhittenischem Territorium kontrollierte. Und genau hiermit ist der hier zitierte Teil unserer Regelung befasst. Schon Henri van Effenterre hatte dieses Dokument als Anzeichen einer gortynischen Expansion auf rhittenisches Territorium verstanden. Im Verlauf seiner Expansion – oder seiner Vorwärtsverteidigung nach Norden gegenüber Knossos – habe Gortyn in einem gewissen, von dieser Inschrift beschriebenen Gebiet, das bis dahin Rhitten gehört hatte, durch die Ansiedlung eigener Bürger eine Militärpräsenz etabliert, statt sich die kleinere Polis als unfrei einzuverleiben. Dies ist nicht zuletzt der Lesung und dem Verständnis des Ausdrucks τõ ’πορίμ[ο in Zeile 6 der Inschrift geschuldet. Ich folge van Effenterre und Ruzé in ihrer Deutung dieses Wortes als ‚Grenze/Grenzgebiet‘.[63] Der uns vorliegende Vertrag scheint also mit dem Status ebendieses Gebietes befasst, in welchem nun sowohl Bürger Rhittens als auch Bürger Gortyns lebten.[64] In diesem Zusammenhang ist die Zusicherung Gortyns zu verstehen, dass ein Rhittenier, der in diesem Grenzgebiet ein Haus gebaut oder einen Garten angelegt hatte, darüber nun auch verfügen, diese Güter etwa verkaufen durfte. Offenbar sahen die Gortynier des Gebiets sich selbst als die Herren des dortigen Grund und Bodens und hatten die Gültigkeit der rhittenischen Ansprüche bestritten. Bemerkenswert erscheint, dass in der Liste dieser Immobilien Ackerland und Weideland nicht erwähnt sind. Vermutet werden darf, dass hierfür andere Regeln galten, dass nämlich Rhitteniern Eigentum dieser Art in dem infrage stehenden Gebiet nicht gestattet war.[65]

---

62 Man mag die Verpflichtung, Opfer in einem bestimmten Wert an den Zeus vom Ida abzuführen, als die Ausnahme nennen. Allerdings bedeutete diese Auflage auch, dass Rhitten nun an einem prominenten Kult partizipierte, an dem auch Gortyn teilnahm – freilich in hier klar diktierter Weise. Diese Maßnahme mag durchaus integrativen Charakter gehabt haben.

63 s. van Effenterre 1993 und in Nomima 1, 51, der dies als kretische Form des ansonsten nicht bezeugten (ἐ)φορισμός ansieht; Guarducci 1950, 184; Bile 1988, 171 Anm. 70; Perlman 1996, 281 Anm. 163 und 165–6 diskutieren diese Lesung.

64 van Effenterre 1993.

65 vgl. in diesem Zusammenhang auch IC 4.43 Ba = Koerner 132 = Nomima 1.7 über die aus dem frühen 5. Jh. stammende Bestimmung zur gortynischen Aufteilung des in öffentlicher Hand befindlichen Fruchtlandes in Keskora und Pala mit den dortigen Vorschriften zu Bebauung und Veräußerung, sowie IC 2.10.1 aus Kydonia aus dem 3. Jh., die zeigen, dass zumindest ein Teil des Landes in abhängigen und unabhängigen Poleis im Eigentum der Polis war. Hierzu s. auch das Kapitel *Polis*.

Nun ist in den Zeilen 3 bis 8 die Rede davon, dass der Startagetas und der Kosmos nach Rhitten gehen sollten, um dort gemeinsam mit dem Kosmos der Rhittenier die Aufgaben eines Kosmos wahrzunehmen (*kosmein*). Es kann sich bei dem Startagetas also nur um einen gortynischen Funktionsträger handeln. Anschließend ist die Rede davon, dass eine Person, welche gegen die in diesem Grenzgebiet geltenden Regeln verstößt, eine Drachme zu entrichten habe, die – wohl zu gleichen Teilen – an den Startos und an die Rhittenier gehen solle. Deutlich ist also, dass es sich um den Startos der Gortynier handeln muss. In diesem Dokument bleibt unklar, ob der Startagetas einer der gortynischen Kosmen war, und zwar – wie häufiger angenommen wurde – deren Vormann, wie er in späterer Zeit unter dem Titel eines ‚Protokosmos' bezeugt ist; oder ob er kein Mitglied des Kosmenkollegiums, sondern ein eigener Funktionsträger war, und zwar der Vorsteher eines Startos, genauer gesagt: des hier genannten „Startos der Gortynier". Beide Deutungen werfen allerdings Fragen auf. Unklar ist im ersten Falle etwa, warum zusätzlich zu einem bereits genannten Kosmos ausgerechnet auch noch der Vorsteher dieses Gremiums und damit höchstrangige Funktionsträger Gortyns sich nach Rhitten begeben sollte.[66] Und im zweiten Falle wäre nicht ohne Weiteres verständlich, aus welchem „Startos der Gortynier" dieser Vorsteher denn nun kommen sollte; immerhin ist ‚Startos' in diesem Dokument nicht näher qualifiziert durch einen Zusatz wie etwa ‚Aithaleus'; der Begriff steht hier absolut.[67] So sollten wir also in Betracht ziehen, dass ein Leser aus der Inschrift selbst genau erfuhr, um welchen Startos Gortyns es sich hier handelte.

Tatsächlich ergibt diese Passage Sinn, wenn ein Startos eine lokale Siedlungsgemeinschaft war, also die Bewohner eines geographisch festgelegten Teils des Polisterritoriums bezeichnete; und wenn es sich bei dem hier genannten „Startos der Gortynier" um jene Bürger handelte, denen das infrage stehende Gebiet von Rhitten zugeschlagen worden war. In diesem Falle wäre verständlich, warum bei einer Verletzung rhittenischer Rechte der Vorsteher dieses Startos nach Rhitten gehen und mit dem zuständigen gortynischen Kosmos und den rhittenischen Kosmen gemeinsam

---

[66] Die Inschrift macht deutlich, dass der neben dem Startagetas aus Gortyn nach Rhitten gesandte Funktionsträger *kosmiōn* genannt wird, der dort mit dem rhittenischen *kosmos* zusammenarbeiten solle, welcher auch im weiteren Verlauf der Inschrift mit diesem Substantiv und nicht mit einer Partizipialform bezeichnet wird. Es scheint nur schwer vorstellbar, dass sich das gesamte Kollegium der Kosmen von Gortyn nach Rhitten begab. Allein einer der Amtsträger wird dies getan haben. *Kosmiōn* hieße hier also ‚der dafür zuständige Kosmos', während der *kosmos* von Rhitten tatsächlich das gesamte Kollegium bezeichnete. Wenn sich also lediglich einer der Kosmen von Gortyn und nicht das gesamte Kollegium nach Rhitten begab, wäre es keine Redundanz, wenn auch der ‚Vormann' des gortynischen Kosmos nach Rhitten gegangen wäre. Andererseits wäre – wie gesagt – unklar, warum nicht allein ein bestimmter Kosmos, sondern auch der Vormann dieses Kollegiums nach Rhitten gehen sollte.

[67] Hier bliebe also unklar, warum ausgerechnet einer der mehreren Startoi von Gortyn seinen höchsten Funktionsträger nach Rhitten entsenden sollte, um welchen Startos es sich handelte und warum jener für diese Aufgabe ausgewählt worden war.

gegen den Übeltäter vorgehen sollte. Deutlich würde dann auch, warum die hierbei
eingetriebene Strafsumme zugunsten dieses Startos und auch der Rhittenier verwendet werden sollte. Denn diese beiden Gruppen waren gleichermaßen Bewohner des
nämlichen Gebiets. Die Sühnung unter ihnen aufzuteilen, hieß, sie miteinander zu
verbinden. Über die Struktur der Startoi können wir also festhalten, dass es sich aller
Wahrscheinlichkeit nach um Unterabteilungen der nach geographischen Kriterien
eingeteilten Bürger Gortyns handelte, und dass diese Unterabteilungen in Person der
Startagetai eigene hierarchische Strukturen besaßen. Ungewiss ist allerdings, was
genau es bedeutet, wenn der Vertrag festhält, dass die Strafsumme „dem Startos der
Gortynier und den Rhitteniern", also allen Bewohnern jenes Gebiets, zugute kommen
sollte. Heißt dies, dass allein das große Gortyn nach diesen Unterabteilungen aufgebaut war; oder dass diese – immerhin ja in Gortyn gefundene – Inschrift allein
für Gortyn genaue Regeln traf, nicht aber für Rhitten? Die Erklärung scheint darin
zu liegen, dass das große Gortyn das gesamte Gebiet von Rhitten besetzt hielt, dass
aber allein ein gortynischer Startos in dieses Gebiet ausgedehnt beziehungsweise auf
diesem Gebiet überhaupt erst neu formiert worden war.

Doch ist es an dieser Stelle immer noch unklar, worin genau der Unterschied zwischen Startos und Phyle eigentlich lag. Nun bezeichnete – wie gesagt – zumindest in
anderen griechischen Poleis der Begriff *stratos* die Gesamtheit des militärischen Auf-
gebots einer Polis. In diesem Sinne definierte der auch mit kretischem Dialektvoka-
bular befasste Lexikograph Hesychios im Eintrag στάρτοι· αἱ τάξεις τοῦ πλήθους. So
mag der Schluss naheliegen, dass es sich beim Startos um die Teilgruppe einer Phyle
handelte, nämlich allein um die Menge ihrer waffentragenden Männer.[68] Dies allerdings hieße, dass ‚Phyle' eine größere Personengruppe umfasst hätte als eben diese
vom ‚Startos' inkorporierte; dass die Nennung von ‚Phyle' also auch die Beteiligung
von Frauen und Kindern implizierte oder zumindest von männlichen Jugendlichen,
die noch nicht den Bürgerstatus erreicht hatten, den *Apodromoi*. Dieser Deutung
stehen aber die bereits vorgestellten Inschriften entgegen, die etwa betonen, dass ‚die
Phylen' versammelt worden waren, um eine politische Entscheidung zu treffen. In

---

[68] Diese Ansicht wurde zuerst von Lipsius 1909, 402–4 vorgetragen und von Busolt/Swoboda 1920,
131–2 sowie Kirsten 1942, 147–55 akzeptiert; sie ist die heute vorherrschende Deutung, vertreten etwa
von Link 1994, 102 Anm. 26 und 2003; Gehrke 1997, 36–7; Kristensen 2002; Chaniotis 2003, 64–7 und
2005, 181. IC 1.18.11 aus Lyttos zeigt, dass noch in römischer Zeit Startos und Phyle eng verbunden
sind. – Vergleichbar mit dieser Differenzierung ist das Nebeneinander von *demos* und *laos* in den
Epen. Die Begriffe sind nicht synonym, überlappen einander aber; deutlich ist dies etwa in Hom.
Od. 16.95–6 und 114, wo beide Begriffe die Mitglieder der Gemeinschaft der Ithakesier bezeichnen.
Häufig bezeichnen *laos* und *laoi* jene Gruppe waffentragender Männer, die einem gemeinsamen Anführer folgt, während *demos* ein namentlich identifiziertes Gebiet und die Bewohner dieses Gebiets
bezeichnet. Daneben wird *plethos* für eine undifferenzierte Masse verwendet, dies aber keineswegs
mit pejorativem Geschmack, deutlich etwa in Hom. Il. 2.278, 9.641 und 15.305. Hierzu s. bes. Haubold
2000.

Formulierungen wie diesen ist wohl kaum auch an die Familienangehörigen der waffentragenden Männer gedacht.[69]

Eher scheint mir die Bezeichnung einer Phyle als ‚Startos‘ eine spezifische Selbstwahrnehmung oder Selbstdarstellung widerzuspiegeln. Denn betont ist nicht etwa, dass die Phyle den Kosmos stellte, sondern dass der Startos dies tat, also eine als Kampfgemeinschaft organisierte Gruppe der waffentragenden Männer. Aristoteles betont in der *Politik*, „den Oberbefehl im Kriege haben bei ihnen die Kosmen inne".[70] Tatsächlich mag die Bezeichnung ‚Kosmos‘ für den obersten Amtsträger in kretischen Poleis nicht zuletzt aus bei Homer zu greifenden Ausdrücken wie etwa *kosmetor laōn* hervorgegangen sein, die auf eine der ältesten Funktionen eines Kosmos hinweisen. Zusammengenommen wird hier deutlich, dass die Kosmen auch noch in archaischer und klassischer Zeit das Bürgerheer führten.[71] Und wenn der Kosmos als eine Institution aufgefasst wurde, in deren Kern nach wie vor die militärische Führerschaft von Bedeutung war, ist es plausibel, dass diese Bedeutung auf die Selbstbezeichnung jenes soziopolitischen Integrationskreises zurückwirkte, aus welchem er stammte; dass dieser sich also als ‚Startos‘ bezeichnete.[72]

Wir sehen nicht allein anhand der drerischen Agretas-Inschrift, sondern auch anhand der oben vorgestellten gortynischen Inschrift aus dem 7. Jh., dass auf Kreta der Begriff ‚Phyle‘ lange vor Begriffen wie ‚Startos‘ oder ‚Startagetas‘ bezeugt ist. Nun gehen die meisten Darstellungen zum archaisch-klassischen Kreta davon aus, dass es Startoi in allen zentralkretischen Poleis gegeben habe. Und doch ist uns dieser Begriff in archaischer bis hellenistischer Zeit alleine aus Gortyn bekannt.[73] Vor diesem Hintergrund ist es durchaus möglich, dass ‚Startos‘ in den hier untersuchten Jahrhunderten ein spezifisch gortynischer Begriff war. Außerdem ist möglich, dass ‚Startos‘ auch in Gortyn nicht unbedingt schon vom 7. Jh. an die Bezeichnung für eine Phyle war. Vielmehr mag der Begriff ‚Startos‘, der wohl tatsächlich bereits in dieser frühen Zeit militärisch konnotiert war, im 6. oder 5. Jh. aufgrund dieser Konnotationen auch zur Bezeichnung von Phylen verwendet worden sein.

---

69 Einen Vergleich bietet Sparta. Dort blieben ältere, nicht länger Wehrdienst leistende Männer Mitglieder ihrer Phylen. Daher können jene nicht Verbände zu rein militärischem Zweck gewesen sein. – Zu den Apodromoi s. das Kapitel *Eleutheros* mit Ar. Byz in Eust. 1592.58.

70 Arist. pol. 1272a 9–12.

71 Hom. Il. 1.16, 375; 2.806; 3.236; Od. 18.152, u.ö. – Kirsten 1942, 162–3 weist auf die Parallele der Bezeichnungen *tagos* und *artynoi* in Thessalien beziehungsweise Argos hin, wo also ebenfalls ein einzelner Funktionsträger und eine Gruppe von Funktionsträgern gleichermaßen als ‚Ordner‘ bezeichnet wurden.

72 Hierzu s. auch die Besprechung des Iterationsgebotes von Dreros im Kapitel *Kosmos* und Seelentag 2009.

73 Darüber hinaus ist ein weiterer Fall aus der Kaiserzeit bekannt; IC 1.18.11 aus Lyttos; s. Guizzi 1999.

Bemerkenswert ist in diesem Zusammenhang der genaue Wortlaut der Formeln, welche diese Stellung des Kosmos durch einen Startos verzeichnen. Blicken wir noch einmal auf die oben erwähnte Datierungsformel im *Großen Gesetz* von Gortyn, wo betont ist, ὁ Αἰθ[α]λεὺς 'ταρτὸς ἐκόσμιον οἱ σὺν Κύ[λ]λοι. Hier ist also eigentlich gesagt, dass der Startos Aithaleus selbst Kosmos war, und zwar lediglich vertreten durch die, welche mit Kyllos an ihrer Spitze amtierten. Diesen Gedanken finden wir auch in anderen Inschriften aus verschiedenen Poleis, allerdings nachklassischer Zeit, die betonen ἐπὶ τῶν NN [Name der Phyle] κοσμιόντων τῶν σὺν NN [Name des Protokosmos], also etwa, ,als in Knossos die Aithaleis die Kosmoi stellten, die zusammen mit NN, Sohn des NN, amtierten', und ähnliche Variationen wie κοσμιόντων ἐπὶ τῶν NN [Name der Phyle] τῶν σὺν NN [Name des Protokosmos].[74] Hier gewinnt das Konzept an Kontur, dass nicht die einzelnen Kosmen das höchste Amt der Polis bekleideten, sondern dass ihre jeweiligen Startoi oder Phylen dies taten, die dabei allein durch eine Reihe von Männern repräsentiert wurden, unter denen einer herausragte.[75] Dies ist ein wesentliches Anzeichen für die besondere Relevanz der Startoi und Phylen im politischen System.

Im Kapitel *Kosmos* diskutierten wir die Frage, inwiefern solche Formeln bezeugen, dass bei der Bestellung von Amtsträgern in Gortyn und anderen Poleis die dortigen Startoi beziehungsweise Phylen nach einer festgelegten Reihenfolge rotierten. Denn tatsächlich erwähnt die Inschrift die Tatsache, dass alle Angehörigen des Kosmoskollegiums in diesem einen Jahrgang nur ein und derselben Teilgruppe der Bürgerschaft entstammten, nämlich einem der Startoi, gleichsam allein im Vorübergehen. Sie scheint also nicht auf einen außergewöhnlichen Sonderfall hinzuweisen. Und so scheint es plausibel, dass es im Gortyn des 5. Jh. üblich war, dass sämtliche Kosmen eines Jahrgangs jeweils aus allein einem der Startoi stammten. Hierin standen diese Unterabteilungen der Polis also untereinander in Konkurrenz. In jedem Fall mögen Formeln wie diese eine wichtige Facette der Selbstwahrnehmung der Politen widerspiegeln.[76] Wenn es tatsächlich dem Selbstbild der Bürgerschaft entsprach, dass

---

74 Hierzu s. Chaniotis 1996, 86 mit Beispielen.

75 In allen frühen griechischen Poleis, wie etwa in Chios, wo die Amtsträger von den Phylen gestellt werden, sind die Phylen – sofern sie überhaupt nachgewiesen sind – auch klar mit eben diesem Begriff benannt; ML 8 = Koerner 61 = Nomima 1.62. In Gortyn aber sind es eben ,Startoi', welche die Amtsträger stellen. Dies heiße, betont Kirsten 1942, 154 in Anlehnung an Plat. leg. 666e, dass nicht die – gewissermaßen ,zivile' – Organisationsform der Bürger, sondern eine militärische Gliederung die Mitwirkung im politischen Gefüge bedinge. Damit seien kretische Poleis keine Gemeinwesen von Bürgern, sondern von Kriegern. Und so hätten diese in Kriegerverbände geordneten Bürgerschaften denn auch nicht in erster Linie Amtsträger, sondern Heerführer gestellt.

76 Wie gezeigt, heißt dies aber nicht, dass die Startoi von Jahr zu Jahr untereinander nach festgelegter Reihenfolge rotierten. Hierzu s. de Sanctis 1901; Kirsten 1942, 153; Guarducci 1950, ad loc.; Spyridakis 1969; Perlman 1992, 196 und 2002, 206–14; Link 1994, 101–3 und 2003; Kristensen 2002; Cross 2011, 108–10.

eben nicht allein einige wenige Männer eines Startos als ‚Kosmos' die Führung der Polis übernahmen, sondern dass sämtliche Angehörigen des jeweiligen Startos die Polis in jenem Jahr ‚ordneten', dann wäre dies ein Zeichen, dass der Wettbewerb um das Oberamt weit über die Interessen der Aristoi hinausging. Denn durch die Einbeziehung der Unterabteilungen der Polis war diese Art von Konkurrenz auf eine sehr breite Basis gestellt, an der alle Politen teilhatten. Dies war eine wichtige Komponente der symbolischen Form politischer Partizipation.

Die gortynischen Phylen und die Verheiratung der Erbtochter

Auch im *Großen Gesetz* von Gortyn, und damit in der Mitte des 5. Jh., spielen die Phylen eine wichtige Rolle, und zwar bei der Verheiratung der Erbtochter, der *patroïokos*. Eine umfangreiche und detaillierte Passage der Inschrift ist darum bemüht, die Verheiratung der Erbtochter sicherzustellen, dies aber vornehmlich innerhalb bestimmter sozialer Integrationskreise, die untereinander hierarchisiert sind.[77] An erster Stelle steht, dass eine Erbtochter innerhalb ihrer eigenen Familie heiraten müsse, und zwar einen Bruder ihres Vaters, vorzugsweise den ältesten; erst dann kämen die jüngeren infrage. Sollte sie keinen Onkel väterlicherseits mehr haben, müsse sie einen ihrer Vettern väterlicherseits heiraten, vorzugsweise den ältesten Sohn des ältesten Bruders ihres Vaters; erst dann kämen die jüngeren infrage. Für den Fall aber, dass es niemanden aus diesem weitreichenden Kreis von heiratsberechtigten Verwandten gebe, bestimmt das Gesetz:

αἰ δ' ἐπιβάλλον μὲ εἴε, τᾶς | πυλᾶς τὸν αἰτιόντον ὄτιμ|ί κα λῆι ὀπυίεθαι. *vac.* αἰ δέ κα τὸ|ι ἐπιβάλλοντι ἐβίονσα μὲ λῆ|ι ὀπυίεθαι ἒ ἄνορος εἰ ὁ ἐπιβ|άλ[λ]ον [κα]ὶ μ[ὲ λῆι μέν]εν | ἀ πατροιῦκος, στέγαμ μέν, | αἴ κ' εἰ ἐν πόλι, τὰμ πατροιόκο|ν ἔκεν κᾶτι κ' ἐνῆι ἐν τᾶι στέγ|αι, τὸν δ' ἄλλον τὰν ἐμί(ν)αν δ|ιαλακόνσαν ἄλλοι ὀπυίεθ|αι τᾶς πυλᾶς τὸν αἰτιόντον | ὄτιμί κα λῆι. *vac.* ἀποδατῆθαι δ|ὲ τὸν κρεμάτον ἰδί. αἰ δὲ μὲ | εἶεν ἐπιβάλλοντες τᾶι {παι} π|ατροιόκοι ἆ[ι ἒ ἔ] γρατται, τὰ κρ|έματα πάντ' ἔκ[ον]σαν τᾶς πυ|λᾶς ὀπυίεθ[α]ι ὄτιμί κα λῆι. | αἰ δὲ τᾶς πυλ[ᾶ]ς μέτι(ς) λείοι ὀ[π]υίεν, τὸς καδεστὰνς | τὸς τᾶς πατροιόκο ϝείραι κ|ατὰ [τὰν πυλ]ὰν ὄτι οὐ λ[ῆι ὀ]πυ|ίεν τις. καὶ μὲν τίς κ' [ὀ]πυίει ἐ|ν ταῖς τριάκοντα ἒ κα ϝείπον|τι· αἰ δὲ μ⟨έ⟩, ἄλλοι ὀπυίεθαι ὄτι|μί κα νύναται.

Wenn aber ein Eheberechtigter nicht vorhanden ist, soll sie aus der Phyle von denen, die sie begehren, den heiraten, den sie will. Wenn aber die heiratsfähige (Erbtochter) den Eheberechtigten nicht heiraten will, oder der Eheberechtigte unerwachsen ist und die Erbtochter nicht [warten will], soll sie das Haus haben, wenn eines in der Stadt vorhanden ist, und was in dem Haus drinnen ist. Von dem anderen aber soll sie die Hälfte erhalten, indem sie einen anderen aus der Phyle heiratet von denen, die sie begehren, und den sie will. Sie soll aber einen Anteil geben von dem Eigentum dem einen (abgewiesenen Eheberechtigten).

---

[77] IC 4.72.7.15–9.24, hier 7.50–8.20 = Koerner 174 = Nomima 2.51. Hierzu s. Willetts 1967, 11–2, 19–20, 23–7; Jones 1979, 224–5; Bile 1987, 99; Morris 1990; Koerner 1993, 519–36, bes. 529–30; Gehrke 2000, 165–6; Kristensen 2002, 75–80; Karabélias 2004, 29 mit Anm. 41 und 46–8.

Wenn aber Eheberechtigte für die Erbtochter nicht vorhanden sind, wie geschrieben ist, soll sie das ganze Vermögen haben und aus der Phyle (einen) heiraten, den sie will. Wenn aber aus der Phyle keiner sie heiraten will, sollen die Verwandten der Erbtochter in [der Phyle] verkünden, ob nicht einer sie heiraten [will]. Und wenn einer (will), soll er sie heiraten innerhalb von 30 Tagen von dem Tag an, da es verkündet wurde; wenn aber nicht, mag sie sich mit einem anderen (aus einer anderen Phyle) verheiraten, mit dem es möglich ist.

Im Wesentlichen geht es hier darum, das Vermögen einer Erbtochter unbedingt in ihrer Familie zu halten, wobei diese in väterlicher Linie recht weit gefasst ist. Wenn sich die Erbtochter aus den im Gesetz aufgeführten Gründen gegen einen ihrer Familienangehörigen entschied und einen anderen Mann heiratete, wurde ihr Vermögen nach den hier genannten Grundsätzen geteilt und der von ihr zurückgewiesene Angehörige erhielt seine Portion des Erbes. Auf diese Weise verblieb wenigstens ein Teil des Vermögens in der Familie. Bezeichnend ist, dass das Gesetz für diesen Fall der Zurückweisung eines Angehörigen davon ausgeht, dass die Erbtochter einen Mann aus ihrer Phyle heiraten werde. Sie wird als der nächste konsequente soziale Integrationskreis der Erbtochter gesehen, innerhalb dessen dann eben auch das Vermögen weitergegeben werden solle.

Dies wird bestätigt im ersten Satz des ersten hier zitierten Absatzes und im zweiten Absatz, die den Fall regeln, dass es keinen dieser zahlreichen heiratsberechtigten Familienangehörigen in väterlicher Linie gebe. In diesem Fall verfügt das Gesetz, die Erbtochter solle einen Mann aus ihrer Phyle heiraten, den sie selbst wolle. Sollte sich niemand dazu bereit finden, müssten die Verwandten der Erbtochter deren Status und Heiratswillen beziehungsweise Heiratspflicht in der Phyle verkünden. Dies diente wohl dem Zweck, einen potenziellen Ehemann auch außerhalb des Kreises der den Angehörigen verbundenen oder näher bekannten Phylenmitglieder zu finden. Dies spricht dafür, dass es Gelegenheiten gab, bei denen ein größerer Kreis der Phyleten erreicht werden konnte, Versammlungen und Kultfeste etwa. Bemerkenswert ist die hier vorgenommene Differenzierung des Heiratswillens. Immerhin durfte die Erbtochter einen Phylengenossen heiraten, den sie selbst wollte – und der dem zustimmte. Wollte aber keiner von denen, durfte ein jeder der Phylengenossen sie heiraten, der dies seinerseits wollte. In diesem Fall scheint es also nicht länger auf den Willen der Erbtochter angekommen zu sein. Nach dem Wortlaut des Gesetzes war ihr nicht freigestellt, sich einem Bewerber zu verweigern; allein falls mehrere Bewerber sich um sie bemühten, mochte sie im Kreis ihrer Verwandten ein Mitbestimmungsrecht haben. Dies zeigt abermals deutlich, dass Vermögen unbedingt in der Phyle bleiben sollte. Die Erbtochter sollte – wenn dies schon nicht innerhalb des Familienverbandes möglich war – unbedingt innerhalb dieses Integrationskreises verheiratet werden. Erst wenn sich auch hierin kein Ehewilliger fand, so gestand das

Gesetz schließlich zu, durfte die Erbtochter einen Ehemann außerhalb der eigenen Phyle suchen.[78]

Dieses im *Großen Gesetz* zu beobachtende Bemühen, die Erbtochter zumindest innerhalb der eigenen Phyle zu verheiraten, ergibt Sinn vor dem Hintergrund unserer Überlegungen zu Ursprung und Wesen der Phylen als lokalen Siedlungsgemeinschaften. Hierzu müssen wir von der Beobachtung ausgehen, dass, bevor diese Frau Heiratswillige der eigenen Phyle in Betracht ziehen durfte, sie ja vom Gesetz dazu verpflichtet war, in klarer Reihenfolge benannte Mitglieder ihrer eigenen Familie zu heiraten. Überdies ist in diesen Passagen des Gesetzes die Rede nicht von irgendeiner Frau, sondern von der Erbtochter. Es geht hier also nicht etwa um irgendwelche tief in die Gesellschaft eingeschriebene, aus dem Gefüge blutsverwandter Sippen entstandene Heiratsregeln, sondern vor allem um Regeln zur Weitergabe des Vermögens einer Familie, deren Oikosherr ohne direkten männlichen Nachkommen, sondern allein mit einem oder mehreren weiblichen gestorben war.

Zudem geht es hier nicht um beliebiges Vermögen, sondern um Land. Blicken wir in unsere Regelung, beobachten wir nämlich einige Differenzierungen innerhalb der zu vererbenden κρέματα. Heiratet die Erbtochter einen der Eheberechtigten aus ihrer eigenen Familie, gehen sämtliche Vermögenswerte mit ihr. Ist ein Eheberechtigter vorhanden, doch die Erbtochter weigert sich aus den genannten Gründen, ihn zu heiraten, soll sie „das Haus in der Polis" haben und dessen Inventar; „von dem anderen" aber allein die Hälfte. Nur wenn keine Eheberechtigten vorhanden waren, erhielt sie ebenfalls das gesamte Vermögen – allerdings mit der Auflage, einen Mann zunächst in der eigenen Phyle zu suchen. Nun bestand das wesentliche Vermögen des Bürgers

---

78 Ob man nun aufgrund dieses Befundes schließen kann, dass die hier erwähnten „Phylen in Gortyn [...] also ursprünglich endogame Verbände" waren, „auch wenn dies zum Zeitpunkt der Gesetzgebung nicht mehr strikt gültig war", und ob dies dann auch heißt, dass den Phylen eigentlich blutsverwandte Sippen zugrunde lagen, ist fraglich; das Zitat ist Gehrke 2000, 166. Tatsächlich ist in segmentären Gesellschaften das Zusammengehörigkeitsgefühl ganz wesentlich von der Vorstellung bestimmt, die eigene Gemeinschaft werde durch Blutsverwandtschaft zusammengehalten, „weil dies als die sicherste Gewähr für ein Optimum an Orientierungsfähigkeit und Vertrauen erscheint und die Gruppengrenzen eindeutig markiert"; Müller 1987, 87–8. Und doch ist für segmentäre Gesellschaften typisch, dass dem Brauch, innerhalb der größeren Einheiten der gesellschaftlichen Organisation Endogamie zu wahren, komplementär das Gebot zur Seite steht, innerhalb der kleineren Einheiten der gesellschaftlichen Organisation strenge Exogamie zu wahren; Gehrke 2000, 161–2. In Gortyn steht nun aber an erster Stelle der gewünschten Verbindungen die Ehe der Erbtochter mit einer Reihe von engen Verwandten der väterlichen Linie. Wenn wir also die eine wesentliche Facette des Eheverhaltens segmentärer Gesellschaften in Kreta nicht beobachten können, müssen wir vorsichtig sein, die andere zur Grundlage eines Verständnisses um das Wesen kretischer Phylen zu erheben und anzunehmen, dass diesen Unterabteilungen der Polis ursprünglich blutsverwandte Sippen zugrunde lagen. Weitere Diskussionen dieses Punktes bieten etwa Morris 1990; Ruschenbusch 1991; Leduc 1993, 287–300; Maffi 1995; Link 1994, 67–75 sowie 1997, 1998a, 2003a; Kristensen 2007. – s. auch Willetts 1955, 27–8, 69–84 sowie 1968, 23–7 mit seiner lange Zeit einflussreichen Ansicht „the most likely explanation is that the tribal divisions of land were still preserved"; ebd. 1968, 11.

einer kretischen Polis neben seinem Haus in der Polis in dem von ihm bewirtschafte-ten Land, wozu dann auch ein mögliches Haus in der Chora gehörte, Arbeitstiere und so fort. Erst dieser Grund und Boden machte es ihm möglich, seinen Beitrag zu den Andreia zu leisten und damit überhaupt Bürger zu sein.[79]

Wir müssen also fragen, warum nach der Familie die Phyle als derjenige soziale Integrationskreis angesehen wurde, innerhalb dessen das Vermögen eines Erblas-sers – vor allem eben das Land – unbedingt weitergegeben werden sollte. Tatsächlich ergibt diese Regelung Sinn, wenn wir in den Phylen auch noch des 5. Jh. territorial gegründete Einheiten sehen, die wohl auf verschiedene Siedlungsgemeinschaften innerhalb Gortyns zurückgingen. Im Zuge der Polisbildung hatten sie eine große poli-tische Gemeinschaft formiert, sie nahmen sich aber durchaus noch als voneinander verschiedene Gruppen wahr. Denn nur weil verschiedene lokale Siedlungen zu einer Politie zusammengekommen waren und ein urbanes Zentrum dieser Politie ausge-baut hatten, und nur weil die Politen nun womöglich auch über ein Haus in dem nach und nach entstehenden urbanen Zentrum ihr Eigentum nannten, hieß dies ja nicht, dass die Bürger die von ihnen bearbeiteten Felder aufgegeben hätten und nun irgendwelches anderes Land, ‚Polisland‘, bearbeiteten. Vielmehr blieben ursprüng-liche Nachbarschaften beziehungsweise Strukturen von Liegenschaften natürlich auch über den Prozess des Synoikismos oder der Nukleation hinaus intakt.[80]

Der Grund dafür, dass Landbesitz, wenn es nur irgend möglich war, innerhalb der Familie beziehungsweise der Phyle bleiben sollte, scheint mir nicht im Wesentlichen zu sein, dass auf diese Weise möglichst effektiv verhindert werden sollte, dass durch die Verheiratung der Erbtochter lokale Gemeinschaften auseinander gerissen wurden und Angehörige anderer Nachbarschaften Besitz innerhalb des eigenen Siedlungsver-bundes erlangten. Vielmehr behielt nach zeitgenössischem gortynischen Recht eine Frau während der Ehe und auch nach ihrer Scheidung die von ihr in die Verbindung eingebrachten Güter.[81] Und so nehme ich an, dass die angestrebte Verheiratung der Erbtochter mit einem Mann aus einer eigenen Phyle vor allem den Sinn hatte, die aus dieser Verbindung hervorgehenden Kinder für die eigene Phyle zu sichern. Denn die Kinder aus einer ehelichen Verbindung wurden der Gewalt des Vaters unterstellt; sie wurden also auch in seine Phyle aufgenommen. Wurde die Erbtochter also mit einem Phylenfremden verheiratet, verlor ihre eigene Phyle zukünftige Bürger und Krieger.

Diese Beobachtungen werden von einer weiteren Regelung aus dem *Großen Gesetz* gestützt. Die fünfte Kolumne der Inschrift legt nämlich die Intestaterbfolge fest; eine

---

79 Hierzu s. die Kapitel *Eleutheros* und *Andreion*.
80 Ein Beispiel aus der früharchaischen Zeit bietet das Verhältnis des in den hesiodeischen *Werken und Tagen* beschriebenen Dorfes Askra zur Polis Thespiai; s. Edwards 2004, 30–79 und 80–126, der den Grad der Autonomie von Askra aber erheblich überschätzt. Zur Relevanz von Nachbarschaften in archaischer Zeit s. Schmitz 1999 und vor allem 2004.
81 IC 4.72.2.45–52 = Koerner 164 = Nomima 2.81.

andere Erbfolge, etwa die durch Testament vom Erblasser festgelegte, scheint das Gesetz auszuschließen. Hier ist für den Fall, dass ein Mann oder eine Frau keine Verwandten besaßen, und auch kein anderer, irgendwie Berechtigter, Ansprüche auf das Vermögen erhob, bestimmt:

> ἔκ' ἀποθάνει ἀνὲρ ἒ γυν|ά, αἰ μέν κ' ἒι τέκγα ἒ ἐς τέ|κνον τέκγα ἒ ἐς τούτον τέ|κνα, τούτος ἔκε[ν] τὰ κρέμα|τα. *palmula* αἰ δέ κα μέτις ἒι τούτο|ν, ἀ{α}δελπιοὶ δὲ τō ἀποθανόν|τος κέκς ἀδε[λ]πιōν τέκν|α ἒ ἐς τούτον τέκνα, τούτ|ος ἔκεν τὰ κρέματα. *palmula* αἰ δέ κα | μέτις ἒι τούτον, ἀδευπιαὶ δ|ὲ τō ἀποθανόντος κές ταυτ|ᾶν τέκνα ἒ ἐς τōν τέκνον τέ|κνα, τούτος ἔκεν τὰ κρέμα|τα. *palmula* αἰ δέ κα μέτις ἒι τούτον, | οἶς κ' ἐπιβάλλει ὄπο κ' ἒι τὰ κρ|έματα, τούτος ἀναιλēθθα|ι. *palmula* αἰ δὲ μὲ εῖεν ἐπιβάλλοντε|ς τᾶς ϝοικίας, οἵτινές κ' | ἴοντι ὁ κλᾶρος τούτονς ἔ|κεν τὰ κρέματα.

> Sobald ein Mann oder eine Frau stirbt, sollen Kinder oder Kindeskinder oder von diesen Kindern, soweit vorhanden sind, das Vermögen haben. Wenn aber keiner von diesen vorhanden ist, aber Brüder des Verstorbenen und von den Brüdern Kinder oder von diesen Kinder, sollen diese das Vermögen haben. Wenn aber keiner von diesen vorhanden ist, aber Schwestern des Verstorbenen und von diesen Kinder oder von den Kindern Kinder, sollen diese das Vermögen haben. Wenn aber keiner von diesen vorhanden ist, sollen die, die – woher auch immer – berechtigt sind, das Vermögen übernehmen. Wenn aber keine Berechtigten aus der *woikia* vorhanden sind, sollen diejenigen, die den Klaros bilden, das Vermögen haben.[82]

Deutlich ist hier, dass nach der ersten Klasse der Erbberechtigten, der direkten Abkommenschaft, die zweite und dritte Klasse als mögliche Erben eintraten, zunächst der Bruder des Erblassers mit all seinen Kindern und Enkeln, danach die Schwester des Erblassers, ebenfalls mit ihren Kindern und Enkeln. Wenn all diese Verwandten fehlten, sollen die *epiballontes* erben, „die Berechtigten". Fehlten auch jene, sollen diejenigen, „die den Klaros bilden", das Vermögen des Erblassers erhalten. Die Deutung dieser Regelung hängt wesentlich davon ab, wen man mit den hier genannten *epiballontes* und denen, „die den Klaros bilden", identifizieren mag. Unklar sind vor allem die Interpunktion im letzten Satz und der Bezug des τᾶς ϝοικίας. Möglich ist, dass die Regelung für den Fall, dass es keine Verwandten gäbe, bestimmte, „wenn es keine Berechtigten gibt, sollen diejenigen aus der *woikia*, die den Klaros bilden, das Vermögen haben". Diese Passage mag aber auch – wie hier wiedergegeben – gemeint haben, dass „wenn es keine Berechtigten aus der *woikia* gibt, so sollen diejenigen, die den Klaros bilden, das Vermögen haben".[83] Letzteres scheint wahrscheinlicher. Die ἐπιβάλλοντε|ς τᾶς ϝοικίας werden wohl agnatische Angehörige gewesen sein, weiter

---

82 IC 4.72.5.9–28 = Koerner 169 = Nomima 2.49.
83 s. die unterschiedlichen Positionen schon bei Bücheler/Zitelmann 1885, 144 und Kohler/Ziebarth 1912, 65 mit vergleichenden Hinweisen auf das römische Zwölftafelrecht; Willetts 1968, 18–22; Wolff 1968, 425; Avramovic 1990, 363–70; Morris 1990; Link 1991, 110–2 und 1994, 76–9; Koerner 1993, 502–3; Gehrke 1997, 35–6 mit Anm. 57–8; Maffi 2003, 206–12; Chaniotis 2004, 75–6 und 2005, 181–3; Kristensen 2004, 155; und Gagarin 2010.

entfernte Verwandte, die einen gemeinsamen Vorfahren mit dem Erblasser anführen konnten, etwa einen Urgroßvater.

Deutlich ist dann auch, dass bei dieser Lesung und Deutung „die, die den Klaros bilden", keine Familienangehörigen des Verstorbenen waren, schließlich hatte die Regelung alle erbberechtigten Verwandten zuvor bereits ausgeschlossen. Sie waren auch keine Unfreien, wie aufgrund der alternativen, oben abgelehnten Lesung vermutet wurde; denn diese hatten kein Eigentum an Land.[84] Wenn der Klaros nun aber ein als Einheit gedachtes Stück Land war, Untereinheit einer Phyle beziehungsweise eines Startos, das eine Gruppe von miteinander nicht verwandten Kriegern und deren Familien unterstützte, dann verstehen wir, warum, sofern ein Erblasser keine Kinder oder weiteren Verwandten hinterließ, ultimativ diejenigen, welche demselben Klaros angehörten, den Landbesitz erben sollten. Womöglich waren diese Klaroi zu jenem Zeitpunkt, da das Gebiet von Gortyn in Phylen beziehungsweise Startoi aufgeteilt wurde, als Untereinheiten dieser größeren Einheiten zur Versorgung von Kriegern geschaffen worden; womöglich lag ihre Existenz der Phylengründung auch schon zugrunde.[85] Wenn es also in der vom *Großen Gesetz* sehr weit gefassten Familie keinen Erben gab, dürfte das Vermögen des Erblassers, und damit ist eben vor allem sein Landlos gemeint, an jene Familien gegangen sein, die ein Landlos innerhalb der gleichen territorialen Einheit bebauten, was ihre Existenz als Bürger und Krieger sicherstellte.[86]

Die Zusammenschau dieser beiden Regelungen zeigt, dass Land, wenn es nur irgend möglich war, innerhalb der Familie, des Klaros und der Phyle bleiben sollte. Die Politen verstanden sich ganz wesentlich nicht nur als ein Siedlungsverband, sondern als eine Wehrgemeinschaft, und das Zusammengehörigkeitsgefühl innerhalb der einzelnen Phylen war sehr stark ausgeprägt, wie wir gerade darin sehen konnten, dass sich diese Unterabteilungen als jene Körper darstellten, welche als der Verband der waffentragenden Männer in einem bestimmten Zeitraum die Polis ‚ordneten'. Diese Formulierung, die auf die große Bedeutung der Phylen als Einhei-

---

84 s. Link 1994, 76–9; sowie bes. Lewis 2013 mit detaillierter Kritik an Gagarin 2010.

85 Ein solcher Zusammenhang von Landbesitz und Waffengenossenschaft, wie wir ihn hier für kretische Poleis herleiten, ist für Thessalien bezeugt. Die Reformen des Aleuas teilten im 6. Jh. das Land in Klaroi ein, die im Besitz von Gruppen waren, die durch tatsächliche oder fingierte Familienbeziehungen verbunden waren und die eine bestimmte Anzahl von Reitern zu stellen hatten. Hierzu s. Helly 1995, 279–328. Als weiteres Beispiel für dieses Miteinander nennt Chaniotis 2005, 182 auch die hellenistischen Kleruchen.

86 Mandalaki 2000 und 2004, 39–40, 144–53; Chaniotis 2005, 181–3. Auch Brixhe/Bile 1999, 108–15 gehen davon aus, dass in Gortyn Land nicht im privaten Eigentum gestanden habe und dementsprechend nicht den Eigentümer wechseln konnte. – Diese Klaroi mögen die ‚Klaroten' genannten Unfreien bebaut haben, welche Pollux 3.83; die *Kretische Politeia*, Arist. frg. 586 Rose; und Kallistratos FGrH 348 frg 4 ap. Athen. 6.263e erwähnen. – vgl. mit dieser Regelung die Passage bezüglich der Relevanz „des Hauses in der Polis", das als Teil einer Erbmasse unbedingt in männlicher Linie weiterzugeben war; IC 4.72.4.23–43 = Koerner 169 = Nomima 2.49.

ten der politischen Partizipation schließen lässt, macht deutlich, dass der Verlust eines potenziellen Kriegers eine unerwünschte Perspektive war, und dass der Verlust potenzieller Phylenangehöriger auch eine Einbuße politischer Durchsetzungskraft für diese Unterabteilung bedeutete. Schließlich traten die Politen in der Agora wohl nach Phylen zusammen und stimmten dort nach dem Mehrheitsprinzip ab. Der Verlust einer Tochter mit deren zukünftigen Söhnen bedeutete für die betroffene Phyle einen Verlust von Stimmen und damit von Bedeutung in der Polis.

Darüber hinaus müssen wir einen weiteren Punkt bedenken. Zwar entfernte die Eheschließung der Erbtochter mit einem Phylenfremden nicht unmittelbar Grund und Boden aus der Verfügbarkeit ihrer Phyle; allerdings ging mit dem Tod der Eltern deren jeweiliges Vermögen natürlich auf deren Kinder über. Und da jene in die Phyle ihres Vaters eingetragen waren, ging zu diesem Zeitpunkt tatsächlich der ehemaligen Phyle der Erbtochter Land verloren. Angesichts unserer nur unsicheren Kenntnisse um das Verhältnis von Land in Poliseigentum, das entweder von öffentlichen Sklaven bewirtschaftet wurde oder in Privatbesitz stand, und Land in Privateigentum, lässt sich nur erahnen, welche unmittelbaren Konsequenzen dieser Verlust von Land für eine Phyle hatte, doch – wie gesagt – anhand der stark ausgeprägten Strukturen von Agonalität unter diesen Unterabteilungen der Polis war dies offenbar zu verhindern, so gut es nur ging.[87]

Zu diesen Überlegungen komplementäre Einblicke in den Ursprung und die Bedeutung der Phylen im archaischen Kreta bietet uns die um 500 verinschriftlichte Privilegierung des Poinikastas und Mnamon Spensithios aus der kleinen Polis Datala in der Region Lasithi. Hier erfahren wir über den Vorgang des Beschlusses, welcher dem Spensithios eine Reihe von Rechten einräumte, seine Pflichten definierte und ihn damit zu einem Bürger machte:

> Θιοί. ἔϝαδε Δαταλεῦσι καὶ ἐσπένσαμες πόλις | Σπενσιθίωι ἀπὸ πυλᾶν πέντε ἀπ᾽ ἐκάστας θροπά|ν τε καὶ ἀτέλειαν πάντων (...)

> Götter! Den Dataleis hat es gefallen, und wir, die Polis, nämlich fünf von jeder Phyle, haben dem Spensithios Lebensunterhalt versprochen und Befreiung von allen Abgaben (...).[88]

---

87 Zum Komplex des Ehe-, Ehegüter- und Erbrechtes sowie des rechtlichen Verhältnisses von Eltern und Kindern s. Willetts 1965a und 1967, *passim*; Leduc 1993; Link 1994, 53–96 sowie 1997, 1998a und 2003a; Kristensen 1994, 2007; Maffi 2003a.

88 Nomima 1.22 mit weiterführenden Hinweisen = SEG 27.631, zuerst in Jeffery/Morpurgo-Davies 1970 mit ausführlichem Kommentar; s. auch van Effenterre 1973; Beattie 1974; Gschnitzer 1974; Koerner 1981; Viviers 1994, 240–1 und Perlman 2004, 1156. – Jeffery/Morpurgo-Davies 1970 etwa übersetzen „The Dataleis resolved, and we the city pledged to Spensithios, from the tribes five (representatives) from each, (...)", und Gschnitzer 1974 deutet, „im Namen der Stadt haben 5 Vertreter jeder Phyle diese Verpflichtung durch rechtsförmlichen Sakralakt bestätigt." Rhodes/Lewis 1997, 309 gehen davon aus, dass ‚Polis' hier gleichbedeutend mit ‚Volksversammlung' sei, und dass bei deren Versammlungen eine jede Phyle für sich stimmte. Zu den unterschiedlichen Interpretationen dieser Inschrift, die vor

‚Die Polis' stellt sich hier als die Summe von jeweils fünf Vertretern aus jeder der Phylen dar. An anderer Stelle argumentiere ich, dass dies nicht die einzige oder auch nur gängige Definition von ‚Polis' in diesem Gemeinschaft gewesen sein kann. Vielmehr ist diese Definition allein auf den hier registrierten Vorgang, allein auf den hier verzeichneten Beschluss der Privilegierung zu beziehen. Hier wird der institutionalisierte Charakter dieser Unterabteilungen deutlich. Denn wenn in Datala die Phylen der Polis durch Vertreter repräsentiert waren, heißt dies zum einen, dass in diesen Phylen Strukturen existierten, die eine solche Auswahl möglich machten. Zum anderen lässt dieser Befund auf einen ähnlichen Zuschnitt der Phylen von Datala schließen, zumindest auf deren prinzipielle Gleichheit als Unterabteilungen der Polis, da eine jede von ihnen eben fünf Vertreter entsendet.[89] Und schließlich sehen wir, dass ‚die Polis' sich dieser Strukturen bediente – beziehungsweise, dass diese Unterabteilungen nötig waren –, um einen präzisen Katalog von Rechten und Pflichten zu beschließen. Immerhin stimmten die Phylen als eine Organisationsform aller Bürger durch ihre Vertreter einem wichtigen Vorgang zu. Denn der Schreiber und Erinnerer Spensithios scheint kein eigenes Land bewirtschaftet zu haben, wodurch er keine Möglichkeit hatte, mit selbst erwirtschafteten Produkten zu den Andreia beizutragen. Nun aber sah die hier vorgenommene Privilegierung seine Unterstützung mit solchen Erzeugnissen vor, mit „zehn Doppeläxten Fleisch", wie es heißt. Auf diese Weise konnte er seine Beisteuer zum Gemeinschaftsmahl leisten und eben dadurch ‚Bürger' sein. In einer Gemeinschaft, in der die Trennung zwischen Bürgern und anderen Bewohnern der Polis, freien wie unfreien, strikt eingehalten wurde, war dies eine bedeutende Sonderregelung. Somit ist verständlich, dass ‚die Dataleis' dieser Statusveränderung des Spensithios zustimmen mussten, und dass auch die Phylen von Datala ein Wort bei dieser Privilegierung mitzureden hatten.[90] Schließlich bestimmt der Vertrag nicht allein generell, dass der Lebensunterhalt des Schreibers zu gewährleisten sei, sondern auch:

---

allem mit der Deutung der Dataleis und ihrem Verhältnis zu der hier erwähnten ‚Polis' befasst sind, s. das Kapitel *Polis*, zum Sinn der in ihr verzeichneten Privilegien, welche die ‚Einbürgerung' des Poinikastas vollzogen, s. die Kapitel *Eleutheros* und *Andreion*.

89 vgl. das Gesetz von Chios (um 550–500), laut welchem die dortige *bole demosie* aus jeweils fünfzig Mitgliedern pro Phyle bestand; ML 8 = Koerner 61 = Nomima 1.62, und s. Walter 1993, 89–97.

90 Hiermit vergleichbar ist die im *Großen Gesetz* von Gortyn einem Adoptivvater auferlegte Pflicht, seinen Adoptivsohn nicht nur im Rahmen eines Opfermahles in sein Andreion aufzunehmen, sondern ihn auch dem in der Agora versammelten Demos vorzustellen; s. IC 4.72.10.33–9, 11.10–7 = Koerner 180 = Nomima 2.40 und dazu das Kapitel *Eleutheros*. – s. Willetts 1955, 63–8; Koerner 1993, 549–50; Kristensen 2004, 158–61; Gagarin 2008, 165–9.

μισθὸν δὲ δόμεν τῶ ἐνιαυτῶ τῶι ποινι[κ|α]στᾶι πεντήροντά τε πρόροος κλεύκιο|ς κηνδυ[.]ε[..]
ς ἰκατιδαρκμιος ἢ καρ[π(?)]|ός, δόμεν δὲ τὸ κλεῦρος ἐς τῶ μόρο ὅ|πω κα λῆι ἐλέσθαι· αἱ δὲ μὴ
δοίη τὸ κλε[ῦρ|ο]ς αιδε[...]σ[.c.3–4.]α[.]εσδ[.c.3.]ς ρόσμ|ος ἐπεσταρῶς ἀ[.c.4?.]ι[.c.4?.]λε[.]εκ[. |
.?]σαι ἀπλοπία

Als Lohn soll man dem Schreiber jährlich geben fünfzig Prochooi Most und – – – für zwanzig
Drachmen oder – – – Man soll ihm den Most geben von dem Grund(besitz), wo er ihn wählen
will. Wenn (einer) aber nicht gibt den Most – – – der amtierende Kosmos – – – Straflosigkeit – – –

Hier ist also festgehalten, dass Spensithios sich den ihm zustehenden Most von jedem
beliebigen Stück Land der Polis aussuchen durfte. In Analogie zu ähnlichen Bestimmungen können wir rekonstruieren, dass der unmittelbare Anschluss der Inschrift
zum einen bestimmt zu haben scheint, dass der hier genannte „amtierende Kosmos"
diejenigen bestrafen sollte, die zu verhindern suchten, dass der Most von ihrem Land
genommen wurde; zum anderen, dass die sodann vom Kosmos verfügte Wegnahme
von Most von diesem Land straflos sein sollte.[91] Diese Bestimmung ergibt Sinn vor
dem Hintergrund unserer Überlegungen zu Ursprung und Wesen der Phylen als
lokalen Einheiten. Als Teile einer segmentären Polis-Gesellschaft definierten sich
die Phylen über das von ihnen inkorporierte Land und besaßen gegenüber anderen
Phylen wie auch gegenüber der Polis eigene, jeweils stark ausgeprägte Identitäten und partikulares Mitspracherecht. Denn natürlich war es nötig, dass alle diese
lokalen Einheiten der Polis einem Beschluss zustimmten, demzufolge es möglich war,
dass der Schreiber von den Erzeugnissen auch ihres Landes ernährt würde und sich
den ihm zustehenden Most auch von ihrem Boden sichern durfte.

Phylennamen als Ausdruck intentionaler Geschichte
Die voranstehenden Überlegungen zu einer Konkurrenz der Phylen untereinander
sind auch in den Namen kretischer Phylen reflektiert. Aus zwölf Poleis sind uns die
Namen von vierzehn Phylen eindeutig überliefert, hinzu kommen sechs lediglich
fragmentarisch erhaltene Namen. Bis auf eines stammen sämtliche dieser Zeugnisse
erst aus spätklassischer und vor allem hellenistischer Zeit. Allein der Name ‚Aithaleus' ist – wie gesehen – bereits für das 5. Jh. und zwar in Gortyn nachgewiesen.
   In ihrer Auswertung der Phylennamen kretischer Poleis kann Paula Perlman
feststellen, dass jene sich in drei Gruppen einteilen lassen.[92] So beobachten wir die

---

91 Wenngleich die Fragmentierung der Inschrift an dieser Stelle diesen Ablauf kaum erkennen
lässt, können wir diesen wohl doch in Analogie zu verschiedenen gortynischen Bestimmungen im
Zusammenhang der Pfändung rekonstruieren, etwa anhand der Regelungen über die Befugnisse des
Titas. Hierzu s. ausführlich das Kapitel *Kosmos*.
92 Zum Folgenden ausführlich Perlman 2014 und schon 1992, 96; sowie Trümpy 1997. – s. auch das
Kapitel *Politeia*.

typisch dorischen Phylen; in Gortyn etwa die Dymanes. Daneben stehen Phylen, die einen lokal kretischen Hintergrund zu haben scheinen. In Gortyn ist dies etwa die Phyle Archeia, die nach Perlman mit dem lokalen Heros Archos zu assoziieren sei, dessen Heiligtum auf der Grenze zwischen Knossos und Tylissos lag.[93] Und schließlich seien nichtdorische Phylennamen zu beobachten; in Gortyn etwa die Autoletai. Diese seien wohl mit Autolaos zu verknüpfen, dem Sohn des eponymen Heros von Arkadien, Arkas, und – nach einer tegeatischen Tradition – Großonkel des Gortys, des Oikisten von Gortyn. Das Muster dieser drei nebeneinander stehenden Gruppen sei in beinahe allen anderen Poleis ebenfalls zu beobachten. Allein für Olus scheinen bislang nur dorische Phylennamen überliefert.

Darüber hinausgehend stellt Perlman auf einer Materialbasis von dreißig uns bekannten Monatsnamen aus dreizehn Poleis ein ähnliches Muster fest. So seien etwa in Gortyn neben dorischen, lokal kretischen und vordorisch peloponnesischen Monatsbezeichnungen auch ägäische und aeolisch-thessalische nachzuweisen. Tatsächlich ergebe eine Zusammenschau der Befunde von Phylennamen und Monatsnamen ein ähnliches Verteilungsschema dieser Gruppen. Das heißt also, dass der prozentuale Anteil etwa der lokal kretischen Phylennamen an deren Gesamtheit auf der Insel so hoch sei wie der prozentuale Anteil der lokal kretischen Monatsnamen an deren Gesamtzahl.[94] Dies scheint Perlman umso erstaunlicher, da die Poleis der Insel sehr unterschiedliche Besiedlungsgeschichten aufweisen. Knossos etwa war seit der Bronzezeit kontinuierlich besiedelt, Lyttos entstand durch einen früheisenzeitlichen Gründungakt, Gortyn im Zuge eines Synoikismos. Trotzdem sei dieses Muster in beinahe sämtlichen Poleis zu beobachten. Die Schlüsse, die Perlman daraus zieht, sind allerdings fragwürdig. Sie nimmt diesen Befund nämlich als Beleg für die ethnische Heterogenität der Bevölkerung kretischer Gemeinwesen, die tatsächlich ursprünglich aus diesen Gegenden gestammt hätten.

Nun ist es durchaus plausibel, in den vielfältigen Namen der Phylen und Monate kretischer Politien eine Heterogenität ihrer Bewohner gespiegelt zu sehen. Allerdings dürften deren Grundlagen nicht genuin ethnische Unterschiede gewesen sein. Wie oben dargestellt, reflektiert die Phyleneinteilung in Poleis archaischer und klassischer Zeit nicht etwa die Strukturen der Wanderungszeit griechischer Stämme, sondern gehört in den Kontext der Entstehung und Entwicklung von Polisgemeinschaften. Da wir zudem von bewussten Akten der Schaffung und Umbenennung von Phylen in historischer Zeit wissen – zu nennen sind etwa die Maßnahmen des Demonax in Kyrene und des Kleisthenes in Attika – müssen wir bei der Heranziehung dieses Materials für eine Rekonstruktion der ethnischen Zusammensetzung kretischer Poleis sehr kritisch

---

93 Erwähnt im Vertrag zwischen Knossos, Tylissos, Argos (um 450): IC 1.8.4 = Nomima 1.54 = HGIÜ 1.72 = StV 2.148; s. Kyriakidis 2012 zu den Grenzen von Tylissos. Zum Heiligtum s. Sporn 2002, 135–6.
94 Nach Perlman 2014: dorisch: 41/42 %; indigen kretisch: 23/31,5 %; äolisch-thessalisch: 27/10,5 %; vordorisch (peloponnesisch/ägäisch): 9/16 %.

sein.[95] Viel eher sollten wir in der Vielfalt von Namen kretischer Phylen und Monate ein Stück ‚intentionaler Geschichte', eine ‚*invention of tradition*' sehen.[96] Grundlage der zu beobachtenden Vielfalt war eine tatsächliche, empfundene oder gewünschte Andersartigkeit innerhalb der Einwohnerschaft jener Gemeinwesen. Worauf diese Andersartigkeit letztlich basierte, ist nicht zu klären. In jedem Fall aber reflektiert sie das Bemühen von Großgruppen innerhalb der Gemeinschaft, sich von anderen, vergleichbaren Gruppen abzugrenzen. Und zur Konturierung der eigenen Identität wie der Ausbildung von Alterität gegenüber den anderen wurden auch vermeintliche ethnische Unterschiede bemüht, wurden die Unterschiede der eigenen Zeit in die Zeit der Wanderungen und des Mythos zurückprojiziert. Wie man Gemeinsamkeiten mit Konzepten der Verwandtschaft beschrieb, wurden auch faktische Alterität und alltägliche Konkurrenz in Kategorien der Abstammung beschrieben und gesellschaftliche Unterschiede in der Polis auf vermeintlich uralte Unterschiede zwischen Abstammungs- und Schicksalsgemeinschaften zurückgeführt.[97]

Natürlich ist durchaus davon auszugehen, dass über die Jahrhunderte immer wieder verschiedene Einwandergruppen nach Kreta kamen; aber nicht davon, dass diese ihre eigene, vermeintlich stark ausgeprägte ethnische Identität lange Zeit für sich bewahrt hätten, und dass dies das wesentliche tatsächliche Kriterium einer bewussten Abgrenzung von anderen gewesen sei. Was wir beobachten, ist zum einen die Existenz regionaler Unterschiede auf der Insel, wie sie ja auch schon in der Zusammenschau der mit Kreta befassten Passagen der *Ilias* und *Odyssee* deutlich werden, und die sich etwa auch in den Dialekten der Insel ausdrückten.[98] Zum anderen beobachten wir eine ganze Reihe von Großgruppen, soziopolitischen Integrationskreisen, innerhalb kretischer Gemeinschaften, die auf eine Akzentuierung ihrer Andersartigkeit gegenüber ihren Mitmenschen bedacht waren. Der zu beobachtende beziehungsweise postulierte Grad der Vielfalt ist dabei proportional zur Stärke des Bedürfnisses um Abgrenzung – im Sinne unserer Beobachtungen sollten wir sagen: proportional zum Grad der unter diesen Großgruppen herrschenden Konkurrenz. In diesem Licht

---

95 Roussel 1976, 259–60, 265–7; Kristensen 2002, 69–70; Kyrene: Hölkeskamp 1993; Athen: konzis Stahl/Walter 2009, 155–60 und Welwei 2011, 160–6. – s. auch Murray 1997 zur Generierung von Phratrien im sizilischen Kamarina und Gehrke 1988; Knoepfler 1997 sowie Walker 2004 zur Umstrukturierung der Phylen von Eretria und Forsdyke 2012, 90–113 zu Sikyon.

96 Zu diesen Konzepten s. Hobsbawm/Ranger 1983; Gehrke 1994 und 2010; Ulf 2008. Herzfeld 1991, 205 spricht treffend von einer ‚*negotiation of tradition*'. Zur griechischen Konstruktion von Ethnizität – auch zur Rolle von Sprachenvielfalt als bewusst eingesetztem Medium in diesem Prozess – s. Hall 1995a und 1997, bes. 9–14, und 2002; sowie Kühr 2006.

97 Bei alldem ist allerdings zu bedenken, dass vor 250 keine der drei ‚dorischen' Phylen irgendwo auf Kreta nachgewiesen ist, und dass uns vor 350 abgesehen vom Startos Aithaleus kein anderer Name eines Startos oder einer Phyle aus irgendeiner kretischen Polis bekannt ist.

98 Kretische Dialekte: Duhoux 1982 und 1988; Hajnal 1985; Bile 1988; Bile/Brixhe 1991; generell Hall 1997, 143–81. – Zur Darstellung Kretas in den Epen s. das Kapitel *Politeia*. – Zum kretischen Regionalismus s. etwa Wallace 2010; Maarschalk 2011; Perlmann 2014.

gesehen, muss ein Name wie jener der Phyle Archeia denn auch nicht auf den knossischen Lokalheros Archos zurückgehen. Tatsächlich ist eine Phyle dieses Namens in vier weit voneinander entfernten Poleis Zentralkretas nachgewiesen: in Knossos an der Nordküste, in Leben an der Südküste, in Lyttos im Osten und schließlich in Gortyn im Südwesten. So mag in dieser Bezeichnung auch der Anspruch der jeweiligen Phyle Archeia auf den Primat oder eine privilegierte Stellung unter den verschiedenen Phylen dieser Gemeinwesen ausgedrückt sein.[99]

Nach unserer Analyse der inschriftlichen Erwähnungen von Phylen und Startoi in kretischen Poleis können wir eine Reihe von Punkten festhalten. Schon im 7. Jh. spielen Phylen in verschiedenen Bereichen des Polislebens eine wichtige Rolle. Dies zeigen Passagen der homerischen Epen, Elegien des Tyrtaios und die drerische Inschrift bezüglich der Rechte des Agretas. In ihr sind die Phylen in unmittelbarem Bezug auf ,die Polis' genannt, und somit auf eine Entität, die im Verlauf der Polisbildung generiert wurde, die unterschiedlichen Teile der Bürgerschaft in das Gemeinwesen zu integrieren.[100] Die wesentlichen Unterschiede der Politen, die in diesem Prozess überbrückt werden mussten, dürften zum einen im Gefälle des sozialen Ansehens und Einflusses zwischen der Menge der Bürger und den wenigen einflussreichen Männern des neuen Gemeinwesens gelegen haben. Diesem Punkt werden wir uns im nächsten Abschnitt zuwenden, in dem wir die Andreia betrachten. Zum anderen dürften die unterschiedliche lokale Herkunft und Verwurzelung der Bürger die neue politische Gemeinschaft aus einer Reihe von Gründen vor Probleme gestellt haben.

Im Rahmen der Polisbildung kamen Nachbarschaften und Dörfer zu größeren politischen Gemeinschaften zusammen. Deren Bewohner entwickelten mit der Zeit durch ihre Teilhabe an verschiedenen zivischen Ritualen auch eine übergeordnete Identität als Bürger der Polis, doch ihre Identität als Mitglieder lokal verankerter Siedlungsgemeinschaften verlor deswegen nicht an Relevanz. Denn auch wenn ein Bürger im urbanen Zentrum der Polis ein Haus bewohnte, besaß er doch nach wie vor in seiner Kome Grund und Boden. Diese Felder, die er bestellen ließ, diese Wiesen, auf denen er sein Vieh weidete und diese Nachbarn, die er sich durch die Ausleihe von Ressourcen verpflichtet hatte, waren es, die seine wirtschaftliche Potenz und seinen sozialen Status ausmachten. Bei allen sichtbaren Veränderungen der Siedlungsstrukturen ab dem 8. Jh., die sich als Manifestationen von Neugründung, Synoikismos und Nukleation – kurz: Polisbildung – begreifen lassen und darauf hinweisen, dass

---

99 Hdt. 5.68.1 berichtet, dass Kleisthenes von Sikyon bei der Neuordnung der Phylen dieser Polis seine eigene Phyle ,Archelaoi' nannte; s. Hölkeskamp 1993 und die Diskussion bei Welwei 2011, 111–2; sowie Forsdyke 2012, 90–113. – Chaniotis 1988, 159–60 und 1992, 313–5 sieht in der Archeia eine in der Polis privilegierte Phyle. Zudem weist er auf strukturell ähnliche Bildungen hin, etwa die Basileitai auf Amorgos, die Euonymoi in Ephesos und die Eupatridai in Athen.
100 Hierzu s. das Kapitel *Polis*.

urbane Zentren durch gemeinschaftlichen Aufwand ausgebaut wurden, wird doch deutlich, dass die Dörfer, welche dieses Zentrum umgaben, nicht an Bedeutung verloren. Der archäologische Befund zeigt, dass Dörfer und Weiler die dominierende Siedlungsform auf der Insel blieben, und dass die Mehrzahl dieser Siedlungen über lange Zeit hinweg ununterbrochen bewohnt waren.[101] Diese lokalen Strukturen der Zugehörigkeit wurden durch fortschreitende Institutionalisierung in die Polis inkorporiert. Sie ermöglichten diese Prozesse überhaupt erst. Denn sie untergliederten die ansonsten unüberschaubare Gesamtheit der Bürger in handlungsfähige und für jene sinnhafte Unterabteilungen. Derart gegliedert, und nicht als undifferenzierte Masse, konnten die Damoden auf die Polisbildung Einfluss nehmen, derart korporiert konnten sie geordnet kämpfen und politische Entscheidungen fällen.

Es ist hiermit nicht gesagt, dass diese lokal gegründeten Gemeinschaften nicht neu zugeschnitten werden konnten. Der Vertrag zwischen Gortyn und Rhitten zeigt womöglich, dass ein Startos ausgedehnt oder sogar neu geschaffen werden konnte.[102] Ein wesentlicher Grund, warum sich trotz dieser potenziellen Veränderbarkeit das Prinzip der Gliederung der Bürgerschaft nach lokal gegründeten Phylen neben dem Prinzip ihrer Gliederung nach Hetairien so lange hielt, ist, dass die Phylen die Gliederung des Polisheeres vorgaben. Denn in seiner Kome sah sich der Polisbürger eben nicht allein einer Siedlungsgemeinschaft und einer Kultgemeinschaft zugehörig, hier sah er sich auch als Mitglied einer Wehrgemeinschaft. So bezeichnet Platon den kretischen Staat denn auch als eine στρατοπέδου πολιτεία – eine „Verfassung, wie sie

---

101 Diese Prozesse sind dargestellt bei Perlman 2000; Kotsonas 2002; Wallace 2010 und Coldstream 2013. Auf die weiterbestehende Relevanz der Dörfer weisen Sjögren 2003, 40–9, 109–12 und Schmitz 2004, 258 hin. Zur Kategorie der ‚stabilen Siedlung' s. Whitley 1991a, 346–7. – Auch die archäologischen Befunde von Azoria legen die Relevanz kleinerer Siedlungen außerhalb des Poliszentrums nahe; s. Haggis et al. 2011a, 484 in Verbindung mit IC 4.72.4.31–5 = Koerner 169 = Nomima 2.49. Hierzu Perlman 2014: „Several patterns of use suggest that urban houses at Azoria represented one node of a multilocal household, defined as a system incorporating kin and serf populations residing and working elsewhere in the town center."

102 Ergänzung erfahren diese Beobachtungen durch den Befund von Unterabteilungen der Bürgerschaft in anderen Poleis. Bemerkenswert sind hier zwei Beobachtungen. Zum einen ist festzustellen, dass die Phratrien – zumindest in Athen – jeweils lokale Zentren hatten. Somit waren jene Strukturen der Frühen Eisenzeit, die den Phratrien zugrunde lagen, wohl ebenfalls lokale Einheiten. Zum anderen sehen wir, dass Phylen unter verschiedenen Bedingungen schon in relativ früher Zeit neu zugeschnitten, umformiert und zusammengesetzt werden konnten. Dies war bei den Phratrien nicht der Fall. Insofern ist zu vermuten, dass die Phylen als ‚disponible' Gruppen jünger als die Phratrien waren. Beide Gliederungssysteme sind aber bereits in archaischer Zeit auf die Polis hin orientiert; s. Welwei 1988, 21. Schmitz 2004, 111 mit Anm. 25 weist darauf hin, dass *gene* und Phratrien in archaischer Zeit von nur geringer Bedeutung waren; hierzu s. Humphreys 1974; Bourriot 1976 und Roussel 1976; Smith 1985; Stahl 1987, 79–83; Fatheuer 1988, 30–2; Stein-Hölkeskamp 1989, 24–37; Ulf 1990, 145–9; Lambert 1993. Zum möglichen Ursprung der *gene* und Phratrien aus Nachbarschaftsgruppen s. Manville 1990, 60–3.

einem Heerlager angemessen ist".[103] Die Phylen konnten im Rahmen des Polisgefüges überhaupt nur deswegen zu einer wirksamen Organisationsform der Bürger werden, weil sie intakte und ausgeprägte Strukturen der Binnenorganisation perpetuierten, welche es fertig brachten, die Masse der Bürger zu strukturieren. So zeigt etwa die Institution des Startagetas im Vertrag zwischen Gortyn und Rhitten, dass es hierarchische Strukturen innerhalb der Phylen gab. Und wenn im *Großen Gesetz* von Gortyn die Verwandten der Erbtochter deren Status „in der Phyle bekannt machen sollen", heißt das doch wohl, dass Foren für eine solche Information existierten.[104]

Doch die Eigenständigkeit dieser Gemeinschaften stellte den Bürgerstaat auch vor Probleme. Jene Inschriften, die den Anspruch formulierten, dass es die Startoi waren, die während einer Amtsperiode die Polis ‚ordneten' und das jeweilige Kosmenkollegium ihre Stellvertreter waren, zeigen, dass die Polis starken Kräften von Konkurrenz in ihrem Inneren ausgesetzt war. Sie musste Mechanismen finden und institutionalisieren, diese Teilidentitäten der Bürger auszugleichen, und dies waren die Hetairien.

---

103 Plat. leg. 666e.

104 Ausgehend von Arist. pol. 1271a 34, die Kosmen stammten nur aus bestimmten Geschlechtern, nimmt Gehrke 1997, 37 Anm. 60, an: „Man müsste in diesen γένη Binnengliederungen der Phylen sehen (was nicht ungewöhnlich wäre) und annehmen, dass auch diese polisübergreifend sein konnten. Wenn das militärische Aufgebot nach Phylen gegliedert war, dann waren die (...) Hetairien auch Untergliederungen der Phylen; dies würde auch zu sonst im dorischen Bereich belegten Phänomenen (...) passen."

XI Andreion

Die Aristokratisierung des Demos

Das erklärt auch, warum die Völker mit den besten Regierungen unter den Griechen und jene, die mit der Pflege alter Sitten die größte Heimatliebe zeigen, ihre Führer beim Wein zusammenbringen. Denn bei den Kretern hatten die so genannten Andreia, bei den Spartanern die Phiditia ihren Platz als geheime Versammlung und aristokratisches *synhedrion*.

Plut. mor. 714b

Die wichtigsten literarischen Quellen für die Organisation und die soziopolitische Bedeutung der Hetairien in kretischen Poleis und der von ihnen durchgeführten Gemeinschaftsmahlzeiten stammen aus dem 4. vorchristlichen Jahrhundert. Es handelt sich zunächst um zwei bei Athenaios überlieferte Passagen aus dem 4. Buch der *Geschichte Kretas* des Dosiadas und dem 3. Buch der *Kretischen Gebräuche* des Pyrgion. Sie stellen die kretischen Syssitien jeweils zwischen die ausführlichen Beschreibungen der spartanischen Gemeinschaftsmahlzeiten und die Beschreibung persischer Feste. Hier werden Informationen etwa zur Zusammensetzung dieser Gruppen und Finanzierung der Andreia, zur Tischordnung bei den Mahlzeiten sowie deren Durchführung übermittelt. Daneben sind eine Reihe kürzerer Passagen zu nennen, die Informationen bieten, welche die eben genannten längeren Passagen im Wesentlichen bestätigen, doch auch um Details ergänzen. Darunter ist der ebenfalls im 4. Jh. verfasste Bericht des Ephoros über die Ausbildung der Knaben und Epheben in Andreia und Agelai und die Aufnahme neuer Mitglieder in die Hetairien. Hinzu kommt eine kürzere Passage bei Herakleides Lembos, dem Epitomator der aristotelischen *Politien*, welche über die in einem Andreion herrschenden Hierarchien und die Rolle der Fremden Auskunft gibt.[1]

Und schließlich ist unter den literarischen Quellen jene Beschreibung kretischer Gemeinwesen in der *Politik* des Aristoteles hervorzuheben, in der dieser mit vergleichendem Blick auf die spartanischen Syssitien die Andersartigkeit, die Vorzüge und Nachteile des kretischen Systems schildert. Hier erhalten wir zahlreiche Informationen zur Finanzierung der Gemeinschaftsmahlzeiten und sehen, wie sie in einem über die ideale Politeia handelnden philosophischen Diskurs reflektiert wurden. Ebendies erfahren wir auch aus verschiedenen Passagen in den platonischen *Gesetzen*, in denen von den moralischen Auswirkungen der Syssitien auf die Gemeinschaft der Bürger die Rede ist.[2] Nicht allein in diesen verschiedenen literarischen Quellen unter-

---

1 Dosiadas FGrHist 458 frg. 2 ap. Athen. 4.143a–d; Pyrgion FGrHist 467 frg. 1 ap. Athen. 4.143e–f; Ephor. FGrHist 70 frg. 149 ap. Strab. 10.4.16, 18–20; Herakl. Lemb. epit. Arist. frg. 611.15 (Rose).
2 Arist. pol. 1272a 1–27; Plat. leg. 625c–e; 780b; 842b, 847e; vgl. auch 633a mit Blick auf Sparta sowie 762c mit Blick auf den idealen Bürgerstaat.

einander finden wir eine Reihe von Übereinstimmungen; diese ließen sich womöglich noch mit einer gemeinsamen Quelle erklären. Übereinstimmungen können wir immer wieder auch zwischen einer oder mehreren literarischen Quellen und einer oder mehreren Inschriften der archaischen Zeit beobachten. Diese Zusammenschau aus literarischem und epigraphischem Material lässt uns ein detailreiches Bild kretischer Kommensalität und ihrer Einbettung in die politische Kultur der Inselgesellschaften zeichnen.[3]

Kommensalität in der frühen Polis

Modelle des gemeinschaftlichen Mahls

Wo auch immer die kretischen Gemeinschaftsmahlzeiten behandelt werden, die uns in den epigraphischen Zeugnissen von der Archaik an und in den literarischen Quellen des 4. Jh. begegnen, fehlt es an einer Diskussion, wie sich diese Art der kommensalen Praktik entwickelt haben könnte.[4] Häufig wird postuliert, die kretischen Andreia seien aus ‚älteren Strukturen‘ entstanden, wohl aus ‚dem homerischen Mahl‘.[5] Nun wurde von der ungleich umfangreicheren Forschung zum frühen Sparta gezeigt, dass es eine Fehlannahme ist, die dortigen Syssitien seien Überbleibsel älterer Strukturen gewesen; womöglich ein Relikt der Kriegermähler, die ihren Platz in jener dorischen Stammesgesellschaft gehabt hätten, aus welcher Sparta entstanden sei. Stattdessen hat sich die Erkenntnis durchgesetzt, dass es sich bei den Elementen der ‚Lykurgi-

---

3 Im Text dieses Kapitels werden wir darauf immer wieder hinweisen. Hier seien vorab nur drei Dinge genannt. So bieten nicht allein Ephoros, Pyrgion und Dosiadas die Information, dass sich die Paides im väterlichen Andreion aufhielten, sondern auch ein Gesetz um 500 aus Eltynia; IC 1.10.2 = Koerner 94 = Nomima 2.80 = SEG 2.509. In diesem Gesetz finden wir auch den Hinweis auf den von Ephoros genannten ‚Koros‘. Und schließlich sehen wir den von Herakleides hervorgehobenen ‚Archon des Andreions‘ in einem gortynischen Gesetz des 5. Jh. erwähnt; IC 4.75b = Koerner 147 = Nomima 2.46. Ausführlicher hierzu s. das Kapitel *Politeia*.

4 Die Entstehung dieses Kapitel ist ganz wesentlich das Resultat von Diskussionen mit Adam Rabinowitz (University of Texas at Austin) und meiner Lektüre seiner Überlegungen zu Formen archaischer Kommensalität.

5 Schurtz 1902 und Nilsson 1912 sahen die Syssitien als Relikte ‚primitiver‘ sozialer Praktiken aus einer vermeintlichen Wanderungszeit der Stämme. Diese Deutung nahm wesentlichen Einfluss auf die Forschung; so auch auf Willetts, der in seinen die Kreta-Forschung jahrzehntelang bestimmenden Schriften die Ansicht vertrat, kretische und spartanische Syssitia seien Resultate einer gemeinsamen Vergangenheit in der Dorischen Wanderung; ähnlich auch Link 1994 mit Blick auf die Andreia: „Die Gleichheit der Lebensgestaltung (...) [könnte] in grauer Vorzeit, bei der Einwanderung, (...) wie vielleicht auch in Sparta, wehrpolitischen Notwendigkeiten entsprungen sein." Talamo 1987; Lavrencic 1988; Guizzi 1997, die maßgeblichen Darstellungen der kretischen Andreia, äußern sich gar nicht zu deren Ursprüngen; ebenso wenig Gehrke 1997; Perlman 2004 oder Erickson 2011. Chaniotis 2004, 65 stellt die Frage: „Gehen diese Merkmale auf einen gemeinsamen alten Ursprung zurück oder wurden sie erst im Laufe der früharchaischen Zeit eingeführt?"

schen Ordnung' um bewusste Neuordnungen und Konstruktionen der archaischen Zeit handelt, wenn man über den Zeitraum, in dem diese Prozesse sich ereigneten, auch streiten mag.[6]

Doch auch dieses Szenario stellt uns vor Probleme. Denn wenn wir die spartanischen – und eben auch die kretischen – Gemeinschaftsmahlzeiten nicht von vornherein als Kreationen *ex nihilo* betrachten wollen, müssen wir in ihnen institutionelle Überformungen älterer, seit längerem bestehender Praktiken sehen, etwa der in den homerischen Epen beschriebenen Zustände. Nun lassen sowohl die Epen Homers als auch der archäologische Befund der Frühen Eisenzeit tatsächlich eine Reihe von Typen des Gemeinschaftsmahles erkennen, von denen aber keiner dem kretischen oder spartanischen Syssition zu entsprechen scheint. So fehlt in den Epen der Typus eines Mahles, welches sämtliche politischen Akteure der Gemeinschaft als eine Gruppe von Gleichen zusammenkommen lässt. Stattdessen finden wir etwa unter Führung eines sozial überlegenen Gastgebers stehende Mähler; hinzu kommen Feste, bei denen allein die Eliten einer größeren Gemeinschaft miteinander als eine kleine Gruppe von nominell Gleichen speisen. Es ist also unklar, aus welchem der in den Epen reflektierten Mahltypen die kretischen Andreia hervorgegangen sein mögen. Eine Auseinandersetzung mit diesem Problem hat bislang nicht stattgefunden.

Ebendies gilt auch für den Ursprung des Symposions. Angesichts der Tatsache, dass die ungeheure Relevanz dieser Form der Kommensalität für die archaische und klassische Zeit in der Forschung unumstritten ist und vielfache Behandlung erfährt, erscheint es bemerkenswert, dass bislang kaum ein überzeugendes Modell existiert, wie und woraus sich das Symposion entwickelt habe. Die in der heutigen Forschungsliteratur dominierende Ansicht hat Oswyn Murray in zahlreichen Beiträgen begründet. Er betont, das Symposion habe sich aus dem homerischen Kriegerfest entwickelt. Als solches sei es für die Aristokraten der Poleis ein sozialer Raum des Rückzuges aus der realen Welt des Bürgerstaates gewesen, als jene ihre Dominanz verloren und allmählich politisch und vor allem auch militärisch marginalisiert wurden. In dieser Situation hätten sie mit ihren Symposia die *habrosyne* zelebriert, einen Lebensstil des ideologisierten Luxus.[7] Diese Erklärungen des Ursprungs und der Sinnhaftig-

---

6 Meier 1998, 2006 und Welwei 2004 etwa plädieren für das 7. Jh.; Powell 1998; Rabinowitz 2004 und 2009 für das 6. Jh.; Link 1998, bes. 105–6, und 2000, 111–7 sieht den Wandel hin zum Homoios-Ideal in der Phase nach dem Zweiten Messenischen Krieg. Nafissi 2009 datiert diese Entwicklung in den Zeitraum zwischen der Mitte des 7. und der des 6. Jh., Thommen 1996, 51, 135–7 sowie 2003, 117–22 und 2004, 128–30 spricht sich für das 5. Jh. nach den Perserkriegen aus, Clauss 1983, 98 gar erst für die Zeit um 400. – Diese Neudeutung wurde nicht zuletzt von jenen Forschungen katalysiert, die sich mit den Ursprüngen anderer sozialer Integrationskreise und deren Funktionen in griechischen Poleis beschäftigten, dem Genos, den Phylen und Phratrien; s. Bourriot 1976; Roussel 1976.

7 Repräsentativ für diese Einschätzung ist etwa Murray 1983, 1983a, 1983b, 1991 und konzis 1993a, 81 und 207–13 sowie 2009; s. nun Osborne 2014. Gewichtige Kritik an diesem Modell äußern etwa

keit von Syssitien und Symposien sollen im Folgenden kritisch hinterfragt werden. Jene Modelle sympotischer Feiern, die wir im Athen des 5. und vor allem des 4. Jh. beobachten, sollten keine Prominenz bei der Deutung kommensaler Praktiken der Archaik besitzen. Wir sollten die kretischen und spartanischen Syssitien nicht aus dem Kontrast zu einem konstruierten Idealtyp des athenischen Symposions klassischer Zeit erklären. Vielmehr müssen wir kommensale Praktiken der Archaik aus jenen Mahltypen ableiten und zu verstehen suchen, die sich in der Zusammenschau der homerischen Epen und anderer Zeugnisse archaischer Dichtung sowie archäologischer Befunde rekonstruieren lassen; die etwa in spezifischen Ensembles von Geschirr und anderem Inventar, in Abfallprodukten und den Räumen reflektiert sind, in denen solche Feste stattfanden. Und so möchte ich den etablierten Erklärungen zum Ursprung der Andreia ein Modell entgegenstellen, das die in verschiedenen Mahltypen gespiegelten Strukturen und Machtverhältnisse in den Blick nimmt.

Die Analyse der Rituale gemeinschaftlichen Speisens und Trinkens bietet eine Möglichkeit, die Verteilung von sozialer und politischer Macht in Gemeinschaften und ihre Veränderung im Laufe der Zeit zu untersuchen. Da Kommensalität eng mit der Verhandlung von Strukturen der Macht und mit der Herstellung und Verfestigung von Hierarchien verbunden ist, liefert uns der Blick auf die Durchführung von Gemeinschaftsmahlzeiten, auf deren Räume und Rituale und vor allem auf den Kreis ihrer Teilnehmer wesentliche Kriterien zur Beschreibung und Analyse gesellschaftlicher Strukturen. Interessant ist etwa, wo die Trennlinie zwischen in den kommensalen Kreis Aufgenommenen und den davon Ausgeschlossenen verläuft, wie in der Interaktion der Teilnehmer die Rollen von Gastgebern und Gästen zum Ausdruck kommen und wie deren Beziehungen sich im Spannungsfeld von demonstrativer Großzügigkeit, Reziprozität und Verpflichtung darstellen. Um uns die soziopolitische Relevanz kommensaler Praktiken auf Kreta zu erschließen, werden wir im Folgenden die verschiedenen Arten frühgriechischer Mahlgemeinschaft in das Schema einer von Michael Dietler erarbeiteten Typologie von *feasts* einordnen.

Dietler skizziert drei Idealtypen von Gemeinschaftsmahlzeiten, die als heuristische Kategorien geeignet sind, Formen der Kommensalität von den verschiedenen homerischen Mahlen bis zu Symposien und Syssitien zu beschreiben und analysieren. Er geht davon aus, dass Kommensalität eine Praktik zur Erzeugung und zum Unterhalt von Gemeinschaft, doch auch von Status und Macht ist, die durch einen jeweils spezifischen Umgang mit Reziprozität funktioniert. Und so sind die von ihm entworfenen Kategorien modelliert anhand der Machtverhältnisse, die in verschiedenen Festtypen deutlich werden und der ihnen eigenen Rollen von Reziprozität

---

Weçowski 2002, 2002a und 2014 sowie vor allem Rabinowitz 2004, 2009 und 2014; vgl. auch Papakonstantinou 2012, der die zuvor Erwähnten aber nicht berücksichtigt und deshalb zu einem vergleichsweise konventionell-orthodoxen Bild gelangt.

und Verpflichtung.[8] An erster Stelle steht bei Dietler das *entrepreneurial feast*, ein Mahl von nominell Gleichrangigen, das geeignet ist, den Status eines Einzelnen, des jeweiligen Gastgebers, zu erhöhen; die Rolle des Gastgebers aber rotiert im Kreis der an diesen Mählern teilnehmenden Männer. Daneben steht das *patron-role feast*, ein Mahltyp, der auf der kontrollierten Weitergabe von Essen und Trinken an sozial Unterlegene basiert, die diese Gaben nicht in gleicher Weise, also durch das ebenso häufige Einnehmen der Gastgeberrolle eines gleichermaßen reich ausgestatteten Festes, zurückgeben können. Hierdurch entstehen und verfestigen sich Verhältnisse von Verpflichtung und Hierarchie. Der dritte Typus ist das *diacritical feast*, ein Mahl, dass den Zusammenhalt einer kleinen Gruppe und deren Überlegenheit innerhalb einer größeren Gemeinschaft zur Schau stellt. Dies geschieht in einem in vielerlei Hinsicht stilisierten Rahmen; etwa durch den Verzehr besonderer Güter, in bestimmten Räumen mit besonderer Ausstattung und im Zuge elaborierter Rituale.

Diese drei Kategorien von Gemeinschaftsmahlzeiten sind Idealtypen, die sich durchaus überschneiden können. Ein in den Quellen reflektiertes Mahl kann mithin Merkmale der verschiedenen Typen in sich vereinen. Und so schließt die Existenz eines dieser Mahltypen in einer Gesellschaft auch keinesfalls die anderen aus; vielmehr ergänzen sie einander. So finden wir etwa in den homerischen Epen alle drei Typen und ihre Mischformen.[9] In ihren Heimatgemeinden sind die homerischen Helden Gastgeber im *patron-role feast*. Hier verköstigen sie die ihnen sozial unterlegenen Mitglieder ihrer Gemeinschaft und festigen dadurch ihre Position als der mächtigste Basileus dieser Gemeinschaft. Wenn sie in ihrer Heimat aber ranggleiche Gastfreunde zum Mahl empfangen, so ist dies dem Typus des *entrepreneurial feast* zuzurechnen. In seinem Verlauf erhöht der Gastgeber seine eigene Stellung, während von dem Geladenen – zeitlich verzögert – erwartet wird, ein entsprechendes Mahl zu unterhalten, sollte der jetzige Gastgeber dereinst ihn in der Rolle des Gastes besuchen. Wenn mehrere solcher Basileis innerhalb einer größeren Gemeinschaft zusammen kommen, zum Beispiel in der Wehrgemeinschaft vor Troja, treffen sie sich zu *diacritical feasts*, um sich von der Masse der vereinigten Gefolgschaften abzuheben und ihre eigene Mitgliedschaft in einer elitären Gruppe zu betonen. Wenn allerdings

---

8 s. etwa Dietler 1996, 63–5 sowie 1997, 2001, 77–9 und 2006; Dietler/Hayden 2001, 8. Als konstruktive Ergänzung dazu s. Hayden 1996. Bemerkenswert ist, dass Dietler stets darauf bedacht ist, diese Typen mit archäologischen Befunden zu verbinden, vor allem aus dem Kontext von Siedlungen im früheisenzeitlichen Frankreich im Zuge der griechischen Kolonisation. – Vor allem Rabinowitz 2004, 2009 und 2014 wie auch Ulf/Kistler 2001; Kistler, etwa 2005; und Weçowski 2014 wenden diese Modelle auf das archaische Griechenland an.
9 Zu den in den homerischen Epen reflektierten Praktiken des gemeinschaftlichen Speisens und Trinkens s. etwa Baudy 1983; Luke 1994; van Wees 1995, 174–7; Rundin 1996, 193–8; Kistler 1998, bes. 78–146; Sherratt 2004; Papakonstantinou 2009; Rabinowitz 2009, 159; Bakker 2013. Zu den verschiedenen Formen gemeinschaftlicher Feste und Mahlzeiten in der Archaik s. auch Bagordo 1998 zu Alkm. frg. 17.

ein Mitglied dieser Gruppe aus prinzipiell Gleichberechtigten – beziehungsweise dieser Gruppe, in der das Ideal der prinzipiellen Gleichberechtigung ihrer Mitglieder herrscht – häufiger und mit größerem Einsatz als die anderen Mitglieder die Rolle des Gastgebers einnimmt, kann dies innerhalb der Mahlgemeinschaft des *diacritical feast* die Züge eines *entrepreneurial feast* annehmen. Wenn in diesem Falle die anderen Mitglieder als idealerweise untereinander Gleichberechtigte dem Gebot der nun erforderlichen Reziprozität – hier zunächst dem Gebot der angemessenen Gegenleistung – nicht nachkommen können, wird dies in andere Arten der Verpflichtung überführt. Soziale Unterlegenheit der derart Verpflichteten ist das Resultat. Selbstverständlich schließen sich diese Rollen, die ein homerischer Basileus in den verschiedenen Arten von Gemeinschaftsmahlzeiten einnehmen kann, nicht gegenseitig aus. Nach wie vor speist er auch mit seinen Gefolgsleuten; seine Teilnahme an Mählern mit Seinesgleichen wie mit ihm sozial Unterlegenen sind also komplementäre Facetten im Auftreten eines Anführers.

Der archäologische Befund der ausgehenden *Dark Ages* legt in Zusammenschau mit den homerischen Epen nahe, dass in den meist kleinen Gesellschaften dieser Zeit Macht sich vorwiegend in vertikalen Hierarchien ausdrückte, die nicht vollkommen gefestigt waren. Vielmehr beruhten sie auf dem Vorhandensein sowie der Zurschaustellung materiellen Vorsprungs und manifestierten sich etwa in ökonomischer Redistribution. Der homerische wie auch der ethnographische Befund vergleichbarer Gesellschaften legen nahe, dass Prominenz wie auch jede Art von Abhängigkeiten und der Platz jedes Einzelnen in diesen Beziehungen allen Mitgliedern dieser Gemeinschaften transparent waren.[10] Im 8. Jh. begannen die kleinen Siedlungen zu größeren zusammenzuwachsen. Deutlich wird dies im archäologischen Befund daran, dass kleinere Siedlungsplätze aufgegeben werden und größere an ihrer Statt zusammenwachsen. Diese neuen Siedlungen zeigen Züge einer neuartigen ‚Urbanität‘. So reservieren sie etwa offene Plätze für Zusammenkünfte der Gemeinschaft, bauen Mauern um die Kernsiedlung, errichten Heiligtümer im Zentrum des Gemeinwesens und an dessen Peripherie.[11] Im Zuge dieser Prozesse kamen die Mitglieder zahlreicher kleinerer *face-to-face* Gemeinschaften zu größeren soziopolitischen Gebilden zusammen, die – zunächst einmal – einen eher unpersönlichen und abstrakten Charakter für den Einzelnen hatten.[12] Zudem bedeutete das Zusammenwachsen einer größeren

---

10 Rabinowitz 2004, 395–6.

11 Hierzu s. etwa Hölkeskamp 1994, 1997 und 2002; de Polignac 1995; Hölscher 1998; und für Kreta Perlman 2000 und 2002; Kotsonas 2002; Prent 2005; Erickson 2010; Small 2010; Wallace 2010, 231–349; Cross 2011, 45–63; Haggis/Mook 2011; Haggis 2013 und 2014; Fitzsimmons, *im Druck*. – Grundlegend für die Darstellung der Entwicklungen im 8. Jh. ist Snodgrass 1980, s. auch konzis Morris 2009, 64–80 und Osborne 2009, 66–99.

12 Deutlich wird dies etwa in der dichterischen Reflexion des Verhältnisses der Polis zu ihren lokalen Unterabteilungen bei Hes. erg. 30–5. Der hier skizzierte Subsistenzbauer ist im Wesentlichen auf die Kome Askra fixiert, den Ort seiner Scholle. Das urbane Zentrum der Polis, zu welcher jenes Dorf

Gemeinschaft im Zuge eines Synoikismos, dass Männer, die bis dahin in ihrer eigenen lokalen Siedlungsgemeinschaft die mehr oder weniger gefestigte Rolle eines Basileus innehatten, die also unter die Anführer ihrer kleinen Gemeinschaft gezählt wurden, sich nun im Verhältnis der Kooperation und auch Konkurrenz mit den Anführern der anderen lokalen Siedlungsgemeinschaften sahen, die ebenfalls am Synoikismos teilhatten.

Tatsächlich zeigt die *Ilias* am Beispiel der Anführer der griechischen Kontingente, die am Strand von Troja zu einer temporären Polis zusammengekommen sind, dass eine solche Situation die Machtverhältnisse erheblich verkompliziert. Denn hier sind Männer zu einer Gemeinschaft versammelt, deren jeder in seiner eigenen Heimatgemeinde der einflussreichste Basileus ist und als solcher seine herausragende Stellung in der Gemeinschaft vor seinen Gefolgsleuten und zu deren Wohl im Zuge eines *patron-role feast* manifestiert. Diese Helden an der Spitze des achaiischen Heeres errichten nun am Strand von Troja ein dauerhaftes Lager, welches in baulicher Anlage und soziopolitischer Organisation deutliche Züge einer Polis aufweist. Für die Basileis ist es selbstverständlich, zu regelmäßigen Mahlzeiten zusammen zu kommen. Bei diesen Gelegenheiten stimmen sie ihr Vorgehen ab, tragen ihre Konflikte aus, und profilieren sich eben auch in verschiedenen Rollen, versuchen einander zu übertreffen. Hierbei finden sie sich aber in Positionen, denen sie weder in ihren Heimatgemeinschaften noch im Kreis der mit ihnen nach Troja gefahrenen Mannschaften ausgesetzt sind. Mag ihr Primat in der Heimat gar unumstritten sein, müssen sie nun miteinander um ihre jeweilige Position in der Hierarchie dieser ‚Polis bei den Schiffen' konkurrieren. Vor allem können sie den Geboten der Reziprozität nicht mehr auf lange Sicht begegnen – wie es etwa charakteristisch für ihre Verbindungen mit Gastfreunden in anderen Teilen der griechischen Welt ist, wo Gegenbesuche und damit die Erwartung zur Reziprozität jahrelang auf sich warten lassen können. Im Heerlager der Griechen darf Reziprozität nicht aufgeschoben werden, Status muss fortwährend kompetitiv zur Schau gestellt werden, Anerkennung nachdrücklich eingefordert werden. Und sich in der Rolle des Verpflichteten und Abhängigen zu finden, ist für diese Basileis unerträglich.[13]

In dieser im Szenario der ‚Polis der Helden' reflektierten Vergesellschaftung der Achaier sollten wir den ins Epische gesteigerten Prozess der Polisbildung sehen; das – nicht zuletzt auf kriegerischen Druck von außen reagierende – Zusammenwachsen einer größeren Gemeinschaft aus mehreren kleineren und die damit ein-

---

gehört, ist aber Thespiai. Dies scheint der Ort zu sein, wo die Basileis sich aufhalten, wo also auf der Agora die Politik des Gemeinwesens ausgehandelt wird und Recht gesprochen wird. Der Bauer aber kann es sich gar nicht leisten, seinen Acker zu verlassen, um in das urbane Zentrum zu gehen und dort am Bürgerstaat teilzuhaben. Die ‚große Politik' kann er nicht mitgestalten, sie interessiert ihn auch nicht. Selbst dann, wenn er von ihr in Mitleidenschaft gezogen wird, kann er sie nicht beeinflussen.

13 Rundin 1996, 196.

hergehenden Herausforderungen der gesellschaftlichen Stratifikation.[14] Mochten die jeweiligen Anführer dieser kleineren Siedlungen in ihren übersichtlichen Heimatgemeinschaften auch über eine sozial dominierende Stellung verfügen und allen deren Mitgliedern in dieser Position vor Augen stehen, also über Bekanntheit und Ansehen verfügen, war dies bei der Formierung größerer politischer Gemeinschaften eben nicht mehr unbedingt der Fall. Denn in dieser großen Gemeinschaft der Polis war nicht ohne weiteres gewährleistet, dass alle Bürger diejenigen kannten und anerkannten, die aufgrund ihrer lokal starken Position nun auch in der Polis Prominenz und Achtung beanspruchten.[15] Zum einen waren sie bei Mitgliedern anderer Siedlungsverbände jenseits des eigenen nicht im gleichen Maße bekannt, verfügten nicht über ein im Wesentlichen gefestigtes Ansehen; zum anderen war das Verhältnis der Anführer der verschiedenen Siedlungsgemeinschaften untereinander nicht etabliert. Es wurde also schwieriger, den Anspruch auf die Rolle, ein vollwertiger Aristos zu sein, vor der Menge aller Mitbürger und innerhalb der Gruppe der eigenen Peers durchzusetzen. Nun hatte aber jeder dieser Männer aufgrund seiner lokalen Prominenz den Anspruch auf eine Rolle der politischen Führung auch innerhalb der größeren Gemeinschaft. Zumindest erhob er den Anspruch, innerhalb der Gruppe der Anführer politischer Akteur zu sein, in dieser Gruppe seine Stimme zu erheben und im Rat gehört zu werden. Ähnlich wie in der Polis bei den griechischen Schiffen zwangen die nun regelmäßigen oder häufigeren Zusammenkünfte der Anführer dazu – oder boten die Gelegenheit dazu –, den eigenen Status fortwährend und unmittelbar darzustellen und Anerkennung einzufordern, nun aber von einem schwierigeren, da exklusiveren Publikum als in der eigenen Siedlung.

Tatsächlich war es ein wesentlicher Zug dieser Gesellschaft, dass sich Macht, Status und Ehre in persönlichen Beziehungen der einzelnen Mitglieder untereinander manifestierten und fortwährend öffentlich ausgedrückt werden mussten. Und so drohten dieser Gemeinschaft, die so sehr auf öffentliche Zurschaustellung und Anerkennung von Status bedacht war, im Falle der Missachtung des Ansehens eines Mannes, der sich eigentlich als ein zu respektierender Aristos sah, Gefahren für die öffentliche Ordnung. Und dies bedeutete keinesfalls allein Gewalt zwischen Einzelnen; vielmehr waren alle diese Männer ja nach wie vor in ihre lokalen Verbände eingebunden, die hiermit einhergehenden Anhängerschaften bildeten die Basis ihrer Macht. Somit drohte die Missachtung eines lokal einflussreichen Mannes weite Kreise zu ziehen und größere Teile der Bevölkerung der neuen politischen Gemeinschaft zu involvieren.[16]

---

14 Morrison 1994 weist auf den Charakter des achaiischen Heerlagers als Polis und die Bedrohung von dessen Existenz durch die anstürmenden Trojaner hin, also die vergesellschaftende Wirkung äußeren Drucks.

15 Rabinowitz 2004, 177–9.

16 Rabinowitz 2004, 394–6. – Dies wird etwa auch anhand der ‚Polis der Helden' in der *Ilias* deutlich, in der neben Festen, welche die horizontalen Beziehungen der Basileis untereinander stärken sollen, nach wie vor jene Feste stehen, welche die vertikalen Beziehungen zwischen den jeweiligen

Die Entwicklung sympotischer Praktiken

Bereits vor jenem Prozess des Synoikismos war Kommensalität ein wichtiges Forum gewesen, um ganz unterschiedliche soziale Beziehungen zu etablieren und zu festigen. So nimmt es nicht wunder, dass auch in der frühen Polis die Verhältnisse der politischen Akteure miteinander in Ritualen der Kommensalität ausgedrückt wurden, dass die neuen Umstände aber dazu zwangen, neue Wege für diese Mähler und Gelage zu finden, und dies war das diakritische Mahl, innerhalb dessen sich die Elite des neuen Gemeinwesens zu Fest und Kult traf, um Entscheidungen für das Gemeinwesen zu treffen; und zwar als eine vom Demos abgehobene Gruppe. Um die Semantik dieser Mähler zu verstehen, ist es wichtig, die Frage zu beantworten, wo diese stattfanden. Es ist unklar, da archäologisch nicht festzumachen, ob die *diacritical feasts* zunächst reihum in den Häusern der einzelnen Anführer stattfanden, sodass sich die Teilnehmer an diesen Festen regelmäßig in den wechselnden Rollen des Gastes und des Gastgebers fanden.[17] Dies scheint allerdings unwahrscheinlich. Es hätte nämlich bedeutet, dass die Mitglieder der Elite der neuen Polisgesellschaft sich zum Wohnsitz des jeweiligen Gastgebers hätten begeben müssen; und das mag in der frühen Zeit der Polisbildung in jener Siedlungsgemeinschaft im Umfeld der Polis gewesen sein, aus welcher derjenige stammte und ein repräsentatives Haus besaß.

Vielmehr spricht eine Reihe von Gründen dafür, dass die Feste dieser Elite vor den Augen der Öffentlichkeit veranstaltet wurden. Zunächst wird dies durch den baulichen Befund nahegelegt. Wir sehen nämlich, dass im Zuge des Prozesses der Urbanisierung im 8. Jh. in den Poleis Kretas Herdhäuser errichtet wurden, die wesentliche Merkmale teilen. Beispiele hierfür sind etwa der so genannte ‚Apollontempel‘ von Dreros, der ‚Tempel B‘ von Prinias, das ‚Heiligtum‘ von Kommos, der Bau von Afrati und andere. Auf den archäologischen Befund zum Ort der verschiedenen Typen von Gemeinschaftsmahlzeiten vom 8. bis zum 6. Jh. werden wir unten noch ausführlich eingehen. Hier sei nur so viel gesagt, dass alle diese Gebäude die Form des Herdhauses haben und die in ihnen deutliche Fundsituation zeigt, dass man sie für Gemeinschaftsmahlzeiten nutzte, die in kultische Handlungen eingebunden waren. Sie wurden im baulichen Zentrum der Polis errichtet, zum Teil in einer für diese Zeit sehr beeindruckenden Architektur, nämlich vollständig aus Stein. Das Herdhaus von Dreros etwa ist 11 × 7 Meter groß, der ‚Tempel A‘ von Prinias sogar 18,5 × 6,5 Meter. Diese Manifestationen gemeinschaftlicher Anstrengung waren die einzigen ihrer Art in ihrer jeweiligen Polis bis in das 7. Jh.[18] Das heißt also, dass es in vielen Poleis über

---

Anführern der einzelnen Kontingente und ihren Mannschaften bestärken. Die Anführer versorgen ihre Kämpfer, und diese zahlen es ihnen dem Gebot der Reziprozität folgend mit Loyalität zurück, indem sie ihnen im Kampf folgen.

17 Rabinowitz 2004, 2009 und 2014 geht davon aus, dass die *diacritical feasts* lange Zeit in den Wohnhäusern der Mitglieder der neuen Poliseliten stattfanden.

18 Dann erst wurden andere Bauten dieser Art und gemeinschaftlich genutzte Räume von anderer Gestalt errichtet. Jene aber reflektieren jenen wesentlichen Wandel kommensaler Praktiken in der

einen langen Zeitraum allein ein monumentales Gebäude gab, in dem solche Feste abgehalten wurden. Wenn wir zu beantworten suchen, welche Gruppe von Männern sich im 8. Jh. für derartige Gelegenheiten in diesem jeweils einen repräsentativen Gebäude inmitten der Polis versammelte, scheint es am ehesten wahrscheinlich, in diesen die Gruppe der Anführer der Gemeinschaft zu sehen.

Diese Herdhäuser waren für die Treffen der neuen Poliselite erheblich besser geeignet als ihre jeweiligen Wohnhäuser. Hier, im gerade sich herausbildenden Zentrum der neuen Gemeinschaft, trafen sich jene Männer, welche die Polis lenkten, in einem Bau, der die erfolgreichen Anstrengungen der jungen Gemeinschaft verkörperte, erreichbar für jeden ihrer eigenen Gruppe, erreichbar für jeden ihrer Mitbürger. An diesem Ort konnte das *diacritical feast* auch in ganz anderer Weise seine Wirkung entfalten als in den Megara der umliegenden Dörfer. Im zentral gelegenen Herdhaus trat die Führungsgruppe des neuen Gemeinwesens auch unter den Augen des Demos zusammen. Dies hatte den dreifachen Vorteil, dass sich die Elite als eine zusammengehörige und vom Demos differenzierte Gruppe darstellen konnte. Statusunterschiede wurden auf diese Weise im Ansatz institutionalisiert. Zugleich aber wurden die hier durchgeführten Kultakte, Mahlzeiten, aber eben auch Beratungen dem Demos vorgeführt; ähnlich der Beratung der homerischen Basileis vor den Laoi.

Vor allem aber gewährleistete diese Wahl eines gewissermaßen neutralen Ortes, der eben nicht den Reichtum eines Einzelnen, sondern das gemeinschaftliche oder öffentliche Element der Polis verkörperte, ein weiteres Element, welches für das Funktionieren des *diacritical feast* konstituierend war, nämlich die relative Gleichheit der Gruppenmitglieder untereinander. Denn an diesem Ort, der keinem Einzelnen ‚gehörte‘, und unter diesen Bedingungen waren die Möglichkeiten geringer, als Gastgeber innerhalb der Gruppe aufzutrumpfen und damit auch die Verpflichtung zur sofortigen Reziprozität auf Seiten der Gäste zu provozieren.[19] So war die Teilnahme an diesen *diacritical feasts* für die tonangebenden politischen Akteure der zusammen-

---

frühen Polis, den wir mit der Entwicklung der Andreia beobachten können. Hierzu s. in diesem Kapitel den Abschnitt zum Ort der Andreia. – Die Gebäude des 8. Jh. werden zumeist als ‚Tempel‘, als ‚Andreia‘ oder gar ‚Prytaneia‘ bezeichnet. Dies ist zum einen eine zu starke Einengung ihrer Funktion, zum anderen eine völlig anachronistische Etikettierung und Konzeptualisierung dieser Herdhäuser. Prent 2005, 2007 und Seelentag 2009 bieten eine ausführliche Diskussion der Befunde und der Literatur. Zum sympotischen Raum s. Bergquist 1990, 1992 und 1998 sowie Kistler 1998; Rabinowitz 2004 und Lynch 2007 mit Blick auf den griechischen Westen beziehungsweise Athen.

19 Rabinowitz 2004, 214 betont, dass eine weitere Gefahr des im häuslichen Bereich durchgeführten Symposions die dabei potenziell auftretende Gewalt unter den Mitgliedern war, die dann eben sofort die gesamte Gemeinschaft betraf. Und daneben stand auch noch die Gefahr von Übergriffen gegenüber Mitgliedern des Haushalts des Gastgebers; schließlich war das griechische Haus des 8. Jh. innenarchitektonisch in dieser Zeit noch nicht derart spezialisiert, dass ein für das Symposion notwendiger ‚privater‘, allein für die Mitglieder der männlichen Zechergruppe reservierter Bereich existierte.

wachsenden Gemeinwesen eine der wesentlichen Prominenzrollen, die neben denen etwa des Streitschlichters, des Anführers in Frieden und Krieg und des Mitgliedes im Kreis der miteinander Rat Haltenden stand.

Die diakritische Funktion des Festes wurde noch vertieft, als im 8. Jh. eine Reihe von aus dem Nahen Osten stammenden Praktiken Bedeutung in der Selbstdarstellung der kretischen Eliten erlangten.[20] Dazu gehörte ganz wesentlich die Art und Weise, in der die Phönizier speisten und tranken. Durch sie wurden die Gemeinschaftsmahlzeiten der Eliten der frühen Poleis zum archaischen Symposion verfeinert. Diese frühe Datierung für das Einsetzen von Praktiken des gemeinsamen Opferns, Essens und Zechens, die wir als ,sympotisch' bezeichnen können, geht darauf zurück, dass die ersten Zeugnisse für sympotisches Trinken auf Kreta bereits aus dem 8. Jh. stammen. Erwähnenswert ist hier vor allem das Fragment eines Miniaturvotivschildes aus Bronze aus der Ida-Höhle.[21] Es zeigt eine Kline, deren eines Ende sich zu einer Lehne nach oben wölbt. Auf der rechten Seite sind die Beine von zwei schreitenden Personen in langen Gewändern zu erkennen, eine geht nach rechts, die andere nach links. Zur linken Seite der Kline ist ein Gegenstand zu erkennen, der als weiteres Möbelstück oder als Mischgefäß gedeutet wird. Diesem Stück sehr ähnlich ist das Fragment eines anderen bronzenen Miniaturvotivschildes aus dem gleichen Fundkontext, nun im Museum von Heraklion. Dieses Stück zeigt ebenfalls eine Kline. Ihre Beine enden in Pantherfüßen, vor ihr steht ein kleines treppenartiges Podest, über welches die Kline bestiegen werden kann.[22] Dieser – im gesamtgriechischen Kontext gesehen – sehr frühe Nachweis sympotischer Möblierung für Kreta scheint plausibel angesichts der Beobachtung, dass bereits ab dem 9. Jh. die Präsenz von Phöniziern auf der Insel nachgewiesen ist. Davon zeugt unter anderem der Befund des Schreines von Kommos an der kretischen Südküste, in deren Cella phönizische Baityloi aufgestellt waren und in deren Umgebung phönizische Vorratsgefäße und Trinkgeschirr gefunden wurden.[23]

---

20 Diese frühe Datierung sympotischer Praktiken – und zwar nicht allein für Kreta, sondern auch für anderen Gegenden Griechenlands – und ihre Herleitung aus den in den homerischen Epen beschriebenen kommensalen Praktiken, die dann mit Elementen der nahöstlichen *Marzeah* stilisiert wurden, um die Teilnehmer dieser Feste von der Menge ihrer Mitbürger abzuheben, wird begründet etwa von Węcowski 2002, 2002a und 2014, der von den spezifischen Formen der Interaktion zwischen den Teilnehmern der homerischen Mähler ausgeht, und Rabinowitz 2004 und 2009, der das Symposion als Vertreter des Typus des *diacritical feast* nach M. Dietler sieht, welches eben auch die Zusammenkunft der homerischen Basileis strukturiert habe. – Aus der Fülle der Literatur zum Ursprung des Symposion und zur Einbettung dieses Phänomens in einen weiteren kulturhistorischen Kontext s. außerdem etwa Matthäus 1993, 1999, 2005; Carter 1997; Raaflaub 2004 sowie Lane Fox 2008 und auch das Kapitel *Materielle Kultur und kulturelle Praktiken*. – Bereits in Hom. Il. 1.469–71 ist das gemeinsame Trinken eine sich an das gemeinsame Mahl anschließende und von diesem getrennte Phase.
21 Kunze 1931, 31 Nr. 71bis, Taf. 44; Markoe 1985, 239.
22 Zur Kontextualisierung dieser Objekte s. Matthäus 1999 und 2005; s. allerdings Pappalardo 2011.
23 Hierzu s. etwa Shaw 1989 und Csapo 1991. Ein solches Ensemble scheint nun auch für Tempel A von Prinias nachgewiesen. – Im Übrigen zeigt etwa auch Murray 1994 anhand der Form und Funktion

Auch der Skulpturenschmuck des so genannten ‚Tempel A' von Prinias, eines im 7. Jh. erbauten und für Gemeinschaftsmahlzeiten genutzten Herdhauses, das wir unten ausführlicher besprechen werden, bietet einen deutlichen Hinweis auf diese nahöstliche Herkunft der sympotischen Gelage auf Kreta. Denn die hier zu findende Ikonographie von weiblichen Gottheiten und Friesen mit Panthern, grasenden Hirschen und bewaffneten Reitern zeigt enge Verbindungen zu den Bilderwelten der Marzeah. Bei dieser handelt es sich um eine von der Bronzezeit bis zum 6. Jh. zu beobachtende syro-palästinische Institution männlicher Trink- und Kultgenossenschaft, in der die Ehrung der Vorfahren eine besondere Rolle spielte. Das im 8. Jh. vom Propheten Amos folgendermaßen kritisierte Fest beschreibt eine solche Marzeah:

> Ihr liegt auf Elfenbeinbetten und räkelt euch auf Ruhelagern. Ihr verzehrt Lämmer vom Kleinvieh und Kälber aus dem Stall. Ihr leiert zum Klang der Harfe oder ersinnt euch Musikinstrumente wie David. Ihr trinkt vom feinsten Wein und salbt euch mit dem besten Öl, aber um den Sturz Josephs kümmert Ihr euch nicht mehr! Darum sollen sie nun voran gehen unter denen, die gefangen weggeführt werden, und das Schlemmen derjenigen, die sich hinstrecken, soll aufhören.[24]

Diese kommensale Praktik wurde wohl von Phöniziern vom Nahen Osten in das Mittelmeer transportiert, und Kreta war eine der ersten Stationen, wo diese Praktik Fuß fasste und im Zuge der dort spezifischen Situation der Polisbildung als eine diakritische Praktik der Eliten ihren Sinn entfaltete. Denn die Stilisierung der Gemeinschaftsmahlzeiten mit sympotischen Praktiken verstärkte die diakritischen Züge der Zusammenkünfte der Elite. Zum einen wurden die hierbei Beteiligten der größeren Gemeinschaft als eine von ihr abgehobene Gruppe vor Augen geführt. Dies geschah durch ‚orientalisierende' Praktiken, wie etwa den Einsatz bestimmter Requisiten und Möbel, welche die Teilnehmer diakritische Posen einnehmen ließ, sie etwa beim Fest liegen ließ; hinzu kam die Ausbildung stilisierter Umgangsformen, wie etwa die ritualisierte Abfolge des Toastens und Trinkens. Es entwickelten sich bestimmte Gefäßtypen, wodurch das Schöpfen aus einem gemeinsamen Krater und das Herumreichen des Weines möglich wurden. Damit einhergehend entstanden bestimmte Formen der Dichtung, die diesen Vorgang begleiteten und vorantrieben. Zum anderen sorgte dieser Typus der Kommensalität, vor allem die Kenntnis und richtige Anwendung der sympotischen Praktiken sowie das Herumreichen der Trinkgefäße im Kreis, für ein Gefühl der Gleichheit unter den Teilnehmern und beförderte unter ihnen die Wahr-

---

des so genannten Nestorbechers von Pithekussai, dessen Inschrift er als Zeugnis sympotischer Dichtung sieht, dass das nahöstlich geprägte Symposion bereits im späten 8. Jh. in Griechenland und der Magna Graecia verbreitet war.

24 Amos 6.4–7 über die Juden von Samaria. – Zur Ikonographie des ‚Tempel A' und ihrer Verbindung mit der Marzeah s. Carter 1997; außerdem Barstad 1984, 127–42; King 1988, 137–162; Murray 1994; Matthäus 1999; Mirales Maciá 2007.

nehmung als einer zusammenstehenden und innerhalb des Gemeinwesens privilegierten Gruppe politischer Akteure.[25]

Durch diese Verfeinerung wurde das archaische Symposion zu einem Mechanismus, der die Angehörigen der Elite als eine Gruppe von Gleichen stärker konturierte und sie gegenüber der Masse der Bürger abhob. Das mit normativen Regeln versehene und auf Gleichheit der Teilnehmer bedachte Zechen war dabei ein Forum sozialer Kontrolle, das Konflikte innerhalb dieser Gruppe im Zaum halten sollte. Angesichts der sozialen Durchlässigkeit der Eliten in archaischer Zeit und damit der Fluktuation der Mitglieder jener Gruppe von Männern, die in der Polis den Ton angaben, bot das sympotische Fest einen sozialen Raum für die Integration neuer Mitglieder und für die Vermittlung von Gruppenwerten. Das Symposion bot seinen Teilnehmern in gewissem Grad das Forum für jenen sozialen Gruppendruck, der es den archaischen Eliten ermöglichte, deviantes Verhalten einzuhegen und zu korrigieren. Die gemeinsame kontrollierte Trunkenheit festigte nicht allein den Zusammenhalt der Gruppe, sondern eröffnete auch Möglichkeiten, Sinn und Handeln der anderen Mitglieder der Gruppe zu erforschen, Vertrauen auf die Probe zu stellen und möglichen Verrat vorherzusehen – ein in zahlreichen Zeugnissen der archaischen Dichtung prominentes Motiv.[26]

Die Forschung betonte in der Vergangenheit zwar, wie sehr das sympotische Ritual den Zusammenhalt der Aristoi und die damit unmittelbar einher gehende Abgrenzung der Aristoi von der Menge der Bürger betonte und förderte. Zu wenig beachtet wurde aber das ebenso wichtige Element, die Gleichheit der miteinander Zechenden zu beschwören, gerade weil diese stets prekär war.[27] Aus der sympotischen Dichtung der archaischen Zeit wird nämlich deutlich, dass der Status, ein soziopolitischer Akteur mit allen Möglichkeiten zu sein, ganz maßgeblich davon abhing, als Gleicher unter Gleichen an Beziehungen teilzuhaben, denen das Prinzip der Reziprozität zugrunde lag; und diese Fähigkeit hing davon ab, dass ein Mann über die dafür notwendigen Ressourcen verfügte. Die Bedrohung durch Armut war denn auch allgegenwärtig, in der Dichtung erscheint sie als fürchterliche Perspektive. Denn sie marginalisiert den politischen Akteur, er verliert diesen Status, hat in der Versammlung der einflussreichen Männer keinen Platz mehr, und seine Stimme wird nicht länger gehört.[28] Nun ist in einer Welt, die das Prinzip der begrenzten Güter

---

25 Luke 1994; Weçowski 2002 und 2014; s. etwa Kurke 1992; Morris 1996 und 2000; sowie Kistler 2012 zur Ideologie des Luxus beziehungsweise *elitist ideology* im frühen Griechenland.

26 Hierzu s. etwa Theogn. 295–8 und Forsdyke 2000. – Dieses Motiv ist schon in den frühesten Zeugnissen sympotischer Dichtung deutlich, jenen Fragmenten des Archilochos und Alkaios etwa, die das Thema ‚Wein und Wahrheit' behandeln, etwa Alk. frg. 333, 341, 358 und 366 Campbell; hierzu s. generell Rösler 1980 sowie speziell 1995, 108 und dagegen Rabinowitz 2004, 151.

27 s. ausführlich Rabinowitz 2004, 130–59 und 180.

28 Sehr deutlich ist dies in Theogn. 177–8, 181–2, 266–70, 351–4, 621 u.ö.; dazu Rabinowitz 2004, 140–3.

am Werke sieht, der eigene Verlust stets das Resultat des – natürlich unberechtigten, unrechtmäßigen – Zugewinns eines anderen. Und so herrscht in dieser Gesellschaft die Furcht, dass die eigenen Peers durch ihre Überambition derart viel erwerben könnten, derart viel an sich reißen könnten, dass sie einen selbst übertreffen, dass sie mehr haben als ihnen in dieser Gemeinschaft der ‚Gleichen' zusteht, und man selbst marginalisiert wird.[29] Daher müssen die Peers unter ständiger Beobachtung gehalten werden. Für diese Beobachtung und die mit ihr einher gehende Sozialkontrolle der Peers ist das Symposion der geeignete Ort. Jedes Verhältnis von Hierarchie und Abhängigkeit innerhalb der Gruppe sollte möglichst verhindert oder zumindest ausgeblendet werden. Konkurrenz innerhalb der Gruppe sollte durch Repulsion gegenüber den außerhalb dieser Gruppe Stehenden und die Ideologisierung dieser Repulsion kanalisiert werden. Pointiert gesagt: Im Kreis der diakritischen Zecher hatte der Aristos nichts zu suchen; hier traf sich die Gruppe der Agathoi.[30]

Die Institutionalisierung der Andreia

Während des 7. Jh. setzten Prozesse ein, an deren Ende jenes System von Hetairien mit ihren Gemeinschaftsmahlzeiten stand, das wir in den folgenden Abschnitten dieses Kapitels anhand der epigraphischen und literarischen Zeugnisse besprechen wollen. Eines der unten zu behandelnden Gesetze von Dreros zeigt, dass die Institutionalisierung dieser Integrationskreise bereits am Ende des 7. Jh. fortgeschritten war.[31] Archäologisch greifbar sind wesentliche Veränderungen der bis hierher geschilderten kommensalen Praktiken unter anderem in der Errichtung weiterer Herdhäuser in den Poleis, die – wie jenes erste – ebenfalls für Gemeinschaftsmahlzeiten genutzt wurden. Dazu kamen, wie wir unten in der Diskussion ausgewählter Befunde sehen werden, neben diesen exponierten Gebäuden noch weitere Räume in der Polis, die ebenfalls Kommensalität und Kult dienten. Die dahinter liegenden Prozesse entziehen sich unserer Kenntnis. So wissen wir nicht, ob die Einrichtung dieser zusätzlichen Räume bereits ein Ergebnis des Transformationsprozesses der Kommensalität waren – ob sie also bereits die Existenz jeweils mehrerer Andreia reflektieren – oder ob sie diesem Wandel vorangehen. Im letzteren Fall müssten wir in ihnen ein Phänomen sehen, das dazu beitrug, diese Entwicklung zu befördern.

Im Folgenden wollen wir zu erklären versuchen, wie sich die Entwicklung vom sympotischen Fest, in dem kleine und elitäre Gruppen ihre in der Gemeinschaft korporative soziale Überlegenheit darstellten, hin zum Andreion abgespielt haben mag,

---

29 Rabinowitz 2004, 154–50, 177–9. – Dieser Gedanke liegt auch jenen Gesetzen zugrunde, welche die freie Machtentfaltung der Eliten einschränken, seien es nun Regeln für die Iteration eines Amtes oder Regeln für den Aufwand im Rahmen von Begräbnissen.
30 Rabinowitz 2004, 177–82. Dies ist auch noch in Plat. leg. 649–650a reflektiert.
31 Hierzu s. den Abschnitt zum Ausscheiden der Epheben aus den Agelai im Kapitel *Paideia*.

an dem alle Politen der Gemeinschaft teilhatten. Vor dem Hintergrund unserer bisherigen Modellbildung zur sympotischen Kommensalität und den Charakteristika des diakritischen Mahles ist es plausibel, dass die Bemühungen jener recht klar umrissenen Kreise von diakritischen Zechern, durch die Inszenierung von Gleichheit überbordende Konkurrenz in ihren Reihen zu verhindern, oftmals nicht erfolgreich waren. Denn natürlich hatten einige Mitglieder dieser Eliten aus ganz verschiedenen Gründen besseren Zugang zu Ressourcen, was es ihnen erlaubte, mehr zum sympotischen Kreis beizutragen, sich dort häufiger als andere als Gastgeber zu inszenieren und die anderen Mitglieder ihrer Gruppe auf diese Weise in erhöhtem Maße zur Reziprozität zu zwingen, um nicht in die Rolle von sozial Unterlegenen zu geraten. Dies allerdings war eben nicht allen Mitgliedern gleichermaßen möglich, und so konnten sich innerhalb des *diacritical feast* Züge des *entrepreneurial feast* etablieren – hinter dem wiederum das Schreckbild eines Hierarchien perpetuierenden *patron-role feast* drohte. Ein solches Auftrumpfen Einzelner war im Rahmen des Symposions, dessen Sinn ja ganz wesentlich im Luxus seiner Ausstattung lag, viel eher möglich als im Rahmen der – vergleichsweise bodenständigen – homerischen Feste.

In jedem Fall bietet Kreta im 7. Jh. das Bild untereinander ausgesprochen kompetitiver Eliten. In Ergänzung zu den im ersten Kapitel dieser Arbeit vorgestellten Befunden sei an dieser Stelle nur ein Beispiel genannt. Im griechischen Westen etwa, so in Sizilien, korrespondiert die Verlagerung sympotischer Praktiken in die ‚Öffentlichkeit' mit einem Verschwinden von Krateren im Grabkontext. Dies war auf Kreta nicht der Fall, wo wir während des 8. und 7. Jh. reiche Ensembles von Krateren und anderen sympotischen Gefäße im Kontext reich ausgestatteter Gräber finden.[32] Diese Befunde sollten am ehesten dahingehend gedeutet werden, dass die derart beigesetzten Individuen und die mittels dieser Begräbnisse sich darstellenden Gruppen nicht nur Anspruch auf die Rolle erhoben, zu denjenigen Männern in der Gemeinschaft zu gehören, die als Mitglieder sympotischer Gemeinschaften zusammenkamen; sie beanspruchten mit diesen Gegenständen die Rolle als sympotischer Gastgeber.[33] Im fr0harchaischen Sizilien also schien die Beanspruchung einer permanenten Gastgeberrolle im Symposion, wie sie sich im Grabkontext manifestieren konnte, nicht

---

32 In anderen griechischen Poleis, welche diese Prozesse später durchliefen als Kreta, ging die Verlagerung sympotischer Praktiken in den öffentlichen Kontext und der Ausbau von hierfür geeigneten Gebäuden im 7. Jh. auch mit einem Rückgang des Gebrauchs von Krateren im häuslichen Kontext einher. Trinkgefäße und Kratere, Miniaturschilde und Waffen finden wir ab dieser Zeit vor allem im Kontext dieser Herdhäuser; hierzu s. Rabinowitz 2004. – s. auch den Abschnitt zum materiellen Befund kretischer Nekropolen und Heiligtümer im Kapitel *Materielle Kultur und kulturelle Praktiken*, in denen diese Agonalität ebenfalls deutlich wird.

33 Rabinowitz 2004. – Zu Ensembles von Symposionsgeschirr in kretischen Gräbern des 8. und 7. Jh. s. etwa Whitley 2004; Perlman 2004a und Rabinowitz 2013; zu solchem Material Junker 2002. – In ihrer Bilderwelt bemerkenswerte, früheisenzeitliche Gefäße zum sympotischen Gebrauch aus Kommos und Sybrita präsentieren Shaw 1983 sowie D'Agata 2012 und 2014.

nötig oder gesellschaftlich nicht akzeptiert zu sein. In kretischen Poleis aber beobachten wir bis etwa 630 nicht allein eine außergewöhnliche Ausstattungsvielfalt der Gräber, sondern auch die Weihung wertvoller Votive in den Heiligtümern. Dies sind deutliche Hinweise darauf, dass ein kretischer Aristos des 7. Jh. sich von der Menge der Mitglieder seiner Gemeinschaft abheben wollte, vor allem aber von Seinesgleichen. Hier wird deutlich, dass mit der Schaffung des archaischen Symposions als eines idealerweise egalitären Raumes allein der Konkurrenz zwischen den kretischen Aristoi nicht beizukommen war, denn diese Gleichheit galt im höchsten Falle für den eigenen Kreis.

Angesichts der stark auf Distinktion bedachten Eliten in kretischen Poleis ist es durchaus plausibel, dass die Transformation kommensaler Praktiken und die Einführung der Syssitien zwei Erscheinungen des 7. Jh. entgegenwirken sollten. Zum einen waren dies die Bemühungen Einzelner, aus dem sympotischen Ideal der Gleichheit im Rahmen des *diacritical feast* auszubrechen, um sich selbst aufgrund der ihnen zur Verfügung stehenden Ressourcen in den Vordergrund zu stellen und sich die Peers zu verpflichten. Zum anderen war dies die Agonalität verschiedener Hetairosgruppen untereinander, die mit Gewalt ausgetragen wurde und weitere Kreise der Bevölkerung in Mitleidenschaft zogen. Betrachten wir den ersten Punkt: Die Schaffung der Syssitien mag in den Kontext jener Bemühungen gehören, etablierte Praktiken der elitären Repräsentation zu reorganisieren, um Konflikte der Eliten untereinander zu entschärfen. Dies geschah in einer Zeit, in der auch eine Reihe anderer Faktoren das Wohlergehen der Gesellschaft bedroht erscheinen ließ; so etwa der innere Druck durch die Menge der Unfreien in der Polis und der äußere Druck durch benachbarte Poleis. Dies machte ein Zusammenstehen aller Politen notwendig. Als Verantwortliche und Impulsgeber dieses Prozesses sind wohl die Aristoi selbst zu identifizieren. Immerhin sehen wir in der frühen Symposionsdichtung das Bemühen der Teilnehmer dieses *diacritical feast*, der Agathoi, die anderen Teilnehmer unter Kontrolle zu halten. Ihnen wäre also ein solches aktives Eingreifen in die Strukturen der Kommensalität und deren Umgestaltung möglich gewesen. Dies korrespondiert mit der Rolle der Eliten bei der Einrichtung von Ämtern, Gremien und Verfahren, die ganz maßgeblich auf die Bemühungen dieser Aristoi um Selbstbeschränkung zum Zwecke des eigenen Machterhalts zurückgingen.[34]

Im Zuge dieser Institutionalisierung verschiedener Praktiken im 7. Jh., die neben der Schaffung der Syssitien etwa auch die Reorganisation der Paideia und Ephebie umfasste, wurde die maßgebliche gesellschaftliche Trennlinie verlagert. Sie verlief nicht länger zwischen Arm und Reich beziehungsweise den Angesehenen und der Menge des Demos, sondern zwischen den Bürgern der Polis und allen Anderen. Und diese ‚Anderen' waren wiederum in sich abgestuft, etwa in Fremde und verschiedene Arten von Hörigen. Die ersteren durften an den Mahlzeiten der Bürger teilnehmen,

---

34 Hierzu s. das Kapitel *Kosmos*.

allerdings von jenen abgetrennt; die letzteren mussten zu den Gemeinschaftsmahlzeiten der Bürger beisteuern, durften aber nicht an ihnen teilnehmen.[35] Dieser Prozess hatte seine Entsprechung in der Etablierung der – im strengeren Sinne – politischen Institutionen, als mit der Schaffung der ‚Polis‘ als einer Gesetze beschließenden und Strafen auferlegenden Autorität eine Dachstruktur errichtet wurde, die geeignet war, sowohl die Aristoi als auch den Demos zu integrieren, die im gleichen Zuge allerdings eine scharfe Trennlinie zwischen der Gesamtheit dieser Bürger und den Nichtbürgern zog.[36]

Nun ist am kretischen System der Gemeinschaftsmahlzeiten aber bemerkenswert, dass die vor dieser Reorganisation herrschende Ungleichheit in den Andreia durchaus institutionalisiert wurde, denn hier standen Elemente der Gleichheit neben solchen der Ungleichheit, wie wir im weiteren Verlauf dieses Kapitels sehen werden. Dies ist ein wesentliches Charakteristikum der kretischen Syssitien gegenüber den spartanischen. Und dies findet seine Entsprechung auch in zahlreichen anderen Bereichen der kretischen Politeia, etwa in der Reservierung des Kosmosamtes und der Mitgliedschaft im Rat für die Angehörigen allein bestimmter Familien. Auch hier wurde also ein Element der Ungleichheit in der Politeia verankert. Ein Problem bleibt allerdings die Frage, wie die Positionen von Prominenz in den Syssitien zu erklären sind, wie sie sich historisch herleiten lassen. Angesichts der in den Andreia institutionell verankerten Ungleichheit fällt es nicht schwer sich vorzustellen, dass die einzelnen Mahlgenossenschaften sich ursprünglich und von vornherein um einzelne Angesehene gruppierten, dass Prominenz also nicht erst im Andreion entstand.

Wie erwähnt mag den Hetairien auch der Typus der Mahlgenossenschaft von Hetairosgruppen zugrunde gelegen haben. Bei diesen handelte es sich um die wohl lokal organisierten Anhängerschaften von Anführer, die aufgrund ihrer materiellen Vorteile in *patron-role feasts* eine Reihe von Männern versorgen konnten, diese sich damit verpflichteten, sodass sie es ihnen mit Loyalität zurückzahlten. Durch den Zusammenschluss von Siedlungseinheiten zur Polis und die Institutionalisierung verschiedener, parallel zueinander liegender Integrationskreise verloren diese an den Einzelnen gebundenen Gefolgschaften auf der Bühne der Polis ein Stück ihrer Bedeutung. Doch nach wie vor bildeten diese lokalen Gefolgschaften eines Anführers dessen Rückhalt in der politischen Auseinandersetzung; und nach wie vor kamen sie zur Pflege ihrer sozialen Beziehungen zum gemeinschaftlichen, aber eben hierarchisch organisierten Speisen und Trinken zusammen.[37]

---

35 Hierzu s. ausführlich den Abschnitt zur Finanzierung der Gemeinschaftsmahlzeiten in diesem Kapitel.

36 Hierzu s. die Kapitel *Polis* und *Eleutheros*.

37 Zur Herleitung dieser Hetairosgruppen aus dem Befund der homerischen Epen und ihrer Relevanz im Prozess der Polisbildung s. maßgeblich Welwei 1981, 1988 und bes. 1992a sowie Ulf 1990, 127–38.

Zwischen den verschiedenen Hetairosverbänden mag eine Konkurrenz geherrscht haben, wie wir sie etwa in der Dichtung des Alkaios von Mytilene beobachten. Mit der in seinen Versen geschilderten Welten wie etwa dem Gebäude, das vor Waffen starrt, und der Hetairosgruppe, die dort zum Zechen zusammenkommt und bereit ist, die Waffen gegen mit ihnen konkurrierende Hetairosgruppen zu gebrauchen, sind die Befunde der kretischen Herdhäuser durchaus vergleichbar. Vor ihrem Hintergrund ergibt etwa der reiche Fund von Rüstzeug – fünf Helme, neun Panzer, sechzehn Mitren – aus der zweiten Hälfte des 7. Jh. im Herdhaus von Afrati Sinn.[38] Diese parallelen Befunde der soziopolitischen Entwicklung anderer griechischer Poleis lassen uns vermuten, dass auch in kretischen Poleis die Agonalität verschiedener Hetairosgruppen untereinander ein wesentliches den Frieden und die Handlungsfähigkeit der gesamten Gemeinschaft gefährdendes Potenzial barg. Mit diesem Modell einer Überformung von Hetairosgruppen zum Syssition lassen sich die hierarchischen Elemente der kretischen Andreia erklären, wie etwa die privilegierte Zuteilung von Fleisch an den Archon und die Möglichkeit einzelner Mitglieder, mit ihren umfangreichen Beiträgen zum Gemeinschaftsmahl aus der Menge ihrer Hetairoi herauszuragen.

Wenn es also plausibel ist, dass sich die Hetairien ursprünglich aus lokalen Anhängerschaften formierten und – wie wir zu zeigen versuchten – auch den ebenfalls bereits im 7. Jh. als politischen Institution nachgewiesenen Phylen lokale Gemeinschaften zugrunde lagen, sollten wir davon ausgehen, dass eine Hetairie zunächst nicht die Angehörigen verschiedener Phylen umfasste. Die hierbei zu befürchtende Trennlinie der Polisgemeinschaft nach lokalen Kriterien wurde aber bei der Transformation der kretischer Politien, in deren Rahmen auch die Gemeinschaftsmahlzeiten institutionalisiert wurden, überbrückt.[39] Eine Inschrift aus Dreros zeigt, dass es dort bereits in der zweiten Hälfte des 7. Jh. mehrere Hetairien gab, und dass es „der Polis mit Blick auf die Hetairien gefiel", einen zeitlichen Endpunkt für die Agelai festzulegen, die ‚Herden' der Epheben. In Zusammenschau mit literarischen Zeugnissen des 4. Jh. wird deutlich, dass die Hetairien dadurch ihre Mitglieder ergänzten, dass sie komplette Agelai aufnahmen.[40] Die Knaben eines Jahrganges – unabhängig davon, welchem Andreion ihr Vater angehörte – gruppierten sich um einen der ‚strahlendsten' Knaben zu Agelai, und eine jede Agela wurde dann in die Hetairie von dessen Entführer aufgenommen. Die drerische Inschrift legt nahe, dass dieser Prozess bereits im 7. Jh. institutionalisiert war, und dass die Rekrutierung der neuen Hetairoi nichts mehr mit lokalen Formen der Organisation der Bürgerschaft zu tun haben sollte. Hier

---

38 s. etwa Alk. frg. 140 Campbell; s. Page 1955, bes. 211–23; Rösler 1980; Rabinowitz 2004, 159–60. – Zu den Funden aus Afrati s. Daedalische Kunst 1970 und Hoffmann 1972.

39 Hierzu s. das Kapitel *Pyla*.

40 Ephor. ap. Strab. 10.4.21; Dreros: van Effenterre 1946, 597–600 Nr. 3 und van Effenterre 1961, 547–52 = Koerner 92 = Nomima 1.68 und 2.89. Zu der hier vorgetragenen Lesung und Deutung dieses Dokuments s. den Abschnitt zur Ephebenentführung im Kapitel *Paideia* und Seelentag 2009a; dort auch die ältere Literatur.

war eine Entwicklung in Gang gesetzt, die den potenziellen Konflikt zwischen verschiedenen lokalen Siedlungseinheiten, die jeweils eigenen Anführern folgten und innerhalb der politischen Gemeinschaft eine starke Identität behaupteten, auszugleichen bemüht war.

Fassen wir das Voranstehende zur Entstehung der kretischen Andreia zusammen. Jene scheinen allein insofern eine Reflexion ‚ursprünglicher' Organisationsformen gewesen zu sein, als dass sie Elemente verschiedener in der *Ilias* geschilderter Typen von Festen miteinander vereinten.[41] Das eigenwillige institutionell verankerte Nebeneinander von Elementen der Ungleichheit und solchen der Gleichheit scheint die Genese dieser Institution widerzuspiegeln. Es entstand dadurch, dass Merkmale hierarchisch organisierter *patron-role feasts* mit jenen von *diacritical feasts* verbunden wurden, deren wesentliche Bestandteile das Ideal der Gleichheit der Gruppenmitglieder untereinander und deren gemeinsamer Überlegenheit gegenüber sozial weniger Potenten waren. Diese Mahltypen wurden im Zuge des 7. Jh. miteinander verschmolzen, aber in charakteristischer Weise überformt und institutionalisiert. In diesem Prozess wurde die Gleichheit der Agathoi zu einer Gleichheit aller Politen untereinander ausgedehnt, die sich dadurch von allen Nichtbürgern abhoben; in dessen Verlauf wurden aber auch Mittel und Wege gefunden, gewisse Vorrechte der Aristoi zu verankern.

Es gibt keinen Beleg dafür, dass die in den Andreia prominenten Männer ebenjene waren, die auch in den Phylen über hohes Ansehen und gewisse Vorrechte verfügten; dass sie zu den Angehörigen jener Geschlechter gehörten, die allein den Kosmos stellten. Ebendies muss aber vermutet werden. Bemerkenswert erscheint allerdings, dass – zumindest den literarischen Zeugnissen zufolge – die Prominenz dieser Männer der Bewertung unterlag. Immerhin erfahren wir, dass ihr Ansehen in den Andreia daraus resultierte, wie sie sich im Krieg und durch ihren Rat bewährten. Hier klingt der homerische Gedanke durch, dass sich die Wertschätzung eines Anführers wesentlich nach dessen Einsatz für seine Gemeinschaft bemaß.[42] Ebendies werden wir auch anhand des Rituals der Ephebenentführung feststellen, wo der Entführer und der von ihm gewählte ‚strahlende Knabe' sich von dessen Mitepheben bewerten lassen mussten, ob sie einander wert seien oder nicht. Ähnliches beobachteten wir im letzten Kapitel auch für die Phylen, wenn nämlich allein ausgewählten Männern offenstand, das Oberamt der Polis zu bekleiden, dann aber die Phyle beziehungsweise der Startos insgesamt beanspruchte, in diesem Jahr Kosmos zu sein. In diesen Praktiken unter-

---

41 Und doch stellen die Schilderungen der *Ilias* nur eine Reaktion auf die Existenz dieser Feste in der Lebenswelt des Publikums dar. Schließlich ist die Darstellung der ‚Polis der Helden' in der *Ilias*, die sich miteinander arrangieren müssen, lediglich eine Diskussion von Herausforderungen, mit denen die soziopolitischen Gemeinschaften der frütharchaischen Zeit konfrontiert waren.
42 Hierzu s. das Kapitel *Institutionalisierung und Bürgerstaatlichkeit*.

schiedlicher Integrationskreise werden jeweils ähnliche Strukturen des Verhältnisses des Einzelnen zu seiner Gruppe deutlich.

Das weitgehende Verschwinden des archaischen Symposions in kretischen Poleis während der zweiten Hälfte des 7. Jh. muss im Kontext der Reorganisation und Institutionalisierung anderer Praktiken elitärer Distinktion gesehen werden. Wir sollten die Abkehr vom sympotischen Fest in Kreta wie in Sparta als den Versuch sehen, das Ideal einer stabilen Kommensalität wiederzubeleben und die Veränderungen, die das gemeinschaftliche Trinken in der fr...harchaischen Zeit erfahren hatte, aus den genannten Gründen abzulehnen. Wesentlich ist jedenfalls, dass das Syssition keinesfalls in einem Gegensatz zum Symposion zu sehen ist; vielmehr war es eine gegenüber dem zeitgenössischen Symposion idealisierte, da die Gemeinschaft der politischen Akteure nicht zersetzende, Facette von Kommensalität. Die Einführung von Syssitien reflektiert die in dieser Zeit vorhandenen Bedürfnisse nach einer Rekonstruktion sozialer Beziehungen, um Krisen zu begegnen, um die Bürgerschaft zu redefinieren und dadurch zu stabilisieren.[43] Ein Gutteil der Krise hatte darin bestanden, dass einzelne Mitglieder der Mahl- und Zechgemeinschaften die kommensalen Räume, die einem diakritischen Zweck dienten, mit Zügen des *entrepreneurial feast* überlagerten, und dies hatte zur Subordination der hierbei Verpflichteten geführt. Als nun die Mitgliedschaft in den Syssitien auf alle Bürger ausgedehnt wurde, man alle ‚Anderen‘ davon ausschloss und die Zurschaustellung persönlichen Reichtums durch Einzelne einhegte, waren dies wesentliche Schritte zur Schaffung der Homoioi. Wie das frühe Symposion fand auch das Syssition in gemeinschaftlich genutzten Räumen vor den Augen der Öffentlichkeit statt. Doch mit der Zeit wurden Regeln etabliert, die eine zu starke Ausschmückung dieser Räume und die Heraushebung einzelner Mitglieder dieser Gruppen verboten.

Die kretischen Andreia scheinen sich bewusst an älteren Vorbildern orientiert zu haben; sie inkorporierten den Gedanken der Gleichheit der Agathoi aus dem archaischen Symposion und verbanden ihn mit der Durchführung des in den Epen zu greifenden Typus des *patron-role feast*. Hieraus erklärt sich das Miteinander von Elementen der Gleichheit und Ungleichheit in den Syssitien. Elemente des *patron-role feast* – etwa die Zuteilung von besseren oder mehr Portionen an bestimmte Teilnehmer und die Unterstützung des Syssitions durch einzelne seiner Mitglieder – standen neben solchen des *diacritical feast* – etwa in der Betonung der strikten Gleichheit der Teilnehmer, die sich in der Zuteilung von gleichgroßen Portionen und der einheitlichen Beisteuer von einem Drittel der Erträge jedes Teilnehmers ausdrückte, sowie in der strikten Trennung der gemeinsam Speisenden von allen, die hiervon ausgeschlos-

---

43 So schon Schmitt-Pantel 1992, 74–5. – Die unterschiedlichen Erwartungen an Kommensalität, wie sie sich im Rahmen des Symposion manifestierte, werden bereits von den frühen Dichtern reflektiert. Dies zeigt Rabinowitz 2009. – Zur institutionellen Überformung der spartanischen Symposien durch Syssitien s. Meier 1998, 216–21.

sen waren; eine Trennlinie, die ganz wesentlich dazu beitrug, den Status des Bürgers zu konturieren.[44] Die Institution des Andreion trägt ihre eigene Genese also in sich, bildet sie ab.[45]

Im Andreion sehen wir gewissermaßen den Prozess einer ‚Aristokratisierung des Demos‘ reflektiert. Denn im Zuge oder wegen der Abgrenzung der politischen Akteure von allen Anderen – Unfreien wie Fremden – wurde die Mitgliedschaft in den Hetairien für alle vollberechtigten Akteure geöffnet und verpflichtend. Die Hetairien wurden die wesentlichen Kreise von Integration und Partizipation der Politen. Jenen wurden damit ursprünglich aristokratische Tätigkeiten und die mit ihnen verknüpften Ideale zugänglich. Die Polis bemühte sich nicht, die Hetairosverbände abzuschaffen. Sie – vor allem die ihnen eigene elitäre Ideologie – waren sinnhaft, als sich wichtigere soziopolitische Grenzen als jene zwischen den Mitgliedern der Hetairosverbände und den Damoden herausbildeten, nämlich die Unterschiede zwischen allen Bürgern und allen Anderen. Doch all dies fand unter dem Dach der Polis statt. Sie bildete den Überbau für die ganz unterschiedlichen sozialen Integrationskreise der Phylen und der Hetairien. Sie verfügte Regeln für den Ablauf des Lebens in den Hetairien, sie übernahm auch die Ernährung der Epheben in jener Phase, da sie nicht länger der Hetairie ihrer jeweiligen Väter angehörten, denn die Agelai wurden ‚öffentlich ernährt‘. Hierdurch war signalisiert, dass in dieser Zeit die Jungmänner nicht mehr und noch nicht einem bestimmten Andreion angehörten. Sie waren die Neubürger der gesamten Polis.[46]

Für Sparta wurde festgehalten, dass die in dieser Gesellschaft betonte Gleichheit der Homoioi keineswegs materielle Gleichgestelltheit bedeutete, sondern „nur die Gleichgestelltheit der Art oder des Seins, also nicht Maßgleichheit (...). Mit dem Begriff wird demnach nicht Gleichheit des Besitzes, sondern Gleichheit in der bürgerlichen Mentalität gefordert.“[47] Zudem wurde betont, dass dem spartanischen Homoios-Ideal nicht primär die Abgrenzung der Spartiaten von den Heloten zugrunde gelegen habe. Letzteren hätten sich die Spartiaten allerdings derart überlegen gefühlt, und die Ungleichheit zwischen ihnen sei derart manifest gewesen, dass es unwahrscheinlich sei, dass die Bezeichnung ‚die Gleichen‘ zur Abgrenzung der Bürger von den Hörigen geeignet gewesen sei. Tatsächlich scheint dieser Begriff die Bürger nicht so sehr nach außen abgegrenzt zu haben, sondern vor allem nach innen gewirkt haben, in die Bürgerschaft hinein.[48] Die Dichtung des Tyrtaios etwa legt nahe, dass mit dessen Absage

---

44 Hierzu s. in diesem Kapitel den Abschnitt zur Darstellung der Andreia in literarischen und epigraphischen Quellen.

45 s. Berger/Luckmann 1977, 58: Institutionen „können nicht plötzlich entstehen. (...) [Sie] haben immer eine Geschichte, deren Geschöpfe sie sind. Es ist unmöglich, eine Institution ohne den historischen Prozess, der sie herausgebracht hat, zu begreifen.“

46 Hierzu s. die Abschnitte zu Agelai und Ephebenentführung im Kapitel *Paideia*.

47 Thommen 1996, 139 = 2003, 121.

48 Hierzu s. Link 2000, 113 sowie Meier 1999 und 2006, 117–20.

an die aristokratischen Einzelleistungen und dessen Plädoyer für das kollektive Einstehen für die Polis, mit dessen Feiern der Gleichheit im Kampf also, jenes Ideal der Homoioi beschrieben wurde. In diesen Versen gilt das homerische Aristieideal, immer der Beste zu sein und die anderen zu übertreffen, nicht länger. Dieses individualistische Aristieideal tritt zurück hinter den Gedanken, dass es einem jeden Kämpfer offen stehe, Ruhm zu erwerben – nun allerdings nicht mehr primär für sich selbst, sondern für die Polis. Die Polis allerdings ehrt ihre Helden nach genau diesem Kriterium; sie feiert den siegreich Zurückgekehrten, sie betrauert den im Kampf Gefallenen. Unsterblichkeit ihres Namens ist beiden gewiss. Und hierin – im Einsatz für die Polis – war jeder gleich gut. Hier manifestierte sich die Gemeinschaft der Homoioi.[49]

Auf der anderen Seite aber bedeutete dies die besagte ‚Aristokratisierung des Demos‘, denn es konnte nun ja ein jeder derart kämpfen und Ruhm erwerben, dass er geehrt wurde, wie es für die Aristoi etabliert war.[50] Die spartanische Gesellschaft war im 7. Jh. durch verschiedenartige äußere wie innere Bedrohungen herausgefordert. In dieser Zeit mussten Aristoi und Demos zusammenstehen, doch die Konkurrenz der Eliten entwickelte zentrifugale Kräfte, die für den Zusammenhalt der Polis fatal waren. Dieses Ausscheren Einzelner aus dem Kollektiv versuchte Sparta nicht dadurch zu unterbinden, dass die Gemeinschaft eine ‚bürgerliche Mentalität‘ ausprägte und zur Ideologie erhob. Vielmehr wurden die Politen ‚aristokratisiert‘. In ähnlicher Weise sind die Prozesse in den kretischen Poleis zu verstehen, die sich in der zweiten Hälfte des 7. Jh. ereigneten. Wie im Falle Spartas, wo bei aller ideologisierten Gleichheit der Kämpfer – nämlich der Chancengleichheit, durch Siegen oder Sterben für die Polis Ruhm zu erlangen – in den Versen des Tyrtaios anhand der Binnenstrukturierung des Heeres, die eben von Steinewerfern bis zu Promachoi reicht, auch Strukturen der Ungleichheit aufscheinen, entwickelten sich auch in Kreta neben den bestehenden Elementen der Ungleichheit auch solche der Gleichheit aller Politen untereinander. Vor diesem Hintergrund ist dann auch die literarisch bezeugte Ehrung jener Männer zu verstehen, die sich im Krieg für die Gemeinschaft ausgezeichnet hatten. Vor ihm ergibt auch das einzige Zeugnis sympotischer Dichtung, das uns aus Kreta bekannt ist, Sinn. Denn im *Lied des Hybrias* wird genau diese Überlegenheit des Waffen tragenden Bürgers gegenüber den Unfreien betont.[51]

Häufig wird für die griechischen Polisgesellschaften angenommen, noch in der Archaik seien sympotische Praktiken aus Räumen, die der Öffentlichkeit vor Augen

---

49 Diese Vorstellung von Gleichheit scheint bereits in den Epen formuliert, wenn Nestor in Hom. Il. 9.440–1 über die Zeit berichtet, als Achilles jung und (deswegen) noch nicht ‚gleich‘ in Kampf und Agora war; oder wenn in Il. 16.53 die Rede davon ist, ein Mann solle, auch wenn er an Macht überlegen sei, seinesgleichen (*homoion*), nicht schädigen; s. Link 2000, 113–4 mit weiteren Beispielen.
50 Hierzu s. Meier 2006 und Bernhardt 2014, bes. 322–3; so auch schon Spahn 1977, 109; Link 1998.
51 Athen. 695f–96a, zitiert am Ende dieser Arbeit; dazu Bowra 1961, 398–403; Willetts 1962, 317–23. – Tyrt. frg. 11 West.

standen, in den privateren Kontext des Hauses verlagert worden.[52] Tatsächlich wurden griechische Häuser in der zweiten Hälfte des 6. Jh. größer und innenarchitektonisch differenzierter – allerdings sind spezialisierte Banketträume in archaischer Wohnbebauung bislang nicht nachgewiesen.[53] Auf Kreta blieben Wohnhäuser ohnehin vergleichsweise einfach strukturiert; die Grundrisse der Häuser spiegeln ‚Privatheit' großenteils nicht wieder.[54] Vor diesem Hintergrund sind zwei Informationen bemerkenswert, die ein Streiflicht auf die Existenz womöglich anderer Arten der Kommensalität in Kreta werfen. Dies ist zum einen eine im späten 6. Jh. in Eleutherna verinschriftlichte Regelung, die unter anderem betont:

Μὴ ἰνπίνεν· α[.] | | .μὲ⟨ν⟩ δρομέα ⟨ἰ⟩σ|ς Δῖον Ἄκρον σ|υνινπίνοντα | πίνεν *vacat*

Sich berauschen ist verboten – – – , aber ein Dromeus in Dion Akron darf sich in einer Trinkgemeinschaft berauschen.[55]

Der pseudoplatonische Dialog *Minos* scheint Gesetze wie dieses zu bestätigen, wenn er festhält:

Eines der Gesetze, welche Minos in Kreta etablierte, ist, dass man in Gemeinschaft nicht bis zur Trunkenheit trinken darf.[56]

Dieser Befund verdiente eine eigene ausführliche Behandlung; hier sei nur angemerkt, dass das Gesetz aus Eleutherna am ehesten vor dem Hintergrund jener Bemühungen Sinn ergibt, das gemeinschaftliche Trinken abseits der Andreia zu

---

52 Weiterführend hierzu Morris 2005, 108–10.

53 Jene Symposia, die wir aufgrund der Quellen des 5. und 4. Jh. als ‚kanonisch' wahrnehmen, wurden wohl tatsächlich in privaterer Umgebung abgehalten. Allerdings fanden auch trotz dieser Verlagerung sympotischer Feste in den Bereich des Hauses weiterhin eine Reihe kommensaler Aktivitäten in öffentlichen Räumen und Heiligtümern statt; hierzu s. etwa Kron 1984; Rotroff/Oakley 1992; Kistler 1998; Steiner 2002; Stissi 2003; Leypold 2008. – Rabinowitz 2009, 165–6 zeigt, dass sich der Umgang mit Kommensalität ab der Mitte des 6. Jh. in Taras und Sparta sehr unterschiedlich entwickelte. In Taras sind sympotische Ensembles und Ikonographie im Grabkontext ausgesprochen zahlreich. In Sparta hingegen nahm innerhalb von nur einer Generation die Zurschaustellung sympotischer Ideologie rapide ab. Bronzene Kratere und figürlich bemalte Trinkgefäße wurden hier nicht mehr hergestellt, überhaupt wurden Bronzegefäße in Heiligtümern sehr selten. Kratere mit einem einfachen schwarzen Firniss hingegen gab es nach wie vor.

54 Hierzu s. maßgeblich Sjögren 2007; Westgate 2007; Erickson 2010; Haggis/Mook 2011a.

55 SEG 41.739 = Nomima 2.98. Hierzu s. etwa van Effenterre/van Effenterre 1995; Perlman 2004, 102; Lupu 2005, 323–5. Zur Identifizierung der Dromeis s. Tzifopoulos 1998. – Die Inschrift setzt sich fort mit der Bestimmung: ἰαρέα δὲ μή· αἰ δ'| ἰαρόϝϝοι τõι θ|ιõι, αἵμ[ατ]ι τεκγ|[ό]ϝοτεν ἀρκαῖόν ἐστι ὅσστι[ς] | [κρα]τῆρας τϵ[— —] | [...]μηι[. — — —] — — —, „noch soll der Priester (sich berauschen), und wenn er den Kult für den Gott durchführt, mit Blut arbeitend, ist es der alte Brauch, für einen jeden – – – Kratere – – –"; Ergänzungen und Übers. nach Nomima 2, 346–7.

56 Ps.-Platon *Minos* 320a.

unterbinden. Denn bei diesen Festen aller Bürger hatte die Trunkenheit eigentlich keinen Platz, so legen es auch die im weiteren Verlauf dieses Kapitels zu diskutierenden literarischen Schilderungen der Kommensalität in den Hetairien nahe. In den eben zitierten Zeugnissen aber scheinen Praktiken der Kommensalität angesprochen, die sich außerhalb des von der Öffentlichkeit kontrollierten Raumes abspielen, Praktiken wie das sympotische Trinken klassischer Zeit. Erlaubt war das gemeinschaftliche Trinken bis zum Rausch allein den Angehörigen der Altersklasse der Dromeis – also der Jungbürger in ihren Zwanzigern – und auch nur an einem bestimmten Ort.[57] Das hier genannte Dion Akron etwa war ein Vorgebirge im Norden des Polisterritoriums von Eleutherna. Wahrscheinlich befand sich hier eine Grenzfestung der Eleuthernäer, in der die Dromeis für eine gewisse Zeit Dienst zu leisten hatten.[58] Dieses Gesetz ist vor dem Hintergrund von Befunden zu sehen, wie wir sie aus einer Reihe griechischer Poleis kennen, etwa aus Sparta und sizilischen Poleis, wo bemerkenswerte Depotfunde in der Chora, bestehend aus Mischgefäßen und Trinkgefäßen, auf die Präsenz von sympotischen Gesellschaften außerhalb des urbanen Zentrums der Polis hindeuten. Womöglich war also dort das sympotische Trinken nicht so streng reguliert wie im Zentrum selbst oder es konnte dort nicht effizient unterbunden werden.[59]

---

57 Zur Identifizierung der Dromeis s. Tzifopoulos 1998 und den Abschnitt zu Altersklassen im Andreion im Kapitel *Paideia*.

58 Der Eid der Epheben von Dreros aus dem späten 3. Jh., wahrscheinlich um 220, reflektiert, dass diese Gruppe nach ihrem Eintritt in die Ephebie an den Grenzen Dienst zu leisten hatte: „Ich werde Freund von Dreros und Knossos sein und weder die Polis der Drerier verraten noch die Festungen der Drerier und Knossier. Ich werde weder drerische noch knossische Männer den Feinden verraten noch werde ich einen Bürgerkrieg anzetteln"; IC 1.9.1 = Syll.³ 527 = Chaniotis 1996, 195–201, Nr. 7.

59 Hierzu s. Catling 2002, 194; Cavanagh et al. 2005, 114, 314; Rabinowitz 2004, 402–3 mit ähnlichen Befunden aus griechischen Poleis Italiens, etwa aus Ischia, Himera und Kroton. – Polinskaya 2003 zeigt – von den Informationen ausgehend, dass die athenischen Epheben sich nicht allein in den Grenzgarnisonen aufhielten, sondern auch das Grenzland durchstreiften –, dass zumindest die athenische Ephebie deswegen noch längst nicht in der ‚Wildnis' stattfand, sondern dass sich entlang der Grenzen Attikas eine ganze Reihe größerer und kleinerer Siedlungen befanden. Hiermit setzt sie sich von dem Erklärungsmodell von Vidal-Naquet 1989 ab. Ob dies nun aber auch in gleichem Maße für das archaische Eleutherna zutrifft, ist mehr als fraglich. Einen Überblick zur naturräumlichen Gliederung und der baulichen Situation auf dem Gebiet der Polis, die durchaus auf Bemühungen um die Distinktion sozialer Räume hinweist, s. Stampolidis 1990 und 1998; Perlman 2004a sowie Erickson 2005. – Perlman 2004a konjiziert aus der eleuthernäischen Inschrift IC 2.12.16 Ab 2–3, welche einen Kitharaspieler erwähnt, dass Eleutherna „a center of poetry" gewesen sei. Die Zusammenschau dieser Inschrift mit der Trinkregelung und Funden einiger Gefäße in Formen, die andernorts als Behältnisse unter anderem für Parfüm dienten, lässt sie auf eine weite Verbreitung des Symposions in dieser Polis während des 6. Jh. schließen. Erickson 2011 folgt ihr darin.

Der Ort der kretischen Syssitien

Die Anzahl der Andreia in einer Polis

Die Antwort auf die Frage, wie viele Speisehäuser es für die verschiedenen hier vorgestellten Typen von Kommensalität zwischen dem 8. und dem 4. Jh. in kretischen Poleis gab, hat wesentliche Rückwirkungen auf unser Verständnis dieser Speisegenossenschaften. Denn Faktoren wie etwa die Gruppengröße der Versammelten, die Art der Inszenierung ihrer Abgrenzung von allen Nichtteilnehmern, anderen Andreia und schließlich von anderen Formen der Kommensalität, bei der die Bürger zusammenkamen, sind relevant für die Deutung dieser Institution. In den Quellen finden wir unterschiedliche Angaben zur Anzahl der Andreia in einer Polis. Ephoros berichtet bezüglich der Ephebenentführung, die Verfolgung des jungen Mannes ende im Andreion seines Entführers. Er betont auch, dass die Paides eines Syssitions gegeneinander, aber auch gegen die Knaben anderer Syssitien Kämpfe austragen, und dass in jedem Andreion ein Paidonomos die Aufsicht habe.[60] Dies alles deutet darauf hin, dass es mehrere Andreia in einer Polis gab. Der einzige literarische Bericht, der sich ausdrücklich zur Anzahl von Andreia in kretischen Poleis äußert, ist der des Dosiadas. Hier ist festgehalten:

> εἰσὶ δὲ πανταχοῦ κατὰ τὴν Κρήτην οἶκοι δύο ταῖς συσσιτίαις, ὧν τὸν μὲν καλοῦσιν ἀνδρεῖον, τὸν δ᾽ ἄλλον, ἐν ὧι τοὺς ξένους κοιμίζουσι, κοιμητήριον προσαγορεύουσι. κατὰ δὲ τὸν συσσιτικὸν οἶκον πρῶτον μὲν κεῖνται δύο τράπεζαι ξενικαὶ καλούμεναι, αἷς προσκαθίζουσι τῶν ξένων οἱ παρόντες, ἑξῆς δ᾽ εἰσὶν αἱ τῶν ἄλλων.[61]

Dieses Zeugnis betont, dass es in jeder kretischen Polis zwei Gebäude für die Syssitien gab: Das eine nenne man Andreion, das andere diene der Unterbringung von Fremden. Im *syssitikos oikos* gebe es zunächst zwei Tische für die Fremden, dann für alle anderen. Diese Passage ließ ein Gutteil der Forschung vermuten, es habe allein einen *syssitikos oikos* in jeder Polis gegeben. In diesem einen Bau hätten alle Bürger des Gemeinwesens gespeist, und zwar an unterschiedlichen Tischen sitzend.[62] Dies

---

60 Bemerkenswert ist hier die Terminologie, die zwischen ‚Andreion‘ und ‚Syssition‘ zu trennen scheint. Möglich wäre also, dass der eine Ausdruck den Ort bezeichnete, an welchem die Speisegemeinschaft stattfand; der andere die Gruppe der Männer, welche die Speisegemeinschaft bildeten. Die Inschriften scheinen Belege zu bieten, dass zumindest der Begriff ‚Andreion‘ in beiderlei Sinn verwendet wird. Er bezeichnet sowohl die Gemeinschaft als auch deren Ort. Der Begriff ‚Syssition‘ ist im Übrigen in den kretischen Inschriften selbst nicht nachgewiesen. Er wird von den Autoren der literarischen Zeugnisse womöglich in Analogie zu den spartanischen Verhältnissen verwendet.
61 Dosiadas ap. Athen. 4.143b–c.
62 Eine solche Deutung der Organisation kretischer Gemeinschaftsmahlzeiten wurde wohl auch vom Befund ethnographischer Berichte befördert, die bezeugen, dass es – etwa in Polynesien und Papua Neuguinea – allein ein Männerhaus im Dorf gab. Konzis hierzu s. etwa Stagl 1971, bes. 372, und Bleibtreu-Ehrenberg 1980, *passim*.

hätte die wesentliche soziopolitische Trennlinie in der Polis allen vor Augen geführt, die zwischen der Minderheit der Bürger und der Mehrheit der restlichen Bewohner des Gemeinwesens verlief, nämlich Frauen, kleinen Kindern, Fremden, Unfreien und jenen, die aus anderen Gründen nicht der Menge der Bürger angehörten.[63] Die Folgerung aber, dass wir deshalb davon ausgehen müssten, dass sich die Mitglieder der verschiedenen Hetairien alle gemeinsam in einem Raum oder zumindest innerhalb eines Gebäudekomplexes, aber in verschiedenen Räumen versammelten, ist zweifelhaft. Sehr ungewöhnlich wäre eine solche Organisation von Kommensalität, bei welcher alle Bürger zwar gemeinsam in einem Bau speisten, dies aber nicht als eine Gemeinschaft, sondern in kleineren Gruppen, die zudem untereinander derart agonal waren wie die kretischen Hetairien. Zumindest in keiner anderen griechischen Polis ist eine solche Art des gemeinschaftlichen Speisens und Trinkens nachgewiesen.[64] Außerdem sollten wir davon ausgehen, dass dieser im Vergleich zu Sparta mit seinen zahlreichen Mahlgenossenschaften völlig anders geartete Befund von unseren Autoren verzeichnet worden wäre. Immerhin ist der Vergleich der kretischen Syssitien mit den spartanischen und die daraus vermeintlich deutliche Präzedenz und dem Bürgerstaat eher zuträgliche Art der kretischen Gemeinschaftsmahlzeiten ein in den Quellen mehrfach und ausdrücklich behandeltes Thema.[65]

Zudem fehlt auf der Insel jeder Befund für ein Gebäude, welches die notwendigen Ausmaße und den spezifischen Zuschnitt der Räumlichkeiten besessen hätte, alle Hetairien zu beherbergen. Der archäologische Befund aus verschiedenen kretischen Poleis lässt uns zwar Gebäude erkennen, die als Speisehäuser geeignet gewesen wären, diese hätten aber wegen ihrer geringen Größe jeweils nur eine kleine Gruppe von Männern verköstigen können. Wollten wir also davon ausgehen, dass es allein einen Andreionbau in jeder Polis gab, so hätte dieser nur bescheidene Ausmaße gehabt. Dies wiederum hieße, dass die Gesamtzahl der bei den Mahlzeiten zugelassenen Männer nur gering und demnach auch jede einzelne Speisegenossenschaft nur sehr klein hätte sein können. Daraus aber ergäben sich zahlreiche Fragen, wie etwa, ob der Zugang zu den Andreia nur einer ausgewählten Gruppe innerhalb der gesamten Zahl der Bürger gestattet gewesen wäre; ob wir womöglich davon ausgehen müssten, dass die Andreia allein den Angehörigen der Elite offen gestanden hätten; oder ob

---

63 So etwa Willetts 1955, 19–20, 26; Schmitt-Pantel 1992, 76; Link 1994, 9–21, bes. 20 mit Anm. 10, 36 und 45. Dagegen argumentieren Hoeck 1829, 12, 132; Atkinson 1971, 233 Anm. 5; Beattie 1974, 46–7; Sealey 1990, 53 und Davidson 2007, 555 dafür, dass es mehrere Gebäude für die Durchführung von Gemeinschaftsmahlzeiten in kretischen Poleis gab. Eine Diskussion der verschiedenen Möglichkeiten bietet auch Gehrke 1997, 38 Anm. 65.

64 Davidson 2007, 555 weist darauf hin, dass das Phänomen solcher ‚*glass walls*' innerhalb eines Gebäudes aus keiner griechischen Polis bekannt sei.

65 Tatsächlich vergleicht Plut. Mor. 714b die kretischen Andreia unmittelbar mit den spartanischen Syssitien, wenn er betont, ein jedes Andreion sei gleichsam „ein Synhedrion von Aristokraten" gewesen.

sich jede Hetairie nur einmal in der Woche getroffen habe. Dies aber scheint mit dem Befund der inschriftlichen und literarischen Zeugnissen inkompatibel, die betonen, dass alle Bürger Mitglieder eines Andreion gewesen seien, und die keinen Anlass zu der Vermutung bieten, dass die Zahl dieser Bürger besonders gering gewesen oder der Zugang zum Andreion nur einigen der mit sämtlichen Rechten ausgestatteten politischen Akteure gestattet gewesen wäre.

Überdies ist unklar, weshalb Dosiadas neben dem Andreion auch das Koimeterion als einen *oikos tais syssitiais* bezeichnet. Immerhin diente letzteres seiner Aussage nach allein der Unterbringung der Fremden. Verköstigt aber hätte man die Fremden wie die Bürger im *syssitikos oikos*, wie er im Anschluss daran betont, womit er wohl das eigentliche Andreion meint. Und nähme man die Aussage des Dosiadas wörtlich, käme man zu der absurden Aussage, dass es auf ganz Kreta insgesamt nur zwei Häuser für Gemeinschaftsmahlzeiten gegeben habe. Vor diesem Hintergrund sollten wir also vielmehr annehmen, dass Dosiadas in dem Sinne zu verstehen ist, dass es überall auf Kreta *zwei Typen von Häusern* für die Syssitien gab: der eine Typ war das Andreion der Bürger, der andere Typ das Koimeterion, in dem die Gäste schliefen. Darauf aufbauend müssten wir den nächsten Satz in dem Sinn verstehen, dass im Andreion die Gemeinschaftsmahlzeiten stattfanden, bei denen Bürger und Gäste in einem Gebäude, doch an verschiedenen Tischen zusammenkamen. Es ließe sich auch vermuten, dass sich die Worte des Dosiadas womöglich allein auf eine Hetairie bezogen. Dies hieße dann, dass eine jede der verschiedenen Hetairien ein eigenes ‚Clubhaus‘ besaß, während es allein ein Speisehaus in der Polis gab, in dem die Mitglieder aller Hetairien zum Gemeinschaftsmahl zusammenkamen. Diese Deutung aber hatten wir bereits oben zurückgewiesen. Oder aber eine jede Hetairie besaß sowohl ein Andreion als auch ein Gästehaus für Fremde. Jede Hetairie mag auch ein eigenes Andreion besessen haben, während es nur ein Gästehaus in der Polis gab.[66]

Wie man also die von Athenaios zitierten Sätze des Dosiadas auch wendet, weisen sie doch stets Ungereimtheiten auf. Die literarischen Quellen allein können somit die Frage nach der Anzahl und Art der Speisehäuser in einer Polis nicht beantworten. So müssen wir also im Zusammenspiel mit den bis hierher erarbeiteten Merkmalen kretischer Mahlgenossenschaften die baulichen Befunde der Poleis in den Blick nehmen und untersuchen, wie viele öffentlich oder gemeinschaftlich genutzte Gebäude mit Speiseräumen und einer Verbindung zu Küchen und Lagerräumen sich jeweils zu

---

[66] Verschiedene inschriftliche Erwähnungen dieser Strukturen lassen niemals deutlich werden, dass es mehrere Andreia in einer Polis gab. Stets ist die Rede allein von ‚Andreion‘ im Singular, während ‚Hetairien‘ auch im Plural nachgewiesen sind. Dies gilt auch für die späteren Quellen, so etwa IC 3.3.4.38–40 = Chaniotis 1996 Nr. 28, kurz nach 205; IC 1.16.5.51–3 = Chaniotis 1996 Nr. 61B von 109/8. Hierbei ist es zudem immer auch unsicher, ob der Ort an sich oder die darin versammelte Tischgenossenschaft gemeint ist. – Kristensen 2014 diskutiert die Möglichkeit, das Andreion sei „not a physical place, but simply a (mental) substructure of the organisation of the citizen population" gewesen; in unseren Worten: hier sei die Institution des Andreion beschrieben.

einer bestimmten Zeit in einer Polis erkennen lassen.[67] Allerdings ist das kretische Andreion ein nur mit Mühe zu identifizierender Bautyp. Die literarischen Schilderungen des 4. Jh. und die inschriftlichen Zeugnisse des 7. bis 5. Jh. lassen allein erkennen, dass das Andreion ein Ort der Zusammenkunft größerer Gruppen war, von denen es in der Polis mehrere gab, und dass in diesen Gemeinschaften Elemente der Gleichheit neben solchen der Ungleichheit standen. Wir erfahren auch, dass wir nach Räumen schauen sollten, in denen sich Sitzgelegenheiten und Tische befanden, nicht Klinen. Wir suchen also Gebäude mit Räumen oder einem Raum von gewisser Größe und mit Spuren von Festen, bei denen Speisen und Getränke konsumiert wurden. Diese Gebäude vermuten wir eher nicht im Kontext von ‚privaten‘ Wohnhäusern; vielmehr handelt es sich um Gebäude, die gemeinschaftlich genutzt wurden und einen dementsprechend gestalteten Zugang besaßen.

Nun ist aber die Trennlinie zwischen ‚öffentlichen‘ und ‚gemeinschaftlichen‘ Räumen schwer zu ziehen. Zudem sind in der Forschung Bemühungen weitverbreitet, bereits für die frühe Eisenzeit bezüglich ihrer Nutzung klar voneinander geschiedene Gebäudetypen identifizieren zu wollen. Mag der archäologische Befund auch auf eine Reihe von Praktiken hinweisen, die in einem Gebäude stattfanden, wird doch häufig eine von diesen derart privilegiert, dass dies zu einer unzureichend polarisierenden Benennung des nämlichen Baus führt.[68] Zumeist werden diese Strukturen als Tempel bezeichnet und behandelt. Diese Deutung resultiert aus der Privilegierung jener Spuren materieller Kultur, die auf kultische Handlungen hinweisen.[69] Seltener bezeichnet man sie als Andreia, als welche sie Gemeinschaftsmahlzeiten Raum geboten hätten. Diese Deutung privilegiert die in diesen Gebäuden nachgewiesenen Spuren der Lagerung, der Zubereitung und des Verzehrs von Speisen.[70] Wieder

---

67 Zu den zahlreichen Herdhäusern und anderen Stätten, an denen sich Votive in Verbindung mit den Spuren von Gemeinschaftsmahlzeiten nachweisen lassen, s. konzis Lang 1996, 118–29 und ausführlich Prent 2005 sowie Erickson 2011, 309–45; s. ferner die Befunde von Kommos (Shaw/Shaw 2000), Smari und Onythe (generell Prent 2007; Sjögren 2007; Westgate 2007), Gortyn (Perlman 2000), Dreros (s. Xanthoudides 1918; Marinatos 1936, 254; Demargne/van Effenterre 1937, 10–5), Azoria (Haggis et al. 2004, 379–82, 387–90 und 2007, 253–65; Haggis 2014), Prinias (D'Acunto 1995), Lato (Sjögren 2003, 28 mit Anm. 161), Axos (Levi 1930–31), Arkades (Levi 1927–29) und andere.

68 Haggis et al. 2004, 379–82, 387–90 sowie 2007, 253–65.

69 Diese Deutung sieht den Typus des griechischen Tempels aus dem Herdhaus entstehen, übersieht dabei aber, dass gerade auf Kreta diese Entwicklung nur im Ansatz stattfand. Auf der Insel bestand der Typus des Herdhauses als Ort für kultische Praktiken fort. Einen Überblick über die Architektur von Heiligtümern im klassischen und hellenistischen Kreta bietet Sporn 2002.

70 Dies betrifft die meisten Publikationen zu früheisenzeitlich-archaischer Architektur und kretischen Heiligtümern. Sporn 2002, 26 etwa verwendet für ihre Studie zu kretischen Heiligtümern folgende Definition: „Ein ausgegrabener Komplex kann als Heiligtum identifiziert werden, wenn entweder inschriftliche Zeugnisse oder der Gottheit hinterlassene Gegenstände (Votive) diese Benennung erlauben." Hiermit ist allerdings lediglich ein Kult nachgewiesen; die Bezeichnung ‚Heiligtum‘, die eine Exklusivität der kultischen Nutzung suggeriert, ist dadurch aber noch längst nicht gerechtfertigt.

andere Studien kategorisieren diese Gebäude als Prytaneia, da aus der oben zitierten Dosiadas-Passage vermeintlich hervorgehe, es habe in kretischen Poleis allein ein einziges Andreion gegeben. Und so könne in einer Polis, für die mehr als ein Gebäude nachgewiesen ist, welches Gemeinschaftsmahlzeiten diente, nur eines von jenen das Andreion gewesen sein; das andere müsse demnach das Prytaneion der Polis sein. Allerdings ist es evident anachronistisch, bereits im 8. und 7. Jh. errichteten Bauten das Etikett eines Gebäudetyps anzuheften, der erst in institutionell viel stärker differenzierten Kontexten entstand.[71]

Tatsächlich können solche Anachronismen sowie solche Polarisierungen der Funktionen und die damit einher gehenden Versuche einer Typisierung von Gebäuden für die Frühe Eisenzeit und die Archaik nicht überzeugen. Vielmehr sollten wir diese Herdhäuser als Gebäude konzeptualisieren, die einer Reihe von miteinander zusammenhängenden Aktivitäten Raum boten, so etwa dem Gemeinschaftsmahl und dem gemeinsamen Zechen; die aber eben auch den Anführern der Gemeinschaft zur Koordination der Führungsaufgaben dienten. Dabei waren die hier zusammenkommenden Gruppen stets auch Kultgemeinschaften. Die an diesen Orten nachgewiesenen Opferhandlungen waren elementarer Bestandteil dieser Zusammenkünfte. Im Vordergrund sollte also nicht die Konzentration auf einen bestimmten Gebäudetyp stehen, sondern die Analyse des Grades der gemeinschaftlichen und öffentlichen Aspekte von Gebäuden, etwa ihre Lage innerhalb der Siedlung, charakteristische Fundzusammenhänge oder die Art des Zugangs zu ihnen.[72]

Wie oben dargelegt, wurden vom 8. bis ins 7. Jh. Symposia in Herdhäusern abgehalten und damit in Gebäuden, welche die Forschung bislang nicht angemessen konzeptualisiert hat. Die meisten Herdhäuser des Ägäisraums wurden im 8. und 7. Jh. erbaut. Gerade Kreta bietet zahlreiche und gut zu rekonstruierende Beispiele dieser Bauform, zu deren Ursprung die Forschung im Wesentlichen zwei Theorien skizziert. Die eine bringt mit Blick auf Formen und Funktionen des mykenischen Megaronbaus vor, dass sich die Herdhäuser kontinuierlich aus diesem Typus bronzezeitlicher

---

Bei ihrer konkreten Behandlung der einzelnen ‚Tempel' lässt Sporn denn auch Hinweise auf andere Nutzungsarten der Gebäude außer Acht. – Prent 2005, besonders 441–76, geht bei ihrer Betrachtung der kretischen Herdtempel ganz klar von einer primär kultischen Funktion dieser Bauten aus, dann erst diskutiert sie mögliche sekundäre Nutzungsarten dieser ‚Heiligtümer'. Auch etwa Morris 1992, 155; Carter 1997 und Shaw 2000, 687–8 urteilen, dass die ‚Tempel' von Dreros und Prinias *auch* Funktionen eines Andreions erfüllten. Hingegen spricht sich etwa Koehl 1997, besonders 138, dafür aus, dass die so genannten Herdtempel eigentlich Andreia gewesen seien; auch hier also eine Polarisierung auf eine exklusive Nutzung. – s. auch Samuelsson 1988; Bergquist 1990, 43, 1992 und 1998; Cooper/Morris 1990, besonders 68–9 und 78; Viviers 1994, 244–7; Carter 1997, 89 zu Prinias sowie Mazarakis Ainian 1997, besonders 225–6. Einer solchen starren Kategorisierung folgt – bei aller Abwägung – auch Erickson 2011.

71 Zur Entwicklung des Prytaneions s. Miller 1978.

72 Zu diesem methodischen Postulat s. etwa Sjögren 2007 und 2008 sowie Westgate 2007.

Architektur entwickelt hätten. Die andere Theorie betont die Ähnlichkeiten des Herd-hauses mit der zeitgenössischen Wohnarchitektur und nimmt für beide eine ähnliche Funktion an. In beiden Fällen wird die zentrale Herdstelle als der Mittelpunkt des gemeinschaftlichen Lebens angesehen. Funde von Feuerböcken und Bratspießen sowie Tierknochen deuteten auf gemeinschaftlich abgehaltene Mahlzeiten hin. Die Architektur des Herdhauses habe kleineren Gruppen von Männern gedient, die beim Essen saßen und deren Zusammenkünfte als die in den homerischen Epen beschrie-benen Feste eines Anführers mit seinen Gefolgsleuten zu konzeptualisieren seien – in unserer Terminologie als *patron-role feasts*.[73]

Ungeachtet ihrer oftmals herausgehobenen Position in der Stadtanlage, waren kretische Herdhäuser keine öffentlichen Gebäude, sondern konnten ihrer Größe wegen nur kleinere Gruppen beherbergen. Die relative Armut von Votiven mit niedri-gem Wert und die stattdessen zu beobachtenden wertvolleren Funde, wie etwa Waffen und andere Gegenstände aus Bronze, deuten darauf hin, dass diese Herdhäuser eher Orte für Kulte oder Gemeinschaftsmahlzeiten waren, an denen die Aristoi der Polis teilnahmen.[74] Bemerkenswert ist auch, dass die Herdhäuser zwar auf jeden Fall bis in den Hellenismus genutzt wurden, dass die datierbaren wertvolleren Funde, nämlich Gegenstände aus Bronze, im Wesentlichen aus der Zeit vor dem Ende des 7. Jh. stam-men.[75] Es ist also durchaus wahrscheinlich, dass an diesen Orten auch nach dieser Zeit noch gemeinschaftliche Mahlzeiten stattfanden, dass aber ab dem 6. Jh. dabei weniger reiche Ausstattungsgegenstände benutzt wurden. Schauen wir im Folgen-den auf drei Fallbeispiele, aus Prinias, Dreros und Azoria, wo wir unterschiedliche Befunde der Entwicklung von gemeinschaftlich genutzten Räumen beobachten.

Fallstudie 1: Prinias

Funde von Fragmenten dädalischer Skulptur führten zu Beginn des 20. Jh. im zen-tralkretischen Prinias, das zwischen Gortyn und Knossos liegt, zur Entdeckung der so genannten ‚Tempel A‘ und ‚Tempel B‘, die in unmittelbarer baulicher Verbindung miteinander standen und um die herum sich eine Platzanlage befand. ‚Tempel B‘ ist

---

73 Einen Überblick zu kretischen Herdhäusern bietet Prent 2007, umfangreich äußern sich Sporn 2002 und Prent 2005. – Die ursprüngliche Vertreterin der ersten Theorie war Guarducci 1937, es folgten etwa Nilsson 1950; Vernant 1983; Koehl 1997. Die zweite wurde begründet von Drerup 1969, es folgte etwa Mazarakis Ainian 1997. – Die besondere Bedeutung von Gemeinschaftsmahlzeiten im Leben der Männer sah Drerup darin, dass Feuerböcke und Grillspieße auch fester Bestandteil der Ensembles von Grabbeigaben im Typus des Kriegergrabes waren.
74 Prent 2007, 148.
75 Prent 2005 zeigt, dass Heiligtümer auch schon in den davor liegenden Jahrhunderten zu Gemein-schaftsmahlzeiten genutzt wurden. Beispiele sind etwa der Tempel A von Prinias, die Herdhäuser von Afrati, von Dreros etc.; s. Sporn 2002, 344–5 zur Weiternutzung der archaischen Herdhäuser noch in klassischer und hellenistischer Zeit.

der ältere Bau; ein komplexes Herdhaus, das bereits im 8. Jh. erbaut wurde. Es besaß die Maße 18,5 × 6,5 Meter und umfasste eine Flucht von drei hintereinander angeordneten Räumen. In diesem Gebäude fand man Spuren gemeinschaftlicher Feste. Der mittlere Raum barg eine große Herdstelle, der hintere Raum eine größere Anzahl von Pithoi, und neben Feinware wurden hier auch zwei steinerne Mühlen gefunden. In unmittelbarer baulicher Verbindung zu diesem Gebäude wurde um 625 der ‚Tempel A‘ errichtet, der eine bemerkenswerte Vielfalt an Reliefs und frei stehenden Skulpturen aufwies, deren Reichtum die Ausstattung jeder privaten Wohnbebauung übersteigt. Es handelt sich um ein 14,8 × 7,4 Meter großes Gebäude mit zentraler Herdstelle und einem schmalen Podium an der Südwand. Der Bau scheint auch kultische Funktionen erfüllt zu haben, darauf deuten die Statuen im Eingangsbereich hin, die wohl Göttinnen darstellen. Aschereste und kalzifizierte Knochen, Fragmente von Pithoi und Trinkgeschirr in Vorraum und Hauptraum legen aber nahe, dass in diesem Gebäude auch Gemeinschaftsmahlzeiten stattfanden.[76] Der jeweilige Eingang dieser beiden unmittelbar nebeneinander liegenden Gebäude führte auf eine größere, ausgebaute Platzanlage im Mittelpunkt der Siedlung.

Diese Gebäude erfuhren große Aufmerksamkeit in der Forschung und wurden in ganz unterschiedlicher Weise gedeutet, als Tempel und als Megaron des örtlichen Basileus, als ‚Privathaus‘ und als Prytaneion. Einzig sicher scheint, dass sie für Feste genutzt wurden, bei denen eine Gesellschaft speiste und trank. Deutlich ist, dass diese beiden Gebäude – obschon es die prächtigsten in Prinias waren – die Siedlung keineswegs baulich und funktionell dominierten. Denn auch andere Bauten in Prinias besaßen durchaus vergleichbare Maße, etwa ein ebenfalls in drei Räume geteiltes Haus am Nordhang der Siedlung mit den Maßen 16,5 × 4,5 Meter. Und die beiden Herdhäuser waren auch nicht die einzigen eindrucksvollen Strukturen in Prinias, in denen wir Zeugnisse eines Kultbetriebes beobachten können. Der so genannte ‚Tempel C‘ scheint ähnlichen Aufgaben gedient zu haben, und dies im baulichen Kontext von Wohnarchitektur.[77] Dieser Befund zeigt uns, dass Prinias im 7. Jh. keineswegs über eine nur schmale Elite verfügte, etwa eine führende Familie. Statt-

---

[76] Pernier 1914; Beyer 1976; D'Acunto 1995; Rizza 1991; Mazarakis Ainian 1997, 226; Rabinowitz 2004, 59–65; Prent 2005, bes. 253–9, 441–60; Coldstream 2013; Lefèvre-Novaro 2013. – Marinatos 2000, 71–82 hält fest, dass in dem Gebäude Gemeinschaftsmahlzeiten stattfanden, und kann sehr plausibel das ikonographische Programm der Skulpturen in Relation zu dem verbreiteten Bildmotiv der Göttin mit dem Krieger einordnen. – Bergquist 1988 betont mit Blick auf minoisch-mykenische und früheisenzeitliche Heiligtümer, dass wir nach unserem Kenntnisstand nicht davon ausgehen dürfen, dass die dort gefundenen Tierknochen und Brandschichten tatsächlich die Überreste von Tieropfern seien; möglich wäre auch, dass diese Befunde auf Gemeinschaftsmahlzeiten hindeuten. Allerdings ist die von ihr betonte Dichotomie der Praktiken in dieser Deutlichkeit nicht haltbar. – s. Carter 1997 mit einer Deutung der Nutzung des Herdhauses von Prinias anhand der Bilderwelt seines skulpturalen Schmuckes und der dort gefundenen Stücke.

[77] Plan bei Rizza 1995, 807–10 und 2000, 44.

dessen zeigt zum einen die bloße Anzahl dieser großen Bauten, dass die Elite breiter gewesen sein muss; zum anderen zeigen der Ausstattungsreichtum des ‚Tempel A' und die Monumentalität dieses und der anderen Gebäude, dass hier ein gemeinschaftlicher Aufwand Ausdruck fand, der die Möglichkeiten einer einzelnen Familie überstiegen haben dürfte.[78]

Der offene Platz vor diesen Bauten war offenbar vor der Errichtung von ‚Tempel A' für kultische Feste genutzt worden, denn unter dessen Fundamenten deckte man Schichten auf, die verbrannte Erde, karbonisiertes Material, Tierknochen und Kuhhörner sowie die Fragmente eines geometrischen Kraters enthielten. In der Tat war ‚Tempel B' zum Zeitpunkt seiner Errichtung wohl der einzige Bau solcher Größe in Prinias, weswegen man ihn mit dem Blick auf jene Phase als Residenz eines lokalen Anführers deutete, der religiöse Vermittlerfunktionen einnahm und Feste veranstaltete. Im Sinne unserer Überlegungen zur Rolle der Eliten im Prozess der Polisbildung sollten wir dieses Herdhaus allerdings eher als den Ort diakritischer Feste ansehen. Mit ihnen festigte die Gruppe derjenigen, die das Schicksal der Polis lenkten, ihren Zusammenhalt, mit ihnen hoben sie sich von der Menge des Demos ab. Dieses Gebäude mit der es umfassenden und allgemein zugänglichen Platzanlage war aber eben auch der Schauplatz von öffentlichen – nicht allein gemeinschaftlichen – Festen, bei denen größere Teile der Bevölkerung miteinbezogen wurden. Die bauliche Situation von Prinias bildete im 8. Jh. eine deutliche gesellschaftliche Hierarchie ab, denn neben dem einen monumentalen Bau gab es keinen anderen von ähnlicher Größe. Vom 8. zum 7. Jh. aber machte die Polis eine wesentliche Entwicklung durch. Denn im 7. Jh. wurde eine Reihe von Bauten errichtet, die dem ‚Tempel B' an Ausstattung, Form und Funktion ähnlich waren.[79] Dies mag man als Anzeichen dafür deuten, dass die Elite sich verbreitert hatte; zumindest lässt sich feststellen, dass der Kreis derjenigen, die an Festen teilnahmen, bei denen gemeinschaftlich gespeist und getrunken wurde, sich erheblich erweitert hatte.

Blicken wir noch einmal auf den ‚Tempel A'. Wie erwähnt, war die Außenseite des Gebäudes mit reichem Skulpturenschmuck versehen, der sich in drei Hauptgruppen einordnen lässt und die Bilderwelten der Marzeah widerspiegelt; neben den

---

78 Der Reichtum von Prinias, die Verfügbarkeit von Ressourcen für seine führenden Familien und die damit einhergehende gesellschaftliche Differenzierung dürften aus der günstigen Lage des Ortes an einem der Hauptverkehrswege zwischen dem Norden und Süden Zentralkretas resultiert haben. Ausdruck fand diese Prosperität in den zahlreichen Lagerräumen der Polis und nicht zuletzt im Bau eines großen Töpferofens, der auf die Herstellung von Pithoi spezialisiert war, die vor Ort gefunden wurden. Hierzu s. Rizza 1991, 346; 1995; Rabinowitz 2004, 62.

79 In unmittelbarer Nähe der im Text erwähnten Gebäude entstand der ‚Tempel V' bzw. ‚Gebäude VA/ VD' mit den gewaltigen Maßen von 22 × 6 Metern; hierzu s. Palermo et al. 2004, 254–62, mit Abb. 1, 11–22, und 2007. Im Südosten der Patela von Prinias entstand schließlich der ‚Tempel C', in dem man ebenfalls eine Herdstelle und verschiedene eiserne Bratspieße fand; s. Rizza 2000, 41. – Zur Umorganisation des urbanen Raumes von Prinias im 7. Jh. s. etwa Rizza 1991, 331–3; D'Acunto 1997.

Darstellungen weiblicher Gottheiten waren dies Friese von Panthern und grasenden Hirschen und ein Fries, der eine Reihe von Reitern zeigt.[80] Jeder dieser Reiter sitzt auf einem Hengst und ist mit einem Schild und einem geschulterten oder zum Wurf bereiten Speer bewaffnet. Ein Blick auf die Versuche, diesen Reiterfries zu deuten und die auf ihm Dargestellten zu benennen, führt uns ein weiteres, wesentliches Problem bei der Interpretation baulicher Strukturen dieser Art vor Augen. So wird etwa häufig gemutmaßt, dieser Fries zeige junge Initianden, wie sie uns im Bericht des Ephoros und verschiedenen archäologischen Zeugnissen begegnen. Oder man nimmt an, dass der Fries Mitglieder jener *arche* der Hippeis zeige, von denen Ephoros berichtet, es gebe sie in jeder kretischen Polis.[81]

Nun ist eine solche Institution allein durch den Ephoros-Text aus dem 4. Jh. nachgewiesen, nicht aber etwa durch früheres Inschriftenmaterial, und schon gar nicht aus dem 7. Jh. Dies heißt nicht, dass es eine institutionalisierte Gruppe dieser Hippeis zu dieser Zeit noch nicht gegeben habe, oder dass es im 7. Jh. noch keine Initiationsbräuche gegeben habe. Und doch sollten wir Vorsicht walten lassen, wenn wir in einem baulichen Befund des 8. Jh. eine unmittelbare Reflexion einer literarischen Quelle aus dem 4. sehen wollen. Oftmals steht die Deutung dieser früheisenzeitlichen und archaischen Gebäude, ihrer Ausstattung und Praktiken unter dem Eindruck literarischer Quellen erheblich späteren Datums, ohne dass erstens deutlich formuliert wird, dass die frühen Befunde natürlich die zeitgenössische soziale Organisation kretischer Poleis widerspiegeln, und zweitens sich diese Organisation vom 8. bis zum 4. Jh. natürlich wesentlich veränderte. Was diese Deutungen also überhaupt nicht in Betracht ziehen, ist, dass diese Bauten womöglich andere Arten der Kommensalität beherbergten als die in den Berichten des Ephoros, Dosiadas und Pyrgion beschriebenen. Zunächst sollten wir in diesen Reitern also lediglich die Darstellung von Männern sehen, zu deren idealem Selbstverständnis es gehörte, Eigentümer von Pferden zu sein und die womöglich tatsächlich wohlhabend genug waren, ein Reittier zu unterhalten und gemeinschaftlich ein solches Gebäude errichten zu lassen.[82] Der Befund des Herdhauses legt nahe, dass sich solche Männer hier zu Gemeinschaftsmahlzeiten und damit einhergehenden Kulthandlungen trafen.

---

80 s. etwa Pernier 1914 und 1934; Beyer 1976; D'Acunto 1995 und 1997; Watrous 1998, 75–9 – hiernach auch die Rekonstruktion – und Marinatos 2000 für Diskussionen der umstrittenen Rekonstruktion der Anbringung dieser Friese.

81 Watrous 1998, 78–9; D'Acunto 1997 zu Ephor. ap. Strab. 10.4.18. – Zu den Artefakten s. den Abschnitt zur Ephebenentführung im Kapitel *Paideia*.

82 Eine Zusammenstellung der Zeugnisse, welche führende Schichten in verschiedenen Poleis nachweisen, deren Bezeichnung auf einem semantischen Kern beruhte, welcher Pferdebesitz implizierte, bieten Busolt/Swoboda 1920–26, 1, 211. – Chaniotis 2004, 57 und 1996, 98 mit Anm. 41 betont, dass zahlreiche Personennamen Kretas Komposita mit dem Element *hippos* seien (Aristippos, Glaukippos, Hippokleidas, Kratippos usw.), obschon die Reiterei in der kretischen Kriegsführung keine Rolle spielte.

Fallstudie 2: Dreros

Ein ähnliches Problem bietet sich uns in Dreros. Auch dort errichtete man um 750 im Zentrum der Polis einen monumentalen Komplex, bestehend aus einer Agora und einem Herdhaus, die miteinander durch Stufen verbunden waren.[83] Erst mindestens einhundert Jahre später wurden in einige Blöcke der monumentalen Ostwand des Hauses die uns bekannten acht drerischen Inschriften eingemeißelt. Für einen Bau, der bereits in der Frühphase der Polisbildung von Dreros errichtet wurde, ist die Konstruktion ganz bemerkenswert. Denn das Gebäude bestand eben nicht aus Lehmziegelwänden mit Holzbohlen, die auf einem bloßen Steinsockel gestanden hätten, sondern war aus großen Quadersteinen errichtet. Dies bezeugt einen wesentlichen Aufwand der Gemeinschaft von Dreros. Gemeinhin wird der Bau als Tempel bezeichnet. Doch diese Bezeichnung und die damit einhergehende Konzeptualisierung sollten uns nicht anzunehmen lassen, dieses Gebäude sei von vornherein und einzig als ein Tempel errichtet und ausschließlich als solcher genutzt worden.

Die Grabungen in Dreros brachten nur wenige Funde zutage, die über die eindeutige oder gar exklusive Nutzung des Gebäudes Zeugnis ablegen könnten. Der Bau selbst ist etwa 11 × 7 Meter groß und besitzt eine zentrale Herdstelle, die von zwei Säulen gefasst war, welche das Dach trugen. In der Südwestecke der Südwand befanden sich eine Sandsteinbank und daneben eine Konstruktion aus aufrecht stehenden Steinplatten, die eine Art Truhe formten. Hierin fand man neben Schutt und Gefäßfragmenten zahlreiche Ziegenhörner. Davor stand ein niedriger Steintisch. Unter den Gefäßen befanden sich Tassen, Schalen und ein Kalathos aus Ton mit Frauenprotome. Daneben wurden einige Terrakotten gefunden, die Fragmente eines Kesselständers aus Ton und einige Lampen, kleine Bronzeschilde, ein Bronzeblech und ein kleinformatiges Gorgoneion, ebenfalls aus Bronze; dazu zwei Bronzeringe, die zu einer Mitra passen würden, außerdem eine steinerne Handmühle und Fragmente eines weiteren Tisches aus Stein. Im Bereich unmittelbar vor dem Eingang des Tempels wurden zudem die Fragmente diverser Pithoi entdeckt.[84]

Die Identifizierung dieses Gebäudes als Tempel beruht im Wesentlichen auf der Deutung des Ensembles aus Steinplatten als Altar und auf der Annahme, drei Sphyrelata, die in den Zeitraum zwischen 750 und 700 datiert werden, seien die Kultbilder der apollinischen Trias gewesen; nicht zuletzt, weil diese vermeintlich auf dem sogenannten Altar gefunden worden seien. Doch keine dieser Annahmen hält einer kritischen Prüfung stand.[85] Vielmehr ist angesichts der wohl geringen Größe von Dreros in

---

83 Dieser Zeitraum wird durch die Datierung der dort ergrabenen Funde nahegelegt. Hierzu s. etwa Marinatos 1935 und 1936a; Beyer 1976; Sporn 2002, 82–3 und Prent 2005, besonders 284–9, mit weiterer Literatur und Plänen. Zum architektonischen Kontext südlich dieses Gebäudes s. Lang 1996, 188–9. – Zu Dreros s. nun Zographaki/Farnoux 2010.

84 Hierzu s. maßgeblich Marinatos 1935 und 1936; Prent 2005, 284–9 und 460–1.

85 Lediglich in vermeintlicher Analogie zu dem in literarischen Zeugnissen geschilderten Apollon-Altar von Delos, der aus Ziegenhörnern errichtet gewesen sein soll, deutete der Ausgräber auch die

geometrischer Zeit anzunehmen, dass dieser Bau bei seiner Errichtung im 8. Jh. und in das 7. Jh. hinein mehrere Funktionen erfüllte; und dass seine Funktion als Kultraum vielleicht nicht einmal die ursprüngliche oder wesentliche war. Die bloße Form des Gebäudes zeigt, dass es sich um ein Herdhaus handelt, welches sich nur wenig von der zeitgenössischen Hausarchitektur auf Kreta unterschied.[86]

Die Frage, wer sich zu welchen Anlässen in diesem Herdhaus versammelte, ist auf der Grundlage dieses Befundes nicht zu beantworten. Wir sollten aber bedenken, dass dieses Gebäude wohl nicht der Hauptkultplatz des drerischen Demos war. Denn der Herdaltar liegt im Inneren des Baus, und dieser bietet nur wenigen Personen Raum. Das Gebäude war also aufgrund seiner Lage weder ein rein ‚privat' genutztes, noch aufgrund seiner geringen Größe ein tatsächlich ‚öffentliches'. Vielmehr wurde es wohl gemeinschaftlich genutzt; stand also einer – womöglich recht klar umrissenen – Gruppe zur Verfügung, und zwar zu deren Versammlung, Kult und Mahl.[87] Und

---

steinerne Truhenkonstruktion als einen solchen Keraton-Altar; Marinatos 1936a, 224–5 und 241–3. – Bumke 2004, 52–3 weist zudem darauf hin, dass ein zentraler Herdaltar bereits vorhanden war, die Deutung der Steinplatteneinfassung als Altar also keineswegs zwingend ist. Darüber hinaus wurden die drei Statuetten keineswegs *in situ* bei oder gar auf diesem Gebilde gefunden, wie immer wieder – entgegen den Grabungsberichten von Marinatos 1935, 478–80 und 1936a, 215–6 – kolportiert wird. Es mag sich bei ihnen schlichtweg um Votivfiguren handeln; zumal Alroth 1989, 18–9 mit Abb. 2 eine Bronzestatuette vorstellt, die im Bereich der drerischen Agora gefunden wurde. Diese könnte zeitgleich mit jenen entstanden sein und stimmt in ihrer Körperhaltung, besonders in der Stellung des rechten Arms, mit dem männlichen Sphyrelaton überein. Bumke 2004, 50–1 bringt eine Reihe von Argumenten gegen die Identifikation als Kultbilder vor. Doch selbst wenn es sich bei den Statuetten um bloße Votive handelte, deuten die Außergewöhnlichkeit der Bilder in ihrer Zeit und ihr hoher Wert auf eine besondere Prominenz des Gottes im Kontext dieses Gebäudes hin.

86 Dieser Bautyp entwickelte sich während der Dark Ages aus den Häusern von Anführern, in denen gemeinschaftliche Rituale kleiner Gruppen stattfanden, etwa gemeinsame Mahlzeiten, mit denen auch ein Kult verbunden war; zu diesem Typus von Eliten s. zusammenfassend Ulf 2007 und Rose 2012, 56–92. – Zu den Problemen, frühe Kultgebäude anhand ihrer Bauweise zu identifizieren, und zur Evolution des Bautyps ‚Tempel' s. ausführlich Mazarakis Ainian 1988 und 1997; Prent 2005, 441–76 sowie konzis Whitley 2001, 156–64.

87 Die Hetairien werden sich hier allerdings nicht versammelt haben. Eine der oben vorgestellten Inschriften bezeugt, dass es in Dreros mehrere Hetairien gab. Der Charakter dieser Speisegenossenschaften und die geringe Größe des Gebäudes machen es aber unwahrscheinlich, dass alle Hetairien sich gleichzeitig in diesem Bau trafen. Auch die Vermutung, das Gebäude habe nur einer der Hetairien gedient, ist angesichts des agonalen Charakters dieser Gemeinschaften untereinander unwahrscheinlich. In diesem monumentalen Gebäude im Zentrum der Polis zu residieren, hätte diese eine Hetairie deutlich über die anderen hinausgehoben. Allerdings befand sich ein Herdhaus mit ähnlichem Aufbau und ähnlichen Funden, doch erheblich größerer Grundfläche, auf dem Westhügel von Dreros. – Ein Bau, der sich mit großer Wahrscheinlichkeit als ein Andreion identifizieren lässt, nämlich ein Gebäude in der Polis Azoria, brachte nicht allein ganz andere Mengen an Speiseresten hervor, sondern war auch mit Serviceräumen verbunden, etwa einer Küche, die im Falle des drerischen Baus fehlen. Hierzu siehe Haggis et al. 2005, 379–382, besonders die Diskussion 381, und 387–90 sowie 2007, 253–65.

doch wurden die gesetzlichen Regelungen der Polis in die Ostwand dieses Gebäudes geschlagen. Im Sinne unserer Überlegungen zur Polisbildung sollten wir annehmen, dass sich hier die Aristoi des neuen Gemeinwesens trafen, zu Gemeinschaftsmahlzeiten und um miteinander Rat zu halten.[88]

Jedenfalls sollten wir auch dieses Steingebäude nicht auf eine vorrangige oder gar exklusive Aufgabe festlegen. Denn eine davon implizierte Scheidung der Bereiche Religion und Politik kannte das früharchaische Dreros nicht. Die Polis hatte im 8. Jh. inmitten ihres urbanen Zentrums einen monumentalen Komplex aus Stein errichtet, bestehend aus der Agora, einem Stufensystem und einem Herdhaus. Für das kleine Dreros war dies ein wesentlicher gemeinschaftlicher Aufwand gewesen. Und hier, im baulichen und politischen Zentrum des Gemeinwesens, wurde jener Gott verehrt, der in Dreros und anderen kretischen Poleis wie kein anderer mit dem Konzept des geregelten und harmonischen Miteinanders, eben des Kosmos, verbunden wurde, nämlich Apollon. Dass der Gott über Entscheidungen der Polis wachte, sehen wir in den Gottesinvokationen der Gesetze reflektiert. Es war also nur konsequent, die Gesetze als Manifestationen des Politischen in die Wände jenes Gebäudes einzumeißeln, in welchem er kultische Verehrung genoss und das darüber hinaus das erste monumentale Symbol der politischen Gemeinschaft von Dreros und ihrer gemeinsamen Anstrengung war.[89]

Nun befand sich außer diesem Herdhaus oberhalb der Agora noch ein weiteres monumentales Gebäude im Stadtgebiet von Dreros, das offenbar ähnliche Funktionen erfüllte. Dieser in zwei Räume geteilte Bau war im 7. Jh. auf dem Westhügel der Polis errichtet worden und war mit einer Fläche von 10,7 × 24 Metern um einiges größer als das Herdhaus im Zentrum. Die Dicke seiner megalithischen Mauern mag sogar nahe legen, dass das Gebäude zweistöckig war.[90] Hier barg man neben Tonfigurinen von Frauengestalten und Stieren auch zahlreiche Fragmente von bronzenen Waffen, Mitren, Schilde, Panzer, Beinschienen und einen Helm. In der Nähe dieses Gebäudes fand man den aus hellenistischer Zeit stammenden Eid der drerischen Epheben.[91] Aufgrund dieser Funde wird dieses Gebäude auch als ‚das Andreion' von

---

88 Der Bautyp legt nahe, dass dieser Raum mit seinem Herd einer exklusiven Gemeinschaft von sitzend Speisenden vorbehalten war; grundsätzlich unterschieden von den suburbanen Gebäuden mit Kultbetrieb, die aufgrund ihrer Lage und ihrer exponierten Altäre mehr Nutzer anziehen konnten; so schon Drerup 1969, 125–7. – Die in unserem Gebäude entlang der Nordostwand laufenden Reste einer Steinbank, die wir auch in anderen, vergleichbaren Bauten Kretas finden, sind nicht unbedingt als Sitzgelegenheiten zu deuten. Diese Bänke sind nicht besonders tief und dienten vielleicht eher als Abstellflächen, während die Nutzer des Gebäudes sich womöglich auf hölzernen Stühlen oder Bänken niederließen.

89 Hierzu s. die Kapitel *Institutionalisierung und Bürgerstaatlichkeit* und *Polis*.

90 Zum Befund s. Xanthoudides 1918; Kirsten 1940; Prent 2005, 263–4.

91 Sporn 2002, 81–2; Prent 2005, 283–4. – Solche Waffenfunde erklären Viviers 1994 und Rabinowitz 2004, 160–1 mit Blick auf den Befund des Herdhauses von Afrati sowie die Schilderung des mit

Dreros bezeichnet und ‚dem Apollontempel' von Dreros gegenübergestellt. Überdies befinden sich in Dreros noch zwei weitere Komplexe, die ebenfalls für Versammlungen, Kult und Gemeinschaftsmahlzeiten gedient haben können. Dies ist zum einen ein Gebäude südwestlich der Agora, zum anderen ein sich südlich an das Herdhaus oberhalb der Agora anschließender Baukomplex, der wie die anderen Gebäude von Dreros auf jeden Fall bis in die hellenische Zeit genutzt wurde.[92] Dieser Befund deutet abermals darauf hin, dass – wie in Prinias – die im 8. Jh. noch auf allein wenige Mitglieder der Gemeinschaft beschränkte Praxis der Kommensalität in einem gemeinschaftlich genutzten Gebäude vor den Augen der Öffentlichkeit im Verlauf des 7. Jh. auf einen weiteren Kreis von Bürgern ausgedehnt wurde. In der Errichtung zusätzlicher monumentaler Bauten, die allesamt für Kommensalität genutzt wurden, beobachten wir also womöglich den Übergang hin zu den Andreia der fortgeschrittenen archaischen und der klassischen Zeit.

Fallstudie 3: Azoria

In der kleinen Polis Azoria im östlichen Teil Kretas lässt sich die Umgestaltung des gemeinschaftlich und öffentlich genutzten Raumes am Ende des 7. Jh. hervorragend nachvollziehen.[93] An den Westhängen der südlichen Akropolis von Azoria wurden zwei große Baukomplexe ergraben, welche die Ausgräber als *Monumental Civic Building* und *Putative Andreion* bezeichnen. Letzteres besteht aus mindestens zehn Räumen, die – so legen die Funde es nahe – für die Lagerung, die Zubereitung und den Verzehr von Speisen genutzt wurden. Das erstere besteht aus einem großen zentralen Raum mit abgestuften Sitzmöglichkeiten und steht in baulichem Zusammenhang mit einem kleineren Kultraum und einem Servicebereich. Beide Gebäudekomplexe entstanden am Ende des 7. Jh. in einer Phase, in der Azoria eine Nukleation seiner Bevölkerung sah; als nämlich die Bevölkerung der umliegenden früheisenzeitlichen Siedlungen zu einer größeren politischen Gemeinschaft zusammenwuchsen und die verschiedenen Bedürfnisse dieser neuen Gemeinschaft im Aufbau und Ausbau des urbanen Zentrums von Azoria Ausdruck fanden. Nun entstanden neue Typen von – öffentlich oder gemeinschaftlich genutzten – Gebäuden, und die in der Landschaft um den urbanen Kern Azorias herum gelegenen kleineren Heiligtümer und Nekropolen wurden offenbar aufgegeben.[94]

Waffen behangenen Speisehauses der Hetairie bei Alkaios frg. 140 Campbell völlig überzeugend als typische Hinweise auf Räume von Gemeinschaftsmahlzeiten.

92 Demargne/van Effenterre 1937, 15–7; Lang 1996; Sporn 2002, 79.

93 Hierzu s. vor allem die Dokumentation von Haggis et al. 2004, 2007, 2007a und 2011; Haggis/Mook 2011, jeweils mit Plänen, und Haggis 2014.

94 Hierzu s. Haggis 1996, 2005. – Diese Prozesse beobachten wir nicht allein in anderen Poleis Kretas, sondern an zahlreichen Stätten des Mittelmeerraumes; s. etwa Kotsonas 2002 sowie Lang 1996 und 2007.

Bemerkenswert ist der Befund, dass man die neuen Gebäude über bereits existierenden Bauten der Frühen Eisenzeit und der Orientalisierenden Zeit errichtete und damit vorhandene Strukturen zerstörte. So wurde etwa das *Monumental Civic Building* über einem großen Herdhauskomplex errichtet, dessen erste Bauphasen in die spätgeometrische Zeit datieren und das im frühen 7. Jh. ergänzt worden war; unter anderem war ein Hof angebaut worden. In diesem Komplex fand man etwa 7000 Scherben von Gefäßen, davon 85 % Tafelgeschirr, wiederum die Hälfte davon Trinkgeschirr wie Becher, Kotylai und Skyphoi, ein weiteres Fünftel Schöpfgefäße wie Hydriae und Oinochoai. Der häufigste Gefäßtyp der Alltagskeramik ist der Kochtopf. Daneben wurden in einer Schicht von mit Asche durchsetzter Erde große Mengen von verbrannten und nicht verbrannten Tierknochen gefunden. Dieser Befund deutet darauf hin, dass hier über lange Zeit hinweg gemeinschaftliche Mahlzeiten abgehalten wurden.

Gegen Ende des 7. Jh. aber verfüllte man diesen Gebäudekomplex und führte eine Straße darüber, die den Hauptzugangsweg zu dem *Monumental Civic Building* bildete. Dieser Straße fiel auch ein früheisenzeitliches Tholosgrab zum Opfer, das wahrscheinlich seit der Phase Spätminoisch IIIc bis zur protogeometrischen Zeit Bestattungen aufgenommen hatte.[95] Anzeichen für ähnliche Zerstörungen und Überbauungen vergleichbarer Gebäude ab etwa 630 sind an zahlreichen Stellen der Polis zu beobachten. Die von früheisenzeitlichen Strukturen vorgegebene Siedlungstopographie Azorias erfuhr in dieser Zeit also eine bedeutende Veränderung. Bauten, die – wie der Herdtempel und das Tholosgrab – elitäre Praktiken reflektierten, wurden zerstört und mit Strukturen überbaut, die nun weiteren Teilen der Bevölkerung offen standen. Dieser Umbau des urbanen Zentrums der Polis war Ausdruck der Veränderung der soziopolitischen Organisation der dort lebenden Gesellschaft, welche offenbar die Verdeckung oder den Abbruch bestimmter Strukturen der Frühen Eisenzeit nötig machte, die sich mit dieser Organisation nicht vereinbaren ließen.[96]

Die Befunde der im ausgehenden 7. Jh. errichteten geräumigen Bauten lassen erkennen, dass diese Gebäude für Gemeinschaftsmahlzeiten und Opfer genutzt wurden, dass dort aber auch Güter benutzt und zur Schau gestellt wurden, die einen größeren Prestigewert besaßen. So besaß der ,Andreion-Komplex' etwa einen 30 qm großen Raum, in dem Spuren von Opferhandlungen und Reste von Mahlzeiten, Gegenstände aus Bronze, unter anderem Waffen, und beachtliche Mengen Keramik gefunden wurden, unter der Trinkgefäße und Vorratsgefäße dominieren. Es fanden

---

95 Haggis et al. 2007; s. auch Eaby 2009.

96 Für weitere Beispiele eines Umgangs mit baulichen Strukturen oder Gegenständen der Frühen Eisenzeit während des ausgehenden 7. Jh. s. Haggis/Mook 2010. Bemerkenswerterweise wurden minoische Strukturen, wie etwa ein Schrein nördlich des *Monumental Civic Building*, nicht derart aus dem Stadtbild getilgt, und im Kult fanden auch weiterhin ausgewählte Gegenstände der Frühen Eisenzeit Gebrauch. – Für eine Konzeptualisierung solcher Umbauphasen im Zuge der Polisformation s. Yoffee 1997; Wallace 2003, 259–60 und 275; sowie Haggis 2014 für Kreta.

sich dort auch Ständer für Kratere. Dies war ein Gebäude, in dem aller Wahrscheinlichkeit nach in größerer Gruppe gespeist und getrunken wurde und das nicht in ‚privatem‘, sondern in ‚gemeinschaftlichem‘ Gebrauch stand und dementsprechend in
der Polis platziert und zugänglich war. Bemerkenswert ist nun aber vor allem, dass es
mehrere dieser Gebäude in Azoria gab. Deren Nebeneinander und ähnliche Nutzung
lassen auf parallel zueinander existierende Formen der soziopolitischen Organisation schließen. So wie in verschiedenen Siedlungen Kretas während des 8. und 7. Jh.
mehrere kleine Herdtempel zu finden waren, die offenbar nur kleineren Gruppen
zum gemeinsamen Mahl dienten, sehen wir nun am Ende des 7. Jh. in Azoria mehrere
Bauten entstehen, in denen ebenfalls kommensale Aktivitäten stattfanden, die nun
aber größeren Gruppen der Bevölkerung zugute kamen; so legen es die schiere Größe
der Gebäude und deren innere Organisation, ihre Platzierung im Kontext der Siedlung und die Art des Zugangs zu ihnen nahe. Azoria bietet also ein Beispiel dafür,
dass mehr als nur ein Raum für größere Gruppen von gemeinsam speisenden und
trinkenden Männern zur Verfügung stand.[97] Zu fragen bleibt dennoch, ob wir diese
verschiedenen Bauten dann auch mit dem Begriff ‚Andreion‘ bezeichnen sollten.
In jedem Falle aber gilt es festzuhalten, dass der eben vorgestellte bauliche Befund
keinesfalls als ein Zeugnis dafür herangezogen werden darf, dass die alten Eliten,
die sich zu Gemeinschaftsmahlzeiten etwa in dem eingeebneten Herdhaus getroffen
hatten, ihre Bedeutung verloren hätten und in der Polis nicht länger präsent gewesen
wären; dass sich womöglich eine ‚bürgerliche Mentalität‘ oder eine ‚*middling ideology*‘ in den Gesellschaften kretischer Poleis durchgesetzt hätten.[98]

In verschiedenen Poleis Kretas lassen sich also jeweils verschiedene Häuser und
Gebäudekomplexe nebeneinander nachweisen, in denen Gemeinschaftsmahlzeiten
durchgeführt wurden. In den meisten Fällen wurden Herdhäuser, die schon im 8. Jh.
errichtet worden waren, auch über die gesellschaftlichen Veränderungen der zweiten
Hälfte des 7. Jh. hinaus weiterbenutzt, und ihnen wurden weitere Gebäude der gleichen Art an die Seite gestellt, so etwa in Dreros und in Prinias. Dabei mag eines dieser
Gebäude gegenüber den anderen eine privilegierte Stellung gehabt haben, so etwa im
Falle des Herdhauses im Zentrum von Dreros, in dessen Ostmauer wichtige Gesetze
der Stadt gemeißelt wurden. Anderseits ist mit dem drerischen Ephebeneid auch
für das Gebäude auf dem Westhügel, aus dessen Kontext diese Inschrift stammt, ein
wichtiges öffentliches Dokument nachgewiesen. In anderen Fällen wurden Gebäude,
die in der frühen Eisenzeit kleineren Gruppen zu deren Gemeinschaftsmahlzeiten

---

97 Zum Konzept von nicht hierarchischen, sondern heterarchischen Strukturen in der griechischen
Polis, wofür verschiedene, womöglich gleichberechtigte Speisehäuser ein Beispiel wären, s. Small
1995, 1997 und 2010 sowie das Kapitel *Institutionalisierung und Bürgerstaatlichkeit.*
98 Zur Kritik an dem von Ian Morris, etwa 1996a, 1997 und 2000, begründeten Erklärungsmuster
eines Gegeneinander der ‚*middling*‘ und der ‚*elitist ideology*‘ in der frühen griechischen Polis s. etwa
Kistler 2004; Anderson 2005 und konzis Hall 2007, 178–80.

gedient hatten, eingeebnet und von geräumigeren Gebäuden ersetzt, die größeren Gesellschaften Raum boten.

Donald Haggis weist darauf hin, dass Form und Funktion der kretischen Andreia in der archäologischen Forschung nur unzureichend untersucht sind.[99] Ganz wesentlich sei dies der Seltenheit von gut ergrabenen und gut publizierten, klar stratifizierten und datierten Fundplätzen aus der orientalisierenden und archaischen Zeit der Insel geschuldet. Überdies erschwerten die einander überlappenden Funktionen von Kommensalität und Kult eine Identifizierung dieser Bauten. Er weist darauf hin, dass – anders als bislang angenommen – wohl mit keiner klaren Typologie des Andreion zu rechnen ist. Allerdings dürften wir bestimmte funktionale Ähnlichkeiten erwarten, so etwa den Befund von Tierknochen, von verschiedenen Arten von Tafelware, besonders Bechern und Krügen, Krateren und deren Untersätzen, gegebenenfalls von Feuerböcken sowie Bratspießen und so fort. Doch wir sollten die Schauplätze der Andreia nicht nur in einzeln stehenden, in der Bebauung besonders herausgehobenen Gebäuden suchen, wie in den Herdhäusern von Prinias und Dreros oder den monumentalen Bauten von Azoria.

Vielmehr zeigen Analysen der räumlichen Organisation kretischer Poleis, dass zahlreiche Gebäude und Gebäudekomplexe, die wir inmitten von oder als Wohnbebauung identifizieren, gemeinschaftlich genutzt wurden, für Kommensalität, doch auch andere Verrichtungen. In der Forschung wurde lange Zeit allein zwischen ‚privaten‘ und ‚öffentlichen‘ Räumen unterschieden, und diese Dichotomie ließ eine Kategorie der Nutzung von urbanen Räumen unbeachtet: eben die gemeinschaftliche. Während öffentliche Räume jedem Bewohner der Siedlung offen standen, galt dies im Falle gemeinschaftlicher Räume jeweils nur für ausgewählte Mitglieder der Gemeinschaft.[100] Das Andreion ist ein Paradebeispiel für solche gemeinschaftlich genutzten Räume. Generell gesprochen, sind wirklich als öffentlich zu identifizierende Räume im archaischen Kreta kaum nachgewiesen. Ein geeigneter Anfangspunkt für eine Analyse der räumlichen Organisation sind daher eher die privaten Räume, wenn auch nur wenige Wohnhäuser aus dieser Zeit gut ausgegraben und dokumentiert sind. Und

---

99 Haggis 2004, 387–8. Zum *elusive andreion* s. Erickson 2011, 313–20 und vgl. Kristensen 2014 mit der für unsere Zwecke unbefriedigenden Vorstellung, das Andreion sei „not a physical place, but simply a (mental) substructure of the organisation of the citizen population" gewesen.
100 Zu diesen Kategorien s. wesentlich Sjögren 2003, 61–4; 2007 und 2008. Zu der dahinter stehenden Methodologie s. Benn/Gaus 1983. Sjögren 2007, 149 weist darauf hin, dass etwa Hansen 1997, 12–7 allein zwischen öffentlichen und weniger öffentlichen Räumen der Polis trennt. Seine Deutung baut darauf auf, dass der gesamte Polisraum prinzipiell ein den Bürgern offener und damit öffentlicher Raum gewesen sei, der entweder im privaten Eigentum von Bürgern oder im öffentlichen Eigentum des Bürgerstaates gestanden habe. Öffentlicher Raum sei von Zeit zu Zeit durch den Eingriff bestimmter Gruppen der Gemeinschaft weniger öffentlich gemacht worden. Zu der Frage, wie eine derartige Nutzung aber konzeptualisiert und bezeichnet werden müsse, ob nun privat oder eben gemeinschaftlich, äußert sich Hansen aber nicht.

doch ergibt sich anhand der Befunde der Wohnarchitektur aus verschiedenen Poleis der Insel ein in sich stimmiges Bild.

So beobachten wir etwa in dem großen Wohnkomplex von Kavousi während des 8. und 7. Jh. mindestens 18 architektonisch voneinander getrennte Einheiten, die jeweils zwischen einem und sechs Räumen umfassten. In den meisten dieser Häuser befindet sich ein Raum mit einer Herdstelle oder einem Ofen. In einigen Einheiten sind Mahlsteine, in manchen Webutensilien nachgewiesen. Aufgrund dieser Befunde werden die Einheiten als Haushalte gedeutet. Dies wird bestätigt von dem jeweils beschränkten Zugang zu den Einheiten. Sie scheinen die ‚privatesten‘ Integrationskreise des gesellschaftlichen Lebens gewesen zu sein. Allerdings formt die spezifische Anordnung dieser Einheiten zu einem Gebäudeensemble verschiedene Räume, die offenbar eher gemeinschaftlich genutzt waren. So wurden in einem Raum von 39 qm zahlreiche Webgewichte nachgewiesen, in zwei anderen zusammenhängenden Räumen ein hohe Konzentration von Steinwerkzeugen. In einem Hofbereich von 42 qm, der aus dem 7. Jh. stammt, fand man schließlich große Mengen von Tierknochen mit Messerspuren. Der Befund dieser drei Zonen zeigt, dass handwerkliche Aktivität innerhalb der Wohnbebauung stattfand und auf der einen Seite von der Produktion der kleinsten Einheiten zu trennen ist, auf der anderen Seite aber auch von auf solche Tätigkeiten spezialisierten Betrieben, etwa einer Manufaktur mit Ladengeschäft.[101]

Ein anderes Beispiel bietet der Gebäudekomplex südwestlich des Palastes von Phaistos. Auch hier sind zahlreiche kleinere Einheiten nachgewiesen, und die Verteilung von Herdstellen und Keramik zeigt, dass diese Häuser für die Zubereitung, Aufbewahrung und den Verzehr von Speisen genutzt wurden. Inmitten dieser häuslichen Bebauung aber finden wir eine Reihe von Räumen, in denen spezialisierte Tätigkeiten stattfanden. So wurde etwa in einem Raum Olivenöl in größeren Mengen hergestellt, in einem anderen Tongefäße. Auch andere Zonen dienten der gemeinschaftlichen Nutzung, so etwa der Hof, in dem ganz unterschiedliche Aktivitäten stattfanden, ebenso ein Raum von 35 qm mit einem Pithos und einer Herdstelle, deren Größe die der Herdstellen in den einzelnen Wohneinheiten deutlich übertrifft. Ein anderer Raum von gleicher Größe enthielt ebenfalls einen zentralen Herd. In unmittelbarem baulichen Zusammenhang mit diesen beiden Räumen ist schließlich auch eine Küche nachgewiesen, die sich keiner der Wohneinheiten zuordnen lässt.[102] Dieser Befund deutet darauf hin, dass es allein schon in diesem einen Komplex von Wohnbebauung in Phaistos verschiedene Räume gab, die jeweils einer größeren Menge von Männern Platz für Mahlzeiten boten und die zentral von einer Küche versorgt wurden. Neben den Speiseräumen nutzte die Nachbarschaft aber auch andere Räume gemeinschaftlich, nämlich für die Produktion von Gütern wie Öl und Wolle in größeren Mengen, die in kleinerem Umfang auch in den einzelnen Haushalten produziert wurden. Das

---

101 s. Sjögren 2007, 151 mit weiterer Literatur.
102 s. Sjögren 2007, 152 mit weiterer Literatur.

Speisen war also nur eine Facette gemeinschaftlicher Aktivitäten in dieser Nachbarschaft.

Dieses Bild, dass die unmittelbare Nachbarschaft im urbanen Zentrum kretischer Poleis Bedeutung für die soziale Integration ihrer Bewohner hatte, sehen wir auch darin bestätigt, dass die Wohnbebauung planvoll errichtet wurde. In Kavousi etwa beobachten wir bereits ab dem 8. Jh. eine Entwicklung, die sich in den weiteren Jahrhunderten auf der gesamten Insel durchsetzen sollte, nämlich eine gewisse Normierung von Bebauung.[103] Dies wird etwa darin deutlich, dass man den Häusern einen vergleichsweise einheitlichen Grundriss gab und sie in gleicher Bauweise nebeneinander aufgereiht platzierte. Die jeweilige Position der einzelnen Einheiten innerhalb des Gebäudekomplexes zeigt zwar ihren beschränkten Zugang. Doch ihr Ensemble miteinander eröffnet eben auch offene Plätze. Wenn diese Komplexe geplant wurden, bevor man sie baute, würde dies darauf hindeuten, dass auch der gemeinschaftliche Nutzen von Plätzen und bestimmten spezialisierten Einheiten innerhalb des Komplexes von vorneherein angelegt war. Und diese derart organisierten Gebäudekomplexe stellen die wesentliche Form dar, in der im archaischen Kreta Wohnbebauung organisiert war: von gemeinschaftlich genutzten Einheiten und Bereichen durchdrungen.[104] Angesichts dieser Relevanz von gemeinschaftlichen Räumen, die wohl bewusst geplant wurden, ist das Fehlen von entsprechend geplanten öffentlichen Räumen auffällig. Die meisten Beispiele für solche freien und frei zugänglichen Flächen in der kretischen Archaik sind eher klein und unregelmäßig geformt. Dies legt nahe, dass die öffentlichen Räume weniger planmäßig ausgelegt wurden, sondern sich aus jenen Freiflächen zwischen den zusammenhängenden Gebäudekomplexen ringsum entwickelten, so zu beobachten etwa in Prinias und Phaistos. Das einzige Gegenbeispiel einer offenbar bewusst angelegten Agora ist Dreros. Diese bereits im 8. Jh. entstandene Anlage übertrifft mit ihren 800 qm jede andere freie Fläche in den Poleis Kretas ganz erheblich.[105]

Während des 8. Jh. gab es also in verschiedenen Poleis Kretas jeweils nur ein einziges monumentales Herdhaus, das aus dem baulichen Befund der Polis deutlich heraus stand. Erst während des 7. Jh. wurden dann noch weitere Herdhäuser in diesen Siedlungen gebaut. Diese konsekutiven Baumaßnahmen sollten wir vor dem Hintergrund unseres Modells zur Entwicklung kommensaler Feste am Ehesten als Zeugnis dafür sehen, dass im 7. Jh. solche eigentlich exklusiven Praktiken auf einen erweiterten Kreis von Teilnehmern ausgedehnt wurden. Und dies machte den Bau von mehr

---

103 Sjögren 2007, 153; vgl. auch die Befunde von Prinias, Onythe, Smari und Kolonna. – Zu kretischen Häuserformen s. Westgate 2007; Erickson 2011; Ferrucci 2011; Guizzi 2011; Haggis 2011a; Haggis/Mook 2011a; Vogeikoff-Brogan 2011; zur Methode s. Nevett 2007 und 2010.
104 Sjögren 2007, 154.
105 Prent 2005a; Sjögren 2007, 154–5.

Speisesälen beziehungsweise Clubhäusern notwendig. Hierbei blieb man dem Typus des Herdhauses durchaus treu, denn dies war eben die etablierte Bauform für solche gemeinschaftlichen Mahlzeiten. Da die Andreia in erster Linie eine institutionalisierte Weiterentwicklung der beschriebenen elitären Trink- und Mahlgemeinschaften waren und wie diese dem Typus eines *diacritical feast* entsprachen, wurden sie eben auch nicht als Bruch mit diesen verstanden. Daher bestand auch keine Notwendigkeit, zur Abhaltung der Andreia ein anderes Gebäude zu wählen. So beobachten wir es zum Beispiel in Dreros und Prinias; anders war es in Azoria, wo das kleinere Herdhaus dem größeren ‚*Monumental Civic Building*' weichen musste. In diesem Falle und in dem des ‚Andreion' von Azoria schuf man ganz neue Typen von Architektur, um die Zusammenkünfte aller Bürger in ihren jeweiligen Hetairien zu beherbergen. Darüber hinaus freilich dürften derartige Feste auch in architektonischen Komplexen stattgefunden haben, die weder den in der Polis architektonisch herausgehobenen Typen des Herdhauses oder der Halle entsprachen. Vielmehr handelte es sich schlichtweg um große Räume mit zentraler Herdstelle, die inmitten von Wohnbebauung ihren Platz hatten.[106]

Hetairien und Andreia in literarischen und epigraphischen Quellen

Die Bezeichnungen ‚Hetairien', ‚Andreia' und ‚Agelai' sind inschriftlich bereits in den frühesten kretischen Gesetzesinschriften nachgewiesen, und zwar in verschiedenen Poleis. Bereits zu jener Zeit besaßen diese Integrationskreise der Politen also Gestalt und wurden von der Polis mit regelnden Bestimmungen in den Blick genommen. Dabei sind die Informationen, die wir aus diesen Quellen für Wesen und Aufbau dieser Institutionen gewinnen, beinahe durchweg mit jenen kompatibel, welche spätere Inschriften oder die literarischen Zeugnisse übermitteln. Wir beobachten im ausgehenden 7. Jh. nicht allein soziopolitische Strukturen, welche die Vorformen klassischer Institutionen bildeten und mit diesen allein die Bezeichnungen teilten, sich allerdings noch wesentlich entwickeln würden; vielmehr lässt der Befund unserer Quellen auch auf Gemeinsamkeiten der Funktion schließen. Überhaupt bietet die Gesamtheit des Befundes aus literarischen und inschriftlichen Quellen kaum Widersprüche, wie wir

---

106 Ein anderes Beispiel dafür, dass im 7. Jh. die gemeinschaftlichen Mahlzeiten einer Polis in verschiedenen Gebäuden abgehalten wurden, bietet ein Gebäudekomplex in Smari, in dem drei Einheiten unmittelbar parallel aneinander gebaut sind, die allesamt das gleiche architektonische Muster aufweisen. Auf einen kleinen Eingangsbereich folgt jeweils ein großer zentraler Raum von bis zu 50 qm, hinter dem jeweils ein kleinerer Raum liegt. Alle diese Räume besitzen eine zentrale Herdstelle, in zweien sind umlaufende Steinbänke nachgewiesen; s. Prent 2007, 142–3 mit Plan 15.1h zu diesem Komplex. Sowohl die Ausgräberin Chatzi-Vallianou 1980 als auch Mazarakis Ainian 1997, 220–1, 296 deuten diese Räume als *ruler's dwelling* – eine angesichts des Kontextes des 7. Jh. anachronistische Bezeichnung.

im weiteren Verlauf dieses Kapitels feststellen werden. Sämtliche Zeugnisse zu den Hetairien fügen sich zu einem in sich konsequenten Bild, das zudem mit den oben behandelten Typen von Kommensalität in Einklang steht.

Einer der frühesten inschriftlichen Belege für Andreia und deren Funktion stammt aus Gortyn und ist in die zweite Hälfte des 7. oder das frühe 6. Jh. zu datieren. Innerhalb einer Regelung mit verschiedenen Inhalten ist auch die Formulierung ἐν ἀνδρήιοι πί[νεν (?) – – – zu finden.[107] Sollte jene Ergänzung zutreffen, unterschiede sich diese Regelung von Gesetzen aus etwas späterer Zeit, die wir im Folgenden besprechen wollen, darin, dass hier die Rede vom ‚Trinken im Andreion‘ ist, während die späteren Zeugnisse die ‚Speisung‘ oder ‚Verpflegung‘ sowie den ‚Unterhalt‘ im Andreion verzeichnen. In diese eine, kaum kontextualisierbare Information sollten wir nicht allzu viel hineindeuten. Womöglich aber reflektiert dieses frühe Zeugnis mit seiner Betonung des Trinkens jene Facette des Andreions, welche im 7. Jh. vor allen anderen relevant war, die aber mit der fortschreitenden Entwicklung dieser Institution gegenüber der gemeinschaftlichen Speisung mit mäßigem Alkoholkonsum in den Hintergrund trat.

Die literarischen Zeugnisse zur Finanzierung der Andreia

Die inschriftlichen Quellen lassen uns zwei Wege rekonstruieren, auf denen ein Individuum Mitglied einer Hetairie werden konnte. Zum einen geschah dies durch die Aufnahme einer Gruppe von Epheben in ein Andreion; ein Ritual, das wir im folgenden Kapitel *Paideia* betrachten werden. Zum anderen konnte ein Individuum im Zuge seiner Adoption in das Andreion des Adoptierenden aufgenommen werden.[108] In jedem Fall war es die Pflicht der Bürger, Abgaben zu den Andreia beizusteuern. Diese Fähigkeit machte sie überhaupt erst zu Mitgliedern dieser Speisegenossenschaften und ließ sie sich von den Apetairoi und Unfreien unterscheiden. Allerdings ist das System der Versorgung der kretischen Andreia nur mit Mühe zu rekonstruieren. Uns stehen im Wesentlichen zwei literarische Zeugnisse des 4. Jh. zur Verfügung, die sich ausdrücklich diesem Thema widmen. So berichtet Aristoteles in der *Politik*:

> Das System der Syssitien ist bei den Kretern besser als bei den Spartanern. Denn in Sparta entrichtet jeder in eigener Person den vorgeschriebenen Beitrag, und wenn er dazu nicht in der Lage ist, schließt ihn ein Gesetz von der Teilnahme an der Politeia aus, wie schon früher bemerkt wurde. In Kreta werden dagegen die Aufwendungen eher von der Allgemeinheit bestritten. Denn vom öffentlichen Land, von allen seinen Felderträgen und dem (dort weidenden) Vieh, und von den Abgaben, welche die Periöken entrichten, ist ein Teil für die Götter und die gemeinsamen

---

107 IC 4.4 = Koerner 117 = Nomima 2.61. Diese Regelung behandelt außerdem offenbar Tauschgeschäfte sowie die Stellung des Eidhelfers und nennt Schweine und Schafe.
108 Hierzu s. IC 4.72.10.33–11.23, hier 11.10–7 = Koerner 180 = Nomima 2.40 und die Behandlung dieser Inschrift im Kapitel *Eleutheros*.

Aufgaben bestimmt; der andere für die Syssitien, sodass alle aus den gemeinsamen Mitteln ernährt werden, Frauen, Kinder und Männer. Der Gesetzgeber hat aber auch vieles ersonnen, um die Zurückhaltung beim Trinken sicherzustellen, weil er dies für nützlich hielt. (...) Es ist nun offensichtlich, dass jedenfalls das System der Syssitien bei den Kretern besser geregelt ist als bei den Spartanern.[109]

Und Dosiadas hält in seinem Bericht über Lyttos fest:

Von den erzielten Erträgen bringt jeder den zehnten Teil in die Hetairie ein sowie die Einkünfte der Polis, welche die Vorsteher der Polis den Häusern der einzelnen zuteilen. Von den Sklaven steuert jeder pro Kopf einen aiginetischen Stater bei. Alle Politen aber sind in die Hetairien eingeteilt, welche sie ,Andreia' nennen.[110]

Diese beiden Zeugnisse legen nahe, dass die Syssitien ihre Einkünfte aus drei verschiedenen Quellen bezogen. Zunächst waren dies die in ihrer Höhe festgelegten Beiträge der Unfreien und möglicherweise auch der Fremden[111]; dann flossen auch die Einnahmen der Polis, welche zuvor unter den Häusern der Bürger aufgeteilt worden waren, in die Andreia; und schließlich waren es die Beiträge der Bürger und damit der eigentlichen Mitglieder der Hetairien, die ein Zehntel ihres Einkommens zu entrichten hatten. Ein bedeutender Unterschied zwischen den spartanischen und den kretischen Gemeinschaftsmahlzeiten lag also darin, dass in Sparta jeder Bürger selbst seinen Beitrag direkt an sein Syssition zu entrichten hatte, in Kreta hingegen auch öffentliche Mittel für die Finanzierung der Syssitien verwandt wurden.

Die literarischen Berichte unterscheiden sich nicht zuletzt in ihren Aussagen, wer neben der Polis und den Bürgern zu den Andreia beigesteuert habe. Während Aristoteles berichtet, es habe sich um die „Abgaben der Periöken" gehandelt, führt Dosiadas aus, „jeder von den Douloi" habe einen Aiginetischen Stater entrichten

---

109 Arist. pol. 1272a 12–27; Übers. nach E. Schütrumpf: τὰ μὲν οὖν τῶν συσσιτίων ἔχει βέλτιον τοῖς Κρησὶν ἢ τοῖς Λάκωσιν. ἐν μὲν γὰρ Λακεδαίμονι κατὰ κεφαλὴν ἕκαστος εἰσφέρει τὸ τεταγμένον, εἰ δὲ μή, μετέχειν νόμος κωλύει τῆς πολιτείας, καθάπερ εἴρηται καὶ πρότερον, ἐν δὲ Κρήτῃ κοινοτέρως· ἀπὸ πάντων γὰρ τῶν γινομένων καρπῶν τε καὶ βοσκημάτων δημοσίων, καὶ ἐκ τῶν φόρων οὓς φέρουσιν οἱ περίοικοι, τέτακται μέρος τὸ μὲν πρὸς τοὺς θεοὺς καὶ τὰς κοινὰς λειτουργίας, τὸ δὲ τοῖς συσσιτίοις, ὥστ᾽ ἐκ κοινοῦ τρέφεσθαι πάντας, καὶ γυναῖκας καὶ παῖδας καὶ ἄνδρας· πρὸς δὲ τὴν ὀλιγοσιτίαν ὡς ὠφέλιμον πολλὰ πεφιλοσόφηκεν ὁ νομοθέτης. (...) ὅτι δὴ τὰ περὶ τὰ συσσίτια βέλτιον τέτακται τοῖς Κρησὶν ἢ τοῖς Λάκωσι, φανερόν.

110 Dosiadas ap. Athen. 4.143a; Übers. nach St. Link: ἕκαστος τῶν γινομένων καρπῶν ἀναφέρει τὴν δεκάτην εἰς τὴν ἑταιρίαν καὶ τὰς τῆς πόλεως προσόδους, ἃς διανέμουσιν οἱ προεστηκότες τῆς πόλεως εἰς τοὺς ἑκάστων οἴκους· τῶν δὲ δούλων ἕκαστος Αἰγιναῖον φέρει στατῆρα κατὰ κεφαλήν. διῄρηνται δ᾽ οἱ πολῖται πάντες καθ᾽ ἑταιρίας, καλοῦσι δὲ ταύτας ἀνδρεῖα. – Zur Frage, inwiefern man den Text des Dosiadas, der sich ja ausdrücklich auf das Syssitiensystem der Lyttier bezieht, als Evidenz für verschiedene Städte Zentralkretas benutzen kann, s. das Kapitel *Politeia*.

111 Hierzu s. den Abschnitt zur Zuerkennung des Rechts, an bestimmten zivischen Praktiken teilzuhaben, im Kapitel *Eleutheros*.

müssen. Nun berichtet Aristoteles an anderer Stelle, dass „die kretische Ordnung der spartanischen entspricht. Für die Spartaner nämlich bestellen die Heloten das Land, für die Kreter die Periöken", und zuvor hatte er bereits davon berichtet, dass sich die Heloten in Sparta immer wieder gegen ihre Herren erhoben hätten, während die kretischen Periöken stets Ruhe gehalten hätten.[112] Es ist also deutlich, dass der konstatierte Unterschied zwischen den literarischen Quellen hier allein in der von Aristoteles gewählten Bezeichnung für die Unfreien liegt; die jeweils geschilderten Szenarien aber sind miteinander kompatibel. Tatsächlich gebraucht Dosiadas sogar jenen Terminus, den etwa auch das *Große Gesetz* von Gortyn für jene Klasse von Unfreien benutzt, die das Land der Bürger bebauten, eben Douloi.[113] Der Hinweis auf den Aiginetischen Stater mag darauf hindeuten, dass der Beitrag der Unfreien im 4. Jh. in dieser Form entrichtet wurde. Dies spricht aber nicht gegen die Vermutung, dass die Unfreien bereits in archaischer Zeit zu den Syssitien beigetragen hatten, allerdings in Naturalien. Dieses Segment der Finanzierung der Andreia durch die Hörigen war ein eindrucksvoller Mechanismus, die Grenze zu ziehen zwischen jenen, welche diesen Beitrag empfingen und von ihm ihre Andreia unterhielten, und jenen, welche diesen Beitrag entrichteten, an den Andreia aber nicht teilhaben durften. Auf diese Weise wurden die soziale Ordnung und das ihr zugrunde liegende Prinzip der Ungleichheit vor aller Augen geführt. Hier wurde erneut die Identität der Bürger durch ihre Abgrenzung von den Nichtbürgern konturiert.

Über die von Dosiadas und Aristoteles erwähnten Einnahmen der Polis sagt Letzterer, sie setzten sich aus den Einnahmen des Staatslandes zusammen, aus den Felderträgen und dem dort weidenden Vieh. Und so waren es die Eigentümer der größten Herden und die Bebauer der größten Ländereien, die auch die meisten Abgaben an die Polis zu entrichten hatten. Dieses Segment der Finanzierung ist bemerkenswert. Immerhin wurden die hierbei einfließenden Mittel, anders als im Falle des Zehnten, der – wie wir gleich sehen werden – allein den eigenen Hetairoi des Entrichtenden zukam, von jedem Bürger in eine der Polis gemeinsame Kasse entrichtet. Von dort wurden sie unter allen Bürgern verteilt; und zwar nicht danach gestaffelt, wie viel sie selbst ursprünglich gegeben hatten. Vielmehr implizieren Dosiadas und Aristoteles, dass dafür zuständige Institutionen Sorge trugen, dass jeder Haushalt die genau glei-

---

112 Arist. pol. 1271b 40–1272a 1; 1269a 38–40. Hierzu s. Link 1994, 30–1.
113 Zu den verschiedenen Bezeichnungen der kretischen Unfreien sowie ihren differenzierten Status s. etwa Larsen 1936; Willetts 1955, 46–56; Lotze 1959, 4–7 und 1962; Wittenburg 1982; Koerner 1993, 467–70; Link 1994, 30–48 sowie 2001; Gagarin 2010; Lewis 2013; und vgl. V. Parker, *Gnomon* 70 (1998) 43–7 sowie van Wees 2003, 58–61. – s. auch Sosikrates FGrH 461 frg. 4 ap. Athen. 6.263f–264a: Σωσικράτης δ᾽ ἐν δευτέρωι Κρητικῶν: „τὴν μὲν κοινὴν" φησι „δουλείαν οἱ Κρῆτες καλοῦσι μνοίαν, τὴν δὲ ἰδίαν ἀφαμιώτας, τοὺς δὲ ὑπηκόους περιοίκους". τὰ παραπλήσια ἱστορεῖ καὶ Δωσιάδας ἐν δ᾽ Κρητικῶν. („Im zweiten Buch seiner *Kretika* sagt Sosikrates: »Die Kreter nennen die öffentliche Sklavenschaft *Mnoia*, private Sklaven *Aphamioten* und die Unterworfenen *Perioiken*.« Ähnliches sagt auch Dosiadas im vierten Buch seiner *Kretika*.").

chen Erträge aus dieser Kasse erhielt und mit diesen sein Andreion unterstützte. Dies gewährleistete die Grundversorgung aller Andreia.

Alle Politen, und zwar besonders die Reichen, unterstützten mit diesem Segment der Finanzierung der Gemeinschaftsmahlzeiten also nicht allein die eigenen Hetairoi, sondern sämtliche Bürger des Gemeinwesens. Hier wurde der Zusammenhalt der Polis deutlich, und doch wurden die Güter nicht direkt von der Polis an die Hetairien verteilt, sondern gingen den Umweg über die einzelnen Haushalte. Wichtig scheint, dass hiermit nicht die Polis selbst und unmittelbar als Unterhalterin der Andreia auftrat, auch wenn diese Mittel aus ihren Einkünften stammten und von ihr verteilt wurden. Stattdessen war allen Bürgern, eben auch den weniger reichen, die Möglichkeit gegeben, in der Rolle eines Beiträgers in ihrem jeweiligen Andreion aufzutreten. Auf diese Weise wurden die Ungleichheiten der Bürger, die aus ihrer unterschiedlichen wirtschaftlichen Leistungskraft resultierten, überbrückt und ein Element der Gleichheit innerhalb der Hetairoi geschaffen.[114]

Einen ähnlichen Sinn erfüllte auch das dritte Segment der Finanzierung der Andreia. Denn dieses bestand ja darin, dass jeder Bürger den Zehnten seiner Einkünfte an seine Hetairie zu entrichten hatte. Hierin unterschied sich das kretische System wesentlich vom spartanischen. Denn dort hatte jeder Bürger einen festgelegten Beitrag zu entrichten, der für alle gleich hoch war. Und wenn ein Spartiat seinen Beitrag zu den Syssitien nicht länger leisten konnte, verlor er seine Mitgliedschaft in dieser Mahlgenossenschaft und fiel damit aus dem Bürgerverband hinaus. Demgegenüber gaben die Bürger kretischer Poleis nicht einen solchen absoluten, sondern einen relativen Beitrag, der eben einem Zehntel ihrer Einkünfte entsprach – und zwar ungeachtet dessen, wie viel dies jeweils sein mochte. In Kreta mochte ein Mann seiner Hetairie also nur sehr wenig beisteuern, und doch geriet er nicht in Gefahr, wegen Armut seinen Status als Bürger und Krieger für die Polis zu verlieren.[115]

Tatsächlich hatte jeder Bürger etwas in der Hand, um sein Andreion zu unterhalten: zum einen seinen eigenen – womöglich auch schmalen – Zehnten, zum anderen aber die von der Polis auch an seinen Haushalt verteilten Güter. Allerdings scheinen das Eigentum oder der Besitz von Land die notwendige Voraussetzung gewesen sein, überhaupt das Gewünschte beisteuern zu können.[116] Auf jeden Fall wurden auch der Ärmere und seine Söhne, also diejenigen Mitglieder der Familie, die sich

---

114 Link 1994, 16–7 sieht den Sinn der Verteilung dieses Anteils auf die verschiedenen Häuser der Bürger vor allem in einer Vereinfachung der Lagerhaltung.

115 Link 1994, 11–9 und 2014 in Abgrenzung von Jeffrey/Morpurgo-Davies 1970 und Gorlin 1988, 160–1. – Verwiese man darauf, allein Dosiadas bezeuge die Entrichtung des Zehnten, Aristoteles scheine diese Praxis aber nicht zu kennen, sondern betone allein die öffentlichen Beiträge, wäre zu entgegnen, dass Aristoteles betont, in Kreta würden „die Aufwendungen *eher* von der Gemeinde bestritten" als in Sparta, was die von Dosiadas erwähnte Methode nicht ausschließt.

116 Zur Frage, in welchem Umfang das Land kretischer Poleis in privatem und öffentlichem Eigentum stand, s. Link 1991, 107–28 und 1994, 53–96.

im Andreion aufhielten, in der Mahlgenossenschaft versorgt. Und doch unterhielten ihn nicht allein die öffentlichen Mittel, welche die Polis den Andreia indirekt beisteuerte. Vor allem und ganz maßgeblich waren es die reicheren Bürger, die ja ebenfalls den Zehnten ihrer Erträge zur Verfügung stellten, und dies mögen ganz beachtliche Mengen gewesen sein. Jedenfalls dürfte das von ihnen Beigesteuerte den von ihnen selbst verzehrten Anteil des Gemeinschaftsmahles erheblich überschritten haben. Die Reicheren machten den weniger Reichen also die Teilhabe an einem üppigen Gemeinschaftsmahl möglich. Neben der im Mahl imaginierten Gleichheit der Hetairoi wurde in dieser Praxis die eigentliche Ungleichheit der Hetairoi deutlich.[117]

Es wurde angenommen, dass sämtliche Beiträge der Bürger, die sie in Form des Zehnten zu entrichten hatten, zentral von der Polis gesammelt wurden, um sie dann von Funktionsträgern unter allen Hetairien aufteilen zu lassen, und zwar proportional zur Anzahl der Mitglieder der jeweiligen Hetairie. Auf diese Weise sei verhindert worden, dass jene Hetairien, in denen einige reiche Bürger mit ihrem Zehnten erhebliche Mittel beisteuerten, womöglich über wesentlich mehr Mittel verfügt hätten als die anderen Speisegenossenschaften der Polis.[118] Diese Ansicht setzt implizit voraus, dass die reichen Männer der Polis in einer oder in wenigen Hetairien konzentriert gewesen seien; sie zieht nicht in Betracht, dass die Reichen auf verschiedene Andreia verteilt waren, beziehungsweise dass sich die Hetairien um die verschiedenen reichen Männer der Gemeinschaft gruppierten.[119] Zudem geht diese Ansicht davon aus, dass die kretischen Poleis ein striktes Gebot der Gleichheit zwischen den Hetairien hätten

---

117 Link 1994, 14–5 gegen Lavrencic 1988, 157. Schmitt-Pantel 1984, 26 weist vor dem Hintergrund des reziproken Gabentausch-Ideals darauf hin, dass die reicheren Hetairoi auf diese Weise die imaginäre Gleichheit im Andreion manipulierten. – Aus IC 1.9.1 c 15 = SGDI 4952, einer drerischen Inschrift aus dem 3. Jh., scheint deutlich zu werden, dass die Hetairien zumindest in dieser Zeit eigene Kassen besaßen, denn in dieser Regelung festgesetzte Strafgelder sollen an die Hetairien gezahlt werden. – Das Prinzip einer Abgabenleistung in Höhe des Zehnten auf Kreta wird durch den hierarchisch ungleichen Vertrag zwischen Gortyn und der kleinen Inselpolis Kaudos vom späten 3. Jh. oder frühen 2. Jh. bestätigt; IC 4.184a = Chaniotis 1996 Nr. 69; s. auch Guarducci 1933. Hier ist bestimmt, dass die Bürger von Kaudos eine *dekate* ihrer Landesprodukte an den Tempel des Apollon Pythios von Gortyn zahlen sollen, das heißt an die Kasse der Polis, und zwar „wie es auch die Gortynier taten". Dieser Zehnte galt für alle Produkte außer Tieren und Hafeneinkünften, Gemüsen, Wacholder und Salz, für welche die Abgabemenge klar beziffert war. – s. auch Garnsey 1988, 80 und Gallant 1991, 157, 171–4, der darlegt, wie Symposia von Gemeinschaftsmahlzeiten verdrängt worden seien und wie die reicheren Mitglieder von Mahlgemeinschaften wesentlichen Anteil daran hatten, die ärmeren – samt deren Familien – mit ihren Beiträgen zu unterstützen. Hierzu s. auch Plat. leg. 847e; Arist pol. 1272a 17.
118 So etwa Chaniotis 2004, 71–2. – Zu Fragen des Landbesitzes und Landeigentums auf Kreta und der damit verbundenen Finanzierung der Syssitien s. vor allem Link 1991, 107–28 und 1994, 9–21, 91–4, wie auch Schütrumpf 1991, 337–9 und Gagarin 2010 mit weiterer Literatur.
119 Im Abschnitt zur Ephebenentführung im Kapitel *Paideia* werden wir sehen, dass dieses Ritual auch zur Folge hatte, dass die angesehensten Männer des Gemeinwesens unterschiedlichen Hetairien angehörten.

bewahren wollen, so wie auch vermeintlich eine strikte Gleichheit innerhalb jeweils einer Hetairie geherrscht habe.

Nun beobachten wir aber innerhalb einer Hetairie neben einer demonstrativen Gleichheit in nicht geringerem Maße eben auch die bewusste Zurschaustellung von Ungleichheit unter den Mitgliedern. So sollten wir durchaus in Betracht ziehen, dass auch im Vergleich mehrerer Hetairien eine gewisse Ungleichheit zum Ausdruck kam. Überdies – das nur ein zusätzliches Argument – mag der Blick auf Sparta erhellend sein. Hier war der Anteil der Bürger zu den Speisegenossenschaften zwar in Form einer festgelegten Summe zu entrichten, was prinzipiell zur materiellen Gleichheit aller Phiditien hätte führen müssen. Und doch war die Zurschaustellung von Ungleichheit in den spartanischen Männerhäusern ein wesentliches strukturelles Element. Denn es war einem jeden Bürger überlassen, über die Grundausstattung des Mahles hinaus nach seinem eigenen Belieben mit weiteren Produkten beizutragen und damit die eigenen Möglichkeiten sowie seinen Einsatz für sein Phidition darzustellen und damit schließlich auch das Prestige seiner Mahlgenossenschaft zu steigern.[120] Genau dies scheint auch auf Kreta der Fall gewesen zu sein, wie der folgende Abschnitt zeigt.

Epigraphische Zeugnisse: Die Beiträge von Bürgern und Polis

Diese bis hierher allein aus den literarischen Zeugnissen gewonnenen Angaben zum Unterhalt der Andreia werden von den frühen Inschriften bestätigt. Diese bieten zudem wesentliche Informationen, die über jene der literarischen Quellen weit hinausgehen. So gesteht etwa das Spensithiosdekret aus der kleinen Polis Datala um 500 dem Poinikastas und Mnamon dieses Gemeinwesens sowie seinen direkten männlichen Nachfahren die θροπάν τε καὶ ἀτέλειαν πάντων zu.[121] Dies deutet darauf hin, dass Spensithios von der Polis ernährt werden sollte. Unter den wenigen Verpflichtungen und Abgaben des Schreibers nennt der Vertrag aber:

δίκαια ἐς ἀνδρήιον δώσει δ|έκα πέλεϙυς κρέων, αἴ καϙώι ἄλο[ι | ἀπ(?)]άρϙωνται, καὶ τὸ ἐπενιαύτιον. τὸ | δὲ λάκσιον συνϝαλεῖ, ἄλο δὲ μ[η|δ|ὲ]ν ἐπάναϙον ἦμεν αἴ κα μὴ λῆι | δόμεν.

---

120 Hierzu s. etwa Figueira 1984a; Link 1998; Singor 1999; Hodkinson 2000, bes. 190–9 mit Blick auf Xen. Lak. pol. 5.3; Arist. pol. 1271a 33–7. – Über das mögliche Ausmaß der über die Verpflichtung hinausgehenden Gaben kann man freilich streiten; s. Link 1998.
121 Jeffery/Morpurgo-Davies 1970 = Nomima 1.22 = SEG 27.631. Dazu Jeffery/Morpurgo-Davies 1970, 151–2; Merkelbach 1972; van Effenterre 1973; Beattie 1974; Gschnitzer 1974; Koerner 1981; Gorlin 1988; Link 1994, 14 mit Anm. 24; Reiche 2006, 118–33; Carawan 2007. Zu den Aufgaben eines Poinikastas und Mnamon s. den entsprechenden Abschnitt im Kapitel *Kosmos*, zur Eingliederung des Spensithios in das Gemeinwesen und seinen Privilegien das Kapitel *Eleutheros*.

> Als gesetzliche Verpflichtung soll er für das Männermahl zehn Doppeläxte Fleisch geben in gleicher Weise wie die anderen, wenn sie ihr Amt antreten, sowie die jährliche Abgabe. Er soll den Anteil sammeln (?). Anderes aber soll nicht obligatorisch sein, wenn er es nicht geben will.

Spensithios hatte dem Andreion also eine beträchtliche Menge an Fleisch beizusteuern.[122] Da sein Beitrag mit jenem verglichen wird, den die Funktionsträger der Polis beim Antritt ihres Amtes zu entrichten hatten, ist anzunehmen, dass es sich auch bei seinen zehn Doppeläxten um eine einmalige Entrichtung handelt. Diese Annahme wird dadurch gestärkt, dass im Anschluss von einer zusätzlichen jährlichen Beisteuer die Rede ist. Diese war dem Intervall ihrer Abgabe nach etwas anderes als die hier geforderte Entrichtung des Fleisches. Wir müssen also fragen, wie Spensithios über diese Mengen Fleisch verfügen und zudem „die jährliche Abgabe" leisten konnte. Nun wissen wir nicht, in welcher Form Spensithios und seinen Nachfahren die von der Polis gewährte ‚Ernährung' zukommen sollte. Die vergleichbare Formulierung in einer Regelung aus Axos, die aus dem späten 6. Jh. stammt, nennt unter den dort verliehenen Privilegien, τõν δ' ἄλον πάντον | ἀτέλειαν καὶ τροπὰν ἰν ἀντρηίοι ϙα[– – –, „von allem Übrigen Abgabenfreiheit und Ernährung im Andreion"[123] Ob die offener gehaltene Formulierung des Spensithiosdekrets impliziert, dass dem Schreiber über seine Teilnahme an den Syssitien hinaus auch noch andere, hier nicht genannte Güter – so viele, wie für seine Ernährung großzügig ausreichen würden – zur Verfügung gestellt wurden, ist unklar. In diesem Falle dürfte man vermuten, dass Derartiges womöglich genauer festgehalten worden wäre. Nun hatten die Polis und die Dataleis dem Spensithios aber auch zugestanden:

---

[122] Jeffery/Morpurgo-Davies 1970, 144 errechnen für die 10 Doppeläxte ein Gewicht von entweder 1 oder 1,6 Talenten. Nun gab es in der Antike recht große Unterschiede in der Definition eines Talents. Wir können womöglich von einem Gewicht zwischen 36 und 39 kg ausgehen, dem attischen und dem ‚ursprünglichen' Maß. – Auf Seite A der Mitra sind darüber hinaus die Bestandteile des Lohns erwähnt, den die Polis ihm jährlich gewähren würde, so etwa 50 Kannen Most und eine nicht zu rekonstruierende Ware im Wert beziehungsweise Gewicht von 20 Drachmen. Diese Angaben stehen der Deutung, dass Spensithios und seine männlichen Nachfahren durch die Polis „ernährt" wurden, nicht entgegen. Beattie 1974, 32–5 etwa nimmt an, dass Spensithios den jungen Wein für die in seinem Arbeitsvertrag festgelegten Aufgaben im Kultbetrieb der Polis hätte verwenden sollen. Wir wissen nicht, wie viel die dataleische *choes* fasste; entsprach sie der attischen, hätte der Mnamon 164 Liter empfangen. Jeffery/Morpurgo-Davies 1970, 133–9 hingegen schlagen vor, hierin die Unterstützung für die weiblichen Mitglieder der Familie zu sehen. Dies kann gegenüber der eben vorgetragenen Deutung nicht überzeugen. – Ein Beispiel für eine bezifferte Entlohnung bietet ein Gesetz des 6. Jh. aus Eleutherna, IC 2.12.9 = Koerner 111 = Nomima 1.25. Hiernach erhielt ein *sisuropoios*, ein „Decken-/ Mantelmacher", eine Triobole und eine nicht mehr klar zu rekonstruierende Menge Weizen; s. die Diskussion bei Perlman 2004, 104–6.
[123] IC 2.5.1 = Koerner 101 = Nomima 1.28; zu dieser Inschrift s. das Kapitel *Eleutheros*.

– – – τεμένια πε[λε]ρ|[υς] τὸ ϝῖσον λακὲν ϙό[σμωι(?)] αϙ[.c.4?.] | [......c.17?......]ᾳ [.c.6?.] | (Seite B) τὸ ϝῖσον λακὲν τὸν ποινικαστὰν καὶ παρῆμε|ν καὶ συνῆμεν ἐπί τε θιηίων καὶ ἐπ' ἀνθρωπί|νων πάντε ὅπε καὶ ὁ ϙόσμος εἴη καὶ τὸν ποινι|καστὰν, καὶ ὅτιμί κα θιῶι ιαρεὺς μὴ ἰδιαλο|[.c.1–2.] θύεν τε τὰ δαμόσια θύματα τὸ⟨ν⟩ ποινικαστὰ|ν καὶ τὰ τεμένια ἔκεν.

– – – die heiligen Bezirke Doppeläxte (?) den gleichen Anteil erhalten wie der Kosmos – – –. (Seite B) – – – der Schreiber soll den gleichen Anteil erhalten. Er soll auch bei allen kultischen und profanen Vorgängen dabei sein und daran teilnehmen, wo auch der Kosmos da ist. Und wo für einen Gott ein eigener Priester nicht da ist, soll der Schreiber die öffentlichen Opfer darbringen und die heiligen Bezirke verwalten.

Wir dürfen nicht unterschätzen, dass der Schreiber nicht allein für seine Kultdienste von den Opfernden einen Anteil, womöglich die Hälfte des Opferfleisches bekam; er erhielt auch aus einer anderen Quelle – der Text ist an der entsprechenden Stelle kaum zu rekonstruieren – den gleichen Anteil wie der Kosmos.[124] Es ist also damit zu rechnen, dass Spensithios durch die ihm generell gewährte ‚Ernährung' über beträchtliche Einnahmen verfügte. Eine weitere Frage ist, ob der Poinikastas und Mnamon die ihm auferlegten Abgaben seinem eigenen Andreion zu geben hatte – ob er also Mitglied eines solchen und damit Bürger der Polis war. Dieser Punkt wurde häufig diskutiert. Wie im Kapitel *Eleutheros* begründet, gehe ich davon aus, dass Spensithios ein Bürger seiner Polis war beziehungsweise spätestens mit den in dieser Inschrift übertragenen Privilegien zum Bürger wurde; dass er nämlich unter anderem durch die Möglichkeit, trotz des ihm womöglich fehlenden Landes aufgrund dieser Regelung dennoch als ein Beiträger und Nutznießer des Andreion aufzutreten, an der wesentlichen Praktik teilhaben konnte, die den Status des ‚Bürgers' in einer kretischen Polis ausmachte.[125]

---

124 Es ist zu vermuten, dass auch am Anfang der hier wiedergegebenen Passage mit der Buchstabenfolge πέ[λε]ρ|[υς] eine in Doppeläxten festgesetzte Summe verzeichnet war. – Schon ein drerisches Gesetz aus dem 7. Jh. legt wohl diese Teilung des Opferfleisches fest; van Effenterre 1946, 600–2 Nr. 4 = Koerner 93 = Nomima 1.27: ἔϝαδε τοῖσι θύϙτα[σι]· : ὅς μέν κα δίδōι [ϝ]ίϙρ[ν] | λαγκάνεν [τ]ὸ ε[– – – („Es hat den Opferern (?) gefallen: Wer auch immer (ein Opfer) gibt, soll den gleichen Anteil erhalten (?) – – – "). – vgl. auch SEG 41.739 B = Nomima 2.98, ein eleuthernäisches Gesetz aus dem 6. Jh., das für die Blutopfer der Polis den Weinkonsum des Priesters und wohl auch anderer Beteiligter zu beschränken oder festzuschreiben scheint.

125 Zu dieser Frage s. etwa Guarducci 1950, 146–7; Willetts 1967, 80–1; van Effenterre 1973 und 1979, 279–88; Gorlin 1988; Thomas 1992 und 1995; Koerner 1993, 539; Nomima 2, 162; Perlman 2004, 113–4; Reiche 2006, 118–33. – Falls Spensithios bis zu diesem Zeitpunkt den Politen von Datala nicht angehört hatte und als Spezialist samt seinen Söhnen von außerhalb in die Polis gekommen war, sollten wir die hier verzeichneten Rechte und Pflichten als ein Äquivalent zur Verleihung des ‚Bürgerrechts' begreifen. In jedem Fall können wir, anknüpfend an die im Kapitel *Kosmos* dargelegte Relevanz eines solchen Mnamon und Poinikastas, festhalten, dass Poleis wie Gortyn und Datala darum bemüht waren, die personelle Kontinuität dieser Funktion mit einer Reihe von Regelungen zu sichern und ihren Mnamones mit der gewährten Unterstützung unbedingt ein Einkommen und damit die Voraussetzung für die Teilhabe an der Polis zu sichern.

In jedem Falle ist bemerkenswert, wie der Beitrag des Spensithios seinem Andreion zukommen sollte, wenn betont wird, er selbst solle „den Anteil sammeln". Hier wird deutlich, dass die Polis im Rahmen der von ihr umfassend gewährten Privilegien nicht etwa den Beitrag des Spensithios übernahm, um ihn ohne Umweg und an seiner Statt dem Andreion zukommen zu lassen. Vielmehr trat der Mnamon und Poinikastas als eigenständiger Beitragsleister vor dem Andreion auf. Waren bis dahin seine verpflichtenden Zugaben zu den Gemeinschaftsmahlzeiten aufgelistet worden, wurde nun noch festgehalten, dass er darüber hinaus nichts beisteuern musste, dies aber sehr wohl durfte – und damit wohl auch konnte. Dies liefert die angesprochene Parallele zur Finanzierung der spartanischen Syssitien mit der in ihr vorgesehenen freiwilligen Beisteuer auch jenseits der vorgeschriebenen Menge und damit der Möglichkeit einer Konturierung von Sponsorenrollen der reicheren Speisegenossen gegenüber den ärmeren. Die freiwillige Beisteuer des Spensithios ist aber eben auch mit jenem Befund kompatibel, der sich bereits anhand der literarischen Quellen des 4. Jh. ergab und dem wir uns unten mit Blick auf die Inschriften erneut zuwenden wollen, nämlich der Möglichkeit eines Bürgers, mit besonderen Ausgaben für sein Andreion vor den Augen seiner Mahlgenossen hervorzutreten.

Zunächst aber eröffnet die Passage am Ende der Seite A des Dekrets den Blick auf einen weiteren bemerkenswerten Befund. Hier ist betont:

μισθὸν δὲ δόμεν τὸ ἐνιαυτὸ τῶι ποινι[κ|α]στᾶι πεντηϙοντά τε πρόϙοος κλεύκιο|ς κηνδυ[.]ε[..]ς ἰκατιδαϙμιος ἠ καρ[π(?)]||ός, δόμεν δὲ τὸ κλεῦϙος ἐς τὸ μόϙο ὅ|πω κα λῆι ἐλέσθαι· αἰ δὲ μὴ δοίη τὸ κλε[ῦϙ|ο]ς αιδε[...]σ[.]εσδ[.c.3.]ς ϙόσμ|ος ἐπεσταϙὼς ἀ[.c.4?.]ι[.c.4?.]λε[.]εκ[.|.?]σαι ἀπλοπία[..]α[.] αἰ μὴ αὐτοισ|ι[.c.3–4.]πολ[..]αγεσημεν τῶι ϙόσ|[μωι .c.7?..]ε[.]

Als Lohn soll man dem Schreiber jährlich geben fünfzig Prochooi Most und – – – für zwanzig Drachmen oder – – – Man soll ihm den Most geben von dem Grund(besitz), wo er ihn wählen will. Wenn (einer) aber nicht gibt den Most – – – der amtierende Kosmos – – – Straflosigkeit – – – wenn ihnen nicht – – – dem Kosmos – – –

Der Schreiber sollte seinen von dieser Regelung festgelegten Lohn in Most also von irgendeinem Grundbesitz beziehen, den er selbst bestimmte. Dies mag darauf hindeuten, dass Spensithios selbst kein Land bebaute. In jedem Fall aber führt diese Passage uns abermals die Probleme vor Augen, die mit dem Eingreifen der Polis in private Angelegenheiten verbunden waren. In Zusammenschau mit anderen Bestimmungen, welche Spezifika der Pfändung behandeln, lässt sich diese Passage ergänzen. Es wurde als möglich erachtet, dass derjenige, der über das Land verfügte, welches Spensithios sich als die Quelle seines Mostes ausgesucht hatte, sich weigerte, diesen Teil seines Ertrages abzutreten. Unklar ist, ob er hierfür Kompensation empfangen sollte; das Dekret sagt hierüber nichts. In jedem Fall sollte bei einer solchen Weigerung der zuständige Kosmos den Vollzug vornehmen oder überwachen. Diese von offizieller Seite vorgeschriebene und durchgeführte Wegnahme des Mostes sollte aber straflos sein. Wir wissen nicht, ob das infrage stehende Land das Eigentum eines Bürgers war oder Eigentum der Polis, jedoch von Privatleuten bestellt wurde. Die Wegnahme der Erträge dieses Landes war jedenfalls nur unzureichend von den Delikten des Diebstahls oder gar Raubes differenziert, die mit entsprechender Gewalt des Besitzers oder Eigentümers gegenüber dem Wegnehmenden hätten beantwortet werden können; umso heikler, da es sich bei diesem um den Kosmos, also einen direkt überhaupt nicht Betroffenen handelte, sondern er lediglich im Auftrag die Vollstreckung vornahm. Hier wurde das Prinzip des Amtes an sich als einer von der Polis mit einer bestimmten Aufgabe beauftragten Institution konturiert, die der Polis gegenüber ihren Bürgern Geltung verschaffen konnte und im Auftrag der Polis für Dritte auftrat.[126]

Schließlich ist im Spensithiosdekrets auch auffällig und für die Frage nach dem Verhältnis der Polis zu ihren Hetairien relevant, dass Amtsträger beim Antritt ihrer Aufgaben den Gemeinschaftsmahlzeiten der Polis eine Spende zu entrichten hatten; so sollte es ja auch der Schreiber tun. Die Polis als eine die einzelnen Hetairien transzendierende Struktur verpflichtete also ihre Amtsträger zu Spenden, die wohl nicht allein in ihre jeweilige Hetairie einfließen, sondern wohl eher zentral abgeliefert und dann unter allen Hetairien gleichmäßig verteilt werden sollten. Dies ist mit jenen Aussagen der literarischen Quellen kompatibel, die uns rekonstruieren ließen, dass die Polis den Unterhalt der Andreia unterstützte und in deren Organisation dirigierend eingriff. Überdies wurden mit dieser Abgabe auch die einzelnen Amtsträger der Polis den Hetairien als Träger institutioneller Macht vorgestellt, die vermittelt war von jener, die Hetairien überspannenden Institution des gesamten Gemeinwesens. Das Auftreten in dieser Prominenzrolle stärkte ihr persönliches Ansehen und wohl auch ihre Macht als Inhaber eines Amtes. Im gleichen Zug wurde durch die Beständigkeit des Rituals, mit der die Bekleidung eines Amtes immer wieder mit einer Wohltat für die Hetairien verbunden wurde, auch die Macht des Amtes an sich gestärkt. Hier wurden die verschiedenen Integrationskreise der Bürger zusammengebracht, die in den Hetairien, aber eben auch auf der Agora zusammenkamen.[127]

---

126 Vergleichbare Zusagen von Straflosigkeit im Zusammenhang mit von der Polis verordneten Pfändungen finden wir etwa auch im Falle der gortynischen Karpodaistai und der rhittenischen Preigistoi, IC 4.77 a–c = Koerner 152 = Nomima 1.49 und IC 4.80.11 = Nomima 1.7 = StV 2.216; ebenso bezüglich eines Schuldknechtes, der bei seiner Arbeit Schaden anrichtet, IC 4.41.5.6 = Koerner 128 = Nomima 2.65; und der gortynischen Institutionen Esprattas und Dikastas, IC 4.87 = Koerner 161 = Nomima 1.97; IC 4.75 d = Koerner 147–9 und 155, hier 149 = Nomima 2.46.

127 Diese Vermutungen gelten natürlich nur für den Fall, dass es sich um Amtsträger der Polis handelte, nicht um die epigraphisch und literarisch nachgewiesenen Archonten der Hetairien; IC 4.75 b = Koerner 147 = Nomima 2.46; Herakl. Lemb. epit. Arist. frg. 611.15 (Rose), zu ihnen s. unten. In jenem Fall böte uns diese Passage der Mitra den Hinweis auf innerhalb des Andreions bestehende Hierarchien, die unter anderem durch solche üblichen oder verpflichtenden Abgaben institutionalisiert waren und von der Polis mittels Regelungen wie dieser in den Blick genommen wurden.

Nun trugen aber nicht allein die Bürger zu den Gemeinschaftsmahlzeiten der Andreia bei. Eine Inschrift aus dem Gortyn des 5. Jh. macht uns mit den Karpodaistai bekannt, den ‚Fruchtteilern'. Sie scheinen ein Vollzugsorgan der Polis gewesen zu sein. Allerdings besaßen sie eine andere Funktion als Institutionen wie der Titas oder die Esprattai, denn ihre Rolle scheint im Umkreis der Organisation der Gemeinschaftsmahlzeiten gelegen zu haben. Die Kompetenzen der Karpodaistai werden in den drei Kolumnen dieser Inschrift definiert, von der uns allein der Mittelteil zur Auswertung erhalten ist. Hier ist festgehalten:

[– – –]ο, διεροσύκον δύο, γλεύκιος τ[ρίι]νς· ὄδ [δέ] κα μὲ ὅλαν ἐκς ἐμίνας. *vac.* αἰ εὕροιεν οἱ καρποδαῖσται καρπὸν ἀποκεκλεμμένον ἒ μὲ δεδαισμένον, τόν τε καρπὸν πέρονσι ἄπατον ἔμεν, κ' ἐπεστεῖσαι τὸ ἁπλόον καὶ τὰ ἐπιτίμια ᾶι ἔγραπται. *vac.* καρπῶ ὅτί κα κατομόσοντι, ἄργυρο[ν ἐ]σπρ[ά]δ[– – –

– – – zwei (Maß) frische Feigen, vom Most [drei]; wer [aber] nicht das Ganze (bringen kann), die Hälfte. Wenn die Karpodaistai versteckte oder nicht verteilte Frucht vorfinden und die Frucht wegtragen, sollen sie straflos sein, und sie (= die Schuldigen) sollen den einfachen Wert (der Frucht) und die Strafen, die geschrieben sind, erlegen. Von der Frucht aber, über deren Wert sie einen Schwur geleistet haben, sollen das Geld ein[treiben – – –[128]

Gemeinhin deutet man diese Inschrift als eine Regelung zur Versorgung der Hetairien, und tatsächlich scheint es plausibel, diese Bestimmung im Licht der von Dosiadas und Aristoteles geschilderten Versorgung der Andreia zu sehen. Die Aufgabe der in der Inschrift genannten ‚Früchteteiler' scheint es gewesen zu sein, die den Bürgern auferlegten Naturalienbeiträge einzutreiben, welche sie als Beisteuer zu den Gemeinschaftsmahlzeiten zu entrichten hatten. Es ist kaum zu beantworten, ob die Karpodaistai nun vor allem zu überwachen hatten, ob jeder Bürger die von ihm geforderte Abgabe seines Zehnten leistete; oder ob ihnen oblag, dass jene Grundversorgung der Andreia, welche die Polis in gleicher Menge an alle Bürgerhäuser verteilt hatte, auch tatsächlich den Mahlgemeinschaften zukam; oder ob sie zuständig waren, beide Arten von Beiträgen einzutreiben. Es spricht allerdings einiges dafür, dass es hier eher um die allen gleichermaßen zukommende Grundversorgung aus den Einnahmen der Polis handelt. Dies wird zunächst dadurch nahegelegt, dass die Pflichten und Kompetenzen der Karpodaistai von der Polis festgelegt werden. Wie wir sahen, traf die Polis natürlich auch Bestimmungen über die Hetairien, doch deutet das Interesse der Polis an Früchten, die eigentlich bereits hätten verteilt sein sollen, eher darauf hin, dass es sich hier um die von Seiten der Polis kommenden Anteile handelte.

---

128 IC 4.77 a–c = Koerner 152 = Nomima 1.49; zu ihnen s. Willetts 1955, 193 und 1961; Link 1994, 13 Anm. 23. Zu ihrer Bezeichnung vgl. die thasischen *karpologoi*, BCH 45.147 aus dem 4. Jh., und den spartanischen *kreodaites*, Plut. Lys. 23; Ages. 8 sowie Poll. 6.34, 7.25.

Auf diese Deutung der Inschrift weist auch der – leider unvollständige – Anfang der Regelung hin. Hier sind gewisse Beiträge klar beziffert, darunter eben jene zwei Maß frische Feigen und drei Maß Most. Die innere Logik des Textes legt nahe, dass hier verzeichnet war, wie viel jeder Bürger in sein Andreion mitzubringen hatte. Wir könnten nicht erklären, wie es möglich war, diese Abgaben genau zu beziffern, wenn diese nicht verlässlich und auf Dauer hätten kalkuliert werden können. Es musste sich also um zu erwartende Einkünfte und Abgaben handeln, die hier aber wohl für jeden Bürger gleich waren. Hätte es sich hier um die Einbringung des individuellen Zehnten gehandelt, hätte die Polis weder von bestimmten Gütern, noch von bestimmten Ertragsmengen ausgehen können, die jeder Bürger leisten musste. Am Ehesten scheint es hier um jene Produkte zu gehen, welche die Polis aufgrund der Ertragsstruktur jener Ländereien erwarten durfte, die ihr gehörten und von ihr zur Nutzung an Privatleute verpachtet worden waren.

Es ist nicht mit Sicherheit festzustellen, ob die Karpodaistai nun regelmäßig und präventiv die Häuser der Bürger durchsuchten, um dann gegebenenfalls festzustellen, dass ein Bürger die von der Polis stammenden und von ihm an sein Andreion weiterzuleitenden Güter versteckte, um sie für sich zu behalten; oder ob sie allein dann auftraten, wenn von einem Bürger oder einem anderen Amtsträger der Polis eine Anzeige an sie ergangen war, ob sie also allein ein strafendes Gremium waren.[129] In jedem Fall hatten die jeweils Schuldigen nicht nur die zurückgehaltenen Naturalien abzugeben, sondern auch deren einfachen Wert zu erlegen und darüber hinaus „die Strafen, die geschrieben sind", eine hier nicht genannte, sondern an anderer Stelle festgelegte Strafsumme. Ob es tatsächlich die Aufgabe der Karpodaistai war, diese Strafzahlungen einzutreiben und der Polis oder dem geschädigten Andreion zukommen zu lassen, bleibt offen und wurde zumeist bezweifelt. Der letzte Satz unserer Regelung weist tatsächlich eher darauf hin, dass ihre Aufgabe allein darin bestand, die Früchte wegzunehmen, zu schätzen und dem jeweiligen Andreion zuzuführen. Darüber hinaus hatten sie einen Eid über den Wert der Früchte zu leisten, nach dem sich immerhin die Strafsumme bemaß. Dieser Teil des Prozesses deutet darauf hin, dass für den eigentlichen Vollzug der Strafe beziehungsweise den Einzug der Strafsumme eine andere Institution zuständig war.

In den Mitgliedern dieser Institution sehen wir eine also Vollzugsbehörde, die den im Sinne der Regelung Schuldigen Naturalien wegzunehmen hatte. Dass diese Einmischung der Polis in private Angelegenheiten prekär war, sehen wir in der Bestim-

---

129 Da die Regelung neben „versteckten" auch „nicht verteilte" Früchte erwähnt, betonen Koerner 1993, 430–3 und Link 2003a, 8–11, dass die Karpodaistai wohl nicht allein von denjenigen die Früchte einzutreiben hatten, welche ihre eigenen Beiträge zurückhielten, sondern auch von denjenigen, die ihrer Aufgabe nicht nachgekommen waren, die ihnen ordnungsgemäß abgelieferten Früchte zu verteilen, also etwa die Vorsitzenden eines Andreion. Zu ihnen s. den folgenden Abschnitt. – Die von Nomima 2, 13–4 vorgebrachte Deutung kann nicht überzeugen.

mung, dass die Aufgabe der Karpodaistai, nämlich die Wegnahme von Gütern, von Vorneherein ausdrücklich mit Straffreiheit bedacht wurde (ἄπατον ἔμεν). Ähnliches hatten wir ja eben schon für Spensithios und davor für die Esprattai und die zahlreichen Fälle der Pfändungen unter Privatpersonen beobachten können.[130] Bemerkenswert ist an dieser Regelung auch, dass die Polis bemüht war, mittels öffentlicher Gesetze in die Strukturen der Hetairien einzugreifen. Ist uns die Institution der Karpodaistai auch allein aus Gortyn bekannt, so fügt sie sich doch in jenes Bild ein, welches wir von der soziopolitischen Organisation kretischer Politien insgesamt zeichnen können. Denn nicht nur die literarischen Quellen des 4. Jh. bezeugen das Abgabenwesen der Bürger für die Andreia, das mit dem, was wir in unserer Regelung über die Karpodaistai erfahren, kompatibel ist. Auch eine aus einer anderen Polis stammende Quelle wie das Spensithiosdekret führt uns diese Beisteuer ja vor Augen, wenn die entsprechenden Beiträge des Poinikastas in seinem Arbeitsvertrag festgelegt werden.[131] Die Polis erlegte den Mahlgenossenschaften also Regeln auf, die einerseits deren Weiterbestehen garantierten, andererseits jedoch der Polis als einer übergeordneten Entität in der Organisation des Gemeinwesens ein Gutteil der Kontrolle über die Hetairien einbrachten; hierin ist unser Gesetz etwa der drerischen Regelung über das Ende der Agelai und deren Aufgehen in den Hetairien ähnlich.[132]

Eine ähnliche Einflussnahme der Polis auf die Angelegenheiten der Hetairien sehen wir in einer gortynischen Inschrift des frühen 5. Jh. reflektiert, die weitere Rückschlüsse auf die Einbindung der Andreia unter dem Dach der Polis zulässt. Sie behandelt Verfahrensfragen in der Auseinandersetzung um Landbesitz. Vor allem bestimmt sie, dass ein Mnamon und ein Richter ihren entscheidenden Schwur zur Beendigung eines Streites nicht verzögern dürften; und es wird geregelt, wie zu verfahren sei, wenn sie sich weigerten zu entscheiden oder wenn gewisse, hier definierte Umstände den Eid zum bestimmten Zeitpunkt verhinderten. Im Anschluss ist dann geregelt:

> τῶι δὲ τᾶν ἑταιρηιᾶν δικασστᾶι κ' ὅς κα τὸν ἐνεκύρον δικάδηι, αἰ αὐταμέριν δικάκσαι ἦ ἐς τὰν αὔριον ἄπατον ἦμην.

> Der Richter der Hetairien und jener, der über die Pfändungen richtet, sollen straflos sein, wenn sie am selben Tag oder am nächsten richten.[133]

---

130 s. den entsprechenden Abschnitt im Kapitel *Kosmos*.
131 Dosiadas ap. Athen. 4.143a–d und Pyrgion ap. Athen. 4.143e–f; Spensithios-Dekret: Jeffery/Morpurgo-Davies 1970 = Nomima 1.22.
132 Koerner 92 = Nomima 1.68 und Nomima 2.89; s. van Effenterre 1946, 597–600 Nr. 3 und van Effenterre 1961, 547–52. – Zu der hier vorgetragenen Lesung und Deutung s. Seelentag 2009a; dort auch die ältere Literatur.
133 IC 4.42 b 12 = Koerner 129 = Nomima 2.5; hierzu s. auch Gehrke 1997, 55. – Zu den Aufgaben von Mnamones und Dikastai s. die entsprechenden Abschnitte im Kapitel *Kosmos*.

Es ist unklar, welche Funktion dieser τᾶν ἑταιρηᾶν δικασστάς innehatte und ob er Konflikte innerhalb einer Hetairie oder zwischen verschiedenen Hetairien zu lösen hatte. Auszuschließen ist natürlich nicht, dass er in beiden Fällen tätig wurde. Seine Nennung im Kontext der anderen hier genannten Dikastai aber und die Tatsache, dass seine Tätigkeit ähnlichen Regeln und Fristen unterlag, deutet darauf hin, dass alle diese Dikastai auf einer Ebene standen. Es ist also unwahrscheinlich, dass mit diesem Titel ein Richter bezeichnet war, der allein innerhalb einer Hetairie entschied und zu diesem Zweck von jener Hetairie selbst bestimmt worden war. Vielmehr scheint der ‚Dikastas der Hetairien‘ eine Institution der Polis gewesen zu sein. Für diese Deutung spricht auch, dass mit seiner Bezeichnung impliziert ist, dass dieser eine Richter für mehrere Hetairien zuständig war. So müssen wir davon ausgehen, dass er für die Polis oder unter deren Aufsicht Streitfälle entschied, in welche eine oder mehrere Hetairien involviert waren. Dies wiederum ist bemerkenswert, da dies bedeutete, dass diese Männergemeinschaften gewissermaßen als ‚juristische Personen‘ aufgefasst wurden, die gegenüber der Polis als Kollektiv auftraten.

Zu diesem Gesetz sind zwei Dinge zu ergänzen. Zum einen ist die hier genannte Frist sehr kurz. Man mag dies damit erklären, dass die für eine Entscheidung notwendigen Beweise bereits zuvor zusammengetragen worden waren, und es hier alleine um die Frist für die eigentliche Entscheidung ging; klar ist dies allerdings nicht. Deuten ließe sich dieser Satz in seinem Kontext allerdings auch dahingehend, dass das gesamte Verfahren eine möglichst kurze Zeit beanspruchen sollte, dass es also um eine besonders rasche Lösung von Konfliktfällen im Bereich der Pfändung und der Hetairien ging. Zum anderen sei angemerkt, dass uns ein weiteres Inschriftenfragment aus Gortyn bekannt ist, welches aus derselben Zeit wie unsere Regelung stammt und ebendiese Bestimmung um den in Pfändungen involvierten Richter und den der Hetairien noch einmal enthält. Dieses Gesetz scheint also eine solche Relevanz besessen zu haben, dass man es mehr als nur einmal verinschriftlichte, das heißt, dass man es an verschiedenen Orten aufstellte.[134] Auch in dieser gortynischen Regelung – wie in zahlreichen kretischen Gesetzen aus verschiedenen Gemeinwesen und verschiedener Zeit – sehen wir das deutliche Bemühen der Polis, Einfluss auf die von ihr inkorporierten Integrationskreise zu nehmen, hier auf die Hetairien, sowie mit einem klar dargelegten institutionellen Instrumentarium bestimmte Verhaltensweisen ihrer Bürger durchzusetzen und bestimmte Vergehen auf eine festgelegte Art zu sanktionieren.[135]

---

134 Die Fristen diskutiert Koerner 1993, 395 gegen Guarducci 1950, 100. – Das Fragment publizierte Davaras 1960, 457–8 = SEG 23.585.

135 Zu nennen wären etwa die „in Hinblick auf die Hetairien" beschlossene Regelung aus Dreros zum Ausscheiden der Epheben aus den Agelai vom Ende des 7. Jh.; die eltynische Regelung über die strengere Bestrafung von Körperverletzungen an Paides im Umfeld des Andreion um 500; s. van Effenterre 1946 Nr. 3 und 1961 = Koerner 92 = Nomima 1.68 und 2.89 sowie IC 1.10.2 = Koerner 94 = Nomima 2.80.

Hierarchien im Andreion

Eine andere Regelung aus dem Gortyn des 5. Jh. bietet uns einen bemerkenswerten
Einblick in die Organisation und die hierarchischen Strukturen eines Andreions. Sie
ist Teil einer längeren Inschrift, die in vier Kolumnen geschrieben war, deren drei
andere die Umstände von Pfändungen behandeln und eine Grenze zwischen erlaubter und unerlaubter Vollstreckung ziehen. Die vierte Kolumne scheint eine Reihe von
Gegenständen von einer Pfändung ausdrücklich auszunehmen. Dahinter stand wohl
die Absicht, den Schuldner und seine Frau als wirtschaftende Individuen und Bürger
zu erhalten. Erwähnt sind hier unter anderem die „Waffen eines freien Mannes, die er
zum Krieg hat" sowie „Kleidung und Schmuck", „Webstuhl, handbearbeitete Wolle"
sowie „ein Gespann Ochsen"; und schließlich auch „aus dem Andreion, was der
ἀρκός bietet für das Andreion".[136]

Diese Inschrift zeigt also, dass es im Andreion einen ‚Vorsitzenden' gab und dass
dieser seiner Mahlgenossenschaft Güter zukommen lassen sollte. Die infrage stehenden Gegenstände befanden sich im Andreion; dies geht aus der Formulierung hervor.
Der Vorsitzende hatte sie dort deponiert, um sie den Mitgliedern zur Verfügung zu
stellen. Allerdings wurden sie als Eigentum des Vorsitzenden angesehen, allein so
ergibt das Gebot der Regelung Sinn, dass sie ihm nicht gepfändet werden durften.
Sie scheinen aber im Besitz und Nießbrauch seines Andreion gewesen zu sein, waren
damit also keine rein privaten Gegenstände mehr, sondern wurden nun gemeinschaftlich genutzt.[137] Allerdings scheint die sehr offene Formulierung ὄτ⟨τ⟩' ὁ ἀρκὸς
παρέκει κατ' ἀνδρεῖον darauf hinzudeuten, dass Umfang und Art dieser Dinge nicht
eindeutig festgeschrieben waren. Nun finden wir jenen ἀρκός eines Andreion auch
in einer Passage erwähnt, in der Herakleides Lembos die aristotelische *Politeia der
Kreter* exzerpierte. Sie lässt uns weitere Vermutungen anstellen zur Position dieses
Vorsitzenden und zu den Dingen, die er seiner Mahlgenossenschaft stellte:

> Nach den Fremden geben sie dem ‚Vorsteher' (*tō archonti*) vier Teile; einen, wie sie ihn auch den
> anderen geben, den zweiten als dem Vorsteher gebührend (*archiken*), den dritten als den des
> Hauses (*tou oikou*), den vierten der Gerätschaften wegen (*tōn skeuōn*).[138]

---

136 IC 4.75 b = Koerner 147 = Nomima 2.46; s. die ausführliche Besprechung dieser Inschrift im Kapitel
Eleutheros. Hier, wie schon in anderen Beispielen, ist nicht klar, ob der Begriff ‚Andreion' die Mitglieder der Tischgemeinschaft oder den Ort dieser Zusammenkunft bezeichnet.
137 Koerner 1993, 425 vermutet hier die Tafelgeräte des Andreion, die der Vorsitzende unter seiner
Verwaltung gehabt habe. Diese Deutung aber setzte voraus, dass der Vorsitzende diese Gerätschaften
in seinem eigenen Haus aufbewahrte, um sie täglich für die Gemeinschaftsmahlzeiten ins Andreion
und danach wieder ins eigene Haus zu transportieren. Dies erscheint nicht plausibel. Dagegen spricht
auch die Formulierung, dass diese Gegenstände ἐ⟨κ⟩ς ἀνδρείο stammten.
138 Herakl. Lemb. epit. Arist. frg. 611.15 (Rose).

Hier erfahren wir, dass es ‚Gerätschaften' waren, wegen derer ein Archon seine vierte Portion erhielt. Es liegt nahe, sie mit jenen in der gortynischen Inschrift genannten Dingen „aus dem Andreion, welche der Archon für das Andreion bietet" gleichzusetzen. Es mag sich hierbei um Tafelware gehandelt haben. Man mag an Gegenstände wie die in den Speisebereichen von Azoria nachgewiesenen Metallgegenstände denken, eiserne Käsereiben etwa und bronzene Dreifüße, sowie an aufwendige Gefäße zum Mischen und Trinken von Wein.[139] In dieser Passage wird ersichtlich, welche unmittelbaren Vorzüge es mit sich brachte, die Rolle des in unserer Inschrift erwähnten Vorsitzenden einzunehmen und seinen Hetairoi Dinge zur Verfügung zu stellen. Denn die Mahlgenossen teilten einem solchen Archon eine Portion zu, die vierfach größer als die eigene war. Da es sich bei dem Archon wohl ohnehin um einen reicheren Mann handelte, wird der Sinn dieser Zuteilung nicht primär in der bloßen Menge an Essen gelegen haben. Es dürfte im Wesentlichen die Ehre gewesen sein, von seinen Mitbürgern in der Rolle eines Mannes anerkannt zu werden, den man aufgrund seiner Verdienste um die Gemeinschaft derart auszustatten hatte; die Anerkennung im Kreise der Hetairoi, die diesen Archon als Aristos bestätigten. Wenn es dann noch in der Hand dieses Mannes gelegen hätte, die für seinen eigenen Verzehr wohl zu opulente Portion seinerseits nach Belieben zu verteilen, wäre dies eine ausdrückliche Demonstration seiner Sponsorenrolle gewesen.

Wir wissen nicht, ob diese hierarchischen Strukturen innerhalb der Andreia institutionalisiert waren, und die Archonten aus einer Gruppe von angesehenen Männern stammten, die für diese Position infrage kamen und untereinander rotierten; so wie es auch für die Amtsträger innerhalb der – im engeren Sinne – politischen Strukturen des Gemeinwesens der Fall war. Plausibler scheint, dass die Vorsitzenden ihre Position auf Dauer bekleideten – zumindest so lange, wie sie in der Lage waren, aufgrund ihrer ökonomischen Überlegenheit auch als sozial überlegen anerkannt zu werden. In diesem Fall sähen wir hier ein Element eines *patron-role feast* nach Michael Dietler: Der große Einzelne tritt in der Rolle des Bewirtenden auf, zumindest in der Rolle des alle anderen Beiträger überragenden Ausstatters des gemeinsamen Andreions. Die von ihm derart Unterstützten können diese Wohltaten nicht in gleicher Währung zurückzahlen; stattdessen entbieten sie ihm Ehre und erkennen ihn als ihren ‚Vorsitzenden' an. Doch ein solcher Patron muss seinen Rang fortwährend bestätigen, etwa indem er seine Gemeinschaft immer wieder bewirtet. Kann er dies nicht länger, wird er in der Hierarchie unweigerlich zurückfallen.[140] Da es nun wohl in jedem Andreion einen solchen Vorsitzenden, einen solchen die Anderen überragenden Beiträger gegeben haben wird, ist ersichtlich, dass die Hetairien jener soziale Integrations-

---

139 s. Haggis et al. 2007; Pilz 2014.
140 s. etwa Dietler 1996, 63–5 sowie 1997, 2001, 77–9 und 2006; Dietler/Hayden 2001, 8; Rabinowitz 2004, 2009 und 2014. Link 1994, 18–9 sieht die Hetairoi eines Andreions gar als ‚Klienten' des Vorsitzenden. – Ich danke Otto Ritter für diese Hinweise.

kreis der Politen waren, innerhalb dessen ausgehandelt wurde, welchem Andreion, und damit auch welchem Mann als dem prominentesten und großzügigsten Mitglied dieses Kreises, der höchste Rang in der gesamten Gemeinschaft zukam.[141]

Es ist unklar, ob es neben den Archonten noch andere Männer gab, die ebenfalls mit besonderen Portionen bedacht wurden. Wir können jedenfalls nicht ohne Weiteres die Archonten der Andreia mit jenen Männern identifizieren, von denen Dosiadas berichtet, sie hätten aufgrund ihrer im Krieg und im Rat zur Schau gestellten Fähigkeiten beim Männermahl qualitativ bessere Portionen als die anderen Mitglieder der Hetairie erhalten. Immerhin berichtet die Aristoteles-Epitome des Herakleides, dass der Archon quantitativ bessere Portionen erhalten habe, während Dosiadas überliefert, dass alle Hetairoi mengenmäßig gleiche Portionen erhielten, einige aber die qualitativ besseren Stücke bekamen. Die Schilderungen lassen sich also nicht ohne Probleme zur Deckung bringen. Wesentlich ist aber, dass alle diese Zeugnisse – das gortynische Gesetz, Dosiadas und die Aristoteles-Epitome – deutlich zeigen, dass es in einem Andreion institutionalisierte Strukturen und Hierarchien gab, die darauf beruhten, dass ein Mann von seinen Hetairoi mit der Zuteilung von Ehrenportionen ausgezeichnet wurde: sei es, weil er sich in besonderer Weise um die Gemeinschaft verdient gemacht, sei es, weil er ihnen aus seinem Eigentum Dinge zur Nutzung gegeben hatte.[142]

Bemerkenswert ist an dieser Regelung auch, dass die Polis in ihren Gesetzen auf die in den Hetairien offenbaren Prominenzrollen einging. Indem etwa untersagt wird, jene Gegenstände, welche der Archon seiner Hetairie stellte, zu pfänden, wird diese Funktion in stärkerem Maße als bis dahin üblich institutionalisiert. Die Polis gab damit nicht allein acht, dass der Betrieb in den Hetairien weiterhin reibungslos verlief. Sie festigte mit ihren Gesetzen auch eine Prominenzrolle, die sich in einem ihrer sozialen Integrationskreise herausgebildet hatte, da sie deren Ausübung bestimmten Regelungen unterwarf beziehungsweise deren Ausübung in gewissen Punkten privilegierte.

Die Semantik des Verteilens beim Gemeinschaftsmahl

In diesem Abschnitt wollen wir uns noch einmal der Verteilung von Speisen und Wein im Rahmen der Gemeinschaftsmahlzeiten in den Andreia zuwenden. Die Analyse ver-

---

141 Wie oben besprochen, verzeichnet die Seite B der Privilegierung des Spensithios, dieser solle „als gesetzliche Verpflichtung für das Männermahl zehn Doppeläxte Fleisch geben in gleicher Weise wie die anderen, wenn sie ihr Amt antreten (αἴ καϱὼι ἄλο[ι | ἀπ(?)]άϱϱωνται), (...)". Unklar ist, ob es sich bei diesen Archonten um Amtsträger der Polis oder die Vorsitzenden der Andreia handelt.

142 Dass ein Mann seinem Andreion mehr zur Verfügung stellen konnte als jenen Anteil, zu welchem er verpflichtet war, geht auch aus der oben behandelten Passage des Spensithiosdekrets hervor. Hier ist im Rahmen der obligatorischen Beisteuer des Schreibers die Rede davon: „Anderes aber soll nicht obligatorisch sein, wenn er es nicht geben will".

schiedener Typen des Festes nach Michael Dietler macht deutlich, dass die Distribution von Nahrung Ausdruck sozialer Ordnung ist. Nachdem wir im Verlauf dieses Kapitels den Ursprüngen sympotischer Praktiken und ihrer Weiterentwicklung zum Andreion nachgegangen sind, dieses als eine Amalgamierung verschiedener Festtypen identifiziert und damit gewissermaßen die Rahmenbedingungen dieser Institution rekonstruiert, widmen wir uns nun der Personenregie während des Mahles und des anschließenden Zechens. Abermals gehen wir davon aus, dass „jedes Geben und Nehmen ein hierarchischer Akt ist, der auf Seiten des Gebenden soziale Überlegenheit, auf Seiten des Beschenkten Unterlegenheit signalisiert".[143] Und so ist nicht allein von Bedeutung, wer ein bestimmtes Fest ausrichtet, sondern auch, auf welche Weise im Rahmen dieses Festes die Nahrung verteilt wird. Dies gilt vor allem dann, wenn es um die bewusste Zuteilung von in Qualität oder Quantität unterschiedlichen Portionen an die verschiedenen Teilnehmer des Mahles geht.[144]

Eine Zusammenschau der literarischen Berichte des Pyrgion und Dosiadas, ergänzt um einige wenige Informationen des Ephoros und Herakleides, ist im großen Ganzen in sich konsistent – auf Unterschiede werden wir eingehen – und lässt uns eine Reihe voneinander geschiedener Phasen des Mahles und Zechens in den kretischen Andreia rekonstruieren. Zu Beginn nahmen die verschiedenen im Andreion willkommenen Gruppen den ihnen zugewiesenen Platz ein. Es folgte ein Trankopfer an die Götter. Den verschiedenen Gruppen wurde das ihnen zustehende Essen serviert, anschließend ein wenig Wein auf den Tisch gestellt. Hiernach wurde in einer aufwändigen Prozedur das Essen unter den Speisenden neu verteilt; schließlich gegessen. Nach dem Essen wurde mehr Wein ausgeschenkt und man widmete sich einer Reihe etablierter Gesprächsthemen. Athenaios gibt die Berichte des Dosiadas und Pyrgion wie folgt wieder:

> [*Dosiadas berichtet im 4. Buch seiner Kretischen Geschichte Folgendes über die kretischen Syssitien:*] (...) »Die Bürger sind alle in Gemeinschaften eingeteilt; diese heißen ‚Andreia'. Die Besorgung des Gemeinschaftsmahles liegt in den Händen einer Frau, die drei oder vier öffentliche Bedienstete für die Dienstleistungen hinzuzieht. Jedem von ihnen folgen zwei Sklaven, die Holz beschaffen. Man nennt sie ‚Holzträger'. (...) In dem Haus für Gemeinschaftsmahlzeiten stehen zunächst zwei Tische, welche ‚die für Fremde' genannt werden, an denen die Auswärtigen sitzen, die anwesend sind. Dann gibt es dort die Tische der Anderen. Jedem der Anwesenden wird die gleiche Portion aufgetragen. Den *Neoteroi* gibt man jedoch nur eine halbe Portion Fleisch, von dem anderen bekommen sie nichts ab.

---

143 Wesentlich für eine Analyse der einer Verteilung von Essen zugrunde liegenden Hierarchie sind neben den bereits genannten Titeln von Dietler und Hayden etwa auch Douglas 1972 und Baudy 1983, dort 142 das Zitat.

144 Dies trifft in besonderer Weise auf die Verteilung von Beutetieren zu: „Der soziale Kosmos ist gewissermaßen im Beutetier latent enthalten und wird durch dessen Verteilung immer wieder neu konstituiert"; Baudy 1983, 145 mit Douglas 1974, 54; zur Semantik des Verteilens und Verzehrens von Fleisch im Epos s. Bakker 2013, bes. 36–52.

Dann wird auf jeden Tisch ein Trinkgefäß gestellt, mit Wein, der reichlich mit Wasser gemischt ist. Diesen trinken diejenigen, die zusammen an einem Tisch sitzen, gemeinsam, und wenn sie gegessen haben, wird ihnen ein zweites hingestellt. Für die *Paides* wird ein Krug für alle zusammen gemischt. Den *Presbyteroi* wird, wenn sie mehr trinken wollen, die Möglichkeit dazu gegeben. Die mit der Ausrichtung des Mahles betraute Frau nimmt ganz offiziell vom Tisch die besten der aufgetragenen Speisen weg und reicht sie denen, die sich im Krieg oder durch ihre Klugheit Ruhm erworben haben. Gleich nach dem Mahl beraten sie gewöhnlich zuerst über die alle betreffenden Angelegenheiten, als zweites erörtern sie danach die Heldentaten im Krieg und ehren diejenigen Männer, die sich gut bewährt haben, womit sie die *Neoteroi* zu vorbildlichem Verhalten ermuntern.«

Pyrgion schreibt im dritten Buch seiner *Kretischen Bräuche*: »Bei den Gemeinschaftsmahlzeiten speisen die Kreter im Sitzen, die *Neotatoi* stehen und leisten die Dienste. Unter Schweigen bringen sie den Göttern ein Trankopfer dar und teilen allen von dem, was aufgetragen wird, ihre Portion zu. Sie setzen aber auch den Söhnen, die tiefer neben dem Stuhl ihres Vaters sitzen, nur die Hälfte dessen vor, was den Männern aufgetragen wird. Die Waisen bekommen den gleichen Anteil. Ihnen wird allerdings jede der üblichen Speisen ohne Zugabe von Gewürzen gereicht.«[145]

Die Rollen von polisauswärtigen Gästen und Fremden behandelten wir bereits im Kapitel *Eleutheros*. Sie saßen an gesonderten Tischen und dadurch getrennt von den Bürgern.[146] Doch auch unter den Einheimischen bestanden Unterschiede, die aus deren Altersklassen resultierten. Die Hetairoi, also die Bürger, saßen, und zwar auf

---

145 Dosiadas ap. Athen. 4.143c–d; Pyrgion ap. Athen. 4.143e, Übers. nach C. Friedrich: διήρηνται δ᾽ οἱ πολῖται πάντες καθ᾽ ἑταιρίας, καλοῦσι δὲ ταύτας ἀνδρεῖα. τὴν δὲ ἐπιμέλειαν ἔχει τοῦ συσσιτίου γυνὴ τρεῖς ἢ τέτταρας τῶν δημοτικῶν προσειληφυῖα πρὸς τὰς ὑπηρεσίας, ἑκάστῳ δ᾽ αὐτῶν ἀκολουθοῦσι δύο θεράποντες ξυλοφόροι· καλοῦσι δ᾽ αὐτοὺς καλοφόρους. (...) κατὰ δὲ τὸν συσσιτικὸν οἶκον πρῶτον μὲν κεῖνται δύο τράπεζαι ξενικαὶ καλούμεναι, αἷς προκαθίζουσι τῶν ξένων οἱ παρόντες· ἑξῆς δ᾽ εἰσὶν αἱ τῶν ἄλλων. παρατίθεται δὲ τῶν παρόντων ἴσον μέρος ἑκάστῳ· τοῖς δὲ νεωτέροις ἥμισυ δίδοται κρέως, τῶν δὲ ἄλλων οὐθενὸς ἅπτονται, εἶτα ποτήριον ἐν ἑκάστῃ τραπέζῃ παρατίθεται κεκραμένον ὑδαρῶς· τοῦτο κοινῇ πάντες πίνουσιν οἱ κατὰ τὴν αὐτὴν τράπεζαν, καὶ δειπνήσασιν ἄλλο παρατίθεται, τοῖς δὲ παισὶ κοινὸς κέκραται κρατήρ· τοῖς δὲ πρεσβυτέροις ἐὰν βούλωνται πλεῖον πιεῖν ἐξουσία δέδοται. ἀπὸ δὲ τῆς τραπέζης τὰ βέλτιστα τῶν παρακειμένων ἡ προεστηκυῖα τῆς συσσιτίας γυνὴ φανερῶς ἀφαιροῦσα παρατίθησι τοῖς κατὰ πόλεμον ἢ κατὰ σύνεσιν δεδοξασμένοις. ἀπὸ δὲ τοῦ δείπνου πρῶτον μὲν εἰώθασι βουλεύεσθαι περὶ τῶν κοινῶν, εἶτα μετὰ ταῦτα μέμνηνται τῶν κατὰ πόλεμον πράξεων καὶ τοὺς γενομένους ἄνδρας ἀγαθοὺς ἐπαινοῦσι, προτρεπόμενοι τοὺς νεωτέρους εἰς ἀνδραγαθίαν.

Πυργίων δ᾽ ἐν τρίτῳ Κρητικῶν Νομίμων ῾ἐν τοῖς συσσιτίοις, φησίν, οἱ Κρῆτες καθήμενοι συσσιτοῦσι, καὶ ὅτι ἀβαμβάκευστα τοῖς ὀρφανοῖς παρατίθεται· καὶ ὅτι οἱ νεώτατοι αὐτῶν ἐφεστᾶσι διακονοῦντες· καὶ ὅτι μετ᾽ εὐφημίας σπείσαντες τοῖς θεοῖς μερίζουσι τῶν παρατιθεμένων ἅπασι· ἀπονέμουσι δὲ καὶ τοῖς υἱοῖς κατὰ τὸν θᾶκον τὸν τοῦ πατρὸς ὑφιζάνουσιν ἐξ ἡμισείας τῶν τοῖς ἀνδράσι παρατιθεμένων, τοὺς δ᾽ ὀρφανούς· ἰσομερεῖς εἶναι· παρατίθεται δ᾽ αὐτοῖς ἀβαμβάκευτα τῇ κράσει καθ᾽ ἕκαστα τῶν νενομισμένων. – Ephor. ap. Strab. 10.4.16, 18–20 sowie Arist. pol. 1272a 1–3, 16–8 und Herakl. Lemb. epit. Arist. frg. 611.15 (Rose) ergänzen diese Berichte.

146 Herakleides betont, ihnen hätte man das Essen als ersten zugeteilt. Dies klingt zunächst nach einer Ehre – im Kapitel *Eleutheros* hatten wir am Beispiel der gesonderten Tische eine solche vermeintliche ‚Ehre‘ allerdings bereits dekonstruiert; es hieß aber auch, dass sie, die Schüssel vor ihnen stehend, mit dem Essen so lange warten mussten, bis die gesamte Zeremonie der Aufteilung vorüber war.

Stühlen, wie die Quellen festhalten. Dies bedeutete eine Rückbildung gegenüber der sympotischen Praktik, beim Mahl und Zechen auf Klinen zu ruhen. Diese kulturelle Praxis hatten wir für Kreta ja bereits in das 8. Jh. zurückverfolgen können, doch hiervon hatten die Andreia sich abgewendet. Man saß zu Tisch, dies war Kommensalität nach Art der homerischen Epen.[147] Allein schon aus diesem Befund der Personenregie innerhalb der Andreia wird deutlich, dass die Hetairien keinesfalls nur Orte der Gleichheit waren. Vielmehr boten sie einen sozialen Raum, in dem Hierarchien und die soziale Ordnung sehr deutlich zum Ausdruck kamen.

Noch stärkeren Ausdruck fand die im Andreion herrschende Ungleichheit in der Verteilung der Speisen. Die Aufteilung von Nahrung in Situationen der Kommensalität und damit das Herstellen und Sichtbarmachen von Hierarchien ist konfliktanfällig. Eine Möglichkeit, diese Konflikte zu entschärfen, liegt darin, die Verteilung auf unabhängige Autoritätspersonen zu delegieren.[148] Stefan Link betont hierzu, „in eigener Person konnte der führende Adlige dieses Amt nicht übernehmen, denn er konnte sich schwerlich stets selbst das Ehrenstück zuweisen; einem nachgeordneten Hetairos aber konnte er diese Aufgabe nicht überlassen, denn mit der Verteilung des Fleisches verknüpfte sich mehr soziales Prestige als er abtreten konnte." Während in Sparta etwa die Hierarchien an der Spitze der Politeia derart gefestigt waren, dass die beiden Könige die Aufgabe, das Fleisch zu verteilen, ihrem Koch und Berater überlassen konnten, war dies in Kreta nicht möglich. Hier „musste man sich eines Gehilfen bedienen, der von vornherein außerhalb des agonalen Wettbewerbs stand; deshalb verfiel man auf eine Frau."[149]

Diese Frau sei von drei oder vier öffentlichen Bediensteten begleitet worden.[150] Jeder von diesen habe wiederum über zwei Hilfsdiener verfügt, *therapontes*, die man ‚Holzträger' nannte, berichtet Dosiadas. Für die sich nun anschließende Prozedur stand also genug Personal bereit. Jedem der Vollmitglieder des Andreion wurde eine gleichgroße Portion von jeder Art Speise vorgesetzt, die an diesem Tag zur Verfügung stand. Die Söhne, die neben ihren Vätern saßen, also die wohl Zwölf- bis Sechzehnjährigen, bekamen die Hälfte dessen, was ein Erwachsener erhielt.[151] Offenbar noch

---

147 Die Spartaner hingegen lehnten sich beim Essen zurück; s. Phylarchos FGrH 81 frg. 44 ap. Athen. 4.142a, vgl. Athen. 12.518e; Cic. Mur. 74.

148 Hierfür s. Baudy 1983, 144–6 mit komparativen Befunden.

149 Link 1994, 19 Anm. 37. Dies mag erinnern an die Rolle der ‚Schaffnerin' und des ‚Verteilers' im Oikos des Odysseus; Hom. Od. 1.139–42. – Zu Sparta s. Plut. mor. 644b.

150 Diese Gehilfen werden von Dosiadas ausdrücklich als ‚öffentlich' bezeichnet (τρεῖς ἢ τέτταρας τῶν δημοτικῶν). Anzunehmen ist, dass es sich bei ihnen um im Dienste der Polis stehende Unfreie handelte. Dies verstärkt den Eindruck, dass die Nahrung keinesfalls von den Mitgliedern des Andreions selbst verteilt werden sollte. – Hierzu s. Hoeck 1829, 133; Chrimes 1949, 15, 232–3, 236; Lavrencic 1988, 158–9; Link 1994, 19–21.

151 Dass sich Paides tatsächlich im Umkreis der Andreia aufhielten, sehen wir in der im Kapitel *Paideia* besprochenen Inschrift aus Eltynia, um 500; IC 1.10.2 = Koerner 94 = Nomima 2.80 = SEG 2.509. Hierzu s. auch Guarducci 1931; Latte 1931, 134–54; Gehrke 1997, 43–5.

weniger wurde den Jungmännern zugeteilt. Sie erhielten nämlich nur eine halbe Portion des Fleisches, „rührten von dem anderen aber nichts an", berichtet Dosiadas. Dies zeigt uns zum einen, das Fleisch ein fester Bestandteil des Mahles gewesen zu sein scheint; ungewöhnlich in einer vormodernen Gesellschaft und verständlich eigentlich nur, wenn es sich bei den hierfür infrage kommenden Tieren wesentlich auch um Jagdbeute handelte. Tatsächlich fand man in jenen Gebäuden, die wir oben als Schauplätze gemeinschaftlicher Mahlzeiten besprachen, große Mengen von Knochen und Hörnern von Ziegen im Kontext von Feuerböcken und Bratspießen.[152] Zum anderen sehen wir hierin aber auch die klare Differenzierung zwischen den Vollmitgliedern des Andreions, den eigentlichen Bürgern, und den Neoteroi, welche diesen Status eben noch nicht erreicht hatten und dementsprechend eine kleinere Portion erhielten; gegenüber den Kinder aber insofern privilegiert waren, als sie nicht mehr in allein ein dünnes Himation gehüllt auf dem Boden sitzen mussten.[153]

Eine wieder andere Menge Nahrung gestand man den Waisen zu. Über sie berichtet Pyrgion, sie erhielten die gleiche Menge, die auch ein Bürger erhielt – das Doppelte dessen also, was die Söhne erhielten; ihre Speisen seien aber ἀβαμβάκευστα gewesen. Dies wird gemeinhin als ‚ungewürzt' übersetzt. Jüngst wurde vorgeschlagen, dass hiermit eine Portion gemeint sei, die lediglich aus einer Grundlage bestand, aber keine zusätzlichen Produkte enthielt, wie etwa Früchte, Gemüse, Käse oder Jagdbeute. Denn diese zusätzlichen Güter seien eben nicht von der Polis gestellt worden, sondern der einzelne Bürger habe sie in Form des Zehnten zu den Syssitien

---

152 Die Ausgräber deuten diese Knochen als die Überreste domestizierter Tiere. Dies scheint allerdings unwahrscheinlich; zum einen vor dem Hintergrund der Nahrungsstruktur in anderen vormodernen Gesellschaften, zum anderen wegen der uns überlieferten Nachrichten zur großen Bedeutung der Jagd auf Kreta. – s. Haggis et al. 2007 und 2004, 383–6, hier 384, zum Befund einer Reihe von Küchenräumen, die einen der für Gemeinschaftsmahlzeiten genutzten Räume von Azoria versorgten: „The concentration of faunal materials in the south kitchen accounts for nearly 45 % of all animal remains examined from intensive sampling across the site in 2002. The proportions in which various animal species were found in this room mirror those in other areas, but the south kitchen assemblage is distinguished by the high concentration of faunal remains in a single room. A total of 1,422 shells and shell fragments, primarily composed of top shell and limpets, represents 71.7 % of the identifiable material, although the amount of food contributed by these and other small species such as fish and sea urchin is insignificant when compared to the amount contributed by domestic meat animals. Sheep and/or goat dominate the mammalian assemblage (78.1 %). Other domestic faunal remains included 60 pig elements, 8 cattle bones or bone fragments, and 9 domestic dog elements." – vgl. Bakker 2013, 48–52.

153 Allerdings hatten wir eben schon darauf hingewiesen, dass sie wohl – wenn wir dem Wortlaut des Dosiadas folgen – sogar kleinere Essensportionen erhielten als die Knaben. – Hodkinson 2000, 358 betont mit Blick auf Sparta, dass die jungen Männer in ihren Zwanzigern darauf angewiesen waren, in ihrem Andreion versorgt zu werden. Zumindest dürften sie weniger für die Allgemeinheit beigesteuert haben als diejenigen über dreißig, wahrscheinlich sogar weniger als sie selbst verbrauchten. Sie wurden also miternährt. Auf diese Weise manifestierten sich Abhängigkeiten der jüngeren von den älteren Mitgliedern einer Mahlgenossenschaft.

beigesteuert. Da die Waisen diesen Anteil aber nicht hätten beisteuern können, seien sie nur mit Brot und anderen einfachen Produkten versorgt worden.[154] Dies scheint unwahrscheinlich, betont Pyrgion zuallererst doch, dass Waisen die auch den Männern zustehende Portion erhalten hätten. Wie auch immer wir ἀβαμβάκευστα deuten wollen, lässt sich in jedem Falle doch festhalten, dass man Waisen durch die ihnen zugeteilten Speisen aus der Masse der anderen Jungen heraushob. Man gewährte ihnen eine beinahe vollständige Bürgerportion und betonte damit ihren Status zwischen ‚Knabe' und ‚Oikos-Oberhaupt in Wartestellung'. Sie wurden also bereits als die zukünftigen Nachfolger ihres umgekommenen Vaters und die Vertreter ihres Hauses in der Gemeinschaft wahrgenommen.[155]

Im Anschluss an die Verteilung des Essens wurde die erste Runde der Getränke ausgegeben. Auf jeden der Tische wurde ein *poterion* mit stark verdünntem Wein gestellt, und alle Tischgenossen tranken aus diesem einen Gefäß. Den Griechen galt schon das Trinken aus einem gemeinsamen Mischkrug als Gemeinschaft stiftend, umso mehr das Trinken aus einem gemeinsamen Gefäß.[156] Wir werden uns den Trinkbräuchen ausführlicher zuwenden, wenn wir die Umstände der zweiten Runde des Trinkens betrachten. Blicken wir aber zunächst auf den Fortgang des Mahles. Nachdem Speisen und Wein verteilt waren, fand etwas ganz Bemerkenswertes statt. Dosiadas betont ja, alle Hetairoi hätten eine gleich große Portion erhalten; nun aber habe die Frau einigen Männern die bereits vor ihnen stehenden Portionen wieder weggenommen. Sie habe die qualitativ besten Portionen vom Tisch entfernt und sie jenen Männern zugeteilt, die wegen ihrer Taten im Krieg und wegen ihres Verstandes hohes Ansehen genossen. Dies sind Verdienste, die langfristig mit einem Mann verbunden waren und die ihm dauerhaftes Prestige einbrachten. Die Umverteilung des Essens erfolgte also nicht nach Kriterien, die bei einer jeden Mahlzeit neu verhandelt hätten werden müssen, etwa weil einer der Hetairoi jüngst einen wie auch immer gearteten Erfolg erzielt hatte. Vielmehr waren diese Merkmale geeignet, bestehende Prominenzrollen immer wieder neu vorzuführen und damit bestehende Hierarchien zu bekräftigen. Hier sehen wir abermals jenes spezifische Nebeneinander von Elementen der Gleichheit und der Ungleichheit der Bürger. Alle erhielten eine quantitativ gleiche Portion, keinesfalls aber die gleiche Qualität. Dies ist strukturell jenem Mechanismus vergleichbar, mit dem die Andreia finanziert wurden: Jeder Bürger

---

154 Strataridaki 2009. Zur etablierten Deutung s. etwa Lavrencic 1988, 157; Link 1994, 122 und vgl. Hoeck 1829, 130; Baudy 1983, 157.

155 Hier bietet sich also ein ganz anderes Bild als jenes in der *Ilias,* das mit Blick auf Astyanax das Schicksal eines Waisen zeichnet, der nach dem Tod des Vaters keinen Schutz und auch kein Mitleid seitens dessen ehemaliger Mahlgenossen zu erwarten hat; Hom. Il. 22.490–8.

156 Diese kretische Art zu trinken war für den Großteil der Griechen jedenfalls ungewohnt; s. Davidson 1999, 70–1 und vgl. Fisher 1988 und 1989; Murray 1991 und Meier 1998, 216–21 mit einer Analyse der von Platon und Aristoteles diskutierten Arten, wie man in Athen, Sparta und Kreta in Gemeinschaft trank.

steuerte den Zehnten seiner Erträge bei, doch mancher Zehnte war erheblich umfang-
reicher als andere.[157]

Ein solcher Bericht mag uns zunächst an der Authentizität des Dargestellten zweifeln lassen, zu unwahrscheinlich scheint es, dass eine bereits vor einem Hetairos auf
dem Tisch stehende Portion diesem wieder weggenommen und einem anderen, jenen
an Ansehen übertreffenden Hetairos als Ehrengabe zugestanden wurde, während der
erste einen Ersatz erhielt, der sich immerhin im Umfang nicht von seiner vorherigen
Portion unterschied. Mögen wir eine Zuteilung des Essens nach Status noch plausibel finden, scheinen Wegnahme und Umverteilung doch Elemente zu sein, in denen
eine außergewöhnlich starke Hierarchisierung der Gruppe Ausdruck fand. Und doch
berichtet Dosiadas genau dies; er trennt die einzelnen Stadien des Gemeinschaftsmahles ganz deutlich voneinander und stützt ihre Abfolge durch temporale Konjunk-
tionen. In der Tat bestätigen die Berichte des Pyrgion und des Aristoteles-Epitoma-
tors Herakleides diese Darstellung, denn auch diese Schilderungen lassen etablierte
Hierarchien im Andreion erkennen. Bereits oben hatten wir auf die strukturellen
Ähnlichkeiten zwischen dem Bericht des Herakleides und einer Inschrift aus Gortyn
berichtet, in denen beiden vom Archon des Andreion die Rede ist.

Zugegeben, die Zeugnisse des Dosiadas und Pyrgion unterscheiden sich in einzelnen Bestandteilen deutlich. So ist etwa die Frau, die im Bericht des Dosiadas eine
derart wichtige Rolle spielt, bei Pyrgion nicht erwähnt. Unklar ist, worauf diese Diskrepanz beruht. Womöglich boten ihre vollständigen Werke einst die gleichen Informationen, doch Athenaios war bei seiner Exzerpierung beider Autoren darum bemüht,
inhaltliche Überschneidungen nicht doppelt zu übernehmen. Allerdings wiederholt
er einige für uns wesentliche Punkte, wie etwa die übereinstimmend geschilderte
Rolle der verschiedenen Altersklassen im Andreion und ihre unterschiedlich umfangreichen Essensportionen. Eine wichtige Gemeinsamkeit der Quellen ist auch, dass im
Bericht des Pyrgion die Verteilung des Essens ebenfalls aus dem Kreis der Bürger aus-
gegliedert ist. Hier sind es aber keine Frau und öffentlichen Bediensteten, sondern
die Neotatoi, die den Bürgern aufzutragen haben. Mag Dosiadas zu Beginn seines
Berichtes auch ausdrücklich die Verhältnisse in Lyttos beschreiben, wenn er vom
Unterhalt der Andreia berichtet, geht er danach doch zu den Verhältnissen „auf ganz
Kreta" über. Ebendies ist auch der Anspruch des Pyrgion.[158] Selbst wenn die beiden
Autoren Verhältnisse in unterschiedlichen Poleis geschildert haben mögen, ist doch

---

157 Diese nach der Qualität differenzierte Zuteilung der Portionen erinnert an die homerische
Ehrenportion, die besonderen Gästen zukam. Hierzu s. etwa van Wees 1995; Rundin 1996, 193–8; Kistler 1998, bes. 78–146, und 2005, bes. 17–8; Sherratt 2004; Bakker 2013, 36–42.
158 Überdies sahen wir bereits, dass auch jene Passagen, in denen Dosiadas über die Finanzierung
der lyttischen Andreia berichtet, ihre Entsprechung in epigraphischen Zeugnissen finden, die etwa
aus Gortyn und Datala stammen. – Perlman 1992 und 2005 weist – meines Erachtens zu Unrecht – auf
die Sonderstellung von Lyttos hin; gegen diese grundsätzlichen Einwände s. vor allem Link 2002 und
2008; Chaniotis 2005 und das Kapitel *Politeia*.

zu konstatieren, dass in diesem Falle gewisse Elemente einer spezifischen Semantik der Nahrungsverteilung mit tief eingeschriebenen Hierarchien und einer daraus
resultierenden Offenbarung von Ungleichheit innerhalb der Andreia in verschiedenen Bürgerstaaten der Insel auf unterschiedliche Art zum Ausdruck kamen; und dies
wäre ein ebenso faszinierender Befund.

Hatte man während des Essens nur sparsam getrunken, wurde danach mehr
Wein bereitgestellt. Ein zweiter Becher sei auf den Tisch gekommen. Die Paides erhielten ein gemeinsames Mischgefäß mit Wein und Wasser, die Presbyteroi durften mehr
trinken, wenn sie wollten.[159] Die genaue Deutung dieser Passage ist unklar. Klar ist
allein, dass mit einer höheren Altersklasse größere Privilegien verbunden waren. Was
die Paides, also wohl die Heranwachsenden von zwölf bis sechzehn Jahren, erhielten, ist eindeutig. Ob es sich bei den „Älteren" allerdings um alle übrigen Anwesenden handelte oder allein um die Bürger tatsächlich fortgeschrittenen Alters, ist kaum
zu sagen. Gingen wir davon aus, dass die Presbyteroi einfach nur das Gegenstück
zu den Paides seien, es sich bei ihnen also um alle anwesenden Männer handelte,
müssten wir erklären, warum Dosiadas unterschiedliche Informationen zu deren
Getränkemenge überliefert: zum einen, es sei ein weiterer Becher auf den Tisch
gestellt worden, zum anderen, die Presbyteroi hätten mehr trinken dürfen, wenn sie
dies gewollt hätten. Nun schließt sich diese Passage unmittelbar an jene an, in der
Dosiadas über die differenzierte Verteilung der Essensportionen berichtet. Und dort
ist die Rede von den zwei Gruppen der Männer und der Neoteroi. Ich nehme also an,
dass diese Passagen als eine Einheit angesehen werden sollten.

In diesem Falle hätten die Knaben einen ganzen Mischkrug mit Wein und Wasser
erhalten. Den Neoteroi eines Tisches hätte man einen weiteren, gemeinsam zu trinkenden Becher zugestanden; und allein die Presbyteroi, also die Bürger ab dreißig
Jahre, hätten nach eigenem Wunsch in dieser Phase mehr als dies trinken dürfen.
Diese unterschiedlichen Trinkmengen – denn die Dromeis erhielten nicht allein deutlich weniger Wein als die über Dreißigjährigen, sondern wohl auch weniger als die
Knaben – haben ihr genaues Gegenstück in der Größe der Essensportionen, welche
wir für diese Gruppen bereits oben feststellen konnten. Somit war der Weingenuss
an sich in kretischen Andreia keinesfalls verboten, aber doch streng reglementiert.
Exzess und ekstatischen Rauschzustand durch Trunkenheit fürchtete man. Besonders die jungen Männer, das Rückgrat des Bürgerheeres, sah man gefährdet.[160]

---

159 Dosiadas ap. Athen. 4.143d.

160 Das zeigt auch die oben bereits zitierte Inschrift aus Eleutherna, im späten 6. Jh. bestimmte,
dass das Zechen bis zur Trunkenheit verboten sei. Einzig den Dromeis in Dion Akron sei es gestattet, in Trinkgemeinschaft sich ‚zuzutrinken'; SEG 41.739 = Nomima 2.98; hierzu s. van Effenterre/
van Effenterre 1995; Perlman 2004, 102; Lupu 2005, 323–5. Bestätigt wird dieses Gesetz durch Ps.-
Platon Minos 320a. – s. auch Plat. leg. 666a–b zu Altersklassen und der Empfehlung des besonders
mäßigen Weingenusses für die Neoi. Dort diskutiert der Athener mit dem Kreter Kleinias, ob es nicht
wünschenswert sei, dass die Paides bis zu ihrem achtzehnten Lebensjahr, bevor sie sich nämlich

Der Vergleich zu Sparta ist hierbei erhellend. Dort war das Trinken in das Speisen integriert, auf Kreta waren es voneinander getrennte Phasen, beziehungsweise, es schloss sich eine Phase des Trinkens an eine Phase des Essens und des gemäßigten Trinkens an. In Sparta trank man nicht aus einem gemeinsamen Gefäß, das von Hand zu Hand ging, sondern jeder Teilnehmer des Syssitions hatte seinen eigenen Becher. Auf Kreta wurde, so betont Dosiadas, allein ein Gefäß pro Tisch zur Verfügung gestellt, und dieses kreiste. Allerdings handelte es sich bei den kretischen Trinkgefäßen um schwarz gefirnisste und einhenklige Becher, wie sie in großen Mengen in verschiedenen Poleis in deren für Kommensalität genutzten Räumen nachgewiesen sind, etwa im sogenannten Andreion von Azoria.[161] Wenn dieser Becher also auch um den Tisch herum wanderte, dann wurde er aber doch nicht unter Trinksprüchen von Hand zu Hand gegeben, wie dies bei zweihenkligen Gefäßen der Fall war, Kylikes etwa. Die kretischen Becher boten also keinen Anlass zum Toasten und somit nicht zum sympotisch ausgelassenen Trinken mit dessen charakteristischen Praktiken.[162] Hierzu passt der Befund, dass diese Gefäße keinen Dekor trugen. Bilderzählungen aus den epischen Zyklen etwa, vor allem aus der *Ilias*, wie sie so typisch für die sympotische Keramik des Festlandes sind, fehlten auf diesen Bechern.[163]

Nicht nur wurden für die Bürger hiermit die Leitbilder des agonalen Verhaltens und der Aristie ausgeblendet, es wurde damit eben auch die Breite der möglichen Gesprächsthemen reduziert. Denn in dieser zweiten Phase des gemeinsamen Trinkens widmeten sich die Hetairoi dem Gespräch. Unsere Autoren legen nahe, dass die Themen standardisiert waren. Zunächst berate man über die alle betreffenden Angelegenheiten, βουλεύεσθαι περὶ τῶν κοινῶν. Anschließend erinnere man an im

---

anschickten, an die harten Aufgaben des Bürgerseins heranzugehen, gar keinen Wein tränken, weil sie sich vor dem leidenschaftlichen Sinn der Jugend in Acht nehmen müssten. Danach aber sollten sie bis zum dreißigsten Lebensjahr den Wein in Maßen genießen, dem ausschweifenden Trinken aber und dem Rausch mögen diese Neoi sich versagen. Gehe der Mann aber auf die vierzig zu, solle er es sich bei den Syssitien wohlgehen lassen. Dazu s. auch Morrow 1960, 389–98 und vgl. Kritias frg. 6 D/K ap. Athen. 10.432d.

161 Haggis et al. 2004 und 2007, 253–8; s. aber auch Haggis et al. 2004, etwa 271, 286, 291 und 304 zu den im Andreion von Azoria gefundenen bronzenen Gefäßen und Gegenständen. Vgl. darüber hinaus etwa Johnston 1993; Erickson 2002, 2004, 2005 und 2010 für die Befunde anderer Orte, etwa Kommos, Eleutherna, Afrati und Kato Simi. – IC 4.75 b = Koerner 147 = Nomima 2.46 legt womöglich nahe, dass die Tafelgeräte, welche in einem Andreion zum Einsatz kamen, von dessen Archon zentral verwaltet wurden.

162 Hiermit verband sich stets auch die Sorge vor einem Ausbruch gemeinschaftsgefährdender Gewalt; s. Fisher 1989. – Zum Maßhalten in den spartanischen Syssitien s. auch Xen. Lak. pol. 5.7–9; Plut. Lyk. 10 und dazu Nafissi 1991, 178–80; Murray 1991 sowie Meier 1998, 217–9. Plut. mor. 1134 b–c berichtet, den spartanischen Paides seien im Syssition trunkene Heloten vorgeführt worden, zum Spott und als Warnung vor der aus Alkohol resultierenden Maßlosigkeit.

163 s. allerdings die Beobachtungen von Pilz 2014.

Krieg geleistete Großtaten und preise tapfere Männer der Vergangenheit; dies, um die anwesenden Neoteroi zur *andragathia* anzuspornen, eine militärisch konnotierte Tugend.[164] Auch hier wird noch einmal sehr deutlich, dass die Andreia wohl der wichtigste Ort waren, an dem die hier Versammelten für den politischen Prozess konditioniert wurden und an ihm teilhatten. Die von Dosiadas betonten Beratungen fanden nach einem Essen statt, bei welchem jenen Männern die besten Speisen zugeteilt worden waren, die sich im Krieg oder durch ihren Verstand ausgezeichnet hatten, und vor der normativen Erinnerung an die großen Männer und Taten der Vergangenheit. Hier wurde das ideale tapfere Verhalten in Gegenwart und Vergangenheit vorgeführt, und zwar zum Wohle der Zukunft. Doch auch ganz konkret wurde hier Politik gemacht. In der Agora war es die Aufgabe des Demos die Beschlüsse seiner Eliten zu bestätigen; in den Andreia aber wurden die Handlungsoptionen vorgestellt und beraten. Die Mahlgemeinschaften waren das Forum, in dem regelmäßig Angehörige des Demos, die ganz verschiedenen Familienverbänden, Startoi und Altersklassen angehörten, mit einigen Mitgliedern der Eliten zusammenkamen. Hier wurden die Werte eines guten Bürgers vermittelt, hier wurde auch die gesellschaftliche Hierarchie, die aus dem Miteinander von Männern der unterschiedlichen Altersklassen resultierte, immer wieder vor Augen geführt. Die Mahlgemeinschaften boten die sozialen Räume, in denen die nachwachsenden Bürger ethisch homogenisiert wurden. Und dies war die Voraussetzung für die nötige hierarchische Steuerung des Demos.[165]

Es wäre ein Fehler, anzunehmen, einer der beiden großen Integrationskreise in kretischen Politien – Phylen und Hetairien – sei ‚ursprünglich‘ oder ‚evolutionär gewachsen‘, während der andere ‚generiert‘ sei. Die Phylen waren nicht die Relikte von Organisationsstrukturen auf der Basis einer Großverwandtschaft oder eines Stammes, die Hetairien waren nicht die unmittelbaren Nachfolger von Kriegerbünden. Vielmehr sehen wir in beiden allein die institutionellen Überformungen älterer Strukturen; wir können uns aber bemühen, jene zu rekonstruieren und Modelle zu entwickeln, woraus Phylen und Hetairien sich wie und mit welchem Sinn entwickelten. Und so sahen wir, dass die Grundlage des Phylensystems am ehesten in lokalen Siedlungsgemeinschaften zu suchen ist, und dass sich Hetairien aus Hetairosgruppen entwickelten, die ihren baulichen Ausdruck etwa in den Herdhäusern des 8. und 7. Jh. fanden. In beiden Fällen aber fand eine gewaltige institutionelle Überformung statt. Im Falle der Phylen wurden Siedlungseinheiten als politische Körperschaften mit spezifischen Funktionen bei der Versammlung der Politen zusammengefasst. Im Falle der Hetai-

---

164 Pritchett 1974, 280–3 mit Diskussion der Befunde.
165 Hierzu s. das Kapitel *Hetairoi des Hybrias* und vertiefend die Kapitel *Agora* und *Polis*; zu den verschiedenen Kategorien von Knaben und jüngeren Männern, welche sich im Andreion aufhielten, s. auch den entsprechenden Abschnitt im Kapitel *Paideia*.

rien wurden die eigentlich elitären Hetairosverbände für die Damoden geöffnet. Bei alldem ist wichtig festzuhalten, dass Phylen und Hetairien nicht zwei voneinander unabhängige Integrationskreise waren. Denn die mächtigsten Hetairoi dürften identisch mit jenen Männern gewesen sein, die auch in den lokalen Siedlungsgemeinschaften der Polis Führungsfunktionen wahrnahmen; dort waren ihre wirtschaftliche Potenz und ihr gesellschaftlicher Einfluss begründet.

XII Paideia

Die Sozialisation des guten Bürgers

Athener: Ihr haltet Eure jungen Leute auf der Weide wie Fohlen, die zusammen in einer Herde grasen; und keiner von euch nimmt das seine und reißt es von den Weidegenossen, mag es sich auch äußerst wild und störrisch erweisen, und gibt ihm einen besonderen Pferdeknecht und erzieht es, indem er es striegelt und zähmt und ihm alles zukommen lässt, was zur Kinderzucht erforderlich ist, wodurch der junge Mann nicht bloß ein guter Soldat würde, sondern auch fähig, Staat und Städte zu verwalten.
Kreter: Ich weiß nicht, Fremder, irgendwie machst du damit unsere Gesetzgeber schon wieder schlecht.

Plat. leg. 666e

Das System der Erziehung in kretischen Poleis, die Ausbildung der Knaben, Epheben und Jungmänner hin zum Ideal des guten Bürgers, ist von der Forschung kaum einmal systematisch analysiert worden.[1] Ganz anders steht es da um die Paideia in Sparta, für deren häufige Behandlung im Übrigen immer wieder kretisches Material zur Ergänzung des eigenen lückenhaften Befundes genutzt wird. Allerdings scheinen die literarischen Quellen ein solches Vorgehen nicht zu rechtfertigen, denn antike Autoren verglichen die spartanische Paideia mit jener in kretischen Poleis gerade wegen ihres Nebeneinanders von strukturellen Ähnlichkeiten und frappierenden Unterschieden.[2] Tatsächlich stehen sich die beiden Systeme nur auf den ersten Blick nahe. Bei genauerer Betrachtung zeigen sich jedoch in zahlreichen Aspekten ihrer Organisation und der Art ihrer Einbettung als Institution in das soziopolitische Gefüge der jeweiligen Politien wesentliche Unterschiede. Angesichts der besonderen Bedeutung, die der ethischen Homogenisierung der Bürger in kretischen Poleis zukam, ist nicht verwunderlich, in welchem starken Maß ‚die Polis‘, entweder selbst oder aber vermittelt über ihre Unterabteilungen, Einfluss auf die Heranbildung der zukünftigen Bürger nahm, deren Sozialisation von Kindheit an plante und ihr strikte Regeln auferlegte. Und so werden wir im Verlauf des folgenden Kapitels sehen, dass die kretische Paideia ein Konglomerat institutionalisierter Praktiken war, in deren Organisation, Hierarchien

---

1 Zur Erziehung der kretischen Knaben s. etwa Willetts 1955, 7–17; Gehrke 1997, 32–5, 37–45; Link 1994, 21–7; 1999; 2009 und 2014 sowie Vattuone 1998. – Das voran stehende Zitat in der Übers. von K. Schöpsdau 1977.
2 s. etwa Arist. pol. 1269a 29–1272b 23. Zur Behandlung der kretischen Paideia in Monographien zur spartanischen Erziehung s. etwa Nilsson 1912, 314; Demandt 1995, 155; Kennell 1995; Percy 1996, 72 und Ducat 2006. Einen solchen Vergleich stellt allerdings sehr gelungen Link 1999, 2009 und 2014 an.

und Ritualen der Kern dessen zum Ausdruck kommt, was es hieß, in Gemeinwesen der kretischen Archaik ‚Bürger' zu sein.[3]

Unsere wichtigsten Quellen zur Paideia in kretischen Poleis sind Teile des bei Strabon wiedergegebenen Berichts des Ephoros über die Insel, Teile der aristotelischen *Politik* und der platonischen *Gesetze*, kürzere Passagen aus der jeweiligen *Kretischen Geschichte* des Dosiadas und Pyrgion und einige Sätze bei Herakleides Lembos.[4] Darüber hinaus sind uns lediglich verstreute Einzelinformationen erhalten. Dabei ist festzuhalten, dass die uns in den literarischen Quellen zur Verfügung stehenden Informationen durchweg kompatibel sind mit dem Befund der Inschriften – seien es die literarisch und inschriftlich überlieferten Termini für die verschiedenen Altersklassen der jungen Männer; sei es das Gesetz über den Umgang mit tätlicher Beleidigung aus Eltynia, aus dem wir erfahren, dass die Paides sich tatsächlich, wie die literarischen Quellen es betonen, im Kontext des Andreions aufhielten.[5]

Die literarischen Berichte lassen uns eine Reihe von Phasen der Erziehung differenzieren, die das folgende Kapitel gliedern sollen. Im Anschluss an die Kinderjahre im Haus der Familie werden die Knaben in das Andreion ihres Vaters eingeführt. Mit 17 Jahren formieren sämtliche Jungen eines Jahrgangs Agelai, „Herden", die von der Polis unterhalten werden. Nach etwa zwei Jahren wird das jeweils angesehenste Mitglied jeder Herde durch einen der Bürger rituell entführt und im Zuge dessen die gesamte Agela in das Andreion des Entführers aufgenommen. Danach beginnt eine wohl zehn Jahre dauernde Phase, in der die jungen Männer, nun in ihren Zwanzigern, noch nicht als Vollmitglieder einer Hetairie und damit Bürger gelten, sondern gegenüber den Bürgern in gewisser Hinsicht unterprivilegiert sind, und bestimmte Aufgaben wahrzunehmen haben, wie etwa die Bewachung der Grenzen.[6] Beginnen wir mit den Jüngsten.

---

3 Zur Terminologie und Definition der Altersklassen und ihrer Harmonisierung s. Gehrke 1997, 37–8 mit Anm. 62; vgl. Bile 1988, 343–4 und 1992; Tzifopoulos 1998; Cobetto Ghiggia 1999; Davidson 2006.
4 Dosiadas FGrHist 458 frg. 2 ap. Athen. 4.143c–d; Pyrgion FGrHist 467 frg. l ap. Athen. 4.143e; Ephoros FGrHist 70 frg. 149 ap. Strab. 10.4.16, 18–20; Arist. pol. 1272a 1–3, 16–8; Herakleides Lemb. epit. Arist. frg. 611.15 (Rose).
5 Eine Diskussion der Vereinbarkeit der literarischen Quellen des 4. Jh. mit den inschriftlichen Befunden der archaischen Zeit und ein Plädoyer für die Stimmigkeit des sich aus dieser Zusammenschau ergebenden Bildes bietet das Kapitel *Politeia*. Hierzu s. auch die Debatte zwischen Perlman 1992, 2005 und Link 2002, 2008 sowie Chaniotis 2005.
6 Zu den ersten Phasen der Paideia äußert sich Stefan Link in umfangreichen Aufsätzen. Der von ihm vorgetragenen Deutung stimme ich in wesentlichen Teilen zu; s. Link 1999; 2010 und 2014 sowie auch schon 1994, bes. 21–8.

Die Jahre vor der Ephebie

Die Zeit vor dem Eintritt in die Agelai

Einen ersten bemerkenswerten Unterschied zwischen der kretischen und der spartanischen Paideia beobachten wir bereits unmittelbar nach der Geburt eines Knaben. In Sparta war es nicht dem Vater allein überlassen, über die Aufzucht seines Kindes zu entscheiden. Er hatte seinen Sohn einer Kommission der Ältesten vorzuführen, die nach dessen Prüfung darüber entschieden, ob er gesund oder schwächlich sei und dementsprechend aufzuziehen oder auszusetzen sei. Der Vater selbst besaß in dieser Frage kein Mitspracherecht. Für Kreta hingegen ist aus der Mitte des 5. Jh. inschriftlich bezeugt, dass die Anerkennung eines Sohnes allein dem Vater überantwortet war.[7] Die folgenden Jahre dürfte der Pais im engsten Familienkreis bei der Mutter verbracht haben. Anders als für Sparta wissen wir nicht, mit welchem Alter die kretischen Knaben in das System der Altersklassen eintraten, in dessen Rahmen sie mit Jahrgangsgenossen zusammengefasst und fortan gemeinsam ausgebildet wurden. In Sparta geschah dies im Alter von sieben Jahren, doch erst mit zwölf wurde die Ausbildung erheblich intensiviert.[8] Das Ziel der Erziehung – so betont Ephoros für beide Gesellschaften – sei es gewesen, den Knaben Zähigkeit und Ausdauer abzuverlangen. Über die Kreter berichtet er:[9]

> Von Kindheit an lässt man sie mit Waffen und Strapazen aufwachsen, so dass sie Kälte und Hitze zu verachten lernten, raue und steile Wege wie auch Schläge beim Sport und in Kampfturnieren. (...) Die noch Jüngeren bringen sie in die Syssitien, in die ‚Andreia‘. Am Boden sitzend leben sie hier zusammen, in dürftige Kittel gekleidet, sie tragen Winter und Sommer dieselben. Sie bedienen sowohl sich selber als auch die Männer. Die aus demselben Syssition liefern sich sowohl untereinander Kämpfe als auch gegen andere Syssitien. In jedem Andreion hat ein Paidonomos die Aufsicht.

---

7 Sparta: Plut. Lyk. 16.1–2 mit Link 1998b und 2009, 102–3. Kreta: IC 4.72.3.44–4.23 = Koerner 168 = Nomima 2.35 aus dem *Großen Gesetz* von Gortyn.
8 So Link 1994, 111 mit Anm. 23 zu Plut. Lyk. 15.7.
9 Ephor. ap. Strab. 10.4.16 und 20: πρὸς δὲ τὸ μὴ δειλίαν ἀλλ᾽ ἀνδρείαν κρατεῖν ἐκ παίδων ὅπλοις καὶ πόνοις συντρέφειν, ὥστε καταφρονεῖν καύματος καὶ ψύχους καὶ τραχείας ὁδοῦ καὶ ἀνάντους καὶ πληγῶν τῶν ἐν γυμνασίοις καὶ μάχαις ταῖς κατὰ σύνταγμα. (...) τοὺς μὲν οὖν ἔτι νεωτέρους εἰς τὰ συσσίτια ἄγουσι τὰ ἀνδρεῖα· χαμαὶ δὲ καθήμενοι διαιτῶνται μετ᾽ ἀλλήλων ἐν φαύλοις τριβωνίοις καὶ χειμῶνος καὶ θέρους τὰ αὐτά, διακονοῦσί τε καὶ ἑαυτοῖς καὶ τοῖς ἀνδράσι· συμβάλλουσι δ᾽ εἰς μάχην καὶ οἱ ἐκ τοῦ αὐτοῦ συσσιτίου πρὸς ἀλλήλους, καὶ πρὸς ἕτερα συσσίτια· καθ᾽ ἕκαστον δὲ ἀνδρεῖον ἐφέστηκε παιδονόμος· οἱ δὲ μείζους εἰς τὰς ἀγέλας ἄγονται· τὰς δ᾽ ἀγέλας συνάγουσιν οἱ ἐπιφανέστατοι τῶν παίδων καὶ δυνατώτατοι ἕκαστος ὅσους πλείστους οἷός τέ ἐστιν ἀθροίζων· ἑκάστης δὲ τῆς ἀγέλης ἄρχων ἐστὶν ὡς τὸ πολὺ ὁ πατὴρ τοῦ συναγαγόντος, κύριος ὢν ἐξάγειν ἐπὶ θήραν καὶ δρόμους, τὸν δ᾽ ἀπειθοῦντα κολάζειν· τρέφονται δὲ δημοσίᾳ· τακταῖς δέ τισιν ἡμέραις ἀγέλη πρὸς ἀγέλην συμβάλλει μετὰ αὐλοῦ καὶ λύρας εἰς μάχην ἐν ῥυθμῷ, ὥσπερ καὶ ἐν τοῖς πολεμικοῖς εἰώθασιν, ἐκφέρουσι δὲ καὶ τὰς πληγὰς τὰς μὲν διὰ χειρὸς τὰς δὲ καὶ δι᾽ ὅπλων σιδηρῶν.

Die Größeren werden in die ‚Herden' gebracht. Die Herden werden von den strahlendsten und mächtigsten Knaben zusammengebracht, wobei jeder so viele Knaben versammelt wie er kann. Über jede Herde führt im Allgemeinen der Vater des Versammelnden das Regiment, der das Recht hat sie zur Jagd und zu Geländeläufen auszuführen und Ungehorsame zu strafen. Beköstigt werden sie von öffentlicher Seite. An festen Tagen liefern die Herden sich unter Flöten- und Leierbegleitung im Takt Kämpfe miteinander, wie sie das auch im Krieg zu tun pflegen. Die Schläge fügen sie teils mit den Händen, teils mit eisernen[10] Waffen zu.

Wir sehen, dass bereits die kretischen Paides ihre Tage in jenem sozialen Integrationskreis zubrachten, dem sie als Bürger ein Leben lang angehören sollten, im Andreion.[11] Hier begann ihre Ausbildung zu politischen Akteuren. In welchem Umfang ihr Aufenthalt im Andreion die Knaben aus ihren Familien herauslöste, ist schwer zu sagen. Es gibt keinen Hinweis darauf, dass sie etwa in einem eigenen Knabenhaus geschlafen hätten. Tatsächlich gehörte ein Pais auch nicht einem beliebigen Andreion an, sondern demjenigen seines Vaters; und so ist es angesichts der großen Relevanz eines der beiden Elternteile in dieser Lebensphase wahrscheinlich, dass die kretischen Knaben nicht im gleichen Maße aus ihren Familien gelöst wurden wie die spartanischen. Dort nämlich wurde die Trennung zwischen diesen Altersklassen streng gewahrt, Söhne begleiteten ihre Väter nicht wie selbstverständlich in deren Syssitien. Überhaupt werden wir in den verschiedenen Stufen der kretischen Paideia sehen, dass deren sozialer Sinn ganz wesentlich darin bestand, über die immer wieder betonte Verbindung zwischen Vater und Sohn das Ansehen der Familie zu steigern, während in Sparta eine Dissoziation zwischen Söhnen und deren Familien betrieben und die Erziehung der jüngeren und älteren Knaben statt deren Vätern verschiedenen Institutionen des Bürgerstaates übertragen wurde. In Sparta wurde die Familie als Integrationskreis eines Knaben gewissermaßen abgeschafft.[12] Ganz anders war dies in den Poleis Kretas; hier saßen die Knaben zu Füßen ihrer Väter in deren Mahlgenossenschaften. Auf diese Weise wurde bereits in jungen Jahren manifest, wie sich der Sohn entwickelte; das wiederum wirkte auf den Vater zurück. Und hier wurde dem Sohn von Kindheit an vorgeführt, welche Position sein Vater im Andreion und in der Gesellschaft einnahm, und welchen Familien jene Männer und deren Söhne angehörten, die in diesen Gemeinschaften den Ton angaben.

Diese Relevanz des Verhältnisses zwischen Vater und Sohn im Andreion scheint zunächst inkompatibel mit der Aussage des Ephoros, in jedem Andreion habe ein Paidonomos die Aufsicht über die Knaben geführt. Allerdings berichtet Ephoros von der

---

10 Mögen die Handschriften bezüglich der Waffen auch σιδηρῶν überliefern, konjizierte die Forschung doch ἀσιδηρῶν. Die Vorstellung, diese Kämpfe seien mit scharfen Waffen ausgetragen worden, erschien angesichts des geringen Alters der Protagonisten wohl abwegig.
11 Dosiadas und Pyrgion ergänzen diesen Bericht um Details. Für deren Schilderung s. den Abschnitt zur Semantik des Verteilens von Essen und Trinken im Kapitel *Andreion*.
12 Hierzu s. stellvertretend Schmitz 2002, 2003, 2005 und 2006.

Rolle des Paidonomos im Anschluss an seine Schilderung jener Gelegenheiten, bei welchen die Knaben eines Andreions als eine Gruppe auftraten, etwa wenn sie gegen Altersklassengenossen aus anderen Andreia zum Kampf antraten. Womöglich war der Paidonomos also allein dann für die ihm anvertraute Knabengruppe verantwortlich, wenn deren Mitglieder gemeinsam außerhalb ihres Andreions auftraten. In jedem Fall sehen wir in diesen organisierten Balgereien eine Gelegenheit, bei der bereits die jüngeren Knaben sich in der Öffentlichkeit bekannt machen konnten und bei der es womöglich auf das väterliche Andreion zurückwirkte, welchen Eindruck diese Paides auf die Betrachter machten. Über den Paidonomos wissen wir nichts Näheres. Bei ihm handelte es sich offenbar um ein Mitglied des Andreions. Ob er selbst in den Jahren seiner Aufsichtsführung einen Sohn in der Menge der zu erziehenden Knaben hatte, ist eher unwahrscheinlich. Da seine Aufgabe nämlich darin bestand, außerhalb der Mahlgenossenschaft die Knaben zu beaufsichtigen, wenn deren Väter dies eben nicht länger taten, ist es nur plausibel, wenn man diese Aufgabe nicht einem der Väter selbst übertrug.[13]

In jedem Falle aber ist evident, dass sich die Rolle eines kretischen Paidonomos ganz wesentlich von der jener Institution unterschied, die in Sparta für die Aufsicht der Knaben zuständig waren. Da dort die Paides nicht an den Mahlzeiten ihrer Väter teilnahmen und daher auch nicht von jenen beaufsichtigt wurden, übertrug man dies einem der Gruppenführer der Polis, einem sogenannten Eiren. Dieser entstammte der Altersklasse der Zwanzig- bis Dreißigjährigen, war also noch kein Vollbürger.[14] Er erteilte den Knaben Aufgaben, fragte ihr Wissen ab und strafte sie. Bisweilen geschah dies vor Älteren und Amtsträgern, wie Plutarch berichtet, damit deutlich werde, ob der jeweilige Eiren die Bestrafung auch in der gebotenen Weise vornehme. Offenbar erwählten die Knabengruppen sich ihre Eirenes selbständig; und jene verloren ihre Funktion, wenn sie das dreißigste Lebensjahr vollendet hatten. Bis dahin aber hatten die Eirenes auch einen Vorgesetzten, einen ebenfalls Paidonomos betitelten Funktionsträger. Dieser war für die Knaben und jungen Männer in sämtlichen Phasen der Paideia in der Polis zuständig, bis zu deren dreißigstem Lebensjahr. Er verfügte über

---

13 Link 1999 und 2009 vermutet, dass der Paidonomos eines Andreions der Vater eines der Knaben war, und zwar ein unter seinen Hetairoi einflussreicher Mann, der dadurch in seiner sozialen Stellung bestätigt worden sei. – Eine der frühesten Inschriften von Gortyn, IC 4.15 = Nomima 2.23 vom Ende des 7. Jh., ist wegen ihrer starken Fragmentierung kaum sinnvoll zu rekonstruieren: „.... der Ziehvater wird haben ... der Strafe zahlen muss ... zahlen und der Titas, der ...“. Mit Nomima 2 ad loc. mag man hier in Betracht ziehen, dass es sich bei dem ‚Ziehvater‘ (*atitaltas*) um einen Funktionsträger handelt, dessen Aufgabe die Ausbildung der Paides in den Andreia beziehungsweise der Epheben in den Agelai war; dass der ‚Ziehvater‘ also mit der von Ephoros erwähnten Institution des Paidonomos beziehungsweise des Agelates zu identifizieren ist. So zumindest ließe sich die Erwähnung des Titas in diesem Kontext erklären, der offenbar allein gegenüber anderen Funktionsträgern, nicht aber Privatleuten als Instanz auftrat. Hierzu s. das Kapitel *Kosmos*.
14 Plut. Lyk. 17.4; 18.6–7.

Hilfspersonal, Peitschenträger, und wurde aus der Gruppe jener bestimmt, aus denen man auch die höchsten Amtsträger erwählte.[15] Ganz anders als Sparta also betteten kretische Poleis diese frühe Phase der Paideia in den sozialen Integrationskreis des Andreion ein. Und hier besaßen die Väter der Knaben und eigens dafür bestellte Mitglieder dieser Mahlgemeinschaft, also Vollbürger, wesentlichen Einfluss.

Die Gesetzesobservanz der Jungen

Die Ausbildungsziele kretischer Paides waren vielfältig. Im Vordergrund stand keineswegs nur die körperliche Abhärtung. Auch auf anderen Gebieten wurden sie zu guten Bürgern sozialisiert. Ephoros berichtet:

> Als Paides lernen sie nicht nur ‚das Geschriebene' (*ta grammata*), sondern auch die in den Gesetzen vorgeschriebenen Lieder und gewisse Arten von Musik.[16]

Hierbei handelte es sich wohl nicht um das bloße Erlernen von Schreiben und Lesen, dies hätte Ephoros wohl nicht als eine Besonderheit der kretischen Paideia herausstellen müssen. Vielmehr wurden – nicht allein auf Kreta – die Ausdrücke für ‚Gesetz' und ‚Schrift' beziehungsweise ‚Geschriebenes' synonym gebraucht. Tatsächlich verzeichnet das Große Gesetz von Gortyn als seine Selbstbezeichnung die Formulierung *ta grammata*.[17] Und so sollten wir wohl eher davon ausgehen, dass es zur Ausbildung der männlichen Jugend gehörte, die Gesetze ihrer Poleis zu lernen. Ailian bestätigt dies, wenn er festhält:

> Die Kreter ordneten an, dass die freien Knaben die Gesetze mit einer Melodie lernen sollten, damit ihre Seelen durch die Musik bewegt würden; damit sie die Gesetze leicht in das Gedächtnis aufnehmen und sich bei Zuwiderhandlung nicht mit ihrer Unkenntnis verteidigen könnten. Als zweiter Lehrgegenstand war das Lernen von Götterhymnen vorgezeichnet, als dritter die Loblieder auf tüchtige Männer.[18]

---

15 s. Link 1999, 6–7 mit den wesentlichen Quellen; und Hodkinson 1983, 146–7 zur auch für die spartanischen Eirenes geltenden Rechenschaftspflicht.

16 Ephor. 10.4.20: παῖδας δὲ γράμματά τε μανθάνειν καὶ τὰς ἐκ τῶν νόμων ᾠδὰς καί τινα εἴδη τῆς μουσικῆς; vgl. Herakl. Lemb. epit. Arist. frg. 611.15 (Rose).

17 IC 4.72.11.20 = Koerner 180 = Nomima 2.40; hierzu s. auch Gehrke 1997, 41–3 mit zahlreichen Zeugnissen aus Kreta und anderen griechischen Poleis; Thomas 1992, 1995, 2005; Robb 1994; Hölkeskamp 2000, 81–3. Vgl. die Statuettengruppe eines Lyra spielenden Mannes in Begleitung eines Knaben, die Padgett 1995 und Carter 1997 als Reflexion der von Ephoros beschriebenen Erziehung deuten.

18 Ail. var. 2.39: Κρῆτες δὲ τοὺς παῖδας τοὺς ἐλευθέρους μανθάνειν ἐκέλευον τοὺς νόμους μετά τινος μελῳδίας, ἵνα ἐκ τῆς μουσικῆς ψυχαγωγῶνται καὶ εὐκολώτερον αὐτοὺς τῇ μνήμῃ διαλαμβάνωσι, καὶ ἵνα μή τι τῶν κεκωλυμένων πράξαντες ἀγνοίᾳ πεποιηκέναι ἀπολογίαν ἔχωσι. δεύτερον δὲ μάθημα ἔταξαν τοὺς τῶν θεῶν ὕμνους μανθάνειν· τρίτον τὰ τῶν ἀγαθῶν ἀνδρῶν ἐγκώμια.

Der zweite und dritte dieser Punkte finden ihre Plausibilisierung in der Parallelüberlieferung. Dosiadas berichtet, dass in den Andreia um das Gemeinwesen verdiente Männer gelobt wurden. Und als ein beeindruckendes Beispiel für von den jungen Männern kretischer Poleis einstudierte und zum Vortrag gebrachte Götterhymnen mag der Hymnos auf den Großen Kouros, der Zeushymnos von Palaikastro dienen.[19] Ferner gibt es eine Reihe von Hinweisen, dass die Verinnerlichung einer spezifischen Observanz der Polisgesetze wichtiges Erziehungsziel und wesentlicher Bestandteil der Sozialisation in kretischen Gemeinwesen war. So lässt Platon in seinen *Gesetzen* den Athener zum Kreter Kleinias sagen:

> Denn wenn auch eure Gesetze sonst schon zweckmäßig beschaffen sind, so ist doch bei euch eines der schönsten Gesetze wohl dies, dass man keinem jungen Mann gestatten dürfe, dem nachzuforschen, was an den Gesetzen gut ist oder nicht, sondern dass mit einer Stimme und aus einem Munde alle einhellig erklären sollen, alles sei schön angeordnet, da es Götter angeordnet hätten. Und wenn jemand eine andere Meinung äußert, so dürfe man es auf keinen Fall ertragen, ihn anzuhören. Wenn aber ein Greis irgendetwas an euren Gesetzen bemerkt, so solle er solche Reden vor einem Beamten und vor einem Altersgenossen ohne Gegenwart eines jungen Mannes führen.[20]

Dieses Zeugnis legt nahe, dass in kretischen Politien der politische Raum und der Bestand der dort verhandelten Themen nicht Gegenstand einer offenen gesellschaftlichen Diskussion waren. Die Macht der Alten in der Gesellschaft kretischer Poleis scheint allerdings groß gewesen zu sein. Dies ergibt Sinn vor dem Hintergrund des bis hierher Konstatierten. Schließlich beruhte die Sozialisation der zukünftigen Bürger ganz wesentlich darauf, die Bindung eines Knaben an seine Eltern durch seine Einpassung in ein System von Altersklassen zu ergänzen. Diese strukturierten von klein auf maßgeblich die Teilhabe eines Mitglieds der Gemeinschaft an allen Bereichen des gesellschaftlichen Lebens. Sämtliche Facetten der Ausbildung der zukünftigen Bürger – die Erziehung für Krieg und Frieden, ihre Betätigung in Sport und Kult, ihr täglicher Aufenthalt in Zeltgemeinschaften, wenn sie die Grenzen der Polis bewachten, oder in Speisegenossenschaften, wenn sie sich in der Polis aufhielten, und nicht zuletzt ihre Partizipation an politischen Entscheidungen – waren nach Altersklassen strukturiert und sorgten auf diese Weise für die Observanz altersspezifischer Möglichkeiten und Beschränkungen und übten die Achtung vor den Angehörigen höherer Altersklassen ein. Gerade die literarischen Zeugnisse des Pyrgion und Dosiadas, die in diesem Punkt ihre Bestätigung in den inschriftlichen Quellen erfahren, machen deutlich, dass im Andreion die Differenzierung nach Altersklassen eine wichtige Rolle spielte. Mit niedrigerem Alter gingen untergeordnete Tätigkeiten und geringere

---

19 Dosiadas ap. Athen. 4.143d. – Zum Zeushymnos s. etwa West 1965; Bowra 1970; Perlman 1995 und Alonge 2005.
20 Plat. leg. 634d–e.

Privilegien einher, schlechtere Kleidung etwa und eine Halbierung der Ration. Mit der Zugehörigkeit zu einer höheren Altersklasse war ein Mehr an Autorität verbunden.[21]

Winfried Schmitz hat für Sparta überzeugend gezeigt, dass das dortige System der Altersklassen zu besonders stark ausgeprägten Hierarchien führte. Dies war nötig, da die in Kleingruppen von fünfzehn Mitgliedern organisierten Syssitien keine institutionalisierte innere Hierarchie hatten. Da in diesen Mahlgemeinschaften Angehörige ganz unterschiedlicher Altersklassen zusammenkamen, hatte eine nach dem Alter gestaffelte Hierarchie große Bedeutung. Dies resultierte nicht zuletzt in einer Kontrolle der Alten über die Sprache. Die ‚lakonische Kürze' des Ausdrucks war eine Reflexion verinnerlichter verbalisierter Normen, von in Sentenzen gefassten Verhaltensauflagen.[22] Wie die platonischen *Gesetze* es für Kreta betonen, war auch „in Sparta das Politische kein Aushandlungsprozess (...), der über offene Kommunikation vermittelt wurde. Da wurde nicht (...) debattiert, (...) und wurde nicht der Ratschlag vieler gehört, sondern ein Satz reichte, um das Ruder herumzureißen. Das funktioniert nur, wenn das Veto des Älteren und die metaphorische Form der Sprache intensiv eingeübt wurden, wenn diese Sprechweise mit Autorität ausgestattet war."[23]

Das gleiche scheint auch für Kreta zu gelten. Schließlich betont der Athener in Platons *Gesetzen*:

> Von unserer Stadt glauben alle Hellenen, dass sie gern und viel rede; von Lakedaimon dagegen, dass es wortkarg sei; von Kreta, dass es mehr auf Reichtum an Gedanken als an Worten bedacht sei.[24]

Und eine Passage aus dem 1. Buch der *Kretika* des Sosikrates, entstanden in der ersten Hälfte des 2. Jh., berichtet, dass die Einwohner von Phaistos besondere Schlagfertigkeit besäßen, was sie von allen anderen Kretern unterscheide. Denn allein sie

---

21 Zu Rollen und Privilegien der Angehörigen unterschiedlicher Altersklassen im Andreion s. den letzten Abschnitt dieses Kapitels. – Sowohl in Sparta als auch in Kreta gab es natürlich auch Hierarchien in den Andreia, die wesentlich darauf beruhten, welche Mahlgenossen mehr aus eigener Tasche beisteuerten. Dies waren aber keine institutionalisierten Rollen der Prominenz.

22 Schmitz 2006 zeigt, dass hierin die lakonische Kürze, die bereits in den homerischen Epen am Beispiel der für Menelaos charakteristischen Redeweise vorgeführt wird, den Sprüchen vollbäuerlicher Gemeinschaften im archaischen und klassischen Griechenland vergleichbar war, welche die Grundwerte des nachbarschaftlichen Zusammenlebens in den Dörfern in knappen Sentenzen wiedergaben; hierzu s. Schmitz 2004 und 2004a, hier 89: „In den bäuerlichen Sprüchen konservieren dörfliche Gemeinschaften ihren reichen Erfahrungsschatz und ihre Sicht und Deutung der Welt. In dieser Welt, in der die Sprache über das gesprochene Wort dominiert, die Gestik über die Rede, wird das Sprechen in feste Formen gegossen. Dazu gehört auch eine geregelte Struktur: Es ist der durch gebundene Form, Knappheit und Prägnanz charakterisierte Spruch."

23 Schmitz 2004a, 93.

24 Plat. leg. 641e.

würden schon von frühester Jugend an dazu erzogen, Dinge zu sagen, die andere zum Lachen brächten. Aufgrund dieses ihnen bereits früh vermittelten Verhaltens, verbänden alle anderen Kreter die Eigenschaft der Heiterkeit mit ihnen.[25] Hinzu kommen weitere Passagen, die etwa betonen, dass Kreta diejenigen, die sich in stolzem Redeprunk gefielen, der Insel verwiesen habe.[26] In diesen Zeugnissen gewinnt ein Bild an Kontur, dass die Kreter als gedankentief, doch sparsam im Ausdruck wahrgenommen wurden.[27] Womöglich wird dies auch in einer Reihe hellenistischer Verse deutlich. Zwei Epigramme des Kallimachos etwa lauten:

σύντομος ἦν ὁ ξεῖνος, ὃ καὶ στίχος οὐ μακρὰ λέξων
‚Θῆρις Ἀρισταίου Κρής‘ ἐπ’ ἐμοὶ δολιχός.

Kurz angebunden war der Fremde, weshalb auch die Aufschrift, die nicht viele Worte macht, mit ‚Theris, Aristaiossohn, Kreter‘ auf mir schon lang ist.

τίν με λεοντάγχ’ ὦνα συοκτόνε φήγινον ὄζον
θῆκε ‚τίσ‘; Ἀρχῖνος ‚ποῖοσ‘; ὁ Κρής ‚δέχομαι‘.

Dir hat mich, Herr Löwenwürger, Ebertöter, den Spross der Eiche geweiht. – ‚Wer?‘ – Archinos. – ‚Welcher?‘ – Der Kreter. – ‚Akzeptiert‘.[28]

Hier wird die Kürze des Ausdrucks zelebriert zwischen Herakles, dem Mann der Tat und nicht der Worte, und seinem darin wesensähnlichen Gegenüber, dem Dedikanten Archinos aus Kreta. Ein Epigramm des Poseidippos schließlich hält fest:

τί πρὸς ἔμ’ ὧδ’ ἔστητε; τί μ’ οὐκ ἠάσατ’ ἰαύειν,
εἰρόμενοι τίς ἐγὼ καὶ πόθεν ἢ ποδαπός;
στείχε⟨τέ⟩ μου παρὰ σῆμα· Μενοίτιός εἰμι Φιλάρχω
Κρής, ὀλιγορρήμων ὡς ἂν ἐπὶ ξενίης.

Warum seid ihr zu mir gekommen? Warum habt ihr mich nicht in Ruhe schlafen gelassen und musstet fragen, wer ich bin und woher und von wo? Geht hin zu meinem Grabmal: Menoitios bin ich, Sohn des Philarchos, Kreter, wortkarg, weil ich hier in der Fremde bin.[29]

---

25 Sosikrates FGrH 461 frg. 1 ap. Athen. 6.261e.

26 Sex. Empir. adv. Rhett. p. 292 Fabr.; vgl. daneben auch Suidas s.v. *Epikouros*, wo berichtet ist, dass ein Gesetz in Lyttos den Aufenthalt von Epikureern in dieser Polis untersagt habe, da man jene als Urheber einer weibischen und unedlen Philosophie erachtet habe; außerdem Plat. Protag. 342 a7–b1, c8–d2 und Clemens Alex. str. 1.351. Hierzu s. Hoeck 1829, Bd. 3, 438–44.

27 Ansonsten waren die Kreter freilich reputierte Lügner; s. McLennan 1977, 15–6, 35–6; Otto 1890 s.v. Creta (Nr. 463) mit den Ergänzungen von Häussler 1968. – Eine erste Aufstellung der Kreta und seine Einwohner beschreibenden sprichwörtlichen Ausdrücke bietet Cairns 1996, 80; s. ausführlich Leutsch-Schneidewin 1839, 268 und 297; Leutsch 1851, 181, 205, 487 und 557.

28 Kallim. ep. 35 Gow/Page = 11 Pfeiffer, zitiert nach Asper 2004; ep. 22 Gow/Page = 34 Pfeiffer, zitiert nach Köhnken 1993, 121–3.

29 Weitere Beispiele und deren Diskussion bieten Lausberg 1982, 22 und 175; Gronewald 1993; Vouti-

Diese Reihe von – zugegeben, recht verstreuten – Dokumenten weist nicht allein darauf hin, dass die polisreiche Insel als eine Einheit wahrgenommen wurde, immerhin sind dies nicht etwa die Epigramme eines Gortyniers oder Phaistiers, sondern eben jeweils eines Kreters. Deutlich wird auch, dass die Bewohner der Insel als wortkarg dargestellt wurden. Die besprochenen Quellen und der Vergleich mit den spartanischen Verhältnissen legen nahe, dass diese Eigenschaft aus der spezifischen Erziehung der jungen Kreter resultierte. Ihnen wurde beigebracht, den autoritativ vorgebrachten Sentenzen der Älteren und den in Form von Gesetzen gegossenen Normen und Verhaltensrichtlinien Folge zu leisten, welche sie von Kindheit an zu studieren, nicht aber kritisch zu hinterfragen hatten.[30]

Die Ausbildung in den Agelai

Wie wir sahen, berichtet Ephoros, dass nach einigen Jahren der Ausbildung im väterlichen Andreion für die kretischen Paides eine grundlegend andersartige Phase ihrer Ausbildung begann. Sie bildeten Agelai, was wir am Ehesten als den Eintritt in die Ephebenausbildung konzeptualisieren sollten. Dass dies im Alter von 17 Jahren geschah, überliefert eine Glosse des Hesychios zum Lemma ἀπάγελος· ὁ μηδέπω συναγελαζόμενος παῖς, ὁ μέχρι ἐτῶν ἑπτακαίδεκα. Κρῆτες. Werfen wir erneut einen kurzen Blick auf Sparta, um aus den dortigen Gepflogenheiten der Formierung junger Männer einen Vergleichsgrund für die kretischen Verhältnisse zu erhalten.[31] In Sparta erwählten die Ephoren die drei besten jungen Männer ihrer Altersklasse als Hippagreten. Jeder von diesen wählte dann jeweils 100 andere junge Männer aus, wobei er angab, warum er sich gerade für diesen einen entschied, jenen anderen aber ablehnte. Diese jungen Männer galten als die Elite ihres Jahrgangs, sie waren die 'Hippeis', die Bewacher der Könige. Womöglich waren allein sie es, die von den Ephoren auf die gegen die Heloten gerichtete Krypteia gesandt wurden. Bei ihren Streifzügen waren sie offenbar keinem Anführer unterstellt. Wenn sie sich aber im

---

ras 1994; Cairns 1996 und Meyer 2004, 180, 191–2. – Diese Titel diskutieren auch das Verhältnis dieser Verse des Kallimachos zu Poseidippos 15 Bastianini/Gallazi, aus der ersten Hälfte des 3. Jh. Ich deute die Schweigsamkeit des von Poseidippos genannten Kreters gegen Gronewald und mit Voutiras nicht als Resultat seines Aufenthalts in der Fremde, sondern als Charaktereigenschaft des Kreters. Dies wird schon darin deutlich, dass dieses Epigramm im Papyrus des Poseidippos-Neufundes mit *tropoi* übertitelt ist.

30 Ein wesentlicher Zug dieser 'Unberührbarkeit' der Gesetze war sicherlich ihre Verankerung im Mythos, wie wir es in der kretischen Lokalmythologie greifen, die Diodor überliefert, Diod. 5.64–80. Hier ist nicht der Raum auf dieses faszinierende Zeugnis einer intentionalen Geschichte der Kreter einzugehen. Verwiesen sei daher auf den kurzen Überblick bei Gehrke 1997, 62–5. Zum Konzept der 'intentionalen Geschichte' s. etwa Gehrke 1994 und 2010; Ulf 2008.

31 Zum Folgenden s. Xen. Lak. pol. 4.3–6 und Plut. Lyk. 28.3–5; dazu Vidal-Naquet 1989, 2, 112–3, 145; Meier 1998, 168–70; Link 1999, 8–9.

urbanen Gebiet aufhielten, wo sie mit den anderen jungen Männern ihrer Altersklasse gemeinsam aßen und schliefen, und sich dort in eine der Handgreiflichkeiten einließen, die unter ihnen immer wieder ausbrachen, durfte jeder Bürger sie voneinander trennen. Gehorchten sie daraufhin nicht, führte der Paidonomos sie vor die Ephoren, welche die Trupps streng bestraften.

Ganz anders war diese Phase der Ephebie in kretischen Poleis organisiert. Hier wurden nicht etwa von den Amtsträgern der Polis Anführer benannt, und hier separierte sich auch keine Elite von den anderen Mitgliedern ihrer Altersklasse. Vielmehr gruppierten sich alle Jungen eines Jahrgangs selbstbestimmt um einige wenige aus ihren eigenen Reihen: „Die strahlendsten und mächtigsten der Knaben bringen die Agelai zusammen, wobei jeder so viele Knaben versammelt, wie er kann". Der Bericht des Ephoros bietet keinen Anlass zu der Vermutung, dass die Mitglieder einer Agela jeweils nur aus einem Andreion stammten, dass diese Epheben also bereits einige Jahre in der gleichen Mahlgemeinschaft zugebracht hatten, weil ihre Väter der gleichen Hetairie angehörten. Vielmehr scheint recht deutlich, dass mit der Formation von Agelai die Paides eines Jahrgangs durchmischt wurden. Tatsächlich betont Ephoros ja, dass die besonders angesehenen Knaben sich bemühten, so viele ihrer Altersgenossen wie möglich um sich zu scharen.

Alle Knaben dieses Jahrgangs hatten nun die Wahl, sich unter denjenigen Knaben zu Agelai zusammenzufinden, welche sie für besonders angesehen hielten – und zwar ungeachtet ihrer bisherigen Zugehörigkeit. Auf diese Weise vermengte die Institution der Agela die gleichaltrigen Knaben einer Polis miteinander. Sie brach die über Jahre etablierten Strukturen der Zugehörigkeit zur väterlichen Hetairie und den anderen dort versorgten Knaben auf, ließ sie sich zu neuen Kreisen zusammenschließen und sorgte auf diese Weise für neue Zugehörigkeitsstrukturen. Die Leitung einer solchen ‚Herde' übernahm, wie Ephoros betont, normalerweise der Vater jenes Knaben, um den herum die anderen sich geschart hatten. Er erhielt den Titel eines *Agelates*.[32] Die Bindung an das System der Hetairien war für die kretischen Epheben also keinesfalls völlig aufgehoben. Immerhin dürfte es – neben den eigenen Fähigkeiten jenes angesehensten Knaben – maßgeblich der Einfluss seines Vaters gewesen sein, der einem herausragenden Ansehen des Sohnes unter dessen Altersgenossen den Weg bereitete. Dies legt auch ein Merkmal des im nächsten Abschnitt dieses Kapitels behandelten Entführungsrituals nahe. Es waren nämlich – aller Wahrscheinlichkeit nach – diese ‚strahlendsten Knaben', die dadurch ausgezeichnet wurden, dass ein angesehener Bürger sie raubte. Denn dabei, so betont Ephoros, gehörte es zu den wesentlichen Kriterien der Aristie eines solchen Entführungsopfers, gute Vorfahren zu haben.[33]

---

32 Ephor. ap. Strab. 10.4.20; Herakl. Lemb. epit. Arist. frg. 611.15 (Rose).
33 Ephor. ap. Strab. 10.4.21 berichtet, dass es für Paides mit schönem Aussehen und angesehenen Vorfahren die größte Schande sei, keine Liebhaber zu finden, da man dies auf ihren *tropos* zurückführe.

Die familiäre Herkunft eines jungen Mannes war in den Jahren seiner Ephebie für seine soziale Verortung also von großer Bedeutung. Ephoros berichtet nicht, dass ein solcher Pais eine herausgehobene Stellung in seiner Agela gehabt hätte. Allerdings ist es unwahrscheinlich, dass der Status eines ‚Strahlendsten und Mächtigsten' nach der Formation der Agela gleichsam geruht habe. Sicherlich wird von jenem Pais das gleiche Maß an Gehorsam und Bereitschaft, sich strafen zu lassen, erwartet worden sein wie von seinen Mitepheben, doch dürfte – gerade wegen der engen Verbindung mit seinem Vater – seine besondere Abkunft der Agela stets vor Augen gestanden haben. Man wird von ihm ein entsprechend exzellentes Verhalten erwartet haben. Doch allein aufgrund seiner Abstammung für herausragend gehalten zu werden, reichte nicht. Der junge Mann musste dieser Erwartung auch in sonstigen Eigenschaften, Habitus und vor allem Taten entsprechen. Es scheint, dass in den Kleingruppen der Agelai genealogische Privilegierung perpetuiert wurde. Hier wurden die zukünftigen Anführer des Gemeinwesens aufgebaut.

Vor diesem Hintergrund ist der Mechanismus, mittels dessen sich die Agelai zusammenfanden, ganz bemerkenswert. In Sparta beriefen die Institutionen der Polis einige Knaben des Jahrgangs, die dann eine festgelegte Anzahl ihrer Altersgenossen zu Gefährten ernannten und alle anderen zurückwiesen. In kretischen Poleis hingegen wählte ein jeder Knabe eines Jahrgangs seinen eigenen Anführer aus und seine eigene Agela. Hier wurde also mit den Füßen darüber abgestimmt, wer überhaupt die ‚strahlendsten und mächtigsten' Knaben eines Jahrgangs waren. Somit entschieden sozial niedriger stehende und noch nicht erwachsene Jungmitglieder der Gemeinschaft über den Status und die Prominenz nicht allein derjenigen Knaben, denen man aufgrund ihrer Herkunft zugestand und von denen man es womöglich gar erwartete, eine Reihe von Jahrgangsgenossen um sich zu gruppieren. Die Jungen befanden zugleich über den Status und die Prominenz dessen Vaters, eines angesehenen Bürgers. Für jenen war es eine Prestigeangelegenheit, dass sein Sohn unter den Augen der Öffentlichkeit möglichst viele andere um sich scharte, welche er selbst dann ausbildete.[34] Tatsächlich war aus Sicht der Knaben eines Jahrgangs die Entscheidung, wem sie sich für die Zeit der Ausbildung in den Agelai anschließen würden, nicht allein für diese zwei Jahre von Relevanz. Vielmehr fassten sie einen Beschluss für ihr ganzes Leben. Da nämlich – wie wir sehen werden – eine Agela wohl geschlossen in eine Hetairie übertrat, bedeutete der Prozess zugleich auch die Wahl und Zusammensetzung seiner späteren Mahlgenossenschaft, seines Andreions.

Zunächst aber bildeten die Epheben für etwa zwei Jahre kleine Trupps und durchliefen unter Anleitung der Väter jener Knaben, welche die jeweilige Agela zusammengebracht hatten, eine weitere Phase ihrer Ausbildung. Charakteristisch erscheint, dass

---

34 Link 1994, 22–4, 129–30, 1999 und 2009 betont die Rolle des Vaters und die hierin deutlich werdende „adlige Hausmachtspolitik".

sie während dieser Zeit „öffentlich ernährt wurden", wie Ephoros betont.[35] Hatten sie eben noch dem väterlichen Andreion angehört und waren von jenem ernährt worden, waren sie nun Epheben der Polis; und als solche transzendierten sie die Grenzen der einzelnen Hetairien. Einer allzu starken Bindung dieser Trupps an einzelne Hetairien wurde auf diese Weise womöglich vorgebeugt. Ihr Unterhalt von öffentlicher Seite war ein wichtiges Element der Ephebie, in welcher die zukünftigen Bürger auf die Polisgemeinschaft hin orientiert wurden. So war es denn auch konsequent, dass zahlreiche Elemente ihrer Ausbildung von der Polis vorgeschrieben waren. Die Epheben gingen etwa auf die Jagd und absolvierten *dromoi*, „Läufe". Unklar ist, ob es sich bei diesen um Gelegenheiten sportlicher Ertüchtigung im urbanen Zentrum der Polis handelte; womöglich waren es sich auch Geländeläufe, welche, wie die in einem Atemzug damit genannte Jagd, die Epheben aus der urban geprägten Siedlung in die umliegende wildere Natur brachten.[36]

In jedem Falle war die Ausbildung der zukünftigen Bürger ‚wehrsportlich' geprägt. Ganz deutlich wird dies darin, dass die Agelai an festgelegten Terminen gegeneinander kämpften. Sie marschierten unter Begleitung der Flöte und Leier im Takt gegeneinander – wie sie es auch im Krieg täten, betont Ephoros – und fügten sich Schläge teils mit den Fäusten, teils mit Waffen zu. Ihr Agelates durfte sie bei all dem im Falle eines Fehlverhaltens bestrafen; anders als die spartanischen Erzieher war er hierbei offenbar nicht einer Institution der Polis gegenüber rechenschaftspflichtig. Zu dieser militärisch geprägten Ausbildung der Epheben gehörten auch das Bogenschießen und Tänze in voller Rüstung, zu denen sie kriegerische Lieder sangen. Diese Waffentänze galten als Gelegenheit für die jungen Soldaten, sich in Harmonie und Gleichschritt zu üben. Tänze wie die Pyrrhiche blickten auf eine lange Tradition in Kreta, man nahm sogar an, sie seien auf der Insel entstanden, und zwar aus den Tänzen der Kureten, welche, um den neugeborenen Zeus vor seinem Vater Kronos zu retten, dessen Schreie übertönten, indem sie ihre Waffen an die Schilde schlugen.[37]

Beachtenswert ist, dass Ephoros betont, die Angehörigen einer Agela kämpften nicht untereinander, sondern gemeinsam gegen andere Agelai. Immerhin war für die frühere Phase der Paideia vorgeschrieben, dass die Söhne einer Hetairie nicht nur gegen die Knaben aus den anderen Hetairien kämpften, sondern auch gegeneinander. Hier wird noch einmal die soziale Funktion der Agelai deutlich. Bis zur Formierung der Herden traten die Knaben eines Andreions zwar als eine Gruppe auf, doch waren

---

35 Ephor. ap. Strab. 10.4.16: τρέφονται δὲ δημοσίᾳ.

36 Die Beobachtung, dass ‚Dromeis' auch die Bezeichnung der jungen Männer in ihren zwanziger Jahren war, deutet darauf hin, dass diese Läufe von großer Bedeutung für die Sozialisation der zukünftigen Bürger waren. Zum *dromos* und seinem Verhältnis zum Gymnasion s. das Kapitel *Eleutheros*. Zu den Rennen s. Tzifopoulos 1998 mit Blick auf den kretischen *hemerodromos* Philonides, einen militärischen Kurier in Diensten Alexanders des Großen. Zur Bedeutung der Jagd s. Schnapp 1979, 1996 und 1997; Beston 2000, 320.

37 Diod. 5.65.4; Ephor. ap. Strab. 10.4.16.

in dieser Phase auch der Konflikt und die handfeste Auseinandersetzung zwischen ihnen fester Teil ihrer Ausbildung. Mit 17 Jahren jedoch fanden sich die Agelai bewusst zusammen. Sie würden als eine geschlossene Gruppe von Epheben in jeweils eine der Hetairien eingehen und damit ein ganzes Leben lang eine Gemeinschaft bilden. Mit dieser Perspektive vor Augen wurden Konflikte zwischen den Mitgliedern einer Herde ausgeblendet. Fortan traten sie allein als geschlossene Gruppe gegen andere Agelai an – und dies an Tagen, die vom Gesetz verordnet waren. Zwischen diesen Trupps waren Konkurrenz und handfeste Auseinandersetzung also institutionell verankert.[38]

Wir dürfen auch annehmen, dass die jungen Männer gemeinsame Unterkünfte hatten. Darauf weist eine Passage des Herakleides Lembos hin, der die uns nicht erhaltene *Kretische Politeia* des Aristoteles exzerpiert.[39] Im Kontext seiner Schilderung der Agelai und deren Kämpfe untereinander berichtet dieser auch, dass die Epheben gemeinsam nächtigten. Tatsächlich wären alle anderen denkbaren Möglichkeiten, wie die Epheben untergebracht gewesen sein könnten, vor dem Hintergrund des bisher Dargestellten wenig wahrscheinlich. Denn aus ihren Familien waren sie in dieser Phase weitgehend herausgelöst. Es gibt keinen Anhaltspunkt etwa darauf, dass – außer dem Agelates – einer der Väter einen besonderen Einfluss gehabt habe. Und auch den väterlichen Hetairien waren sie entwachsen. Tatsächlich unterstützt die von Ephoros überlieferte Information der „öffentlichen Ernährung" die Vermutung, dass die Epheben auch von der Polis beherbergt wurden. Von einem ausdrücklich hierfür reservierten Gebäude haben wir allerdings keine Kenntnis. In jedem Fall aber sorgte die gemeinsame Unterbringung für ein noch stärker ausgeprägtes Gefühl der Verbundenheit unter den Mitgliedern einer Agela.

Aus dem zentralkretischen Eltynia ist uns aus der Zeit um 500 eine Inschrift erhalten, welche die Umstände der Bestrafung für die tätliche Beleidigung von Paides regelt. Im Verlauf der Regelung wird deutlich, dass sich die Strafzahlung – und damit die empfundene Schwere des Deliktes – nach einer Reihe von Faktoren wie der Art und dem Motiv der Verletzung, dem Täter und dem Ort der Tat bemaßen. Unter anderem ist hier auch der Fall besprochen:

[αἰ] δέ κ' ἀνὴρ | τὸν πηίσκον παίηι | μὴ [– – –]τον | ἢν ἀνδρηίοι | ἢν ἀγ[έ]λα[ι] | ἢ συν[β]ολήτραι | ἢ 'πὶ κορõι | ἢ 'πὶ νηο[.....] | η[– – –]

Wenn aber ein Mann den Knaben schlägt, soll er nicht – – – entweder im Andreion oder in der Agela oder in der Symboletra oder beim Koros oder beim Jung[– – –[40]

---

38 Davidson 2007, 304 lässt – wie die Paides – auch die Mitglieder der einzelnen Agelai untereinander kämpfen. Das ist ein Irrtum.

39 Herakl. Lemb. epit. Arist. frg. 611.15 (Rose).

40 IC 1.10.2 = Koerner 94 = Nomima 2.80 = SEG 2.509. Hierzu s. auch Guarducci 1931; Latte 1931, 134–54; Gehrke 1997, 43–5 und den Abschnitt zur Polis als Autorität im Kapitel *Polis*.

Hier sind Schauplätze erwähnt, die – sollten sie der Ort der Verletzung gewesen sein – wohl in einer härteren Strafe für den Täter resultierten. Überall hier wurde also mit der Anwesenheit von Paides gerechnet. Es handelt sich um öffentliche oder gemeinschaftlich genutzte Orte und Institutionen, soziale Integrationskreise der Politen. In diesen Fällen wurde die Körperverletzung der Paides also zusätzlich als eine schwere Ehrverletzung angesehen, denn es war davon auszugehen, dass das Delikt vor Publikum erfolgt war, und zwar vor einem für die Integration des jungen Mannes elementar wichtigen.[41]

Mit ‚Koros' ist wohl ein Tanzplatz bezeichnet. Dies wird auch von jener Passage nahegelegt, in welcher Ephoros über die Formen der Prominenz der ehemals entführten Epheben berichtet, dass jene fortan unter anderem bei den Chortänzen und den Läufen besonders ehrenvolle Plätze einnehmen durften.[42] Der Tanzplatz einer Polis wird in dieser Schilderung also in einem Atemzug mit den Wettläufen genannt, von denen die kretischen Jungbürger, die Dromeis, ihre Selbstbezeichnung ableiteten. Dieser Koros war also im öffentlichen Leben und für die Darstellung von persönlichem Status von großer Bedeutung. Im Falle der ‚Agela' ist unklar, ob es sich um die Gruppe der Epheben oder deren Versammlungsort handelt, welcher mit demselben Begriff bezeichnet worden wäre. Plausibler erscheint ersteres, ein ‚Agela' genannter Ort ist sonst nicht nachgewiesen. Unklar ist, worum es sich bei der ‚Symboletra' handelt. Vorgeschlagen wurde, darin das Speisehaus der Agelai zu sehen; überzeugend ist dies nicht. Vielmehr mag es sich um einen öffentlichen Platz gehandelt haben, an dem die von Ephoros erwähnten Schaukämpfe der Epheben und der Knaben, die sich noch in den Andreia aufhielten, stattfanden. Schließlich benutzt sein Bericht zweimal das Verbum συμβάλλω, um diese von ihm skizzierten Kämpfe zu beschreiben.[43] Worum es sich bei dem Ort ἤ 'πὶ νηο[.....], ‚dem Jung[– – (?)', handelt, kann ebenfalls nicht geklärt werden; zu denken ist an einen Platz, der mit der Gruppe der von Dosiadas, Pyrgion und Ephoros bezeugten Neoteroi oder Neotatoi verbunden war, also der Jungmänner in ihren Zwanzigern.

---

41 vgl. hierzu die im *Großen Gesetz* von Gortyn festgehaltene Regelung, dass der Ehebruch, der mit einer Frau im Hause ihres Vaters, Bruders oder Ehemanns begangen wurde, in einer doppelt so hohen Bußzahlung resultierte wie jener, der an jedem beliebigen anderen Ort begangen wurde; IC 4.72.2.20–4 = Koerner 164 = Nomima 2.81. Hierzu s. auch die in Plut. Sol. 21.1 verzeichnete Bestimmung, dass an bestimmten Orten begangene Vergehen strenger zu bestrafen seien, durch Zahlung an den Geschädigten und zusätzlich an die Polis.

42 Ephor. ap. Strab. 10.4.21. Bile 1988, 344 hingegen vermutet ohne gute Gründe im *koros* die Agora oder zumindest einen Versammlungsplatz für die – im engeren Sinne – politische Beteiligung der Bürger.

43 Guarducci 1931 und Koerner 1993, 347–8 vermuten das Speisehaus der Agelasten. Dagegen weist Gehrke 1997, 44 Anm. 89 auf die Wortwahl bei Ephor. ap. Strab. 10.4.20 hin.

Die Entführung der Epheben

Den größten Raum innerhalb seiner Behandlung der Paideia widmet der von Strabon wiedergegebene Bericht des Ephoros der Entführung der Epheben. Kein anderes kretisches Ritual wird von diesem oder einem anderen antiken Autor derart detailliert geschildert. Wenn wir uns im Folgenden diesem Bericht eingehender widmen und ihm damit eine besondere Bedeutung für die Analyse der soziopolitischen Institutionen kretischer Poleis zumessen, so ist dies nicht allein dem Zufall der Überlieferung geschuldet, die uns eben in besonderer Ausführlichkeit die Passagen über die kretische Erziehung tradiert hat. Vielmehr scheinen bei den antiken Autoren gerade die Spezifika der kretischen Paideia auf ein besonderes Interesse gestoßen zu sein, und in deren Rahmen vor allem die Entführung der Epheben. So behandelt die von Herakleides Lembos abgefasste Epitome der kretischen *Politeia* des Aristoteles etwa auf der Hälfte des Kreta überhaupt gewidmeten Platzes die Institutionen der Paideia. Und der bei Strabon wiedergegebene Auszug aus Ephoros, der mit der Paideia befasst ist, behandelt wiederum auf etwa der Hälfte seines Gesamtumfangs das Ritual der Entführung.

Jene aus dem Werk des Ephoros stammende Passage schildert anschaulich wie kein anderes Zeugnis die Umstände päderastischer Beziehungen auf Kreta und betont dabei ausdrücklich, dass gerade dieses Thema charakteristisch und aufschlussreich für die kretischen Verhältnisse und im Interesse einer potenziellen Leserschaft sei, welche die Organisation kretischer Gemeinwesen verstehen wolle. Hierbei lässt der Text weder apologetische Tendenzen erkennen, welche das kretische Ritual gegen solche Vorwürfe hätten verteidigen sollen, wie sie etwa bei Platon durchscheinen; noch bietet er eine philosophische Auslegung oder verfolgt eine innerhalb des Werkes des Ephoros erkennbar zweckdienliche Absicht. Nun ist der Bericht des Ephoros allein bei Strabon überliefert. Wir wissen nicht, wie getreu dieser ihn wiedergibt, wie sehr er in bestimmten Passagen strafft oder ausdehnt.[44] Trotzdem soll im Folgenden eine gründliche Interpretation des Textes vorgenommen werden. Nicht allein, weil er nun einmal das einzige größere Zeugnis ist, welches wir über dieses Ritual haben, sondern auch, weil deutlich wird, dass die Aussagen dieses Textes sich in den Kontext aller anderen Zeugnisse zur kretischen Politeia und Paideia stimmig einfügen.[45] Dabei bietet der Bericht des Ephoros nicht nur keine Widersprüche zu anderen

---

[44] Ephor. ap. Strab. 10.4.21. – Der Kommentar von Radt 2008 zum 10. Buch des Strabon ist wegen der Kürze in der Besprechung dieser Passagen ungeeignet, zu deren sprachlichem oder inhaltlichem Verständnis beizutragen. Hinzu kommen unten noch zu erwähnende Eigenheiten der Übersetzung, welche den Sinn bisweilen verfälschen.

[45] Die Darstellung des Ephoros wird bestätigt – oder lediglich exzerpiert? – von Athen. 11.782c; Plut. de liber. educ. 11F spielt darauf an. Ein kurzes Exzerpt aus der *Kretischen Politeia* des Aristoteles durch Herakleides Lembos bestätigt den Text des Ephoros, Arist. frg. 611.15 (Rose); hierzu schon Wilamowitz, Aristoteles und Athen 1, 305–6, s. nun resümierend Link 2008. – Zu den von Paula Perlman

literarischen oder epigraphischen Zeugnissen; vielmehr werden seine Informationen immer wieder von archäologischen Zeugnissen und Inschriften von der archaischen bis zur hellenistischen Zeit bestätigt.

Zur Methode

Der bei Strabon überlieferte Bericht des Ephoros über die Entführung der Epheben auf Kreta ist wahrscheinlich die bekannteste und am häufigsten zitierte literarische Quelle über nur irgendeinen Aspekt der Politeia kretischer Gemeinwesen. Trotzdem ist bemerkenswert, dass diese Passage kaum einmal als das Zeugnis eines spezifisch kretischen Rituals behandelt wurde und somit als Zeugnis der kulturellen Praktiken einer Gesellschaft, welche sich in vielerlei Hinsicht von anderen griechischen Poleis unterschied. Damit wurde die Entführung kaum einmal in den Zusammenhang anderer kultureller Praktiken Kretas gestellt, um sich auf diese Weise der Besonderheiten des von Ephoros geschilderten Rituals bewusst zu machen und damit wiederum auch den spezifischen Sinn der Entführung besser zu verstehen.[46] Stattdessen verglich man diesen Bericht häufig mit Zeugnissen über päderastische Beziehungen etwa in Athen, um auf diese Weise zu einem vermeintlich umfassenden Gesamtbild einer mutmaßlich gesamtgriechischen Päderastie zu gelangen. Dabei wies man im besten Fall auf die Unterschiede zwischen diesen regionalen Erscheinungsformen der Knabenliebe hin, aber eben ohne die kretischen Besonderheiten herauszustellen. Im schlechtesten Fall bemühte man diesen Bericht, um in der Zusammenschau mit vergleichbaren Ritualen in Sparta den Idealtyp einer dorischen – der scheinbar ursprünglichen – Form griechischer Knabenliebe rekonstruieren zu können, der uns Auskunft darüber geben könne, was ‚genetisch' am Ursprung der griechischen Knabenliebe gestanden habe.

   Vorab seien einige Worte zur Terminologie gesagt. Das Entführungsritual, und damit das Verhältnis zwischen einem erwachsenen Mann und einem ‚Jüngling', fand nur in einer ganz klar definierten Phase des Lebens des Jüngeren statt, nämlich zum Abschluss seiner etwa zweijährigen Zeit in einer Agela, welche wir als Ephebie konzeptualisieren sollten. Wie wir sahen, traten laut Hesychios die kretischen Paides im

---

vorgebrachten, ganz grundsätzlichen Zweifeln am Wert der literarischen Quellen für eine Rekonstruktion kultureller Praktiken des archaischen Kreta und den Gegenargumenten s. das Kapitel *Politeia*.
46 Die älteren Darstellungen zur Geschichte und Kultur Kretas widmeten der kretischen Päderastie zu wenig Raum, um deren Bedeutung für die Gesellschaftsordnung umfassend aufzudecken; s. etwa Willetts 1955. Neuere Darstellungen, die sich eben jenen methodischen Ansatz einer institutionellen oder kulturgeschichtlichen Einbettung der kretischen Päderastie zueigen machten, sind etwa Link 1996; Gehrke 1997 und Chaniotis 2004. Einen anderen Weg beschreitet Davidson 2007, der die Spezifika des kretischen Rituals durch dessen Abgrenzung von anderen Erscheinungsformen der Knabenliebe im griechischen Kulturkreis darstellt. Doch auch diese Darstellungen unternehmen keine ausführliche Analyse des Rituals und werden sich daher seiner sozialen Funktion nicht in ausreichendem Maße bewusst.

Alter von 17 Jahren in Agelai ein. Damit war der Entführte um die 19 Jahre alt. Dies liegt jenseits jener Spanne von etwa 12 bis 18 Jahren, die der Forschung als etabliert für das Alter von Eromenoi in anderen griechischen Gesellschaften gilt. Womöglich unterschieden sich die beiden kretischen Partner in ihrem absoluten Alter um kaum mehr als zehn Jahre; auf jeden Fall aber gehörten sie unterschiedlichen Altersklassen an – das war der wesentliche Unterschied zwischen ihnen.[47]

Nach kretischer Klassifizierung galt allein der Entführer als erwachsen. Doch der Jüngere war eben nicht mehr Pais, sondern Mitglied einer höheren Altersklasse, einer ganz anderen Lebensphase, die mit vollkommen anderen Rechten und Pflichten als die Zeit der Knabenjahre einherging. Insofern ist es terminologisch und dem Sinn nach nicht korrekt, das kretische Entführungsritual als Ausdruck von ‚Päderastie' zu besprechen. Nun spricht Ephoros durchweg von *Pais*, doch ist er hier terminologisch ungenau.[48] Mit diesen Begriffen rekurriert er auf die ihm und seiner Leserschaft aus eigener Erfahrungswelt vertrauten Konzepte und Handlungsbedingungen der Beziehung zweier Männer unterschiedlichen Alters. Diese treffen aber wegen des außergewöhnlichen Charakters der kretischen Liebesbeziehungen für die Kultur der Insel gerade nicht zu. Erst am Ende des Berichts vermerkt Ephoros die kretischen Bezeichnungen für den Geliebten und den Liebhaber, *kleinos* und *philetor*; die ehemals Entführten würden *parastathentes* genannt. Wir werden uns im Verlauf dieses Kapitels ausführlich den von dieser kretischen Terminologie transportierten Vorstellungen widmen. Bei unserer Beschreibung der Entführung werden wir aber von einem Epheben auf der einen und einem erwachsenen Mann beziehungsweise Bürger auf der anderen Seite sprechen.

Da unsere Darstellung um eine Einbettung der Ephebenentführung in andere Stadien der Paideia in kretischen Poleis bemüht ist, kann sie nicht umfänglich auf die in der Vergangenheit prominentesten Erklärungen des Entführungsrituals eingehen; obwohl hierbei einige grundsätzliche Probleme der – oftmals entkontextualisierten – altertumswissenschaftlichen Beschäftigung mit Kreta offenbar würden. Im Folgenden wollen wir die Entführung kretischer Epheben weder als ein Ritual betrachten, welches noch die Züge der ursprünglichen dorischen Ausprägung griechischer Päderastie aufweise[49]; noch wollen wir in ihr das Relikt eines universal indo-

---

47 Hierzu s. Davidson 2007, 32–3 und 68–98, besonders 68–71. – Als Entführer kam wohl erst ein ‚Vollbürger' infrage, ein Mann jenseits der Dreißig, der seine Jahre als Dromeus bereits vollständig durchlaufen hatte und etabliertes Mitglied einer Hetairie war; zu dieser Altersklasse s. Tzifopoulos 1998.

48 Der Bericht des Ephoros vermengt nicht allein hier, sondern auch ap. Strab. 10.4.16 die Bezeichnungen der Altersklassen kretischer Knaben und Jungmänner ins Unkenntliche. Hierzu s. Link 1994, 22; Gehrke 1997, 31–2 Anm. 39; sowie 41, Anm. 76; Davidson 2006.

49 Bethe 1907: Der Ursprung griechischer Knabenliebe habe in dorischen Initiationsriten gelegen, deren Zweck es gewesen sei, Knaben ins Erwachsenenalter zu führen und sie zu wertvollen Mitgliedern der Gemeinschaft, besonders zu Kriegern zu machen. Dabei hätten die älteren Mitglieder der

europäischen Sozialisationsrituals sehen.[50] Weder liegt ein heuristischer Gewinn darin, die Ephebenentführung mit anthropologischer Modellbildung zu deuten[51], noch darin, sie als ein Initiationsritual zu begreifen.[52] Auch der Ansatz, in dem von Ephoros beschriebenen Ritual das vollentwickelte Stadium einer seit minoischer Zeit ungebrochenen Tradition von Päderastie auf der Insel zu sehen, ist unzutreffend.[53]

Gemeinschaft numinose Kräfte durch Insemination der jüngeren im homosexuellen Verkehr weitergegeben. Diese ursprüngliche, zum guten Bürger erziehende Form der Knabenliebe sei am Deutlichsten noch in den rückständigeren – und das heißt, in den dorischen – Gebieten Griechenlands gewesen, in Sparta, Thera und eben Kreta. – Auch wenn die kretische Paideia im Vergleich zur spartanischen betrachtet wurde, kam die Forschung zu recht unterschiedlichen Bewertungen. So betont Nilsson 1912, 314, die kretische sei ein Irrweg der ‚ursprünglicheren‘ spartanischen Erziehung, während Percy 1996, 72 die kretische als eine frühere, ‚primitivere‘ Version der spartanischen Paideia darstellt. Die athenische Ausprägung der Knabenliebe sei eine Weiterentwicklung (Patzer 1982) oder vielmehr Verirrung (Bethe 1907) des ursprünglichen, dorischen Typus.

50 Dieses Ritual habe sich nur in den konservativen und archaisierenden Gesellschaften der Dorier behauptet. Vor allem die drei Geschenke, welche laut Ephoros der *philetor* dem Entführten zu überreichen hatte, zeigten vermeintlich, dass das kretische Ritual eine Initiation in die – nach George Dumézil – dreiteiligen Aufgaben eines Mannes und wertvollen Mitgliedes seiner Gemeinschaft sei: in die Kriegsführung, die Teilnahme an Gemeinschaftsaufgaben und das Opfern beziehungsweise den Landbau. Hierzu s. etwa Yoshida 1964; Bremmer 1980 und 1990; Sergent 1986, bes. 16–39. – Als Belege für das mutmaßlich hohe Alter dieser Institution werden unter anderem die zahlreichen Mythen der Entführung von Jünglingen durch Götter und Heroen und die vermeintlich vorgriechischen Namen mancher der Geraubten angeführt, etwa Hyakinthos und Narkissos. Eine andere Deutung dieser Mythen bietet allerdings Davidson 2007, bes. 169–251.

51 In der ethnologischen Forschung betonte Charakteristika päderastischer Verhältnisse behandeln etwa van Gennep 1961, 21, 65–115; Bleibtreu-Ehrenberg 1980 sowie die von Cartledge 2001, 100–1 mit Anm. 49–53 genannte Literatur. Eine Anwendung auf das kretische Ritual bieten etwa Brelich 1969 und Patzer 1982; s. aber Cartledge 2001, bes. 100–1 mit einer modifizierten, sich der methodischen Schwierigkeiten eines solchen Vergleichs bewussten Darstellung, und Davidson 2007, bes. 504–8 mit detaillierter und begründeter Kritik an diesem Ansatz: Zugunsten plakativer Ähnlichkeiten würden wesentliche Unterschiede zwischen päderastischen Beziehungen der Naturvölker und jenen der Poliswelt ausgeblendet. Zu diesen s. etwa Knauft 1986 und 1993, 172–209, bes. 206–9, sowie Herdt 1993 und 1999.

52 s. etwa – jeweils mit weiterführender Literatur – Jeanmaire 1939; Brelich 1969, 35, 84–5; Burkert 1977, 391–2; Graf 1979, 13–5; Zoepffel 1985, 356–7; Sergent 1986, 7–39; Dowden 1989; Nafissi 1991, 193; David 1993, 400–1; Calame 1997; Gehrke 1997, 33; Waldner 2002, 222–42; sowie ferner Bile 1991; Capdeville 1995, 202–14; Cucuzza 1997; Chaniotis 1996, 121–2 und 2006. Differenzierter äußern sich Graf 2003; Johnston 2003; Marinatos 2003 und Davidson 2007, 307. – Die Forschungsgeschichte wird nachvollzogen von Dover 1978, 185–203; Halperin 1990; Thorp 1992; Scanlon 2002, 64–74; Skinner 2005, 62–71 sowie Davidson 2001 und 2007, bes. 102–66 und 500–9. – Die *loci classici* zur Verbindung von Päderastie und Initiation sind unter anderen van Gennep 1909; Turner 1967 und – angewandt auf den Kuretenhymnos von Palaikastro – Harrison 1921, 1–74.

53 Dies vertritt vor allem Koehl 1986, 107–8 sowie 1997, und s. auch 1997a. Er beruft sich auf eine Reihe von Artefakten – etwa den minoischen ‚Chieftain-Cup‘ und die Bronzen von Kato Simi –, welche eine vermeintlich ungebrochene Kontinuität nicht nur von Päderastie selbst, sondern sogar der spezifischen Art und Sinnhaftigkeit von Päderastie, über die wir bei Ephoros lesen, von der minoischen Zeit

Zu Letzterem sei vor unserer Analyse des Ephoros-Berichtes nur so viel gesagt: Eisenzeitliche und fr{ü}harchaische Zeugnisse der materiellen Kultur bezeugen durchaus plausibel, dass es auf Kreta bereits in dieser Zeit p{ä}derastische Beziehungen gab.[54] F{ü}r das 7. Jh. beobachten wir nun aber die besprochenen Prozesse soziopolitischer Transformation, in deren Verlauf man in kretischen Poleis zahlreiche etablierte Praktiken elit{ä}rer Distinktion aufgab. So ist es wahrscheinlich, dass die P{ä}derastie als ein bis dahin unter den Eliten verbreiteter Brauch transformiert und institutionalisiert wurde. Neben vielen anderen sozialen und politischen Institutionen, wie etwa den urspr{ü}nglich elit{ä}ren Gemeinschaftsmahlzeiten, wurde auch P{ä}derastie von einem durch die Polis formulierten Nomos in bestimmte Bahnen gelenkt, die den Eliten klar definierte Freir{ä}ume gew{ä}hrten, deren Privilegien wahrten und festschrieben, die zugleich aber dem Gemeinwohl unterworfen und allen B{ü}rgern ge{ö}ffnet waren. Auch wenn es {ä}ltere Stufen der P{ä}derastie auf Kreta gab, hatte diese ab der zweiten H{ä}lfte des 7. Jh. doch eine Funktion, die ganz klar auf die soziale Umorganisation der B{ü}rgerstaaten der Insel abgestimmt war.[55]

Der Bericht des Ephoros macht deutlich, dass sich das kretische Entf{ü}hrungsritual von anderen Auspr{ä}gungen von P{ä}derastie im griechischen Kulturraum durch seinen hohen Grad an Institutionalisierung unterschied. Es erfuhr seine Reglementierung auch durch verinschriftlichte Gesetze.[56] Dies reflektiert seine herausragende gesellschaftliche Bedeutung; wir werden sehen, dass die Entf{ü}hrung die zentrale Rolle bei der Formierung der Hetairien spielte. Tats{ä}chlich war sie {ü}berhaupt erst jener soziale Mechanismus, der die Durchmischung der in Familien und Nachbarschaften, Startoi und Hetairien eingeteilten B{ü}rger erm{ö}glichte und somit eine wichtige Funktion f{ü}r deren Integration unter dem Dach der Polis erf{ü}llte. Andererseits begr{ü}ndete und bekr{ä}ftigte das Ritual die Prominenzrollen, Hierarchien und Abh{ä}ngigkeiten in der Gemeinschaft, bot aber auch das f{ü}r kretische B{ü}rgerstaaten charakteristische Nebeneinander von Elementen der Gleichheit und der Ungleichheit, das

---

bis in den Hellenismus belegten. Auf die von Koehl hingewiesenen Zeugnisse von P{ä}derastie werden wir unten eingehen. – Zum Umgang mit solcherart Postulaten minoischer Kontinuit{ä}t s. etwa Sj{ö}gren 2008.

54 Das hei{ß}t aber nicht, dass von dort eine gerade Entwicklungslinie zu der Schilderung des Ephoros gezogen werden kann. Genauso wenig l{ä}sst sich eine solche Kontinuit{ä}t f{ü}r verschiedene Heiligt{ü}mer postulieren, wie es immer wieder getan wird, etwa f{ü}r Kato Simi oder die Ida-H{ö}hle. Denn es besteht ein gro{ß}er Unterschied zwischen der blo{ß}en kontinuierlichen Nutzung eines Kultplatzes und der postulierten Kontinuit{ä}t eines unver{ä}ndert stattfindenden Kultes {ü}ber alle gesellschaftlichen Ver{ä}nderungen der Jahrhunderte hinweg. Hierzu s. Whitley 2009a.

55 Zu diesem Modell einer innerhalb der spezifischen Polisstruktur konsequenten Fortentwicklung und Institutionalisierung von bestehenden Praktiken s. schon Murray 1986 und 2000 und das Kapitel *Andreion*. Zur Institutionalisierung der kretischen P{ä}derastie s. auch Scanlon 2002, 66–74. – Zum Konzept eines ‚Gemeinwohls‘ in kretischen Politien s. das Kapitel *Hetairoi des Hybrias*.

56 s. etwa die am Ende dieses Kapitels behandelte Inschrift aus Dreros {ü}ber das Ausscheiden der Epheben aus den Agelai; hierzu Seelentag 2009a.

den sozial mehr und weniger einflussreichen Bürgern ihren jeweiligen Platz in der Politeia zuwies. Diese Beobachtungen legen nahe, dass das Entführungsritual seinen sozialen Sinn in einer ganz bestimmten historischen Konstellation besaß, nämlich im Institutionengefüge kretischer Poleis der archaischen Zeit.

Die Entführung

Da wir den Ephoros-Text detailliert behandeln wollen, ist es angebracht, ihn in vollem Umfang zu zitieren:

> Eigentümlich ist ihnen das Brauchtum bei Liebesverhältnissen. Sie setzen sich nämlich bei den Geliebten nicht mit Überredung durch, sondern mit Entführung. Der Liebhaber kündigt den Freunden drei oder mehr Tage vorher an, dass er die Entführung vornehmen wird. Für sie aber gehört es zum Allerschändlichsten, den Knaben zu verstecken oder ihn nicht den ihm bereiteten Weg gehen zu lassen, weil sie damit zugeben würden, dass der Knabe eines solchen Liebhabers unwürdig sei. Doch begleiten sie ihn, und wenn der Entführer zu denen gehört, die dem Knaben an Ehre und dem Übrigen gleichstehen oder überlegen sind, halten sie ihn bei der Verfolgung nur ein wenig fest, um dem Brauchtum Genüge zu tun, und lassen ihn im übrigen mit Freuden fortführen. Ist er jedoch unwürdig, dann entreißen sie ihm den Knaben. Die Verfolgung dauert so lange, bis der Knabe in das Andreion des Entführers gebracht ist. Als liebreizend betrachten sie nicht die sich durch Schönheit, sondern die sich durch Mannhaftigkeit und ‚Wohlordnung‘ Auszeichnenden.
>
> Nachdem der Liebhaber dann den Knaben begrüßt und dazu beschenkt hat, führt er ihn an einen beliebigen Ort des Landes. Es folgen ihm die, die auch bei der Entführung zugegen waren. Nachdem sie dort zwei Monate lang – denn länger darf der Knabe nicht festgehalten werden – gespeist und gejagt haben, kehren sie zurück in die Polis. Bei seiner Entlassung bekommt der Knabe zum Geschenk ein ‚kriegerisches Gewand‘, ein Rind und einen Becher – das sind die vom Brauch vorgeschriebenen Geschenke – sowie mehrere andere so wertvolle Sachen, dass wegen der Höhe der Kosten auch die Freunde dazu beisteuern. Das Rind opfert er dem Zeus und bewirtet die mit ihm Zurückkehrenden. Dann gibt er sein Urteil über seinen Verkehr mit dem Liebhaber, ob er womöglich damit zufrieden war oder nicht. Das Gesetz erlaubt dies, damit, wenn bei der Entführung irgendwelche Gewalt gegen ihn ausgeübt wurde, er jetzt die Gelegenheit hat, sich Genugtuung zu verschaffen und das Verhältnis zu lösen.
>
> Für Knaben mit schönem Aussehen und illustren Vorfahren ist es die größte Schande, keine Liebhaber zu finden, weil man daraus schließt, dass das an ihrem Wesen liegt. Die *parastathentes* („Beistehenden/Nebenmänner“) (so nennen sie nämlich die Entführten) genießen Privilegien. Bei Chortänzen und Wettläufen haben sie die ehrenvollsten Plätze, und es ist ihnen erlaubt, sich abweichend von den Anderen mit der von den Liebhabern geschenkten Tracht zu schmücken. Und nicht nur dann, sondern auch wenn sie erwachsen geworden sind, tragen sie außergewöhnliche Kleidung, an der man erkennen soll, dass jeder von ihnen ein *kleinos* („Ruhmreicher“) gewesen ist. Den Geliebten nennen sie nämlich *kleinos*, den Liebhaber *philetor* („Befreunder“). Dies sind die Gebräuche bei Liebesverhältnissen.[57]

---

57 Ephor. ap. Strab. 10.4.21–22.1, Übers nach St. Radt: ἴδιον δ᾽ αὐτοῖς τὸ περὶ τοὺς ἔρωτας νόμιμον· οὐ γὰρ πειθοῖ κατεργάζονται τοὺς ἐρωμένους ἀλλ᾽ ἁρπαγῇ· προλέγει τοῖς φίλοις πρὸ τριῶν ἢ πλειόνων ἡμερῶν ὁ ἐραστὴς ὅτι μέλλει τὴν ἁρπαγὴν ποιεῖσθαι· τοῖς δ᾽ ἀποκρύπτειν μὲν τὸν παῖδα ἢ μὴ ἐᾶν πορεύεσθαι τὴν τεταγμένην ὁδὸν τῶν αἰσχίστων ἐστίν, ὡς ἐξομολογουμένοις ὅτι ἀνάξιος ὁ παῖς εἴη

Ephoros betont, besonders bemerkenswert an den kretischen Liebesverhältnissen sei, dass der *philetor* den von ihm ausgesuchten jungen Mann nicht von sich zu überzeugen suche, sondern ihn raube.[58] Und so berichtet der Text, der *philetor* müsse bereits drei oder mehr Tage vor der geplanten Entführung die Freunde des Jünglings von seinem Plan unterrichten.[59] Bei diesen Freunden dürfte es sich um die Mitepheben des Betroffenen handeln, die mit jenem zusammen eine Agela bildeten. In andere Integrationskreise waren die Angehörigen dieser Altersklasse nicht eingebunden; von der Agela unabhängige Freundeskreise sind für sie nicht bezeugt. Die Zeit von mindestens drei Tagen, die zwischen der Unterrichtung der Freunde und der eigentlichen Entführung zu verstreichen hatte, scheint – wie so viele Elemente dieses Rituals – vom Gesetz vorgesehen gewesen zu sein.[60] Dieser verordnete Zeitraum wurde von den

---

τοιούτου ἐραστοῦ τυγχάνειν· συνιόντες δ᾽, ἂν μὲν τῶν ἴσων ἢ τῶν ὑπερεχόντων τις ᾖ τοῦ παιδὸς τιμῇ καὶ τοῖς ἄλλοις ὁ ἁρπάζων, ἐπιδιώκοντες ἀνθήψαντο μόνον μετρίως τὸ νόμιμον ἐκπληροῦντες, τἆλλα δ᾽ ἐπιτρέπουσιν ἄγειν χαίροντες· ἂν δ᾽ ἀνάξιος, ἀφαιροῦνται· πέρας δὲ τῆς ἐπιδιώξεώς ἐστιν ἕως ἂν ἀχθῇ ὁ παῖς εἰς τὸ τοῦ ἁρπάσαντος ἀνδρεῖον. ἐράσμιον δὲ νομίζουσιν οὐ τὸν κάλλει διαφέροντα, ἀλλὰ τὸν ἀνδρείᾳ καὶ κοσμιότητι ... καὶ δωρησάμενος ἀπάγει τὸν παῖδα τῆς χώρας εἰς ὃν βούλεται τόπον· ἐπακολουθοῦσι δὲ τῇ ἁρπαγῇ οἱ παραγενόμενοι, ἑστιαθέντες δὲ καὶ συνθηρεύσαντες δίμηνον (οὐ γὰρ ἔξεστι πλείω χρόνον κατέχειν τὸν παῖδα) εἰς τὴν πόλιν καταβαίνουσιν. ἀφίεται δ᾽ ὁ παῖς δῶρα λαβὼν στολὴν πολεμικὴν καὶ βοῦν καὶ ποτήριον. ταῦτα μὲν τὰ κατὰ τὸν νόμον δῶρα ... καὶ ἄλλα πλείω καὶ πολυτελῆ, ὥστε συνερανίζειν τοὺς φίλους διὰ τὸ πλῆθος τῶν ἀναλωμάτων. τὸν μὲν οὖν βοῦν θύει τῷ Διὶ καὶ ἑστιᾷ τοὺς συγκαταβαίνοντας, εἶτ᾽ ἀποφαίνεται περὶ τῆς πρὸς τὸν ἐραστὴν ὁμιλίας εἶτ᾽ ἀσμενίζων τετύχηκεν εἴτε μή, τοῦ νόμου τοῦτ᾽ ἐπιτρέψαντος, ἵν᾽ εἴ τις αὐτῷ βία προσενήνεκται κατὰ τὴν ἁρπαγήν, ἐνταῦθα παρῇ τιμωρεῖν ἑαυτῷ καὶ ἀπαλλάττεσθαι. τοῖς δὲ καλοῖς τὴν ἰδέαν καὶ προγόνων ἐπιφανῶν αἰσχρὸν ἐραστῶν μὴ τυχεῖν, ὡς διὰ τὸν τρόπον τοῦτο παθοῦσιν. ἔχουσι δὲ τιμὰς οἱ παρασταθέντες (οὕτω γὰρ καλοῦσι τοὺς ἁρπαγέντας)· ἔν τε γὰρ τοῖς χοροῖς καὶ τοῖς δρόμοις ἔχουσι τὰς ἐντιμοτάτας χώρας, τῇ τε στολῇ κοσμεῖσθαι διαφερόντως τῶν ἄλλων ἐφίεται τῇ δοθείσῃ παρὰ τῶν ἐραστῶν, καὶ οὐ τότε μόνον ἀλλὰ καὶ τέλειοι γενόμενοι διάσημον ἐσθῆτα φέρουσιν, ἀφ᾽ ἧς γνωσθήσεται ἕκαστος κλεινὸς γενόμενος· τὸν μὲν γὰρ ἐρώμενον καλοῦσι κλεινὸν τὸν δ᾽ ἐραστὴν φιλήτορα. ταῦτα μὲν τὰ περὶ τοὺς ἔρωτας νόμιμα.

58 Zu den Riten der kretischen Päderastie s. – jeweils mit weiterführender Literatur – etwa Chrimes 1949, 205–47; Willetts 1955, *passim*; Bremmer 1980; Sergent 1986, 7–39; Lavrencic 1988; Bile 1992; Cucuzza 1993; Capdeville 1995, 202–14; Leitao 1995; Link 1996, 23–8, 126–30 sowie 1999; Gehrke 1997, 31–5; Vattuone 1998; Waldner 2000, 222–42; Chaniotis 2006, 200–6; Davidson 2007, 300–15.
59 Manche Übersetzungen, etwa Forbiger 1856–1998 und diesem folgend Radt 2007 sowie H.C. Hamilton, London 1856, übersetzen die im Text genannten *philoi* mit „Verwandte" oder „friends and family". Dies fand Niederschlag in zahlreichen Darstellungen, etwa Dover 1978, 189. Offenbar schien es unverständlich, dass die im Folgenden geschilderten Wahlmöglichkeiten in der Hand der Mitepheben und nicht der Familie des betroffenen Jünglings lagen. Dies führt etwa dazu, dass Patzer 1982, 72 und 83 die Rolle der *philoi* während der zweimonatigen Phase nicht versteht und den Entführer und den Epheben in dieser Zeit als Paar allein sein lässt. Seiner Darstellung nach war es auch ein gemeinsames Mahl der Familienangehörigen, welches die Entführung beschloss.
60 Die verordnete Frist in diesem Teil des Rituals hat eine Parallele zu den maximal zwei Monaten, welche das Gesetz für die Entführung insgesamt vorsah. – Vergleicht man den ritualisierten Raub eines kretischen Epheben mit dem Brautraub in Sparta, der eine tatsächliche Entführung sein konnte, wird die Besonderheit des kretischen Rituals deutlich.

Freunden des jungen Mannes genutzt, das jeweilige Prestige des potenziellen Entführers und ihres eigenen Freundes gegeneinander abzuwägen. Der Bericht des Ephoros lässt erkennen, dass es den Freunden nicht darum ging, den Grad einer persönlichen Neigung der beiden Beteiligten zueinander zu beurteilen. Einzig deren jeweiliges Ansehen zählte. Die Analyse der hierbei offen stehenden Handlungsoptionen und deren Konsequenzen ist höchst aufschlussreich für die Frage nach den Kriterien von Status in der kretischen Gesellschaft.[61]

Wenn die Mitglieder der Agela nämlich befanden, dass der Jüngling seinem potenziellen Entführer im Prestige nachstehe, hatten sie die Möglichkeit, ihren Freund zu verstecken oder ihn daran zu hindern, „den ihm bereiteten Weg" zu gehen.[62] Dies aber habe als besonders ehrenrührig für sie gegolten, denn damit hätten sie zugegeben, dass der junge Mann jenes Liebhabers unwürdig sei. Dass der Bericht betont, nicht für den zu Entführenden, sondern für die Freunde selbst sei es besonders „beschämend" gewesen, so zu handeln, ergibt nur dann Sinn, wenn deren Prestige als Gruppe unmittelbar mit dem jenes Einen verbunden war und dessen Ansehen unmittelbar auf jene zurückwirkte. Dieses Indiz macht es wahrscheinlich, dass der Betroffene mit jenem Pais identisch ist, der einst als ‚strahlendster und mächtigster' die Agela überhaupt erst um sich geschart hatte, und dessen Altersgenossen sich bewusst entschieden hatten, sich um ihn zu gruppieren. Es kamen wohl keineswegs alle jungen Männer der Polis für dieses Entführungsritual infrage, sondern allein jene, die bereits vor ihrem Eintritt in die Ephebie einen höheren Status besessen hatten als ihre Altersgenossen. Einen solchen nun vor seinem Entführer zu verstecken, hätte geheißen, ihr eigenes Prestige herabzusetzen. Zwar äußert sich unser Bericht nicht dazu, wie häufig es im Rahmen des Rituals tatsächlich dazu kam, dass die Epheben den jungen Mann versteckten, oder ob sie ihn über die bevorstehende Entführung tatsächlich im Dunkeln ließen, doch erachtet Ephoros es durchaus als eine Handlungsoption. Für ihn war es also der Kern dieser Phase des Rituals, dass die Agelasten tatsächlich über das Ansehen ihres Freundes befanden, dessen Prestige das ihre eigentlich übertraf.

Diese Statusabwägung habe darin bestanden, so betont die Quelle, dass die Epheben ihren Freund „nach seiner *time* und den anderen Dingen" beurteilten. Hinweise darauf, was dies bedeutet, liefert die umfangreichere Beschreibung der Eigenschaften des jungen Mannes. Denn der Bericht des Ephoros betont, dass die Kreter „nicht jene Jungen als liebenswert erachteten, die sich durch Schönheit, sondern

---

61 Nach Ephoros scheint die ganze Entführung institutionalisiert. Das Verhältnis kommt aufgrund klarer Vorgaben zustande. Persönliche Vorlieben der Beteiligten spielen in dem Bericht keine Rolle, zumal die dort genannten Kriterien standardisiert sind.

62 Dies ist eine mehrdeutige Formulierung. Entweder ist damit gemeint, sie führten ihn nicht zum vereinbarten Treffpunkt, oder aber, sie ließen ihn nicht den ihm vorbestimmten (Lebens)weg einschlagen, der diesem Jüngling aufgrund seines Status, weshalb jener *philetor* ihn überhaupt erst ausgesucht hatte, eigentlich zukam.

jene, die sich durch Mannhaftigkeit (*andreia*) und Wohlordnung (*kosmiotes*) auszeichneten". Auf die Relevanz der Schönheit werden wir unten noch gesondert eingehen. Letztere aber sind Eigenschaften, die vorausschauend in dem Jüngling bereits den Mann, Krieger und guten Bürger erkennen ließen. Denn *kosmiotes* ist ein Kriterium, das weniger eine Eigenschaft als vielmehr das Resultat einer solchen bezeichnet.[63]

Ein hiervon durchdrungener Ephebe ließ in seiner Erscheinung und seinem Verhalten eine Wohlordnung erkennen. Dieser Forderung sowie dem Ideal der Mannhaftigkeit zu entsprechen und ihnen mit Taten nachzukommen, hatte der Junge über Jahre eingeübt. Denn er hatte dies nicht erst in seiner Ausbildung in der Agela verinnerlicht, sondern schon im Andreion seines Vaters.[64] Doch während der letzten zwei Jahre hatte sich die Ausbildung des Jungen intensiviert. Er hatte gejagt und an den *dromoi* teilgenommen. Vor aller Augen war er an der Seite seiner Freunde in Formation zum Kampf gegen die Mitglieder anderer Agelai angetreten, und er hatte seine Fähigkeit, zu gehorchen und Bestrafung auszuhalten, unter Beweis gestellt, wenn er die Züchtigungen des Paidonomos ertragen hatte. Kurz, er hatte seine Anlage nachweisen können, dereinst ein Verantwortung tragendes Mitglied der Gemeinschaft zu sein. Dass Ephoros betont, dies alles ziehe man auf Kreta der Schönheit vor, bedeutet allerdings keineswegs, dass Schönheit nicht auch als wichtiges Statuskriterium galt. Denn der Text sagt explizit, dass es für Epheben mit schönem Aussehen und angesehenen Vorfahren die größte Schande sei, keine Liebhaber zu finden, da man dies auf ihren *tropos* zurückführe. Der Hinweis auf den *tropos* lässt sich mit dem eben Gesagten in Einklang bringen; dass sich nämlich bestimmte gegebene Anlagen und im Rahmen der Sozialisation ausgebaute Eigenschaften in spezifischem Verhalten ausdrücken sollten. Der junge Mann musste also den rechten Habitus aufweisen.[65]

In der Erwähnung von Abstammung als eines wesentlichen Statuskriteriums wird deutlich, dass die Entführung ein Ritual elitärer Distinktion war. Die Passage setzt voraus, dass es bestimmte Familien gab, die aufgrund ihrer illustren Abstammung angesehener waren als andere. Dies korrespondiert mit der von Aristoteles überlieferten und von uns für sehr wahrscheinlich gehaltenen Aussage, dass die Kosmen allein

---

63 Davidson 2007, 311–2 und 559–60 weist darauf hin, dass das Wort eine innere Wohlordnung bezeichne, welche sich nach außen sichtbar ausdrücke, in körperlicher Erscheinung und geordneter Kleidung.

64 Er hatte seine Zähigkeit im Kampf gegen Knaben des gleichen Andreions und auch anderer Mahlgemeinschaften bewiesen sowie gute Umgangsformen und die Fähigkeit zur Unterordnung demonstriert, als er den Männern aufgewartet hatte, allein in ein dünnes Gewand gekleidet und auf dem Boden sitzend; s. Dosiadas ap. Athen. 4.143d.

65 In den gängigen Übersetzungen (Jones 1961; Sergent 1986; Radt 2007) wird *tropos* unzureichend mit ‚Charakter' übertragen. Tatsächlich bezeichnet das Wort hier aber eher das oben beschriebene Zusammenspiel von Anlage, Sozialisation und Habitus (in diesem Sinne auch Forbiger 1855–98: ‚Betragen').

aus bestimmten Geschlechtern stammten.[66] Dass die Abstammung der Epheben auch noch während ihrer Ausbildung in den Agelai relevant war – und damit zu einer Zeit, da sie aus dem väterlichen Andreion bereits ausgeschieden waren –, hatte sich bereits in der Beobachtung gezeigt, dass die Jungen eines Jahrgangs sich um die ‚strahlendsten und mächtigsten' ihrer Altersgenossen gruppiert hatten, und dass wir als wesentliches Kriterium dieser Macht und dieses Strahlens die Abstammung des betreffenden Jungen hatten festmachen können. Immerhin übernahm ja dessen Vater die Anführerschaft der Agela. Die von jedem einzelnen Knaben der Polis getroffene Entscheidung, sich einem bestimmten Knaben zur Agela anzuschließen, bedeutete also wesentlich, sich einen angesehenen Mann – eben dessen Vater – als Ausbilder für die Zeit der Ephebie auszusuchen. Ephoros verdeutlicht nun aber auch, dass sich mit diesem Status der genealogischen Privilegiertheit die klare Erwartung verband, von einem *philetor* entführt zu werden. Da aber die illustre Abkunft allein keine hinreichende Bedingung war, entführt zu werden, sondern unbedingt von anderen Kriterien begleitet werden musste, wie etwa der Wohlordnung in Erscheinung und Verhalten, lässt sich folgern, dass an die Abkömmlinge angesehener Familien eben auch die Erwartung eines entsprechenden Habitus gestellt wurde. Allein aufgrund seiner Abstammung vornehm zu sein, reichte nicht, man musste dieser Erwartung auch in sonstigen Eigenschaften und vor allem Taten entsprechen.[67]

Wenn die Freunde bei der Statusabwägung nun aber zu dem Schluss kamen, ihr Freund stehe dem potenziellen Entführer an Prestige nicht nach, brachten sie ihn zum für die Entführung vereinbarten Treffpunkt. Hier ließen sie den *philetor* den Jungen ergreifen, setzten ihm aber Widerstand entgegen. Dies war eine Demonstration des hohen Status, welchen der Jüngling in der Gruppe seiner Mitagelasten genoss; denn seine Freunde traten für ihn ein, sie verteidigten den ‚strahlendsten' unter ihnen. Und erst in diesem Moment – und damit vor den Augen der zuschauenden Öffentlichkeit – wurde deutlich, wie die Agelasten den *philetor* bewertet hatten. Denn, so berichtet Ephoros, hatten sie geurteilt, dass dessen Ansehen nicht an das ihres Freundes heranreiche, war der Widerstand handfest, und die Gruppe vertrieb den Älteren mit Gewalt. Wenn sie aber befunden hatten, dass der *philetor* an Prestige dem Jüngeren

---

66 Arist. pol. 1272a 28–36. Hierzu s. das Kapitel Kosmos. – Eine Ideologisierung hoher Geburt als eines – oder gar *des* maßgeblichen – Kriteriums von Exzellenz kann allein auf der Basis tatsächlich existierender und zumindest mittelfristig stabiler Machtverhältnisse entstehen.

67 Ephoros berichtet nicht, dass ein solcher Ephebe eine herausgehobene Stellung in seiner Agela hatte; immerhin übernahm ja dessen Vater die Leitung des Trupps. Andererseits ist es unwahrscheinlich, dass der Status eines solchen „Strahlendsten und Mächtigsten" mit der Formation der Agela gleichsam geruht habe. Sicherlich wurde von jenem Agelasten das gleiche Maß an Gehorsam und Bereitschaft, sich strafen zu lassen, erwartet wie von seinen Mitepheben; doch dürfte seine besondere Abkunft der Agela – gerade wegen deren enger Verbindung mit seinem Vater – stets vor Augen gestanden haben, und man erwartete von ihm ein entsprechend exzellentes Verhalten.

gleichkomme oder ihn überrage, war der Widerstand nicht von Dauer.[68] Dass allerdings Widerstand bei der Entführung geleistet werden müsse, bestimmte der Brauch
(*to nomimon*).

Die Öffentlichkeit spielte in diesem Teil des Rituals eine wichtige Rolle, denn der
philetor unternahm seinen Entführungsversuch vor den Augen seiner Mitbürger. Vor
ihnen stellte er sein Prestige zur Abwägung, immerhin war es durchaus möglich, dass
er mit tatsächlicher Gewalt von seiner Tat abgehalten wurde. Denn bei Ephoros ist
keine Rede davon, dass die Agelasten dem Entführer während der Tage ihres Über-
legens ihre Bedenken an dessen Status mitgeteilt hätten. Sie ließen ihn seine Tat in
aller Öffentlichkeit versuchen, und bei dieser Gelegenheit konnte allen Anwesenden
deutlich werden, dass dieser Mann seinen eigenen Status selbst zu hoch eingeschätzt
hatte. Die Bereitschaft eines Mannes, als *philetor* an die Mitagelasten eines Jünglings
heranzutreten, hieß also immer auch, das eigene Ansehen in aller Öffentlichkeit zur
Disposition zu stellen; nicht allein vor den beurteilenden Epheben, sondern gerade
eben auch vor den Augen des bei der versuchten Entführung anwesenden Publikums
und auch vor seinen eigenen Hetairoi, mit denen diese Entscheidung abgesprochen
gewesen sein musste. Die Inszenierung des Rituals zeugt keineswegs von dem Bestreben, dieses Risiko zu minimieren, ganz im Gegenteil: Dass Angesehene ihr Ansehen
zur Bewertung stellten, damit sozial unter ihnen Stehende – erwartet affirmativ –
darüber entscheiden konnten, scheint geradezu die wesentliche Sinnkomponente in
dieser Phase des Rituals gewesen zu sein.[69]

Die ultimative Entscheidung, ob jener Jüngling, um welchen die Agela sich einst
formiert hatte, und auch jener *philetor*, der die Agelasten gerade wegen ihres führenden Mitglieds gefragt hatte, nun weitere Prominenz erlangen sollten oder nicht,
wurde also von sozial niedriger Stehenden und – gegenüber dem *philetor* – zudem
von Epheben getroffen und damit von Angehörigen einer niedrigeren Altersklasse,
die noch keine Bürger waren. Dies erinnert an jene Entscheidung, die jeder Knabe bei
seinem Eintritt in die Agela vorzunehmen hatte. Schließlich hatten hier die ‚strah-

---

68 Der Bericht des Ephoros sieht keinen Einspruch des jungen Mannes gegen seine Entführung vor.
Erst nach seiner Zeit in der *chora* erklärt er selbst sich, vor einer – diesmal exklusiven – Gemeinschaft,
nämlich dem Andreion des *philetor*.
69 Nun wissen wir nicht, wie häufig es vorkam, dass ein Jüngling tatsächlich von seinen Freunden
versteckt wurde und ein potenzieller *philetor* tatsächlich von den Epheben verjagt wurde. Dies scheint
mir aber auch keine Rolle zu spielen. Ephoros bezeugt durch die Detailliertheit seiner Schilderung,
dass diese Möglichkeiten innerhalb des Rituals angelegt waren. Er schildert eben gerade nicht allein
den vermeintlichen Normalfall, sondern betont die Vielzahl der Entscheidungsmöglichkeiten bei der
Anbahnung der Entführung. Dies zeigt uns, dass die Möglichkeit, auch diese Alternativen zu wählen,
integraler Bestandteil des Rituals war. Hiermit korrespondiert übrigens auch die unten zu besprechende Erklärung des jungen Mannes nach der Rückkehr in die Polis. Immerhin gebot das Gesetz,
dass er nun die Möglichkeit haben müsse, sich gegebenenfalls auch von seinem *philetor* loszusagen.
Die Umstände der Zeremonie lassen aber erkennen, dass dies eigentlich nicht vorgesehen war.

lendsten' Knaben sich bemüht, so viele Mitagelasten hinter sich zu bringen, wie es ihnen nur möglich war. Dies war eine Abstimmung mit den Füßen gewesen, bei der sozial niedriger stehende Knaben sich einen Anführer und dessen Vater für die kommende Zeit der Ausbildung ausgesucht hatten. Dadurch hatten sie diesem einen für alle Öffentlichkeit klar ablesbaren Status beschert. Nun konnten die Freunde sogar darüber entscheiden, ob ein *philetor*, der sich um den Jüngling bemühte – und damit um die gesamte Agela, um diese in seine Hetairie eingehen zu lassen –, würdig genug war, dies zu tun. Ein um das andere Mal stand bei diesen Gelegenheiten der jeweilige Status eines der ‚strahlendsten Knaben' und eines *philetor* zur relativen – nicht zur absoluten – Abwägung und, wegen der schwerwiegenden, der Öffentlichkeit transparenten Ergebnisse dieser Einschätzung, letztlich auch zur Disposition.[70]

Sofern die Mitglieder der Agela die Entführung billigten, ließen sie ihren Freund – wie Ephoros berichtet – nach kurzem Widerstand mit Freude ziehen. Und doch begannen sie die Verfolgung des Paares. Gerade hierin wird deutlich, dass diese Entführung in hohem Maße ritualisiert war. Der Entführte kann in dieser Phase keinen wirklichen Widerstand geleistet haben, sonst wären er und sein Entführer nicht schnell genug voran gekommen; und die Epheben müssen unter ihren körperlichen Möglichkeiten geblieben sein, sonst hätten sie die Gejagten erreicht. Ephoros berichtet, die Jagd habe erst am Andreion des Entführers geendet. Wir wissen nicht, wie lang die Strecke dorthin war, doch scheint es rundweg Sinn und Zweck der Verfolgung gewesen zu sein, der Öffentlichkeit die gerade stattfindende Entführung vor Augen zu führen. Das Verfolgungsritual am Andreion des Entführers enden zu lassen, zeigte von Vorneherein, dass die Entführung nicht etwa ein privater Gewaltakt war, sondern dass sie einen auf die Gemeinschaft zielenden Zweck erfüllte.[71] Im Andreion des Entführers dürften sich zu diesem Zeitpunkt dessen Hetairoi aufgehalten haben; sonst ergebe dieses vom Brauch vorgegebene Etappenziel des Rituals keinen Sinn. Somit präsentierte sich der *philetor* als Mitglied eines Andreion und damit einer ganz bestimmten, klar umrissenen Gruppe von Bürgern. Da die Freunde das Paar bis zu diesem Ort verfolgten, sollten wir davon ausgehen, dass auch sie bei dieser Gelegenheit anwesend waren. Auch der Entführte wurde also der Hetairie seines Entführers als Mitglied einer klar umrissenen Gruppe präsentiert. Somit trafen hier zum ersten Mal die Epheben einer Agela mit den Männern eines Andreions als Gruppen zusammen.

---

70 Diese Art der Bewertung findet ihre Parallele in politischen Entscheidungsprozessen. Auch hier war die Zustimmung des Demos zu den bereits von Kosmos und Rat getroffenen Entscheidungen notwendig, um betonen zu können, dass „es so der Polis gefallen" habe. Hierzu s. das Kapitel *Polis*.
71 So auch Patzer 1982, 73. – Schließlich traten Entführer und Jüngling nach dem im Andreion stattfindenden Ritual auch wieder in die Öffentlichkeit und brachen – in Begleitung der *philoi* – in die *chora* auf. Und doch ist in dem Bericht keine Rede davon, dass der Entführte mittlerweile explizit seine Zustimmung zu der Entführung gegeben hätte.

Die Begrüßung des Epheben im Andreion und die Zeit in der Chora

In seinem Andreion angelangt, begrüßte und beschenkte der *philetor* den Jüngeren.[72] Was genau hierbei geschah, berichtet die Quelle nicht; wir können es aber womöglich aus der bei dieser Gelegenheit hergestellten sozialen Konstellation rekonstruieren. Wahrscheinlich ist, dass der *philetor* eine Ansprache hielt, in welcher er die Gelegenheit hatte, zunächst einmal sich selbst dem Entführten vorzustellen. Im Kreis der Anwesenden konnte er seine eigenen Vorzüge preisen, aber auch den von ihm gewählten Agelasten wegen dessen Tugenden preisen und so seine eigene Entscheidung vor jenem selbst, dessen Freunden und den eigenen Hetairoi begründen. Allerdings hatte diese konjizierte Lobrede des Entführers nicht den Sinn, die Anwesenden tatsächlich zu informieren; weder den Entführten und seine Freunde – bei denen hatte er sich schon vor der eigentlichen Entführung vorgestellt, und jene hatten den Ausgewählten wahrscheinlich darüber informiert –, noch seine eigenen Hetairoi. Denn es ist nicht plausibel, dass das Andreion des Entführers nicht über die von jenem geplante Tat informiert gewesen sei; tatsächlich war die Entführung im Kreis der Hetairoi wohl beschlossen worden; immerhin wurden mit dieser Entführung die Weichen für die Aufnahme einer Agela in diese Hetairie gestellt, wie wir unten sehen werden. Der Entführer handelte eben gerade nicht als Privatmann, sondern trat – auch wenn sein eigenes Prestige gewogen wurde – auch oder wesentlich als Angehöriger seines Andreions auf. So hatte diese ‚Begrüßung‘ wohl einen im Wesentlichen demonstrativen Charakter, um die Achtung des Jünglings und seiner Agela durch einen *philetor* und dessen Hetairoi auszudrücken.

Seine Wertschätzung des Epheben drückte der Entführer auch durch die im Text genannten Geschenke aus. Nach allem, was wir über Gaben im Rahmen griechischer Päderastierituale wissen, durften die Geschenke des Älteren nicht den Eindruck vermitteln, sie sollten den jungen Mann ‚kaufen‘, vielmehr sollten sie um ihn werben und ihm Ehre erbieten.[73] Der Text des Ephoros bietet denn auch keinen Hinweis, dass diese Geschenke Teil eines auf unmittelbare Reziprozität angelegten Handlungsgefüges waren, dass also von dem Entführten eine Gegenleistung hierfür erwartet wurde. Es ging zu diesem Zeitpunkt jedenfalls nicht darum, dass der Jüngling auf der Grundlage der Geschenke entscheiden sollte oder durfte, ob er mit seiner Entscheidung einverstanden sei und damit auch in die nun folgenden Teile des Rituals einwilligte. Somit hatten auch die Geschenke im Wesentlichen den Sinn, dass der *philetor* als Vertreter eines Andreions seine Wertschätzung des Epheben vor jenem, dessen Agela und seinen eigenen Hetairoi zur Schau stellen und damit einhergehend auch seine eigene materielle Potenz betonen konnte.

---

72 Dass der *philetor* den Entführten „begrüßte", ist eine von Radt in seinen Text übernommene, plausible Ergänzung nach C.G. Groskurd, Stralsund 1819.

73 s. etwa Koch-Harnack 1983; Reinsberg 1989, bes. 180–7, und Davidson 2007. Generell zur Bedeutung der Gabe im archaischen Griechenland s. etwa von Reden 1995; Wagner-Hasel 2000; Lyons 2012.

Nach dieser Zeremonie im Andreion begaben sich der *philetor*, der Entführte und „diejenigen, welche bei der Entführung zugegen gewesen waren", – also die Freunde des Epheben, denn allein von ihrer Anwesenheit während des Raubes berichtet die Quelle – aus der Siedlung hinaus in die Chora. Dies aber höchstens für zwei Monate, wie Ephoros betont, denn länger dürfe der Entführte nicht festgehalten werden. Auch an dieser Stelle wird deutlich, dass der *philetor* wohlsituiert sein musste. Die bloße Tatsache, dass er für bis zu zwei Monate seinen Oikos verlassen konnte, zeigt, dass er nicht allein für seinen Lebenserwerb zuständig war, sondern dass ihm das Feld von anderen bestellt wurde. Es ist sehr wahrscheinlich, dass dieser Aufbruch unmittelbar nach der Begrüßung geschah, denn die Agela war bei der Gelegenheit anwesend, und es gab keinen anderen sozialen Integrationskreis, in welchen die Epheben in dieser Phase ihrer Ausbildung eingebunden gewesen wären und von dem sie sich hätten verabschieden müssen. Zudem hätte mit einem solchen Aufschub das Ritual nicht länger den Charakter einer Entführung gehabt, der von Ephoros hervorgehoben wird. Der *philetor* brachte die Epheben also in die Chora, „wohin er wolle" – diese Worte reflektieren den Einfluss des *philetor* und seine in diesem Ritual gegenüber den Agelasten übernommene Verantwortung.

Für eine Rekonstruktion der sich anschließenden Wochen ist es wichtig zu klären, wo dies alles sich zutrug, welche Gegend hier also mit ‚Chora' bezeichnet wird; ob es sich um die wirtschaftlich intensiv genutzte Gegend des Polisgebietes unmittelbar außerhalb des urbanen Zentrums handelte, um die darum liegenden, schwacher kultivierten Regionen der Polis oder womöglich sogar um die Gebiete zwischen den Poleis, die *Eschatie*. Der Auszug des Herakleides Lembos aus der *Kretischen Politeia* des Aristoteles berichtet, dass die Gruppe „in die Berge oder auf die Ländereien des Entführers" ziehe. Somit zeigt er, dass es sich bei der im Ephoros-Bericht genannten Chora nicht notwendigerweise nur um die in unmittelbarer Nähe des urbanen Poliszentrums gelegenen Ländereien handelte.[74] Vielmehr legt auch Ephoros nahe, dass sich der *philetor*, der Entführte und dessen Agela wahrscheinlich in die unkultivierten Regionen der Insel begaben. Denn zum einen spricht er davon, dass die Mitglieder der Gruppe dort gemeinsam gejagt hätten, zum anderen, dass sie am Ende dieser Zeit wieder „in die Polis hinabsteigen". Mit diesem ‚Hinabsteigen' ist womöglich die Rückkehr von den Bergen gemeint.

Für diese Deutung spricht auch der Befund aus dem überregional bedeutsamen Heiligtum des Hermes Kedrites und der Aphrodite von Kato Simi. Von hier stammen zahlreiche Bronzetäfelchen, die aufgrund der auf ihnen dargestellten Szenen mit den im Bericht des Ephoros geschilderten Ritualen der Ephebie in Zusammenhang

---

74 Herakleides Lemb. epit. Arist. frg. 611.15 (Rose). – Davidson 2007, 309 und Anm. 39 nimmt an, diese zwei Monate hätten sich alleine auf dem von Hörigen bewirtschafteten Land der Polis abgespielt. Er weist allerdings selbst auf die mit dieser Vorstellung unvereinbare Aussage des Herakleides Lembos hin.

gebracht werden und die unten noch besprochen werden sollen.[75] Zudem belegen rund 150 dort auf Dachziegeln und Gefäßen nachgewiesene Graffiti, welche jeweils Namen und Heimatpolis der sich derart Verewigenden verzeichnen, dass in diesem Heiligtum Besucher aus einer ganzen Reihe von Poleis zusammenkamen.[76] Da sich der Trupp aus Entführer und Agela wohl auch in jenen bergigen Regionen der Insel aufhielt, in welchen die Grenzen zwischen den Poleis verliefen, traf er dort vielleicht auch andere Trupps, die durchaus aus anderen Bürgerstaaten der Insel stammen konnten und sich zu eben demselben Zweck in dieser Region aufhielten. Und womöglich begegnete man sich in den Bergen nicht nur zufällig, sondern kam auch gezielt in den überregionalen und auf solche Zwecke spezialisierten Heiligtümern der Insel zusammen.[77]

Über die Ereignisse dieser höchstens zwei Monate schweigt die Quelle fast gänzlich. Herakleides und Ephoros erwähnen allein, dass die Gruppe dort gemeinsam gegessen und gejagt habe. Sollte sich der Trupp tatsächlich zwei Monate lang auf unkultiviertem Land aufgehalten haben, wäre er tatsächlich auf die Jagd angewiesen gewesen, um essen zu können.[78] Das Überleben jedes Einzelnen in dieser Zeit hätte also von der erfolgreichen Zusammenarbeit der Gruppe abgehangen. Tatsächlich lag der Sinn jener Wochen nicht darin, dass hier schlichtweg eine neue Ausbildungsstufe für die Epheben angebrochen war, und dass der *philetor* die Aufgabe hatte, jener Agela die Techniken des Überlebens im Gelände beizubringen. Immerhin betont Ephoros ja, dass dies bereits Inhalt der Ausbildung in den Agelai gewesen sei; dass nämlich schon der Vater des die Agela versammelnden Knaben deren Mitglieder auf die Jagd geführt hatte.[79] Stattdessen sollte sich während dieser gemeinsam in der unkultivier-

---

75 Zu verschiedenen überregionalen Heiligtümern, die womöglich Schauplätze koordinierter Zeremonien der Epheben aus verschiedenen Poleis waren, s. Chaniotis 1988, 30–5 sowie 2006, 200–6; Sporn 2002, etwa 331–3, und Prent 2005, *passim*, etwa 574–5, 582–9, 647–8 zu Kato Simi; generell Ulf 2006. – Zum Befund dieser Tafeln s. Lebessi 1985, 1991, 1991a, 2002 sowie Prent 2005, bes. 565–604. Einen kritischen Blick auf diese Verbindung werfen Bergquist 1988; Marinatos 2003 und Langdon 2008, 89–95.

76 Die Besucher des Heiligtums stammten aus allen umliegenden Poleis der Region, unter anderem aus Lyttos, Priansos, Hierapytna und dem Koinon der kretischen Arkader. – s. hierzu Chaniotis 1991 und 2006, 200–2.

77 Das unten zu behandelnde drerische Gesetz aus dem 7. Jh., welches wohl das Ausscheiden der Epheben dieser Polis aus ihren Agelai an einem ganz bestimmten Tag verordnet, reflektiert womöglich eine Koordination der Ephebenrituale verschiedener Poleis; Koerner 92 = Nomima 1.68 und 2.89 mit Seelentag 2009a. Aus hellenistischer Zeit sind polisübergreifende Rituale rund um die Ephebie überliefert. Hierzu s. Chaniotis 1996, 124–6, 208–13 (Nr. 11) und 358–75 (Nr. 61.21–5).

78 Die Bedeutung der Jagd im Rahmen der Ephebie betonen etwa Jeanmaire 1939; van Effenterre 1949; Brelich 1961 und 1969, 77; Pélékidis 1962; Lebessi 1976 und 1985, 188–98; Willetts 1977; Schnapp 1979; Buffière 1980, 52–63; Sergent 1984, 11; Vidal-Naquet 1989, 87–149; Chaniotis 1991; David 1993 und Davidson 2007.

79 Ephor. ap. Strab. 10.4.20.

ten Zone jenseits der urbanen Zentren verbrachten Zeit ein enges Band zwischen der bereits bestehenden Gruppe dieser Agela mit einem Bürger entwickeln; gemeinsam bauten sie Unterkünfte, jagten, töteten und verzehrten.

Was allerdings nicht in dieses Szenario zu passen scheint, sind die Gebrauchsbedingungen des Wortes ἑστιαθέντες, welches Ephoros an dieser Stelle verwendet. Denn hiermit ist nun tatsächlich nicht das bloße Verzehren von Nahrung zum Überleben bezeichnet. Vielmehr impliziert der Begriff, dass der Entführte und seine Agela Gäste bei einem Bankett gewesen seien. Bestätigt wird dieser Befund von der identischen Wortwahl des Herakleides Lembos, der ebenfalls von gemeinsamen Mählern während dieser 60 Tage berichtet.[80] Entweder müssen wir uns also die Prekarität dieses Lebens in den Bergen weit weniger dramatisch vorstellen oder aber annehmen, dass mit diesem Ausdruck weniger die Reichhaltigkeit der Tafel, sondern vielmehr die soziale Konstellation dieser zwei Monate beschrieben ist; dass nämlich die Epheben gleichsam wie die Gäste des Erwachsenen behandelt worden seien oder sich so hätten fühlen dürfen. Immerhin war ursprünglich er an die Agela herangetreten, um deren ‚strahlendsten Knaben' zu entführen, und die literarischen Berichte betonen stets seine aktive Rolle in dieser Phase. In jedem Falle hebt Ephoros hervor, dass die Form der Kommensalität in dieser Zeit eine wichtige Rolle spielte, und zwar eine, die sich an die gemeinsame Jagd anschloss. Hier wurde in gewisser Weise vorweggenommen, dass Männer ihr Andreion über dessen Grundausstattung mit Nahrung hinaus mit weiteren Produkten unterstützen konnten, etwa mit Jagdbeute.[81]

Die Geschenke

Nach höchstens zwei Monaten kehrte der Trupp wieder in die Polis zurück. Entlassen – so betont Ephoros – würde der Jüngling aber erst, nachdem er eine Reihe von Geschenken erhalten habe, von denen drei vom *nomos* vorgeschrieben seien: eine *stole polemike*, einen Ochsen und ein Trinkgefäß. Darüber hinaus erhielt er „mehrere weitere so wertvolle Sachen, dass wegen der Höhe der Kosten auch die *philoi* beisteuern."[82] Diese drei vom *nomos* verordneten Geschenke wurden bislang im Wesentlichen in Hinblick auf die ihnen zugrunde liegenden, mutmaßlich universalindogermanischen Wurzeln betrachtet.[83] Hier seien andere Aspekte betont, nämlich zu welchem Zweck der Entführte diese Geschenke benutzte, und welcher Status ihm mit deren Übergabe zugeschrieben wurde.[84] Zunächst ist die *stole polemike* nicht – wie häufig behauptet – ein ‚Militärgewand' oder gar eine ‚Rüstung'. Das Wort *stole*

---

80 Herakleides Lemb. epit. Arist. frg. 611.15 (Rose).
81 Ephor. ap. Strab. 10.4.20.
82 Auch hier übersetzt Radt 2007 *philoi* fälschlich als „die Angehörigen".
83 s. etwa Yoshida 1964 und 1965; Bremmer 1980; Sergent 1986, 16–26 und Davidson 2007.
84 Zu den Konzepten von ‚erworbenem' und ‚zugeschriebenem' Status s. konzis etwa Whitley 2002.

hat diese Bedeutung nicht, und auch das parallele Zeugnis des Herakleides betont, der Jüngling habe *esthes* erhalten, „Kleidung".[85] Der Entführer verehrte dem Epheben also wohl keine wertvolle und schützende Rüstung, die jenen als Hopliten kennzeichnen sollte. Dies wird bestätigt von der nur wenige Zeilen später folgenden Aussage des Ephoros, dass es dem jungen Mann nach seiner Entführung erlaubt gewesen sei, sich – und abweichend von seinen Altersgenossen – mit dieser von seinem Liebhaber überreichten *stole* zu schmücken. Der wesentliche Zweck des Gewandes war es also, seinen Träger aus der Masse herauszuheben. Dass Kleidung in der Gesellschaft kretischer Poleis tatsächlich ein Indikator für Alter und Status war, wurde bereits in jener Passage deutlich, in welcher Ephoros über die Paides vor ihrem Eintritt in die Agelai berichtet, sie müssten auf dem Boden des väterlichen Andreions sitzen, und ihre Kleidung sei besonders einfach.[86] Die Übergabe jener *stole polemike* bedeutete also in erster Linie eine symbolische Aufwertung des derart Beschenkten, dessen Eintritt in eine andere und exklusive Statusgruppe.

Wenn Ephoros betont, das Gewand sei ‚kriegerisch' gewesen, mag dies womöglich nur heißen, dass die Kreter – aus von uns nicht mehr nachvollziehbaren Gründen – dieses Gewand als militärisch konnotiert empfanden, und dass dieses Gewand ein Zeugnis von zugeschriebenem Status war. Dahinter mag der Gedanke stehen, dass sein junger Träger überhaupt erst wegen seiner bislang erwiesenen männlichen Anlagen entführt worden war und sich nun natürlich auch im Folgenden als tapferer Mann und guter Krieger erweisen werde. Somit müsse ein solches Gewand zwangsläufig Ausweis eines guten Kriegers sein. Parallelen für ein solches Konstrukt bieten zahlreiche Passagen etwa von Kritias, Xenophon, Aristoteles und Plutarch, die davon berichten, dass Sparta eine Reihe von ästhetischen Phänomenen militärisch konnotiert hatte, die anderen Griechen eigentlich als Ausdruck von Luxus, Dekadenz oder Verweichlichung erschienen. So seien die roten Gewänder der Spartaner besonders kriegerisch, weil sie an Blut denken ließen oder eine Verwundung kaschierten; die tiefen Becher der Spartaner seien besonders gut geeignet, auf Feldzügen Wasser aus einem Strom zu schöpfen; und mit ihren langen und gut gekämmten Haaren erschienen die Spartaner gebieterischer beziehungsweise erinnerten an Gorgonen.[87]

Anders als über das Gewand sind wir über das Trinkgefäß (*poterion*) durch parallele Quellen informiert. Es ist wichtig festzuhalten, dass es nicht die Funktion hatte, zu zeigen, dass der mit diesem Gefäß Beschenkte von nun an Wein trinken durfte. Immerhin bezeugt der Bericht des Dosiadas über die Ausbildung der Paides

---

85 Bremmer 1980, 285: „military suit". – Eine Ausnahme hierfür bietet der lyrische Gebrauch des Wortes in der Bedeutung „Rüstzeug" bei Aischyl. Pers. 1018.

86 Ephor. ap. Strab. 10.4.20. – Auf die Status definierende und differenzierende Funktion von Kleidung und Tracht weist etwa Wagner-Hasel 2007 hin.

87 s. etwa Kritias frg. 34 D/K; Xen. pol. Lac. 11.3; Arist. frg. 542 (Rose) Rhet. 1.9.26; Plut. mor. 238–9. Hierauf weist Davidson 1999, 83–4 und 2007, 312 hin, der neben den genannten zahlreiche andere Quellenbelege dieses Diskurses nennt.

im Andreion, dass jenen das Trinken bereits vor Beginn ihrer Ephebie erlaubt war.[88] Aufschlüsse gibt uns aber die Form des Gefäßes. Während Ephoros alleine festhält, dass der Entführte ein *poterion* erhalte, ergänzt Athenaios, dass die Gortynier jene Art *poterion*, welches den Entführten gegeben werde, ‚*chonnos*‘ nennen. Dieser sei aus Bronze und einem *therikleios* ähnlich.[89] Über die Gefäßform des *therikleios* sagt Athenaios wiederum an anderer Stelle, dass dieser eine Art *kylix* sei, allerdings besonders tief, mit hoch gezogenem Standfuß und nach innen gewölbten Seiten.[90] Über seine Verwendung berichten die Quellen, dass der *therikleios* besonders bei Trinksprüchen und Freundschaftszusagen zum Einsatz gekommen sei.[91] Es ist demnach – angesichts dieser Indizienkette allerdings nur mit Vorsicht – festzuhalten, dass der Jüngling keinen einfachen ‚Becher‘ empfing. Denn zum einen war der *chonnos* aufgrund seines bronzenen Materials eine wertvolle Gabe, zum anderen erfüllte er aufgrund seiner Form eine spezifische Funktion in einem ganz bestimmten sozialen Kontext: das Trinken in Gemeinschaft; denn seine Henkel besaß das Gefäß, damit es von einem Trinker zum anderen weitergereicht werden konnte.[92]

Es ist unklar, wie ein solches Trinkgefäß sich mit jenem Bericht vereinbaren lässt, der uns über die Trinksitten bei den kretischen Syssitien überliefert ist, nämlich dem des Dosiadas. Denn dort habe jeder Tisch jeweils nur ein Gefäß (*poterion*) erhalten, aus dem alle Männer gemeinsam tranken.[93] Tatsächlich zeigen die Befunde der Trinkkeramik aus Gebäuden, in denen gespeist und getrunken wurde, dass weder Gefäße wie der von den literarischen Quellen beschriebene *chonnos* oder *therikleios* – schon gar nicht aus Bronze –, noch kylixähnliche Schalen in größerer Zahl nachgewiesen sind. Vielmehr kamen bei den Syssitien einhenklige, schwarz gefirnisste Becher auf

---

88 Dosiadas ap. Athen. 4.143d. – Hierzu s. den Abschnitt zur Semantik des Verteilens von Essen und Trinken im Kapitel *Andreion*.

89 Athen. 11.502b, der hiermit Hermonax zitiert, den Autor einer wahrscheinlich hellenistischen Sammlung von kretischen Dialektbegriffen; s. auch Athen. 11.782c, wo deutlich wird, dass Athenaios den Bericht des Ephoros kennt.

90 Athen. 11.470e–472e. – Das heißt wahrscheinlich nicht, dass das Gefäß an seiner Lippe nach innen gebogen war, denn dies hätte das Trinken erheblich erschwert; vielmehr hatte es wohl in der Mitte des Gefäßkörpers eine konkave statt der üblichen konvexen Wölbung eines Trinkgefäßes. Ob dies nun eine eher sanfte Wölbung über mehrere Zentimeter oder eher ein klar definierter Einschnitt im Gefäßkörper war, ist unklar.

91 s. Gernet 1968, 190 und Davidson 2007, 560 Anm. 51 mit Nachweisen und Parallelen.

92 Hierzu s. Davidson 1999, 83–4, 88–9 und 2007, 560. – Archilochos frg. 4 Gerber schöpft auf hoher See mit seinem Kothon den Wein direkt aus der Amphore; Pap. Oxyrh. 854; Athen. 11.483d. Zur Funktion des (spartanischen) Kothon s. Kritias frg. 34 D/K; Plut. Lyk. 9.4–5. Seine Identifizierung mit einer bekannten Gefäßform ist allerdings noch immer umstritten.

93 Dosiadas ap. Athen. 4.143c. Schon das Trinken aus einem gemeinsamen Mischkrug galt als Gemeinschaft stiftend – umso mehr das Trinken aus einem gemeinsamen Gefäß. Diese kretische Art zu trinken war für den Großteil der Griechen ungewohnt; s. etwa Davidson 1999, 70–1. – IC 4.75 b = Koerner 147 = Nomima 2.46 legt womöglich nahe, dass die Tafelgeräte, welche in einem Andreion zum Einsatz kamen, von dessen Archon zentral verwaltet wurden.

den Tisch.[94] Und diese wurden eben nicht, wie dies bei einem zweihenkligen Gefäß der Fall war, unter Trinksprüchen von Hand zu Hand gegeben; sie boten also keinen Anlass zum sympotischen Trinken. Wahrscheinlich müssen wir das einem jungen Mann überreichte Trinkgefäß also von diesem Bericht des gemeinsamen Speisens und Trinkens aller Bürger in den Andreia trennen. Das vom *nomos* vorgeschriebene Geschenk des Entführers an den Epheben war wohl eine exklusive Gabe, welche im Wesentlichen den Zweck hatte, den Jüngeren aus der Menge seiner Altersgenossen heraus zu heben und ihn an den Älteren zu binden. Diese Exklusivität des Gefäßes als Gabe in einer Zweierbeziehung korrespondiert auch mit den erwähnten konnotierten Gebrauchsbedingungen eines solchen Gefäßes. Wenn wir dann zwar immer noch nicht wissen, bei welchen Gelegenheiten dieses Gefäß nun zum Einsatz kam, lässt sich doch konstatieren, dass dies wohl nicht das gemeinsame Trinken aller Bürger im Andreion war. Da der Bericht des Dosiadas verdeutlicht, dass Unterschiede im Trinkverhalten bei den Syssitien tatsächlich Ausdruck von Unterschieden in Alter und Status der Trinkenden waren, ist es jedenfalls wahrscheinlich, dass die Übergabe eines solchen Trinkgefäßes für den Empfänger durchaus einen Statuswandel reflektierte.[95]

Bestätigt wird dies von einem Blick auf die anderen Geschenke. Was mit dem Ochsen geschah, der ebenfalls vom *nomos* vorgeschrieben war, sagt der Text ausdrücklich: Der Entführte opferte das Tier dem Zeus und bewirtete alle mit ihm Zurückgekehrten. Der Ochse war ein wertvolles Opfertier, doch nicht an der davon symbolisierten Wertschätzung des derart Beschenkten durch den Schenkenden bemaß sich der eigentliche Sinn dieses Rituals. Wichtig war vielmehr die anlässlich des Opfers herbeigeführte soziale Konstellation: Wer opferte, für welchen Gott und in wessen Gemeinschaft? Denn bei diesem Ritual wurden einerseits die Bindungen der an Opfer und Opfermahl teilnehmenden Menschen untereinander hergestellt oder bestätigt. Andererseits kommunizierte diese im Opfer vereinte Gemeinschaft von Menschen mit jener der Götter, beschwor deren Schutz und Wohlwollen. So kann die Auswahl des im Mittelpunkt stehenden Gottes etwas über die mit dem Opfer beabsichtigten sozialen Konsequenzen aussagen. Das Opfer des Entführten hieß auf jeden Fall, dass dieser einen neuen Status erreicht hatte. Zumindest galt er nicht mehr als Kind, denn einem Kind war das Opfern versagt. Mochte er auch noch kein Bürger sein, wurde den Anwesenden doch deutlich, dass er fortan imstande war, wesentliche Gemeinschaft stiftende Aufgaben wahrzunehmen. Zudem richtete er das Opfer an Zeus, der wie kein

---

94 Dies zeigen etwa Johnston 1993; Haggis et al. 2004 und 2007, 253–8; Erickson 2010; s. aber Haggis et al. 2004, etwa 271, 286, 291 und 304 zu den bronzenen Gefäßen und Gegenständen im so genannten Andreion von Azoria.

95 Die meisten Darstellungen zum sozialen Sinn der drei vorgeschriebenen Geschenke sehen in dem Becher nicht allein das Symbol, dass der Ephebe fortan im Kreise seiner Mahlgenossen Wein trinken durfte, sondern betonen auch, dass es sich bei diesem Becher um das jenem nun überreichte, eigene Trinkgefäß gehandelt habe. Beide Annahmen sind aus den genannten Gründen falsch.

anderer Gott als Garant der sozialen Ordnung und Hierarchie sowie der sozialen Bindungen galt.[96] Eine wichtige Frage ist also, welche Gruppe von Menschen an diesem Opfer und dem anschließenden Mahl teilhatte, um als Gemeinschaft im Ritual zusammengeschweißt zu werden.

Es gibt gute Gründe anzunehmen, dass dieses Opferfest im Andreion des Entführers stattfand und bei dieser Gelegenheit der Jüngling selbst – und wahrscheinlich auch seine Agela – in dieses Andreion aufgenommen wurden. Der Text berichtet allein, dass der Ephebe nach der Entführung jene bewirtete, die mit ihm zurückgekehrt waren. Anwesend waren also in jedem Fall die Mitglieder der Agela des jungen Mannes und der *philetor*. Nun war das Andreion des Entführers bereits der Ausgangspunkt der Entführung gewesen. Hier hatte sich der *philetor* in Anwesenheit seiner Hetairoi dem Entführten vorgestellt, hier war er bereits als Angehöriger einer Mahlgemeinschaft aufgetreten, nicht etwa als einfacher ,Privatmann', Herr eines Oikos oder Mitglied eines Startos. Wenn er nun auch nach der Entführung als Protagonist auftrat, der Geschenke verteilte und einen Ochsen stellte, damit dessen Opfermahl eine Gemeinschaft zusammenbringe, ist nicht plausibel, warum er bei dieser Gelegenheit als Mitglied eines anderen sozialen Integrationskreises als seiner Hetairie aufgetreten sein sollte. Wahrscheinlich waren also – wie wohl schon zu Beginn der Entführung – auch an deren Ende die Hetairoi des *philetor* anwesend.[97] Tatsächlich berichtet die Quelle ja von gewissen „Freunden", welche zu diesem Zeitpunkt eine wichtige Rolle spielten, da sie die drei vom *nomos* vorgeschriebenen Gaben um weitere, kostbare Geschenke ergänzten.

Es gibt zwei Möglichkeiten, um wen es sich bei diesen Personen handeln könnte. Es könnten die Freunde des Entführten sein, also die Mitglieder seiner Agela, oder aber die Freunde des *philetor*, also dessen Hetairoi. Für die erste Lösung mag sprechen, dass der Bericht des Ephoros nur an zwei Stellen von „Freunden" spricht, und dass dieser Begriff bei seiner ersten Erwähnung zu Beginn der hier besprochenen Passage ganz klar die Mitagelasten des betroffenen Epheben bezeichnet. Andererseits ist in unserer späteren Stelle der *philetor* das handelnde Subjekt dieses Satzes.

---

96 Pyrgion ap. Athen. 4.143e berichtet, es habe in den kretischen Andreia einen Tisch für Zeus Xenios gegeben. Hierin wird deutlich, dass Zeus im Rahmen der kretischen Syssitien eine die Gemeinschaft verbindende Facette besaß.

97 Für das Opfer war ein gewisser Raum nötig, Gelegenheiten zum Schlachten, Kochen und Speisen. Ein Männerhaus bot diese Möglichkeiten; zu den baulichen Befunden s. das Kapitel *Andreion*. Zudem zeigt das Ritual der drei vom Gesetz vorgeschriebenen Geschenke des *philetor* eine gewisse Ähnlichkeit mit jenem Ritual, welches bei einer Adoption stattfand. Das *Große Gesetz* von Gortyn bestimmte, dass der Adoptivvater die Adoption zwar vor der Volksversammlung bekannt machen sollte, dass er aber seiner Hetairie ein Opfertier und ein Maß Wein spenden sollte. Dass dies tatsächlich dazu gedacht war, den Adoptierten in das Andreion des Adoptierenden aufzunehmen, wird davon bestätigt, dass man, wenn die Adoption wieder aufgelöst wurde, auch seine Mitgliedschaft in seinem Andreion verlor; IC 4.72.11.16–7 = Koerner 180 = Nomima 2.40, und s. das Kapitel *Eleutheros*.

Denn hier ist die Rede davon, dass er den Jüngling beschenkt und ihn entlässt. Und so ist es am ehesten wahrscheinlich, dass der Text mit diesen Freunden jene des in der ersten Hälfte des Satzes handelnden *philetor* meint.[98] Auch die innere Logik des Textes legt diese Deutung nahe. Denn dafür, dass die Freunde des *philetor* bei diesem Ritual tatsächlich anwesend waren und dass sich das Opfermahl im Andreion des Entführers abspielte, spricht der Fortgang des Berichts. Der Entführte habe nämlich den Anwesenden den Umgang mit seinem Liebhaber „enthüllt". Bei jenen wird es sich wohl eher nicht um seine eigenen Freunde gehandelt haben, denn sie waren während der vergangenen zwei Monate an seiner Seite gewesen. Eher scheint sich der junge Mann doch wohl an die Hetairoi seines *philetor* gerichtet zu haben.[99] Die bei der Heimkehr stattfindenden Rituale boten also eine Gelegenheit, bei welcher die Mitglieder der Agela mit den Angehörigen eines Andreions gemeinsam als eine Gruppe speisten. Zusammengeführt worden war diese Konstellation über die Entführung des ‚strahlendsten' Mitglieds der Agela durch ein angesehenes Mitglied der Hetairie. Das gemeinsame Opferfest für Zeus verband also nicht allein den Entführten mit seinem *philetor*, sondern schweißte auch die beiden Gruppen der Epheben und der Hetairoi zusammen, in deren Kreis die ersteren später aufgenommen werden sollten.

Diese drei dem Jüngeren überreichten Geschenke waren also in mehrfacher Hinsicht sozial sinnhaft. Der Gebrauch einer jeden Gabe zeigte, dass der Entführte seinen Status verändert hatte. Fortan trug er ein geschmücktes Gewand, mit welchem kriegerische Assoziationen verbunden waren und das sich von dem einfachen Himation seiner Kindheit unterschied; das ihn aber auch – und vor allem – unter seinen Altersgenossen hervorhob. Auch das Trinkgefäß hob ihn aus der Menge seiner Altersgenossen heraus, denn es ist keine Rede davon, dass jene einen eigenen *chonnos* bekamen. Ob dieses Gefäß allein der Ausdruck einer Verbindung von Jüngling und *philetor* war oder ob es auch in anderen Kontexten zum Einsatz kam, indem etwa der junge Mann dieses *poterion* der Gemeinschaft zur Verfügung stellte, wissen wir nicht. Doch anders als das Gewand, welches allein seinen Träger schmückte, hatte dieses Gefäß eine inhärent auf Gemeinschaft oder zumindest auf eine Paarbeziehung abzielende Funktion, da es aufgrund seiner Form zum Weiterreichen an einen Mittrinkenden vorgesehen war. Die Gabe des Ochsen steigerte diese Idee noch einmal. Diesen stellte der *philetor* dem Entführten zur Verfügung, und jener hatte das Tier einer noch größeren Gemeinschaft zurückzugeben, die eben durch dieses Opfer überhaupt erst zusammengeschweißt wurde. Dass – wie Ephoros betont – der *nomos* diese drei Geschenke

---

98 Wollte man in diesen *philoi* die Freunde des Jünglings sehen, also minderjährige Epheben, müsste man erklären, woher jene die Mittel nahmen, zu den erwähnten kostspieligen Geschenken beizusteuern. Über eigenes Vermögen verfügten sie in diesem Alter wohl noch nicht. Prinzipiell ließe sich an die Möglichkeit denken, dass eigentlich ihre Väter diese Aufgabe übernahmen, doch hiermit befänden wir uns nicht länger auf von der Quelle nahe gelegtem Boden.
99 s. auch Link 1996, 27 mit Anm. 76.

vorgab, zeigt, dass die mit ihnen verbundenen sozialen Funktionen unbedingter Teil des Rituals waren. Es waren keine Gaben, nach welchen sich etwa eine individuelle Zuneigung des *philetor* dem Jüngeren gegenüber bemessen hätte, oder die als eine Art von dessen Entlohnung hätte aufgefasst werden können.

Doch neben den vom *nomos* auferlegten drei Gaben erhielt der Entführte eben auch eine Reihe von wertvollen Geschenken von seinem *philetor*. Dessen Hetairoi hätten sich an ihnen allerdings beteiligt, was Ephoros ihrer Kostspieligkeit zuschreibt. Tatsächlich bietet die Quelle keinen Hinweis darauf, dass jene Gaben in ihrem Umfang oder Wert vom *nomos* beschränkt gewesen wären. Sie scheinen ein Nachweis der von diesem Andreion aufzubringenden wirtschaftlichen Potenz gewesen zu sein und ein Akt, mit dem die Mitglieder des Andreions ihre Wertschätzung des Entführten signalisierten. Somit bot dieser Teil der Zeremonie innerhalb des ansonsten streng vom *nomos* geregelten Entführungsrituals die Möglichkeit zur Variation und zur demonstrativen Prachtentfaltung dieser oder jener Hetairie. Am Wert der überreichten Geschenke ließ sich ein eher armes von einem eher reichen Andreion unterscheiden. Hierbei konnten auch einzelne Mitglieder der betreffenden Mahlgemeinschaft ihren individuellen Reichtum und ihre Bereitwilligkeit, diesen für die gemeinsame Sache zu verwenden, zur Schau stellen. Wahrscheinlich wurde von einem jeden Hetairos erwartet, sich entsprechend seiner Möglichkeiten an diesen Gaben zu beteiligen.

Der Sinn dieser Gegenstände lag aber nicht allein in ihrem Wert, sondern auch in der sozialen Beziehung, die auf dem Weg der Gabe symbolisch hergestellt wurde. Denn abermals trat die Hetairie des Entführers in diesem Teil des Rituals als Gruppe auf und integrierte mit ihren gemeinsam erbrachten Geschenken den Entführten in ihren Kreis. Mochten auch, wie die Quelle betont, diese Geschenke die Gaben des *philetor* sein und dessen Freunde ‚lediglich‘ dazu beisteuern, wird doch abermals deutlich, dass die kretische Ephebenentführung nicht allein eine Paarbindung zwischen einem Älteren und einem Jüngeren zum Ziel hatte, sondern dass beide Beteiligten als Mitglieder einer Gruppe auftraten. Und so trug jedes Mitglied der Hetairie des *philetor* seinen Teil zum Umwerben des Entführten bei. Umso mehr verwundert es, dass diese wertvollen Gaben gerade nicht den Mitepheben des Jünglings zukamen, sondern allein jenem. Somit wurde der ‚Strahlendste‘ gegenüber seinen Mitepheben herausgestellt, nicht allein auf der symbolischen Ebene, nämlich der einzige Empfänger der Gaben zu sein, sondern auch als einziger durch deren hohen Wert materiellen Zuwachs zu erhalten. Hier wird ganz deutlich, dass eine wesentliche Sinnfacette des Rituals eben auch die elitäre Distinktion Einzelner war.

Die Erklärung des Epheben

In diesem Sinne muss auch der sich anschließende Teil des Rituals verstanden werden. Denn noch war die Entführung nicht zu Ende. Ephoros berichtet, dass der Entführte sich nach Geschenken und Opfermahl erklären musste: „Dann gibt er sein Urteil über seinen Verkehr (*homilia*) mit dem Liebhaber, ob er womöglich damit zufrieden war oder nicht. Der *nomos* ermöglicht dies, damit, wenn bei der Entführung irgendwelche Gewalt gegen ihn gebraucht worden ist, er jetzt die Gelegenheit hat, sich zu rächen und frei zu machen." Dieses Ritual der Erklärung zeigt, dass der junge Mann zwei Handlungsoptionen besaß. Wenn er erklärte, dass bei der Entführung keine Gewalt gegen ihn ausgeübt worden war und wenn er also einverstanden war mit den – durch gesellschaftliche Konventionen wahrscheinlich klar definierten – Umständen der Entführung, nahm die Beziehung zwischen ihm und dem *philetor* ihre weitere Entwicklung.[100] Andernfalls räumte man ihm nun die Möglichkeit ein, sich von seinem *philetor* wieder zu lösen.

Doch der Zeitpunkt dieser Erklärung gibt Rätsel auf. Immerhin betont der Text, dass der Jüngling sich erst nach der Übergabe der verschiedenen Geschenke, nach dem Opfer und nach dem gemeinsamen Mahl äußerte; das heißt, erst nach sämtlichen vom Text erwähnten Ritualen, die eine Gemeinschaft aller Beteiligten herbeiführen sollten, welche auf vielfältiger Reziprozität beruhte und kultisch abgesegnet war. So scheint diese Erklärung also nicht wirklich den praktischen Zweck gehabt zu haben, die zu diesem Zeitpunkt längst schon geknüpften Bande zwischen dem ‚Strahlendsten' und seiner Agela mit dem *philetor* und dessen Hetairie tatsächlich wieder zu lösen. Und doch war dies eine vom Ritual vorgesehene Handlungsoption; somit erfüllte dieser Teil der Zeremonie einen wichtigen Zweck. Denn diese Erklärung des Entführten zum Verhalten seines *philetor* war die ritualisierte Gelegenheit, jenen und sich selbst in spezifischer Weise vor dem anwesenden Publikum darzustellen. Der junge Mann konnte seinen Entführer und die gemeinsam verbrachten Wochen besonders preisen und damit das gemeinsame Verhältnis betätigen. Wie noch zu zeigen sein wird, war dies vor allem aber auch die Gelegenheit, der Sexualität in der Beziehung zu seinem *philetor* demonstrativ einen geringen Stellenwert beizumessen.

In gewisser Weise war diese Erklärung des Epheben eine Spiegelung jener Rede, mit welcher der *philetor* ihn zu Beginn der Entführung in seinem Andreion begrüßt und zum ersten Mal beschenkt hatte. Beide Zeremonien fanden vor dem gleichen Publikum statt, doch im ersten Fall hatte – so jedenfalls beschreibt Ephoros es – allein der *philetor* gesprochen, im zweiten nun äußere sich allein der Jüngere. Tatsächlich bot dieses Ritual für den Epheben die einzige Gelegenheit, öffentlich seine Zustimmung oder Ablehnung der für ihn getroffenen Wahl seiner Freunde zu erklären. Denn der *philetor* hatte ihn sich ausgesucht, und es waren seine Freunde gewesen, welche sein Prestige mit dem des *philetor* abgewogen, jenen als Entführer zugelassen und

---

100 Unter dieser von Ephoros beschriebenen „Gewalt" (*bia*) ist wohl nicht die erzwungene Entführung an sich zu verstehen. Denn die Freunde des Jünglings hatten für ihn – und letztlich in ihrem eigenen Interesse – einen *philetor* zugelassen, und entführt zu werden war für die ‚Strahlendsten' nicht allein Ehre, sondern auch gesellschaftliche Pflicht. Vielmehr sind hier wohl sexuelle Praktiken gemeint, die wegen der damit verbundenen Penetration als entehrend galten, vor allem der Analverkehr; s. etwa Dover 1978, 143–5; Patzer 1982, 47–9 und Gehrke 1997, 33.

damit ihre zukünftige Hetairie ausgesucht hatten. Der junge Mann selbst war nur gepackt worden. Und doch war es am Ende der Entführung eben jener ‚Strahlendste‘, der all dies zu bestätigen hatte. Allen Beteiligten wurde deutlich, dass ihm allein die ultimative Entscheidung zukam. Die erfolgte Erklärung bekräftigte den Status des *philetor*. Darüber hinaus war es ein wichtiges Merkmal für sein Prestige, dass er die Unterstützung der Mitglieder seines Andreions erhalten hatte, um die Entführung überhaupt durchführen zu können; und dies betrifft nicht einmal in erster Linie die materielle Unterstützung. Bemerkenswert ist vielmehr, dass es in den Andreia Mechanismen der Statusbeschreibung oder Statuszuteilung innerhalb der Gruppe an eines ihrer Mitglieder gab, welche diesen einen Mann als prominent unter seinen Hetairoi herausstellten. Zwar musste sich der potenzielle *philetor* im Rahmen des Entführungsrituals von den Freunden des jungen Mannes prüfen lassen und dabei sein Prestige zur Beurteilung stellen, er ging also auch das Risiko einer Zurückweisung ein. Doch hierin zu bestehen, hieß, sich bewusst und vor aller Öffentlichkeit einer Statusprüfung unterzogen und diese erfolgreich bestanden zu haben und so vor aller Augen als Exponent seiner Hetairie aufgetreten zu sein. Denn von seinem sozialen Prestige hing es ab, eine wie große und wie angesehene Agela er seinem Andreion einzugliedern vermochte.

Ähnlich wie der junge Mann schon bei der Formierung der Agelai und dann auch zu Beginn des Entführungsrituals von seinen Freunden beurteilt wurde, um jenen schließlich eine Hetairie zu vermitteln, war auch der *philetor* auf die Zustimmung seiner Hetairoi angewiesen, um jenen neue Mitglieder zuzuführen. In beiden Fällen mussten die Mitglieder der Gruppe in der Lage sein, einen aus ihrer Mitte über sie selbst zu heben, damit dieser eine prestigereichere Position als jene einnehmen konnte, die aber notwendig für jene sozialen Institutionen war, welche das Funktionieren und den Weiterbestand der soziopolitischen Ordnung garantierten. Hierbei ist es aber wichtig, sich vor Augen zu führen, dass diese herausgehobene Position eines Einzelnen durch den Faktor Zeit nivelliert wird. Das heißt, dass aller Wahrscheinlichkeit nach in anderen Jahren andere Mitglieder der Hetairie einen Jüngling entführten und dessen Agela in das nämliche Andreion einführten, und dass es nicht immer wieder derselbe Mann war, der dies tat. Über die Jahre musste also eine Reihe von Mitgliedern eines Andreions das Risiko einer Statusüberprüfung auf sich nehmen und erhielten die Chance zur Profilierung.

In der Erklärung des Epheben wird auch die Relevanz der Sexualität im Verhältnis zu seinem Entführer deutlich. Der Bericht des Ephoros äußert sich nicht ausdrücklich darüber, ob sexuelle Elemente im Rahmen des Rituals eine Rolle spielten. Und doch beschreibt – und somit konzeptualisiert – Ephoros das Verhältnis von Entführer und Jüngling mit dem ihm und seinen Lesern vertrauten Vokabular der Rollenbezeichnungen von *Erastes* und *Eromenos*. Für das Publikum des 4. Jh. umrissen diese Begriffe aber ein soziales Verhältnis, in welchem Sexualität eine wichtige Rolle spielte. Erst am Ende seiner Schilderung nennt der Autor die für diese Rollen spezifischen kretischen Begriffe des *philetor* und *kleinos* sowie des *parastates*. Dass die Kreter diese

Bezeichnungen statt der üblichen *Erastes* und *Eromenos* wählten, welche eben den Eros in den Mittelpunkt dieser sozialen Beziehung stellten, ist aufschlussreich für die kretische Stilisierung des Rituals. Die Rollenbezeichnung *philetor* betont stattdessen eben die *philia* als konstitutives Element und Motiv der Beziehung, und man mag darauf hinweisen, dass in der Endung *-etor* womöglich das Formalisierte und Reglementierte dieser Beziehung Ausdruck fand.[101] Komplementär dazu betonte die eine Bezeichnung des Epheben das für den Jüngeren aus diesem Verhältnis resultierende soziale Prestige ('Ruhmreicher'), die andere stellte die sich aus seinem Verhältnis zum Älteren ergebende militärische Gemeinschaft ('Nebenmann') in den Mittelpunkt.

Darüber hinaus lassen auch einige andere Zeugnisse es plausibel erscheinen, dass die institutionalisierte kretische Ephebenentführung durchaus eine sexuelle Komponente besaß. So betont Platon in den *Gesetzen* nicht nur, dass Kreta überhaupt der Ursprung der Päderastie sei, sondern bezeugt auch, dass zu seiner Zeit auf der ganzen Insel die Sexualität fester Bestandteil der Verhältnisse zwischen Männern und Knaben sei.[102] Weitere Hinweise bietet unsere Quelle selbst, wenn Ephoros nämlich berichtet, das Gesetz gestatte dem Jüngling zu berichten, ob ihm – womöglich – die *homilia* mit seinem Entführer gefallen habe. Was der Kern dieses Begriffs war, scheint von Aristoteles beantwortet, wenn er in der *Politik* berichtet, dass Minos die *homilia* unter Männern als ein Mittel der Bevölkerungskontrolle auf Kreta eingesetzt habe.[103] Dies deutet darauf hin, dass Aristoteles davon ausging, die kretische Päderastie beinhalte eine sexuelle Komponente.[104]

Interessant ist die Wortwahl des Ephoros in dieser Passage, sein Gebrauch des 'womöglich'. Dies suggeriert nämlich, dass dem Jüngling dieser sexuelle Umgang mit seinem *philetor* eigentlich nicht habe gefallen können, sodass er diese vom Brauch vorgeschriebene Frage eigentlich nur habe verneinen können. Tatsächlich erwarteten alle Anwesenden aber – wie oben ausgeführt – eine Bejahung der Frage; sonst hätte der Ephebe das Verhältnis zu seinem *philetor* abbrechen müssen. Dies scheint zu zeigen, dass der Entführer nicht in den Ruch des Vergewaltigers geraten und der Junge nicht als ein leicht verfügbares Sexualobjekt erscheinen durfte.[105] Dies wird

---

101 Patzer 1982, 79 zur Bedeutung des Morphems.

102 Plat. leg. 636b–c und 836a–c. Womöglich ist die letztere Passage, in der es um Gesetzgebung und päderastische Verhältnisse geht, in dem Sinn zu verstehen, dass der kretische *nomos* die Päderastie vorschreibe.

103 Arist. pol. 1272a 24. – Die Glaubwürdigkeit dieser Aussage ist natürlich sehr fraglich.

104 Unten werden wir einige Zeugnisse der materiellen Kultur betrachten, welche die Existenz päderastischer Beziehungen auf der Insel bereits im 9. oder 8. Jh. nahelegen. Es handelt sich etwa um die im Heiligtum von Kato Simi gefundenen Figurinen und Bronzebleche, welche junge und ältere Männer gleichermaßen mit exponierten – auch erigierten – Gliedern darstellen; s. Lebessi 1985 und 2002; Chaniotis 2006.

105 Das *Große Gesetz* von Gortyn führt die Vergewaltigung eines Mannes neben der Vergewaltigung einer Frau als eigenes Delikt; IC 4.72.2.2 = Koerner 164 = Nomima 2.81. Die oben besprochene Rege-

auch darin deutlich, dass der *nomos* die Freunde des jungen Mannes zwang, dem *philetor* tatsächlichen oder rituellen Widerstand entgegen zu bringen. Er durfte dem Entführer nicht ohne Widerstand hingegeben werden. Ähnliches ist reflektiert, wenn Ephoros hervorhebt, es sei eine Eigenart der Kreter, dass es nicht die Schönheit eines Epheben sei, welche den *philetor* antreibe, sondern seine charakterliche Disposition und deren daraus hervorgehende Manifestationen. Gefragt seien die männlichen und wehrhaften Jünglinge; also jene, welche bereits in diesem Alter die Anlagen eines guten Bürgers und guten Kriegers erkennen ließen.[106] Und doch laste man es seiner Wesensart an, seinem *tropos*, wenn ein Ephebe zwar sehr schön sei und von hervorragenden Vorfahren abstamme, doch keinen *philetor* finde.

Der Bericht des Ephoros reflektiert, dass die Schönheit eines jungen Mannes in der griechischen Welt durchaus ambivalent gesehen wurde. Zum einen stand sie im Ruf, ihren Träger womöglich als sexuell verfügbar erscheinen zu lassen und ältere Betrachter zu unschicklichem Verhalten herauszufordern. Zum anderen aber war sie gängiges Aristiekriterium und Quelle gesellschaftlichen Ansehens; gerade wenn sie mit inneren Werten einherging und in einem entsprechenden Habitus Ausdruck fand.[107] Parallele Zeugnisse lassen es wahrscheinlich erscheinen, dass Ephoros hier einen kretischen Diskurs wiedergibt, gemäß dem Schönheit sehr wohl ein wichtiges Aristiemerkmal für einen jungen Mann aus guter Familie sei, dass allerdings in dessen Gesamtbewertung Charakter wichtiger sei als Schönheit. Schönheit war demnach auch auf Kreta relevant, ihre Bedeutung wurde aber bewusst heruntergespielt.[108] Es

---

lung aus Eltynia stellt tätliche Übergriffe gegen jüngere Knaben (*peïskoi*) unter Strafe und führt so vor Augen, wie relevant auch die Ehre der Jüngsten schon war; IC 1.10.2 = Koerner 94 = Nomima 2.80. – Diese Einhegung der sexuellen Komponente betont auch Max. Tyr. Or. 20.8, allerdings erst im 1. Jh. n.Chr. Es bedeute eine Schande für ein kretisches *meirakion*, nicht das Objekt leidenschaftlicher Liebe zu sein, doch sei es für einen kretischen *neaniskos* schändlich, seinen *paidika* zu berühren: „Welch' ein Brauch, der Mäßigung und Eros so vortrefflich miteinander verbindet." Hierzu s. auch Davidson 2007, 311–2.

106 So auch Patzer 1982, 74.

107 Die Gleichrangigkeit der Schönheit mit guter Herkunft, Körperkraft und Einfluss wird etwa in dem umfangreichen Katalog von Aristiekriterien erkennbar, den Hdt. 6.126–7 im Bericht über die Herkunft der Freier der Agariste von Sikyon auflistet: Hippokleides nämlich ragte aus seinen Mitbürgern durch Reichtum und eben Schönheit hervor. Zur gesellschaftlichen Bedeutung der Schönheit gerade in der ‚orientalisierenden' Archaik s. Stein-Hölkeskamp 1989, 23, 68, 86 und *passim*.

108 Die etwa in Athen so verbreiteten *kalos*-Inschriften fehlen auf Kreta fast völlig. Bemerkenswerte Ausnahme ist IC 4.50 aus Gortyn vom Anfang des 5. Jh.: Δαμαγόρα|ς καλός. In der Folge überliefert erst wieder der späte Hellenismus mit IC 1.5.2 aus Arkades ein Beispiel. Dies korrespondiert mit dem ohnehin beinahe vollständigen Fehlen von Zeugnissen privaten Schriftgebrauchs auf Kreta. – Einen vergleichbaren Fall des Betonens guter Eigenschaften beziehungsweise guter Abstammung vor körperlicher Schönheit bieten die Inschriften des dorischen Thera, s. IG 12.3.536–45. Die frühesten dieser Graffiti stammen aus dem 7. Jh., richten sich an eine Öffentlichkeit und haben wohl eine ehrende Funktion für die in ihnen genannten Jünglinge. Auch in ihnen ist das maßgebliche lobende Attribut *agathos*, nicht etwa *kalos*. Zu diesem Befund s. etwa Patzer 1982, 84–5; Brongersma 1990 sowie

scheint mir also deutlich, dass ein griechisches Publikum des 4. Jh. durchaus wusste, dass es auch auf Kreta päderastische Verhältnisse gab, in denen Sexualität eine Rolle spielte, ja, dass Kreta geradezu als Ursprungsort der Päderastie angesehen wurde; dass es den Bericht des Ephoros aber in dem Sinne verstand, dass diese sexuelle Komponente auf Kreta als nicht wesentlich für die Beziehung zwischen einem Epheben und einem Bürger angesehen oder dargestellt wurde.[109]

Die Prominenz der ehemals Entführten

Der Bericht des Ephoros endet mit einer kurzen Beschreibung der Privilegien, welche die ehemals Entführten genossen. Zum einen nahmen diese jungen Männer fortan eine irgendwie prominente Position in den Chortänzen der Polis ein. Sie traten also im kultischen Bereich der Polisfeste hervor.[110] Schwieriger zu verstehen ist die zweite Ehrung, der Prominenz in den „Läufen". Sollte es sich bei diesen um tatsächliche Wettrennen gehandelt haben, besteht die Möglichkeit, dass mit manchen Startplätzen größeres Prestige verbunden war. Womöglich handelte es sich aber auch um zeremonielle Rennen, deren eigentlicher Sinn nicht darin lag, den schnellsten Läufer zum Sieger zu erklären, sondern darin, zu Ehren eines Gottes eine gewisse Strecke zurückzulegen.[111] Nun war *dromos* aber auch das kretische Wort für die Ertüchtigung im militärischen und athletischen Bereich, und Dromeus, „der Läufer", war die Bezeichnung eines Erwachsenen in seinen zwanziger Jahren, der noch nicht das volle Bürgerrecht besaß.[112] Gemeinhin wird diese Bezeichnung so erklärt, dass ein Mann erst von jener Altersstufe an, also erst nach dem Abschluss der Ephebie, im Gymna-

---

Davidson 2007 334–5. – Um den sexuellen Akt selbst zu bezeichnen, verwenden diese Inschriften den Begriff *oiphein*, der hier keinesfalls pejorativ gebraucht wird. Ihn finden wir auch im *Großen Gesetz* von Gortyn, etwa IC 4.72.2.3 = Koerner 164 = Nomima 2.81, und im Bericht des Ephoros.

109 Über die Wurzeln des kretischen Entführungsrituals und die ursprüngliche Relevanz der Sexualität darin lässt sich wegen der mangelhaften Quellenlage kaum etwas sagen. Dover 1978, 189 sieht in der Entführung einen „ritualised homosexual rape", und Gehrke 1997, 33 betont: „Am Anfang steht – strukturell und wahrscheinlich auch genetisch gesehen – die nackte Gewalt, die homosexuelle Vergewaltigung eines Jüngeren durch einen Älteren." Wir können allein über die gesellschaftliche Funktion des Rituals in archaischer Zeit Aussagen treffen.

110 Zum *koros* s. auch die oben behandelte Inschrift aus Eltynia um 500: IC 1.10.2 = Koerner 94 = Nomima 2.80 = SEG 2.509. Hierzu s. auch M. Guarducci 1931, *Historia* (Mailand) 218–26; Latte 1931, 134–54; Gehrke 1997, 43–5.

111 Davidson 2007, 556 Anm. 6. – So ist etwa für die Polis Priansos ein Monat Dromaios nachgewiesen, der im frühen Sommer lag; und aus Polyrrhenia kennen wir die Weihung eines Bürgers an den Hermes Dromios. Beide Zeugnisse stammen allerdings erst aus dem Hellenismus; s. IC 2.23.10 und Willetts 1962, 109, 264–5, 289.

112 Willetts 1955, 7–8, 10–4, 80–1, 123; Tzifopoulos 1998. Bei dem *apodromos*, der im *Großen Gesetz* von Gortyn erwähnt ist, handelt es sich um einen noch nicht Erwachsenen, um einen, „der noch nicht im Dromos trainiert"; IC 4.72.7.35–6 = Koerner 174 = Nomima 2.51.

sion der Polis üben durfte. Die Aussage des Aristoteles, dass die kretischen Hörigen beinahe die gleichen Rechte hätten wie die Bürger, doch sie dürften weder im Gymnasion trainieren noch Waffen tragen, bestätigt den hohen Stellenwert des *dromos* und der mit ihm verbundenen sozialen Distinktion.[113] So wurden den ehemals Entführten fortan also Ehrenplätze in jenen sozialen Räumen zugestanden, die wesentlich für das Selbstverständnis der Politen kretischer Bürgerstaaten waren.

An diesen beiden Ehren ist bemerkenswert, dass die aus ihrer Entführung resultierenden Privilegien der jungen Männer in einem Integrationskreis der Polisgemeinschaft zum Ausdruck kamen, der mit jenem, innerhalb dessen die Entführung durchgeführt worden war, nicht deckungsgleich war. Denn der Ephebe war von einem Mann entführt worden, der ganz klar als Mitglied eines Andreions auftrat, um den Jüngeren in dieses Andreion zu integrieren. Die Prominenz des Entführten manifestierte sich fortan aber nicht allein innerhalb dieses sozialen Integrationskreises, sondern vor den Augen aller Polisbürger, denn die im Dromos zusammen kommenden Männer stammten aus ganz verschiedenen Andreia und Phylen. Dies zeigt sich auch in den anderen Privilegien der ehemals Entführten. Denn darüber hinaus, so berichtet Ephoros, nenne man die Entführten *parastathentes*. Und diesen sei es erlaubt, abweichend von ihren Altersgenossen, das von ihrem Liebhaber überreichte Gewand zu tragen. Doch nicht allein dann, sondern auch noch im Erwachsenenalter dürften sie außergewöhnliche Kleidung tragen, an welcher man erkennen solle, dass jeder von ihnen ein *kleinos*, ein „Ruhmreicher" gewesen sei.[114]

Diese Passage zeigt uns, dass es in der Polis eine Reihe von Männern gab, die eine in der Öffentlichkeit privilegierte Gruppe von besonders Ausgezeichneten und Trägern eines Ehrentitels stellten. Sie bildeten eine Elite, die aus den Mitbürgern durch ihre Tracht und Prominenz bei häufig wiederkehrenden Gelegenheiten hervorstach. Und dies alles war durch das Gesetz geregelt. Sie waren offenbar eine auf Lebenszeit herausgehobene Gruppe von Statusträgern, welche die Grenzen sämtlicher anderen sozialen Integrationskreise der Polis überschritt: die Altersklassen und die Geschlechter, die Startoi und eben auch die Hetairien. Die festumrissene Gruppe der ehemals Entführten – der noch jungen wie der bereits älteren oder gar greisen – war demnach Symbol der gemeinsamen Werte der Gemeinschaft, die bei allem Wettbewerb untereinander die Andreia der Polis miteinander verband.

Womöglich ging die Prominenz dieser ehemals Entführten noch weiter. Einige Zeugnisse lassen uns vermuten, dass die Entführung der ‚Strahlendsten' auch

---

113 Arist. pol. 1264a 21; s. Link 1994, 127. – vgl. die Privilegierung des Dionysios durch Gortyn, fortan im Gymnasium trainieren zu dürfen; IC 4.64 = Nomima 1.8.

114 Dieser Ehrentitel war offenbar für Epheben reserviert, die erst jüngst entführt worden waren, doch noch nicht als erwachsen galten. Denn Ephoros betont, dass das Gewand, welches sie als Erwachsene tragen durften, zeigte, dass sie einstmals ein *kleinos* gewesen waren. Der Aorist, ἀφ᾽ ἧς γνωσθήσεται ἕκαστος κλεινὸς γενόμενος, welchen Ephoros an dieser Stelle verwendet, macht dies deutlich.

dem Zweck diente, eine elitäre Kriegergruppe innerhalb der Polis zu formieren. Ein erster Hinweis dafür ist die Bezeichnung *parastathentes*, „die Beistehenden/ Nebenmänner", für die ehemals Entführten. Diesen Begriff des *parastates* finden wir etwa bei Herodot und Xenophon in der Bedeutung eines ‚Nebenmannes in der Schlachtreihe'.[115] Vor diesem Hintergrund ergibt eine ansonsten obskur scheinende Notiz des Sosikrates aus dem 2. vorchristlichen Jahrhundert Sinn, die Kreter stellten ihre schönsten Bürger in der Schlachtlinie auf, und jene opferten vor der Schlacht dem Eros.[116] Und Ephoros berichtet von einer kretischen Institution, der *arche* der Hippeis, die er in ihrer Zuständigkeit mit den spartanischen Hippeis gleichsetzt – dort ein Elitecorps von ausgewählten 300 Männern in ihren zwanziger Jahren, welche die Leibgarde der Könige stellten. Anders als jene besäßen die kretischen Hippeis allerdings noch ihre Pferde.[117] Schon die antiken Quellen sind sich einig, dass die geographische Beschaffenheit Kretas für Reiter und Kriegsführung vom Pferderücken aus überhaupt nicht geeignet sei.[118] So sehen wir in den kretischen Hippeis womöglich eine Gruppe vor uns, denen das Pferd in erster Linie nicht Waffe, sondern Statussymbol war; ähnlich wie es die bloße Bezeichnung der spartanischen Elitekrieger als Hippeis noch reflektierte.[119] Nun gibt es keinen Beleg dafür, dass diese *arche* der kre-

---

115 Hdt. 6.117.3; Xen. Kyr. 3.3.58 und 8.1.10.

116 Sosikrates FGrHist 461 frg. 7 ap. Athen. 13.561e–f; hierzu s. Sergent 1984, 37 und Davidson 2007, 313–4. – Solche Opfer für Eros gab es nicht allein auf Kreta. Sosikrates ad loc. bezeugt sie auch für Sparta, da man dort glaube, der Sieg und die sichere Rückkehr der Krieger hingen von der Freundschaft der aufgestellten Männer ab. Auch ein thebanisches Epigramm beschwört die Macht des Eros, um Tapferkeit und Hingabe der Krieger in der ersten Schlachtreihe zu befeuern; Anth. Pal. 13.22.4–8. Dies heißt nun nicht, dass es sich bei diesen Kretern um eine der thebanischen ‚Heiligen Schar' vergleichbare Gruppe handelte, die als eine Einheit in der Schlacht kämpften. Man wird aber vielleicht sagen können, dass von den kretischen *parastathentes* aufgrund ihrer sonstigen Prominenz eben auch erwartet wurde, gute Krieger zu sein. Zum Zusammenhang von erworbenen und zugeschriebenem Status s. etwa Whitley 2002.

117 Ephor. ap. Strab. 10.4.18 und vgl. Plat. leg. 834b–c und 625c–d; dazu Willetts 1955, 155–6; Davidson 2007, 313–4. Dass auch die kretischen Hippeis jüngere Männer waren, legt Ephoros nahe, wenn er sie mit den *gerontes* kontrastiert. – Zu den spartanischen Hippeis s. etwa Hdt. 8.124.3; Thuk. 5.72.4; Xen. rep. Lac. 4; IG 5.1.457 und dazu Meier 1998, 38, 168 mit weiterer Literatur. Vidal-Naquet 1986, 134–5, Davidson 2007, 255–388 und Ogden 1996 bieten zahlreiche Belege für Vereinigungen junger Elitekrieger in verschiedenen Poleis.

118 Das Auftreten von Reitern war allerorten in Griechenland das Zeugnis einer bewussten Zurschaustellung materieller und sozialer Überlegenheit. Immerhin bezeugt Arist. pol. 1289b 35–6, dass für die Hippotrophie der Besitz weiter Ländereien nötig war. An dieser Selbstpräsentation einer Gruppe von Männern als Berittene ist bemerkenswert, dass Ephoros eben nicht allein von einem ‚Stand' berichtet, dem alle, die sich Pferde leisten konnten, angehörten. Vielmehr spricht er von der Existenz einer *arche*, also einer Institution.

119 Chaniotis 2006, 203 deutet eine Gruppe von sieben Elfenbeinsiegeln aus der Idäischen Grotte als Zeugnis für die kretischen Hippeis. Sie zeigen jeweils einen behelmten Krieger, der auf einem Pferd reitet; in einigen Fällen von einem Hund oder einem Vogel begleitet. Doch diese Stücke stammen bereits aus der Zeit um 700. Somit bezeugen sie zwar wahrscheinlich die Anwesenheit von Eliten in

tischen Hippeis identisch war mit den Schönsten der Bürger, die vor der Schlacht dem Eros opferten, und dass diese sich wiederum aus den ehemals entführten Epheben zusammensetzten. Und doch bietet jede dieser drei Quellen Hinweise auf eine elitäre Gemeinschaft von Kriegern in kretischen Poleis. In ihnen sollten wir am Ehesten eine Gruppe wie jene *parastathentes* sehen, von denen Ephoros berichtet, dass sie eine auf Lebenszeit privilegierte und in verschiedenen sozialen Räumen prominente Elite in kretischen Poleis stellten.[120]

Unklar ist allerdings, ob der Titel *parastates* vor allem auf die Paarbeziehung und Waffengemeinschaft zwischen zwei ehemaligen Geliebten hinwies oder ob er eher die Einbindung seines Trägers in die hier vermutete größere Gruppe von Kriegern bezeichnete; sprich, es ist unklar, nach welchen Kriterien diese in den Quellen reflektierte Kriegerelite zusammengesetzt war. Sollte die Institution der Ephebenentführung tatsächlich zu langjähriger *philia* und Waffengemeinschaft eines jungen Mannes und seines *philetor* geführt haben, wodurch eine aus zahlreichen Paaren bestehende elitäre Kriegerschar der Polis resultierte, wäre dies ein bemerkenswerter Befund.[121] Denn das militärische Aufgebot kretischer Poleis wurde nach Startoi aufgestellt, die beiden Waffengefährten aber stammten zwar aus einer gemeinsamen Hetairie, doch

---

diesem Heiligtum während der Früharchaik, sind deswegen aber noch kein Zeugnis für jene *arche* der Hippeis, von welcher Ephoros im 4. Jh. berichtet; hierzu Sakellarakis 1985, 30 mit Abb. 10 sowie 1987, 251–2 mit Abb. 11 und 1992, 115–6, 136 mit Abb. 17a–c.

120 Womöglich ist das von der *Ilias* gezeichnete Verhältnis der kretischen Basileis Idomeneus und Meriones eine frühe Reflexion der engen Waffengemeinschaft zweier Männer aus Kreta. Hierzu s. etwa Sherratt 1996 und Davidson 2007, 310 und 314. – Das Verhältnis zwischen diesen beiden ist in der *Ilias* einzigartig. Meriones ist weder einfach ein Gefolgsmann des Idomeneus, der in einem klar definierten Verhältnis zu jenem stünde, noch ist er schlicht dessen Freund. Und mag Idomeneus im Schiffskatalog zunächst auch als der prominentere der beiden eingeführt sein, betont die *Ilias* doch, dass er und Meriones gemeinsam die Kreter führten und die 80 Schiffe unter ihrer beider Kommando standen; Hom. Il. 2.645–52. So ist Meriones denn auch der einzige Held, der sowohl als *opaon* wie auch als *therapon* bezeichnet wird; s. Stagakis 1966 und 1967; Greenhalgh 1982. – Sex. Emp. 3.199 geht davon aus, dass der Zügelhalter des Idomeneus deshalb den an *meria* (Oberschenkel) erinnernden Namen ‚Meriones‘ erhalten habe, um auf den in ganz Kreta verbreiteten Brauch des Schenkelverkehrs hinzuweisen. Beispiele zur Rezeption des Meriones bieten Maxwell-Stuart 1975 und Höschele 2006, 106–8.

121 Tatsächlich gibt es literarische Zeugnisse, welche von heldenhafter Solidarität zwischen einem jüngeren und einem älteren Mann in der Schlacht berichten, die sich im Verhältnis einer lebenslangen *philia* befanden. Sparta: Xen. Hell. 4.8.39; Plut. Agis 37.6–7. – Theben: Plut. erot. 761b–c; Plut. Pelop. 18. – Chalkis in Thessalien: Plut. erot. 760e–f; s. auch Elis: Xen. symp. 8.34. – Kreta: Ail. nat. 4.1 (vgl. Plut. erot. 761c). Dies sind Beispiele für jene Bereiche des griechischen Kulturraums, in denen die ältere Forschung den Typus der ‚dorischen Knabenliebe‘ auszumachen glaubte. Hierzu s. auch Buffière 1980, bes. 89–91; Koch-Harnack 1983, 43–6. – In jedem Fall war ein kretischer Eromenos dieses Alters bereits verheiratet, denn alle, die zur selben Zeit auf den Agelai ausschieden, mussten laut Ephor. ap. Strab. 10.4.16 dann auch die Ehe schließen.

gehörten sie nicht notwendigerweise demselben Startos an.[122] Die Frage stellt sich, wie dies organisiert wurde. Gab es eine die Polis, also auch die Startoi, übergreifende Gruppe von *parastathentes*, für welche dieser Rekrutierungsmechanismus nicht zutraf und die als Gruppe vor allen anderen in die Schlacht zogen?[123]

Die gesellschaftliche Bedeutung der Ephebenentführung

In der Forschung zur griechischen Päderastie stehen sich zwei Theorien zu deren Ursprung gegenüber. Eine Gruppe von Ansätzen sieht den Anfang der griechischen Päderastie erst im 7. Jh. Immerhin ließen weder die Werke Homers noch Hesiods auf eine gesellschaftliche Verbreitung des Phänomens in den Jahren zwischen etwa 700 und 650 schließen.[124] Wenig später aber hätten unterschiedliche soziale Faktoren eine rasche Ausbreitung und Institutionalisierung der Päderastie befördert.[125] Eine andere Gruppe vermutet die Wurzeln des Phänomens in verschiedenen vorgeschichtlichen

---

122 Hierzu s. das Kapitel *Pyla*.

123 Die Literatur geht einhellig davon aus, dass mit der Zeremonie im Andreion des Entführers eine womöglich lebenslange Freundschaft begründet war; doch eben eine *philia*, die nicht länger als Verhältnis zwischen Erastes und Eromenos beschrieben werden könne, die also keine sexuelle Ebene mehr besaß. Dies stünde in Übereinstimmung mit den Befunden zur Päderastie in anderen griechischen Poleis. Hier waren Liebhaber normalerweise unverheiratete Erwachsene zwischen zwanzig und dreißig Jahren, und das auch von Sexualität geprägte Verhältnis zu einem Jüngling endete mit dem Wuchs von dessen Körperbehaarung. Sparta allerdings zeigt ein anderes Bild. Dort scheint es Eromenoi in ihren Zwanzigern gegeben zu haben, während die Erastai über dreißig Jahre alt zu sein hatten; Plut. Lyk. 25.1 und s. Davidson 2007, 313–4. Es war also möglich, dass ein Mann, obschon er bereits Krieger und Mitglied einer Mahlgenossenschaft war, immer noch den Status eines Eromenos hatte. Für Kreta ließe sich Ähnliches vermuten.

124 Dieser Ansatz ist – in unterschiedlicher Akzentsetzung – mit den Thesen etwa von Dover 1978 und 1988; Halperin 1990 sowie Percy 1996 verbunden. Murray 1982, 268–9 spricht gar von einem Übergang von der heterosexuellen Gesellschaft, wie wir sie noch bei Homer und Archilochos fänden, zur homosexuellen; s. auch Hodkinson 1997, 90 zu Sparta. – Ein demographisch argumentierendes Modell, welches mit Arist. pol. 1272a 24 vermutete, die kretische Päderastie sei ein Mittel zur Geburtenkontrolle gewesen, konnte sich nicht durchsetzen; so etwa Snodgrass 1977 und 1987, 188–210; Sallares 1991, 166–71 und Percy 1996, 62, 69–72; s. dagegen etwa schon Spyridakis 1979.

125 Tatsächlich mag das früheste literarische Zeugnis, welches auf die Liebe zwischen Männern und Knaben anspielt, eine Elegie des Mimnermos (frg. 3) sein, zu datieren wohl in die Mitte des 7. Jh. Darüber hinaus bieten zahlreiche Passagen der frühen Epen zwar keine Schilderung solcher päderastischer Beziehungen, wie spätere Quellen sie reflektieren, doch finden wir zahlreiche Elemente der archaisch-klassischen Päderastie bereits in den Epen, etwa in der Bewunderung von Männern und Jugendlichen durch andere Männer und in der Entführung des Ganymedes wegen seiner Schönheit. Die besondere Waffen- und Zeltgemeinschaft von Achilles und Patroklos hingegen reflektiert die Verbundenheit zweier Männer annähernd gleichen Alters. Einen Überblick bietet Davidson 2007, 500–2 sowie detailliert 255–84 und *passim*.

Stadien und zeichnet eine strukturelle oder sogar eine genetisch ungebrochene Kontinuität griechischer Päderastie seit der Palastzeit.[126]

Nun gibt es tatsächlich eine Reihe von Zeugnissen, die auf die Existenz päderastischer Beziehungen zwischen einem Mann und einem Jüngling auf Kreta vor der hier behandelten Zeit hindeuten. In die Zeit zwischen 750 und 730 datiert ein Pithos aus Phaistos. Ein in ihn geritztes Graffito besagt, dass Ερπετιδαμος παιδοπιλας, „der Knabenliebhaber", sein Besitzer war.[127] Ein komplexes Bild bieten die Funde aus dem Heiligtum des Hermes Kedrites und der Aphrodite von Kato Simi. Das zeitlich früheste für uns relevante Zeugnis ist eine bronzene Statuettengruppe, ursprünglich wohl eine Gefäßapplik, datiert in das 8. Jh. Dargestellt sind zwei Männer mit jeweils erigiertem Penis, die einander an der Hand halten. Beide tragen einen Helm. Einer der beiden ist größer und damit wohl als der Ältere dargestellt.[128] Ebenfalls aus diesem Heiligtum stammt ein Bronzeblech aus dem 7. Jh., welches ursprünglich wohl auf eine Holztafel aufgenagelt war und dort geweiht wurde. Ein links stehender jüngerer Mann trägt eine erlegte Wildziege über der Schulter, ein rechts stehender, durch seinen Bart als der ältere dargestellter Mann trägt einen Bogen und fasst den Jüngeren am Unterarm. Beide sind mit nacktem Geschlecht dargestellt.[129] Dieses Stück ist nur ein Teil einer sehr umfangreichen Serie von Bronzestatuetten und Bronzeblechen, die in diesem Heiligtum vom 12. bis zum 7. Jh. geweiht wurden. Sie alle zeigen unterschiedliche Stadien von Jagd und anschließendem Opfer. Die meisten der Bronzebleche zeigen einen mit Bogen und Köcher bewaffneten jungen Mann bei der Jagd auf Wildziegen. Wir sehen ihn seine Beute auf der Schulter tragen; ihn eine Ansteigung hochgehen und das Tier auf einen Altar legen.

---

126 Koehl 1986, 107–8 und 1997 postuliert anhand ausgewählter Artefakte eine über die Jahrhunderte vermeintlich ununterbrochene Kette von Evidenz für kretische Päderastie und die Entführung von Jünglingen. In der von Ephoros geschilderten Praxis sieht er die gereifte Version eines schon in minoischer Zeit greifbaren Rituals. Dies wiederum bemüht er als Argument, die tiefe Verwurzelung des archaischen Kreta in der minoischen Palastkultur zu demonstrieren. Das erste Objekt dieser Reihe ist der minoische ‚Chieftain Cup', gefunden im Palast von Hagia Triada und datiert zwischen 1550 und 1450. Sein Relief zeige zwei vergleichsweise jugendlich scheinende Männer von unterschiedlicher Größe und Haartracht; Attribute, die vermeintlich Unterschiede in Alter und Status ausdrückten. Angeblich übergebe hier ein *philetor* dem von ihm Entführten die drei von Ephoros beschriebenen Geschenke. Als Zeugnis aus mykenischer Zeit wird ein goldener Siegelring aus einem Grab vom Festland herangezogen, der mutmaßlich auf Kreta hergestellt worden sei. Diese Deutung beruht maßgeblich auf der Deutung eines Tieres, welches neben einer Erhebung stehend dargestellt ist, als kretische Wildziege. Auf deren anderer Seite stehen zwei Männer unterschiedlicher Größe, deren größerer und deswegen womöglich als älter zu verstehender mit erigiertem Penis dargestellt ist; Boardman 1970, 134, Taf. 208. Diese Deutung der Gegenstände und gar ihre Zusammenführung mit dem Ephoros-Bericht können freilich nicht überzeugen.

127 Catalano 1971; von Chaniotis 2004, 59 allerdings um 680 datiert.

128 Lebessi 1991, 163 mit Abb. 5; Lebessi 2002, 18–9, Nr. 15, 214–9.

129 Lebessi 1985, Nr. G 5 mit der Abbildung. – Dieses Stück ist das einzige, welches zwei Männer darstellt; alle anderen bilden allein einen Mann ab, nämlich stets den jüngeren.

Immer wieder werden diese typisierten Darstellungen als verbildlichte Belege für das von Ephoros beschriebene Entführungsritual herangezogen: Hier sei die in der Quelle des 4. Jh. beschriebene gemeinsame Jagd des *philetor* und des von ihm Entführten reflektiert, außerdem das von Ephoros beschriebene Opfer und Festmahl.[130] Manche der Darstellungen zeigen den jungen Mann in verzierter Robe; hierbei könne es sich nur um das ihm von seinem Liebhaber überreichte Gewand handeln.[131] Und wenn eine Statuette aus dem 9. Jh. einen jungen Mann mit einem Becher in seiner rechten Hand zeigt, dann sei dies doch wohl eines der von Ephoros bezeugten Geschenke des *philetor*.[132] Doch sowohl Opfermahl als auch die Übergabe der Geschenke fanden laut Ephoros nach der Rückkehr des *philetor* und der Epheben in die Polis statt. Diese materielle Evidenz kann also gar nicht als Illustration des literarischen Berichtes oder gar als Beweis seiner Historizität dienen. Und so ist der Mangel an methodischem Bewusstsein sehr bedenklich, mit dem diese Quellen immer wieder unmittelbar miteinander verbunden werden. Unserer Ansicht nach lassen die erwähnten materiellen Zeugnisse darauf schließen, dass die These, der Ursprung der griechischen Päderastie sei erst im 7. Jh. zu suchen, in dieser Radikalität wenigstens für Kreta nicht zutrifft. Schließlich scheinen sowohl die erwähnte Statuettengruppe aus Kato Simi als auch das Graffito aus Phaistos die Existenz von Päderastie bereits im 8. Jh. zu belegen – zumindest auf Kreta, das damit nicht allein in dieser kulturellen Praktik, sondern auch in anderen, wie etwa dem sympotischen Trinken nach nahöstlichem Vorbild, einer der frühesten Belegorte im griechischen Kulturraum wäre.[133]

Trotz dieser Hinweise auf päderastische Praktiken auf der Insel bereits seit dem 9. oder 8. Jh. sollten wir die von Ephoros geschilderte Ephebenentführung im Kontext der spezifischen Bedingungen des archaischen Kreta verstehen. Der literarische Bericht ist am ehesten zu verstehen vor dem Hintergrund jener Maßnahmen der Umorganisation und Institutionalisierung bereits bestehender soziopolitischer Strukturen, welche kretische Gemeinwesen im 7. Jh. ergriffen. ‚Die Polis‘ etablierte eine Vielzahl von Regeln rund um Paideia, Ephebie und Andreia, rund um Kompetenzen und Pflichten der politischen Institutionen und rund um die im 8. und 7. Jh. prominenten kulturellen Praktiken der Zurschaustellung wirtschaftlicher und sozialer Überlegenheit, infolge derer man entgegen bisheriger Gewohnheiten ab 630 immer weniger wertvolle Weihegaben in den Heiligtümern der Insel dedizierte, sympotische Praktiken weitgehend aufgab und auf wertvolle Importgüter verzichtete. Im Rahmen dieser Transformationsprozesse wurde auch die seit langer Zeit etablierte Päderastie von Regeln eingehegt und institutionalisiert; eine kulturelle Praktik, die in anderen

---

130 Zum Befund dieser Täfelchen s. Lebessi 1985, 1991, 1991a, 2002; Prent 2005, bes. 565–604, und Chaniotis 2006, etwa 201.
131 Lebessi 1985, etwa Nr. A 23, 35, 44f, 51, G 5.
132 Lebessi 1991, 164 mit Abb. 7; Lebessi 2002, 19, Nr. 17, 219–22.
133 Hierzu s. das Kapitel *Andreion*.

griechischen Gesellschaften noch in Archaik und Klassik ein Medium elitärer Distinktion war.

Ob bereits am Ende des 7. Jh. die Entführung eines jungen Mannes durch einen älteren, ihr Aufenthalt außerhalb der Siedlung sowie gemeinsame Jagd und Opfer zum Zweck einer Aufnahme des jüngeren in die Kriegergruppe des älteren feste oder übliche Bestandteile kretischer Päderastie waren, lässt sich auf der Grundlage unseres Materials nicht beantworten. Es scheint aber plausibel. Denn wie wir in anderen Kapitel sahen, modellierten die auf Kreta zu beobachtenden gesellschaftlichen Transformationsprozesse bereits vorhandene, sozial sinnhafte Strukturen um. Sie reglementierten Bestehendes und machten es zum Baustein jener seit der zweiten Hälfte des 7. Jh. entstehenden soziopolitischen Ordnung kretischer Poleis, in welcher die Orientierung sämtlicher Teile der Bevölkerung auf das Gemeinwohl von größter Bedeutung war. Und doch war mit der Reglementierung bestehender Praktiken deren elitäre Sinnhaftigkeit nicht genommen. Die Ephebenentführung weist strukturell ganz ähnliche Züge wie die kretische Mahlkultur auf: Ähnlich wie die Öffnung der ursprünglich elitären Andreia eine ‚Aristokratisierung des Demos' spiegelt, dabei aber das Nebeneinander von Strukturen der Gleichheit und Ungleichheit zum festen strukturellen Bestandteil machte, verhält es sich auch mit der Ephebenentführung.[134]

In unserer Betrachtung der kretischen Ephebenentführung wurde deutlich, dass diese eine Praktik elitärer Distinktion war, die aber für alle Mitglieder der soziopolitischen Gemeinschaft elementare Bedeutung besaß.[135] Der Bericht des Ephoros zeichnet ein streng reglementiertes Ritual. Dies wird zum einen deutlich anhand der im Text genannten Fristen, etwa dass der *philetor* die Freunde des Jünglings drei oder mehr Tage vor dem Termin der von ihm geplanten Entführung davon in Kenntnis setzen musste, oder dass die Entführung längstens zwei Monate dauern durfte. Zum anderen wird dies darin deutlich, dass Ephoros immer wieder betont, bestimmte Bestandteile des Rituals seien von „Gesetz" oder „Brauch" vorgeschrieben. So habe der Brauch etwa den Freunden des Epheben auferlegt, dem *philetor* Widerstand zu leisten, mochte dieser auch nur gespielt sein; und unter den Gaben, die der *philetor* dem Entführten überreichte, mussten auf jeden Fall Gefäß, Gewand und Ochse sein. Außerdem sah das Gesetz vor, dass der junge Mann vor seinen Freunden und den Hetairoi seines *philetor* Zeugnis über dessen Verhalten ihm gegenüber ablegen

---

134 Ein in Matrizentechnik hergestelltes, uns in mehreren Exemplaren aus Heiligtümern um Praisos erhaltenes Tonrelief, das in die zweite Hälfte des 6. Jh. datiert wird, mag die Entführung eines Jünglings durch einen erwachsenen Krieger darstellen – womöglich eine Reflexion des Entführungsrituals; s. Erickson 2009, 371–2 mit Abb. 16–7; Pilz 2011 und 2014 zu dieser Quellengattung.
135 Dass das Ritual auf elitäre Distinktion abzielte, wurde vielfach betont, etwa von Patzer 1982; Schnapp, 1996, 30; Gehrke 1997.

durfte. Nicht zuletzt in dieser Bestimmung wird deutlich, welche Rolle die Herstellung einer Öffentlichkeit in den verschiedenen Phasen des Rituals spielte, was ebenfalls zu den Mechanismen einer Reglementierung des Rituals zu zählen ist. Dies alles deutet darauf hin, dass innerhalb des Ablauf der Entführung eine möglichst geringe Variationsbreite von möglichen Handlungen geboten wurde. Das Ritual umfasste einige ganz klar vorgeschriebene Teile, die erst zusammengenommen in seiner sozialen Sinnhaftigkeit resultierten. Diese Teile waren von Brauch und – wie es die inschriftliche Regelung aus Dreros über das Ende der Agelai erkennen lässt, die wir im folgenden Abschnitt behandeln werden – womöglich sogar geschriebenen Gesetzen festgehalten. Ihre Einhaltung wurde von der sozialen Kontrolle der Öffentlichkeit gewährleistet.

Für die Epheben der Polis war die Entführung der wesentliche Weg zur Mitgliedschaft in einem der Andreia. Im Mittelpunkt des Rituals standen zwei Individuen, einer der ‚strahlendsten' Jünglinge und sein Entführer, die jeweils als Vertreter ihrer jeweiligen Gruppe auftreten, einer Agela und eines Andreions. Beide warfen bei dieser Gelegenheit ihren Status in die Waagschale.[136] Es gab eine gesellschaftliche Erwartungshaltung sowohl an die Epheben als auch an die Hetairoi, ihren Part in dem Ritual zu spielen. Es wäre ihre Schande gewesen, hierbei zu versagen.[137] Die von Ephoros erwähnten Kriterien für die Beurteilung des jungen Mannes ließen deutlich werden, dass es sich bei ihnen um in jenem bereits aufscheinende Tugenden eines guten Bürgers handelte. Vor allem die Abkömmlinge prominenter Familien standen unter besonderer Beobachtung. Sie waren es, die ihren Mitepheben den Bürgerstatus und den Zugang zur Eheschließung ermöglichten. Davor jedoch hatten die Mitglieder seiner Agela jenen einen ‚Strahlendsten' zu bewerten; und nicht nur ihn, sondern auch seinen potenziellen Entführer, einen angesehenen Bürger. Diese Zustimmung von Angehörigen des Demos zu den im Status über ihnen stehenden Aristoi hatten wir an verschiedenen Stellen als charakteristisch für kretische Politien ausgemacht. Wir beobachten sie nicht zuletzt auch im politischen Entscheidungsverfahren, in welchem der Demos den Beschlüssen seiner Aristoi zuzustimmen hatte. In diesen Verfahren war das Handeln der Aristoi zwar stets auf die Beipflichtung des Demos angewiesen, die immer neue Zustimmung festigte aber auch immer wieder die bestehenden Hier-

---

136 Das machte es dem Einzelnen möglich, seine individuelle Leistung zu betonen. Dies korrespondiert mit dem Mechanismus, dass ein reicherer Mann mit einer großen Beisteuer zu seinem Andreion auftrumpfen konnte. Die Quellen lassen jedenfalls nicht erkennen, dass die neuen Mitglieder einstimmig in die Andreia aufgenommen werden mussten. In Sparta hingegen wurden neue Mitglieder der Syssitia, die mit wohl 15 Mitgliedern relativ klein waren, durch die gemeinschaftliche und einstimmige Wahl aller Mitglieder ausgewählt. Hierzu s. etwa Murray 1991 und Singor 1999.
137 Ail. var. 3.10 berichtet, dass in Sparta ein angesehener Mann bestraft werde, wenn er – obschon er doch dafür prädestiniert sei – kein Liebesverhältnis (*eronta*) mit einem Knaben unterhalte, welcher hervorragende Anlagen offenbare. Immerhin hätte er sich einen solchen Partner ‚gleichgemacht'.

archien.[138] In dieser Weise waren auch die ‚Strahlendsten' auf die Zustimmung ihrer Mitepheben angewiesen, jene aber waren wiederum von diesen abhängig, um ihren eigenen Platz in den maßgeblichen Integrationskreisen des Gemeinwesens zu finden. Hier wird die sinnhafte Interdependenz von Strukturen der Gleichheit und Ungleichheit sehr deutlich.

Im Zuge der Ephebenentführung ergänzte sich die Gruppe der ehemaligen Kleinoi, jener Männer, die einst entführt worden waren. Sie waren in der Polis besonders sichtbar, denn ihnen war gestattet, sich mit einem besonderen Gewand zu kleiden, und sie genossen Privilegien bei einigen der wichtigsten zivischen Praktiken der Polis. Ihre Mitglieder gehörten verschiedenen Altersklassen und Familien an, verschiedenen Startoi und Andreia. Als Gruppe waren sie ein Symbol der Blüte des Gemeinwesens, ein durch ihre Herkunft und Leistung sowie die Achtung seitens ihrer Mitbürger konstituierter Adel. Über diese elitäre Distinktion hinaus besaß die Ephebenentführung aber eine andere, noch wichtigere Funktion. Sie war nämlich ein Mechanismus, die verschiedenen Integrationskreise der Bürgerschaft, Phylen und Hetairien, und die Männer verschiedener Altersstufen zu durchmischen. Die Paides hatten sich bis zu ihrem siebzehnten Lebensjahr im jeweiligen Andreion ihres Vaters aufgehalten. Dann hatten alle Knaben eines Jahrgangs Agelai geformt, welche die Grenzen der väterlichen Andreia transzendierten und daher auch von der Polis versorgt wurden. Im Zuge der Entführung gingen die Agelai jeweils geschlossen in ein Andreion über. Auf diese Weise wurden die Andreia, so stark der Zusammenhalt ihrer Mitglieder jeweils auch war, von Generation zu Generation doch immer wieder durchmischt. Die langfristige Bildung und Verhärtung von Unterabteilungen der Bürgerschaft sollte auf diese Weise verhindert werden.[139]

In der Vergangenheit wurde die Entführung der kretischen Epheben häufig als sehr gutes Beispiel eines griechischen Initiationsrituals gedeutet. Tatsächlich scheint die Herauslösung der Epheben aus ihrer bisherigen Existenz, ihre räumliche Ausgliederung aus der Gemeinschaft sowie zeitweilige Verbringung in einen liminalen Zustand für eine bestimmte Zeit und schließlich ihre Wiedereingliederung in die Gemeinschaft mit einem anderen Status geradezu der Idealtypus eines Schwellenrituals zu sein.[140] Trotzdem sollten wir die kretische Ephebenentführung nicht – oder

---

138 Hierzu s. die Kapitel *Agora* und *Polis*.

139 Die Entführung der Epheben erfüllte damit eine Funktion, die andernorts der Ehe zukam. Tatsächlich erinnern Bestandteile des kretischen Rituals, das im Spektrum der uns bekannten Formen griechischer Päderastie einzigartig ist, am ehesten an Brautraub und Brautgeschenke. Da auf Kreta womöglich eine Heirat innerhalb der eigenen Phyle präferiert wurde, waren eheliche Verbindungen nur bedingt geeignet, die sozialen Integrationskreise der Polis zu transzendieren. Hierzu s. das Kapitel *Pyla*.

140 s. die in Anmerkung 50–52 genannten Studien. – Nach Eliade 1958, 7 „the term initiation in the most general sense denotes a body of rites and oral teachings whose purpose is to produce a decisive alteration in the religious and social status of the person to be initiated. In philosophical terms, initia-

nicht in erster Linie – als Initiationsritual konzeptualisieren. Denn die Relevanz, die einerseits dem Entführten und andererseits seinen Freunden im Rahmen des Rituals zukam, war sehr unterschiedlich. Schließlich hatte die Entführung ganz wesentlich zum Ziel, jenen einen ‚Strahlendsten' aus der Gruppe seiner Freunde herauszuheben. Die Mitglieder einer Agela wurden im Zuge der Entführung eben nicht alle gleich behandelt. Damit aber ergibt es keinen Sinn, die Entführung als das Initiationsritual aller jungen Männer einer Altersklasse zu konzeptualisieren.[141] Der eigentliche Schwellenritus, bei dem sämtliche Epheben einer kretischen Polis gemeinsam in die nächste Altersklasse aufgenommen wurden, scheint im Rahmen einer zeitlich festgelegten und innerhalb des Gemeinwesens koordinierten Zeremonie stattgefunden zu haben. Erst bei dieser Zeremonie wurden die Epheben zu Dromeis, erst hier wurden sie Mitglieder in einer der Hetairien – wenn vielleicht auch noch nicht mit allen Rechten. Hierum geht es im folgenden Abschnitt.

Das Ende der Agelai und die Ergänzung der Hetairien

Die voranstehenden Überlegungen bringen uns zu der Frage, wie die Epheben überhaupt in die Andreia eintraten und ab wann sie als erwachsen galten.[142] Unsere Analyse der auf Reziprozität angelegten Strukturen des Entführungsrituals deutet darauf hin, dass alle Mitglieder einer Agela in die Hetairie jenes Mannes aufgenommen wurden, welchem sie gestattet hatten, ihren ‚Strahlendsten' zu entführen. Wie ihr Eintritt in das Andreion aber genau vor sich ging, ist unklar. Dass aus den Epheben Mitglieder einer Hetairie wurden, ist klar, denn alle Bürger kretischer Poleis gehörten einer Hetairie an; diese Mitgliedschaft machte sie überhaupt erst zu dem, was wir hier als ‚Bürger' abkürzen.[143] Der opfernde Jüngling wurde nicht länger als

---

tion is equivalent to an ontological mutation of the existential condition. The novice emerges from his ordeal with a totally different being: he has become *another*." – Für unsere Untersuchung ist allein ein Typus des Phänomens Initiation von Relevanz, nämlich die Initiation durch eine Reihe von gemeinschaftlichen Ritualen, welche am Übergang von Kindheit oder Jugend zum Erwachsenenalter stehen, weshalb die Initiation in den meisten Fällen für die Angehörigen einer klar definierten Altersklasse verbindlich ist und periodisch durchgeführt wird.

141 Überdies war die Entführung nur ein Teil der Ephebenausbildung in den Agelai, die insgesamt eine Phase des Übergangs markierte. Dies wird vielfach übersehen, wenn es etwa heißt, dass der Entführte ‚im Busch in die Jagd eingeführt' worden sei, etwa von Skinner 2005, 67. Immerhin berichtet Ephoros unmittelbar vor seiner Schilderung der Entführung, dass die Jungen bereits in den Agelai unter Anleitung ihres erwachsenen *archon* das Jagen erlernt hatten. Ähnlich ist es mit der Übergabe des Bechers, wenn die Behauptung aufgestellt wird, dass mit seiner Übergabe der empfangende Jüngling nun Wein trinken durfte. Denn auch dies war ihm schon vorher erlaubt, wie zumindest Dosiadas ap. Athen. 4.143c bezeugt.

142 Zum Folgenden s. ausführlich Seelentag 2009a.

143 Hierzu s. das Kapitel *Eleutheros*.

Pais angesehen, da er sonst die Opferung wohl nicht hätte vollziehen können; und doch galten er und seine Mitepheben am Ende des Entführungsrituals noch nicht als Erwachsene. Dafür gibt es Hinweise im Text des Ephoros. Er berichtet, dass der Entführte fortan bessere Kleidung als andere tragen durfte, wahrscheinlich das ihm von seinem Liebhaber überreichte Gewand. Und – so fährt Ephoros fort – nicht nur dann, sondern auch noch, nachdem er erwachsen geworden sei, zeichne sich ein solcher Entführte durch besondere Kleidung aus (καὶ οὐ τότε μόνον ἀλλὰ καὶ τέλειοι γενόμενοι διάσημον ἐσθῆτα φέρουσιν). Überdies berichtet Ephoros, dass allein die Dauer des Entführungsrituals mit höchstens zwei Monaten festgelegt war, nicht aber, dass etwa ein Termin für den Beginn der Entführung vorgeschrieben war. Hätte mit dem Ende der Entführung die Ephebie geendet, wäre also die Agela mit dem Opfermahl direkt in die Hetairie des Entführers aufgenommen gewesen, hieße das, dass für einige Agelai die Zeit ihrer Ausbildung erheblich kürzer hätte sein können; schlichtweg weil ihr ‚Strahlendster' früher geraubt worden wäre als derjenige eines anderen Trupps. Der Bericht des Ephoros impliziert also an zwei Stellen, dass es ein weiteres Ritual gab, welches den Epheben endgültig zum Erwachsenen und Bürger machte, doch er nennt es nicht.[144]

Das institutionalisierte Ende der Agelai

Eine Inschrift aus Dreros, die in das späte 7. Jh. datiert wird, lässt uns das Ende der Agelai womöglich besser verstehen:

[πόλι] ἐ⟨τ⟩αρηιᾶν : ἔϝαδε· : ὅζ ἀγέλασι τõ Ὑπε|ρβοίο : μηνὸς : ἐν ἰκάδι : ὅρον ἦμεν.

Der Polis hat es in Hinblick auf die Hetairien gefallen: Für alles, was die Agelai betrifft, soll der 20. Tag des Monats Hyperboios die Grenze sein.[145]

Dass dieser Text eine Verbindung zwischen Hetairien und Agelai herstellt, ist bemerkenswert. Denn die Hetairien hatten mit den Epheben der Polis während deren – wahrscheinlich zwei Jahre dauernder – Ausbildung in den Agelai nichts zu tun. Diese waren ja gerade eine die Hetairien transzendierende Organisationsform der Epheben eines Jahrgangs, und zwar ungeachtet der Frage, aus welchem väterlichen Andreion

---

144 Wie aber diese Epheben zu Bürgern wurden, das heißt, wie und wann genau sie in die Hetairien eintraten, ist eine bislang ungelöste Frage. Stellvertretend sei hier Link 1994, 23 zitiert: „Die einzelnen Gruppen der Jungmannschaften lösten sich auch dann nicht auf, wenn ihre Mitglieder die Volljährigkeit erreichten. Vielmehr wurden sie später geschlossen in eine der Hetairien aufgenommen, gingen also mehr oder weniger unverändert in eine der Tisch- und Mahlgemeinschaften auf, in die sich die Bürgerschaft einer kretischen Stadt unterteilte." Unerwähnt bleibt allerdings, wie dies geschah.
145 Zur Lesung, Übersetzung und Kommentierung dieser Inschrift s. Seelentag 2009a; dort auch die Begründung dieser von Koerner 92 = Nomima 1.68 und 2.89 abweichenden Lesung und Deutung.

der Einzelne ursprünglich stammte. Aus dessen Kontext waren sie herausgelöst, deshalb wurden die Epheben von öffentlicher Seite ernährt. Wenn diese Inschrift „in Hinblick auf die Hetairien" den Agelai ein klares zeitliches Ende setzte, ergibt dies also nur dann Sinn, wenn die Hetairien mit diesem Ende der Ephebie zu tun hatten und sie an dem in der Regelung bezeichneten Termin für die Jungmänner relevant wurden; sprich, wenn die Epheben erst an diesem Datum tatsächlich in diese Männerbünde eintraten und sie auch erst dann als Erwachsene galten oder zumindest einer Altersstufe zugehörig, welche sie dann – im Kontext einer Hetairie – zum Erwachsensein hinleitete.

Diese Überlegung, dass es eine koordinierte Übergangszeremonie der Epheben von Dreros gegeben habe, wird dadurch plausibilisiert, dass die drerische Inschrift als verbindliches Datum „den 20. Tag des Monats Hyperboios" nennt. Der Hyperboios ist uns aus Festkalendern einiger kretischer Poleis – allerdings erst aus hellenistischer Zeit – als jener Monat bekannt, in dem die Ausbildung der Epheben jener Poleis in ihren Agelai zu einem Ende kam. So ist auch in dem rund 20 km südlich von Dreros gelegenen Malla ein Zeus-Fest namens Hyperboia nachgewiesen. Dessen Gegenstück, gewissermaßen ein Partnerfest, waren die Periblemaia in Lyttos.[146] Dies wissen wir aus einem zwischen diesen beiden Poleis geschlossenen Vertrag. Dieser bestimmte, dass anlässlich dieser in beiden Städten gleichzeitig zu feiernden Feste die aus der Ephebie ausscheidenden Jungmänner der jeweiligen Polis die Bürgertracht anzulegen und ihren Bürgereid zu schwören hätten. Bei dieser Gelegenheit sei auch der nämliche Vertrag zu verlesen und von den neuen Bürger zu beschwören, hierin angeleitet vom Kosmenkollegium, und zwar nicht allein vor ihren eigenen Mitbürgern, sondern auch vor den anwesenden Vertretern des Vertragspartners.[147] Auf diese Weise beschwor also jeder Ephebe bei seiner Aufnahme in den Kreis der Bürger

---

146 Hierauf verwies schon van Effenterre 1946, 599–600. – Chaniotis 1996, 124–6, 208–13 (Nr. 11, Vertrag zwischen Lyttos und Malla aus dem 3. Jh.) und 358–75 (Nr. 61.21–5, Vertrag zwischen Lato und Olus, um 109). – Bei diesen Gelegenheiten beschworen die Epheben die Gültigkeit der Gesetze der eigenen Polis und die Unbedingtheit der Freundschaft ihrer Heimatstadt mit anderen Gemeinwesen. – Zudem gab es die Hyperboia in Hierapytna und Priansos, s. Chaniotis 1996, Nr. 11.23; 28.42; 50.13; 59.31, wie auch in Knossos (IC 1.13.13). Alle genannten Städte liegen in recht geringer Entfernung voneinander im östlichen Teil der Insel. – Zu den Hyperboia s. auch Willetts 1962, besonders 108–9, 239 und 294; Brelich 1962, 72; Trümpy 1997, 190–1 und Chaniotis 1999, 192.
147 Zu diesem Ablauf s. Chaniotis 1996, 124–6; zum Vertrag zwischen Lyttos und Malla aus dem 3. Jh. s. auch Nr. 11, 208–13: „Und [das Kosmenkollegium] soll jedes Jahr die Stele verlesen, und zwar in Lyttos am Fest Periblemaia in Anwesenheit der Malläer, in Malla aber am Fest Hyperboia in Anwesenheit der Lyttier." – Zum Prozedere s. auch ausführlicher Nr. 61.21–5, Vertrag zwischen Lato und Olus, um 109: „Und die Kosmoi sollen in jeder Stadt noch während ihrer Amtszeit [die sich jeweils ausziehenden Jungmannschaften] vereidigen, [indem in Lato] eine Gesandtschaft der Oluntier [anwesend ist] und in Olus eine Gesandtschaft der Latier. [Und sie sollen den Vertrag verlesen] und den Eid leisten, und zwar in Lato am Fest Theodaisia, [in Olus aber am Fest NN]; und die Latier sollen die Oluntier und die Oluntier die Latier [5 Tage vor dem Tag] einladen, an dem sie den Vertrag verlesen be-

die Gültigkeit der Gesetze der eigenen Polis und die Unverbrüchlichkeit der Freundschaft seiner Heimatstadt mit anderen Gemeinwesen.

Die Hyperboia und Periblemaia bedeuteten also in Malla und Lyttos gleichermaßen das Ende der Ausbildung für einen Jahrgang von Epheben. Um dieses Fest so feiern zu können, wie der zwischen diesen Poleis geschlossene Vertrag es verlangte, mussten die Festkalender der beiden Partnerstädte daraufhin miteinander abgestimmt werden. Eine Regelung war nötig, an welchem Tag genau das gemeinschaftliche Fest zu begehen sei, und damit, wann die Epheben zu Bürgern würden. Wir können kaum sagen, ob auch schon das drerische Gesetz des 7. Jh. einen solchen polisübergreifenden Abschluss der Ephebie widerspiegelt. Zumindest aber war es wesentlich, dass in Dreros, wo das Altersklassensystem offenbar bereits in Ansätzen institutionalisiert worden war, nun auch ein verbindliches Datum zur Koordination des Übergangs der verschiedenen Jungmannschaften in die sie aufnehmenden Hetairien festgelegt wurde. So erhielten die Epheben mit dem Ende des Entführungsrituals zunächst wohl lediglich eine Art ‚Juniormitgliedschaft‘ in der Hetairie des *philetor*. Zu Erwachsenen oder Dromeis wurden sie erst an jenem festgelegten Datum.

Die drerische Regelung zeigt, dass bereits im 7. Jh. ein Zusammenspiel von Hetairien und Agelai in wesentlichen Punkten etabliert erscheint. Dies legt nahe, dass wir in diesen Integrationskreisen Strukturen greifen können, die älter sind als die frühen ‚politischen‘ Institutionen im engeren Sinn, etwa Ämter. Denn in der zur gleichen Zeit verfügten Iterationsregelung des drerischen Kosmos sehen wir, dass dort noch ganz grundsätzliche Dinge geklärt werden mussten. Der Amtsträger scheint noch keinen klar umrissenen Amtsbereich zu haben; überhaupt musste das Konzept des Amtes an sich erst noch definiert werden. Im Falle der Agelai und Hetairien allerdings scheint bereits deutlich, wie das Verhältnis zwischen diesen beiden Institutionen zu sein habe. Unsere Inschrift bietet aber eben auch den Hinweis, dass schon in der zweiten Hälfte des 7. Jh. die ‚Polis‘ Einfluss auf die Hetairien nahm; dass also bereits in dieser Zeit jene Vorstellung einer übergeordneten Organisationsform der Bürger existierte, welche bemüht war, die Trennlinie zwischen Aristoi und Demos zu überbrücken und jene Bruchlinien zu überbrücken, welche in der Bürgerschaft durch die parallele Existenz von Phylen und Hetairien angelegt waren. Neben anderen sozialen Mechanismen, wie etwa der Durchmischung der Knaben zu Beginn ihrer Ephebie, war sie eine der wesentlichen Konflikte entschärfenden Maßnahmen, welche kretische Bürgerstaaten ergreifen konnten und mussten, um die in ihnen existierenden agonalen Strukturen immer wieder aufzubrechen und in das Gemeinwesen zu integrieren. Die Festlegung eines für alle geltenden Datums, an dem die Jungmänner in ein Andreion eintraten – oder zumindest ihren Schwellenritus vollzogen –, war ein besonderes Instrument für die Etablierung eines Gemeinschaftsgefühls der Bürger

---

ziehungsweise die Jungmannschaften vereidigen werden." – Anders als die drerische Inschrift sagen diese Zeugnisse nichts über die Rolle der Hetairien bei dieser Zeremonie.

und des Bewusstseins, dass es sich bei diesen Jungmännern um den Nachwuchs der gesamten Polis handelte.[148]

Im Kontext solcher vom Nomos geregelten Bestimmungen, die das Ende der Ephebie institutionalisierten, ergibt auch ein ebenfalls von Ephoros überliefertes Ritual Sinn, das offenbar zeitnah zum Abschluss der Agelai stattfand, und dass dazu beitrug, die Epheben zu Dromeis, zu ‚Jungbürgern‘ zu machen. Der Historiograph hält fest:

> Alle, die zur selben Zeit aus den Agelai herausgelesen werden, werden zum Heiraten gezwungen. Die Mädchen führen sie aber nicht gleich heim zu sich, sondern erst, wenn diese imstande sind, das Hauswesen zu verwalten. Deren Mitgift beträgt, wenn Brüder da sind, die Hälfte eines Bruderanteils.[149]

Eine solche von der Polis verordnete Massenhochzeit erscheint durch die Parallelüberlieferung durchaus glaubhaft. Zum einen verordnet nämlich das *Große Gesetz* von Gortyn eben jene von Ephoros verzeichnete Regelung bezüglich des Mitgiftanteils für Töchter, wodurch die gesamte Passage, in deren Kontext sie steht, plausibler wird.[150] Zum anderen sehen wir in dieser Art der Eheschließung in kretischen Poleis einen Brauch, welcher der Heirat und den ersten Jahren der Ehe in Sparta vergleichbar war. In beiden Fällen beobachten wir gleichsam eine ‚halbe Ehe‘; eine Verbindung, die rechtlich bereits geschlossen ist, die aber sexuell womöglich noch nicht vollzogen wird und die noch nicht mit einem dauerhaften gemeinsamen Wohnsitz einherging. In Sparta heirateten die Männer zwar keine unreifen Mädchen, sondern erwachsene Frauen, diese wurden aber durch Schur ihrer Haare etwa und die Bekleidung mit Männergewändern entweiblicht. Allein des Nachts kam der Ehemann zu seiner Frau und schlief mit ihr, verbrachte den Rest der Nacht wie auch die Tage aber mit seinen Altersgenossen. Der Sinn dieses Rituals in Sparta war es – ähnlich wie die Bindungen zwischen Vater und Sohn gelöst wurden –, auch die Eheschließung in ihrer Relevanz zu beschränken. Winfried Schmitz betont hierzu: „Durch die gemeinschaftliche, vom

---

148 Hiermit korrespondiert das Bemühen einer anderen drerischen Inschrift der gleichen Zeit. In dieser fasst „die Polis nach Versammlung der Phylen" einen Beschluss betreffs der Versammlung der Bürger. Hierzu s. die Kapitel *Polis* und *Pyla*. – Hier ist nicht der Ort, weitere Riten zu besprechen, die zu diesem Zeitpunkt stattfanden und die wir etwa in den Ekdysia von Phaistos reflektiert ahnen. Hierzu s. konzis Davidson 2007, 305–6 und ausführlicher Leitao 1995; Muellner 1998.

149 Ephor. ap. Strab. 10.4.20: γαμεῖν μὲν ἅμα πάντες ἀναγκάζονται παρ' αὐτοῖς οἱ κατὰ τὸν αὐτὸν χρόνον ἐκ τῆς τῶν παίδων ἀγέλης ἐκκριθέντες, οὐκ εὐθὺς δ' ἄγονται παρ' ἑαυτοὺς τὰς γαμηθείσας παῖδας, ἀλλ' ἐπὰν ἤδη διοικεῖν ἱκαναὶ ὦσι τὰ περὶ τοὺς οἴκους· φερνὴ δ' ἐστίν, ἂν ἀδελφοὶ ὦσι, τὸ ἥμισυ τῆς τοῦ ἀδελφοῦ μερίδος.

150 IC 4.72.4.31–46 = Koerner 169 = Nomima 2.49. – Umstritten ist allerdings, ob zu diesem Zeitpunkt allein die Eheschließung oder bereits die sexuelle Vereinigung zwischen den Eheleuten stattfand. Das im Gesetz verwendete Verb *opuio* lässt beide Deutungen zu; s. Davidson 2007, 305 und 557. – s. auch Zoepffel 1985.

Haus gelöste Erziehung der Kinder und das Zusammenleben in ‚Kinderhäusern' und ‚Männerhäusern' waren Familie und Haus keine dominanten Lebensgemeinschaften mehr. Statt in Häuser war die spartanische Gesellschaft in Altersklassen gegliedert, über deren strikte Autoritätsstruktur, die am Alter ausgerichtet war, die soziale Integration gewährleistet war."[151]

Nun unterschieden sich das kretische Ritual und die Gesellschaftsordnung, der es entstammte, in wesentlichen Punkten von der hier skizzierten spartanischen Eheschließung und deren Vollzug. Wir hatten ja etwa auf die in Kreta viel stärkeren und länger wirkenden Verbindungen zwischen Vätern und Söhnen hingewiesen und die Relevanz der Bürgerhaushalte als wesentliche soziale Integrationskreise.[152] Und doch schränkte auch der spezifisch kretische Eheschluss die Kohabitation der Partner zeitlich ein, verhinderte aber nicht, dass aus diesen Verbindungen bereits Kinder hervorgingen. Allerdings sollten die jungen Männer eben nicht im Familienleben aufgehen, sondern mit ihren Altersgenossen und Hetairoi zusammenleben. Dies gewährleistete eine längere und intensivere Sozialisation der männlichen Bevölkerung. Womöglich zogen die Eheleute erst zehn Jahre nach ihrer Heirat zusammen, wenn der Ehemann sein dreißigstes Jahr vollendet hatte.

Die Altersklassen in den Andreia
Hierauf deutet die – uns allerdings weitgehend unbekannte – Einteilung der Männer in Altersklassen hin. An die Ephebie in den Agelai scheint sich nämlich eine zehnjährige Phase angeschlossen zu haben, für deren Angehörige uns verschiedene Bezeichnungen überliefert sind, etwa Dromeis und Neoteroi oder Neotatoi. Über die Rolle dieser Dromeis, wahrscheinlich der Zwanzig- bis Dreißigjährigen, in der kretischen Politeia lässt sich nur wenig sagen. Ein Gesetz aus Eleutherna bestimmt:

Μὴ ἰνπίνεν· α[.] | .μὲ⟨ν⟩ δρομέα ⟨ἰ⟩σ|ς Δῖον Ἄκρον σ|υνινπίνοντα | πίνεν vacat

Sich berauschen ist verboten – – – , aber ein Dromeus in Dion Akron darf sich in einer Trinkgemeinschaft berauschen.[153]

---

151 Plut. Lyk. 15.4–10; vgl. Plut. Num. 25.9; 26.1 (Synkr. 3.9, 4.1). Hierzu s. Schmitz 2002, das Zitat 600, und 2004a, 95.

152 Dass die kretische Politeia – anders als die spartanische – ganz wesentlich auf den Erhalt der Bürgerhaushalte ausgerichtet war, legt Link 1994 überzeugend dar. Um diese Argumente nachzuvollziehen, bedürfte es allerdings einer weiteren umfangreichen Studie, die sich detailliert etwa mit den Regelungen des gortynischen Erbrechtes beschäftigte. Dies kann in diesem Zusammenhang nicht geleistet werden; s. ansatzweise den Abschnitt zur Rolle der gortynischen Phylen im Erbtochterrecht im Kapitel *Pyla*.

153 SEG 41.739 = Nomima 2.98. Hierzu s. etwa van Effenterre/van Effenterre 1995; Perlman 2004, 102; Lupu 2005, 323–5. Zur Identifizierung der Dromeis s. Tzifopoulos 1998. Die Inschrift setzt sich fort mit der Bestimmung: ἰαρέα δὲ μή· αἰ δ'| ἰαρόϝϝοι τὸι θ|ιὸι, αἴμ[ατ]ι τεκγ||[ό]ϝοτεν ἀρκαῖόν ἐστι ὅσστι[ς] |

Hier ist also verzeichnet, dass allein die Jungbürger in ihren zwanziger Jahren sich in Gesellschaft in den Rausch trinken durften, allerdings nur an dem hier genannten Ort Dion Akron, einem Vorgebirge im Norden des Polisgebietes von Eleutherna. Wahrscheinlich befand sich hier eine Grenzfestung der Eleuthernäer, in der die Dromeis für eine gewisse Zeit Dienst zu leisten hatten.[154] Parallelen zu anderen Poleis legen nahe, dass sie das Rückgrat des Bürgerheeres waren und in dieser Funktion sich auch an den Grenzen des Polisterritoriums aufhielten.[155] Unklar ist bislang allerdings, in welche anderen sozialen Integrationskreise diese Dromeis eingebunden waren und wie ihr Verhältnis zu den Hetairien war. Diese Unkenntnis beruht allerdings allein auf einer weitverbreiteten Fehldeutung zweier zentraler Texte.

Denn immer wieder werden die Altersklassen unterhalb jener der Vollbürger, die in den Berichten von Pyrgion und Dosiadas über die Gemeinschaftsmahlzeiten genannt sind, miteinander vermengt. Kaum einmal wird differenziert zwischen den bei diesen Gelegenheiten anwesenden Neoteroi und Neotatoi, sowie den *hyioi* („Söhnen") und den Paides. Sie alle werden schlichtweg mit jenen Knaben gleichgesetzt, die noch nicht in die Agelai eingetreten waren, also den Jungen bis 17 Jahren, die sich noch im väterlichen Andreion aufhielten. Dabei werden Neoteroi etwa als die „jüngeren (Knaben)" übersetzt und Neotatoi „die jüngsten (Knaben)". Doch dies ist nicht der Fall. Eine Zusammenschau der antiken Zeugnisse lässt eine deutliche Abgrenzung von Pais und Neoteros erkennen. Während nämlich Pais einen Knaben vor dem Eintritt in die Ephebie bezeichnete, war Neoteros ein ‚Jungmann', also ein Angehöriger jener Altersklasse, die sich an das Ende der Ephebie anschloss.[156]

[κρα]τῆρας τε[– —] | [...]μηι[. — — —] — — —, „noch soll der Priester (sich berauschen), und wenn er den Kult für den Gott durchführt, mit Blut arbeitend, ist es der alte Brauch, für einen jeden – – – Kratere – – –"; Ergänzungen und Übers. nach Nomima 2, 346–7.

154 Der Eid der Epheben von Dreros aus dem späten 3. Jh., wahrscheinlich um 220, reflektiert, dass diese Gruppe nach Abschluss der Ephebie an den Grenzen Dienst zu tun hatte: „Ich werde Freund von Dreros und Knossos sein und weder die Polis der Drerier verraten noch die Festungen der Drerier und Knossier. Ich werde weder drerische noch knossische Männer den Feinden verraten noch werde ich einen Bürgerkrieg anzetteln."; IC 1.9.1 = Syll.³ 527 = Chaniotis 1996, 195–201, Nr. 7. – Die Dromeis scheinen den Neoi zu entsprechen, wie man sie in anderen Quellen findet. So deutet etwa IC 4.162 = Syll.³ 525 darauf hin, dass die Neoi als Neotas organisiert waren.

155 So betont J. Wiesehöfer (2000) s.v. Neoi, DNP 8, 823–4, dass in Poleis, welche die Ephebie institutionalisiert hatten, die *neoi* altersmäßig auf die *paides* und *epheboi* gefolgt seien und damit zu den Bürgern mit militärischer Dienstpflicht gehörten. Xenophon nennt 30 Jahre als die obere Grenze dieser Altersklasse; vgl. Xen. mem. 1.2.35; Chios: Syll.³ 959.5; und vgl. die *hebontes*, die *neoi* und die *neoteroi* in Sparta: Xen. Hell. 3.3.8–9; 5.4.32; Xen. Lak. pol. 4.1. Nach dem Gymnasiarchengesetz von Beroia habe es sich bei ihnen um junge Männer zwischen 20 und 30 Jahren gehandelt; IvBeroia 1.

156 Eine systematische Studie hierzu fehlt; kürzere Untersuchungen widmen sich zumeist der hellenistischen Zeit; s. aber H-J. Gehrke (1997) s.v. Ephebeia, DNP 3, 1071–5 und J. Wiesehöfer (2000) s.v. Neoi, DNP 8, 823–4. Eine kritische Einführung in die Terminologie und Semantik der Altersklassen in Griechenland bietet Davidson 2007, bes. 71–98, zu Kreta 304–5; vgl. Timmer 2008, *passim*; Tazelaar 1967 zu Sparta. – Stellvertretend zum Neotas von Gortyn s. Willetts 1954 und 1986.

Aus Pyrgion und Dosiadas erhalten wir Kenntnis über die wesentlichen Stadien der Entwicklung junger Männer. Rekapitulieren wir noch einmal: ‚Söhne' sitzen in den Andreia neben den Stühlen ihrer Väter. Vom Fleisch erhalten sie die Hälfte von dem, was die Männer bekommen. Waisen aber erhalten die ganze Portion (des Fleisches), allerdings „ohne die üblichen Zusätze".[157] Gelegentlich kämpfen die ‚Söhne' eines Andreions gegen die eines anderen. Mit 17 Jahren formieren diese Paides Agelai, welche *demosia* ernährt werden und sich damit wohl auch nicht im Kontext der Hetairien aufhielten. Bei dem Austritt aus den Agelai werden alle Jungmänner gezwungen zu heiraten. Sie werden nun Dromeis genannt, die ‚Läufer'. Und wahrscheinlich sind eben sie es, von denen Pyrgion spricht, wenn er berichtet, dass die Neotatoi neben den auf Stühlen sitzenden Männern stünden und ihnen servierten; und von denen Dosiadas berichtet, dass – obschon in den Andreia alle die gleiche Portion erhielten – die Neoteroi „nur die Hälfte des Fleisches und nichts von dem anderen" bekämen. Außerdem würden nach dem Essen Großtaten der Vergangenheit erzählt, um diese Neoteroi zur *andragathia* zu ermuntern. Pyrgion differenziert also deutlich zwischen ‚Söhnen' und ‚Jungmännern'. Aufgaben und Habitus der beiden Gruppen im Andreion waren sehr unterschiedlich.[158]

Dass man die in den Texten gebrauchten vier Begriffe Neoteroi, Neotatoi, „Söhne" und Paides, immer wieder schlichtweg als ‚Kinder' auffasste, hängt wohl nicht zuletzt damit zusammen, dass Dosiadas über die ‚Söhne' und Pyrgion über die Neoteroi berichtet, diese erhielten lediglich die Hälfte dessen, was die Männer erhielten; von dem Zusätzlichen aber hätten sie gar nichts gegessen beziehungsweise nichts davon angerührt. Diese Parallele sollte man aber vielmehr so verstehen, dass die jungen Männer in ihren Zwanzigern bezüglich ihrer Essensmenge den Kindern der Bürger gleichgesetzt waren. Die Neoteroi waren während der zehn Jahre, welche diese Altersklasse umfasste, gewissermaßen noch nicht Vollmitglieder der Andreia; genauso, wie sie noch nicht vollständig Ehemänner waren. Sie befanden sich in einem an die Ephebie anschließenden Stadium ihrer Sozialisation zwischen der Kindheit und dem Erwachsenenalter. Damit korrespondiert auch, dass sie – so legt die Inschrift über die Dromeis aus Eleutherna es nahe – sich zeitweilig in den Randgebieten der Polis aufhielten, also nicht die Rechte und Pflichten der Vollbürger im urbanen Zentrum

---

157 Hierzu s. den Abschnitt zur Semantik der Verteilung beim Gemeinschaftsmahl im Kapitel *Andreion*.

158 Der bei Strab. 10.4.16 überlieferte Bericht des Ephoros verwischt die Bezeichnungen der Altersklassen kretischer Knaben und Jungmänner ins Unkenntliche. Hier sind die Paides in Neoteroi und *meizones* unterteilt, also in jüngere und ältere Knaben. Auch die sich anschließende Schilderung der Entführung betont mehrfach, hierbei seien Paides entführt worden. Tatsächlich handelte es sich gerade nicht um ‚Knaben', sondern um Epheben. Der Bericht des Ephoros ist also terminologisch unscharf. In diesem Punkt ist den Berichten des Pyrgion und Dosiadas der Vorzug zu geben. Hierzu s. auch Link 1994, 22; Gehrke 1997, 31–2 Anm. 39; 41, Anm. 76; Strataridaki 2009; Kennell 2013 und den Abschnitt zur Verteilung des gemeinsamen Essens und Trinkens im Kapitel *Andreion*.

des Gemeinwesens wahrnehmen konnten, etwa an der Agora teilzunehmen. Von den Epheben berichten unsere Texte im Zusammenhang der Organisation der Andreia nichts. Dies bestätigt unsere oben geäußerte Vermutung, dass die Ausbildung der ‚Herden' nicht in die Verantwortlichkeit der Hetairien fiel. Erst als zum Abschluss der Ephebie die Agelai jeweils in Andreia aufgenommen waren, ist von den nun Neoteroi genannten jungen Männern in unseren Quellen wieder die Rede, und zwar als Hetairoi vorerst nur zweiter Klasse.

XIII Hetairoi des Hybrias

Adel und Demos in kretischen Bürgerstaaten

> Alle Bürger nehmen an der Volksversammlung teil. Diese besitzt aber nur die Macht, die
> Beschlüsse der Ältesten und der Kosmen in einer Abstimmung zu bestätigen. (...) Die Tatsache
> allein, dass in Kreta der Demos, der nicht an der Macht beteiligt ist, doch Ruhe hält, ist kein
> Zeichen für gute Ordnung.
>
> *Arist. pol. 1272a 4 und 6*

Weder die von der Verfassungslehre des 19. Jh. begründeten kategorialen Schemata,
noch das Begriffsrepertoire der antiken Politik und Philosophie sind geeignet, die
in dieser Arbeit skizzierten Eigenarten der soziopolitischen Organisation kretischer
Politeia einzuordnen.[1] Sie fragen lediglich nach den Herrschaftsbefugten und den
Institutionen, durch welche die Herrschaft ausgeübt wird. Das analytische Potential
dieser Kategorien reicht nicht aus, um darüber hinaus die Herrschaftsmodalitäten
zu ergründen. Und so muss der im Folgenden unternommene Versuch einer Zusammenführung der in den voranstehenden Kapiteln erzielten Ergebnisse nicht allein die
institutionelle Struktur kretischer Bürgerstaaten in den Blick nehmen, sondern auch
deren interaktionale und kommunikative Dynamiken.[2] Ansonsten müssten wir bei
der Erkenntnis haltmachen, dass auf Kreta einerseits Abstammung eine wichtige
Rolle spielte und daher bestimmte Geschlechter eindeutig privilegiert waren; allein
aus ihnen stammten die Kosmen, allein sie stellten die Mitglieder des Rates. Dies ver-
liehe den kretischen Politien einen deutlich aristokratischen Charakter. Anderseits
zeigen die verinschriftlichten Regelungen Kretas, dass hinter ihren Beschlüssen die
Versammlung der Bürger stand; und das wohl in rechtlicher Gleichstellung aller, was

---

1 Der folgende Abschnitt zu den verschiedenen Verfahren zur Herstellung kollektiv verbindlicher
Entscheidungen ist ganz maßgeblich den Darstellungen von Flaig 1993, 1994, 1995 und 2013 sowie
Timmer 2008 verpflichtet.
2 Ebenso muss die Deutung des republikanischen Roms als eines Konsenssystems von der Beobachtung ausgehen, dass die verschiedenen Volksversammlungen nur höchst selten die Anträge
ablehnten, welche die vorsitzenden Magistrate ihnen vorlegten. Flaig 1995 und 2003, 175–6 sowie
Jehne 2001 betonen, dass die für die Entscheidungen der Volksversammlung geltende Norm aus diesen Praktiken gewonnen werden muss. Das heißt also, dass es die Aufgabe der Volksversammlung
im System war, den Anträgen der sie einberufenden Magistrate zuzustimmen. Gerade das Abstimmungsverfahren in den Centuriatscomitien diente der Darstellung des Konsenses, zumindest der
Unsichtbarmachung des Dissenses. Allerdings allein aus der Praxis des Stimmverhaltens der Volksversammlung darauf zu schließen, dass es sich bei der römischen Republik um ein Konsenssystem
gehandelt habe, zumal ja dort nichts entschieden wurde, greift zu kurz. Hierfür müssen wir auf jene
Institutionen blicken, in denen tatsächlich die Akteure der Entscheidungsfindung versammelt waren,
also auf den Senat, genauer auf die Nobilität.

ein starkes demokratisches Element wäre.[3] Damit aber ist noch kein tieferes analytisches Verständnis der Politeia kretischer Bürgerstaaten gewonnen.[4]

Verfahren zur Herstellung kollektiv verbindlicher Entscheidungen

Was Aristoteles über das Zusammenspiel der Institutionen in kretischen Poleis berichtet, befremdet vor dem Hintergrund eines vergleichenden Blickes auf andere griechische Politien: Auf Kreta seien Beschlüsse von einer kleinen Gruppe von Amtsträgern und Ratsmitgliedern, die nur aus ausgewählten Familien stammten und – um in diese Position zu gelangen – verschiedene Selektionsprozesse zu überstehen hatten, gefasst, und dann der Agora vorgelegt worden. Deren Rolle war darauf beschränkt, diesen Beschlüssen zuzustimmen; dies geschah aber im Zug einer Abstimmung, bei der – so ist anhand des inschriftlichen Befundes zu ergänzen – theoretisch auch mit ‚Nein‘ hätte votiert werden können.[5] Dies allerdings scheint nicht der Fall gewesen zu sein. Dieses Verfahren der politischen Entscheidung kam bei einem ungeheuer breiten Spektrum von Themen zum Einsatz. Dies sehen wir anhand der Gegenstände, die in den kretischen Gesetzen behandelt werden. Auf zahlreichen Gebieten fasste ‚die Polis‘ Beschlüsse; eine Entität, die aus den von den Eliten geprägten Institutionen und der Menge des in der Agora versammelten Demos bestand.

Es ist die Funktion politischer Systeme, kollektiv verbindliche Entscheidungen herzustellen, die sich dadurch auszeichnen, dass sie als legitime Entscheidungen anerkannt werden. In kretischen Poleis gab es laut Aristoteles zwei Stufen der Entscheidungsfindung, die nur zusammen die Gültigkeit eines jeden für die Gemeinschaft verbindlichen Beschlusses sicherstellten. Faktisch seien Entscheidungen bei der Zusammenkunft von Kosmos und Rat gefällt worden, die Versammlung der

---

3 So etwa Gehrke 1997, 59–60. Auf die Mischung dieser Elemente in kretischen Politien wies schon van Effenterre 1948, 103 hin. – Gehrke ad loc. betont, dass, wollte man die kretische Ordnung mit einem quellensprachlichen Terminus bezeichnen, sich der von Platon mit Blick auf die lakonische und kretische Politeia verwandte Begriff der ‚Timarchie‘ anböte; s. Plat. resp. 545b mit Bezug auf 544c. Der an dieser Stelle von Platon ebenfalls vorgeschlagene Begriff ‚Timokratie‘ sei wegen seiner Verwendung bei Arist. eth. Nic. 1160a 33–4 im Sinne einer Qualifikation nach dem Besitz schon für die solonische Ordnung ‚besetzt‘.
4 Hoeck 1829, 63–4 und Link 1994, 117–8 nehmen an, dass die Volksversammlung wohl das Recht hatte, eine Vorlage zu verwerfen, dies aber zumindest dann nicht vorkam, wenn die Kosmen sich darüber einig waren, auf welches Ziel sie zusteuerten. Link geht noch weiter, wenn er betont, dass, selbst wenn das Volk einmal etwas zu entscheiden gehabt habe, nämlich bei der Wahl seiner Amtsträger, seine Freiheit der Wahl doch erheblich eingeschränkt gewesen sei, durch die von ihm konjizierte Phylenrotation nach festgelegter Reihenfolge und dadurch, dass die Kosmen ohnehin nur bestimmten Geschlechtern entstammten. Zu diesem Punkt s. aber die Kapitel *Kosmos* und *Pyla*.
5 Aristoteles scheint zumindest nicht davon auszugehen, dass die Agora anders stimmen konnte oder wollte, als ihr durch den vorherigen Beschluss der Kosmen und des Rates vorgegeben war.

Bürger in der Agora habe sie dann besiegelt. Erst hiermit gewannen sie ihre Legitimität. Wenn die Agora selbst auch keine Entscheidungen traf, so war ihre Teilhabe am politischen Prozess doch offenbar unbedingt erforderlich. Wie in vorangehenden Kapiteln wollen wir auch in diesem die Aussagen des Aristoteles zur jeweiligen Rolle der Agora, des Kosmos sowie des Rates in der politischen Entscheidungsfindung als Ausgangspunkt nehmen, um die in literarischen und inschriftlichen Quellen reflektierten Szenarien politischer Beschlussfassung vor dem Hintergrund einer Typologie von Entscheidungsverfahren zu betrachten.

Anhand des von der Entscheidungstheorie bereitgestellten Instrumentariums werden wir untersuchen, wie jenes Szenario, welches vor dem Hintergrund von Verfahren politischer Entscheidung in anderen Bürgerstaaten der griechischen Welt höchst ungewöhnlich erscheint, möglich war: dass Entscheidungen in kretischen Poleis innerhalb der kleinen Gruppe des Kosmos und des Rates im Konsens getroffen, um sodann der Bürgerversammlung zu einer Abstimmung vorgelegt zu werden, in der das Mehrheitsprinzip Anwendung fand. Wir werden sehen, dass eine solche Einflussnahme der Eliten auf die Agora zum einen die intensive Sozialisation der Bürger während ihrer Paideia und im Erwachsenenalter voraussetzte sowie deren Einbindung in ein vielschichtiges Gefüge von Hierarchien und Autoritätsstrukturen. Hier fanden, wie wir dargelegt haben, die ethische Homogenisierung der Bürger statt und ihre Erziehung, gegenüber Autoritäten folgsam zu sein. Zum anderen dienten die institutionalisierten Zusammenkünfte aller Politen in den Andreia als Foren der Vorbereitung und Bildung von Meinungen. Dort demonstrierten die Eliten die Ausrichtung ihrer Präferenzen auf das Gemeinwohl und sicherten damit die Akzeptanz der Bürger gegenüber ihren Entscheidungen und ihrer Herrschaft. Hier hatten sich die Eliten aber auch im Sinne der ihnen entgegengebrachten Erwartungen zu verhalten; dies war die Voraussetzung für die Gehorsamstiefe des Demos in kretischen Poleis.

Alle politischen Systeme stehen vor dem herausfordernden Problem, einander entgegengesetzte Interessen zum Austrag und zum Ausgleich zu bringen. „In Prozessen, die der Herstellung kollektiv verbindlicher Entscheidungen dienen, versuchen Akteure, die bestimmte Handlungsorientierungen haben, ihre Präferenzen durchzusetzen. Der Prozeß der Entscheidungsfindung verursacht Transaktionskosten und birgt zudem das Risiko, daß die getroffene Entscheidung von denen, die sie betrifft, nicht für legitim gehalten wird, also keine Verbindlichkeit beanspruchen kann."[6] Bei

---

[6] Timmer 2008, 274. – Zu verschiedenen Modellen von Abstimmungsverhalten s. Flaig 1993 zu Sparta und Staveley 1972 zu römischen Gruppenvoten; zur dahinter stehenden Idee der Abstimmung als eines Agon, der Gewinner und Verlierer kennt, s. Ruzé 1984, 253 und grundsätzlich Larsen 1949 sowie Flaig 2013. – Flaig 1993, 143–4 betont, dass die meisten nichtmonarchischen Systeme sich des Konsensprinzips bedienen. Doch die Griechen suchten die Entscheidung nicht auf dem Weg der Herstellung von Einmütigkeit, sondern auf dem Weg des Konfliktes, wenn auch in entschärfter, symbolischer Form. Die ihnen inhärente Agonalität ließ sie weniger auf die Kohäsion der Gemeinschaft zielen als auf die Effizienz und Geschwindigkeit des Entscheidungsverfahrens.

der Analyse von Verfahren der Entscheidungsfindung sinnvoll ist deren Kategorisierung in Systeme, die sich der Mehrheitsentscheidung bedienen, in Verhandlungssysteme und schließlich in Systeme, die auf der ‚hierarchischen Steuerung' beruhen, in denen Entscheidungen also durch die Autorität, ja: den Befehl der sozial höherrangigen Akteure hergestellt werden. Die in dieser Arbeit rekonstruierten Beschlussverfahren kretischer Politien weisen Elemente eines Konsenssystems wie auch eines Mehrheitssystems auf. Immerhin wurden politische Entscheidungen in einem relativ kleinen Kreis von Akteuren konsensual getroffen; anderseits war es die Versammlung der Bürger, welche diese für alle verbindlichen Beschlüsse verabschiedete.[7] Begriffe wie ‚Volkssouveränität' oder Fragen danach, wer der ‚eigentliche Gesetzgeber' gewesen sei, sind damit unzureichend, die Gesamtheit des politischen Feldes in kretischen Poleis zu begreifen. Wenn ein aristokratisches System auf Konsens ausgelegt ist und dieser Konsens einen solchen Druck auf die Volksversammlung ausübt, dass sie nur zustimmen kann, ist es die Funktion der Volksversammlung im System zuzustimmen. Und wenn sie stets nur dies tut, ist sie weder Souverän noch Entscheidungsorgan.[8]

Entscheidungstheoretisch formuliert, ist das Verhältnis von Kosmos und Rat gegenüber der Agora ein Fall von ‚hierarchischer Steuerung'. Diese ist ein Modell der Entscheidungsfindung, in welchem ein Akteur die Entscheidungsprämissen des anderen festlegen kann. Die Präferenzen der Gruppe der Rangniederen finden letztlich keine Berücksichtigung. Stattdessen vermögen die sozial Höherrangigen ihre eigenen Präferenzen zu übertragen; wenn auch nicht unbedingt in dem Ausmaß, dass sich die sozial Niederrangigen der Präferenz der anderen unbedingt anschließen. Sie mögen nur auf die Artikulation ihrer eigenen Präferenzen verzichten. Im Resultat ist dies allerdings das gleiche. Dabei können die Ursachen für das Befolgen der vorgegebenen Bahnen vielschichtig sein. Die eine Seite mag etwa Belohnungen für diesen Gehorsam verteilen oder über Sanktionen für ein abweichendes Verhalten verfügen. Der Gehorsam mag auch auf dem Glauben an die Legitimität dieser Art der Herrschaft

---

7 Ein Blick auf die Rolle der römischen Volksversammlung zeigt, dass, wenn die Senatoren untereinander Konsens herzustellen vermochten, dem Volk allein übrig blieb, diesem Entschluss zuzustimmen; s. Flaig 1995, 87.

8 Flaig 1995, 86–7 weist darauf hin, dass, wenn wir das Nebeneinander – oder viel eher: Miteinander – von Konsenssystem und Mehrheitssystem als eine Dichotomie von rechtlicher Norm und historischer Wirklichkeit erklären, dies dem Normbegriff seinen Sinn und Erklärungswert raube. Denn wenn die Wirklichkeit dauerhaft der vermeintlichen Norm entgegenstehe, sei letztere eben auch keine. Daher müsse die Norm dieses politischen Systems aus den zu beobachtenden, tatsächlichen Praktiken abgeleitet werden. Sie dürfe nicht aus verfassungstheoretischen Axiomen abgeleitet werden. Vor dem Hintergrund der derart etablierten Norm sei es denn auch nicht sinnvoll, darauf hinzuweisen, dass die Volksversammlung doch die Möglichkeit besessen habe, gegebenenfalls mit ‚Nein' gegen den ihr vorgelegten Antrag zu stimmen.

fundieren.[9] Von besonderer Wirksamkeit sind internalisierte Normen, da sie, verglichen mit sozialen Normen und rechtlich fixierten Vorschriften, kaum hinterfragt werden, kaum zu umgehen sind.[10]

In den folgenden Abschnitten wollen wir diese Modelle der Entscheidungsfindung anhand des kretischen Befundes erörtern, um zu zeigen, dass das von Aristoteles und den Inschriften gezeichnete Bild kretischer Politien, welches vor dem Hintergrund anderer griechischer Befunde so ungewöhnlich ist, tatsächlich inhärente Logik besitzt; dass ein solches System funktionieren konnte und unsere Analyse damit auch historisch plausibel sein kann.[11]

Die Konsensentscheidung

In der politischen Realität sind die Präferenzen verschiedener Entscheidungsteilnehmer für die eine oder die andere Option niemals gleich stark. So kann es einer kleinen und bezüglich einer Option hoch motivierten Gruppe gelingen, durch ihr intensives Eintreten für diese Option eine Mehrheit, welche für die von ihr bevorzugte Option allerdings weniger intensiv eintritt, auf ihre Seite zu bringen.[12] In Verhandlungssystemen verhandeln die Akteure bei der Herstellung von Entscheidungen so lange miteinander, bis Konsens oder gar Einstimmigkeit unter ihnen erreicht ist, das heißt, bis kein Akteur mehr nennenswerten Widerstand gegen eine Handlungsoption leistet. Der größte Nachteil der Herstellung kollektiv verbindlicher Entscheidungen mittels des Konsenssystems sind die hohen Transaktionskosten, die hierbei anfallen; im Wesentlichen die lange Zeit, die für das Verhandeln aufzuwenden ist.[13] Doch die Vorteile des Konsensprinzips gegenüber der Mehrheitsentscheidung liegen darin, dass bei im Konsens erzielten Ergebnissen die Interessen eines jeden Akteurs in irgendeiner Weise berücksichtigt werden. Dadurch steigt die Akzeptanz dieser Entscheidung unter den Akteuren, und die Risiken, die bei der Herbeiführung einer Entscheidung für den Zusammenhalt einer Gemeinschaft entstehen, werden möglichst gering gehalten.[14] Immerhin zielt das Konsensprinzip idealiter darauf, Einmütigkeit

---

9 Hierzu s. Weber 1972, 122–49.

10 Timmer 2008, 315–7.

11 Eine Rekonstruktion des mehrstufigen Beschlussverfahrens anhand des inschriftlichen Befundes bietet das Kapitel *Polis*.

12 Flaig 1993, 140.

13 Timmer 2008, 283 mit Anm. 36 betont, wenn unterschiedliche Präferenzen von jeweils hoher Intensität aufeinander treffen, erfordere die Herstellung von Einmütigkeit einen hohen Aufwand an konsensualistischer Rhetorik, an affektiver Zuwendung und vor allem an Zeit. Dies lasse die Entscheidungskosten erheblich ansteigen.

14 Timmer 2008, 281. – Flaig 1993, 142 betont, dass der Vorteil des Konsensprinzips trotz seiner hohen Kosten darin liege, dass es in den auf diesem Prinzip beruhenden politischen Ordnungen auf Dauer gesehen keine Verlierer gebe: „Die Risiken, die aus dem Entscheidungsverfahren für die Gruppe

unter den Entscheidungsteilnehmern herbeizuführen, und zwar sogar dann, wenn realiter die Einmütigkeit nicht die gleiche Intensität bei allen Teilnehmern aufweist.

Um eine Blockade der einzelnen Entscheidung und des gesamten Systems überhaupt zu verhindern, muss demjenigen Akteur, entgegen dessen eigentlicher Präferenzen die Entscheidung ausfiele, eine Entschädigung in Form einer adäquaten Gegenleistung geboten werden. Hierzu kann von Vorneherein eine Paketlösung angeboten werden, die verschiedene Entscheidungen beinhaltet, die im Sinne der Präferenzen jeweils unterschiedlicher Akteure sind. Der nämliche Akteur kann aber auch bei einer späteren Sachfrage, in welcher er selbst bezüglich einer Option eine starke Präferenz besitzt, mit einer Entscheidung zu seinen Gunsten entschädigt werden.[15] Das Konsensprinzip erfordert also von allen Entscheidungsteilnehmern eine ‚Disposition zum Nachgeben‘. Diese ruht auf drei Bedingungen. Zum einen muss diese Disposition durch eine intensive Sozialisation eingeübt werden. Immerhin ist das politische Nachgeben in der Öffentlichkeit, ohne dass der Nachgebende einen Gesichtsverlust erleidet, eine Kunst, die nach strengen Regeln erfolgen muss. Diese Regeln müssen verinnerlicht sein. Außerdem muss der Nachgebende damit rechnen dürfen, dass ihm sein Nachgeben in einem agonalen Kontext nicht als eine Schwäche ausgelegt wird;[16] und dass auch die anderen einmal nachgeben werden, wenn er selbst eine Option intensiv vertritt. Das ‚Prinzip der vertagten Gegenleistung‘ muss also als dauerhaft zuverlässig anerkannt sein. Es kann nur in solchen soziopolitischen Konstellationen funktionieren, in welchen die gleiche Gruppe von Akteuren regelmäßig zu Entscheidungen zusammenkommt. Und hier kann ein Nachgeben auch nur dann sozial erfolgreich sein, wenn die in der Zukunft zu erwartenden Gegenleistungen ungefähr der Vorleistung der nachgebenden Seite entsprechen.[17]

Aus der Komplexität dieser Vorbedingungen ergeben sich auch die wesentlichen Schwierigkeiten für die Umsetzung einer Konsensentscheidung. So muss gewährleistet werden, dass die derart getroffenen Beschlüsse auch tatsächlich umgesetzt

---

und deren politischen Zusammenhalt entstehen, sind so gut wie null. Die Kohäsion der Gruppe steht höher als die Geschwindigkeit, mit der Entscheidungen getroffen werden.“

15 Sartori 1984, 94; Timmer 2008, 282–3.

16 Flaig 1993, 141 und 158 weist mit Thuk. 3.49.1 auf ein Beispiel für die in Griechenland von Agonalität geprägte Terminologie der Entscheidung hin: Ein Antrag ‚siegt‘ über die anderen.

17 Flaig 1993, 140–1. – Der Entscheidungskontext muss also nicht allein kontinuierlich, sondern auch homogen sein. Das heißt, es darf nicht einige derart wichtige Entscheidungen geben, dass der Vorteil, welcher dem sich hierbei durchsetzenden Entscheidungsteilnehmer entsteht, so groß ist und jenem einen solchen Prestigevorteil einbringt, dass er von den hierbei Benachteiligten mit deren Durchsetzung bei zukünftigen Entscheidungen nicht mehr aufholbar oder ausgleichbar ist. Ohne ein Nachgeben aber kommt kein Konsens zustande, sondern höchstens ein Kompromiss. Dieser allerdings zeigt lediglich an, dass keine Seite nachgab, so dass der Konsens nicht erreicht werden konnte. Da ein Kompromissbeschluss den Bedürfnissen keiner der verschiedenen Parteien genau entspricht, ist das Kompromissverfahren sowohl auf kurze als auch auf lange Sicht die politisch schlechteste Lösung.

werden. Da nämlich eine Gegenleistung nur zeitversetzt geleistet werden kann, mag die von einer Konsensentscheidung aktuell in ihren Präferenzen bestätigte Partei geneigt sein, den Vorteil der aktuellen Entscheidung anzunehmen ohne die zu späterem Zeitpunkt erwartete adäquate Gegenleistung tatsächlich zu erbringen. Dies allerdings griffe die Grundfesten des Systems überhaupt an. Außerdem muss sichergestellt werden, dass die von einer kleinen Gruppe im Konsens getroffenen Entscheidungen auch gegenüber denen legitimiert werden, die an der Entscheidung zwar nicht beteiligt waren, allerdings von ihr betroffen sind.[18] Beiden Herausforderungen kann nur durch eine intensive Sozialisation aller Beteiligten begegnet werden.

In kretischen Poleis konnte das Konsensprinzip zur Herstellung von Entscheidungen gut funktionieren, denn eine Reihe von Faktoren hielt die Transaktionskosten eines Konsenses unter den Angehörigen der Eliten gering.[19] Der Darstellung des Aristoteles zufolge war die Anzahl der Entscheidungsträger nicht allzu groß, sie alle kannten einander. Diese Akteure waren nicht durch zu starke Loyalitäten gegenüber anderen Teilen der Gesellschaft gebunden und fassten sich nicht als Vertreter von Interessengruppen auf. Auf diese Weise überwog die Solidarität unter den Entscheidungsträgern deren jeweilige Loyalität gegenüber Dritten. Denn sie alle waren in zwei soziale Integrationskreise eingebunden, Phylen und Andreia. In jenen herrschte zwar jeweils Konkurrenz gegenüber den anderen Phylen und Andreia der Polis, und sie boten dem Einzelnen ein jeweils großes Potenzial der Identitätsstiftung. Doch waren sie eben parallel existierende, einander überschneidende Gemeinschaften, was eine zu starke Anbindung des Individuums an lediglich einen dieser Integrationskreise verhinderte. Zudem beförderten die Abkunft der Entscheider aus allein bestimmten Familien sowie ihre Zugehörigkeit zu einer klar konturierten und sämtliche Integrationskreise und Altersklassen übergreifenden Gruppe von in der Polis prominenten Männern, den von der Ephebenentführung hervorgebrachten Kleinoi, die Ausprägung einer starken Gruppenkohäsion. Da neben den Verdiensten, die ein solcher Mann um seine Polis erworben hatte, auch die Leistungen seiner Vorfahren standen, bildeten sich unter diesen Bedingungen in Kreta womöglich tatsächlich Geschlechter heraus, die über einige Generationen hinweg die Geschicke ihrer Polis mitlenkten. Für diese Familien müssten wir dann von einer besonderen Einübung dieser kooperativen Werte und folglich einer Interaktionsorientierung ausgehen, welche die Fähigkeit dieser Akteure zum Konsens sicherstellten.

Die Herstellung ethischer Homogenität dieser Entscheidungsträger war für kretische Politien eine wesentliche Aufgabe. Dieser Prozess umfasste, wie gezeigt, etwa Mechanismen, welche die Zurschaustellung ökonomischer und sozialer Differenzen minimierten, sowie die Uniformierung der Lebensstile und die Vereinheitlichung der

---

18 Timmer 2008, 282; Sartori 1997, 215.
19 Die folgenden Punkte betont Timmer 2008, 279, 290, 292, 307 mit vergleichendem Blick auf Athen und Rom.

Lebensführung gewährleisteten. Für eine solche auf Normeninternalisierung zielende Sozialisation und eine unablässige Sozialkontrolle waren erhebliche kulturelle Kosten zu entrichten.[20] Darüber hinaus spielten die Selektion potentieller Akteure und die Exklusion anderer vom politischen Feld und der Gruppe der Entscheider eine wichtige Rolle. Dies hielt nicht allein die Anzahl der Akteure möglichst klein. Die hohen Anforderungen an das Profil eines Akteurs im Konsenssystem, machten eine intensive Sozialisation notwendig, was wiederum bestimmte Akteure vom Entscheidungsprozess ausschloss, die aufgrund bestimmter Merkmale gewisse Stufen dieser Sozialisation nicht oder noch nicht vollständig durchlaufen hatten. Dies sehen wir in den verschiedenen Selektionsmechanismen für die Auswahl von Amtsträgern; nicht allein in der Privilegierung bestimmter Geschlechter, sondern auch in der Selektion der ehemaligen Kosmen, wenn es um die Besetzung des Rates ging. Wir sehen dies aber auch darin, dass die Angehörigen der Bola wohl von fortgeschrittenem Alter waren, und das heißt, dass sie den Sozialisationsprozess ihrer Politeia schon seit Jahrzehnten erfolgreich durchlaufen hatten. Somit wurden die nachwachsenden politischen Akteure über lange Zeit unter Beobachtung gehalten, um so ihre Befähigung für politische Betätigung auf höchster Ebene durch Anschauung zu testen.[21]

Über Altersgrenzen als Kriterien für die Bekleidung von politischen Funktionen sind wir im Falle kretischer Poleis nicht informiert. Dass wir über sie nichts erfahren, ist Teil jenes Befundes, dass die kretischen Gesetze die Aufgaben eines Amtsträgers kaum einmal positiv definieren. Wenn Altersgrenzen existierten, waren sie als Resultat gesellschaftlicher Konvention wohl allgemein bekannt und damit nicht Gegenstand von Gesetzen.[22] In den von uns betrachteten, nach Altersklassen eingeteilten Gesellschaften aber scheint ihre Existenz sehr wahrscheinlich. Dies machte nicht zuletzt der Blick auf die Mitglieder des Rates wahrscheinlich, deren Position wohl

---

20 So Flaig 1994, 28. – Die römische Aristokratie etwa erkaufte sich ihren hohen Grad ethischer Homogenität zum hohen Preis des Verzichts auf eine Betätigung in weiten Teilen urbaner Kultur. Dies zeigt etwa Flaig 1993a. In Griechenland gab es prinzipiell eine Vielzahl von Möglichkeiten, in den Augen seiner Umwelt Ehre zu gewinnen. In Kreta allerdings werden diese Möglichkeiten erheblich beschränkt. Zahlreiche Felder des Ausdrucks elitären Wettbewerbs, die in anderen Teilen von Hellas das Ansehen seiner Teilnehmer in der Gesellschaft festlegten, wurden hier nicht besetzt. Und doch war auch diese Gesellschaft stratifiziert. Herkunft und persönliche Verdienste eines Mannes spielten eine wichtige Rolle. Letztlich entschied die Beurteilung eines Mannes durch seine Umwelt über seine Einschätzung als ein Aristos – und hier womöglich nicht allein seine Einschätzung durch seine Standesgenossen, sondern auch durch sozial niedriger Stehende, wie wir in den Kapiteln *Andreion* und *Paideia* sahen.

21 Timmer 2008, 306–7, hier 307, betont mit Blick auf die römische Republik: „Die Dauer der Sozialisationsphase wurde zum Zeichen und Maßstab für die Qualität derselben."

22 So berichtet Hesychios etwa unter entsprechendem Lemma von der Gruppe der *dekadromoi*, und das *Große Gesetz* von Gortyn von einem *pentekaidekádromos*; IC 4.72.11.54 nach Lesung von Guarducci 1950 = Koerner 166 = Nomima 2.16; vgl. HG 3.4.23 und 6.4.17 und dazu Tzifopoulos 1998.

tatsächlich ein höheres Alter voraussetzte.[23] Wenn vielleicht auch keine konkreten Altersgrenzen für die Bekleidung öffentlicher Funktionen festgelegt waren, so dürfte doch die Zugehörigkeit zu einer bestimmten Altersklasse die Voraussetzung dafür gewesen sein. Immerhin lassen einige Gesetze erkennen, dass gewisse Aufgaben in der Politeia, etwa das Auftreten als Zeuge in Prozessen, an das Erreichen bestimmter Altersklassen und damit die Absolvierung bestimmter Sozialisationsstufen geknüpft waren. Zu vermuten ist dies erst recht für die Bekleidung von Ämtern.

In einigen kretischen Poleis war bereits die Art, wie die politischen Entscheidungsträger rekrutiert wurden, ein wesentlicher Mechanismus, das Nachgeben unter den Akteuren und damit deren kontinuierlichen Ausgleich zu gewährleisten. Immerhin sahen wir, dass zumindest in Gortyn und in Knossos sämtliche Kosmen eines Jahres aus dem gleichen Startos stammten. Da der Zusammenhalt in einer Phyle wie auch die Agonalität der Phylen untereinander stark ausgeprägt waren, dürfte diese Übereinkunft, dass allein ein Startos alle Mitglieder des Gremiums stellte, eine institutionalisierte ‚Disposition zum Nachgeben' gewesen sein. Die für einen gemeinsamen Beschluss notwendige Koordination der Kosmen mit den Mitgliedern des Rates verhinderte allerdings allzu eigenmächtige Entscheidungen des jeweiligen Kosmenkollegiums.

Der Aufwand zur Herstellung ethischer Homogenität ihrer Bürger wurde von kretischen Poleis intensiv betrieben. Und doch wissen wir nicht, ob dies womöglich bewirkte, dass auf dem politischen Feld durch soziale Normen bereits derart viel geregelt wurde, dass die Bandbreite gemeinschaftlicher Entscheidungen eingeschränkt war.[24] Die von den Gesetzen reflektierten Themen sind sehr unterschiedlich; dass das politisch überhaupt Entscheidbare auf wenige Themen begrenzt gewesen wäre, können wir nicht feststellen. Und doch sollten wir die kretischen Gesetze womöglich als ein Anzeichen des Bemühens sehen, zum einen den Umgang mit ganz konkreten Gegenständen festzuschreiben und zu perpetuieren, zum anderen aber auch die Relevanz gewisser Normen und Grundprinzipien darzulegen, welche diese Gesetze durchdrangen, etwa den Einfluss der Polis gegenüber ihren Unterabteilungen der Startoi und Andreia zu festigen, Amtsträger zum Handeln zu bewegen und so fort. Ferner wissen wir nicht, ob unter den Entscheidungsträgern eine tatsächliche Gleichheit aller Stimmen galt und ob somit das Wort aller, welche dieser Gruppe angehörten, das gleiche Gewicht hatte. Für eine gewisse Rangfolge unter den Entscheidern dürften etwa die aus ihrem jeweiligen Alter resultierende Kompetenz und Würde

---

23 Hierzu s. das Kapitel *Bola*.
24 Flaig 1994, 29–30. – Popitz 1980 betont, dass eine solche Verengung der potenziell entscheidbaren Themen keineswegs ein Zeichen mangelhafter politischer Organisiertheit ist. Vielmehr kann sie Anzeichen dafür sein, dass diese Gemeinschaft durch ihr normatives Gefüge einen hohen Zusammenhalt besitzt. Normeninternalisierung erspart also Organisation, sofern die internalisierten Nomen einander nicht zu stark widersprechen.

gesorgt haben.[25] Allerdings legt das schon vom 7. Jh. an zu beobachtende und noch von Aristoteles beklagte Phänomen, dass Kosmen abgesetzt wurden, zurücktraten oder sich weigerten zu handeln, nahe, dass Entscheidungen, die nicht im Konsens der Entscheidungsträger getroffen worden waren, ein dauerhaftes Problem darstellten.[26]

Die Mehrheitsentscheidung

In der Agora kretischer Poleis kam die Mehrheitsregel zur Anwendung, welche das in Griechenland umfassend angewandte Prinzip der politischen Entscheidung war. Dies legen neben der Aussage des Aristoteles auch jene Inschriften nahe, welche ein Zählen der Stimmen in der Agora verzeichnen.[27] Der wesentliche Vorteil dieses Verfahrens liegt zunächst in seinen geringen Transaktionskosten. Während nämlich in Verhandlungssystemen die Akteure bei jeder Entscheidung ihre Präferenzen genau reflektieren, sie in Bezug zu früheren und späteren Entscheidungen setzen und den Wert späterer Gegenleistungen für ihr eventuelles Nachgeben kalkulieren müssen, ist dieser Aufwand in Mehrheitssystemen nicht nötig. Zudem sind die Entscheidenden nicht gezwungen, in einem langwierigen Verfahren zu einer gemeinsamen Übereinkunft, zum Konsens oder gar zur Einstimmigkeit, zu gelangen; es müssen lediglich ihre Stimmen gezählt werden. Daher ist die Anzahl der Akteure in einer Mehrheitsentscheidung für das Funktionieren des Systems an sich annähernd irrelevant.[28] Ein letzter wesentlicher Vorteil von Mehrheitsentscheidungen besteht darin, dass ihre Akteure – verglichen mit denen in Verhandlungssystemen – recht geringe Voraussetzungen bezüglich ihrer Homogenisierung erfüllen müssen und dass dementsprechend der Sozialisationsaufwand, der benötigt wird, um innerhalb des Systems ‚funktionierende' Akteure zu schaffen, prinzipiell ebenfalls niedrig ist.

Und doch ist die Mehrheitsregel in mehrfacher Hinsicht ganz bemerkenswert. Zum einen sind alle Stimmen der Akteure gleichwertig, was eine Abstraktion von allen Eigenschaften und Facetten sozialer Verortung voraussetzt, etwa von Alter, Status der

---

25 Dies ging allerdings nicht so weit wie im römischen Senat, wo eine detaillierte Rangfolge der Mitglieder und sich danach richtende feste Reihenfolge der Stimmabgabe dafür sorgten, dass hochrangige Mitglieder des Gremiums rangniedere durch die Vorgabe ihres eigenen Stimmverhaltens beeinflussen konnten.

26 Timmer 2008, 300–3 betont, dass die römische Republik im Rahmen ihrer Entscheidungsverfahren zahlreiche Möglichkeiten institutionalisierter Obstruktion besaß, die etwa jene Verfahren blockierten, mit denen die Entscheidungen herbeigeführt werden sollten, oder die eine Umsetzung der getroffenen Entscheidung verhindern sollten; so etwa Dauerreden, Bemühungen, die Abstimmung oder gar die Zusammenkunft der Volksversammlung zu verhindern, und Interventionen von Magistraten. All dies ist für Kreta nicht überliefert.

27 Hierfür s. die Kapitel *Agora* und *Polis*.

28 s. Scharpf 2000, 251; Timmer 2008, 276–7 und Flaig 2013 zu diesen und anderen Vorteilen von Mehrheitssystemen.

eigenen Person und der Familie, ökonomischer Potenz, konkreten Leistungen und so weiter. Die Mehrheitsregel erfordert also die Gleichheit in der Gruppe der Entscheidungsträger.[29] Außerdem ist die Mehrheitsregel ein Nullsummenspiel, in dem eine Seite gewinnt, die andere aber verliert. Eine Seite obsiegt „über die andere just in dem Augenblick, als sich beide Gruppen formieren, um ihre Präferenz zu artikulieren. Indem beide Seiten ihre unterschiedlichen Präferenzen manifestieren – etwa durch Aufheben der Hände – setzt sich die eine gegen die andere durch. Das ist in der Tat ein inszenierter Konflikt."[30] Denn die Mehrheitsregel verzichtet darauf, dass alle Entscheidungsteilnehmer einer Option zustimmen, die immerhin für alle verbindlich sein soll und sein wird. Der Wille der Minderheit wird schlichtweg vernachlässigt.[31] Die Legitimität der in einem Mehrheitssystem zustande kommenden Entscheidungen und des Verfahrens selbst lässt sich dennoch auf unterschiedliche Art befördern.

Zwar sind die Transaktionskosten in Mehrheitssystemen prinzipiell niedrig, weil auf Verhandlungen verzichtet und der Wille der unterlegenen Minderheit ausgeblendet werden kann und weil wegen der geringeren Anforderungen an die Akteure deren zeitintensive Sozialisation eigentlich nicht nötig ist. Eine solche wird allerdings dann unabdingbar, wenn eine mit dem Abstimmungsergebnis unzufriedene Minderheit die Entscheidung der Mehrheit tatsächlich akzeptieren soll; und natürlich auch dann, wenn die Beschlüsse der politischen Akteure im Rahmen einer Mehrheitsentscheidung hierarchisch gesteuert werden sollen. In beiden Fällen ist die Ausbildung einer kollektiven Identität und eines allen Beteiligten als Ziel vor Augen stehenden ‚Gemeinwohls' vonnöten. Dies erfordert sowohl eine intensive Sozialisation wie auch Mechanismen der Scheidung von Akteuren und ‚Anderen', also Exklusion; und damit steigen die Transaktionskosten ungeheuer an.[32]

---

29 Flaig 1994 zeigt, dass die Mehrheitsentscheidung durchaus auch in einer Aristokratie möglich ist, die nicht klar nach Rang stratifiziert ist. In stark hierarchisierten Gesellschaften hingegen, wie etwa in Rom, war sie unmöglich. Und doch gab es Kulturen, welche das Prinzip der politischen Gleichheit noch stärker symbolisierten als die Griechen und die trotzdem nicht nach der Mehrheitsregel entschieden.

30 Flaig 1994, 13, das Zitat Anm. 2.

31 Timmer 2008, 277–8 weist unter Berufung auf Luhmann 1969, 31 darauf hin, dass die Mehrheitsregel durchaus Ergebnisse erzielen mag, die der gemeinschaftlichen Wohlfahrt abträglich sind, woraus ein strukturelles Legitimitätsdefizit der getroffenen Entscheidungen und sogar des Systems selbst resultieren kann. Die Unterlegenen mögen sich fragen, warum sie Ergebnisse akzeptieren sollen, welche ihnen womöglich in stärkerem Maße schaden als sie den Gewinnern der Abstimmung nutzen. Die Legitimität des Verfahrens steht besonders dann infrage, wenn die Akteure dauerhaft in zwei Parteien auseinander fallen, von denen die eine personell stärker ist und sich demnach stets durchsetzt. Hierzu s. auch konzis Walter 2013, 36–7.

32 Timmer 2008, 280–1 weist darauf hin, dass eine intensive Sozialisation der Akteure auch dann notwendig wird, wenn der wesentliche strukturelle Nachteil des Verfahrens, nämlich die Prekarität der Legitimität der Entscheidungen, ausgeglichen werden soll und die unterlegene Minderheit der

Wir können nicht davon ausgehen, dass sämtliche Entscheidungen in der kretischen Bürgerversammlung universale Zustimmung erfuhren und tatsächlich einstimmig beschlossen wurden. Ob Dissens allerdings in der Abstimmung selbst und somit vor aller Augen geäußert wurde, ist eine andere Frage. Die in der Agora vorhandenen hierarchischen Strukturen mögen dies verhindert haben. Umso wichtiger aber war es, Wege zu finden, gerade mit einem solchen Dissens umzugehen, der in keinem institutionalisierten Forum artikuliert werden konnte. Es war also elementar, dass sämtliche Entscheidungen nicht allein den Willen der Mehrheit berücksichtigten, sondern auch für diejenigen akzeptabel waren, die mit der Entscheidung eigentlich unzufrieden waren. Die Akteure durften nicht allein ihr empirisches Interesse im Sinn haben, sondern ihnen musste ein Gemeinwohl vor Augen stehen. „Dafür ist es notwendig, daß zunächst eine kollektive Identität ausgebildet und übersteigert wird, diese den Bürgern während des Prozesses ihrer politischen Sozialisation vermittelt und schließlich als solidarische Interaktionsorientierung tatsächlich zur Grundlage für ihre politischen Entscheidungen wird."[33]

Den politischen Akteuren musste also ein Gemeinwohl als handlungsleitende Größe vermittelt werden, und es musste Institutionen geben, welche diese Orientierung sicherstellten. Zu den wichtigsten Institutionen der Herstellung kollektiver Identität und ethischer Homogenität in kretischen Bürgerstaaten gehörten die von der Polis strikt organisierte Paideia und Ephebie sowie die wiederkehrenden Integrationsrituale der Bürger, so etwa deren tägliche Zusammenkunft in Speisegenossenschaften, das kollektive Üben in den Gymnasia, gemeinsame Feste und Rituale und eben die klare Reservierung dieser Rituale für den Kreis der Bürger, wobei zahlreiche andere Bewohner der Siedlungen ostentativ ausgegrenzt wurden, Fremde wie Unfreie. Diese Gelegenheiten symbolisierten nicht allein die Gemeinschaft der Polis, sondern stellten sie auch tatsächlich her.[34]

Genauso wenig wie über etwaige Altersgrenzen der Amtsträger und Ratsmitglieder erfahren wir darüber, ob Altersgrenzen etwa beim aktiven Wahlrecht bestanden.

Akteure die Entscheidungen der Mehrheit akzeptieren soll. – Zur Entwicklung eines Diskurses vom ‚Gemeinwohl' in archaischen und klassischen Texten s. Kirner 2001 und vgl. Jehne/Lundgreen 2013.

33 Timmer 2008, 279; s. auch Scharpf 2000, 270–3. Sie betonen auch, dass sich das empirische Eigeninteresse von Akteuren, die mit dem Resultat von Entscheidungen nicht zufrieden sind, so als eine Verfehlung der Abstimmenden, nämlich als deren zeitweilige Abweichung vom ‚wahren' Gruppenwillen deklarieren lässt. Dieser sei natürlich die Summe aller wahren Eigeninteressen, und so liege der Zwang, jenen wahren Gruppenwillen durchzusetzen, letztlich auch im wahren Eigeninteresse jedes Einzelnen.

34 Der komplizierte Prozess, gewisse, ansonsten allein den Bürgern vorbehaltene Rechte Nichtbürgern zu übertragen, wird etwa in jenem gortynischen Dekret aus dem frühen 5. Jh. zugunsten des um die Polis verdienten Dionysios und seiner Nachkommen deutlich; IC 4.64 = Nomima 1.8. Hierzu s. unter anderem die Kapitel *Polis* und *Eleutheros*. – Zur Teilhabe an den Praktiken verschiedener soziopolitischer Integrationskreise als Grundlage der Teilhabe an der Polis s. etwa Schmitt-Pantel 1990; Rhodes 2009; zu kretischen Poleis s. auch Kristensen 2014 und Seelentag 2014b.

Eigentlich müssen wir mit Blick auf die Prinzipien des Mehrheitsprinzips annehmen, dass diese Grenze recht niedrig lag. Immerhin war es nicht die Funktion kretischer Agorai, Entscheidungen zu treffen, sondern diese zu legitimieren. Je breiter die Basis dafür war, desto umfassender war die Zustimmung zu den kollektiv verbindlichen Entscheidungen. Anderseits musste sichergestellt werden, dass auch diejenigen, deren Sozialisation zum Bürger noch nicht beendet war, also die Dromeis, und die deswegen vielleicht hätten ausscheren können, hier unter der unmittelbaren Aufsicht von Älteren und Höherrangigen standen. Eigene Präferenzen dieser Gruppe sind freilich ohnehin nicht anzunehmen.[35] Auch die Existenz von abgestuften Zensusgrenzen für verschiedene Grade der politischen Beteiligung scheint unwahrscheinlich. Immerhin kam etwa im Finanzierungssystem der Andreia ein charakteristisches Miteinander von Elementen der materiellen Gleichheit und Ungleichheit zum Ausdruck, welches ja gerade verhindern sollte, dass Männer, die nur in geringem Umfang zu diesen Gemeinschaftsmahlzeiten beisteuern konnten, aus der Menge der Hetairoi herausfielen.[36]

Allerdings trat die Agora nach Startoi geordnet zusammen, also als nach Phylen geordnete Heeresversammlung, und dies gewährleistete eine Kontrolle der Abstimmenden. Hierbei wurde der Einzelne nicht allein als Teil einer lokalen Einheit wahrgenommen, wodurch er sich von den hierarchischen Strukturen, die in diesen Unterabteilungen der Bürgerschaft wirkten, beaufsichtigt sah. Die Aufstellung der Bürger in Startoi übertrug auch militärische Rangverhältnisse und Hierarchien in die ‚politische' Aufstellungsordnung der Gesellschaft. Darüber hinaus durchzogen weitere Hierarchiestrukturen die Bürgerschaft kretischer Poleis. Sie allesamt waren geeignet, die Versammlung zu strukturieren und innerhalb der Masse der Abstimmenden eine gewisse Kontrolle auszuüben. Dies waren zum einen die Andreia mit ihren institutionalisierten Hierarchien und immer wieder von Neuem bekräftigten Rangabstufungen. Zum anderen war es aber auch die Positionierung eines jeden Bürgers in das System von Altersklassen, das jedem Mitglied der Bürgerversammlung seinen Platz in einer Reihe von aufeinander folgenden Ebenen zuwies, die wohl auch unterein-

---

35 Eine Ausnahme bildet allerdings der Neotas von Gortyn, der in IC 4.162 = Syll.3 525 genannt ist. In dieser Form organisiert bildeten die *neoi* dieser Polis eine klar von den *presbyteroi* abgegrenzte Gruppe und eine Parteiung in der von Pol. 4.53.3, 55–6. beschriebenen Stasis von Gortyn; s. Willetts 1986.

36 Nichtsdestotrotz waren womöglich Besitz oder Eigentum von Land und vielleicht auch eines Hauses im urbanen Zentrum der Polis die Voraussetzung für politische Partizipation. Dies legen die Spezifika der Privilegierungen des Spensithios durch Datala und des Dionysios durch Gortyn nahe, die jeweils Land oder Einkünfte aus Land erhielten beziehungsweise sogar ein Haus; IC 4.64 = Nomima 1.8; Jeffery/Morpurgo-Davies 1970 = Nomima 1.22, hierzu s. das Kapitel *Eleutheros*. Deutlich wird dies auch in der Prominenz des „Hauses in der Stadt" in jenen Passagen des *Großen Gesetzes* von Gortyn, die sich mit dem Erbrecht befassen, etwa IC 4.72.4.31–2 und 8.1–2 = Koerner 168 und 174 = Nomima 2.35 und 51.

ander hierarchisch abgestuft waren. Es gibt keinen Hinweis darauf, dass die Agora nach diesen Strukturen geordnet gewesen wäre; und doch konnte ein Bürger jederzeit neben einem seiner militärischen Vorgesetzten oder einem seiner Hetairoi zu stehen kommen, neben einem der Alten des Gemeinwesens oder auch einem der ehemaligen Kleinoi, ausgezeichnet durch ihr besonderes Gewand.

Es kann also keine Rede davon sein, dass in der kretischen Agora eine amorphe Masse von Politen zusammengekommen wäre. Die Vielschichtigkeit der in der Agora zum Ausdruck gebrachten intensiven Autoritätsbeziehungen machte es jedenfalls sehr unwahrscheinlich, dass Rangniedere und Jüngere sich trauten, deutlich Stellung zu beziehen, selbst wenn ihre politische Präferenz dieselbe Intensität besaß wie jene der Ranghöheren und Älteren.[37] Überdies waren es wohl die Kosmen, die der Agora einen Beschluss zur Zustimmung vorlegten und damit die unmittelbar Steuernden der Mehrheitsentscheidung waren. Sie traten als Gruppe auf und präsentierten dem Demos eine Entscheidung, welche sie in Eintracht mit einer noch höher angesehenen Gruppe, dem Rat, beschlossen hatten. Auf diese Weise wurde die Akzeptanz der Entscheidung in der Agora gewährleistet.[38]

Die kretische Paideia diente dazu, die Autoritätsbeziehungen zwischen den Alten und den Jungen einzuüben, immer wieder darzustellen und dadurch zu festigen. Wenn man also die Jüngeren in der Agora zuließ, allerdings davon ausgehen konnte, dass diese aufgrund ihrer Sozialisation ihre eigenen Präferenzen im Angesicht der älteren und ranghöheren Bürger nicht artikulieren würden, bedeutete jede neue Gelegenheit einer solchen Agora ein weiteres Einüben dieser Autoritätsbeziehungen. Denn den Jüngeren wurde ihre Unterordnung unter die Macht der Ranghöheren immer wieder vor Augen geführt. Insofern stellte das politische System kretischer Poleis nicht allein kollektiv verbindliche Entscheidungen her, sondern war auch in der Lage, mittels der Interaktion im politischen Raum die gesellschaftliche Stratifikation abzubilden und zu reproduzieren.

---

37 Darüber hinaus war es wesentlich, in welcher Form das eigentliche Abstimmungsverfahren durchgeführt wurde. Flaig 1993 und 2013 sowie Timmer 2008 betonen, dass die verschiedenen möglichen Arten der Abstimmung im Rahmen der Mehrheitsregel einen unterschiedlich intensiven Einsatz des Einzelnen erfordern. Das spartanische Schreien etwa ist ein intensiverer Einsatz als das Heben des Armes, einen Stimmstein offen abzugeben als geheim abzustimmen. In einem Abstimmungsverfahren nach Lautstärke oder durch Armheben etwa sei interessant, was geschieht, wenn Personen unterschiedlicher Meinung und verschiedenen Ranges nebeneinander stehen.

38 Während die römische Republik mit ihren Versammlungsformen des Volkes bei Wahlen, religiösen, ludischen und politischen Zusammenkünften die Bürger nach verschiedenen Kriterien stratifizierte, war dies in den Volksversammlungen griechischer Poleis normalerweise nicht der Fall. Kreta bildete hier – mit Sparta – eine Ausnahme. Zu Rom s. Flaig 1995, 89–90; Jehne 2001.

Institutionen der hierarchischen Steuerung

Nicht in allen Fällen ist die Sozialisation politischer Akteure derart erfolgreich, dass ihre Eigeninteressen tatsächlich hinter jenem Gemeinwohl zurücktreten. Eine Reihe anderer Mechanismen ist nötig, den Mehrheitswillen zu beschränken, um die Akzeptanz politischer Entscheidungen sicherzustellen. So ist es etwa möglich, bestimmte nicht zu hinterfragende Normen festzulegen, an denen sich Entscheidungen zu orientieren haben – Normen, die für alle Akteure Verbindlichkeit beanspruchen. In kretischen Poleis war dies zum einen das Ideal der Gleichheit der politischen Akteure; zumindest die Fiktion, dass alle Bürger bei allen zwischen ihnen bestehenden Unterschieden, etwa in materieller und sozialer Potenz, gleich seien. Dieses Konzept wurde wesentlich befördert durch die Abgrenzung der Bürger von den ‚Anderen‘ und die damit verbundene Demonstration einer Homogenität der Politen, die in zahlreichen sozialen Praktiken eingeübt und bestätigt wurde.

Zum anderen sollte ‚die Polis‘ idealerweise die verschiedenen in kretischen Poleis angelegten Bruchlinien der Gesellschaft überbrücken und eine Institution übergeordneter Identität für Phylen und Andreia bieten. Denn die Polis musste ungeheure Kraft entfalten, um diese untereinander im Wettbewerb stehenden Integrationskreise der Akteure in den Bürgerstaat einzubinden. Dies geschah wesentlich durch die Einrichtung von Institutionen der Polis, von Ämtern und Verfahren, die unter der Autorschaft der Polis – auch und vor allem durch Gesetze – verbindlich gemacht werden sollten.[39] Eine Reihe von wohl besonders heiklen und umstrittenen Themen wurde verinschriftlicht, normative Regeln formuliert und Sanktionen jenen vor Augen geführt, die gegen diese Regeln und damit das von jenen ausgedrückte Gemeinwohl verstießen.[40] Wie wir sahen, wurden diese Institutionen konturiert durch die Etablierung

---

39 Ein Beispiel für die Schwierigkeiten, die aus der Zugehörigkeit der Entscheidungsträger zu unterschiedlichen soziopolitischen Integrationskreisen mit jeweils starker Identitätsvermittlung für das politische System und dessen Entscheidungen resultieren, bieten die von Flaig 1994, 28–9 Anm. 58 mit Berufung auf Stewart 1977, 307 erwähnten Indianerstämme der Plains, hier die Blackfoot. Deren Ratsversammlungen konnten gegen den Willen der Kriegerbünde nur schwer Beschlüsse fassen, die über lebenswichtige Angelegenheiten handelten, etwa die Frage über Krieg und Frieden. In diesen Stämmen brachen andauernd Normenkonflikte auf, da die Bünde ihre Mitglieder auf ein agonal geprägtes Kriegerethos hin sozialisierten, welches sich in elementaren Punkten nicht mit einer Unterordnung unter die kooperativen Werte vertrug, die in den Ratsversammlungen nötig waren und beschworen wurden. Auf die Unverträglichkeit dieser in den Bünden und Altersklassen anerzogenen Normen und Verhaltensweisen mit den in Familien und politischer Gemeinschaft notwendigen weisen besonders Eisenstadt 1956, 47–9, 190–8 und Flaig 2013, 55–70 hin. Andere Gemeinschaften, etwa die straff organisierten nilotischen Stämme haben diese Divergenz der Normen zwischen den in ihnen existierenden verschiedenen Integrationskreisen energisch verhindert (etwa Massai und Karamojong).

40 In Athen zumindest wurde im späten 5. Jh. mit der *graphe paranomon* eine Klage gegen irreguläre Beschlüsse der Volksversammlung gefunden. Neben dieser Aufsicht über die Psephismata war es die *graphe nomon me epitedeion theinai* gegen Nomoi, die sicherstellen sollte, dass bestehende Gesetze nicht ohne einen guten Grund geändert werden sollten. Sie kam zum Einsatz, wenn etwa ein

von Beschlussverfahren, an denen alle politischen Akteure teilhatten; dies war eine Legitimation durch Verfahren.[41] Unter diesen Umständen, der Formulierung eines ‚Gemeinwohls' und allgemein verbindlicher Normen und Ideale sowie der intensiven Sozialisation der politischen Akteure war die hierarchische Steuerung selbst in solchen Verfahren möglich, in denen prinzipiell das Mehrheitsprinzip Anwendung fand. In diesem Falle stimmte die Agora im Sinne der sie steuernden Eliten ab.

Es gibt keinen Hinweis darauf, dass in kretischen Bürgerstaaten gewisse Felder der politischen Entscheidung isoliert wurden, die von solcher Wirkung und Relevanz waren, dass sie womöglich den Verfahrenskonsens hätten gefährden können; und dass man solche Entscheidungen aus dem üblichen Verfahrensgang ausgelagert hätte, etwa indem man sie nicht der Volksversammlung, sondern anderen Entscheidungsakteuren übergab.[42] Vielmehr scheint die Verabschiedung von Beschlüssen durch die Agora der stets notwendige zweite Bestandteil eines Verfahrens gewesen zu sein, das mit dem Konsens des Kosmos und des Rates begonnen hatte. Da nun also die Entscheidungen von den Aristoi oder sogar allein von deren ranghöchsten Mitgliedern ausgingen, die den Rat bildeten, stellt sich die Frage, warum überhaupt alle Entscheidungen noch einmal der Volksversammlung überantwortet wurden. Die Etablierung eines solchen Beschlussverfahrens war wohl die Konsequenz der spezifisch kretischen Ausprägung einer Herrschaft des Adels. Voraussetzung hierfür war, dass Szenarien einer Bedrohung von innen und von außen sowohl die Eliten untereinander als auch Eliten und Demos zusammenstehen ließen. Vor diesem Hintergrund ist das Phänomen, dass allein eine kleine Gruppe Entscheidungen traf,

---

neues Gesetz einem bereits bestehenden widersprach oder wenn seine Wirkung als schädlich erachtet wurde. Beide Klagen konnten im Extremfall mit dem Tod bestraft werden. Darüber hinaus gab es die auf einzelne Personen bezogene *eisangelie*-Klage, die eine Reihe von Delikten betraf, vom Landesverrat bis dahin, der Demokratie etwas schlecht geraten zu haben. Hierzu s. Timmer 2008, 294 mit Hinweis auf Hansen 1995, 213–26 und Haßkamp 2005, 131–5. Timmer ad loc. und 2014 betont auch, dass sich in Athen Entscheidungen nach der Mehrheitsregel, die für alle Akteure akzeptabel waren, so lange herstellen ließen, wie die Wirtschaft der Polis prosperierte und es genug für alle zu verteilen gab. Infolge des Peloponnesischen Krieges aber änderte sich dies. Nun musste die Legitimität der Entscheidungen gesteigert werden.

41 Luhmann 1969; Scharpf 2000, 257–60; Timmer 2008, 278–80. – Bereits die institutionelle Verankerung des zweiteiligen Verfahrens und damit die Zustimmung, an der politischen Entscheidung teilzuhaben, verpflichtete zu deren späterer Akzeptanz, und dies galt in gleichem Maße für Aristoi und Demos.

42 In Athen etwa sammelte eine Kommission von *anagrapheis tōn nomōn* jene Gesetze, die Gültigkeit haben sollten. Sie wurden veröffentlicht und durch ihre Zuschreibung an Solon und Drakon in ihrer Ehrwürdigkeit und Gültigkeit überhöht. Wesentlich war hier auch die Trennung der zu beschließenden Gegenstände in Nomos und Psephisma, also Normen, die für lange Zeit Bestand haben sollten, und Bestimmungen, die eher auf kürzere Dauer wirksam sein sollten. Eingeführt wurde außerdem die Nomothesie, welche jene dauerhaften Beschlüsse herstellen sollte, während die Volksversammlung für die Beschlüsse von kürzerer Dauer verantwortlich blieb. Hierzu s. Timmer 2008, 293 mit Anm. 70 und weiterer Literatur.

erklärbar; aber eben auch, dass der Demos diesen Beschlüssen zustimmen musste. Dies entsprach der gesellschaftlichen Übereinkunft, dass die Aristoi zum Wohle des Volkes agierten.

Darüber hinaus diente die Zustimmung der Agora zu den ihr vorgelegten Beschlüssen als Mechanismus, die Umsetzung dieser Entscheidungen auch tatsächlich zu gewährleisten. Wie wir oben besprachen, ist eine der Schwierigkeiten, mit denen ein System zu kämpfen hat, das sich der Konsensentscheidung bedient, dass die von einem bestimmten Beschluss in ihren Präferenzen bestätigte Partei geneigt ist, diesen aktuellen Vorteil anzunehmen, ohne die dafür erwartete Gegenleistung später zu erbringen; beziehungsweise, dass diejenigen Entscheider, die ihre Präferenzen in einer bestimmten Entscheidung nicht hatten durchsetzen können, jene nun doch nicht mittragen. Unter diesen Umständen bestätigte die Zustimmung der Agora zu konsensualen Entscheidungen der Elite diese Beschlüsse nicht allein, sondern verlieh ihnen eine stärkere Wirkung. Die Agora fungierte so als ein aus dem engen Kreis der eigentlich Entscheidenden ausgelagerter Mechanismus, der die Verbindlichkeit der von jenen getroffenen Beschlüsse sicherstellte. Dies war notwendig, wenn wir uns jenes von Aristoteles berichtete und in zahlreichen epigraphischen Zeugnissen seit dem 7. Jh. reflektierte Problem der strukturellen Schwäche kretischer Poleis vergegenwärtigen; dass nämlich Amtsträger sich zu handeln weigerten, und Kosmen von „den Mächtigen" aus dem Amt gejagt wurden.[43]

Dieses Szenario zeigt uns, dass innerhalb der Eliten nicht immer zu einer Übereinkunft zu gelangen war, und dass Staseis den inneren Frieden der Bürgerstaaten stets gefährden konnten. Offensichtlich konnte die Involvierung der Agora diese Situationen nicht verhindern, vor ihrem Hintergrund aber ergibt die Institutionalisierung der ritualisierten Zustimmung der Politen zu einem bereits gefassten Beschluss Sinn. Die Zustimmung der Agora zur konsensual getroffenen Entscheidung verlieh ihr gerade gegenüber denjenigen Legitimität, die in der Konsensentscheidung ihre Präferenz nicht hatten durchsetzen können. Denn ihnen wurde von der Agora die Gültigkeit dieser Option und deren ‚Richtigkeit' für das Gemeinwohl vorgeführt. In den verinschriftlichten Beschlüssen erschien dann die Entität der Polis als ein integratives Konstrukt. Sie trat als eine Instanz übergeordneter Identität und als Verkörperung des Gemeinwohls innerhalb des Bürgerstaates auf.

Der ‚Bereich der politischen Entscheidung' war auf Kreta also im Wesentlichen deckungsgleich mit der den Konsens anstrebenden Kommunikation unter Amtsträgern und Ratsmitgliedern, also der Ranghohen. Das Volk trug das, was diese Elite entschied, mit. Erst dadurch wurde eine von den Eliten gefasste Entscheidung zu einem politischen Beschluss. Nun hängt das Ausmaß politischer Partizipation nicht allein davon ab, wie sehr die Politen an jenen Ritualen beteiligt sind, in deren Verlauf tatsächlich Entscheidungen getroffen werden, sondern auch davon, welche Möglich-

43 Arist. pol. 1272b 1–12, hierzu s. unten.

keiten die Politen haben, innerhalb eines spezifischen Rahmens und entlang spezifischer Regeln die zwischen verschiedenen Gruppen der gleichen politischen Gemeinschaft auftauchenden Interessengegensätze auszutragen.[44] Denn ‚Politik' ist nicht allein der unmittelbare Bereich, in dem die in bestimmten Institutionen organisierten Mitglieder der Gesellschaft die für alle verbindlichen Entscheidungen trafen. Dieser enge Politikbegriff erfasst nicht die Spannbreite von Praktiken, in denen die Grundlagen für solche Prozesse der Entscheidungsfindung gelegt wurden. Wir müssen also fragen, welche Foren zur Verfügung standen, den Willen der Bürger zu verschiedenen Optionen zu erkunden und zu lenken; und welche Möglichkeiten die Bürger hatten, auf die Beschlüsse ihrer Entscheidungsträger Einfluss zu nehmen.

Wir haben keine Informationen über institutionalisierte Zusammenkünfte der Bürger kretischer Poleis abseits der Agora, die etwa denen der römischen Contionen vergleichbar gewesen wären. Und doch gab es mit den Andreia einen Integrationskreis innerhalb des Bürgerstaates, dem sämtliche in der Agora versammelten Politen ebenfalls angehörten und der sehr wahrscheinlich ein solches Forum bot. Soweit wir wissen, boten die Andreia nicht die Möglichkeit einer geregelten Beratung; eine solche wäre aber wesentlich gewesen, hätten sich die Versammelten zwischen mehreren Optionen entscheiden sollen.[45] Formal entschieden wurde in den Mahlgenossenschaften auch nichts. Und anders als die Contionen waren die Hetairien auch keine Foren für die Sondierung von Anträgen und deren Diskussion vor oder mit der Öffentlichkeit. Ohnehin ist ‚Öffentlichkeit' hier die falsche Kategorie, da die Andreia ja eine Form gemeinschaftlicher Organisation kleinerer Gruppen waren. Und doch waren die Andreia der Ort, an dem die hier Versammelten am politischen Prozess teilhatten. In ihnen kam regelmäßig eine größere Gruppe von Angehörigen des Demos, Angehörige ganz unterschiedlicher Altersstufen, mit Mitgliedern der Poliselite zusammen; und was wir über die Gesprächsthemen in den Hetairien wissen, legt nahe, dass hier Politik gestaltet wurde. Immerhin berichtet Dosiadas, dass hier nicht allein jene Männer der Vergangenheit und Gegenwart gepriesen wurden, die sich im Krieg und durch ihren Ratschlag ausgezeichnet hatten – auch um die Neoteroi zu ermuntern –, sondern dass hier auch „die öffentlichen Dinge erläutert" wurden.[46]

Hierzu wurde allerdings kritisch angemerkt: „Einen eigenständigen politischen Willen des nichtadligen, nicht herausragenden Teils der Bürgerschaft dürften [die Andreia] nach allem, was wir von ihnen wissen, eher absorbiert als zur Geltung gebracht haben."[47] Und tatsächlich waren die Mahlgemeinschaften kein Ort einer eigenständigen Meinungsbildung der Damoden gegenüber den Aristoi. Ihnen des-

---

44 Flaig 1995, 97.
45 Flaig 1995, 91–100 mit einem Blick auf die römischen Contionen.
46 Dosiadas FGrH 458 frg. 2 ap. Athen. 4.143d. Darauf hatte auch schon Kirsten 1942, 155 Anm. 16 hingewiesen.
47 Link 1994, 115 Anm. 78.

wegen aber eine Funktion im Rahmen des politischen Entscheidungsprozesses oder auf dem Weg zur Entscheidung hin gänzlich abzusprechen, verkennt die Relevanz der hier wirkenden sozialen Mechanismen. In einem Bereich außerhalb des – im strengen Sinne – Politischen stellten sie mit ihrer Bestätigung von Hierarchien den Erfolg der nötigen hierarchischen Steuerung des Demos sicher. Allerdings waren die Andreia ein sozialer Raum, in dem neben diesen Hierarchien eben auch das Ideal der Gleichheit herrschte. So schienen die Präsentation und womöglich Diskussion von Präferenzen, welche die einzelnen Aristoi haben mochten, mit den Angehörigen des Demos deren Partizipationschancen zu vergrößern und damit ultimativ die Legitimität und Akzeptanz der – später von der Agora abzusegnenden – Entscheidung zu gewährleisten.

Der Charakter einer Institution ist nur ein Zustand konkreter Konfrontationen, in denen sich das Kräfteverhältnis miteinander konkurrierender Interessen ausdrückt, und das allein dann stabil bleiben kann, wenn die Herrschenden einen fortwährenden und durchaus beträchtlichen Kraftaufwand leisten.[48] Der Demos kretischer Poleis scheint die aristokratische Herrschaft akzeptiert und nicht grundsätzlich infrage gestellt zu haben. Die Gehorsamstiefe des Demos gegenüber den Aristoi lag sicherlich darin begründet, dass jene auch über einen traditionellen Anspruch auf die Herrschaft verfügten. Die Abkunft eines Mannes war eminent wichtig, sie entschied wesentlich über seine Chancen zur politischen Partizipation. Außerdem gewährleistete die Politeia kretischer Bürgerstaaten eine institutionalisierte Verankerung der Herrschaft des kretischen Adels, indem sie Gemeinwohl und normatives Verhalten definierte und für die intensive Sozialisation aller politischen Akteure sorgte.

Doch die Aristoi konnten sich darauf nicht ausruhen. Zwar waren ihnen jene Ausdrucksmöglichkeiten, mit denen die Eliten anderer Gegenden Griechenlands ihre jeweilige Aristie demonstrieren konnten, verwehrt, und doch mussten sie sich immer wieder selbst hervortun. Sie mussten sich vor den Augen der Öffentlichkeit, und zwar nicht allein ihrer Peers, sondern gerade auch der sozial Niederrangigen prüfen lassen; sie mussten also über Charisma verfügen und den an ihren Status geknüpften Erwartungen durch Taten nachkommen. In den letzten Kapiteln begegneten uns verschiedene Rituale im Umkreis der sozialen Institutionen, in deren Rahmen sozial niedriger Stehende über sozial Höherrangige urteilten, etwa bei der Bildung von Agelai, der Beurteilung der Würdigkeit eines Knaben und seines Entführers sowie bei der Zuteilung von Ehrenportionen bei den Gemeinschaftsmahlzeiten. Erwartet wurde von den Aristoi etwa, dass sie im Rahmen ihrer Möglichkeiten mehr zu den Andreia beisteuerten als ihre ‚einfachen' Hetairoi; erwartet wurde, dass sie sich im Krieg und im Rat für das Gemeinwohl der Polis einsetzten. Wenn ein Aristos diesen Erwartungen nicht nachkam, hatte er mit sozialer Sanktionierung durch den Demos und dann auch durch seine Peers zu rechnen.

---

48 Flaig 1995, 90–1.

Adel und Demos in kretischen Bürgerstaaten

In den voranstehenden Kapiteln plädierte diese Arbeit dafür, dass die Veränderung der materiellen Kultur in kretischen Poleis am Ende des 7. Jh. aus der Selbsteinhegung ihres Wettbewerbsverhaltens seitens der Aristoi resultierte und dass wir in den Aristoi auch die Impulsgeber der Institutionalisierung und Entwicklung von Bürgerstaatlichkeit in ebendieser Zeit sehen sollten. In diesem Abschnitt wollen wir uns abschließend den Fragen widmen, was die kretischen Eliten bewegte, die für Griechenland eigentlich typischen Modi des Wettbewerbs untereinander zu begrenzen; wie es ihnen im gleichen Zuge gelang, auch mit dem Demos zu einer gesellschaftlichen Übereinkunft zu gelangen, dabei aber eine Herrschaft des Adels institutionell abzusichern.

Der Weg von den in den homerischen und hesiodeischen Epen reflektierten gesellschaftlichen Konfigurationen hin zu den aristokratisch geprägten Politien des archaischen Kreta war natürlich nicht zwingend. Vielmehr schildern die Epen eine Reihe von Gemeinschaften mit einer noch geringen institutionellen Durchdringung, von denen aus es ganz verschiedene Entwicklungsmöglichkeiten gab. Ein anderer Weg war etwa Chios, wo wir bereits um 600 tatsächlich ganz andere Möglichkeiten der Partizipation des Demos als auf Kreta beobachten können. Wiederum andere Wege sehen wir in so unterschiedlichen Gesellschaften wie Korinth, Megara und Thessalien.[49] Hier trugen die Aristoi ihre Konkurrenz untereinander mit Staseis und Tyranneis aus und hielten die politischen Partizipationschancen des Demos lange Zeit niedrig. Im Gegenzug gelang es den Aristoi hier nicht, ihre gesellschaftliche Überlegenheit in politische Herrschaft umzuwandeln. Und wir sehen Gesellschaften, in denen es zeitweise zu ähnlichen Phänomenen in der Beschränkung kultureller Praktiken der Elite kam; deutlich etwa im Befund der attischen Gräber um 500 und in einer Reihe so genannter ‚Luxusgesetze‘ aus ganz verschiedenen Poleis.

Die Besonderheit Kretas scheint es zu sein, dass eine politische Herrschaft der Aristoi vom Demos akzeptiert wurde, gerade weil die Aristoi es verstanden, ihre Konkurrenz einzuhegen und ihre gesellschaftliche Macht als Resultat von Leistungen im Dienst der Allgemeinheit darzustellen. Zumindest sicherte diese Selbstbeschränkung den Aristoi die Akzeptanz ihrer Herrschaft durch den Demos. Denn wir stellen fest, dass die zentralkretischen Politien zu den ganz wenigen Bürgerstaaten Griechenlands gehören – wenn sie nicht die einzigen sind – in denen es den Aristoi tatsächlich gelang, ihre gesellschaftliche Überlegenheit dauerhaft in politische Herrschaft umzuwandeln; abgesichert durch Institutionen, Ämter und Verfahren. Dies manifestiert sich in ganz unterschiedlichen Bereichen, etwa der Kriegsführung, der Rechtsprechung und vor allem auf dem – im engeren Sinne – politischen Feld.

---

49 s. etwa zu Chios die inschriftliche Regelung ML 8 = Koerner 61 = Nomima 1.62 und dazu Walter 1993, 89–97, dort auch 98–112 zu Megara; s. außerdem van Wees 2003.

Im 8. und 7. Jh. wurde die Konkurrenz zwischen den Aristoi griechischer Poleis erheblich befördert.[50] In dieser Zeit erschlossen sich den Eliten Ressourcen in einem zuvor unbekannten Maß, und diese Ressourcen setzten sie ein, um soziale Abhängigkeiten zu vergrößern und politische Auseinandersetzungen unter ihresgleichen siegreich zu führen. Gewalt war in den frühen Poleis das wesentliche Mittel beim Versuch, die eigene Macht zu sichern. Aus diesem Machtstreben entstanden die ersten Tyranneis, die zum einen eine konsequente Entwicklung des geschilderten Konkurrenzverhaltens darstellten, zum anderen aber auch durch die Implementierung einer Reihe von Maßnahmen zur Sicherung dieser aus den anderen Aristoi herausgehobenen Stellung die ersten Schritte hin zu einer auch institutionellen Absicherung von Herrschaft bedeuteten.[51]

Alle Bemühungen, eine Herrschaft des Adels zu legitimieren, blieben jedoch in diesen Ansätzen stecken. Wenn eine Schicht, die zwar vom Volk als wirtschaftlich, sozial und politisch überlegen anerkannt wurde, dennoch nicht in der Lage war, diese Überlegenheit auf eine dauerhafte, institutionell abgesicherte Basis zu stellen, war dies ganz wesentlich der Agonalität unter ihren Mitgliedern geschuldet. Diese Ethik des Wettbewerbs, „immer der Beste zu sein und ausgezeichnet vor den anderen", fand auf verschiedensten Feldern Ausdruck, im Kampf und im Sport wie auch in der demonstrativen Zurschaustellung von Reichtum und der politischen Auseinandersetzung.[52] Auf diese Weise wurde zwar sehr deutlich, wer zu dieser Gruppe der Aristoi, einer den gleichen Werten verpflichteten und einen ähnlichen Lebensstil pflegenden Gruppe, gezählt werden konnte. Ein Zusammenhalt der Aristoi, wodurch deren Angehörige als Kollektiv hätten Macht besitzen und Herrschaft ausüben können, wurde dadurch jedoch verhindert.

Nun gab es in archaischer Zeit auch Bemühungen in den Reihen der Aristoi, diese Agonalität einzuhegen, ihr Grenzen und Kanäle zu weisen. Dies spiegeln Diskurse wider, wie sie sich schon in den homerischen Epen finden, die das transgressive Verhalten des Aristos zwar preisen und als Quelle großen individuellen Ruhmes herausstellen, die vor allem aber auch die für die Gemeinschaft schädlichen Folgen eines solchen agonalen Verhaltens schildern und davor mahnen.[53] Multiplikatoren

---

50 Die folgende Darstellung der verschiedenen gesellschaftlichen Felder in Athen ist maßgeblich den Überlegungen von Schmitz 2008 verpflichtet. – Eine Analyse dieser Felder unter Gesichtspunkten der Systemtheorie bietet Mann 2008.
51 Schmitz 2008, 46. – Zur Rolle der Gewalt s. etwa Stahl 1987, 85–6, 89; Stein-Hölkeskamp 1989, 64–72; van Wees 1999 und 2000. – Zum Phänomen der Tyrannis als einer konsequent aus aristokratischem Verhalten resultierenden Erscheinung s. etwa Anderson 2005; Forsdyke 2005 und Parker 2007.
52 Hom. Il. 6.208 und 11.784. Zum Wettbewerbsethos der griechischen Eliten s. etwa Stahl 1987, 86–7; Stein-Hölkeskamp 1989; Walter 1993, 40–4; Flaig 1998; Schmitz 2008; vgl. aber Burckhard 1999; Weiler 2006 sowie Ulf 2011 und 2011b.
53 Hierzu s. das Kapitel *Institutionalisierung und Bürgerstaatlichkeit* und vgl. etwa Weiler 1975; Walter 1993, 69–88; Ulf 1990a und 2001; Schmitz 2008, 48–9. Zur Kooperation der Aristoi s. Dreher 2005.

dieser Diskurse, welche die Notwendigkeit von sozialem Frieden und Eunomia der Gemeinschaft betonten, waren die in verschiedenen Poleis auftretenden Aisymneten wie Drakon oder Solon.[54] Sie stammten selbst aus der Menge der Aristoi, und so waren ihre Warnungen vor der Stasis, ihre Appelle an den Ausgleich auseinanderklaffender Interessen und die daraus abgeleiteten Reformen, die den Adligen einen bestimmten Raum im Gefüge der Polis einräumten, durchaus ein Mittel, deren Macht durch Institutionen abzusichern. Insofern lässt sich behaupten, dass der Prozess der Polisbildung vom Adel vorangetrieben wurde. Und doch war es in erster Linie der die Gemeinschaft einbeziehende und eben auch blutig ausgetragene Wettstreit der Aristoi untereinander, der diese Maßnahmen überhaupt erst nötig gemacht hatte. Die bestehende Konkurrenz wurde mittels der neuen Regelungsmechanismen auch nicht abgemildert oder verhindert. Vielmehr blieben der Agon und mit ihm die hohe Bereitschaft zum beständigen Konflikt auf allen gesellschaftlichen Feldern und damit eine geringe Gruppenkohärenz und kaum ausgeprägte Solidarität der Aristoi wesentliche Merkmale des griechischen Adels. Verhindert wurde damit eine institutionell abgesicherte und auf Dauer gestellte Herrschaft der Aristoi.[55]

Die folgenden Ausführungen zur Schwäche beziehungsweise zum Fehlen eines Adels beschreiben im Wesentlichen die Verhältnisse in Athen. Mögen verschiedene Beobachtungen auch auf die strukturellen Voraussetzungen und Entwicklungen in anderen griechischen Poleis anwendbar sein, sollen die athenischen keinesfalls mit ‚den griechischen' gleichgesetzt werden. Athen beschritt einen Weg, der sich von dem zahlreicher anderer Politien wesentlich unterschied. Allerdings bietet die athenische Entwicklung aufgrund der guten Überlieferungssituation ein komplexes und aussagekräftiges Szenario, welches als ein Kontrastbild zu den völlig anders gearteten Verhältnissen in kretischen Poleis dienen soll. Winfried Schmitz zeigt in seiner Analyse verschiedener gesellschaftlicher Felder Athens sehr deutlich, warum die dortigen Eliten sich nicht zu einer gefestigten Adelsschicht entwickelten und warum sie die in allen Phasen ausgeprägte wirtschaftliche und soziale Überlegenheit gegenüber ihren Mitbürgern nicht durch Institutionen festigen und auf Dauer stellen konnten. In den Ursachen dieses Unvermögens sehen wir die strukturellen Voraussetzungen, die zu einer intensiven politischen Beteiligung aller Bürger und zur Ausschaltung eines institutionalisierten Einflusses des Adels führten.

So wollen wir im Folgenden darauf blicken, wieso die athenischen Aristoi nicht den Bereich der Kriegsführung und der Rechtsprechung dominierten und warum sie

---

54 Hölkeskamp 1992 und 1999; Parker 2007; Stahl/Walter 2009, 138–51; Wallace 2009.

55 So Schmitz 2008, 49–50. Er betont mit Bezug auf Martin 2003, 30 auch, dass Homer und Hesiod Vorstellungen formulierten, welches Verhalten dem gemeinschaftlichen Frieden in der Polis angemessen sei, dass sie aber auch problematisierten, dass die menschlichen und göttlichen Protagonisten in ihrem Handeln diesen Vorstellungen nicht entsprächen. Die formulierten Erwartungen würden von den kompetitiven Individuen nicht beherzigt. – Hierzu s. die Kapitel *Institutionalisierung und Bürgerstaatlichkeit* und *Kosmos*.

trotz ihrer vielfältigen Überlegenheit keine sozialen, wirtschaftlichen und politischen Abhängigkeiten dauerhaft etablieren konnten. Das heißt nun weder, dass eine mit den athenischen Verhältnissen vergleichbare Ausgangslage unweigerlich zu ähnlichen Ergebnissen hätte führen müssen; noch ist gesagt, dass eine von Athen divergierende Ausgangslage unabwendbar zu Politien wie denen kretischer Gemeinwesen hätte führen müssen. Daher wollen wir im Anschluss an die Situation in Athen auch die Verhältnisse in anderen Poleis des archaischen und klassischen Griechenlands kurz skizzieren, in denen die Entwicklung aristokratischer Herrschaft einen sowohl von Athen, wie voneinander, als auch von Kreta verschiedenen Weg nahm. Danach wird es leichter fallen, die spezifische Ausgangslage und Entwicklung kretischer Politien zu analysieren.

Das politische Feld

Ein Blick auf die geschichtliche Entwicklung Athens zeigt, dass es den dortigen Eliten auf keinem gesellschaftlichen Feld gelang, eine nachhaltige Vorrangposition zu erlangen und damit eine institutionell abgesicherte Herrschaft zu etablieren. So waren die athenischen Eliten etwa nicht in der Lage, auf dem politischen Feld die in den homerischen Epen durchscheinenden Ansätze zur Herrschaft des Adels zu institutionalisieren. In den dort geschilderten Gesellschaften kamen den Aristoi besondere Plätze inmitten der Versammlung des Volkes zu, und alleine sie sprachen und waren ratsfähig. Trotzdem etablierte sich weder in Athen, noch in den meisten anderen Bürgerstaaten archaischer und klassischer Zeit eine vom Adel geprägte Institution, welche die Leitung der dortigen Bürgerversammlungen übernahm. Ebenso wenig erlangten die Aristoi einen maßgeblichen Einfluss auf die Modalitäten der Abstimmung in der Ekklesia; es war ihnen nicht möglich, unmittelbaren Einfluss auf das Stimmverhalten der anwesenden Bürger des Gemeinwesens auszuüben. Dies resultiert nicht zuletzt daraus, dass die Versammlungen in den allermeisten griechischen Bürgerstaaten nicht in sich untergliedert waren, weder nach militärischen, noch nach siedlungsgeographischen Einheiten. Phylen etwa, Phratrien und Demen spielten bei der Organisation der Bürgerversammlungen keine Rolle. So war es jenen Aristoi, die in diesen kleinerformatigen Unterabteilungen der Bürgerschaft Einfluss besaßen, nicht möglich, diese Macht auch auf der Ebene der Institutionen der gesamten Polis auszuüben. Überdies wurde in vielen griechischen Bürgerstaaten nach Köpfen abgestimmt, und der Faktor der ökonomischen Leistungsfähigkeit spielte im aktiven Wahlrecht keine Rolle. Bei der Mehrheitsentscheidung galt die Stimme des Reichen nicht mehr als die des Armen.[56]

---

[56] Schmitz 2008, 53–5; Flaig 2013. – Zur Entwicklung des politischen Feldes von den Epen zur spätarchaischen Polis s. etwa Hölkeskamp 1997, 2002 und 2003 sowie zahlreiche Publikationen von K. Raaflaub, etwa 2000 und 2013, jeweils mit der älteren Literatur. – Maßnahmen wie etwa die Neu-

Auf Kreta war dies anders. Hier spielten die Startoi in der Zusammensetzung der Volksversammlung, wie wir sahen, eine wichtige Rolle. Immerhin war die Menge der Bürger als Heereskörper nach dessen verschiedenen Kontingenten aufgestellt; und diesen Unterabteilungen der Bürgerschaft lagen überdies lokale Einheiten zugrunde, die über einen jeweils starken Zusammenhalt und hierarchische Binnenstrukturen verfügten. Die in den Phylen wirkenden Formen von sozialer Überlegenheit und Abhängigkeit gewährleisteten somit eine gewisse Sozialkontrolle des Einzelnen auch in der Agora.[57] Zudem stimmten die Agorai in kretischen Poleis lediglich jenen Beschlüssen zu, welche Kosmos und Rat bereits zuvor gefasst hatten und nun der Bürgerversammlung vorlegten, damit diese ihrer Aufgabe, nämlich der Zustimmung, nachkam. Dabei stammten die Kosmen nur aus bestimmten Familien und nur einige der gewesenen Kosmen wurden in den Rat aufgenommen. Der Einfluss der Aristoi im politischen Feld war also maßgeblich.

Darüber hinaus sorgte die Einteilung aller Bürger in ein streng und wohl auch kleinteilig strukturiertes System von Altersklassen für ein Maß an sozialer Kontrolle der Jüngeren durch die Älteren, das – hierin Sparta ähnlich – ein von Autoritäten abweichendes Stimmverhalten der Jüngeren unmöglich machte oder zumindest erschwerte. Schließlich sorgte die Organisation aller Bürger in kleinen Unterabteilungen der Polis, den Hetairien, dafür, dass die dort tonangebenden Aristoi auch in der Agora das Stimmverhalten ihrer Hetairoi kontrollieren konnten. Wir wissen nicht, inwiefern sich die Gliederung der Bürger nach Hetairien in der Aufstellung der Volksversammlung widerspiegelte. Doch ein Polit sah sich, egal, im Rahmen welchen Stimmkörpers er sich in der Agora aufstellte, stets der Beobachtung durch sozial über ihm stehende Hetairoi seines Andreions, Mitglieder seiner Phyle oder schlichtweg durch ältere Bürger ausgesetzt. Angesichts der Kleinheit dieser Gemeinwesen und der Überschaubarkeit ihrer Bürger waren dies wirkungsvolle Mechanismen der sozialen Kontrolle.

Kriegsführung

Auch im Bereich der Kriegsführung konnten die Aristoi in den meisten griechischen Gesellschaften keine dauerhaft prominente Position institutionalisieren. Die Phalanxtaktik machte es nötig, zahlreiche Hopliten aufzubieten. Dadurch kam einer großen Anzahl von Bürgern, die als Hopliten kämpften, eine gleichermaßen große Bedeutung zu; und da Kavallerie in Griechenland kaum relevant im Kampf war, fanden

---

strukturierung der attischen Phylen verringerten die Möglichkeiten der Aristoi noch weiter, lokale Abhängigkeiten in die Bürgerversammlung auf der athenischen Agora zu überführen; hierzu s. Martin 1974, anders allerdings Kienast 2005; Welwei 1999, 11–21. Zur Phylenneuordnung in Kyrene s. Hölkes-kamp 1993.

57 Hierzu s. das Kapitel *Pyla*.

sich Mitglieder der Eliten in der Schlachtlinie Seite an Seite mit Männern wieder, die ihnen sozial und wirtschaftlich unterlegen waren. Eine Vormacht im militärischen Bereich konnte der Adel jedenfalls nicht etablieren. Allein in Führungspositionen dominierten die Aristoi, und selbst in diesen standen sie durchaus unter Kontrolle und Rechenschaftspflicht.[58]

Auf Kreta war dies anders. Das Aufgebot der Polis wurde vom Kosmos geführt, auch wenn wir nicht wissen, auf welche Weise die Mitglieder des Kollegiums diese Aufgabe unter sich aufteilten. Angesichts der prinzipiell starken Stellung der Kosmen, vor allem ihres eindeutig aristokratischen Hintergrundes, und des Fehlens jeglicher Hinweise auf ihre Rechenschaftspflicht in anderen Bereichen ist wenig wahrscheinlich, dass die kretischen Kosmen in ihrer Rolle als Heerführer einer Kontrolle unterlagen. Überdies war – wie die Agora – das Polisheer nach Phylen beziehungsweise Startoi aufgestellt, und damit gilt für das Heer das gleiche, was wir eben schon über die Bürgerversammlung feststellten, dass nämlich die in den lokalen Siedlungsgemeinschaften gegründete Vorrangstellung der Aristoi diesen auch in der Kriegsführung eine prominente Rolle sicherte.

Außerdem weisen unsere literarischen Quellen darauf hin, dass innerhalb der militärischen Aufgebote kretischer Poleis gewisse Gruppen von Männern besondere Prominenz besaßen. Dies waren zum einen die von Ephoros erwähnten Hippeis. Diese kämpften wohl nicht selbst als Berittene in der Schlacht, doch traten sie im öffentlichen Leben mit dem Pferd, einem der bedeutendsten Statussymbole griechischer Eliten überhaupt, als eine unbedingt aristokratische Waffengattung auf. Zum anderen kämpften womöglich auch die *parastathentes* als Paare. Es ist nicht zu sagen, ob sie eine definierte Rolle in der Schlacht übernahmen; zumindest aber waren sie präsent und – etwa durch die ihnen eigene Kleidung – auf dem Schlachtfeld sichtbar. So besaßen sie die Möglichkeit, sich durch Tapferkeit vor ihren Mitbürgern auszuzeichnen. Und sollte es tatsächlich das von Sosikrates erwähnte Opfer gegeben haben, das diese Kämpfer vor der Schlacht dem Eros gaben, wäre dies ein spektakuläres Ritual gewesen, das den Wert dieser Paare für die Polis eindrucksvoll verdeutlichte.[59] Schließlich dürfen wir auch nicht vergessen, dass in den Andreia ein Diskurs gepflegt wurde, der in anderen griechischen Bürgerstaaten ein spezifisch aristokratischer war, nämlich der Lobpreis der im Krieg Tapferen und Erfolgreichen – auf Kreta aber wurde solche Taten als zum Wohle der Polis geleistet dargestellt, nicht zur Förderung des eigenen Ruhms allein.[60]

---

58 Einen Überblick über die Forschung zur Entwicklung vom Raubzug der Basileis über verschiedene Phasen der Phalanxtaktik hin zum Bürgerheer der Polis bieten van Wees 1992, 1994 und 2004; Raaflaub 2005 und konzis Schmitz 2008, 50–3, gerade mit dem Blick auf die Kontrolle der athenischen Strategen.

59 Zu Hippeis und *parastathentes* s. das Kapitel *Paideia*.

60 Hierzu s. den Abschnitt zur Semantik der Verteilung von Essen im Kapitel *Andreion*.

Womöglich ist es auch von Bedeutung, dass die Geographie Kretas die Entwicklung der Hoplitenkriegsführung für größere Teile des Demos in der archaischen Zeit unnötig oder unmöglich machte. Die kretischen Bürgersoldaten scheinen eher als weniger schwer Bewaffnete und vor allem als Bogenschützen ausgerüstet gewesen zu sein. Der Befund der materiellen Kultur unterstützt diese Vermutung. Obschon nämlich eine Reihe von Waffenfunden aus dem 7. Jh. an verschiedenen Orten der Insel bekannt sind, fehlen Hoplitenschilde darunter. Stattdessen ist ein Spezifikum kretischer Rüstungen, die Mitra, in den uns bekannten Konvoluten früharchaischer Rüstteile prominent. Bei ihr handelt es sich um einen am Waffengürtel befestigten Unterleibsschutz vor Pfeilwunden. Tatsächlich bezeugt der einzige literarische Bericht eines Einsatzes kretischer Einheiten auf dem Festland während der Archaik ausdrücklich allein die Anwesenheit von Bogenschützen.[61] Die Hoplitentaktik mag sich also auf der Insel als die gängige Kampfesweise für alle Bürger nicht durchgesetzt haben; Schwerbewaffnung mag für exklusivere Kreise reserviert geblieben sein und deren Angehörige gegenüber ihren leichter bewaffneten Mitbürgern herausgehoben haben.[62]

Rechtsprechung

Auch auf dem Feld der Rechtsprechung konnten die Aristoi die in den Epen angedeuteten Züge einer unter ihrer Kontrolle stehenden Schlichtung oder Schiedsgerichtsbarkeit nicht institutionalisieren und als Instrument der Herrschaft nutzen. In der Schildbeschreibung der *Ilias* suchen die Konfliktparteien die Entscheidung des *histor* und wenden sich zu diesem Zweck an die *gerontes*.[63] Auch der Streit zwischen Hesiod und seinem Bruder Perses wurde den Basileis vorgetragen. Ein Gerichtszwang exis-

---

61 Kretische Rüstungen: Poulsen 1906; Bartels 1967; Daedalische Kunst 1970; Hoffmann 1972; Blome 1982; Pilz 2014. – Im peloponnesischen Bassai wurden Miniaturschilde geweiht, nahe des Berges Hira, dem Schauplatz einer langen Belagerung im Zweiten Messenischen Krieg. Sie stammen aus der Mitte des 7. Jh., haben Parallelen in entsprechenden Stücken aus Gortyn und könnten die dortige Anwesenheit von Kretern belegen. Tatsächlich berichtet Paus. 4.19.4 von kretischen Bogenschützen – nicht Hopliten – aus verschiedenen Poleis, wie Aptera und Lyttos, die in diesem Krieg als Söldner gekämpft hätten. Snodgrass 1974 bietet den archäologischen Nachweis dieser Stücke, eines Miniaturhelmes und Miniaturbeinschienen. Bassai war das dem Kampfschauplatz nächstgelegene Heiligtum von überregionaler Bedeutung. Weihungen von Miniaturen sind dort seit etwa 700 nachgewiesen. Abbildungen der Stücke und eine Diskussion kretischer Dedikanten bieten Cooper/Kelly 1996, 69–73 mit Abb. 3. – Snodgrass 1964 zeigt die Prominenz von charakteristischen Pfeilen auf späteren kretischen Münzen.
62 Dies legen noch Plat. leg. 625c sowie die Berichte über kretische Söldner in klassischer und hellenistischer Zeit nahe, die eben vor allem nicht als Phalangiten, sondern als Bogenschützen ausgerüstet waren.
63 Zur Interpretation dieser vielbehandelten Stelle in Hom. Il. 18.497–508 s. etwa Stahl 1987, 163–9 und Wirbelauer 1996 mit der älteren Literatur und einer Diskussion der wesentlichen Positionen.

tierte nicht. Stattdessen begaben sich die Streitenden freiwillig vor Schlichter, welche die ihnen vorgetragene Sache so lange beurteilten und Vorschläge zu ihrer Lösung unterbreiteten, bis ein beiden Seiten genehmer Kompromiss gefunden war. Nach dessen Annahme mussten die Streitparteien dann aber auch bereit sein, ihn umzusetzen. Die Rolle der Aristoi in dem Verfahren war es also auch, zu garantieren, dass sich beide Konfliktparteien nach dem Kompromissspruch und dessen einvernehmlicher Annahme tatsächlich an das damit vereinbarte weitere Vorgehen hielten. Ihnen kam also ein immenser Einfluss in diesem Verfahren zu, und als Resultat ihrer erfolgreichen und nachhaltigen Schlichtung bezogen sie nicht allein zusätzliches soziales Prestige, sondern auch ein Honorar. Als Solon in Athen die Heliaia, das Volksgericht, zusammensetzte und die in ihr tagenden Bürger zu Geschworenen in beinahe allen Arten von Streitigkeiten machte, waren es fortan – ähnlich wie in der Volksversammlung – auch hier sämtliche Schatzungsklassen, die über die Verfehlungen ihrer Mitbürger zu Gericht saßen. Dabei hatte ein Thete eine nicht geringer gewichtige Stimme als ein Aristos. Den im Areopag versammelten Eliten wurde allein die Entscheidung über jene Tötungsdelikte überlassen, bei welchen die Angehörigen des Getöteten nicht die Blutrache verfolgen wollten. Die athenischen Eliten besaßen also auch auf dem Gebiet der Streitschlichtung und Rechtsprechung keine institutionalisierte Position der Macht über die Mitglieder der Demos.[64]

Auf Kreta hingegen saßen die Aristoi an den Hebeln des Gerichtsganges. Es gibt keinen Hinweis auf einen vor einem Gremium der Politen abgehaltenen Prozess, keinen Hinweis auf ein Geschworenengericht und damit einen Einfluss weiterer Teile der Bürgerschaft in der Rechtsprechung.[65] Stattdessen wurden alle Klagen vor den Kosmos getragen, und dessen Entscheidung scheint anheim gestellt gewesen zu sein, ob er eine Klage ablehnen oder einen Prozess anstrengen wollte. Falls er die Klage annahm, überwies er den Fall an einen womöglich hierfür situativ ernannten Dikastas. Die Umstände seiner Eidesleistung in den von ihm geführten Verfahren weisen darauf hin, dass er von hohem Ansehen war, denn er warf sein eigenes Ansehen in die Waagschale, wenn er Entscheidungen traf. Dem Kosmos kam es dann abschließend zu, die Umsetzung dieser Entscheidungen zu garantieren. Somit lebte in kretischen Bürgerstaaten in gewissem Umfang jenes Verfahren fort, welches bereits die Epen schildern. Nicht allein in der Iterationsregelung von Dreros beobachten wir den großen Einfluss von in der Polis mächtigen Persönlichkeiten beim Schlichten von

---

64 Schmitz 2001 und 2008, 55–6.

65 Allein IC 4.8 = Koerner 118 = Nomima 2.11, eine gortynische Inschrift aus dem 6. Jh., in der es um die Festlegung einer Strafzahlung in Höhe von einem Dreifuß und zehn Lebetes zu gehen scheint, mag mit ihrer Erwähnung von ὀρ]ϙομόται („Schwurmänner") auf die Existenz von Geschworenen hinweisen. Es ist aber unwahrscheinlich, dass diese – in Analogie zur athenischen Demokratie gedacht – aus dem Demos stammten. Allerdings verbietet die Fragmentierung des Textes jede weitergehende Deutung.

Streitigkeiten; dieses Prinzip lebte auch noch im Gortyn des 5. Jh. und anderen Poleis weiter. Stets stand das kretische Gerichtsverfahren unter Aufsicht der Eliten.

Soziale Hierarchien und wirtschaftliche Abhängigkeiten

Ebenso wenig wie in der politischen Entscheidung, der Kriegsführung oder der Rechtsprechung gelang es den Eliten griechischer Poleis, eine umfassende soziale Abhängigkeit der mittleren und kleinen Bauern zu intensivieren. Die weitgehend aus Vollbauern bestehende Gesellschaft des archaischen und klassischen Griechenland war darum bemüht, unabhängig von den Eliten ihrer Gemeinschaften zu sein. Dies wurde von der innerdörflichen Solidarität der Bauern untereinander gewährleistet. Sie bot zum einen all jenen Nachbarn, die sich am bäuerlichen Wertesystem orientierten, Hilfe in alltäglichen, doch auch existenzbedrohenden Situationen; sie überzog zum anderen aber auch den nicht nach diesen Werten Handelnden mit Rüge und Schandstrafen. Die *Werke und Tage* des Hesiod legen Zeugnis von dieser Welt und den in ihr geltenden ethischen Maßstäben und Verhaltensnormen ab.[66] Und so finden wir, bis auf bestimmte historische Situationen, von der in den Epen beschriebenen Gesellschaft bis in die klassische Zeit keine gefestigten Abhängigkeiten dieser Bauern von einzelnen Aristoi.[67]

Schon gar nicht kann für griechische Gesellschaften von einem Klientelwesen, wie es sich in der römischen Republik herausbildete, die Rede sein. Ein wesentlicher Grund hierfür ist, dass weder in der homerischen Gesellschaft, noch in den allermeisten Politien des archaischen Griechenlands Geschlechter derartig organisiert waren, wie dies in Rom der Fall war. Dort nämlich wurden Verhältnisse sozialer Ungleichheit und Abhängigkeit von Generation zu Generation innerhalb der Familie vererbt. In Griechenland hingegen waren soziale Bindungen an eine konkrete Person geknüpft. Dies verhinderte eine Institutionalisierung von Abhängigkeiten. Zwar gab es Verhältnisse zwischen sozial und wirtschaftlich Ungleichen, die auf familiären und nachbarschaftlichen Beziehungen beruhten, wenn etwa ein reicher Bauer eine Reihe von ärmeren in seinem Dorf situativ unterstützte, doch diese Hierarchien wirkten nicht in das Feld der politischen Entscheidung hinein. Strukturen von lokal wirksamer Einflussnahme und persönlicher Patronage wurden auf der Ebene der gesamten Polis nicht institutionalisiert.[68]

---

66 Hierzu s. Schmitz 2004, bes. 78–82, sowie 2008, 39–42 und 56–8; Seelentag 2014.
67 Schmitz 2008, 57 nennt als Beispiele dieser relativen Freiheit, dass die griechischen Vollbauern weder regelmäßige Abgaben an die lokal mächtigen Eliten zu leisten hatten noch deren Erlaubnis einholen mussten, wollten sie etwa ihre Töchter in die Ehe geben oder ihren Hof an die Söhne vererben.
68 Hierzu s. Martin 1979, 237–8 mit Hinweis auf Andrewes 1961: „Die römische Klientel stützte nicht nur die Herrschaft, sondern durch ihre gleichmäßige und feste Verteilung auch die Gleichheit des Adels. (...) Ein solches *fides*-Verhältnis auf Gegenseitigkeit ist für die griechische Frühzeit nirgends belegt, wie es bei Homer auch keine organisierten Geschlechter gibt, innerhalb derer in Rom die

Auf Kreta war dies anders. Der Zusammenhalt der Geschlechter war hier stark ausgeprägt, wie das gortynische Erbrecht zeigt. Die Abstammung eines Mannes war von großer Relevanz. Dies bezeugen etwa der Bericht des Ephoros über die Paideia und Ephebenentführung, die Betonung des Aristoteles, die Mitglieder des Kosmos stammten allein aus bestimmten Familien sowie die Prosopographie hellenistischer Inschriften.[69] Das Ritual der Entführung legt auch nahe, dass soziales Ansehen einzelner Familien von Generation zu Generation weitergegeben wurde. Diese Perpetuierung dürfte für eine längerfristige Profilierung bestimmter Familien gesorgt haben. Die Angehörigen der führenden Familien durften sich, sofern sie das Ritual der Ephebenentführung durchlaufen hatten, lebenslang mit einem besonderen Gewand schmücken. Sie besaßen auf Dauer gewisse Begünstigungen, die sie aus dem Kreis ihrer Mitbürger heraus hoben und sie der Polis als eine von allen erkennbare Gruppe von Privilegierten vor Augen stellten. Allerdings lagen diese Prominenz und damit die Perpetuierung des Status einer Familie auch über die aktuelle Generation hinweg zu einem Gutteil in den Händen von sozial niederrangigen Mitgliedern der Gemeinschaft. Schließlich war es an ihnen, sich diesem oder jenem der ‚strahlendsten Knaben‘ als Agela anzuschließen und später dessen sowie seines potenziellen Entführers Ansehen gegeneinander abzuwägen, um auf diese Weise die Aufnahme ihres Ephebentrupps in eines der Andreia in die Wege zu leiten.[70]

Klientelen vererbt wurden. (...) Im archaischen Griechenland [waren] Bindungen immer auf eine konkrete Person bezogen. Im Prinzip waren damit Bindungsverhältnisse austauschbar, und eben dies war eine soziale Voraussetzung für *dynasteiai*.“; s. auch Stahl 1987, 99–104; Stein-Hölkeskamp 1989, 10, 23, 162–3; und Schmitz 2008, 57. Letzterer weist ebd. 58–9 darauf hin, dass anders als in Rom die griechischen Aristoi es nicht vermochten, eine große Gruppe von Menschen für die inneraristokratische Auseinandersetzung und den politischen Streit zu mobilisieren. Systematische Freilassungen von Sklaven und deren daraus folgende Bindung an den Haushalt des Freilassers zum Ziel eigenen Machtgewinns gab es in Griechenland nicht. Überdies erhielten Freigelassene im Normalfall kein Bürgerrecht und waren damit politisch nicht instrumentalisierbar. Hierzu s. auch die Diskussion der Privilegierung der Freigelassenen von Latosion im Kapitel *Eleutheros*.

69 Zum gortynischen Erbrecht s. vor allem Link 1994 und 1997; vgl. Morris 1990; Kristensen 2002 und 2007. – Schmitz 2008 betont, dass hohe Geburt und Abstammung als Argument für eine herausgehobene Stellung nur begleitend und in Kombination mit anderen Argumenten wirkmächtig seien, vor allem dem Eigentum von oder der Verfügungsgewalt über Land und den Möglichkeiten, dieses zu verteidigen oder zu vergrößern.

70 Hierzu s. das Kapitel *Paideia*. – Für Rom, wo der Populus sogar die Entscheidung über die Zusammensetzung des Senats übernahm, stellt Hölkeskamp, etwa 2004, 85–92 und 2006, 377–85, fest, dass es zur Integration von Aristokratie und Volk gekommen sei, als die Aristokratie ihre eigene Reproduktion in die Hand des Volkes, und damit von Dritten, gelegt habe. Dieser Verzicht der Aristokratie, über ihre eigene Ergänzung selbst zu entscheiden, habe Spannungen innerhalb der Gruppe verhindert. Nicht zuletzt zeigte sich in der Akzeptanz dieser durch Wahl hergestellten Entscheidung durch die Aristokratie, dass in ihrer Gruppe sowohl ein Grundkonsens als auch ein Verfahrenskonsens herrschten.

Überdies wurden Strukturen sozialer Abhängigkeit in den Andreia gefestigt. Hier galt zwar das imaginäre Ideal der Gleichheit unter den Hetairoi, dies war aber vor allem eine Gleichheit der Bürger untereinander gegenüber den Nichtbürgern, die an diesen Gemeinschaftsspeisungen, an der von der Polis organisierten Paideia und überhaupt an der politischen Entscheidung nicht teilhatten. Tatsächlich müssen wir von großen sozialen und wirtschaftlichen Unterschieden zwischen den Politen ausgehen. Denn die reicheren Bürger trugen zum einen in Form ihres Zehnten mit erheblich höheren Beiträgen zu den Gemeinschaftsmahlzeiten bei als ihre weniger begüterten Mitbürger. Zum anderen wurde von ihnen erwartet, auch über ihren Pflichtanteil hinaus mit weiteren Produkten zum Andreion beizusteuern. Die spezifische Art der Sammlung dieser Einkünfte sorgte schließlich dafür, dass denen, die von diesen Gaben profitierten, die wirtschaftliche Potenz der Reicheren und deren Unterstützung nicht allein des eigenen Andreions, sondern der gesamten Polis vor Augen trat.[71] Da dies alles in Regelmäßigkeit geschah und institutionalisiert war, wurden auf diese Weise Hierarchien gefestigt.

Eine vom Demos akzeptierte Adelsherrschaft

Im folgenden Abschnitt wollen wir kurz auf einige griechische Gesellschaften blicken, in denen sich Formen von Adelsherrschaft etablieren konnten, und zwar aus unterschiedlichen Gründen. Diese werden uns wiederum als ein Vergleichsgrund für die kretischen Verhältnisse dienen, um so deren Spezifika besser erkennen zu können.

Zunächst wenden wir uns Korinth zu, wo infolge zweier langer Phasen von dynastischer Alleinherrschaft die Eliten der Polis offenbar lernten, ihre Streitigkeiten in Grenzen zu halten und ihr Handeln als auf das Wohl der Polis ausgerichtet darzustellen. Laut der Tradition waren es von der Mitte des 8. Jh. bis 660 allein Mitglieder der Bakchiaden-Dynastie, welche die politischen Verhältnisse in der Polis dominierten; allein aus ihren Reihen stammten die Inhaber der korinthischen Jahresämter. Nach dem Sturz der Bakchiaden folgte eine Zeit des Konflikts unter den verschiedenen einflussreichen Adelsparteiungen, bis schließlich Kypselos an der Spitze seiner Hetairie die Alleinherrschaft ergreifen konnte. Er vertrieb die anderen Parteiungen aus der Polis und errichtete mit seinen Nachfolgern eine etwa 75 Jahre lange Tyrannis. Nach deren Sturz wiederum folgten nun aber rund 150 Jahre stabiler aristokratischer Herrschaft. Ein Rat von 80 Bouleuten, die aus den acht Phylen von Korinth stammten und der Elite der Polis angehörten, vermochte wohl im Zuge des Konsensprinzips Entschei-

---

[71] Hierzu s. den Abschnitt zur Finanzierung der Syssitien im Kapitel *Andreion*. – Eine Frage, die in diesem Rahmen nicht behandelt werden kann, ist, wie tatsächliche wirtschaftliche Abhängigkeit in kretischen Poleis hätte begründet und institutionalisiert werden können. Immerhin wurden die Felder nicht allein von Hörigen, sondern wohl auch von Bürgern selbst bewirtschaftet.

dungen zu fällen, die auf die Zustimmung der Volksversammlung trafen.[72] Womöglich ist in der lange dauernden *dynasteia* der Bakchiaden und der sich anschließenden langen Tyrannis der Grund für die Akzeptanz der Adelsherrschaft zu suchen. Die beiden Perioden der Alleinherrschaft hatten adligen Streit weitgehend verhindert, denn vor und während der Tyrannis hatten sich keine anderen adligen Dynastien festigen können, und die Aristokraten waren in der Lage gewesen, Konflikte einzuhegen und ihr Handeln auf die Polis auszurichten. Dieses Übereinkommen setzte sich fort, und so war eine institutionell abgesicherte Adelsherrschaft in den Augen des Demos durchaus tragbar.[73]

Ein anderes Fallbeispiel bietet Thessalien. Die dortige Gesellschaftsstruktur unterschied sich deutlich von den meisten anderen im griechischen Kulturkreis. Eine Schicht aus Adligen mit umfangreichem Eigentum an Land und Herden stand neben einer breiten Schicht aus mittleren Bauern. Die großen Güter der Adligen wurden vor allem von den Penesten bewirtschaftet, einer Schicht von unterworfenen Unfreien. Der Zugriff auf die umfangreichen wirtschaftlichen Ressourcen und die Hörigen, welche zum Kriegsdienst eingesetzt werden konnten, festigte die Vorrangstellung thessalischer Aristoi und ermöglichte ihnen einen ausgesprochen reichen, auf Repräsentation bedachten Lebensstil. Auf diese Weise gelangten einzelne Geschlechter zu großem Einfluss, was am Ende des 5. Jh. in einer Reihe von Tyranneis in verschiedenen Gebieten resultierte. Doch die geringe Urbanisierung Thessaliens verhinderte die Ausprägung einer Polis-Bürgerstaatlichkeit und somit die organisatorische Basis für ein gemeinsames Vorgehen der Aristoi. Eine solche übergeordnete Organisationsform bot allein der Thessalische Bund, doch dieser eher lockere Zusammenschluss konnte sich häufig nicht gegen die Macht einzelner Familien durchsetzen. So prägten fortwährende Auseinandersetzungen der elitären Geschlechter die Geschichte Thessaliens. Diese Instabilität zeigt, noch stärker als in zahlreichen Poleis anderer Teile Griechenlands, dass eine ausgeprägte Kultur der Aristoi keinesfalls in eine institutionell abgesicherte und auf Dauer gestellte Adelsherrschaft führen musste.[74]

Die thessalische Geschichte bietet ein eindrucksvolles Beispiel dafür, dass es den griechischen Aristoi nicht trotz, sondern wegen einer besonders ausgebildeten Adelskultur nicht gelang einen Standeszusammenhalt zu entwickeln, der eine institutionell abgesicherte und auf Dauer gestellte Adelsherrschaft ermöglicht hätte. Das agonale Handeln der Aristoi untereinander, sei es in ihrer jeweiligen Polis oder auf der panhellenischen Bühne, machte dies unmöglich. Anhand des mit Quellen gut

---

72 Schmitz 2008, 59–60 weist darauf hin, dass Pindar in den 460er Jahren in Ol. 13.1–10 zum Olympiasieg des Xenophon ein Bild Korinths als einer Polis zeichnet, in der ein Ausgleich zwischen Aristoi und Demos gelungen sei; s. außerdem Salmon 1984, 231–9; Gehrke 1986, 128–33; Welwei 1998, 251–4.
73 Dies betonen Martin 1976, 156 und Schmitz 2008, 60.
74 Darstellung nach Schmitz 2008, 61–2; s. außerdem Gehrke 1986, 98–100; Ducat 1994; Helly 1995; Beck 1997, 119–34; van Wees 2003.

belegten athenischen Beispiels wird deutlich, dass die Einhegung aristokratischer Konkurrenz maßgeblich von Mitgliedern der Eliten selbst vorangetrieben wurde. Denn es waren Persönlichkeiten wie Drakon, Solon, Kleisthenes und schließlich die Demagogen des 5. Jh., die Mittel und Wege fanden, aus konkreten Notwendigkeiten heraus die inneraristokratischen Konflikte, unter denen das gesamte Gemeinwesen litt, mit Institutionen einzuhegen. Insofern waren es auch hier Angehörige der Eliten, welche die strukturelle Entwicklung des Bürgerstaates vorangetrieben. Und doch lief die Entwicklung in annähernd allen griechischen Poleis eben nicht in Richtung einer politischen Ordnung, in der die Aristokraten dominiert hätten; vielmehr wurden in den meisten Politien des klassischen Griechenlands die Vorrechte der Eliten beschnitten. Die politische Ordnung wurde von der sozialen abgehoben, und die vielfältige Überlegenheit der Aristoi fand auf dem – im engeren Sinne – politischen Feld keinen entsprechenden Ausdruck.[75]

Auf dem Weg zu einer Erklärung, warum kretische Poleis Wege einschlugen, die sich von denen der allermeisten Bürgerstaaten Griechenland unterschieden, mag ein Blick auf das frühe Rom Aufschluss bieten.[76] Hier wurde der Zusammenhalt der adligen Geschlechter durch einen militärischen Druck befördert, dem die Gemeinschaft am Tiber durch Etrusker, oskisch-sabellische Stämme, Aequer und Volsker ausgesetzt war. Charakter und Ausmaß dieser Kämpfe unterschieden sich wesentlich von den Raubzügen griechischer Aristoi; dies verlangte eine über jene Hetairosgruppen hinausgehende Organisation größerer Teile der Einwohnerschaft.[77] Darüber hinaus organisierte sich im frühen Rom die bis dahin von der Herrschaft ausgeschlossene Plebs in einer Weise, die wir in keiner Politie des frühen Griechenlands beobachten können. Dieser äußere und innere Druck zwang die römischen Adligen selbst zu stärkerem Zusammenhalt und schließlich auch zu Kompromissen mit der Plebs.

---

75 Schmitz 2008, 69–70. Die Position, dass der Adel sich in die entstehende Polisstaatlichkeit eingepasst habe, wird etwa von Stahl 1987, 88, 138–89, 259–60; Walter 1993, 40–1, 213 und Duplouy 2006, 189–292 vertreten. Dagegen vertreten etwa Martin 1979, 232–3; Stein-Hölkeskamp 1989; Spahn 1993, 345 und Schmitz 2008, 69–70 die Ansicht, dass die Polis geradezu ein Gegenpol zum Adel gewesen sei und sich nur gegen deren Widerstand habe durchsetzen können.
76 Zum Folgenden s. Martin 1979, 236–41.
77 Zu Hetairosgruppen s. etwa Welwei 1992a und Meier 1998; zu Italien s. Rawlings 1999. – Martin 1979, 236 weist auf Finley 1968, 110 hin, der den Unterschied zwischen diesen beiden Modellen anhand des trojanischen Krieges betont: „Durch Helenas Flucht wurde Menelaos gekränkt, nicht Sparta. Sein Bruder Agamemnon übernahm die Führung des Krieges zu ihrer Wiedererlangung, nicht Mykene. (...) Dagegen schlugen alle Troer zurück, nicht aus Treue gegen Paris – oder selbst gegen den alten Priamos, der verpflichtet war, seinen Sohn zu unterstützen –, sondern weil die griechischen Eindringlinge sie alle zu vernichten drohten.“ Das Phänomen einer solchen Vergesellschaftung durch Krieg wird auch in der Entwicklung der achaiischen ‚Polis bei den Schiffen‘ deutlich, die immerhin ein halbes Epos lang von den Trojanern berannt wird und dabei unterzugehen droht. Hierzu s. Morrison 1994.

In der Mehrzahl griechischer Poleis sahen sich die Aristoi nicht unter derartigem Druck und damit derartiger Veranlassung, Kohäsion untereinander zu entwickeln oder ihr Handeln als eine Leistung im Dienste des Gemeinwohls darzustellen. Anders als römischen Nobiles brachte es griechischen Aristoi keine persönliche Anerkennung ein, für das Gemeinwesen Ruhm errungen zu haben, sich für die Gemeinschaft eingesetzt zu haben. Es war diese Agonalität in allen möglichen Lebensbereichen, die den gewaltsam ausgetragenen Streit zu einem Charakteristikum der griechischen Aristoi machte und ihren Zusammenhalt als eine gefestigte Adelsschicht verhinderte: „Ihr kompetitives und konflikthaltiges Agieren führte dazu, daß die Polis einen anderen Weg suchen mußte, ihre innere Ordnung zu sichern. Statt dass die Adligen aus ihrer wirtschaftlichen, sozialen und kulturellen Überlegenheit, die unbestritten blieb, Grundlagen einer Legitimation von Herrschaft ableiteten, sah sich die Polis genötigt, eine eigenständige politische Ebene zu schaffen, die von sozialen Grundbedingungen losgelöst war, um so die Rivalitäten auszuschalten."[78]

Und doch war der Gedanke, dass auf das Gemeinwohl hin orientiertes Handeln dem Einzelnen Ruhm und Ehre einbrachte, durchaus schon in den homerischen Epen diskursiviert. Aufgegriffen und instrumentalisiert sehen wir diesen Gedanken dann etwa bei Tyrtaios.[79] Tatsächlich sehen wir in Sparta eine Gesellschaft, die durch Eroberungen in Lakonien und Messenien unter ständigem Druck von außen stand und daher gezwungen war, zum Zweck des Selbsterhalts die Konflikte im Inneren auszuschalten beziehungsweise durch spezifische Maßnahmen der Institutionalisierung zu kanalisieren. So wurde etwa der Zugang zur Gerusia allein Mitgliedern über 60 Jahren erlaubt; hier war also nicht Adel, sondern Lebensalter, welches eine langjährige Sozialisierung voraussetzte, das Kriterium. Und das erst später entstandene Ephorat stand allen Bürgern offen, ungeachtet ihrer sozialen Herkunft. Darüber hinaus aber wurde Gleichheit nicht allein im politischen, sondern auch im wirtschaftlichen und sozialen Feld angestrebt. Dabei machten die Eroberungen in Messenien es möglich, alle Spartiaten mit Landgütern auszustatten und diese von Heloten bewirtschaften zu lassen, sodass kein Bürger selbst seinem Lebenserwerb durch Landbau nachgehen musste. Dies erlaubte neben der Konzentration auf das Waffentraining auch die tägliche Teilnahme an den Syssitien und das Durchlaufen der staatlichen

---

78 Schmitz 2008, 68–70, das Zitat 69; dort auch der Hinweis auf Martin 1990, 224 mit Blick auf Athen: „Da trotzdem wirtschaftliche, gesellschaftliche, bildungsmäßige Unterschiede bestehen blieben, konnte die volle Einbindung des Adels nur dadurch gesichert werden, dass in einer für die Antike beispiellosen Form der Bereich staatlicher Regelungen ausgedehnt wurde. Anders ausgedrückt: es entstand jetzt ein selbständiges politisches Kommunikationssystem, das nicht von den Häusern getragen wurde. Weder das Haus noch gesellschaftliche Verbände, weder Adelskoalitionen, noch wirtschaftliche Abhängigkeitsverhältnisse, weder Privatkulte noch Parteiungen konnten sich gegenüber der Volksversammlung durchsetzen, in der jeder erwachsene Athener eine Stimme hatte."
79 Meier 1998, 303–16 diskutiert das Verhältnis der Aussagen des Tyrtaios zu denen der homerischen Epen, des Kallinos und Solon; s. auch Latacz 1977 und Irwin 2005.

Paideia mit ihrer zeitintensiven Konditionierung der jungen Generation. Darüber hinaus schränkten Luxusgesetze die Zurschaustellung von Reichtum ein. Trotz dieser Maßnahmen gab es auch in Sparta reiche Familien, doch die Demonstration von Besitzunterschieden war aus der politischen Imagination der spartanischen Gesellschaft als einer Gemeinschaft von Homoioi ausgeblendet.[80]

Die Bürgerstaaten Kretas waren geprägt durch die Engräumigkeit der Siedlungskammern und Polisterritorien sowie des begrenzten Landes, das für die Nutzung zur Verfügung stand.[81] Darüber hinaus stellten die unterworfenen Unfreien ein Element des inneren Drucks in der Gemeinschaft dar. Von diesen beiden Faktoren, die sich auch nicht beseitigen ließen, waren alle Bürger gleichermaßen betroffen. Womöglich waren dies die Umstände, welche die Aristoi kretischer Gemeinwesen in einem stärkeren Maße zu kooperativem Verhalten bewegten, als dies in anderen griechischen Bürgerstaaten der Fall war. Dieser von außen und innen kommende Druck war es womöglich auch, der die Eliten mit dem Demos zusammenrücken ließ. Dass eine solche Kooperation nicht allein mit großem Bemühen unternommen wurde, sondern zu weiten Teilen auch gelang, sehen wir in der materiellen Kultur Kretas. Denn diese reflektiert, dass aristokratische Konkurrenz sich nicht in jenen Formen ausdrückte und aristokratische Distinktion nicht auf jenen Feldern stattfand, die wir im Rest Griechenlands allerorten beobachten.[82] Es ist allerdings zweifelhaft, angesichts dieses Befundes von einer ‚Ent-Aristokratisierung' oder ‚Demotisierung des Adels' zu sprechen. Viel eher scheinen wir uns einer Art von ‚Aristokratisierung des Demos' gegenüber zu sehen. Denn einstmals den Eliten vorbehaltene Praktiken wurden nun, in der zweiten Hälfte des 7. Jh., für alle politischen Akteure geöffnet. Die wesentliche Trennlinie innerhalb der Gesellschaft verlief fortan nicht zwischen Eliten und Damoden, sondern zwischen sämtlichen Politen des Gemeinwesens und sämtlichen ‚Anderen', Fremden wie Unfreien.[83]

In einer bemerkenswerten Passage, mit welcher er das Wesen der kretischen Politeia wiederzugeben sucht, berichtet Ephoros über die Gemeinwesen der Insel:

> Der Gesetzgeber ist offenbar davon ausgegangen, dass das größte Gut für Poleis die Freiheit sei. Nur sie macht ja die Güter zum Eigentum derer, die sie erworben haben, während das in Knechtschaft Erworbene den Herrschern und nicht den Beherrschten gehört. Und sie, welche die Freiheit besitzen, brauchen Schutzvorkehrungen. Sie stellt sich nun ein durch Eintracht, wenn

---

80 Schmitz 2008, 67–8; zur Rolle von Reichtum und Status in Sparta s. maßgeblich die Abhandlungen von Hodkinson 1983, 1986, 1993, 1997, 1998 und vor allem 2000; Meier 1998.

81 s. etwa Watrous 1980, 1986; van Effenterre 1991; Watrous et al. 1993; Watrous/Hadzi-Vallianou/Blitzer 2004; Viviers 1999; Haggis 2013 und die Publikationen von Saro Wallace, bes. 2002, 2003, 2006, 2006a, 2007 und umfassend 2010.

82 Eine wesentliche Rolle in diesen Prozessen der Vergesellschaftung dürften die Unterabteilungen der Polisgemeinschaften gespielt haben, vor allem die Phylen und Hetairosgruppen; s. ausführlich die Kapitel *Eleutheros*, *Pyla* und *Andreion*.

83 Hierzu s. ausführlich die Kapitel *Eleutheros* und *Andreion*.

jene Zwietracht beseitigt wird, die aus Habsucht und Üppigkeit entsteht. Denn wenn alle mäßig und einfach leben, kommt es nicht zu Neid, Übergriffen und Hass gegen ihresgleichen. Deshalb hat er angeordnet, dass die Knaben die sogenannten ‚Herden' besuchen und die erwachsenen Männer in den Syssitien, die sie ‚Andreia' nennen, zusammen speisen. Auf diese Weise hätten die Armen, von öffentlicher Seite beköstigt, an dem Gleichen teil wie die Wohlhabenden.[84]

In dieser Passage gibt Ephoros einen antiken, womöglich einen kretischen Diskurs wieder, der geeignet ist, so möchte ich meinen, zum Verständnis des charakteristischen Aufbaus kretischer Politien beizutragen. Er referiert die Ansicht, dass ein wesentliches Konfliktpotenzial einer jeden Gesellschaft darin bestehe, dass materielle Ungleichheiten unter den Bürgern zu Unfrieden und ultimativ zu Knechtschaft führen. Jene, welche die Freiheit besäßen, wollten sie als das höchste Gut verteidigen. Um sie nicht zu verlieren, sei es aber notwendig, dass die Freien die unter ihnen wohnende Zwietracht ausschalteten. Jene entstehe durch Habsucht und Üppigkeit, durch das Bemühen also, seine Mitbürger zu übertrumpfen. Neid und Gewalt der weniger Privilegierten gegenüber den stärker Privilegierten seien die Folge, und Unfreiheit drohe allen. Allein das maßvolle und einfache Leben könne innere Gewalt und die Schwächung des Bürgerverbandes verhindern. In der materiellen Kultur Kretas sehen wir eine solche Ausschaltung von Praktiken, mit denen sich in anderen Teilen Griechenlands aristokratische Konkurrenz ausdrückte, gespiegelt.[85]

---

84 Ephor. ap. Strab. 10.4.16, Übers. nach St. Radt 2008: δοκεῖ δέ, φησίν, ὁ νομοθέτης μέγιστον ὑποθέσθαι ταῖς πόλεσιν ἀγαθὸν τὴν ἐλευθερίαν: μόνην γὰρ ταύτην ἴδια ποιεῖν τῶν κτησαμένων τὰ ἀγαθά, τὰ δ' ἐν δουλείᾳ τῶν ἀρχόντων ἀλλ' οὐχὶ τῶν ἀρχομένων εἶναι: τοῖς δ' ἔχουσι ταύτην φυλακῆς δεῖν: τὴν μὲν οὖν ὁμόνοιαν διχοστασίας αἰρομένης ἀπαντᾶν, ἣ γίνεται διὰ πλεονεξίαν καὶ τρυφήν: σωφρόνως γὰρ καὶ λιτῶς ζῶσιν ἅπασιν οὔτε φθόνον οὔθ' ὕβριν οὔτε μῖσος ἀπαντᾶν πρὸς τοὺς ὁμοίους: διόπερ τοὺς μὲν παῖδας εἰς τὰς ὀνομαζομένας ἀγέλας κελεύου φοιτᾶν, τοὺς δὲ τελείους ἐν τοῖς συσσιτίοις ἃ καλοῦσιν ἀνδρεῖα συσσιτεῖν, ὅπως τῶν ἴσων μετάσχοιεν τοῖς εὐπόροις οἱ πενέστεροι δημοσίᾳ τρεφόμενοι. – Ähnliche Gedanken bieten unter anderem Plat. leg. 626a–b sowie Solon in der *Eunomia*-Elegie, 3.5–22 G/P = 4W, in der ebenfalls das Streben nach Besitz als Ursache für die innere Zerrissenheit der Gemeinschaft und Bedrohung der Polis dargestellt ist. Ähnliche Gedanken durchziehen das *Corpus Theognideum*; dazu s. Stein-Hölkeskamp 1997 und Rabinowitz 2004.
85 Um diese Ephorospassage einzuordnen, ist der Vergleich mit den von Theognis beschriebenen Vorgängen in Megara erhellend. Hier beobachten wir die Klagen des Vertreters einer Gruppe, die bislang offenbar über erheblichen politischen Einfluss verfügte, sich nun aber in ihrer privilegierten Stellung herausgefordert sah durch Leute, die sich auf ihre materielle Potenz stützten. Die ‚alten' Eliten hingegen – so deren Selbststilisierung, die ganz wesentlich auch auf vermeintlichen Geburtsrechten beruhte – liefen Gefahr, Vermögen und damit politischen Einfluss einzubüßen. Diese Klagen entsprangen wohl dem Jammertopos eines politischen Verlierers. Und doch reflektieren sie einen antiken Diskurs über die zerstörerische Wirkung, welche das Materielle und dessen zu intensiver Einsatz für durch Geburt privilegierte Aristoi haben können, die als eine Oligarchie das Gemeinwesen beherrschen. Ebendiesen Diskurs sehen wir auch bei Ephoros reflektiert, und in ähnlicher Weise bei Aristoteles in dessen Beschreibung der kretischen Politeia. Er bietet uns eine – antiken Erklärungsmustern folgende – Begründung der Aufgabe von Praktiken elitärer Distinktion. Selbst wenn man

Dies ist auch damit kompatibel, dass Ephoros davon ausgeht, dass irgendwann ein Eingriff in die Lebensweise der Kreter und die bis dahin auf der Insel geltende Ordnung stattgefunden habe, und den er als den Eingriff eines Nomotheten zu erklären sucht.[86] Hier scheint er die spezifisch kretische kulturelle Praxis der Verinschriftlichung zahlreicher Gesetze zu reflektieren, welche die alte Ordnung modifizierten und die neue absicherten. Auch betont er den generierten Charakter bestimmter soziopolitischer Institutionen, die für alle Jünglinge beziehungsweise Männer verpflichtend gewesen seien, der Agelai und der Andreia. Diese Institutionen seien es, welche die mäßige Lebensweise aller sowie die verordnete Eintracht und ultimativ die Freiheit gewährleisteten. Interessant ist, dass Ephoros hier auf den Punkt des Ausgleichs materieller Unterschiede explizit hinweist: Die Männer sollen in den Andreia gemeinsam speisen, damit die Armen – „von öffentlicher Seite (*demosia*) verköstigt" – am Gleichen teilhätten wie die Wohlhabenden. Selbstverständlich gebe es eher Arme und eher Reiche auf Kreta, aber eben auch Institutionen, welche diese Unterschiede überbrückten.[87]

Doch Ephoros betont eben nicht allein die Notwendigkeit, die Konkurrenz der Bürger untereinander auszuschalten, sondern verweist in der Einleitung dieser Passage auf die Dichotomie zwischen den Freien und den Unfreien und die prinzipielle Verlierbarkeit der Freiheit. Dies deutet auf den zweiten Grund hin, den wir als Motiv des Zusammenhalts der Bürger identifiziert hatten, nämlich die Bedrohung der Bürger durch größere Mengen von Unfreien oder Fremden auf der Insel. Allerdings, so merkte Aristoteles an, verhinderten die auf Kreta gültigen Gesetze, dass Kriege von Fremden auf die Insel übergriffen. Überdies verhielten sich die kretischen Sklaven ruhig. In Thessalien nämlich und Sparta erhebe sich die Sklavenbevölkerung ständig gegen ihre Herren; in Sparta lägen sie geradezu immer auf der Lauer. In Kreta allerdings sei dies noch nie geschehen. Denn selbst, wenn Nachbarstädte der Insel miteinander in Krieg lägen, stachelten sie die Unterworfenen des Gegners nicht auf, da man selbst ja ebenfalls solche Unfreien unter Kontrolle zu halten versuche.[88]

---

diesem Erklärungsmuster des Ephoros zu den Hintergründen der Besonderheiten Kretas in materieller Kultur und soziopolitischer Organisation nicht folgen mag, eröffnet es doch wichtige Einblicke in die Selbstwahrnehmung der kretischen Politien und ihre ‚intentionale Geschichte'. Dazu s. Nagy 1985; von der Lahr 1992; Stein-Hölkeskamp 1997; van Wees 1999; Papakonstantinou 2004; Rabinowitz 2004 und 2013.

86 Zu dieser Figur des Gesetzgebers und ihrem erklärenden Potenzial s. Hölkeskamp 1992a und 1999.

87 Ephoros sagt aber nicht, dass die Armen von den Reichen ernährt würden, sondern „von öffentlicher Seite". Dies ist durchaus vereinbar mit den Quellen zur Finanzierung der Syssitien. Kirsten 1942, 147 betont: „Wenn auch Kreta (…) entwicklungsgeschichtlich auf einer Stufe steht, wo noch kaum von der Ausprägung des Wesens der Polis gesprochen werden kann, so ist doch eine Kraft spürbar, die die wirtschaftliche Ungleichheit durch die Idee der politischen Gleichheit überwindet."

88 Arist. pol. 1269a 37–1269b 4. – Die Spartaner aber seien von feindlichen Nachbarn umgeben, Argivern, Messeniern, Arkadern, die genau dies täten. Hierzu vgl. Arist. pol. 1264a 21–3: Umgang mit und Rechte für die Unfreien.

Tatsächlich scheint in kretischen Bürgerstaaten die Trennung zwischen frei und unfrei nicht so streng gewesen zu sein, dass etwa eine strikte Segregation geherrscht hätte. So sehen wir im *Großen Gesetz* von Gortyn nicht allein, dass Unfreie verschiedener Herren dauerhafte, in gewisser Weise rechtlich anerkannte Verbindungen miteinander eingingen; das Gesetz geht auch davon aus, dass eine Freie und ein Unfreier die Ehe schlossen und Kinder miteinander zeugten: „Wenn ein Sklave (*dólos*) zu einer Freien geht und sie heiratet, sollen ihre Kinder Freie sein." Überdies durften Unfreie Besitz zu ihrer Verfügung haben; ob sie erben und womöglich auch Eigentum haben durften, ist allerdings umstritten.[89] Der Grund für derartige Privilegien der Unfreien mag darin liegen, dass in ‚helotischen' Sklavensystemen der Nachschub neuer Unfreier in wesentlich stärkerem Maße aus der Reproduktion der Sklaven selbst beruhte, als dies etwa Athen, Korinth oder Aigina der Fall war; dort konnten Sklaven vergleichsweise einfach hinzuerworben werden. Wegen des, im materiellen Befund zu beobachtenden, relativ geringen Außenhandelsvolumens kretischer Poleis, galt diese Notwendigkeit der inneren Reproduktion wohl in besonderem Maße für die Gemeinwesen der Insel.[90]

Insgesamt lässt sich festhalten, dass es also – wie im Verhältnis von sozial höher und niedriger stehenden und materiell weniger und mehr begüterten Bürgern – auch zwischen Freien und Unfreien bestimmte Bereiche gab, welche die Unterschiede zwischen ihnen betonten, und andere, die einen Ausgleich zwischen diesen Gruppen unternahmen.[91]

Kyklopische Kreter: Die strukturelle Schwäche der Institutionen

Am Ende seiner Behandlung Kretas in der *Politik* zeichnet Aristoteles ein bemerkenswert düsteres Bild von der politischen Kultur in den Bürgerstaaten der Insel zu seiner Zeit. Es lohnt, diese Passage abschließend ausführlicher zu zitieren. Aristote-

---

89 IC 4.72.3.40–4 = Koerner 167 = Nomima 2.31; IC 4.72.3.52–4.23 = Koerner 168 = Nomima 2.35; IC 4.72.6.56–7.9 = Koerner 172 = Nomima 2.36; IC 4.72.5.25–8 = Koerner 169 = Nomima 2.49; vgl. auch IC 4.72.2.15–6 = Koerner 164 = Nomima 2.81, wo einer vergewaltigten Unfreien zugestanden wird, in einer wegen dieser Tat geführten Untersuchung als erste Partei, also noch vor dem Täter, einen Eid zu leisten. – Unsere Arbeit kann die eigentlich nötige, umfangreiche Darstellung der gesellschaftlichen und rechtlichen Stellung der verschiedenen Arten von Unfreien auf Kreta nicht leisten. Als Einstieg s. Link 2001; van Wees 2003; Kristensen 2004a; Gagarin 2010 und Lewis 2013.
90 s. Lewis 2013, bes. 393–6, 410–4.
91 Ephoros FGrH 70 frg. 29 ap. Athen. 6.263f und Karystios von Pergamon FHG 4.358–9 frg. 13 ap. Athen. 14.639b berichten gar vom karnevalistischen Fest der Hermaia im westkretischen Kydonia. Für die Zeit dieses Festes hätten die Freien die Polis ihren Unfreien übergeben, selbst seien sie ihr ferngeblieben; beziehungsweise, die Freien hätten die Arbeiten der Unfreien erledigt, während die Unfreien wie ihre Herren lebten. In diesen Tagen hätten die Unfreien freie Personen sogar peitschen dürfen. Eine Erklärung hierfür bietet Link 1994, 48.

les berichtet nämlich, die kretische Ordnung entspreche weniger einer *politeia* als vielmehr einer *dynasteia*, denn:

> Häufig werden die Kosmen abgesetzt, nachdem sogar einige ihrer Kollegen oder auch Privatleute sich verschwörerisch gegen sie zusammengeschlossen haben. Es ist den Kosmen auch erlaubt, während ihrer Amtsperiode zurückzutreten. Aber vorzuziehen wäre, wenn dies alles nach festen gesetzlichen Regeln (*katà nómon*) abläuft und nicht nach dem Gutdünken von Menschen – denn dies ist keine verlässliche Richtschnur. Das Schlimmste von allem ist aber, dass häufig mächtige Persönlichkeiten, wenn sie sich einer Verurteilung entziehen wollen, die Amtsgewalt der Kosmen außer Kraft setzen („die *akosmía* herbeiführen").
>
> Das zeigt, dass die [kretische] Ordnung (*táxis*) zwar Merkmale einer Verfassung (*politeía*) aufweist, aber keine Verfassung, sondern eher eine Willkürherrschaft einzelner mächtiger Leute ist (*dynasteía*). Sie pflegen nämlich die Bürgerschaft auseinanderzudividieren und aus dem Demos und ihren Anhängern Parteiungen zu bilden und den Zustand der politischen Führungslosigkeit (*anarchía*) herbeizuführen, einen Bürgerkrieg (*stásis*) anzuzetteln und gegeneinander zu kämpfen. Aber ein solcher Zustand ist doch nichts anderes, als dass eine solche Polis für eine bestimmte Frist nicht mehr als solche gelten kann; vielmehr befindet sich die verfassungsmäßig geordnete Gemeinschaft (*politikè koinonía*) in Auflösung. In einem solchen Zustand aber ist eine Polis gefährdet, da dann diejenigen, die sie angreifen wollen, dies auch können.[92]

Im Rahmen seiner Kategorisierung von Oligarchien bezeichnet Aristoteles mit *dynasteia* deren schlimmste Form. In ihr würden die Ämter der Gemeinschaft nicht durch Wahl, sondern innerhalb der Familie vom Vater auf den Sohn weitergereicht. Es entschieden auch nicht die Gesetze, sondern die Amtsträger selbst, nach ihrem Gutdünken. Überhaupt sei Voraussetzung für eine *dynasteia*, dass Männer mit großem Reichtum überragenden Einfluss nehmen. Nun ist Kreta in der aristotelischen *Politik* das einzige Beispiel einer *dynasteia*, doch die Literatur des 5. und 4. Jh. bietet weitere Fallstudien dieses Systems. So etikettiert etwa Thukydides, dessen Werk diesen Begriff zum ersten Mal verwendet, auch Theben, Thessalien und Sparta mit diesem Terminus. Eine Zusammenschau der Quellen des 4. Jh. ergibt ein recht einheitliches Bild, wonach die *dynasteia* eine Herrschaft Weniger über Viele ist und die Ausübung von Gewalt über Schwächere. Einige macht sie zu Herren, andere grenzt sie als Sklaven oder Fremde aus. Entweder gibt es in ihr keine Gesetze oder die vorhandenen werden

---

92 Arist. pol. 1272b 1–17, Übers. nach E. Schütrumpf 1991: πολλάκις γὰρ ἐκβάλλουσι συστάντες τινὲς τοὺς κόσμους ἢ τῶν συναρχόντων αὐτῶν ἢ τῶν ἰδιωτῶν· ἔξεστι δὲ καὶ μεταξὺ τοῖς κόσμοις ἀπειπεῖν τὴν ἀρχήν. ταῦτα δὴ πάντα βέλτιον γίνεσθαι κατὰ νόμον ἢ κατ' ἀνθρώπων βούλησιν· οὐ γὰρ ἀσφαλὴς ὁ κανών. πάντων δὲ φαυλότατον τὸ τῆς ἀκοσμίας τῶν δυνατῶν, ἣν καθιστᾶσι πολλάκις οἳ ἂν μὴ δίκας βούλωνται δοῦναι τῶν δυνατῶν· ᾗ καὶ δῆλον ὡς ἔχει τι πολιτείας ἡ τάξις, ἀλλ' οὐ πολιτεία ἐστὶν ἀλλὰ δυναστεία μᾶλλον. εἰώθασι δὲ διαλαμβάνοντες τὸν δῆμον καὶ τοὺς φίλους ἀναρχίαν ποιεῖν καὶ στασιάζειν καὶ μάχεσθαι πρὸς ἀλλήλους· καίτοι τί διαφέρει τὸ τοιοῦτον ἢ διά τινος χρόνου μηκέτι πόλιν εἶναι τὴν τοιαύτην, ἀλλὰ λύεσθαι τὴν πολιτικὴν κοινωνίαν; ἔστι δ' ἐπικίνδυνος οὕτως ἔχουσα πόλις, τῶν βουλομένων ἐπιτίθεσθαι καὶ δυναμένων. – Zur Einordnung dieser wichtigen Passage in die politische Kultur der archaischen Poleis s. Gehrke 2009, 408–9.

nicht beachtet. Auf diese Weise ist denn auch verhindert, dass alle oder auch nur die besitzende Mehrheit an den Ämtern teilhaben und in Freiheit und unter gleichen Gesetzen Polisbürger sein können. Platon lässt gar den athenischen Wanderer in den *Gesetzen* die Art des Zusammenlebens der homerischen Kyklopen als den frühesten Beleg einer *dynasteia* anführen, wenn er gegenüber dem Kreter Kleinias zitiert:

> Ratsversammlungen kennen sie nicht, auch keine Gesetze, sondern sie alle bewohnen die Häupter der hohen Gebirge in gewölbten Höhlen; und jeder herrscht selber als Richter über Kinder und Frauen, und sie kümmern sich nicht um einander.[93]

Nun erscheint eine solche Beurteilung, wenn Aristoteles die kretische *taxis* als eine *dynasteia* beschreibt, und dieser Begriff im 5. und 4. Jh. den hier vorgestellten Bedeutungsinhalt enthält, als recht harsche Charakterisierung oder sogar Fehlbeurteilung der kretischen Bürgerstaaten. Und so gilt der Forschung das von Aristoteles beschriebene Fehlverhalten, das Nichthandeln der Kosmen, deren Absetzung und das daraus resultierende Versinken der Polis in *anarchia* und *stasis* häufig als überzogen. Oder aber die Historizität der geschilderten Szenarien wird anerkannt, diese dann aber als Symptome einer krisenhaften Zuspitzung der Verhältnisse in kretischen Politien während des 4. Jh. verstanden. Schließlich hätten doch ein Regelkanon, der bereits im 7. Jh. entwickelt worden sei, und eine Vielzahl monumentaler Gesetzesinschriften über beinahe drei Jahrhunderte hinweg die Machtkämpfe der adligen Familien erfolgreich in von jenen akzeptierte Bahnen gelenkt, wodurch die Herrschaft dieser Familien innerhalb ihrer Gemeinwesen insgesamt abgesichert gewesen sei. „Erst im ausgehenden 4. Jahrhundert, zur Zeit des Aristoteles, hatte sich ihre auf das Gemeinwohl ausgerichtete Herrschaft so weit überlebt, dass ihm die Bürgerschaft vollends aufgelöst, die Stadt keine Stadt mehr zu sein schien." Es stelle „sich dieser Niedergang freilich nur als eine Folge desselben Regelkanons dar, den die kretischen Städte im 6. Jahrhundert entwickelten und dem sie den inneren Frieden und die Geschlossenheit ihrer Bürgerschaft im 5. und beginnenden 4. Jahrhundert verdankten."[94]

Doch wir müssen fragen, ob die von Aristoteles für das 4. Jh. skizzierten Verhältnisse tatsächlich einen Verlust aristokratischer Vorrangstellung und eine damit einhergehende Anarchisierung kretischer Politien reflektieren.[95] Dieser Deutung liegt die in

---

93 Arist. pol. 1272b 7–11, 1292b 5–10, 1293b 30–4, 1302b 15–8, 1303a 11–3. – Plat. polit. 291d; Plat. leg. 777e, 680a–e nach Hom. Od. 9.112–5; Demosth. 10.4, 60.25; Isokr. 4.105.

94 Link 1994, etwa 106, 111–2, die Zitate 99; s. auch Muttelsee 1925, 15–33; Kirsten 1942; van Effenterre 1948, 163–72 und Petropoulou 1985, 104–14, 154–6. Vorsichtiger äußerte sich bereits Brulé 1978, 175–8, und Kritik an diesem Modell übten schließlich Willetts 1955, 170–81, und Chaniotis 1996, etwa 15, 187.

95 Auch prosopographische Studien zu verschiedenen Poleis im hellenistischen Kreta zeigen, dass von einer Auflösung der Herrschaft einflussreicher Familien und einer damit einhergehenden Demokratisierung keine Rede sein kann. So waren es nach wie vor nur wenige Familien, welche die Mit-

der Forschung verbreitete Annahme zugrunde, die zahlreichen von kretischen Poleis beschlossenen Regelungen, die mit der Amtsführung von Funktionsträgern befasst waren, seien Anzeichen eines ‚starken Staates' und einer starken Öffentlichkeit in den Gemeinwesen der Insel. Dies werde schon in den frühesten Gesetzen deutlich, etwa in der Iterationsregelung von Dreros im 7. Jh., und finde seinen Höhepunkt in der Vereinheitlichung, Verinschriftlichung und Monumentalisierung von allgemeinverbindlichen Satzungen in Form des *Großen Gesetzes* von Gortyn in der Mitte des 5. Jh. Diese Macht der Gesetze in Archaik und Klassik sei ein Pol der Entwicklung der kretischen Politeia, die von Aristoteles geschilderten Staseis seien der andere. Diese Deutung folgt also einem Modell des allmählichen Niedergangs der politischen Kultur in den dorischen Musterpolitien Kretas, wie es eben auch in der *Politik* durchscheint.

Bemerkenswert ist in diesem Zusammenhang ein Preislied Pindars auf einen gewissen Ergoteles aus Himera anlässlich dessen Sieges in Olympia im Jahr 472, und zwar im Dolichos, dem Langstreckenlauf – Paradedisziplin der Kreter:

> (...) Wahrhaftig, auch bei dir hätte, / gleich dem im Haus kämpfenden Hahn, am angestammten Herd / ruhmlos die Ehre der Füße die Blätter verloren; hätte dich nicht / die männerentzweiende Stasis deiner knossischen Heimat beraubt. / Nun aber holtest du dir in Olympia den Kranz und zweimal aus Pytho und vom Isthmos, Ergoteles. (...)[96]

Hier erfahren wir also, dass Ergoteles ursprünglich aus Knossos stammte, dass aber eine Stasis ihn hatte Zuflucht in Sizilien nehmen lassen. Wäre er dazu nicht gezwungen gewesen, betont Pindar, dann wären seine Fähigkeiten niemals öffentlich bekannt geworden, er selbst ruhmlos geblieben. Diese Ode ist einer der seltenen Einblicke in die Ereignisgeschichte der Insel in archaischer Zeit, der nicht allein die Isolation der kretischen Bürgerstaaten reflektiert, sondern auch ihre Bedrohung durch Staseis durchblicken lässt.[97] Tatsächlich wurde im Laufe dieser Arbeit deutlich, dass auch zahlreiche kretische Inschriften aus ganz unterschiedlichen Poleis – und zwar von den frühesten uns bekannten Regelungen an – eben jene Szenarien widerspiegeln, von denen Aristoteles für das 4. Jh. berichtet. In ihnen werden immer wieder die Bemühungen kretischer Poleis deutlich, mit gesetzlichen Regelungen

---

glieder der Kosmoskollegien stellten. Amnisos: Chaniotis 1988a und 1992; Lato pros Kamara: Baldwin Bowsky 1989 und 1989a; Hierapytna: Guizzi 2001, 328–90.

96 Pind. Ol. 12.13–8.

97 Pindars Aussage lässt sich mit unseren Beobachtungen zur ‚Austerität' der materiellen Kultur und den von ihr reflektierten kulturellen Praktiken zur Deckung bringen. Schließlich wäre der Sieg bei einem der panhellenischen Agone für einen Aristos treffliches Mittel gewesen, die eigene Position im Kontext seiner Peers kompetitiv zu verorten. Aber die kretischen Eliten verzichteten weitgehend darauf, auf sonst üblichen Feldern miteinander und mit den Aristoi anderer Poleis zu konkurrieren, um das auf diese Weise erkämpfte Prestige als soziales Kapital in der Heimat einzusetzen. Erst sein Exil von der Insel und sein Antreten für eine nichtkretische Polis konnten Ergoteles vor einem gesamtgriechischen Publikum Ruhm einbringen; s. auch Müller 1996 und Golden 2008.

die Institutionen des Bürgerstaates zu konturieren. Dabei sind sie ganz maßgeblich darum bemüht, die Tätigkeiten ihrer Funktionsträger in bestimmte Bahnen zu lenken und das Prinzip der institutionellen Macht zu stärken. Die kretischen Gesetze lassen also erkennen, dass die von Aristoteles so düster skizzierte Situation bereits im 7. Jh. herrschte und dass sie wahrscheinlich strukturell angelegt war. Schließlich reagierten diese inschriftlichen Regelungen auf konkrete Missstände in der soziopolitischen Struktur der Gemeinwesen. Nichts anderes als diese Prekarität wird auch im Bericht des Aristoteles deutlich, wenn dieser von der häufigen Absetzung einzelner Kosmen durch ihre Kollegen, dem Rücktritt von Mitgliedern des Kosmos oder der Vertreibung von Kosmen durch Privatleute berichtet und dies als die fürchterlichste Art des Scheiterns einer Politeia beschreibt.[98] Wenn also auch die gesetzlichen Regelungen vom 7. bis zum 5. Jh., wie ich meine, nicht die Stärke, sondern gerade die Schwäche institutioneller Macht reflektieren, dürfen wir nicht länger ohne guten Grund davon ausgehen, dass die aristotelische Schilderung einen Niedergang des 4. Jh. beschreibt.

Es ist charakteristisch, dass uns konkrete Aufgaben von Amtsträgern und damit deren Funktionen im Institutionengefüge der kretischen Poleis kaum einmal durch Bestimmungen deutlich werden, welche ausdrücklich und ganz grundsätzlich diesen Institutionen bestimmte Rechte zuerkennen. Die frühesten Regelungen sind eher darum bemüht, die Handlungsfreiheit von Funktionsträgern zu beschränken und Strafen für ein Zuwiderhandeln in Aussicht zu stellen. Andere gehen von einzelnen Vorkommnissen und Vergehen aus und definieren allein für jene, dass für sie ein bestimmter Amtsträger zuständig sei, der dann ein bestimmtes Handlungsmuster vollziehen solle. Zu den ältesten Versuchen, Institutionen zu kontrollieren, gehören die Bemühungen, den Zugang zu gewissen Ämtern bestimmten Regeln zu unterwerfen. So beobachten wir bereits im 7. und 6. Jh. in Dreros und Gortyn Iterationsbeschränkungen – und damit offenbar Definitionen einer Amtsdauer – für den Kosmos, den Xenios und den Gnomon, welche die Macht des einzelnen Amtsträgers einhegten und gewährleisten sollten, dass fortan mehr Männer als bisher diese institutionalisierte Prominenzrolle einnehmen könnten; die also darum bemüht waren, das Prinzip des Amtes gegenüber einflussreichen Einzelnen zu stärken, institutionelle Macht gegenüber persönlicher Macht.

Darüber hinaus sehen wir in der drerischen Regelung aber auch den Versuch, die Ausübung von bestimmten Tätigkeiten – in diesem Falle war es das Schlichten von Streitfällen – allein für bestimmte Institutionen zu reservieren. Es sollte verhindert werden, dass Einzelne, die aufgrund ihres hohen sozialen Prestiges von ihren Mitbürgern gebeten wurden, deren Streit zu schlichten, dies taten. Fortan sollte allein der

---

98 Arist. pol. 1272b 1–17. – Zur ‚außerordentlichen Amtsenthebung' der Kosmen s. Martin 1979 und Jordovic 2005, welche die Kategorie der *dynasteia* untersuchen; Gehrke 1997, 65–7 und 2009, 408–9; Link 2002, 160–1 mit Anm. 39; Papakonstantinou 2002 und 2004 und – für die Konzeptualisierung ähnlicher Phänomene – van Wees 1999.

ebendafür vorgesehene Amtsträger mit dieser Tätigkeit befasst sein. Es mag scheinen, als sei dieses Verbot, außerhalb des Kosmos-Amtes wie ein Kosmos zu handeln, allein in den erst wenig institutionalisierten Verhältnissen des 7. und 6. Jh. sinnvoll gewesen zu sein, also in einer Phase, in welcher sich das Prinzip des Amtes überhaupt erst herausbildete und von gesetzlichen Regelungen konturiert und geschützt wurde, beziehungsweise offenbar geschützt werden musste. Wir sahen aber auch, dass noch im 5. Jh. ebendieses Problem der strukturellen Schwäche von Amtsträgern gegenüber einflussreichen Privatleuten deutlich wurde, etwa in jener gortynischen Regelung, die zwei streitenden Parteien nicht den Gang zu einem der dafür zuständigen Amtsträger auferlegte, sondern ihnen die Wahl eines von ihnen gewünschten Schlichters oder Schiedsrichters außerhalb der Polisinstitutionen freistellte.[99]

Und schließlich ergänzen jene Inschriften, welche seit dem 5. Jh. belegen, dass die Mitglieder eines Kosmenkollegiums jeweils aus allein einem der Startoi stammten, dieses Bild.[100] Auch sie lassen uns die Versuche erkennen, einem grundlegenden strukturellen Problem der soziopolitischen Organisation verschiedener kretischer Poleis zu begegnen. Denn Iterationsregelung, Phylenselektion und dazu die Auswahl der Kosmen allein aus bestimmten Geschlechtern reflektieren gleichermaßen den Kampf um das höchste Amt der Polis unter den einflussreichen Familien und den verschiedenen sozialen Integrationskreisen der Politen.[101] Es lässt sich nicht feststellen, ob nun auch die Gesamtheit dieser Mechanismen tatsächlich in allen hier betrachteten Poleis ins Werk gesetzt wurde, ob also etwa auch in Dreros neben der dort nachgewiesenen Iterationsregel das Prinzip der Phylenselektion herrschte; ganz zu schweigen von all den anderen Poleis, aus denen wir über nur sehr wenige Informationen verfügen. Der fragmentarische Charakter der Überlieferung lässt diese Schlüsse schlichtweg nicht zu. Und doch sind uns aus einer Reihe von Poleis Maßnahmen überliefert, die nicht nur untereinander strukturell ähnlich sind, sondern auch mit den eben geschilderten zusammengehen, weil auch sie die Schwierigkeiten des Amtes an sich reflektieren.

Hierzu gehören etwa die Bestimmungen, Amtsträger auch tatsächlich zum Handeln zu bewegen. Wir sahen dies für eine ganze Reihe von Institutionen, etwa den Kosmos, den Xenios, den Mnamon und die für verschiedene Bereiche zuständigen Dikastai. Ihnen allen war auferlegt, im Falle eines in dem jeweiligen Gesetz behandelten Vergehens tätig zu werden. Bemerkenswert scheint hier, dass diese Maßnahme keineswegs im Rahmen einer Generalklausel festgelegt war, die etwa zu Beginn des

---

99 IC 4.82 = Koerner 156 = Nomima 2.8; s. Wolff 1946, 66; Willetts 1955, 219; Metzger 1973, 128; Talamanco 1979; Koerner 1987 und 1993, 445–8; Bile 1988, 318; Maffi 1988a. – Dieser Schlichter oder Schiedsrichter sollte dann allerdings gemäß jenen Regeln handeln, welche die Polis auch für ihre Amtsträger vorsah. Hierzu s. das Kapitel *Kosmos*.
100 Hierzu s. das Kapitel *Pyla*.
101 Hierzu s. etwa Link 1994 und 2003; Papakonstantinou 2002 und Seelentag 2009.

Großen Gesetzes von Gortyn grundsätzliche Worte zur Verantwortung der Amtsträger geäußert hätte. Vielmehr weisen die einzelnen Bestimmungen immer wieder darauf hin, dass ein Amtsträger in diesem oder jenem ganz konkreten Fall zu handeln habe. Hieraus wird nicht nur der Charakter der kretischen Gesetze als einer Sammlung situativ gefasster Beschlüsse deutlich, sondern abermals auch die Schwäche des Prinzips des Amtes. Ein um das andere Mal musste mit dem Blick auf ein ganz bestimmtes Verfahren der jeweilige Amtsträger zum Handeln verpflichtet werden. Eine klare Vorstellung von der abstrakten Verantwortung von Amtsträgern scheint – wenn wir auch nicht sagen können, dass sie nicht existiert habe – doch nicht argumentierbar beziehungsweise akzeptiert gewesen zu sein. Immer wieder geht es allein darum, den Einfluss und die Willkür des Einzelnen zu beschränken, um so auch die Institution, die er verkörpern sollte, zu stärken.

Um das Handeln von Amtsträgern auch tatsächlich durchzusetzen, bestimmte Gortyn etwa, dass jedes Mitglied eines Kollegiums von Funktionsträgern verantwortlich war, im Sinne der Regeln der Polis aktiv zu werden. Zuständigkeit durfte nicht abgewälzt und Verantwortung damit einem Kollegen übertragen werden. Jeder Amtsträger sollte für das Nichthandeln seiner Kollegen mitverantwortlich sein. Das sahen wir im Falle des Xenios Kosmos und des Titas.[102] Letzterer ist auch ein Beispiel für jene Institutionen, deren Angehörigen es oblag, die Sanktionierung eines nicht handelnden Amtsträgers vorzunehmen. Diese Kontrollorgane waren aber nicht mit der dauerhaften Prüfung etwa der Kosmen beauftragt; sie traten allein im Falle von deren Fehlverhalten auf. Hinweise darauf, dass Amtsträger einer regelmäßigen Aufsicht oder institutionalisierten Rechenschaft unterlagen, gibt es nicht, weder während der Amtszeit noch beim Ausscheiden, weder durch andere Amtsträger noch durch den Rat.

Überdies zeigen jene Regelungen, die wiederum Sanktionen für das Nichthandeln von Kontrollinstitutionen wie dem Titas festlegen, dass auch diese Sicherheitsmechanismen nicht in allen Fällen den gewünschten Verfahrensgang gewährleisteten. Wir wissen nicht, wie sich etwa der Titas zusammensetzte, über welchen Einfluss seine Mitglieder aufgrund ihrer persönlichen Macht oder aufgrund der mit diesem Amt verbundenen institutionellen Macht besaßen. Die Forschung sieht in ihnen zumeist keinen tatsächlich derart institutionalisierten Erzwingungsstab in der Polis, der die Kosmen tatsächlich zum Handeln oder zum Entrichten der für deren Nichthandeln fälligen Buße hätte bewegen können. Dahinter steht die Vorstellung, es habe sich bei ihnen um Funktionsträger von niedrigerem sozialen Prestige gehandelt. Dies muss aber nicht der Fall gewesen sein. Die Polis mag durchaus um eine möglichst wirkungsvolle Kontrolle ihrer Institutionen bemüht gewesen sein und den Titas mit gewesenen Amtsträgern, etwa ehemaligen Kosmen, besetzt haben; wir wissen es schlichtweg nicht. Möglicherweise bot die Autorität des Rates eine weitere Mög-

---

102 IC 4.78 = Koerner 153 = Nomima 1.16.

lichkeit, das Verhalten der Amtsträger, besonders der Kosmen, zu steuern. Immerhin gelangten nicht alle Kosmen in den Rat; alleine jene kamen infrage, die „sich sonst noch ausgezeichnet hatten", wie Ephoros betont.[103]

Dies heißt nun aber nicht, dass das Verhältnis zwischen Rat und Amtsträgern in Kreta etwa dem zwischen Senat und Magistraten in der Römischen Republik ähnlich gewesen wäre. Denn Letztere kehrten nach ihren Amtsjahren immer wieder in den Senat zurück, waren dort auf die Unterstützung der Standesgenossen für ihr weiteres Fortkommen angewiesen und verhielten sich daher während der Magistraturen im Rahmen des sozial zu erwartenden Benehmens einer traditionellen Standessolidarität. Wenn auch ,die Polis' in zahlreichen Gesetzen Kretas als eine Entität auftritt, deren Autorität allgemein verbindliche Regeln für die Amtsträger erlässt, war es doch einzig der soziale Druck der Mitbürger, ,einfacher' Politen wie Statusgenossen, der einen Kosmos in die Bahn des gewünschten Benehmens lenken konnte. Wenn dieser nun aber über ein solches soziales Kapital, über solchen Einfluss verfügte, dass er es ohnehin schon gewagt hatte, sich gegen Normen und Gesetz zu vergehen, dürfte es wohl doch schwierig gewesen sein, seine Bestrafung durchzusetzen.[104]

Dies entspricht einerseits dem hinter der drerischen Iterationsregelung stehenden Szenario und den Bemühungen der Polis, damit umzugehen. Anderseits deckt es sich mit der von Aristoteles für das 4. Jh. geschilderten Gefahr, die dem Gemeinwesen drohe, wenn Amtsträger ihren Pflichten nicht nachkamen, sei es weil sie sich weigerten, diese eine Handlung zu vollziehen, sei es weil sie von ihrem Amt zurücktraten oder aus dem Amt vertrieben wurden. Mit diesem Beispiel ist die Brücke vom 7. über das 5. ins 4. Jh. geschlagen. Während der gesamten langen archaischen Zeit Kretas blieb das Prinzip des Amtes recht schwach, da die Durchsetzung institutioneller Macht offenbar von der persönlichen Macht ihrer Träger beziehungsweise Anderer abhing. Wir sehen also, dass sich in kretischen Poleis Machtbildung auch – oder vielleicht sogar vor allem – neben den Institutionen der Polis vollzog. Und dies ist eben ein wesentliches Merkmal der *dynasteia*, wie das 5. und 4. Jh. sie beschrieben.[105] Zwar

---

103 Die Existenz eines Apokosmos – wenn seine Deutung als die eines gewesenen Kosmos denn korrekt ist – und die Tatsache, dass dieser überhaupt eigens in den Gesetzen thematisiert wurde und dann auch noch auf Beschluss der Bola wie ein Kosmos bestraft wurde, mag darauf hinweisen, dass die Gruppe der gewesenen Amtsträger unter besonderer Beobachtung stand. Hierzu s. die Kapitel *Kosmos* und *Bola*.

104 Die Möglichkeit einer Popularklage, wie Metzger 1973, 25 sie in IC 4.78 = Koerner 153 = Nomima 1.16 zu erkennen glaubt, scheint in der von uns behandelten Zeit nicht gegeben zu haben. Erst für den Hellenismus ist nachgewiesen, dass jeder Bürger die Möglichkeit hatte, Anklage gegen Amtsträger zu erheben; s. Chaniotis 1996, 147–8 zu Nr. 28.47–53, einem Isopolitievertrag zwischen Hierapytna und Priansos, datiert an das Ende des 3. Jh.

105 Mögliche Parallelen zur Situation in Kreta bietet Arist. pol. 1306a 14–9 über Elis, wo eine „Oligarchie in der Oligarchie" entstanden sei, da der Zugang zu dem auf 90 Mitglieder beschränkten Rat nur sehr wenigen offen gestanden habe, die zudem ,dynastisch' ausgewählt worden seien; oder Arist. pol. 1305b 30–4 und 1306a 31–2 über Abydos, wo die Amtsträger allein aus bestimmten

ist der analytische Wert dieser Kategorie ähnlich beschränkt wie jener der Demokratie oder Oligarchie. Und doch erlaubt sie uns, den Blick der Zeitgenossen auf die Verhältnisse der Insel und deren Bewertung nachzuvollziehen.

Der Konsens über die Konkurrenz und die Hetairoi des Hybrias

Am Ende dieses Kapitels müssen wir fragen, wie sich die oben skizzierte ethische Homogenisierung der Politen und die aus ihr resultierende Stabilität der soziopolitischen Ordnung kretischer Gemeinwesen mit dieser Prekarität der – im engeren Sinne – ‚politischen' Institutionen zur Deckung bringen lassen. Hier mag das Modell der Vereinbarkeit von Konsens und Konkurrenz nach G. Simmel helfen, das in jüngerer Zeit erfolgreich zur Analyse der politischen Kultur der römischen Republik bemüht wurde.[106] Konkurrenz nach Simmel bezeichnet die parallelen Auseinandersetzungen zwischen Kontrahenten um ein und denselben Kampfpreis. Jener befindet sich dabei aber nicht in der Hand eines der Gegner, sondern in der Hand einer dritten Instanz, in unserem Fall des Demos. Die konkurrierenden Parteien wetteifern also nicht unmittelbar miteinander, sondern streben nach der Anerkennung ihrer Leistungen bei dieser dritten Partei; dies ist der Kampfpreis. Indem es aber um die Manifestation des Ansehens der konkurrierenden Parteien bei den Mitgliedern der dritten Instanz geht, werden die Konkurrenten jeweils nahe an jene herangedrängt. Diese Art der Konkurrenz kann also eine stark vergesellschaftende Wirkung entfalten. Eminent wichtig hierbei ist, dass der Kampfpreis nicht allein einmal, sondern immer wieder vergeben wird. Dies macht den normativen Rahmen auch für zeitweilige Verlierer in diesem Wettbewerb akzeptabel, denn beim nächsten Mal könnten sie wieder zu den Gewinnern gehören. Außerdem muss bei aller Konkurrenz doch Konsens über gewisse Regeln der Auseinandersetzung bestehen; etwa darüber, auf welchen Feldern der Wettbewerb überhaupt ausgetragen werden, in welche Felder er sich aber nicht ausdehnen darf.

Ebendies beobachten wir in den Bürgerstaaten Kretas. Der durch äußeren und inneren Druck erzwungene Zusammenhalt aller Bürger sowie deren intensive Sozialisierung von Kindheit an sorgten auf Seiten des Demos für dessen grundsätzliche Akzeptanz der sozialen und politischen Überlegenheit der Aristoi; auf Seiten der Aristoi zu einem Verzicht auf repulsorische Praktiken – die in anderen griechischen Poleis wesentliche Kampfmittel inneraristokratischer Konkurrenz darstellten – gegenüber den Angehörigen des Demos. Im gleichen Zug wurden mit den kretischen Agelai,

---

Hetairien stammten. – s. Arist. pol. 1292b 10 über das Wesen der *dynasteia*, die darin bestehe, dass in ihr das Prinzip der Nachfolge des Sohnes auf den Vater gelte und darüber hinaus nicht die Gesetze, sondern die Amtsträger regieren.

106 Zum Folgenden s. Hölkeskamp 2004, 85–92 und 2006, 360–396 sowie 2010, 98–106 und 2010a, 9–27, mit Bezug auf Simmel 1992 (1908).

Andreia und Dromoi soziopolitische Räume geschaffen, in denen die Führer der Gemeinschaft Seite an Seite mit den Damoden handelten. Vor allem in den kommensalen Praktiken der Andreia kam zum Ausdruck, dass soziale und materielle Überlegenheit stets der Gemeinschaft zugute kommen müssten, der eigenen Speisegenossenschaft wie auch der Menge aller Bürger. Hier wurde die Orientierung der einzelnen Aristoi wie eben auch ihrer Gesamtheit als Gruppe auf das Gemeinwohl immer wieder vorgeführt. Hier, in der Nähe zum Demos, hatten sie sich durch ihr Verhalten der Großzügigkeit und Umgänglichkeit sowie durch ihre Aristien für die Polis – Erfolge im Krieg etwa und in Beratungen – immer wieder vor den Augen ihrer Mitmenschen zu bewähren.

Der Kampfpreis elitären Wettbewerbs auf Kreta war also in erster Linie die Anerkennung der Mitbürger. Als Resultat der erfolgreichen ethischen Homogenisierung herrschte dabei Konsens darüber, dass Konkurrenz im Wesentlichen allein auf diesem Feld auszutragen sei, nicht etwa bei der Entfaltung von Luxus durch wertvolle Weihegaben oder am Grab, nicht durch die Teilnahme an panhellenischen Agonen oder an Symposien.[107] So zeugt etwa der Befund, dass einerseits eine elaborierte sympotische Kultur in kretischen Poleis der archaisch-klassischen Zeit nicht nachzuweisen ist, in Zusammenschau mit dem Befund, dass uns so gut wie keine Gesetze erhalten sind, die bemüht gewesen wären, Luxus einzudämmen, etwa Symposien zu sanktionieren, dafür, dass die ethische Homogenisierung der Bürger tatsächlich erfolgreich war, und sie andere kommensale Praktiken bevorzugten.[108]

Andererseits zeugt etwa eine Gesetzesinschrift wie jene aus Eleutherna vom Ende des 6. Jh. davon, dass die Polis bisweilen doch einmal eine Reglementierung oder sogar das Verbot von Symposia beschloss.[109] Der normative Rahmen der gesellschaftlichen Ordnung war also nicht tabu. Gelegentlich stieß der konkrete Vollzug von Konkurrenz an ihn, versuchte ihn auszudehnen. In diesem Fall mag der wesentliche Sinn der epigraphisch festgehaltenen Gesetze darin gelegen haben, strittige Fragen, über die auf dem Wege des mündlichen Gewohnheitsrechts keine Übereinkunft mehr zu erzielen war und die den Keim großen Unfriedens innerhalb des Bürgerstaates in sich bargen, durch ihre Verinschriftlichung und ihre Monumentalisierung – und zwar in öffentlichen Räumen und oftmals im Kontext von Bauten mit Kultfunktion – der alltäglichen Diskussion zu entheben, um ihnen dadurch größere Verbindlichkeit zu verleihen.

So ließ der gemeinschaftsstärkende Verzicht auf einen ‚typisch' aristokratischen Lebensstil die kretischen Eliten ihrer Agonalität einen anderen Ausdruck geben: Sie

---

107 Hierzu s. das Kapitel *Materielle Kultur und kulturelle Praktiken*.

108 Hierzu s. etwa Hölkeskamp 2000 und 2003; Thomas 2005. – Die Verletzung solcher Gesetze, sei es die Zerstörung des Steins oder die Zuwiderhandlung gegen die in ihr festgehaltene Regel, wurden mit schwersten Sanktionen bedacht. Eindrucksvolle Beispiele hierfür bieten etwa Koerner 78.35–41 und 79 = Nomima 1.104 und 105 aus dem kleinasiatischen Teos im zweiten Viertel des 5. Jh.

109 SEG 41.739 = Nomima 2.98; s. Rabinowitz 2009, 165 mit einem Vergleich aus Sparta.

führten einen Wettkampf um in und von der Gemeinschaft anerkannte Prominenz. Und mochte der Agon auf diesem Feld auch stark sein, wie schon im 7. Jh. deutlich wird und wie Aristoteles es für das 4. Jh. anschaulich beschreibt, so herrschte eben doch ein Konsens darüber, dass die Konkurrenz auf dieses Feld beschränkt bleiben müsse. Weder Symposia noch Heiligtümer waren die Kampfplätze; der ‚politische Raum' war es, und damit eben auch die Institutionen der Polis. Die Einführung von Mechanismen wie Iterationsverboten bei der Besetzung von Ämtern, ja überhaupt die Ausdifferenzierung des institutionellen Gefüges und damit die Schaffung einer größeren Zahl von Ämtern bezeugt, dass ein Wettbewerb um die Bekleidung dieser Funktionen herrschte. Ämter wurden also als Kampfpreis angesehen, beziehungsweise jene Institutionen der Polis, von denen aus ein Aristos Macht ausüben konnte.[110]

So kam es, dass Amtsträger durchaus von ‚Privatleuten' abgesetzt wurden; dass also die Inhaber einer schwächeren institutionellen Macht von denjenigen verdrängt wurden, die über größere persönliche Macht verfügten. Letztere brauchten kein Amt, um sich zur Ausübung von Macht durch die Wahrnehmung von Aufgaben, mit denen sie sich ihre Mitbürger verpflichteten – etwa das Schlichten von Streitfällen – berechtigt zu fühlen. Konflikte zwischen jenen, die über große persönliche Macht verfügten, und jenen, die geringere persönliche Macht besaßen und denen auch ein Amt kaum ein Mehr an institutioneller Macht zu geben vermochte, scheinen während der gesamten Archaik und Klassik charakteristisch für kretischen Politien gewesen zu sein. Nichtsdestotrotz ist festzuhalten, dass die Konkurrenz der führenden Männer um ihr Ansehen im Demos, so hart sie laut Aristoteles auch geführt wurde, weder die prinzipielle soziale Überlegenheit der Aristoi, noch ihre Orientierung auf die Mitbürger, noch den Zusammenhalt aller Bürger insgesamt antastete. Der Konsens, die Konkurrenz auf bestimmte Felder zu beschränken, hatte Bestand. Und dies war eine der wesentlichen Voraussetzungen für eine stabile Vorrangstellung der kretischen Eliten.

Im vierten Buch seiner *Kretischen Geschichte* berichtet Dosiadas über die Gepflogenheiten in den kretischen Andreia:

> ἀπὸ δὲ τοῦ δείπνου πρῶτον μὲν εἰώθασι βουλεύεσθαι περὶ τῶν κοινῶν· εἶτα μετὰ ταῦτα μέμνηνται τῶν κατὰ πόλεμον πράξεων, καὶ τοὺς γενομένους ἄνδρας ἀγαθοὺς ἐπαινοῦσι, προτρεπόμενοι τοὺς νεωτέρους εἰς ἀνδραγαθίαν.

> Gleich nach dem Mahl beraten sie gewöhnlich zuerst über die alle betreffenden Angelegenheiten; als zweites erörtern sie danach die Heldentaten im Krieg und ehren diejenigen Männer, die sich gut bewährt haben, womit sie die jungen Männer zu vorbildlichem Verhalten ermuntern.[111]

---

[110] Die Polis griff auch in das agonale Feld von Waffenweihungen ein, wie Perlman 2011 es anhand einer Inschrift aus Axos zeigt; IC 2.5.5 und 6.
[111] Dosiadas FGrH 458 frg. 2 ap. Athen. 4.143a–d, hier d.

In dieser Bemerkung über die sich an die Mahlzeiten anschließenden und vom gemeinschaftlichen Trinken begleiteten üblichen Gespräche manifestiert sich ein wesentliches Desiderat aller Beschäftigung mit Kreta. Uns fehlt nämlich annähernd jede Kenntnis jenes Bestandes von Geschichten, der für diese Gesellschaft von Bedeutung war. Für das archaische Kreta können wir die sinnstiftenden Erzähltraditionen weder anhand von Niedergeschriebenem, noch anhand von Bilderwelten rekonstruieren, welche die Bürger der Poleis etwa beim Blick auf figürlich bemalte Keramik beim Gelage, auf mythische Reliefs auf den Bildfeldern von Tempeln oder auf in der Agora aufgestellten Bildwerke umgaben. Diese Bilderwelten gab es auf Kreta eben nicht. Wir finden auch keine Zeugnisse privaten Schriftgebrauchs von der archaischen Zeit bis in den Hellenismus, zumindest nicht ansatzweise in dem Maße, wie wir es von allen anderen griechischen Poleis kennen.[112] Uns ist auch keine Sammlung der ‚Sprüche der Kreter‘ überliefert, wie nicht allein Plutarch sie für die Spartaner zusammentrug.

Mögen die Inschriften auch einzigartige Einblicke in eine Gesellschaft im archaischen Griechenland erlauben, bieten uns nur sehr wenige Zeugnisse Aufschluss über die Welt der kretischen Mythen, der Geschichte und Geschichten und damit die Welt der Gesprächsthemen in den Andreia, der problematisierenden Diskurse und der gesellschaftlichen Werte. Im Wesentlichen sind es verstreute Befunde, wie etwa die von Diodor aus einer Reihe von Autoren kompilierte kretische Lokalmythologie oder der Eid der drerischen Epheben.[113] Andere unmittelbare Zeugnisse sind verloren; sie waren womöglich nie in schriftliche Form gegossen. Doch gerade in dieser Welt ohne narrative Bilder und ohne die Aufzeichnung von Literatur und vergleichbaren schriftlichen Äußerungen waren das gesprochene Wort und seine Stilisierung von größter Bedeutung. Denn neben dem Bericht des Dosiadas stehen Aussagen wie etwa jene, dass die Knaben die Gesetze ihrer Polis auswendig lernen mussten; und dass vor allem die jungen Männer angehalten waren, sich einer kontrollierten Sprechweise zu bedienen. Wir erfahren aus einem der Gesetze von Gortyn, dass bei einem Gesetzesverstoß eines Amtsträgers dieser die *wastia dika* zweimal auf der Agora zitieren musste; und in zahlreichen Regelungen wird deutlich, welches Gewicht die Zeugenaussage eines langjährigen Bürgers vor dem Richter besaß. Diese und andere Zeugnisse lassen die Relevanz des öffentlichen Sprechaktes erkennen. Er war ein wichtiges Medium der Selbstvergewisserung, ein Bürger zu sein und die von der Gesellschaft vorgegebenen Werte verinnerlicht zu haben, sie immer wieder ausdrücken und sich ihnen entsprechend verhalten zu können. Doch all dies ist für uns verloren.

Umso bedeutender ist da ein Zeugnis, das wohl aus dem ausgehenden 6. Jh. stammt und das die Wertewelt der kretischen Bürgerstaaten in der Archaik reflektiert. Es ist das einzige uns erhaltene Skolion Kretas, das Athenaios unter dem Namen eines gewissen Hybrias überliefert. In diesen Versen kommt die Ideologie des waffentra-

---

112 Hierzu s. Whitley 1997 und 1998, 2005 und 2009.
113 Diod. 5.64–80; IC 1.9.1 = Nomima 1.48 = HGIÜ 3.449.

genden Mannes, seines Stolzes als Landeigentümer und seiner auf Gewalt gegründeten Überlegenheit gegenüber den unterworfenen Unfreien zum Ausdruck. Hier sehen wir, dass der Bürgerstatus ganz wesentlich aus der Abgrenzung der Politen von den Schwächeren konturiert war und dass die im 7. Jh. vollzogene Aristokratisierung des Demos eine solche Wirkmacht entfaltete, dass sich die Hetairoi des Hybrias dem persischen Großkönig vergleichen konnten:

> Ἔστι μοι πλοῦτος μέγας δόρυ καὶ ξίφος
> καὶ τὸ καλὸν λαισήιον, πρόβλημα χρωτός.
> Τούτῳ γὰρ ἀρῶ, τούτῳ θερίζω,
> τούτῳ πατέω τὸν ἁδὺν οἶνον ἀπ' ἀμπέλω,
> τούτῳ δεσπότας μνοίας κέκλημαι.
> Τοὶ δὲ μὴ τολμῶντ' ἔχειν δόρυ καὶ ξίφος
> καὶ τὸ καλὸν λαισήιον, πρόβλημα χρωτός,
> πάντες γόνυ πεπτηῶτες ἐμὸν κυνέοντι, δεσπόταν
> καὶ μέγαν βασιλῆα φωνέοντες.

Mein großer Reichtum sind Speer und Schwert und der schöne Schild, der Schutz des Leibes. Damit nämlich pflüge ich, damit ernte ich, damit keltere ich den süßen Wein von der Rebe, damit heiße ich ‚Herr der Sklavenschaft'. Die aber Speer und Schwert nicht zu halten wagen und den schönen Schild, den Schutz des Leibes, die fallen alle zu meinen Füßen nieder und küssen meine Knie und sie nennen mich ihren ‚Herrn' und ‚Großen König'.[114]

---

114 Hybrias ap. Athen. 15.695f–696a, Übers. nach F. Gschnitzer 1981, 59. – s. Bowra 1961, 398–403; Willetts 1962; Page 1965; Tedeschi 1986; Weiler 1996, 221–2; Gehrke 1997, 29. – Der sprechende Name des Hybrias weckt Assoziationen an die Verhaltensweise beziehungsweise Haltung der *hybris*, wie Fisher 1992, 122 sie definiert: „*Hybris* normally involves the open expression of hostility and contempt, and for the *hybris* to be effective it is necessary for the victim to be conscious of it, and feel shamed, at the time of the act or later."

Literaturverzeichnis

Acham, K. 1992. Struktur, Funktion und Genese von Institutionen aus sozialwissenschaftlicher Sicht, in Melville, 25–71.

Adams, L. 1978. Orientalizing sculpture in soft limestone from Crete and Mainland Greece. Oxford.

Adkins, A. 1960. Merit and responsibility. A study in Greek values. Oxford.

–, 1972. Moral values and political behaviour in Ancient Greece. From Homer to the end of the fifth century. New York.

Ahlberg, G. 1992. Myth and epos in early Greek art. Representation and interpretation. Jonsered.

Alcock, S. 1999. Introduction. Three R's of the Cretan Economy, in Chaniotis, 175–80.

Allan, R.J. 2010. The infinitivus pro imperativo in ancient Greek. The imperatival infinitive as an expression of proper procedural action, *Mnemosyne* 63, 203–28.

Allan, W./Cairns, D. 2011. Conflict and community in the *Iliad*, in Fisher/van Wees, 113–46.

Almeida, J.A. 2003. Justice as an aspect of the *polis* idea in Solon's political poems. A reading of the fragments in light of the researches of New Classical Archaeology. Leiden.

Alonge, M. 2005. The *Palaikastro Hymn* and the modern myth of the Cretan Zeus, *Princeton and Stanford Working Papers*, Dezember 2005.

Alram-Stern, E./Nightingale, G. (Hg.) 2007. *Keimelion*. Elitenbildung und elitärer Konsum von der Mykenischen Palastzeit bis zur Homerischen Epoche. Akten des internationalen Kongresses, 3.–5. Februar 2005, Salzburg. Wien.

Anderson, G. 2005. Before *turannoi* were tyrants. Rethinking a chapter of early Greek history, *ClAnt* 24, 173–222.

–, 2009. The personality of the Greek state, *JHS* 129, 1–22.

Andrewes, A. 1954. Probouleusis. Sparta's contribution to the technique of government. Oxford.

–, 1961. Phratries in Homer, *Hermes* 89, 129–40.

–, 1966. The government of Classical Sparta, in Badian, E. (Hg.) Ancient society and institutions. Studies presented to V. Ehrenberg to his 75th birthday. Oxford, 1–20.

Antichità Cretesi. 1974. Studi in Onore di Doro Levi 2. Catania.

Aposkitou, M. 1960. Kriti kai Omiros, *Kritika Khronika* 14, 147–72.

Atkinson, K.M.T. 1971. Ancient Sparta. A re-examination of the evidence. Manchester (ND Greenwood).

Austin, M. 1981. The Hellenistic world from Alexander to the Roman conquest. A selection of ancient sources in translation. Cambridge.

Avramovic, S. 1990. Die Epiballontes als Erben im Gesetz von Gortyn, *ZRG* 107, 363–70.

Bagordo, A. 1998. Zu Alkman, fr. 17 Davies, *Hermes* 126, 259–68.

Bailey, C. 2009. Bedouin law from the Sinai and the Negev. Justice without government. New Haven.

Bakker, E. 2005. Pointing at the past. From formula to performance in Homeric poetics. Washington/ Cambridge.

–, 2007. Time, tense, and Thucydides, *CW* 100, 113–22.

–, 2013. The meaning of meat and the structure of the Odyssey. Cambridge.

Baldwin Bowsky, M.W. 1989. Epigrams to an elder statesman and a young noble from Lato pros Kamara (Crete), *Hesperia* 58, 115–29.

–, 1989a. Portrait of a Polis. Lato pros Kamara (Crete) in the late second century BC, *Hesperia* 58, 331–47.

–, 1997. An atticizing stele from Western Crete, *ZPE* 118, 197–206.

–, 1999. The business of being Roman. The prosopographical evidence, in Chaniotis, 305–47.

Balot, R.K. (Hg.) 2009. A companion to Greek and Roman political thought. London.

Baltrusch, E. 1994. Symmachie und Spondai. Untersuchungen zum griechischen Völkerrecht der archaischen und klassischen Zeit (8.–5. Jahrhundert v.Chr.). Berlin/New York.

Bang, P.F./Scheidel, W. (Hg.) 2013. The Oxford handbook of the state in the Ancient Near East and Mediterranean. Oxford.

Barker, E. 2009. Entering the *agon*. Dissent and authority in Homer, historiography and tragedy. Oxford/New York.

Barstad, H.M. 1984. The religious polemics of Amos. Leiden.

Bartels, H. 1967. Mitren, in Kunze, 96–207.

Bartonek, A. 1986. Die eteokretischen Inschriften von Kreta im Vergleich mit den griechisch-kretischen, in Etter, A. (Hg.) o-o-pe-ro-si. Festschrift für F. Risch zum 75. Geburtstag. Berlin/New York, 701–7.

Baudy, G. 1983. Hierarchie oder: Die Verteilung des Fleisches. Eine ethologische Studie über die Tischordnung als Wurzel sozialer Organisation, mit besonderer Berücksichtigung der altgriechischen Gesellschaft, in Gladigow, B./Kippenberg, H.G. (Hg.) Neue Ansätze in der Religionswissenschaft. München, 131–74.

Baumgarten, R. 1998. Päderastie und Pädagogik im antiken Griechenland, in Horn, K-P./Christes, J./Parmentier, M. (Hg.) Jugend in der Vormoderne. Annäherungen an ein bildungshistorisches Thema. Köln et al., 167–90.

Beattie, A.J. 1974. Some notes on the Spensitheos decree, *Kadmos* 6, 8–47.

Beck, H. 1997. Polis und Koinon. Untersuchungen zur Geschichte und Struktur der griechischen Bundesstaaten im 4. Jh. Stuttgart.

–, (Hg.) 2013. A companion to ancient Greek government. Chichester/Malden.

Beetham, D. 2004. Political legitimacy, in Nash, K./Scott, A. (Hg.) The Blackwell companion to political sociology. Oxford, 107–16.

Benn, S.I./Gaus, G.F. 1983. The public and the private. Concepts and action, in Benn, S.I./Gaus, G.F. (Hg.) Public and private in social life. London, 3–30.

Benton, S. 1937. Herakles and Eurystheus at Knossos, *JHS* 57, 38–43.

Berent, M. 1998. Stasis or the Greek invention of politics, *History of Political Thought* 17, 36–59.

–, 2000. Anthropology and the classics. War, violence and the stateless polis, *CQ* 50, 257–89.

–, 2000a. Sovereignty. Ancient and modern, *Polis* 17, 2–34.

–, 2004. In search of the Greek state. A rejoinder to M.H. Hansen, *Polis* 21, 107–46.

Berger, P.L./Luckmann, Th. 1980. Die gesellschaftliche Konstruktion der Wirklichkeit. Eine Theorie der Wissenssoziologie. Frankfurt.

Bergquist, B. 1988. The archaeology of sacrifice: Minoan-Mycenaean versus Greek. A brief query into two sites with contrary evidence, in Hägg/Marinatos/Nordquist, 21–34.

–, 1990. Sympotic space. A functional aspect of Greek dining rooms, in Murray, 37–65.

–, 1992. The Archaic *temenos* in Western Greece. A survey and two inquiries, in Schachter, A, (Hg.) Le sanctuaire grec. Genf, 109–52.

–, 1998. Feasting of worshippers or temple and sacrifice? The case of Herakleion on Thasos, in Hägg, R. (Hg.) Ancient Greek cult practice from the archaeological evidence. Stockholm, 57–72.

Bernhardt, R. 2003. Luxuskritik und Aufwandsbeschränkungen in der griechischen Welt. Stuttgart.

–, 2014. Sparta und die Genese des politischen Freiheitsbegriffs, *HZ* 298, 297–325.

Beston, P. 2000. Hellenistic military leadership, in van Wees, 315–35.

Beyer, I. 1976. Die Tempel von Dreros und Prinias A und die Chronologie der kretischen Kunst des 8. und 7. Jhs. v.Chr. 2 Bände. Freiburg.

Bile, M. 1988. Le dialecte crétois ancien. Étude de la langue des inscriptions, recueil des inscriptions postérieures aux IC. Paris.

–, 1992. Les termes relatifs à l'initiation dans les inscriptions crétoises, in Moreau, A. (Hg.) L'initiation. Actes du colloque Montpellier 1991, I. Montpellier, 11–8.

–, 2002. Quelques aperçus de la société gortynienne d' après les lois de Gortyne VI 56–VII 10, in Mélanges en l' honneur Panayotis D. Dimakis. Droits antiques et société. Athen, 115–32.

Bile, M./Brixhe, C. 1991. Le dialecte crétois. Unité ou diversité?, in Brixhe, 85–138.

Bile, M./Hodot, R. 1987. Dialectes et lexique, *Verbum* 10, 239–51.

Bintliff, J. 1999. The origins and nature of the Greek city-state and its significance for world settlement history, in Ruby, P. (Hg.) Les princes de la Protohistoire et l'émergence de l'État. Neapel, 43–56.

Blegen, C.W. 1952. Two Athenian grave groups of about 900 BC, *Hesperia* 21, 279–94.

Bleibtreu-Ehrenberg, G. 1980. Mannbarkeitsriten. Zur institutionellen Päderastie bei Papuas und Melanesiern. Frankfurt.

Bleicken, J. 1994. Die athenische Demokratie. 2. Auflage, Paderborn et al.

Bleicken, J. (Hg.) 1993. Colloquium aus Anlass des 80. Geburtstages von Alfred Heuss. Kallmünz.

Blok, J. 2013. Citizenship, the citizen body, and its assemblies, in Beck, 161–75.

Blok, J./Lardinois, A. (Hg.) 2006. Solon of Athens. New historical and philological approaches. Leiden.

Blome, P. 1982. Die figürlichen Bildwerke Kretas in der geometrischen und früharchaischen Periode. Mainz.

Boardman, J. 1961. The Cretan collection in Oxford. The Dictaean cave and Iron Age Crete. Oxford.

–, 1962. Archaic finds from Knossos, *BSA* 57, 28–34.

–, 1967. The Khaniale Tekke tombs II, *BSA* 62, 63–7.

–, 1970. Greek gems and finger rings. London.

–, 1970a. Orientalen auf Kreta, in Daedalische Kunst, 14–25.

–, 1978. Greek sculpture. The Archaic period. London.

–, 1979. Crete and Cyprus in the seventh century BC, in Karageorghis, 264–8.

–, 1980. The Greeks overseas. London.

–, 1982. Crete, *CAH* 3.3. 2. Auflage, 222–33.

Boardman, J./Hayes, J. 1966. Excavation at Tocra 1963–1965. The Archaic deposits I. London.

–, 1973. Excavation at Tocra 1963–1965. The Archaic deposits II. London.

Boehringer, D. 2001. Heroenkulte in Griechenland von der geometrischen bis zur klassischen Zeit. Attika, Argolis, Messenien. Berlin.

Böhm, S. 2001. Abschied nehmen von der schönen Idee. Kreta und die eingewanderten Orientalen, in Böhm, S./Eickstedt, K-V. von (Hg.) Ithake. Festschrift für Jörg Schäfer. Würzburg, 125–30.

Bol, P. (Hg.) 2002. Die Geschichte der antiken Bildhauerkunst 1. Frühgriechische Plastik, 2 Bände. Mainz.

Borell, B./Rittig, D. 1998. Orientalische und griechische Bronzereliefs aus Olympia, *OlForsch* 26, 187–95.

Bourriot, F. 1976. Recherches sur la nature du génos. Étude d'histoire sociale athénienne. Périodes archaïque et classique. 2 Bände. Lille/Paris.

Bowra, C.M. 1961. Greek lyric poetry from Alcman to Simonides. 2. Auflage, Oxford.

–, 1970. A Cretan hymn, in Bowra, C.M. (Hg.) On Greek margins. Oxford, 182–98.

Brause, J. 1909. Lautlehre der kretischen Dialekte. Halle.

Bravo, B. 1980. Sulân. Représsailles et justice privée contre des étrangers dans les cités grecques. Étude du vocabulaire et des institutions, *AnnPisa* III 10.3, 675–987.

Brelich, A. 1961. Guerre, agoni e culti nella Grecia arcaica. Bonn.

–, 1969. Paides e parthenoi. Rom.

Bremmer, J. 1980. An enigmatic Indo-European rite: Paederasty, *Arethusa* 13, 279–98.

–, 1990. Adolescents, symposion, and pederasty, in Murray, 135–48.

Brisart, Th. 2011. Un art citoyen. Recherches sur l'orientalisation des artisanats en Grèce proto-archaïque. Brüssel.

–, 2014. Isolation, austerity and fancy pottery. Acquiring and using overseas imported fine wares in 6th- and 5th-cent. Eastern Crete, in Pilz/Seelentag, 263–83.

Brixhe, C. 1991. La langue comme reflet de l'histoire ou les elements non doriens du dialecte crétois, in Brixhe, 43–77.

Brixhe, C. (Hg.) 1991. Sur la Crète antique. Histoire, écritures, langues. Nancy.

Brixhe, C./Bile, M. 1999. La circulation des biens dans les Lois de Gortyne, in Dobias-Lalou, C. (Hg.) Des dialectes grecs aux Lois de Gortyne. Nancy/Paris, 75–116.

Brock, J.K. 1957. Fortetsa. Early Greek tombs near Knossos. Cambridge.

Brock, R./Hodkinson, St. (Hg.) 2000. Alternatives to Athens. Varieties of political organization and community in ancient Greece. Oxford.

Brongersma, E. 1990. The Thera inscriptions. Ritual or slander?, *Journal of Homosexuality* 20, 31–40.

Bruhns, H. 1994. Verwandtschaftsstrukturen, Geschlechterverhältnisse und Max Webers Theorie der antiken Stadt. in Meier, Chr. (Hg.) Die okzidentale Stadt nach Max Weber. Zum Problem der Zugehörigkeit in Antike und Mittelalter. München, 59–94.

Brulé, P. 1978. La piraterie de la Crète hellénistique. Paris.

Buck, C.D. 1955. The Greek dialects. Chicago.

Bücheler, F./Zitelmann, E. 1885. Das Recht von Gortyn. Frankfurt.

Buffière, F. 1980. Eros adolescent. La pédérastie dans la Grèce antique. Paris.

Burckhardt, L. 1999. Vom ‚Agon' zur ‚Nullsummenkonkurrenz'. Bemerkungen zu einigen Versuchen, die kompetitive Mentalität der Griechen zu erfassen, *Nikephoros* 12, 71–93.

Burckhardt, L./Seybold, K./Ungern-Sternberg, J. v. (Hg.) 2007. Gesetzgebung in antiken Gesellschaften. Israel, Griechenland, Rom. Berlin/New York.

Burke, P. 1992. History and social theory. Cambridge.

Burkert, W. 1976. Das hunderttorige Theben und die Datierung der *Ilias*, *WS* 89, 5–21.

–, 1977. Griechische Religion der archaischen und klassischen Epoche. Stuttgart et al.

–, 1984. Greek religion. Cambridge/Mass.

–, 1998. Kulte des Altertums. Biologische Grundlagen der Religion. München.

Busolt, G./Swoboda, H. 1920–26. Griechische Staatskunde 1–2 (ND 1963, 1972) München.

Cadogan, G. et al. (Hg.) 2004. Knossos: Palace, city, state. Proceedings of the conference in Heraklion 2000. Athen.

Cairns, D. 2011. Honour and shame. Modern controversies and ancient values, *Critical Quarterly* 53, 23–41.

Cairns, F. 1996. The 'New Poseidippus' and Callimachus. AP 7.447 = 35 (G–P) = 11 (Pf.), in Faber, R./Seidensticker, B. (Hg.) Worte, Bilder, Töne. Studien zur Antike und Antikerezeption. Festschrift B. Kytzler. Würzburg, 77–88.

Calame, C. 1997. Choruses of young women in ancient Greece. Lanham.

Camassa, G. 1988. Aux origines de la codification écrite des lois en Grèce, in Detienne, M. (Hg.) Les soviors de l'écriture en Grèce ancienne. Lille, 130–55.

–, 1994. Verschriftung und Veränderung der Gesetze, in Gehrke, 97–111.

–, 1996. Leggi orali e leggi scritte. I legislatori, in Settis, S. (Hg.) I Greci. Storia, cultura, arte, società, Band 2.1. Turin, 561–76.

Camp, J. 2000. Walls and the polis, in Flensted-Jensen/Nielsen/Rubinstein, 41–57.

Cantarella, E. (Hg.) 2007. Symposion 2005. Vorträge zur griechischen und hellenistischen Rechtsgeschichte. Akten der Gesellschaft für griechische und hellenistische Rechtsgeschichte 19. Wien.

Cantarella, E./Thür, G. (Hg.) 2001. Symposion 1997. Vorträge zur griechischen und hellenistischen Rechtsgeschichte. Akten der Gesellschaft für griechische und hellenistische Rechtsgeschichte 13. Köln.

Capdeville, G. 1994. Le migrazione interne nell'isola di Creta. Aspetti giuridici, economici e demografici, in Sordi, M. (Hg.) Emigrazione e immigrazione nel mondo antico. Mailand, 187–222.

–, 1995. Volcanus. Recherches comparatistes sur les origines du culte de Vulcain. Rom.

Carawan, E. 2007. What the mnemones know, in Mackay, E.A. (Hg.) Orality, literacy, memory in the ancient Greek and Roman world. Leiden/Boston, 163–84.

Carter, J.B. 1985. Greek ivory-carving in the Orientalizing and Archaic period. Ungedruckte Dissertation, Harvard University.

–, 1997. Thiasos and Marzeah. Ancestor cult in the age of Homer, in Langdon, S. (Hg.) New light on a dark age. Exploring the culture of Geometric Greece. Columbia, 72–112.

Carter, J.B./Morris, S.P. (Hg.) 1995. The ages of Homer. A tribute to Emily Townsend Vermeule. Austin.

Cartledge, P. 1980. The peculiar position of Sparta in the development of the Greek city-state, *PRIA* 80, 91–108.

–, 2001. The politics of Spartan pederasty, in Ders. (Hg.) Spartan reflections. London, 91–105.

Catalano, V. 1971. La più antica epigrafe scherzosa ellenica graffita su pithos a Phaistos, *GIF* 23, 308–24.

Catling, R. 1995. Heroes returned? Subminoan burials from Crete, in Carter/Morris, 123–36.

–, 2002. The survey area from the Early Iron Age to the Classical period (c.1050 – c.300 BC), in Cavanagh, W.G. et al. (Hg.) Continuity and change in a Greek rural landscape. The Laconia survey 1. Methodology and interpretation. London, 151–256.

Cavanagh, W.G. et al. 2005. The Laconia rural sites project. London.

Chadwick, J. 1987. Some observations on two new inscriptions from Lyktos, in *Eilapine*. Festschrift für N. Platon. Heraklion, 329–34.

Chaniotis, A. 1988. Habgierige Götter – habgierige Städte. Heiligtumsbesitz und Gebietsanspruch in den kretischen Staatsverträgen, *Ktema* 13, 21–39.

–, 1988. Zu den Inschriften von Amnisos, *ZPE* 71, 157–60.

–, 1991. Von Hirten, Kräutersammlern, Epheben und Pilgern. Leben auf den Bergen im antiken Kreta. *Ktema* 16, 93–109.

–, 1992. Die Inschriften von Amnisos, in Schäfer, J. (Hg.) Amnisos nach den archäologischen, historischen und epigraphischen Zeugnissen des Altertum und der Neuzeit. Berlin, 287–322.

–, 1992a. Watching a lawsuit. A new curse-tablet from Southern Russia, *GRBS* 33, 69–73.

–, 1994. Die *sylan*-Klausel im Vertrag zwischen Lyttos und Malla, Staatsverträge III 511, *ZRG* 111, 421–4.

–, 1995. Problems of 'pastoralism' and 'transhumance' in Classical and Hellenistic Crete, *Orbis Terrarum* 1, 39–89.

–, 1996. Die Verträge zwischen kretischen Poleis in der hellenistischen Zeit. Stuttgart.

–, 1999. Milking the mountains. Economic activities on the Cretan uplands in the Classical and Hellenistic period, in Chaniotis, 181–220.

–, 2001. Heiligtum und Stadtgemeinde im klassischen und hellenistischen Kreta, in Kyriatsoulis, A. (Hg.) Kreta und Zypern. Religion und Schrift von der Frühgeschichte bis zur archaischen Zeit. Altenburg, 319–28.

–, 2002. Some Cretan bastards, *Cretan Studies* 7, 51–7.

–, 2004. Das antike Kreta. München.

–, 2005. The great inscription, its political and social institutions and the common institutions of the Cretans, in Greco/Lombardo, 171–90.

–, 2005a. From communal spirit to individuality. The epigraphic habit in Hellenistic and Roman Crete, in Creta Romana e Protobizantina. Atti del convegno internazionale 1, Heraklion, 23.–30. September 2000. Padua, 75–87.

–, 2006. Heiligtümer überregionaler Bedeutung auf Kreta, in Freitag/Funke/Haake, 197–209.

Chaniotis, A. (Hg.) 1999. From Minoan farmers to Roman traders. Sidelights on the economy of ancient Crete. Stuttgart.

Chantraine, P. 1980. Dictionnaire étymologique de la langue grecque. Histoire des mots. Paris.

Chatzi-Vallianou, D. 1980. *Smari Pediados. Ena apomonomeno kentro Ysterominoïkou Protoellenikou politismou sten Kreten, AAA* 13, 20–60.

Cherry, J. et al. (Hg.) 1991. Landscape archaeology as long-term history. Los Angeles.

Chrimes, K. 1949. Ancient Sparta. A re-examination of the evidence. Manchester.

Christesen, P. 2007. Olympic victor lists and ancient Greek history. Cambridge/New York.

Claessen, H./Skalnik, P. (Hg.) 1978. The early state. Den Haag.

Clauss, M. 1983. Sparta. Eine Einführung in seine Geschichte und Zivilisation. München.

Cline, E.H. 1987. Amenhotep III and the Aegean. A reassessment of Egypto-Aegean relations in the 14th century BC, *Orientalia* 56, 1–36.

Cobetto Ghiggia, P. 1999. Il limite minimo di età per adottare a Gortina. Interpretazione di IC IV 72 XI 18–9, *MEP* 2, 9–21.

Cohen, R./Service, E.R. (Hg.) 1982. Origins of the state. The anthropology of political evolution. Philadelphia.

Coldstream, J.N. 1968. Greek Geometric pottery. London.

–, 1973. Knossos. The sanctuary of Demeter. London.

–, 1973a. Knossos 1951–61. Orientalizing and Archaic pottery from the town, *BSA* 68, 33–63.

–, 1977. Geometric Greece. London.

–, 1982. Greeks and Phoenicians in the Aegean, in Niemeyer, H-G. (Hg.) Phönizier im Westen. Madrid, 261–75.

–, 1984. Cypriaca and Cretocypriaca from the North Cemetery of Knossos, *RDAC* 1984, 122–37.

–, 1984a. Dorian Knossos and Aristotle's villages, in Aux origines de l'Hellénisme. La Crète et la Grèce. Hommages à Henri van Effenterre. Paris, 311–22.

–, 1984b. The formation of the Greek polis. Aristotle and archaeology. Opladen.

–, 1991. Knossos. An urban nucleus in the Dark Age?, in Musti et al., 287–99.

–, 1992. Early Hellenic pottery, in Sackett, L.H. (Hg.) Knossos. From Greek city to Roman colony. Excavations at the Unexplored Mansion 2. London, 67–87.

–, 1993. Mixed marriages at the frontiers of the early Greek world, *OJA* 12, 89–107.

–, 2013. Geometric and archaic Crete. A hunt for the elusive polis, in Niemeier/Pilz/Kaiser, 341–53.

Coldstream, J.N./Callaghan, P.J./Musgrave, J.N. 1981. Knossos: An early Greek tomb on the Lower Gypsades Hill, *ABSA* 76, 141–65.

Coldstream, J.N./Catling, H.W. (Hg.) 1996. Knossos North Cemetery early Greek tombs, 4 Bände. London.

Coldstream, J.N./Huxley, G.L. 1999. Knossos. The archaic gap, *BSA* 94, 289–307.

Combellack, F.M. 1948. Speakers and scepters in Homer, *CJ* 43, 209–17.

Connor, W.R. 1986. The new classical humanities and the old, *CJ* 81, 337–47.

Cooper, F./Kelly, N. 1996. The temple of Apollon Bassitas 1. The architecture. Princeton.

Cornell, T. 1995. The beginnings of Rome. Italy and Rome from the Bronze Age to the Punic Wars, c. 1000–264 BC. London.

Coudin, F. 2009. Les Laconiens et la Méditerranée à l'époque archaïque. Neapel.

Craven, St. 2009. Koinodikion. A study of judicial process as a diplomatic tool in Hellenistic Crete. Ungedruckter Master's Report, University of Texas at Austin.

Crawford, M./Whitehead, D. 1983. Archaic and classical Greece. A selection of ancient sources in translation. Cambridge.

Creta antica = Creta antica. Cento anni di archeologia italiana 1884–1984. Rom.

Crielaard, J.P. 1995. Homer, history and archaeology. Some remarks on the date of the Homeric world, in Crielaard, 201–76.

–, 2002. Past or present. Epic poetry, aristocratic self-representation and the concept of time in the eight and seventh centuries BC, in Montanari, 239–95.

Crielaard, J.P. (Hg.) 1995. Homeric questions. Essays in philology, ancient history and archaeology. Including the papers of a conference organized by the Netherlands Institute at Athens, Athen, 15. Mai 1993. Amsterdam.

Cross, M. 2011. The creativity of Crete. City states and the foundations of the modern world. Oxford.

Crumley, C.L. 1995. Heterarchy and the analysis of complex societies, in Ehrenreich/Crumley/Levy, 1–4.

Csapo, E. 1991. An international community of traders in late 8th–7th centuries BC. Kommos in Southern Crete, *ZPE* 88, 211–6.

Csapo, E./Johnston, A./Geagan, D. 2000. The Iron Age inscriptions, in Shaw/Shaw, 101–34.

Cucuzza, N. 1997. Considerazioni su alcuni culti nella Messarà di epoca storica e sui rapporti territoriali fra Festòs e Cortina, *RAL* 9.8, 63–93.

Cuniberti, G. 2000. *Lakedaimonion Politeia*. Priorità e originalità nel dibattito sulle politeiai-modello di Sparta e Creta, *StItFilCl* 18, 99–111.

Czech-Schneider, R. 1998. Anathemata. Weihgaben und Weihgabenpraxis und ihre Bedeutung für die Gesellschaft und Wirtschaft der frühen Griechen. Münster.

D'Acunto, M. 1995. I cavalieri di Prinias ed il tempio A, *AnnArchStorAnt N.S.* 2, 15–55.

–, 1997. The relationship between the modelling of the sacred space and the rise of the polis. The case of Crete, in Bintliff, J./Attema, P. (Hg.) Urbanization process in Greece and Italy. Ravenna.

Dädalische Kunst 1970 = Dädalische Kunst auf Kreta im 7. Jh. v.Chr. Ausstellung im Kunstgewerbemuseum Hamburg 1970. Mainz.

D'Agata, A.L. 2012. The power of images. A figured krater from Thronos Kephala (ancient Sybrita) and the process of *polis* formation in Early Iron Age Crete, *SMEA* 54, 207–47.

–, 2014. Warrior dance, social ordering and the process of polis formation in Early Iron Age Crete, in Soar, K./Aamodt, Chr. (Hg.) Archaeological approaches to dance performance. Oxford, 75–84.

Davaras, C. 1960. *Epigraphai ek Kretes* 1, *Kretika Chronika* 14, 457–65.

–, 1980. *Kretikes epigraphes* 3, *ArchEph* 117, 1–42.

David, E. 1978. The Spartan syssitia and Plato's *Laws*, *AJP* 99, 486–95.

–, 1991. Old age in Sparta. Amsterdam.

–, 1993. Hunting in Spartan society and consciousness, *EMC* 12, 393–413.

Davidson, J. 1999. Kurtisanen und Meeresfrüchte. Die verzehrenden Leidenschaften im klassischen Athen. Berlin.

–, 2001. Dover, Foucault and Greek homosexuality. Penetration and the truth of sex. *P&P* 170, 3–51.

–, 2006. Revolutions in human time. Age-class in Athens and the greekness of Greek revolutions, in Goldhill, S./Osborne, R. (Hg.) Rethinking revolutions through ancient Greece. Cambridge, 29–67.

–, 2007. The Greeks and Greek love. A radical reappraisal of homosexuality in ancient Greece. London.

Davies, J.K. 1996. Deconstructing Gortyn. When is a code a code?, in Foxhall/Lewis, 33–56.

–, 1997. The 'origins of the Greek polis'. Where should we be looking?, in Mitchell/Rhodes, 24–38.

–, 2005. Gortyn within the economy of Archaic and Classical Greece, in Greco/Lombardo, 153–74.

–, 2005a. The Gortyn laws, in Gagarin/Cohen, 305–27.

–, 2009. The historiography of Archaic Greece, Fisher/van Wees, 3–21.

Day, L.P. 1984. Dog burials in the Greek world, *AJA* 88, 21–32.

Day, L.P./Mook, M.S./Muhly, J.D. (Hg.) 2004. Crete beyond the palaces. Proceedings of the Crete 2000 conference. Philadelphia.

Deger-Jalkotzy, S./Lemos, I. (Hg.) 2006. Ancient Greece. From the Mycenaean palaces to the age of Homer. Edinburgh.

Demargne, P. 1947. La Crète dédalique. Études sur les origines d'une renaissance. Paris.

Demargne, P./Effenterre, H. van 1937. Recherches à Dréros I, II: Les inscriptions archaïques, *BCH* 61, 5–32, 333–48.

–, 1938. Recherches à Dréros I, II: Les inscriptions archaïques. Note rectificative, *BCH* 62, 194–5.

Detienne, M. 1988. L'espace de la publicité. Ses opérateurs intellectuels dans la cité, in Detienne, 29–81.

Detienne, M. (Hg.) 1988a. Les savoirs de l'écriture en Grèce ancienne. Lille.

Dickie, M. 1995. The geography of Homer's world, in Andersen, Ø./Dickie, M. (Hg.) Homer's world. Fiction, tradition, reality. Papers from the Norwegian Institute at Athens 3. Bergen, 29–56.

DicMic = Aura Jorro, F. 1985/1993. Diccionario Micénico, 2 Bände. Madrid.

Diels, H./Kranz, W. 1964. Die Fragmente der Vorsokratiker, Band 1. Zürich.

Dietler, M. 1996. Feasts and commensal politics in the political economy. Food, power, and status in prehistoric Europe, in Wiessner/Schiefenhövel, 87–125.

–, 1997. The Iron Age in Mediterranean France. Colonial encounters, entanglements, and transformations, *Journal of World Prehistory* 11, 269–358.

–, 2001. Theorizing the feast. Rituals of consumption, commensal politics, and power in African contexts, in Dietler/Hayden, 65–114.

–, 2006. *Feasting* und kommensale Politik in der Eisenzeit Europas. Theoretische Reflexionen und empirische Fallstudien, *Ethnographisch-Archäologische Zeitschrift* 47, 541–68.

Dietler, B./Hayden, B. 2001. Digesting the feast: Good to eat, good to drink, good to think. An introduction, in Dietler/Hayden, 1–20.

Dietler, B./Hayden, B. (Hg.) 2001. Feasts. Archaeological and ethnographic perspectives on food, politics, and power. Washington.

Dimopoulou-Piliouni, A. 2008. Apeleutheroi. Metics or foreigners?, *Dike* 11, 27–50.

Dodd, D.B./Faraone, C.A. (Hg.) 2003. Initiation in ancient Greek rituals and narratives. New critical perspectives. London/New York.

Dongen, E. van 2007. Contacts between pre-Classical Greece and the Near East in the context of cultural influences. An overview, in Rollinger, R./Luther, A./Wiesehöfer, J. (Hg.) Getrennte Wege? Kommunikation, Raum und Wahrnehmung in der Alten Welt. Frankfurt, 13–49.

Donlan, W. 1970. Changes and shifts in the meaning of *demos* in the literature of the Archaic period, *PP* 25, 381–95.

–, 1973. The tradition of anti-aristocratic thought in early Greek poetry, *Historia* 22, 145–54.

–, 1978. Social vocabulary and its relationship to political propaganda in fifth-century Athens, *QUCC* 27, 95–111.

–, 1985. The social groups of Dark Age Greece, *CPh* 80, 293–308.

–, 1989. The pre-state community in Greece, *SymbOslo* 64, 5–29.

–, 1997. The relations of power in the pre-state and early state polities, in Mitchell/Rhodes, 39–48.

–, 1998. Political reciprocity in Dark Age Greece. Odysseus and his *hetairoi*, in Gill, Chr./Postlethwaite, N./Seaford, R. (Hg.) Reciprocity in ancient Greece. Oxford, 51–71.

–, 1999. The aristocratic ideal and selected papers. Wauconda.

–, 2007. Kin-groups in the Homeric epics, *CW* 101, 29–39.

Douglas, M. 1972. Deciphering a Meal, *Daedalus* 101.1: *Myth, Symbol, and Culture*, 61–81.

–, 1974. Ritual, Tabu und Körpersymbolik. Sozialanthropologische Studien in Industriegesellschaft und Stammeskultur. Frankfurt.

Doukellis, P.N./Mendoni, L.G. (Hg.) 1994. Structures rurales et sociétés antiques. Korfu.

Dover, K. 1978. Greek homosexuality. London.

–, 1988. Greek homosexuality and initiation, in Dover, K. (Hg.) The Greeks and their legacy. Collected papers 2: Prose, literature, history, society, transmission, influence. Oxford, 115–34.

Dowden, K. 1989. Death and the maiden. Girls' initiation rites in Greek mythology. London.

Dreher, M. 1983. Sophistik und Polisentwicklung. Die sophistischen Staatstheorien des fünften Jahrhunderts v.Chr. und ihr Bezug auf Entstehung und Wesen des griechischen, vorrangig athenischen Staates. Frankfurt.

–, 2001. Athen und Sparta. München.

–, 2005. Bürgerstaat und Basisdemokratie. Ideologische Begriffe in der Geschichtswissenschaft, *Dike* 8, 115–62.

–, 2005a. Die fremden Hiketai und die verfremdete Asylie in den *Hiketiden* des Aischylos, in Riemer, U./Riemer, P. (Hg.) Xenophobie – Philoxenie. Vom Umgang mit Fremden in der Antike. Stuttgart, 103–13.

–, 2006. Die Primitivität der spartanischen Verfassung, in Luther/Meier/Thommen, 43–62.

Drerup, H. 1969. Griechische Baukunst in geometrischer Zeit. Archaeologia Homerica II O. Göttingen.

Duberman, M. (Hg.) 1997. Queer representations. Reading lives, reading cultures. New York/London.

Ducat, J. 1994. Les Pénestes de Thessalie. Paris.

–, 2006. Spartan education. Youth and society in the Classical period. Swansea.

Ducrey, P./Picard, O. 1972. Recherches à Latô 5. Le Prytanée, *BCH* 96, 567–92.

–, 1996. Recherches à Latô 7. La rue ouest: Habitations et defense, *BCH* 120, 721–54.

Duhoux, Y. 1982. L'Etéocrétiens. Les textes – La langue. Amsterdam.

–, 1988. Les éléments grecs non doriens du crétois et la situation dialectale grecque au IIe millénaire, *Cretan Studies* 1, 57–72.

Duplouy, A. 2006. Le Prestige des Élites. Recherches sur les modes de reconnaissance sociale en Grèce entre les Xe et Ve siècles avant J-C. Paris.

–, 2007. La cité et ses élites. Modes de reconnaissance sociale et mentalité agonistique en Grèce archaïque et classique, in Fernoux, H-L./Stein, Chr. (Hg.) Aristocratie antique. Modèles et exemplarité sociale. Dijon, 57–77.

Eaby, M. 2009. Early Iron Age Cretan *tholoi*, in Aygün, C.O. (Hg.) SOMA 2007. Proceedings of the XI. Symposium on Mediterranean archaeology. Oxford, 98–105.

–, 2011. Regionalism in Early Iron Age Cretan burials, in Murphey, J. (Hg.) Prehistoric Crete. Regional and diachronic studies on mortuary systems. Philadelphia, 165–202.

Eder, W. 1986. The political significance of the codification of law in archaic societies. An unconventional hypothesis, in Raaflaub, K. (Hg.) Social struggles in archaic Rome. New perspectives on the conflict of the orders. Berkeley, 262–300.

Eder, W./Hölkeskamp, K-J. (Hg.) 1997. Volk und Verfassung im vorhellenistischen Griechenland. Beiträge auf dem Symposium zu Ehren von Karl-Wilhelm Welwei in Bochum, 1.–2. März 1996. Stuttgart.

Edwards, A.T. 2004. Hesiod's Ascra. Berkeley.

Edwards, G.P./Edwards, R.B. 1974. Red letters and Phoenician writing, *Kadmos* 13, 48–57.

–, 1977. The meaning and etymology of *poinikastas*, *Kadmos* 16, 131–40.

Edwards, M.W. 1990. Neoanalysis and beyond, *CA* 9, 311–25.

Effenterre, H. van 1946. Inscriptions archaïques crétoises, *BCH* 70, 588–606.

–, 1946a. Une bilingue étéocrétoise?, *RPh* 20, 131–8.

–, 1948. La Crète et le monde grec de Platon à Polybe. Paris.

–, 1949. Fortins crétois, in Mélanges d'archéologie et d'histoire offerts à Charles Picard. Paris, 1033–46.

–, 1961. Pierres inscrites de Dréros, *BCH* 85, 544–68.

–, 1973. Le contrat de travail du scribe Spensithios, *BCH* 97, 31–46.

–, 1979. Le statut comparé des travailleurs étrangers en Chypre, Crète et autres lieux a la fin de l'archaisme, in Karageorgis, 279–93.

–, 1985. Nouvelles inscriptions archaïques de la Crète centrale, *Comptes-rendus des séances de l'Académie des inscriptions et belles-lettres* 129.1, 247–57.

–, 1985a. *Damos, damioi* et *damiorgoi.* Akten des 5. Kretologischen Kongresses. Heraklion, 385–96.

–, 1991. Die von den Grenzen der ostkretischen Poleis eingeschlossenen Flächen als Ernährungs-spielraum, in Olshausen, E./Sonnabend, H. (Hg.) Stuttgarter Kolloquium zur historischen Geographie des Altertums 2 (1984) und 3 (1987). Bonn, 393–406.

–, 1993. Le pacte Gortyne-Rhitten, *Cahiers du Centre Gustave Glotz* 4, 13–21.

–, 1998. *Public* et privé dans la Crète archaïque, *Ktema* 23, 191–6.

Effenterre, H. van/Effenterre, M. van 1985. Nouvelles lois archaïques de Lyttos, *BCH* 109, 157–88.

–, 1994. Ecrire sur les murs, in Gehrke, 87–96.

–, 1995. Les 'lois de Minos'; in Laffineur, R./Niemeier, W-D. (Hg.) Politeia. society and state in the Aegean Bronze Age, Part II. *Aegaeum* 12, 335–39. Liege/Austin.

Effenterre, M. 1989. Ein neues Gesetz aus dem archaischen Kreta, in Thür, 23–7.

Ehrenberg, V. 1937. When did the Polis rise?, *JHS* 57, 147–59.

–, 1943. An early source of polis-constitution, *CQ* 37, 14–8.

–, 1969. The Greek state. London.

Ehrenreich, R./Crumley, C./Levy, J.E. (Hg.) 1995. Heterarchy and the analysis of complex societies. Arlington.

Eiring, J. 2004. The 'Knossos hunt' and wild goats in ancient Crete, in Cadogan et al., 443–50.

Eliade, M. 1958. Rites and symbols of initiation. The mysteries of birth and rebirth. New York.

Elmer, D. 2013. The poetics of consent. Collective decision making and the *Iliad*. Baltimore.

Engels, J. 1998. *Funerum sepulcrorumque magnificentia*. Begräbnis- und Grabluxusgesetze der griechisch-römischen Welt mit einigen Ausblicken auf Einschränkungen des funeralen und sepulkralen Luxus im Mittelalter und in der Neuzeit. Stuttgart.

Erickson, B. 2002. Aphrati and Kato Syme. Pottery, continuity, and cult in late Archaic and Classical Crete, *Hesperia* 71, 41–90.

–, 2004. Eleutherna and the Greek world, ca. 600–400 BC, in Day/Mook/Muhly, 199–211.

–, 2005. Archaeology of empire. Athens and Crete in the fifth century BC, *AJA* 109, 619–64.

–, 2006. Cretan austerity in the sixth century BC, in Gavrilaki, I./Tzifopoulos, Y. (Hg.) Mylopotamos from antiquity to the present. Environment, archaeology, history, folklore, sociology. Rethymnon, 69–92.

–, 2009. Roussa Ekklesia, part 1: Religion and politics in East Crete, *AJA* 113, 353–404.

–, 2010. Archaic and Classical Crete. Pottery styles and island history. Princeton.

–, 2010a. Roussa Ekklesia, part 2: Lamps, drinking vessels, and *kernoi, AJA* 114, 217–52.

–, 2011. Public feasts and private symposia in the Archaic and Classical periods, in Glowacki/Vogeikoff-Brogan, 381–91.

–, 2014. Mind the gap. Knossos and Cretan archaeology of the 6th century, in Pilz/Seelentag, 67–90.

Faraguna, M. 2007. Tra oralità e scrittura. Diritto e forme della comunicazione dai poemi omerici a Teofrasto, *Etica & Politica /Ethics & Politics* 9, 75–111.

Fatheuer, Th. 1988. Ehre und Gerechtigkeit. Studien zur Entwicklung der gesellschaftlichen Ordnung im frühen Griechenland. Münster.

Fell, M. 1997. Konkordanz zu den frühen griechischen Gesetzestexten, *ZPE* 118, 183–96.

Ferguson, W.S. 1949. Orgeonica, in Commemorative Studies in the Honor of Theodor Leslie Shear. *Hesperia* Suppl. 8. Baltimore, 130–63.

Ferrucci, St. 2011. Houses in the household 2. From Gortyn to Athens and back, in Glowacki/ Vogeikoff-Brogan, 401–8.

Figueira, Th. 1984. The ten archontes of 579/8 at Athens, *Hesperia* 53, 447–73.

–, 1984a. Mess contribution and subsistence at Sparta, *TAPhA* 114, 87–109.

–, 1986. Population patterns in late Archaic and Classical Sparta, *TAPhA* 116, 165–213.

Figueira, Th./Nagy, G. 1985. (Hg.) Theognis of Megara. Poetry and the polis. Baltimore/London.

Finley, M. 1968. Die Welt des Odysseus. Darmstadt.

–, 1985. Ancient history. Evidence and models. London.

Fisher, N. 1988. Greek associations, symposia and clubs, in Grant, M./Kitzinger, R. (Hg.) Civilization of the ancient Mediterranean II. New York, 1167–97.

–, 1989. Drink, hybris and the promotion of harmony, in Powell, A. (Hg.) Classical Sparta. Techniques behind her success. London, 26–50.

–, 1992. Hybris. A study in the values of honour and shame in ancient Greece. Warminster.

Fisher, N./Wees, H. van 1998 (Hg.) Archaic Greece. New approaches and new evidence. London.

Fisher, N./Wees, H. van 2011 (Hg.) Competition in the ancient world. Swansea.

Fitzsimmons, R. 2014. Urbanization and the emergence of the Greek polis. The case of Azoria, Crete, in Creekmore, A./Fisher, K.D. (Hg.) Making ancient cities. Space and place in early urban societies. Cambridge, 220–56.

Flaig, E. 1993. Die spartanische Abstimmung nach der Lautstärke, *Historia* 42, 139–60.

–, 1993a. Politisierte Lebensführung und ästhetische Kultur am Beispiel des römischen Adels, *Historische Anthropologie* 1, 193–217.

–, 1994. Das Konsensprinzip im homerischen Olymp. Überlegungen zum göttlichen Entscheidungs- prozess *Ilias* 4.1–72, *Hermes* 122, 13–31.

–, 1995. Entscheidung und Konsens. Zu den Feldern der politischen Kommunikation zwischen Aristokratie und Plebs, in Jehne, M. (Hg.) Demokratie in Rom? Die Rolle des Volkes in der Politik der römischen Republik. Stuttgart, 77–127.

–, 1995a. Tödliches Freien. Penelopes Ruhm, Telemachs Status und die sozialen Normen, *Historische Anthropologie* 3, 364–88.

–, 1997. Processus de décision collective et guerre civile. L'exemple de l' Odyssée Chant XXIV, vv. 419–470, *Annales: Histoire, Sciences Sociales* 52, 3–29.

–, 1998. Ehre gegen Gerechtigkeit. Adelsethos und Gemeinschaftsdenken in Hellas, in Assmann, J./ Janowski, B./Welker, M. (Hg.) Gerechtigkeit. Richten und Retten in der abendländischen Tradition und ihren altorientalischen Ursprüngen. München, 97–140.

–, 1998a. War die römische Volksversammlung ein Entscheidungsorgan? Institution und soziale Praxis, in Blänkner, R./Jussen, B. (Hg.) Institution und Ereignis. Über historische Praktiken und Vorstellungen gesellschaftlichen Ordnens. Göttingen, 49–73.

–, 1998b. Ödipus. Tragischer Vatermord im klassischen Athen. München.

–, 2003. Ritualisierte Politik. Zeichen, Gesten und Herrschaft im Alten Rom. Göttingen.

–, 2013. Die Mehrheitsentscheidung. Entstehung und kulturelle Dynamik. Paderborn.

Flensted-Jensen, P./Hansen, M.H./Nielsen, Th.H. 2000. The use of the word *polis* in inscriptions, in Flensted-Jensen, 161–72.

Flensted-Jensen, P. (Hg.) 2000. Further studies in the ancient Greek *polis*. Stuttgart.

Flensted-Jensen, P./Nielsen, T.H./Rubinstein, L. (Hg.) 2000. Polis & politics. Studies in ancient Greek history. Presented to Mogens Herman Hansen on his sixtieth birthday. Kopenhagen.

Förtsch, R. 1998. Spartan art. Its many different deaths, in Cavanagh, W.G./Walker, S. (Hg.) Sparta in Lakonia. London, 48–54.

–, 2001. Kunstverwendung und Kunstlegitimation im archaischen und frühklassischen Sparta. Mainz.

Forbiger, A. 1855–98. Strabo, *Geographika*. Übersetzung und Anmerkungen. Berlin/Stuttgart (ND Wiesbaden 2005).

Fornara, Ch.W. 1983. Translated documents of Greece & Rome 1: Archaic times to the end of the Peloponnesian war. Cambridge.

Forrest, W.G./Stockton, D.L. 1987. The Athenian archons. A note, *Historia* 36, 235–40.

Forsdyke, S. 2000. Exile, ostracism and the Athenian democracy, *ClAnt* 19, 232–63.

–, 2005. Exile, ostracism, and democracy. The politics of expulsion in ancient Greece. Princeton/Oxford.

–, 2005. Revelry and riot in Archaic Megara. Democratic disorder or ritual reversal?, *JHS* 125, 73–92.

–, 2008. Street theatre and popular justice in ancient Greece. Shaming, stoning and starving offenders inside and outside the courts, *P&P* 201, 3–50.

–, 2012. Slaves tell tales. And other episodes in the politics of popular culture in ancient Greece. Princeton/Oxford.

Forsythe, G. 2005. A critical history of Early Rome. From prehistory to the First Punic War. Berkeley et al.

Forssmann, B. 2002. Kretisch OMOTAI und das Futur von *omnumi*, in Fritz, M./Zeilfelder. S. (Hg.) Novalis indogermanica. Festschrift für Günther Neumann zum 80. Geburtstag. Graz, 157–68.

Foxhall, L. 1997. A view from the top. Evaluating the Solonian property classes, in Mitchell/Rhodes, 61–74.

–, 1998. Cargoes of the heart's desire. The character of trade in the Archaic Mediterranean world, in Fisher/van Wees, 295–309.

–, 2002. Access to resources in Classical Greece. The egalitarianism of the polis in practice, in Cartledge, P. et al. (Hg.) Money, land and labour in ancient Greece. London, 209–20.

Foxhall, L./Lewis, A. (Hg.) 1996. Greek law in its political setting. Oxford.

Foxhall, L./Gehrke, H-J./Luraghi, N. (Hg.) Intentional history. Spinning time in ancient Greece. Stuttgart.

Fraenkel, E. 1955. Zur griechischen Wortforschung: *presbys, presbees, presbeis* und *presbutes, presbytis*, *Glotta* 34, 301–7.

Freitag, K./Funke, P./Haake, M. (Hg.) 2006. Kult, Politik, Ethnos. Überregionale Heiligtümer im Spannungsfeld von Kult und Politik. Stuttgart.

Funke, P. 1993. Stamm und Polis. Überlegungen zur Entstehung der griechischen Staatenwelt in den ‚Dunklen Jahrhunderten', in Bleicken, 29–48.

–, 2003. Politische und soziale Identitätsformen jenseits der Polis, in Hölkeskamp et al., 211–24.

Gagarin, M. 1986. Early Greek law. Berkeley.

–, 1989. The function of witnesses in Gortyn, in Thür 1989, 29–54.

–, 1991. Response to H. van Effenterre 'Criminal law in Archaic Crete', in Gagarin, 87–91.

–, 1992. The poetry of justice. Hesiod and the origins of Greek law. *Ramus* 21, 61–78.

–, 1997. Oaths and oath-challenges in Greek law, in Thür, G./Vélissaropoulos-Karakostas, J. (Hg.) Symposion 1995. Akten der Gesellschaft für griechische und hellenistische Rechtsgeschichte 11. Köln, 125–34.

–, 2001. The Gortyn Code and Greek legal procedure, in Cantarella/Thür, 41–53.

–, 2004. The rule of law in Gortyn, in Harris/Rubinstein, 173–83.

–, 2006. Inscribing laws in Greece and the Near East, in Rupprecht, H-A. (Hg.) Symposion 2003. Akten der Gesellschaft für griechische und hellenistische Rechtsgeschichte 17. Wien, 9–20.

–, 2005. Early Greek law, in Gagarin/Cohen, 82–94.

–, 2008. Writing Greek law. Cambridge.

–, 2010. Serfs and slaves at Gortyn, *ZRG* Rom. 127, 14–31.

–, 2011. Legal procedure in Gortyn, in Thür, G. (Hg.) Symposion 2008. Akten der Gesellschaft für griechische und hellenistische Rechtsgeschichte 21. Köln, 127–45.

Gagarin, M. (Hg.) 1991. Symposion 1990. Akten der Gesellschaft für griechische und hellenistische Rechtsgeschichte 8. Köln et al.

Gagarin, M./Cohen, D. (Hg.) 2005. The Cambridge companion to ancient Greek law. Cambridge.

Gagarin, M./Perlman, P. 2015. The laws of ancient Crete, c.650–400 BCE. Oxford.

Gaignerot-Driessen, F. 2013. The killing of a city. A destruction by enforced abandonment, in Driessen, J. (Hg.) Destruction. Archaeological, philological and historical perspectives. Louvain-la-Neuve, 287–300.

Gallant, T.W. 1991. Risk and survival in ancient Greece. Cambridge.

García-Ramón, J.L. 1985. Griego *presbys* y variants dialectales, *Emerita* 53, 51–80.

Garland, R. 1982. *Geras thanaton*. An investigation into the claims of the Homeric dead, *BICS* 29, 69–80.

–, 1989. The well-ordered corpse. An investigation into the motives behind Greek funerary legislation, *BICS* 36, 1–15.

Garnsey, P. 1988. Famine and food supply in the Graeco-Roman world. Responses to risk and crisis. Cambridge.

Gasperini, L. 1988. Le epigrafi, in Di Vita, A. (Hg.) Gortina 1. Rom, 321–37.

Gauthier, P. 1984. Les cités hellenistiques. Épigraphie et histoire, Acts of the Eighth Epigraphic Congress 1. Athen, 82–107.

–, 1990. Quorum et participation civique dans les démocraties grecques, in Nicolet, C. (Hg.) Du pouvoir dans l'antiquité. Mots et réalités, *Cahiers du Centre Glotz* 1, 73–99.

Gawantka, W. 1996. Besprechung von Link 1994, *HZ* 262, 827–9.

Gehrke, H-J. 1985. Stasis. Untersuchungen zu den inneren Kriegen in den griechischen Staaten des 5. und 4. Jh. v.Chr. München.

–, 1986. Das Dritte Griechenland und seine Staatenwelt. München.

–, 1987. Die Griechen und die Rache. Ein Versuch in historischer Psychologie, *Saeculum*, 121–49.

–, 1988. Eretria und sein Territorium, *Boreas* 11, 15–42.

–, 1993. Gesetz und Konflikt. Überlegungen zur frühen Polis, in Bleicken, 49–67.

–, 1994. Mythos, Geschichte, Politik – antik und modern, *Saeculum* 45, 239–64.

–, 1995. Der Nomosbegriff der Polis, in Behrends, O./Sellert, W. (Hg.) Nomos und Gesetz. Ursprünge und Wirkungen des griechischen Gesetzesdenkens. Göttingen, 13–35.

–, 1997. Gewalt und Gesetz. Die soziale und politische Ordnung Kretas in der archaischen und klassischen Zeit, *Klio* 79, 23–68.

–, 1998. Verschriftung und Verschriftlichung im sozialen und politischen Kontext. Das archaische und klassische Griechenland, in Ehler, C./Schäfer, C. (Hg.) Verschriftung und Verschriftlichung. Aspekte des Medienwechsels in verschiedenen Kulturen und Epochen. Tübingen, 40–56.
= Ders. 2000a. Verschriftung und Verschriftlichung sozialer Normen im archaischen und klassischen Griechenland, in Lévy, 141–59.

–, 2000. *Ethnos, phyle, polis*. Gemäßigt unorthodoxe Vermutungen, in Flensted-Jensen/Nielsen/ Rubinstein, 159–76.

–, 2003. Bürgerliches Selbstverständnis und Polisidentität im Hellenismus, in Hölkeskamp et al., 225–54.

–, 2009. States, in Raaflaub/van Wees, 395–410.

–, 2010. Greek representations of the past, in Foxhall/Gehrke/Luraghi, 15–34.

Gehrke, H-J. (Hg.) 1994. Rechtskodifizierung und soziale Normen im interkulturellen Vergleich (unter Mitwirkung von E. Wirbelauer). Tübingen.

Gehrke, H-J./Schneider, H. (Hg.) 2000. Geschichte der Antike. Ein Studienbuch. Stuttgart/Weimar.

Gennep, A. van 1909. Les rites de passage. Paris.

Genschel, Ph./Zangl, B. 2008. Metamorphosen des Staates. Vom Herrschaftsmonopolisten zum Herrschaftsmanager, *Leviathan* 63, 430–54.

Georgiev, V. 1947/8. Une inscription prétendue étéocrétoise, *RPh* 21/22, 132–40.

Gernet, L. 1968. Anthropologie de la Grèce antique. Paris.

Giorgi, M.A. 1966. *Agretas* in Alcmane, fr. 1.8 P, *QuadUrb* 2, 121–3.

Giovannini, A. 1969. Étude historique sur les origines du *Catalogue des vaissaux*. Bern.

Giuliani, L. 2003. Bild und Mythos. Geschichte der Bilderzählung in der griechischen Kunst. München.

Glowacki, K.T. 2004. Household analysis in Dark Age Crete, in Day/Mook/Muhly, 125–36.

Glowacki, K./Vogeikoff-Brogan, N. (Hg.) 2010. *STEGA*. The archaeology of houses and households in ancient Crete from the Neolithic period through the Roman era. Princeton.

Göhler, G. 1994. Politische Institutionen und ihr Kontext. Begriffliche und konzeptionelle Überlegungen zur Theorie politischer Institutionen, in Göhler, 19–46.

–, 1997. Das Zusammenwirken von Institution, Macht und Repräsentation, in Göhler, G. et al. (Hg.) Institution – Macht – Repräsentation. Wofür politische Institutionen stehen und wie sie wirken. Baden-Baden, 11–62.

Göhler, G. (Hg.) 1994. Die Eigenart der Institutionen. Zum Profil politischer Institutionentheorie. Baden-Baden,

Golden, M. 2008. Greek sport and social status. Austin.

Gorlin, C. 1988. The Spensithios decree and Archaic Cretan civil status, *ZPE* 74, 159–64.

Graepler, D. 1997. Tonfiguren im Grab. Fundkontexte hellenistischer Terrakotten aus der Nekropole von Tarent. München.

–, 2002. Gräber, in Hölscher, T. (Hg.) Klassische Archäologie. Grundwissen. Stuttgart, 129–39.

Graf, F. 1979. Apollon Delphinios, *MH* 36, 2–22.

–, 2003. Initiation. A concept with a troubled history, in Dodd/Faraone, 3–24.

Greco, E./Lombardo, M. (Hg.) 2005. La grande iscrizione di Gortyna. Centoventi anni dopo la Scoperta. Atti del I. convegno internazionale di studi sulla Messarà, 25–28 maggio 2004. Athen.

Greenhalgh, P.A. 1982. The Homeric *therapon* and *opaon* and their historical implications, *BICS* 29, 69–80.

Gronewald, M. 1993. Der neue Poseidippos und Kallimachos, Epigramm 35, *ZPE* 99, 28–9.

Grote, O. 2011. Die Entstehung und Verbreitung der dorischen Phylen, in Göbel, J./Zech, T. (Hg.) Exportschlager. Kultureller Austausch, wirtschaftliche Beziehungen und transnationale Entwicklungen in der antiken Welt. München, 128–42.

–, 2014. 'The Twenty of the Polis' and the Drerian *phylai*, *Journal of Ancient Civilizations* 29, 63–76.

Gschnitzer, F. 1958. Abhängige Orte im Altertum. München.

–, 1965. *Basileus*. Ein terminologischer Beitrag zur Frühgeschichte des Königtums bei den Griechen, in Menghin, O./Ölberg, H.M. (Hg.) Festschrift Leonhard C. Franz. Innsbruck, 99–112.

–, 1974. Bemerkungen zum Arbeitsvertrag des Schreibers Spensithios, *ZPE* 13, 265–75 = Ders. 2003. Kleine Schriften zum griechischen und römischen Altertum 2. Stuttgart, 94–104.

–, 1981. Griechische Sozialgeschichte. Von der mykenischen bis zum Ausgang der klassischen Zeit. Wiesbaden.

–, 1983. Der Rat in der Volksversammlung. Ein Beitrag des homerischen Epos zur griechischen Verfassungsgeschichte, in Haendel, P./Meid, W. (Hg.) Festschrift R. Muth. Innsbruck, 151–63.

Guarducci, M. 1931. Studi di epigrafia cretese, *Historia Mailand* 5, 218–26.

–, 1933. Intorno alla decima dei Cretesi, *RFIC* 11, 488–91.

–, 1935–50. Inscriptiones Creticae, opera et consilio Friderici Halbherr collectae. 4 Bände. Rom.

–, 1937. La 'eschara' del tempio Greco arcaico, *Studi e Materiali di Storia delle Religioni* 13, 159–65.

–, 1939. Note di epigrafia cretese, *RivFil* 67, 20–35.

–, 1967–1978. Epigrafia Greca, 3 Bände. Rom.

Guettel Cole, S. 1995. Civic cult and civic identity, in Hansen, M.H. (Hg.) Sources for the ancient Greek city-state, 292–325.

Guizzi, F. 1997. Terra comune, pascolo e contributo ai syssitia in Creta arcaica e classica, *AnnArchStorAnt* 4, 45–51.

–, 1999. Sizzizi a Creta in età imperiale? Forme di imposizione tradizionali e finanze cittadine a Lyttos, Collection de l'Ecole française de Rome 256, 275–84.

–, 2001. Hierapytna. Storia di una polis cretese della fondazione alla conquista Romana. Rom.

–, 2011. Houses in the household 1. Ownership and use of dwelling places in Gortynian inscriptions, in Glowacki/Vogeikoff-Brogan, 393–9.

Guralnick, E. 2004. A group of Near Eastern bronzes from Olympia, *AJA* 108, 187–222.

Hägg, R. (Hg.) 1983. The Greek renaissance of the eighth century BC. Tradition and innovation. Proceedings of the second international symposium at the Swedish Institute in Athens. Stockholm.

Hägg, R./Marinatos, N./Nordquist, G.C. (Hg.) 1988. Early Greek cult practice. Proceedings of the fifth international symposium at the Swedish Institute in Athens. Stockholm.

Häussler, R. (Hg.) 1968. Nachträge zu Otto, A. 1890. Die Sprichwörter und sprichwörtlichen Redensarten der Römer. Darmstadt.

Haggis, D. 1996. Archaeological survey at Kavousi, Crete. Preliminary report, *Hesperia* 65, 373–432.

–, 2005. The archaeological survey of the Kavousi region. Kavousi 1: The results of the excavations at Kavousi in Eastern Crete. Philadelphia.

–, 2013. Social organization and aggregated settlement structure in an Archaic Greek city on Crete, in Birch, J. (Hg.) From prehistoric villages to cities. Settlement aggregation and community transformation. New York, 63–86.

–, 2014. Excavations at Azoria and stratigraphic evidence for the restructuring of Cretan landscapes ca. 600 BC, in Pilz/Seelentag, 11–39.

Haggis, D./Mook, M. 2011. The Early Iron Age transition at Azoria in Eastern Crete, in A. Mazarakis-Ainian (Hg.) The 'Dark Ages' revisited. An international symposium in memory of William D.E. Coulson. Volos, 515–27.

–, 2011a. The Archaic houses at Azoria, in Glowacki/Vogeikoff-Brogan, 367–80.

Haggis, D. et al. 2004. Excavations at Azoria, 2002. *Hesperia* 73, 339–400.

–, 2007. Excavations at Azoria, 2003–2004. Part 1, The Archaic civic complex, *Hesperia* 76, 243–321.

–, 2007a. Excavations at Azoria, 2003–2004. Part 2, The Final Neolithic, Late Prepalatial, and Early Iron Age occupation, *Hesperia* 76, 665–716.

–, 2011. Excavations in the Archaic Civic Building at Azoria in 2005–2006, *Hesperia* 80, 1–70.

–, 2011a. The excavation of Archaic houses at Azoria in 2005–2006, *Hesperia* 80, 431–89.

Hajnal, I. 1985. Die Sprache der ältesten kretischen Dialektinschriften. Ungedruckte Lizentiatsarbeit, Universität Zürich.

Hall, J. 1995. How Argive was the 'Argive' Heraion? The political and cultic geography of the Argive plain, 900–400 BC, *AJA* 99, 577–613.

–, 1995a. The role of language in Greek ethnicities, *PCPhS* 41, 83–100.

–, 1997. Ethnic identity in Greek antiquity. Cambridge.

–, 2002. Hellenicity. Between ethnicity and culture. Chicago.

–, 2007. A history of the Archaic Greek world, ca. 1200–479 BCE. Oxford.

–, 2013. The rise of state-action in the Archaic age, in Beck, 9–21.

Hallpike, C.R. 1986. The principles of social evolution. Oxford.

Halperin, D. 1990. One hundred years of homosexuality. London.

Hammer, D. 1998. Homer, tyranny, and democracy, *GRBS* 39, 331–60.

–, 2002. The *Iliad* as politics. The performance of political thought. Norman.

–, 2004. Ideology, the symposium, and Archaic politics, *AJP* 125, 479–512.

–, 2005. Plebiscitary politics in Archaic Greece, *Historia* 54, 107–31.

–, 2009. What is politics in the ancient world?, in Balot, 20–36.

–, 2009a. Homer and political thought, in Salkever, St. (Hg.) The Cambridge companion to ancient
   Greek political thought. Cambridge, 15–41.

Hansen, M.H. 1995. Die athenische Demokratie im Zeitalter des Demosthenes. Struktur, Prinzipien
   und Selbstverständnis. Berlin.

–, 1996. *Pollachōs polis legetai* (Arist. Pol. 1276A 23). The Copenhagen Inventory of poleis and
   the *Lex Hafnensis de Civitate*, in Hansen, M.H. (Hg.) Introduction to an inventory of poleis.
   Kopenhagen, 7–72.

–, 1997. The Copenhagen Inventory of poleis and the *Lex Hafnensis de Civitate*, in Mitchell/Rhodes,
   9–23.

–, 1997a. The polis as an urban centre and as political community. Kopenhagen.

–, 1998. Polis and city-state. An ancient concept and its modern equivalent. Kopenhagen.

–, 2000. A survey of the use of the word *polis* in Archaic and Classical sources, in Flensted-Jensen,
   173–215.

–, 2000a. Introduction. The concepts of city-state and city-state culture, in Hansen, M.H. (Hg.)
   A comparative study of thirty city-state cultures. An investigation conducted by the Copenhagen
   Polis Centre. Kopenhagen, 11–34.

–, 2002. Was the *polis* a state or a stateless society?, in Nielsen, 17–47.

–, 2006. Polis. An introduction to the ancient Greek city-state. Oxford.

Hansen, M.H. (Hg.) 1993. The ancient Greek city-state. Kopenhagen.

Harris, E.M./Rubinstein, L. (Hg.) 2004. The law and the courts in ancient Greece. London.

Harrison, J. 1921. Epilegomena to the study of Greek religion. Cambridge.

Haubold, J. 2000. Homer's people. Epic poetry and social formation. Cambridge.

Hawke, J. 2006. Athenian politics after Solon, in Papanikos, G.T./Pappas, N. (Hg.) European History.
   Lessons for the 21st century. Essays from the 3rd international conference on European history.
   Athen, 11–26.

–, 2011. Writing authority. Elite competition and written law in early Greece. DeKalb.

Hayden, B.J. 1996. Feasting in prehistoric and traditional societies, in Wiessner/Schiefenhövel,
   127–46.

–, 2009. Funerals as feasts. Why are they so important?, *CambrAJ* 19, 29–52.

Headlam, J.W. 1892–93. The procedure of the Gortynian inscription, *JHS* 13, 48–69.

Heinberg, J.G. 1926. History of the majority principle, *The American Political Science Review* 20,
   52–68.

Helly, B. 1995. L'etat thessalien. Aleuas le Roux, les tétrades et les tagoi. Lyon.

Herbich, I./Dietler, M. 2009. Domestic space, social life and settlement biography. Theoretical
   reflections from the ethnography of a rural African landscape, in Belarte, M. (Hg.) L'espai
   domèstic i l'organització de la societat a la protohistòria de la Mediterrània occidental
   (Ier millenni aC). Barcelona, 11–23.

Herdt, G.H. 1993. Ritualized homosexual behavior in the male cults of Melanesia, 1962–1983.
   An introduction, in Herdt, G.H. (Hg.) Ritualized homosexuality in Melanesia. 2. Auflage,
   Berkeley, 1–81.

–, 1999. Sambia sexual culture. Essays from the field. Chicago.

Herrmann, P. 1981. Teos und Abdera im 5. Jahrhundert v.Chr. Ein neues Fragment der *Teiorum Dirae*,
   Chiron 11, 1–30.

Herrmann, U. 2014. *Anthropos Deinos*. Zur Rolle der Gewalt in der griechischen Archaik im Spiegel der epischen und lyrischen Dichtung. Berlin.

Herzfeld, M. 1985. The poetics of manhood. Contest and identity in a Cretan mountain village. Princeton.

–, 1991. A place in history. Social and monumental time in a Cretan town. Princeton.

Heubeck, A. et al. (Hg.) 1988. A commentary on Homer's *Odyssey*. Vol. 1. Introduction and Books 1–8. Oxford.

–, 1989. A commentary on Homer's *Odyssey*. Vol. 2. Books 9–16. Oxford.

–, 1992. A commentary on Homer's *Odyssey*. Vol. 3. Books 17–24. Oford.

Heuss, A. 1934. Abschluss und Beurkundung des griechischen und römischen Staatsvertrages, *Klio* 27, 14–53, 218–57.

–, 1946. Die archaische Zeit Griechenlands als geschichtliche Epoche, *AuA* 2, 26–62.

–, 1981. Vom Anfang und Ende ‚archaischer‘ Politik bei den Griechen, in Kunz, J. et al. (Hg.) Gnomosyne. Festschrift für Walter Marg. München, 1–29 = Ders. 1995. Gesammelte Schriften in 3 Bänden, Band 1: Griechische Geschichte. Stuttgart, 39–67.

Hildebrandt, B. 2007. Damos und Basileus. Überlegungen zu Sozialstrukturen in den Dunklen Jahrhunderten Griechenlands. München.

Hirschberger, M. 2004. *Gynaikon katalogos* und *Megalai ehoiai*. Ein Kommentar zu den Fragmenten zweier hesiodeischer Epen. München/Leipzig.

HGIÜ = Brodersen, K./Günther, W./Schmitt, H. 1992. Historische griechische Inschriften in Übersetzung. Band 1: Die archaische und klassische Zeit. Darmstadt.

Hobsbawm, E.J./Ranger, T. (Hg.) 1983. The invention of tradition. Cambridge.

Hodder, I. 1982. Symbols in action. Cambridge.

Hodkinson, S. 1983. Social order and the conflict of values in Classical Sparta, *Chiron* 13, 239–81.

–, 1986. Land tenure and inheritance in Classical Sparta, *CQ* 36, 378–406.

–, 1993. Warfare, wealth, and the crisis of Spartiate society, in Rich, J./Shipley, G. (Hg.) War and society in the Greek world. London, 146–76.

–, 1997. The development of Spartan society and institutions in the Archaic period, in Mitchell/ Rhodes, 88–112.

–, 1998. Lakonian artistic production and the problem of Spartan austerity, in Fisher/van Wees, 93–117.

–, 2000. Property and wealth in Classical Sparta. London.

Hodkinson, S. (Hg.) 2009. Sparta. Comparative approaches. London.

Hoeck, K. 1829. Kreta. Ein Versuch zur Aufhellung der Mythologie und Geschichte, der Religion und Verfassung dieser Insel, von den ältesten Zeiten bis auf die Römer-Herrschaft. Göttingen.

Höckmann, U./Kreikenbom, D. (Hg.) 2001. Naukratis. Die Beziehungen zu Ostgriechenland, Ägypten und Zypern in archaischer Zeit. Akten der Table Ronde in Mainz, 25.–27. November 1999. Möhnesee.

Hölkeskamp, K.-J. 1992. Written law in Archaic Greece, *PCPhS* 38, 87–117.

–, 1992a. Arbitrators, lawgivers and the 'codification of law' in Archaic Greece. Problems and perspectives, *Métis* 7, 49–81.

–, 1993. Demonax und die Neuordnung der Bürgerschaft von Kyrene, *Hermes* 121, 404–21.

–, 1994. Tempel, Agora und Alphabet. Die Entstehungsbedingungen von Gesetzgebung in der archaischen Polis, in Gehrke, H-J. (Hg.) Rechtskodifizierung und soziale Normen im interkulturellen Bereich. Tübingen, 135–64.

–, 1997. Agorai bei Homer, in Eder, W./Hölkeskamp, K-J. (Hg.) Volk und Verfassung im vorhellenistischen Griechenland. Stuttgart, 1–19.

–, 1999. Schiedsrichter, Gesetzgeber und Gesetzgebung im archaischen Griechenland. Stuttgart.

–, 2000. (In-)Schrift und Monument. Zum Begriff des Gesetzes im archaischen und klassischen Griechenland, *ZPE* 132, 73–96.

–, 2000a. Zwischen Agon und Argumentation. Rede und Redner in der archaischen Polis, in Neumeister, Chr./Raeck, W. (Hg.) Rede und Redner. Bewertung und Darstellung in den antiken Kulturen. Möhnesee, 17–43.

–, 2002. *Ptolis* und *agore*. Homer and the archaeology of the city-state, in Montanari, 297–342.

–, 2002a. Nomos, Thesmos und Verwandtes. Vergleichende Überlegungen zur Konzeptualisierung geschriebenen Rechts im klassischen Griechenland, in Cohen, D. (Hg.) Demokratie, Recht und soziale Kontrolle im klassischen Athen. München, 115–46.

–, 2003. Institutionalisierung durch Verortung. Die Entstehung der Öffentlichkeit im frühen Griechenland, in Hölkeskamp et al., 81–104.

–, 2004. Rekonstruktionen einer Republik. Die politische Kultur des antiken Rom und die Forschung der letzten Jahrzehnte. München.

–, 2005. What's in a code? Solon's laws between complexity, compilation and contingency, *Hermes* 133, 280–93.

–, 2006. Konsens und Konkurrenz. Die politische Kultur der römischen Republik in neuer Sicht, *Klio* 88.2, 360–96.

–, 2010. Reconstructing the Roman Republic. An ancient political culture and modern research. Princeton/Oxford

–, 2010a. Prominenzrollen und Karrierefelder. Einleitende Bemerkungen zu Thematik und Begriffen, in Blösel, W./Hölkeskamp, K-J. (Hg.) Von der *militia equestris* zur *militia urbana*. Prominenzrollen und Karrierefelder im antiken Rom. Stuttgart, 9–27.

Hölkeskamp, K-J. et al. (Hg.) 2003. Sinn (in) der Antike. Orientierungssysteme, Leitbilder und Wertkonzepte im Altertum. Mainz.

Hölscher, T. 1998. Öffentliche Räume in frühen griechischen Städten. Heidelberg.

Höschele, R. 2006. Verrückt nach Frauen. Der Epigrammatiker Rufin. Tübingen.

Hoffman, G. 1997. Imports and immigrants. Near Eastern contacts with Iron Age Crete. Ann Arbor.

Hoffmann, H. 1972. Early Cretan armorers. Mainz.

Hood, S./Smyth, D. 1981. An archaeological survey of Knossos. London.

Hopwood, K. (Hg.) 1999. Organized crime in Antiquity. London.

Horden, P./Purcell, N. 2000. The corrupting sea. A study of Mediterranean history. Oxford.

Humphreys, S. 1974. The social structure of the ancient city, *ASNP* 4, 331–67.

–, 1985. Law as discourse, *History and Anthropology* 1, 241–64.

–, 1988. The discourse of law in Archaic and Classical Greece, *Law and History Review* 6, 465–93.

Hunter, V. 1990. Gossip and the politics of reputation in Classical Athens, *Phoenix* 44, 299–325.

Huxley, G.L. 1971. Crete in Aristotle's *Politics*, *GRBS* 12, 505–15.

–, 1994. On Knossos and her neighbours (7th to mid-4th century BC), in Evely, D./Hughes-Brock, H./Momigliano, N. (Hg.) Knossos. A labyrinth of history. Papers presented in honour of Sinclair Hood. London/Bloomington, 123–33.

Irwin, E. 2005. Solon and early Greek poetry. The politics of exhortation. Cambridge.

Jaeger, W. 1934. Aristotle. Oxford.

Jameson, M. 1994. Class in the ancient Greek countryside, in Doukellis/Mendoni, 55–63

Jarausch, K.H./Sabrow, M. 2002. ‚Meistererzählung'. Zur Karriere eines Begriffs, in Jarausch, K.H./Sabrow, M. (Hg.) Die historische Meistererzählung. Deutungslinien der deutschen Nachkriegsgeschichte nach 1945. Göttingen, 9–32.

Jeanmaire, H. 1939. Couroi et Courètes. Lille.

Jeffery, L.H. 1956. The courts of justice in ancient Chios, *ABSA* 51, 157–67.

–, 1990. The local scripts of Archaic Greece. A study of the origin of the Greek alphabet and its development from the eighth to the fifth centuries BC. 2. Auflage, Oxford.

Jeffery, L.H./Morpurgo-Davies, A. 1970. *Poinikastas* and *poinikazein*: BM 1969. 4–2.1. A new Archaic inscription from Crete, *Kadmos 9*, 118–54.

Jehne, M. 2001. Integrationsrituale in der römischen Republik. Zur einbindenden Wirkung der Volksversammlungen, in Urso, G. (Hg.) Integrazione, mescolanza, rifiuto. Incontri di popoli, lingue e culture in Europa dall'Antichità all'Umanesimo. Rom, 89–113.

Jehne, M./Lundgreen, Chr. 2013. Einleitung: Gemeinsinn und Gemeinwohl in der römischen Antike, in Jehne, M./Lundgreen, Chr. (Hg.) Gemeinsinn und Gemeinwohl in der römischen Antike. Stuttgart, 9–19.

Jellinek, G. 1914. Allgemeine Staatslehre. 3. Auflage, Berlin.

Johnston, A. 1983. The extent and use of literacy. The archaeological evidence, in Hägg 1983, 63–8.

–, 1993. Pottery from Archaic building Q at Kommos, *Hesperia 62*, 339–82.

Johnston, S.I. 2003. 'Initiation' in myth, 'initiation' in practice. The *Homeric Hymn to Hermes* and its performative context, in Dodd/Faraone, 155–80.

Jones, D.W. 2000. External relations of Early Iron Age Crete, 1100–600 BC. Philadelphia.

Jones, H.L. 1961. The Geography of Strabo, Band 5. ND, London.

Jones, N.F. 1987. Public organization in ancient Greece. A documentary study. Philadelphia.

Jones, S. 1974. Men of influence in Nuristan. London.

Jordovic, I. 2005. Did the ancient Greeks know of collective tyranny?, *Balcanica 36*, 17–35.

Junker, K. 2002. Symposiongeschirr oder Totengefäße? Überlegungen zur Funktion attischer Vasen des 6. und 5. Jahrhunderts v.Chr., *Antike Kunst 45*, 3–25.

–, 2005. Griechische Mythenbilder. Eine Einführung in ihre Interpretation. Stuttgart/Weimar.

Kahrstedt, U. 1942. Zwei Urkunden zur Geschichte von Argos und Kreta in der Pentekontaëtie, *Klio 34*, 72–91.

Kapsomenos, S.G. 1962. Zur Etymologie von *kresphygeton*, *Glotta 40*, 43–50.

Karabélias, E. 2004. Recherches sur la condition juridique et sociale de la fille unique dans le monde grec ancien excepté Athènes. Athen.

Karageorghis, V. (Hg.) 1979. Acts of the International Archaeological Symposium: The relations between Cyprus and Crete, ca. 2000–500 BC, Nikosia 16.–22. April 1978. Nikosia.

–, (Hg.) 1986. Acts of the international archaeological symposium: Cyprus between the Orient and the Occident, Nikosia, 8.–14. September 1985. Nikosia.

Karageorghis, V./Stampolidis, N. (Hg.) 1998. Eastern Mediterranean. Cyprus, Dodecanese, Crete, 16th–6th centuries BC. Athen.

Kehne, P. 2014. Das attische Seereich (478–404 v.Chr.) und das spartanische Hegemonialreich (nach 404 v.Chr.): Griechische Imperien?, in Gehler, M./Rollinger, R. (Hg.) Imperien und Reiche in der Weltgeschichte. Epochenübergreifende und globalhistorische Vergleiche, Teil 1: Imperien des Altertums, mittelalterliche und frühneuzeitliche Imperien. Wiesbaden, 329–62.

Kennell, N.M. 1995. The gymnasium of virtue. Education and culture in ancient Sparta. Chapel Hill.

–, 2013. Age-class societies in ancient Greece?, *AncSoc 43*, 1–73.

Kieckers, E. 1908. Die lokalen Verschiedenheiten im Dialekte Kretas. Marburg.

Kienast, D. 2005. Die Funktion der attischen Demen von Solon bis Kleisthenes, *Chiron 35*, 69–100.

King, P. 1988. Amos, Hosea, Micah. An archaeological commentary. Philadelphia.

Kirk, G. 1962. The songs of Homer. Cambridge.

–, 1985. The *Iliad*. A commentary. Vol. 1, Books 1–4. Cambridge.

Kirner, G. 2001. Polis und Gemeinwohl. Zum Gemeinwohlbegriff in Athen vom 6. bis 4. Jahrhundert v.Chr., in Münkler, H./Bluhm, H. (Hg.) Gemeinwohl und Gemeinsinn. Historische Semantiken politischer Leitbegriffe. Berlin, 31–63.

Kirsten, E. 1940. Dreros, RE Suppl. 7, 128–49.

–, 1942. Das dorische Kreta I. Die Insel Kreta im fünften und vierten Jahrhundert. Würzburg.

–, 1956. Die griechische Polis als historisch-geographisches Problem des Mittelmeerraumes. Bonn.

Kistler, E. 1998. Die ‚Opferrinne-Zeremonie‘. Bankettideologie am Grab, Orientalisierung und Formierung einer Adelsgesellschaft in Athen. Stuttgart.

–, 2001. Kriegsbilder, Aristie und Überlegenheitsideologie im spätgeometrischen Athen, GFA 4, 159–85.

–, 2004. ‚Kampf der Mentalitäten‘: Ian Morris' "elitist" versus "middling ideology", in Rollinger/Ulf, 145–76.

–, 2005. Ehefrauen im Megaron, aber keine im Andron! Ranghohe Frauen beim Bankett im vor- und früharchaischen Griechenland, in Harich-Schwarzbauer, H./Späth, Th. (Hg.) Gender Studies in den Altertumswissenschaften. Räume und Geschlechter in der Antike. Trier, 15–36.

–, 2012. À la lydienne … mehr als nur eine Mode, in Günther, L-M. (Hg.) Tryphe und Kultritual im archaischen Kleinasien – ex oriente luxuria? Wiesbaden, 59–73.

Knoepfler, D. 1997. Le territoire d'Erétrie et l'organisation politique de la cité (demoi, choroi, phylai), in Hansen, 352–449.

Knauft, B. 1986. Text and social practice. Narrative 'longing' and bisexuality among the Gebusi of New Guinea, Ethos 14, 252–81.

–, 1993. South coast New Guinea cultures. History, comparison, dialectic. Cambridge.

Kocevalov, A. 1928. Kosmos in der Bedeutung ‚Kosmenkollegium‘ in den kretischen Dialekt-Inschriften, RhM 77, 289–92.

Koch-Harnack, G. 1983. Knabenliebe und Tiergeschenke. Ihre Bedeutung im päderastischen Erziehungssystem Athens. Berlin.

Koehl, R.B. 1986. The Chieftain Cup and a Minoan rite of passage, JHS 106, 99–110.

–, 1997. The villas at Ayia Triada and Nirou Chani and the origin of the Cretan andreion, in Hägg, R. (Hg.) The function of the 'Minoan villa'. Proceedings of the 8th international symposium at the Swedish Institute at Athens, 6.–8. Juni 1992. Stockholm, 137–49.

–, 1997a. Ephoros and ritualized homosexuality in Bronze Age Crete, in Duberman, 7–13.

Köhnken, A. 1993. Gattungstypik in kallimacheischen Weihepigrammen, in Dalfen, J./Petersmann, G./ Schwarz, F.F. (Hg.) Religio Graeco-Romana. Festschrift W. Pötscher. Graz/Horn, 119–30.

Koerner = Koerner, R. 1993. Inschriftliche Gesetzestexte der frühen griechischen Polis. Aus dem Nachlaß herausgegeben von K. Hallof. Köln et al.

Koerner, R. 1981. Vier frühe Verträge zwischen Gemeinwesen und Privatleuten auf griechischen Inschriften, Klio 63, 179–206.

–, 1985. Tiryns als Beispiel einer frühen dorischen Polis, Klio 67, 452–7.

–, 1987. Beamtenvergehen und deren Bestrafung nach frühen griechischen Inschriften, Klio 69, 450–98.

–, 1987a. Zur Landaufteilung in griechischen Poleis in älterer Zeit, Klio 69, 443–9.

Kohler, J./Ziebarth, E. 1912. Das Stadtrecht von Gortyn und seine Beziehungen zum gemeingrie-chischen Rechte. Göttingen.

Kontoleon, N. 1970. Aspects de la Grèce préclassique. Paris.

Kotsonas, A. 2002. The rise of the polis in central Crete, Eulimene 3, 37–74.

–, 2006. Wealth and status in Iron Age Knossos, OJA 25, 149–72.

–, 2008. The archaeology of tomb A1K1 of Orthi Petra in Eleutherna. The Early Iron Age pottery. Heraklion.

Kramer, F. 1983. Die social anthropology und das Problem der Darstellung anderer Gesellschaften, in Kramer/Sigrist 1, 9–27.

Kramer, F./Sigrist, Chr. (Hg.) 1983. Gesellschaften ohne Staat. 2 Bände. Frankfurt.

Kristensen, K.R. 1994. Men, women and property in Gortyn. The *karteros* of the Law Code, *CeM* 45, 5–26.

–, 2002. On the Gortynian *pyla* and *startos* of the 5th century BC, *CeM* 53, 65–80.

–, 2004. Codification, tradition and innovation in the Law Code of Gortyn, *Dike* 7, 135–68.

–, 2004a. Gortynian debt bondage. Some new considerations on IC IV 41 IV–VII.47 and 72 I.56–II.2, X.25–32, *ZPE* 149, 73–9.

–, 2007. Inheritance, property, and management. Gortynian family law revisited, in Cantarella, 89–100.

–, 2014. Archaic laws and the development of civic identity in Crete, c. 650–450 BCE, in Pilz/ Seelentag, 141–57.

Kritzas, Ch. 2010. Φοινικήια γράμματα. Νέα αρχαϊκή επιγραφή από την Έλτυνα, in Rethemiotakes, G./ Englezou, M. (Hg.) Το Γεωμετρικό νεκροταφείο της Έλτυνας. Heraklion, 1–23.

Kühr, A. 2006. Als Kadmos nach Boiotien kam. Polis und Ethnos im Spiegel thebanischer Gründungsmythen. Stuttgart.

Kullmann, W. 1960. Die Quellen der *Ilias*. Troischer Sagenkreis. Wiesbaden.

–, 1988. 'Oral tradition/Oral history' und die frühgriechische Epik, in Ungern-Sternberg, J./ Reinau, H. (Hg.) Vergangenheit in mündlicher Überlieferung. Stuttgart, 184–96.

–, 1993. Festgehaltene Kenntnisse im Schiffskatalog und im Troerkatalog der *Ilias*, in Kullmann, W./ Althoff, J. (Hg.) Vermittlung und Tradierung von Wissen in der griechischen Kultur. Tübingen, 129–147.

–, 2009. Poesie, Mythos und Realität im Schiffskatalog der *Ilias*, *Hermes* 137, 1–20.

Kunze, E. 1931. Kretische Bronzereliefs. Stuttgart.

Kurke, L. 1992. The politics of *habrosyne* in Archaic Greece, *ClAnt* 11, 91–120.

–, 1999. Coins, bodies, games, and gold. The politics of meaning in Archaic Greece. Princeton.

Kyriakidis, E. 2012. Borders and territories. The borders of Classical Tylissos, *CCJ* 58, 115–44.

Labrinudakis, W./Wörrle, M. 1983. Ein hellenistisches Reformgesetz über das öffentliche Urkundenwesen von Paros, *Chiron* 13, 282–368.

Lahr, S. von der 1992. Dichter und Tyrannen im archaischen Griechenland. Das *Corpus Theognideum* als zeitgenössische Quelle politischer Wertvorstellungen archaisch-griechischer Aristokraten. München.

Laix, R.A. de 1973. *Probouleusis* at Athens. A study of political decision-making. Berkeley.

Lakin, K. 2005. Legal pluralism in Archaic Greece, *Princeton and Stanford Working Papers in Classics*, Dezember 2005.

Lambert, St. 2012. Inscribed Athenian laws and decrees, 352/1–322/1. Epigraphical essays. Leiden.

Landschaftverband Rheinland (Hg.) 2009. Alter in der Antike: „Die Blüte des Alters aber ist die Weisheit". Katalog zur Ausstellung. Bonn.

Lane Fox, R. 2008. Travelling heroes. Greeks and their myths in the epic age of Homer. London.

Lang, F. 1996. Archaische Siedlungen in Griechenland. Struktur und Entwicklung. Berlin.

–, 2007. House, community, settlement. The new concept of living in Archaic Greece, in Westgate/ Fisher/Whitley, 183–93.

Langdon, S. 2001. Beyond the grave. Biographies from early Greece, *AJA* 105, 579–606.

–, 2008. Art and identity in Dark Age Greece, 1100–700. Cambridge.

Lanni, A. 1997. Spectator sport or serious politics? *hoi periestekotes* and the Athenian lawcourts, *JHS* 117, 183–9.

–, 2006. Law and justice in the courts of Classical Athens. Cambridge.

Larsen, J.A. 1936. Perioeci in Crete, *CPh* 31, 11–22.

–, 1949. The origin and significance of the counting of votes, *CPh* 44, 164–81.

Latacz, J. 1977. Kampfparänese, Kampfdarstellung und Kampfwirklichkeit in der *Ilias*, bei Kallinos und Tyrtaios. München.

Latacz, J. (Hg.) 1998. Die griechische Literatur in Text und Darstellung. Band 1: Archaische Periode. Stuttgart.

Latte, K. 1931. Beiträge zum griechischen Strafrecht 2. Die Strafen, *Hermes*, 129–58.

Lausberg, M. 1982. Das Einzeldistichon. Studien zum antiken Epigramm. München.

Lavrencic, M. 1988. Andreion, *Tyche* 3, 147–61.

Lebessi, A. 1976. A sanctuary of Hermes and Aphrodite in Crete, *Expedition* 18.3, 2–15.

–, 1976a. *Hoi steles tou Prinia*. Athen.

–, 1985. *To hiero tou Herme kai tes Aphrodites ste Syme Viannou*. Band 1.1: *Chalkina kretika toreumata*. Athen.

–, 1991. Flagellation ou auto-flagellation. Données iconographiques pour une tentative d'interprétation, *BCH* 115, 99–123.

–, 1991a. *Hoi logoi tes aktinobolias enos kretikou hierou*, *Mentor* 18, 160–5.

–, 2002. *To hiero tou Herme kai tes Aphrodites ste Syme Viannou*. Band 3: *Ta chalkina anthro-pomorpha eidolia*. Athen.

Leduc, C. 1993. Heirat im antiken Griechenland (9.–4. Jh. v.Chr.), in Schmitt Pantel, P. (Hg.) Geschichte der Frauen 2: Antike. Frankfurt/New York, 263–320.

Lefèvre-Novaro, D. et al. 2013. Dreros e Prinias. Nuovi dati e prospettive di ricerca sulla polis a Creta, *Thiasos* 2, 3–20.

Leitao, D.D. 1995. The perils of Leukippos. Initiatory transvestism and male gender ideology in the Ekdusia of Phaistos, *ClAnt* 14, 130–63.

Lemos, I. 2007. "… *epei pore myria enda* …". Homeric reflections in Early Iron Age elite burials, in Alram-Stern/Nightingale, 275–83.

Leuthäusser, W. 1998. Die Entwicklung staatlich organisierter Herrschaft in frühen Hochkulturen am Beispiel des Vorderen Orients. Frankfurt/M.

Leutsch, E.L. von (Hg.) 1851. Corpus Paroemiographorum Graecorum 2. Göttingen.

Leutsch, E.L. von/Schneidewin, F.G. (Hg.) 1839. Corpus Paroemiographorum Graecorum 1. Göttingen.

Levi, D. 1927–1929. Arcades: Una città cretese all'alba della civiltà ellenica, *ASAtene* 10–12, 1–723.

–, 1930–1931. I bronzi di Axos, *ASAtene* 13–14, 43–146.

Lévy, E. 1997. Libres et non-libres dans le Code de Gortyne, in Brulé, P./Oulhen, J. (Hg.) Esclavage, guerre, économie en Grèce ancienne. Hommage à Yvon Garlan. Rennes, 25–41.

–, 2000. La coherence du Code de Gortyne, in Lévy, 185–214.

Lévy, E. (Hg.) 2000. La codification des lois dans l'antiquité. Actes du colloque de Strasbourg, 27–29 novembre 1997. Paris.

Lewis, D. 2013. Slave marriages in the laws of Gortyn. A matter of rights?, *Historia* 62, 390–416.

Leypold, Chr. 2008. Bankettgebäude in griechischen Heiligtümern. Wiesbaden.

Link, St. 1991. Landverteilung und sozialer Frieden im archaischen Griechenland. Stuttgart.

–, 1994. Das griechische Kreta. Untersuchungen zu seiner staatlichen und gesellschaftlichen Entwicklung vom 6. bis zum 4. Jahrhundert v.Chr. Stuttgart.

–, 1994a. Der Kosmos Sparta. Recht und Sitte in klassischer Zeit. Darmstadt.

–, 1997. Versprochene Töchter? Noch einmal zur Ehefrau als Erbtochter im Recht von Gortyn, *ZRG* 114, 378–91.

–, 1998. "Durch diese Tür geht kein Wort hinaus" (Plut. Lyk. 12.8). Bürgergemeinschaft und Syssitien in Sparta, *Laverna* 9, 82–112.

–, 1998a. Die vermögensrechtliche Stellung der Frau nach dem *Großen Gesetz* von Gortyn, *ZRG* 115, 214–34.

–, 1998b. Zur Aussetzung neugeborener Kinder in Sparta, *Tyche* 13, 153–64.

–, 1999. Der geliebte Bürger. Zur Rolle von *paideia* und *paidika* in Sparta und auf Kreta, *Philologus* 143, 3–25.

–, 2000. Das frühe Sparta. Untersuchungen zur spartanischen Staatsbildung im 7. und 6. Jahrhundert v.Chr. St. Katharinen.

–, 2001. *Dolos* und *Woikeus* im Recht von Gortyn, *Dike* 4, 87–112.

–, 2002. 100 Städte – 100 Verfassungen? Einheitlichkeit und Vielfalt in den griechischen Städten Kretas, *Cretan Studies* 7, 149–75.

–, 2003. Kosmoi, Startoi und Iterationsverbote. Zum Kampf um das Amt des Kosmos auf Kreta, *Dike* 6, 139–49.

–, 2003a. "but not more!" Female inheritance in Cretan Gortyn, in Lyons, D./Westbrook, R. (Hg.) Women and property in Ancient Near Eastern and Mediterranean societies, *Harvard Center for Hellenic Studie*s – www.chs.harvard.edu/publications.sec.

–, 2003b. Eunomie im Schoß der Rhetra? Zum Verhältnis von Tyrt. frgm. 14 W und Plut. Lyk. 6.2 und 8, *GFA* 6, 141–50.

–, 2008. Aristoteles, Ephoros und die ‚Kretische Verfassung‘, *Gymnasium* 115, 469–79.

–, 2008a. Staatliche Institution und innergemeindlicher Diskurs. Politische Entscheidungsfindung in Sparta?, *HZ* 287, 1–35.

–, 2009. Education and pederasty in Spartan and Cretan society, in Hodkinson, 89–111.

–, 2014. "… there shall be no punishment to them." Observance of law and social integration in Sparta and Crete, in Pilz/Seelentag, 159–76.

Linke, B. 1995. Von der Verwandschaft zum Staat. Die Entstehung politischer Organisationsformen in der frührömischen Geschichte. Stuttgart.

Lipsius, H. 1909. Zum Recht von Gortyns, *ASGW* 27, 391–410.

Lochner-Hüttenbach, F. 1960. Die Pelasger. Wien.

Loraux, N. 1990. La majorité, le tout et la moitié. Sur l'arithmétique athénienne du vote, *Le Genre humain* 22, 89–110.

–, 2002. The divided city. On memory and forgetting in ancient Athens. New York.

Lotze, D. 1959. *Metaxy eleutherōn kai doulōn*. Studien zur Rechtsstellung unfreier Landbevölkerungen in Griechenland bis zum 4. Jahrhundert v.Chr. Berlin.

–, 1962. Zu den *woikeés* von Gortyn, *Klio* 40, 32–43.

LSAG = Jeffery, L.H. 1990. The local scripts of Archaic Greece. A study of the origin of the Greek alphabet and its development from the eighth to the fifth centuries BC. 2. Auflage, Oxford.

Luhmann, N. 1969. Legitimation durch Verfahren. Frankfurt.

–, 1970. Institutionalisierungs-Funktion und Mechanismus im sozialen System, in Schelsky, 27–41.

Luke, J. 1994. The krater, 'kratos', and the 'polis', *G&R* 41, 23–32.

Lundgreen, Chr. 2014. Staatsdiskurse in Rom? Staatlichkeit als analytische Kategorie für die römische Republik, in Lundgreen, 13–61.

Lundgreen, Chr. (Hg.) 2014. Staatsdiskurse (in) der römischen Republik. Stuttgart.

Lupu, E. 2005. Greek sacred law. A collection of new documents. Leiden.

Luraghi, N. 2002. Helotic slavery reconsidered, in Powell, A./Hodkinson, St. (Hg.) Sparta. Beyond the mirage. London, 227–48.

–, 2003. The imaginary conquest of the helots, in Luraghi/Alcock, 109–41.

–, 2009. The helots. Comparative approaches, ancient and modern, in Hodkinson, 261–304.

Luraghi, N./Alcock, S.E. (Hg.) Helots and their masters in Laconia and Messenia. Histories, ideologies, structures. Cambridge/London.

Luther, A. 2004. Könige und Ephoren. Untersuchungen zur spartanischen Verfassungsgeschichte. Frankfurt.

Luther, A./Meier, M./Thommen, L. (Hg.) 2006. Das frühe Sparta. Stuttgart.

576 —— Literaturverzeichnis

Lynch, K.M. 2007. More thought on the space of the symposium, in Westgate/Fisher/Whitley, 243–9.
Lyons, D. 2012. Dangerous gifts. Gender and exchange in ancient Greece. Austin.

Maarschalk, R.L. 2011. Continuity and change. Identity in LM IIIC to Hellenistic East Crete. Ungedruckte Dissertation, Department of Archaeology, University of Sheffield.
Maaskant-Kleibrink, M. (Hg.) 1996–97. Caeculus III: Debating Dark Ages. Papers on Mediterranean Archaeology. Groningen.
MacDowell, D.M. 1978. The law in Classical Athens. London.
Maffi, A. 1983. Studi di epigrafia giuridica greca. Mailand.
–, 1988. L'iscrizione di Ligdamis. Triest.
–, 1988a. Chreos nel 'Codice' di Gortina, in *Atti del Seminario sulla Problematica contrattuale in Diritto Romano* 1, 273–86.
–, 1991. Adozione e strategie successorie a Gortina e ad Atene, in Gagarin, 205–31.
–, 1995. Encore une fois le mariage de la patrôoque "donnée" dans le Code de Gortyne, *RH* 73, 222–6.
–, 2003. Studi recenti sul Codice di Gortina, *Dike* 6, 161–226.
–, 2003a. Il diritto di famiglia nel Codice di Gortina. Mailand.
Malkin, I. 1994. Myth and territory in the Spartan Mediterranean. Cambridge.
Mandalaki, A. 2000. *Ho 'klaros' ste megale dodekadelto epigrafe tes Gortynos*, *Tekmeria* 5, 71–86.
–, 2004. *Koinonia kai oikonomia sten Krete kata ten archaike kai ten klassike epoche*. Heraklion.
–, 2010. *Kritikes parateresseis sten epigraphe* ICret I x (Eltynia) 2, *EHHD* 42, 9–42.
Manganaro, G. 1966. Iscrizione opistographa di Axos con prescrizioni sacrali e con un trattato di symmachia, *Historia* 15, 11–22.
–, 1974. Epigrafia e istituzioni di Creta, in Antichità Cretesi, 39–58.
–, 1995. Rilettura di tre iscrizioni Archaiche Greche, *Kadmos* 34, 141–8.
Mann, C. 1998. Krieg, Sport und Adelskultur. Zur Entstehung des griechischen Gymnasions, *Klio* 80.1, 7–21.
–, 2001. Athlet und Polis im archaischen und frühklassischen Griechenland. Göttingen.
–, 2007. Die Demagogen und das Volk. Zur politischen Kommunikation im Athen des 5. Jahrhunderts v.Chr. Berlin.
–, 2008. Politische Gleichheit und gesellschaftliche Stratifikation. Die athenische Demokratie aus der Perspektive der Systemtheorie, *HZ* 286, 1–35.
Manville, B. 1990. The origins of citizenship in ancient Athens. Princeton.
Marcadé, J. 1949. Une casque crétois trouvé à Delphes, *BCH* 73, 421–36.
Marchetti, P. 2008. Les dieux et héros du dromos dorien I. Réflexions sur les références légendaires de l'espace civique de Sparte et d'Argos chez Pausanias, *ARG* 10, 85–113.
Marginesu, G. 2005. Gortina di Creta. Prospettive epigrafiche per lo studio della forma urbana. Athen.
–, 2006. Divieto di iterazione del kosmos e liste di magistrati. Nota sulla 'Legge constituzionale di Dreros', *PP* 61, 271–8.
–, 2014. Use, re-use and erasure of Archaic and Classical Gortynian inscriptions. An archaeological perspective, in Pilz/Seelentag, 207–18.
Marinatos, N. 2000. The goddess and the warrior. The naked goddess and Mistress of Animals in early Greek religion. London.
–, 2003. Striding across boundaries. Hermes and Aphrodite as gods of initiation, in Dodd/Faraone, 130–51.
Marinatos, S. 1935. Le temple et les statuettes archaïques en bronze de Dréros (Crète), *CRAI*, 478–89.
–, 1936. Le temple géométrique de Dréros, *BCH* 60, 214–85.
–, 1936a. Ausgrabungen und Funde auf Kreta, 1935–1936, *AA* 51, 215–28.

Markoe, G. 1985. Phoenician bronze and silver bowls from Cyprus and the Mediterranean. Berkeley et al.

–, 1996. The emergence of orientalizing in Greek art. Some observations on the interchange between Greeks and Phoenicians in the eighth and seventh centuries BC, *BASOR* 301, 47–67.

Martin, J. 1974. Von Kleisthenes zu Ephialtes, *Chiron* 4, 5–42.

–, 1976. Zur Entstehung der Sophistik, *Saeculum* 27, 143–64.

–, 1979. Dynasteia. Eine begriffs-, verfassungs- und sozialgeschichtliche Skizze, in Koselleck, R. (Hg.) Historische Semantik und Begriffsgeschichte. Stuttgart, 228–41.

–, 1990. Aspekte antiker Staatlichkeit, in Eder, W. (Hg.) Staat und Staatlichkeit in der frühen römischen Republik. Akten eines Symposiums 1988, Freie Universität Berlin. Stuttgart, 220–32.

–, 2003. Bedingungen der frühgriechischen Philosophie, in Piepenbrink, K. (Hg.) Philosophie und Lebenswelt in der Antike. Darmstadt, 22–35.

Martin, Ro. 1951. Recherches sur l'Agora grecque. Paris.

Martin, Ri. 2005. Cretan Homers. Tradition, politics, fieldwork, Classics@ 3: The Homerizon. Conceptual interrogations in Homeric studies, 27 June–1 July 2005, The Center for Hellenic Studies. Harvard University.

Martínez Fernández, Á. 1997. Estudio sobre el vocabulario jurídico en el dialecto cretense, *Fortunatae* 9, 103–29.

–, 1999. El vocabulario relativo a los magistrados y funcionarios en las inscripciones cretenses, in Ignasi-Xavier, A. (Hg.) Actes del XIII Simposi de la Secció Catalana de la S.E.E.C., Tortosa, 15.–18. April 1998. Tortosa, 225–7.

Masson, O. 1963. Notes epigraphiques, *Glotta* 41, 63–8.

Matthäus, H. 1993. Zur Rezeption orientalischer Kunst-, Kultur- und Lebensformen in Griechenland, in Raaflaub, K./Müller-Luckner, E. (Hg.) Anfänge politischen Denkens in der Antike. Die nahöstlichen Kulturen und die Griechen. München, 165–86.

–, 1999. The Greek symposium and the Near East. Chronology and mechanisms of cultural transfer, in Docter, R.F. (Hg.) Proceedings of the XVth International Congress of Classical Archaeology, Amsterdam 1998. Amsterdam, 256–60.

–, 2000. Die Idäische Zeusgrotte auf Kreta. Griechenland und der Vordere Orient im frühen 1. Jahrtausend v.Chr., *ArchAnz* 2000/4, 517–47.

–, 2001. *Krete tis gai esti mesō eni oinopi pontō*. Die Kultur Kretas in protogeometrischer und geometrischer Zeit: Überlegungen zu lokaler Kontinuität und kontaktinduziertem Wandel von Kunst-, Kultur- und Lebensformen, in Böhm, St./Eickstedt, K-V. von (Hg.) Ithake. Festschrift für Jörg Schäfer. Würzburg, 93–106.

–, 2005. Toreutik und Vasenmalerei im früheisenzeitlichen Kreta. Minoisches Erbe, lokale Traditionen und Fremdeinflüsse, in Suter, C./Uehlinger, Ch. (Hg.) Crafts and images in contact. Studies on Eastern Mediterranean art of the first millennium BCE. Fribourg/Göttingen, 291–350.

–, 2008. Die Levante, Kreta und Sardinien. Kulturkontakte des späten 2. und frühen 1. Jahrtausends v.Chr., in Verse, F. et al. (Hg.) Durch die Zeiten… Festschrift für Albrecht Jockenhövel zum 65. Geburtstag. Rahden, 211–19.

Matthaiou, A. 2000–03. *Phraterikos nomos Parou, Horos* 14–6, 307–10.

Maxwell-Stuart, P.G. 1975. Antipater's Eupalamus. A comment on Anth. Graec. 12.97, *AJPh* 96, 13–5.

Mayntz, R. 2005. Governance Theory als fortentwickelte Steuereungstheorie?, in Schuppert, G.F. (Hg.) Governance-Forschung. Vergewisserung über Stand und Entwicklungslinien. Baden-Baden, 11–20.

Mazarakis Ainian, A. 1988. Early Greek temples. Their origin and function, in Hägg/Marinatos/ Nordquist, 105–19.

–, 1997. From rulers' dwellings to temples. Architecture, religion and society in Early Iron Age Greece 1100–700. Jonsered.

–, 2007. Architecture and social structure in Early Iron Greece, in Westgate/Fisher/Whitley, 157–68.

McDonald, W.A. 1956. Note on a fragment of an Archaic inscription from Dreros, *Hesperia* 25, 69–72.

McIntosh, S.K. 1999. Pathways to complexity. An African perspective, in McIntosh, S.K. (Hg.) Beyond chiefdoms. Pathways to complexity in Africa. Cambridge, 1–30.

McLennan, G.R. 1977. Callimachus' *Hymn to Zeus*. Introduction and commentary. Rom.

Meier, C. 1980. Die Entstehung des Politischen bei den Griechen. Frankfurt/M.

–, 1988. Die politische Kunst der griechischen Tragödie. München.

–, 2009. Kultur, um der Freiheit willen. Griechische Anfänge – Anfang Europas? München.

Meier, M. 1998. Aristokraten und Damoden. Untersuchungen zur inneren Entwicklung Spartas im 7. Jahrhundert v.Chr. und zur politischen Funktion der Dichtung des Tyrtaios. Stuttgart.

–, 2002. Tyrtaios fr. 1B G/P bzw. fr. 14 G/P (= fr. 4W) und die Große Rhetra. Kein Zusammenhang?, *GFA* 5, 65–87.

–, 2006. Wann entstand das *homoios*-Ideal in Sparta?, in Luther/Meier/Thommen, 113–24.

Meiggs, R./Lewis, D. (Hg.) 1988. A selection of Greek historical inscriptions to the end of the fifth century BC (Revised edition). Oxford.

Melville, G. (Hg.) 1992. Institutionen und Geschichte. Theoretische Aspekte und mittelalterliche Befunde. Köln/Wien.

Merkelbach, R. 1972. Die Rechte des lyttischen *poinikastas*, *ZPE* 9, 102–3.

Merrill, W.P. 1991. *To plethos* in a treaty concerning the affairs of Argos, Knossos and Tylissos, *CQ* 41, 16–25.

Metzger, R.R. 1973. Untersuchungen zum Haftungs- und Vermögensrecht von Gortyn. Basel.

Meyer, D. 2005. Inszeniertes Lesevergnügen. Das inschriftliche Epigramm und seine Rezeption bei Kallimachos. Stuttgart.

Miller, S.G. 1978. The prytaneion. Its function and architectural form. Berkeley.

Millett, P. 1984. Hesiod and his world, *PCPhS* 30, 84–115.

Mirales Maciá, L. 2007. Marzeah y thíasos. Una institución convival en el Oriente Próximo Antiguo y el Mediterráneo. Madrid.

Mitchell, L.G. 2014. The heroic rulers of Archaic and Classical Greece. London.

Mitchell, L.G./Rhodes, P-J. (Hg.) 1997. The development of the polis in Archaic Greece. London/New York.

Montanari, F. (Hg.) 2002. Omero. Tremila anni doppo. Rom.

Morgan, C. 2003. Greek states beyond the polis. London/New York.

Morris, I. 1986. The use and abuse of Homer, *ClAnt* 5, 81–138.

–, 1987. Burial and ancient society. The rise of the Greek city-state. Cambridge.

–, 1990. The Gortyn code and Greek kinship, *GRBS* 31, 233–54.

–, 1991. The early polis as city and state, in Rich, J./Wallace-Hadrill, A. (Hg.) City and country in the ancient world. London/New York, 25–58.

–, 1994. Village society and the rise of the Greek state, in Doukellis/Mendoni, 49–53.

–, 1996. The strong principle of equality and the Archaic origins of Greek democracy, in Ober, J./Hedrick, Ch. (Hg.) Demokratia. A conversation on democracies, ancient and modern. Princeton, 19–48.

–, 1997. An archaeology of equalities? The Greek city-states, in Nichols/Charlton, 91–105.

–, 1997a. Periodization and the heroes. Inventing a Dark Age, in Golden, M./Toohey, P. (Hg.) Inventing ancient culture. Historicism, periodization, and the ancient world. London/New York, 96–131.

–, 1998. Archaeology and Archaic Greek history, in Fisher/van Wees, 1–91.

–, 2000. Archaeology as cultural history. Words and things in Iron Age Greece. Oxford.

–, 2005. Archaeology, standards of living, and Greek economic history, in Manning, J.G./Morris, I. (Hg.) The ancient economy. Evidence and models. Stanford, 91–126.

–, 2009. The eighth-century revolution, in Raaflaub/van Wees, 64–80.

–, 2009a. The greater Athenian state, in Morris, I./Scheidel, W. (Hg.) The dynamics of ancient empires. Oxford, 99–177.

–, 2013. Greek multicity states, in Bang/Scheidel, 279–303.

Morris, I./Powell, B. (Hg.) 1996. A new companion to Homer. Leiden et al.

Morris, S. 1992. Daidalos and the origins of Greek art. Princeton.

Morris, S./Papadopoulos, J. 2005. Greek towers and slaves. An archaeology of exploitation, *AJA* 109, 155–225.

Morrison, J.V. 1994. Thematic inversion in the *Iliad*. The Greeks under siege, *GRBS* 35, 209–27.

Morrow, G. 1960. Plato's Cretan city. A historical interpretation of the *Laws*. Princeton.

Most, G. 1989. Zur Archäologie der Archaik, *AuA* 35, 1–23.

Mülke, Ch. 2002. Solons politische Elegien und Iamben (Fr. 1–13; 32–37 West). Einleitung, Text, Übersetzung, Kommentar. München/Leipzig.

Müller, K.E. 1987. Das magische Universum der Identität. Elementarformen sozialen Verhaltens. Ein ethnologischer Grundriss. Frankfurt/New York.

Müller, St. 1996. „Herrlicher Ruhm im Sport oder im Krieg". Der Apobates und die Funktion des Sports in der griechischen Polis, *Nikephoros* 9, 41–69.

Muellner, L. 1998. Glaucus Redivivus, *HSCPh* 98, 1–30.

Murray, O. 1982. Das frühe Griechenland. München.

–, 1983. The Greek symposium in history, in Gabba, E. (Hg.) Tria Corda. Scritti in onore di Arnaldo Momigliano. Como, 257–72.

–, 1983a. Symposion and Männerbund, in Oliva, P./Frolikova, A. (Hg.) Concilium Eirene XVI. Proceedings of the 16th International Eirene Conference, Prague: Band 1. Prag, 47–52.

–, 1983b. The symposium as social organisation, in Hägg, 195–9.

–, 1986. Cities of reason, *Arch. Europ. Sociol.* 27, 325–46.

–, 1991. War and the symposium, in Slater, W.J. (Hg.) Dining in a Classical context. Ann Arbor, 83–103.

–, 1993. Polis and Politeia in Aristotle, in Hansen, M.H. (Hg.) The ancient Greek city-state. Kopenhagen, 197–210.

–, 1993a. Early Greece. 2. Auflage, London/Glasgow.

–, 1994. Nestor's Cup and the origins of the Greek symposion, *AION* 1, 47–54.

–, 1997. Rationality and the Greek city. The evidence from Kamarina, in Hansen, 493–504.

–, 2000. What is Greek about the polis?, in Flensted-Jensen/Nielsen/Rubinstein, 231–44.

–, 2009. The culture of the symposion, in Raaflaub/van Wees, 508–23.

Murray, O. (Hg.) 1990. Sympotica. A symposium on the symposium. Oxford.

Murray, O./Price, S. (Hg.) 1990. The Greek city-state from Homer to Alexander. Oxford.

Musti, D. et al. (Hg.) 1991. La transizione dal Miceneo all'alto Arcaismo. Dal Palazzo alla città. Atti del convegno internazionale, Roma 1988. Rom.

Muttelsee, M. 1925. Zur Verfassungsgeschichte Kretas im Zeitalter des Hellenismus. Glückstadt.

Myres, J.L. 1907. A history of the Pelasgian theory, *JHS* 27, 170–225.

Nafissi, M. 1983/84. La controversia sulla prioritá fra le politeiai di Sparta e Creta. Eforo e Pausania, *AnnPerugia* 21.1, 343–66.

–, 1991. La nascita del kosmos. Neapel.

–, 2009. Sparta, in Raaflaub/van Wees, 117–37.

–, 2010. The Great Rhetra, Plut. Lyc. 6. A retrospective and intentional construct?, in Foxhall/ Gehrke/Luraghi, 89–120.

Nagy, G. 1982. Theognis of Megara. The poet as seer, pilot and revenant, *Arethusa* 15, 109–28.

–, 1983. Poet and tyrant. *Theognidea* 39–52, 1081–1082b, *ClAnt* 2, 82–91.

–, 1985. Theognis and Megara. A poet's vision of his city, in Figueira/Nagy, 22–81.

–, 1996. Homeric questions. Austin.

–, 2001. Homeric poetry and the problems of multiformity. The 'Panathenaic bottleneck', *ClPh* 96, 109–19.

–, 2004. Homer's text and language. Champaign.

Nevett, L. 2007. Greek houses as a source of evidence for social relations, in Westgate/Fisher/ Whitley, 5–10.

–, 2010. Domestic space in Classical antiquity. Cambridge.

Nichols, D.L./Charlton, Th.H. (Hg.) 1997. The archaeology of city-states. Cross-cultural approaches. Washington et al.

Nicolai, W. 1983. Rezeptionssteuerung in der *Ilias*, *Philologus* 127, 1–12.

–, 1984. Zu den politischen Wirkungsabsichten des *Odyssee*-Dichters, *GB* 11, 1–20.

–, 1993. Gefolgschaftsverweigerung als politisches Druckmittel in der *Ilias*, in Raaflaub, K. (Hg.) Anfänge politischen Denkens in der Antike. München, 317–41

Nielsen, Th.H. (Hg.) 2002. Even more studies in the ancient Greek polis. Stuttgart.

Niemeier, H.G. 2002. Die Phönizier am Mittelmeer. Neue Forschungen zur frühen Expansion, in Braun-Holzinger, E.A./Matthäus, H. (Hg.) Die nahöstlichen Kulturen und Griechenland an der Wende vom 2. zum 1. Jahrtausend v.Chr. Kontinuität und Wandel von Strukturen und Mechanismen kultureller Interaktion. Möhnesee, 177–195.

Niemeier, W.D./Pilz, O./Kaiser, I. (Hg.) Kreta in der geometrischen und archaischen Zeit. Akten des internationalen Kolloquiums am Deutschen Archäologischen Institut, Abteilung Athen, 27.–29. Januar 2006. Athen.

Nilsson, M.P. 1912. Die Grundlagen des spartanischen Lebens, *Klio* 12, 308–40.

–, 1950. The Minoan-Mycenaean Religion and its survival in Greek religion. 2. Auflage, Lund.

Nomima = Effenterre, H. van/Ruzé, F. 1994/5. Nomima. Recueil d'inscriptions politiques et juridiques de l'archaisme grec. 2 Bände. Rom et al.

Nowicki, K. 1992. Fortifications in Dark Age Krete, in Maele, S. van de/Fossey, J. (Hg.) Fortificationes antiquae. Amsterdam, 53–76.

–, 1999. Economy of refugees. Life in the Cretan mountains at the turn of the Bronze and Iron Age, in Chaniotis, 145–71.

–, 2000. Defensible sites in Crete c. 1200–800 BC (LM IIIB/IIIC through Early Geometric). Liège.

Ober, J. 1993. The polis as society. Aristotle, John Rawls and the Athenian social contract, in Hansen, M.H. (Hg.) The ancient Greek city-state. Kopenhagen, 129–60.

–, 2008. Democracy and knowledge. Innovation and learning in Classical Athens. Princeton.

Ogden, D. 1996. Homosexuality and warfare in ancient Greece, in Lloyd, A.B. (Hg.) Battle in antiquity. London, 107–68.

Oliva, P. 1971. Sparta and her social problems. Amsterdam.

Osborne, R. 1985. Demos. The discovery of Classical Attika. Cambridge.

–, 1997. Law and laws. How do we join up the dots?, in Mitchell/Rhodes, 74–82.

–, 2004. Homer's society, in Fowler, R. (Hg.) Cambridge companion to Homer. Cambridge, 206–19.

–, 2005. Urban sprawl. What is urbanization and Why does it matter?, *Procedings of the British Academy* 126, 1–16.

–, 2006. The Spartan exception?, in Maaskant-Kleibrink, 19–24.

–, 2009. Greece in the making, 1200–479 BC. 2. Auflage, London.

–, 2014. Intoxication and sociality. The symposium in the ancient Greek world, *P&P* 222, 9–33.

Otto, A. 1890. Die Sprichwörter und sprichwörtlichen Redensarten der Römer. Leipzig.

Padgett, J.M. 1995. A Geometric bard, in Carter/Morris, 389–405.

Page, D.L. 1955. Sappho and Alcaeus. Oxford.

–, 1965. The song of Hybrias the Cretan, *PCPhS* 191, 62–5.

Palermo, D. et al. 2004. Lo scavo del 2003 sulla Patela de Priniàs. Relazione preliminare, *Creta Antica* 5, 249–77.

–, 2007. Lo scavo del 2005 sulla patella di Priniàs. Relazione Preliminare, *Creta Antica* 8, 265–324.

Papakonstantinou, Z. 1996. The Cretan *apokosmos*. *ZPE* 111, 93–6.

–, 2002. Written law, literacy and social conflict in Archaic and Classical Crete, *AHB* 16, 135–50.

–, 2004. Justice of the *kakoi*. Law and social crisis in Theognis. *Dike* 7, 5–17.

–, 2008. Lawmaking and adjudication in Archaic Greece. London.

–, 2009. Wine and wine drinking in the Homeric world, *AntCl* 78, 1–24.

–, 2012. A delight and a burden. Wine and wine drinking in Archaic Greece, *AncSoc* 42, 1–32.

Pappalardo, E. 2011. Cultural interactions between Crete and Near East in Early Iron Age. The case of the ivories. Akten des 10. Kretologischen Kongresses. Heraklion, 397–407.

Parker, V. 2004. The historian Ephorus. His selection of sources, *Antichthon* 38, 29–50.

–, 2007. Lawgivers and tyrants, in Shapiro, 13–39.

Parker Pearson, M. 1982. Mortuary practices, society and ideology. An ethnoarchaeological case study, in Hodder, I. (Hg.) Symbolic and structural archaeology. Cambridge, 99–113.

–, 1999. The archaeology of death and burial. Gloucestershire.

Patzer, H. 1982. Die griechische Knabenliebe. Wiesbaden.

Paynter, R. 1989. The archaeology of equality and inequality, *Annual Review of Anthropology* 18, 369–99.

Pébarthe, C. 2006. Spensithios, scribe ou archiviste public? Réflexions sur les usages publics de l'écriture en Crète à l'époque archaique, *Temporalités* 3: Les usages publics de l'écriture (Antiquité – XXᵉ siècle) 37–55.

Pélékidis, C. 1962. Histoire de l'éphébie attique des origines à 31 avant J-C. Paris.

Percy, W.A. 1996. Pederasty and pedagogy in Archaic Greece. Urbana.

Perlman, P. 1992. One hundred-citied Crete and the Cretan 'politeia'. *ClPh* 87, 193–205.

–, 1995. Invocatio and imprecatio. The hymn to the Greatest Kouros from Palaikastro and the oath in ancient Crete. *JHS* 115, 161–7.

–, 1996. *Pólis hypékoos*. The dependent *polis* and Crete, in Hansen, M.H. (Hg.) Introduction to an inventory of poleis. Kopenhagen, 233–87.

–, 1999. *Kretes aei leistai*? The marginalization of Crete in Greek thought and the role of piracy in the outbreak of the First Cretan War, in Gabrielsen, V. et al. (Hg.) Hellenistic Rhodes. Politics, culture and society. Aarhus, 132–61.

–, 2000. Gortyn. The first seven hundred years 1, in Flensted-Jensen/Nielsen/Rubinstein, 59–89.

–, 2002. Gortyn. The first seven hundred years 2. The laws from the temple of Apollo Pythios, in Nielsen, 187–227.

–, 2004. Crete, in Hansen, M.H./Nielsen, T.H. (Hg.) An inventory of Archaic and Classical poleis. An investigation conducted by The Copenhagen Polis Centre for the Danish National Research Foundation. Oxford, 1144–95.

–, 2004a. Tinker, tailor, soldier, sailor. The economies of Archaic Eleutherna, Crete, *ClAnt* 23, 95–137.

–, 2004b. Writing on the walls. The architectural context of Archaic Cretan laws, in Day/Mook/Muhly, 181–97.

–, 2005. Imagining Crete, in Hansen, M.H. (Hg.) The imaginary polis. Kopenhagen, 282–334.

–, 2010. Of battle, booty, and citizen women. A 'new' inscription from Archaic Axos, Crete, *Hesperia* 79, 79–112.

–, 2014. Reading and writing Archaic Cretan society, in Pilz/Seelentag, 177–206.

Pernier, L. 1914. Templi arcaici sulla Patela di Prinias. Contributo allo studio dell'arte dedalica, *ASAtene* 1, 18–111.

–, 1934. New elements for the study of the Archaic temple of Prinias, *AJA* 38, 171–7.

Petropoulou, A. 1985. Beiträge zur Wirtschafts- und Gesellschaftsgeschichte Kretas in hellenistischer Zeit. Frankfurt.

Petzl, G. 1997. Besprechung von Effenterre, H. van/Ruzé, F. 1994/5. Nomima. Recueil d'inscriptions
politiques et juridiques de l'archaisme grec, 2 Bände. Rom, *Gnomon* 69, 612–6.

Piccirilli, L. 1973. Gli arbitrati interstatali greci. Pisa.

–, 1981. 'Nomoi' cantati e 'nomoi' scritti, *CCC* 2, 7–14.

Pilz, O. 2009. Some remarks on meaning and function of moldmade terracotta relief plaques
depicting naked and dressed female figures, in La donatrice, l'offrande et la desse. *Kernos
supplément* 23, 97–110.

–, 2011. Frühe matrizengeformte Terrakotten auf Kreta. Votivpraxis und Gesellschaftsstruktur in
spätgeometrischer und früharchaischer Zeit. Möhnesee.

–, 2014. Narrative art in Archaic and Classical Crete, in Pilz/Seelentag, 243–61.

Pilz, O./Seelentag, G. (Hg.) 2014. Material culture and cultural practices in Archaic and Classical
Crete. Berlin/New York.

Polignac, F. de 1995. Cults, territory, and the origins of the Greek city-state. Chicago.

Polinskaya, I. 2003. Liminality as metaphor. Initiation and the frontiers of ancient Athens, in
Dodd, D.B./Faraone, C.A. (Hg.) Initiation in ancient Greek rituals and narratives. New critical
perspectives. London/New York, 85–106.

Poulsen, F. 1906. Eine kretische Mitra, *AM* 31, 373–91.

Pounder, R.L. 1984. The origin of *theoi* as inscription heading, in Boegehold, A.L. et al. (Hg.) Studies
presented to Sterling Dow on his Eightieth Birthday. Duke University. Durham/NC, 243–50.

Powell, A. 1998. Sixth-century Lakonian vase-painting. Continuities and discontinuities with the
'Lykourgan' ethos, in Fisher/van Wees, 119–46.

Powell, B. 1991. Homer and the origins of the Greek alphabet. Cambridge.

Prent, M. 1996/97. The 6th century BC in Crete. The best candidate for being a Dark Age?, in
Maaskant-Kleibrink, 35–46.

–, 2005. Cretan sanctuaries and cults. Continuity and change from Late Minoan IIIC to the Archaic
period. Leiden/Boston.

–, 2007. Cretan Early Iron Age hearth temples and the articulation of sacred space, in Westgate/
Fisher/Whitley, 141–8.

Price, B.J. 1977. Shifts of production and organization. A cluster interaction model, *Current
Anthropology* 18, 209–34.

–, 1978. Secondary state formation. A model, in Cohen, R./Service, E.R. (Hg.) Origins of the state.
The anthropology of political evolution. Philadelphia, 161–86.

Pritchett, W.K. 1974. The Greek state at war, Band 2. Berkeley/Los Angeles.

Quass, F. 1971. Nomos und Psephisma. Untersuchungen zum griechischen Staatsrecht. München.

–, 1993. Die Honoratiorenschicht in den Städten des griechischen Ostens. Untersuchungen zur
politischen und sozialen Entwicklung in hellenistischer und römischer Zeit. Stuttgart.

Qviller, B. 1981. The dynamics of the Homeric society, SymbOslo 56, 109–55.

Raaflaub, K. 1991. Homer und die Geschichte des 8. Jh. v.Chr., in Latacz, J. (Hg.) Zweihundert Jahre
Homer-Forschung. Rückblick und Ausblick. Stuttgart/Leipzig, 205–56.

–, 1993. Homer to Solon. The rise of the polis. The written sources, in Hansen, M.H. (Hg.) The
ancient Greek city-state, Kopenhagen, 41–105.

–, 1996. Homeric society, in Morris/Powell, 624–48.

–, 1998. A historian's headache. How to read 'Homeric society'?, in Fisher/van Wees, 169–93.

–, 2000. Poets, lawgivers, and the beginning of political reflection in Archaic Greece, in Rowe, Chr./ Schofield, M. (Hg.) The Cambridge history of Greek and Roman political thought. Cambridge, 23–59.

–, 2004. Archaic Greek aristocrats as carriers of cultural interaction, in Rollinger, R./Ulf, Chr. (Hg.) Commerce and monetary systems in the ancient world. Means of transmission and cultural interaction. Stuttgart, 197–217.

–, 2005. Homerische Krieger, Protohopliten und die Polis. Schritte zur Lösung eines alten Problems, in Meißner, B./Schmitt, O./Sommer, M. (Hg.) Krieg, Gesellschaft, Institutionen. Beiträge zu einer vergleichenden Kriegsgeschichte. Berlin, 229–66.

–, 2007. Introduction, in Raaflaub/Ober/Wallace, 1–21.

–, 2009. Early Greek political thought in its Mediterranean context, in Balot, 37–56.

–, 2013. Archaic and Classical Greek reflections on politics and government. From description to conceptualization, analysis, and theory, in Beck, 73–92.

Raaflaub, K. (Hg.) 1993. Anfänge politischen Denkens in der Antike. Die nahöstlichen Kulturen und die Griechen. München.

Raaflaub, K./Wallace, R. 2007. 'People's power' and egalitarian trends in Archaic Greece, in Raaflaub/Ober/Wallace, 22–48.

Raaflaub, K./Ober, J./Wallace, R. 2007. Origins of democracy in ancient Greece. Cambridge.

Raaflaub, K./van Wees, H. 2009. (Hg.) A companion to Archaic Greece. Chichester/Malden.

Rabinowitz, A. 2004. Symposium, community, and cultural exchange in Archaic Sicily and South Italy. Ungedruckte Dissertation, University of Michigan, Ann Arbor.

–, 2009. Drinking from the same cup. Sparta and late Archaic commensality, in Hodkinson, 113–91.

–, 2013. Drinking, fighting, and social identity in pre-Classical Crete, in Pilz/Seelentag, 91–119.

Radt, St. 2007. Strabons *Geographika*, Band 7: Bücher 9–13, Text und Übersetzung. Göttingen.

Rawlings, L. 1999. Condottieri and clansmen. Early Italian raiding, warfare and the state, in Hopwood, 97–127.

Reden, S. von 1995. Exchange in ancient Greece. London.

Rehberg, K-S. 1994. Institutionen als symbolische Ordnungen. Leitfragen zur Theorie und Analyse institutioneller Mechanismen (TAIM), in Göhler, 47–84.

Reiche, F. 2006. Grammateis und Mnamones. Untersuchungen zur Entwicklung von Institutionen der Schreiber und Rechtsbewahrer sowie ihrer Rolle im Prozess der Polisinstitutionalisierung in archaisch-frühklassischer Zeit. Ungedruckte Dissertation, Universität Münster.

Reinsberg, C. 1989. Ehe, Hetärentum und Knabenliebe im antiken Griechenland. München.

Renfrew, C. 1986. Introduction. Peer polity interaction and socio-political change, in Renfrew/Cherry, 1–18.

Renfrew, C./Cherry, J.F. 1986. (Hg.) Peer polity interaction and socio-political change. Cambridge.

Rhodes, P.J. 1986. Greek historical inscriptions, 359–323 BC. 2. Auflage, London.

–, 2009. Civic ideology and citizenship, in Balot, 57–69.

Rhodes, P.J./Lewis, D. 1997. The decrees of the Greek states. Oxford.

Riele, G-J. te/Riele, M-J. te 1987. Hélisson entre en sympolitiè avec Mantinée. Une nouvelle inscription d'Arcadie, *BCH* 111, 167–88.

Rilinger, R. 1978. Die Ausbildung von Amtswechsel und Amtsfristen als Problem zwischen Machtbesitz und Machtgebrauch in der Mittleren Republik (342 bis 217 v.Chr.), *Chiron* 8, 247–312.

Rizza, G. 1967/68. Le terrecotte de Axos, *ASAtene* 45–46, 211–302.

–, 1978. Gli scavi di Prinias e il problema delle origini dell'arte greca, in Un decennio di ricerche archeologiche 1. Rom, 85–137.

–, 1979. Tombes de chevaux, in Karageorghis, 294–7.

–, 1983. Prinias nelle fasi geometrica e orientalizzante, *ASAtene* 61, 45–51.

–, 1991. Prinias, la città arcaica sulla Patela, in Musti et al., 331–47.

–, 1995. Scavi e recherché a Priniàs dal 1987 al 1991. Akten des 2. Kretologischen Kongresses. Heraklion, 797–810.

–, 2000. Scavi e recherché a Priniàs dal 1992 al 1996. Akten des 7. Kretologischen Kongresses. Heraklion, 155–64.

Rizza, G./Scrinari, V. 1968. Il santuario sull'acropoli di Gortina, Band 1. Rom.

Robb, K. 1994. Literacy and paideia in ancient Greece. New York/Oxford.

Robinson, E. 1997. The first democracies. Early popular government outside Athens. Stuttgart.

Rösler, W. 1980. Dichter und Gruppe. Eine Untersuchung zu den Bedingungen und zur historischen Funktion früher griechischer Lyrik am Beispiel Alkaios. München.

–, 1995. Wine and truth in the Greek symposion, in Murray, O./Tecusan, M. (Hg.) In vino veritas. London, 106–12.

Rollinger, R./Ulf, Chr. (Hg.) 2004. Griechische Archaik. Interne Entwicklungen – Externe Impulse. Berlin.

Rose, P. 2012. Class in Archaic Greece. Cambridge.

Ross, S.A. 2005. Barbarophonos. Language and panhellenism in the *Iliad*, *CPh* 100, 299–316.

Rotroff, S./Oakley, J. 1992. Debris from a public dining space in the Athenian Agora. Princeton.

Roussel, D. 1976. Tribu et cité. Études sur les groupes sociaux dans les cités grecques aux époques archaïque et classique. Paris.

Rubinstein, L. 2007. *Arai* in Greek laws in the Classical and Hellenistic periods. Deterrence or concession to tradition?, in Cantarella, 269–86.

–, 2010. *Praxis*. The enforcement of penalties in the Late Classical and Early Hellenistic periods, in Thür, G. (Hg.) Symposion 2009. Vorträge zur griechischen und hellenistischen Rechtsgeschichte. Wien, 193–216.

Runciman, W.G. 1982. Origins of states. The case of Archaic Greece, *CSSH* 24, 351–77.

–, 1990. Doomed to extinction. The polis as an evolutionary dead-end, in Murray/Price, 347–67.

Rundin, J. 1996. A politics of eating. Feasting in Early Greek society, *AJP* 117, 179–215.

Ruschenbusch, E. 1966. *Solonos Nomoi*. Die Fragmente des solonischen Gesetzeswerkes mit einer Text- und Überlieferungsgeschichte. Wiesbaden.

–, 1983. Die Polis und das Recht, in Dimakis, P. (Hg.) Symposion 1979. Vorträge zur griechischen und hellenistischen Rechtsgeschichte. Köln/Wien, 303–26.

–, 1985. Die Zahl der griechischen Staaten und Arealgröße und Bürgerzahl der ‚Normalpolis', *ZPE* 59, 253–63.

–, 1991. Die verheiratete Frau als Erbtochter im Recht von Gortyn?, *ZRG* 108, 287–9.

–, 2010. Solon. Das Gesetzeswerk – Fragmente. Übersetzung und Kommentar. Stuttgart.

Ruzé, F. 1983. Les tribus et la décision politique dans les cités grecques archaïques et classiques, *Ktema* 8, 299–306.

–, 1984. Plethos. Aux origines de la majorité politique, in Festschrift H. van Effenterre, Aux origines de l'Hellénisme. La Crète et la Grèce. Paris, 247–63.

–, 1988. Aux débuts de l'ecriture politique. Le pouvoir de l'ecrit dans la cité, in Detienne 1988, 82–94.

–, 1997. Délibération et pouvoir dans la cité grecques de Nestor à Socrate. Paris.

Sakellarakis, J. 1985. L'Antro Ideo. Cento anni di attività archeologica 1884–1984, *Atti Lincei* 74, 19–48.

–, 1987. *Hekato chronia ereunas sto Idaio Antro*, *AEph* 126, 239–63.

–, 1988. Some Geometric and Archaic votives from the Idaean Cave, in Hägg/Marinatos/Nordquist, 173–92.

–, 1992. The Idaean cave ivories, in Fitton, L. (Hg.) Ivory in Greece and the Eastern Mediterranean from the Bronze Age to the Hellenistic period. London, 113–40.

Sakellariou, M. 1989. The polis-state. Definition and origin. Athen.

Salmon, E.T. 1984. Wealthy Corinth. A history of the city to 338 BC. Oxford.

Sanctis, G. de. 1901. The *startus* in the Cretan inscriptions, *AJA* 5, 319–27.

Sargent, B. 1986. Homosexuality in Greek myth. Boston.

Sartori, G. 1984. Selbstzerstörung der Demokratie? Mehrheitsentscheidungen und Entscheidungen von Gremien, in Guggenberger, B./Offe, C. (Hg.) An den Grenzen der Mehrheitsdemokratie. Politik und Soziologie der Mehrheitsregel. Opladen, 83–107.

–, 1997. Demokratietheorie. Darmstadt.

Scanlon, T.F. 2002. Eros and Greek athletics. Oxford.

Scardino, C. 2009. Konfliktlösung durch Institutionalisierung. Das Ende der *Odyssee*, Aischylos' *Eumeniden* und Euripides' *Orestes*, *WJ* 33, 7–29.

Schäfer, J. et al. (Hg.) 1992. Amnisos nach den archäologischen, historischen und epigraphischen Zeugnissen des Altertums und der Neuzeit. Berlin.

Scharpf, F. 1991. Political institutions, decision styles, and policy choices, in Czada, R.M./Windhoff-Héritier, A. (Hg.) Political choice. Institutions, rules and the limits of rationality. Frankfurt, 53–86.

–, 2000. Interaktionsformen. Akteurszentrierter Institutionalismus in der Politikforschung. Opladen.

Scheidel, W. 2013. Studying the state, in Bang/Scheidel, 5–57.

Schelsky, H. 1970. Zur soziologischen Theorie der Institution, in Schelsky, 9–26.

Schelsky, H. (Hg.) 1970. Zur Theorie der Institution. Düsseldorf.

Schmitt-Pantel, P. 1990. Collective activities and the political in the Greek city, in Murray/Price, 199–213.

–, 1990a. Sacrificial meal and symposion. Two models of civic institutions in the Archaic city?, in Murray, 14–33.

–, 1992. La cité au banquet. Histoire des repas publics dans les cités grecques. Paris.

Schmitz, W. 1999. Nachbarschaft und Dorfgemeinschaft im archaischen und klassischen Griechenland, *HZ* 268, 561–97.

–, 2001. ‚Drakonische Strafen‘. Die Revision der Gesetze Drakons durch Solon und die Blutrache in Athen, *Klio* 83, 7–38.

–, 2002. Die geschorene Braut. Kommunitäre Lebensformen in Sparta?, *HZ* 274, 561–602.

–, 2003. Nicht ‚altes Eisen‘, sondern Garant der Ordnung. Die Macht der Alten in Sparta, in Gutsfeld, A./Schmitz, W. (Hg.) Am schlimmen Rand des Lebens? Altersbilder in der Antike. Köln et al., 87–112.

–, 2004. Nachbarschaft und Dorfgemeinschaft im archaischen und klassischen Griechenland. Berlin.

–, 2004a. Griechische und nahöstliche Spruchweisheit. Die *Erga kai hemerai* Hesiods und nahöstliche Weisheitsliteratur, in Rollinger/Ulf, 311–33.

–, 2005. Altersklassen in Sparta?, in Schmitt, T./Schmitz, W./Winterling, A. (Hg.) Gegenwärtige Antike – Antike Gegenwarten. Kolloquium zum 60. Geburtstag von Rolf Rilinger. München, 105–26.

–, 2006. Die Macht über die Sprache. Kommunikation, Politik und soziale Ordnung in Sparta, in Luther/Meier/Thommen, 89–111.

–, 2008. Verpasste Chancen. Adel und Aristokratie im archaischen und klassischen Griechenland, in Beck, H./Scholz, P./Walter, U. (Hg.) Die Macht der Wenigen. Aristokratische Herrschaftspraxis, Kommunikation und ‚edler‘ Lebensstil in Antike und Früher Neuzeit. München, 35–70.

–, 2009. Schwer lastet das Alter. Alte Menschen im archaischen und klassischen Griechenland, in Landschaftverband Rheinland, 23–7.

Schnapp, A. 1979. Pratiche e immagini di caccia nella Grecia antica, *Dialogi di Archeologia* NS 1, 36–59.

–, 1996. Das Bild der Jugend in der griechischen Polis, in Levi, G./Schmitt, J-C. (Hg.) Geschichte der Jugend 1: Von der Antike bis zum Absolutismus. Frankfurt, 21–69.

–, 1997. Le chasseur et la cité. Chasse et érotique dans la Grèce ancienne. Paris.

Schütrumpf, E. 1991. Aristoteles, Politik Buch 2 und 3, übersetzt und erläutert (Aristoteles Werke 9). Berlin.

Schuller, W. 1993. Die Polis als Staat, in Hansen 1993, 106–28.

Schulz, F. 2011. Die homerischen Räte und die spartanische Gerusie. Düsseldorf.

Schuppert, G.F. 2010. Staat als Prozess. Eine staatstheoretische Skizze in sieben Aufzügen. Frankfurt.

Sealey, R. 1969. Probouleusis and the sovereign assembly, *CSCA* 2, 247–69.

–, 1990. Women and law in Classical Greece. Chapel Hill.

Seelentag, G. 2009. Regeln für den Kosmos. Prominenzrollen und Institutionen im archaischen Kreta, *Chiron* 39, 63–97.

–, 2009a. Der Abschluss der Ephebie im archaischen Kreta. Bemerkungen zu einer Gesetzes-inschrift aus Dreros, *ZPE* 169, 149–61.

–, 2013. Die Ungleichheit der Homoioi. Bedingungen politischer Partizipation im archaisch-klassischen Kreta, *HZ* 297, 320–53.

–, 2014. Biene oder Borstenschwein? Lebenswelt und Sinn des *Weiberiambos* (Semonides frg. 7D), *Historische Anthropologie* 22, 114–35.

–, 2014a. An epic perspective on institutionalization in Archaic Crete, in Pilz/Seelentag, 121–40.

–, 2014b. ‚Bürger‘ sein im Bürgerstaat. Soziopolitische Integration im klassischen Kreta, in Blösel, W./Schmitz, W./Seelentag, G./Timmer, J. (Hg.) Grenzen politischer Partizipation im klassischen Griechenland. Stuttgart, 13–46.

–, *im Druck*. Der Xenios Kosmos und die Freigelassenen in Latosion. Zu einer archaischen Inschrift aus dem kretischen Gortyn (IC 4.78).

Sekunda, N.V. 2000. Land-use, ethnicity and federalism in West Crete, in Brock/Hodkinson, 327–47.

Selle, H. 2008. Theognis und die Theognidea. Berlin.

Sergent, B. 1986. Homosexuality in Greek myth. Boston.

Shapiro, A. (Hg.) 2007. The Cambridge companion to Archaic Greece. Cambridge.

Shaw, B.D. 1991. The paradoxes of people power, *Helios* 18, 194–214.

Shaw, J.W. 1989. Phoenicians in Southern Crete, *AJA* 93, 165–83.

–, 1998. Kommos in Southern Crete. An Aegean barometer for East-West interconnections, in Karageorghis/Stampolidis, 13–27.

–, 2000. Ritual and development in the Greek sanctuary, in Shaw/Shaw, 669–732.

–, 2006. Kommos. A Minoan harbor town and Greek sanctuary in Southern Crete. Princeton.

Shaw, J.W./Shaw, M.C. (Hg.) 2000. Kommos 4. The Greek sanctuary. Princeton.

Shaw, M.C. 1983. Two cups with incised decoration from Kommos, *AJA* 87, 443–52.

Sherratt, S. 1990. ‘Reading the texts’. Archaeology and the Homeric question, *Antiquity* 64, 807–24.

–, 1996. With us but not of us. The role of Crete in Homeric epic, in Evely, D./Lemos, I./Sherratt, S. (Hg.) Minotaur and Centaur. Studies in the archaeology of Crete and Euboea presented to Mervyn Popham. Oxford, 87–99.

–, 2004. Feasting in Homeric epic, *Hesperia* 2004, 301–37.

Siewert, P. 2006. Kultische und politische Organisationsformen im frühen Olympia und in seiner Umgebung, in Freitag/Funke/Haake, 43–54.

Sigrist, Chr. 1967. Regulierte Anarchie. Untersuchungen zum Fehlen und zur Entstehung politischer Herrschaft in segmentären Gesellschaften Afrikas. Freiburg.

–, 1983. Gesellschaften ohne Staat und die Entdeckungen der *social anthropology*, in Kramer/ Sigrist 1, 28–44.

Simmel, G. 1992. Soziologie. Untersuchungen über die Formen der Vergesellschaftung. Georg Simmel Gesamtausgabe, Band 11. Frankfurt (zuerst Leipzig 1908).

Singor, H.W. 1999. Admission to the syssitia in fifth-century Sparta, in Hodkinson, S./Powell, A. (Hg.) Sparta. New perspectives. London, 67–89.

Sjögren, L. 2001. Sites, settlements, and early poleis on Crete 800–500 BC. Stockholm.

–, 2003. Cretan locations. Discerning site variations in Iron Age and Archaic Crete (800–500 BC). Oxford.

–, 2007. Interpreting Cretan private and communal spaces (800–500 BC), in Westgate/Fisher/ Whitley, 149–55.

–, 2008. Fragments of Archaic Crete. Archaeological studies on time and space. Uppsala.

Skinner, M. 2005. Sexuality in Greek and Roman culture. Oxford.

Small, D. 1995. Heterarchical paths to evolution. The role of external economies, in Ehrenreich/ Crumley/Levy, 71–85.

–, 1997. City-state dynamics through a Greek lens, in Nichols/Charlton, 107–18.

–, 2010. The Archaic *polis* of Azoria. A window into Cretan 'polital' social structure, *JMedA* 23, 197–217.

–, *im Druck*. A defective master narrative in Greek archaeology, in Haggis, D./Antonaccio, C. (Hg.) Classical archaeology in context. Oxford.

Smith, R.C. 1985. The clans of Athens and the historiography of the Archaic period, *EMC* 29, 51–61.

Smithson, E.L. 1968. The tomb of a rich Athenian lady, circa 850 BC, *Hesperia* 37, 77–111.

–, 1974. A Geometric cemetery on the Areopagus: 1897, 1932, 1947, *Hesperia* 43, 325–90.

Snodgrass, A. 1964. Early Greek armour and weapons. Edinburgh.

–, 1971. The dark age of Greece. An archaeological survey of the eleventh to the eighth centuries BC. New York.

–, 1974. Cretans in Arcadia, in Antichità Cretesi, 196–201.

–, 1977. Archaeology and the rise of the Greek state. Cambridge.

–, 1980. Archaic Greece. The age of experiment. Berkeley/Los Angeles.

–, 1986. Interaction by design. The Greek city state, in Renfrew/Cherry, 47–58.

–, 1987. An archaeology of Greece. Berkeley.

–, 1998. Homer and the artists. Text and picture in early Greek art. Cambridge.

Sokolowski, F. 1969. Lois sacrées des cités grecques. Paris.

Sommerstein, A. 2007. Introduction, in Sommerstein/Fletcher, 1–7.

Sommerstein, A./Fletcher, J. (Hg.) 2007. Horkos. The oath in Greek society. Exeter.

Spahn, P. 1977. Mittelschicht und Polisbildung. Frankfurt/M.

–, 1993. Individualisierung und politisches Bewußtsein im archaischen Griechenland, in Raaflaub, K. (Hg.) Die Anfänge des politischen Denkens in der Antike. München, 343–63.

Sporn, K. 2002. Heiligtümer und Kulte Kretas in klassischer und hellenistischer Zeit. Heidelberg.

–, 2014. Graves and grave-markers in Archaic and Classical Crete, in Pilz/Seelentag, 219–41.

Spyridakis, S. 1969. Aristotle on the election of kosmoi, *PP* 127, 265–8.

–, 1979. Aristotle on Cretan *polyteknia*, *Historia* 28, 380–4.

Stagakis, G.J. 1966. Therapontes and hetairoi in the *Iliad* as symbols of the political structure of the Homeric state, *Historia* 15, 408–19.

–, 1967. Opaōn in the *Iliad*, *Historia* 16, 414–21.

Stagl, J. 1971. Älteste und Big Men. Politische Führungsrollen in Melanesien, *Zeitschrift für Politik N.F.* 18, 368–83.

Stahl, M. 1987. Aristokraten und Tyrannen im archaischen Athen. Untersuchungen zur Überlieferung, zur Sozialstruktur und zur Entstehung des Staates. Stuttgart.

–, 1992. Solon F 3D. Die Geburtsstunde des demokratischen Gedankens, *Gymnasium* 99, 385–408.

–, 2003. Gesellschaft und Staat bei den Griechen, Band 1: Archaische Zeit. Paderborn.

Stahl, M./Walter, U. 2009. Athens, in Raaflaub/van Wees, 138–161.

Stampolidis, N. 1990. Eleutherna on Crete. An interim report on the Geometric-Archaic cemetery, *BSA* 85, 375–403.

–, 1993. Eleftherna 3.1. *Geometrika-Archaika chronia kai odigos sten ekthese*. Rethymnon.

–, 1995. Homer and the cremation burials at Eleutherna, in Crielaard, 289–308.

–, 1996. Reprisals. Contribution to the study of customs of the Geometric-Archaic period. Rethymnon.

–, 1998. Imports and *agalmata*. The Eleutherna experience, in Karageorghis/Stampolidis, 175–85.

Stampolidis, N. (Hg.) 2004. Eleutherna. Polis, acropolis, necropolis. Museum of Cycladic Art. Athen.

Stampolidis, N.C./Kotsonas, A. 2006. Phoenicians in Crete, in Deger-Jalkotzy/Lemos, 337–60.

Starr, C.G. 1986. Individual and community. The rise of the polis, 800–500 BC. New York/Oxford.

Stein-Hölkeskamp, E. 1989. Adelskultur und Polisgesellschaft. Studien zum griechischen Adel in archaischer und klassischer Zeit. Stuttgart.

–, 1997. Adel und Volk bei Theognis, in Eder/Hölkeskamp, 21–35.

–, 2000. Die Welten des Homer, in Gehrke/Schneider, 77–91.

Steiner, A. 2002. Private and public. Links between symposion and syssition in fifth-century Athens, *ClAnt* 21, 347–80.

Stissi, V. 2003. From catalogue to cultural context. Bringing life to Greek sanctuary pottery, in Schmalz, B./Söldner, M. (Hg.) Griechische Keramik im kulturellen Kontext. Münster, 77–9.

Stoddart, S./Whitley, J. 1988. The social context of literacy in Archaic Greece and Etruria, *Antiquity* 62, 761–72.

Stoevesandt, M. 2004. Feinde, Gegner, Opfer. Zur Darstellung der Troianer in den Kampfszenen der *Ilias*. Basel.

Strasburger, H. 1953. Der soziologische Aspekt der homerischen Epen, *Gymnasium* 60, 97–114.

–, 1954. Der Einzelne und die Gemeinschaft im Denken der Griechen, *HZ* 177, 227–48.

Strataridaki, A. 1988/89. The historians of ancient Crete. A study in regional historiography, *Kretika Chronika* 28–29, 137–93.

–, 1991. Epimenides of Crete. Some notes on his life, works, and the verse '*Kretes aei pseustai*', *Fortunatae* 2, 207–23.

–, 2009. Orphans at Cretan syssitia, *GRBS* 49, 335–42.

Stuurmann, S. 2004. The voice of Thersites. Reflections on the origins of the idea of equality, *Journal of the History of Ideas* 65, 171–89.

StV 2 und 3 = Werner, R./Bengtson, H. 1975. Die Staatsverträge des Altertums, Band 2: Die Verträge der griechisch-römischen Welt von 700 bis 338 v.Chr. 2. Auflage, München; und Schmitt, H.H. 1969. Die Staatsverträge des Altertums, Band 3: Die Verträge der griechisch-römischen Welt von 338 bis 200 v.Chr. München.

Svoronos, J.N. 1890. Numismatique de la Crète ancienne, 2 Bände. Mâcon.

Szanto, E. 1892. Das griechische Bürgerrecht. Freiburg.

Talamanco, M. 1979. *Dikazein* e *krinein* nelle testimonianze greche piú antiche, in Biscardi, A. (Hg.) Symposion 1974. Vorträge zur griechischen und hellenistischen Rechtsgeschichte 3. Köln/Wien, 103–35.

Talamo, C. 1987. Il sissizio a Creta, *MGR* 12, 9–26.

Tazelaar, C.M. 1967. *Paides kai epheboi*. Some notes on the Spartan stages of youth, *Mnemosyne* 20, 127–53.

Tedeschi, G. 1986. Il canto di Hybrias il Cretese. Un esempio di poesia conviviale, *Quaderni di filologia classica* 5, 53–7.

Tegou, E. 2014. Archaic and Classical Axos, in Pilz/Seelentag, 41–65.

Thalmann, W. 1988. Thersites. Comedy, scapegoat, and heroic ideology in the *Iliad*, *TAPhA* 118, 1–28.

–, 2004. "The most divinely approved and political discord". Thinking about conflict in the developing polis, *ClAnt* 23, 359–99.

Thomas, R. 1992. Literacy and orality in ancient Greece. Cambridge.

–, 1995. Written in stone? Liberty, equality, orality and the codification of law, *BICS* 40, 59–74.

–, 2005. Writing, law, and written law, in Gagarin/Cohen, 41–60.

Thommen, L. 1996. *Lakedaimonion Politeia*. Die Entstehung der spartanischen Verfassung. Stuttgart.

–, 2003. Sparta. Verfassungs- und Sozialgeschichte einer griechischen Polis. Stuttgart/Weimar.

Thorp, J. 1992. The social construction of homosexuality, *Phoenix* 46, 54–61.

Thür, G. 1989a. Zum *dikazein* im Urteil von Mantineia IG 5.5.262. in Thür, 55–69.

–, 1996. Oaths and dispute settlement in Ancient Greek law, in Foxhall/Lewis, 57–72.

–, 2002. Eigentumsstreit und Statusprozess in der Großen Gesetzesinschrift aus Gortyn, *Dike* 5, 95–109.

–, 2005. Gab es ‚Rechtscorpora' im archaischen Griechenland?, in Witte, M./Fögen, M.Th. (Hg.) Kodifizierung und Legitimierung des Rechts in der Antike und im Alten Orient. Wiesbaden, 9–27.

–, 2007. Die Einheit des ‚Griechischen Rechts'. Gedanken zum Prozessrecht in den griechischen Poleis, *Etica & Politica/Ethics & Politics* 9, 25–54.

Thür, G. (Hg.) 1989. Symposion 1985. Vorträge zur griechischen und hellenistischen Rechtsge- schichte. Akten der Gesellschaft für griechische und hellenistische Rechtsgeschichte 6. Köln.

–, (Hg.) 1994. Symposion 1993. Vorträge zur griechischen und hellenistischen Rechtsgeschichte. Akten der Gesellschaft für griechische und hellenistische Rechtsgeschichte 10. Köln.

Tietz, W. 2011. Die homerischen 'Herolde'. Die Entwicklung des *kerux* zur Proto-Institution einer nicht verfassten Gemeinschaft, *Chiron* 41, 55–89.

Timmer, J. 2008. Altersgrenzen politischer Partizipation in antiken Gesellschaften. Frankfurt/Berlin.

–, 2009. Die Alten im antiken Rom, in Landschaftsverband Rheinland, 135–40.

–, 2014. Teilhabe und Systemeffektivität. Überlegungen zur Legitimität von Entscheidungen im klassischen Athen, in Blösel, W./Schmitz, W./Seelentag, G./Timmer, J. (Hg.) Grenzen politischer Partizipation im klassischen Griechenland. Stuttgart, 95–124.

Tod, M.N. 1948. Greek historical inscriptions. Oxford.

Tréheux, J. 1984. Les cosmes à Lato, in Aux origines de l'Hellénisme: La Crète et la Grèce. Hommages à Henri van Effenterre. Paris, 329–42.

Turner, V. 1967. The forest of symbols. Aspects of Ndembu ritual. Ithaca.

Tzifopoulos, Y.Z. 1998. 'Hemerodromoi' and Cretan 'Dromeis'. Athletes or military personnel? The case of the Cretan Philonides, *Nikephoros* 11, 137–70.

–, 2004. Part of a legal decree of procedural context, c. 500 BC, in Stampolidis, 155.

Ulf, Chr. 1990. Die homerische Gesellschaft. Materialien zur analytischen Beschreibung und historischen Lokalisierung. München.

–, 1990a. Die Abwehr von internem Streit als Teil des politischen Programms der homerischen Epen, *GB* 17, 1–25.

–, 1996. Griechische Ethnogenese versus Wanderungen von Stämmen und Stammstaaten, in Ulf, 240–80.

–, 1997. Überlegungen zur Funktion überregionaler Feste im archaischen Griechenland, in Eder/ Hölkeskamp, 37–61.

–, 2001. Gemeinschaftsbezug, soziale Stratifizierung, Polis. Drei Bedingungen für das Entstehen aristokratischer und demokratischer Mentalität im archaischen Griechenland, in Papenfuß, D./ Strocka, V.M. (Hg.) „Gab es das griechische Wunder?" Griechenland zwischen dem Ende des 6. und der Mitte des 5. Jhs. v.Chr. Mainz, 163–186.

–, 2004. Die Instrumentalisierung der griechischen Frühzeit. Interdependenzen zwischen Epochencharakteristik und politischer Überzeugung bei Ernst Curtius und Jacob Burckhardt, in Rollinger/Ulf, 51–103.

–, 2006. Anlässe und Formen von Festen mit überlokaler Reichweite in vor- und früharchaischer Zeit. Wozu dient der Blick in ethnologisch-anthropologische Literatur?, in Freitag/Funke/Haake, 17–41.

–, 2007. Elite und Eliten in den Dark Ages und der Archaik. Realitäten und Modelle, in Alram-Stern/ Nightingale, 317–24.

–, 2008. Mythisch-historische Vergangenheiten als Teil funktionaler Erinnerungskulturen im archaischen und klassischen Griechenland, in Dewes, E./Duhem, S. (Hg.) Kulturelles Gedächtnis und interkulturelle Rezeption im europäischen Kontext. Berlin, 1–21.

–, 2009. The world of Homer and Hesiod, in Raaflaub/van Wees, 81–99.

–, 2011. Zur ‚Vorgeschichte der Polis'. Die Wettbewerbskultur als Indikator für die Art des politischen Bewusstseins, *Hermes* 139, 291–315.

–, 2011a. Homerische Strukturen: Status, Wirtschaft, Politik, in Rengakos, A./Zimmermann, B. (Hg.) Homer-Handbuch. Stuttgart/Weimar, 257–277.

–, 2011b. Ancient Greek competition. A modern construct?, in Fisher/van Wees, 85–111.

Ulf, Chr. (Hg.) 1996. Wege zur Genese griechischer Identität. Die Bedeutung der früharchaischen Zeit. Berlin.

Ulf, Chr./Kistler, E. 2001. Athenische Big Men – ein Chief in Lefkandi? Zum Verhältnis von historischen und archäologischen Aussagen vor dem Hintergrund der Bedeutung anthropologischer Modelle, in Brandt, B. et al. (Hg.) Synergia. Festschrift für Friedrich Krinzinger, Wien, 271–7.

Vattuone, R. 1998. Eros Cretese ad Ephor. FGrHist 70 F 149, *RSA* 28, 7–50.

Veligianni, C. 1995. Gazoros und sein Umfeld. Polis und Komai, *Klio* 77, 139–48.

Vélissaropoulos-Karakostas, J. 2005. Codes oraux et lois écrites. La grande rhètra et les sources du droit à l'époque archaïque, in Sineux, P. (Hg.) Le législateur et la loi dans l'Antiquité. Hommage à Françoise Ruzé. Caen, 109–18.

Veneciano, G. 2010. Construcción y legitimación de la polis como agente de la enunciación legal, *Metis* 8, 143–66.

Vernant, J.P. 1983. Myth and thought among the Greeks. London.

Vidal-Naquet, P. 1989. Der Schwarze Jäger. Denkformen und Gesellschaftsformen in der griechischen Antike. Frankfurt.

Vink, M. 2006. The Archaic period in Greece. Another Dark Age?, in Maaskant-Kleibrink, 1–18.

Visser, E. 1997. Homers Katalog der Schiffe. München/Leipzig.

Vita, A. di/Cantarella, E. 1978. Iscrizione arcaia giuridica da Festòs, *ASAtene* 56, 429–35.

Viviers, D. 1994. La cité de Dattalla et l'expansion territoriale de Lyktos en Crète centrale, *BCH* 118, 229–59.

–, 1999. Economy and territorial dynamics in Crete from the Archaic to the Hellenistic period, in Chaniotis, 221–33.

Vlassopoulos, K. 2007. Beyond and below the polis. Networks, associations and the writing of Greek history, *Mediterranean Historical Review* 22, 11–22.

Vliet, E. van der 2000. Models of political evolution and the formation of the polis, *Pharos* 8, 129–48.

–, 2003. Justice and written laws in the formation of the polis, in Feldbrugge, F.J.M. (Hg.) The law's beginnings. Leiden, 23–43.

–, 2005. Polis. The problem of statehood, *Social Evolution and History* 4, 120–50.

–, 2006. The seventh century BC as a Dark Age. A historian's point of view, in Maaskant-Kleibrink, 25–33.

–, 2008. The early state, the polis and state formation in Early Greece, *Social Evolution and History* 7, 197–21.

–, 2011. The early Greek polis. Regime building, and the emergence of the state, in Terrenato, N./ Haggis, D. (Hg.) State formation in Italy and Greece. Questioning the neoevolutionist paradigm. Oxford, 119–34.

Voell, St. 2004. Das nordalbanische Gewohnheitsrecht und seine mündliche Dimension. Bamberg.

Vogeikoff-Brogan, N. 2011. Domestic assemblages from Trypitos, Siteia. Private and communal aspects, in Glowacki/Vogeikoff-Brogan, 409–19.

Vollgraff, W. 1948. Le Decret d'Argos relatif a un pacte entre Knossos et Tylissos, *Verhandelingen der Koninklijke Nederlandsche Academie van Wetenschapen, afd. Letterkunde, NS 51*, 1–105.

Voutiras, E. 1994. Wortkarge Söldner? Ein Interpretationsvorschlag zum neuen Poseidippos, *ZPE* 104, 27–31.

Wagner-Hasel, B. 2000. Der Stoff der Gaben. Kultur und Politik des Schenkens und Tauschens im archaischen Griechenland. Frankfurt/New York.

–, 2007. Der Stoff der Macht. Kleideraufwand, elitärer Konsum und homerisches Königtum, in Alram-Stern/Nightingale, 325–37.

–, 2012. Alter in der Antike. Eine Kulturgeschichte. Köln.

Walcot, P. 1970. Greek peasants, ancient and modern. A comparison of social and moral values. Manchester.

Waldner, K. 2000. Geburt und Hochzeit des Kriegers. Geschlechterdifferenz und Initiation im Mythos und Ritual der griechischen Polis. Berlin/New York.

Waldstein, C. 1905. The Argive Heraion 2. Boston/New York.

Wallace, R. 1985. The Areopagus council to 307 BC. Baltimore.

–, 1994. The Athenian laws against slander, in Thür, 109–24.

–, 2007. Revolutions and a new order in Solonian Athens and Archaic Greece, in Raaflaub/Ober/ Wallace, 49–82.

–, 2009. Charismatic leaders, in Raaflaub/van Wees, 411–26.

Wallace, S. 2002. Case studies of settlement change in Early Iron Age Crete (c.1200–700 BC). Economic interpretations of cause and effect assessed in a long-term historical perspective, *Aegean Archaeology* 4, 61–99.

–, 2003. The perpetuated past. Re-use and continuity in material culture as evidence for the growth of community identity structures in the Early Iron Age of Crete, 12th to 7th centuries BC, *BSA* 97, 251–77.

–, 2006. The gilded cage? Settlement and the economy in Early Iron Age Crete and other Aegean areas, in Deger-Jalkotzy, S./Lemos, I. (Hg.) Ancient Greece from the Mycenaean palaces to the age of Homer. Nikosia, 619–65.

–, 2006a. Subsistence and hinterland as factors in settlement location and sociopolitical change through the Early Iron Age of Crete. Akten des 9. Kretologischen Kongresses. Heraklion, 161–79.

–, 2007. Why we need new spectacles. Mapping the experiential dimension in prehistoric Cretan landscapes, *CAJ* 17, 249–70.

–, 2010. Ancient Crete. From successful collapse to democracy's alternatives, Twelfth to fifth centuries BC. Cambridge.

Walser, A.V. 2008. Bauern und Zinsnehmer. Politik, Recht und Wirtschaft im frühhellenistischen Ephesos. München.

Walter, U. 1993. An der Polis teilhaben. Bürgerstaat und Zugehörigkeit im archaischen Griechenland. Stuttgart.

–, 1996. Der Begriff des Staates in der griechischen und römischen Geschichte, in Hantos, Th./ Lehmann, G.A. (Hg.) Althistorisches Kolloquium aus Anlass des 70. Geburtstages von Jochen Bleicken, 1996 in Göttingen. Stuttgart, 9–27.

–, 1998. Das Wesen im Anfang suchen. Die archaische Zeit Griechenlands in neuer Perspektive, *Gymnasium* 105, 537–52.

–, 2013. Wege zum Politischen im antiken Griechenland, in de Benedictis, A. et al. (Hg.) Das Politische als Argument. Göttingen, 17–43.

–, 2013a. Die Archaische Zeit – noch immer eine Epoche der griechischen Geschichte?, *Altertum* 58, 99–114.

Walzer, R. 1939. Fragmenta Graeca in litteris Arabicis, 1. Palladios and Aristotle, *JRAS* 106, 407–22.

Wason, P. 1994. The archaeology of rank. Cambridge.

Watrous, L.V. 1996. The cave sanctuary of Zeus at Psychro. A study of extra-urban sanctuaries in Minoan and Early Iron Age Crete. Liège.

–, 1998. Crete and Egypt in the seventh century BC: Temple A at Prinias, in Cavanagh, W.G. et al. (Hg.) Post Minoan Crete. Proceedings of the First Colloquium on Post Minoan Crete held by the British School at Athens and the Institute of Archaeology, University College London, Nov. 1995. Athen, 75–9.

Watrous, L.V. et al. 1993. A survey of the Western Mesara plain in Crete. Preliminary report of the 1984, 1986 and 1987 field seasons, *Hesperia* 62, 191–248.

Watrous, L.V./Chatzi-Vallianou, D./Blitzer, H. (Hg.) 2004. The plain of Phaistos. Cycles of social complexity in the Mesara region of Crete. Los Angeles.

Weber, M. 1972. Wirtschaft und Gesellschaft. Grundriß der verstehenden Soziologie. Hg. von J. Winckelmann. 5. Auflage, Tübingen.

Weçowski, M. 2002. Towards a definition of the symposium, in Derda, T./Urbanik, J./Wecowski, M. (Hg.) *Euergesias charin*. Studies presented to Benedetto Bravo and Ewa Wipszycka by their disciples. Warschau, 337–61.

–, 2002a. Homer and the origin of the symposium, in Montanari, 625–37.

–, 2014. The Rise of the Greek aristocratic banquet (9th to 7th century BC). Oxford.

Wees, H. van 1986. Leaders of men? Military organisation in the *Iliad*, *CQ* 36, 285–303.

–, 1992. Status warriors. War, violence and society in Homer and history. Amsterdam.

–, 1994. The Homeric way of war. The *Iliad* and the hoplite phalanx, *G&R* 41, 1–18, 131–55.

–, 1995. Princes at dinner. Social event and social structure in Homer, in Crielaard, 147–79.

–, 1996. Heroes, knights and nutters. Warrior mentaliy in Homer, in Lloyd, A.B. (Hg.) Battle in antiquity. London, 1–86.

–, 1997. Homeric warfare, in Morris/Powell, 668–93.

–, 1999. The mafia of early Greece. Violent exploitation in the seventh and sixth centuries BC, in Hopwood, 1–51.

–, 1999a. Tyrtaeus' Eunomia. Nothing to do with the Great Rhetra, in Hodkinson/Powell, 1–41.

–, 2002. Gute Ordnung ohne Große Rhetra. Noch einmal zu Tyrtaios' Eunomia, *GFA* 5, 89–103.

–, 2003. Conquerors and serfs. Wars of conquest and forced labour in Archaic Greece, in Luraghi/ Alcock, 33–80.

–, 2004. Greek warfare. Myths and realities. London.

–, 2006. Mass and elite in Solon's Athens. The property classes revisited, in Blok/Lardinois, 351–89.

–, 2008. "Stasis, destroyer of men". Mass elite, political violence and security, in Brélaz, C./
Ducrey, P. (Hg.) Sécurité collective et ordre publique dans les sociétés anciennes. Vandoeuvres/
Genf, 1–48.

–, 2009. The economy, in Raaflaub/van Wees, 444–67.

–, 2013. Farmers and hoplites. Models of historical development, in Kagan, D./Viggiano, G. (Hg.)
Men of bronze. Hoplite warfare in ancient Greece. Princeton, 222–55.

–, im Druck. Social (dis)order in Archaic Greece. Ungedrucktes Manuskript.

Wees, H. van (Hg.) 2000. War and violence in Ancient Greece. London.

Weil, R. 1960. Aristotle et l'histoire. Essai sur la Politique. Paris.

Weiler, I. 1975. Aièn aristeúeien. Ideologiekritische Bemerkungen zu einem vielzitierten Homerwort,
Stadion 1, 199–227.

–, 1996. Soziogenese und soziale Mobilität im archaischen Griechenland. Gedanken zur Begegnung
mit den Völkern des Alten Orient, in Ulf, 211–39.

–, 2006. Wider und für das agonale Prinzip: eine griechische Eigenart? Wissenschaftsgeschicht-
liche Aspekte und Grundsatzüberlegungen, Nikephoros 19, 81–110.

Welwei, K-W. 1979. Die spartanische Phylenordnung im Spiegel der Großen Rhetra und des Tyrtaios,
Gymnasium 86, 178–96.

–, 1981. Adel und Demos in der frühen Polis, Gymnasium 88, 1–23.

–, 1988. Ursprünge genossenschaftlicher Organisationsformen in der archaischen Polis, Saeculum
39, 12–23.

–, 1990. Die Staatswerdung Athens – Mythos und Geschichte, in Binder, G./Effe, B. (Hg.) Mythos.
Erzählende Weltdeutung im Spannungsfeld von Ritual, Geschichte und Rationalität. Trier,
162–87.

–, 1992. Athen. Vom neolithischen Siedlungsplatz zur archaischen Großpolis. Darmstadt.

–, 1992a. Polisbildung, Hetairos-Gruppen und Hetairien, Gymnasium 99, 481–500.

–, 1998. Die griechische Polis. Verfassung und Gesellschaft in archaischer Zeit. 2. Auflage,
Stuttgart.

–, 1999. Das klassische Athen. Demokratie und Machtpolitik im 5. und 4. Jahrhundert. Darmstadt.

–, 2002. Die griechische Frühzeit, 2000 bis 500 v.Chr. München.

–, 2004. Sparta. Aufstieg und Niedergang einer antiken Großmacht. Stuttgart.

–, 2006. Überlegungen zu frühen Helotie in Lakonien, in Luther/Meier/Thommen, 29–41.

–, 2008. Ursprung, Verbreitung und Formen der Unfreiheit abhängiger Landbewohner im antiken
Griechenland, in Herrmann-Otto, E. (Hg.) Unfreie und abhängige Landbevölkerung. Hildesheim,
1–52.

–, 2011. Griechische Geschichte. Von den Anfängen bis zum Beginn des Hellenismus. Paderborn.

Werlings, M-J. 2007. Laos/stratos et laos/demos. Remarques sur les noms de l'armée et du peuple
dans l'Iliade, Ktêma 32, 459–65.

–, 2010. Le dèmos avant la démocratie. Mots, concepts, réalités historiques. Paris.

West, M.L. 1965. The Dictaean Hymn to the Kouros, JHS 85, 149–59.

–, 1995. The date of the 'Iliad', MH 52, 203–19.

Westgate, R. 2007. House and society in Classical and Hellenistic Crete. A case study in regional
variation, AJA 111, 423–57.

Westgate, R./Fisher, N./Whitley, J. (Hg.) 2007. Building communities. House, settlement and society
in the Aegaean and beyond. Proceedings of a conference held at Cardiff University, 17.–21. April
2001. Athen.

Whitley, J. 1991. Style and society in Dark Age Greece. The changing face of a pre-literate society,
1100–700 BC. Cambridge.

–, 1991a. Social diversity in Dark Age Greece, ABSA 341–65.

–, 1997. Cretan laws and Cretan literacy, AJA 101, 635–61.

–, 1998. Literacy and law-making. The case of Archaic Crete, in Fisher/van Wees, 311–32.

–, 1998a. From Minoans to Eteocretans. The Praisos region, 1200–500 BC, in Cavanagh, W.G./ Curtis, M. (Hg.) Post-Minoan Crete. Proceedings of the First Colloquium on Post-Minoan Crete. Athen, 27–39.

–, 2001. The archaeology of ancient Greece. Cambridge.

–, 2002. Objects with attitude. Biographical facts and fallacies in the study of Late Bronze Age and Early Iron Age warrior graves, *CAJ* 12, 217–32.

–, 2004. Style wars. Towards an explanation of Cretan exceptionalism, in Cadogan et al., 433–42.

–, 2005. Before the Great Code. Public inscriptions and material practice in Archaic Crete, in Greco/ Lombardo, 41–56.

–, 2006. Praisos. Political evolution and ethnic identity, in Deger-Jalkotzy/Lemos, 597–617.

–, 2007. The Minoans – a Welsh invention? A view from East Crete, in Hamilakis, Y./Momigliano, N. (Hg.) Archaeology and European modernity. Producing and consuming the 'Minoans'. Padua, 55–67.

–, 2009. Crete, in Raaflaub/van Wees, 273–93.

–, 2009a. The chimera of continuity. What would 'continuity of cult' actually demonstrate?, in D'Agata, A.L./Mortel, A. van de (Hg.) Archaeologies of cult. Essays on ritual and cult in Crete in honor of Geraldine C. Gesell. Princeton, 279–88.

–, 2010. La Crète au VIIe s., in R. Etienne, R. (Hg.) La Méditerranée au VIIe siècle av. J-C. Essais d'analyses archéologiques. Paris, 170–82.

Whitley, J./Prent, M./Thorne, S. 1999. Praisos 4. A preliminary report on the 1993 and 1994 field seasons, *BSA* 94, 405–28.

Whitley, J. et al. 2007. Archaeology in Greece 2006–2007, *Archaeological Reports* 53, 98–102.

Wiessner, P./Schiefenhövel, W. (Hg.) 1996. Food and the status quest. An interdisciplinary perspective. Oxford.

Willetts, R.F. 1954. Freedmen at Gortyna, *CQ* 4, 216–9.

–, 1954a. The Neotas of Gortyna, *Hermes* 82, 494–8.

–, 1955. Aristocratic society in ancient Crete. London.

–, 1961. Karpodaistai, *Philologus* 105, 145–7.

–, 1962. Cretan cults and festivals. New York.

–, 1965. Ancient Crete. A social history. From early times until the Roman occupation. London/ Toronto.

–, 1965a. Marriage and kinship at Gortyn, *PCPhS* 191, 50–61.

–, 1966. The rights of *epiballontes*, *Eirene* 5, 5–16.

–, 1967. The law code of Gortyn. Berlin.

–, 1969. Everyday life in ancient Crete. London/New York.

–, 1977. The Cretan system of maintaining armed forces, in Chastagnol, A. (Hg.) Armées e fiscalité dans le monde antique. Paris, 65–75.

–, 1982. Cretan laws and society, *CAH* 3.3. 2. Auflage, 234–48.

–, 1986. Neoi and Neotas, in Willetts, R.F. (Hg.) Selected Papers 2. Amsterdam, 223–37.

Williamson, C. 1987. Monuments of Bronze. Roman legal documents on bronze tablets, *ClAnt* 6, 160–83.

Winterling, A. 2014. ‚Staat' in der griechisch-römischen Antike?, in Lundgreen, 249–56.

Wirbelauer, E. 1996. Der Schild des Achilleus Il. 18.478–609. Überlegungen zur inneren Struktur und zum Aufbau der ‚Stadt im Frieden', in Gehrke, H-J./Möller, A. (Hg.) Vergangenheit und Lebenswelt. Soziale Kommunikation, Traditionsbildung und historisches Bewußtsein. Tübingen, 143–78.

Wittenburg, A. 1982. Zum sozialen Gefüge in Kreta, *Opus* 1, 67–74.

Wolf, E.R. 1957. Closed corporate peasant communities in Mesoamerica and Central Java, *Southwestern Journal of Anthropology* 13, 7–12.

–, 1966. Peasants. Englewood Cliffs.

Wolff, H.J. 1946. The origin of judicial litigation among the Greeks, *Traditio* 4, 31–87.

–, 1968. Besprechung von Willetts 1968, *ZRG* 85, 418–28.

Wood, E.M. 1988. Peasant-citizen and slave. The foundations of Athenian democracy. London/ New York.

Woodhead, A.G. 1981. The study of Greek inscriptions. 2. Auflage, Cambridge.

Xanthoudides, S. 1918. Dreros, *ArchDelt* 4, suppl. 2, 23–30.

Yoffee, N. 1997. The obvious and the chimerical. City states in archaeological perspective, in Nichols/Charlton, 255–65.

Yoshida, A. 1964. Survivances de la tripartition fonctionnelle en Grèce, *RHR* 166, 21–38.

–, 1965. Sur quelques coupes de la fable grecque, *REA* 67, 31–41.

Youni, M. 2011. Polis and legislative procedure in early Crete, in Thür, G. (Hg.) Symposion 2008. Akten der Gesellschaft für griechische und hellenistische Rechtsgeschichte 21. Wien, 151–68.

Zelnick-Abramowitz, R. 2000. The *xenodokoi* of Thessaly, *ZPE* 130, 109–20.

–, 2005. Not wholly free. The concept of manumission and the status of manumitted slaves in the ancient Greek world. Leiden/Boston.

Zoepffel, R. 1985. Geschlechtsreife und Legitimation zur Zeugung im alten Griechenland, in Müller, E.W. (Hg.) Geschlechtsreife und Legitimation zur Zeugung. München, 319–401.

Zographaki, V./Farnoux, A. 2010. Mission franco-hellénique de Dréros, *BCH* 134, 594–600.

Stellenregister

Inschriften

Inscriptiones Creticae 1

1.5.2 484
1.5.4 165
1.5.19 a 16–7 251
1.7.5 206
1.8.2 114
1.8.4 185, 214, 291, 312, 369
1.8.4.9–11 37
1.8.4.11–4 324
1.8.10.9–11 178
1.8.13.8 282
1.8.33 181
1.9.1 117, 166, 353, 397, 501, 551
1.9.1 c 15 184, 421
1.9.1.94–136 217
1.10.1–2 114
1.10.2 110, 116, 186, 237, 262, 331, 375, 430,
    436, 457, 484, 485
1.10.2.2–3 171, 310
1.10.2.8 165, 166
1.13.13 197
1.16.1 108
1.16.1.31–4 188
1.16.3 179, 353
1.16.5.51–3 400
1.16.5.64 247
1.17.6 166
1.17.8.1–2 178
1.18.1–7 114
1.18.2 106, 165, 259, 280
1.18.3 a 2–3 168
1.18.11 357, 358
1.18.12.1–3 178
1.19.1 167, 353
1.19.3.4–5 210, 241
1.19.3 a 41 283
1.22.4 106
1.28.1 187
1.28.7 114, 208, 219
1.30.1 185, 209, 214, 291, 324

Inscriptiones Creticae 2

2.3.2 252
2.3.3 251, 252
2.5.1–12 114
2.5.1 110, 260, 297, 309–12, 423
2.5.1.15 316
2.5.2.2 310
2.5.2.9 310
2.5.3.4 310
2.5.4.5 310
2.5.5 280, 550
2.5.6 280, 550
2.5.9 317
2.5.9.1–14 115
2.5.9.8–11 186, 298
2.5.9.11–4 186, 217
2.5.17.1–3 210
2.10.1 355
2.10.2* 251
2.12.1–19 114
2.12.3 258, 283
2.12.4 283
2.12.4.1 280
2.12.9 165, 311, 423
2.12.11 202
2.12.16 Ab 257
2.12.16 Ab 2–3 397
2.12.20.7 240
2.12.22 220, 300, 321
2.13.1 251
2.15.1 114
2.16.1 114
2.19.1 114
2.23.7 106
2.23.10 485
2.23.22 181
2.241 106

4.79.4–12 257, 278
4.79.11 289
4.79.20 187
4.80–140 114
4.80 48, 53, 165, 166, 237, 349
4.80.1–11 184, 292
4.80.1–3 217
4.80.1 321
4.80.3–9 353
4.80.4–7 173
4.80.8–12 193, 299, 317
4.80.8 285
4.80.11–12 219
4.80.11 426
4.80.13–5 194
4.80.14–5 205, 350
4.81.4–15 327
4.81.11 205, 350
4.82 174, 175, 202, 545
4.83 191, 259, 280
4.84 187, 260, 287
4.87 165, 190, 209, 317, 426
4.87.7–8 196
4.91 190
4.102 108
4.104 352
4.107 108
4.142 178, 353
4.144 108, 166, 260, 278, 296–8
4.144.8–15 188
4.144.8–11 257
4.162 210, 240, 282, 501, 516
4.165 108, 188
4.167 353
4.181 117, 166
4.181.6–7 210
4.181.7 241
4.184 219, 220, 321, 324, 353, 421
4.186 b 178, 179
4.197 353
4.231 199, 251
4.233.1–5 178
4.235 166
4.236 107, 178
4.259 353
4.261 199

Inscriptiones Graecae

4.506 157
5.1.457 487
9.1.867 253
9.12 3.609 256
9.12 3.609.13–5 157
9.12 3.718 157, 256, 309
12.3.536–45 484
12.5.8 238

Inschriften aus anderen Poleis

ICS 217 267, 309
IMT Kyz Kapu Dag 1447 252, 325
IvBeroia 1 501
IvDelos 1512 251
IvEr 1.10 207
IvEr 2 143, 175
IvIasos 82.40–3 176
IvMag 92a.16–7 211
IvMag 92b.19 211
IvMag 94.14–5 211
IvMylasa 651.6 292
IvO 2 197
IvO 3 256
IvO 7 256
IvO 7.3–5 157
IvO 11 309

Meiggs/Lewis

2 116, 140–63, 214, 250
8 143, 222, 351, 359, 367, 523
13 157
30 200
32 199, 202, 256

SEG

11.244 311
15.564 114
23.530 114
23.548–9 106
23.556 114
23.565 114
23.571 114

andere Publikationsorte

Literarische Quellen

Ailianos

Varia historia

Tiergeschichten

Aischylos

Eumeniden

Hiketiden

Papyri

Namenregister

Sachregister